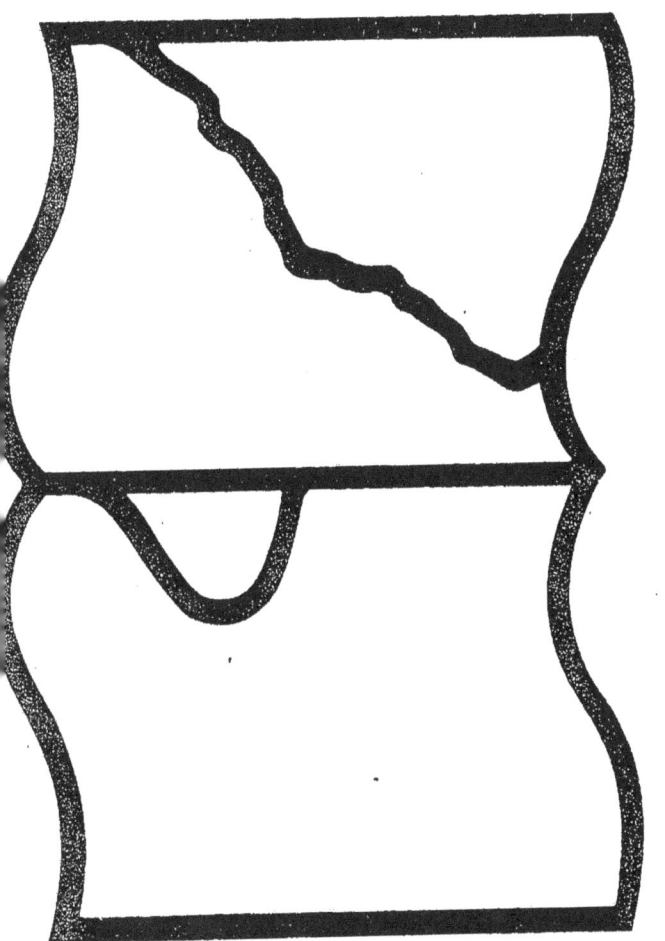

Texte détérioré — reliure défectueuse

NF Z 43-120-11

LA COMTESSE DE CHARNY

PAR
ALEXANDRE DUMAS

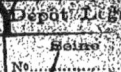

PARIS, ADMINISTRATION DE LA PETITE RÉPUBLIQUE FRANÇAISE
33, rue de la Chaussée d'Antin, 33
BORDEAUX, BUREAUX DES PUBLICATIONS ILLUSTRÉES
Impasse Sainte-Catherine
Cette livraison doit être distribuée gratuitement.

LA COMTESSE DE CHARNY

AVANT-PROPOS

Ceux de nos excellents lecteurs qui se sont en quelque sorte inféodés à nous; ceux qui nous suivent partout où nous allons; ceux pour lesquels il est curieux de ne jamais abandonner, même dans ses écarts, un homme qui, comme nous, a entrepris cette tâche curieuse de dérouler feuille à feuille chacune des pages de la monarchie, ont bien dû comprendre, en lisant le mot *fin* — au bas du dernier feuilleton d'*Ange Pitou*, dans la *Presse*, — et même au bas de la dernière page du huitième volume de ce même ouvrage, dans l'édition dite de *cabinet de lecture*, — qu'il y avait là quelque monstrueuse erreur qui leur serait, un jour ou l'autre, expliquée par nous.

En effet, comment supposer qu'un auteur, dont la prétention, peut-être fort déplacée, est, avant tout, de savoir faire un livre avec toutes les conditions de ce livre, — comme un architecte a la prétention de savoir faire une maison avec toutes les conditions d'une maison, un constructeur de bâtiments un vaisseau avec toutes les conditions d'un vaisseau, — va laisser sa maison abandonnée au troisième étage, son vaisseau inachevé au grand hunier.

Voilà pourtant ce qu'il en serait du pauvre *Ange Pitou*, si le lecteur avait pris au sérieux le mot *fin*, placé justement à l'endroit le plus intéressant du livre, c'est-à-dire quand le roi et la reine s'apprêtent à quitter Versailles pour Paris; quand Charny commence à s'apercevoir qu'une femme charmante à laquelle, depuis cinq ans, il n'a pas fait la moindre attention, rougit dès que son regard rencontre ses yeux, dès que sa main touche sa main; quand Gilbert et Billot plongent un œil sombre et résolu dans l'abîme révolutionnaire qui s'ouvre devant eux, creusé par les mains monarchiques de la Fayette et de Mirabeau, représentant, l'un la popularité, l'autre le génie de l'époque; enfin, quand le pauvre Ange Pitou, l'humble héros de cette humble histoire, tient en travers de ses genoux, sur le chemin de Villers-Cotterets à Pisseleu, Catherine évanouie aux derniers adieux de son amant, lequel à travers champs, au galop de son cheval, regagne avec son domestique le grand chemin de Paris.

Et puis il y a encore d'autres personnages dans ce roman, personnages secondaires, c'est vrai, mais auxquels nos lecteurs ont bien voulu, nous en sommes sûr, accorder leur part d'intérêt; et nous, on le sait, notre habitude est, dès que nous avons mis un drame en scène, d'en suivre, jusqu'aux lointains les plus vaporeux du théâtre non seulement les héros principaux, mais encore les personnages secondaires, mais encore jusqu'aux moindres comparses.

Il y a l'abbé Fortier, ce monarchiste rigide, qui bien certainement ne voudra pas se transformer en prêtre constitutionnel, et qui préférera la persécution au serment.

Il y a ce jeune Gilbert, composé des deux natures en lutte à cette époque, des deux éléments en fusion depuis dix ans, de l'élément démocratique auquel il tient par son père, de l'élément aristocratique d'où il sort par sa mère.

Il y a madame Billot, pauvre femme, mère avant tout, et qui, aveugle comme une mère, vient de laisser sa fille sur le chemin par lequel elle a passé et rentre seule à la ferme, déjà si esseulée elle-même depuis le départ de Billot.

Il y a le père Clouïs, dans sa hutte au milieu de la forêt, et qui ne sait encore si, avec le fusil que vient de lui donner Pitou, en échange de celui qui lui a emporté deux ou trois doigts de la main gauche, il tuera, comme avec le premier, cent quatre-vingt-trois lièvres et cent quatre-vingt-deux lapins dans les années ordinaires, et cent quatre-vingt-trois lièvres et cent quatre-vingt-trois lapins dans les années bissextiles.

Enfin il y a Claude Tellier et Désiré Maniquet, ces révolutionnaires de village, qui ne demandent pas mieux que de marcher sur les traces des révolutionnaires de Paris, mais auxquels, il faut l'espérer, l'honnête Pitou, leur capitaine, leur commandant, leur colonel, leur officier supérieur enfin, servira de guide et de frein.

Tout ce que nous venons de dire ne peut que renouveler l'étonnement du lecteur à l'endroit de ce mot *fin*, si bizarrement placé au bout du chapitre qu'il termine, qu'on dirait du sphinx antique, accroupi à l'entrée de son antre sur la route de Thèbes, et proposant une insoluble énigme aux voyageurs béotiens.

Nous allons donc en donner l'explication.

Il y eut un temps où les journaux publiaient simultanément :

Les Mystères de Paris d'Eugène Sue,
La *Confession générale* de Frédéric Soulié,
Mauprat de George Sand,
Monte-Cristo, le *Chevalier de Maison-Rouge* et *la Guerre des Femmes* de moi.

Ce temps, c'était le beau temps du feuilleton, mais c'était le mauvais temps de la politique.

Qui s'occupait, à cette époque, des premiers-Paris de M. Armand Bertin, de M. le docteur Véron et de M. le député Chambolle?

Personne.

Et l'on avait bien raison; car, puisqu'il n'en est rien resté, de ces malheureux premiers-Paris, c'est qu'ils ne valaient pas la peine qu'on s'en occupât.

Tout ce qui a une valeur quelconque surnage toujours, et aborde infailliblement quelque part.

Il n'y a qu'une mer qui engloutisse à jamais tout ce que l'on y jette : c'est la mer Morte.

Il paraît que c'était dans cette mer-là qu'on jetait les premiers-Paris de 1845, 1846, 1847 et 1848.

Puis, avec ces premiers-Paris de M. Armand Bertin, de M. le docteur Véron et de M. le député Chambolle, on jetait pêle-mêle les discours de M. Thiers et de M. Guizot, de M. Odilon Barrot et de M. Berryer, de M. Molé et de M. Duchâtel; ce qui ennuyait pour le moins autant MM. Duchâtel, Molé, Berryer, Barrot, Guizot et Thiers, que cela ennuyait M. le député Chambolle, M. le docteur Véron et M. Armand Bertin.

Il est vrai qu'en échange, on découpait avec le plus grand soin les feuilletons des *Mystères de Paris*, de la *Confession générale*, de *Mauprat*, de *Monte-Christo*, du *Chevalier de Maison-Rouge* et de *la Guerre des Femmes;* qu'après les avoir lus le matin, on les mettait de côté pour les relire le soir; il est vrai que cela faisait des abonnés aux journaux et des clients aux cabinets littéraires; il est vrai que cela apprenait l'histoire aux historiens et au peuple, il est vrai que cela créait quatre millions de lecteurs à la France, et cinquante millions de lecteurs à l'étranger; il est vrai que la langue française, devenue la langue diplomatique depuis le XVIIe siècle, devenait la langue littéraire au XIXe; il est vrai que le poète, qui gagnait assez d'argent pour se faire indépendant, échappait à la pression exercée sur lui jusqu'alors par l'aristocratie et la royauté; il est vrai qu'il se créait dans la société une nouvelle noblesse et un nouvel empire : c'étaient la noblesse du talent et l'empire du génie; il est vrai, enfin, que cela amenait tant de résultats honorables pour les individus et glorieux pour la France, qu'on s'occupa sérieusement de faire cesser cet état de choses, qui produisait ce bouleversement, que les hommes considérables d'un royaume fussent réellement les hommes considérés, et que la réputation, la gloire et même l'argent d'un pays allassent à ceux qui les avaient véritablement gagnés.

Les hommes d'État de 1847 songeaient donc, comme je l'ai dit, à mettre fin à ce scandale, quand M. Odilon Barrot, qui voulait aussi qu'on parlât de lui, eut l'idée de faire, non pas de bons et beaux discours à la tribune, mais de mauvais dîners dans les différentes localités où son nom était encore en honneur.

Il fallait donner un nom à ces dîners.

En France, peu importe que les choses portent le nom qui leur convient, pourvu que les choses portent un nom.

En conséquence, on appela ces dîners des *banquets réformistes*.

Il y avait alors à Paris un homme qui, après avoir été prince, avait été général; qui après avoir été général, avait été exilé, et qui, étant exilé, avait été professeur de géographie; qui, après avoir été professeur de géographie, avait voyagé en Amérique; qui, après avoir voyagé en Amérique, avait résidé en Sicile; qui, après avoir épousé la fille d'un roi en Sicile, était rentré en France; qui, après être rentré en France, avait été fait altesse royale par Charles X, et qui, enfin, après avoir été fait altesse royale par Charles X, avait fini par se faire roi.

Eh bien, ce prince, ce général, ce professeur, ce voyageur, ce roi, cet homme enfin, à qui le malheur et la prospérité eussent dû apprendre tant de choses, et n'avaient rien appris, — cet homme eut l'idée d'empêcher M. Odilon Barrot de donner ses banquets réformistes, s'entêta dans cette idée, ne se doutant pas que c'était un principe auquel il déclarait la guerre, et, comme tout principe vient d'en haut, et, par conséquent, est plus fort que ce qui vient d'en bas, comme tout ange doit terrasser l'homme avec lequel il lutte, cet homme fût-il Jacob, l'ange terrassa Jacob, le principe terrassa l'homme, et Louis-Philippe fut renversé avec sa double génération de princes, avec ses fils et ses petits-fils.

L'Écriture n'a-t-elle pas dit :

« La faute des pères retombera sur les enfants jusqu'à la troisième et la quatrième génération? »

Cela fit assez de bruit en France pour qu'on ne s'occupât plus, pendant quelque temps, ni des *Mystères de Paris*, ni de la *Confession générale*, ni de *Mauprat*, ni de *Monte-Cristo*, ni du *Chevalier de Maison-Rouge*, ni de *la Guerre des Femmes*, ni même, nous devons l'avouer, de leurs auteurs.

Non, on s'occupa de Lamartine, de Ledru-Rollin, de Cavaignac et du prince Louis-Napoléon.

Mais, comme, au bout du compte, un peu de calme s'étant rétabli, on s'aperçut que ces messieurs étaient infiniment moins amusants que M. Eugène Sue, que M. Frédéric Soulié, que madame George Sand, et même que moi, qui me mets humblement le dernier de tous; comme on reconnut que leur prose, à part celle de Lamartine, — à tout seigneur tout honneur, — ne valait pas celle des *Mystères de Paris*, de la *Confession générale*, de *Mauprat*, de *Monte-Cristo*, du *Chevalier de Maison-Rouge*, de *la Guerre des Femmes*, on invita M. de Lamartine, sagesse des nations, à faire de la prose, pourvu qu'elle ne fût pas politique, et les autres messieurs, moi compris, à faire de la prose littéraire.

Ce à quoi nous nous mîmes immédiatement, n'ayant pas, croyez-moi, besoin d'y être invités pour cela.

Alors reparurent les feuilletons, alors redisparurent les premiers-Paris, alors continuèrent à reparler sans écho les mêmes parleurs qui avaient parlé avant la Révolution, qui parlaient après la Révolution, qui parleront toujours.

Au nombre de tous ces parleurs, il y en avait un qui ne parlait pas, d'habitude du moins.

On lui en savait gré, et on le saluait quand il passait avec son ruban de représentant.

Un jour, il monta à la tribune... Mon Dieu, je voudrais bien vous dire son nom, mais je l'ai oublié.

Un jour, il monta à la tribune... Ah! il faut que vous sachiez une chose : la Chambre était de fort mauvaise humeur ce jour-là.

Paris venait de choisir pour son représentant un de ces hommes qui faisaient des feuilletons.

Le nom de cet homme, je me le rappelle, par exemple.

Il s'appelait Eugène Sue.

La Chambre était donc de fort mauvaise humeur qu'on eût élu Eugène Sue; elle avait, comme cela, sur ses bancs, déjà quatre ou cinq taches littéraires qui lui étaient insupportables : Lamartine, Hugo, Félix Pyat, Quinet, Esquiros, etc.

Ce député, dont je ne me rappelle pas le nom, monta donc à la tribune, profitant adroitement de la mauvaise humeur de la Chambre. Tout le monde fit : « Chut! » Chacun écouta.

Il dit que c'était le feuilleton qui était cause que Ravaillac avait assassiné Henri IV,

Que Louis XIII avait assassiné le maréchal d'Ancre,

Que Louis XIV avait assassiné Fouquet,

Que Damiens avait assassiné Louis XV,

Que Louvel avait assassiné le duc de Berry,

Que Fieschi avait assassiné Louis-Philippe,

Et enfin que M. de Praslin avait assassiné sa femme.

Il ajouta :

Que tous les adultères qui se commettaient, toutes les concussions qui se faisaient, tous les vols qui s'accomplissaient, c'était le feuilleton qui en était cause.

Qu'il n'y avait qu'à supprimer le feuilleton ou à le timbrer : le monde à l'instant faisait halte, et, au lieu de continuer sa route vers l'abîme, rétrogradait du côté de l'âge d'or qu'il ne pouvait manquer d'atteindre un jour, pourvu qu'il fît à reculons autant de pas qu'il en avait fait en avant.

Un jour, le général Foy s'écria :

« Il y a de l'écho en France, lorsqu'on y prononce les mots d'honneur et de patrie! »

Oui, c'est vrai, du temps du général Foy, il y avait cet écho-là, nous l'avons entendu, nous qui parlons, et nous sommes bien content de l'avoir entendu.

— Où est cet écho-là? nous demandera-t-on.
— Lequel?
— L'écho du général Foy.
— Il est où sont les vieilles lunes du poète Villon; peut-être le trouvera-t-on un jour; espérons!

Tant il y a que, ce jour-là, — pas le jour du général Foy, — il y avait à la tribune un autre écho.

C'était un étrange écho, il disait :

« Il est *enfin* temps que nous flétrissions ce que l'Europe admire, et que nous vendions le plus cher possible ce que tout autre gouvernement, s'il avait le bonheur de l'avoir, donnerait pour rien :

» Le génie. »

Il faut dire que ce pauvre écho ne parlait point pour son compte, il ne faisait que répéter les paroles de l'orateur.

La Chambre, à quelques exceptions près, se fit l'écho de l'écho.

Hélas! c'était, depuis trente-cinq ou quarante ans, le rôle des majorités. A la Chambre comme au théâtre, il y a des traditions bien fatales!

Or, la majorité étant de l'avis que tous les vols qui s'accomplissaient, que toutes les concussions qui se faisaient, que tous les adultères qui se commettaient, c'était par la faute du feuilleton;

Que si M. de Praslin avait assassiné sa femme,
Que si Fieschi avait assassiné Louis-Philippe,
Que si Louvel avait assassiné le duc de Berry,
Que si Damiens avait assassiné Louis XV,
Que si Louis XIV avait assassiné Fouquet,
Que si Louis XIII avait assassiné le maréchal d'Ancre,
Enfin, que si Ravaillac avait assassiné Henri IV,

Tous ces assassinats étaient évidemment la faute du feuilleton, même avant qu'il fût créé;

La majorité adopta le timbre.

Peut-être le lecteur n'a-t-il pas bien réfléchi à ce que c'était que le timbre, et se demande-t-il comment le timbre, c'est-à-dire un centime par feuilleton, pouvait tuer le feuilleton?

Cher lecteur, un centime par feuilleton, si votre journal est tiré à quarante mille exemplaires, c'est, savez-vous combien? quatre cents francs par feuilleton!

C'est-à-dire le double de ce qu'on le paye, quand l'auteur s'appelle Eugène Sue, Lamartine, Méry, George Sand ou Alexandre Dumas.

C'est le triple, c'est le quadruple, quand l'auteur se nomme d'un nom fort honorable souvent, mais cependant moins en vogue que les noms que nous venons de citer.

Or, dites-moi, est-ce qu'il y a une grande moralité à un gouvernement de mettre, sur une marchandise quelconque, un impôt quatre fois plus considérable que la valeur intrinsèque de la marchandise?

Surtout quand cette marchandise est une marchandise dont on nous conteste la propriété :

L'esprit?

Il en résulte qu'il n'y a plus de journal assez cher pour acheter des feuilletons-romans.

Il en résulte que presque tous les journaux publient des feuilletons-*histoire*.

Cher lecteur, que dites-vous des feuilletons-histoire du *Constitutionnel*?

— Peuh!...

Eh bien, c'est cela justement!

Voilà ce que voulaient les hommes politiques, afin qu'on ne parlât plus des hommes littéraires.

Sans compter que cela pousse le feuilleton dans une voie bien morale.

Ainsi, par exemple, on vient me proposer, à moi qui ai fait *Monte-Christo*, *les Mousquetaires*, *la Reine Margot*, etc., on vient me proposer de faire l'*Histoire du Palais-Royal*.

Une espèce de compte en partie double fort intéressant :

D'un côté, *l'histoire des maisons de jeu;*
De l'autre côté, *l'histoire des maisons de filles!*

On vient me proposer, à moi, l'homme religieux par excellence :

L'Histoire des crimes des papes!

On vient me proposer... Je n'ose pas vous dire tout ce que l'on vient me proposer.

Ce ne serait rien encore si l'on se bornait à me proposer de *faire*.

Mais on vient me proposer de *ne plus faire*.

Ainsi, un matin, je reçus cette lettre d'Émile de Girardin :

« Mon cher ami,

» Je désire qu'*Ange Pitou* n'ait plus qu'un demi-volume, au lieu de six volumes; que dix chapitres au lieu de cent.

» Arrangez-vous comme vous voudrez, et coupez, si vous ne voulez pas que je coupe. »

Je compris parfaitement, parbleu!

Émile de Girardin avait mes Mémoires dans ses vieux cartons; il préférait publier mes Mémoires, qui ne payaient pas de timbre, plutôt qu'*Ange Pitou* qui en payait.

Aussi me supprima-t-il six volumes de romans pour publier vingt volumes de Mémoires.

Et voilà, cher et bien-aimé lecteur, comment le mot *fin* fut mis avant la *fin;*

Comment Ange Pitou fut étranglé à la manière de l'empereur Paul I⁰ʳ, non point par le cou, mais par le milieu du corps.

Mais, vous le savez par *les Mousquetaires*, que vous avez crus morts deux fois, et qui, deux fois, ont ressuscité, mes héros, à moi, ne s'étranglent pas si facilement que des empereurs.

Eh bien, il en est d'*Ange Pitou* comme des *Mousquetaires*. *Pitou*, qui n'était pas mort le moins du monde, mais qui était disparu seulement, va reparaître; et moi, je vous prie, au milieu de ces temps de troubles et de révolutions qui allument tant de torches et qui éteignent tant de bougies, de ne tenir mes héros pour trépassés que lorsque vous aurez reçu un billet de faire part, signé de ma main.

Et encore!...

I

LE CABARET DU PONT DE SÈVRES

Si le lecteur veut bien se reporter un instant à notre roman d'*Ange Pitou*, et, ouvrant le roman au second volume, jeter un instant les yeux sur le chapitre intitulé : *La nuit du 5 au 6 octobre*, il y retrouvera quelques faits qu'il n'est point sans importance qu'il se remette en mémoire avant de commencer ce livre, qui s'ouvre lui-même dans la matinée du 6 du même mois.

Après avoir cité nous-même quelques lignes importantes de ce chapitre, nous résumerons les faits qui doivent précéder la reprise de notre récit, dans le moins de paroles possible.

Ces lignes les voici :

« A trois heures, comme nous l'avons dit, tout était tranquille à Versailles. L'Assemblée elle-même, rassurée par le rapport de ses huissiers, s'était retirée.

» On comptait bien que cette tranquillité ne serait pas troublée.

» On comptait mal.

» Dans presque tous les mouvements populaires qui préparent les grandes révolutions, il y a un temps d'arrêt pendant lequel on croit que tout est fini, et que l'on peut dormir tranquille. On se trompe.

» Derrière les hommes qui font les premiers mouvements, il y a ceux qui attendent que les premiers mouvements soient finis, et que, fatigués ou satisfaits, mais, dans l'un et l'autre cas, ne voulant pas aller plus loin, ceux qui ont accompli ce premier mouvement se reposent.

» C'est alors qu'à leur tour, ces hommes inconnus, mystérieux agents des passions fatales, se glissent dans les foules, reprennent le mouvement où il a été abandonné, et, le poussant jusqu'à ses dernières limites, épouvantent, à leur réveil, ceux qui leur ont ouvert le chemin, et qui s'étaient couchés à la moitié de la route, croyant la route faite, croyant le but atteint. »

Nous avons nommé trois de ces hommes dans le livre auquel nous empruntons les quelques lignes que nous venons de citer.

Qu'on nous permette d'introduire sur notre scène, c'est-à-dire à la porte du cabaret du pont de Sèvres, un personnage qui, pour n'avoir pas encore été nommé par nous, n'en avait pas joué pour cela un moindre rôle dans cette nuit terrible.

C'était un homme de quarante-cinq à quarante-huit ans, vêtu en ouvrier, c'est-à-dire d'une culotte de velours garantie par un tablier de cuir à poches, comme les tabliers des maréchaux-ferrants et des serruriers. Il était chaussé de bas gris et de souliers à boucles de cuivre, coiffé d'une espèce de bonnet à poil, ressemblant à un bonnet de uhlan coupé par la moitié; une forêt de cheveux grisonnants s'échappaient de dessous ce bonnet pour se joindre à d'énormes sourcils, et ombrager, de compte à demi avec eux, de grands yeux à fleur de tête, vifs et intelligents, dont les reflets étaient si rapides et les nuances si changeantes, qu'il était difficile d'arrêter s'ils étaient verts ou gris, bleus ou noirs. Le reste de la figure se composait d'un nez plutôt fort que moyen, de grosses lèvres, de dents blanches, et d'un teint hâlé par le soleil.

Sans être grand, cet homme était admirablement pris dans sa taille; il avait les attaches fines, le pied petit, et l'on eût pu voir aussi qu'il avait la main petite et même délicate, si sa main n'eût eu cette teinte bronzée des ouvriers habitués à travailler le fer.

Mais, en remontant de cette main au coude, et du coude jusqu'à l'endroit du bras où la chemise retroussée laissait voir le commencement d'un muscle vigoureusement dessiné, on eût pu remarquer que, malgré la vigueur de ce muscle, la peau qui le recouvrait était fine, mince, presque aristocratique.

Cet homme, debout à la porte du cabaret du pont de Sèvres, avait à portée de sa main un fusil à deux coups, richement incrusté d'or, sur le canon duquel on pouvait lire le nom de Leclère, armurier qui commençait à avoir une grande vogue dans l'aristocratie des chasseurs parisiens.

Peut-être nous demandera-t-on comment une si belle arme se trouvait entre les mains d'un simple ouvrier. A ceci nous répondrons qu'aux jours d'émeute, et nous en avons vu quelques-uns, Dieu merci! ce n'est pas toujours aux mains les plus blanches que se trouvent les plus belles armes.

Cet homme était arrivé de Versailles, il y avait une heure à peu près, et savait parfaitement ce qui s'était passé; car, aux questions que lui avait faites l'aubergiste, en lui servant une bouteille de vin qu'il n'avait pas même entamée, il avait répondu :

Que la reine venait avec le roi et le dauphin;

Qu'ils étaient partis vers midi, à peu près;

Qu'ils s'étaient enfin décidés à habiter le palais des Tuileries, ce qui faisait qu'à l'avenir, Paris ne manquerait probablement plus de pain, puisqu'il allait posséder le boulanger, la boulangère, et le petit mitron;

Et que lui attendait pour voir passer le cortège.

Cette dernière assertion pouvait être vraie, et cependant il était facile de remarquer que son regard se tournait plus curieusement du côté de Paris que du côté de Versailles; ce qui donnait lieu de croire qu'il ne s'était pas cru obligé de rendre un compte bien exact de son intention au digne aubergiste qui s'était permis de la lui demander.

Au bout de quelques instants, du reste, son attention parut satisfaite. Un homme vêtu à peu près comme lui, et paraissant exercer une profession analogue à la sienne, se dessina au haut de la montée qui bornait l'horizon de la route.

Cet homme marchait d'un pas alourdi, et comme un voyageur qui a déjà fait un long chemin.

A mesure qu'il approchait, on pouvait distinguer ses traits et son âge.

Son âge pouvait être celui de l'inconnu, c'est-à-dire que l'on pouvait affirmer hardiment, comme disent les gens du peuple, qu'il était du mauvais côté de la quarantaine.

Quant à ses traits, c'étaient ceux d'un homme du commun aux inclinations basses, aux instincts vulgaires.

L'œil de l'inconnu se fixa curieusement sur lui avec une expression étrange, et comme s'il eût voulu mesurer par un seul regard tout ce que l'on pouvait tirer d'impur et de mauvais du cœur de cet homme.

Quand l'ouvrier venant du côté de Paris ne fut plus qu'à une vingtaine de pas du personnage qui attendait sur la porte, celui-ci rentra, versa le premier vin de la bouteille dans un des deux verres placés sur la table, et, revenant à la porte, ce verre à la main et levé :

— Eh! camarade! dit-il, le temps est froid, la route est longue; est-ce que nous ne prenons pas un verre de vin pour nous soutenir et nous réchauffer?

L'ouvrier venant de Paris regarda autour de lui comme pour voir si c'était bien à lui que s'adressait l'invitation.

— C'est à moi que vous parlez? demanda-t-il.

— A qui donc, s'il vous plaît, puisque vous êtes seul?

— Et vous m'offrez un verre de vin?

— Pourquoi pas?

— Ah!

— Est-ce qu'on n'est pas du même métier ou à peu près?

L'ouvrier regarda une seconde fois l'inconnu.

— Tout le monde, dit-il, peut être du même métier; l'important est de savoir si dans le métier on est compagnon ou maître.

— Eh bien, c'est ce que nous vérifierons en prenant un verre de vin et en causant.

— Allons, soit, dit l'ouvrier en s'acheminant vers la porte du cabaret.

L'inconnu lui montra la table et lui désigna le verre.

L'ouvrier prit le verre, en regarda le vin, comme s'il eût conçu pour lui une certaine défiance, qui disparut lorsque l'inconnu se fut versé un second verre de liquide bord à bord comme le premier.

— Eh bien, demanda-t-il, est-ce qu'on est trop fier pour trinquer avec celui que l'on invite?

— Non, ma foi, et au contraire. A la nation!

Les yeux gris de l'ouvrier se fixèrent un moment sur celui qui venait de porter ce toast. Puis il répéta :

— Eh! parbleu! oui, vous dites bien : A la nation!

Et il avala le contenu du verre tout d'un trait. Après quoi, il essuya ses lèvres avec sa manche.

— Eh! eh! fit-il, c'est du bourgogne!

— Et du chenu, hein? On m'a recommandé

Vous trouverez là à peu près un million. (Page 22.)

le bouchon; en passant, j'y suis venu, et je ne m'en repens pas. Mais asseyez-vous donc, camarade; il y en a encore dans la bouteille, et, quand il n'y en aura plus dans la bouteille, il y en aura encore à la cave.

— Ah çà! dit l'ouvrier, que faites-vous donc là?
— Vous le voyez, je viens de Versailles, et j'attends le cortège pour l'accompagner à Paris.
— Quel cortège?
— Eh! mais celui du roi, de la reine et du dauphin, qui reviennent à Paris en compagnie des dames de la halle et de deux cents membres de l'Assemblée, et sous la protection de la garde nationale et de M. de la Fayette.
— Il s'est donc décidé à aller à Paris, le bourgeois?

— Il a bien fallu.
— Je me suis douté de cela, cette nuit, à trois heures du matin, quand je suis parti pour Paris.
— Ah! ah! vous êtes parti cette nuit, à trois heures du matin, et vous avez quitté Versailles comme cela, sans curiosité de savoir ce qui allait s'y passer?
— Si fait, j'avais bien quelque envie de savoir ce que deviendrait le bourgeois, d'autant plus que, sans me vanter, c'est une connaissance; mais, vous comprenez, l'ouvrage avant tout! On a une femme et des enfants; il faut nourrir tout cela, surtout maintenant qu'on n'aura plus la forge royale.

L'inconnu laissa passer les deux allusions sans les relever.

— C'était donc de la besogne pressée que vous êtes allé faire à Paris? insista-t-il.

— Ma foi, oui, à ce qu'il paraît, et bien payée, ajouta l'ouvrier en faisant sonner quelques écus dans sa poche, quoiqu'elle m'ait été payée tout simplement par un domestique, — ce qui n'est pas joli, — et encore par un domestique allemand, — ce qui fait qu'on n'a pas pu causer le moindre brin.

— Et vous ne détestez pas causer, vous?

— Dame! quand on ne dit pas de mal des autres, ça distrait.

— Et même quand on en dit, n'est-ce pas?

Les deux hommes se mirent à rire, l'inconnu en montrant ses dents blanches, l'ouvrier en montrant ses dents gâtées.

— Ainsi donc, reprit l'inconnu, — comme un homme qui avance pas à pas, c'est vrai, mais que rien ne peut empêcher d'avancer, — vous avez été faire de la besogne pressée et bien payée?

— Oui.

— Parce que c'était de la besogne difficile, sans doute?

— Difficile, oui.

— Une serrure à secret, hein?

— Une porte invisible... Imaginez-vous une maison dans une maison; quelqu'un qui aurait intérêt à se cacher, n'est-ce pas? eh bien, il y est et il n'y est pas. On sonne; le domestique ouvre la porte : « Monsieur? — Il n'y est pas. — Si fait, il y est. — Eh bien, cherchez! » On cherche. Bonsoir! je défie bien qu'on trouve monsieur. Une porte en fer, comprenez-vous, qu'emboîte une moulure ric-à-rac. On va passer une couche de vieux chêne par-dessus tout cela, impossible de distinguer le bois du fer.

— Oui, mais en frappant dessus?

— Bah! une couche de bois sur le fer, mince d'une ligne, mais juste assez épaisse pour que le son soit de même partout... Tac tac, tac tac... Voyez-vous, la chose finie, moi-même je m'y trompais.

— Et où diable avez-vous été faire cela?

— Ah! voilà.

— C'est ce que vous ne voulez pas dire?

— Ce que je ne peux pas dire, attendu que je ne le sais pas.

— On vous a donc bandé les yeux?

— Justement! J'étais attendu avec une voiture à la barrière. On m'a dit : Êtes-vous un tel? » J'ai dit : « Oui. — Bon! c'est vous que nous attendons; montez. — Il faut que je monte? — Oui. » Je suis monté, on m'a bandé les yeux, la voiture a roulé une demi-heure à peu près, puis une porte s'est ouverte, — une grande porte; j'ai heurté la première marche d'un perron, j'ai monté dix degrés, je suis entré dans un vestibule; là, j'ai trouvé un domestique allemand qui a dit aux autres : « Zet pien, allez-fous-zen, on n'a blus pesoin de fous. » Les autres s'en sont allés. Il m'a défait mon bandeau, et il m'a montré ce que j'avais à faire. Je me suis mis à la besogne en bon ouvrier. A une heure, c'était fait. On m'a payé en beaux louis d'or, on m'a rebandé les yeux, remis dans la voiture, descendu au même endroit où j'étais monté, on m'a souhaité bon voyage, — et me voilà!

— Sans que vous ayez rien vu, même le coin de l'œil? Que diable! un bandeau n'est pas si bien serré qu'on ne puisse guigner à droite où à gauche.

— Heu! heu!

— Allons donc... allons donc, avouez que vous avez vu, dit vivement l'étranger.

— Voilà : quand j'ai fait un faux pas contre la première marche du perron, j'ai profité de cela pour faire un geste; en faisant ce geste, j'ai un peu dérangé le bandeau.

— Et en dérangeant le bandeau?... dit l'inconnu avec la même vivacité.

— J'ai vu une ligne d'arbres à ma gauche, ce qui m'a fait croire que la maison était sur le boulevard, mais voilà tout.

— Voilà tout?

— Ah! ça, parole d'honneur!

— Ça ne dit pas beaucoup.

— Attendu que les boulevards sont longs, et qu'il y a plus d'une maison avec grande porte et perron, du café Saint-Honoré à la Bastille.

— De sorte que vous ne reconnaîtriez pas la maison?

Le serrurier réfléchit un instant.

— Non, ma foi, dit-il, je n'en serais pas capable.

L'inconnu, quoique son visage ne parût dire d'habitude que ce qu'il voulait bien lui laisser dire, parut assez satisfait de cette assurance.

— Ah çà! mais, dit-il tout à coup comme passant à un autre ordre d'idées, il n'y a donc plus de serruriers à Paris, que les gens qui y font faire des portes secrètes envoient chercher des serruriers à Versailles?

Et, en même temps, il versa un plein verre de vin à son compagnon en frappant sur la table avec la bouteille vide, afin que le maître de l'établissement apportât une bouteille pleine.

II

MAITRE GAMAIN

Le serrurier leva son verre à la hauteur de son œil, mira le vin avec complaisance.

Puis, le goûtant avec satisfaction :

— Si fait, dit-il, il y a des serruriers à Paris.

Il but encore quelques gouttes.

— Il y a même des maîtres.

Il but encore.

— C'est ce que je me disais!

— Oui, mais il y a maître et maître.

— Ah! ah! fit l'inconnu en souriant, je vois que vous êtes comme saint Éloi, non seulement maître, mais maître sur maître.

— Et maître sur tous. Vous êtes de l'état?

— Mais, à peu près.

— Qu'êtes-vous?

— Je suis armurier.

— Avez-vous là de la besogne?

— Voyez ce fusil.

Le serrurier prit le fusil des mains de l'inconnu, l'examina avec attention, fit jouer les ressorts, approuva d'un mouvement de tête le claquement sec des batteries; puis, lisant le nom inscrit sur le canon et sur la platine :

— Leclère? dit-il. Impossible, l'ami! Leclère a vingt-huit ans tout au plus, et nous marchons tous les deux vers la cinquantaine, soit dit sans vous être désagréable.

— C'est vrai, dit-il, je ne suis pas Leclère, mais c'est tout comme.

— Comment, c'est tout comme?

— Sans doute, puisque je suis son maître.

— Ah! bon, s'écria en riant le serrurier, c'est comme si je disais, moi : « Je ne suis pas le roi, mais c'est tout comme. »

— Comment, c'est tout comme, répéta l'inconnu.

— Eh! oui, puisque je suis son maître, dit le serrurier.

— Oh! oh! fit l'inconnu en se levant, et en parodiant le salut militaire, serait-ce à M. Gamain que j'ai l'honneur de parler?

— A lui-même en personne, et pour vous servir si j'en étais capable, dit le serrurier, enchanté de l'effet que son nom avait produit.

— Diable! fit l'inconnu, je ne savais pas avoir affaire à un homme si considérable.

— Hein?

— A un homme si considérable, répéta l'inconnu.

— Si conséquent, vous voulez dire.

— Eh! oui, pardon, reprit en riant l'inconnu; mais, vous savez, un pauvre armurier ne parle pas français comme un maître, et quel maître, le maître du roi de France!

Puis, reprenant la conversation sur un autre ton :

— Dites donc, ça ne doit pas être amusant d'être le maître du roi?

— Pourquoi cela?

— Dame! quand il faut prendre éternellement des mitaines pour dire bonjour ou bonsoir.

— Mais non.

— Quand il faut dire : « Votre Majesté, prenez cette clef de la main gauche. — Sire, prenez cette lime de la main droite. »

— Eh! justement, voilà où était le charme avec lui, car il est bonhomme, au fond, voyez-vous. Une fois dans la forge, quand il avait le tablier devant lui, et les bras de sa chemise retroussés, on n'aurait jamais dit le fils aîné de saint Louis, comme ils l'appellent.

— En effet, vous avez raison, c'est extraordinaire comme un roi ressemble à un autre homme.

— Oui, n'est-ce pas? Il y a longtemps que ceux qui les approchent se sont aperçus de cela.

— Oh! ce ne serait rien, s'il n'y avait que ceux qui les approchent qui s'en soient aperçus, dit l'inconnu en riant d'un rire étrange, mais ce sont ceux qui s'en éloignent surtout, qui commencent à s'en apercevoir.

Gamain regarda son interlocuteur avec un certain étonnement.

Mais celui-ci, qui avait déjà oublié son rôle, en prenant un mot pour un autre, ne lui donna pas le temps de peser la valeur de la phrase qu'il venait de prononcer, et, faisant retour à la conversation :

— Raison de plus, dit-il; un homme comme un autre qu'il faut appeler *sire* et *majesté*, moi, je trouve cela humiliant!

— Mais c'est qu'il ne fallait pas l'appeler sire ni majesté! Une fois dans la forge, il n'y avait plus de tout cela; je l'appelais bourgeois, et il m'appelait Gamain; seulement, je ne le tutoyais pas, et il me tutoyait.

— Oui; mais, lorsqu'arrivait l'heure du déjeuner ou du dîner, on envoyait Gamain dîner à l'office, avec les gens, avec les laquais?

— Non pas, oh! non pas, il n'a jamais fait cela; au contraire, il me faisait apporter une table toute servie dans la forge, et souvent, au déjeuner surtout, il se mettait à table avec moi, et disait : « Bah ! je n'irai pas déjeuner chez la reine, cela fait que je n'aurai pas besoin de me laver les mains. »

— Je ne comprends pas bien.

— Vous ne comprenez pas que, quand le roi venait de travailler avec moi, de manier le fer, pardieu ! il avait les mains comme nous les avons, quoi ! ce qui ne nous empêche pas d'être d'honnêtes gens ; de sorte que la reine lui disait, avec son petit air béguelle : « Fi ! Sire, vous avez les mains sales ! » Comme si on pouvait avoir les mains propres, quand on vient de travailler à la forge.

— Ne m'en parlez pas, dit l'inconnu, ça fait pleurer.

— Voyez-vous, en somme, il ne se plaisait que là, cet homme, ou dans son cabinet de géographie, avec moi ou avec son bibliothécaire ; mais je crois que c'était encore moi qu'il aimait le mieux.

— N'importe, il n'est pas amusant d'être le maître d'un mauvais élève.

— D'un mauvais élève ? s'écria Gamain. Oh ! non ! il ne faut pas dire cela ; il est même bien malheureux, voyez-vous, qu'il soit venu au monde roi, et qu'il ait eu à s'occuper d'un tas de bêtises comme celles dont il s'occupe, au lieu de continuer à faire des progrès dans son art. Ça ne fera jamais qu'un pauvre roi, il est trop honnête, et ça aurait fait un excellent serrurier. Il y en a un, par exemple, que j'exécrais, pour le temps qu'il lui faisait perdre : c'était M. Necker. Lui en a-t-il fait perdre du temps, mon Dieu, lui en a-t-il fait perdre !

— Avec ses comptes, n'est-ce pas ?

— Oui, avec ses comptes bleus, ses comptes en l'air, comme on disait.

— Eh bien, mais, mon ami, dites donc...

— Quoi?

— Ça devait être une fameuse pratique pour vous qu'un élève de ce calibre-là.

— Eh bien, non ; justement, voilà ce qui vous trompe, voilà ce qui fait que je le lui en veux, à votre Louis XVI, à votre père de la patrie, à votre restaurateur de la nation française ; c'est qu'on me croit riche comme un crésus, et que je suis pauvre comme Job.

— Vous êtes pauvre ? Mais, son argent, qu'en faisait-il donc ?

— Bon ! il en donnait la moitié aux pauvres, et l'autre moitié aux riches, de sorte qu'il n'avait jamais le sou. Les Coigny, les Vaudreuil et les Polignac le rongeaient, pauvre cher homme ! Un jour, il a voulu réduire les appointements de M. de Coigny. M. de Coigny est venu l'attendre à la porte de la forge, de sorte qu'après être sorti cinq minutes, le roi est rentré tout pâle, en disant : « Ah ! ma foi, j'ai cru qu'il me battrait. — Et les appointements, Sire ? que je lui ai demandé. — Je les lui ai laissés, m'a-t-il répondu ; le moyen de faire autrement ? » Un autre jour, il a voulu faire des observations à la reine sur une layette de trois cent mille francs, dites donc !

— C'est joli !

— Eh bien, ça n'était pas assez ; la reine lui en a fait donner une de cinq cent mille. Aussi, voyez tous ces Polignac, qui, il y a dix ans, n'avaient pas le sou, les voilà qui viennent de quitter la France avec des millions ! Si ça avait des talents encore, mais donnez-moi à tous ces gaillards-là une enclume et un marteau, ils ne sont pas capables de forger un fer à cheval ; donnez-leur une lime et un étau, ils ne sont pas capables de fabriquer une vis de serrure... mais, en échange, de beaux parleurs, des chevaliers, comme ils disent, qui ont poussé le roi en avant, et qui, aujourd'hui, le laissent se tirer de là comme il pourra, avec M. Bailly, M. la Fayette et M. Mirabeau, tandis que moi, moi qui lui aurais donné de si bons conseils, s'il eût voulu les écouter, il me laisse là avec quinze cents livres de rente qu'il m'a faites, moi son maître, moi son ami, moi qui lui ai mis la lime à la main !

— Oui ; mais, quand vous travaillez avec lui, il y a toujours quelque revenant-bon.

— Allons, est-ce que je travaille avec lui maintenant ? D'abord, ça serait me compromettre ! Depuis la prise de la Bastille, je n'ai pas mis le pied au palais. Une fois ou deux, je l'ai rencontré : la première fois, il y avait du monde dans la rue, il s'est contenté de me saluer ; la seconde fois, c'était sur la route de Satory, nous étions seuls, il a fait arrêter sa voiture. « Eh bien, mon pauvre Gamain, bonjour, a-t-il dit avec un soupir. — Eh ! oui, n'est-ce pas, ça ne va pas comme vous voulez ? mais ça vous apprendra... — Et ta femme, tes enfants, a-t-il interrompu, tout cela se porte-t-il bien ?... — Parfaitement ! des appétits d'enfer, voilà tout... — Tiens, a dit le roi, tu leur feras ce cadeau de ma part. » Et il a fouillé dans ses poches, dans toutes, et il a réuni neuf louis. « C'est tout ce que j'ai sur moi, mon pauvre Gamain, a-t-il dit, et je suis tout honteux de te faire un si triste présent. » Et, en effet, vous en conviendrez, il y a de quoi être honteux : un roi qui n'a que neuf louis dans ses poches, un roi qui fait à un camarade, à un ami, un cadeau de neuf louis !... Aussi...

— Aussi vous avez refusé ?

— Non, j'ai dit : « Il faut toujours prendre, il en rencontrerait un autre moins honteux qui les accepterait ! » Mais c'est égal, il peut être bien tranquille, je ne remettrai pas le pied à Versailles qu'il ne m'envoie chercher, et encore, et encore !

— Cœur reconnaissant ! murmura l'inconnu.

— Vous dites ?

— Je dis que c'est attendrissant, maître Gamain, de voir un dévouement comme le vôtre survivre à la mauvaise fortune ! Un dernier verre de vin à la santé de votre élève.

— Ah ! ma foi, il ne le mérite guère, mais n'importe ! A sa santé tout de même.

Il but.

— Et quand je pense, continua-t-il, qu'il en avait dans ses caves plus de dix mille bouteilles dont le moins bon valait dix fois mieux que celui-ci, et qu'il n'a jamais dit à un valet de pied : « Un tel, prenez un panier de vin, et portez-le chez mon ami Gamain. » Ah ! oui, il a mieux aimé le faire boire par ses gardes du corps, par ses suisses et par ses soldats du régiment de Flandre : ça lui a bien réussi !

— Que voulez-vous ! dit l'inconnu en vidant son verre à petits coups, les rois sont ainsi — des ingrats ! Mais chut ! nous ne sommes plus seuls.

En effet, trois individus, deux hommes du peuple et une poissarde, venaient d'entrer dans le même cabaret, et s'étaient assis à la table faisant le pendant de celle où l'inconnu achevait de vider sa seconde bouteille avec maître Gamain.

Le serrurier jeta les yeux sur eux et les examina avec une attention qui fit sourire l'inconnu.

En effet, ces trois nouveaux personnages semblaient dignes de quelque attention.

Des deux hommes, l'un était tout torse ; l'autre était tout jambes. Quant à la femme, il était difficile de savoir ce qu'elle était.

L'homme qui était tout torse ressemblait à un nain ; à peine atteignait-il la taille de cinq pieds ; peut-être aussi perdait-il un pouce ou deux de sa hauteur, au fléchissement de ses genoux, qui, lorsqu'il était debout, se touchaient à l'intérieur, malgré l'écartement de ses pieds. Son visage, au lieu de relever cette difformité, semblait la rendre plus sensible encore ; ses cheveux, gras et sales, s'aplatissaient sur un front déprimé ; ses sourcils, mal dessinés, semblaient avoir été rassortis par hasard ; ses yeux étaient vitreux dans l'état habituel, ternes et sans flamme comme ceux du crapaud : seulement, dans les moments d'irritation, ils jetaient une étincelle pareille à celle qui jaillit de la prunelle contractée d'une vipère furieuse ; son nez était aplati, et, déviant de la ligne droite, faisait d'autant plus ressortir la proéminence des pommettes de ses joues ; enfin, complétant ce hideux ensemble, sa bouche tordue recouvrait, de ses lèvres jaunâtres, quelques dents rares, branlantes et noires.

Cet homme, au premier abord, semblait avoir dans les veines du fiel au lieu de sang.

Le second, l'opposé du premier, dont les jambes étaient courtes et tortues, semblait au contraire comme un héron monté sur une paire d'échasses. Sa ressemblance avec l'oiseau auquel nous venons de le comparer était d'autant plus grande que, bossu comme lui, sa tête complètement perdue entre ses deux épaules ne se faisait distinguer que par deux yeux qui semblaient deux taches de sang et par un nez long et pointu comme un bec. Comme un héron encore, on eût cru au premier moment, qu'il avait la faculté de distendre son cou en façon de ressort, et d'aller éborgner à distance l'individu auquel il aurait voulu rendre ce mauvais office. Mais il n'en était rien, ses bras seuls semblaient doués de cette élasticité refusée à son cou, et, assis comme il l'était, il n'eut qu'à allonger le doigt, sans incliner le moins du monde son corps, pour ramasser un mouchoir qu'il venait de laisser tomber, après avoir essuyé son front, mouillé à la fois de sueur et de pluie.

Le troisième ou la troisième, comme on voudra, était un être amphibie, dont on pouvait bien reconnaître l'espèce, mais dont il était difficile de distinguer le sexe. C'était un homme ou une femme de trente à trente-quatre ans, portant un élégant costume de poissarde avec chaînes d'or et boucles d'oreilles, bavolet et mouchoir de dentelle ; ses traits, autant qu'on pouvait les distinguer à travers la couche de blanc et de rouge qui les couvrait, à travers les mouches de toute forme qui constellaient cette couche de rouge et de blanc, étaient légèrement effacés comme on le voit chez les races abâtardies. Une fois qu'on l'avait vu, une fois qu'à son aspect, on était entré dans le doute que nous venons d'exprimer, on attendait avec impatience que sa bouche s'ouvrît pour prononcer quelques paroles, car on espérait que le son de sa voix donnerait à toute sa personne douteuse un caractère à l'aide duquel il serait possible de le reconnaître. Mais il n'en était rien : sa voix, qui semblait celle d'un soprano, laissait le curieux et l'observateur plus profondément encore plongés dans le doute éveillé par sa personne ; l'oreille n'expliquait point l'œil, l'ouïe ne complétait pas la vue.

Les bas et les souliers des deux hommes, ainsi que les souliers de la femme, indiquaient que ceux qui les portaient traînaient depuis longtemps dans la rue.

— C'est étonnant, dit Gamain, il me semble que voilà une femme que je connais.

— Soit ; mais, du moment où ces trois personnes sont ensemble, mon cher monsieur Gamain, dit l'inconnu en prenant son fusil et en enfonçant son bonnet sur l'oreille, c'est qu'elles ont quelque chose à faire ; du moment où elles ont quelque chose à faire, il faut les laisser ensemble.

— Mais vous les connaissez donc ? demanda Gamain.

— Oui, de vue, répondit l'inconnu. Et vous ?

— Moi, je répondrais que j'ai vu la femme quelque part.

— A la cour, probablement ? dit l'inconnu.

— Ah bien ! oui, une poissarde !

— Elles y vont beaucoup, depuis quelque temps.

— Si vous les connaissez, nommez-moi donc les deux hommes ; cela m'aidera bien certainement à reconnaître la femme.

— Les deux hommes ?

— Oui.

— Lequel voulez-vous que je vous nomme le premier ?

— Le bancal.

— Jean-Paul Marat.

— Ah ! ah !

— Après ?

— Le bossu ?

— Prosper Verrières.

— Ah ! ah !

— Eh bien ! cela vous met-il sur la trace de la poissarde ?

— Ma foi, non.

— Cherchez.

— Je donne ma langue aux chiens.

— Eh bien, la poissarde ?...

— Attendez... Mais non, mais si, mais non...

— Si fait.

— C'est... impossible !

— Oui, cela a l'air d'être impossible, au premier abord.

— C'est... ?

— Allons, je vois bien que vous ne le nommerez jamais, et qu'il faut que je le nomme : la poissarde, c'est le duc d'Aiguillon.

A ce nom prononcé, la poissarde tressaillit, et se retourna ainsi que les deux autres hommes.

Tous trois firent un mouvement pour se lever, comme on ferait devant un chef à qui l'on voudrait marquer sa déférence.

Mais l'inconnu mit son doigt sur ses lèvres et passa.

Gamain le suivit, croyant qu'il rêvait.

A la porte, il fut heurté par un individu qui semblait fuir, poursuivi par des gens qui criaient :

— Le coiffeur de la reine ! le coiffeur de la reine !

Parmi ces gens courant et criant, il y en avait deux qui portaient chacun une tête sanglante au bout d'une pique.

C'étaient les têtes des deux malheureux gardes, Varicourt et Deshuttes, qui, séparées du corps par un modèle nommé le grand Nicolas, avaient été placées chacune au bout d'une pique.

Ces têtes, nous l'avons dit, faisaient partie de la troupe qui courait après le malheureux qui venait de heurter Gamain.

— Tiens, M. Léonard, dit celui-ci.

— Silence, ne me nommez pas ! s'écria le coiffeur en se précipitant dans le cabaret.

— Que lui veulent-ils donc ? demanda le serrurier à l'inconnu.

— Qui sait ? répondit celui-ci ; ils veulent peut-être lui faire friser les têtes de ces pauvres diables. On a de si singulières idées en temps de révolution !

Et il se confondit dans la foule, laissant Gamain, dont, selon toute probabilité, il avait tiré tout ce dont il avait besoin, regagner comme il l'entendait son atelier de Versailles.

III

GAGLIOSTRO

Il était d'autant plus facile à l'inconnu de se confondre dans cette foule, que cette foule était nombreuse.

C'était l'avant-garde du cortège du roi, de la reine et du dauphin.

On était parti de Versailles, comme l'avait dit le roi, vers une heure de l'après-midi.

La reine, le dauphin, madame Royale, M. le

comte de Provence, madame Élisabeth et Andrée[1], étaient montés dans le carrosse du roi.

Cent voitures avaient reçu les membres de l'Assemblée nationale, qui s'étaient déclarés inséparables du roi.

Le comte de Charny et Billot étaient restés à Versailles pour rendre les derniers devoirs au baron Georges de Charny, tué, comme nous l'avons dit, dans cette terrible nuit du 5 au 6 octobre, et pour empêcher qu'on ne mutilât son corps, comme on avait mutilé ceux des gardes du corps Varicourt et Deshuttes.

Cette avant-garde dont nous avons parlé, qui était partie de Versailles deux heures avant le roi, et qui le précédait d'un quart d'heure, à peu près, était ralliée en quelque sorte aux deux têtes des gardes qui lui servaient de drapeau.

Ces têtes s'étant arrêtées au cabaret du pont de Sèvres, l'avant-garde s'était arrêtée avec elles, et en même temps qu'elles.

Cette avant-garde se composait de misérables déguenillés et à moitié ivres, écume flottant à la surface de toute inondation, que l'inondation soit d'eau ou de lave.

Tout à coup, il se fit dans cette foule un grand tumulte. On venait d'apercevoir les baïonnettes de la garde nationale et le cheval blanc de la Fayette, qui précédaient immédiatement la voiture du roi.

La Fayette aimait fort les rassemblements populaires ; c'était au milieu du peuple de Paris, dont il était l'idole, qu'il régnait véritablement.

Mais il n'aimait pas la populace.

Paris, comme Rome, avait sa *plebs* et sa *plebecula*.

Il n'aimait pas surtout ces sortes d'exécutions que la populace faisait elle-même. On a vu qu'il avait fait tout ce qu'il avait pu pour sauver Flesselles, Foulon et Berthier de Sauvigny.

C'était donc à la fois pour lui cacher son trophée et conserver les insignes sanglants qui constataient sa victoire, que cette avant-garde avait pris les grands devants.

Mais il paraît que, renforcés du triumvirat

[1] Nous parlons toujours dans la conviction, ou du moins dans l'espérance où nous sommes que nos lecteurs d'aujourd'hui sont nos lecteurs d'hier, et, par conséquent, sont familiarisés avec nos personnages. Nous ne croyons donc pas que nous ayons besoin de leur rappeler autre chose, sinon que mademoiselle Andrée de Taverney n'est autre que la comtesse de Charny, la sœur de Philippe, et la fille du baron de Taverney-Maison-Rouge.

qu'ils avaient eu le bonheur de rencontrer dans le cabaret, les portes-étendards avaient trouvé un moyen d'éluder la Fayette, car ils refusèrent de partir avec leurs compagnons, et décidèrent que, Sa Majesté ayant déclaré qu'elle ne voulait pas se séparer de ses fidèles gardes, ils attendraient Sa Majesté pour lui faire cortège.

En conséquence, l'avant-garde, ayant pris des forces, se remit en chemin.

Cette foule, qui s'écoulait sur la grande route de Versailles à Paris, — pareille à un égout débordé, qui, après un orage, entraîne dans ses flots noirs et boueux les habitants d'un palais qu'il avait trouvé sur son chemin et renversé dans sa violence, — cette foule, disons-nous, avait, de chaque côté de la route, une espèce de remous formé par les populations des villages environnant cette route, et accourant pour voir ce qui se passait. Parmi ceux qui accouraient ainsi, quelques-uns, et c'était le petit nombre, se mêlaient à la foule, faisant cortège au roi, jetant leurs cris et leurs clameurs au milieu de toutes ces clameurs et de tous ces cris ; mais le plus grand nombre restaient aux deux côtés du chemin, immobiles et silencieux.

Dirons-nous pour cela qu'ils étaient bien sympathiques au roi et à la reine ? Non, car, à moins d'appartenir à la classe aristocratique de la société, tout le monde, même la bourgeoisie, souffrait peu ou prou de cette effroyable famine qui venait de s'étendre sur la France. Donc, s'ils n'insultaient pas le roi, la reine et le dauphin, ils se taisaient et le silence de la foule est peut-être pire encore que son insulte.

En échange, au contraire, cette foule cria de tous ses poumons : « Vive la Fayette ! » — lequel ôtait de temps en temps son chapeau de la main gauche, et saluait avec son épée de la main droite ; — et « Vive Mirabeau ! » — lequel passait de temps en temps aussi sa tête par la portière du carrosse où il était entassé, lui sixième, afin d'aspirer à pleine poitrine l'air extérieur nécessaire à ses larges poumons.

Ainsi, le malheureux Louis XVI, pour qui tout était silence, entendait applaudir devant lui la chose qu'il avait perdue : la popularité, et celle qui lui avait manqué toujours : le génie.

Gilbert, comme il avait fait au voyage du roi seul, marchait confondu avec tout le monde à la portière droite du carrosse du roi, c'est-à-dire aux côtés de la reine.

Marie-Antoinette, qui n'avait jamais pu comprendre cette espèce de stoïcisme de Gilbert, auquel la raideur américaine avait ajouté une nouvelle âpreté, regardait avec étonnement cet homme qui, sans amour et sans dévouement pour ses souverains, remplissant simplement près d'eux ce qu'il appelait un devoir, était prêt à faire pour eux cependant tout ce que l'on fait par dévouement et par amour.

Davantage même, car il était prêt à mourir, et beaucoup de dévouements et d'amours n'allèrent point jusque-là.

Des deux côtés de la voiture du roi et de la reine, — outre cette espèce de file de gens à pied qui s'étaient emparés de ce poste, les uns par curiosité, les autres pour être prêts à secourir, en cas de besoin, les augustes voyageurs, très peu dans de mauvaises intentions, — marchaient sur les deux revers de la route, pataugeant dans une boue de six pouces de hauteur, les dames et les forts de la halle, qui semblaient rouler de temps en temps, au milieu de leur fleuve bigarré de bouquets et de rubans, un flot plus compact.

Ce flot, c'était quelque canon ou quelque caisson, chargé de femmes chantant à haute voix et criant à tue-tête.

Ce qu'elles chantaient, c'était notre vieille chanson populaire :

La boulangère a des écus
Qui ne lui coûtent guère.

Ce qu'elles disaient, c'était cette nouvelle formule de leur espérance :

« Nous ne manquerons plus de pain maintenant, nous ramenons le boulanger, la boulangère et le petit mitron. »

La reine semblait écouter tout cela sans y rien comprendre. Elle tenait, debout entre ses jambes, le petit dauphin, qui regardait cette foule de cet air effaré dont les enfants de prince regardent la foule — à l'heure des révolutions, — comme nous avons vu, nous, le roi de Rome, le duc de Bordeaux et le comte de Paris la regarder.

Seulement notre foule à nous est plus dédaigneuse et plus magnanime que celle-là, car elle est plus forte et elle comprend qu'elle peut faire grâce.

Le roi, de son côté, regardait tout cela avec son regard terne et alourdi. Il avait à peine dormi la nuit précédente ; il avait mal mangé à son déjeuner ; le temps lui avait manqué pour rajuster et repoudrer sa coiffure ; sa barbe était longue ; son linge fripé, toutes choses infiniment à son désavantage. Hélas ! le pauvre roi n'était pas l'homme des circonstances difficiles. Aussi, dans toutes les circonstances difficiles pliait-il la tête. Un seul jour, il la releva : ce fut sur l'échafaud au moment où elle allait tomber.

Madame Élisabeth était cet ange de douceur et de résignation que Dieu avait mis près de ces deux créatures condamnées, qui devait consoler le roi, au Temple, de l'absence de la reine, consoler la reine, à la Conciergerie, de la mort du roi.

M. de Provence, là comme toujours, avait son regard oblique et faux ; il savait bien que, pour le moment du moins, lui ne courait aucun danger ; c'était, en ce moment-là, la popularité de la famille, — pourquoi ? on n'en savait rien ; peut-être parce qu'il était resté en France quand son frère le comte d'Artois était parti.

Mais, si le roi eût pu lire au fond du cœur de M. de Provence, reste à savoir si ce qu'il y eût lu lui eût laissé bien intacte cette reconnaissance qu'il lui avait vouée pour ce qu'il regardait comme du dévouement.

Andrée semblait de marbre, elle ; — elle n'avait pas mieux dormi que la reine, pas mieux mangé que le roi, mais les besoins de la vie ne semblaient point faits pour cette nature exceptionnelle. Elle n'avait pas eu plus de temps pour soigner sa coiffure ou changer d'habits, et cependant pas un cheveu de sa coiffure n'était dérangé, pas un pli de sa robe n'indiquait un froissement inaccoutumé. Comme une statue, ces flots qui s'écoulaient autour d'elle sans qu'elle parût même y faire attention, semblaient la rendre plus lisse et plus blanche ; il était évident que cette femme avait, au fond de la tête ou du cœur, une pensée unique et lumineuse pour elle seule, où tendait son âme, comme tend à l'étoile polaire l'aiguille aimantée. Espèce d'ombre parmi les vivants, une chose seule indiquait qu'elle vécût : c'était l'éclair involontaire qui s'échappait de son regard chaque fois que son œil rencontrait l'œil de Gilbert.

A cent pas à peu près avant d'arriver au petit cabaret dont nous avons parlé, le cortège fit halte ; les cris redoublèrent sur toute la ligne.

La reine se pencha légèrement en dehors de la portière, et ce mouvement, qui ressemblait cependant à un salut, fit courir dans la foule un long murmure.

— Monsieur Gilbert ? dit-elle.

Gilbert s'approcha de la portière. Comme, depuis Versailles, il tenait son chapeau à la main, il n'eut point besoin de l'ôter pour donner une marque de respect à la reine.

Oh! malheur! malheur à moi! (Page 32.)

— Madame? dit-il.

Ce seul mot, par l'intonation précise avec laquelle il fut prononcé, indiquait que Gilbert était tout aux ordres de la reine.

— Monsieur Gilbert, reprit-elle, que chante donc, que dit donc, que crie donc votre peuple?

On voit, par la force même de cette phrase, que la reine l'avait préparée d'avance, et que, depuis longtemps, sans doute, elle l'avait mâchée entre ses dents avant de la cracher par la portière à la face de cette foule.

Gilbert poussa un soupir qui signifiait : « Toujours la même! »

Puis, avec une profonde expression de mélancolie :

— Hélas! Madame, dit-il, ce peuple que vous appelez mon peuple a été le vôtre autrefois, et voilà un peu moins de vingt ans que M. de Brissac, un charmant courtisan que je cherche vainement ici, vous montrait, du balcon de l'hôtel de ville, ce même peuple criant : « Vive la dauphine! » et vous disait : « Madame, vous avez là deux cent mille amoureux. »

La reine se mordit les lèvres; il était impossible de prendre cet homme en défaut de repartie ou en faute de respect.

— Oui, c'est vrai, dit la reine; cela prouve seulement que les peuples changent.

Cette fois, Gilbert s'inclina, mais ne répondit pas.

— Je vous avais fait une question, monsieur Gilbert, dit la reine avec cet acharnement qu'elle mettait à tout, même aux choses qui devaient lui être désagréables.

— Oui, Madame, dit Gilbert, et je vais y répondre puisque Votre Majesté insiste. Le peuple chante :

La boulangère a des écus
Qui ne lui coûtent guère.

Vous savez qui le peuple appelle la Boulangère ?

— Oui, Monsieur, je sais qu'il me fait cet honneur ; je suis déjà habituée à ces sobriquets : il m'appelait madame Déficit. Y a-t-il donc quelque analogie entre le premier surnom et le second ?

— Oui, Madame, et vous n'avez, pour vous en assurer, qu'à peser les deux premiers vers que je viens de vous dire :

La boulangère a des écus
Qui ne lui coûtent guère.

La reine répéta :

— *A des écus qui ne lui coûtent guère...* Je ne comprends pas, Monsieur.

Gilbert se tut.

— Eh bien ! reprit la reine avec impatience, n'avez-vous point entendu que je ne comprenais pas ?

— Et Votre Majesté continue d'insister sur une explication ?

— Sans doute.

— Cela veut dire, Madame, que Votre Majesté a eu des ministres très complaisants, des ministres des finances surtout, M. de Calonne, par exemple ; le peuple sait que Votre Majesté n'avait qu'à demander pour qu'on lui donnât, et, comme cela ne coûte pas grand'peine de demander quand on est reine, attendu qu'en demandant, on ordonne, le peuple chante :

La boulangère a des écus
Qui ne lui coûtent guère ;

c'est-à-dire qui ne lui coûtent que la peine de les demander.

La reine crispa sa main blanche, posée sur le velours rouge de la portière.

— Eh bien, soit, dit-elle, voilà pour ce qu'il chante. Maintenant, s'il vous plaît, monsieur Gilbert, puisque vous expliquez si bien sa pensée, passons à ce qu'il dit.

— Il dit, Madame : « Nous ne manquerons plus de pain, maintenant que nous tenons « *le Boulanger, la Boulangère et le petit Mitron* ».

— Vous allez m'expliquer cette seconde insolence aussi clairement que la première, n'est-ce pas ? J'y compte.

— Madame, dit Gilbert avec la même douceur mélancolique, si vous vouliez bien peser, non pas les mots, peut-être, mais l'intention de ce peuple, vous verriez que vous n'avez pas tant à vous en plaindre que vous le croyez.

— Voyons cela, dit la reine avec un sourire nerveux. Vous savez que je ne demande pas mieux que d'être éclairée, monsieur le docteur. Voyons donc, j'écoute, j'attends.

— A tort ou à raison, Madame, on lui a dit, à ce peuple, qu'il se faisait à Versailles un grand commerce de farines, et que c'était pour cela que les farines n'arrivaient plus à Paris. Qui nourrit ce pauvre peuple ? Le boulanger et la boulangère du quartier. Vers qui le père, le mari, le fils tournent-ils leurs mains suppliantes, quand, faute d'argent, l'enfant, la femme ou le père meurent de faim ? Vers ce boulanger, vers cette boulangère. Qui supplie-t-il, après Dieu, qui fait pousser les moissons ? Ceux-là qui distribuent le pain. N'êtes-vous pas, Madame, le roi n'est-il pas, cet auguste enfant n'est-il pas lui-même, n'êtes-vous pas tous trois enfin les distributeurs du pain de Dieu ? Ne vous étonnez donc pas du doux nom que ce peuple vous donne, et remerciez-le de cette espérance qu'il a, qu'une fois que le roi, la reine et M. le dauphin seront au milieu de douze cent mille affamés, ces douze cent mille affamés ne manqueront plus de rien.

La reine ferma un instant les yeux, et on lui vit faire un mouvement de la mâchoire et du cou, comme si elle essayait d'avaler sa haine, en même temps que cette âcre salive qui lui brûlait la gorge.

— Et ce qu'il crie, ce peuple, ce qu'il crie là-bas, devant et derrière nous, devons-nous l'en remercier comme des sobriquets qu'il nous donne, comme des chansons qu'il nous chante ?

— Oh ! oui, Madame, et plus sincèrement encore ; car cette chanson qu'il chante n'est que l'expression de sa bonne humeur, car ces sobriquets qu'il vous donne ne sont que la manifestation de ses espérances : mais ces cris qu'il pousse, c'est l'expression de son désir.

— Ah ! le peuple désire que MM. de la Fayette et Mirabeau vivent ?

Comme on le voit, la reine avait parfaitement entendu les chants, les dires et même les cris.

— Oui, Madame, dit Gilbert, car, en vivant, M. de la Fayette et M. de Mirabeau, qui sont séparés, comme vous voyez en ce moment, séparés par l'abîme au-dessus duquel vous êtes suspendus, — car, en vivant, M. de la Fayette et M. de Mirabeau peuvent se réunir, et, en se réunissant, sauver la monarchie.

— C'est-à-dire alors, Monsieur, s'écria la reine, que la monarchie est si bas, qu'elle ne peut être sauvée que par ces deux hommes ?

Gilbert s'apprêtait à répondre quand des cris d'épouvante, mêlés à d'atroces éclats de rires, se firent entendre, et quand on vit s'opérer dans la foule un grand mouvement qui, au lieu d'éloigner Gilbert, le rapprocha de la portière où il se cramponna, devinant que quelque chose se passait ou allait se passer, qui peut-être nécessiterait, pour la défense de la reine, l'emploi de sa parole ou de sa force.

C'étaient les deux porteurs de têtes, qui, après avoir fait poudrer et friser ces têtes par le malheureux Léonard, voulaient se donner l'horrible plaisir de les présenter à la reine, comme d'autres — ou les mêmes peut-être — s'étaient donné celui de présenter à Berthier la tête de son beau-père Foulon.

Ces cris, c'étaient ceux que poussait, à la vue des deux têtes, cette foule qui s'écartait, se refoulant d'elle-même, et s'ouvrant épouvantée pour les laisser passer.

— Au nom du ciel, Madame, dit Gilbert, ne regardez pas à droite !

La reine n'était pas femme à obéir à une pareille injonction sans s'assurer de la cause pour laquelle elle lui était faite.

En conséquence, son premier mouvement fut de tourner les yeux vers le point que lui interdisait Gilbert. Elle jeta un cri terrible.

Mais tout à coup ses yeux se détachèrent de l'horrible spectacle, comme s'ils venaient de rencontrer un spectacle plus horrible encore, et, rivés à une tête de Méduse, ne pouvaient plus s'en détacher.

Cette tête de Méduse, c'était celle de l'inconnu que nous avons vu causant et buvant avec maître Gamain au cabaret du pont de Sèvres, et qui se tenait debout, les bras croisés, appuyé contre un arbre.

La main de la reine se détacha de la portière de velours, et, s'appuyant sur l'épaule de Gilbert, elle s'y crispa un instant à enfoncer ses ongles dans les chairs.

Gilbert se retourna.

Il vit la reine pâle, les lèvres blêmes et frémissantes, les yeux fixes.

Peut-être eût-il attribué cette surexcitation nerveuse à la présence des deux têtes, si la vue de Marie-Antoinette avait été arrêtée sur l'une ou sur l'autre.

Mais le regard plongeait horizontalement devant lui à hauteur d'homme.

Gilbert suivit la direction du regard, et, comme la reine avait poussé un cri de terreur, il en poussa, lui, un d'étonnement.

Puis tous deux murmurèrent en même temps :

— Cagliostro !

L'homme appuyé contre l'arbre voyait, de son côté, parfaitement la reine.

Il fit de la main un signe à Gilbert comme pour lui dire : « Viens ! »

En ce moment les voitures firent un mouvement pour se remettre en route.

Par un mouvement machinal, instinctif, naturel, la reine poussa Gilbert pour qu'il ne fût point écrasé par la roue.

Il crut qu'elle le poussait vers cet homme.

D'abord, la reine ne l'eût-elle point poussé, une fois qu'il l'avait reconnu pour ce qu'il était, il n'était en quelque sorte plus maître de ne pas aller à lui.

En conséquence, immobile, il laissa défiler le cortège ; puis, suivant le faux ouvrier, qui, de temps en temps, se retournait pour savoir s'il était suivi, il entra après lui dans une petite ruelle montant vers Bellevue par une pente assez rapide, et disparut derrière un mur, juste au moment où, du côté de Paris, disparaissait le cortège, aussi complètement caché par la déclivité de la montagne que s'il se fût enfoncé dans un abîme.

IV

LA FATALITÉ

Gilbert suivit son guide, qui le précédait à vingt pas de distance à peu près, jusqu'à la moitié de la montée. Là, comme on se trouvait en face d'une grande et belle maison, celui qui marchait le premier tira une clef de sa poche et ouvrit une petite porte destinée à donner passage au maître de cette maison, quand celui-ci voulait entrer ou sortir sans mettre ses domestiques dans la confidence de sa rentrée ou de sa sortie.

Il laissa la porte entre-bâillée, ce qui signifiait, aussi clairement que possible, que le premier entré invitait son compagnon de route à le suivre.

Gilbert entra et repoussa doucement la porte, qui tourna silencieusement sur ses gonds, et se referma sans qu'on entendît claquer le pêne.

Une pareille serrure eût fait l'admiration de maître Gamain.

Une fois entré, Gilbert se trouva dans un corridor à la double muraille duquel étaient incrustés, à hauteur d'homme, c'est-à-dire de manière à ce que l'œil ne perdît aucun de leurs merveilleux détails, des panneaux de bronze moulés sur ceux dont Ghiberti a enrichi la porte du baptistère de Florence.

Les pieds s'enfonçaient dans un moelleux tapis de Turquie.

A gauche était une porte ouverte.

Gilbert pensa que c'était à son intention que cette porte était ouverte, et entra dans un salon tendu de satin de l'Inde, avec des meubles de la même étoffe que la tapisserie. Un de ces oiseaux fantastiques, comme en peignent ou en brodent les Chinois, couvrait le plafond de ses ailes d'or et d'azur, et soutenait entre ses serres le lustre qui, avec des candélabres d'un travail magnifique représentant des touffes de lis, servait à éclairer le salon.

Un seul tableau ornait ce salon, et faisait pendant à la glace de la cheminée.

Il représentait une vierge de Raphaël.

Gilbert était occupé à admirer ce chef-d'œuvre, lorsqu'il entendit ou plutôt lorsqu'il devina qu'une porte s'ouvrait derrière lui. Il se retourna et reconnut Cagliostro, sortant d'une espèce de cabinet de toilette.

Un instant lui avait suffi pour effacer les souillures de ses bras et de son visage, pour donner à ses cheveux, encore noirs, le tour le plus aristocratique, et pour changer complètement d'habits.

Ce n'était plus l'ouvrier aux mains noires, aux cheveux plats, aux chaussures souillées de boue, à la culotte de velours grossière et à la chemise de toile écrue.

C'était le seigneur élégant que, déjà deux fois, nous avons présenté à nos lecteurs, dans *Joseph Balsamo*, d'abord, ensuite dans le *Collier de la Reine*.

Son costume, couvert de broderies, ses mains étincelantes de diamants, constrastaient avec le costume noir de Gilbert et le simple anneau d'or, présent de Washington, qu'il portait au doigt.

Cagliostro s'avança, la figure souriante ; il tendit ses bras à Gilbert.

Gilbert s'y jeta.

— Cher maître ! s'écria-t-il.

— Oh! un instant, dit en riant Cagliostro ; vous avez fait, mon cher Gilbert, depuis que nous nous sommes quittés, de tels progrès, en philosophie surtout, que c'est vous aujourd'hui qui êtes le maître, et moi qui suis à peine digne d'être l'écolier.

— Merci du compliment, dit Gilbert ; mais, en supposant que j'eusse fait de pareils progrès, comment le savez-vous ? Il y a huit ans que nous ne nous sommes vus.

— Croyez-vous donc, cher docteur, que vous soyez de ces hommes qu'on ignore, parce qu'on cesse de les voir ? Je ne vous ai pas vu depuis huit ans, c'est vrai, mais, depuis huit ans, je pourrais presque vous dire, jour par jour, ce que vous avez fait.

— Oh ! par exemple !

— Doutez-vous donc toujours de ma double vue ?

— Vous savez que je suis mathématicien.

— C'est-à-dire incrédule... Voyons donc, alors : vous êtes venu une première fois en France, rappelé par vos affaires de famille ; vos affaires de famille ne me regardent pas, et, par conséquent...

— Non pas, fit Gilbert, croyant embarrasser Cagliostro : dites, cher maître.

— Eh bien, cette fois, il s'agissait pour vous de vous occuper de l'éducation de votre fils Sébastien, de le mettre en pension dans une petite ville, à dix-huit ou vingt lieues de Paris, et de régler vos affaires avec votre fermier, un brave homme que vous retenez à Paris, bien contre son gré, et qui, pour mille raisons, aurait grand besoin chez sa femme.

— En vérité, mon maître, vous êtes prodigieux !

— Oh ! attendez donc... La seconde fois, vous êtes revenu en France parce que les affaires politiques vous y ramenaient, comme elles y en ramènent bien d'autres ; puis vous aviez fait certaines brochures que vous aviez envoyées au roi Louis XVI, et, comme il y a encore un peu du vieil homme en vous, comme vous êtes plus orgueilleux de l'approbation d'un roi que vous ne le seriez peut-être de celle de mon prédécesseur en éducation près de vous, de Jean-Jacques Rousseau, qui serait bien autre chose qu'un roi cependant, s'il vivait encore! vous étiez désireux de savoir ce que pensait du docteur Gilbert le petit-fils de Louis XIV, d'Henri IV et de saint Louis ; par malheur, il existait une vieille petite affaire à laquelle vous n'aviez pas songé, et à laquelle cependant j'ai dû de vous trouver, un beau jour, tout sanglant, la poitrine trouée d'une balle, dans une grotte des îles Açores, où mon bâtiment faisait relâche, par hasard. Cette petite affaire concernait mademoiselle Andrée de Taverney, devenue comtesse de Charny, en tout bien tout honneur, et pour rendre service à la reine. Or, comme la reine n'avait rien à refuser à la femme qui avait épousé le comte de Charny, la reine demanda et obtint à votre intention une lettre de cachet ; vous fûtes arrêté sur la route du Havre à Paris, et conduit à la Bastille, où vous seriez encore, cher docteur, si le peuple un jour, ne l'avait renversée d'un revers de sa main. Aussitôt, en bon royaliste que vous êtes, mon cher Gilbert, vous vous êtes rallié au roi, dont vous voici le médecin par quartier. Hier, ou plutôt ce matin, vous avez puissamment contribué au salut de la famille royale en courant réveiller ce bon la Fayette, qui dormait du sommeil du juste, et, tout à l'heure, quand vous m'avez vu, croyant que la reine, — qui, soit dit entre parenthèses, mon cher Gilbert, vous déteste, — était menacée, vous vous apprêtiez à faire à votre souveraine un rempart de votre corps... Est-ce bien cela ? Ai-je oublié quelque particularité de peu d'importance, comme une séance de magnétisme en présence du roi, le retrait de certaine cassette de certaines mains qui s'en étaient emparées par le ministère d'un certain Pasdeloup ? Voyons, dites, et, si j'ai commis une erreur ou un oubli, je suis prêt à faire amende honorable.

Gilbert était demeuré stupéfait devant cet homme singulier, qui savait si bien préparer ses moyens d'effet, que celui sur lequel il opérait était tenté de croire que, semblable à Dieu, il avait le don d'embrasser à la fois l'ensemble du monde et ses détails, et de lire dans le cœur des hommes.

— Oui, c'est bien cela, dit-il, et vous êtes toujours le magicien, le sorcier, l'enchanteur Cagliostro !

Cagliostro sourit avec satisfaction ; il était évident qu'il était fier d'avoir produit sur Gilbert l'impression que, malgré lui, Gilbert laissait paraître sur son visage.

Gilbert continua.

— Et maintenant, dit-il, comme je vous aime certes autant que vous m'aimez, mon cher maître, et que mon désir de savoir ce que vous êtes devenu depuis notre séparation est au moins aussi grand que celui qui vous a fait vous informer de ce que j'étais devenu moi-même, voulez-vous me dire, s'il n'y a pas d'indiscrétion dans ma demande, en quel lieu du monde vous avez répandu votre génie et exercé votre pouvoir ?

Cagliostro sourit.

— Oh ! moi, dit-il, j'ai fait comme vous, j'ai vu des rois, beaucoup même, mais dans un autre but. Vous vous approchez d'eux pour les soutenir ; moi je m'approche d'eux pour les renverser ; vous essayez de faire un roi constitutionnel, et vous n'y arriverez pas ; moi, je fais des empereurs, des rois, des princes philosophes, et j'y arrive.

— Ah ! vraiment ? interrompit Gilbert d'un air de doute.

— Parfaitement ! Il est vrai qu'ils avaient été admirablement préparés par Voltaire, d'Alembert et Diderot, ces nouveaux Mézences, ces sublimes contempteurs des dieux, et aussi par l'exemple de ce cher Frédéric, que nous avons eu le malheur de perdre. Mais, enfin, vous le savez, — excepté ceux qui ne meurent pas, comme moi et le comte de Saint-Germain, — nous sommes tous mortels. Tant il y a que la reine est belle, mon cher Gilbert, et qu'elle recrute des soldats qui combattent contre eux-mêmes, des rois qui poussent au renversement des trônes plus fort que les Boniface XIII, les Clément VIII et les Borgia n'ont jamais poussé au renversement de l'autel. Ainsi, nous avons d'abord l'empereur Joseph II, le frère de notre bien-aimée reine, qui supprime les trois quarts des monastères, qui s'empare des biens ecclésiastiques, qui chasse de leurs cellules jusqu'aux carmélites, et qui envoie à sa sœur Marie-Antoinette des gravures représentant des religieuses décapuchonnées essayant des modes nouvelles, et des moines défroqués se faisant friser. Nous avons le roi de Danemark qui a commencé par être le bourreau de son médecin Struensée, et qui, philosophe précoce, disait à dix-sept ans : « C'est M. de Voltaire qui m'a fait homme, et qui m'a appris à penser. » Nous avons l'impératrice Catherine, qui fait de si grands pas en philosophie, tout en démembrant la Pologne, bien entendu, que Voltaire lui écrivait : » Diderot, d'Alembert et moi, nous vous dressons des autels. » Nous avons la reine de Suède : nous avons enfin beaucoup de princes de l'Empire et de toute l'Allemagne.

— Il ne vous reste plus qu'à convertir le pape, mon cher maître, et, comme je pense que rien ne vous est impossible, j'espère que vous y arriverez.

— Ah ! quant à celui-là, ce sera difficile ! Je sors de ses griffes ; il y a six mois, j'étais au château Saint-Ange, comme il y a trois mois, vous étiez à la Bastille.

— Bah ! et les Transtévérins ont-ils aussi renversé le château Saint-Ange, comme le peuple du faubourg Saint-Antoine a renversé la Bastille?

— Non, mon cher docteur, le peuple romain n'en est pas encore là... Oh! soyez tranquille, cela viendra un jour; la papauté aura ses 5 et 6 octobre, et, sous ce rapport-là, Versailles et le Vatican se donneront la main.

— Mais je croyais qu'une fois entré au château Saint-Ange, on n'en sortait pas...

— Bah! Et Benvenuto Cellini?

— Vous êtes-vous donc fait, comme lui, une paire d'ailes, et, nouvel Icare, vous êtes-vous envolé par-dessus le Tibre?

— C'eût été fort difficile, attendu que j'étais logé, pour plus grande précaution évangélique, dans un cachot très profond et très noir.

— Enfin, vous en êtes sorti?

— Vous le voyez, puisque me voilà.

— Vous avez, à force d'or, corrompu votre geôlier?

— J'avais du malheur, j'étais tombé sur un geôlier incorruptible.

— Incorruptible? Diable!

— Oui; mais, par bonheur, il n'était pas immortel: le hasard, un plus croyant que moi dirait la Providence, fit qu'il mourut le lendemain, à son troisième refus de m'ouvrir les portes de la prison.

— Il mourut subitement?

— Oui.

— Ah!

— Il fallut le remplacer, on le remplaça.

— Et celui-là n'était pas incorruptible?

— Celui-là, le jour même de son entrée en fonctions, en m'apportant mon souper, me dit : « Mangez bien, prenez des forces; car nous aurons du chemin à faire cette nuit. » Pardieu! le brave homme ne mentait pas. La même nuit nous crevâmes chacun trois chevaux, et nous fîmes cent milles.

— Et que dit le gouvernement, quand il s'aperçut de votre fuite?

— Il ne dit rien. Il revêtit le cadavre de l'autre geôlier, qui n'était pas encore inhumé, des habits que j'avais laissés; il lui tira un coup de pistolet au beau milieu du visage; il laissa tomber le pistolet à côté de lui, déclara que, m'étant procuré une arme, il ne savait comment, je m'étais brûlé la cervelle, fit constater ma mort et enterrer le geôlier sous mon nom; de sorte que je suis bel et bien trépassé, mon cher Gilbert; que j'aurais beau dire que je suis vivant, on me répondrait par mon acte de décès, et l'on me prouverait que je suis mort; mais on n'aura pas besoin de me prouver cela; il m'allait assez bien, pour le moment, de disparaître de ce monde. J'ai donc fait un plongeon jusqu'aux sombres bords, comme dit l'illustre abbé Delille, et j'ai reparu sous un autre nom.

— Et comment vous appelez-vous, que je ne commette pas d'indiscrétion?

— Mais je m'appelle le baron Zannone, je suis banquier génois; j'escompte les valeurs des princes; — bon papier, n'est-ce pas, dans le genre de celui de M. le cardinal de Rohan? — Mais, par bonheur, dans mes prêts, ce n'est pas sur l'intérêt que je me retire... A propos, avez-vous besoin d'argent, mon cher Gilbert? Vous savez que mon cœur et ma bourse, aujourd'hui comme toujours, sont à votre service.

— Merci.

— Ah! vous croyez me gêner peut-être, parce que vous m'avez rencontré sous un pauvre costume d'ouvrier? Oh! ne vous préoccupez pas de cela; c'est un de mes déguisements; vous savez mes idées sur la vie : c'est un long carnaval où l'on est plus ou moins masqué. En tous cas, tenez, mon cher Gilbert, si jamais vous avez besoin d'argent, voici, dans ce secrétaire, ma caisse particulière, vous entendez? la grande caisse est à Paris, rue Saint-Claude, au Marais; si donc vous avez besoin d'argent, que j'y sois ou que je n'y sois pas, vous entrerez; je vous montrerai à ouvrir ma petite porte; vous pousserez ce ressort, — tenez, voici comme on le pousse, — et vous trouverez là toujours à peu près un million.

Cagliostro poussa le ressort; le devant du secrétaire s'abaissa de lui-même, et mit à jour un amas d'or et plusieurs liasses de billets de caisse.

— Vous êtes, en vérité, un homme prodigieux! dit en riant Gilbert; mais, vous le savez, avec mes vingt mille livres de rente, je suis plus riche que le roi. Et maintenant ne craignez-vous point d'être inquiété à Paris?

— Moi, à cause de l'affaire du collier? Allons donc, ils n'oseraient! Dans l'état où sont les esprits, je n'aurais qu'à dire un mot pour faire une émeute; vous oubliez que je suis un peu l'ami de tout ce qui est populaire : de la Fayette, de M. Necker, du comte de Mirabeau, de vous-même.

— Et qu'êtes-vous venu y faire, à Paris?

— Qui sait? ce que vous avez été faire aux États-Unis peut-être : une république.

Gilbert secoua la tête.

— La France n'a point l'esprit républicain, dit-il.

— Nous lui en ferons un autre, voilà tout.
— Le roi résistera.
— C'est possible.
— La noblesse prendra les armes.
— C'est probable.
— Mais, alors, que ferez-vous ?
— Alors nous ne ferons pas une république, nous ferons une révolution.

Gilbert laissa tomber sa tête sur sa poitrine.
— Si nous en arrivons là, Joseph, ce sera terrible ! dit-il.
— Terrible, oui, si nous rencontrons sur notre route beaucoup d'hommes de votre force, Gilbert.
— Je ne suis pas fort, mon ami, dit Gilbert ; je suis honnête, voilà tout.
— Hélas ! c'est bien pis ; aussi, voilà pourquoi je voudrais vous convaincre, Gilbert.
— Je suis convaincu.
— Que vous nous empêcherez de faire notre œuvre ?
— Ou, du moins, que nous vous arrêterons en chemin.
— Vous êtes fou, Gilbert ; vous ne comprenez pas la mission de la France : la France est le cerveau du monde ; il faut que la France pense et pense librement, pour que le monde agisse comme elle pensera, librement aussi. Savez-vous ce qui a renversé la Bastille, Gilbert ?
— C'est le peuple.
— Vous ne m'entendez pas, vous prenez l'effet pour la cause. Pendant cinq cents ans, mon ami, on a renfermé à la Bastille des comtes, des seigneurs, des princes, et la Bastille est restée debout. Un jour, un roi insensé eut l'idée de renfermer la pensée, la pensée à qui il faut l'espace, l'étendue, l'infini ! La pensée a fait éclater la Bastille, et le peuple est entré par la brèche.
— C'est vrai, murmura Gilbert.
— Vous rappelez-vous ce qu'écrivait Voltaire à M. de Chauvelin, le 2 mars 1764, c'est-à-dire voilà près de vingt-six ans ?
— Dites toujours.
— Voltaire écrivait :
« Tout ce que je vois jette les semences d'une révolution qui arrivera immanquablement, et dont je n'aurai pas le plaisir d'être le témoin. Les Français arrivent tard à tout, mais ils arrivent. La lumière est tellement répandue de proche en proche, qu'on éclatera à la première occasion, et alors ce sera un beau tapage.
» Les jeunes gens sont bien heureux, ils verront de belles choses ! »

» Que dites-vous du tapage d'hier et d'aujourd'hui, hein ?
— Terrible !
— Que dites-vous des choses que vous avez vues ?
— Effroyables !
— Eh bien ! vous n'êtes qu'au commencement, Gilbert.
— Prophète de malheur !
— Tenez, j'étais, il y a trois jours, avec un médecin de beaucoup de mérite, un philanthrope ; savez-vous à quoi il s'occupe dans ce moment-ci ?
— Il cherche un remède à quelque grande maladie réputée incurable ?
— Ah bien, oui ! il cherche à guérir, non pas de la mort, mais de la vie.
— Que voulez-vous dire ?
— Je veux dire, épigramme à part, qu'il trouve, — ayant la peste, le choléra, la fièvre jaune, la petite vérole, les apoplexies foudroyantes, cinq cents et quelques maladies réputées mortelles, mille ou douze cents qui peuvent le devenir quand elles sont bien soignées ! je veux dire qu'ayant le canon, le fusil, l'épée, le sabre, le poignard, l'eau, le feu, la chute du haut des toits, la potence, la roue ! — il trouve qu'il n'y a pas encore assez de moyens de sortir de la vie, quand il n'y en a qu'un seul pour y entrer, et il invente, en ce moment-ci, une machine fort ingénieuse, ma foi, dont il compte faire hommage à la nation, pour mettre à mort cinquante, soixante, quatre-vingts personnes en moins d'une heure ! Eh bien, mon cher Gilbert, croyez-vous que, lorsqu'un médecin aussi distingué, un philanthrope aussi humain que le docteur Guillotin s'occupe d'une pareille machine, il ne faille pas reconnaître que le besoin d'une pareille machine se faisait sentir ? D'autant plus que je la connaissais, cette machine, d'autant plus que ce n'était pas une chose nouvelle, mais seulement ignorée, et la preuve, c'est qu'un jour je me trouvais chez le baron de Taverney, — et, pardieu ! vous devez vous souvenir de cela, car vous y étiez aussi ; mais, alors, vous n'aviez des yeux que pour une petite fille nommée Nicole, — la preuve, c'est que la reine étant venue là, par hasard, — elle n'était encore que dauphine, ou plutôt elle n'était pas dauphine ; — la preuve, enfin, c'est que je lui fis voir cette machine dans une carafe, et que la chose lui fit si grand'peur, qu'elle jeta un cri et perdit connaissance. Eh bien, mon cher, cette machine, qui était encore dans les limbes

à cette époque, si vous voulez la voir fonctionner, un jour on l'essayera ; ce jour-là, je vous ferai prévenir, et, ou vous serez aveugle, ou vous reconnaîtrez le doigt de la Providence, qui pense qu'un moment viendra où le bourreau aura trop de besogne, si l'on s'en tient aux moyens connus, et qui en invente un nouveau pour qu'il puisse se tirer d'affaire.

— Comte, comte, vous étiez plus consolant que cela en Amérique.

— Je le crois pardieu bien ! j'étais au milieu d'un peuple qui se lève, et je suis ici au milieu d'une société qui finit : tout marche à la tombe dans notre monde vieilli, noblesse et royauté, et cette tombe est un abîme.

— Oh ! je vous abandonne la noblesse, mon cher comte, ou plutôt la noblesse s'est abandonnée elle-même dans la fameuse nuit du 4 août ; mais sauvons la royauté, c'est le palladium de la nation.

— Ah ! que voilà de grands mots, mon cher Gilbert ! Est-ce que le palladium a sauvé Troie ? Sauvons la royauté ? Croyez-vous que ce soit chose facile de sauver la royauté avec un pareil roi ?

— Mais, enfin, c'est le descendant d'une grande race.

— Oui, d'une race d'aigles qui finit par des perroquets. Pour que des utopistes comme vous pussent sauver la royauté, mon cher Gilbert, il faudrait d'abord que la royauté fît quelque effort pour se sauver elle-même. Voyons, en conscience, vous avez vu Louis XVI, vous le voyez souvent, vous n'êtes pas homme à voir sans étudier. Eh bien, franchement, dites, la royauté peut-elle vivre, représentée par un pareil roi ? Est-ce là l'idée que vous vous faites d'un porte-sceptre ? Croyez-vous que Charlemagne, saint Louis, Philippe-Auguste, François Ier, Henri IV et Louis XIV avaient ces chairs molles, ces lèvres pendantes, cette atonie dans les yeux, ce doute dans la démarche ? Non, c'étaient des hommes, ceux-là ; il y avait de la sève, du sang, de la vie, sous leur manteau royal ; ils ne s'étaient pas encore abâtardis par la transmission d'un seul principe ; c'est que la notion médicale la plus simple, ces hommes à vue courte l'ont négligée. Pour conserver les espèces animales et même végétales dans une longue jeunesse et dans une constante vigueur, la nature a indiqué elle-même le croisement des races et le mélange des familles. De même que la greffe, dans le règne végétal, est le principe conservateur de la bonté et de la beauté des espèces, ainsi, chez l'homme, le mariage entre parents trop proches est une cause de la décadence des individus ; la nature souffre, languit et dégénère lorsque plusieurs générations se reproduisent avec le même sang ; la nature est, au contraire, avivée, régénérée et renforcée, quand un principe prolifique étranger et nouveau est introduit dans la conception. Voyez quels sont les héros qui fondent les grandes races, et quels sont les hommes faibles qui les terminent ; voyez Henri III, le dernier des Valois ; voyez Gaston, le dernier des Médicis ; voyez le cardinal d'York, le dernier des Stuarts ; voyez Charles VI, le dernier des Hapsbourg ! Eh bien, cette cause première de la dégénérescence des races, le mariage dans les familles, qui se fait sentir dans toutes les maisons dont nous venons de parler, est plus sensible encore dans la maison de Bourbon que dans aucune autre. Ainsi, en remontant de Louis XV à Henri IV et à Marie de Médicis, Henri IV se trouve cinq fois le trisaïeul de Louis XV, et Marie de Médicis, cinq fois sa trisaïeule ; ainsi, en remontant à Philippe III d'Espagne et à Marguerite d'Autriche, Philippe III est trois fois son trisaïeul et Marguerite d'Autriche est trois fois sa trisaïeule. J'ai compté cela, moi qui n'ai rien à faire qu'à compter : sur trente-deux trisaïeuls et trisaïeules de Louis XV, on trouve six personnes de la maison de Médicis, onze de la maison d'Autriche-Hapsbourg, trois de la maison de Savoie, trois de la maison des Stuarts et une princesse danoise. Soumettez le meilleur chien et le meilleur cheval de sang à ce creuset, et, à la quatrième génération, vous aurez un barbet et une rosse. Comment diable voulez-vous donc que nous y résistions, nous qui ne sommes que des hommes ? Que dites-vous de mon calcul, docteur, vous qui êtes mathématicien ?

— Je dis, cher sorcier, fit Gilbert en se levant et en reprenant son chapeau, je dis que votre calcul m'effraye et me fait d'autant plus penser que ma place est près du roi.

Gilbert fit quelques pas vers la porte.

Cagliostro l'arrêta.

— Écoutez, Gilbert, lui dit-il, vous savez si je vous aime, vous savez si, pour vous épargner une douleur, je suis capable de m'exposer moi-même à mille douleurs... Eh bien, croyez-moi... un conseil...

— Lequel ?

— Que le roi se sauve, que le roi quitte la France... pendant qu'il en est temps encore !... Dans trois mois, dans un an, dans six mois peut-être, il sera trop tard.

La femme passa majestueuse, fière. (Page 38).

— Comte, dit Gilbert, conseilleriez-vous à un soldat d'abandonner son poste, parce qu'il y aurait du danger à y rester?

— Si ce soldat était tellement pris, enveloppé, serré, désarmé, qu'il ne pût se défendre; si surtout sa vie exposée compromettait la vie d'un demi-million d'hommes... oui, je lui dirais de fuir... Et vous-même, vous-même, Gilbert... vous le direz au roi... Le roi voudra vous écouter, alors, mais il sera trop tard... N'attendez donc pas à demain; dites-le-lui aujourd'hui : n'attendez pas à ce soir; dites-le-lui dans une heure !

— Comte, vous savez que je suis de l'école fataliste. Arrive que pourra ! tant que j'aurai un pouvoir quelconque sur le roi, le roi restera en France, et je resterai près du roi. Adieu, comte; nous nous reverrons dans le combat, et peut-être dormirons-nous côte à côte sur le champ de bataille.

— Allons, murmura Cagliostro, il sera donc dit que l'homme, si intelligent qu'il soit, ne saura jamais échapper à son mauvais destin... Je vous avais cherché pour vous dire ce que je vous ai dit; vous l'avez entendu... Comme la prédiction de Cassandre, la mienne est inutile... Adieu !

— Voyons franchement, comte, dit Gilbert s'arrêtant sur le seuil du salon, et regardant fixement Cagliostro, avez-vous ici, comme en Amérique, cette prétention de me faire accroire que vous lisez l'avenir des hommes sur leur figure?

— Gilbert, dit Cagliostro, aussi sûrement que tu lis au ciel le chemin que décrivent les astres, tandis que le commun des hommes les croit immobiles ou errant au hasard.

— Eh bien, tenez... quelqu'un frappe à la porte...

— C'est vrai.

— Dites-moi le sort de celui qui frappe à cette porte, quel qu'il soit ; dites-moi de quelle mort il doit mourir, et quand il mourra.

— Soit, dit Cagliostro, allons ouvrir nous-mêmes.

Gilbert s'avança vers l'extrémité du corridor dont nous avons parlé, avec un battement de cœur qu'il ne pouvait réprimer, quoiqu'il se dit tout bas qu'il était absurde à lui de prendre au sérieux ce charlatanisme.

La porte s'ouvrit.

Un homme d'une tournure distinguée, haut de taille, et dont la figure était empreinte d'une forte expression de volonté, parut sur le seuil, et jeta sur Gilbert un regard rapide qui n'était pas exempt d'inquiétude.

— Bonjour, marquis, dit Cagliostro.

— Bonjour, baron, répondit celui-ci.

Puis, comme Cagliostro s'aperçut que le regard du nouveau venu se reportait sur Gilbert :

— Marquis, dit-il, M. le docteur Gilbert, un de mes amis... Mon cher Gilbert, M. le marquis de Favras, un de mes clients.

Les deux hommes se saluèrent.

Puis, s'adressant à l'étranger :

— Marquis, reprit Cagliostro, veuillez passer au salon, et m'y attendre un instant ; dans cinq secondes, je suis à vous.

Le marquis salua une seconde fois en passant devant les deux hommes, et disparut.

— Eh bien ? demanda Gilbert.

— Vous voulez savoir de quelle mort mourra le marquis ?

— Ne vous êtes-vous pas engagé à me le dire ?

Cagliostro sourit d'un singulier sourire ; puis, après s'être penché pour voir si on ne l'écoutait pas :

— Avez-vous jamais vu pendre un gentilhomme ? dit-il.

— Non.

— Eh bien, comme c'est un spectacle curieux, trouvez-vous sur la place de Grève, le jour où l'on pendra le marquis de Favras.

Puis, conduisant Gilbert à la porte de la rue :

— Tenez, dit-il, quand vous voudrez venir chez moi sans sonner, sans être vu, et sans voir un autre que moi, poussez ce bouton de droite à gauche et de bas en haut, ainsi... Adieu, excusez-moi, il ne faut pas faire attendre ceux qui n'ont pas un long temps à vivre.

Et il sortit, laissant Gilbert étourdi de cette assurance qui pouvait exciter son étonnement, mais non vaincre son incrédulité.

V

LES TUILERIES

Pendant ce temps, le roi, la reine et la famille royale continuaient leur chemin vers Paris.

La marche était si lente, retardée, comme elle l'était, par ces gardes du corps marchant à pied, par ces poissardes cuirassées montées sur leurs chevaux, par ces hommes et par ces femmes de la halle, à cheval sur les canons enrubannés, par ces cent voitures de députés, par ces deux ou trois cents voitures de grain et de farine prises à Versailles, et couvertes du feuillage jaunissant de l'automne, que ce fut à six heures seulement que le carrosse royal, qui contenait tant de douleurs, tant de haines, tant de passions et tant d'innocence, arriva à la barrière.

Pendant la route, le jeune prince avait eu faim et avait demandé à manger. La reine, alors, avait regardé autour d'elle ; rien n'était plus facile que de se procurer un peu de pain pour le dauphin, chaque homme du peuple portant un pain au bout de sa baïonnette.

Elle chercha des yeux Gilbert.

Gilbert, comme on le sait, avait suivi Cagliostro.

Si Gilbert eût été là, la reine n'eût point hésité à lui demander un morceau de pain.

Mais la reine ne voulut pas faire une pareille demande à l'un de ces hommes du peuple, qu'elle avait en horreur.

De sorte que, pressant le dauphin sur sa poitrine :

— Mon enfant, lui dit-elle en pleurant, nous n'avons pas de pain : attends à ce soir, et, ce soir, nous en aurons peut-être.

Le dauphin étendit sa petite main vers les hommes qui portaient des pains au bout de leurs baïonnettes.

— Ces gens-là en ont, dit-il.

— Oui, mon enfant, mai ce pain-là est à eux et non à nous, et ils sont venus le chercher à Versailles, parce que, disent-ils, ils n'en avaient plus à Paris depuis trois jour.

— Depuis trois jours ! dit l'enfant. Ils n'ont donc pas mangé depuis trois jours, maman ?

Ordinairement, l'étiquette voulait que le dauphin appelât sa mère *madame* ; mais le pauvre enfant avait faim comme un simple enfant de pauvre, et, ayant faim, il appelait sa mère *maman*.

— Non, mon fils, répondit la reine.

— En ce cas, répondit l'enfant avec un soupir, ils doivent avoir bien faim !

Et, cessant de se plaindre, il essaya de dormir.

Pauvre enfant royal, qui, plus d'une fois avant de mourir, devait, comme il venait de le faire, demander inutilement du pain !

A la barrière, on s'arrêta de nouveau, cette fois non plus pour se reposer, mais pour célébrer l'arrivée.

Cette arrivée devait être célébrée par des chants et par des danses.

Halte étrange, presque aussi menaçante dans sa joie que les autres l'avaient été dans leur terreur !

En effet, les poissardes descendirent de leurs chevaux, c'est-à-dire des chevaux des gardes, en attachant aux arçons de la selle les sabres et les carabines ; les dames et les forts de la halle descendirent de leurs canons, qui apparurent dans leur terrible nudité.

Alors on forma une ronde qui enveloppa le carosse du roi en le séparant de la garde nationale et des députés, emblème formidable de ce qui devait arriver plus tard.

Cette ronde, à bonne intention et pour montrer sa joie à la famille royale, chantait, criait, hurlait, les femmes embrassant les hommes, les hommes faisant sauter les femmes comme dans les cyniques kermesses de Téniers.

Ceci se passait à la nuit presque tombée, par un jour sombre et pluvieux, de sorte que la ronde, éclairée seulement par des mèches de canon et des pièces d'artifice, prenait, dans ses nuances d'ombre et de lumière, des teintes fantastiques presque infernales.

Après une demi-heure à peu près de cris, de clameurs, de chants, de danses dans la boue, le cortège poussa un immense hourra : tout ce qui avait un fusil chargé, homme, enfant, le déchargea en l'air, sans s'inquiéter des balles, qui retombèrent, au bout d'un instant, en clapotant dans les flaques d'eau comme une grêle pesante.

Le dauphin et sa sœur pleuraient ; ils avaient si grand'peur, qu'ils n'avaient plus faim.

On suivit la ligne des quais, et l'on arriva à la place de l'Hôtel-de-Ville.

Là, un carré de troupes était formé pour empêcher toute autre voiture que celle du roi, toute autre personne que celles appartenant à la famille royale ou à l'assemblée nationale, d'entrer dans l'Hôtel-de-Ville.

La reine aperçut alors Weber, son valet de chambre de confiance, son frère de lait, un Autrichien qui l'avait suivie de Vienne, lequel faisait tous ses efforts pour passer par-dessus la consigne, et entrer avec elle à l'Hôtel-de-Ville.

Elle l'appela.

Weber accourut.

Voyant, à Versailles, que la garde nationale avait les honneurs de la journée, Weber, pour se donner une importance grâce à laquelle il pût être utile à la reine, Weber s'était habillé en garde national, et, à son costume de simple volontaire, avait ajouté les décorations d'officier d'état-major.

L'écuyer cavalcadour de la reine lui avait prêté un cheval.

Pour ne point éveiller les soupçons, tout le long de la route, il s'était tenu à l'écart, avec l'intention, bien entendu, de se rapprocher si la reine avait besoin de lui.

Reconnu et appelé par la reine, il accourut donc aussitôt.

— Pourquoi essayes-tu de forcer la consigne, Weber ? lui demanda la reine, qui avait conservé l'habitude de le tutoyer.

— Mais, Madame, pour être près de Votre Majesté.

— Tu me seras très inutile à l'Hôtel-de-Ville, Weber, dit la reine, tandis que tu peux m'être utile ailleurs.

— Où cela, Madame ?

— Aux Tuileries, mon cher Weber, aux Tuileries, où personne ne nous attend, et où, si tu ne nous précèdes pas, nous ne trouverons ni un lit, ni une chambre, ni un morceau de pain.

— Ah ! dit le roi, voilà une excellente idée que vous avez là, Madame !

La reine avait parlé en allemand, et le roi, qui comprenait l'allemand, mais ne le parlait pas, avait répondu en anglais.

Le peuple avait aussi entendu, mais il n'avait pas compris. Cette langue étrangère, pour laquelle il avait une horreur instinctive, fit pousser autour de la voiture un murmure qui menaçait de passer au rugissement, lorsque le carré s'ouvrit devant la voiture de la reine et se referma derrière elle.

Bailly, l'une des trois popularités de l'époque, Bailly, que nous avons déjà vu apparaître au premier voyage du roi, — cette fois où les baïonnettes, les fusils et les bouches des canons disparaissaient sous des bouquets de fleurs oubliés à ce second voyage, — Bailly attendait le roi et la reine au pied d'un trône improvisé pour les recevoir : trône mal affermi, mal joint, craquant sous le velours qui le recouvrait, véritable trône de circonstance !

Le maire de Paris dit à peu près au roi, à ce second voyage, ce qu'il lui avait dit au premier.

Le roi répondit :

— C'est toujours avec plaisir *et confiance* que je viens au milieu des habitants de ma bonne ville de Paris.

Le roi avait parlé bas, d'une voix éteinte par la fatigue et par la faim. Bailly répéta la phrase tout haut, afin que chacun pût entendre.

Seulement, soit volontairement, soit involontairement, il oublia les deux mots *et confiance*.

La reine s'en aperçut.

Son amertume était heureuse de trouver un passage par où se faire jour.

— Pardon, monsieur le maire, dit-elle assez haut pour que ceux qui l'entouraient ne perdissent pas un mot de sa phrase, ou vous avez mal entendu, ou votre mémoire est courte.

— Plaît-il, Madame ? balbutia Bailly en tournant vers la reine cet œil d'astronome qui voyait si bien au ciel, et qui voyait si mal sur la terre.

Toute révolution, chez nous, a son astronome, et, sur la route de cet astronome, creuse traîtreusement le puits où il doit tomber.

La reine reprit :

— Le roi a dit, Monsieur, que c'était toujours avec plaisir *et confiance* qu'il venait au milieu des habitants de sa bonne ville de Paris. Or, comme on peut douter qu'il y vienne avec plaisir, il faut que l'on sache au moins qu'il y vient *avec confiance.*

Puis elle monta les trois degrés du trône, et s'y assit près du roi pour écouter les discours des électeurs.

Pendant ce temps, Weber, devant le cheval duquel la foule s'ouvrait, grâce à son uniforme d'officier d'état-major, parvenait jusqu'au palais des Tuileries.

Depuis longtemps, ce logis royal des Tuileries, comme on l'appelait autrefois, — logis bâti par Catherine de Médicis, un instant habité par elle, puis abandonné par Charles IX, par Henri III, par Henri IV, par Louis XIII pour le Louvre, par Louis XIV, par Louis XV et par Louis XVI pour Versailles, — n'était plus qu'une succursale des palais royaux où habitaient des gens de la cour, mais où jamais peut-être ni le roi ni la reine n'avaient mis le pied.

Weber visita les appartements, et, connaissant les habitudes du roi et de la reine, il choisit celui qu'habitait la comtesse de la Marck, et celui de MM. les maréchaux de Noailles et de Mouchy.

L'occupation de cet appartement, qu'abandonna aussitôt madame de la Marck, eut son bon côté : c'est qu'il se trouva tout prêt pour recevoir la reine, avec ses meubles, son linge, ses rideaux et ses tapis, que Weber acheta.

Vers dix heures, on entendit le bruit de la voiture de Leurs Majestés qui rentraient.

Tout était prêt, et, en courant au-devant de ses augustes maîtres, Weber s'écria :

— Servez le roi.

Le roi, la reine, madame Royale, le dauphin, madame Élisabeth et Andrée entrèrent.

M. de Provence était retourné au château du Luxembourg.

Le roi jeta avec inquiétude les yeux de tous côtés ; mais, en entrant dans le salon, il vit, par une porte entr'ouverte et donnant sur une galerie, le souper préparé au bout de cette galerie.

En même temps, la porte s'ouvrit, et un huissier parut, disant :

— Le roi est servi.

— Oh ! que ce Weber est un homme de ressources ! dit le roi avec une exclamation de joie. Madame, vous lui direz de ma part que je suis très content de lui.

— Je n'y manquerai pas, Sire, dit la reine.

Et, avec un soupir qui répondait à l'exclamation du roi, elle entra dans la salle à manger.

Les couverts du roi, de la reine, de madame Royale, du dauphin et de madame Élisabeth étaient mis.

Il n'y avait point de couvert pour Andrée.

Le roi, pressé par la faim, n'avait point remarqué cette omission, qui, du reste, n'avait rien de blessant, puisqu'elle était faite selon les lois de la plus stricte étiquette.

Mais la reine, à qui rien n'échappait, s'en aperçut au premier coup d'œil.

— Le roi permettra que la comtesse de Charny soupe avec nous, dit la reine, n'est-ce pas, Sire ?

— Comment donc ! s'écria le roi, aujourd'hui nous dînons en famille, et la comtesse est de la famille.

— Sire, dit la comtesse, est-ce un ordre que le roi me donne ?

Le roi regarda la comtesse avec étonnement.

— Non, Madame, dit-il, c'est une prière que le roi vous fait.

— En ce cas, dit la comtesse, je prie le roi de m'excuser, mais je n'ai pas faim.

— Comment! vous n'avez pas faim? s'écria le roi, qui ne comprenait pas que l'on n'eût point faim à dix heures du soir, après une journée aussi fatigante, et quand on n'avait pas mangé depuis dix heures du matin, heure à laquelle on avait si mal mangé.

— Non, Sire, dit Andrée.

— Ni moi, dit la reine.

— Ni moi, dit madame Élisabeth.

— Oh! vous avez tort, Madame, dit le roi; du bon état de l'estomac dépend le bon état du reste du corps, et même de l'esprit; il y a là-dessus une fable de Tite-Live, imitée par Shakespeare et par la Fontaine, que je vous invite à méditer.

— Nous la savons, Monsieur, dit la reine. C'est une fable qui fut dite un jour de révolution par le vieux Ménénius au peuple romain. Ce jour-là, le peuple romain était révolté, comme l'est aujourd'hui le peuple français. Vous avez donc raison, Sire, oui, cette fable est tout à fait de circonstance.

— Eh bien, dit le roi, en tendant son assiette pour qu'on lui servît une seconde fois du potage, sa similitude historique vous décide-t-elle, comtesse?

— Non, Sire, et je suis vraiment honteuse de dire à Votre Majesté que, lorsque je voudrais lui obéir, je ne le pourrais pas.

— Vous avez tort, comtesse, ce potage est vraiment parfait! pourquoi est-ce la première fois qu'on m'en sert un pareil?

— Mais parce que vous avez un cuisinier nouveau, Sire, celui de la comtesse de la Marck, dont nous occupons les appartements.

— Je le retiens pour mon service, et désire qu'il fasse partie de ma maison... Ce Weber est vraiment un homme miraculeux, Madame!

— Oui, murmura tristement la reine, quel malheur qu'on ne puisse pas le faire ministre!

Le roi n'entendit point ou ne voulut point entendre; seulement, comme il vit Andrée debout et très pâle, tandis que la reine et madame Élisabeth, quoiqu'elles ne mangeassent pas plus qu'Andrée, étaient assises à table, il se retourna vers la comtesse de Charny.

— Madame, dit-il, si vous n'avez pas faim, vous ne direz pas que vous n'êtes pas fatiguée; si vous refusez de manger, vous ne refuserez point de dormir?

Puis, à la reine:

— Madame, dit-il, donnez congé, je vous prie, à madame la comtesse de Charny; à défaut de la nourriture, le sommeil.

Et, se tournant du côté de son service:

— J'espère qu'il n'en est pas du lit de madame la comtesse de Charny comme il en est de son couvert, et qu'on n'a pas oublié de lui préparer une chambre?

— Oh! sire, dit Andrée, comment voulez-vous que l'on se soit occupé de moi dans un pareil trouble? Un fauteuil suffira.

— Non pas, non pas, dit le roi; vous avez déjà peu ou point dormi la nuit passée, il faut que vous dormiez bien cette nuit; la reine a non seulement besoin de ses forces, mais encore de celles de ses amis.

Pendant ce temps, le valet de pied, qui avait été s'informer, rentra.

— M. Weber, dit-il, sachant la grande faveur dont la reine honore madame la comtesse, a cru entrer dans les intentions de Sa Majesté en faisant réserver à madame la comtesse une chambre attenante à celle de la reine.

La reine tressaillit, car elle songea que, s'il n'y avait qu'une chambre pour madame la comtesse, il n'y avait, par conséquent, qu'une chambre pour la comtesse et pour le comte.

Andrée vit le frisson qui passait dans les veines de la reine.

Aucune des sensations qui atteignaient une de ces deux femmes n'échappait à l'autre.

— Pour cette nuit, mais pour cette nuit seulement, dit-elle, j'accepterai, Madame. L'appartement de Sa Majesté est trop restreint pour que je veuille une chambre prise aux dépens de sa commodité; il y aura bien, dans les combles du château, un petit coin pour moi.

La reine balbutia quelques mots inintelligibles.

— Comtesse, dit le roi, vous avez raison, on cherchera tout cela demain, et l'on vous logera du mieux qu'il sera possible.

La comtesse salua respectueusement le roi, la reine et madame Élisabeth, et sortit, précédée par un valet de pied.

Le roi la suivit un instant des yeux, tenant sa fourchette suspendue à la hauteur de sa bouche.

— C'est en vérité une charmante créature que cette femme, dit-il. Que M. le comte de Charny est heureux d'avoir trouvé un pareil phénix à la cour!

La reine se renversa sur le dos de son fauteuil pour cacher sa pâleur, non pas au roi, qui ne l'eût point vue, mais à madame Élisabeth, qui s'en fût effrayée.

Elle était près de se trouver mal.

VI

LES QUATRE BOUGIES

Aussi, dès que les enfants eurent mangé, la reine demanda-t-elle la permission de rentrer dans sa chambre.

— Bien volontiers, Madame, dit le roi, car vous devez être fatiguée ; seulement, comme il est impossible que vous n'ayez pas faim d'ici à demain, faites-vous préparer un en-cas.

La reine, sans lui répondre, sortit emmenant les deux enfants.

Le roi resta à table pour achever son souper. Madame Élisabeth, dont la vulgarité même de Louis XVI, en certaine occasion, ne pouvait altérer le dévouement, demeura près du roi, pour lui rendre les petits soins qui échappent aux domestiques les mieux dressés.

La reine, une fois dans sa chambre, respira ; aucune de ses femmes ne l'avait suivie, la reine leur ayant ordonné de ne point quitter Versailles qu'elles n'eussent reçu un avis.

Elle s'occupa donc de chercher un grand canapé ou un grand fauteuil pour elle-même, comptant coucher les deux enfants dans son lit.

Le petit dauphin dormait déjà ; à peine le pauvre enfant avait-il eu apaisé sa faim, que le sommeil l'avait pris.

Madame Royale ne dormait pas, et, s'il l'eût fallu, n'eût pas dormi de la nuit : il y avait beaucoup de la reine dans madame Royale.

Aussi, le petit prince déposé dans un fauteuil, madame Royale et la reine se mirent-elles en quête des ressources qu'elles pouvaient trouver.

La reine s'approcha d'abord d'une porte : elle allait l'ouvrir, lorsque, de l'autre côté de cette porte, elle entendit un léger bruit. Elle écouta et entendit un second soupir ; elle se baissa à la hauteur de la serrure, et, par le trou de la clef, aperçut Andrée, à genoux sur une chaise basse, et priant.

Elle recula sur la pointe du pied, et regardant toujours la porte avec une étrange expression de douleur.

En face de cette porte, il y en avait une autre. La reine l'ouvrit, et se trouva dans une chambre doucement chauffée et éclairée par une veilleuse, à la lueur de laquelle, avec un tressaillement de joie, elle aperçut deux lits frais et blancs comme deux autels.

Alors son cœur se dégonfla, une larme vint mouiller sa paupière aride et brûlée.

— Oh! Weber, Weber, murmura-t-elle, la reine a dit au roi qu'il était malheureux qu'on ne pût pas faire de toi un ministre, mais la mère te dit à toi que tu mérites mieux que cela!

Puis, comme le petit dauphin dormait, elle voulut commencer par mettre au lit madame Royale. Mais celle-ci, avec le respect qu'elle avait toujours eu pour sa mère, lui demanda de l'aider, afin qu'elle-même, à son tour, pût se mettre plus promptement au lit.

La reine sourit tristement; sa fille pensait qu'elle pourrait dormir après une pareille nuit d'angoisses, après une pareille journée d'humiliations! Elle voulut la laisser dans cette douce croyance.

On commença donc par coucher M. le dauphin.

Puis madame Royale, selon son habitude, se mit à genoux et fit sa prière au pied de son lit.

La reine attendait.

— Il me semble que ta prière dure plus longtemps que d'habitude, Thérèse? dit la reine à la jeune princesse.

— C'est que mon frère s'est endormi sans songer à faire la sienne, pauvre enfant! dit madame Royale, et comme, chaque soir, il était accoutumé à prier pour vous et pour le roi, je dis sa petite prière après la mienne, afin qu'il ne manque rien à ce que nous avons à demander à Dieu.

La reine prit madame Royale et la pressa sur son cœur. Cette source de larmes, déjà ouverte par les soins du bon Weber, et ravivée par la piété de madame Royale, s'élança de ses yeux, vive et abondante, et des pleurs profondément tristes, mais sans amertume, coulèrent le long de ses joues.

Elle resta près du lit de madame Royale, debout et immobile comme l'ange de la Maternité, jusqu'au moment où elle vit se fermer les yeux de la jeune princesse, jusqu'au moment où elle sentit se détendre, relâchés par le sommeil, les muscles de ses mains qui serraient les siennes avec un si tendre et si profond amour filial.

Alors elle posa doucement près d'elle les mains de sa fille, les recouvrit du drap, afin qu'elle ne souffrît pas du froid, si la chambre se rafraîchissait pendant la nuit; puis, déposant, sur le front endormi de la future martyre, un baiser léger comme un souffle et doux comme un rêve, elle rentra dans sa chambre.

Cette chambre était éclairée par un candélabre portant quatre bougies.

Ce candélabre était posé sur une table.

Cette table était couverte d'un tapis rouge.

La reine alla s'asseoir devant cette table, et, les yeux fixes, elle laissa tomber sa tête entre ses deux poings fermés, sans rien voir autre chose que ce tapis rouge étendu devant elle.

Deux ou trois fois, elle secoua machinalement la tête à ce sanglant reflet; il lui semblait que ses yeux s'injectaient de sang, que ses tempes battaient de fièvre, et que ses oreilles bruissaient.

Puis, comme dans un brouillard mouvant, toute sa vie repassait devant elle.

Elle se rappelait qu'elle était née le 2 novembre 1755, jour du tremblement de terre de Lisbonne, qui avait tué plus de cinquante mille personnes, et renversé deux cents églises.

Elle se rappelait que, dans la première chambre où elle avait couché, à Strasbourg, la tapisserie représentait le massacre des Innocents, et que, cette même nuit, à la lueur vacillante de la veilleuse, il lui avait semblé que le sang coulait des plaies de tous ces pauvres enfants, tandis que la figure des massacreurs prenait une expression si terrible, qu'épouvantée, elle avait appelé au secours et avait ordonné qu'on partît avec l'aube naissante de cette ville qui devait lui laisser un si terrible souvenir de la première nuit qu'elle avait passée en France.

Elle se rappelait qu'en continuant son chemin vers Paris, elle s'était arrêtée dans la maison du baron de Taverney; que, là, elle avait rencontré, pour la première fois, ce misérable Cagliostro qui avait eu depuis, lors de l'affaire du collier, une si terrible influence sur sa destinée, et que, dans cette halte, — si présente à sa mémoire, qu'il lui semblait que cet événement fût de la veille, quoique, depuis, vingt ans se fussent écoulés, — il lui avait, sur ses instances, fait voir dans une carafe quelque chose de monstrueux, une machine de mort terrible et inconnue, et, au bas de cette machine, une tête, roulant détachée du corps, et qui n'était autre que la sienne!

Elle se rappelait que, lorsque madame Lebrun avait fait son charmant portrait de jeune femme, belle, heureuse encore, elle lui avait, par mégarde sans doute, mais présage terrible, donné la pose que madame Henriette d'Angleterre, femme de Charles Ier, a dans son portrait.

Elle se rappelait que, le jour où, pour la première fois, elle entra à Versailles, lorsque, descendue de sa voiture, elle mettait le pied sur le funèbre pavage de cette cour de marbre où la veille elle avait vu couler tant de sang, un terrible coup de tonnerre avait retenti, précédant la chute de la foudre, qui avait sillonné l'air à sa gauche, et d'une si effrayante façon, que M. le maréchal de Richelieu, qui n'était point facile à effrayer cependant, avait secoué la tête en disant : « Mauvais présage! »

Et elle se rappelait tout cela en voyant tourbillonner devant ses yeux cette vapeur rougeâtre qui lui semblait devenue de plus en plus épaisse.

Cette espèce d'assombrissement était si sensible que la reine leva les yeux jusqu'au candélabre, et s'aperçut que, sans motif aucun, une des bougies venait de s'éteindre.

Elle tressaillit; la bougie fumait encore, et rien ne donnait une cause à cette extinction.

Tandis qu'elle regardait le candélabre avec étonnement, il lui sembla que la bougie voisine de la bougie éteinte pâlissait lentement, et que, peu à peu, sa flamme, de blanche devenait rouge, et de rouge bleuâtre; puis la flamme s'amincit et s'allongea, puis elle sembla quitter la mèche et s'envoler; puis, enfin, elle se balança un instant, comme agitée par une haleine invisible, et s'éteignit.

La reine avait regardé l'agonie de cette bougie avec des yeux hagards, sa poitrine haletant de plus en plus, ses mains étendues se rapprochant davantage du candélabre, au fur et à mesure que la bougie allait s'éteignant. Enfin, quand elle s'était éteinte, elle avait fermé les yeux, s'était renversée en arrière sur son fauteuil, et avait passé ses mains sur son front, qu'elle avait trouvé ruisselant de sueur.

Elle était restée ainsi, les yeux fermés, pendant dix minutes à peu près, et, quand elle les avait rouverts, elle s'était aperçue avec terreur que la lumière de la troisième bougie commençait à s'altérer comme celle des deux premières.

Marie-Antoinette crut d'abord que c'était un rêve et qu'elle était sous le poids de quelque hallucination fatale. Elle essaya de se lever, mais il lui sembla qu'elle était enchaînée sur son fauteuil. Elle essaya d'appeler madame Royale, que, dix minutes auparavant, elle n'eût pas réveillée pour une seconde couronne; mais la voix s'éteignit dans sa gorge; elle essaya de tourner la tête, mais sa tête resta fixe et immobile, comme si cette troisième bougie mourante eût attiré à elle son regard et son haleine.

Enfin, de même que la seconde avait changé de couleur, la troisième bougie prit des tons différents, pâlit, s'allongea, flotta de droite à gauche, puis de gauche à droite, et s'éteignit.

Alors l'épouvante fit faire un tel effort à la reine, qu'elle sentit que la parole lui revenait; à l'aide de cette parole, elle voulut se rendre le courage qui lui manquait.

— Je ne m'inquiète pas, dit-elle tout haut, de ce qui vient d'arriver à ces trois bougies; mais, si la quatrième s'éteint comme les trois autres, oh! malheur! malheur à moi!

Tout à coup, sans passer par les préparations qu'avaient subies les autres, sans que la flamme changeât de couleur, sans qu'elle parût ni s'allonger, ni se balancer, comme si l'aile de la mort l'eût touchée en passant, la quatrième bougie s'éteignit.

La reine jeta un cri terrible, se leva, fit deux tours sur elle-même, battant l'air et l'obscurité de ses bras, et tomba évanouie.

Au moment où le bruit de son corps retentissait sur le parquet, la porte de communication s'ouvrit, et Andrée, vêtue de son peignoir de batiste, parut sur le seuil, blanche et silencieuse comme une ombre.

Elle s'arrêta un instant, comme si, au milieu de cette obscurité, elle voyait passer dans la nuit une sorte de vapeur; elle écouta, comme si elle avait entendu s'agiter dans l'air les plis d'un suaire.

Puis, abaissant son regard, elle aperçut la reine atterrée, étendue et sans connaissance.

Elle fit un pas en arrière, comme si son premier mouvement eût été de s'éloigner; mais aussitôt, se commandant à elle-même, sans dire une parole, sans demander, — demande, qui, au reste, eût été bien inutile, — sans demander à la reine ce qu'elle avait, elle la souleva entre ses bras, et, avec une force dont on l'eût crue incapable, guidée seulement par les deux bougies qui éclairaient sa chambre, et dont la lueur se prolongeait à travers la porte jusque dans la chambre de la reine, elle la porta sur son lit.

Puis, tirant un flacon de sels de sa poche, elle l'approcha des narines de Marie-Antoinette.

Malgré l'efficacité de ces sels, l'évanouissement de Marie-Antoinette était si profond, que ce ne fut qu'au bout de dix minutes qu'elle poussa un soupir.

A ce soupir, qui annonçait le retour de sa souveraine à la vie, Andrée fut encore tentée de s'éloigner; mais, cette fois, comme la première, le sentiment de son devoir, si puissant sur elle, la retint.

Elle retira seulement son bras de dessous la tête de Marie-Antoinette, qu'elle avait soulevée pour qu'aucune goutte de ce vinaigre corrosif, dans lequel les sels étaient baignés, ne pût couler sur le visage ou sur la poitrine de la reine. Le même mouvement lui fit éloigner le bras qui tenait le flacon.

Mais, alors, la tête retomba sur l'oreiller; le flacon éloigné, la reine sembla plongée dans un évanouissement plus profond encore que celui dont elle avait paru vouloir sortir.

Andrée, toujours froide, presque immobile, la souleva de nouveau, approcha d'elle une seconde fois le flacon de sels, qui produisit son effet.

Un léger frissonnement courut par tout le corps de la reine, elle soupira, son œil s'ouvrit; elle rappela ses pensées, se souvint de l'horrible présage, et, sentant une femme près d'elle, elle lui jeta les deux bras au cou en lui criant :

— Oh! défendez-moi! sauvez-moi!

— Votre Majesté n'a pas besoin qu'on la défende, étant au milieu de ses amis, répondit Andrée, et elle me paraît sauvée maintenant de l'évanouissement dans lequel elle était tombée.

— La comtesse de Charny! s'écria la reine lâchant Andrée, qu'elle tenait embrassée, et que, dans un premier mouvement, elle repoussa presque.

Ni ce mouvement, ni le sentiment qui l'avait inspiré, n'échappèrent à Andrée.

Mais, sur le premier moment, elle resta immobile jusqu'à l'impassibilité.

Puis, faisant un pas en arrière :

— La reine ordonne-t-elle que je l'aide à se dévêtir? demanda-t-elle.

— Non, comtesse, merci, répondit la reine d'une voix altérée; je me déferai seule... Rentrez chez vous, vous devez avoir besoin de dormir.

— Je vais rentrer chez moi, non pas pour dormir, Madame, répondit Andrée, mais pour veiller sur le sommeil de Votre Majesté.

Et, après avoir salué respectueusement la reine, elle se retira chez elle de ce pas lent et solennel qui serait celui des statues, si les statues marchaient.

VII

LA ROUTE DE PARIS

Le soir même où s'étaient accomplis les événements que nous venons de raconter, un événement non moins grave avait mis en rumeur tout le collège de l'abbé Fortier.

Je vous supplie, pas un pas de plus! (Page 50).

Sébastien Gilbert avait disparu vers les six heures du soir, et, à minuit, malgré les recherches minutieuses faites dans toute la maison par l'abbé Fortier et mademoiselle Alexandrine Fortier, sa sœur, il n'avait point été retrouvé.

On s'était informé à tout le monde, et tout le monde ignorait ce qu'il était devenu.

La tante Angélique seule, sortant de l'église, où elle était allée ranger les chaises, vers les huit heures du soir, croyait l'avoir vu prendre la petite rue qui passe entre l'église et la prison, et gagner tout courant le Parterre.

Ce rapport, au lieu de rassurer l'abbé Fortier, avait ajouté à ses inquiétudes. Il n'ignorait pas les étranges hallucinations qui parfois s'emparaient de Sébastien, quand cette femme qu'il appelait sa mère lui apparaissait, et plus d'une fois, en promenade, l'abbé qui était prévenu de cette espèce de vertige, avait suivi l'enfant des yeux quand il l'avait vu par trop s'enfoncer dans le bois, et, au moment où il craignait de le voir disparaître, avait lancé après lui les meilleurs coureurs de son collège.

Les coureurs avaient toujours trouvé l'enfant haletant, presque évanoui, adossé à quelque arbre ou couché tout de son long sur la mousse, tapis verdoyant de ces magnifiques futaies.

Mais jamais pareils vertiges n'avaient pris Sébastien le soir; jamais, pendant la nuit, on n'avait été obligé de courir après lui.

Il fallait donc qu'il fût arrivé quelque chose

d'extraordinaire; mais l'abbé Fortier avait beau se creuser la tête, il ne pouvait deviner ce qui était arrivé.

Pour parvenir à un plus heureux résultat que l'abbé Fortier, nous allons suivre Sébastien Gilbert, nous qui savons où il est allé.

La tante Angélique ne s'était point trompée : c'était bien Sébastien Gilbert qu'elle avait vu se glissant dans l'ombre, et gagnant à toutes jambes cette portion du parc qu'on appelle le Parterre.

Arrivé dans le Parterre, il avait gagné la Faisanderie; puis, en sortant de la Faisanderie, il s'était lancé dans cette petite laye qui conduit droit à Haramont.

En trois quarts d'heure, il avait été au village.

Du moment où nous savons que le but de la course de Sébastien était le village d'Haramont, il ne nous est point difficile de deviner qui Sébastien avait été chercher dans ce village.

Sébastien était allé y chercher Pitou.

Malheureusement, Pitou sortait par un côté du village tandis que Sébastien Gilbert était entré par l'autre.

Car Pitou, on se le rappelle, à la suite du festin que s'était donné à elle-même la garde nationale d'Haramont, après être, comme un lutteur antique, resté debout, quand tous les autres avaient été terrassés, Pitou s'était mis à la recherche de Catherine, et, on se le rappelle encore, ne l'avait trouvée qu'évanouie sur le chemin de Villers-Cotterets à Pisseleu, et ne conservant de chaleur que celle du dernier baiser que lui avait donné Isidore.

Gilbert ignorait tout cela; il alla droit à la chaumière de Pitou, dont il trouva la porte ouverte.

Pitou, dans la simplicité de sa vie, ne croyait pas qu'il eût besoin de tenir sa porte fermée, présent à la maison comme absent. Mais, d'ailleurs, eût-il eu l'habitude de fermer scrupuleusement sa porte, que, ce soir-là, il était sous le poids de préoccupations telles, qu'il eût bien certainement oublié de prendre cette précaution. Sébastien connaissait le logis de Pitou comme le sien propre : il chercha l'amadou et la pierre à feu, trouva le couteau qui servait à Pitou de briquet, alluma l'amadou, avec l'amadou alluma la chandelle, et attendit.

Mais Sébastien était trop agité pour attendre tranquillement, et surtout pour attendre longtemps.

Il allait incessamment de la cheminée à la porte, de la porte à l'angle de la rue; puis, comme sœur Anne, ne voyant rien venir, il retournait vers la maison pour s'assurer qu'en son absence Pitou n'y était pas rentré.

Enfin, voyant que le temps s'écoulait, il s'approcha d'une table boiteuse où il y avait de l'encre, des plumes et du papier.

Sur la première page de ce papier étaient inscrits les nom, prénoms et âge des trente-trois hommes formant l'effectif de la garde nationale d'Haramont, et marchant sous les ordres de Pitou.

Sébastien enleva soigneusement cette première feuille, chef-d'œuvre de calligraphie du commandant, qui ne rougissait pas, pour que la besogne fût mieux faite, de descendre parfois au grade subalterne de fourrier.

Puis il écrivit sur la seconde :

« Mon cher Pitou,

» J'étais venu pour te dire que j'ai entendu, il y a huit jours, une conversation entre monsieur l'abbé Fortier et le vicaire de Villers-Cotterets. Il paraît que l'abbé Fortier a des connivences avec les aristocrates de Paris; il disait au vicaire qu'il se préparait à Versailles une contre-révolution.

» C'était ce que nous avons appris depuis, à l'endroit de la reine, qui a mis la cocarde noire et foulé aux pieds la cocarde tricolore.

« Cette menace de contre-révolution, ce que nous avons appris ensuite des événements qui ont suivi le banquet, m'avaient déjà fort inquiété pour mon père qui, comme tu le sais, est l'ennemi des aristocrates; mais, ce soir, mon cher Pitou, cela a été bien pis.

» Le vicaire est revenu voir le curé, et, comme j'avais peur pour mon père, je n'ai point cru qu'il y eût du mal à écouter exprès la suite de ce que, l'autre jour, j'avais entendu par hasard.

» Il paraît, mon cher Pitou, que le peuple s'est porté sur Versailles : il a massacré beaucoup de personnes, et, entre ces personnes-là, monsieur Georges de Charny.

» L'abbé Fortier ajoutait :

» — Parlons bas, pour ne pas inquiéter le petit Gilbert, dont le père est allé à Versailles, et pourrait bien avoir été tué comme les autres.

» Tu comprends bien, mon cher Pitou, que je n'en ai pas écouté davantage.

» Je me suis glissé tout doucement hors de ma cachette, sans que personne m'entendit, j'ai pris par le jardin, je me suis trouvé sur la place du Château, et, tout courant, je suis arrivé chez toi, pour me reconduire à Paris, ce que tu ne manquerais pas de faire, et de grand cœur même, si tu étais ici.

» Mais, comme tu n'y es pas, comme tu peux tarder à revenir, étant probablement allé tendre des collets dans la forêt de Villers-Cotterets; comme, dans ce cas-là, tu ne rentreras qu'au jour, mon inquiétude est trop grande, et je ne saurais attendre jusque-là.

» Je pars donc tout seul; sois tranquille, je sais le chemin. D'ailleurs, sur l'argent que mon père m'a donné, il me reste encore deux louis, et je prendrai une place dans la première voiture que je rencontrai sur la route.

» P. S. J'ai fait ma lettre bien longue, d'abord pour t'expliquer la cause de mon départ, et ensuite parce que j'espérais toujours que tu reviendrais avant qu'elle fût finie.

» Elle est finie, tu n'es pas revenu, je pars! Adieu, ou plutôt au revoir; s'il n'est rien arrivé à mon père, et s'il ne court aucun danger, je reviendrai.

» Sinon, je suis bien décidé à lui demander instamment de me garder auprès de lui.

» Tranquillise l'abbé Fortier sur mon départ; mais surtout ne le tranquillise que demain, afin qu'il soit trop tard pour faire courir après moi.

« Décidément, puisque tu ne reviens pas, je pars. Adieu, ou plutôt au revoir. »

Et, sur quoi, Sébastien Gilbert, qui connaissait l'économie de son ami Pitou, éteignit la chandelle, tira la porte, et partit.

Dire que Sébastien Gilbert n'était pas un peu ému en entreprenant de nuit un si long voyage, ce serait mentir certainement; mais cette émotion n'était point ce qu'elle eût été chez un autre enfant, — de la peur : c'était purement et simplement le sentiment complet de l'action qu'il entreprenait, laquelle était une désobéissance aux ordres de son père, mais, en même temps, une grande preuve d'amour filial, et cette obéissance devait être pardonnée par tous les pères.

D'ailleurs, Sébastien, depuis que nous nous occupons de lui, avait grandi. Sébastien, un peu pâle, un peu frêle, un peu nerveux pour son âge, allait avoir quinze ans. A cet âge, avec le tempérament de Sébastien, et quand on est le fils de Gilbert et d'Andrée, on est bien près d'être un homme.

Le jeune homme, sans autre sentiment que cette émotion inséparable de l'action qu'il commettait, se mit donc à courir vers Largny, qu'il découvrit bientôt à cette *pâle clarté qui tombe des étoiles*, comme dit le vieux Corneille. Il longea le village, gagna le grand ravin qui s'étend de ce village à celui de Vauciennes, et qui encaisse les étangs de Walue; à Vauciennes, trouva la grande route, et se mit à marcher plus tranquillement en se voyant sur le chemin du roi.

Sébastien, qui était un garçon plein de sens, qui était venu en parlant latin de Paris à Villers-Cotterets, et qui avait mis trois jours pour venir, comprenait bien qu'on ne retourne pas à Paris en une nuit, et ne perdit pas son souffle à parler aucune langue.

Il descendit donc la première et remonta la seconde montagne de Vauciennes au pas; puis, arrivé sur un terrain plat, il se mit à marcher un peu plus vivement.

Peut-être cette vivacité dans la marche de Sébastien était-elle excitée par l'approche d'un assez mauvais passage qui se trouve sur la route, et qui, à cette époque, avait une réputation d'embuscade complètement perdue aujourd'hui. Ce mauvais passage s'appelle la Fontaine-Eau-Claire, parce qu'une source limpide coule à vingt pas de deux carrières qui, pareilles à deux antres de l'enfer, ouvrent leur gueule sombre sur la route.

Sébastien eut-il ou n'eut-il pas peur en traversant cet endroit, c'est ce que l'on ne saurait dire, car il ne pressa point le pas, car, pouvant passer sur le revers opposé de la route, il ne s'écarta point du milieu du chemin, ralentit son pas un peu plus loin, mais sans doute parce qu'il était arrivé à une petite montée, et enfin atteignit l'embranchement des deux routes de Paris et de Crespy.

Là, il s'arrêta tout à coup. En venant de Paris, il n'avait pas remarqué quelle route il suivait; en retournant à Paris, il ignorait quelle route il devait suivre.

Était-ce celle de gauche? était-ce celle de droite?

Toutes deux étaient bordées d'arbres pareils, toutes deux étaient pavées également.

Personne n'était là pour répondre à la question de Sébastien.

Les deux routes partant d'un même point s'éloignaient l'une de l'autre visiblement et promptement; il en résultait que, si Sébastien, au lieu de prendre la bonne route, prenait la mauvaise, il serait, le lendemain au jour, bien loin de son chemin.

Sébastien s'arrêta indécis.

Il chercha, par un indice quelconque, à reconnaître celle des deux routes qu'il avait suivie; mais cet indice, qui lui eût manqué pendant le jour, lui manquait bien autrement dans l'obscurité.

Il venait de s'asseoir, découragé, à l'angle des deux routes, moitié pour se reposer, moitié pour réfléchir, lorsqu'il lui sembla entendre dans le lointain, venant du côté de Villers-Cotterets, le galop d'un ou de deux chevaux.

Il prêta l'oreille en se soulevant.

Ce n'était pas une erreur : le bruit des fers de chevaux retentissant sur la route devenait de plus en plus distinct.

Sébastien allait donc avoir le renseignement qu'il attendait.

Il s'apprêta à arrêter les cavaliers au passage, et à leur demander ce renseignement.

Bientôt il vit poindre leur ombre dans la nuit, tandis que, sous les pieds ferrés de leurs chevaux, jaillissaient de nombreuses étincelles.

Alors il se leva tout à fait, traversa le fossé, et attendit.

La cavalcade se composait de deux hommes, dont l'un galopait trois ou quatre pas en avant de l'autre.

Sébastien pensa avec raison que le premier de ces deux hommes était un maître, le second un domestique.

Il fit donc trois pas pour s'adresser au premier.

Celui-ci, qui vit un homme saillir en quelque sorte du fossé, crut à quelque guet-apens, et mit la main à ses fontes.

Sébastien remarqua le mouvement.

— Monsieur, dit-il, je ne suis pas un voleur; je suis un enfant que les derniers événements arrivés à Versailles attirent à Paris pour y chercher son père; je ne sais laquelle de ces deux routes je dois prendre; indiquez-moi celle qui conduit à Paris, et vous m'aurez rendu un grand service.

La distinction des paroles de Sébastien, l'éclat juvénile de sa voix, qui ne semblait pas inconnue au cavalier, firent que, si pressé qu'il parût être, il arrêta son cheval.

— Mon enfant, demanda-t-il avec bienveillance, qui êtes-vous, et comment vous hasardez-vous à pareille heure sur une grande route?

— Je ne vous demande pas qui vous êtes, moi, Monsieur... je vous demande ma route, la route au bout de laquelle je saurai si mon père est mort ou vivant.

Il y avait, dans cette voix presque enfantine encore, un accent de fermeté qui frappa le cavalier.

— Mon ami, la route de Paris est celle que nous suivons, dit-il; je la connais mal moi-même, n'ayant été à Paris que deux fois, mais je n'en suis pas moins sûr que celle que nous suivons est la bonne.

Sébastien fit un pas en arrière en remerciant. Les chevaux avaient besoin de souffler, le cavalier qui paraissait le maître reprit sa course, mais d'une allure moins vive.

Son laquais le suivit.

— Monsieur le vicomte, dit-il, a-t-il reconnu cet enfant?

— Non; mais il me semble cependant...

— Comment, monsieur le vicomte n'a pas reconnu le jeune Sébastien Gilbert, qui est en pension chez l'abbé Fortier?

— Sébastien Gilbert?

— Mais oui, qui venait de temps en temps à la ferme de mademoiselle Catherine avec le grand Pitou.

— Tu as raison, en effet.

Puis, arrêtant son cheval, et se retournant :

— Est-ce donc vous, Sébastien? demanda-t-il.

— Oui, monsieur Isidore, répondit l'enfant, qui, lui, avait parfaitement reconnu le cavalier.

— Mais, alors, venez donc, mon jeune ami, dit le cavalier, et apprenez-moi comment il se fait que je vous trouve seul sur cette route, à une pareille heure.

— Je vous l'ai dit, monsieur Isidore, je vais à Paris m'assurer si mon père a été tué ou vit encore.

— Hélas! pauvre enfant, dit Isidore avec un profond sentiment de tristesse, je vais à Paris pour une cause pareille; seulement, je ne doute plus, moi!

— Oui, je sais... votre frère?

— Un de mes frères... mon frère Georges a été tué hier matin à Versailles!

— Ah! monsieur de Charny!...

Sébastien fit un mouvement en avant, en tendant les deux mains à Isidore.

Isidore les lui prit et les lui serra.

— Eh bien, mon cher enfant, reprit Isidore, puisque notre sort est pareil, il ne faut pas nous séparer; vous devez être, comme moi, pressé d'arriver à Paris.

— Oh! oui, Monsieur!

— Vous ne pouvez aller à pied.

— J'irais bien à pied, mais ce serait long; aussi je compte demain payer ma place à la première voiture que je rencontrerai sur la route faisant le même chemin que moi, et aller avec elle le plus loin que je pourrai vers Paris.

— Et, si vous n'en rencontrez pas?...

— J'irai à pied.

— Faites mieux que cela, mon cher enfant, montez en croupe derrière mon laquais.

Sébastien retira ses deux mains de celles d'Isidore.

— Merci, monsieur le vicomte, dit-il.

Ces paroles furent accentuées avec un timbre si expressif, qu'Isidore comprit qu'il avait blessé l'enfant en lui offrant de monter en croupe derrière son laquais.

— Ou plutôt, dit-il, j'y pense, montez à sa place; lui nous rejoindra à Paris. En s'informant aux Tuileries, il saura toujours où je suis.

— Merci encore, Monsieur, dit Sébastien d'une voix plus douce, car il avait compris la délicatesse de cette nouvelle proposition; merci, je ne veux pas vous priver de ses services.

Il n'y avait plus qu'à s'entendre, les préliminaires de paix étaient posés.

— Eh bien, faites mieux encore que tout cela, Sébastien, montez derrière moi. Voici le jour qui vient; à dix heures du matin, nous serons à Dammartin, c'est-à-dire à moitié route; nous laisserons les deux chevaux, qui ne doivent pas nous conduire plus loin, à la garde de Baptiste, et nous prendrons une voiture de poste qui nous mènera à Paris : c'est ce que je comptais faire, vous ne changez donc en rien mes dispositions.

— Est-ce bien vrai, monsieur Isidore?

— Parole d'honneur !

— Alors, fit le jeune homme hésitant, mais mourant d'envie d'accepter.

— Descends, Baptiste, et aide monsieur Sébastien à monter.

— Merci, c'est inutile, monsieur Isidore, dit Sébastien, qui, agile comme un écolier, sauta ou plutôt bondit en croupe.

Puis les trois hommes et les deux chevaux repartirent au galop, et disparurent bientôt de l'autre côté de la montée de Gondreville.

VIII

L'APPARITION

Les trois cavaliers avaient continué leur chemin, comme il était convenu, à cheval jusqu'à Dammartin.

Ils arrivèrent à Dammartin vers dix heures.

Tout le monde avait besoin de prendre quelque chose; d'ailleurs, il fallait s'enquérir d'une voiture et de chevaux de poste.

Pendant qu'on servait le déjeuner à Isidore et à Sébastien, — qui en proie, Sébastien à l'inquiétude, Isidore à la tristesse, n'avaient pas échangé une parole, — Baptiste faisait panser les chevaux de son maître, et s'occupait de trouver une carriole et des chevaux de poste.

A midi, le déjeuner était achevé, et les chevaux et la carriole attendaient à la porte,

Seulement Isidore, qui avait toujours couru la poste avec sa voiture, ignorait que, lorsqu'on voyage avec les voitures des administrations, il faut changer de voiture à chaque relais.

Il en résulta que les maîtres de poste, qui faisaient observer strictement les règlements, mais qui se gardaient bien de les observer eux-mêmes, n'avaient pas toujours des voitures sous leurs remises et des chevaux dans leurs écuries.

En conséquence, partis à midi de Dammartin, les voyageurs ne furent à la barrière qu'à quatre heures et demie, et aux portes des Tuileries qu'à cinq heures du soir.

Là, il fallut se faire reconnaître, monsieur de la Fayette s'était emparé de tous les postes, et, dans ces temps de troubles, ayant répondu à l'Assemblée de la personne du roi, il gardait le roi avec conscience.

Cependant, lorsque Charny se nomma, lorsqu'il invoqua le nom de son frère, les difficultés s'aplanirent, et l'on introduisit Isidore et Sébastien dans la cour des Suisses, d'où ils passèrent dans la cour du milieu.

Sébastien voulait se faire conduire à l'instant même rue Saint-Honoré, au logement qu'habitait son père. Mais Isidore lui fit observer que, le docteur Gilbert étant médecin du roi par quartier, on saurait chez le roi mieux que partout ailleurs ce qui lui était arrivé.

Sébastien, dont l'esprit était parfaitement juste, s'était rendu à ce raisonnement.

En conséquence, il suivit Isidore.

On était déjà parvenu, quoique arrivé de la veille, à établir une certaine étiquette dans le palais des Tuileries. Isidore fut introduit par l'escalier d'honneur, et un huissier le fit attendre dans un grand salon tendu de vert, faiblement éclairé par deux candélabres.

Le reste du palais lui-même était plongé dans une demi-obscurité; le palais ayant toujours été habité par des particuliers, les grands éclairages, qui font partie du luxe royal, avaient été négligés.

L'huissier devait s'informer à la fois, et de

monsieur le comte de Charny, et du docteur Gilbert.

L'enfant s'assit sur un canapé; Isidore se promena de long en large.

Au bout de dix minutes, l'huissier reparut.

Monsieur le comte de Charny était chez la reine.

Quant au docteur Gilbert, il ne lui était rien arrivé; on croyait même, mais sans pouvoir en répondre, qu'il était chez le roi, — le roi étant enfermé, avait répondu le valet de chambre de service, avec son médecin.

Seulement, comme le roi avait quatre médecins par quartier et son médecin ordinaire, on ne savait pas bien précisément si le médecin enfermé avec Sa Majesté était M. Gilbert.

Si c'était lui, on le préviendrait à sa sortie que quelqu'un l'attendait dans les antichambres de la reine.

Sébastien respira librement; il n'avait donc plus rien à craindre, son père vivait et était sain et sauf.

Il alla à Isidore pour le remercier de l'avoir amené.

Isidore l'embrassa en pleurant.

Cette idée, que Sébastien venait de retrouver son père, lui rendait plus cher encore ce frère qu'il avait perdu et ne retrouverait pas.

En ce moment, la porte s'ouvrit; un huissier cria :

— Monsieur le vicomte de Charny?

— C'est moi, répondit Isidore en s'avançant.

— On demande monsieur le vicomte chez la reine, dit en s'effaçant l'huissier.

— Vous m'attendrez, n'est-ce pas, Sébastien, dit Isidore, à moins que monsieur le docteur Gilbert ne vienne vous chercher?... Songez que je réponds de vous à votre père.

— Oui, Monsieur, dit Sébastien, et, en attendant, recevez de nouveau mes remerciements.

Isidore suivit l'huissier, et la porte se referma.

Sébastien reprit sa place sur le canapé.

Alors, tranquille sur la santé de son père, tranquille sur lui-même, bien certain qu'il était d'être pardonné par le docteur en faveur de l'intention, son souvenir se reporta sur l'abbé Fortier, et sur Pitou et sur l'inquiétude qu'allaient causer, à l'un sa fuite et à l'autre sa lettre.

Il ne comprenait même pas comment, avec tous les retards qu'ils avaient éprouvés en route, Pitou, qui n'avait qu'à déployer le compas de ses longues jambes pour marcher aussi vite que la poste, ne les avait pas rejoints.

Et, tout naturellement, par le simple mécanisme des idées, en pensant à Pitou, il pensait à son encadrement ordinaire, c'est-à-dire à ces grands arbres, à ces belles routes ombreuses, à ces lointains bleuâtres qui terminent les horizons des forêts; puis, par un enchaînement graduel, il se rappelait ces visions étranges qui parfois lui apparaissaient sous ces grands arbres, dans la profondeur de ces immenses voûtes.

Il pensait à cette femme qu'il avait vue tant de fois en rêve, et une fois seulement, il le croyait du moins, en réalité, le jour où il se promenait dans les bois de Satory, et où cette femme vint, passa et disparut comme un nuage, emportée dans une magnifique calèche par le galop de deux superbes chevaux.

Et il se rappelait l'émotion profonde que lui causait toujours cette vue, et, à moitié plongé dans ce songe, il murmurait tout bas :

— Ma mère! ma mère! ma mère!

Tout à coup, la porte qui s'était refermée derrière Isidore de Charny, se rouvrit de nouveau. Cette fois, ce fut une femme qui apparut.

Par hasard, les yeux de l'enfant étaient fixés sur cette porte au moment de l'apparition.

L'apparition était si bien en harmonie avec ce qui se passait dans sa pensée, que, voyant son rêve s'animer d'une créature réelle, l'enfant tressaillit.

Mais ce fut bien autre chose encore quand, dans cette femme qui venait d'entrer, il vit tout à la fois l'ombre et la réalité.

L'ombre de ses rêves, la réalité de Satory.

Il se dressa tout debout, comme si un ressort l'eût mis sur ses pieds.

Ses lèvres se desserrèrent, son œil s'agrandit, sa pupille se dilata.

Sa poitrine haletante essaya inutilement de former un son.

La femme passa, majestueuse, fière, dédaigneuse, sans faire attention à lui.

Toute calme qu'elle semblait extérieurement, cette femme aux sourcils froncés, au teint pâle, à la respiration sifflante, devait être sous le coup d'une grande irritation nerveuse.

Elle traversa diagonalement la salle, ouvrit la porte opposée à celle par laquelle elle avait apparu, et s'éloigna dans le corridor.

Sébastien comprit qu'elle allait encore lui échapper, s'il ne se hâtait. Il regarda d'un air effaré, comme pour s'assurer de la réalité de son passage, la porte par laquelle elle était entrée, la porte par laquelle elle avait disparu, et s'élança sur sa trace, avant que le pan de sa robe soyeuse eût disparu à l'angle du corridor.

Mais elle, entendant un pas derrière elle,

marcha plus vite, comme si elle eût craint d'être poursuivie.

Sébastien hâta sa course le plus qu'il put : le corridor était sombre ; il craignait, cette fois encore, que la chère vision ne s'envolât.

Elle, entendant une marche toujours plus rapprochée, pressa sa marche en se retournant.

Sébastien poussa un faible cri de joie : c'était bien elle, toujours elle !

La femme, de son côté, voyant un enfant qui la suivait les bras tendus, et ne comprenait rien à cette poursuite, arriva au haut d'un escalier, et se lança par les degrés.

Mais à peine avait-elle descendu un étage, que Sébastien apparut à son tour au bout du corridor, en criant :

— Madame ! Madame !

Cette voix produisit une sensation étrange dans tout l'être de cette jeune femme ; il lui sembla qu'un coup, la frappant au cœur, moitié douloureux, moitié charmant, et, du cœur, courant avec le sang dans les veines, répandait un frisson par tout son corps.

Et, cependant, ne comprenant rien encore ni à cet appel ni à l'émotion qu'elle éprouvait, elle doubla le pas, et, de la course, passa en quelque sorte à la fuite.

Mais elle n'avait plus sur l'enfant assez d'avance pour lui échapper.

Ils arrivèrent presque ensemble au bas de l'escalier.

La jeune femme s'élança dans la cour ; une voiture l'y attendait, un domestique tenait ouverte la portière de la voiture.

Elle y monta rapidement, et s'y assit.

Mais, avant que la portière fût refermée, Sébastien s'était glissé entre le domestique et la portière, et, ayant saisi le bas de la robe de la fugitive, il la baisait avec passion en s'écriant :

— Oh ! Madame ! oh ! Madame !

La jeune femme, alors, regarda ce charmant enfant qui l'avait effrayée d'abord, et, d'une voix plus douce qu'elle n'était d'habitude, quoique cette voix eût encore conservé un mélange d'émotion et de frayeur :

— Eh bien, dit-elle, mon ami, pourquoi courez-vous après moi ? pourquoi m'appelez-vous ? que me voulez-vous ?

— Je veux, dit l'enfant tout haletant, je veux vous voir, je veux vous embrasser.

Et, assez bas pour que la jeune femme seule pût l'entendre :

— Je veux vous appeler *ma mère*, ajouta-t-il.

La jeune femme jeta un cri, prit la tête de l'enfant dans ses deux mains, et, comme par une révélation subite, l'approchant vivement d'elle, colla ses deux lèvres ardentes sur son front.

Puis, comme si elle eût craint à son tour que quelqu'un ne vînt et ne lui enlevât cet enfant qu'elle venait de retrouver, elle l'attira à elle jusqu'à ce qu'il fût tout entier dans la voiture ; elle le poussa du côté opposé, tira elle-même la portière, et, abaissant la glace, qu'elle releva aussitôt :

— Chez moi, dit-elle, rue Coq-Héron, n° 9, à la première porte cochère en partant de la rue Plâtrière.

Et, se retournant vers l'enfant :

— Ton nom ? demanda-t-elle.

— Sébastien.

— Ah ! viens, Sébastien, viens là... là, sur mon cœur !

Puis, se renversant en arrière, comme si elle était près de s'évanouir :

— Oh ! murmura-t-elle, qu'est-ce donc que cette sensation inconnue ? Serait-ce ce qu'on appelle le bonheur ?

IX

LE PAVILLON D'ANDRÉE

La route ne fut qu'un long baiser échangé entre la mère et le fils.

Ainsi, cet enfant, — car son cœur n'avait pas douté un instant que ce ne fût lui cet enfant qui lui avait été enlevé dans une nuit terrible, nuit d'angoisses et de déshonneur ; cet enfant qui avait disparu sans que son ravisseur laissât d'autre trace que l'empreinte de ses pas sur la neige ; cet enfant qu'elle avait détesté, maudit d'abord, tant qu'elle n'avait pas entendu son premier cri, recueilli son premier vagissement ; cet enfant qu'elle avait appelé, cherché, redemandé, que son frère avait poursuivi dans la personne de Gilbert jusque sur l'Océan ; cet enfant qu'elle avait regretté quinze ans, qu'elle avait désespéré de revoir jamais, auquel elle ne songeait plus que comme on songe à un mort bien-aimé, à une ombre chérie ; cet enfant, voilà que tout à coup, là où elle devait le moins s'attendre à le rencontrer, il se retrouve par miracle ! par miracle, il la reconnaît, court après elle à son tour, la poursuit, l'appelle sa mère ! cet enfant, voilà qu'elle le tient sur son cœur, le presse contre sa poitrine ! voilà que, sans l'avoir jamais vue, il l'aime d'un amour filial, comme elle l'aime d'un amour maternel !

voilà que sa lèvre, pure de tout baiser, retrouve toutes les joies de sa vie perdue, dans le premier baiser qu'elle donne à son enfant!

Il y avait donc, au-dessus de la tête des hommes, quelque chose de plus que ce vide où roulent les mondes; il y avait donc dans la vie autre chose que le hasard et la fatalité.

« Rue Coq-Héron, n° 9, à la première porte cochère en partant de la rue Plâtrière, » avait dit la comtesse de Charny.

Étrange coïncidence qui ramenait, après quatorze ans passés, l'enfant dans la maison même où il était né, où il avait aspiré les premiers souffles de la vie, et d'où il avait été enlevé par son père !

Cette petite maison, achetée autrefois par le père Taverney, lorsque, avec cette grande faveur dont la reine avait honoré sa famille, un peu d'aisance était rentrée dans l'intérieur du baron, avait été conservée par Philippe de Taverney, et gardée par un vieux concierge que les anciens propriétaires semblaient avoir vendu avec la maison. Elle servait de pied-à-terre au jeune homme, quand il revenait de ses voyages, ou à la jeune femme quand elle couchait à Paris.

Après cette dernière scène qu'Andrée avait eue avec la reine, après la nuit passée auprès d'elle, Andrée avait résolu de s'éloigner de cette rivale, qui lui renvoyait le contre-coup de chacune de ses douleurs, et chez laquelle les malheurs de la reine, si grands qu'ils fussent, restaient toujours au-dessous des angoisses de la femme.

Aussi, dès le matin, elle avait envoyé sa servante dans la petite maison de la rue Coq-Héron, avec ordre de préparer le pavillon, qui, comme je le rappelle, se composait d'une antichambre, d'une petite salle à manger, d'un salon et d'une chambre à coucher.

Autrefois Andrée avait fait, pour loger Nicole auprès d'elle, du salon une seconde chambre à coucher ; mais, depuis, cette nécessité ayant disparu, chaque pièce avait été rendue à sa destination première, et la femme de chambre laissant le bas entièrement libre à sa maîtresse, qui d'ailleurs n'y venait que bien rarement, et toujours seule, s'était accommodée d'une petite mansarde pratiquée dans les combles.

Andrée s'était donc excusée près de la reine de ne point garder cette chambre voisine de la sienne, sur ce que la reine, étant si étroitement logée, avait plutôt besoin près d'elle d'une de ses femmes de chambre que d'une personne qui *n'était point particulièrement attachée à son service.*

La reine n'avait pas insisté pour garder Andrée, ou plutôt n'avait insisté que selon les strictes convenances, et, vers quatre heures de l'après-midi, la femme de chambre d'Andrée étant venue lui dire que le pavillon était prêt, elle avait ordonné à sa femme de chambre de partir à l'instant même pour Versailles, de réunir ses effets, que, dans la précipitation du départ, elle avait laissés dans l'appartement qu'elle occupait au château, et de lui rapporter, le lendemain, ces effets à la rue Coq-Héron.

A cinq heures, la comtesse de Charny avait, en conséquence, quitté les Tuileries, regardant comme un adieu suffisant le peu de mots qu'elle avait dits, le matin, à la reine en lui rendant la faculté de disposer de la chambre qu'elle avait occupée une nuit.

C'était en sortant de chez la reine, ou plutôt de la chambre attenante à celle de la reine, qu'elle avait traversé le salon vert où attendait Sébastien, et que, poursuivie par lui, elle avait fui à travers les corridors, jusqu'au moment où Sébastien s'était précipité après elle dans le fiacre, qui, commandé d'avance par la femme de chambre, l'attendait à la porte des Tuileries, dans la cour des Princes.

Ainsi, tout concourait à faire pour Andrée de cette soirée une soirée heureuse, et que rien ne devait troubler. Au lieu de son appartement de Versailles ou de sa chambre des Tuileries, où elle n'eût pas pu recevoir cet enfant, si miraculeusement retrouvé, où elle n'eût pu, du moins, se livrer à toute l'expansion de son amour maternel, elle était dans une maison à elle, dans un pavillon isolé, sans domestique, sans femme de chambre, sans un seul regard interrogateur enfin !

Aussi était-ce avec une expression de joie bien sentie qu'elle avait donné l'adresse que nous avons inscrite plus haut, et qui a fourni matière à toute cette digression.

Six heures sonnaient, comme la porte cochère s'ouvrait à l'appel du cocher, et comme le fiacre s'arrêtait devant la porte du pavillon.

Andrée n'attendit pas même que le cocher descendît de son siège; elle ouvrit la portière, sauta sur la première marche du perron, tirant Sébastien après elle.

Puis, donnant vivement au cocher une pièce de monnaie qui faisait le double à peu près de ce qui lui était dû, elle s'élança, tenant toujours l'enfant par la main, dans l'intérieur du pavillon, après avoir fermé avec soin la porte de l'antichambre.

Arrivée au salon, elle s'arrêta.

Tu vois, Albertine, mon nom fait son effet. (Page 60.)

Le salon était éclairé seulement par le feu brûlant dans l'âtre et par deux bougies allumées sur la cheminée.

Andrée entraîna son fils sur une espèce de causeuse où se concentrait la double lumière des bougies et du feu.

Puis, avec une explosion de joie dans laquelle tremblait encore un dernier doute ;

— Oh! mon enfant, mon enfant, dit-elle, c'est donc bien toi?

— Ma mère! répondit Sébastien avec un épanouissement de cœur qui se répandit comme une rosée adoucissante sur le cœur bondissant et dans les veines fiévreuses d'Andrée.

— Et ici, ici! s'écria Andrée en regardant autour d'elle, en se retrouvant dans ce même salon où elle avait donné le jour à Sébastien, et en jetant avec terreur les yeux vers cette même chambre d'où il avait été enlevé.

— Ici! répéta Sébastien ; que veut dire cela, ma mère?

— Cela veut dire, mon enfant, que voici bientôt quinze ans, tu naquis dans cette chambre où nous sommes, et que je bénis la miséricorde du Seigneur tout-puissant, qui, au bout de quinze ans, t'y a miraculeusement ramené.

— Oh! oui, miraculeusement, dit Sébastien ; car, si je n'eusse pas craint pour la vie de mon père, je ne fusse point parti seul et la nuit pour Paris ; si je ne fusse point parti seul et la nuit, je n'eusse point été embarrassé pour savoir celle des deux routes qu'il fallait prendre ; je n'eusse point attendu sur le grand chemin; je n'eusse point interrogé M. Isidore de Charny, en passant; il ne m'eût point reconnu, ne m'eût point offert de venir à Paris avec lui, ne m'eût point conduit au palais des Tuileries; et, aussi, je ne vous eusse point vue au moment où vous traversiez le salon vert; je ne vous eusse pas reconnue; je n'eusse point couru après vous; je ne vous eusse pas rejointe : je ne vous eusse point, enfin, appelée ma mère! ce qui est un mot bien doux et bien tendre à prononcer!

A ces mots de Sébastien : « Si je n'eusse pas craint pour la vie de mon père, » Andrée avait senti un serrement de cœur aigu, elle avait fermé les yeux et renversé sa tête en arrière.

A ceux-ci : « M. Isidore de Charny ne m'eût point reconnu, ne m'eût point offert de venir à Paris avec lui, ne m'eût point conduit au palais des Tuileries, » ses yeux se rouvrirent, son cœur se desserra, son regard remercia le ciel; car, en effet, c'était bien un miracle qui lui rendait Sébastien, conduit par le frère de son mari.

Enfin, à ceux-ci : « Je ne vous eusse point appelée ma mère! ce qui est un mot bien doux et bien tendre à prononcer, » rappelée au sentiment de son bonheur, elle serra de nouveau Sébastien sur sa poitrine.

— Oui, oui, tu as raison, mon enfant, dit-elle; bien doux! il n'y en a qu'un plus doux et plus tendre peut-être, c'est celui que je te dis en te serrant sur mon cœur : mon fils! mon fils!

Puis il y eut un instant de silence pendant lequel n'on entendit que le doux frémissement des lèvres maternelles sur le front de l'enfant.

— Mais enfin, s'écria tout à coup Andrée, il est impossible que tout reste ainsi mystérieux en moi et autour de moi; tu m'as bien expliqué comment tu étais là, mais tu ne m'as pas expliqué comment tu m'avais reconnue, comment tu avais couru après moi, comment tu m'avais appelée ta mère.

— Puis-je vous dire cela? répondit Sébastien en regardant Andrée avec une indicible expression d'amour. Je ne le sais pas moi-même. Vous parlez de mystères; tout est mystérieux en moi comme en vous.

— Mais quelqu'un t'a donc dit, au moment où je passais :

« Enfant, voici ta mère! »

— Oui, mon cœur.

— Ton cœur?...

— Écoutez, ma mère, je vais vous dire une chose qui tient du prodige.

Andrée s'approcha encore de l'enfant, tout en jetant un regard au ciel, comme pour le remercier de ce qu'en lui rendant son fils, il le lui rendait ainsi.

— Il y a dix ans que je vous connais, ma mère.

Andrée tressaillit.

— Vous ne comprenez pas?

Andrée secoua la tête.

— Laissez-moi donc dire; j'ai parfois des rêves étranges, que mon père appelle des hallucinations.

Au souvenir de Gilbert, passant comme une pointe d'acier des lèvres de l'enfant à son cœur, Andrée frissonna.

— Vingt fois déjà, je vous ai vue, ma mère.

— Comment cela?

— Dans ces rêves dont je vous parlais tout à l'heure.

Andrée pensa, de son côté, à ces rêves terribles qui avaient agité sa vie, et à l'un desquels l'enfant devait sa naissance.

— Imaginez-vous, ma mère, continua Sébastien, que, tout enfant, lorsque je jouais avec les enfants du village, et que je restais dans le village, mes impressions étaient celles des autres enfants, et rien ne m'apparaissait que les objets réels et véritables; mais, dès que j'avais quitté le village, dès que je dépassais les derniers jardins, dès que j'avais franchi la lisière de la forêt, je sentais passer près de moi comme le frôlement d'une robe; je tendais les bras pour la saisir, mais je ne saisissais que l'air; alors, le fantôme s'éloignait. Mais, d'invisible qu'il était d'abord, il se faisait visible peu à peu; dans le premier moment, c'était une vapeur transparente comme un nuage, semblable à celle dont Virgile enveloppe la mère d'Énée, quand elle apparaît à son fils sur la rive de Carthage; bientôt cette vapeur s'épaississait et prenait une forme humaine; cette forme humaine qui était celle d'une femme, glissait sur le sol plutôt qu'elle ne marchait sur la terre... Alors un pouvoir inconnu, étrange, irrésistible, m'entraînait après elle. Elle s'enfonçait dans les endroits les plus sombres de la forêt, et je l'y poursuivais les bras tendus, muet comme elle; car, quoique j'essayasse de l'appeler, jamais ma voix n'est parvenue à articuler un son, et je la poursuivais ainsi, sans qu'elle s'arrêtât, sans que je pusse la joindre, jusqu'à ce que le prodige qui m'avait annoncé sa présence me signalât son départ. Le fantôme s'effaçait peu à peu. Mais elle me semblait autant souffrir que moi de cette volonté du ciel qui nous séparait l'un de l'autre; car elle s'éloignait en me regardant, et moi, écrasé de fatigue, comme si je n'eusse été soutenu que par sa présence, je tombais à l'endroit même où elle avait disparu.

Cette espèce de seconde existence de Sébastien, ce rêve vivant dans sa vie ressemblait trop à ce qui était arrivé à Andrée elle-même pour qu'elle ne se reconnût pas dans son enfant.

— Pauvre ami, dit-elle en le serrant sur son cœur, c'était donc inutilement que la haine t'avait éloigné de moi ! Dieu nous avait rapprochés sans que je m'en doutasse ; seulement, moins heureuse que toi, mon cher enfant, je ne te voyais ni en rêve ni en réalité ; et cependant, quand je suis passée dans ce salon vert, un frissonnement m'a prise ; quand j'ai entendu tes pas derrière les miens, quelque chose comme un vertige a passé entre mon esprit et mon cœur ; quand tu m'as appelé *madame*, j'ai failli m'arrêter ; quand tu m'as appelée *ma mère*, j'ai failli m'évanouir ; quand je t'ai touché, je t'ai reconnu !

— Ma mère ! ma mère ! ma mère ! répéta trois fois Sébastien, comme s'il eût voulu consoler Andrée d'avoir été si longtemps sans entendre prononcer ce doux nom.

— Oui, oui, ta mère ! répliqua la jeune femme avec un transport d'amour impossible à d'écrire.

— Et, maintenant que nous nous sommes retrouvés, dit l'enfant, puisque tu es si contente et si heureuse de me revoir, nous ne nous quitterons plus, n'est-ce pas ?

Andrée tressaillit. Elle avait saisi le présent au passage en fermant à moitié les yeux sur le passé, en les fermant tout à fait sur l'avenir.

— Mon pauvre enfant, murmura-t-elle avec un soupir, comme je te bénirais si tu pouvais opérer un pareil miracle !

— Laisse-moi faire, dit Sébastien, j'arrangerai tout cela, moi.

— Et comment ? demanda Andrée.

— Je ne connais point les causes qui t'ont séparée de mon père.

Andrée pâlit.

— Mais, reprit Sébastien, si graves que soient ces causes, elles s'effaceront devant mes prières et devant mes larmes, s'il le faut.

Andrée secoua la tête.

— Jamais ! jamais ! dit-elle.

— Écoute, dit Sébastien, qui, d'après ces mots que lui avait dits Gilbert : *Enfant, ne me parle plus jamais de ta mère*, avait dû croire que les torts de la séparation étaient à celle-ci ; écoute, mon père m'adore !

Les mains d'Andrée, qui tenaient celles de son fils, se desserrèrent ; l'enfant ne parut point y faire et peut-être n'y fit point attention.

Il continua :

— Je le préparerai à te revoir ; je lui raconterai tout le bonheur que tu m'as donné ; puis, un jour, je te prendrai par la main, je te conduirai à lui et je lui dirai : « La voici ! regarde, père, comme elle est belle ! »

Andrée repoussa Gilbert, et se leva.

L'enfant fixa sur elle des yeux étonnés ; elle était si pâle qu'elle lui fit peur.

— Jamais ! répéta-t-elle, jamais !

Et, cette fois, son accent exprimait quelque chose de plus que l'effroi, il exprimait la menace.

A son tour, l'enfant se recula sur son canapé ; il venait de découvrir, dans ce visage de femme, ces lignes terribles que Raphaël donne aux anges irrités.

— Et pourquoi, demanda-t-il d'une voix sourde, pourquoi refuses-tu de voir mon père ?

A ces mots, comme au choc de deux nuages pendant une tempête, la foudre éclata.

— Pourquoi ? dit Andrée, tu me demandes pourquoi ? En effet, pauvre enfant, tu ne sais rien !

— Oui, dit Sébastien avec fermeté, je demande pourquoi.

— Eh bien, répéta Andrée, incapable de se contenir plus longtemps sous les morsures du serpent haineux qui lui rongeait le cœur, parce que ton père est un misérable ! parce que ton père est un infâme !

Sébastien bondit du meuble où il était accroupi et se trouva debout devant Andrée.

— C'est de mon père que vous dites cela, Madame ! s'écria-t-il, de mon père, c'est-à-dire du docteur Gilbert, de celui qui m'a élevé, de celui à qui je dois tout, de celui que seul je connais ? Je me trompais, Madame, vous n'êtes pas ma mère !

L'enfant fit un mouvement pour s'élancer vers la porte.

Andrée l'arrêta.

— Écoute, dit-elle, tu ne peux savoir, tu ne peux comprendre, tu ne peux juger !

— Non, mais je puis sentir et je sens que je ne vous aime plus !

Andrée jeta un cri de douleur.

Mais, au même instant, un bruit extérieur vint faire diversion à l'émotion qu'elle éprouvait, quoique cette émotion l'eût momentanément envahie tout entière.

Ce bruit, c'était celui de la porte de la rue qui s'ouvrait et d'une voiture qui s'arrêtait devant le perron.

Il courut, à ce bruit, un tel frisson dans les

membres d'Andrée que ce frisson passa de son corps dans celui de l'enfant.

— Attends! lui dit-elle, attends, et tais-toi!

L'enfant, subjugué, obéit.

On entendit s'ouvrir la porte de l'antichambre, et des pas s'approcher de celle du salon.

Andrée se redressa immobile, muette, les yeux fixés sur la porte, pâle et froide comme la statue de l'Attente.

— Qui annoncerai-je à madame la comtesse? demanda la voix du vieux concierge.

— Annoncez le comte de Charny, et demandez à la comtesse si elle veut me faire l'honneur de me recevoir.

— Oh! s'écria Andrée, dans cette chambre! enfant, dans cette chambre! il ne faut pas qu'il te voie! il ne faut pas qu'il sache que tu existes!

Et elle poussa l'enfant effaré dans la chambre voisine.

Puis, en refermant la porte sur lui :

— Reste là! dit-elle, et, quand il sera parti, je te dirai, je te raconterai... Non! non! rien de tout cela! Je t'embrasserai, et tu comprendras que je suis bien réellement ta mère!

Sébastien ne répondit que par un espèce de gémissement.

En ce moment, la porte de l'antichambre s'ouvrit, et, son bonnet à la main, le vieux concierge s'acquitta de la commission dont il était chargé.

Derrière lui, dans la pénombre, l'œil perçant d'Andrée devinait une forme humaine.

— Faites entrer monsieur le comte de Charny, dit-elle de la voix la plus ferme qu'elle put trouver.

Le vieux concierge se retira en arrière, et le comte de Charny, le chapeau à la main, parut à son tour sur le seuil.

X

MARI ET FEMME

En deuil de son frère, tué deux jours auparavant, le comte de Charny était tout vêtu de noir.

Puis, comme ce deuil, pareil à celui d'Hamlet, était encore non seulement sur les habits, mais encore au fond du cœur, son visage pâli attestait des larmes qu'il avait versées et des douleurs qu'il avait souffertes.

La comtesse embrassa tout cet ensemble d'un rapide regard. Jamais les belles figures ne sont si belles qu'après les larmes. Jamais Charny n'avait été si beau.

Elle ferma un instant les yeux, renversa légèrement sa tête en arrière, comme pour donner à sa poitrine la faculté de respirer, et appuya sa main sur son cœur, qu'elle sentait près de se briser.

Quand elle rouvrit les yeux, — et ce fut une seconde après les avoir fermés, — elle retrouva Charny à la même place.

Le geste et le regard d'Andrée lui demandèrent en même temps et si visiblement pourquoi il n'était pas entré, qu'il répondit tout naturellement à ce geste et à ce regard :

— Madame, j'attendais.

Il fit un pas en avant.

— Faut-il renvoyer la voiture de Monsieur? demanda le concierge, sollicité à cette interrogation par le domestique du comte.

Un regard d'une indicible expression jaillit de la prunelle du comte et se porta sur Andrée, qui, comme éblouie, ferma les yeux une seconde fois et resta immobile, la respiration suspendue, comme si elle n'eût point entendu l'interrogation, comme si elle n'eût point vu le regard.

L'une et l'autre avaient cependant pénétré tout droit jusqu'à son cœur.

Charny chercha, par toute cette statue vivante, un signe qui lui indiquât ce qu'il avait à répondre. Puis, comme le frissonnement qui échappa à Andrée pouvait être aussi bien de la crainte que le comte ne s'en allât que du désir qu'il restât :

— Dites au cocher d'attendre, répondit-il.

La porte se referma, et, pour la première fois peut-être depuis leur mariage, le comte et la comtesse se trouvèrent seuls.

Ce fut le comte qui rompit le premier le silence.

— Pardon, Madame, dit-il, mais ma présence inattendue serait-elle encore indiscrète? Je suis debout, la voiture est à la porte et je repars comme je suis venu.

— Non, Monsieur, dit vivement Andrée, au contraire. Je vous savais sain et sauf, mais je n'en suis pas moins heureuse de vous revoir, après les événements qui se sont passés.

— Vous avez donc eu la bonté de vous informer de moi, Madame? demanda le comte.

— Sans doute... hier et ce matin, et l'on m'a répondu que vous étiez à Versailles; ce soir, l'on m'a répondu que vous étiez près de la reine.

Ces derniers mots avaient-ils été prononcés simplement ou contenaient-ils un reproche?

Il est évident que le comte lui-même, ne sachant à quoi s'en tenir, s'en préoccupa un instant.

Mais, presque aussitôt, laissant probablement à la suite de la conversation le soin de relever le voile un instant abaissé sur son esprit :

— Madame, répondit-il, un soin triste et pieux me retenait hier et aujourd'hui à Versailles ; un devoir que je regarde comme sacré, dans la situation où la reine se trouve, m'a conduit, aussitôt mon arrivée à Paris, chez Sa Majesté.

A son tour, Andrée essaya visiblement de saisir, dans tout son réalisme, l'intention des dernières paroles du comte.

Puis, pensant qu'elle devait surtout une réponse aux premières :

— Oui, Monsieur, dit-elle. Hélas ! j'ai su la perte terrible que...

Elle hésita un instant :

— Que *vous* avez faite.

Andrée avait été sur le point de dire : « que *nous avons* faite. » Elle n'osa point et continua :

— Vous avez eu le malheur de perdre *votre* frère, le baron Georges de Charny.

On eût dit que Charny attendait au passage les deux mots que nous avons soulignés, car il tressaillit au moment où chacun d'eux fut prononcé.

— Oui, Madame, répondit-il, c'est, comme vous le dites, une perte terrible pour moi, que celle de ce jeune homme, une perte que, par bonheur, vous ne pouvez apprécier, ayant si peu connu le pauvre Georges.

Il y avait un doux et mélancolique reproche dans ces mots : *par bonheur*.

Andrée le comprit, mais aucun signe extérieur ne manifesta qu'elle y eût fait attention.

— Au reste, une chose me consolerait de cette perte, si je pouvais en être consolé, reprit Charny, c'est que le pauvre Georges est mort comme mourra Isidore, comme je mourrai probablement, — en faisant son devoir.

Ces mots : *comme je mourrai probablement*, atteignirent profondément Andrée.

— Hélas ! Monsieur, demanda-t-elle, croyez-vous donc les choses si désespérées qu'il y ait encore besoin, pour désarmer la colère céleste, de nouveaux sacrifices de sang ?

— Je crois, Madame, que l'heure des rois est sinon arrivée, du moins bien près de sonner. Je crois qu'il y a un mauvais génie qui pousse la monarchie vers l'abîme. Je pense, enfin, que si elle y tombe, elle doit être accompagnée, dans sa chute, de tous ceux qui ont eu part à sa splendeur.

— C'est vrai, dit Andrée, et, quand le jour sera venu, croyez qu'il me trouvera comme vous, Monsieur, prête à tous les dévouements.

— Oh ! Madame, dit Charny, vous avez donné trop de preuves de ce dévouement dans le passé, pour que qui que ce soit, et moi, moins que personne, doute de ce dévouement dans l'avenir, et peut-être ai-je d'autant moins le droit de douter du vôtre, que le mien, pour la première fois peut-être, vient de reculer devant un ordre de la reine.

— Je ne comprends pas, Monsieur, dit Andrée.

— En arrivant de Versailles, Madame, j'ai trouvé l'ordre de me présenter à l'instant même chez Sa Majesté.

— Oh ! fit Andrée en souriant tristement.

Puis, après un instant de silence :

— Cela est tout simple, dit-elle, la reine voit comme vous l'avenir mystérieux et sombre, et veut réunir autour d'elle les hommes sur lesquels elle sait pouvoir compter.

— Vous vous trompez, Madame, répondit Charny, ce n'était point pour me rapprocher d'elle que la reine m'appelait, c'était pour m'en éloigner.

— Vous éloigner d'elle ! dit vivement Andrée en faisant un pas vers le comte.

Puis, après un moment, s'apercevant que le comte était, depuis le commencement de la conversation, demeuré debout près de la porte :

— Pardon, dit-elle en indiquant un fauteuil, je vous tiens debout, monsieur le comte.

Et, en disant ces mots, elle retomba elle-même, incapable de se soutenir plus longtemps, sur le canapé où, un instant auparavant, elle était assise près de Sébastien.

— Vous éloigner ! répéta-t-elle avec une émotion qui n'était pas exempte de joie, en pensant que Charny et la reine allaient être séparés. Et dans quel but ?

— Dans le but d'aller remplir à Turin une mission près de messieurs le comte d'Artois et le duc de Bourbon, qui ont quitté la France.

— Et vous avez accepté ?

Charny regarda fixement Andrée.

— Non, Madame, dit-il.

Andrée pâlit tellement, que Charny fit un pas vers elle, comme pour lui porter secours ; mais à ce mouvement du comte, elle rappela ses forces, et revint à elle.

— Non ? balbutia-t-elle ; vous avez répondu non à un ordre de la reine... vous, Monsieur ?...

Et les deux derniers mots furent prononcés

avec un accent de doute et d'étonnement impossible à rendre.

— J'ai répondu, Madame, que je croyais ma présence, en ce moment surtout, plus nécessaire à Paris qu'à Turin ; que tout le monde pouvait remplir la mission dont on voulait bien me faire l'honneur de me charger, et que j'avais là justement un second frère à moi, arrivé à l'instant même de province pour se mettre aux ordres de Sa Majesté, et qui était prêt à partir à ma place.

— Et sans doute, Monsieur, la reine a été heureuse d'accepter la substitution ? s'écria Andrée avec une expression d'amertume qu'elle ne put contenir, et qui parut ne pas échapper à Charny.

— Non, Madame, au contraire ; car ce refus parut la blesser profondément. J'eusse donc été forcé de partir, si, par bonheur, le roi n'était entré en ce moment, et si je ne l'eusse fait juge.

— Et le roi vous donna raison, monsieur ? reprit Andrée avec un sourire ironique ; et le roi fut, comme vous, d'avis que vous deviez rester aux Tuileries ?...

Charny ne sourcilla point.

— Le roi dit, reprit-il, qu'en effet, mon frère Isidore était très convenable pour cette mission, d'autant plus convenable que, venant pour la première fois à la cour, et presque pour la première fois à Paris, son absence ne serait point remarquée ; et il ajouta qu'il serait cruel à la reine d'exiger que, dans un pareil moment, je m'éloignasse de vous.

— De moi ? s'écria Andrée ; le roi a dit de moi ?

— Je vous répète ses propres paroles, Madame. Alors, cherchant des yeux autour de la reine, et s'adressant à moi : « Mais, en effet, où est la comtesse de Charny ? demanda-t-il. Je ne l'ai pas vue depuis hier au soir. » Comme c'était surtout à moi que la question était adressée ce fut moi qui y fis droit. « Sire, répondis-je, j'ai si peu le bonheur de voir madame de Charny qu'il me serait impossible de vous dire, en ce moment, où est la comtesse ; mais, si Votre Majesté désire être informée à ce sujet, qu'elle s'adresse à la reine ; la reine le sait, la reine répondra. » Et j'insistai, parce que, voyant le sourcil de la reine se froncer, je pensais que quelque chose d'ignoré par moi s'était passé entre vous et elle.

Andrée paraissait si ardente à écouter, qu'elle ne songea même pas à répondre.

Alors Charny continua :

« — Sire, répondit la reine, madame la comtesse de Charny a quitté les Tuileries, il y a une heure. — Comment ! demanda le roi, madame la comtesse a quitté les Tuileries ? — Oui, Sire. — Mais pour y revenir bientôt ? — Je ne crois pas. — Vous ne croyez pas, Madame ? reprit le roi. Mais quel motif a donc eu Madame de Charny, votre meilleure amie, Madame ?... » La reine fit un mouvement. « Oui, je le dis, votre meilleure amie, répéta-t-il, pour quitter les Tuileries dans un pareil moment ? — Mais, dit la reine, je crois qu'elle se trouve mal logée.

— Mal logée, sans doute, si notre intention eût été de la laisser dans cette chambre attenante à la nôtre ; mais nous lui eussions trouvé un logement, pardieu ! un logement pour elle et pour le comte. N'est-ce pas, comte, et vous ne vous seriez pas montré trop difficile, j'espère ? — Sire, répondis-je, le roi sait que je me tiendrai toujours pour satisfait du poste qu'il m'assignera, pourvu que ce poste me donne occasion de le servir. — Eh ! que je le savais bien ! reprit le roi ; de sorte que Madame de Charny s'est retirée... où cela, Madame ? savez-vous ? — Non, Sire, je ne sais. — Comment ! votre amie vous quitte, et vous ne lui demandez point où elle va ? — Quand mes amis me quittent, je les laisse libres d'aller où ils veulent, et n'ai point l'indiscrétion de leur demander où ils vont. — Bon ! me dit le roi, bouderie de femme... Monsieur de Charny, j'ai quelques mots à dire à la reine ; allez m'attendre chez moi et présentez-moi votre frère. Ce soir même, il partira pour Turin ; je suis de votre avis, monsieur de Charny, j'ai besoin de vous, et je vous garde. » J'envoyai chercher mon frère, qui venait d'arriver, et qui, m'avait-on fait dire, m'attendait dans le salon vert.

A ces mots *dans le salon vert*, Andrée, qui avait presque oublié Sébastien, tant elle semblait attacher d'intérêt au récit de son mari, se reporta par la pensée à tout ce qui venait de se passer entre elle et son fils, et jeta les yeux avec angoisse sur la porte de la chambre à coucher, où elle l'avait enfermé.

— Mais, pardon, Madame, dit Charny, je vous entretiens, j'en ai peur, de choses qui vous intéressent médiocrement, et sans doute vous vous demandez comment je suis ici, et ce que j'y viens faire.

— Non, Monsieur, dit Andrée, tout au contraire, ce que vous me faites l'honneur de me raconter est pour moi du plus vif intérêt ; et, quant à votre présence chez moi, vous savez qu'à la suite des craintes que j'ai éprouvées sur votre compte, cette présence, qui prouve qu'à vous personnellement rien n'est arrivé de malheureux, cette présence ne peut que m'être agréable. Continuez donc, je vous prie; le roi venait de vous dire de l'aller attendre chez lui, et vous aviez fait prévenir votre frère.

— Nous nous rendîmes chez le roi, Madame. Dix minutes après nous, il revint. Comme la mission pour les princes était urgente, ce fut par elle que le roi commença. Elle avait pour but d'instruire Leurs Altesses des événements qui venaient de se passer. Un quart d'heure après le retour de Sa Majesté, mon frère était parti pour Turin. Nous restâmes seuls. Le roi se promena un instant tout pensif; puis, tout à coup, s'arrêtant devant moi : « Monsieur le comte, me dit-il, savez-vous ce qui s'est passé entre la reine et la comtesse? — Non, Sire, répondis-je. — Il faut cependant qu'il se soit passé quelque chose, ajouta-t-il, car j'ai trouvé la reine d'une humeur massacrante, et même, à ce qu'il m'a paru, injuste pour la comtesse, ce qui n'est point son habitude à l'endroit de ses amis, qu'elle défend, même quand ils ont des torts. — Je ne puis que répéter à Votre Majesté ce que j'ai eu l'honneur de lui dire, repris-je. J'ignore complètement ce qui s'est passé entre la comtesse et la reine, et même s'il s'est passé quelque chose. En tout cas, Sire, j'ose affirmer d'avance que, s'il y a des torts d'un côté ou de l'autre, en supposant qu'une reine puisse avoir des torts, ces torts ne viennent pas du côté de la comtesse. »

— Je vous remercie, Monsieur, dit Andrée, d'avoir si bien présumé de moi.

Charny s'inclina.

« — En tout cas, reprit le roi, si la reine ne sait pas où est la comtesse, vous devez le savoir, vous. » Je n'étais guère mieux instruit que la reine; cependant, je repris : « Sire, je sais que madame la comtesse a un pied-à-terre, rue Coq-Héron; c'est là sans doute qu'elle se sera retirée. — Eh! oui, sans doute, c'est là, dit le roi. Allez-y, comte, je vous donne congé jusqu'à demain, pourvu que demain vous nous rameniez la comtesse. »

Le regard de Charny, en prononçant ces mots, s'était arrêté si fixement sur Andrée, que celle-ci, mal à l'aise, et sentant qu'elle ne pouvait éviter ce regard, ferma les yeux.

« — Vous lui direz, continua Charny, — toujours parlant au nom du roi, — que nous lui trouverons ici, dussé-je le lui chercher moi-même, un logement, moins grand que celui qu'elle avait à Versailles bien certainement, mais enfin suffisant pour un mari et une femme. Allez, monsieur de Charny, allez; elle doit être inquiète de vous, et vous devez être inquiet d'elle, allez ! » Puis, me rappelant, comme j'avais fait déjà quelques pas vers la porte : « A propos, monsieur de Charny, dit-il en me tendant sa main, que je baisai, en vous voyant vêtu de deuil, c'est par là que j'eusse dû commencer... vous avez eu le malheur de perdre votre frère; on est impuissant, fût-on roi, à consoler de ces malheurs-là; mais, roi, on peut dire : Votre frère était-il marié? avait-il une femme, des enfants? cette femme et ces enfants peuvent-ils être adoptés par moi? En ce cas, Monsieur, s'ils existent, amenez-les moi, présentez-les moi; la reine se chargera de la mère, et moi, des enfants. »

Et, comme, en disant ces mots, des larmes apparaissaient au bord des paupières de Charny :

— Et sans doute, lui demanda Andrée, le roi ne faisait que vous répéter ce que vous avait dit la reine?

— La reine, Madame, répondit Charny d'une voix tremblante, ne m'avait pas même fait l'honneur de m'adresser la parole à ce sujet, et voilà pourquoi ce souvenir du roi me toucha si profondément, que, me voyant éclater en larmes, il me dit : « Allons, allons, monsieur de Charny, j'ai eu tort peut-être de vous parler de cela; mais j'agis presque toujours sous l'inspiration de mon cœur, et mon cœur m'a dit de faire ce que j'ai fait. Retournez près de notre chère Andrée, comte; car, si les gens que nous aimons ne peuvent pas nous consoler, ils peuvent pleurer avec nous, ce qui est toujours un grand allègement. » Et voilà comment, continua Charny, je suis venu, par ordre du roi, Madame... ce qui fait que vous m'excuserez peut-être.

— Ah! Monsieur, s'écria Andrée en se levant vivement, et en tendant ses deux mains à Charny, en doutez-vous?

Charny saisit vivement ces deux mains dans les siennes, et y posa ses lèvres.

Andrée jeta un cri, comme si ces lèvres eussent été un fer rouge, et retomba sur le canapé.

Mais ses mains crispées s'étaient attachées à celles de Charny; de sorte que, en retombant sur le canapé, elle entraîna le comte, qui, sans qu'elle l'eût voulu, sans qu'il l'eût voulu lui-même, se trouva assis auprès d'elle.

En ce moment, Andrée, ayant cru entendre du bruit dans la chambre voisine, s'éloigna si vivement de Charny, que celui-ci, ne sachant à quel sentiment attribuer et ce cri poussé par la comtesse et ce brusque mouvement qu'elle avait fait, se releva vivement et se retrouva debout devant elle.

XI

LA CHAMBRE A COUCHER

Charny s'appuya sur le dossier du canapé en poussant un soupir.

Andrée laissa tomber sa tête sur sa main.

Le soupir de Charny avait refoulé le sien au plus profond de sa poitrine.

Ce qui se passait en ce moment dans le cœur de la jeune femme est tout simplement une chose impossible à décrire.

Mariée depuis quatre ans à un homme qu'elle adorait, sans que cet homme, occupé sans cesse d'une autre femme, eût jamais eu l'idée du terrible sacrifice qu'elle avait fait en l'épousant, elle avait, avec l'abnégation de son double devoir de femme et de sujette, tout vu, tout supporté, tout renfermé en elle-même; enfin, depuis quelque temps, il lui semblait, à quelques regards plus doux de son mari, à quelques mots plus durs de la reine, il lui semblait que son dévouement n'était pas tout à fait stérile. Pendant les jours qui venaient de s'écouler, jours terribles, pleins d'angoisses incessantes pour tout le monde, seule peut-être au milieu de tous ces courtisans et parmi ces serviteurs effarés, Andrée avait ressenti des commotions joyeuses et de doux frémissements; c'était quand, dans les moments suprêmes, par un geste, un regard, un mot, Charny paraissait s'occuper d'elle, la cherchant avec inquiétude, la retrouvant avec joie; c'était une légère pression de main à la dérobée, communiquant un sentiment inaperçu de cette foule qui les entourait, et faisant vivre pour eux seuls une pensée commune; enfin c'étaient des sensations délicieuses, inconnues à ce corps de neige et à ce cœur de diamant, qui n'avait jamais connu de l'amour que ce qu'il a de douloureux, c'est-à-dire la solitude.

Et voilà que, tout à coup, au moment où la pauvre créature isolée venait de retrouver son enfant et de redevenir mère, voilà que quelque chose comme une aube d'amour se soulevait à son horizon triste et sombre jusque-là. Seulement, — coïncidence étrange et qui prouvait bien que le bonheur n'était point fait pour elle — ces deux événements se combinaient de telle façon, que l'un détruisait l'autre, et que inévitablement le retour du mari écartait l'amour de l'enfant, vu que la présence de l'enfant tuait l'amour naissant du mari.

Voilà ce que ne pouvait deviner Charny dans ce cri échappé à la bouche d'Andrée, dans cette main qui l'avait repoussé, et dans ce silence plein de tristesse qui succédait à ce cri si semblable à un cri de douleur, et qui cependant était un cri d'amour, et à ce mouvement qu'on eût cru inspiré par la répulsion, et qui ne l'était que par la crainte.

Charny contempla un instant Andrée avec une expression à laquelle la jeune femme ne se fût point trompée, si elle eût levé les yeux sur son mari.

Charny poussa un soupir, et, reprenant la conversation où il l'avait abandonnée :

— Que dois-je reporter au roi, Madame? demanda-t-il.

Andrée tressaillit au son de cette voix; puis, relevant sur le comte son œil clair et limpide :

— Monsieur, dit-elle, j'ai tant souffert depuis que j'habite la cour, que, la reine ayant la bonté de me donner mon congé, j'accepte ce congé avec reconnaissance. Je ne suis pas née pour vivre dans le monde, et j'ai toujours trouvé dans la solitude, sinon le bonheur, du moins le repos. Les jours les plus heureux de ma vie sont ceux que j'ai passés, jeune fille, au château de Taverney, et plus tard, ceux pendant lesquels j'ai vécu en retraite au couvent de Saint-Denis, près de cette noble fille de France que l'on appelait madame Louise. Mais, avec votre permission, Monsieur, j'habiterai ce pavillon, plein pour moi de souvenirs qui, malgré leur tristesse, ne sont point sans quelque douceur.

A cette permission qui lui était demandée par Andrée, Charny s'inclina en homme prêt, non seulement à se rendre à une prière, mais encore à obéir à un ordre.

— Ainsi, Madame, dit-il, c'est une résolution prise?

— Oui, Monsieur, répondit doucement, mais fermement, Andrée.

Charny s'inclina de nouveau.

— Et, maintenant, Madame, dit-il, il ne me reste à vous demander qu'une chose : c'est s'il me sera permis de venir vous visiter ici?

Andrée fixa sur Charny son grand œil limpide, ordinairement calme et froid, mais, cette fois, au contraire, plein d'étonnement et de douceur.

— Sans doute, monsieur, dit-elle, et, comme je ne verrai personne, lorsque les devoirs que

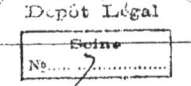

Trois fois, Louis XVI interrompit sa promenade. (Pge 70.)

vous avez à remplir aux Tuileries vous permettront de perdre quelques instants, je vous serai toujours reconnaissante de me les consacrer, si courts qu'ils soient.

Jamais Charny n'avait vu tant de charme dans le regard d'Andrée, jamais il n'avait remarqué cet accent de tendresse dans sa voix.

Quelque chose courut dans ses veines, pareil à ce frisson velouté que donne une première caresse.

Il fixa son regard sur cette place qu'il avait occupée près d'Andrée, et qui était restée vide lorsqu'il s'était relevé.

Charny eût donné une année de sa vie pour s'y asseoir, sans qu'Andrée le repoussât ainsi qu'elle l'avait fait la première fois.

Mais, timide comme un enfant, il n'osait se permettre cette hardiesse sans y être encouragé.

De son côté, Andrée eût donné, non pas une année, mais dix années pour sentir là, à ses côtés, celui qui si longtemps avait été éloigné d'elle.

Malheureusement, chacun d'eux se tenait immobile, dans une attente presque douloureuse.

Charny rompit encore une fois le premier le silence auquel celui-là seul à qui il est permis de lire dans le cœur pouvait donner sa véritable interprétation.

— Vous dites que vous avez beaucoup souffert, depuis que vous habitez la cour, Madame?

demanda-t-il. Le roi n'a-t-il pas toujours eu pour vous un respect qui allait jusqu'à la vénération, et la reine une tendresse qui allait jusqu'à l'idolâtrie?

— Oh! si fait, Monsieur, dit Andrée, le roi a toujours été parfait pour moi.

— Vous me permettrez de vous faire observer, Madame, que vous ne répondez qu'à une partie de ma question; la reine aurait-elle été moins parfaite pour vous que ne l'a été le roi?

Les mâchoires d'Andrée se serrèrent comme si la nature révoltée se refusait à une réponse. Mais, enfin, avec un effort :

— Je n'ai rien à reprocher à la reine, dit-elle, et je serais injuste si je ne rendais pas toute justice à Sa Majesté.

— Je vous dis cela, Madame, insista Charny, parce que, depuis quelque temps... je me trompe sans doute... mais il me semble que cette amitié qu'elle vous portait a reçu quelque atteinte.

— C'est possible, Monsieur, dit Andrée, et voilà pourquoi, comme j'avais l'honneur de vous le dire, je désire quitter la cour.

— Mais enfin, Madame, vous serez bien seule, bien isolée!

— Ne l'ai-je pas toujours été, Monsieur, répondit Andrée avec un soupir, comme enfant... comme jeune fille... et comme...?

Andrée s'arrêta, voyant qu'elle allait trop loin.

— Achevez, Madame, dit Charny.

— Oh! vous m'avez devinée, Monsieur... J'allais dire : et comme femme...

— Aurais-je le bonheur que vous daignassiez me faire un reproche?

— Un reproche, Monsieur! reprit vivement Andrée; et quel droit aurais-je, grand Dieu! de vous faire un reproche?... Croyez-vous que j'aie oublié les circonstances dans lesquelles nous avons été unis?... Tout au contraire de ceux qui se jurent au pied des autels amour réciproque, protection mutuelle, nous nous sommes juré, nous, indifférence éternelle, séparation complète... Nous n'aurions donc de reproche à nous faire que si l'un de nous avait oublié son serment.

Un soupir, refoulé par les paroles d'Andrée, retomba sur le cœur de Charny.

— Je vois que votre résolution est arrêtée, Madame, dit-il; mais, au moins, me permettrez-vous de m'inquiéter de la façon dont vous allez vivre ici? Ne serez-vous pas bien mal?

Andrée sourit tristement.

— La maison de mon père était si pauvre, dit-elle, que, près d'elle ce pavillon, tout dénué qu'il vous paraît, est meublé avec un luxe auquel je n'ai point été habituée.

— Mais cependant... cette charmante retraite de Trianon... ce palais de Versailles...

— Oh! je savais bien, Monsieur, que je ne faisais qu'y passer.

— Aurez-vous au moins ici tout ce qui vous est nécessaire?

— J'y retrouverai tout ce que j'avais autrefois.

— Voyons, dit Charny, qui voulait se faire une idée de cet appartement qu'allait habiter Andrée, et qui commençait à regarder autour de lui.

— Que voulez-vous voir, Monsieur? demanda Andrée en se levant vivement, et en jetant un regard rapide et inquiet vers la chambre à coucher.

— Mais, si vous ne mettez pas trop d'humilité dans vos désirs. Ce pavillon n'est vraiment pas une demeure, Madame... j'ai traversé une antichambre; me voici dans le salon; cette porte, — et il ouvrit une porte latérale, — ah! oui, cette porte donne dans une salle à manger, et celle-ci...

Andrée s'élança entre le comte de Charny et la porte, vers laquelle il s'avançait, et derrière laquelle, en pensée, elle voyait Sébastien.

— Monsieur, s'écria-t-elle, je vous supplie, pas un pas de plus!

Et ses bras étendus fermaient le passage.

— Oui, je comprends, dit Charny avec un soupir, celle-ci est la porte de votre chambre à coucher.

— Oui, Monsieur, balbutia Andrée d'une voix étouffée.

Charny regarda la comtesse, elle était tremblante et pâle, jamais l'effroi ne s'était manifesté par une expression plus réelle que celle qui venait se répandre sur son visage.

— Ah! Madame, murmura-t-il avec une voix pleine de larmes, je savais bien que vous ne m'aimiez pas; mais j'ignorais que vous me haïssiez tant!

Et, incapable de rester plus longtemps près d'Andrée sans éclater, il chancela un instant comme un homme ivre; puis, rappelant toutes ses forces, il s'élança hors de l'appartement avec un cri de douleur qui retentit jusqu'au fond du cœur d'Andrée.

La jeune femme le suivit des yeux jusqu'à ce qu'il eût disparu; elle demeura l'oreille tendue tant qu'elle put distinguer le bruit de sa voiture, qui allait s'éloignant de plus en plus;

puis, comme elle sentait son cœur près de se briser, et qu'elle comprenait qu'elle n'avait pas trop de l'amour maternel pour combattre cet autre amour, elle s'élança dans la chambre à coucher en s'écriant :

— Sébastien ! Sébastien !

Mais aucune voix ne répondit à la sienne, et, à ce cri de douleur, elle demanda en vain un écho consolant.

A la lueur de la veilleuse qui éclairait la chambre, elle regarda anxieusement autour d'elle, et elle s'aperçut que la chambre était vide.

Et cependant elle avait peine à en croire ses yeux.

Une seconde fois, elle appela :

— Sébastien ! Sébastien !

Même silence.

Ce fut alors seulement qu'elle reconnut que la fenêtre était ouverte, et que l'air extérieur, en pénétrant dans la chambre, faisait trembler la flamme de la veilleuse.

C'était cette même fenêtre qui avait déjà été ouverte lorsque, quinze ans auparavant, l'enfant avait disparu pour la première fois.

— Ah ! c'est juste ! s'écria-t-il, ne m'a-t-il pas dit que je n'étais pas sa mère ?

Alors, comprenant qu'elle perdait tout à la fois enfant et mari, au moment où elle avait failli tout retrouver, Andrée se jeta sur son lit, les bras étendus, les mains crispées ; elle était à bout de ses forces, à bout de sa résignation, à bout de ses prières.

Elle n'avait plus que des cris, des larmes, des sanglots et un immense sentiment de sa douleur.

Une heure à peu près se passa dans un anéantissement profond, dans cet oubli du monde entier, dans ce désir de destruction universelle qui vient aux malheureux, l'espérance qu'en rentrant dans le néant, le monde les y entraînera avec eux.

Tout à coup, il sembla à Andrée que quelque chose de plus terrible que sa douleur se glissait entre cette douleur et ses larmes. Une sensation qu'elle n'avait éprouvée que trois ou quatre fois encore, et qui avait toujours précédé les crises suprêmes de son existence, envahit lentement tout ce qui restait de vivant en elle. Par un mouvement presque indépendant de sa volonté, elle se redressa lentement ; sa voix frémissante dans sa gorge s'éteignit ; tout son corps, comme attiré involontairement, pivota lui-même. Ses yeux, à travers l'humide brouillard de ses larmes, crurent distinguer qu'elle n'était plus seule. Son regard, en se séchant, se fixa et s'éclaircit : un homme, qui paraissait avoir franchi l'appui de la croisée pour pénétrer dans la chambre, était debout devant elle. Elle voulut appeler, crier, étendre la main vers un cordon de sonnette, mais ce fut chose impossible... elle venait de ressentir cet engourdissement invincible qui autrefois lui signalait la présence de Balsamo. Enfin, dans cet homme, debout devant elle, et la fascinant du geste et du regard, elle avait reconnu Gilbert.

Comment Gilbert, ce père exécré, se trouvait-il là, à la place du fils bien-aimé qu'elle y cherchait ?

C'est ce que nous allons tâcher d'expliquer au lecteur.

XII

UN CHEMIN CONNU

C'était bien le docteur Gilbert qui était enfermé avec le roi au moment où, d'après l'ordre d'Isidore et sur la demande de Sébastien, l'huissier s'était informé.

Au bout d'une demi-heure à peu près, Gilbert sortit. Le roi prenait de plus en plus confiance en lui ; le cœur droit du roi appréciait ce qu'il y avait de loyauté dans le cœur de Gilbert.

En sortant, l'huissier lui annonça qu'il était attendu dans l'antichambre de la reine.

Il venait de s'engager dans le corridor qui y conduisait, lorsqu'une porte de dégagement s'ouvrit et se referma à quelques pas de lui, en donnant passage à un jeune homme qui, sans doute, ignorant des localités, hésitait à prendre à droite ou à gauche.

Ce jeune homme vit Gilbert venir à lui, et s'arrêta pour l'interroger. Tout à coup, Gilbert s'arrêta lui-même : la flamme d'un quinquet frappait droit sur le visage du jeune homme.

— M. Isidore de Charny !... s'écria Gilbert.

— Le docteur Gilbert !... répondit Isidore.

— Est-ce vous qui me faisiez l'honneur de me demander ?

— Justement... oui, docteur, moi... et puis quelqu'un encore...

— Qui cela ?...

— Quelqu'un, continua Isidore, que vous aurez plaisir à revoir.

— Serait-ce indiscret de vous demander qui ?

— Non ! mais ce serait cruel de vous arrêter plus longtemps... Venez... ou plutôt conduisez-moi dans cette partie des antichambres de la reine qu'on appelle le salon vert.

— Ma foi, dit Gilbert en souriant, je ne suis guère plus fort que vous sur la topographie des palais, et surtout sur celle du palais des Tuileries, mais je vais essayer cependant d'être votre guide.

Gilbert passa le premier, et, après quelques tâtonnements, poussa une porte. Cette porte donnait dans le salon vert.

Seulement le salon vert était vide.

Isidore chercha des yeux autour de lui, et appela un huissier. La confusion était si grande encore au palais, que, contre toutes les règles de l'étiquette, il n'y avait pas d'huissier dans l'antichambre.

— Attendons un instant, dit Gilbert; cet homme ne peut être loin, et, en attendant, Monsieur, à moins que quelque chose ne s'oppose à cette confidence, dites-moi, je vous prie, qui m'attendait?

Isidore regarda avec inquiétude autour de lui.

— Ne devinez-vous pas? dit-il.

— Non.

— Quelqu'un que j'ai rencontré sur la route, inquiet de ce qui pouvait vous être arrivé, venant à pied à Paris... quelqu'un que j'ai pris en croupe, et que j'ai amené ici.

— Vous ne voulez point parler de Pitou?

— Non, docteur. Je veux parler de votre fils, de Sébastien.

— De Sébastien!... s'écria Gilbert. Eh bien, mais où est-il?

Et son œil parcourut rapidement tous les angles du vaste salon.

— Il était ici? il avait promis de m'attendre. Sans doute, l'huissier à qui je l'avais recommandé, ne voulant pas le laisser seul, l'aura emmené avec lui.

En ce moment, l'huissier rentra, il était seul.

— Qu'est devenu le jeune homme que j'avais laissé ici? demanda Isidore.

— Quel jeune homme? fit l'huissier.

Gilbert avait une énorme puissance sur lui-même. Il se sentit frissonner, mais il se contint, Il s'approcha à son tour.

— Oh! mon Dieu! ne put s'empêcher de murmurer le baron de Charny, en proie à un commencement d'inquiétude.

— Voyons, Monsieur, dit Gilbert d'une voix ferme, rappelez bien tous vos souvenirs... Cet enfant, c'est mon fils... il ne connaît point Paris, et si, par malheur, il est sorti du château, comme il ne connaît point Paris, il court risque de se perdre.

— Un enfant? dit un second huissier en entrant.

— Oui, un enfant, déjà presque un jeune homme.

— D'une quinzaine d'années?

— C'est cela!

— Je l'ai aperçu par les corridors, suivant une dame qui sortait de chez Sa Majesté.

— Et cette dame, savez-vous qui elle était?

— Non. Elle portait sa mante rabattue sur ses yeux.

— Mais, enfin, que faisait-elle?

— Elle paraissait fuir, et l'enfant la poursuivait en criant : « Madame! »

— Descendons, dit Gilbert, le concierge nous dira s'il est sorti.

Isidore et Gilbert s'engagèrent dans le même corridor où, une heure auparavant, avait passé Andrée, poursuivie par Sébastien.

On arriva à la porte de la cour des Princes.

On interrogea le concierge.

— Oui, en effet, répondit celui-ci, j'ai vu une femme qui marchait si rapidement, qu'elle semblait fuir; un enfant venait après elle... Elle a monté en voiture; l'enfant s'est élancé, et l'a rejointe.

— Eh bien, après? demanda Gilbert.

— Eh bien, la dame a attiré l'enfant dans la voiture, l'a embrassé ardemment, a donné son adresse, a refermé la portière, et la voiture est partie.

— Avez-vous retenu cette adresse? demanda avec anxiété Gilbert.

— Oui, parfaitement : *rue Coq-Héron, n° 9, la première porte cochère en partant de la rue Plâtrière.*

Gilbert tressaillit.

— Eh! mais, dit Isidore, cette adresse est celle de ma belle-sœur, la comtesse de Charny.

— Fatalité! murmura Gilbert.

A cette époque-là, on était trop philosophe pour dire ! « Providence ! »

Puis tout bas, il ajouta :

— Il l'aura reconnue...

— Eh bien, dit Isidore, allons chez la comtesse de Charny.

Gilbert comprit dans quelle situation il allait mettre Andrée, s'il se présentait chez elle avec le frère de son mari.

— Monsieur, dit-il, du moment où mon fils est chez madame de Charny, il est en sûreté, et, comme j'ai l'honneur de la connaître, je crois qu'au lieu de m'accompagner, il serait plus à propos que vous vous missiez en route; car, d'après ce que j'ai entendu dire chez le roi, je présume que c'est vous qui partez pour Turin.

— Oui, Monsieur.

— Eh bien, alors, recevez mes remerciements de ce que vous avez bien voulu faire pour Sébastien, et partez sans perdre une minute.

— Cependant, docteur?...

— Monsieur, du moment où un père vous dit qu'il est sans inquiétude, partez. En quelque lieu que se trouve maintenant Sébastien, soit chez la comtesse de Charny, soit ailleurs, ne craignez rien, mon fils se retrouvera.

— Allons, puisque vous le voulez, docteur...

— Je vous en prie.

Isidore tendit la main à Gilbert, qui la lui serra avec plus de cordialité qu'il n'avait coutume de le faire aux hommes de sa caste, et, tandis qu'Isidore rentrait au château, il gagna la place du Carrousel, s'engagea dans la rue de Chartres, traversa diagonalement la place du Palais-Royal, longea la rue Saint-Honoré, et, perdu un instant dans ce dédale de petites rues qui aboutissent à la halle, il se retrouva à l'angle de deux rues.

C'étaient la rue Plâtrière et la rue Coq-Héron.

Ces rues avaient toutes deux pour Gilbert de terribles souvenirs; là, bien souvent, à l'endroit même où il était, son cœur avait battu peut-être plus violemment encore qu'il ne battait à cette heure; aussi, parut-il hésiter un instant entre les deux rues, mais il se décida promptement, et prit la rue Coq-Héron.

La porte d'Andrée, cette porte cochère du n° 9, lui était bien connue; ce ne fut donc point parce qu'il craignait de se tromper qu'il ne s'y arrêta pas. Non, il était évident qu'il cherchait un prétexte pour pénétrer dans cette maison, et que, n'ayant point trouvé ce prétexte, il cherchait un moyen.

La porte, qu'il avait poussée, pour voir si, par un de ces miracles que fait parfois le hasard en faveur des gens embarrassés, elle n'était pas ouverte, avait résisté.

Il longea le mur.

Le mur avait dix pieds de haut.

Cette hauteur, il la connaissait bien; mais il cherchait si quelque voiture oubliée par un voiturier le long de ce mur ne lui donnerait pas un moyen de gagner le faîte.

Une fois arrivé au faîte, leste et vigoureux comme il l'était, il eût facilement sauté à l'intérieur.

Il n'y avait point de charrette contre la muraille.

Par conséquent, aucun moyen d'entrer.

Il se rapprocha de la porte, étendit la main sur le marteau, souleva ce marteau; mais, secouant la tête, il le laissa retomber doucement, et sans qu'aucun bruit s'éveillât sous sa main.

Il était évident qu'une idée nouvelle, ramenant une espérance presque perdue, venait de jeter une lueur dans son esprit.

— Au fait, murmura-t-il, c'est possible!

Et il remonta vers la rue Plâtrière, dans laquelle il s'engagea à l'instant même.

En passant, il jeta un regard et un soupir sur cette fontaine où, seize ans auparavant, il était venu plus d'une fois tremper le pain noir et dur qu'il tenait de la générosité de Thérèse et de l'hospitalité de Rousseau.

Rousseau était mort, Thérèse était morte : lui avait grandi, lui était arrivé à la considération, à la réputation, à la fortune. Hélas! était-il plus heureux, moins agité, moins plein d'angoisses présentes et à venir, qu'il ne l'était au temps où, brûlé d'une folle passion, il venait tremper son pain à cette fontaine?

Il continua son chemin.

Enfin, il s'arrêta, sans hésitation, devant une porte d'allée dont la partie supérieure était grillée.

Il paraissait être arrivé à son but.

Un instant, cependant, il s'appuya contre la muraille, soit que la somme de souvenirs que lui rappelait cette petite porte fût près de l'écraser, soit qu'arrivé à cette porte avec une espérance, il craignît d'y trouver une déception.

Enfin, il promena la main sur cette porte, et, avec un sentiment inexprimable de joie, il sentit, à l'orifice d'un petit trou rond, poindre le cordonnet à l'aide duquel, dans la journée, on ouvrait cette porte.

Gilbert se rappelait que parfois, la nuit, on oubliait de tirer ce cordonnet en dedans, et qu'un soir où, s'étant attardé, il revenait hâtivement à la mansarde qu'il occupait chez Rousseau, il avait profité de cet oubli pour rentrer et regagner son lit.

Comme autrefois, la maison, à ce qu'il paraissait, était occupée par des gens assez pauvres pour ne pas craindre les voleurs : la même insouciance avait amené le même oubli.

Gilbert tira le cordonnet. La porte s'ouvrit, et il se trouva dans l'allée noire et humide, au bout de laquelle, comme un serpent se tenant debout sur sa queue, se dressait l'escalier, glissant et visqueux.

Gilbert referma la porte avec soin, et, en tâtonnant, gagna les premières marches de cet escalier.

Quand il eut monté dix marches, il s'arrêta.

Une faible lueur, perçant à travers un vitrage sale, indiquait que la muraille était percée à cet endroit, et que la nuit, bien sombre cependant, était moins sombre dehors que dedans.

A travers cette vitre, si ternie qu'elle fût, on voyait briller les étoiles dans une éclaircie du ciel.

Gilbert chercha le petit verrou qui fermait la vitre, l'ouvrit, et, par ce même chemin qu'il avait déjà suivi deux fois, il descendit dans le jardin.

Malgré les quinze ans écoulés, le jardin était si présent à la mémoire de Gilbert, qu'il reconnut tout, arbres, plates-bandes, et jusqu'à l'angle garni d'une vigne où le jardinier posait son échelle.

Il ignorait si, à cette heure de la nuit, les portes étaient fermées ; il ignorait si M. de Charny était près de sa femme, ou, à défaut de M. de Charny, quelque domestique ou quelque femme de chambre.

Résolu à tout pour retrouver Sébastien, il n'en avait pas moins arrêté dans son esprit qu'il ne compromettrait Andrée qu'à la dernière extrémité, et ferait d'abord tout ce qu'il pourrait pour la voir seule.

Son premier essai fut sur la porte du perron : il pressa le bouton de la porte, et la porte céda.

Il en augura que, puisque la porte n'était point fermée, Andrée ne devait point être seule.

A moins de grande préoccupation, une femme qui habite seule un pavillon ne néglige point d'en fermer la porte.

Il la tira doucement et sans bruit, heureux de savoir cependant que cette entrée lui restait comme dernière ressource.

Il descendit les marches du perron, et courut appliquer son œil à cette persienne qui, quinze ans auparavant, s'ouvrant tout à coup sous la main d'Andrée, était venu le heurter au front, cette nuit où, les cent mille écus de Balsamo à la main, il venait offrir à la hautaine jeune fille de l'épouser.

Cette persienne était celle du salon.

Le salon était éclairé.

Mais, comme des rideaux tombaient devant les vitres, il était impossible de rien voir à l'intérieur.

Gilbert continua sa ronde.

Tout à coup, il lui sembla voir trembler sur la terre et sur les arbres une faible lueur venant d'une fenêtre ouverte.

Cette fenêtre ouverte, c'était celle de la chambre à coucher, cette fenêtre, il la reconnaissait aussi, car c'était par là qu'il avait enlevé cet enfant qu'aujourd'hui il venait chercher.

Il s'écarta, afin de sortir du rayon de lumière projeté par la fenêtre, et de pouvoir, perdu dans l'obscurité, voir sans être vu.

Arrivé sur une ligne qui lui permettait de plonger son regard dans l'intérieur de la chambre, il vit d'abord la porte du salon ouverte, puis, dans le cercle que parcourut son œil, l'œil rencontra le lit.

Sur le lit était une femme roidie, échevelée, mourante; des sons rauques et gutturaux comme ceux d'un râle mortel s'échappaient de sa bouche, interrompus de temps en temps par des cris et par des sanglots.

Gilbert s'approcha lentement en contournant cette ligne lumineuse dans laquelle il hésitait à entrer, de peur d'être vu.

Il finit par appuyer sa tête pâle à l'angle de la fenêtre.

Il n'y avait plus de doute pour Gilbert : cette femme était Andrée, et Andrée était seule.

Mais comment Andrée était-elle seule? Pourquoi Andrée pleurait-elle?

C'était ce que Gilbert ne pouvait savoir qu'en l'interrogeant.

Ce fut alors que, sans bruit, il franchit la fenêtre, et se trouva derrière elle, au moment où cette attraction magnétique à laquelle Andrée était si accessible la força de se retourner.

Les deux ennemis se retrouvèrent donc encore une fois en présence!

XIII

CE QU'ÉTAIT DEVENU SÉBASTIEN

Le premier sentiment d'Andrée en apercevant Gilbert fut, non seulement une terreur profonde, mais encore une répugnance invincible.

Pour elle, le Gilbert américain, le Gilbert de Washington et de la Fayette, aristocratisé par la science, par l'étude et par le génie, était toujours ce misérable petit Gilbert, gnome terreux perdu dans les massifs de Trianon.

Au contraire, de la part de Gilbert, il y avait pour Andrée, malgré les mépris, malgré les injures, malgré les persécutions même de celle-ci, non plus de cet amour ardent qui avait fait commettre un crime au jeune homme, mais cet intérêt tendre et profond qui eût poussé l'homme à lui rendre un service, même au péril de sa vie.

C'est que, dans ce sens intime dont la nature

avait doué Gilbert, dans cette justice immuable qu'il avait reçue de l'éducation, il s'était jugé lui-même ; il avait compris que tous les malheurs d'Andrée venaient de lui, et qu'il ne serait quitte envers elle que lorsqu'il lui aurait rendu une somme de félicité égale à la somme d'infortune qu'elle lui devait.

Or, en quoi et comment Gilbert pouvait-il, d'une façon bienfaisante, influer sur l'avenir d'Andrée ?

C'est ce qu'il lui était impossible de comprendre.

En retrouvant donc cette femme, qu'il avait vue en proie à tant de désespoirs, en proie à un désespoir nouveau, tout ce qu'il y avait de fibres miséricordieuses dans son cœur s'émut pour cette grande infortune.

Aussi, au lieu d'user subitement de cette puissance magnétique dont une fois déjà, il avait fait l'essai sur elle, il essaya de lui parler doucement, — quitte, s'il trouvait Andrée rebelle comme toujours, à revenir à ce moyen correctif, qui ne pouvait lui échapper.

Il en résulta qu'Andrée, enveloppée tout d'abord du fluide magnétique, sentit que peu à peu, par la volonté, et nous dirons presque avec la permission de Gilbert, ce fluide se dissipait, pareil à un brouillard qui s'évapore, et qui permet aux yeux de plonger dans de lointains horizons.

Ce fut elle la première qui prit la parole.

— Que me voulez-vous, Monsieur ? dit-elle ; comment êtes-vous ici ? par où êtes-vous venu ?

— Par où je suis venu, Madame, répondit Gilbert. Par où je venais autrefois. Ainsi soyez donc tranquille, personne ne soupçonne ma présence ici... Pourquoi je suis venu ? Je suis venu parce que j'avais à vous réclamer un trésor, indifférent à vous, précieux à moi, — mon fils... Ce que je veux ? Je veux que vous me disiez où est ce fils, que vous avez entraîné à votre suite, emporté dans votre voiture, et amené ici.

— Ce qu'il est devenu ? reprit Andrée. Le sais-je ?... Il m'a fuie... vous l'avez si bien habitué à haïr sa mère !

— Sa mère, Madame ! Êtes-vous réellement sa mère ?

— Oh ! s'écria Andrée, il voit ma douleur, il a entendu mes cris, il a contemplé mon désespoir, et il me demande si je suis sa mère !

— Alors, vous ignorez donc où il est ?

— Mais puisque je vous dis qu'il a fui, qu'il était dans cette chambre, que j'y suis rentrée, croyant le rejoindre, et que j'ai trouvé cette fenêtre ouverte et la chambre vide.

— Mon Dieu ! s'écria Gilbert, où sera-t-il allé ?... Le malheureux ne connaît point Paris, et il est minuit passé !

— Oh ! s'écria à son tour Andrée en faisant un pas vers Gilbert, croyez-vous qu'il lui soit arrivé malheur ?

— C'est ce que nous allons savoir, dit Gilbert ; c'est ce que vous allez me dire.

Et il étendit les mains vers Andrée.

— Monsieur ! Monsieur ! s'écria celle-ci en reculant pour se soustraire à l'influence magnétique.

— Madame, dit Gilbert, ne craignez rien ; c'est une mère que je vais interroger sur ce qu'est devenu son fils... vous m'êtes sacrée !

Andrée poussa un soupir, et tomba sur un fauteuil en murmurant le nom de Sébastien.

— Dormez, dit Gilbert ; mais, tout endormie que vous êtes, voyez par le cœur.

— Je dors, dit Andrée.

— Dois-je employer toute la force de ma volonté, demanda Gilbert, ou êtes-vous disposée à répondre volontairement ?

— Direz-vous encore à mon enfant que je ne suis pas sa mère ?

— C'est selon... L'aimez-vous ?

— Oh ! il demande si je l'aime, cet enfant de mes entrailles !... Oh ! oui, oui, je l'aime et ardemment.

— Alors, vous êtes sa mère, comme je suis son père, Madame, puisque vous l'aimez comme je l'aime.

— Ah ! fit Andrée en respirant.

— Ainsi, dit Gilbert, vous allez répondre volontairement ?

— Me permettrez-vous de le revoir, quand vous l'aurez retrouvé ?

— Ne vous ai-je pas dit que vous étiez sa mère, comme j'étais son père ?... Vous aimez votre enfant, Madame ; vous reverrez votre enfant.

— Merci, dit Andrée avec une indicible expression de joie, et en frappant ses mains l'une contre l'autre. Maintenant, interrogez, je vois... Seulement...

— Quoi ?

— Suivez-le depuis son départ, afin que je sois plus sûre de ne pas perdre sa trace.

— Soit. Où vous a-t-il vue ?

— Dans le salon vert.

— Où vous a-t-il suivie ?

— A travers les corridors.

— Où vous a-t-il rejointe ?

— Au moment où je montais en voiture.

— Où l'avez-vous conduit ?

— Dans le salon... le salon à côté.
— Où s'est-il assis ?
— Près de moi, sur le canapé.
— Y est-il resté longtemps ?
— Une demi-heure à peu près.
— Pourquoi vous a-t-il quittée ?
— Parce que le bruit d'une voiture s'est fait entendre.
— Qui était dans cette voiture ?

Andrée hésita.

— Qui était dans cette voiture ? répéta Gilbert d'un ton plus ferme, et avec une volonté plus forte.

— Le comte de Charny.
— Où avez-vous caché l'enfant ?
— Je l'ai poussé dans cette chambre.
— Que vous a-t-il dit en y entrant ?
— Que je n'étais plus sa mère.
— Et pourquoi vous a-t-il dit cela ?

Andrée se tut.

— Et pourquoi vous a-t-il dit cela ? Parlez, je le veux.

— Parce que je lui ai dit...
— Que lui avez-vous dit ?
— Parce que je lui ai dit, — Andrée fit un effort, — que vous étiez un misérable et un infâme.

— Regardez au cœur du pauvre enfant, Madame, et rendez-vous compte du mal que vous lui avez fait.

— Oh ! mon Dieu ! mon Dieu !... murmura Andrée. Pardon, mon enfant, pardon !

— M. de Charny se doutait-il que l'enfant fût ici ?

— Non.
— Vous en êtes sûre ?
— Oui.
— Pourquoi n'est-il pas resté ?
— Parce que M. de Charny ne reste pas chez moi.

— Que venait-il y faire, alors ?

Andrée demeura un instant pensive, les yeux fixes, comme si elle essayait de voir dans l'obscurité.

— Oh ! dit-elle, mon Dieu ! mon Dieu !... Olivier, cher Olivier !

Gilbert la regarda avec étonnement.

— Oh ! malheureuse que je suis ! murmura Andrée. Il revenait à moi,.. c'était pour rester près de moi qu'il avait refusé cette mission. Il m'aime ! il m'aime !...

Gilbert commençait à lire confusément dans ce drame terrible, où son œil pénétrait le premier.

— Et vous, demanda-t-il, l'aimez-vous ?

Andrée soupira.

— L'aimez-vous ? répéta Gilbert.
— Pourquoi me faites-vous cette question ? demanda Andrée.
— Lisez dans ma pensée.
— Ah ! oui, je le vois, votre intention est bonne : vous voudriez me rendre assez de bonheur pour me faire oublier le mal que vous m'avez fait ; mais je refuserais le bonheur s'il devait me venir par vous. Je vous hais et je veux continuer de vous haïr.

— Pauvre humanité ! murmura Gilbert, t'est-il donc départi une si grande somme de félicité, que tu puisses choisir ceux dont tu doives la recevoir ? Ainsi, vous l'aimez ? ajouta-t-il.

— Oui.
— Depuis quand ?
— Depuis le moment où je l'ai vu, depuis le jour où il est revenu de Paris à Versailles dans la même voiture que la reine et moi.
— Ainsi vous savez ce que c'est que l'amour, Andrée ? murmura tristement Gilbert.
— Je sais que l'amour a été donné à l'homme, répondit la jeune femme, pour qu'il ait la mesure de ce qu'il peut souffrir.
— C'est bien, vous voilà femme, vous voilà mère. Diamant brut, vous vous êtes enfin façonnée aux mains de ce terrible lapidaire qu'on appelle la douleur... Revenons à Sébastien.
— Oui, oui, revenons à lui ! Défendez-moi de penser à M. de Charny ; cela me trouble, et, au lieu de suivre mon enfant, je suivrais peut-être le comte.
— C'est bien ! Épouse, oublie ton époux, mère, ne pense qu'à ton enfant.

Cette expression de moite douceur qui s'était un instant emparée, non seulement de la physionomie, mais encore de toute la personne d'Andrée, disparut pour faire place à son expression habituelle.

— Où était-il, pendant que vous causiez avec M. de Charny ?
— Il était ici, écoutant... là... là, à la porte.
— Qu'a-t-il entendu de cette conversation ?
— Toute la première partie.
— A quel moment s'est-il décidé à quitter cette chambre ?
— Au moment où M. de Charny...

Andrée s'arrêta.

— Au moment où M. de Charny ?... répéta impitoyablement Gilbert.
— Au moment où M. de Charny m'ayant baisé la main, je jetai un cri.
— Vous le voyez bien, alors ?
— Oui, je le vois avec son front plissé, ses

Il tourna les talons au marquis. (Page 77.)

lèvres crispées, un de ses poings fermé sur sa poitrine.

— Suivez-le donc des yeux, et, à partir de ce moment, ne soyez plus qu'à lui, et ne le perdez pas de vue.

— Je le vois, je le vois ! dit Andrée.

— Que fait-il ?

— Il regarde autour de lui pour voir s'il n'existe pas une porte donnant sur le jardin ; puis, comme il n'en voit pas, il va à la fenêtre, l'ouvre, jette une dernière fois les yeux du côté du salon, franchit l'appui de la fenêtre et disparaît.

— Suivez-le dans l'obscurité.

— Je ne puis pas.

Gilbert s'approcha d'Andrée et passa la main devant ses yeux.

— Vous savez bien qu'il n'y a pas de nuit pour vous, dit-il. Voyez.

— Ah ! le voici courant par l'allée qui longe le mur ; il gagne la grande porte, l'ouvre sans que personne le voie, s'élance vers la rue Plâtrière... Ah ! il s'arrête ; il parle à une femme qui passe.

— Écoutez bien, dit Gilbert, et vous entendrez ce qu'il demande.

— J'écoute.

— Et que demande-t-il ?

— Il demande la rue Saint-Honoré.

— Oui, c'est là que je demeure ; il sera rentré chez moi. Il m'attend, pauvre enfant !

Andrée secoua la tête.

— Non ! dit-elle avec une expression visible

d'inquiétude; non... il n'est pas rentré... non... il n'attend pas...

— Mais où est-il, alors?

— Laissez-moi donc le suivre, ou je vais le perdre.

— Oh! suivez-le! suivez-le! s'écria Gilbert, comprenant qu'Andrée devinait quelque malheur.

— Ah! dit-elle, je le vois! je le vois!

— Bien.

— Le voici qui entre dans la rue de Grenelle... le voici qui entre dans la rue Saint-Honoré. Il traverse, toujours courant, la place du Palais-Royal. Il demande de nouveau son chemin; de nouveau il s'élance. Le voici à la rue Richelieu... le voici à la rue des Frondeurs... le voici à la rue Neuve-Saint-Roch. Arrête-toi, enfant! arrête-toi, malheureux!... Sébastien! Sébastien! ne vois-tu pas cette voiture qui vient par la rue de la Sourdière? Je la vois, moi, je la vois!... les chevaux... Ah!...

Andrée jeta un cri terrible, se dressa tout debout, l'angoisse maternelle peinte sur son visage, où roulaient à la fois, en larges gouttes, la sueur et les larmes.

— Oh! s'écria Gilbert, s'il lui arrive malheur, souviens-toi que ce malheur retombera sur ta tête!

— Ah!... fit Andrée respirant sans écouter, sans entendre ce que disait Gilbert, ah! Dieu du ciel! soyez loué! le poitrail du cheval l'a heurté et l'a jeté de côté, hors du rayon de la roue... Le voici là, tombé, étendu sans connaissance; mais il n'est pas mort... oh! non... non... il n'est pas mort!... évanoui... évanoui, seulement! Du secours! du secours! c'est mon enfant... c'est mon enfant!...

Et, avec un cri déchirant, Andrée retomba presque évanouie elle-même sur son fauteuil.

Quel que fût le désir de Gilbert d'en savoir davantage, il accorda à Andrée haletante ce repos d'un instant dont elle avait un grand besoin.

Il craignait qu'en la poussant plus loin, une fibre ne se rompît dans son cœur, ou qu'une veine n'éclatât dans son cerveau.

Mais, dès qu'il pensa pouvoir l'interroger sans danger.

— Eh bien?... lui demanda-t-il.

— Attendez, attendez, répondit Andrée, il s'est fait un grand cercle autour de lui. Oh! par grâce, laissez-moi passer! laissez-moi voir : c'est mon fils! c'est mon Sébastien!... Ah! mon Dieu! n'y a-t-il pas, parmi vous tous, un chirurgien ou un médecin?

— Oh! j'y cours, s'écria Gilbert.

— Attendez, dit encore Andrée l'arrêtant par le bras, voici la foule qui s'écarte. Sans doute, c'est celui qu'on appelle : sans doute, c'est celui qu'on attend... Venez, venez, Monsieur; vous voyez bien qu'il n'est pas mort, vous voyez bien qu'on peut le sauver.

Et, poussant une exclamation qui ressemblait à un cri d'effroi :

— Oh! s'écria-t-elle.

— Qu'y a-t-il, mon Dieu?... demanda Gilbert.

— Je ne veux pas que cet homme touche mon enfant, criait Andrée; ce n'est pas un homme, c'est un nain... c'est un gnome... c'est un vampire... Oh! hideux!... hideux!...

— Madame, Madame..., murmura Gilbert tout frissonnant, au nom du ciel! ne perdez point Sébastien de vue!

— Oh! répondit Andrée, l'œil fixe, la lèvre frémissante, le doigt tendu, soyez tranquille... je le suis... je le suis...

— Qu'en fait-il, cet homme?

— Il l'emporte... il remonte la rue de la Sourdière; il entre à gauche dans l'impasse Sainte-Hyacinthe; il s'approche d'une porte basse restée entr'ouverte; il la pousse, il se courbe, il descend un escalier. Il le couche sur une table où il y a une plume, de l'encre, des papiers manuscrits et imprimés; il lui ôte son habit; il relève sa manche; il lui serre le bras avec des bandes que lui apporte une femme sale et hideuse comme lui; il ouvre une trousse; il en tire une lancette; il va le saigner... Oh! je ne veux pas voir cela! je ne veux pas voir le sang de mon fils!

— Eh bien, alors, remontez, dit Gilbert, et comptez les marches de l'escalier.

— J'ai compté : il y en a onze.

— Examinez la porte avec soin, et dites-moi si vous y voyez quelque chose de remarquable.

— Oui... un petit jour carré, fermé par un barreau en croix.

— C'est bien, voilà tout ce qu'il me faut.

— Courez... courez... et vous le retrouverez où j'ai dit.

— Voulez-vous vous réveiller tout de suite et vous souvenir? Voulez-vous ne vous réveiller que demain matin, et avoir tout oublié?

— Réveillez-moi tout de suite, et que je me souvienne!

Gilbert passa, en suivant leur courbe, ses deux pouces sur les sourcils d'Andrée, lui

souffla sur le front, et prononça ces seuls mots :
— Réveillez-vous.

Aussitôt les yeux de la jeune femme s'animèrent ; ses membres s'assouplirent, elle regarda Gilbert presque sans terreur, et, continuant, éveillée, les recommandations de son sommeil :

— Oh ! courez ! courez ! dit-elle, et tirez-le des mains de cet homme qui me fait peur !

XIV

L'HOMME DE LA PLACE LOUIS XV

Gilbert n'avait pas besoin d'être encouragé dans ses recherches. Il s'élança hors de la chambre, et, comme il eût été trop long de reprendre le chemin par lequel il était venu, il courut droit à la porte de la rue Coq-Héron, l'ouvrit sans le secours du concierge, la tira derrière lui, et se trouva sur le pavé du roi.

Il avait parfaitement retenu l'itinéraire tracé par Andrée, et s'élança sur les traces de Sébastien.

Comme l'enfant, il traversa la place du Palais-Royal et longea la rue Saint-Honoré, devenue déserte, car il était près d'une heure du matin. Arrivé au coin de la rue de la Sourdière, il appuya à droite, puis à gauche, et se trouva dans l'impasse Sainte-Hyacinthe.

Là commença de sa part une inspection plus approfondie des localités.

Dans la troisième porte à droite, il reconnut, à son ouverture carrée fermée en croix par un barreau, la porte qu'Andrée avait décrite.

La désignation était si positive, qu'il n'y avait point à s'y tromper. Il frappa.

Personne ne répondit. Il frappa une seconde fois.

Alors il lui sembla entendre ramper le long de l'escalier et s'approcher près de lui un pas craintif et soupçonneux.

Il heurta une troisième fois.

— Qui frappe ? demanda une voix de femme.

— Ouvrez, répondit Gilbert, et ne craignez rien : je suis le père de l'enfant blessé que vous avez recueilli.

— Ouvre, Albertine, dit une autre voix, c'est le docteur Gilbert.

— Mon père ! mon père ! cria une troisième voix, dans laquelle Gilbert reconnut celle de Sébastien.

Gilbert respira.

La porte s'ouvrit. Gilbert, en balbutiant un remerciement, se précipita par les degrés.

Arrivé au bas du dernier, il se trouva dans une espèce de cave éclairée par une lampe posée sur cette table chargée de papiers imprimés et manuscrits qu'Andrée avait vue.

Dans l'ombre et couché sur une espèce de grabat, Gilbert aperçut son fils qui l'appelait, les bras tendus. Si puissante que fût la force de Gilbert sur lui-même, l'amour paternel l'emporta sur le décorum philosophique, et il s'élança vers l'enfant, qu'il pressa contre son cœur, tout en ayant soin de ne pas froisser son bras saignant, ni sa poitrine endolorie.

Puis, lorsque, dans un long baiser paternel, lorsque, par ce doux murmure de deux bouches, ils se furent tout dit sans prononcer une parole, Gilbert se retourna vers son hôte qu'il avait à peine entrevu.

Il se tenait debout, les jambes écartées, une main appuyée sur la table, l'autre sur sa hanche, éclairé par la lumière de la lampe, dont il avait enlevé l'abat-jour pour mieux jouir de la scène qui se passait sous ses yeux.

— Regarde, Albertine, dit-il, et remercie avec moi le hasard qui m'a permis de rendre ce service à l'un de mes frères.

Au moment où le chirurgien prononçait ces paroles quelque peu emphatiques, Gilbert se retournait, comme nous l'avons dit, et jetait un premier regard sur l'être informe qu'il avait devant les yeux.

C'était quelque chose de jaune et vert avec des yeux gris qui lui sortaient de la tête, un de ces paysans poursuivis par la colère de Latone, et qui, en train d'accomplir leur métamorphose, ne sont déjà plus hommes, mais ne sont pas encore crapauds.

Gilbert frissonna malgré lui ; il lui sembla, comme dans un rêve hideux, comme à travers un voile de sang, avoir déjà vu cet homme.

Il se rapprocha de Sébastien et le pressa plus tendrement encore contre lui.

Cependant Gilbert triompha de ce premier mouvement, et, allant à l'homme étrange qu'Andrée avait vu dans son sommeil magnétique, et qui l'avait si fort épouvantée :

— Monsieur, dit-il, recevez tous les remerciements d'un père à qui vous avez conservé son fils ; ils sont sincères et partent du fond du cœur.

— Monsieur, répondit le chirurgien, je n'ai fait que le devoir qui m'était à la fois inspiré par mon cœur et recommandé par la science. Je suis homme, et comme dit Térence, rien de ce qui est humain ne m'est étranger ; d'ailleurs, j'ai le cœur tendre, je ne puis voir souffrir un insecte, et, par conséquent, et à bien plus forte raison, mon semblable.

— Aurai-je l'honneur de savoir à quel respectable philanthrope j'ai l'honneur de parler?

— Vous ne me connaissez pas, confrère? dit le chirurgien en riant d'un rire qu'il voulait rendre bienveillant, et qui n'était que hideux. Eh bien, moi, je vous connais : vous êtes le docteur Gilbert, l'ami de Washington et de La Fayette, — il appuya d'une façon étrange sur ce dernier nom, — l'homme de l'Amérique et de la France, l'honnête utopiste qui a fait, sur la royauté constitutionnelle, de magnifiques mémoires que vous avez adressés d'Amérique à Sa Majesté Louis XVI, mémoires dont Sa Majesté Louis XVI vous a récompensé en vous envoyant à la Bastille, au moment où vous touchiez le sol de la France. Vous aviez voulu le sauver en lui déblayant d'avance le chemin de l'avenir, il vous a ouvert celui d'une prison, — reconnaissance royale!

Et, cette fois, le chirurgien se mit à rire de nouveau, mais d'un rire terrible et menaçant.

— Si vous me connaissez, Monsieur, c'est une raison de plus pour que j'insiste sur ma demande, et que j'aie l'honneur de faire votre connaissance à mon tour.

— Oh! il y a longtemps que nous avons fait connaissance, Monsieur, dit le chirurgien. Il y a vingt ans, et cela, dans une nuit terrible, dans la nuit du 30 mai 1770. Vous aviez l'âge de cet enfant; vous me fûtes apporté comme lui, blessé, mourant, écrasé, vous me fûtes apporté par mon maître Rousseau, et je vous saignai sur une table tout entourée de cadavres et de membres coupés. Oh! dans cette nuit terrible, et c'est un bon souvenir pour moi, j'ai, grâce au fer qui sait jusqu'où il faut entrer pour guérir, jusqu'où il faut couper pour cicatriser, j'ai sauvé bien des existences.

— Oh! s'écria Gilbert, alors, Monsieur, vous êtes Jean-Paul Marat.

Et, malgré lui, il recula d'un pas.

— Tu vois, Albertine, dit Marat, mon nom fait son effet.

Et il éclata dans un rire sinistre.

— Mais, reprit vivement Gilbert, pourquoi ici, pourquoi dans cette cave, pourquoi éclairé par cette lampe fumeuse?... Je vous croyais médecin de M. le comte d'Artois.

— Vétérinaire de ses écuries, vous voulez dire, répondit Marat. Mais le prince a émigré; plus de prince, plus d'écuries, plus de vétérinaire. D'ailleurs, j'avais donné ma démission, je ne veux pas servir les tyrans.

Et le nain se redressa de toute la hauteur de sa petite taille.

— Mais, enfin, dit Gilbert, pourquoi ici, dans ce trou, dans cette cave?

— Pourquoi, monsieur le philosophe? Parce que je suis patriote, parce que j'écris pour dénoncer les ambitieux, parce que Bailly me craint, parce que Necker m'exècre, parce que la Fayette me traque, parce qu'il me fait traquer par sa garde nationale, parce qu'il a mis ma tête à prix, l'ambitieux, le dictateur; mais je le brave! Du fond de mon caveau, je le poursuis, je le dénonce, le dictateur! Vous savez ce qu'il vient de faire?

— Non, dit naïvement Gilbert.

— Il vient de faire fabriquer, au faubourg Saint-Antoine, quinze mille tabatières avec son portrait; il y a là-dessous quelque chose, à ce que je crois, hein?... Aussi, je prie les bons citoyens de les briser, quand ils pourront se les procurer. Ils y trouveront le mot du grand complot royaliste, car, vous ne l'ignorez pas, tandis que le pauvre Louis XVI pleure à chaudes larmes les sottises que lui fait faire l'Autrichienne, la Fayette conspire avec la reine.

— Avec la reine? répéta Gilbert pensif.

— Oui, avec la reine. Vous ne direz point qu'elle ne conspire pas, celle-là; elle a distribué, ces jours derniers, tant de cocardes blanches, que le ruban blanc en a enchéri de trois sous l'aune. La chose est sûre, je le tiens d'une des filles de la Bertin, la marchande de modes de la reine, son premier ministre, celle qui dit : « J'ai travaillé ce matin avec Sa Majesté. »

— Et où dénoncez-vous tout cela? demanda Gilbert.

— Dans mon journal, dans le journal que je viens de fonder, et dont j'ai déjà fait paraître vingt numéros, dans *l'Ami du peuple, ou le Publiciste parisien*, journal politique et impartial. Pour payer le papier et l'impression des premiers numéros, — tenez, regardez derrière vous, — j'ai vendu jusqu'aux draps et aux couvertures du lit où votre fils est couché.

Gilbert se retourna, et vit qu'en effet le petit Sébastien était étendu sur le coutil éraillé d'un matelas absolument nu, où il venait de s'endormir, vaincu par la douleur et la fatigue.

Le docteur s'approcha de l'enfant pour voir si ce sommeil n'était pas un évanouissement; mais, rassuré par sa respiration douce et égale, il revint à cet homme qui, sans qu'il pût s'en défendre, lui inspirait à peu près le même intérêt de curiosité que lui eût inspiré un animal sauvage, tigre ou hyène.

— Et quels sont vos collaborateurs dans cette œuvre gigantesque?

— Mes collaborateurs? dit Marat. Ah! ah! ah! ce sont les dindons qui vont par troupes; l'aigle marche seul. Mes collaborateurs, les voici.

Marat montra sa tête et sa main.

— Voyez-vous cette table? continua-t-il. C'est l'atelier où Vulcain, — la comparaison est bien trouvée, n'est-ce pas? — où Vulcain forge la foudre. Chaque nuit, j'écris huit pages in-octavo, qu'on vend le matin; huit pages, souvent cela ne suffit pas, et je double la livraison; seize pages, c'est trop peu encore parfois; ce que j'ai commencé en gros caractères, presque toujours je l'achève en petits. Les autres journalistes paraissent par intervalles, se relayent, se font aider! moi, jamais; l'*Ami du Peuple*, — vous pouvez voir la copie, elle est là, — l'*Ami du Peuple* est tout entier de la même main. Aussi ce n'est pas simplement un journal; non, c'est un homme; c'est une personnalité; c'est moi.

— Mais, demanda Gilbert, comment suffisez-vous à ce travail énorme?

— Ah! voilà le secret de la nature!... C'est un pacte entre la mort et moi... je lui donne dix ans de ma vie, et elle m'accorde des jours qui n'ont pas besoin de repos, des nuits qui n'ont pas besoin de sommeil... Mon existence est une, simple : j'écris... j'écris la nuit, j'écris le jour... La police de la Fayette me force de vivre caché, enfermé; elle me livre corps et âme au travail; elle double mon activité... Cette vie m'a pesé d'abord : j'y suis fait maintenant. Il me plaît de voir la société misérable à travers le jour étroit et oblique de ma cave, par le soupirail humide et sombre. Du fond de ma nuit, je règne sur le monde des vivants; je juge sans appel la science et la politique... D'une main, je démolis Newton, Franklin, Laplace, Monge, Lavoisier; de l'autre, j'ébranle Bailly, Necker, la Fayette... Je renverserai tout cela... oui, comme Samson a renversé le temple, et, sous les débris qui m'écraseront peut-être moi-même, j'ensevelirai la royauté...

Gilbert frissonna malgré lui; cet homme lui répétait, dans une cave et sous les haillons de la misère, à peu près ce que Cagliostro, sous ses habits brodés, lui avait dit dans un palais.

— Mais, dit-il, pourquoi, populaire comme vous l'êtes, n'avez-vous pas essayé de vous faire nommer à l'Assemblée nationale?

— Parce que le jour n'est pas encore venu, dit Marat.

Puis, exprimant un regret :

— Oh! si j'étais tribun du peuple! ajouta-t-il presque aussitôt, si j'étais soutenu par quelques milliers d'hommes déterminés, je réponds que, d'ici à six semaines, la Constitution serait parfaite; que la machine politique marcherait au mieux; qu'aucun fripon n'oserait la déranger; que la nation serait libre et heureuse; qu'en moins d'une année, elle redeviendrait florissante et redoutable, et qu'elle resterait ainsi tant que je vivrais.

Et la vaniteuse créature se transformait sous le regard de Gilbert : son œil s'infiltrait de sang; sa peau jaune luisait de sueur; le monstre était grand de sa hideur, comme un autre est grand de sa beauté.

— Oui, mais, continua-t-il, reprenant sa pensée où l'enthousiasme l'avait interrompu, oui, mais je ne le suis pas, tribun; mais je n'ai pas ces quelques milliers d'hommes dont j'aurais besoin... Non, mais je suis journaliste... non, mais j'ai mon écritoire, mon papier, mes plumes... non, mais j'ai mes abonnés, j'ai mes lecteurs, pour qui je suis un oracle, un prophète, un devin... J'ai mon peuple dont je suis l'ami, et que je mène, tout tremblant, de trahison en trahison, de découverte en découverte, d'épouvante en épouvante... Dans le premier numéro de l'*Ami du Peuple*, je dénonçais les aristocrates; je disais qu'il y avait six cents coupables en France, que six cents bouts de corde suffiraient... Ah! ah! ah! je me trompais un peu, il y a un mois! Les 5 et 6 octobre ont eu lieu et m'ont éclairci la vue... Aussi, ce n'est pas six cents coupables qu'il faut juger, c'est dix mille, c'est vingt mille aristocrates qu'il faut pendre.

Gilbert souriait. La fureur, arrivée à ce point, lui paraissait de la folie.

— Prenez garde, dit-il, il n'y aura point en France assez de chanvre pour ce que vous voulez faire, et les cordes vont devenir hors de prix.

— Aussi, dit Marat, trouvera-t-on, je l'espère, des moyens nouveaux et plus expéditifs... Savez-vous qui j'attends ce soir... qui, d'ici à dix minutes, va frapper à cette porte?

— Non, Monsieur.

— Eh bien, j'attends un de nos confrères... un membre de l'Assemblée nationale que vous connaissez de nom, le citoyen Guillotin...

— Oui, dit Gilbert, celui qui a proposé aux députés de se réunir dans le Jeu de Paume, lorsqu'on les a chassés de la salle des séances; un homme fort savant.

— Eh bien, savez-vous ce qu'il vient de trouver, le citoyen Guillotin?... Il vient de trouver une machine merveilleuse, une machine qui tue sans faire souffrir ; — car il faut que la mort soit une punition et non une souffrance; — il vient de trouver cette machine-là, et, un de ces matins, nous l'essayons.

Gilbert frissonna. C'était la seconde fois que cet homme, dans sa cave, lui rappelait Cagliostro. Cette machine, c'était sans doute la même que celle dont Cagliostro lui avait parlé.

— Eh! tenez, dit Marat, justement on frappe; c'est lui... Va ouvrir, Albertine, va ouvrir.

La femme, ou plutôt la femelle de Marat, se leva de l'escabeau sur lequel elle était accroupie, dormant à moitié, et s'avança machinalement et chancelante vers la porte.

Quant à Gilbert, étourdi, terrifié, en proie à un éblouissement qui ressemblait au vertige, il alla instinctivement du côté de Sébastien, qu'il s'apprêta à prendre entre ses bras et à transporter chez lui.

— Voyez-vous, continua Marat avec enthousiasme, voyez-vous une machine qui fonctionne toute seule! qui n'a besoin que d'un homme pour la faire marcher! qui peut, en changeant trois fois le couteau, trancher trois cents têtes par jour!

— Et ajoutez, dit une petite voix douce et flûtée derrière Marat, qui peut trancher ces trois cents têtes sans souffrance, sans autre sensation qu'une légère fraîcheur sur le cou.

— Ah! c'est vous, docteur, s'écria Marat en se retournant vers un petit homme de quarante à quarante-cinq ans, dont la mise soignée et l'air de douceur faisaient un contraste des plus étranges avec Marat, et qui portait à la main une boîte de la dimension et de la forme de celles qui renferment des jouets d'enfant. Que m'apportez-vous là?

— Un modèle de ma fameuse machine, mon cher Marat... Mais, je ne me trompe pas, ajouta le petit homme en essayant de distinguer dans l'obscurité, c'est M. le docteur Gilbert que je vois-là?

— Lui-même, Monsieur, dit Gilbert en s'inclinant.

— Enchanté de vous rencontrer, Monsieur; vous n'êtes point de trop, Dieu merci, et je serai heureux d'avoir l'avis d'un homme aussi distingué que vous sur l'invention que je vais mettre au jour; — car il faut vous dire, mon cher Marat, que j'ai trouvé un très habile charpentier, nommé Guidon, qui me fabrique ma machine en grand... C'est cher! il me demande cinq mille cent francs! mais aucun sacrifice ne me coûtera pour le bien de l'humanité... Dans deux mois, elle sera faite, mon ami, et nous pourrons l'essayer; puis je la proposerai à l'Assemblée nationale. J'espère que vous appuierez la proposition dans votre excellent journal, — quoique, en vérité, ma machine se recommande d'elle-même, monsieur Gilbert, comme vous allez en juger par vos yeux; — mais quelques lignes dans *l'Ami du Peuple* ne lui feront pas de mal.

— Oh! soyez tranquille! ce n'est point quelques lignes que je lui consacrerai; c'est un numéro tout entier.

— Vous êtes bien bon, mon cher Marat; mais, comme on dit, je ne veux pas vous vendre chat en poche.

Et il tira de son habit une seconde boîte d'un quart plus petite que la première, et qu'un certain bruit intérieur dénonçait comme étant habitée par quelque animal, ou plutôt par quelques animaux impatients de leur prison.

Ce bruit n'échappa point à l'oreille subtile de Marat.

— Oh! oh! qu'avons-nous là-dedans? demanda-t-il.

— Vous allez voir, dit le docteur.

Marat porta la main à la boîte.

— Prenez garde, s'écria vivement le docteur, prenez garde de les laisser fuir, nous ne pourrions plus les rattraper; ce sont des souris auxquelles nous allons trancher la tête. — Eh bien, que faites-vous donc, docteur Gilbert?... vous nous quittez?...

— Hélas! oui, Monsieur, répondit Gilbert, et à mon grand regret; mais mon fils, blessé ce soir par un cheval qui l'a renversé sur le pavé, a été relevé, saigné et pansé par le docteur Marat, à qui j'ai déjà dû la vie moi-même dans une circonstance pareille, et à qui je présente de nouveau tous mes remerciements. L'enfant a besoin d'un lit frais, de repos, de soins; je ne puis donc assister à votre intéressante expérience.

— Mais vous assisterez à celle que nous ferons en grand dans deux mois, n'est-ce pas, vous me le promettez, docteur?

— Je vous le promets, Monsieur.

— Je retiens votre parole, entendez-vous?

— Elle est donnée.

— Docteur, dit Marat, je n'ai pas besoin de vous recommander le secret sur le lieu de ma retraite?

— Oh! Monsieur...

— C'est que votre ami la Fayette, s'il la découvrait, me ferait fusiller comme un chien ou pendre comme un voleur.

— Fusiller! pendre! s'écria Guillotin. On va donc en finir avec toutes ces morts de cannibales; il va donc y avoir une mort douce, facile, instantanée! une mort telle, que les vieillards qui seront dégoûtés de la vie, et qui voudront finir en philosophes et en sages, la préfèreront à une mort naturelle! — Venez voir cela, mon cher Marat, venez voir!

Et, sans s'occuper davantage du docteur Gilbert, Guillotin ouvrit sa grande boîte, et commença à dresser sa machine sur la table de Marat, qui le regardait faire avec une curiosité égale à son enthousiasme.

Gilbert profita de cette préoccupation pour soulever Sébastien endormi, et l'emporter entre ses bras. Albertine le reconduisit jusqu'à la porte, qu'elle referma avec soin derrière lui.

Une fois dans la rue, il sentit, au froid de son visage, qu'il était couvert de sueur et que le vent de la nuit glaçait cette sueur sur son front.

— Oh! mon Dieu, murmura-t-il, que va-t-il arriver de cette ville dont les caveaux cachent peut-être, à l'heure qu'il est, cinq cents philanthropes occupés d'œuvres pareilles à celle que je viens de voir préparer, et qui, un beau jour, éclateront à la lumière du ciel?...

XV

CATHERINE

De la rue de la Sourdière à la maison qu'habitait Gilbert, rue Saint-Honoré, il n'y avait qu'un pas.

Cette maison était située un peu plus loin que l'Assomption, en face d'un menuisier nommé Duplay.

Le froid et le mouvement avaient réveillé Sébastien. Il avait voulu marcher, mais son père s'y était opposé, et continuait de le porter entre ses bras.

Le docteur, arrivé à la porte, posa un instant Sébastien sur ses pieds, et frappa assez fort pour que, si endormi que fût le concierge, il n'eût point à attendre trop longtemps dans la rue.

En effet, un pas lourd, quoique rapide, retentit bientôt de l'autre côté de la porte.

— Est-ce vous, monsieur Gilbert? demanda une voix.

— Tiens, dit Sébastien, c'est la voix de Pitou.

— Ah! Dieu soit loué! s'écria Pitou en ouvrant la porte, Sébastien est retrouvé!

Puis, se retournant vers l'escalier, dans les profondeurs duquel on commençait à apercevoir les lueurs d'une bougie :

— Monsieur Billot! monsieur Billot! cria Pitou, Sébastien est retrouvé, et sans accident, j'espère, n'est-ce pas, monsieur Gilbert?

— Sans accident grave, du moins, dit le docteur. Viens, Sébastien, viens!

Et, laissant à Pitou le soin de fermer la porte, il enleva de nouveau — aux yeux du concierge ébahi, qui paraissait sur le seuil de sa loge, en bonnet de coton et en chemise — Sébastien entre ses bras, et commença de monter l'escalier.

Billot marcha le premier, éclairant le docteur; Pitou emboîta le pas derrière eux.

Le docteur demeurait au second; les portes, toutes grandes ouvertes, annonçaient qu'il était attendu. Il déposa Sébastien sur son lit.

Pitou suivait, inquiet et timide. A la boue qui couvrait ses souliers, ses bas, sa culotte, et qui mouchetait le reste de ses vêtements, il était facile de voir qu'il était tout frais arrivé d'une longue route.

En effet, après avoir reconduit Catherine éplorée chez elle, après avoir appris, de la bouche de la jeune fille, frappée trop profondément pour cacher sa douleur, que cette douleur venait du départ de M. Isidore de Charny pour Paris, Pitou, à qui l'expression de cette douleur brisait doublement le cœur, et comme amant et comme ami, Pitou avait pris congé de Catherine couchée, de la mère Billot pleurant au pied de son lit, et s'était, d'un pas bien autrement tardif que celui qui l'avait amené, acheminé vers Haramont.

La lenteur de ce pas, la quantité de fois qu'il se retourna pour regarder tristement la ferme, d'où il s'éloignait le cœur gros à la fois et de la douleur de Catherine et de sa propre douleur à lui, firent qu'il n'arriva à Haramont qu'au point du jour.

La préoccupation qui le tenait fit aussi que, comme Sextus retrouvant sa femme morte, il alla s'asseoir sur son lit les yeux fixes et les mains croisées sur ses genoux.

Enfin il se releva, et, pareil à un homme qui s'éveille, non pas de son sommeil, mais de sa pensée, il jeta les yeux autour de lui, et vit, près de la feuille de papier écrite de sa main, une autre feuille de papier couverte d'une écriture différente.

Il s'approcha de la table et lut la lettre de Sébastien.

Il faut le dire à la louange de Pitou, il oublia à l'instant même ses chagrins personnels pour ne songer qu'aux dangers que pouvait courir son ami pendant le voyage qu'il venait d'entreprendre.

Puis, sans s'inquiéter de l'avance que l'enfant, parti la veille, pouvait avoir sur lui, Pitou, confiant dans ses longues jambes, se mit à sa poursuite, avec l'espoir de le rejoindre, si Sébastien, ne trouvant pas de moyens de transport, avait été forcé de continuer sa route à pied.

D'ailleurs, il faudrait bien que Sébastien s'arrêtât, tandis que lui, Pitou, marcherait toujours.

Pitou ne s'inquiéta point d'un bagage quelconque. Il ceignit ses reins d'une ceinture de cuir, comme il avait l'habitude d'en user quand il avait une longue traite à faire ; il prit sous son bras un pain de quatre livres dans lequel il introduisit un saucisson, et, son bâton de voyage à la main, il se mit en route.

Pitou, de son pas ordinaire, faisait une lieue et demie à l'heure ; en prenant le pas accéléré, il en fit deux.

Cependant, comme il lui fallut s'arrêter pour boire, pour renouer les cordons de ses souliers et pour demander des nouvelles de Sébastien, il mit dix heures à venir de l'extrémité de la rue de Largny à la barrière de la Villette ; puis une heure, à cause des embarras de voitures, à venir de la barrière de la Villette à la maison du docteur Gilbert : cela fit onze heures. Il était parti à neuf heures du matin, il était arrivé à huit heures du soir.

C'était, on se le rappelle, juste le moment où Andrée enlevait Sébastien des Tuileries, et où le docteur Gilbert causait avec le roi. Pitou ne trouva donc ni le docteur Gilbert ni Sébastien, mais il trouva Billot.

Billot n'avait aucunement entendu parler de Sébastien, et ne savait pas à quelle heure Gilbert rentrerait.

Le malheureux Pitou était si inquiet, qu'il ne songea point à parler à Billot de Catherine. Toute sa conversation ne fut qu'un long gémissement sur le malheur qu'il avait eu de ne pas se trouver dans sa chambre lorsque Sébastien y était venu.

Puis, comme il avait emporté la lettre de Sébastien pour se justifier au besoin près du docteur, il relisait cette lettre, chose bien inutile, car il l'avait déjà lue et relue tant de fois, qu'il la savait par cœur.

Le temps avait passé ainsi, lent et triste, pour Pitou et Billot, depuis huit heures du soir jusqu'à deux heures du matin.

C'était bien long, six heures ! Il n'avait pas fallu à Pitou le double de ce temps-là pour venir de Villers-Cotterets à Paris.

A deux heures du matin, le bruit du marteau avait retenti pour la dixième fois depuis l'arrivée de Pitou.

A chaque fois, Pitou s'était précipité par les degrés, et, malgré les quarante marches qu'il y avait à descendre, il était toujours arrivé au moment où le concierge tirait le cordon.

Mais, chaque fois, son espérance avait été trompée : ni Gilbert ni Sébastien n'avaient paru, et il était remonté près de Billot lentement et tristement.

Enfin, nous avons dit comment, une dernière fois, étant descendu plus précipitamment encore que les autres, son attente avait été comblée en voyant reparaître, en même temps, le père et le fils, le docteur Gilbert et Sébastien.

Gilbert remercia Pitou comme le brave garçon devait être remercié, c'est-à-dire par une poignée de main ; puis, comme il pensait qu'après une trotte de dix-huit lieues, et une attente de six heures, le voyageur devait avoir besoin de repos, il lui souhaita une bonne nuit et l'envoya se coucher.

Mais, tranquille à l'endroit de Sébastien, Pitou avait, maintenant, ses confidences à faire à Billot. Il fit donc signe à Billot de le suivre, et Billot le suivit.

Quant à Gilbert, il ne voulut s'en rapporter à personne du soin de coucher et de veiller Sébastien. Il examina lui-même l'ecchymose empreinte sur la poitrine de l'enfant, appliqua son oreille sur plusieurs endroits du torse ; puis, s'étant assuré que la respiration était parfaitement libre, il se coucha sur une chaise longue près de l'enfant, qui, malgré une fièvre assez forte, ne tarda pas à s'endormir.

Mais bientôt, pensant à l'inquiétude que devait éprouver Andrée, d'après celle qu'il avait éprouvée lui-même, il appela son valet de chambre, et lui ordonna d'aller, à l'instant même, jeter à la plus prochaine poste, afin qu'elle parvînt à son adresse à la première levée, une lettre dans laquelle étaient ces seules paroles :

« Rassurez-vous, l'enfant est retrouvé et n'a aucun mal. »

Le lendemain, Billot fit demander, dès le matin, à Gilbert la permission d'entrer chez lui, permission qui lui fut accordée.

La bonne figure de Pitou apparut, souriante,

Vous vous trompez, Monsieur, dit une voix. (Page 82.)

à la porte, derrière celle de Billot, dont Gilbert remarqua l'expression triste et grave.

— Qu'y a-t-il donc, mon ami, et qu'avez-vous? demanda le docteur.

— J'ai, monsieur Gilbert, que vous avez bien fait de me retenir ici, puisque je pouvais vous être utile, à vous et au pays; mais, tandis que je reste à Paris, tout va mal là-bas.

Que l'on n'aille cependant pas croire, d'après ces paroles, que Pitou eût révélé les secrets de Catherine et parlé des amours de la jeune fille avec Isidore. Non, l'âme honnête du brave commandant de la garde nationale d'Haramont se refusait à une délation. Il avait seulement dit à Billot que la récolte avait été mauvaise, que les seigles avaient manqué, qu'une partie des blés avait été couchée par la grêle, que les granges étaient au tiers pleines, et qu'il avait trouvé Catherine sur le chemin de Villers-Cotterets à Pisseleu.

Or, Billot s'était assez peu inquiété du manque des seigles et du versement des blés; mais il avait failli se trouver mal lui-même en apprenant l'évanouissement de Catherine.

C'est qu'il savait, le brave père Billot, qu'une jeune fille du tempérament et de la force de Catherine ne s'évanouit pas sans raison sur les grands chemins.

D'ailleurs, il avait fort interrogé Pitou, et, quelque réserve que Pitou eût mise dans ses réponses, plus d'une fois Billot avait secoué la tête en disant :

— Allons, allons, je crois qu'il est temps que je retourne là-bas.

Gilbert, qui venait d'éprouver lui-même ce qu'un cœur de père peut souffrir, comprit, cette fois, ce qui se passait dans celui de Billot lorsque Billot lui eut dit les nouvelles apportées par Pitou.

— Allez donc, mon cher Billot, lui répondit-il, puisque ferme, terre et famille vous réclament; mais n'oubliez pas qu'au nom de la patrie, dans un cas pressant, je dispose de vous.

— Un mot, monsieur Gilbert, répondit le brave fermier, et, en douze heures, je suis à Paris.

Alors, ayant embrassé Sébastien, qui, après une nuit heureusement passée, se trouvait complètement hors de danger, ayant serré la main fine et délicate de Gilbert dans ses deux larges mains, Billot prit le chemin de sa ferme, qu'il avait quittée pour huit jours et dont il était absent depuis trois mois.

Pitou le suivit emportant, — offrande du docteur Gilbert — vingt-cinq louis destinés à aider à l'habillement et à l'équipement de la garde nationale d'Haramont.

Sébastien resta avec son père.

XVII

TRÊVE

Une semaine s'était écoulée entre les événements que nous venons de raconter et le jour où nous allons de nouveau prendre le lecteur par la main et le conduire au château des Tuileries, désormais théâtre principal des grandes catastrophes qui vont s'accomplir.

O Tuileries! héritage fatal légué par la reine de la Saint-Barthélemy, par l'étrangère Catherine de Médicis, à ses descendants et à ses successeurs; palais du vertige, qui attires pour dévorer, quelle fascination y a-t-il donc dans ton porche béant, où s'engouffrent tous ces fous couronnés qui veulent être appelés rois, qui ne se croient véritablement sacrés que lorsqu'ils ont dormi sous tes lambris régicides, et que tu rejettes les uns après les autres, ceux-ci cadavres sans tête, ceux-là fugitifs sans couronne?

Sans doute, il y a, dans tes pierres, ciselées comme un bijou de Benvenuto Cellini, quelque maléfice fatal; sans doute, quelque talisman mortel est enfoui sous ton seuil. Compte les derniers rois que tu as reçus, et dis ce que tu en as fait! De ces cinq rois, un seul a été rendu par toi au caveau où l'attendaient ses ancêtres, et, des quatre que l'histoire te réclame, l'un a été livré à l'échafaud, et les trois autres à l'exil!

Un jour, une assemblée tout entière voulut braver le péril et s'établir à la place des rois, s'asseoir, mandataire du peuple, là où s'étaient assis les élus de la monarchie. De ce moment, le vertige la prit; de ce moment, elle se détruisit elle-même : l'échafaud dévora les uns, l'exil engloutit les autres, et une étrange fraternité réunit Louis XVI et Robespierre, Collot d'Herbois et Napoléon, Billaud-Varennes et Charles X, Vadier et Louis-Philippe.

O Tuileries! Tuileries! bien insensé sera donc celui qui osera franchir ton seuil et entrer par où sont entrés Louis XVI, Napoléon, Charles X et Louis-Philippe, car un peu plus tôt, un peu plus tard, celui-là sortira par la même porte qu'eux.

Et cependant, palais funèbre! chacun d'eux est entré dans ton enceinte au milieu des acclamations du peuple, et ton double balcon les a vus, les uns après les autres, sourire à ces acclamations, croyant aux souhaits et aux vœux de la foule qui les poussait; ce qui fait que à peine assis sous le dais royal, chacun d'eux s'est mis à travailler à son œuvre, au lieu de travailler à l'œuvre du peuple; ce dont le peuple s'apercevant un jour, il l'a mis à la porte comme un fermier infidèle, ou l'a puni comme un mandataire ingrat.

C'est ainsi qu'après cette marche terrible du 6 octobre, au milieu de la boue, du sang et des cris, le pâle soleil du lendemain trouva, en se levant, la cour des Tuileries pleine d'un peuple ému du retour de son roi et affamé de le voir.

Toute la journée, Louis XVI avait reçu les corps constitués; pendant ce temps, la foule attendait au dehors, le cherchait, l'épiait à travers les vitres; celui qui croyait l'apercevoir jetait un cri de joie, et le montrait à son voisin en disant :

— Le voyez-vous? le voyez-vous? le voilà!

A midi, il fallut qu'il se montrât au balcon, et ce furent des bravos et des applaudissements unanimes.

Le soir, il fallut qu'il descendît au jardin, et ce furent plus que des bravos et des applaudissements, ce furent des attendrissements et des larmes.

Madame Élisabeth, cœur jeune, pieux et naïf, montrait ce peuple à son frère en lui disant :

— Il me semble, pourtant, qu'il n'est pas difficile de régner sur de pareils hommes.

Son logement était au rez-de-chaussée. Le soir, elle fit ouvrir les fenêtres, et soupa devant tout le monde.

Hommes et femmes regardaient, applaudissaient et saluaient par les ouvertures, les femmes surtout : elles faisaient monter leurs enfants sur l'appui des fenêtres, ordonnant à ces petits innocents d'envoyer des baisers à cette grande dame, et de lui dire qu'elle était bien belle.

Et les enfants lui répétaient : « Vous êtes bien belle, Madame! » et, de leurs petites mains potelées, lui envoyaient des baisers sans nombre et sans fin.

Chacun disait : « La révolution est finie; voilà le roi délivré de son Versailles, de ses courtisans et de ses conseillers. L'enchantement qui tenait loin de sa capitale la royauté captive dans ce monde d'automates, de statues et d'ifs taillés qu'on appelle Versailles, est rompu. Grâce à Dieu, le roi est replacé dans la vie et la vérité, c'est-à-dire dans la nature réelle de l'homme. Venez, Sire, venez parmi nous! Jusqu'à ce jour, vous n'aviez, entouré comme vous l'étiez, que la liberté de faire le mal; aujourd'hui, au milieu de nous, au milieu de votre peuple, vous avez toute liberté de faire le bien! »

Souvent les masses et les individus même se trompent sur ce qu'ils sont, ou plutôt sur ce qu'ils vont être. La peur éprouvée pendant les journées des 5 et 6 octobre avait ramené au roi non seulement une foule de cœurs, mais encore beaucoup d'esprits, beaucoup d'intérêts. Ces cris dans l'obscurité, ce réveil au milieu de la nuit, ces feux allumés dans la cour de marbre et éclairant les grands murs de Versailles de leurs funèbres reflets, tout cela avait frappé fortement les imaginations honnêtes. L'Assemblée avait eu grand'peur, plus peur quand le roi avait été menacé que lorsqu'elle avait été menacée elle-même. Alors il lui semblait encore qu'il dépendît du roi; six mois ne s'écouleront pas sans qu'elle sente, au contraire, que c'est le roi qui dépend d'elle. Cent cinquante de ses membres prirent des passeports, Mounier et Lally — le fils du Lally mort en Grève — se sauvèrent.

Les deux hommes les plus populaires de France, la Fayette et Mirabeau, revenaient royalistes à Paris.

Mirabeau avait dit à la Fayette : « Unissons-nous, et sauvons le roi! »

Par malheur, la Fayette, honnête homme par excellence, mais esprit borné, méprisait le caractère de Mirabeau, et ne comprenait pas son génie.

Il se contenta d'aller trouver le duc d'Orléans. On avait dit beaucoup de choses sur Son Altesse Royale. On avait dit que, pendant la nuit, le duc avait été vu, un chapeau rabattu sur les yeux, une badine à la main, agitant les groupes dans la cour de marbre, les poussant au pillage du château, dans l'espérance que le pillage serait en même temps l'assassinat.

Mirabeau était tout au duc d'Orléans.

La Fayette, au lieu de s'entendre avec Mirabeau, alla trouver le duc d'Orléans, et l'invita à quitter Paris. Le duc d'Orléans discuta, lutta, se raidit; mais la Fayette était réellement roi, il lui fallut obéir.

— Et quand reviendrai-je? demanda-t-il à la Fayette.

— Quand je vous dirai qu'il est temps de revenir, mon prince, répondit celui-ci.

— Et, si je m'ennuie et que je revienne sans votre permission, Monsieur? demanda hautainement le duc.

— Alors, répondit la Fayette, j'espère que, le lendemain de son retour, Votre Altesse me fera l'honneur de se battre avec moi.

Le duc d'Orléans partit, et ne revint que rappelé.

La Fayette était un peu royaliste avant le 6 octobre; mais, après le 6 octobre, il le devint réellement, sincèrement: il avait sauvé la reine et protégé le roi.

On s'attache par les services qu'on rend, bien plus qu'on n'est attaché par les services qu'on reçoit. C'est qu'il y a, dans le cœur de l'homme, bien plus d'orgueil que de reconnaissance.

Le roi et madame Élisabeth, tout en sentant qu'il y avait, au-dessous et peut-être au-dessus de tout ce peuple, un élément total qui ne voulait pas se mêler à lui, quelque chose de haineux et de vindicatif comme la colère du tigre qui rugit tout en caressant, le roi et madame Élisabeth avaient été réellement touchés.

Mais il n'en était pas de même pour Marie-Antoinette. La mauvaise disposition où était le cœur de la femme nuisait à l'esprit de la reine. Ses larmes étaient des larmes de dépit, de douleur, de jalousie. De ces larmes qu'elle versait, il y en avait autant pour Charny, qu'elle sentait s'échapper de ses bras, que pour ce sceptre, qu'elle sentait s'échapper de sa main.

Aussi voyait-elle tout ce peuple, entendait-elle tous ces cris, avec un cœur sec et un esprit irrité. Elle était plus jeune, en réalité, que madame Élisabeth, ou plutôt du même âge à peu près; mais la virginité d'âme et de corps avait fait à celle-ci une robe d'innocence et de fraîcheur qu'elle n'avait pas encore dévêtue, tandis que les ardentes passions de la reine, haine et amour, avaient jauni ses mains, pareilles à de l'ivoire, avaient serré sur ses dents ses lèvres blêmies, et avaient étendu au-dessous de ses yeux ces nuances nacrées et violâtres qui révèlent un mal profond, incurable, constant.

La reine était malade, profondément malade, malade d'un mal dont on ne guérit pas, car son seul remède est le bonheur et la paix, et la pauvre Marie-Antoinette sentait que c'en était fait de sa paix et de son bonheur.

Aussi, au milieu de tous ces élans, au milieu de tous ces cris et de tous ces *vivat*, quand le roi tend les mains aux hommes, quand madame Élisabeth sourit et pleure à la fois aux femmes et aux petits enfants, la reine sent son œil, mouillé des larmes de sa propre douleur, à elle, redevenir sec devant la joie publique.

Les vainqueurs de la Bastille s'étaient présentés chez elle, et elle avait refusé de les recevoir.

Les dames de la halle étaient venues à leur tour; elle avait reçu les dames de la halle, mais à distance, séparées d'elle par d'immenses paniers; en outre, ses femmes, comme une avant-garde destinée à la défendre de tout contact, s'étaient jetées au-devant d'elle.

C'est une grande faute que faisait Marie-Antoinette. Les dames de la halle étaient royalistes; beaucoup avaient désavoué le 6 octobre.

Ces femmes, alors, lui avaient adressé la parole, — car, dans ces sortes de groupes, il y a toujours des orateurs.

Une femme plus hardie que les autres s'était érigée en conseiller.

— Madame la reine, avait dit cette femme, veuillez me permettre de vous donner un avis, mais, là, un avis à la grosse morguienne, c'est-à-dire venant du cœur.

La reine avait fait de la tête un signe si imperceptible, que la femme ne l'avait pas vu.

— Vous ne répondez pas? avait-elle dit. N'importe! je vous le donnerai tout de même. Vous voilà parmi nous, au milieu de votre peuple, c'est-à-dire au sein de votre vraie famille. Il faut, maintenant, éloigner de vous tous ces courtisans qui perdent les rois, et aimer un peu ces pauvres Parisiens, qui, depuis vingt ans que vous êtes en France, ne vous ont peut-être pas vue quatre fois.

— Madame, répondit sèchement la reine, vous parlez ainsi parce que vous ne connaissez pas mon cœur. Je vous ai aimés à Versailles, je vous aimerai de même à Paris.

Ce n'était pas beaucoup promettre.

Aussi, un autre orateur reprit :

— Oui, oui, vous nous aimiez à Versailles ! C'était donc par amour que, le 14 juillet, vous vouliez assiéger la ville et la faire bombarder? c'était donc par amour que, le 6 octobre, vous vouliez vous enfuir aux frontières, sous le prétexte d'aller, au milieu de la nuit, à Trianon?

— C'est-à-dire, reprit la reine, que l'on vous a rapporté cela, et que vous l'avez cru : voilà ce qui fait à la fois le malheur du peuple et celui du roi !

Et, cependant, pauvre femme! ou plutôt pauvre reine! au milieu des résistances de son orgueil et des déchirements de son cœur, elle trouva une heureuse inspiration.

Une de ces femmes, Alsacienne de naissance, lui adressa la parole en allemand.

— Madame, lui répondit la reine, je suis devenue tellement Française, que j'ai oublié ma langue maternelle!

C'était charmant à dire; malheureusement, ce fut mal dit.

Les dames de la halle pouvaient s'éloigner en criant à plein cœur : « Vive la reine! »

Elles s'éloignèrent en criant du bout des lèvres et en grognant entre leurs dents.

Le soir, étant réunis, le roi et madame Élisabeth, sans doute pour se consoler, pour se raffermir l'un l'autre, se rappelaient tout ce qu'ils avaient trouvé de bon et de consolant dans ce peuple. La reine ne trouva qu'un fait à ajouter à tout cela, c'était un mot du dauphin, qu'elle répéta plusieurs fois, ce jour-là et les jours suivants.

Au bruit qu'avaient fait les dames de la halle, en entrant dans les appartements, le pauvre petit était accouru près de sa mère, et s'était serré contre elle en s'écriant :

— Bon Dieu! Maman, est-ce qu'aujourd'hui est encore hier?...

Le petit dauphin était là; il entendit ce que sa mère disait de lui, et, fier comme tous les enfants qui voient qu'on s'occupe d'eux, il s'approcha du roi, et le regarda d'un air pensif.

— Que veux-tu, Louis? demanda le roi.

— Je voudrais, répondit le dauphin, vous demander quelque chose de très sérieux, mon père.

— Eh bien, dit le roi en l'attirant entre ses

jambes, que veux-tu me demander ? Voyons, parle !

— Je désirerais savoir, continua l'enfant, pourquoi votre peuple, qui vous aimait tant, s'est tout à coup fâché contre vous, et ce que vous avez fait pour le mettre si fort en colère.

— Louis ! murmura la reine avec l'accent du reproche.

— Laissez-moi lui répondre, dit le roi.

Madame Élisabeth souriait à l'enfant.

Louis XVI prit son fils sur ses genoux, et, mettant la politique du jour à portée de l'intelligence de l'enfant :

— Mon fils, lui dit-il, j'ai voulu rendre le peuple encore plus heureux qu'il ne l'était. J'ai eu besoin d'argent pour payer les dépenses occasionnées par les guerres ; j'en ai demandé à mon peuple, comme l'ont toujours fait les rois mes prédécesseurs. Des magistrats qui composent mon parlement s'y sont opposés, et ont dit que mon peuple seul avait le droit de voter cet argent. J'ai assemblé, à Versailles, les premiers de chaque ville par leur naissance, leur fortune et leurs talents ; — c'est là ce qu'on appelle les *états généraux*. Quand ils ont été assemblés, ils m'ont demandé des choses que je ne puis faire, ni pour moi ni pour vous, qui serez mon successeur. Il s'est trouvé des méchants qui ont soulevé le peuple, et les excès où il s'est porté, les jours derniers, sont leur ouvrage !... Mon fils, il ne faut pas en vouloir au peuple !

A cette dernière recommandation, Marie-Antoinette serra les lèvres ; il était évident que, chargée de l'éducation du dauphin, ce n'était point vers l'oubli des injures qu'elle eût dirigé cette éducation.

Le lendemain, la ville de Paris et la garde nationale envoyèrent prier la reine de paraître au spectacle, et de constater ainsi, par sa présence et par celle du roi, qu'ils résidaient avec plaisir dans la capitale.

La reine répondit qu'elle aurait grand plaisir à se rendre à l'invitation de la ville de Paris, mais qu'il lui fallait le temps de perdre le souvenir des journées qui venaient de se passer. Le peuple avait déjà oublié ; il fut étonné qu'on ne s'en souvînt.

Lorsqu'elle apprit que son ennemi, le duc d'Orléans, était éloigné de Paris, elle eut un moment de joie ; mais elle ne sut point gré à la Fayette de cet éloignement ; elle crut que c'était une affaire personnelle entre le prince et le général.

Elle le crut ou fit semblant de le croire, ne voulant rien devoir à la Fayette.

Véritable princesse de la maison de Lorraine, pour la rancune et la hauteur, elle voulait vaincre et se venger.

« Les reines ne peuvent pas se noyer, » avait dit madame Henriette d'Angleterre au milieu d'une tempête, et elle était de l'avis de madame Henriette d'Angleterre.

D'ailleurs, Marie-Thérèse n'avait-elle pas été plus près de mourir qu'elle, quand elle avait pris son enfant entre ses bras et l'avait montré à ses fidèles Hongrois ?

Ce souvenir héroïque de la mère influa sur la fille ; ce fut un tort, — le tort terrible de ceux qui comparent les situations sans les juger !

Marie-Thérèse avait pour elle le peuple ; Marie-Antoinette l'avait contre elle.

Et puis elle était femme avant tout, et peut-être, hélas ! eût-elle mieux jugé la situation si son cœur eût été plus en paix ; peut-être eût-elle un peu moins haï le peuple si Charny l'eût aimée davantage !

Voilà donc ce qui se passait aux Tuileries, pendant ces quelques jours où la Révolution faisait halte, où les passions exaltées se refroidissaient, et où, comme pendant une trêve, amis et ennemis se reconnaissaient, pour recommencer, à la première déclaration d'hostilité, un nouveau combat plus acharné, une nouvelle bataille plus meurtrière.

Ce combat est d'autant plus probable, cette bataille est d'autant plus instante que nous avons mis nos lecteurs non seulement au courant de ce qui peut se voir à la surface de la société, mais encore de tout ce qui se trame dans ses profondeurs.

XVII

LE PORTRAIT DE CHARLES Ier

Pendant ces quelques jours qui s'étaient écoulés, et où les nouveaux hôtes des Tuileries s'y étaient établis et y avaient pris leurs habitudes, Gilbert, n'ayant point été appelé près du roi, n'avait pas jugé à propos de s'y rendre ; mais, enfin, son jour de visite venu, il crut que son devoir lui serait une excuse qu'il n'avait point osé emprunter à son dévouement.

C'était le même service d'antichambre qui avait suivi le roi de Versailles à Paris ; Gilbert était donc connu aux antichambres des Tuileries comme à celles de Versailles.

D'ailleurs, le roi, pour n'avoir pas eu recours au docteur, ne l'avait point oublié ; Louis XVI avait l'esprit trop juste pour ne pas facilement reconnaître ses amis de ses ennemis.

Et Louis XVI sentait bien, jusqu'au plus profond de son cœur, quelles que fussent les préventions de la reine contre Gilbert, que Gilbert était, non pas peut-être l'ami du roi, mais, ce qui valait tout autant, l'ami de la royauté.

Il s'était donc rappelé que c'était le jour de service de Gilbert, et il avait donné son nom pour, qu'aussitôt son apparition, Gilbert fût introduit près de lui.

Il en résulta qu'à peine celui-ci eut-il franchi le seuil de la porte, le valet de chambre de service se leva, alla au-devant de lui, et l'introduisit dans la chambre à coucher du roi.

Le roi se promenait de long en large, si préoccupé, qu'il ne fit point attention à l'entrée du docteur, qu'il n'entendit point l'annonce qui le précédait.

Gilbert s'arrêta sur la porte, immobile et silencieux, attendant que le roi remarquât sa présence et lui adressât la parole.

L'objet qui préoccupait le roi, — et il était facile de le voir, car, de temps en temps, il s'arrêtait pensif devant lui, — c'était un grand portrait en pied de Charles Ier peint par Van Dyck, le même qui est aujourd'hui au palais du Louvre, et qu'un Anglais a proposé de couvrir de pièces d'or si l'on consentait à le lui vendre.

Vous le connaissez, ce portrait, n'est-ce pas, sinon par la toile, du moins par la gravure?

Charles Ier à pied, sous quelques-uns de ces arbres grêles et rares comme ceux qui poussent sur les plages. Un page tient son cheval tout caparaçonné ; la mer fait l'horizon.

La tête du roi est tout empreinte de mélancolie. A quoi pense ce Stuart, qui a eu pour prédécesseur la belle et infortunée Marie, et qui aura pour successeur Jacques II?

Ou plutôt, à quoi pensait le peintre, cet homme de génie, qui en avait assez pour douer la physionomie du roi du superflu de sa pensée?

A quoi pensait-il, en le peignant d'avance comme aux derniers jours de sa fuite, en simple *cavalier*, prêt à se remettre en campagne contre les têtes rondes?

A quoi pensait-il en le peignant ainsi, acculé à la mer orageuse du Nord avec son cheval à ses côtés, tout prêt pour l'attaque, mais aussi tout prêt pour la fuite?

Est-ce que, si l'on retournait ce tableau, où Van Dyck a mis cette profonde teinte de tristesse, est-ce que, sur l'envers de cette toile, on ne trouverait pas quelque ébauche de l'échafaud de White-Hall?

Il fallait que cette voix de la toile parlât bien haut pour s'être fait entendre à la nature toute matérielle de Louis XVI, dont, pareil à un nuage qui passe et qui jette son reflet sombre sur les prés verts et sur les moissons dorées, elle avait rembruni le front.

Trois fois il interrompit sa promenade pour s'arrêter devant ce portrait, et trois fois, avec un soupir, il reprit cette promenade, qui semblait toujours et fatalement aboutir en face de ce tableau.

Enfin Gilbert comprit qu'il y a des circonstances où un spectateur est moins indiscret en annonçant sa présence qu'en restant muet.

Il fit un mouvement. Louis XVI tressaillit et se retourna.

— Ah! c'est vous, docteur, dit-il. Venez, venez, je suis heureux de vous voir.

Gilbert s'approcha en s'inclinant.

— Depuis combien de temps êtes-vous là, docteur?

— Depuis quelques minutes, Sire.

— Ah! fit le roi redevenant pensif.

Puis, après une pause, conduisant Gilbert devant le chef-d'œuvre de Van Dyck :

— Docteur, demanda-t-il, connaissez-vous ce portrait?

— Oui, Sire.

— Où donc l'avez-vous vu?

— Enfant, chez madame du Barry; mais, tout enfant que j'étais à cette époque, il m'avait profondément frappé.

— Oui, chez madame du Barry, c'est bien cela, murmura Louis XVI.

Puis, après une nouvelle pause de quelques secondes :

— Connaissez-vous l'histoire de ce portrait, docteur? demanda-t-il.

— Sa Majesté parle-t-elle de l'histoire du roi qu'il représente, ou de l'histoire du portrait lui-même?

— Je parle de l'histoire du portrait.

— Non, Sire; je sais seulement qu'il a été peint à Londres, vers 1645 ou 1646, voilà tout ce que je puis dire ; mais j'ignore comment il a passé en France, et comment il se trouve, à cette heure, dans la chambre de Votre Majesté.

— Comment il a passé en France, je vais vous le dire; comment il se trouve dans ma chambre, je l'ignore moi-même.

Gilbert regarda Louis XVI avec étonnement.

— Comment il se trouve en France, répéta Louis XVI, le voici : je ne vous apprendrai rien de nouveau sur le fond, mais beaucoup sur les détails ; vous comprendrez, alors, pourquoi je m'arrêtais devant ce portrait, à quoi je pensais en m'y arrêtant.

Gilbert s'inclina, enseigne qu'il écoutait attentivement.

— Il y eut, — voilà trente ans de cela à peu près, — dit Louis XVI, un ministre fatal à la France, et à moi surtout, ajouta-t-il en soupirant au souvenir de la mémoire de son père, qu'il avait toujours cru empoisonné par l'Autriche : c'est le ministre de M. de Choiseul. Ce ministère, on résolut de le remplacer par le ministère d'Aiguillon et Maupeou, en brisant du même coup les parlements. Mais briser les parlements, c'était une action qui épouvantait fort mon aïeul le roi Louis XV. Pour briser les parlements, il lui fallait une volonté qu'il avait perdue. Avec les débris de ce vieil homme, il fallait refaire un homme nouveau, et, pour refaire de ce vieil homme un homme nouveau, il n'y avait qu'un moyen : c'était de fermer ce honteux harem qui, sous le nom de Parc-aux-Cerfs, a coûté tant d'argent à la France et tant de popularité à la monarchie ; il fallait, au lieu de ce monde de jeunes filles où s'épuisaient les restes de sa virilité, donner à Louis XV une seule maîtresse qui lui tînt lieu de toutes, qui n'eût pas assez d'influence pour lui faire suivre une ligne politique, mais qui eût assez de mémoire pour lui répéter à chaque instant une leçon bien apprise. Le vieux maréchal de Richelieu savait où chercher une femme de cette sorte ; il la chercha où elles se trouvent, et il l'a trouva. Vous l'avez connue, docteur, car, tout à l'heure, vous m'avez dit avoir vu ce portrait chez elle.

Gilbert s'inclina.

— Nous ne l'aimions pas, la reine ni moi, cette femme ! la reine, moins que moi peut-être, car la reine, Autrichienne, instruite par Marie-Thérèse à cette grande politique européenne dont l'Autriche serait le centre, voyait, dans l'avènement de M. d'Aiguillon, la chute de son ami M. de Choiseul ; nous ne l'aimions pas, dis-je, et, cependant, je dois lui rendre cette justice, qu'en détruisant ce qui était, elle agissait selon mes désirs particuliers, et, je le dirai en conscience, selon le bien général. C'était une habile comédienne ! elle joua son rôle à merveille : elle surprit Louis XV par une familière audace inconnue jusque-là à la royauté ; elle l'amusa en le raillant, elle le fit homme en lui faisant croire qu'il l'était...

Le roi s'arrêta tout à coup, comme s'il se reprochait cette imprudence de parler ainsi de son aïeul devant un étranger ; mais, en jetant un regard sur la figure franche et ouverte de Gilbert, il vit qu'à cet homme, qui savait si bien tout comprendre, il pouvait tout dire.

Gilbert devina ce qui passait dans l'esprit du roi, et, sans impatience, sans interrogation même, ouvrant son œil tout entier à l'œil scrutateur de Louis XVI, il attendit.

— Ce que je vous dis, Monsieur, reprit Louis XVI avec une certaine noblesse de geste et de tête qui ne lui était pas habituelle, je ne devrais peut-être pas vous le dire, car c'est ma pensée intime, et un roi ne doit laisser voir le fond de son cœur qu'à ceux au fond du cœur desquels il peut lire. Me rendrez-vous la pareille, monsieur Gilbert ? et, si le roi de France vous dit toujours tout ce qu'il pense, lui direz-vous toujours, vous-même, tout ce que vous pensez ?

— Sire, répondit Gilbert, je vous jure que, si Votre Majesté me fait cet honneur, je lui rendrai, moi, ce service ; le médecin a charge de corps, comme le prêtre a charge d'âmes ; mais, muet et impénétrable pour les autres, je regarderais comme un crime de ne pas dire la vérité au roi, qui me fait l'honneur de me la demander.

— Ainsi, monsieur Gilbert, jamais une indiscrétion ?

— Sire, vous me diriez à moi-même que, dans un quart d'heure, et par votre ordre, je vais être mis à mort, que je ne me croirais pas le droit de fuir, si vous n'ajoutiez : « Fuyez ! »

— Vous faites bien de me dire cela, monsieur Gilbert. Avec mes meilleurs amis, avec la reine elle-même, souvent je ne parle que tout bas ; avec vous, je penserai tout haut.

Il continua :

— Eh bien ! cette femme, qui savait que l'on ne pouvait guère compter, avec Louis XV, que sur des velléités royales, ne le quittait guère, afin de mettre à profit les moindres de ces velléités. Au conseil, elle le suivait et se penchait sur son fauteuil ; devant le chancelier, devant ces graves personnages, devant ces vieux magistrats, elle se couchait à ses pieds, minaudant comme un singe, bavardant comme une perruche, lui soufflant enfin la royauté nuit et jour. Mais ce n'était point encore assez, et l'étrange Égérie y eût peut-être perdu son temps si, à ces paroles insaisissables, M. de Richelieu n'eût eu l'idée d'ajouter un corps, qui rendît matérielle la leçon qu'elle répétait. Sous le prétexte que le page que l'on voit dans ce tableau se nommait Barry, on acheta ce tableau pour elle, comme si c'était un tableau de famille. Ce visage mélancolique, qui devine le 30 janvier 1649, placé dans le boudoir de cette fille, entendit ses éclats de rire effrontés, vit ses lascifs ébats; car voici ce à quoi il lui servait : tout en riant, elle prenait Louis XV par la tête, et, lui montrant Charles Ier : « Vois-tu, la France, disait-elle, voici un roi à qui on a coupé le cou, parce qu'il était faible pour son parlement; ménage donc encore le tien! » Louis XV cassa son parlement, et mourut tranquillement sur le trône. Alors nous exilâmes cette femme, pour laquelle peut-être nous eussions dû être plus indulgents. Le tableau resta dans les mansardes de Versailles, et jamais je ne songeai même à demander ce qu'il était devenu... Maintenant, comment se fait-il que je le trouve ici? qui a ordonné qu'il y fût apporté? pourquoi me suit-il, ou plutôt pourquoi me poursuit-il?

Et, après avoir secoué tristement la tête :

— Docteur, dit Louis XVI, n'y a-t-il point une fatalité là-dessous?

— Une fatalité, si ce portrait ne vous dit rien, Sire ; mais une providence, s'il vous parle.

— Comment voulez-vous qu'un pareil portrait ne parle pas à un roi dans ma situation, docteur?

— Après m'avoir permis de lui dire la vérité, Votre Majesté permet-elle que je l'interroge?

Louis XVI sembla hésiter un instant.

— Interrogez, docteur, dit-il.

— Que dit ce portrait à Votre Majesté, Sire?

— Il me dit que Charles Ier a perdu la tête pour avoir fait la guerre à son peuple, et que Jacques II a perdu le trône pour avoir délaissé le sien.

— En ce cas, ce portrait est comme moi, Sire : il dit la vérité.

— Eh bien? demanda le roi sollicitant Gilbert du regard.

— Eh bien, puisque le roi m'a permis de l'interroger, je lui demanderai ce qu'il répond à ce portrait, qui lui parle si loyalement.

— Monsieur Gilbert, dit le roi, je vous donne ma foi de gentilhomme que je n'ai encore rien résolu ; je prendrai conseil des circonstances.

— Le peuple a peur que le roi ne songe à lui faire la guerre.

Louis XVI secoua la tête.

— Non, Monsieur, non, dit-il, je ne puis faire la guerre à mon peuple qu'avec l'appui de l'étranger, et je connais trop bien l'état de l'Europe pour m'y fier. Le roi de Prusse m'offre d'entrer en France avec cent mille hommes ;

mais je sais l'esprit intrigant et ambitieux de cette petite monarchie, qui tend à devenir un grand royaume, qui pousse partout au trouble, espérant que, dans ce trouble, elle aura quelque Silésie nouvelle à accaparer. L'Autriche, de son côté, met cent autres mille hommes à ma disposition, mais je n'aime pas mon beau-frère Léopold, Janus à deux faces, dévot philosophe, dont la mère, Marie-Thérèse, a fait empoisonner mon père. Mon frère d'Artois me propose l'appui de la Sardaigne et de l'Espagne ; mais je ne me fie pas à ces deux puissances, conduites par mon frère d'Artois ; il a près de lui M. de Calonne, c'est-à-dire le plus cruel ennemi de la reine, celui-là même qui a annoté — j'ai vu le manuscrit — le pamphlet de madame Lamotte contre nous dans cette vilaine affaire du collier. Je sais tout ce qui se passe là-bas. Dans l'avant-dernier conseil, il a été question de me déposer et de nommer un régent qui serait probablement mon autre très cher frère, M. le comte de Provence ; dans le dernier, M. de Condé, mon cousin, a proposé d'entrer en France, et de marcher sur Lyon, *quoi qu'il pût arriver au roi!*... Quant à la grande Catherine, c'est autre chose : elle se borne aux conseils, elle ; — vous concevez bien qu'elle est à table, occupée à dévorer la Pologne, et qu'elle ne peut pas se lever avant d'avoir fini son repas ; — elle me donne un conseil qui vise au sublime, et qui n'est que ridicule, surtout après ce qui s'est passé ces jours derniers. « Les rois, dit-elle, doivent suivre leur marche sans s'inquiéter des cris du peuple, comme la lune suit son cours sans s'inquiéter des aboiements des chiens. » Il paraît que les chiens russes se contentent d'aboyer ; qu'elle envoie demander à Deshuttes et à Varicourt si les nôtres ne mordent pas.

— Le peuple a peur que le roi ne songe à fuir, à quitter la France...

Le roi hésita à répondre.

— Sire, continua Gilbert en souriant, on a toujours tort de prendre au pied de la lettre une permission donnée par un roi. Je vois que je suis indiscret, et, dans mon interrogation, je mets purement et simplement l'expression d'une crainte.

Le roi posa sa main sur l'épaule de Gilbert.

— Monsieur, dit-il, je vous ai promis la vérité, je vous la dirai tout entière. Oui, il a été question de cela ; oui, la chose m'a été proposée ; oui, c'est l'avis de loyaux serviteurs qui m'entourent que je dois fuir. Mais, dans la nuit du 6 octobre, au moment où, pleurant dans mes bras, et serrant ses deux enfants dans les siens,

Et la preuve, tenez, mon ami, c'est que je pleure encore. (Page 95.)

la reine attendait comme moi la mort, elle m'a fait jurer que je ne fuirais jamais seul, que nous partirions tous ensemble, afin d'être sauvés ou de mourir ensemble. J'ai juré, Monsieur, et je tiendrai ma parole. Or, comme je ne crois pas possible que nous fuyions tous ensemble sans être arrêtés dix fois avant d'arriver à la frontière, nous ne fuirons pas.

— Sire, dit Gilbert, vous me voyez en admiration devant la justesse d'esprit de Votre Majesté. Oh! pourquoi toute la France ne peut-elle pas vous entendre comme je vous ai entendu à cet instant même? Combien s'adouciraient les haines qui poursuivent Votre Majesté! combien s'affaibliraient les dangers qui l'entourent!

— Des haines! dit le roi; croyez-vous donc que mon peuple me haïsse? Des dangers! en ne prenant pas trop au sérieux les sombres pensées que m'a inspirées ce portrait, je vous dirai que je crois les plus grands passés.

Gilbert regarda le roi avec un profond sentiment de mélancolie.

— N'est-ce donc pas votre avis, monsieur Gilbert? demanda Louis XVI.

— Mon avis, Sire, est que Votre Majesté vient d'entrer seulement en lutte, et que le 14 juillet et le 6 octobre ne sont que les deux premiers actes du drame terrible que la France va jouer à la face des nations.

Louis XVI pâlit légèrement.

— J'espère que vous vous trompez, Monsieur, dit-il.

— Je ne me trompe pas, Sire.

— Comment pouvez-vous, sur ce point, en savoir plus que moi, qui ai à la fois ma police et ma contre-police.

— Sire, je n'ai, il est vrai, ni police ni contre-police ; mais, par ma position, je suis l'intermédiaire naturel entre ce qui touche le ciel et ce qui se cache encore dans les entrailles de la terre. Sire, Sire, ce que nous avons éprouvé n'est encore que le tremblement de terre ; il nous reste à combattre le feu, la cendre et la lave du volcan.

— Vous avez dit *à combattre*, Monsieur ; n'auriez-vous pas parlé plus juste en disant *à fuir?*

— J'ai dit à combattre, Sire.

— Vous connaissez mon opinion à l'égard de l'étranger. Je ne l'appellerai jamais en France, à moins, je ne dirai pas que ma vie, — que m'importe ma vie, à moi ! j'en ai fait le sacrifice ! — à moins que la vie de ma femme et de mes enfants ne coure un réel danger.

— Je voudrais me prosterner à vos pieds, Sire, pour vous remercier de pareils sentiments. Non, Sire, il n'est pas besoin de l'étranger. A quoi bon l'étranger, tant que vous n'aurez pas épuisé vos propres ressources? Vous craignez d'être dépassé par la Révolution, n'est-ce pas, Sire?

— Je l'avoue.

— Eh bien, il y a deux moyens de sauver à la fois le roi et la France.

— Dites-les, Monsieur, et vous aurez bien mérité de tous les deux.

— Le premier, Sire, c'est de vous placer à la tête de la Révolution et de la diriger.

— Ils m'entraîneront avec eux, monsieur Gilbert, et je ne veux pas aller où ils vont.

— Le second est de lui mettre un mors assez solide pour la dompter.

— Comment s'appellera ce mors, Monsieur?

— La popularité et le génie.

— Et quel sera le forgeron?

— Mirabeau !

Louis XVI regarda Gilbert en face, comme s'il avait mal entendu.

XVIII

MIRABEAU

Gilbert vit que c'était une lutte à soutenir, mais il était préparé.

— Mirabeau, répéta-t-il, oui, Sire, Mirabeau !

Le roi se tourna vers le portrait de Charles Ier.

— Qu'eusses-tu répondu, Charles Stuart, demanda-t-il à la poétique toile de Van Dyck, si, au moment où tu sentais trembler la terre sous tes pieds, on t'eût proposé de t'appuyer sur Cromwell?

— Charles Stuart eût refusé et eût bien fait, dit Gilbert, car il n'y a aucune ressemblance entre Cromwell et Mirabeau.

— Je ne sais comment vous envisagez les choses, docteur, dit le roi. Mais, pour moi, il n'y a pas de degré dans la trahison : un traître est un traître, et je ne sais pas faire de différence entre qui l'est un peu et qui l'est beaucoup.

— Sire, dit Gilbert avec un profond respect, mais, en même temps, avec une invincible fermeté, ni Cromwell ni Mirabeau ne sont des traîtres !

— Et que sont-ils donc? s'écria le roi.

— Cromwell est un sujet rebelle, et Mirabeau un gentilhomme mécontent.

— Mécontent de quoi?

— De tout... de son père, qui l'a fait enfermer au château d'If et au donjon de Vincennes ; des tribunaux, qui l'ont condamné à mort ; du roi, qui a méconnu son génie, et qui le méconnaît encore.

— Le génie de l'homme politique, monsieur Gilbert, dit vivement le roi, c'est l'honnêteté.

— La réponse est belle, Sire, digne de Titus, de Trajan ou de Marc-Aurèle : malheureusement l'expérience est là, qui lui donne tort.

— Comment cela?

— Était-ce un honnête homme qu'Auguste, qui partageait le monde avec Lépide et Antoine, et qui exilait Lépide et tuait Antoine, pour avoir le monde à lui tout seul? Était-ce un honnête homme que Charlemagne, qui envoyait son frère Carloman mourir dans un cloître, et qui, pour en finir avec son ennemi Witikind, presque aussi grand homme que lui, faisait couper toutes les têtes de Saxons qui dépassaient la hauteur de son épée? Était-ce un honnête homme que Louis XI, qui se révoltait contre son père pour le détrôner, et qui, quoiqu'il échouât, inspirait au pauvre Charles VII une telle terreur, que, de peur d'être empoisonné, il se laissait mourir de faim? Était-ce un honnête homme que Richelieu, qui faisait, dans les alcôves du Louvre et dans les escaliers du Palais-Cardinal, des conspirations qu'il dénouait sur la place de Grève? Était-ce un honnête homme que Mazarin, qui signait un pacte avec le protecteur, et qui, non seulement refusait un demi-million et cinq cents hommes à Charles II, mais encore le chassait de France? Était-ce un honnête homme que Colbert, qui trahissait, accusait, renversait Fouquet son protecteur, et qui, tandis qu'on jetait celui-ci vivant dans un cachot d'où il ne devait sortir que cadavre, s'asseyait impudemment et superbement dans son fauteuil chaud encore? Et, cependant, ni les uns ni les autres, Dieu merci, n'ont fait de tort aux rois ni à la royauté!

— Mais, monsieur Gilbert, vous savez bien que M. de Mirabeau ne peut être à moi, puisqu'il est à M. le duc d'Orléans.

— Eh! Sire, puisque M. le duc d'Orléans est exilé, M. de Mirabeau n'est plus à personne.

— Comment voulez-vous que je me fie à un homme à vendre?

— En l'achetant... Ne pouvez-vous pas lui donner plus que qui que ce soit au monde?

— Un insatiable qui demandera un million!

— Si Mirabeau se vend pour un million, Sire, il se donnera. Croyez-vous qu'il vaille deux millions de moins qu'un ou qu'une Polignac?

— Monsieur Gilbert!

— Le roi me retire la parole, dit Gilbert en s'inclinant, je me tais.

— Non, au contraire, parlez!

— J'ai parlé, Sire!

— Alors, discutons.

— Je ne demande pas mieux. Je sais mon Mirabeau par cœur, Sire.

— Vous êtes son ami!

— Je n'ai malheureusement point cet honneur-là; d'ailleurs, M. de Mirabeau n'a qu'un ami, qui est en même temps celui de la reine.

— Oui, M. le comte de la Marck, je sais cela; nous le lui reprochons assez tous les jours.

— Votre Majesté, au contraire, devrait lui défendre, sous peine de mort, de jamais se brouiller avec lui.

— Et de quelle importance voulez-vous, Monsieur, que soit, dans le poids des affaires publiques, un gentillâtre comme M. Riquetti de Mirabeau?

— D'abord, Sire, permettez-moi de vous dire que M. de Mirabeau est un gentilhomme et non pas un gentillâtre. Il y a peu de gentilshommes en France qui datent du xi° siècle, puisque, pour en avoir encore quelques-uns autour d'eux nos rois ont eu l'indulgence de n'exiger, de ceux à qui ils accordent l'honneur de monter dans leur carrosse que des preuves de 1399. Non, Sire, on n'est pas un gentillâtre, quand on descend des Arrighitti de Florence; qu'on est venu, à la suite d'une défaite du parti gibelin, s'établir en Provence. On n'est pas un gentillâtre, parce qu'on a eu un aïeul commerçant à Marseille, — car vous savez, Sire, que la noblesse de Marseille, comme celle de Venise, a le privilège de ne point déroger en faisant du commerce...

— Un débauché, interrompit le roi, un bourreau de réputation, un gouffre d'argent!

— Ah! Sire, il faut prendre les hommes comme la nature les a faits; les Mirabeau ont toujours été orageux et désordonnés dans leur jeunesse; mais ils mûrissent en vieillissant. Jeunes gens, ils sont malheureusement tels que le dit Votre Majesté; devenus chefs de famille, ils sont impérieux, hautains, mais austères. Le roi qui les méconnaîtrait serait ingrat, car ils ont fourni à l'armée de terre d'intrépides soldats, à l'armée de mer des marins audacieux. Je sais bien que, dans leur esprit provincial haineux de toute centralisation, je sais bien que, dans leur opposition semi-féodale et semi-républicaine, ils bravaient du haut de leurs donjons l'autorité des ministres, parfois même celle des rois; je sais bien qu'ils ont plus d'une fois jeté dans la Durance des agents du fisc qui voulaient opérer sur leurs terres; je sais bien qu'ils confondaient dans un même dédain, qu'ils couvraient d'un mépris égal les courtisans et les commis, les fermiers généraux et les lettrés, n'estimant que deux choses au monde : le fer de l'épée et le fer de la charrue; je sais bien que l'un d'eux a écrit que « le valetage est d'instinct aux gens de cour à visage et à cœur de plâtre, comme le barbottage aux canards ». Mais tout cela, Sire, ne sent pas le moins du monde son gentillâtre; tout cela, au contraire, n'est peut-être pas de la plus honnête morale, mais est, à coup sûr, de la plus haute gentilhommerie.

— Allons, allons, monsieur Gilbert, dit avec une espèce de dépit le roi, qui croyait mieux connaître que personne les hommes considérables de son royaume, allons, vous l'avez dit, vous savez vos Mirabeau par cœur. Pour moi, qui ne les sais pas, continuez. Avant de se servir des gens, on aime à les apprendre.

— Oui, Sire, reprit Gilbert, aiguillonné par l'espèce d'ironie qu'il découvrait dans l'intonation avec laquelle le roi lui parlait, et je dirai à Votre Majesté : C'était un Mirabeau, ce Bruno de Riquetti, qui, le jour où M. de la Feuillade inaugurait, sur la place de la Victoire, sa statue de la Victoire avec ses quatre nations enchaînées, passant avec son régiment, — le régiment des gardes, Sire, — sur le Pont-Neuf, s'arrêta et fit arrêter son régiment devant la statue de Henri IV, et dit en ôtant son chapeau : « Mes amis, saluons celui-ci, car celui-ci en vaut un autre! » C'était un Mirabeau, ce François de Riquetti qui, à l'âge de dix-sept ans, revient de Malte, trouve sa mère Anne de Pontèves en deuil, et lui demande pourquoi ce deuil, puisque, depuis dix ans, son père est mort. « Parce que j'ai été insultée, répond la mère. — Par qui, Madame? — Par le chevalier de Griasque. — Et vous ne vous êtes pas vengée? demande François, qui connaissait sa mère. — J'en ai eu bonne envie! Un jour, je l'ai trouvé seul; je lui ai appliqué un pistolet chargé contre la tempe, et je lui ai dit : Si j'étais seule, je te brûlerais la cervelle, comme tu vois que je puis le faire; mais j'ai un fils qui me vengera plus honorablement! — Vous avez bien fait, ma mère, répond le jeune homme. Et, sans se débotter, il reprend son chapeau, receint son épée, va trouver le chevalier de Griasque, un spadassin, un bretailleur, le provoque, s'enferme avec lui dans un jardin, jette les clefs par-dessus les murs, et le tue. C'était un Mirabeau, ce marquis Jean-Antoine, qui avait six pieds, la beauté d'Antinoüs, la force de Milon, à qui cependant sa grand'mère disait, dans son patois provençal : « Vous n'êtes plus des hommes, vous êtes des diminutifs d'hommes, » et qui, élevé par cette virago, avait, comme l'a dit depuis son petit-fils, le ressort et l'appétit de l'impossible; qui, mousquetaire à dix-huit ans, toujours au feu, aimant le danger avec passion, comme d'autres aiment le plaisir, commandait une légion d'hommes terribles, acharnés, indomptables comme lui, si bien que les autres soldats disaient en les voyant passer : « Vois-tu ces parements rouges? Ce sont les *Mirainbaux*, c'est-à-dire une légion de diables commandés par Satan. » Et ils se trompaient sur le commandant en l'appelant Satan, car c'était un homme fort pieux, si pieux, qu'un jour, le feu ayant pris dans un de ses bois, au lieu de donner des ordres pour qu'on essayât de l'éteindre par les moyens ordinaires, il y fit porter le saint sacrement, et le feu s'éteignit. Il est vrai que cette piété était celle d'un vrai baron féodal, et que le capitaine trouvait parfois moyen de tirer le dévot d'un grand embarras, comme il lui arriva, un jour que des déserteurs qu'il voulait faire fusiller s'étaient réfugiés dans l'église d'un couvent italien. Il ordonna à ses hommes d'enfoncer les portes; et ils allaient obéir, quand les portes s'ouvrent d'elles-mêmes, et quand l'abbé apparut sur le seuil, *in pontificalibus*, le saint sacrement entre les mains...

— Eh bien? demanda Louis XVI, évidemment captivé par ce récit plein de verve et de couleur.

— Eh bien, il demeura un instant pensif, car la position était embarrassante. Puis, illuminé d'une idée subite : « Dauphin, dit-il à son guidon, qu'on appelle l'aumônier du régiment et qu'il vienne retirer le bon Dieu des mains de ce drôle-là. » Ce qui fut pieusement fait par l'aumônier du régiment, Sire, appuyé des mousquets de ces diables à parements rouges.

— En effet, dit Louis XVI, oui, je me rappelle ce marquis Antoine. N'était-ce pas lui qui disait au lieutenant général Chamillard, qui, après une affaire où il s'était distingué, promettait de parler de lui à Chamillard le ministre : « Monsieur, votre frère est bien heureux de vous avoir, car, sans vous, il serait l'homme le plus sot du royaume. »

— Oui, Sire; aussi fit-on une promotion de maréchaux de camp où le ministre Chamillard se garda bien de mettre le nom du marquis.

— Et comment finit ce héros, qui me paraît être le Condé de la race des Riquetti? demanda en riant le roi.

— Sire, qui a belle vie a belle mort, répondit gravement Gilbert. Chargé, à la bataille de Cassano, de défendre un pont attaqué par des impériaux, il avait, suivant son habitude, fait coucher ses soldats ventre à terre, et lui, géant, se tenait debout, s'offrant comme un point de mire au feu de l'ennemi. Il en résulta que les balles commencèrent à siffler autour de lui comme grêle, mais il ne bougeait pas plus qu'un poteau à indiquer le chemin. Une de ces balles lui cassa le bras droit d'abord; mais ce n'était rien que cela, vous comprenez, Sire. Il prit son mouchoir, mit son bras droit en écharpe, et saisit de sa main gauche une hache, son arme ordinaire, méprisant le sabre et l'épée comme portant de trop petits coups; mais à peine avait-il accompli cette manœuvre, qu'un second coup de feu, l'atteignant à la gorge, lui coupa la jugulaire et les nerfs du cou. Cette fois, c'était plus grave. Cependant, malgré l'horrible blessure, le colosse resta debout; puis, étouffé par le sang, il s'abattit sur le pont comme un arbre qu'on déracine. A cette vue, le régiment se découragea et s'enfuit; avec son chef, il venait de perdre son âme. Un vieux sergent, qui espère qu'il n'est pas tout à fait mort, lui jette, en passant, une marmite sur le visage, et, à la suite de son régiment, toute l'armée du prince Eugène, cavalerie et infanterie, lui passe sur le corps. La bataille finie, il s'agit d'enterrer les cadavres. Le magnifique habit du marquis fait qu'on le remarque. Un de ses soldats prisonniers le reconnaît. Le prince Eugène, voyant qu'il souffle ou plutôt qu'il râle encore, ordonne de le reporter au camp du duc de Vendôme. L'ordre est exécuté. On dépose le corps du marquis sous la tente du prince, où se trouve par hasard le fameux chirurgien Dumoulin.

« C'était un homme plein de fantaisies : il lui prend celle de rappeler ce cadavre à la vie ; la cure le tente d'autant plus qu'elle paraît impossible. Outre cette blessure qui, sauf l'épine dorsale et quelques lambeaux de chair, lui séparait à peu près la tête des épaules, tout son corps, sur lequel trois mille chevaux et six mille fantassins avaient passé, n'était qu'une plaie. Pendant trois jours, on doute s'il reprendra même connaissance. Au bout de trois jours, il ouvre un œil ; deux jours après, il remue un bras ; enfin il seconde l'acharnement de Dumoulin d'un acharnement égal, et, après trois mois, on voit reparaître le marquis Jean-Antoine avec un bras cassé, enveloppé d'une écharpe noire, vingt-sept blessures éparpillées sur tout son corps, cinq de plus que César, la tête soutenue par son collier d'argent. Sa première visite fut pour Versailles, où le conduisit M. le duc de Vendôme, et où il fut présenté au roi, qui lui demanda comment, ayant fait preuve d'un tel courage, il n'était pas encore maréchal de camp. « Sire, répondit le marquis Antoine, si au lieu de rester à défendre le pont de Cassano, j'étais venu à la cour payer quelque coquine, j'aurais eu mon avancement et moins de blessures. » Ce n'était pas ainsi que Louis XIV aimait qu'on lui répondît ; aussi tourna-t-il les talons au marquis. « Jean-Antoine, mon ami, lui dit en sortant M. de Vendôme, désormais je te présenterai à l'ennemi, mais jamais au roi. » Quelques mois après, le marquis, avec ses vingt-sept blessures, son bras cassé et son collier d'argent, épousa mademoiselle de Castellane-Norante, à laquelle il fit sept enfants, entre sept nouvelles campagnes. Parfois, mais rarement, comme les vrais braves, il parlait de cette fameuse affaire de Cassano, et, quand il en parlait, il avait l'habitude de dire : « C'est la bataille où je fus tué. »

— Vous me dites bien, reprit Louis XVI, qui s'amusait visiblement à cette énumération des ancêtres de Mirabeau, vous me dites bien, mon cher docteur, comment le marquis Jean-Antoine *fut tué*, mais vous ne me dites pas comment il *est mort*.

— Il est mort dans le donjon de Mirabeau, âpre et dure retraite, située sur un roc escarpé, barrant une double gorge sans cesse battue du vent du nord ; il est mort avec cette écorce impérieuse et rude qui se fait sur la peau des Riquetti au fur et à mesure qu'ils vieillissent, élevant ses enfants dans la soumission et le respect, et les tenant à une telle distance, que l'aîné de ses fils disait : « Je n'ai jamais eu l'honneur de toucher ni de la main, ni des lèvres, la chair de cet homme respectable. » Cet aîné, Sire, c'était le père du Mirabeau actuel, oiseau hagard dont le nid fut fait entre quatre tourelles, qui n'avait jamais voulu *s'enversailler*, comme il dit, ce qui fait sans doute que Votre Majesté, ne le connaissant pas, ne lui rend pas justice.

— Si fait, Monsieur, dit le roi, si fait, je le connais. au contraire c'est un des chefs de l'école économiste. Il a eu sa part dans la révolution qui s'accomplit, en donnant le signal des réformes sociales, et en popularisant beaucoup d'erreurs et quelques vérités, ce qui est d'autant plus coupable de sa part qu'il prévoyait la situation actuelle, lui qui a dit : « Il n'est aujourd'hui ventre de femme qui ne porte un Arteveld ou un Masaniello. » Il ne se trompait pas, et le ventre de la sienne a porté pis que tout cela.

— Sire, s'il y a dans Mirabeau quelque chose qui répugne à Votre Majesté, ou qui l'effraye ; laissez-moi lui dire que c'est le despotisme personnel et le despotisme royal qui ont fait tout cela.

— Le despotisme royal ? s'écria Louis XVI.

— Sans doute, Sire ! sans le roi, le père ne pouvait rien ; car, enfin, quel crime si grave avait donc commis le descendant de cette grande race, pour qu'à quatorze ans, son père l'envoyât dans une école de correction où on l'inscrit, pour l'humilier, non pas sous le nom de Riquetti de Mirabeau, mais sous le nom de Buffières ? Qu'avait-il fait pour qu'à dix-huit ans son père obtînt une lettre de cachet contre lui et l'enfermât dans l'île de Ré ? Qu'avait-il fait pour qu'à vingt ans il l'envoyât, dans les rangs d'un bataillon disciplinaire, faire la guerre en Corse avec cette prédiction de son père : « Il s'embarquera le 16 avril prochain, sur la plaine que je sillonne toute seule ; Dieu veuille qu'il n'y rame pas un jour ! » Qu'avait-il fait pour qu'au bout d'un an de mariage son père l'exilât à Manosque ? Qu'avait-il fait pour qu'au bout de six mois d'exil à Manosque son père le fit transporter au fort de Joux? Qu'avait-il fait, enfin, pour être, après son évasion, arrêté à Amsterdam et enfermé dans le donjon de Vincennes, où, pour tout espace, — à lui qui étouffe dans le monde, — la clémence paternelle, réunie à la clémence royale, lui donne un cachot de dix pieds carrés, où cinq ans s'agite sa jeunesse, rugit sa passion, mais où en même temps s'agrandit son esprit et se fortifie son cœur?... Ce qu'il avait fait, je vais le dire à Votre Majesté. Il avait séduit son professeur Poisson, par sa facilité à tout apprendre et à tout comprendre; il avait mordu de travers à la science économique; il avait, ayant pris la carrière militaire, désir de la continuer; il avait, réduit à six milles livres de rente, lui, sa femme et un enfant, fait une trentaine de mille francs de dettes; il avait rompu son ban de Manosque pour venir bâtonner un insolent gentilhomme qui avait insulté sa sœur; il avait, enfin, — et c'est là son plus grand crime, Sire, — cédant aux séductions d'une jeune et jolie femme, enlevé cette femme à un vieux mari caduc, morose et jaloux.

— Oui, Monsieur, et pour l'abandonner ensuite, dit le roi, de sorte que la malheureuse madame de Monnier, restée seule avec son crime, se donna la mort.

Gilbert leva les yeux au ciel et poussa un soupir.

— Voyons, dites, qu'avez-vous à répondre à cela, Monsieur, et comment défendrez-vous votre Mirabeau?

— Par la vérité, Sire, par la vérité qui pénètre difficilement jusqu'aux rois, que vous qui la cherchez, qui la demandez, qui l'appelez, vous l'ignorez presque toujours. Non, madame de Monnier, Sire, n'est point morte de l'abandon de Mirabeau, car, en sortant de Vincennes, la première visite de Mirabeau est pour elle. Il entre, déguisé en colporteur, dans le couvent de Gien, où elle a été demander un asile; il trouve Sophie froide, contrainte. Une explication a lieu; Mirabeau s'aperçoit que, non seulement madame de Monnier ne l'aime plus, mais encore qu'elle en aime un autre : le chevalier de Raucourt. Cet autre, devenue libre par la mort de son mari, elle va l'épouser. Mirabeau est sorti trop tôt de prison; on comptait sur sa captivité, il faudra se contenter de tuer son honneur. Mirabeau cède la place à son heureux rival, Mirabeau se retire; madame de Monnier va épouser M. de Raucourt; M. de Raucourt meurt subitement! Elle avait mis, la pauvre créature, tout son cœur et toute sa vie dans ce dernier amour. Il y a un mois, le 9 septembre, elle s'enferme dans son cabinet, elle s'asphyxie. Alors les ennemis de Mirabeau de crier qu'elle meurt de l'abandon de son premier amant, quand elle meurt d'amour pour un second... Oh! l'histoire! l'histoire! voilà cependant comment on l'écrit.

— Ah! dit le roi, c'est donc pour cela qu'il a reçu cette nouvelle avec une si grande indifférence?

— Comment il l'a reçue, je puis encore dire cela à Votre Majesté, Sire, car je connais celui qui la lui a annoncée : c'est un des membres de l'Assemblée. Interrogez-le lui-même, il n'osera pas mentir, car c'est un prêtre, c'est le curé de Gien, l'abbé Vallet; il siège sur les bancs opposés à ceux ou siège Mirabeau. Il traversa la salle, et, au grand étonnement du comte, il vint s'asseoir près de lui. « Que diable faites-vous ici? » lui demanda Mirabeau. Sans répondre, l'abbé Vallet lui remit la lettre qui annonçait dans tous ses détails la fatale nouvelle. Il l'ouvrit et fut longtemps à la lire, car, sans doute, il ne pouvait pas y croire. Puis il la relut une seconde fois, et, pendant cette seconde lecture, son visage pâlissait, se décomposait de temps en temps; il passait ses mains sur son front, s'essuyant les yeux du même coup, toussant, crachant, essayant de redevenir maître de lui-même. Enfin il lui fallut céder. Il se leva, sortit précipitamment, et de trois jours ne parut pas à l'Assemblée... Oh! Sire, Sire, pardonnez-moi d'entrer dans tous ces détails; mais il suffit d'être un homme de génie ordinaire pour être calomnié en tous points et sur toute chose; à plus forte raison, quand un homme de génie est un géant!

— Pourquoi donc en est-il ainsi, docteur? et quel intérêt a-t-on près de moi à calomnier M. de Mirabeau?

— L'intérêt qu'on a, Sire? L'intérêt qu'a toute médiocrité à garder sa place près du trône. Mirabeau n'est point un de ces hommes qui puissent entrer dans le temple sans en chasser tous les vendeurs. Mirabeau près de vous, Sire, c'est la mort des petites intrigues; Mirabeau près de vous, c'est l'exil des petits intrigants, c'est le génie traçant le chemin à la probité. Et que vous importe, Sire, que Mirabeau ait mal vécu avec sa femme? Que vous importe que Mirabeau ait enlevé madame de Monnier? Que vous importe que Mirabeau ait un demi-million de dettes? Payez ce demi-million de dettes, Sire; ajoutez à ces cinq cent mille francs un million, deux millions, dix millions s'il le faut! Mirabeau est libre, ne laissez pas échapper Mirabeau; prenez-le, faites-en un conseiller, faites-en un ministre; écoutez ce que vous dira sa voix puissante, et, ce qu'elle vous aura dit, redites-le à votre peuple, à l'Europe, au monde!

— M. de Mirabeau, qui s'est fait marchand de drap à Aix pour être nommé par le peuple, M. de Mirabeau ne peut pas mentir à ses commettants en quittant le parti du peuple pour celui de la cour.

— Sire! Sire! je vous le répète, vous ne connaissez pas Mirabeau : Mirabeau est un aristocrate, un noble, un royaliste avant tout. Il s'est fait élire par le peuple, parce que la noblesse le dédaignait, parce qu'il y avait dans Mirabeau ce sublime besoin d'arriver au but par quelque moyen que ce soit qui tourmente les hommes de génie. Il n'eût été nommé ni par la noblesse ni par le peuple, qu'il fût entré au parlement comme Louis XIV, botté et éperonné, arguant du droit divin. Il ne quittera point le parti du peuple pour le parti de la cour, dites-vous? Eh! Sire, pourquoi y a-t-il un parti du peuple et un parti de la cour? pourquoi ces deux partis n'en font-ils pas un seul? Eh bien, c'est ce que Mirabeau fera, lui... Prenez Mirabeau, Sire! Demain, Mirabeau, rebuté par vos dédains, se tournera peut-être contre vous, et, alors, Sire, alors, — c'est moi qui vous le dis, et c'est ce tableau de Charles Ier qui vous le dira après moi comme il vous l'a dit avant moi, — alors tout sera perdu!

— Mirabeau se tournera contre moi, dites-vous? n'est-ce point déjà fait, Monsieur?

— Oui, en apparence, peut-être; mais, au fond, Mirabeau est à vous, Sire. Demandez au comte de la Marck ce qu'il a dit après cette fameuse séance du 21 juin, car Mirabeau seul lit dans l'avenir avec une effrayante sagacité.

— Eh bien, que dit-il?

— Il se tord les mains de douleur, Sire, et s'écrie : « C'est ainsi que l'on mène les rois à l'échafaud! » et, trois jours après, il ajoute : « Ces gens ne voient pas les abîmes qu'ils creusent sous les pas de la monarchie! Le roi et la reine y périront, et le peuple battra des mains sur leurs cadavres! »

Le roi frissonna, pâlit, regarda le portrait de Charles Ier, parut un instant prêt à se décider; mais, tout à coup :

— Je causerai de cela avec la reine, dit-il, peut-être se décidera-t-elle à parler à M. de Mirabeau; mais, moi, je ne lui parlerai pas. J'aime à pouvoir serrer les mains des gens à qui je parle, monsieur Gilbert, et je ne voudrais pas, au prix de mon trône, de ma liberté, de ma vie, serrer la main à M. de Mirabeau.

Gilbert allait répliquer; peut-être allait-il insister encore; mais, en ce moment, un huissier entra.

— Sire! dit-il, la personne que Votre Majesté doit recevoir ce matin est arrivée, et attend dans les antichambres.

Louis XVI fit un mouvement d'inquiétude en regardant Gilbert.

— Sire, dit celui-ci, si je ne dois pas voir la personne qui attend Votre Majesté, je passerai par une autre porte.

— Non, Monsieur, dit Louis XVI, passez par celle-ci; vous savez que je vous tiens pour mon ami, et que je n'ai point de secret pour vous : d'ailleurs, la personne que j'attends est un simple gentilhomme qui a autrefois été attaché à la maison de mon frère, et qui m'est recommandé par lui. C'est un fidèle serviteur, et je vais voir s'il est possible de faire quelque chose, sinon pour lui, du moins pour sa femme et ses enfants. — Allez, monsieur Gilbert, vous savez que vous serez toujours bienvenu à me venir voir, quand même vous viendriez pour me parler de M. Riquetti de Mirabeau.

— Sire, demanda Gilbert, dois-je donc me regarder comme complètement battu?

— Je vous ai dit, Monsieur, que j'en parlerais à la reine, que j'y réfléchirais; plus tard, nous verrons.

— Plus tard, Sire! d'ici à ce moment, je prierai Dieu qu'il soit encore assez tôt.

— Oh! oh! croyez-vous donc le péril si imminent?

— Sire, dit Gilbert, ne faites jamais enlever de votre chambre le portrait de Charles Stuart, c'est un bon conseiller.

Et, s'inclinant, il sortit juste au moment où la personne attendue par le roi se présentait à la porte pour entrer.

Gilbert ne put retenir un cri de surprise. — Ce gentilhomme était le marquis de Favras, que huit ou dix jours auparavant il avait rencontré chez Cagliostro et dont celui-ci avait annoncé la mort fatale et prochaine.

XIX

FAVRAS

Tandis que Gilbert s'éloignait, en proie à une terreur inconnue que lui inspirait, non pas le côté réel, mais le côté invisible et mystérieux des événements, le marquis de Favras était, comme nous l'avons dit dans le chapitre précédent, introduit près du roi Louis XVI.

Ainsi que l'avait fait le docteur Gilbert, il s'arrêta à la porte; mais le roi, l'ayant vu dès son entrée, lui fit signe d'approcher.

Favras s'avança et s'inclina, attendant respectueusement que le roi lui adressât la parole.

Louis XVI fixa sur lui ce regard investigateur qui semble faire partie de l'éducation des rois, et qui est plus ou moins superficiel, plus ou moins profond, selon le génie de celui qui l'emploie et qui l'applique.

Thomas Mahi, marquis de Favras, était un gentilhomme de haute mine, âgé de quarante-cinq ans, de tournure élégante et ferme à la fois, avec une physionomie franche et un visage ouvert.

L'examen lui fut favorable, et quelque chose comme un sourire passa sur les lèvres du roi, s'entr'ouvrant déjà pour l'interroger.

— Vous êtes le marquis de Favras, Monsieur? demanda le roi.

— Oui, Sire, répondit le marquis.

— Vous avez désiré m'être présenté?

— J'ai exprimé à Son Altesse Royale M. le comte de Provence mon vif désir de déposer mes hommages aux pieds du roi.

— Mon frère a grande confiance en vous?

— Je le crois, Sire, et j'avoue que mon ardente ambition est que cette confiance soit partagée par Votre Majesté.

— Mon frère vous connaît depuis longtemps, monsieur de Favras...

— Tandis que Votre Majesté ne me connaît pas... je comprends; mais que Votre Majesté daigne m'interroger, et, dans dix minutes, elle me connaîtra aussi bien que me connaît son auguste frère.

— Parlez, marquis, dit Louis XVI en jetant un regard de côté sur le portrait de Charles Stuart, qui ne pouvait ni sortir entièrement de sa pensée, ni s'écarter tout à fait du rayon de son œil, parlez, je vous écoute.

— Votre Majesté désire savoir?...

— Qui vous êtes, et ce que vous avez fait.

— Qui je suis, Sire? L'annonce seule de mon nom vous l'a dit : je suis Thomas Mahi, marquis de Favras; je suis né à Blois en 1745; je suis entré aux mousquetaires à quinze ans, et j'ai fait, dans ce corps, la campagne de 1761; je fus ensuite capitaine et aide-major dans le régiment de Belzunce, puis lieutenant des Suisses de la garde de M. le comte de Provence.

— Et c'est en cette qualité que vous avez connu mon frère? demanda le roi.

— Sire, j'avais eu l'honneur de lui être présenté un an auparavant, de sorte qu'il me connaissait déjà.

— Et vous avez quitté son service?...

— En 1775, Sire, pour me rendre à Vienne, où j'ai fait reconnaître ma femme comme fille unique et légitime du prince d'Anhalt-Schauenbourg.

— Votre femme n'a jamais été présentée, Monsieur?

— Non, Sire, mais elle a l'honneur, en ce moment même, d'être chez la reine avec mon fils aîné.

Le roi fit un mouvement d'inquiétude qui semblait dire : « Ah! la reine en est donc? »

Puis, après un moment de silence qu'il employa à se promener de long en large, et à jeter furtivement un nouveau regard sur le portrait de Charles Ier :

— Et ensuite? demanda Louis XVI.

— Ensuite, Sire, j'ai, il y a trois ans, lors de l'insurrection contre le stathouder, commandé une légion, et contribué pour ma part au rétablissement de l'autorité; puis, jetant les yeux sur la France, et voyant le mauvais esprit qui commençait à tout désorganiser, je suis revenu à Paris pour mettre mon épée et ma vie au service du roi.

— Eh bien, Monsieur, vous avez vu, en effet, de tristes choses, n'est-ce pas?

— Sire, j'ai vu les journées des 5 et 6 octobre.

Le roi sembla vouloir détourner la conversation.

— Et vous dites donc, monsieur le marquis, continua-t-il, que mon frère M. le comte de Provence a si grande confiance en vous qu'il vous a chargé d'un emprunt considérable?

A cette question inattendue, celui qui eût été là en tiers eût pu voir trembler d'une secousse nerveuse le rideau qui fermait à moitié l'alcôve du roi, comme si quelqu'un eût été caché derrière ce rideau, et tressaillir M. de Favras, ainsi que le fait un homme préparé à une demande, et auquel on en adresse tout à coup une autre.

— Oui, Sire, en effet, dit-il, c'est une marque de confiance que de remettre à un gentilhomme des intérêts d'argent; cette marque de confiance, Son Altesse royale m'a fait l'honneur de me la donner.

Le roi attendit la suite, regardant Favras, comme si la direction qu'il venait de faire

Elle posait sa tête sur l'épaule de cette vivante statue. (Page 99.)

prendre à l'entretien offrait à sa curiosité un plus grand intérêt que celle qu'elle avait d'abord.

Le marquis continua donc, mais en homme désappointé :

— Son Altesse Royale étant privée de ses revenus par suite des différentes opérations de l'Assemblée, et pensant que le moment était venu où, pour la cause même de leur propre sûreté, il était bon que les princes eussent une forte somme à leur disposition, Son Altesse Royale, dis-je, m'a remis des contrats.

— Sur lesquels vous avez trouvé à emprunter, Monsieur?

— Oui, Sire.

— Une somme considérable, comme vous disiez?

— Deux millions.

— Et chez qui?

Favras hésita presque à répondre au roi, tant la conversation lui semblait sortir de la voie et passer des grands intérêts généraux à la connaissance des intérêts particuliers, descendre enfin de la politique à la police.

— Je vous demande chez qui vous avez emprunté, répéta le roi.

— Sire, je m'étais d'abord adressé aux banquiers Schaumel et Sartorius; mais, la négociation ayant échoué, j'ai eu recours à un banquier étranger qui, ayant eu connaissance du désir de Son Altesse Royale, m'a, le premier, dans son amour pour nos princes et dans son respect pour le roi, fait faire des offres de services.

— Ah!... Et vous nommez ce banquier?

— Sire! dit en hésitant Favras.

— Vous comprenez bien, Monsieur, insista le roi, qu'un pareil homme est bon à connaître, et que je désire savoir son nom, ne fût-ce que pour le remercier de son dévouement, si l'occasion s'en présente.

— Sire, dit Favras, il se nomme le baron Zannone.

— Ah! dit Louis XVI, c'est un Italien?

— Un Génois, sire.

— Et il demeure?...

— Il demeure à Sèvres, Sire, juste en face de l'endroit, continua Favras, — qui espérait par ce coup d'éperon donner un peu plus d'ardeur au cheval fourbu, — juste en face de l'endroit où la voiture de Vos Majestés était arrêtée, le 6 octobre, pendant le retour de Versailles, quand les égorgeurs, conduits par Marat, Verrières et M. le duc d'Aiguillon, faisaient, dans le petit cabaret du pont de Sèvres, friser par le coiffeur de la reine les deux têtes coupées de Varicourt et de Deshuttes.

Le roi pâlit, et, si à ce moment il eût tourné les yeux vers l'alcôve, il eût vu le rideau mobile s'agiter plus nerveusement encore cette seconde fois que la première.

Il était évident que cette conversation lui pesait et qu'il eût voulu pour beaucoup ne pas l'avoir engagée.

Aussi résolut-il de la terminer au plus tôt.

— C'est bien, Monsieur, dit-il, je vois que vous êtes un fidèle serviteur de la royauté, et je vous promets de ne pas l'oublier dans l'occasion.

Et il fit ce geste de la tête qui, chez les princes, signifie : « Il y a assez longtemps que je vous fais l'honneur de vous écouter et de vous répondre, vous êtes autorisé à prendre congé. »

Favras comprit parfaitement.

— Pardon, Sire, dit-il, mais je croyais que Votre Majesté avait autre chose à me demander.

— Non, dit le roi en secouant la tête, comme s'il eût, en effet, cherché dans son esprit quelles nouvelles questions il avait à faire; non, marquis : c'est bien là tout ce que je désirais savoir.

— Vous vous trompez, Monsieur, dit une voix qui fit retourner le roi et le marquis du côté de l'alcôve. Vous désiriez savoir comment l'aïeul de M. le marquis de Favras s'y était pris pour faire sauver le roi Stanislas de Dantzig, et le conduire sain et sauf jusqu'à la frontière prussienne.

Tous deux jetèrent un cri de surprise : cette troisième personne, qui apparaissait tout à coup se mêlant à la conversation, c'était la reine; la reine, pâle et les lèvres crispées et tremblantes, la reine, qui ne se contentait pas des quelques renseignements fournis par Favras, et qui, se doutant que le roi, abandonné à lui-même, n'oserait aller jusqu'au bout, était venue, par l'escalier dérobé et le corridor secret, pour reprendre l'entretien au moment où le roi aurait la faiblesse de le laisser tomber.

Au reste, cette intervention de la reine, et cette façon dont elle relevait la conversation en la rattachant à la fuite de Stanislas, permettaient au roi de tout entendre, même sous le voile transparent de l'allégorie, même les offres que venait de lui faire Favras sur sa propre fuite, à lui, Louis XVI.

Favras, de son côté, comprit à l'instant même le moyen qui lui était offert de développer son plan, et, quoique aucun de ses ancêtres ni de ses parents n'eût concouru à la fuite du roi de Pologne, il se hâta de répondre en s'inclinant :

— Votre Majesté veut sans doute parler de mon cousin, le général Steinflicht, qui doit l'illustration de son nom à cet immense service rendu à son roi : service qui a eu cette heureuse influence sur le sort de Stanislas de l'arracher d'abord aux mains de ses ennemis, et ensuite, par un concours providentiel de circonstances, de faire de lui l'aïeul de Votre Majesté?

— C'est cela! c'est cela! Monsieur! dit vivement la reine, tandis que Louis XVI, en poussant un soupir, regardait le portrait de Charles Stuart.

— Eh bien, dit Favras, Votre Majesté sait... pardon, Sire, Vos Majestés savent, que le roi Stanislas, libre dans Dantzig, mais cerné de tous côtés par l'armée moscovite, était à peu près perdu, s'il ne se décidait à une prompte fuite.

— Oh! tout à fait perdu, interrompit la reine, vous pouvez dire tout à fait perdu, monsieur de Favras!

— Madame, dit Louis XVI avec une certaine sévérité, la Providence, qui veille sur les rois, fait qu'ils ne sont jamais tout à fait perdus.

— Eh! Monsieur, dit la reine, je crois être tout aussi religieuse et tout aussi croyante que vous dans la Providence, cependant mon avis est qu'il faut l'aider un peu.

— C'était aussi l'avis du roi de Pologne, Sire, ajouta Favras, car il déclara positivement à ses amis que, ne regardant plus la position comme tenable et croyant sa vie en danger, il désirait qu'on lui soumît plusieurs projets de fuite. Malgré la difficulté, trois projets lui furent présentés ; je dis malgré la difficulté, Sire, parce que Votre Majesté remarquera qu'il était bien autrement difficile au roi Stanislas de sortir de Dantzig qu'il ne le serait à vous, par exemple, si la fantaisie en prenait à Votre Majesté, de sortir de Paris... Avec une voiture de poste, — si Votre Majesté voulait partir sans bruit, et sans esclandre, — avec une voiture de poste, Votre Majesté pourrait, en un jour et une nuit, gagner la frontière : ou bien, si elle voulait quitter Paris en roi, donner ordre à un gentilhomme qu'elle honorerait de sa confiance de réunir trente mille hommes et de le venir prendre au palais même des Tuileries.... Dans l'un ou l'autre cas, la réussite serait sûre, l'entreprise certaine...

— Sire, reprit la reine, ce que M. de Favras dit là, Votre Majesté sait que c'est l'exacte vérité.

— Oui, dit le roi ; mais ma situation à moi, Madame, est loin d'être aussi désespérée que l'était celle du roi Stanislas. Dantzig était entouré par les Moscovites, comme le disait le marquis ; le fort de Wechselmund, son dernier rempart, venait de capituler, tandis que moi...

— Tandis que vous, interrompit la reine avec impatience, vous êtes au milieu des Parisiens, qui ont pris la Bastille le 14 juillet, qui, dans la nuit du 5 au 6 octobre, ont voulu vous assassiner, et qui, dans la journée du 6, vous ont ramené de force à Paris en vous insultant, vous et votre famille, pendant tout le temps qu'a duré le voyage... Ah ! le fait est que la situation est belle et mérite qu'on la préfère à celle du roi Stanislas !

— Cependant, Madame...

— Le roi Stanislas ne risquait que la prison, la mort peut-être, tandis que nous...

Un regard du roi l'arrêta.

— Au reste, continua la reine, vous êtes le maître, Sire ; c'est donc à vous de décider.

Et elle alla, impatiente, s'asseoir en face du portrait de Charles Ier.

— Monsieur de Favras, dit-elle, je viens de causer avec la marquise et avec votre fils aîné. Je les ai trouvés tous deux pleins de courage et de résolution, comme il convient à la femme et au fils d'un brave gentilhomme ; quelque chose qu'il arrive, — en supposant qu'il arrive quelque chose, — ils peuvent compter sur la reine de France ; la reine de France ne les abandonnera pas : elle est fille de Marie-Thérèse, et sait apprécier et récompenser le courage.

Le roi reprit, comme stimulé par cette boutade de la reine :

— Vous dites, monsieur, que trois moyens d'évasion avaient été proposés au roi Stanislas ?

— Oui, Sire.

— Et ces moyens étaient ?...

— Le premier, Sire, était de se déguiser en paysan ; la comtesse Chapska, palatine de Poméranie, qui parlait l'allemand comme sa langue maternelle, lui offrait, — se fiant à un homme qu'elle avait éprouvé et qui connaissait parfaitement le pays, — de se déguiser en paysanne et de le faire passer pour son mari. C'était le moyen dont je parlais tout à l'heure au roi de France en lui disant quelle facilité il y aurait pour lui, dans le cas où il faudrait fuir incognito et nuitamment...

— Le second ? dit Louis XVI, comme s'il voyait avec une certaine impatience faire à sa propre situation une application quelconque de celle où s'était trouvé Stanislas.

— Le second, Sire, était de prendre mille hommes et de risquer avec eux une trouée à travers les Moscovites ; c'est aussi celui que je présentais tout à l'heure au roi de France, en faisant observer qu'il avait, lui, non pas mille hommes à sa disposition, mais trente mille.

— Vous avez vu à quoi m'ont servi ces trente mille hommes, le 14 juillet, monsieur de Favras, répondit le roi. Passons au troisième moyen.

— Le troisième moyen, celui que Stanislas accepta, fut de se déguiser en paysan et de sortir de Dantzig, non pas avec une femme qui pouvait être un embarras dans la route, non pas avec mille hommes qui pouvaient être tués, depuis le premier jusqu'au dernier, sans parvenir à faire une trouée, mais seulement avec deux ou trois hommes sûrs qui passent toujours partout. Ce troisième moyen était proposé par M. Monti, l'ambassadeur de France, et appuyé par mon parent le général Steinflicht.

— Ce fut celui qui fut adopté ?

— Oui, sire ; et si un roi, se trouvant ou croyant se trouver dans la situation du roi de Pologne, s'arrêtait à ce parti et daignait m'accorder, à moi, la même confiance que votre auguste aïeul accordait au général Steinflicht, je croirais pouvoir répondre de lui sur ma tête, surtout si les chemins étaient aussi libres que le sont les chemins de France, et si ce roi était aussi bon cavalier que l'est Votre Majesté.

— Certes ! dit la reine. Mais, dans la nuit du 5 au 6 octobre, le roi m'a juré, Monsieur, de ne jamais partir sans moi, et même de ne jamais faire un projet de départ où je ne fusse de moitié ; la parole du roi est engagée, Monsieur, et le roi n'y manquera pas.

— Madame, dit Favras, cela rend le voyage plus difficile, mais ne le rend pas impossible, et, si j'avais l'honneur de conduire une pareille expédition, je répondrais de porter la reine, le roi et la famille royale sains et saufs à Montmédy ou à Bruxelles, comme le général Steinflicht a rendu le roi Stanislas sain et sauf à Marienwerder.

— Vous entendez, Sire ! s'écria la reine ; je crois, moi, qu'il y a tout à faire et rien à craindre avec un homme comme M. de Favras.

— Oui, Madame, répondit le roi, c'est aussi mon avis ; seulement l'heure n'est pas encore arrivée.

— C'est bien, Monsieur, dit la reine, attendez comme a fait celui dont le portrait nous regarde, et dont la vue, — je l'avais cru du moins, — vous devait donner un meilleur conseil... attendez que vous soyez forcé d'en venir à une bataille ; attendez que cette bataille soit perdue ; attendez que vous soyez prisonnier ; attendez que l'échafaud se dresse sous votre fenêtre, et, alors, vous qui dites aujourd'hui : « Il est trop tôt ! » vous serez forcé de dire : « Il est trop tard !... »

— En tout cas, Sire, à quelque heure que ce soit, et à son premier mot, le roi me trouvera prêt, dit Favras en s'inclinant ; — car il craignait que sa présence, qui avait amené cette espèce de conflit entre la reine et Louis XVI, ne fatiguât ce dernier. Je n'ai que mon existence à offrir à mon souverain, et je ne dirai pas que je la lui offre, je dirai que, de tout temps, il a eu et aura le droit d'en disposer, cette existence étant à lui.

— C'est bien, Monsieur, dit le roi, et, le cas échéant, je vous renouvelle à l'endroit de la marquise et de vos enfants la promesse que vous a faite la reine.

Cette fois, c'était un vrai congé ; le marquis fut obligé de le prendre, et, quelque envie qu'il eût peut-être d'insister, ne trouvant d'autre encouragement que le regard de la reine, il se retira à reculons.

La reine le suivit des yeux jusqu'à ce que la tapisserie fût retombée devant lui.

— Ah ! Monsieur, dit-elle en étendant la main vers la toile de Van Dyck, quand j'ai fait pendre ce tableau dans votre chambre, j'avais cru qu'il vous inspirerait mieux.

Et, hautaine et comme dédaignant de poursuivre la conversation, elle s'avança vers la porte de l'alcôve ; puis, s'arrêtant tout à coup :

— Sire, avouez, dit-elle, que le marquis de Favras n'est point la première personne que vous ayez reçue ce matin.

— Non, Madame, vous avez raison ; avant le marquis de Favras, j'ai reçu le docteur Gilbert.

La reine tressaillit.

— Ah ! dit-elle, je m'en doutais ! Et le docteur Gilbert, à ce qu'il paraît...

— Est de mon avis, Madame, que nous ne devons pas quitter la France.

— Mais n'étant point d'avis que nous devons la quitter, Monsieur, sans doute donne-t-il un conseil qui nous en rend le séjour possible ?

— Oui, Madame, il en donne un ; malheureusement je le trouve, sinon mauvais, du moins impraticable.

— Enfin quel est ce conseil ?

— Il veut que nous achetions Mirabeau pour un an.

— Et à quel prix ? demanda la reine.

— Avec six millions... et un sourire de vous.

La physionomie de la reine prit un caractère profondément pensif.

— Au fait, dit-elle, peut-être serait-ce un moyen...

— Oui, mais un moyen auquel vous vous refuseriez, pour votre part, n'est-ce pas, Madame ?

— Je ne réponds ni oui ni non, Sire, fit la reine avec cette expression sinistre que prend l'ange du mal sûr de son triomphe ; c'est à y songer...

Puis, plus bas en se retirant :

— Et j'y songerai !, ajouta-t-elle.

XX

OÙ LE ROI S'OCCUPE D'AFFAIRES DE FAMILLE

Le roi, resté seul, demeura debout et immobile un instant ; puis, comme s'il eût craint que la retraite de la reine ne fût que simulée, il alla à la porte par où elle était sortie, l'ouvrit, et plongea son regard dans les antichambres et les corridors.

N'apercevant que les gens de service :

— François ! fit-il à demi-voix.

Un valet de chambre qui s'était levé quand la porte de l'appartement royal s'était ouverte, et qui se tenait debout attendant les ordres, s'approcha aussitôt, et, le roi étant entré dans sa chambre, y entra derrière lui.

— François, dit Louis XVI, connaissez-vous les appartements de M. de Charny?

— Sire, répondit le valet de chambre, — lequel n'était autre que celui qui, appelé près du roi après le 10 août, a laissé des mémoires sur la fin de son règne, — Sire, M. de Charny n'a point d'appartements; il a seulement une mansarde dans les combles du pavillon de Flore.

— Et pourquoi une mansarde à un officier de cette importance?

— On a voulu donner mieux à M. le comte; mais il a refusé en disant que cette mansarde lui suffisait.

— Bien, fit le roi. Vous savez où est cette mansarde?

— Oui, Sire.

— Allez me quérir M. de Charny; je désire lui parler.

Le valet de chambre sortit, tirant la porte derrière lui et monta à la mansarde de M. de Charny, qu'il trouva appuyé à la barre de sa fenêtre, les yeux fixés sur cet océan de toits qui se perd à l'horizon en flots de tuiles et d'ardoises.

Deux fois le valet frappa sans que M. de Charny, plongé dans ses réflexions, l'entendît; ce qui le détermina, la clef étant sur la porte, à entrer de lui-même, fort qu'il était de l'ordre du roi.

Au bruit qu'il fit en entrant, le comte se retourna.

— Ah! c'est vous, monsieur Hue, dit-il; vous venez me chercher de la part de la reine?

— Non, monsieur le comte, répondit le valet de chambre, c'est de la part du roi.

— De la part du roi! reprit M. de Charny avec un certain étonnement.

— De la part du roi, insista le valet de chambre.

— C'est bien, monsieur Hue; dites à Sa Majesté que je suis à ses ordres.

Le valet de chambre se retira avec la raideur commandée par l'étiquette, tandis que M. de Charny, avec cette courtoisie qu'avait l'ancienne et vraie noblesse pour tout homme venant de la part du roi, portât-il au cou la chaîne d'argent ou fût-il couvert de la livrée, le reconduisait jusqu'à la porte.

Quand il fut seul, M. de Charny resta un moment la tête serrée entre ses deux mains, comme pour forcer ses idées confuses et agitées à reprendre leur place; puis, l'ordre rétabli dans son cerveau, il ceignit son épée, jetée sur un fauteuil, prit son chapeau sous son bras, et descendit.

Il trouva, dans sa chambre à coucher Louis XVI, qui, le dos tourné au tableau de Van Dyck, venait de se faire servir à déjeuner.

Le roi leva la tête en apercevant M. de Charny.

— Ah! c'est vous, comte, dit-il, fort bien. Voulez-vous déjeuner avec moi?

— Sire, je suis obligé de refuser cet honneur, ayant déjeuné, fit le comte en s'inclinant.

— En ce cas, dit Louis XVI, comme je vous ai prié de passer chez moi pour parler d'affaires et même d'affaires sérieuses, attendez un instant; je n'aime point à parler d'affaires quand je mange.

— Je suis aux ordres du roi, répondit Charny.

— Alors, au lieu de parler d'affaires, nous parlerons d'autre chose — de vous, par exemple.

— De moi, Sire! et en quoi puis-je mériter que le roi s'occupe de ma personne?

— Quand j'ai demandé, tout à l'heure, où était votre appartement aux Tuileries, savez-vous ce que m'a répondu François, mon cher comte?

— Non, Sire.

— Il m'a répondu que vous aviez refusé l'appartement qu'on vous offrait et n'aviez accepté qu'une mansarde.

— C'est vrai, Sire.

— Pourquoi cela, comte?

— Mais, sire... parce que, seul, et n'ayant d'autre importance que celle que la faveur de Leurs Majestés veut bien me donner, je n'ai pas jugé utile de priver M. le gouverneur du palais d'un appartement lorsqu'une simple mansarde était tout ce qu'il me fallait.

— Pardon, mon cher comte, vous répondez à votre point de vue, et comme si vous étiez toujours simple officier et garçon; mais vous avez — et au jour du danger vous ne l'oubliez pas, Dieu merci! — une charge importante près de nous; en outre, vous êtes marié; que ferez-vous de la comtesse dans votre mansarde?

— Sire, répondit Charny avec un accent de mélancolie qui n'échappa point au roi, si peu accessible qu'il fût à ce sentiment, je ne crois pas que madame de Charny me fasse l'honneur de partager mon appartement, soit-il grand, soit-il petit.

— Mais enfin, monsieur le comte, madame de Charny, sans avoir de charge près de la reine, est son amie; la reine, vous le savez, ne peut se passer de madame de Charny, — quoique, depuis quelque temps, j'ai cru remarquer qu'il existait entre elles un certain refroidissement;

quand madame de Charny viendra au palais, où logera-t-elle ?

— Sire, je ne pense pas que, sans un ordre exprès de Votre Majesté, madame de Charny revienne jamais au palais.

— Ah bah !

Charny s'inclina.

— Impossible ! dit le roi.

— Que Sa Majesté me pardonne, dit Charny, mais je crois être sûr de ce que j'avance.

— Eh bien, cela m'étonne moins que vous ne pourriez le supposer, mon cher comte ; je viens de vous dire, il me semble, que je m'étais aperçu d'un refroidissement entre la reine et son amie...

— En effet, Sa Majesté a bien voulu le remarquer.

— Bouderie de femmes, nous tâcherons de raccommoder tout cela. Mais, en attendant, il paraît que, bien sans le savoir, je me conduis d'une façon tyrannique envers vous, mon cher comte !

— Comment cela, Sire ?

— Mais en vous forçant de demeurer aux Tuileries quand la comtesse demeure... où cela, comte ?

— Rue Coq-Héron, Sire.

— Je vous demande cela, par l'habitude qu'ont les rois d'interroger, et peut-être aussi un peu par le désir que j'ai de savoir l'adresse de la comtesse ; car, ne connaissant pas plus Paris que si j'étais un Russe de Moscou ou un Autrichien de Vienne, j'ignore si la rue Coq-Héron est proche ou éloignée des Tuileries.

— Elle est proche, Sire.

— Tant mieux ; cela m'explique que vous n'ayez qu'un pied-à-terre aux Tuileries.

— La chambre que j'ai aux Tuileries, Sire, répondit Charny avec ce même accent mélancolique que le roi avait déjà pu remarquer dans sa voix, n'est point un simple pied-à-terre : tout au contraire, c'est un logement fixe, où l'on me trouvera à quelque heure du jour ou de la nuit que Sa Majesté me fasse l'honneur de m'envoyer chercher.

— Oh ! oh ! dit en se renversant dans son fauteuil le roi dont le déjeuner tirait à sa fin, que veut dire cela, monsieur le comte ?

— Le roi m'excusera, mais je ne comprends pas très bien l'interrogatoire qu'il me fait l'honneur de m'adresser.

— Bah ! vous ne savez pas que je suis un bonhomme, n'est-ce pas ? un père, un mari avant tout, et que je m'inquiète presque autant de l'intérieur de mon palais que de l'extérieur de mon royaume ?... Que veut dire cela, mon cher comte ? après trois ans de mariage à peine, M. le comte de Charny a un logement *fixe* aux Tuileries et madame la comtesse de Charny un logement *fixe* rue Coq-Héron !

— Sire, je ne saurais répondre à Votre Majesté autre chose que ceci : madame de Charny désire habiter seule.

— Mais enfin vous l'allez voir tous les jours ?... Non ?... Deux fois par semaine ?

— Sire, je n'ai pas eu le plaisir de voir madame de Charny depuis le jour où le roi m'a ordonné d'aller prendre de ses nouvelles.

— Eh bien !... mais il y a plus de huit jours de cela ?

— Il y en a dix, Sire, répondit Charny d'une voix légèrement émue.

Le roi comprenait mieux la douleur que la mélancolie, et il saisit, dans l'accent du comte, cette nuance d'émotion qu'il avait laissé échapper.

— Comte, dit Louis XVI avec cette bonhomie qui allait si bien à *l'homme de ménage*, comme il s'appelait parfois lui-même, comte, il y a de votre faute là-dessous.

— De ma faute ! dit Charny avec vivacité et en rougissant malgré lui.

— Oui, oui, de votre faute, insista le roi ; dans l'éloignement d'une femme, et surtout d'une femme aussi parfaite que la comtesse, il y a toujours un peu de la faute de l'homme.

— Sire !

— Vous me direz que cela ne me regarde pas, mon cher comte. Et, moi, je vous répondrai : « Si fait, cela me regarde ; un roi peut bien des choses par sa parole. » Voyons, soyez franc, vous avez été ingrat envers cette pauvre mademoiselle de Taverney, qui vous aime tant !

— Qui m'aime tant !... Sire... pardon ! Votre Majesté n'a-t-elle pas dit, reprit Charny avec un léger sentiment d'amertume, que mademoiselle de Taverney, m'aimait... beaucoup ?...

— Mademoiselle de Taverney ou madame la comtesse de Charny, — c'est tout un, je présume.

— Oui et non, Sire.

— Eh bien, j'ai dit que madame de Charny vous aimait, et je ne m'en dédis pas.

— Sire, vous savez qu'il n'est pas permis de démentir un roi.

— Oh ! démentez tant que vous voudrez, je m'y connais.

— Et Sa Majesté s'est aperçue à certains signes visibles pour elle seule, sans doute, que madame de Charny m'aimait... beaucoup ?...

— Je ne sais si les signes étaient visibles pour moi seul, mon cher comte, mais ce que je sais, c'est que, dans cette terrible nuit du 6 octobre, du moment où elle a été réunie à nous, elle ne vous a pas perdu de vue un instant, et que ses yeux exprimaient toutes les angoisses de son cœur, à ce point que, lorsque la porte de l'OEil-de-bœuf a été près d'être enfoncée, j'ai vu la pauvre femme faire un mouvement pour se jeter entre vous et le danger.

Le cœur de Charny se serra; il avait cru reconnaître chez la comtesse quelque chose de pareil à ce que venait de lui dire le roi; mais chaque détail de sa dernière entrevue avec Andrée était trop présent à son esprit pour ne pas l'emporter sur cette vague affirmation de son cœur et sur cette précise affirmation du roi.

— Et j'y ai d'autant plus fait attention, continua Louis XVI, que déjà, lors de mon voyage à Paris, quand vous m'avez été envoyé par la reine à l'hôtel de ville, la reine m'a positivement dit que la comtesse avait failli mourir de douleur en votre absence et de joie à votre retour.

— Sire, dit Charny en souriant avec tristesse, Dieu a permis que ceux qui sont nés au-dessus de nous aient reçu en naissant, et sans doute comme un des privilèges de leur race, ce regard qui va chercher au fond des cœurs des secrets qui restent ignorés des autres hommes. Le roi et la reine ont vu ainsi : cela doit être, mais la faiblesse de ma vue, à moi, m'a fait voir autrement ; voilà pourquoi je prierai le roi de ne pas trop s'inquiéter de ce grand amour de madame de Charny pour moi s'il veut m'employer à quelque mission dangereuse ou éloignée ; l'absence ou le danger seront également bien venus, de ma part du moins.

— Cependant, lorsque, il y a huit jours, la reine a voulu vous envoyer à Turin, vous avez paru désirer rester à Paris?

— J'ai cru mon frère suffisant à cette mission, Sire, et je me suis réservé pour une plus difficile ou plus périlleuse.

— Eh bien, c'est justement, mon cher comte, parce que le moment est venu de vous confier une mission, aujourd'hui difficile, et qui n'est pas sans danger peut-être pour l'avenir, que je vous parlais de l'isolement de la comtesse, et que j'eusse voulu la voir près d'une amie, puisque je lui enlève son mari.

— J'écrirai à la comtesse, Sire, pour lui faire part des bons sentiments de Votre Majesté.

— Comment! vous lui écrirez? ne comptez-vous donc pas voir la comtesse avant votre départ?

— Je ne me suis présenté qu'une fois chez madame de Charny sans lui en demander la permission, Sire, et, d'après la façon dont elle m'a reçu, il ne faudrait, maintenant, pour que je lui demandasse cette simple permission, rien de moins que l'ordre exprès de Votre Majesté.

— Allons, n'en parlons plus, je causerai de tout cela avec la reine, pendant votre absence, dit le roi en se levant de table.

Puis, toussant deux ou trois fois avec la satisfaction d'un homme qui vient de bien manger, et qui est sûr de sa digestion :

— Ma foi, observa-t-il, les médecins ont bien raison de dire que toute affaire a deux faces, celle qu'elle présente boudeuse à un estomac vide et rayonnante à un estomac plein... Passez dans mon cabinet, mon cher comte, je me sens en disposition de vous parler à cœur ouvert.

Le comte suivit Louis XVI, tout en songeant à ce que parfois doit faire perdre de majesté à une tête couronnée ce côté matériel et vulgaire que la fière Marie-Antoinette ne pouvait s'empêcher de reprocher à son époux.

XXI

OU LE ROI S'OCCUPE D'AFFAIRES D'ÉTAT

Quoique le roi ne fût installé aux Tuileries que depuis quinze jours à peine, il y avait deux pièces de son appartement qui avaient été mises au grand complet, et où rien ne manquait du mobilier nécessaire.

Ces deux pièces étaient sa forge et son cabinet.

Plus tard, et dans une occasion qui n'eut pas sur la destinée du malheureux prince une influence moindre que celle-ci, nous introduirons le lecteur dans la forge royale; mais, pour le moment, c'est dans son cabinet que nous avons affaire; entrons donc à la suite de Charny, qui se tient debout devant le bureau où le roi vient de s'asseoir.

Ce bureau est chargé de cartes, de livres de géographie, de journaux anglais et de papiers parmi lesquels on distingue ceux de l'écriture de Louis XVI, à la multiplicité des lignes qui les couvrent et qui ne laissent de blanc ni en haut, ni en bas, ni sur la marge.

Le caractère se révèle dans le plus petit

détail : le parcimonieux Louis XVI, non seulement ne laissait pas perdre le moindre morceau de papier blanc, mais encore, sous sa main, ce papier blanc se couvrait d'autant de lettres qu'il en pouvait matériellement contenir.

Charny, depuis trois ou quatre ans qu'il demeurait dans la familiarité des deux augustes époux, était trop habitué à tous ces détails pour faire les remarques que nous consignons ici. C'est pourquoi, sans que son œil s'arrêtât particulièrement sur aucun objet, il attendit respectueusement que le roi lui adressât la parole.

Mais, arrivé où il en était, le roi, malgré la confidence annoncée d'avance, semblait éprouver un certain embarras à entrer en matière.

D'abord, et comme pour se donner du courage, il ouvrit un tiroir de son bureau et, dans ce tiroir, un compartiment secret d'où il tira quelques papiers couverts d'enveloppes qu'il mit sur la table, et où il posa la main.

— Monsieur de Charny, dit-il enfin, j'ai remarqué une chose...

Il s'arrêta, regardant fixement Charny, lequel attendit respectueusement qu'il plût au roi de continuer.

— C'est que, dans la nuit du 5 au 6 octobre, ayant à choisir entre la garde de la reine et la mienne, vous aviez placé votre frère près de la reine et que vous étiez resté près de moi.

— Sire, dit Charny, je suis le chef de la famille comme vous êtes le chef de l'État, j'avais donc le droit de mourir près de vous.

— Cela m'a fait penser, continua Louis XVI, que si jamais j'avais à donner une mission à la fois secrète, difficile et dangereuse, je pouvais la confier à votre loyauté comme Français, à votre cœur comme ami.

— Oh! Sire, s'écria Charny, si haut que le roi m'élève, je n'ai pas la prétention de croire qu'il puisse faire de moi autre chose qu'un sujet fidèle et reconnaissant.

— Monsieur de Charny, vous êtes un homme grave, quoique vous ayez trente-six ans à peine ; vous n'avez pas passé à travers tous les événements qui viennent de se dérouler autour de nous sans en avoir tiré une conclusion quelconque... Monsieur de Charny, que pensez-vous de ma situation, et, si vous étiez mon premier ministre, quels moyens me proposeriez-vous pour l'améliorer?

— Sire, dit Charny avec plus d'hésitation que d'embarras, je suis un soldat... un marin... ces hautes questions sociales dépassent la portée de mon intelligence.

— Monsieur, dit le roi en tendant la main à Charny avec une dignité qui semblait jaillir tout à coup de la situation même où il venait de se placer, vous êtes un homme ; et un autre homme, qui vous croit son ami, vous demande purement et simplement, à vous, cœur droit, esprit sain, sujet loyal, ce que vous feriez à sa place.

— Sire, répondit Charny, dans une situation non moins grave que l'est celle-ci, la reine m'a fait un jour l'honneur, comme le fait le roi en ce moment, de me demander mon avis ; c'était le jour de la prise de la Bastille : elle voulait pousser, contre les cent mille Parisiens armés et roulant comme une hydre de fer et de feu sur les boulevards et dans les rues du faubourg Saint-Antoine, ses huit ou dix mille soldats étrangers. Si j'eusse été moins connu de la reine, si elle eût vu moins de dévouement et de respect dans mon cœur, ma réponse m'eût sans aucun doute brouillé avec elle... Hélas ! Sire, ne puis-je pas craindre aujourd'hui que, interrogé par le roi, ma réponse trop franche ne blesse le roi?

— Qu'avez-vous répondu à la reine, Monsieur?

— Que Votre Majesté, n'étant point assez forte pour entrer à Paris en conquérant, devait y entrer en père.

— Eh bien ! Monsieur, répondit Louis XVI, n'est-ce pas le conseil que j'ai suivi?

— Si fait, Sire.

— Maintenant, reste à savoir si j'ai bien fait de le suivre ; car, cette fois-ci, dites-le vous-même, y suis-je entré en roi ou en prisonnier?

— Sire, dit Charny, le roi me permet-il de lui parler avec toute franchise?

— Faites, Monsieur ; du moment où je vous demande votre avis, je vous demande en même temps votre opinion.

— Sire, j'ai désapprouvé le repas de Versailles ; Sire, j'ai supplié la reine de ne pas aller au théâtre en votre absence ; Sire, j'ai été désespéré quand Sa Majesté a foulé aux pieds la cocarde de la nation pour arborer la cocarde noire, la cocarde de l'Autriche.

— Croyez-vous, monsieur de Charny, dit le roi, que là ait été la véritable cause des événements des 5 et 6 octobre?

— Non, Sire ; mais là, du moins, a été le prétexte. Sire, vous n'êtes pas injuste pour le peuple, n'est-ce pas? le peuple est bon, le peuple vous aime, le peuple est royaliste, mais le peuple souffre, mais le peuple a froid, mais le peuple a faim ; il a au-dessus de lui, au-dessous

Charny se tenait debout devant le bureau du roi. (Page 87.)

de lui, à côté de lui, de mauvais conseillers qui le jettent en avant; il marche, il pousse, il renverse, car lui-même ne connaît pas sa force; une fois lâché, répandu, roulant, c'est une inondation ou un incendie, il noie ou il brûle.

— Eh bien, monsieur de Charny, supposez, ce qui est bien naturel, que je ne veuille être ni noyé ni brûlé, que faut-il que je fasse?

— Sire, il faut ne point donner prétexte à l'inondation de se répandre, à l'incendie de s'allumer... Mais, pardon, dit Charny en s'arrêtant, j'oublie que, même sur un ordre du roi...

— Vous voulez dire sur une prière. Continuez, monsieur de Charny, continuez, le roi vous en prie.

— Eh bien, Sire, vous l'avez vu, ce peuple de Paris, si longtemps veuf de ses souverains, si affamé de les revoir; vous l'avez vu menaçant, incendiaire, assassin à Versailles, ou plutôt vous avez cru le voir tel, car à Versailles, ce n'était pas le peuple! vous l'avez vu, dis-je, aux Tuileries, saluant, sous le double balcon du palais, vous, la reine, la famille royale, pénétrant dans vos appartements par le moyen de ses députations, députations de dames de la halle, députations de garde civique, députations de corps municipaux, et ceux qui n'avaient pas le bonheur d'être députés, de pénétrer dans vos appartements, d'échanger des paroles avec vous, ceux-là vous les avez vus se presser aux fenêtres de votre salle à manger, à travers lesquelles les mères envoyaient, douces offrandes! aux illustres convives, les baisers de leurs petits enfants?

— Oui, dit le roi, j'ai vu tout cela, et de là vient mon hésitation. Je me demande quel est le vrai peuple, de celui qui brûle et assassine, ou de celui qui caresse et qui acclame.

— Oh! le dernier, Sire, le dernier! Fiez-vous à celui-là, et il vous défendra contre l'autre.

— Comte, vous me répétez, à deux heures de distance, exactement ce que me disait, ce matin, le docteur Gilbert.

— Eh bien, Sire, comment, ayant pris l'avis d'un homme aussi profond, aussi savant, aussi grave que le docteur, daignez-vous venir me demander le mien, à moi, pauvre officier?

— Je vais vous le dire, monsieur de Charny, répondit Louis XVI. C'est qu'il y a, je crois, une grande différence entre vous deux. Vous êtes dévoué au roi, vous, et le docteur Gilbert n'est dévoué qu'à la royauté.

— Je ne comprends pas bien, Sire.

— J'entends que, pourvu que la royauté, c'est-à-dire le principe, fût sauf, il abandonnerait volontiers le roi, c'est-à-dire l'homme.

— Alors Votre Majesté dit vrai, reprit Charny, il y a cette différence entre nous deux : que vous êtes en même temps pour moi, Sire, le roi et la royauté. C'est donc à ce titre que je vous prie de disposer de moi.

— Auparavant, je veux savoir de vous, monsieur de Charny, à qui vous vous adresseriez, dans ce moment de calme où nous sommes, entre deux orages peut-être, pour effacer les traces de l'orage passé et conjurer l'orage à venir.

— Si j'avais à la fois l'honneur et le malheur d'être roi, Sire, je me rappellerais les cris qui ont entouré ma voiture à mon retour de Versailles, et je tendrais la main droite à M. de Lafayette et la main gauche à M. de Mirabeau.

— Comte, s'écria vivement le roi, comment me dites-vous cela, détestant l'un et méprisant l'autre?

— Sire, il ne s'agit point ici de mes sympathies; il s'agit du salut du roi et de l'avenir de la royauté.

— Juste ce que m'a dit le docteur Gilbert, murmura le roi comme se parlant à lui-même.

— Sire, reprit Charny, je suis heureux de me rencontrer d'opinion avec un homme aussi éminent que le docteur Gilbert.

— Ainsi vous croyez, mon cher comte, que de l'union de ces deux hommes pourraient ressortir le calme de la nation et la sécurité du roi?

— Avec l'aide de Dieu, Sire, j'espérerais beaucoup de l'union de ces deux hommes.

— Mais enfin, si je me prêtais à cette union, si je consentais à ce pacte, et que, malgré mon désir, malgré le leur peut-être, la combinaison ministérielle qui doit les réunir échouât, que pensez-vous qu'il faudrait que je fisse?

— Je crois qu'ayant épuisé tous les moyens mis entre ses mains par la Providence, je crois qu'ayant rempli tous les devoirs imposés par sa position, il serait temps que le roi songeât à sa sûreté et à celle de sa famille.

— Alors, vous me proposeriez de fuir?

— Je proposerais à Votre Majesté de se retirer, avec ceux de ses régiments et de ses gentilshommes sur lesquels elle croirait pouvoir compter, dans quelque place forte, comme Metz, Nancy ou Strasbourg.

La figure du roi rayonna.

— Ah! ah! dit-il, et, parmi tous les généraux qui m'ont donné des preuves de dévouement, voyons, dites franchement, Charny, vous qui les connaissez tous, auquel confieriez-vous cette dangereuse mission d'enlever ou de recevoir son roi?

— Oh! Sire, Sire, murmura Charny, c'est une grave responsabilité que celle de guider le roi dans un choix pareil... Sire, je reconnais mon ignorance, ma faiblesse, mon impuissance... Sire, je me récuse.

— Eh bien, je vais vous mettre à votre aise, Monsieur, dit le roi. Ce choix est fait, c'est près de cet homme que je veux vous envoyer. Voici la lettre tout écrite que vous aurez mission de lui remettre; le nom que vous m'indiquerez n'aura donc aucune influence sur ma détermination ; seulement il me désignera un fidèle serviteur de plus, lequel, à son tour, aura sans doute occasion de montrer sa fidélité. Voyons, monsieur de Charny, si vous aviez à confier votre roi au courage, à la loyauté, à l'intelligence d'un homme, quel homme choisiriez-vous?

— Sire, dit Charny après avoir réfléchi un instant, ce n'est point, je le jure à Votre Majesté, parce que des liens d'amitié, je dirai presque de famille, m'attachent à lui, mais il y a, dans l'armée, un homme qui est connu par le grand dévouement qu'il porte au roi; un homme qui, comme gouverneur des Iles sous le vent, a, lors de la guerre d'Amérique, efficacement protégé nos possessions des Antilles, et même enlevé plusieurs îles aux Anglais; qui, depuis, a été chargé de divers commandements importants, et qui, à cette heure, est, je crois, général gouverneur de la ville de Metz ; — cet homme, Sire, c'est le marquis de Bouillé. —

Père, je lui confierais mon fils ; fils, je lui confierais mon père ; sujet, je lui confierais mon roi !

Si peu démonstratif que fût Louis XVI, il suivait avec anxiété les paroles du comte, et l'on aurait pu voir son visage s'éclaircir au fur et à mesure qu'il croyait reconnaître le personnage dont voulait lui parler Charny. Au nom de ce personnage prononcé par le comte, il ne put retenir un cri de joie.

— Tenez, tenez, comte, dit-il, lisez l'adresse de cette lettre, et voyez si ce n'est pas la Providence elle-même qui m'a inspiré l'idée de m'adresser à vous !

Charny prit la lettre des mains du roi et lut cette suscription :

A monsieur François-Claude-Amour, marquis de Bouillé, général commandant la ville de Metz.

Des larmes de joie et d'orgueil montèrent jusqu'aux paupières de Charny.

— Sire, s'écria-t-il, je ne saurais vous dire après cela qu'une seule chose : c'est que je suis prêt à mourir pour Votre Majesté.

— Et moi, Monsieur, je vous dirai qu'après ce qui vient de se passer, je ne me crois plus le droit d'avoir de secrets envers vous, attendu que, l'heure venue, c'est à vous, et à vous seul, entendez-vous bien ? que je confierai ma personne, celle de la reine et celle de mes enfants. Écoutez-moi donc, voici ce que l'on me propose et ce que je refuse.

Charny s'inclina, donnant toute son attention à ce qu'allait dire le roi.

— Ce n'est pas la première fois, vous le pensez bien, monsieur de Charny, que l'idée me vient à moi ou à ceux qui m'entourent, d'exécuter un projet analogue à celui dont nous nous entretenons en ce moment. Pendant la nuit du 5 au 6 octobre, j'ai songé à faire évader la reine ; une voiture l'eût conduite à Rambouillet ; je l'y eusse jointe à cheval, et, de là, nous eussions facilement gagné la frontière, car la surveillance qui nous environne aujourd'hui n'était pas encore éveillée. Le projet échoua parce que la reine ne voulut point partir sans moi, et me fit jurer à mon tour de ne point partir sans elle.

— Sire, j'étais là lorsque ce pieux serment fut échangé entre le roi et la reine, ou plutôt entre l'épouse et l'époux.

— Depuis, M. de Breteuil a ouvert des négociations avec moi, par l'entremise du comte d'Innisdal, et, il y a huit jours, j'ai reçu une lettre de Soleure.

Le roi s'arrêta, et, voyant que le comte restait immobile et muet :

— Vous ne répondez pas, comte ? dit-il.

— Sire, fit Charny en s'inclinant, je sais que M. le baron de Breteuil est l'homme de l'Autriche, et je crains de blesser de légitimes sympathies du roi, à l'endroit de la reine son épouse et de l'empereur Joseph II son beau-frère.

Le roi saisit la main de Charny, et, se penchant vers lui :

— Ne craignez rien, comte, dit-il à demi-voix, je n'aime pas plus l'Autriche que vous ne l'aimez vous-même.

La main de Charny tressaillit de surprise entre les mains du roi.

— Comte, comte ! quand un homme de votre valeur va se dévouer, c'est-à-dire faire le sacrifice de sa vie pour un autre homme qui n'a sur lui que le triste avantage d'être roi, encore faut-il qu'il connaisse celui pour lequel il va se dévouer. Comte, je vous l'ai dit et je vous le répète, je n'aime pas l'Autriche ; je n'aime pas Marie-Thérèse, qui nous a engagés dans cette guerre de sept ans, où nous avons perdu deux cent mille hommes, deux cents millions et dix-sept cents lieues de terrain en Amérique ; qui appelait madame de Pompadour — une prostituée ! — sa cousine, et qui faisait empoisonner mon père — un saint ! — par M. de Choiseul ; qui se servait de ses filles comme d'agents diplomatiques ; qui, par l'archiduchesse Caroline, gouvernait Naples ; qui, par l'archiduchesse Marie-Antoinette, comptait gouverner la France.

— Sire ! sire ! fit Charny, Votre Majesté oublie que je suis un étranger, un simple sujet du roi et de la *reine* de France.

Et Charny souligna par son accent le mot *reine* comme nous venons de le souligner avec la plume.

— Je vous l'ai déjà dit, comte, reprit le roi, vous êtes un ami, et je puis vous parler d'autant plus franchement que le préjugé que j'avais contre la reine est, à cette heure, complètement effacé de mon esprit. Mais c'est malgré moi que j'ai reçu une femme de cette maison deux fois ennemie de la maison de France, ennemie comme Autriche, ennemie comme Lorraine ; c'est malgré moi que j'ai vu venir à ma cour cet abbé de Vermond, précepteur de la dauphine en apparence, espion de Marie-Thérèse en réalité, que je coudoyais deux ou trois fois par jour, tant il avait mission de se fourrer entre mes jambes, et à qui, pendant dix-neuf ans, je n'ai pas adressé une seule parole; c'est malgré moi qu'après dix années de lutte, j'ai chargé M. de Breteuil du département de ma maison et du gouvernement de Paris; c'est malgré moi que j'ai pris pour premier ministre l'archevêque de Toulouse, un athée; c'est malgré moi, enfin, que j'ai payé à l'Autriche les millions qu'elle voulait extorquer à la Hollande. Aujourd'hui encore, à l'heure où je vous parle, succédant à Marie-Thérèse morte, qui conseille et dirige la reine? son frère Joseph II, lequel, heureusement, se meurt. Par qui la conseille-t-il? Vous le savez comme moi : par l'organe de ce même abbé de Vermond, du baron de Breteuil et de l'ambassadeur d'Autriche, Mercy d'Argenteau. Derrière ce vieillard est caché un autre vieillard, Kaunitz, ministre septuagénaire de la centenaire Autriche. Ces deux vieux fats, ou plutôt ces deux vieilles douairières, mènent la reine de France, par mademoiselle Bertin, sa marchande de modes, et par Léonard, son coiffeur, à qui ils font des pensions; et à quoi la mènent-ils? à l'alliance de l'Autriche! de l'Autriche, toujours funeste à la France, comme amie et comme ennemie; qui a mis un couteau aux mains de Jacques Clément, un poignard aux mains de Ravaillac, un canif aux mains de Damiens. L'Autriche! l'Autriche catholique et dévote autrefois, qui abjure aujourd'hui et se fait à moitié philosophe sous Joseph II; l'Autriche imprudente, qui tourne contre elle sa propre épée, la Hongrie; l'Autriche imprévoyante, qui se laisse enlever par les prêtres belges la plus belle partie de sa couronne, les Pays-Bas; l'Autriche vassale, qui tourne le dos à l'Europe, que son regard ne devrait pas perdre de vue, en usant contre les Turcs, nos alliés, ses meilleurs troupes au profit de la Russie. Non, non, non, monsieur de Charny, je hais l'Autriche, je ne pouvais me fier à elle.

— Sire, Sire, murmura Charny, de pareilles confidences sont bien honorables, mais, en même temps, bien dangereuses pour celui à qui on les fait! Sire, si, un jour, vous vous repentiez de me les avoir faites!

— Oh! je ne crains pas cela, Monsieur, et, la preuve, c'est que j'achève.

— Sire, Votre Majesté m'a ordonné d'écouter, j'écoute.

— Cette ouverture de fuite n'est pas la seule qui m'ait été faite. Connaissez-vous M. de Favras, comte?

— Le marquis de Favras, l'ancien capitaine au régiment de Belzunce, l'ancien lieutenant aux gardes de Monsieur? Oui, Sire.

— C'est cela même, reprit le roi en appuyant sur la dernière qualification, *l'ancien lieutenant aux gardes de Monsieur*. Qu'en pensez-vous?

— Mais c'est un brave soldat, un loyal gentilhomme, Sire, ruiné, par malheur, ce qui le rend inquiet, et le pousse à une foule de tentatives hasardeuses, de projets insensés; mais homme d'honneur, Sire, et qui mourra sans reculer d'un pas, sans jeter une plainte, afin de tenir la parole donnée. C'est un homme à qui Votre Majesté aurait raison de se fier pour un coup de main, mais qui, j'en ai peur, ne vaudrait rien comme chef d'entreprise.

— Aussi, reprit le roi avec une certaine amertume, le chef de l'entreprise, n'est-ce pas lui; c'est Monsieur... oui, c'est Monsieur qui fait l'argent; c'est Monsieur qui prépare tout; c'est Monsieur qui, se dévouant jusqu'au bout, reste quand je serai parti, si je pars avec Favras.

Charny fit un mouvement.

— Eh bien, qu'avez-vous, comte? poursuivit le roi. Cela n'est point le parti de l'Autriche; c'est le parti des princes, des émigrés, de la noblesse.

— Sire, excusez-moi; je vous l'ai dit, je ne doute pas de la loyauté ni du courage de M. de Favras; dans quelque lieu que M. de Favras promette de conduire Votre Majesté, il la conduira ou se fera tuer en la défendant en travers du chemin. Mais pourquoi Monsieur ne part-il pas avec Votre Majesté? pourquoi Monsieur reste-t-il?

— Par dévouement, je vous l'ai dit, et puis aussi, peut-être, — dans le cas où le besoin de déposer le roi et de nommer un régent se ferait sentir, — pour que le peuple, fatigué d'avoir couru inutilement après le roi, n'ait pas à chercher son régent trop loin.

— Sire, s'écria Charny, Votre Majesté me dit de terribles choses.

— Je vous dis ce que tout le monde sait, mon cher comte, ce que votre frère m'a écrit hier; c'est-à-dire que, dans le dernier conseil des princes, à Turin, il a été question de me déposer et de nommer un régent; c'est-à-dire que, dans ce même conseil, M. de Condé, mon cousin, a proposé de marcher sur Lyon, quelque chose qu'il pût en arriver au roi... Vous voyez donc bien qu'à moins d'extrémité, je ne puis pas plus accepter Favras que Breteuil, l'Autriche que les princes. Voilà, mon cher comte, ce que je n'ai dit à personne que vous, et ce que je dis à vous, afin que personne, *pas même la reine*, — soit par hasard, soit à dessein, Louis XVI appuya sur les mots que nous soulignons, — afin que personne, pas même la reine, ne vous ayant montré une confiance pareille à celle que je vous montre, vous ne soyez dévoué à personne comme à moi.

— Sire, demanda Charny en s'inclinant, le secret de mon voyage doit-il être gardé devant tout le monde?

— Peu importe, mon cher comte, que l'on sache que vous partez, si l'on ignore dans quel but vous partez.

— Et le but doit être révélé à M. de Bouillé seul?

— A M. de Bouillé seul, et encore, lorsque vous vous serez assuré de ses sentiments. La lettre que je vous remets pour lui est une simple lettre d'introduction. Vous savez ma position, mes craintes, mes espérances, mieux que la reine ma femme, mieux que M. Necker mon ministre, mieux que M. Gilbert, mon conseiller. Agissez en conséquence, je mets le fil et les ciseaux entre vos mains, déroulez ou coupez.

Puis, présentant au comte la lettre tout ouverte :

— Lisez, dit-il.

Charny prit la lettre et lut :

« Palais des Tuileries, ce 29 octobre.

» J'espère, Monsieur, que vous continuez à être content de votre position de gouverneur de Metz. M. le comte de Charny, lieutenant de mes gardes, qui passe par cette ville, vous demandera s'il est dans vos désirs que je fasse autre chose pour vous; je saisirais, en ce cas, l'occasion de vous être agréable, comme je saisis celle de vous renouveler l'assurance de tous mes sentiments d'estime pour vous.

» LOUIS. »

— Et maintenant, dit le roi, allez, monsieur de Charny, vous avez plein pouvoir pour les promesses à faire à M. de Bouillé, si vous croyez qu'il soit besoin de lui faire des promesses; seulement ne m'engagez que dans la mesure de ce que je puis tenir.

Et il lui tendit une seconde fois la main.

Charny baisa cette main avec une émotion qui le dispensa de nouvelles protestations et il sortit du cabinet, laissant le roi convaincu — et cela était en effet — qu'il venait, par cette confiance, de s'acquérir le cœur du comte, mieux qu'il n'eût pu faire par toutes les richesses et toutes les faveurs dont il avait disposé aux jours de sa toute-puissance.

XXIII

CHEZ LA REINE

Charny sortait de chez le roi, le cœur plein des sentiments les plus opposés.

Mais le premier de ces sentiments, celui qui montait à la surface de ces flots de pensées roulant tumultueusement dans son cerveau, c'était la reconnaissance profonde qu'il ressentait pour cette confiance sans bornes que le roi venait de lui témoigner.

Cette confiance, en effet, lui imposait des devoirs d'autant plus sacrés que sa conscience était loin d'être muette, au souvenir des torts qu'il avait envers ce digne roi, qui, au moment du danger, posait sa main sur son épaule comme sur un fidèle et loyal appui.

Aussi plus Charny, au fond du cœur, se reconnaissait de torts envers son maître, plus il était prêt à se dévouer pour lui.

Et plus ce sentiment de respectueux dévouement croissait dans le cœur du comte, plus décroissait ce sentiment moins pur que, pendant des jours, des mois, des années, il avait voué à la reine.

C'est pourquoi Charny, retenu une première fois par un vague espoir né au milieu des dangers, comme ces fleurs qui éclosent sur les précipices et qui parfument les abîmes, espoir qui l'avait instinctivement ramené près d'Andrée, Charny, cet espoir perdu, venait de saisir avec empressement une mission qui l'éloignait de la cour, où il éprouvait ce double tourment d'être encore aimé de la femme qu'il n'aimait plus, et de n'être pas encore aimé — il le croyait du moins — de la femme qu'il aimait déjà.

Profitant donc de la froideur qui, depuis quelques jours, s'était introduite dans ses relations avec la reine, il rentrait dans sa chambre, décidé à lui annoncer son départ par une simple lettre, lorsque, à sa porte, il trouva Weber qui l'attendait.

La reine voulait lui parler et désirait le voir à l'instant même.

Il n'y avait pas moyen de se soustraire à ce désir de la reine. Les désirs des têtes couronnées sont des commandements.

Charny donna quelques ordres à son valet de chambre pour qu'on mît les chevaux à sa voiture, et descendit sur les pas du frère de lait de la reine.

Marie-Antoinette était dans une disposition d'esprit tout opposée à celle de Charny; elle s'était rappelé sa dureté envers le comte, et, au souvenir du dévouement qu'il avait montré à Versailles, à la vue — car cette vue lui était toujours présente — à la vue du frère de Charny étendu sanglant en travers du corridor qui précédait sa chambre, elle sentait quelque chose comme un remords, et elle s'avouait à elle-même qu'en supposant que M. de Charny ne lui eût montré que du dévouement, elle avait bien mal récompensé ce dévouement.

Mais aussi, n'avait-elle pas le droit de demander à Charny autre chose que du dévouement?...

Cependant, en y réfléchissant, Charny avait-il envers elle tous les torts qu'elle lui supposait?

Ne fallait-il pas mettre sur le compte du deuil fraternel cette espèce d'indifférence qu'il avait laissé voir à son retour de Versailles? D'ailleurs, cette indifférence n'existait qu'à la surface, et peut-être, amante inquiète, s'était-elle trop pressée de condamner Charny, lorsqu'elle lui avait fait offrir la mission de Turin, pour l'éloigner d'Andrée, et qu'il avait refusé? Son premier mouvement, mouvement jaloux et mauvais, avait été que ce refus était causé par le naissant amour du comte pour Andrée, et par son désir de rester près de sa femme; et, en effet, celle-ci, partant des Tuileries à sept heures, avait été suivie, deux heures après, par son mari jusque dans sa retraite de la rue Coq-Héron. Mais l'absence de Charny n'avait pas été longue; à neuf heures sonnantes, il était rentré au château; puis, une fois rentré au château, il avait refusé l'appartement composé de trois chambres que, par ordre du roi, on lui avait préparé, et s'était contenté de la mansarde désignée pour son domestique.

D'abord, toute cette combinaison avait paru à la pauvre reine une combinaison dans laquelle son amour-propre et son amour avaient tout à souffrir; mais l'investigation la plus sévère n'avait pu surprendre Charny hors du palais, excepté pour les affaires de son service, et il était bien constaté, aux yeux de la reine, comme aux yeux des autres commensaux du palais, que, depuis son retour à Paris et son entrée au château, Charny avait à peine quitté sa chambre.

Il était bien constaté aussi, d'un autre côté, que, depuis sa sortie du château, Andrée n'y avait pas reparu.

Si Andrée et Charny s'étaient vus, c'était donc une heure seulement, le jour où le comte avait refusé la mission de Turin.

Il est vrai que, pendant toute cette période, Charny n'avait pas cherché non plus à voir la reine; mais, au lieu de reconnaître dans cette abstention une marque d'indifférence, un regard clairvoyant n'y trouverait-il pas, au contraire, une preuve d'amour?

Charny, blessé par les injustes soupçons de la reine, n'avait-il pas pu se tenir à l'écart, non point par un excès de froideur, mais bien plutôt par un excès d'amour?

Car la reine convenait elle-même qu'elle avait été injuste et dure pour Charny; injuste, en lui reprochant d'être, pendant cette terrible nuit du 5 au 6 octobre, resté près du roi au lieu d'être resté près de la reine, et, entre deux regards pour elle, d'avoir eu un regard pour Andrée; dure, en ne participant pas, d'un cœur plus tendre, à cette profonde douleur qu'avait éprouvée Charny à la vue de son frère mort.

Il en est ainsi, au reste, de tout amour profond et réel; présent, l'être qui en est l'objet apparaît, aux yeux de celui ou de celle qui croit avoir à s'en plaindre, avec toutes les aspérités de la présence. A cette courte distance qu'il est de nous, tous les reproches qu'on croit avoir à lui faire semblent fondés; défauts de caractère, bizarrerie d'esprit, oublis de cœur, tout apparaît comme à travers un verre grossissant; on ne comprend pas qu'on ait été si longtemps sans voir toutes ces défectuosités amoureuses, et que si longtemps on les ait supportées. Mais l'objet de cette fatale investigation s'éloigne-t-il, de sa propre volonté ou par force, à peine éloigné, ces aspérités, qui, de près, blessaient comme des épines, disparaissent; ces contours trop arrêtés s'effacent; le réalisme trop rigoureux tombe sous le souffle poétique de la distance et au regard caressant du souvenir; on ne juge plus, on compare, on revient sur soi-même avec une rigueur mesurée à l'indulgence qu'on ressent pour cet autre, que l'on reconnaît avoir mal apprécié, et le résultat de tout ce travail du cœur, c'est qu'après cette absence de huit ou dix jours, la personne absente nous semble plus chère et plus nécessaire que jamais.

Il est bien entendu que nous supposons le cas où aucun autre amour ne profite de cette absence, pour venir prendre dans le cœur la place du premier.

Telles étaient donc les dispositions de la reine à l'égard de Charny, lorsque la porte s'ouvrit, et que le comte qui sortait, comme nous l'avons vu, du cabinet du roi, parut dans l'irréprochable tenue d'un officier de service.

Mais il y avait, en même temps, dans son maintien, toujours si profondément respectueux, quelque chose de glacé qui sembla repousser ces effluves magnétiques prêtes à s'élancer du cœur de la reine, pour aller chercher dans le cœur de Charny tous les souvenirs, doux, tendres ou douloureux, qui s'y étaient entassés depuis quatre ans, au fur et à mesure que le temps, lent et rapide tour à tour, avait fait du présent le passé et de l'avenir le présent.

Charny s'inclina, et demeura presque sur le seuil.

La reine regarda autour d'elle, comme pour se demander quelle cause retenait ainsi le jeune homme à l'autre bout de l'appartement, et, s'étant assurée que la volonté de Charny était la seule cause de son éloignement :

— Approchez, monsieur de Charny, dit-elle, nous sommes seuls.

Charny s'approcha. Puis, d'une voix douce, mais, en même temps, si ferme, qu'il était impossible d'y reconnaître la moindre émotion :

— Me voici aux ordres de Votre Majesté, Madame, dit-il.

— Comte, reprit la reine avec sa voix la plus affectueuse, n'avez-vous point entendu que je vous ai dit que nous étions seuls?

— Si fait, Madame, dit Charny ; mais je ne vois pas en quoi cette solitude peut changer la façon dont un sujet doit parler à sa souveraine.

— Lorsque je vous ai envoyé chercher, comte, et que j'ai su par Weber que vous me suiviez, j'ai cru que c'était un ami qui venait parler à une amie.

Un sourire amer se dessina légèrement sur les lèvres de Charny.

— Oui, comte, dit la reine, je comprends ce sourire, et je sais ce que vous vous dites intérieurement. Vous vous dites que j'ai été injuste à Versailles, et qu'à Paris, je suis capricieuse.

— Injustice ou caprice, Madame, répondit Charny, tout est permis à une femme; à plus forte raison, à une reine.

— Eh! mon Dieu, mon ami, dit Marie-Antoinette avec tout le charme qu'elle put mettre dans ses yeux et dans sa voix, vous savez bien une chose : c'est que — le caprice vienne de la femme ou de la reine — la reine ne peut pas se passer de vous comme conseiller, la femme ne peut pas se passer de vous comme ami.

Et elle lui tendit sa main blanche, effilée, un peu maigrie, mais toujours digne de servir de modèle à un statuaire.

Charny prit cette main royale, et, après l'avoir baisée respectueusement, s'apprêtait à la laisser retomber, quand il sentit que Marie-Antoinette retenait la sienne.

— Eh bien, oui, dit la pauvre femme répondant par ces paroles au mouvement qu'il avait fait, eh bien, oui, j'ai été injuste, plus qu'injuste, cruelle! Vous avez perdu à mon service, mon cher comte, un frère que vous aimiez d'un amour presque paternel. Ce frère était mort pour moi; je devais le pleurer avec vous ; en ce moment-là, la terreur, la colère, la jalousie, — que voulez-vous, Charny! je suis femme! ont arrêté les larmes dans mes yeux... Mais, restée seule, pendant ces dix jours où je ne vous ai pas vu, je vous ai payé ma dette en le pleurant ; et, la preuve, tenez, regardez-moi, mon ami, c'est que je pleure encore.

Et Marie-Antoinette renversa légèrement en arrière sa belle tête, afin que Charny pût voir deux larmes, limpides comme deux diamants, rouler dans le sillon que la douleur commençait à creuser sur ses joues.

Ah! si Charny eût pu savoir quelle quantité de larmes devait suivre celles qui coulaient devant lui, sans doute qu'ému d'une immense pitié, il fût tombé aux genoux de la reine, et lui eût demandé pardon des torts qu'elle avait eu envers lui.

Mais l'avenir, par la permission du Seigneur miséricordieux, est enveloppé d'un voile que nulle main ne peut soulever, que nul regard ne peut percer avant l'heure, et l'étoffe noire dont le destin avait fait celui de Marie-Antoinette semblait encore enrichie d'assez de broderies d'or pour qu'on ne s'aperçût pas que c'était une étoffe de deuil.

D'ailleurs, il y avait trop peu de temps que Charny avait baisé la main du roi pour que le baiser qu'il venait de déposer sur la main de la reine fût autre chose qu'une simple marque de respect.

— Croyez, Madame, dit-il, que je suis bien reconnaissant de ce souvenir qui s'adresse à moi, et de cette douleur qui s'adresse à mon frère ; par malheur, à peine ai-je le temps de vous en exprimer ma reconnaissance...

— Comment cela, et que voulez-vous dire? demanda Marie-Antoinette étonnée.

— Je veux dire, Madame, que je quitte Paris dans une heure.

— Vous quittez Paris dans une heure?

— Oui, Madame.

— Oh! mon Dieu! nous abandonnez-vous comme les autres? s'écria la reine. Émigrez-vous, monsieur de Charny?

— Hélas! dit Charny, Votre Majesté vient de me prouver, par cette cruelle question, que j'ai eu, sans doute à mon insu, bien des torts envers elle!...

— Pardon, mon ami, mais vous me dites que vous partez... Pourquoi partez-vous?

— Pour accomplir une mission dont le roi m'a fait l'honneur de me charger.

— Et vous quittez Paris? demanda la reine avec anxiété.

— Je quitte Paris, oui, Madame.

— Pour quel temps?

— Je l'ignore.

— Mais, il y a huit jours, vous refusiez une mission, ce me semble?

— C'est vrai, Madame.

— Pourquoi donc, ayant refusé une mission, il y a huit jours, en acceptez-vous une aujourd'hui?

— Parce qu'en huit jours, Madame, bien des changements peuvent arriver dans l'existence d'un homme, et, par conséquent, dans ses résolutions.

La reine parut faire un effort à la fois sur sa volonté et sur les différents organes soumis à cette volonté et chargés de la transmettre.

— Et vous partez... seul? demanda-t-elle.

— Oui, Madame, seul.

Marie-Antoinette respira.

Puis, comme accablée par l'effort qu'elle venait de faire, elle s'affaissa un instant sur elle-même, ferma les yeux, et, passant son mouchoir de batiste sur son front :

— Et où allez-vous ainsi? demanda-t-elle encore.

— Madame, répondit respectueusement Charny, le roi, je le sais, n'a point de secrets pour Votre Majesté; que la reine demande à son auguste époux et le but de mon voyage et l'objet de ma mission, je ne doute pas un instant qu'il ne les lui dise.

Marie-Antoinette rouvrit les yeux et fixa sur Charny un regard étonné.

— Mais pourquoi m'adresserais-je à lui, quand je puis m'adresser à vous? dit-elle.

— Parce que le secret que j'emporte en moi est celui du roi, Madame, et non pas le mien.

— Il me semble, Monsieur, reprit Marie-Antoinette avec une certaine hauteur, que, si c'est le secret du roi, c'est aussi celui de la reine?

— Je n'en doute point, Madame, répondit Charny en s'inclinant; voilà pourquoi j'ose affirmer à Votre Majesté que le roi ne fera aucune difficulté de le lui confier.

— Mais enfin cette mission est-elle à l'intérieur de la France ou à l'étranger?

— Le roi seul peut donner là-dessus à Sa Majesté l'éclaircissement qu'elle demande.

— Ainsi, dit la reine avec le sentiment d'une profonde douleur qui momentanément l'emportait sur l'irritation que lui causait la retenue de Charny, ainsi vous partez, vous vous éloignez de moi, vous allez courir des dangers, sans doute, et je ne saurai ni où vous êtes ni quels dangers vous courez!

— Madame, quelque part que je sois, vous aurez là où je serai, je puis en faire serment à Votre Majesté, un sujet fidèle, un cœur dévoué; et, quels que soient les dangers que je m'expose à courir, ils me seront doux, puisque je m'y exposerai pour le service des deux têtes que je vénère le plus au monde.

Et, s'inclinant, le comte parut ne plus attendre, pour se retirer, que le congé de la reine.

La reine poussa un soupir qui ressemblait à un sanglot étouffé, et, prenant sa gorge avec sa main, comme pour aider ses larmes à redescendre dans sa poitrine :

— C'est bien, Monsieur, dit-elle, allez.

Charny s'inclina de nouveau, et, d'un pas ferme, marcha vers la porte.

Mais, au moment où le comte mettait la main sur le bouton :

— Charny! s'écria la reine les bras étendus vers lui.

Le comte tressaillit et se retourna pâlissant.

— Charny, continua Marie-Antoinette, venez ici!

Il s'approcha chancelant.

— Venez ici, plus près, ajouta la reine; regardez-moi en face... Vous ne m'aimez plus, n'est-ce pas?

Charny sentit tout un frisson courir dans ses veines; il crut un instant qu'il allait s'évanouir.

C'était la première fois que la femme hautaine, que la souveraine pliait devant lui.

Dans toute autre circonstance, à tout autre moment, il fût tombé aux genoux de Marie-Antoinette; il lui eût demandé pardon; mais le souvenir de ce qui venait de se passer entre lui et le roi le soutint, et, rappelant toutes ses forces :

— Madame, dit-il, après les marques de confiance et de bonté dont vient de me combler le roi, je serais en vérité un misérable, si j'assurais, à cette heure, Votre Majesté d'autre chose que de mon dévouement et de mon respect.

A la personne qui vous a remis ce billet. (Page 112.)

— C'est bien, comte, dit la reine, vous êtes libre, allez.

Un moment, Charny fut pris d'un irrésistible désir de se précipiter aux pieds de la reine; mais cette invincible loyauté qui vivait en lui terrassa, sans les étouffer, les restes de cet amour qu'il croyait éteint et qui avait été sur le point de se ranimer plus ardent et plus vivace que jamais.

Il s'élança donc hors de la chambre, une main sur son front, l'autre sur sa poitrine, en murmurant des paroles sans suite, mais qui, tout incohérentes qu'elles étaient, eussent changé, si elle les eût entendues, en un sourire de triomphe, les larmes désespérées de Marie-Antoinette.

La reine le suivit des yeux, espérant toujours qu'il allait se retourner et revenir à elle.

Mais elle vit la porte s'ouvrir devant lui et se refermer sur lui; mais elle entendit ses pas s'éloigner dans les antichambres et les corridors.

Cinq minutes après qu'il avait disparu, et que le bruit de ses pas s'était éteint, elle regardait et écoutait encore.

Tout à coup, son attention fut attirée par un bruit nouveau, et qui venait de la cour.

C'était celui d'une voiture.

Elle courut à la fenêtre et reconnut la voiture de voyage de Charny, qui traversait la cour des Suisses et s'éloignait par la rue du Carrousel.

Elle sonna Weber.

Weber entra.

— Si je n'étais point prisonnière au château, dit-elle, et que je voulusse aller rue Coq-Héron, quel chemin faudrait-il que je prisse?

— Madame, dit Weber, il vous faudrait sortir par la porte de la cour des Suisses, et tourner par la rue du Carrousel, puis suivre la rue Saint-Honoré jusqu'à...

— C'est bien... assez... — Il va lui dire adieu, murmura-t-elle.

Et, après avoir laissé un instant son front s'appuyer sur la vitre glacée.

— Oh! il faut pourtant que je sache à quoi m'en tenir, continua-t-elle à voix basse, brisant chaque parole entre ses dents serrées.

Puis, tout haut :

— Weber, dit-elle, tu passeras rue Coq-Héron, n° 9, chez madame la comtesse de Charny, et tu lui diras que je désire lui parler ce soir.

— Pardon, Madame, dit le valet de chambre, mais je croyais que Votre Majesté avait déjà disposé de sa soirée en faveur de M. le docteur Gilbert?

— Ah! c'est vrai, dit la reine hésitant.

— Qu'ordonne Votre Majesté?

— Contremande le docteur Gilbert, et donne-lui rendez-vous pour demain matin.

Puis, tout bas :

— Oui, c'est cela, dit-elle; à demain matin la politique. D'ailleurs, la conversation que je vais avoir avec madame de Charny pourra bien avoir quelque influence sur la détermination que je prendrai.

Et, de la main, elle congédia Weber.

XXIV

HORIZONS SOMBRES

La reine se trompait. Charny n'allait point chez la comtesse.

Il allait à la poste royale faire mettre des chevaux de poste à sa voiture.

Seulement, tandis qu'on attelait, il entra chez le maître de poste, demanda plume, encre, papier, et écrivit à la comtesse une lettre qu'il chargea le domestique qui ramenait ses chevaux de porter chez elle.

La comtesse, à demi couchée sur son canapé, placé à l'angle du salon, et ayant un guéridon devant elle, était occupée à lire cette lettre, lorsque Weber, selon le privilège des gens qui venaient de la part du roi ou de la reine, fut introduit près d'elle sans annonce préalable.

— Monsieur Weber, dit la femme de chambre en ouvrant la porte.

En même temps, Weber parut.

La comtesse plia vivement la lettre qu'elle tenait à la main, et l'appuya contre sa poitrine, comme si le valet de chambre de la reine fût venu pour la lui prendre.

Weber s'acquitta de sa commission en allemand. C'était toujours un grand plaisir pour le brave homme que de parler la langue de son pays, et l'on sait qu'Andrée, qui avait appris cette langue dans sa jeunesse, était arrivée, par la familiarité où, dix ans, l'avait tenue la reine, à parler cette langue comme sa langue maternelle.

Une des causes qui avaient fait regretter à Weber le départ d'Andrée et sa séparation de la reine, c'était cette occasion que perdait le digne Allemand de parler sa langue.

Aussi insista-t-il bien vivement, — espérant sans doute que, de l'entrevue, sortirait un rapprochement, — pour que, sous aucun prétexte, Andrée ne manquât au rendez-vous qui lui était donné, lui répétant à plusieurs reprises que la reine avait contremandé une entrevue qu'elle devait avoir le soir même avec le docteur Gilbert, afin de se faire maîtresse de sa soirée.

Andrée répondit simplement qu'elle se rendrait aux ordres de Sa Majesté.

Weber sorti, la comtesse se tint un instant immobile et, les yeux fermés, comme une personne qui veut chasser de son esprit toute pensée étrangère à celle qui l'occupe, et, seulement lorsqu'elle eut réussi à bien rentrer en elle-même, elle reprit sa lettre, dont elle continua la lecture.

La lettre lue, elle la baisa tendrement et la mit sur son cœur.

Puis, avec un sourire plein de tristesse :

— Dieu vous garde, chère âme de ma vie! dit-elle. J'ignore où vous êtes; mais Dieu le sait, et mes prières savent où est Dieu.

Alors, quoiqu'il lui fût impossible de deviner pour quelle cause la reine la demandait, sans impatience comme sans crainte, elle attendit le moment de se rendre aux Tuileries.

Il n'en était pas de même de la reine. Prisonnière en quelque sorte au château, elle errait, pour user son impatience, du pavillon de Flore au pavillon Marsan.

Monsieur l'aida à passer une heure. Monsieur était venu aux Tuileries, afin de savoir comment Favras avait été reçu par le roi.

La reine, qui ignorait la cause du voyage de Charny, et qui voulait se garder cette voie de salut, engagea le roi beaucoup plus qu'il ne s'était engagé lui-même, et dit à Monsieur qu'il eût à poursuivre, et que, le moment venu, elle se chargeait de tout.

Monsieur, de son côté, était joyeux et plein de confiance. L'emprunt qu'il négociait avec le banquier génois que nous avons vu apparaître un instant dans sa maison de campagne de Bellevue avait réussi, et, la veille, M. de Favras, intermédiaire dans cet emprunt, lui avait remis les deux millions, sur lesquels il n'avait pu, lui, Monsieur, faire accepter à Favras que cent louis dont il avait absolument besoin pour arroser le dévouement de deux drôles sur lesquels Favras avait juré qu'il pouvait compter, et qui devaient le seconder dans l'enlèvement royal.

Favras avait voulu donner à Monsieur des renseignements sur ces deux hommes ; mais Monsieur, toujours prudent, avait non seulement refusé de les voir, mais encore de connaître leur nom. Monsieur était censé ignorer tout ce qui se passait. Monsieur donnait de l'argent à Favras, parce que Favras avait été autrefois attaché à sa personne ; mais ce que faisait Favras de cet argent, Monsieur ne le savait pas et ne le voulait point savoir.

D'ailleurs, en cas de départ du roi, nous l'avons déjà dit, Monsieur restait. Monsieur avait l'air d'être en dehors du complot. Monsieur criait à l'abandon de sa famille et, comme Monsieur avait trouvé le moyen de se faire très populaire, il était probable, — la royauté étant encore enracinée au cœur de la plupart des Français, — il était probable, comme l'avait dit Louis XVI à Charny, que Monsieur serait nommé régent.

Dans le cas où l'enlèvement manquait, Monsieur ignorait tout, Monsieur niait tout, ou bien Monsieur, avec les quinze ou dix-huit cent mille francs qui lui restaient d'argent comptant, allait rejoindre à Turin M. le comte d'Artois et MM. les princes de Condé.

Monsieur parti, la reine usa une autre heure chez madame de Lamballe. La pauvre princesse, dévouée à la reine jusqu'à la mort, — on l'a vu dans l'occasion, — n'avait toujours été cependant que le pis aller de Marie-Antoinette, qui l'avait successivement abandonnée pour porter son inconstante faveur sur Andrée et sur mesdames de Polignac. Mais la reine la connaissait : elle n'avait qu'à faire un pas vers cette véritable amie pour que celle-ci, les bras et le cœur ouverts, fît le reste du chemin.

Aux Tuileries, et depuis le retour de Versailles, la princesse de Lamballe habitait le pavillon de Flore, où elle tenait le véritable salon de Marie-Antoinette, comme faisait à Trianon madame de Polignac. Toutes les fois que la reine avait une grande douleur ou une grande inquiétude, c'était à madame de Lamballe qu'elle allait, preuve que, là, elle se sentait aimée. Alors, sans avoir besoin de rien dire, sans même faire la douce jeune femme confidente de cette inquiétude ou de cette douleur, elle posait sa tête sur l'épaule de cette vivante statue de l'amitié, et les larmes qui coulaient des yeux de la reine ne tardaient pas à se mêler aux pleurs qui coulaient de ceux de la princesse.

O pauvre martyre ! qui osera aller chercher dans les ténèbres des alcôves si la source de cette amitié était pure ou criminelle, quand l'histoire, inexorable, terrible, viendra, les pieds dans ton sang, lui dire de quel prix tu l'as payée ?

Puis le dîner fit passer une autre heure. On dînait en famille avec madame Élisabeth, madame de Lamballe et les enfants.

Au dîner, les deux augustes convives étaient préoccupés. Chacun d'eux avait un secret pour l'autre :

La reine, l'affaire Favras ;

Le roi, l'affaire Bouillé.

Bien au contraire du roi, qui préférait devoir son salut à tout, même à la révolution, plutôt qu'à l'étranger, la reine préférait l'étranger à tout.

D'ailleurs, il faut le dire, ce que nous autres Français appelions l'étranger, c'était pour la reine la famille. Comment aurait-elle pu mettre dans la balance ce peuple qui tuait ses soldats, ces femmes qui venaient l'insulter dans les cours de Versailles, ces hommes qui voulaient l'assassiner dans ses appartements, cette foule qui l'appelait l'Autrichienne, avec les rois à qui elle demandait secours, avec Joseph II, son frère, avec Ferdinand Ier, son beau-frère, avec Charles IV, son cousin germain par le roi, dont il était plus proche parent que le roi ne l'était lui-même des d'Orléans et des Condés ?

La reine ne voyait donc pas, dans cette fuite qu'elle préparait, le crime dont elle fut accusée depuis ; elle y voyait le seul moyen, au contraire, de maintenir la dignité royale, et, dans ce retour à main armée qu'elle espérait, la seule expiation à la hauteur des insultes qu'elle avait reçues.

Nous avons montré à nu le cœur du roi ; lui,

se défiait des rois et des princes. Il n'appartenait pas le moins du monde à la reine comme beaucoup l'ont cru, quoiqu'il fût Allemand par sa mère; mais les Allemands ne regardent pas les Autrichiens comme des Allemands.

Non, le roi appartenait aux prêtres.

Il ratifia tous les décrets contre les rois, contre les princes et contre les émigrés. Il apposa son veto au décret contre les prêtres.

Pour les prêtres, il risqua le 20 juin, soutint le 10 août, subit le 21 janvier.

Aussi le pape, qui n'en put faire un saint, en fit-il au moins un martyr.

Contre son habitude, la reine, ce jour-là, resta peu avec ses enfants. Elle sentait bien que, son cœur n'étant pas tout entier au père, elle n'avait pas droit, à cette heure, aux caresses des enfants. Le cœur de la femme, ce viscère mystérieux qui couve les passions et fait éclore le repentir, le cœur de la femme connaît seul ces contradictions étranges.

De bonne heure, la reine se retira chez elle et s'enferma. Elle dit qu'elle avait à écrire et mit Weber de garde à sa porte.

D'ailleurs, le roi remarqua peu cette retraite, préoccupé qu'il était lui-même des événements inférieurs, il est vrai, mais non sans gravité, dont Paris était menacé, et dont le lieutenant de police, qui l'attendait chez lui, venait l'entretenir.

Ces événements, les voici en deux mots.

L'Assemblée, comme nous l'avons vu, s'était déclarée inséparable du roi, et, le roi à Paris, elle était venue l'y rejoindre.

En attendant que la salle du Manège, qui lui était destinée, fût prête, elle avait choisi pour lieu de ses séances la salle de l'Archevêché.

Là, elle avait changé par un décret le titre de *roi de France et de Navarre* en celui de *roi des Français*.

Elle avait proscrit les formules royales : « De notre science certaine et de notre pleine puissance... » et leur avait substitué celle-ci : « Louis, par la grâce de Dieu et par la loi constitutionnelle de l'État... »

Ce qui prouvait que l'Assemblée nationale, comme toutes les assemblées parlementaires dont elle est la fille ou l'aïeule, s'occupait souvent de choses futiles, quand elle eût dû s'occuper de choses sérieuses.

Par exemple, elle eût dû s'occuper de nourrir Paris, qui mourait littéralement de faim.

Le retour de Versailles et l'installation *du Boulanger, de la Boulangère et du petit Mitron* aux Tuileries n'avaient pas produit l'effet qu'on en attendait.

La farine et le pain continuaient de manquer.

Tous les jours il y avait attroupement à la porte des boulangers et ces attroupements causaient de grands désordres. Mais comment remédier à ces attroupements?

Le droit de réunion était consacré par *la Déclaration des droits de l'Homme*.

Mais l'Assemblée ignorait tout cela. Ses membres n'étaient pas obligés de faire queue aux portes des boulangers, et, quand, par hasard, quelqu'un de ses membres avait faim pendant la séance, il était toujours sûr de trouver à cent pas de là des petits pains frais, chez un boulanger nommé François, qui demeurait rue du Marché-Palu, district de Notre-Dame, et qui, faisant jusqu'à sept ou huit fournées par jour, avait toujours une réserve pour *messieurs de l'Assemblée*.

Le lieutenant de police était donc occupé à faire part à Louis XVI de ses craintes relativement à ces désordres, qui pouvaient, un beau matin, se changer en émeute, lorsque Weber ouvrit la porte du petit cabinet de la reine et annonça à demi-voix :

— Madame la comtesse de Charny.

XXV

FEMME SANS MARI. — AMANTE SANS AMANT

Quoique la reine eût fait elle-même demander Andrée, quoiqu'elle s'attendît, par conséquent, à l'annonce qui venait d'être faite, elle tressaillit de tout son corps aux cinq mots que venait de prononcer Weber.

C'est que la reine ne pouvait se dissimuler qu'entre elle et Andrée, dans ce petit fait, pour ainsi dire, dès le premier jour où, jeunes filles, elles s'étaient vues au château de Taverney, il y avait eu un échange d'amitié et de services rendus dans lequel elle, Marie-Antoinette, avait toujours été l'obligée.

Or rien ne gêne les rois comme ces obligations contractées, surtout lorsqu'elles tiennent aux plus profondes racines du cœur.

Il en résultait que la reine, qui envoya chercher Andrée, croyant avoir de grands reproches à lui faire, ne se rappelait plus, en se trouvant en face de la jeune femme, que les obligations qu'elle lui avait.

Quant à Andrée, elle était toujours la même :

froide, calme, pure comme le diamant, mais tranchante et invulnérable comme lui.

La reine hésita un instant pour savoir de quel nom elle saluerait la blanche apparition qui passait de l'ombre de la porte dans la pénombre de l'appartement, et qui entrait peu à peu dans le cercle de lumière projeté par les trois bougies du candélabre placé sur la table où elle s'accoudait.

Enfin, étendant la main vers son ancienne amie :

— Soyez la bienvenue, aujourd'hui comme toujours, Andrée, dit-elle.

Si forte et si préparée qu'elle se présentât aux Tuileries, ce fut à Andrée de tressaillir à son tour. Elle avait reconnu, dans ces paroles que venait de lui adresser la reine, un souvenir de l'accent avec lequel autrefois lui parlait la dauphine.

— Ai-je besoin de dire à Votre Majesté, répondit Andrée abordant la question avec sa franchise et sa netteté ordinaires, que, si elle m'eût toujours parlé comme elle vient de le faire, elle n'eût pas eu besoin, ayant à me parler, de m'envoyer chercher hors du palais qu'elle habite?

Rien ne pouvait mieux servir la reine que cette façon dont Andrée entrait en matière; elle l'accueillit comme une ouverture dont elle allait profiter.

— Hélas! lui dit-elle, vous devriez le savoir, Andrée, vous, si belle, si chaste et si pure; vous dont aucune haine n'a troublé le cœur; vous dont aucun amour n'a bouleversé l'âme; vous que les nuages de la tempête peuvent couvrir et faire disparaître comme une étoile qui, chaque fois que le vent balaye l'orage, reparaît plus brillante au firmament! toutes les femmes, même les plus haut placées, n'ont pas votre immuable sérénité; moi surtout, moi qui vous ai demandé secours, et à qui vous l'avez si généreusement accordé...

— La reine, répondit Andrée, parle de temps que j'avais oubliés, et dont je croyais qu'elle ne se souvenait plus.

— La réponse est sévère, Andrée, dit la reine; et cependant je la mérite, et vous avez raison de me la faire; non, c'est vrai, tant que j'ai été heureuse, je ne me suis pas rappelé votre dévouement, et cela, peut-être, parce qu'aucune puissance humaine, pas même la puissance royale, ne m'offrait un moyen de m'acquitter envers vous; vous avez dû me croire ingrate, Andrée; mais, peut-être, ce que vous preniez pour de l'ingratitude n'était que de l'impuissance.

— J'aurais le droit de vous accuser, Madame, dit Andrée, si jamais j'eusse désiré ou demandé quelque chose, et que la reine se fût opposée à mon désir, et eût repoussé ma demande; mais comment Votre Majesté veut-elle que je me plaigne, puisque je n'ai rien désiré ni demandé?

— Eh bien, voulez-vous que je vous le dise, ma chère Andrée? c'est justement cette espèce d'indifférence des choses de ce monde qui m'épouvante en vous; oui, vous me semblez un être surhumain, une créature d'une autre sphère emportée par un tourbillon et jetée parmi nous, comme ces pierres épurées par le feu, et qui tombent on ne sait de quel soleil. Il en résulte qu'on est d'abord effrayé de sa faiblesse en se trouvant en face de celle qui n'a jamais failli; mais, ensuite, on se rassure, on se dit que la suprême indulgence est dans la suprême perfection; que c'est à la source la plus pure qu'il faut laver son âme, et, dans un moment de profonde douleur, on fait ce que je viens de faire, Andrée, on envoie chercher cet être surhumain dont on craignait le blâme, pour lui demander la consolation.

— Hélas! Madame, dit Andrée! si telle est réellement la chose que vous demandez de moi, j'ai bien peur que le résultat ne réponde à l'attente.

— Andrée! Andrée! vous oubliez dans quelle circonstance terrible vous m'avez déjà soutenue et consolée! dit la reine.

Andrée pâlit visiblement. La reine, la voyant chanceler et les yeux fermés, comme quelqu'un dont la force s'en va, fit un mouvement de la main et du bras pour l'attirer sur le même canapé qu'elle; mais Andrée résista et demeura debout.

— Madame, dit-elle, si Votre Majesté avait pitié de sa fidèle servante, elle lui épargnerait des souvenirs qu'elle était presque parvenue à éloigner d'elle : c'est une mauvaise consolatrice que celle qui ne demande de consolation à personne, pas même à Dieu, parce qu'elle doute que Dieu lui-même ne soit pas impuissant à consoler certaines douleurs.

La reine fixa sur Andrée son regard clair et profond.

— Certaines douleurs! dit-elle; mais vous avez donc encore d'autres douleurs que celles que vous m'avez confiées?

Andrée ne répondit pas.

— Voyons, dit la reine, l'heure est venue de nous expliquer, et je vous ai fait quérir pour cela. — Vous aimez M. de Charny?

Andrée devint pâle comme une morte, mais resta muette.

— Vous aimez M. de Charny? répéta la reine.
— Oui!... dit Andrée.

La reine poussa un cri de lionne blessée.

— Oh! dit-elle, je m'en doutais!... Et depuis quand l'aimez-vous?
— Depuis la première heure que je l'ai vu.

La reine recula effrayée devant cette statue de marbre qui s'avouait une âme.

— Oh! dit-elle, et vous vous êtes tue?
— Vous le savez mieux que personne, Madame.
— Et pourquoi cela?
— Parce que je me suis aperçue que vous l'aimiez.
— Voulez-vous donc dire que vous l'aimiez plus que je ne l'aimais, puisque je n'ai rien vu?
— Ah! fit Andrée avec amertume, vous n'avez rien vu parce qu'il vous aimait, Madame.
— Oui... et je vois maintenant parce qu'il ne m'aime plus. C'est cela que vous voulez dire, n'est-ce pas?

Andrée resta muette.

— Mais répondez donc! dit la reine en lui saisissant, non plus la main, mais le bras; avouez qu'il ne m'aime plus!

Andrée ne répondit ni par un mot, ni par un geste, ni par un signe.

— En vérité, s'écria la reine, c'est à en mourir!... Mais tuez-moi donc tout de suite en me disant qu'il ne m'aime plus!... Voyons, il ne m'aime plus, n'est-ce pas?...
— L'amour ou l'indifférence de M. le comte de Charny sont ses secrets; ce n'est point à moi de les dévoiler, répondit Andrée.
— Oh! ses secrets... non pas à lui seul; car je présume qu'il vous a prise pour confidente? dit la reine avec amertume.
— Jamais M. le comte de Charny ne m'a dit un mot de son amour ou de son indifférence pour vous.
— Pas même ce matin?
— Je n'ai pas vu M. le comte de Charny ce matin.

La reine fixa sur Andrée un regard qui cherchait à pénétrer au plus profond de son cœur.

— Voulez-vous dire que vous ignorez le départ du comte?
— Je ne veux pas dire cela.
— Mais comment connaissez-vous ce départ, si vous n'avez pas vu M. de Charny?
— Il m'a écrit pour me l'annoncer.
— Ah! dit la reine, il vous a écrit?...

Et, de même que Richard III, dans un moment suprême, avait crié: « Ma couronne pour un cheval! » Marie-Antoinette fut près de crier: « Ma couronne pour cette lettre! »

Andrée comprit ce désir ardent de la reine; mais elle voulut se donner la joie de laisser un instant sa rivale dans l'anxiété.

— Et cette lettre que le comte vous a écrite au moment du départ, j'en suis bien sûre, vous ne l'avez pas sur vous?
— Vous vous trompez, Madame, dit Andrée, la voici.

Et, tirant de sa poitrine la lettre, tiède de sa chaleur et embaumée de son parfum, elle la tendit à la reine.

Celle-ci la prit en frissonnant, la serra un moment entre ses doigts, ne sachant pas si elle devait la conserver ou la rendre, et, regardant Andrée avec des sourcils froncés; puis, enfin, jetant loin d'elle toute hésitation:

— Oh! dit-elle, la tentation est trop forte!

Elle ouvrit la lettre, et, se penchant vers la lumière du candélabre, elle lut ce qui suit:

« Madame,

» Je quitte Paris dans une heure sur un ordre formel du roi.

» Je ne puis vous dire où je vais, pourquoi je pars, ni combien de temps je resterai hors de Paris: toutes choses qui, probablement, vous importent fort peu, mais que j'eusse cependant désiré être autorisé à vous dire.

» J'ai eu un instant l'intention de me présenter chez vous, pour vous annoncer mon départ de vive voix; mais je n'ai point osé le faire sans votre permission... »

La reine savait ce qu'elle désirait savoir, elle voulut rendre la lettre à Andrée; mais celle-ci, comme si c'eût été à elle de commander, et non d'obéir:

— Allez jusqu'au bout, Madame, lui dit-elle.

La reine reprit la lecture:

« J'avais refusé la dernière mission que l'on m'avait offerte, parce que je croyais alors, pauvre fou! qu'une sympathie quelconque me retenait à Paris; mais depuis, hélas! j'ai acquis la preuve du contraire, et j'ai accepté avec joie cette occasion de m'éloigner des cœurs auxquels je suis indifférent.

» Si, pendant ce voyage, il en arrivait de moi comme du malheureux Georges, toutes mes mesures sont prises, Madame, pour que vous soyez instruite, *la première*, du malheur qui m'aurait frappé, et de la liberté qui vous serait rendue. Alors seulement, Madame, vous sauriez quelle profonde admiration a fait naître dans mon cœur votre sublime dévouement, si mal récompensé par celle à qui vous avez sacrifié, jeune, belle, et née pour être heureuse, la jeunesse, la beauté et le bonheur.

» Alors, Madame, tout ce que je demande à Dieu et à vous, c'est que vous accordiez un souvenir au malheureux qui, si tard, s'est aperçu de la valeur du trésor qu'il possédait.

» Tous les respects du cœur,

» Comte OLIVIER DE CHARNY. »

La reine tendit la lettre à Andrée, qui la reprit cette fois, et laissa retomber près d'elle, avec un soupir, sa main inerte, presque inanimée.

— Eh bien, Madame, murmura Andrée, êtes-vous trahie? ai-je manqué, je ne dirai pas à la promesse que je vous ai faite, car jamais je ne vous ai fait de promesse, mais à la foi que vous aviez mise en moi?

— Pardonnez-moi, Andrée, dit la reine. Oh! j'ai tant souffert!...

— Vous avez souffert!... Vous osez dire devant moi que vous avez souffert, Madame! Et moi, que dirai-je donc?... Oh! je ne dirai pas que j'ai souffert, car je ne veux pas employer une parole dont se soit déjà servie une autre femme pour peindre la même idée... Non, il me faudrait un mot nouveau, inconnu, inouï, qui fût le résumé de toutes les douleurs, l'expression de toutes les tortures... Vous avez souffert... et, cependant, vous n'avez pas vu, Madame, l'homme que vous aimiez indifférent à cet amour, se retourner, à genoux et son cœur dans les mains, vers une autre femme; vous n'avez pas vu votre frère, jaloux de cette autre femme, qu'il adorait en silence et comme un païen sa divinité, se battre avec l'homme que vous aimiez; vous n'avez pas entendu l'homme que vous aimiez, blessé par votre frère d'une blessure crue un instant mortelle, n'appeler, dans son délire, que cette autre femme, dont vous étiez la confidente; vous n'avez pas vu cette autre femme se glisser comme une ombre dans les corridors où vous crriez vous-même pour entendre ces accents de délire, qui prouvaient que, si un amour insensé ne survivait point à la vie, il l'accompagnait au moins jusqu'au seuil du tombeau; vous n'avez pas vu cet homme, revenant à la vie par un miracle de la nature et de la science, ne se lever de son lit que pour tomber aux pieds de votre rivale... de votre rivale, oui, Madame, car, en amour, c'est à la grandeur de l'amour que se mesure l'égalité des rangs; — vous ne vous êtes point, alors, dans votre désespoir, retirée à vingt-cinq ans dans un couvent, cherchant à éteindre sur les pieds glacés d'un crucifix cet amour qui vous dévorait; puis, un jour, quand après un an de prières, d'insomnies, de jeûnes, de désirs impuissants, de cris de douleur, vous espériez avoir, sinon éteint, du moins endormi la flamme qui vous consumait, vous n'avez pas vu cette rivale, votre ancienne amie, qui n'avait rien compris, qui n'avait rien deviné, venir vous trouver dans votre solitude, pour vous demander... quoi?... au nom d'une ancienne amitié que les souffrances n'avaient pu altérer, au nom de son salut comme épouse, au nom de la majesté royale compromise, venir vous demander d'être la femme... de qui?... de cet homme que, depuis trois ans, vous adoriez! — femme sans mari, bien entendu, un simple voile jeté entre les regards de la foule et le bonheur d'autrui, comme un linceul est étendu entre un cadavre et le monde; — vous n'avez pas, dominée, non point par la pitié, l'amour jaloux n'a pas de miséricorde, — et vous le savez bien, vous, Madame, qui m'avez sacrifiée; — vous n'avez pas, dominée par le devoir, accepté l'immense dévouement; vous n'avez pas entendu le prêtre vous demander si vous preniez pour époux un homme qui ne serait jamais votre époux; vous n'avez pas senti cet homme vous passer au doigt un anneau d'or qui, gage d'une éternelle union, n'était, pour vous, qu'un vain et insignifiant symbole; vous n'avez pas, une heure après la célébration du mariage, quitté votre époux pour ne le revoir... que comme l'amant de votre rivale!... — Ah! Madame! Madame! les trois années qui viennent de s'écouler sont, je vous le dis, trois cruelles années!...

La reine souleva sa main défaillante cherchant la main d'Andrée.

Andrée écarta la sienne.

— Moi, je n'avais rien promis, dit-elle, et voilà ce que j'ai tenu; vous, Madame, continua la jeune femme se faisant accusatrice, vous m'aviez promis deux choses...

— Andrée, Andrée! fit la reine.

— Vous m'aviez promis de ne pas revoir M. de Charny, promesse d'autant plus sacrée que je ne vous la demandais pas.

— Andrée!

— Puis, vous m'aviez promis, — oh! cette fois, par écrit, — vous m'aviez promis de me traiter comme une sœur, promesse d'autant plus sacrée que je ne l'avais pas sollicitée.

— Andrée !

— Faut-il que je vous rappelle les termes de cette promesse que vous m'avez faite dans un moment solennel, dans un moment où je venais de sacrifier ma vie, plus que ma vie... mon amour ?... c'est-à-dire mon bonheur en ce monde, et mon salut dans l'autre !... Oui, mon salut dans l'autre, car on ne pèche point que par actions, Madame, et qui me dit que le Seigneur me pardonnera mes désirs insensés, mes vœux impies ? Eh bien, dans ce moment où je venais de tout vous sacrifier, vous m'avez remis un billet; ce billet, je le vois encore, chaque lettre flamboie devant mes yeux; ce billet, il était conçu en ces termes :

« Andrée, vous m'avez sauvée ! Mon honneur me vient de vous, ma vie est à vous ! Au nom de cet honneur qui vous coûte si cher, je vous jure que vous pourrez m'appeler votre sœur : essayez, vous ne me verrez pas rougir.

» Je remets cet écrit entre vos mains ; c'est le gage de ma reconnaissance, c'est la dot que je vous donne.

» Votre cœur est le plus noble de tous les cœurs : il me saura gré du présent que je vous offre.

» MARIE-ANTOINETTE. »

La reine poussa un soupir d'abattement.

— Oui, je comprends, dit Andrée, parce que j'ai brûlé ce billet, vous croyiez que je l'avais oublié ?... Non, Madame, non, vous voyez que j'en avais retenu chaque parole, et, au fur et à mesure que vous paraissiez ne plus vous en souvenir... oh ! moi, je me le rappelais davantage...

— Ah ! pardonne-moi, pardonne-moi, Andrée... Je croyais qu'il t'aimait !

— Vous avez donc cru que c'était une loi du cœur que, parce qu'il vous aimait moins, Madame, il devait en aimer une autre ?

Andrée avait tant souffert qu'elle devenait cruelle à son tour.

— Vous aussi, vous vous êtes donc aperçue qu'il m'aimait moins ?... dit la reine avec une exclamation de douleur.

Andrée ne répondit pas. Seulement elle regarda la reine éperdue, et quelque chose comme un sourire se dessina sur ses lèvres.

— Mais que faut-il faire, mon Dieu ! que faut-il faire pour retenir cet amour, c'est-à-dire ma vie qui s'en va ? Oh ! si tu sais cela, Andrée, mon amie, ma sœur, dis-le-moi, je t'en supplie, je t'en conjure...

Et la reine étendit les deux mains vers Andrée.

Andrée recula d'un pas.

— Puis-je savoir cela, Madame, dit-elle, moi qu'il n'a jamais aimée ?

— Oui, mais il peut t'aimer... Un jour, il peut venir à tes genoux faire amende honorable du passé, te demander son pardon pour tout ce qu'il t'a fait souffrir ; et les souffrances sont si vite oubliées, mon Dieu ! dans les bras de celui qu'on aime ! le pardon est si vite accordé à celui qui nous a fait souffrir !

— Eh bien, ce malheur arrivant, — oui, ce serait probablement un malheur pour toutes deux, Madame ; — oubliez-vous qu'avant d'être la femme de M. de Charny, il me resterait un secret à lui apprendre... une confidence à lui faire... secret terrible, confidence mortelle, qui tuerait à l'instant même cet amour que vous craignez ? oubliez-vous qu'il me resterait à lui raconter ce que je vous ai raconté, à vous ?

— Vous lui diriez que vous avez été violée par Gilbert ?... Vous lui diriez que vous avez un enfant ?

— Oh ! mais, en vérité, Madame, dit Andrée, pour qui me prenez-vous donc, de manifester un pareil doute ?

La reine respira.

— Ainsi, dit-elle, vous ne ferez rien pour essayer de ramener à vous M. de Charny ?

— Rien, Madame ; pas plus dans l'avenir que je ne l'ai fait dans le passé.

— Vous ne lui direz pas, vous ne lui laisserez pas soupçonner que vous l'aimez ?

— A moins que lui-même ne vienne me dire qu'il m'aime, non, Madame.

— Et, s'il vient vous dire qu'il vous aime, si vous lui dites que vous l'aimez, vous me jurez...

— Oh ! Madame, fit Andrée interrompant la reine.

— Oui, dit la reine, oui, vous avez raison, Andrée, ma sœur, mon amie, et je suis injuste, exigeante, cruelle. Oh ! mais, quand tout m'abandonne, amis, pouvoir, réputation, oh ! je voudrais au moins que cet amour auquel je sacrifierais réputation, pouvoir, amis, je voudrais au moins que cet amour me restât.

— Et maintenant, Madame, dit Andrée avec cette froideur glaciale qui ne l'avait abandonnée qu'un seul instant, quand elle avait parlé des tortures souffertes par elle, avez-vous quelques nouveaux renseignements à me demander... quelques nouveaux ordres à me transmettre ?

— Non, rien, merci. Je voulais vous rendre

Celui auquel il s'adressait tressaillit. (Page 116.)

mon amitié, et vous la refusez... Adieu, Andrée ; emportez au moins ma reconnaissance.

Andrée fit de la main un geste qui semblait repousser ce second sentiment de même qu'elle avait repoussé le premier, et, faisant une froide et profonde révérence, sortit lente et silencieuse comme une apparition.

— Oh! tu as bien raison, corps de glace, cœur de diamant, âme de feu, de ne vouloir ni de ma reconnaissance ni de mon amitié; car, je le sens, et j'en demande pardon au Seigneur, mais je te hais comme je n'ai jamais haï personne... car, s'il ne t'aime déjà... oh! j'en suis bien sûre, il t'aimera un jour!...

Puis, appelant Weber :

— Weber, dit-elle, tu as vu M. Gilbert?

— Oui, Votre Majesté, répondit le valet de chambre.

— A quelle heure viendra-t-il demain matin ?

— A dix heures, Madame.

— C'est bien, Weber ; préviens mes femmes que je me coucherai sans elles ce soir et que, souffrante et fatiguée, je désire qu'on me laisse dormir demain jusqu'à dix heures... La première et la seule personne que je recevrai sera M. le docteur Gilbert.

XXVI

LE BOULANGER FRANÇOIS

Nous n'essayerons pas de dire comment s'écoula cette nuit pour les deux femmes.

A neuf heures du matin seulement, nous retrouvons la reine, les yeux rougis par les larmes, les joues pâlies par l'insomnie. A huit heures, c'est-à-dire au jour presque naissant, — car on en était à cette triste période de l'année où les journées sont courtes et sombres, — à huit heures, elle avait quitté le lit où elle avait en vain cherché le repos pendant les premières heures de la nuit, et où, pendant les dernières, elle n'avait trouvé qu'un sommeil fiévreux et agité.

Depuis quelques instants, quoique, d'après l'ordre donné, personne n'osât entrer dans sa chambre, elle entendait, autour de son appartement, ces allées et venues, ces bruits soudains et ces rumeurs prolongées qui annoncent que quelque chose d'insolite se passe à l'extérieur.

Ce fut à ce moment que, la toilette de la reine achevée, la pendule sonna neuf heures.

Au milieu de tous ces bruits confus qui semblaient courir dans les corridors, elle entendit la voix de Weber, qui réclamait le silence.

Elle appela le fidèle valet de chambre.

A l'instant même, tout bruit cessa.

La porte s'ouvrit.

— Qu'y a-t-il donc, Weber, demanda la reine, que se passe-t-il dans le château, et que signifient toutes ces rumeurs ?

— Madame, dit Weber, il paraît qu'il y a du bruit, du côté de la Cité.

— Du bruit, fit la reine, et à quel propos ?

— On ne sait pas encore, Madame, seulement on dit qu'il se fait une émeute à cause du pain.

Autrefois il ne serait pas venu à la reine cette idée qu'il y avait des gens qui mouraient de faim ; mais, depuis que, pendant le voyage de Versailles, elle avait entendu le dauphin lui demander du pain sans qu'elle pût lui en donner, elle comprenait ce que c'était que la détresse, la famine et la faim.

— Pauvres gens! murmura-t-elle, se rappelant les mots qu'elle avait entendus sur la route et l'explication que Gilbert avait donnée de ces mots. Ils voient bien maintenant que ce n'est la faute ni du *boulanger*, ni de la *boulangère*, s'ils n'ont pas de pain.

Puis, tout haut :

— Et craint-on que cela ne devienne grave? demanda-t-elle.

— Je ne saurais vous dire, Madame. Il n'y a pas deux rapports qui se ressemblent, répondit Weber.

— Eh bien, reprit la reine, cours jusqu'à la Cité, Weber, ce n'est pas loin d'ici; vois par tes yeux ce qui se passe, et viens me le redire.

— Et M. le docteur Gilbert? demanda le valet de chambre.

— Préviens Campan ou Misery que je l'attends, et l'une ou l'autre l'introduira.

Puis, jetant cette dernière recommandation, au moment où Weber allait disparaître :

— Recommande bien qu'on ne fasse pas attendre, Weber, dit-elle; lui qui est au courant de tout nous expliquera ce qui se passe.

Weber sortit du château, gagna le guichet du Louvre, s'élança sur le pont, et, guidé par les clameurs, suivant le flot qui roulait vers l'archevêché, il arriva sur le parvis Notre-Dame.

Au fur et à mesure qu'il s'était avancé vers le vieux Paris, la foule avait grossi, et les clameurs étaient devenues plus vives.

Au milieu de ces cris ou plutôt de ces hurlements, on entendait de ces voix, comme on en entend seulement au ciel les jours d'orage, et sur la terre les jours de révolution ; on entendait des voix qui criaient :

— C'est un affameur ! A mort! à mort! A la lanterne! à la lanterne !

Et des milliers de voix, qui ne savaient pas même de quoi il était question, et parmi lesquelles on distinguait celles des femmes, répétaient de confiance, et dans l'attente d'un de ces spectacles qui font toujours bondir de joie le cœur des foules :

— C'est un affameur ! A mort ! A la lanterne !

Tout à coup, Weber se sentit frappé d'une de ces violentes secousses, comme il s'en fait dans une grande masse d'hommes, quand un courant s'établit, et vit arriver, par la rue Chanoinesse, un flot humain, une cataracte vivante, au milieu de laquelle se débattait un malheureux pâle et aux vêtements déchirés.

C'était après lui que tout ce peuple en avait; c'était contre lui que s'élevaient tous ces cris, tous ces hurlements, toutes ces menaces.

Un seul homme le défendait contre cette foule ; un seul homme faisait digue à ce torrent humain.

Cet homme, qui avait entrepris une tâche de pitié au-dessus des forces de dix hommes, de vingt hommes, de cent hommes, c'était Gilbert.

Il est vrai que quelques-uns, parmi la foule, l'ayant reconnu, commençaient à crier :

— C'est le docteur Gilbert, un patriote, l'ami de M. la Fayette et de M. Bailly. Écoutons le docteur Gilbert.

A ces cris, il y eut un moment de halte,

quelque chose comme ce calme passager qui s'étend sur les flots entre deux rafales.

Weber en profita pour se frayer un chemin jusqu'au docteur.

Il y parvint à grand'peine.

— Monsieur le docteur Gilbert, dit le valet de chambre.

Gilbert se retourna du côté d'où venait cette voix.

— Ah! dit-il, c'est vous, Weber?

Puis, lui faisant signe d'approcher :

— Allez, dit-il tout bas, annoncer à la reine que je viendrai peut-être plus tard qu'elle ne m'attend. Je suis occupé à sauver un homme.

— Oh! oui, oui, dit le malheureux entendant ces derniers mots, vous me sauverez, n'est-ce pas, docteur? Dites-leur que je suis innocent! dites-leur que ma jeune femme est enceinte!... Je vous jure que je ne cachais pas de pain, docteur.

Mais, comme si cette plainte et cette prière du malheureux eussent remis le feu à la haine et à la colère à moitié éteintes, les cris redoublèrent et les menaces essayèrent de se traduire en voies de fait.

— Mes amis, s'écria Gilbert en luttant avec une force surhumaine contre les furieux, cet homme est un Français, un citoyen comme vous; on ne peut, on ne doit pas égorger un homme sans l'entendre. Conduisez-le au district, et, après, l'on verra.

— Oui! crièrent quelques voix appartenant à ceux qui avaient reconnu le docteur.

— Monsieur Gilbert, dit le valet de chambre de la reine, tenez bon, je vais avertir les officiers du district... le district est à deux pas; dans cinq minutes, ils seront ici.

Et il se glissa et se perdit à travers la foule, sans même attendre l'approbation de Gilbert.

Cependant quatre ou cinq personnes étaient venues en aide au docteur et avaient fait, avec leurs corps, une espèce de retranchement au malheureux que menaçait la colère de la foule.

Ce rempart, tout faible qu'il était, contint momentanément les meurtriers qui continuaient à couvrir de leurs clameurs la voix de Gilbert et celle des bons citoyens qui s'étaient ralliés à lui.

Heureusement, au bout de cinq minutes, un mouvement se fait dans la foule, un murmure lui succède, et ce murmure se traduit par les mots :

— Les officiers du district! les officiers du district!

Devant les officiers du district les menaces s'éteignent, la foule s'écarte. Les assassins n'ont probablement pas encore le mot d'ordre.

On conduit le malheureux à l'hôtel de ville.

Il s'est attaché au docteur, il le tient par le bras, il ne veut pas le lâcher.

Maintenant, qu'est-ce que cet homme?

Nous allons vous le dire.

C'est un pauvre boulanger, nommé Denis François, le même dont nous avons déjà prononcé le nom, et qui fournit des petits pains à messieurs de l'Assemblée.

Le matin, une vieille femme est entrée dans son magasin de la rue du Marché-Palu, au moment où il vient de distribuer sa sixième fournée de pain, et où il commence à cuire la septième.

La vieille femme demande un pain.

— Il n'y en a plus, dit François; mais attendez la septième fournée, et vous serez servie la première.

— J'en veux tout de suite, dit la femme, voici de l'argent.

— Mais, dit le boulanger, puisque je vous affirme qu'il n'y en a plus...

— Laissez-moi voir.

— Oh! dit le boulanger, entrez, voyez, cherchez, je ne demande pas mieux.

La vieille femme entre, cherche, flaire, furète, ouvre une armoire, et, dans cette armoire, trouve trois pains rassis de quatre livres chacun, que les garçons avaient conservés pour eux.

Elle en prend un, sort sans payer, et, sur la réclamation du boulanger, elle ameute le peuple en criant que François est un affameur, et qu'il cache la moitié de sa fournée.

Le cri d'affameur désignait à peu près certaine celui qui en était l'objet.

Un ancien recruteur de dragons, nommé Fleur-d'Épine, qui buvait dans un cabaret en face, sort du cabaret, et répète, d'une voix avinée, le cri poussé par la vieille.

A ce double cri, le peuple accourt hurlant, s'informe, apprend ce dont il est question, répète les cris poussés, se rue dans la boutique du boulanger, force la garde de quatre hommes que la police avait mise à sa porte, comme à celle de ses confrères, se répand dans le magasin, et, outre les deux pains rassis laissés et dénoncés par la vieille, trouve dix douzaines de petits pains frais, réservés pour les députés qui tiennent leurs séances à l'archevêché, c'est-à-dire à cent pas de là.

Dès lors, le malheureux est condamné, ce n'est plus une voix, c'est cent voix, deux cents voix, mille voix qui crient: « A l'affameur! »

C'est toute une foule qui hurle : « A la lanterne! »

En ce moment, le docteur, qui revenait de faire visite à son fils, qu'il avait reconduit chez l'abbé Bérardier, au collège Louis-le-Grand, est attiré par le bruit ; il voit tout un peuple qui demande la mort d'un homme, et il s'élance au secours de cet homme.

Là, en quelques paroles, il avait appris de François ce dont il s'agissait ; il avait reconnu l'innocence du boulanger, et il avait essayé de le défendre.

Alors la foule avait entraîné ensemble et le malheureux menacé et son défenseur, les enveloppant tous les deux dans le même anathème, et prête à les frapper tous les deux du même coup.

C'était à ce moment que Weber, envoyé par la reine, était arrivé sur la place Notre-Dame, et avait reconnu Gilbert.

Nous avons vu qu'après le départ de Weber, les officiers du district étaient arrivés, et que le malheureux boulanger avait été, sous leur escorte, conduit à l'hôtel de ville.

Accusé, gardes du district, populace irritée, tout était entré pêle-mêle dans l'hôtel de ville, dont la place s'était, à l'instant même, encombrée d'ouvriers sans ouvrage, et de pauvres diables mourant de faim, toujours prêts à se mêler à toutes les émeutes et à rendre, à quiconque était soupçonné d'être la cause de la misère publique, une partie du mal qu'ils ressentaient.

Aussi, à peine l'infortuné François eut-il disparu sous le porche béant de l'hôtel de ville, que les cris redoublèrent.

Il semblait à tous ces hommes qu'on venait de leur enlever une proie qui leur appartenait.

Des individus à figure sinistre sillonnaient la foule en disant à demi-voix :

— C'est un affameur payé par la cour ! voilà pourquoi on veut le sauver.

Et ces mots : « C'est un affameur ! c'est un affameur ! » serpentaient au milieu de cette populace affamée, comme une mèche d'artifice, allumant toutes les haines, mettant le feu à toutes les colères.

Par malheur, il était bien matin encore, et aucun des hommes qui avaient pouvoir sur le peuple, ni Bailly, ni Lafayette, n'était là.

Ils le savaient bien, ceux qui répétaient dans les groupes : « c'est un affameur ! c'est un affameur. »

Enfin, comme on ne voyait pas reparaître l'accusé, les cris se changèrent en un immense hourra, les menaces en un hurlement universel.

Ces hommes dont nous avons parlé se glissèrent sous le porche, rampèrent le long des escaliers, pénétrèrent jusque dans la salle où était le malheureux boulanger que Gilbert défendait de son mieux.

De leur côté, les voisins de François, accourus au tumulte, constataient qu'il avait donné, depuis le commencement de la révolution, les plus grandes preuves de zèle ; qu'il avait cuit jusqu'à dix fournées par jour ; que, lorsque ses confrères manquaient de farine, il leur en avait donné de la sienne ; que, pour servir plus promptement son public, outre son four, il louait celui d'un pâtissier où il faisait sécher son bois.

A la fin des dépositions, il est démontré qu'au lieu d'une punition, cet homme méritait une récompense.

Mais, sur la place, mais, dans les escaliers, mais, jusque dans la salle, on continue de crier : « A l'affameur ! » et de demander la mort du coupable.

Tout à coup, une irruption inattendue se fait dans la salle, ouvrant la haie de garde nationale qui entoure François, et le séparant de ses protecteurs. Gilbert, refoulé du côté du tribunal improvisé, voit vingt bras s'étendre... Saisi, attiré, harponné par eux, l'accusé crie à l'aide, au secours, tend ses mains suppliantes, mais inutilement... Inutilement Gilbert fait un effort désespéré pour le rejoindre ; l'ouverture par laquelle le malheureux disparaît peu à peu se referme sur lui ! Comme un nageur aspiré par un tourbillon, il a lutté un instant, les mains crispées, le désespoir dans les yeux, la voix étranglée dans la gorge ; puis le flot l'a recouvert, le gouffre l'a englouti !

A partir de ce moment, il est perdu.

Roulé du haut en bas des escaliers, à chaque marche il a reçu une blessure. Lorsqu'il arrive sous le porche, tout son corps n'est qu'une vaste plaie.

Ce n'est plus la vie qu'il demande, c'est la mort !...

Où se cachait donc la mort, à cette époque, qu'elle était si prête à accourir quand on l'appelait.

En une seconde, la tête du malheureux François est séparée du corps, et s'élève au bout d'une pique.

Aux cris de la rue, les émeutiers qui sont dans les escaliers et dans les salles se précipitent. Il faut voir le spectacle jusqu'au bout.

C'est curieux, une tête au bout d'une pique ;

on n'en a pas vu depuis le 6 octobre, et l'on est au 21.

— Oh! Billot! Billot! murmura Gilbert en s'élançant hors de la salle, que tu es heureux d'avoir quitté Paris!

Il venait de traverser la place de Grève, suivant le bord de la Seine, laissant s'éloigner cette pique, cette tête sanglante et le convoi hurlant par le pont Notre-Dame, lorsqu'à moitié du quai Pelletier, il sentit qu'on lui touchait le bras.

Il leva la tête, jeta un cri, voulut s'arrêter et parler; mais l'homme qu'il avait reconnu lui glissa un billet dans la main, mit un doigt sur sa bouche, et s'éloigna, allant du côté de l'archevêché.

Sans doute, ce personnage désirait garder l'incognito; mais une femme de la halle, l'ayant regardé, battit des mains, et s'écria :

— Eh ! c'est notre petite mère Mirabeau !

— Vive Mirabeau! crièrent aussitôt cinq cents voix; vive le défenseur du peuple! vive l'orateur patriote!

Et la queue du cortège qui suivait la tête du malheureux François, entendant ce cri, se retourna et fit escorte à Mirabeau, qu'une foule immense accompagna, toujours criant, jusqu'à la porte de l'archevêché.

C'était, en effet, Mirabeau, qui, se rendant à la séance de l'Assemblée, avait rencontré Gilbert et lui avait remis un billet qu'il venait d'écrire pour lui sur le comptoir d'un marchand de vin et qu'il se proposait de lui faire parvenir à domicile.

XXVII

LE PARTI QU'ON PEUT TIRER D'UNE TÊTE COUPÉE

Gilbert avait lu rapidement le billet que lui avait glissé Mirabeau, l'avait relu plus lentement une seconde fois, l'avait mis dans la poche de sa veste, et, appelant un fiacre, il avait donné l'ordre de le conduire aux Tuileries.

En arrivant, il avait trouvé toutes les grilles closes, et les sentinelles doublées, par ordre de M. de la Fayette, qui, sachant qu'il y avait du trouble dans Paris, avait commencé par aviser à la sûreté du roi et de la reine, et s'était porté ensuite au lieu où on lui avait dit que le trouble existait.

Gilbert se fit reconnaître du concierge de la rue de l'Échelle, et pénétra dans les appartements.

En l'apercevant, madame Campan, qui avait reçu le mot d'ordre de la reine, vint au-devant de lui et l'introduisit aussitôt. Weber, pour obéir à la reine, était retourné aux nouvelles.

A la vue de Gilbert, la reine jeta un cri.

Une portion de l'habit et du jabot du docteur avait été déchirée dans la lutte qu'il avait soutenue pour sauver le malheureux François, et quelques gouttes de sang mouchetaient sa chemise.

— Madame, dit-il, je demande pardon à Votre Majesté de me présenter ainsi devant elle; mais je l'avais, malgré moi, déjà fait attendre assez longtemps et je ne voulais pas la faire attendre davantage.

— Et ce malheureux, monsieur Gilbert?

— Il est mort, Madame! il a été assassiné, mis en morceaux...

— Était-il coupable au moins?

— Il était innocent, Madame.

— Oh! Monsieur, voilà les fruits de votre révolution! Après avoir égorgé les grands seigneurs, les fonctionnaires, les gardes, les voilà qui s'égorgent entre eux; mais il n'y a donc pas moyen de faire justice de ces assassins?

— Nous y tâcherons, Madame; mais mieux vaudrait encore prévenir les meurtres que punir les meurtriers.

— Et comment arriver là, mon Dieu? Le roi et moi ne demandons pas mieux.

— Madame, tous ces malheurs viennent d'une grande défiance du peuple envers les agents du pouvoir : mettez à la tête du gouvernement des hommes qui aient la confiance du peuple, et rien de pareil n'arrivera plus.

— Ah! oui, M. de Mirabeau, M. de la Fayette, n'est-ce pas?

— J'espérais que la reine m'avait envoyé chercher pour me dire qu'elle avait obtenu du roi qu'il cessât d'être hostile à la combinaison que je lui avais proposée.

— D'abord, docteur, dit la reine, vous tombez dans une grave erreur, erreur où, du reste, tombent beaucoup d'autres que vous : vous croyez que j'ai de l'influence sur le roi? vous croyez que le roi suit mes inspirations? Vous vous trompez; si quelqu'un a de l'influence sur le roi, c'est Madame Élisabeth, et non pas moi; et la preuve, c'est qu'hier encore, il a envoyé en mission un de mes serviteurs, M. de Charny, sans que je sache ni où il va, ni dans quel but il est parti.

— Et cependant si la reine voulait surmonter sa répugnance pour M. de Mirabeau, je lui répondrais bien d'amener le roi à ses désirs.

— Voyons, monsieur Gilbert, reprit vivement la reine, me direz-vous, par hasard, que cette répugnance n'est point motivée?

— En politique, Madame, il ne doit y avoir ni sympathie ni antipathie; il doit y avoir des rapports de principes ou des combinaisons d'intérêts, et je dois dire à Votre Majesté, à la honte des hommes, que les combinaisons d'intérêts sont bien autrement sûres que les rapports de principes.

— Docteur, me direz-vous sérieusement que je dois me fier à un homme qui a fait les 5 et 6 octobre, et pactiser avec un orateur qui m'a publiquement insultée à la tribune?

— Madame, croyez-moi, ce n'est point M. de Mirabeau qui a fait les 5 et 6 octobre; c'est la faim, la disette, la misère, qui ont commencé l'œuvre du jour; mais c'est un bras puissant, mystérieux, terrible, qui a fait l'œuvre de la nuit... Peut-être, un jour, serai-je à même de vous défendre de ce côté, et de lutter avec cette ténébreuse puissance qui poursuit, non seulement vous, mais encore toutes les autres têtes couronnées; non seulement le trône de France, mais encore tous les trônes de la terre! Aussi vrai, comme j'ai l'honneur de mettre ma vie à vos pieds et à ceux du roi, Madame, M. de Mirabeau n'est pour rien dans ces terribles journées, et il a appris à l'Assemblée, comme les autres, un peu avant les autres peut-être, par un billet qui lui a été remis, que le peuple marchait sur Versailles.

— Nierez-vous aussi, ce qui est de notoriété publique, c'est-à-dire l'insulte qu'il m'a faite à la tribune?

— Madame, M. de Mirabeau est un de ces hommes qui connaissent leur propre valeur, et qui s'exaspèrent quand, voyant à quoi ils sont bons, et de quelle aide ils peuvent être, les rois s'obstinent à ne pas les employer; oui, pour que vous tourniez les yeux vers lui, Madame, M. de Mirabeau emploiera jusqu'à l'injure; car il aimera mieux que l'illustre fille de Marie-Thérèse, reine et femme, jette sur lui un regard courroucé, que de ne pas le regarder du tout.

— Ainsi, vous croyez, monsieur Gilbert, que cet homme consentirait à être à nous?

— Il y est tout entier, Madame; quand Mirabeau s'éloigne de la royauté, c'est comme un cheval qui fait des écarts, et qui n'a besoin que de sentir la bride et l'éperon de son cavalier pour rentrer dans le droit chemin.

— Mais, étant déjà à M. le duc d'Orléans, il ne peut cependant être à tout le monde?

— Voilà où est l'erreur, Madame.

— M. de Mirabeau n'est pas à M. le duc d'Orléans? répéta la reine.

— Il est si peu à M. le duc d'Orléans, que, lorsqu'il a appris que le prince s'était retiré en Angleterre devant les menaces de M. de la Fayette, il a dit, en froissant dans ses mains le billet de M. de Lauzun qui lui annonçait ce départ : « On prétend que je suis du parti de cet homme! Je ne voudrais pas de lui pour mon laquais! »

— Allons, voilà qui me raccommode un peu avec lui, dit la reine en essayant de sourire, et, si je croyais qu'on pût véritablement compter sur lui?...

— Eh bien?

— Eh bien, peut-être serais-je moins éloignée que le roi de revenir à lui.

— Madame, le lendemain du jour où le peuple a ramené de Versailles Votre Majesté, ainsi que le roi et la famille royale, j'ai rencontré M. de Mirabeau...

— Énivré de son triomphe de la veille.

— Épouvanté des dangers que vous couriez, et de ceux que vous pouviez courir encore.

— En vérité, vous êtes sûr? dit la reine d'un air de doute.

— Voulez-vous que je vous rapporte les paroles qu'il m'a dites?

— Oui, vous me ferez plaisir.

— Eh bien, les voici, mot pour mot; je les ai gravées dans ma mémoire, espérant que j'aurais, un jour, l'occasion de les répéter à Votre Majesté : « Si vous avez quelque moyen de vous faire entendre du roi et de la reine, persuadez-leur que la France et eux sont perdus, si la famille royale ne sort pas de Paris. Je m'occupe d'un plan pour les en faire sortir. Seriez-vous en mesure d'aller leur donner l'assurance qu'ils peuvent compter sur moi? »

La reine devint pensive.

— Ainsi, dit-elle, l'avis de M. de Mirabeau est aussi que nous quittions Paris?

— C'était son avis à cette époque-là.

— Et il en a changé depuis?

— Oui, si j'en crois un billet que j'ai reçu, il y a une demi-heure.

— De qui?

— De lui-même.

— Peut-on voir ce billet?

— Il est destiné à Votre Majesté.

Et Gilbert tira le papier de sa poche.

— Votre Majesté excusera, dit-il, mais il a été écrit sur du papier à écolier et sur le comptoir d'un marchand de vin.

— Oh! ne vous inquiétez pas de cela; papier

et pupitre, tout est en harmonie avec la politique qui se fait en ce moment-ci.

La reine prit le papier, et lut :

« L'événement d'aujourd'hui change les choses de face.

» On peut tirer un grand parti de cette tête coupée.

» L'Assemblée va avoir peur, et demandera la loi martiale.

» M. de Mirabeau peut appuyer et faire voter la loi martiale.

» M. de Mirabeau peut soutenir qu'il n'y a de salut qu'en rendant la force au pouvoir exécutif.

» M. de Mirabeau peut attaquer M. de Necker sur des subsistances, et le renverser.

» Qu'à la place du ministère Necker, on fasse un ministère Mirabeau et la Fayette, et M. de Mirabeau répond de tout. »

— Eh bien! dit la reine, ce billet n'est pas signé?

— N'ai-je pas eu l'honneur de dire à Votre Majesté que c'était M. de Mirabeau lui-même qui me l'avait remis?

— Que pensez-vous de tout cela?

— Mon avis, Madame, est que M. de Mirabeau a parfaitement raison, et que l'alliance qu'il propose peut seule sauver la France.

— Soit; que M. de Mirabeau me fasse passer, par vous, un mémoire sur la situation, et un projet de ministère; je mettrai le tout sous les yeux du roi.

— Et Votre Majesté l'appuiera?

— Et je l'appuierai.

— Ainsi, en attendant, et comme premier gage donné, M. de Mirabeau peut soutenir la loi martiale, et demander que la force soit rendue au pouvoir exécutif?

— Il le peut.

— En échange, au cas où la chute de M. Necker deviendrait urgente, un ministère la Fayette et Mirabeau ne serait pas défavorablement reçu?

— Par moi? non. Je veux prouver que je suis prête à sacrifier tous mes ressentiments personnels au bien de l'État. Seulement, vous le savez, je ne réponds pas du roi.

— Monsieur nous seconderait-il dans cette affaire?

— Je crois que Monsieur a ses projets, à lui, qui l'empêcheraient de seconder ceux des autres.

— Et, des projets de Monsieur, la reine n'a aucune idée?

— Je crois qu'il est du premier avis de M. de Mirabeau, c'est-à-dire que le roi doit quitter Paris.

— Votre Majesté m'autorise à dire à M. de Mirabeau que ce mémoire et ce projet de ministère sont demandés par Votre Majesté?

— Je fais M. Gilbert juge de la mesure qu'il doit garder vis-à-vis d'un homme qui est notre ami d'hier, et qui peut redevenir notre ennemi demain.

— Oh! sur ce point, rapportez-vous-en à moi, Madame; seulement, comme les circonstances sont graves, il n'y a pas de temps à perdre; permettez donc que j'aille à l'Assemblée, et que j'essaye de voir M. de Mirabeau, aujourd'hui même; si je le vois, dans deux heures Votre Majesté aura la réponse.

La reine fit de la main un signe d'assentiment et de congé. Gilbert sortit.

Un quart d'heure après, il était à l'Assemblée.

L'Assemblée était en émoi à cause de ce crime commis à ses portes, et sur un homme qui était en quelque sorte son serviteur.

Les membres allaient et venaient de la tribune à leurs bancs, de leurs bancs au corridor.

Mirabeau seul se tenait immobile à sa place. Il attendait, les yeux fixés sur la tribune publique.

En apercevant Gilbert, sa figure de lion s'éclaira.

Gilbert lui fit un signe auquel il répondit par un mouvement de tête de haut en bas.

Gilbert déchira une page de ses tablettes, et écrivit :

« Vos propositions sont accueillies, sinon par les deux parties, du moins par celle que vous croyez et que je crois aussi la plus influente des deux.

» On demande un mémoire pour demain, un projet de ministère pour aujourd'hui.

» *Faites rendre la force au pouvoir exécutif*, et le pouvoir exécutif comptera avec vous. »

Puis il plia le papier en forme de lettre, écrivit sur l'adresse : « A monsieur de Mirabeau, » appela un huissier et fit porter le billet à sa destination.

De la tribune où il était, Gilbert vit entrer l'huissier dans la salle, il le vit se diriger droit vers le député d'Aix, et lui remettre le billet.

Mirabeau le lut avec une expression de si profonde indifférence, qu'il eût été impossible à son plus proche voisin de deviner que le billet qu'il venait de recevoir correspondait à ses plus ardents désirs; et, avec la même indifférence, sur une demi-feuille de papier qu'il avait devant lui, il traça quelques lignes, plia négligemment le papier et, toujours avec la même insouciance apparente, le donnant à l'huissier :

— A la personne qui vous a remis le billet que vous m'avez apporté, dit-il.

Gilbert ouvrit vivement le papier.

Il contenait ces quelques lignes, qui renfermaient peut-être pour la France un autre avenir, si le plan qu'elles proposaient avait pu être mis à exécution :

« Je parlerai.

» Demain, j'enverrai le mémoire.

» Voici la liste demandée ; on pourra modifier deux ou trois noms :

» M. Necker premier ministre... »

Ce nom fit presque douter à Gilbert que ce billet qu'il lisait fût de la main de Mirabeau.

Mais, comme une note prise entre deux parenthèses suivait ce nom ainsi que les autres noms, Gilbert reprit :

« M. Necker, premier ministre. (*Il faut le rendre aussi impuissant qu'il est incapable, et cependant conserver sa popularité au roi.*)

» L'archevêque de Bordeaux, chancelier. (*On lui recommandera de choisir avec grand soin ses rédacteurs.*)

» Le duc de Liancourt, à la guerre. (*Il a de l'honneur, de la fermeté, de l'affection personnelle pour le roi, ce qui donnera au roi de la sécurité.*)

» Le duc de la Rochefoucault, maison du roi, ville de Paris. (*Thouret avec lui.*)

» Le comte de la Marck, à la marine. (*Il ne peut pas avoir le département de la guerre, qu'il faut donner à M. de Liancourt. M. de la Marck a fidélité, caractère et exécution.*)

» L'évêque d'Autun, ministre des finances. (*Sa motion du clergé lui a conquis cette place. Laborde avec lui.*)

» Le comte de Mirabeau au conseil du roi. Sans département. (*Les petits scrupules du respect humain ne sont plus de saison : le gouvernement doit affirmer tout haut que ses premiers auxiliaires seront désormais les bons principes, le caractère et le talent.*)

» Target, maire de Paris. (*La basoche le conduira toujours.*)

» La Fayette, au conseil ; maréchal de France, généralissime *à terme*, pour refaire l'armée.

» M. de Montmorin, gouverneur, duc et pair. (*Ses dettes payées.*)

» M. de Ségur (de Russie), aux affaires étrangères.

» M. Mounier, à la bibliothèque du roi.

» M. Chapelier, aux bâtiments. »

Au-dessous de cette première note était écrite cette seconde :

« *Part de la Fayette.*

» Ministre de la justice, le duc de la Rochefoucault.

» Ministre des affaires étrangères, l'évêque d'Autun.

» Ministre des finances, Lambert, Haller ou Clavières.

» Ministre de la marine.....

» *Part de la reine.*

» Ministre de la guerre ou de la marine, la Marck.

» Chef du conseil d'instruction et d'éducation publique, l'abbé Sieyès.

» Garde du sceau privé du roi..... »

Cette seconde note indiquait évidemment les changements et modifications qui pouvaient être faits à la combinaison proposée par Mirabeau, sans apporter d'obstacles à ses vues, de trouble dans ses projets [1].

Tout cela était écrit d'une écriture légèrement tremblée, qui prouvait que Mirabeau, indifférent à la surface, ressentait une certaine émotion à l'intérieur.

Gilbert lut rapidement, déchira une nouvelle feuille de papier à ses tablettes, et écrivit dessus les trois ou quatre lignes suivantes, qu'il remit, après les avoir écrites, à l'huissier, qu'il avait prié de ne pas s'éloigner :

« Je retourne chez la maîtresse de l'appartement que nous voulons louer, et lui porte les conditions auxquelles vous consentez à prendre et à réparer la maison.

» Faites-moi connaître, chez moi, rue Saint-Honoré, au-dessus de l'Assomption, en face de la boutique d'un menuisier nommé Duplay, le résultat de la séance, aussitôt qu'elle sera terminée. »

Toujours avide de mouvement et d'agitation, espérant combattre par les intrigues politiques les passions de son cœur, la reine attendait le

---

[1]. Ces notes, retrouvées dans les papiers de Mirabeau, après sa mort, ont été recueillies depuis dans l'ouvrage publié par M. de Bacourt et qui jette un si grand jour sur les deux dernières années de la vie de Mirabeau.

Le général la Fayette apparut sur le seuil. (Page 130.)

retour de Gilbert avec impatience, en écoutant le nouveau récit de Weber.

Ce récit était le terrible dénouement de la terrible scène dont Weber avait vu le commencement et venait de voir la fin.

Renvoyé aux informations par la reine, il était arrivé par une extrémité du pont Notre-Dame, tandis qu'à l'autre extrémité de ce pont, apparaissait le sanglant cortège portant, comme étendard de meurtre, la tête du boulanger François, que, par une de ces dérisions populaires pareilles à celle qui avait fait coiffer et raser les têtes des gardes du corps au pont de Sèvres, un des assassins plus facétieux que les autres avait coiffée d'un bonnet de coton pris à l'un des confrères de la victime.

Au tiers du pont à peu près, une jeune femme pâle, effarée, la sueur au front, et qui, malgré un commencement de grossesse déjà visible, courait d'une course aussi rapide que possible vers l'hôtel de ville, s'arrêta tout à coup.

Cette tête dont elle n'avait pas encore pu distinguer les traits, avait cependant à distance produit sur elle l'effet du bouclier antique.

Et, au fur et à mesure que la tête s'approchait, il était facile de voir, par la décomposition des traits de la pauvre créature, qu'elle n'était point changée en pierre.

Quand l'horrible trophée ne fut plus qu'à vingt pas d'elle, elle jeta un cri, étendit les bras avec un mouvement désespéré, et, comme si ses pieds se fussent détachés de la terre, elle tomba évanouie et couchée sur le pont.

C'était la femme de François, enceinte de cinq mois.

On l'avait emportée sans connaissance.

— Oh! mon Dieu, murmura la reine, c'est un terrible enseignement que vous envoyez à votre servante pour lui apprendre que, si malheureux que l'on soit, il existe plus malheureux encore!

En ce moment, Gilbert entra, introduit par madame Campan, qui avait remplacé Weber dans la garde de la porte royale.

Il trouva, non plus la reine, mais la femme, c'est-à-dire l'épouse, c'est-à-dire la mère, écrasée sous ce récit, qui l'avait frappée deux fois au cœur.

La disposition n'en était que meilleure, puisque Gilbert, à son avis du moins, venait offrir le moyen de mettre un terme à tous ces assassinats.

Aussi la reine, essuyant ses yeux où roulaient des larmes, son front où perlait la sueur, prit-elle des mains de Gilbert la liste qu'il rapportait.

Mais, avant que de jeter les yeux sur ce papier, si important qu'il fût :

— Weber, dit-elle, si cette pauvre femme n'est pas morte, je la recevrai demain, et, si elle est véritablement enceinte, je serai la marraine de son enfant.

— Ah! Madame, Madame! s'écria Gilbert, pourquoi tous les Français ne peuvent-ils pas, comme moi, voir les larmes qui coulent de vos yeux, entendre les paroles qui sortent de votre bouche?

La reine tressaillit. C'étaient les mêmes mots à peu près que, dans une circonstance non moins critique, lui avait adressés Charny.

Elle jeta un coup d'œil sur la note de Mirabeau; mais, trop troublée dans ce moment pour faire une réponse convenable :

— C'est bien, docteur, dit-elle, laissez-moi cette note. Je réfléchirai et vous rendrai réponse demain.

Puis, peut-être sans savoir ce qu'elle faisait, elle tendit vers Gilbert une main que celui-ci, tout surpris, effleura du bout des doigts et des lèvres.

C'était déjà une terrible conversion, on en conviendra, pour la fière Marie-Antoinette, que de discuter un ministère dont faisaient partie Mirabeau et la Fayette, et de donner sa main à baiser au docteur Gilbert.

A sept heures du soir, un valet sans livrée remit à Gilbert le billet suivant :

« La séance a été chaude.
» La loi martiale est votée.
» Buzot et Robespierre voulaient la création d'une haute cour.
» J'ai fait décréter que les crimes de *lèse-nation* (c'est un nouveau mot que nous venons d'inventer) seraient jugés par le tribunal royal du Châtelet.
» J'ai placé, sans détour, le salut de la France dans la force de la royauté, et les trois quarts de l'Assemblée ont applaudi.
» Nous sommes au 21 octobre. J'espère que la royauté a fait bon chemin depuis le 6.

» *Vale et me ama.* »

Le billet n'était pas signé, mais il était de la même écriture que la note ministérielle et que le billet du matin; ce qui revenait absolument au même, puisque cette écriture était celle de Mirabeau.

XXVIII

LE CHATELET

Pour que l'on comprenne toute la portée du triomphe que venait de remporter Mirabeau, et, par contre-coup, la royauté, dont il s'était fait le mandataire, il faut que nous disions à nos lecteurs ce que c'était que le Châtelet.

D'ailleurs, un de ses premiers jugements va donner matière à l'une des plus terribles scènes qui se soient passées en Grève, dans le courant de l'année 1790; scène qui, n'étant pas étrangère à notre sujet, trouvera nécessairement place dans la suite de ce récit.

Le Châtelet, qui, depuis le XIIIe siècle, avait une grande importance historique, et comme tribunal et comme prison, reçut la toute-puissance qu'il exerça pendant cinq siècles du bon roi Louis IX.

Un autre roi, Philippe-Auguste, était un bâtisseur s'il en fut.

Il bâtit Notre-Dame, ou à peu près.

Il fonda les hôpitaux de la Trinité, de Sainte-Catherine et de Saint-Nicolas du Louvre.

Il pava les rues de Paris, qui, couvertes de boue et de vase, l'empêchaient par leur puanteur, dit la chronique, de demeurer à sa fenêtre.

Il avait une grande ressource, à la vérité, pour toutes ces dépenses; ressource que ses successeurs ont malheureusement épuisée : c'étaient les juifs.

En 1189, il fut atteint de la folie du temps. La folie du temps, c'était de vouloir reprendre Jérusalem aux soudans d'Asie. Il s'allia avec Richard Cœur de Lion, et partit pour les lieux saints.

Mais, avant de partir, afin que ses bons Parisiens ne perdissent pas leur temps, et, dans leurs moments perdus, ne songeassent point à se révolter contre lui comme, à son instigation, s'étaient révoltés plus d'une fois les sujets et même les fils d'Henri II d'Angleterre, il leur laissa un plan, et leur ordonna de se mettre à l'exécuter immédiatement après son départ.

Ce plan était une nouvelle enceinte à bâtir à leur ville, enceinte dont, nous venons de le dire, il donnait lui-même le programme, et qui devait se composer d'une muraille solide, d'une vraie muraille du XII° siècle, garnie de tourelles et de portes.

Cette muraille fut la troisième qui enveloppa Paris.

Comme on le comprend bien, les ingénieurs chargés de ce travail ne prirent pas juste la mesure de leur capitale ; elle avait grossi très vite depuis Hugues Capet, et elle promettait de faire craquer bientôt sa troisième ceinture, comme elle avait fait craquer les deux premières.

On lui tint donc la ceinture lâche, et, dans cette ceinture, on enferma, par précaution pour l'avenir, une foule de pauvres petits hameaux destinés à devenir plus tard des portions de ce grand tout.

Ces hameaux et ces villages, si pauvres qu'ils fussent, avaient chacun sa justice seigneuriale.

Or toutes ces justices seigneuriales, qui, la plupart du temps, se contredisaient l'une l'autre, enfermées dans la même enceinte rendirent l'opposition plus sensible, et finirent par se heurter si singulièrement, qu'elles mirent une grande confusion dans cette étrange capitale.

Il y avait, à cette époque, un seigneur de Vincennes, qui, ayant, à ce qu'il paraît, plus à se plaindre de ce conflit qu'aucun autre, résolut d'y mettre fin.

Ce seigneur, c'était Louis IX.

Car il est bon d'apprendre ceci aux petits enfants, et même aux grandes personnes, c'est que, lorsque Louis IX rendait justice sous ce fameux chêne devenu proverbial, il rendait justice comme seigneur, et non comme roi.

Il ordonna, en conséquence, comme roi, que toutes les causes jugées par ces petites justices seigneuriales seraient, par voie d'appel, portées devant son Châtelet de Paris.

La juridiction du Châtelet se trouva ainsi toute-puissante, chargée qu'elle était de juger en dernier ressort.

Le Châtelet était donc demeuré tribunal suprême, jusqu'au moment où le parlement, empiétant à son tour sur la justice royale, déclara qu'il connaîtrait par voie d'appel des causes jugées au Châtelet.

Mais l'Assemblée venait de suspendre les parlements.

— Nous les avons enterrés tout vifs, disait Lameth en sortant de la séance.

Et, à la place des parlements, sur l'insistance de Mirabeau, elle venait de rendre au Châtelet son ancien pouvoir, augmenté de pouvoirs nouveaux.

C'était donc un grand triomphe pour la royauté que les crimes de lèse-nation, ressortissant à la loi martiale, fussent portés devant un tribunal lui appartenant.

Le premier crime dont le Châtelet eut à connaître fut celui dont nous venons de faire le récit.

Le jour même de la promulgation de la loi, deux des assassins du malheureux François furent pendus en Grève, sans autre procès que l'accusation publique et la notoriété du crime.

Un troisième, qui était le racoleur Fleur-d'Épine, dont nous avons prononcé le nom, fut jugé régulièrement, et, dégradé et condamné par le Châtelet, il alla, par la même route qu'ils avaient prise, rejoindre, dans l'éternité, ses deux compagnons.

Deux causes lui restaient à juger.

Celle du fermier-général Augeard.

Celle de l'inspecteur général des Suisses, Pierre Victor de Besenval.

C'étaient deux hommes dévoués à la cour ; aussi s'était-on hâté de transporter leur cause au Châtelet.

Augeard était accusé d'avoir fourni les fonds avec lesquels la camarilla de la reine payait, en juillet, les troupes assemblées au Champ-de-Mars ; Augeard étant peu connu, son arrestation n'avait pas fait grand bruit ; la populace ne lui en voulait donc point.

Le Châtelet l'acquitta sans trop de scandale.

Restait Besenval.

Besenval, c'était autre chose : son nom était on ne peut plus populaire, du mauvais côté du mot.

C'était lui qui avait commandé les Suisses chez Réveillon, à la Bastille et au Champ-de-

Mars. Le peuple se souvenait que, dans ces trois circonstances, il l'avait chargé, et il n'était pas fâché de prendre sa revanche.

Les ordres les plus précis avaient été donnés par la cour au Châtelet ; sous aucun prétexte, le roi ni la reine ne voulaient que M. de Besenval fût condamné.

Il ne fallait pas moins que cette double protection pour le sauver.

Lui-même s'était reconnu coupable, puisque, après la prise de la Bastille, il s'était enfui ; arrêté à moitié chemin de la frontière, il avait été ramené à Paris.

Aussi, lorsqu'il entra dans la salle, des cris de mort le saluèrent presque unanimement.

— Besenval à la lanterne ! Besenval à la potence ! hurla-t-on de tous côtés.

— Silence ! crièrent les huissiers.

A grand'peine ce silence fut obtenu.

Un des assistants en profita.

— Je demande, cria-t-il d'une magnifique voix de basse-taille, qu'on le coupe en treize morceaux et qu'on en envoie un à chaque canton.

Mais, malgré les charges de l'accusation, malgré l'animosité de l'auditoire, Besenval fut acquitté.

Indigné de ce double acquittement, un des auditeurs écrivit ces quatre vers sur un morceau de papier qu'il roula en boulette et envoya au président.

Le président ramassa la boulette, déroula le papier et lut le quatrain suivant :

> Magistrats, qui lavez Augeard,
> Qui lavez Besenval, qui laveriez la peste,
> Vous êtes du papier brouillard :
> Vous enlevez la tache, et la tache vous reste !

Le quatrain était signé. — Ce n'est pas tout : le président se retourna pour en chercher l'auteur.

L'auteur était debout sur un banc, sollicitant par ses gestes le regard du président.

Mais le regard du président se baissa devant lui.

On n'osa point le faire arrêter.

Il est vrai que l'auteur était Camille Desmoulins, le motionnaire du Palais-Royal, l'homme à la chaise, au pistolet et aux feuilles de marronnier.

Aussi un de ceux qui sortaient en foule pressée, et qu'à son costume, on pouvait prendre pour un simple bourgeois du Marais, s'adressant à un de ses voisins, et lui posant la main sur l'épaule, quoique celui-ci parût appartenir à une classe supérieure de la société, lui dit :

— Eh bien, monsieur le docteur Gilbert, que pensez-vous de ces deux acquittements ?

Celui auquel il s'adressait tressaillit, regarda son interlocuteur, et, reconnaissant la figure comme il avait reconnu la voix, répondit :

— C'est à vous, et non à moi, qu'il faut demander cela, maître ; vous qui savez tout, le présent, le passé, l'avenir !...

— Eh bien, moi, je pense qu'après ces deux coupables acquittés, il faut dire : « Malheur à l'innocent qui viendra en troisième ! »

— Et pourquoi croyez-vous que ce soit un innocent qui leur succédera, demanda Gilbert, et qui, en leur succédant, sera puni ?

— Mais, par cette simple raison, répondit son interlocuteur, avec cette ironie qui lui était naturelle, qu'il est assez d'habitude en ce monde que les bons pâtissent pour les mauvais.

— Adieu, maître, dit Gilbert en tendant la main à Cagliostro, — car, aux quelques mots qu'il a prononcés, on a, sans doute, reconnu le terrible sceptique.

— Et pourquoi, adieu ?

— Parce que j'ai affaire, répondit Gilbert en souriant.

— Un rendez-vous ?

— Oui.

— Avec qui ? avec Mirabeau, avec la Fayette ou avec la reine ?

Gilbert s'arrêta, regardant Cagliostro d'un air inquiet.

— Savez-vous que vous m'effrayez parfois ? lui dit-il.

— Au contraire, je devrais vous rassurer, dit Cagliostro.

— Comment cela ?

— Ne suis-je pas de vos amis ?

— Je le crois.

— Soyez-en sûr, et, si vous en voulez une preuve...

— Eh bien ?

— Venez avez moi, et je vous donnerai, sur toute cette négociation, que vous croyez bien secrète, des détails si secrets, en effet, que, vous qui vous figurez la conduire, vous les ignorez.

— Écoutez ! dit Gilbert, peut-être vous raillez-vous de moi, à l'aide de quelques-uns de ces prestiges qui vous sont familiers ; mais n'importe, les circonstances dans lesquelles nous marchons sont si graves, qu'un éclaircissement, me fût-il offert par Satan en personne, je l'accepterais. Je vous suis donc partout où vous voudrez me conduire.

— Oh ! soyez tranquille, ce ne sera pas bien

loin, et ce sera surtout dans un lieu qui ne vous est pas inconnu ; seulement permettez que j'appelle ce fiacre vide qui passe ; le costume dans lequel je suis sorti ne m'a pas permis de commander ma voiture et mes chevaux.

Et, en effet, il fit signe à un fiacre qui passait de l'autre côté du quai.

Le fiacre s'approcha, tous deux y montèrent.

— Où faut-il vous conduire, notre bourgeois? demanda le cocher à Cagliostro, comme s'il eût compris que, quoique le plus simplement vêtu, celui auquel il s'adressait menait l'autre où sa volonté lui plaisait de le conduire.

— Où tu sais, dit Balsamo, en faisant à cet homme une espèce de signe maçonnique.

Le cocher regardait Balsamo avec étonnement.

— Pardon, Monseigneur, dit-il en répondant à ce signe par un autre, je ne vous avais pas reconnu.

— Mais il n'en était pas ainsi de moi, dit Cagliostro d'une voix ferme et hautaine, car, si nombreux qu'ils soient, je connais depuis le premier jusqu'au dernier de mes sujets.

Le cocher referma la portière, monta sur son siège, et, au grand galop de ses chevaux, conduisit la voiture à travers ce dédale de rues qui menait du Châtelet jusqu'au boulevard des Filles-du-Calvaire ; puis, de là, continuant sa course vers la Bastille, il ne s'arrêta qu'au coin de la rue Saint-Claude.

La voiture arrêtée, la portière se trouva ouverte avec une rapidité qui témoignait du zèle respectueux du cocher.

Cagliostro fit signe à Gilbert de descendre le premier, et, descendant à son tour.

— N'as-tu rien à me dire? demanda-t-il.

— Si, Monseigneur, répondit le cocher, et je vous eusse fait mon rapport ce soir, si je n'eusse eu la chance de vous rencontrer.

— Parle, alors.

— Ce que j'ai à dire à Monseigneur ne doit pas être entendu par des oreilles profanes.

— Oh! dit Cagliostro en souriant, celui qui nous écoute n'est pas tout à fait un profane.

Ce fut Gilbert, alors, qui s'éloigna par discrétion.

Cependant il ne put prendre sur lui de ne pas regarder d'un œil et de ne pas écouter d'une oreille.

Il vit, au récit du cocher, un sourire errer sur le visage de Balsamo.

Il entendit les deux noms de Monsieur et de Favras ; — le rapport terminé, Cagliostro tira un double louis de sa poche et voulut le donner au cocher.

Mais celui-ci secoua la tête.

— Monseigneur sait bien, dit-il, qu'il nous est défendu par la vente suprême de nous faire payer nos rapports.

— Aussi, n'est-ce point ton rapport que je te paye, dit Balsamo, c'est ta course.

— A ce titre-là, j'accepte, dit le cocher.

Et, prenant le louis :

— Merci, Monseigneur, dit-il, voilà ma journée faite.

Et, sautant légèrement sur son siège, il partit au grand trot de ses chevaux, faisant claquer son fouet et laissant Gilbert tout émerveillé de ce qu'il venait de voir et d'entendre.

— Eh bien, dit Cagliostro, qui tenait la porte ouverte depuis quelques secondes sans que Gilbert songeât à entrer, passez-vous, mon cher docteur?

— Me voici! dit Gilbert, excusez-moi.

Et il franchit le seuil, tellement étourdi qu'il chancelait comme un homme ivre.

XXIX

ENCORE LA MAISON DE LA RUE SAINT-CLAUDE

Cependant on sait la puissance qu'avait Gilbert sur lui-même ; il n'eut point traversé la grande cour solitaire, qu'il était déjà remis, et qu'il monta les degrés du perron d'un pas aussi ferme que d'un pas chancelant il avait franchi le seuil de la porte.

D'ailleurs, cette maison où il entrait, il la connaissait déjà pour y avoir fait une visite à une époque de sa vie qui avait laissé dans son cœur de profonds souvenirs.

Dans l'antichambre, il rencontra le même domestique allemand qu'il y avait rencontré seize ans auparavant ; il était à la même place et portait une livrée pareille ; seulement, comme lui, Gilbert, comme le comte, comme l'antichambre même, il avait vieilli de seize années.

Fritz, — on se rappelle que c'était le nom du digne serviteur, — Fritz devina de l'œil l'endroit où son maître voulait conduire Gilbert, et, ouvrant rapidement les deux portes, il s'arrêta sur le seuil d'une troisième, pour s'assurer si Cagliostro n'avait pas quelque ordre ultérieur à lui donner.

Cette troisième porte était celle du salon.

Cagliostro fit, de la main, signe à Gilbert qu'il pouvait entrer dans ce salon, et, de la tête, signe à Fritz qu'il devait se retirer.

Seulement il ajouta de la voix et en allemand :

— Je n'y suis pour personne jusqu'à nouvel ordre.

Puis, se retournant vers Gilbert :

— Ce n'est pas pour que vous ne compreniez point ce que je dis à mon domestique que je lui parle allemand, dit-il; je sais que vous parlez cette langue; mais c'est que Fritz, qui est Tyrolien, comprend mieux l'allemand que le français. — Maintenant asseyez-vous, je suis tout vôtre, cher docteur.

Gilbert ne put s'empêcher de jeter un regard curieux autour de lui, et, pendant quelques instants, ses yeux s'arrêtèrent successivement sur les différents meubles ou tableaux qui ornaient le salon, chacun de ces objets semblant rentrer un à un dans sa mémoire.

Le salon était bien le même qu'autrefois : les huit tableaux de maîtres étaient bien toujours pendus aux murailles; les fauteuils de lampas cerise, brochés d'or, faisant toujours reluire leurs fleurs dans la pénombre que répandaient les épais rideaux; la grande table de Boule était à sa place, et les guéridons, chargés de porcelaine de Sèvres, se dressaient encore entre les fenêtres.

Gilbert poussa un soupir et laissa tomber sa tête dans sa main. A la curiosité du présent avaient, pour un moment du moins, succédé les souvenirs du passé.

Cagliostro regardait Gilbert, comme Méphistophélès devait regarder Faust, quand le philosophe allemand avait l'imprudence de se laisser aller à ses rêves devant lui.

Tout à coup, de sa voix stridente :

— Il paraît, cher docteur, dit-il, que vous reconnaissez ce salon?

— Oui, dit Gilbert, et il me rappelle des obligations que je vous ai.

— Ah! bah! chimères!

— En vérité, continua Gilbert parlant autant à lui-même qu'à Cagliostro, vous êtes un homme étrange, et, si la toute-puissante raison me permettait d'ajouter foi à ces prodiges magiques que nous rapportent les poètes et les chroniqueurs du moyen âge, je serais tenté de croire que vous êtes sorcier comme Merlin, ou faiseur d'or comme Nicolas Flamel.

— Oui, pour tout le monde, je suis cela, Gilbert; mais, pour vous, non. Je n'ai jamais cherché à vous éblouir par des prestiges. Vous le savez, je vous ai toujours fait toucher le fond des choses, et, si parfois vous avez vu, à mon appel, la Vérité sortir de son puits un peu plus parée et un peu mieux vêtue qu'elle n'a coutume de l'être, c'est qu'en véritable Sicilien que je suis, j'ai le goût des oripeaux.

— C'est ici, vous le rappelez-vous, comte, que vous avez donné cent mille écus à un malheureux enfant en haillons, avec la même facilité que, moi, je donnerais un sou à un pauvre.

— Vous oubliez quelque chose de plus extraordinaire, Gilbert, dit Cagliostro d'une voix grave : c'est que, les cent mille écus, cet enfant en haillons me les a rapportés, moins deux louis qu'il avait employés à s'acheter des habits.

— L'enfant n'était qu'honnête, tandis que vous avez été magnifique, vous!

— Et qui vous dit, Gilbert, qu'il n'est pas plus facile d'être magnifique qu'honnête, de donner cent mille écus, quand on a des millions, que de rapporter cent mille écus à celui qui vous les a prêtés, quand on n'a pas un sou?

— C'est peut-être vrai, dit Gilbert.

— D'ailleurs, tout dépend de la disposition d'esprit où l'on se trouve. Il venait de m'arriver le plus grand malheur de ma vie, Gilbert; je ne tenais plus à rien, et vous m'eussiez demandé ma vie que, je crois, Dieu me pardonne! que je vous l'eusse donnée, comme je vous ai donné les cent mille écus.

— Vous êtes donc soumis au malheur aussi bien que les autres hommes? dit Gilbert en regardant Cagliostro avec un certain étonnement.

Cagliostro poussa un soupir.

— Vous parlez des souvenirs que ce salon vous rappelle, à vous. Si je vous parlais de ce qu'il me rappelle, à moi... mais non; avant la fin du récit, le reste de mes cheveux blanchirait! Causons d'autre chose; laissons les événements écoulés dormir dans leur linceul, l'oubli, — dans le passé, leur tombe. — Causons du présent; causons même de l'avenir, si vous voulez.

— Comte, tout à l'heure vous me rameniez vous-même à la réalité; tout à l'heure vous brisiez pour moi, disiez-vous, avec le charlatanisme, et voilà que vous prononcez de nouveau ce mot sonore : l'avenir! comme si cet avenir était dans vos mains, et comme si vos yeux pouvaient lire ses indéchiffrables hiéroglyphes!

— Et voilà que vous oubliez, vous, qu'ayant à ma disposition plus de moyens que les autres hommes, il n'y a rien d'étonnant à ce que je voie mieux et plus loin qu'eux.

— Toujours des mots, comte!

— Vous êtes oublieux des faits, docteur.

— Que voulez-vous! quand ma raison se à refuse croire!

— Vous rappelez-vous ce philosophe qui niait le mouvement?

— Oui.

— Que fit son adversaire?

— Il marcha devant lui... Marchez! je vous regarde, ou plutôt parlez! je vous écoute.

— En effet, nous sommes venus pour cela, et voici déjà bien du temps perdu à autre chose. Voyons, docteur, où en sommes-nous de notre ministère de fusion?

— Comment, de notre ministère de fusion?

— Oui, de notre ministère Mirabeau-la Fayette.

— Nous en sommes à de vains bruits que vous avez entendu répéter comme les autres, et vous voulez connaître leur réalité en m'interrogeant.

— Docteur, vous êtes le doute incarné, et, ce qu'il y a de terrible, c'est que vous doutez, non parce que vous ne croyez pas, mais parce que vous ne voulez pas croire. Il faut donc vous dire d'abord ce que vous savez aussi bien que moi! Soit... Ensuite je vous dirai ce que je sais mieux que vous.

— J'écoute, comte.

— Il y a quinze jours, vous avez parlé au roi de M. de Mirabeau comme du seul homme qui pût sauver la monarchie. Ce jour-là, vous en souvient-il? vous sortiez de chez le roi comme M. de Favras y entrait.

— Ce qui prouve qu'il n'était pas encore pendu à cette époque, comte, dit en riant Gilbert.

— Oh! vous êtes bien pressé, docteur! je ne vous savais pas si cruel; laissez donc quelques jours au pauvre diable : je vous ai fait la prédiction le 6 octobre, nous sommes au 6 novembre; il n'y a qu'un mois. Vous accorderez bien à son âme, pour sortir de son corps, le temps qu'on accorde à un locataire pour sortir de son logement, — le trimestre. Mais je vous fais observer, docteur, que vous m'écartez du droit chemin.

— Rentrez-y, comte; je ne demande pas mieux que de vous y suivre.

— Vous avez parlé au roi de M. de Mirabeau, comme du seul homme qui pût sauver la monarchie.

— C'est mon opinion, comte; voilà pourquoi j'ai présenté cette combinaison au roi.

— C'est la mienne aussi, docteur! voilà pourquoi la combinaison que vous avez présentée au roi échouera.

— Échouera?

— Sans doute... Vous savez bien que je ne veux pas que la monarchie soit sauvée, moi!

— Continuez.

— Le roi, assez ébranlé par ce que vous lui aviez dit... — pardon, mais je suis obligé de reprendre les choses de haut, pour vous prouver que je n'ignore pas une phase de la négociation; — le roi, dis-je, assez ébranlé par ce que vous lui aviez dit, a parlé de votre combinaison à la reine, et, au grand étonnement des esprits superficiels, quand cette grande bavarde qu'on appelle l'histoire dira tout haut ce que nous disons ici tout bas, — la reine fut moins opposée à votre projet que ne l'était le roi; elle vous envoya donc quérir; elle discuta avec vous le pour et le contre, et finit par vous autoriser à parler à M. de Mirabeau. Est-ce la vérité, docteur? dit Cagliostro en regardant Gilbert en face.

— Je dois avouer, comte, que, jusqu'ici, vous n'avez pas dévié un instant du droit chemin.

— Sur quoi, vous, monsieur l'orgueilleux, vous vous êtes retiré enchanté, et dans la conviction profonde que cette conversion royale était due à votre irréfragable logique et à vos irrésistibles arguments.

A ce ton ironique, Gilbert ne put s'empêcher de se mordre légèrement les lèvres.

— Et à quoi cette conversion était-elle due, si ce n'est à ma logique et à mes arguments? Dites, comte; l'étude du cœur m'est aussi précieuse que celle du corps; vous avez inventé un instrument à l'aide duquel on lit dans la poitrine des rois : passez-moi ce merveilleux télescope, comte; ce serait d'un ennemi de l'humanité de le garder pour vous tout seul.

— Je vous ai dit que je n'avais pas de secrets pour vous, docteur. Je vais donc, selon votre désir, remettre mon télescope entre vos mains; vous pourrez regarder, à votre gré, par le bout qui diminue ou par le bout qui grossit. Eh bien, la reine a cédé pour deux raisons : la première, c'est que, la veille, elle avait éprouvé une grande douleur de cœur, et que, lui proposer une intrigue à nouer et à dénouer, c'était lui proposer une distraction; la seconde, c'est que la reine est femme, c'est qu'on lui a parlé de M. de Mirabeau comme d'un lion, comme d'un tigre, comme d'un ours, et qu'une femme ne sait jamais résister à ce désir si flatteur pour l'amour-propre d'apprivoiser un ours, un tigre ou un lion. Elle s'est dit : « Il serait curieux que je pliasse à mes pieds cet homme qui me hait; que je fisse faire amende honorable à ce tribun qui m'a insultée. Je le verrai à mes genoux, ce sera ma vengeance; puis, si, de cette génuflexion, il résulte quelque bien pour la France et la royauté, tant mieux! » Mais, vous comprenez, ce dernier sentiment était tout à fait secondaire.

— Vous bâtissez sur des hypothèses, comte, et vous aviez promis de me convaincre par des faits.

— Vous refusez mon télescope, n'en parlons plus, et revenons aux choses matérielles, alors; à celles que l'on peut voir à l'œil nu, aux dettes de M. de Mirabeau, par exemple. Ah! voilà de ces choses pour lesquelles il n'est pas besoin de télescope!

— Eh bien, comte, vous avez là l'occasion de montrer votre générosité!

— En payant les dettes de M. de Mirabeau?

— Pourquoi pas? Vous avez bien, un jour, payé celles de M. le cardinal de Rohan!

— Ah! ne me reprochez pas cette spéculation, c'est une de celles qui m'ont le mieux réussi.

— Et que vous a-t-elle rapporté?

— L'affaire du collier... c'est joli, il me semble. A un prix pareil, je paye les dettes de M. de Mirabeau. Mais, pour le moment, vous savez que ce n'est point sur moi qu'il compte; il compte sur le futur généralissime la Fayette, qui le fait sauter après cinquante malheureux mille francs, qu'il finira par ne pas lui donner, comme un chien après des macarons.

— Oh! comte!

— Pauvre Mirabeau! en effet, comme tous ces sots et tous ces fats à qui tu as affaire font payer à ton génie les folies de ta jeunesse! Il est vrai que tout cela est providentiel, et que Dieu est obligé de procéder par des moyens humains. « L'immoral Mirabeau! » dit Monsieur, qui est impuissant : « Mirabeau le prodigue! » dit le comte d'Artois, dont son frère a payé trois fois les dettes. — Pauvre homme de génie! oui, tu sauverais peut-être la monarchie; mais, comme la monarchie ne doit pas être sauvée : « Mirabeau, c'est un monstrueux bavard! » dit Rivarol. « Mirabeau, c'est un gueux! » dit Mably. « Mirabeau, c'est un extravagant! » dit la Poule. « Mirabeau, c'est un scélérat! » dit Guillermy. « Mirabeau, c'est un assassin! » dit l'abbé Maury. « Mirabeau, c'est un homme mort! » dit Target. « Mirabeau, c'est un homme enterré! » dit Duport. « Mirabeau, c'est un orateur plus sifflé qu'applaudi! » dit Pelletier. « Mirabeau, il a la petite vérole à l'âme! » dit Champcenetz. « Mirabeau, il faut l'envoyer aux galères! » dit Lambesc. « Mirabeau, il faut le pendre! » dit Marat. Et que Mirabeau meure demain, le peuple lui fera une apothéose, et tous ces nains qu'il dépasse du buste, et sur lesquels il pèse tant qu'il vit, suivront son convoi en chantant et en criant : « Malheur à la France, qui a perdu son tribun! malheur à la royauté, qui a perdu son appui! »

— Allez-vous donc aussi me prédire la mort de Mirabeau? s'écria Gilbert presque effrayé.

— Voyons franchement, docteur, lui croyez-vous une longue vie, à cet homme que son sang brûle, que son cœur étouffe, que son génie dévore? Croyez-vous que des forces, si gigantesques qu'elles soient, ne s'épuisent pas à lutter éternellement contre le courant de la médiocrité? C'est le rocher de Sisyphe que l'œuvre entreprise par lui. Depuis deux ans, ne l'écrase-t-on pas sans cesse avec ce mot : immoralité? Chaque fois qu'après des efforts inouïs, il croit l'avoir repoussé au sommet de la montagne, ce mot retombe sur lui plus lourd que jamais. Qu'est-on venu dire au roi, qui avait presque adopté l'opinion de la reine, à l'endroit de Mirabeau premier ministre? « Sire, Paris criera à l'immoralité; la France criera à l'immoralité; l'Europe criera à l'immoralité! » Comme si Dieu fondait les grands hommes au même moule que le commun des mortels, et comme si, en s'élargissant, le cercle qui embrasse les grandes vertus ne devait pas aussi embrasser les grands vices! Gilbert, vous vous épuiserez, vous et deux ou trois hommes d'intelligence, pour faire Mirabeau ministre, — c'est-à-dire qu'ont été M. de Turgot, un niais; M. Necker, un pédant; M. de Calonne, un fat; M. de Brienne, un athée; — et Mirabeau ne sera pas ministre, parce qu'il a cent mille francs de dettes qui seraient payées s'il était le fils d'un simple fermier-général, et parce qu'il a été condamné à mort pour avoir enlevé la femme d'un vieil imbécile, laquelle a fini par s'asphyxier pour un beau capitaine! Quelle comédie que la tragédie humaine! comme j'en pleurerais, si je n'avais pas pris le parti d'en rire!

— Mais quelle prédiction me faites-vous là? demanda Gilbert, qui, tout en approuvant l'excursion que l'esprit de Cagliostro venait de faire dans le pays de l'imagination, ne s'inquiétait que de la conclusion qu'il en avait rapportée.

— Je vous dis, répéta Cagliostro de ce ton de prophète qui n'appartenait qu'à lui, et qui n'admettait pas de réplique, je vous dis que Mirabeau, l'homme de génie, l'homme d'État, le grand orateur, usera sa vie et abordera la

La séance n'était pas encore ouverte. (Page 122.)

tombe sans arriver à être ce que tout le monde aura été, c'est-à-dire ministre. Ah! c'est une belle protection que la médiocrité, mon cher Gilbert!

— Mais, enfin, demanda celui-ci, le roi s'y oppose donc?

— Peste! il s'en garde bien! il faudrait discuter avec la reine, à laquelle il a presque donné sa parole. Vous savez que la politique du roi est dans le mot *presque* : il est presque constitutionnel, presque philosophe, presque populaire, et même presque fin, quand il est conseillé par Monsieur. Allez demain à l'Assemblée, mon cher docteur, et vous verrez ce qui s'y passera.

— Ne pourriez-vous pas me le dire d'avance?

— Ce serait vous ôter le plaisir de la surprise.

— Demain, c'est bien long!

— Alors, faites mieux. Il est cinq heures; dans une heure, le club des Jacobins s'ouvrira... Ce sont des oiseaux de nuit, vous le savez, que MM. les Jacobins. — Êtes-vous de la société?

— Non, Camille Desmoulins et Danton m'ont fait recevoir aux Cordeliers.

— Eh bien, comme je vous disais, dans une heure, le club des Jacobins s'ouvrira. C'est une société fort bien composée, et dans laquelle vous ne serez pas déplacé, soyez tranquille. Nous allons dîner ensemble; après le dîner, nous prenons un fiacre; nous nous faisons conduire rue Saint-Honoré, et, en sortant du vieux couvent, vous serez édifié. D'ailleurs, prévenu douze heures d'avance, peut-être aurez-vous le temps de parer le coup.

— Comment! demanda Gilbert, vous dînez à cinq heures?

— A cinq heures précises. Je suis un précurseur en toute chose; dans dix ans, la France ne fera plus que deux repas : un déjeuner à dix heures du matin, et un dîner à six heures du soir.

— Et qui amènera ce changement dans ses habitudes?

— La famine, mon cher!

— Vous êtes, en vérité, un prophète de malheur.

— Non, car je vous prédis un bon dîner.

— Avez-vous donc du monde?

— Je suis absolument seul; mais vous savez le mot du gastronome antique : « Lucullus dîne chez Lucullus. »

— Monseigneur est servi, dit un valet ouvrant les deux battants d'une porte sur une salle à manger splendidement éclairée et somptueusement servie.

— Allons, venez, monsieur le pythagoricien, dit Cagliostro en prenant le bras de Gilbert. Bah! une fois n'est pas coutume.

Gilbert suivit l'enchanteur, subjugué qu'il était par la magie de ses paroles, et peut-être aussi entraîné par l'espérance de faire briller dans sa conversation quelque éclair qui pût le guider au milieu de la nuit où il marchait.

XXX

LE CLUB DES JACOBINS

Deux heures après la conversation que nous venons de rapporter, une voiture sans livrée et sans armoiries s'arrêtait devant le perron de l'église Saint-Roch, dont la façade n'était pas encore mutilée par les biscaïens du 13 vendémiaire.

De cette voiture descendirent deux hommes vêtus de noir, comme l'étaient, alors, les membres du tiers, et, à la jaune lueur des réverbères qui perçaient de loin en loin le brouillard de la rue Saint-Honoré, suivant une espèce de courant tracé par la foule, ils longèrent le côté droit de la rue jusqu'à la petite porte du couvent des Jacobins.

Si nos lecteurs ont deviné, ce qui est probable, que ces deux hommes étaient le docteur Gilbert et le comte de Cagliostro ou le banquier Zannone, comme il se faisait appeler à cette époque, nous n'avons pas besoin de leur expliquer pourquoi ils s'arrêtèrent devant cette petite porte, puisque cette petite porte était le but de leur excursion.

Au reste, nous l'avons dit, les deux nouveaux venus n'avaient qu'à suivre la foule, car la foule était grande.

— Voulez-vous entrer dans la nef, ou vous contenterez-vous d'une place dans les tribunes? demanda Cagliostro à Gilbert.

— Je croyais, répondit Gilbert, la nef consacrée aux seuls membres de la société.

— Sans doute; mais ne suis-je pas de toutes les sociétés, moi? dit Cagliostro en riant; et, puisque j'en suis, mes amis n'en sont-ils pas? Voici une carte pour vous, si vous voulez; quant à moi, je n'ai qu'à dire un mot.

— On nous reconnaîtra comme étrangers, observa Gilbert, et l'on nous fera sortir.

— D'abord, il faut vous dire, mon cher docteur, une chose que vous ne savez point, à ce qu'il paraît; c'est que la société des Jacobins, fondée depuis trois mois, compte déjà soixante mille membres à peu près en France, et en comptera quatre cent mille avant un an; en outre, très cher, ajouta en souriant Cagliostro, c'est ici le véritable Grand-Orient, le centre de toutes les sociétés secrètes, et non pas chez cet imbécile de Fauchet, comme on le croit. Or, si vous n'avez pas le droit d'entrer ici à titre de jacobin, vous y avez votre place obligée en qualité de rose-croix.

— N'importe, dit Gilbert, j'aime mieux les tribunes. Du haut des tribunes, nous planerons sur toute l'assemblée, et, s'il est quelque illustration présente ou future que j'ignore, vous me la ferez connaître.

— Aux tribunes, donc, dit Cagliostro.

Et il prit, à droite, un escalier de planches qui conduisait à des tribunes improvisées.

Les tribunes étaient pleines, mais, à la première où il s'adressa, Cagliostro n'eut qu'à faire un signe et qu'à prononcer un mot à demi-voix, et deux hommes qui se tenaient sur le devant, comme s'ils eussent été prévenus de son arrivée, et ne fussent venus là que pour garder sa place et celle du docteur Gilbert, se retirèrent à l'instant même.

Les deux nouveaux venus les remplacèrent.

La séance n'était pas encore ouverte : les membres de l'assemblée étaient confusément répandus dans la sombre nef; les uns causant par groupes; les autres se promenant dans l'étroit espace que leur laissait le grand nombre de leurs collègues; d'autres, enfin, rêvant isolés, soit assis dans l'ombre, soit debout et appuyés à quelque pilier massif.

Des lumières rares épanchaient, par bandes demi-lumineuses, quelque clarté sur cette foule, dont les individualités ne ressortaient que lorsque leurs visages ou leurs personnes se trouvaient, par hasard, sous une de ces faibles cascades de flamme.

Seulement, même dans la pénombre, il était facile de voir que l'on était au milieu d'une réunion aristocratique. Les habits brodés et les uniformes des officiers de terre et de mer foisonnaient, mouchetant la foule de reflets d'or et d'argent.

En effet, à cette époque, pas un ouvrier, pas un homme du peuple, nous dirons presque pas un bourgeois, ne démocratisait l'illustre assemblée.

Pour les gens de petit monde, il y avait une seconde salle au-dessous de la première. Cette salle s'ouvrait à une autre heure, afin que le peuple et l'aristocratie ne se coudoyassent pas. Pour l'instruction de ce peuple, on avait fondé une société fraternelle.

Les membres de cette société avaient mission de lui expliquer la Constitution, et de lui paraphraser les droits de l'homme.

Quant aux Jacobins, nous l'avons dit, c'était, à cette époque, une société militaire, aristocratique, intellectuelle, et surtout lettrée et artistique.

En effet, les hommes de lettres et les artistes y sont en majorité.

C'est, en hommes de lettres, La Harpe, l'auteur de *Mélanie*; Chénier, l'auteur de *Charles IX*; Andrieux, l'auteur des *Étourdis*, qui donne déjà, à l'âge de trente ans, les mêmes espérances qu'il donnait encore à l'âge de soixante et dix, et qui est mort ayant toujours promis, n'ayant jamais tenu; c'est encore Sedaine, l'ancien tailleur de pierres, protégé de la reine, royaliste de cœur, comme la plupart de ceux qui se trouvent là; Chamfort, le poète lauréat, ex-secrétaire de M. le prince de Condé, lecteur de madame Élisabeth; Laclos, l'homme du duc d'Orléans, l'auteur des *Liaisons dangereuses*, qui tient la place de son patron, et, qui, selon les circonstances, a mission de le rappeler au souvenir de ses amis, ou de le laisser oublier par ses ennemis.

C'est, en artistes, Talma, le Romain qui va, dans son rôle de Titus, faire une révolution; grâce à lui, on coupera les chevelures, en attendant que, grâce à Collot d'Herbois, son collègue, on coupe les têtes; c'est David, qui rêve *Léonidas* et *les Sabines;* David, qui ébauche sa grande toile du *Serment du Jeu de Paume*, et qui, tout à l'heure, vient d'acheter peut-être le pinceau avec lequel il fera sa plus belle toile et son plus hideux tableau : *Marat assassiné dans son bain;* c'est Vernet, qui a été reçu de l'Académie, il y a deux ans, sur son tableau du *Triomphe de Paul-Émile;* qui s'amuse à peindre des chevaux et des chiens, sans se douter qu'à quatre pas de lui, dans l'assemblée, au bras de Talma, est un jeune lieutenant corse, aux cheveux plats et sans poudre, qui lui prépare, sans s'en douter lui-même, cinq de ses plus beaux tableaux, le *Passage du mont Saint-Bernard*, les *Batailles de Rivoli, de Marengo, d'Austerlitz, de Wagram;* c'est Larive, l'héritier de l'école déclamatoire, qui ne daigne pas encore voir, dans le jeune Talma, un rival; qui préfère Voltaire à Corneille, et de Belloy à Racine; c'est Laïs, le chanteur qui fait les délices de l'Opéra, dans les rôles du Marchand de *la Caravane*, du Consul de *Trajan*, et de Cinna de *la Vestale;* c'est la Fayette, Lameth, Duport, Sieyès, Thouret, Chapellier, Rabaut-Saint-Étienne, Lanjuinais, Montlosier; puis, au milieu de tout cela, l'air provocateur et le nez au vent, la figure présomptueuse, le député de Grenoble, Barnave, dont les hommes médiocres font le rival de Mirabeau, et que Mirabeau écrase toutes les fois qu'il daigne mettre le pied sur lui.

Gilbert jeta un long regard sur cette brillante assemblée, reconnut chacun, appréciant, dans son esprit, toutes ces diverses capacités, et mal rassuré par elles.

Pourtant cet ensemble royaliste le réconforta un peu.

— En somme, dit-il tout à coup à Cagliostro, quel homme voyez-vous, parmi tous ces hommes, qui soit véritablement hostile à la royauté?

— Dois-je regarder avec les yeux de tout le monde, avec les vôtres, avec ceux de M. Necker, avec ceux de l'abbé Maury, ou avec les miens?

— Avec les vôtres, dit Gilbert, n'est-il pas convenu que ce sont des yeux de sorcier?

— Eh bien, il y en a deux.

— Oh! ce n'est pas beaucoup, au milieu de quatre cents hommes.

— C'est assez, si l'un de ces hommes doit être le meurtrier de Louis XVI et l'autre son successeur.

Gilbert tressaillit.

— Oh! oh! murmura-t-il, nous avons ici un futur Brutus et un futur César?

— Ni plus ni moins, mon cher docteur.

— Vous me les ferez bien voir, n'est-ce pas, comte? dit Gilbert avec le sourire du doute sur les lèvres.

— O apôtre aux yeux couverts d'écailles! murmura Cagliostro, je ferai mieux, si tu veux, je te les ferai toucher du doigt. Par lequel veux-tu commencer?

— Mais, il me semble, par le renverseur, j'ai un grand respect pour l'ordre chronologique. Voyons d'abord Brutus.

— Tu sais, dit Cagliostro s'animant comme saisi du souffle de l'inspiration, tu sais que les hommes ne procèdent jamais par les mêmes moyens, fût-ce pour accomplir une œuvre pareille? Notre Brutus à nous ne ressemblera donc en rien au Brutus antique.

— Raison de plus pour que je sois curieux de le voir.

— Eh bien, dit Cagliostro, regarde, le voici!

Et il étendit le bras dans la direction d'un homme appuyé contre la chaire, dont la tête seule se trouvait en ce moment dans la lumière, mais dont tout le reste du corps était perdu dans l'ombre.

Cette tête pâle et livide, semblait, comme aux jours des proscriptions antiques, une tête coupée clouée à la tribune aux harangues.

Les yeux seuls paraissaient vivre, avec une expression de haine presque dédaigneuse, avec l'expression de la vipère qui sait que sa dent contient un venin mortel; il suivait dans ses nombreuses évolutions le bruyant et verbeux Barnave.

Gilbert sentit comme un frisson lui courir par tout le corps.

— En effet, dit-il, vous m'avez prévenu d'avance : ce n'est là ni la tête de Brutus ni même celle de Cromwell.

— Non, dit Cagliostro, mais c'est peut-être celle de Cassius. Vous savez, mon cher, ce que disait César : « Je ne crains pas tous ces hommes gras qui passent leurs jours à table et leurs nuits en orgie; non, ce que je crains, ce sont ces rêveurs au corps maigre et au visage pâle. »

— Celui que vous me montrez là est bien dans les conditions établies par César.

— Ne le connaissez-vous pas? demanda Cagliostro.

— Si fait! dit Gilbert en le regardant avec attention, je le connais, ou plutôt je le reconnais pour un membre de l'Assemblée nationale.

— C'est bien cela!

— Pour un des plus filandreux orateurs de la gauche.

— C'est bien cela!

— Que personne n'écoute quand il parle.

— C'est bien cela!

— Un petit avocat d'Arras, n'est-ce pas? qu'on appelle Maximilien de Robespierre.

— Parfaitement! Eh bien, regardez cette tête avec attention.

— Je la regarde.

— Qu'y voyez-vous?

— Comte, je ne suis pas Lavater.

— Non, mais vous êtes son disciple.

— J'y vois l'expression haineuse de la médiocrité contre le génie.

— C'est-à-dire que, vous aussi, vous le jugez comme tout le monde... Oui, c'est vrai, sa voix faible, un peu aigre, sa maigre et triste figure, la peau de son front qui semble collée à un crâne comme un jaune et immobile parchemin; son œil vitreux qui ne laisse échapper qu'un jet de flamme verdâtre, et qui presque aussitôt s'éteint, cette continuelle tension des muscles et de la voix, cette laborieuse physionomie, fatigante par son immobilité même, cet invariable habit olive, habit unique, sec et sévèrement brossé, oui, tout cela, je le comprends, doit faire peu d'impression sur une assemblée riche en orateurs, qui a le droit d'être difficile, habituée qu'elle est à la face léonine de Mirabeau, à la suffisance audacieuse de Barnave, à la chaleur de la répartie acérée de l'abbé Maury, à la logique de Cazalès et à la logique de Sieyès; mais, à celui-là, on ne lui reprochera point, comme à Mirabeau, son immoralité; celui-là, c'est l'honnête homme; il ne sort pas des principes, et, s'il sort jamais de la légalité, ce sera pour tuer le vieux texte avec la loi nouvelle!

— Mais enfin, demanda Gilbert, qu'est-ce que c'est que ce Robespierre?

— Ah! te voilà bien, aristocrate du XVIIe siècle! « Qu'est-ce que c'est que ce Cromwell? demandait le comte de Strafford, auquel le Protecteur devait couper la tête. Un marchand de bière, je crois! »

— Voulez-vous dire que ma tête court les mêmes risques que celle de sir Thomas Wentworth? dit Gilbert en essayant un sourire qui se glaça sur ses lèvres.

— Qui sait? dit Cagliostro.

— Alors, raison de plus pour que je prenne des renseignements, dit le docteur.

— Ce que c'est que ce Robespierre? Eh bien, en France, nul ne le sait peut-être, que moi. J'aime à connaître d'où viennent les élus de la fatalité ; cela m'aide à deviner où ils vont. Les Robespierre sont Irlandais. Peut-être leurs aïeux firent-ils partie de ces colonies irlandaises qui, au XVIᵉ siècle, vinrent peupler les séminaires et les monastères de nos côtes septentrionales, là, ils auront reçu des jésuites cette forte éducation d'ergoteurs que les révérends pères donnaient à leurs élèves; ils étaient notaires de père en fils. Une branche de la famille, celle d'où celui-ci descend, s'établit à Arras, grand centre, comme vous le savez, de noblesse et d'église. Il y avait dans la ville deux seigneurs ou plutôt deux rois : l'un, l'abbé de Saint-Wast, l'autre, l'évêque d'Arras, dont le palais met la moitié de la ville dans l'ombre. C'est dans cette ville que celui que vous voyez là est né, en 1758. Ce qu'il a fait enfant, ce qu'il a fait jeune homme, ce qu'il fait en ce moment, je vais vous le dire en deux mots ; ce qu'il fera je vous l'ai déjà dit en un seul. Il y avait quatre enfants dans la maison. Le chef de la famille perdit sa femme ; il était avocat aux conseils d'Artois ; il tomba dans une sombre tristesse, cessa de plaider, partit pour un voyage de distraction et ne revint plus. A onze ans, l'aîné — celui-ci — se trouva chef de famille à son tour, tuteur d'un frère et de deux sœurs ; à cet âge, chose étrange ! l'enfant comprit sa tâche, et se fit homme immédiatement. En vingt-quatre heures, il devint ce qu'il est resté : un visage qui sourit parfois, un cœur qui ne rit jamais. C'était le meilleur élève du collège. On obtint pour lui de l'abbé de Saint-Wast une des bourses dont le prélat disposait au collège Louis-le-Grand. Il arriva seul à Paris, recommandé à un chanoine de Notre-Dame ; dans l'année, le chanoine mourut. Presque en même temps mourait à Arras sa plus jeune sœur, la plus aimée. L'ombre des jésuites que l'on venait d'expulser de France se projetait encore sur les murs de Louis-le-Grand. Vous connaissez ce bâtiment où grandit à cette heure votre jeune Sébastien ; ses cours, sombres et profondes comme celles de la Bastille, décolorent les plus frais visages : celui du jeune Robespierre était pâle, elles le firent livide. Les autres enfants sortaient quelquefois; pour eux, l'année avait des dimanches et des fêtes ; pour l'orphelin boursier, sans protection, tous les jours étaient les mêmes. Tandis que les autres respiraient l'air de la famille, lui respirait l'air de la solitude, de la tristesse et de l'ennui, trois souffles mauvais qui allument dans les cœurs l'envie et la haine, et qui ôtent à l'âme sa fleur. Cette haleine étiola l'enfant et en fit un fade jeune homme. Un jour, on ne croira pas qu'il y ait un portrait de Robespierre à l'âge de vingt-quatre ans, tenant une rose d'une main, et appuyant l'autre main sur sa poitrine avec cette devise : *Tout pour mon amie!*

Gilbert sourit tristement en regardant Robespierre.

— Il est vrai, poursuivit Cagliostro, que lorsqu'il prenait cette devise, et se faisait peindre ainsi, la demoiselle jurait que rien au monde ne désunirait leur destinée ; lui aussi le jurait, et en homme disposé à tenir son serment. Il fit un voyage de trois mois, et la retrouva mariée ! Au reste, l'abbé de Saint-Wast était demeuré son protecteur, il avait fait avoir à son frère la bourse du collège Louis-le-Grand, et lui avait donné, à lui, une place de juge au tribunal criminel. Vint un procès à juger, un assassin à punir ; Robespierre, plein de remords d'avoir osé, lui troisième, disposer de la vie d'un homme, quoique cet homme fût reconnu coupable, Robespierre donna sa démission. Il se fit avocat, car il lui fallait vivre, et nourrir sa jeune sœur ; — le frère était mal nourri à Louis-le-Grand, mais enfin il était nourri. — A peine venait-il de se faire inscrire sur le tableau, que des paysans le prièrent de plaider pour eux contre l'évêque d'Arras. Les paysans étaient dans leur droit, Robespierre s'en convainquit par l'examen des pièces, plaida, gagna la cause des paysans, et, tout chaud de son succès, fut envoyé à l'Assemblée nationale. A l'Assemblée nationale, Robespierre se trouva placé entre une haine puissante et un mépris profond : haine du clergé pour l'avocat ayant osé plaider contre l'évêque d'Arras ; mépris des nobles de l'Artois pour le robin élevé par charité.

— Mais, interrompit Gilbert, qu'a-t-il fait jusqu'à aujourd'hui?

— Oh ! mon Dieu, presque rien pour les autres ; mais assez pour moi. S'il n'entrait pas dans mes vues que cet homme fût pauvre, demain je lui donnerais un million.

— Encore une fois, je vous le demande, qu'a-t-il fait?

— Vous rappelez-vous le jour où le clergé vint hypocritement à l'Assemblée prier le tiers tenu en suspens par le *veto* royal de commencer ses travaux?

— Oui.

— Eh bien, relisez le discours que fit, ce jour-là, le petit avocat d'Arras, et vous verrez s'il n'y a pas tout un avenir dans cette aigre véhémence qui le fit presque éloquent.

— Mais depuis?

— Depuis?... Ah ! c'est vrai. Nous sommes

obligés de sauter du mois de mai au mois d'octobre. Quand, le 5, Maillard, le délégué des femmes de Paris, vint, au nom de ses clientes, haranguer l'Assemblée, eh bien, tous les membres de cette Assemblée étaient restés immobiles et muets; ce petit avocat ne se montra plus aigre seulement, il se montra plus audacieux qu'aucun. Tous les prétendus défenseurs du peuple se taisaient, il se leva deux fois : la première, au milieu du tumulte; la seconde, au milieu du silence. Il appuya Maillard, qui parlait au nom de la famine, et qui demandait du pain.

— Oui, en effet, dit Gilbert pensif, cela devient plus grave; mais peut-être changera-t-il.

— Oh! mon cher docteur, vous ne connaissez pas l'*incorruptible*, comme on l'appellera un jour; d'ailleurs, qui voudrait acheter ce petit avocat dont tout le monde se rit? Cet homme qui sera plus tard — écoutez bien ce que je vous dis, Gilbert, — la terreur de l'Assemblée, en est aujourd'hui le plastron. Il est convenu entre les nobles jacobins que M. de Robespierre est l'homme ridicule de l'Assemblée, celui qui amuse et doit amuser tout le monde, celui dont chacun peut et doit presque se railler. Les grandes assemblées s'ennuient parfois, il faut bien qu'un niais les égaye... Aux yeux des Lameth, des Cazalès, des Maury, des Barnave, des Duport, M. de Robespierre est un niais. Ses amis le trahissent en souriant tout bas, ses ennemis le huent en riant tout haut; quand il parle, tout le monde parle; quand il élève la voix, chacun crie; puis, quand il a prononcé — toujours en faveur du droit, toujours pour défendre quelque principe — un discours que personne n'a écouté, un membre ignoré, sur lequel l'orateur fixe un instant son regard torve, demande ironiquement l'impression du discours. Un seul de ses collègues le devine et le comprend; un seul! devinez lequel? Mirabeau. « Cet homme ira loin, me disait-il avant-hier, car cet homme croit ce qu'il dit. » Chose qui, vous le comprenez bien, semble singulière à Mirabeau.

— Mais, dit Gilbert, j'ai lu les discours de cet homme, et je les ai trouvés médiocres et plats.

— Eh! mon Dieu, je ne vous dis pas que ce soit un Démosthène ou un Cicéron, un Mirabeau ou un Barnave; eh! non, c'est tout bonnement M. de Robespierre, comme on affecte de l'appeler. D'ailleurs, ses discours, on les traite avec aussi peu de sans façon à l'imprimerie qu'à la tribune : à la tribune, on les interrompt; à l'imprimerie, on les mutile. Les journalistes ne l'appellent pas même M. de Robespierre, eux ; non, les journalistes ne savent pas son nom : ils l'appellent M. D..., M. N... ou M.***. Oh! Dieu seul, et moi peut-être, savons ce qui s'amasse de fiel dans cette poitrine maigre, d'orages dans ce cerveau étroit; car, pour oublier toutes ces injures, toutes ces insultes, toutes ces trahisons, l'orateur hué, qui sent sa force cependant, n'a ni la distraction du monde, ni le soulagement de la famille. Dans son triste appartement du triste Marais, dans son logis froid, pauvre, démeublé de la rue de Saintonge, où il vit petitement de son salaire de député, il est seul comme dans les cours humides de Louis-le-Grand. Jusqu'à l'année dernière, sa figure avait encore été jeune et douce; voyez, depuis un an, elle a séché comme sèchent ces têtes de chefs de Caraïbes que rapportent de l'Océanie les Cook et les la Pérouse; il ne quitte pas les Jacobins, et, aux émotions invisibles à tous qu'il y éprouve, il gagne des hémorragies qui, deux ou trois fois, l'ont laissé sans connaissance. Vous êtes un grand algébriste, Gilbert, eh bien, je vous défie, par les multiplications les plus exagérées, de calculer le sang que coûtera à cette noblesse qui l'insulte, à ces prêtres qui le persécutent, à ce roi qui l'ignore, le sang que perd Robespierre.

— Mais pourquoi vient-il aux Jacobins?

— Ah! c'est que, hué à l'Assemblée, aux Jacobins on l'écoute. Les Jacobins, mon cher docteur, c'est le minotaure enfant; il tette une vache, plus tard il dévorera un peuple. Eh bien, des jacobins Robespierre est le type. La société se résume en lui, et lui est l'expression de la société : rien de plus, rien de moins; il marche du même pas qu'elle, sans la suivre, sans la devancer. Je vous ai promis, n'est-ce pas? de vous faire voir un petit instrument dont on s'occupe en ce moment-ci, et qui a pour but de faire tomber une tête, peut-être deux, par minute; eh bien, de tous les personnages ici présents, celui qui donnera le plus de besogne à cet instrument de mort, c'est le petit avocat d'Arras, M. de Robespierre.

— En vérité, comte, dit Gilbert, vous êtes funèbre; et, si votre César ne me console pas un peu de votre Brutus, je suis capable d'oublier la cause pour laquelle je suis venu. Pardon, mais qu'est devenu César?

— Tenez, le voyez-vous là-bas? Il cause avec un homme qu'il ne connaît pas encore, et qui aura plus tard une grande influence sur sa destinée. Cet homme s'appelle Barras : retenez ce nom, et rappelez-vous le dans l'occasion.

— Je ne sais pas si vous vous trompez,

comte, dit Gilbert, mais, en tout cas, vous choisissez bien vos types. Votre César a un véritable front à porter la couronne, et ses yeux, dont je ne puis pas trop saisir l'expression...

— Oui, parce qu'ils regardent en dedans; ce sont ces yeux-là qui devinent l'avenir, docteur.

— Et que dit-il à Barras?

— Il lui dit que, s'il avait défendu la Bastille, on ne l'aurait pas prise.

— Ce n'est donc pas un patriote?

— Les hommes comme lui ne veulent rien être avant d'être tout.

— Ainsi vous soutenez la plaisanterie à l'endroit de ce petit sous-lieutenant?

— Gilbert, dit Cagliostro en étendant la main vers Robespierre, aussi vrai que celui-ci relèvera l'échafaud de Charles Ier, aussi vrai celui-là, — et il étendit la main vers le Corse aux cheveux plats, — aussi vrai celui-là reconstruira le trône de Charlemagne.

— Alors, s'écria Gilbert découragé, notre lutte pour la liberté est donc inutile?

— Et qui vous dit que l'un ne fera pas autant pour elle avec son trône que l'autre avec son échafaud?

— Ce sera donc un Titus, un Marc-Aurèle, le dieu de la paix venant consoler le monde de l'âge d'airain?

— Ce sera à la fois Alexandre et Annibal. Né au milieu de la guerre, il grandira par la guerre, et tombera par la guerre. Je vous ai défié de calculer le sang que coûterait à la noblesse et au clergé le sang que perd Robespierre; prenez le sang qu'auront perdu prêtres et nobles, entassez multiplications sur multiplications, et vous n'atteindrez pas au fleuve, au lac, à la mer de sang que versera cet homme avec ses armées de cinq cent mille soldats, et ses batailles de trois jours dans lesquelles on tirera cent cinquante mille coups de canon.

— Et que résultera-t-il de ce bruit, de cette fumée, de ce chaos?

— Ce qui résulte de toute genèse, Gilbert; nous sommes chargés d'enterrer le vieux monde; nos enfants verront naître le monde nouveau; cet homme, c'est le géant qui en garde la porte; comme Louis XIV, comme Léon X, comme Auguste, il donnera son nom au siècle qui va s'ouvrir.

— Et comment s'appelle cet homme? demanda Gilbert subjugué par l'air de conviction de Cagliostro.

— Il ne s'appelle encore que Bonaparte, répondit le prophète; mais, un jour, il s'appellera Napoléon!

Gilbert inclina sa tête sur sa main et tomba dans une rêverie si profonde, qu'il ne s'aperçut point, entraîné qu'il était par le cours de ses pensées, que la séance était ouverte, et qu'un orateur montait à la tribune...

Une heure s'était écoulée sans que le bruit de l'assemblée ni des tribunes, si orageuse que fût la séance, eût pu tirer Gilbert de sa méditation, lorsqu'il sentit une main puissante et crispée se poser sur son épaule.

Il se retourna. Cagliostro avait disparu, mais, à sa place, il trouva Mirabeau.

Mirabeau, le visage bouleversé par la colère.

Gilbert le regarda d'un œil interrogateur.

— Eh bien? dit Mirabeau.

— Qu'y a-t-il? demanda Gilbert.

— Il y a que nous sommes joués, bafoués, trahis; il y a que la cour ne veut pas de moi, qu'elle vous a pris pour une dupe, et moi pour un sot.

— Je ne vous comprends pas, comte.

— Vous n'avez donc pas entendu?

— Quoi?

— La résolution qui vient d'être prise!

— Où?

— Ici!

— Quelle résolution?

— Alors vous dormiez donc?

— Non, dit Gilbert, je rêvais.

— Eh bien, demain, en réponse à ma motion d'aujourd'hui qui propose d'inviter les ministres à assister aux délibérations nationales, trois amis du roi vont demander qu'aucun membre de l'Assemblée ne puisse être ministre pendant le cours de la session. Alors cette combinaison si laborieusement élevée s'écroule au souffle capricieux de Sa Majesté Louis XVI; mais, continua Mirabeau en étendant comme Ajax, son poing fermé vers le ciel; mais, sur mon nom de Mirabeau, je le leur rendrai, et, si leur souffle peut renverser un ministre, ils verront que le mien peut ébranler un trône!

— Mais, dit Gilbert, vous n'en irez pas moins à l'Assemblée, vous n'en lutterez pas moins jusqu'au bout?

— J'irai à l'Assemblée, je lutterai jusqu'au bout!... Je suis de ceux qu'on n'enterre que sous des ruines.

Et Mirabeau, à moitié foudroyé, sortit plus beau et plus terrible de ce sillon divin que le tonnerre venait d'imprimer à son front.

Le lendemain, en effet, sur la proposition de Lanjuinais, malgré les efforts d'un génie surhumain déployé par Mirabeau, l'Assemblée nationale adopta cette motion à une immense majorité : « Qu'aucun membre de l'Assemblée ne pourrait être ministre pendant le cours de la session. »

— Et, moi, cria Mirabeau quand le décret fut voté, je propose un amendement qui ne changera rien à votre loi ! Le voici : « Tous les membres de la présente assemblée pourront être ministres, excepté M. le comte de Mirabeau. »

Chacun se regarda, étourdi de cette audace; puis, au milieu du silence universel, Mirabeau descendit de son estrade de ce pas dont il avait marché à M. de Dreux-Brézé, quand il lui avait dit : « Nous sommes ici par la volonté du peuple; nous n'en sortirons que la baïonnette dans le ventre ! »

Il sortit de la salle.

La défaite de Mirabeau ressemblait au triomphe d'un autre.

Gilbert n'était pas même venu à l'Assemblée.

Il était resté chez lui et rêvait aux étranges prédictions de Cagliostro sans y croire; cependant il ne pouvait les effacer de son esprit.

Le présent lui paraissait bien petit auprès de l'avenir !

Peut-être me demandera-t-on comment, simple historien du temps écoulé, *temporis acti*, j'expliquerai la prédiction de Cagliostro relative à Robespierre et à Napoléon?

Je demanderai à celui qui me fera cette question de m'expliquer la prédiction de mademoiselle Lenormand à Joséphine?

A chaque pas, on rencontre en ce monde une chose inexplicable : c'est pour ceux qui ne peuvent pas les expliquer, et qui ne veulent pas y croire, que le doute a été inventé.

XXXI

METZ ET PARIS

Comme l'avait dit Cagliostro, comme l'avait deviné Mirabeau, c'était le roi qui avait fait échouer tous les projets de Gilbert.

La reine, qui, dans les ouvertures faites à Mirabeau, avait mis plutôt le dépit d'une amante et la curiosité d'une femme que la politique d'une reine, vit tomber, sans grand regret, tout cet échafaudage constitutionnel qui blessait toujours si vivement son orgueil.

Quant au roi, sa politique bien arrêtée était d'attendre, de gagner du temps et de profiter des circonstances; d'ailleurs, deux négociations engagées lui offraient, d'un côté ou de l'autre, cette chance de fuite de Paris et de retraite dans une place forte qui était son plan favori.

Ces deux négociations, nous le savons, étaient celles qui se trouvaient entamées d'un côté par Favras, homme de Monsieur; de l'autre par Charny, le propre messager de Louis XVI.

Charny avait fait le voyage de Paris à Metz en deux jours. Il avait trouvé M. de Bouillé à Metz et lui avait remis la lettre du roi. Cette lettre, on se le rappelle, n'était qu'un moyen de mettre Charny en relations avec M. de Bouillé; aussi celui-ci, tout en marquant son mécontentement des choses qui se passaient, commença-t-il par se tenir sur une grande réserve.

En effet, l'ouverture faite à M. de Bouillé en ce moment changeait tous les plans de celui-ci. L'impératrice Catherine venait de lui faire des offres, et il était sur le point d'écrire au roi pour lui demander la permission de prendre du service en Russie, lorsque arriva la lettre de Louis XVI.

Le premier mouvement de M. de Bouillé avait donc été l'hésitation; mais, au nom de Charny, au souvenir de sa parenté avec M. de Suffren, au bruit qui courait que la reine l'honorait de toute sa confiance, il s'était, en fidèle royaliste, senti pénétré du désir d'arracher le roi à cette liberté factice que beaucoup regardaient comme une captivité réelle.

Cependant, avant de rien décider avec Charny, M. de Bouillé, prétendant que les pouvoirs de celui-ci n'étaient pas assez étendus, résolut d'envoyer à Paris, pour s'entretenir directement avec le roi de cet important projet, son fils, le comte Louis de Bouillé.

Charny resterait à Metz pendant ces négociations; aucun désir personnel ne le rappelait à Paris, et son honneur, peut-être un peu exagéré, lui faisait presque un devoir de demeurer à Metz comme une espèce d'otage.

Le comte Louis arriva à Paris vers le milieu du mois de novembre. A cette époque, le roi était gardé à vue par M. de la Fayette, et le comte Louis de Bouillé était cousin de M. de la Fayette.

Il descendit chez un de ses amis, dont les opinions patriotiques étaient fort connues, et qui voyageait, alors, en Angleterre.

Entrer au château à l'insu de M. de la Fayette était donc, pour le jeune homme, une chose sinon impossible, du moins très dangereuse et très difficile.

Vous n'êtes pas compagnon ni maître? (Page 135).

D'un autre côté, comme M. de la Fayette devait être dans l'ignorance la plus complète des relations nouées par Charny entre le roi et M. de Bouillé, rien n'était plus simple, pour le comte Louis, que de se faire présenter au roi par M. de la Fayette lui-même.

Les circonstances semblèrent aller d'elles-mêmes au-devant des désirs du jeune officier.

Il était depuis trois jours à Paris, n'ayant rien décidé encore, réfléchissant au moyen de parvenir jusqu'au roi, et se demandant, comme nous venons de le dire, si le plus sûr n'était pas de s'adresser à M. de la Fayette lui-même lorsqu'on lui remit un mot de ce dernier, le prévenant que son arrivée à Paris était connue, et l'invitant à le venir voir à l'état-major de la garde nationale ou à l'hôtel de Nouilles.

C'était en quelque sorte la Providence répondant tout haut à la prière que lui adressait tout bas M. de Bouillé; c'était une bonne fée, comme il y en a dans les charmants contes de Perrault, prenant le chevalier par la main et le conduisant à son but.

Le comte s'empressa de se rendre à l'état-major.

Le général venait de partir pour l'hôtel de ville, où il avait à recevoir une communication de M. Bailly.

Mais, en l'absence du général, il rencontra son aide de camp, M. Romeuf.

Romeuf avait servi dans le même régiment

que le jeune comte, et, quoique l'un appartînt à la démocratie et l'autre l'aristocratie, il y avait eu entre eux quelques relations; depuis lors, Romeuf, qui avait passé dans un des régiments dissous après le 14 juillet, ne reprit plus de service que dans la garde nationale, où il occupait le poste d'aide de camp favori du général la Fayette.

Les deux jeunes gens, tout en différant d'opinion sur certains points, étaient d'accord sur celui-ci : tous deux aimaient et respectaient le roi.

Seulement, l'un l'aimait à la manière des patriotes, c'est-à-dire à la condition qu'il jurerait la Constitution; l'autre l'aimait à la manière des aristocrates, c'est-à-dire à la condition qu'il refuserait le serment, et en appellerait, s'il était nécessaire, à l'étranger pour mettre à la raison les rebelles.

Par les rebelles, M. de Bouillé entendait les trois quarts de l'Assemblée, la garde nationale, les électeurs, etc., etc., c'est-à-dire les cinq sixièmes de la France.

Romeuf avait vingt-six ans et le comte Louis vingt-deux, il était donc difficile qu'ils parlassent longtemps politique.

D'ailleurs, le comte Louis ne voulait pas même qu'on le soupçonnât d'être occupé d'une idée sérieuse.

Il confia, en grand secret, à son ami Romeuf qu'il avait quitté Metz avec une simple permission, pour venir voir à Paris une femme qu'il adorait.

Pendant que le comte Louis faisait cette confidence à l'aide de camp, le général la Fayette apparut sur le seuil de la porte restée ouverte; mais, quoiqu'il eût parfaitement vu le survenant dans une glace placée devant lui, M. de Bouillé n'en continua pas moins son récit; seulement, malgré les signes de Romeuf auxquels il faisait semblant de ne rien comprendre, il haussa la voix de manière à ce que le général ne perdît pas un mot de ce qu'il disait.

Le général avait tout entendu : c'était ce que voulait le comte Louis.

Il continua de s'avancer derrière le narrateur, et, lui posant la main sur l'épaule lorsqu'il eut fini :

— Ah! monsieur le libertin, lui dit-il, voilà donc pourquoi vous vous cachez de vos respectables parents?

Ce n'était point un juge bien sévère, un mentor bien refrogné que ce jeune général de trente-deux ans, fort à la mode lui-même parmi toutes les femmes à la mode de l'époque; aussi le comte Louis ne parut pas très effrayé de la mercuriale qui l'attendait.

— Je m'en cachais si peu, mon cher cousin, qu'aujourd'hui même, j'allais avoir l'honneur de me présenter au plus illustre d'entre eux, s'il ne m'avait pas prévenu par ce message.

Et il montra au général la lettre qu'il venait de recevoir.

— Eh bien, direz-vous que la police de Paris est mal faite, messieurs de la province? dit le général avec un air de satisfaction prouvant qu'il mettait là un certain amour-propre.

— Nous savons qu'on ne peut rien cacher, général, à celui qui veille sur la liberté du peuple et le salut du roi.

La Fayette regarda son cousin de côté, et avec cet air à la fois bon, spirituel et un peu railleur que nous-même lui avons connu.

Il savait que le salut du roi importait fort à cette branche de la famille, mais qu'elle s'inquiétait peu de la liberté du peuple.

Aussi ne répondit-il qu'à une partie de la phrase.

— Et mon cousin, M. le marquis de Bouillé, dit-il en appuyant sur un titre auquel il avait renoncé depuis la nuit du 4 août, n'a pas chargé son fils de quelque commission pour ce roi sur le salut duquel je veille?

— Il m'a chargé de mettre à ses pieds l'hommage de ses sentiments les plus respectueux, répondit le jeune homme, si le général la Fayette ne me jugeait pas indigne d'être présenté à mon souverain.

— Vous présenter... et quand cela?

— Le plus tôt possible, général; attendu, je crois avoir eu l'honneur de vous le dire à vous ou à Romeuf, qu'étant ici sans congé...

— Vous l'avez dit à Romeuf, mais cela revient au même, puisque je l'ai entendu. Eh bien, voyons, les bonnes choses ne doivent point être retardées, il est onze heures du matin; tous les jours, à midi, j'ai l'honneur de voir le roi et la reine; mangez un morceau avec moi, si vous n'avez fait qu'un premier déjeuner, et je vous conduirai aux Tuileries.

— Mais, dit le jeune homme en jetant les yeux sur son uniforme et sur ses bottes, suis-je en costume, mon cher cousin?

— D'abord, répondit la Fayette, je vous dirai, mon pauvre enfant, que cette grande question d'étiquette, qui a été votre mère nourrice, est bien malade, sinon morte, depuis votre départ; puis, je vous regarde : votre habit est irréprochable, vos bottes sont de tenue; quel costume convient mieux à un gentilhomme prêt à mourir pour son roi que son uniforme de guerre? Allons, Romeuf, voyez si nous sommes servis; j'emmène M. de Bouillé aux Tuileries aussitôt après le déjeuner.

Ce projet correspondait d'une façon trop directe avec les désirs du jeune homme, pour qu'il y fît une objection sérieuse; aussi s'inclina-t-il à la fois en signe de consentement, de réponse et de remerciement.

Une demi-heure après, les sentinelles des grilles présentaient les armes au général la Fayette et au jeune comte de Bouillé, sans se douter qu'ils rendaient en même temps les honneurs militaires à la révolution et à la contre-révolution.

DEUXIÈME PARTIE

I

LA REINE

M. de la Fayette et le comte Louis de Bouillé montèrent le petit escalier du pavillon Marsan, et se présentèrent aux appartements du premier étage, qu'habitaient le roi et la reine.

Toutes les portes s'ouvraient devant M. de la Fayette. Les sentinelles portaient les armes, les valets de pied se courbaient; on reconnaissait facilement le roi du roi, le maire du palais, comme disait M. Marat.

M. de la Fayette fut introduit d'abord chez la reine; quant au roi, il était à sa forge, et l'on allait prévenir Sa Majesté.

Il y avait trois ans que Louis de Bouillé n'avait vu Marie-Antoinette.

Pendant ces trois ans, les états-généraux avaient été réunis, la Bastille avait été prise, et les journées des 5 et 6 octobre avaient eu lieu.

La reine était arrivée à l'âge de trente-quatre ans, « âge touchant, dit Michelet, que tant de fois s'est plu à peindre Van Dyck, âge de la femme, âge de la mère, et, chez Marie-Antoinette, âge de la reine surtout ».

Depuis ces trois ans, la reine avait bien souffert de cœur et d'esprit, d'amour et d'amour-propre. Les trente-quatre ans apparaissaient donc chez la pauvre femme, inscrits autour des yeux par ces nuances légères, nacrées et violâtres, qui révèlent les yeux pleins de larmes, les nuits vides de sommeil; qui accusent surtout ce mal profond dont l'âme d'une femme — femme ou reine — ne guérit plus dès qu'elle en est atteinte.

C'était l'âge de Marie Stuart prisonnière, l'âge où elle fit ses plus profondes passions, l'âge où Douglas, Mortimer, Norfolk et Babington devinrent amoureux d'elle, se dévouèrent et moururent pour elle.

La vue de cette reine prisonnière, haïe, calomniée, menacée, — la journée du 5 octobre avait prouvé que ces menaces n'étaient pas vaines, — fit une profonde impression sur le cœur chevaleresque du jeune Louis de Bouillé.

Les femmes ne se trompent point à l'effet qu'elles produisent, et, comme les reines et les rois ont, en outre, une mémoire des visages qui fait en quelque sorte partie de leur éducation, à peine Marie-Antoinette eut-elle aperçu M. de Bouillé, qu'elle le reconnut; à peine eut-elle jeté les yeux sur lui, qu'elle fut certaine d'être en face d'un ami.

Il en résulta qu'avant même que le général eût fait sa présentation, qu'avant qu'il fût au pied du divan sur lequel la reine était à demi couchée, celle-ci s'était levée, et, comme on fait à la fois à une ancienne connaissance qu'on a plaisir à revoir, et à un serviteur sur la fidélité duquel on peut compter, elle s'était écriée :

— Ah! M. de Bouillé!

Puis, sans s'occuper du général la Fayette,

elle avait étendu la main vers le jeune homme.

Le comte Louis avait hésité un instant, il ne pouvait pas croire à une pareille faveur.

Cependant, la main royale restant étendue, le comte mit un genou en terre, et de ses lèvres tremblantes effleura cette main.

C'était une faute que faisait la pauvre reine, et elle en fit bon nombre de pareilles à celle-là ; sans cette faveur, M. de Bouillé lui était acquis, et, par cette faveur accordée à M. de Bouillé devant M. de la Fayette, qui, lui, n'avait jamais reçu faveur pareille, elle établissait sa ligne de démarcation et blessait l'homme dont elle avait le plus besoin de se faire un ami.

Aussi, avec la courtoisie dont il était incapable de se départir un instant, mais avec une certaine altération dans la voix :

— Par ma foi, mon cher cousin, dit la Fayette, c'est moi qui vous ai offert de vous présenter à Sa Majesté ; mais il me semble que c'était bien plutôt à vous de me présenter à elle.

La reine était si joyeuse de se trouver en face d'un de ces serviteurs sur lesquels elle savait pouvoir compter, la femme était si fière de l'effet qu'il lui semblait avoir produit sur le comte, que, sentant dans son cœur un de ces rayons de jeunesse qu'elle y croyait éteints, et tout autour d'elle comme une de ces brises de printemps et d'amour qu'elle croyait mortes, elle se retourna vers le général la Fayette, et, avec un de ses sourires de Trianon et de Versailles :

— Monsieur le général, dit-elle, le comte Louis n'est pas un sévère républicain comme vous ; il arrive de Metz et non pas d'Amérique ; il ne vient pas à Paris pour travailler sur la Constitution ; il y vient pour me présenter ses hommages. Ne vous étonnez donc pas que je lui accorde, moi, pauvre reine à moitié détrônée, une faveur qui, pour lui, pauvre provincial, mérite peut-être encore ce nom, tandis que, pour vous...

Et la reine fit une charmante minauderie, presque une minauderie de jeune fille, qui voulait dire : « Tandis que vous, monsieur le Scipion, tandis que vous, monsieur le Cincinnatus, vous vous moquez bien de pareils marivaudages. »

— Madame, dit la Fayette, j'aurai passé respectueux et dévoué près de la reine, sans que la reine ait jamais compris mon respect, ait jamais apprécié mon dévouement ; ce sera un grand malheur pour moi, un plus grand malheur peut-être encore pour elle.

Et il salua.

La reine le regarda de son œil profond et clair. Plus d'une fois la Fayette lui avait dit de semblables paroles, plus d'une fois elle avait réfléchi aux paroles que lui avait dites la Fayette ; mais, pour son malheur, comme venait de le dire celui-ci, elle avait une répulsion instinctive contre l'homme.

— Allons, général, dit-elle, soyez généreux, pardonnez-moi.

— Moi, Madame, vous pardonner ! Et quoi ?

— Mon élan vers cette bonne famille de Bouillé, qui m'aime de tout son cœur, et dont ce jeune homme a bien voulu se faire le fil conducteur, la chaîne électrique. C'est son père, ses oncles, toute sa famille que j'ai vue apparaître lorsqu'il est entré, et qui m'a baisé la main avec ses lèvres.

La Fayette fit un nouveau salut.

— Et, maintenant, dit la reine, après le pardon, la paix ; une bonne poignée de main, général, à l'anglaise ou à l'américaine.

Et elle tendit la main, mais ouverte et la paume en dehors.

La Fayette toucha d'une main lente et froide la main de la reine en disant :

— Je regrette que vous ne vouliez jamais vous souvenir que je suis Français, Madame. Il n'y a cependant pas bien loin du 6 octobre au 16 novembre.

— Vous avez raison, général, dit la reine faisant un effort sur elle-même, et lui serrant la main ; c'est moi qui suis une ingrate.

Et, se laissant retomber sur son sofa, brisée par l'émotion :

— D'ailleurs, cela ne doit pas vous étonner, dit-elle, vous savez que c'est le reproche qu'on me fait.

Puis, secouant la tête :

— Eh bien, général, qu'y a-t-il de nouveau dans Paris ? demanda-t-elle.

La Fayette avait une petite vengeance à exercer, il saisit l'occasion.

— Ah ! Madame, dit-il, combien je regrette que vous n'ayez pas été hier à l'Assemblée ! Vous eussiez vu une scène touchante et qui eût bien certainement ému votre cœur ; un vieillard venant remercier l'Assemblée du bonheur qu'il lui devait à elle et au roi, car l'Assemblée ne peut rien sans la sanction royale.

— Un vieillard ? répéta la reine distraite.

— Oui, Madame, mais quel vieillard ! le doyen de l'humanité, un paysan mainmortable du Jura, âgé de cent vingt ans, amené à la barre de l'Assemblée par cinq générations de descendants, et venant la remercier de ses décrets du 4 août. Comprenez-vous, Madame, un homme qui a été serf un demi-siècle sous Louis XIV, et quatre-vingts ans depuis !

— Et qu'a fait l'Assemblée en faveur de cet homme ?

— Elle s'est levée tout entière, et l'a forcé, lui, de s'asseoir et de se couvrir.

— Ah ! dit la reine de ce ton qui n'appartenait qu'à elle, ce devait être, en effet, fort touchant ; mais, à mon regret, je n'étais pas là. Vous savez mieux que personne, mon cher général, ajouta-t-elle en souriant, que je ne suis pas toujours où je veux.

Le général fit un mouvement qui signifiait qu'il avait quelque chose à répondre, mais la reine continua sans lui donner le temps de rien dire :

— Non, j'étais ici, je recevais la femme François, la pauvre veuve de ce malheureux boulanger de l'Assemblée, que l'Assemblée a laissé assassiner à sa porte. Que faisait donc l'Assemblée, ce jour-là, monsieur de la Fayette ?

— Madame, répondit le général, vous parlez là d'un des malheurs qui ont le plus affligé les représentants de la France ; l'Assemblée n'avait pu prévenir le meurtre, elle a du moins puni les meurtriers.

— Oui, mais cette punition, je vous jure, n'a point consolé la pauvre femme ; elle a manqué devenir folle, et l'on croit qu'elle accouchera d'un enfant mort ; si l'enfant est vivant, je lui ai promis d'en être marraine, et, pour que le peuple sache que je ne suis pas aussi insensible qu'on le dit aux malheurs qui lui arrivent, je vous demanderai, mon cher général, s'il n'y a pas d'inconvénient à ce que le baptême se fasse à Notre-Dame.

La Fayette leva la main comme un homme qui était prêt à demander la parole, et qui est enchanté qu'on la lui accorde.

— Justement, Madame, dit-il, c'est la seconde allusion que vous faites, depuis un instant, à cette prétendue captivité dans laquelle on voudrait faire croire à vos fidèles serviteurs que je vous tiens. Madame, je me hâte de le dire devant mon cousin, je le répéterai, s'il le faut, devant Paris, devant l'Europe, devant le monde — je l'ai écrit hier à M. Mounier, qui se lamente, du fond du Dauphiné sur la captivité royale, — Madame, vous êtes libre, et je n'ai qu'un désir, je ne vous adresse même qu'une prière, c'est que vous en donniez la preuve, le roi en reprenant ses chasses et ses voyages, et vous, Madame, en l'accompagnant.

La reine sourit comme une personne mal convaincue.

— Quant à être la marraine du pauvre orphelin qui va naître dans le deuil, la reine, en prenant cet engagement avec la veuve, a obéi à cet excellent cœur qui la fait respecter et aimer de tout ce qui l'entoure. Lorsque le jour de la cérémonie sera arrivé, la reine choisira l'église où elle désire que cette cérémonie ait lieu ; elle donnera ses ordres, et, selon ses ordres, tout sera fait. Et maintenant, continua le général en s'inclinant, j'attends ceux dont il plaira à Sa Majesté de m'honorer pour aujourd'hui.

— Pour aujourd'hui, mon cher général, dit la reine, je n'ai pas d'autre prière à vous faire que d'inviter votre cousin, s'il reste encore quelques jours à Paris, à vous accompagner à l'un des cercles de madame de Lamballe. Vous savez qu'elle reçoit pour elle et pour moi ?

— Et, moi, Madame, répondit la Fayette, je profiterai de l'invitation pour mon compte et pour le sien, et, si Votre Majesté ne m'y a pas vu plus tôt, je la prie d'être bien persuadée que c'est qu'elle a oublié de me manifester le désir qu'elle avait de m'y voir.

La reine répondit par une inclination de tête et par un sourire.

C'était le congé.

Chacun en prit ce qui lui revenait :

La Fayette, le salut ; le comte Louis, le sourire.

Tous deux sortirent à reculons, emportant de cette entrevue, l'un plus d'amertume, l'autre plus de dévouement.

II

LE ROI

A la porte de l'appartement de la reine, les deux visiteurs trouvèrent le valet de chambre du roi, François Hue, qui les attendait.

Le roi faisait dire à M. de la Fayette qu'ayant commencé, pour se distraire, un ouvrage de serrurerie très important, il le priait de monter jusqu'à la forge.

Une forge était la première chose dont s'était informé Louis XVI en arrivant aux Tuileries, et, apprenant que cet objet d'indispensable nécessité pour lui avait été oublié dans les plans de Catherine de Médicis et de Philibert de Lorme, il avait choisi au second étage, juste au-dessus de sa chambre à coucher, une grande mansarde ayant escalier extérieur et intérieur, pour en faire son atelier de serrurerie.

Au milieu des graves préoccupations qui étaient venues l'assaillir depuis cinq semaines à peu près qu'il était aux Tuileries, Louis XVI n'avait pas un instant oublié sa forge. Sa forge avait été son idée fixe ; il avait présidé à son aménagement, avait lui-même marqué la place du soufflet, du foyer, de l'enclume, de l'établi et des étaux. Enfin la forge était installée de la veille ; limes rondes, limes bâtardes, limes à refendre, langues-de-carpe et becs-d'âne, étaient à leurs places ; marteaux à devant, marteaux à pleine croix, marteaux à bigorner pendaient à leurs clous ; tenailles tricoises, tenailles à chanfrein, mordaches à prisonnier se tenaient à la portée de la main. Louis XVI n'avait pu y résister plus longtemps, et, depuis le matin, il s'était ardemment remis à cette besogne qui était une si grande distraction pour lui, et dans laquelle il fût passé maître si, comme nous l'avons vu, au grand regret de maître Gamain, un tas de fainéants tels que M. Turgot, M. de Calonne et M. Necker ne l'eussent distrait de cette savante occupation en lui parlant, non seulement des affaires de la France, ce que permettait à la rigueur maître Gamain, mais encore, ce qui lui paraissait bien inutile, des affaires du Brabant, de l'Autriche, de l'Angleterre, de l'Amérique et de l'Espagne.

Cela explique donc comment le roi Louis XVI, dans la première ardeur de son travail, au lieu de descendre auprès de M. de la Fayette, avait prié M. de la Fayette de monter près de lui.

Puis aussi peut-être, après s'être laissé voir au commandant de la garde nationale dans sa faiblesse de roi, n'était-il pas fâché de se montrer à lui dans sa majesté de serrurier ?

Comme, pour conduire les visiteurs à la forge royale, le valet de chambre n'avait pas jugé à propos de traverser les appartements, et de leur faire monter l'escalier particulier, M. de la Fayette et le comte Louis contournaient ces appartements par les corridors, et montaient l'escalier public, ce qui allongeait fort leur chemin.

Il résulta de cette déviation de la ligne droite que le jeune comte Louis eut le temps de réfléchir.

Il réfléchit donc.

Si plein qu'il eût le cœur du bon accueil que lui avait fait la reine, il ne pouvait méconnaître qu'il ne fût point attendu par elle. Aucune parole à double sens, aucun geste mystérieux ne lui avait donné à entendre que l'auguste prisonnière, comme elle prétendait être, eût connaissance de la mission dont il était chargé, et comptât le moins du monde sur lui pour la tirer de sa captivité. Cela, au reste, se rapportait bien à ce qu'avait dit Charny du secret que le roi avait fait à tous, et même à la reine, de la mission dont il l'avait chargé.

Quelque bonheur que le comte Louis eût à revoir la reine, il était donc évident que ce n'était pas près d'elle qu'il devait revenir chercher la solution de son message.

C'était à lui d'étudier si, dans l'accueil du roi, si, dans ses paroles ou dans ses gestes, il n'y avait pas quelque signe compréhensible à lui seul, et qui lui indiquât que Louis XVI était mieux renseigné que M. de la Fayette sur les causes de son voyage à Paris.

A la porte de la forge, le valet de chambre se retourna, et, comme il ignorait le nom de M. de Bouillé :

— Qui annoncerai-je ? demanda-t-il.

— Annoncez le général en chef de la garde nationale. J'aurai l'honneur de présenter moi-même monsieur à Sa Majesté.

— M. le commandant en chef de la garde nationale, dit le valet de chambre.

Le roi se retourna.

— Ah ! ah ! dit-il, c'est vous, monsieur de la Fayette ? Je vous demande pardon de vous faire monter jusqu'ici, mais le serrurier vous assure que vous êtes le bienvenu dans sa forge ; un charbonnier disait à mon aïeul Henri IV : « Charbonnier est maître chez soi. » Je vous dis, moi, général : « Vous êtes maître chez le serrurier comme chez le roi. »

Louis XVI, ainsi qu'on le voit, attaquait la conversation de la même façon à peu près que l'avait attaquée Marie-Antoinette.

— Sire, répondit M. de la Fayette, en quelque circonstance que j'aie l'honneur de me présenter devant le roi, à quelque étage et sous quelque costume qu'il me reçoive, le roi sera toujours le roi, et celui qui lui offre en ce moment ses humbles hommages sera toujours son fidèle sujet et son dévoué serviteur.

— Je n'en doute pas, marquis ; mais vous n'êtes pas seul ? Avez-vous changé d'aide de camp, et ce jeune officier tient-il près de vous la place de M. Gouvion ou de M. Romœuf ?

— Ce jeune officier, Sire, — et je demande à Votre Majesté la permission de le lui présenter, — est mon cousin, le comte Louis de Bouillé, capitaine aux dragons de Monsieur.

— Ah ! ah ! fit le roi en laissant échapper un léger tressaillement que remarqua le jeune gentilhomme ; ah ! oui, M. le comte Louis de Bouillé, fils du marquis de Bouillé, commandant à Metz.

— C'est cela même, Sire, dit vivement le jeune comte.

— Ah ! monsieur le comte Louis de Bouillé, pardonnez-moi de ne pas vous avoir reconnu, j'ai la vue basse... Et vous avez quitté Metz il y a longtemps ?

— Il y a cinq jours, Sire ; et, me trouvant à Paris, sans congé officiel, mais avec une permission spéciale de mon père, je suis venu solliciter de mon parent, M. de la Fayette, l'honneur d'être présenté à Votre Majesté.

— De M. de la Fayette ! vous avez bien fait, monsieur le comte ; personne n'était plus à même de vous présenter à toute heure, et de la part de personne la présentation ne pouvait m'être plus agréable.

Le *à toute heure* indiquait que M. de la Fayette avait conservé les grandes et les petites entrées qui lui avaient été accordées à Versailles.

Au reste, le peu de paroles qu'avait dites Louis XVI avaient suffi pour indiquer au jeune comte qu'il eût à se tenir sur ses gardes. Cette question surtout : « Y a-t-il longtemps que vous avez quitté Metz? » signifiait : « Avez-vous quitté Metz depuis l'arrivée du comte de Charny ? »

La réponse du messager avait dû renseigner suffisamment le roi. « J'ai quitté Metz il y a cinq jours, et je suis à Paris sans congé, mais avec une permission spéciale de mon père, » voulait dire : « Oui, Sire, j'ai vu M. de Charny, et mon père m'a envoyé à Paris pour m'entendre avec Votre Majesté, et acquérir la certitude que le comte venait bien de la part du roi. »

M. de la Fayette jeta un regard curieux autour de lui. Beaucoup avaient pénétré dans le cabinet de travail du roi, dans la salle de son conseil, dans sa bibliothèque, dans son oratoire même ; peu avaient eu cette insigne faveur d'être admis dans la forge où le roi devenait apprenti, et où le véritable roi, le véritable maître était M. Gamain.

Le général remarqua l'ordre parfait dans lequel tous les ouvrages étaient rangés, — ce qui n'était pas étonnant au reste, puisque depuis le matin seulement le roi était à la besogne.

Huc lui avait servi d'apprenti, et il avait tiré le soufflet.

— Et Votre Majesté, dit la Fayette, assez embarrassé du sujet qu'il pouvait aborder avec un roi qui le recevait les manches retroussées, la lime à la main, et le tablier de cuir devant lui ; et Votre Majesté a entrepris un ouvrage important ?

— Oui, général ; j'ai entrepris le grand œuvre de la serrurie : une serrure ! Je vous dis ce que je fais, afin que, si M. Marat savait que je me suis remis à l'atelier, et qu'il prétendît que je forge des fers pour la France, vous puissiez lui répondre, si toutefois vous mettez la main dessus, que ce n'est pas vrai. Vous n'êtes pas compagnon ni maître, monsieur de Bouillé ?

— Non, Sire ; mais je suis apprenti, et, si je pouvais être utile en quelque chose à Votre Majesté...

— Eh ! c'est vrai, mon cher cousin, dit la Fayette, le mari de votre nourrice n'était-il pas serrurier ? et votre père ne disait-il pas, quoiqu'il soit assez médiocre admirateur de l'auteur d'*Émile*, que, s'il avait à suivre à votre endroit les conseils de Jean-Jacques, il ferait de vous un serrurier ?

— Justement, Monsieur, et c'est pourquoi j'avais l'honneur de dire à Sa Majesté que, si elle avait besoin d'un apprenti...

— Un apprenti ne me serait pas inutile, monsieur, dit le roi ; mais c'est surtout un maître qu'il me faudrait.

— Quelle serrure Sa Majesté fait-elle donc ? demanda le jeune comte avec cette quasi-familiarité qu'autorisaient le costume du roi et le lieu où il se trouvait. Est-ce une serrure à vielle, une serrure tréflière, une serrure à pêne dormant, une serrure à houssette ou une serrure à clanche.

— Oh ! oh ! mon cousin, dit la Fayette, je ne sais pas ce que vous pouvez faire comme homme pratique ; mais, comme homme de théorie, vous me paraissez fort au courant, je ne dirai pas du métier puisqu'un roi l'a ennobli, mais de l'art.

Louis XVI avait écouté avec un plaisir visible la nomenclature de serrures que venait de faire le jeune gentilhomme.

— Non, dit-il, c'est tout bonnement une serrure à secret, ce qu'on appelle une serrure bénarde, s'ouvrant des deux côtés ; mais je crains bien d'avoir trop présumé de mes forces. Ah ! si j'avais encore mon pauvre Gamain, lui qui se disait maître sur maître, maître sur tous !

— Le brave homme est-il donc mort, Sire ?

— Non, répondit le roi en jetant au jeune homme un coup d'œil qui semblait dire : « Comprenez à demi-mot; « non, il est à Versailles, rue des Réservoirs ; le cher homme n'aura pas osé me venir voir aux Tuileries.

— Pourquoi cela, Sire ? demanda la Fayette.

— Mais de peur de se compromettre ! Un roi de France est fort compromettant, à l'heure qu'il est, mon cher général, et la preuve est que tous mes amis sont les uns à Londres, les autres à Coblentz ou à Turin. Cependant, mon cher général, continua le roi, si vous ne voyez aucun inconvénient à ce qu'il vienne avec un de ses apprentis me donner un coup de main, je l'enverrai chercher un de ces jours.

— Sire, répondit vivement M. de la Fayette, Votre Majesté sait bien qu'elle est parfaitement libre de prévenir qui elle veut, de voir qui lui plaît.

— Oui, à la condition que vos sentinelles tâteront les visiteurs comme on fait des contrebandiers à la frontière ; c'est pour le coup que mon pauvre Gamain se croirait perdu, si on allait prendre sa trousse pour une giberne et ses limes pour des poignards !

— Sire, je ne sais en vérité comment m'excuser auprès de Votre Majesté, mais je réponds à Paris, à la France, à l'Europe de la vie du roi et je ne puis prendre trop de précautions pour que cette précieuse vie soit sauve. Quant au brave homme dont nous parlons, le roi peut donner lui-même les ordres qu'il lui conviendra.

— C'est bien ; merci, monsieur de la Fayette ; mais cela ne presse pas ; dans huit jours seulement, j'aurai besoin de lui, — ajouta-t-il en jetant un regard de côté à M. de Bouillé, — de lui et de son apprenti ; je le ferai prévenir par mon valet de chambre Durey, qui est de ses amis.

— Et il n'aura qu'à se présenter, Sire, pour être admis auprès du roi ; son nom lui servira de laissez-passer, Dieu me garde, Sire, de cette réputation qu'on me fait de geôlier, de concierge, de porte-clefs ! Jamais le roi n'a été plus libre qu'il ne l'est ce moment ; je venais même supplier Sa Majesté de reprendre ses chasses, ses voyages.

— Oh ! mes chasses, non, merci ! D'ailleurs, pour le moment, vous le voyez, j'ai tout autre chose en tête. Quant à mes voyages, c'est différent ; le dernier que j'ai fait de Versailles à Paris m'a guéri du désir de voyager, en si grande compagnie du moins.

Et le roi jeta un nouveau coup d'œil au comte de Bouillé, qui, par un certain clignement de paupières, laissa entendre au roi qu'il avait compris.

— Et, maintenant, Monsieur, dit Louis XVI s'adressant au jeune comte, quittez-vous bientôt Paris pour retourner auprès de votre père ?

— Sire, répondit le jeune homme, je quitte Paris dans deux ou trois jours, mais non pour retourner à Metz. J'ai ma grand'mère, qui demeure à Versailles, rue des Réservoirs, et à laquelle je dois rendre mes hommages. Puis je suis chargé par mon père de terminer une affaire de famille assez importante, et, d'ici à huit jours seulement, je puis voir la personne dont je dois prendre les ordres en cette occasion. Je ne serai donc auprès de mon père que dans les premiers jours de décembre, à moins que le roi ne désire, par quelque motif particulier, que je hâte mon retour à Metz.

— Non, Monsieur, dit le roi, non, prenez votre temps, allez à Versailles, faites les affaires dont le marquis vous a parlé, et, quand elles seront faites, allez lui dire que je ne l'oublie pas, que je le sais un de mes plus fidèles, et que je le recommanderai un jour à M. de la Fayette, pour que M. de la Fayette le recommande à M. du Portail.

La Fayette sourit du bout des lèvres en entendant cette nouvelle allusion à son omnipotence.

— Sire, dit-il, j'eusse depuis longtemps recommandé moi-même MM. de Bouillé à Votre Majesté, si je n'avais l'honneur d'être des parents de ces messieurs. La crainte qu'on ne dise que je détourne les faveurs du roi sur ma famille m'a seule empêché jusqu'ici de faire cette justice.

— Eh bien, cela tombe à merveille, monsieur de la Fayette ; nous en reparlerons, n'est-ce pas ?

— Le roi me permettra-t-il de lui dire que mon père regarderait comme une défaveur, comme une disgrâce même, un avancement qui lui enlèverait en tout ou en partie les moyens de servir Sa Majesté ?

— Oh ! c'est bien entendu, comte, dit le roi, et je ne permettrai qu'on touche à la position de M. de Bouillé que pour la faire encore plus selon ses désirs et les miens. Laissez-nous mener cela, M. de la Fayette et moi, et allez à vos plaisirs, sans que cela pourtant vous fasse oublier les affaires. Allez, Messieurs, allez !

Et il congédia les deux gentilshommes d'un air de majesté qui faisait un assez singulier contraste avec le costume vulgaire dont il était revêtu.

Puis, lorsque la porte fut refermée :

— Allons, dit-il, je crois que le jeune homme m'a compris, et que, *dans huit ou dix jours*, j'aurai maître Gamain et son apprenti pour m'aider à poser ma serrure.

Il y a que c'est un vrai louis d'or. (Page 141.)

III

D'ANCIENNES CONNAISSANCES

Le soir même du jour où M. Louis de Bouillé avait eu l'honneur d'être reçu par la reine d'abord et par le roi ensuite, entre cinq ou six heures, il se passait, au troisième et dernier étage d'une vieille, petite, sale et sombre maison de la rue de la Juiverie, une scène à laquelle nous prierons nos lecteurs de permettre que nous les fassions assister.

En conséquence, nous les prendrons à l'entrée du pont au Change, soit à la descente de leur carrosse, soit à la descente de leur fiacre, selon qu'ils auront six mille livres à dépenser par an pour un cocher, deux chevaux et une voiture, ou trente sous à donner par jour pour une simple voiture numérotée. Nous suivrons avec eux le pont au Change; nous entrerons dans la rue de la Pelleterie, que nous suivrons jusqu'à la rue de la Juiverie, où nous nous arrêterons en face de la troisième porte à gauche.

Nous savons bien que la vue de cette porte, — que les locataires de la maison ne se donnent même pas la peine de fermer, tant ils se croient à l'abri de toute tentative nocturne de la part de MM. les voleurs de la Cité, — n'est pas fort attrayante; mais, nous l'avons déjà dit, nous avons besoin des gens qui habitent dans les mansardes de cette maison, et, comme ils ne viendraient pas nous trouver, c'est à nous, cher lecteur, ou bien-aimée lectrice, d'aller bravement à eux.

Assurez donc le mieux possible votre marche pour ne pas glisser dans la boue visqueuse qui fait le sol de l'allée étroite et noire dans laquelle nous nous engageons ; serrons nos vêtements le long de notre corps, pour qu'ils ne frôlent même pas les parois de l'escalier humide et graisseux qui rampe au fond de cette allée, comme des tronçons d'un serpent mal rejoint ; approchons de nos narines un flacon de vinaigre, ou un mouchoir parfumé de notre visage, pour que le plus subtil et le plus aristocrate de nos sens, l'odorat, échappe, autant que possible, au contact de cet air chargé d'azote que l'on respire à la fois par la bouche, par le nez et par les yeux et arrêtons-nous sur ce palier du troisième, en face de cette porte où l'innocente main d'un jeune dessinateur a tracé à la craie des figures qu'au premier abord, on pourrait prendre pour des signes cabalistiques, et qui ne sont que des essais malheureux dans l'art sublime des Léonard de Vinci, des Raphaël et des Michel-Ange.

Arrivés là, nous regarderons, si vous le voulez bien, à travers le trou de la serrure, afin, cher lecteur, ou bien-aimée lectrice, que vous reconnaissiez, si vous avez bonne mémoire, les personnages que vous allez rencontrer. D'ailleurs, si vous ne les reconnaissez pas à la vue, vous appliquerez votre oreille à la porte, et vous écouterez. Il sera bien difficile, alors, pour peu que vous ayez lu notre livre du *Collier de la reine*, que l'ouïe ne vienne pas au secours de la vue : nos sens se complètent les uns par les autres.

Disons, d'abord, ce que l'on voit en regardant par le trou de la serrure : l'intérieur d'une chambre qui indique la misère, et qui est habitée par trois personnes ; ces trois personnes sont un homme, une femme et un enfant.

L'homme a quarante-cinq ans et en paraît cinquante-cinq ; la femme en a trente-quatre, et en paraît quarante : l'enfant a cinq ans et paraît son âge ; il n'a pas encore eu le temps de vieillir deux fois.

L'homme est vêtu d'un ancien uniforme de sergent aux gardes françaises, uniforme vénéré depuis le 14 juillet, jour où les gardes françaises se réunirent au peuple, pour échanger des coups de fusil avec les Allemands de M. de Lambesc et les Suisses de Besenval.

Il tient à la main un jeu de cartes complet, depuis l'as en passant par le deux, le trois et le quatre de chaque couleur, jusqu'au roi ; il essaye pour la centième fois, pour la millième fois, pour la dix-millième fois, une martingale infaillible. Un carton piqué d'autant de trous qu'il y a d'étoiles au ciel repose à ses côtés.

Nous avons dit *repose*, et nous nous hâtons de nous reprendre ; repose est un mot bien impropre employé à l'endroit de ce carton, car le joueur — il est incontestable que c'est un joueur — le tourmente incessamment en le consultant de cinq minutes en cinq minutes.

La femme est vêtue d'une ancienne robe de soie ; chez elle, la misère est d'autant plus terrible, qu'elle apparaît avec des restes de luxe. Ses cheveux sont relevés en chignon avec un peigne de cuivre autrefois doré ; ses mains sont scrupuleusement propres, et, à force de propreté, ont conservé ou plutôt ont acquis un certain air aristocratique ; ses ongles, que M. le baron de Taverney, dans son réalisme brutal, appelait de la corne, sont habilement arrondis vers la pointe ; enfin des pantoufles passées de ton, éraillées en certains endroits, qui furent autrefois brodées d'or et de soie, jouent à ses pieds, couverts par des restes de bas à jour.

Quant au visage, nous l'avons dit, c'est celui d'une femme de trente-quatre à trente-cinq ans, qui, s'il était artistement travaillé à la mode du temps, pourrait permettre à celle qui le porte de se donner cet âge auquel, pendant un lustre, comme dit l'abbé de Celle, et même pendant deux lustres, les femmes se cramponnent avec acharnement, — vingt-neuf ans ; — mais qui, privé de rouge et de blanc, dénuée, par conséquent, de tous moyens de cacher les douleurs et les misères, cette troisième et quatrième aile du temps, accuse quatre ou cinq années de plus que la réalité.

Au reste, toute dénuée qu'est cette figure, on se prend à rêver en la voyant ; et, sans pouvoir se faire de réponse, tant l'esprit, si hardi que soit le vol, hésite à franchir une pareille distance, on se demande dans quel palais doré, dans quel carrosse à six chevaux, au milieu de quelle poussière royale, on a vu ce resplendissant visage dont celui-ci n'est que le pâle reflet.

L'enfant a cinq ans, comme nous l'avons dit ; il a les cheveux frisés d'un chérubin, les joues rondes d'une pomme d'api, les yeux diaboliques de sa mère, la bouche gourmande de son père, la paresse et les caprices de tous les deux.

Il est vêtu d'un reste d'habit de velours nacarat, et, tout en mangeant un morceau de pain beurré de confitures chez l'épicier du coin, il effile les débris d'une vieille ceinture tricolore frangée de cuivre, dans le fond d'un vieux chapeau de feutre gris perle.

Le tout est éclairé par une chandelle à lumignon gigantesque à laquelle une bouteille vide sert de chandelier, et qui, tout en plaçant l'homme aux cartes dans la lumière, laisse le reste de l'appartement dans une demi-obscurité.

Cela posé, et comme, selon notre prévision, l'inspection à l'œil nu ne nous a rien appris, écoutons.

C'est l'enfant qui rompt le premier le silence, en jetant par-dessus sa tête sa tartine de pain, qui va retomber sur le pied du lit, réduit à un matelas.

— Maman, dit-il, je ne veux plus de pain et de confitures... pouah !

— Eh bien, que veux-tu, Toussaint?

— Je veux un bâton de sucre d'orge rouge.

— Entends-tu, Beausire? dit la femme.

Puis, voyant qu'absorbé dans ses calculs, Beausire ne répond pas :

— Entends-tu ce que dit ce pauvre enfant? reprend-elle plus haut.

Même silence.

Alors, ramenant son pied à la hauteur de la main, et, prenant sa pantoufle qu'elle jette au nez du calculateur :

— Hé ! Beausire ! dit-elle.

— Eh bien, qu'y a-t-il? demande celui-ci avec un visible accent de mauvaise humeur.

— Il y a que Toussaint demande du sucre d'orge rouge, parce qu'il ne veut plus de confitures, pauvre enfant !

— Il en aura demain.

— J'en veux aujourd'hui, j'en veux ce soir, j'en veux tout de suite, moi ! crie l'enfant d'un ton pleurard qui menace de devenir orageux.

— Toussaint, mon ami, dit le père, je te conseille de nous accorder du silence, ou tu aurais affaire à papa.

L'enfant jeta un cri, mais qui lui était bien plutôt arraché par le caprice que par l'effroi.

— Touche un peu au petit, ivrogne, et tu auras affaire à moi ! dit la mère en allongeant vers Beausire cette main blanche qui, grâce aux soins qu'avait pris sa propriétaire d'en effiler les ongles, pouvait au besoin devenir une griffe.

— Eh ! qui diable veut y toucher, à cet enfant? Tu sais bien que c'est une façon de parler, madame Oliva, et que, si, de temps en temps, on bat les habits de la mère, on a toujours respecté la casaque de l'enfant... Allons, venez embrasser ce pauvre Beausire, qui, dans huit jours, sera riche comme un roi ; allons, venez, ma petite Nicole.

— Quand vous serez riche comme un roi, mon mignon, il sera temps de vous embrasser ; mais, d'ici là, nenni !

— Mais puisque je te dis que c'est comme si j'avais là un million ; fais-moi une avance, ça nous portera bonheur : le boulanger nous fera crédit.

— Un homme qui remue des millions, et qui demande au boulanger crédit pour un pain de quatre livres !

— Je veux du sucre d'orge rouge, moi ! cria l'enfant d'un ton qui devenait de plus en plus menaçant.

— Voyons, l'homme aux millions, donne un morceau de sucre d'orge à cet enfant.

Beausire fit un mouvement pour porter la main à sa poche, mais la main n'accomplit pas même la moitié de la route.

— Eh ! dit-il tu sais bien que je t'ai donné hier ma dernière pièce de vingt-quatre sous.

— Puisque tu as de l'argent, mère, dit l'enfant se retournant vers celle que le respectable M. de Beausire venait d'appeler tour à tour Oliva et Nicole, donne-moi un sou pour aller chercher du sucre d'orge rouge.

— Tiens, en voilà deux, méchant enfant, et prends garde de tomber en descendant par les escaliers.

— Merci, petite mère, dit l'enfant en sautant de joie et en tendant la main.

— Allons, viens ici, que je te remette ta ceinture et ton chapeau, petit drôle ! afin qu'on ne dise pas que M. de Beausire laisse son enfant tout déloqueté par les rues, ce qui lui est bien égal, à lui, qui est un sans-cœur, mais ce qui me ferait mourir de honte, moi.

L'enfant avait bonne envie, au risque de ce que pourraient dire les voisins sur l'héritier présomptif de la maison Beausire, de se priver de son chapeau et de sa ceinture, dont il n'avait reconnu l'utilité que tant que, par leur fraîcheur et leur éclat, ils avaient excité l'admiration des autres enfants. Mais, comme ceinture et chapeau étaient une des conditions de la pièce de deux sous, il fallait bien que, tout récalcitrant qu'il était, le jeune matamore passât par là.

Il s'en consola en mettant, avant de sortir, sa pièce de dix centimes sous le nez de son père, qui, absorbé dans ses calculs, se contenta de sourire à cette charmante espièglerie.

Puis on entendit son pas craintif, quoique

hâté par la gourmandise, se perdre dans les escaliers.

La femme, après avoir suivi des yeux son enfant jusqu'à ce que la porte se fût refermée sur lui, ramena son regard du fils au père, et, après un instant de silence :

— Ah çà ! monsieur de Beausire, dit-elle, il faudra pourtant que votre intelligence nous tire de la misérable position où nous sommes ; sans quoi, il faudra que j'aie recours à la mienne.

Et elle prononça ces derniers mots en minaudant, comme une femme à qui son miroir aurait dit le matin : « Sois tranquille, avec ce visage-là, l'on ne meurt pas de faim ! »

— Aussi, ma petite Nicole, répondit M. de Beausire, tu vois que je m'en occupe.

— Oui, en remuant des cartes et en piquant des cartons.

— Mais puisque je te dis que je l'ai trouvée !

— Quoi ?

— Ma martingale.

— Bon ! voilà que cela recommence. Monsieur de Beausire, je vous préviens que je vais chercher de mémoire parmi mes anciennes connaissances s'il n'y en aurait pas quelqu'une qui eût le pouvoir de vous faire mettre comme fou à Charenton.

— Mais puisque je te dis qu'elle est infaillible !

— Ah ! si M. de Richelieu n'était pas mort ! murmura la jeune femme à demi-voix.

— Que dis-tu ?

— Si M. le cardinal de Rohan n'était pas ruiné !

— Hein ?

— Et si madame de la Motte n'était pas en fuite !

— Plaît-il ?

— On retrouverait des ressources, et l'on ne serait pas obligée de partager la misère d'un vieux reître comme celui-là.

Et, d'un geste de reine, mademoiselle Nicole Legay, dite madame Oliva, désigna dédaigneusement Beausire.

— Mais puisque je te dis, répéta celui-ci avec le ton de la conviction, que demain nous serons riches !

— A millions ?

— A millions !

— Monsieur de Beausire, montrez-moi les dix premiers louis d'or de vos millions, et je croirai au reste.

— Eh bien, vous les verrez ce soir, les dix premiers louis d'or ; c'est justement la somme qui m'est promise.

— Et tu me les donneras, mon petit Beausire ? dit vivement Nicole.

— C'est-à-dire que je t'en donnerai cinq, pour acheter une robe de soie, à toi, et un habit de velours au petit ; puis, avec les cinq autres...

— Eh bien, avec les cinq autres ?

— Je te rapporterai le million promis.

— Tu vas encore jouer, malheureux ?

— Mais puisque je te dis que j'ai trouvé une martingale infaillible !

— Oui, la sœur de celle avec laquelle tu as mangé les soixante mille livres qui te restaient de ton affaire sur le Portugal.

— Argent mal acquis ne profite pas, dit sentencieusement Beausire, et j'ai toujours eu idée que c'était la façon dont cet argent nous était venu qui nous avait porté malheur.

— Il paraît que celui-ci t'arrive d'héritage, alors. Tu avais un oncle qui est mort en Amérique ou dans les Indes, et qui te laisse dix louis ?

— Ces dix louis, mademoiselle Nicole Legay, dit Beausire avec un certain air supérieur, ces dix louis, entendez-vous ? seront gagnés, non seulement honnêtement, mais encore honorablement, et pour une cause dans laquelle je me trouve intéressé, ainsi que toute la noblesse de France.

— Vous êtes donc noble, monsieur Beausire ? dit en ricanant Nicole.

— Dites de Beausire, mademoiselle Legay, *de Beausire*, appuya-t-il, comme le constate l'acte de naissance de votre enfant rédigé dans la sacristie de l'église Saint-Paul, et signé de votre serviteur, Jean-Baptiste-Toussaint de Beausire, le jour où je lui ai donné mon nom...

— Beau cadeau que vous lui avez fait là ! murmura Nicole.

— Et ma fortune ! ajouta emphatiquement Beausire.

— Si le bon Dieu ne lui envoie pas autre chose, dit Nicole en secouant la tête, le pauvre petit est bien sûr de vivre d'aumône, et de mourir à l'hôpital.

— En vérité, mademoiselle Nicole, dit Beausire d'un air dépité, c'est à n'y pas tenir, vous n'êtes jamais contente.

— Mais n'y tenez pas ! s'écria Nicole lâchant la digue à sa colère longtemps contenue. Eh ! bon Dieu, qui donc vous prie d'y tenir ? Dieu merci ! je ne suis pas embarrassée de ma personne ni de celle de mon enfant, et, dès ce soir même, je puis, moi aussi, chercher fortune ailleurs.

Et Nicole, se levant, fit trois pas pour marcher vers la porte.

Beausire, de son côté, en fit un vers cette même porte, qu'il barra en ouvrant les deux bras.

— Mais puisqu'on te dit, méchante, reprit-il, que cette fortune...

— Eh bien ? demanda Nicole.

— Elle vient ce soir : puisqu'on te dit que, la martingale fût-elle fausse, — ce qui est impossible d'après mes calculs, — ce serait cinq louis de perdus, et voilà tout.

— Il y a des moments où cinq louis c'est une fortune, entendez-vous, monsieur le dépensier ! Vous ne savez pas cela, vous, qui avez mangé de l'or gros comme cette maison.

— Cela prouve mon mérite, Nicole ; si j'ai mangé cet or, c'est que je l'avais gagné, et, si je l'avais gagné, c'est que je puis le gagner encore ; d'ailleurs, il y a un Dieu pour les gens... adroits.

— Ah ! oui, compte là-dessus !

— Mademoiselle Nicole, dit Beausire, seriez-vous athée, par hasard ?

Nicole haussa les épaules.

— Seriez-vous de l'école de M. de Voltaire, qui nie la Providence ?

— Beausire, vous êtes un sot, dit Nicole.

— C'est qu'il n'y aurait rien d'étonnant, sortant du peuple, que vous eussiez de ces idées-là. Je vous préviens que ce n'est pas celles qui appartiennent à ma caste sociale et à mon opinion politique.

— Monsieur de Beausire, vous êtes un insolent, dit Nicole.

— Moi, je crois, entendez-vous ? moi, j'ai la foi ; et quelqu'un me dirait : « Ton fils, Jean-Baptiste-Toussaint de Beausire, qui est descendu pour acheter du sucre d'orge rouge avec une pièce de deux sous, va remonter avec une bourse pleine d'or dans la main, » que je répondrais : « Cela peut être, si c'est la volonté de Dieu ! »

Et Beausire leva béatement les yeux au ciel.

— Beausire, vous êtes un imbécile, dit Nicole.

Elle n'avait pas achevé ces mots, que l'on entendit dans l'escalier la voix du jeune Toussaint.

— Papa ! maman ! criait-il.

Beausire et Nicole prêtaient l'oreille à cette voix chérie.

— Papa ! maman ! répétait la voix en se rapprochant de plus en plus.

— Qu'est-il arrivé ? cria Nicole en ouvrant la porte avec une sollicitude toute maternelle. Viens, mon enfant, viens !

— Papa ! maman ! continua la voix en se rapprochant toujours, comme celle d'un ventriloque qui fait semblant d'ouvrir le panneau d'une cave.

— Je ne serais pas étonné, dit Beausire saisissant dans cette voix ce qu'elle avait de joyeux, je ne serais pas étonné que le miracle se réalisât, et que le petit eût trouvé la bourse dont je parlais tout à l'heure.

En ce moment, l'enfant apparaissait sur la dernière marche de l'escalier, et se précipitait dans la chambre, tenant à la bouche son morceau de sucre d'orge rouge, serrant de son bras gauche un sac de sucreries contre sa poitrine, et montrant, dans sa main droite, ouverte et étendue, un louis d'or, qui, à la lueur de la maigre chandelle, reluisait comme l'étoile Aldébaran.

— Ah ! mon Dieu ! s'écria Nicole laissant la porte se refermer toute seule. Que t'est-il donc arrivé, pauvre cher enfant ?

Et elle couvrait le visage gélatineux du jeune Toussaint de ces baisers maternels que rien ne dégoûte, parce qu'ils semblent tout épurer.

— Il y a, dit Beausire en s'emparant adroitement du louis, et en l'examinant à la chandelle, il y a que c'est un vrai louis d'or, valant vingt-quatre livres.

Puis, revenant à l'enfant :

— Où as-tu trouvé celui-là, marmot, que j'aille chercher les autres ?

— Je ne l'ai pas trouvé, papa, dit l'enfant, on me l'a donné.

— Comment ! on te l'a donné ? s'écria la mère.

— Oui, maman ; un monsieur !

Nicole fut tout près, comme Beausire avait fait pour le louis, de demander où était ce monsieur-là.

Mais, prudente par expérience, car elle savait Beausire susceptible à l'endroit de la jalousie, elle se contenta de répéter :

— Un monsieur ?

— Oui, petite mère, dit l'enfant en faisant craquer son sucre d'orge sous ses dents, un monsieur !

— Un monsieur ? répéta à son tour Beausire.

— Oui, petit papa, un monsieur qui est entré chez l'épicier pendant que j'y étais, et qui a dit : « Monsieur l'épicier, n'est-ce pas un jeune gentilhomme nommé de Beausire que vous avez l'honneur de servir en ce moment ? »

Beausire se rengorgea, Nicole haussa les épaules.

— Et qu'a répondu l'épicier, mon fils? demanda Beausire.

— Il a répondu : « Je ne sais pas s'il est gentilhomme, mais il s'appelle, en effet, de Beausire.
— Et ne demeure-t-il pas tout près? demanda le monsieur. — Ici, dans la maison à gauche, au troisième, en haut de l'escalier. — Donnez toute sorte de bonnes choses à cet enfant ; je paye ; » a dit le monsieur. Puis, à moi : « Tiens, petit, voilà un louis, a-t-il ajouté ; ce sera pour acheter d'autres bonbons, quand ceux-ci seront mangés. » Alors, il m'a mis le louis dans la main, l'épicier m'a mis ce paquet sur le bras, et je suis parti bien content. — Tiens! où est donc mon louis?

Et l'enfant, qui n'avait pas vu l'escamotage de Beausire, se mit à chercher son louis de tous les côtés.

— Petit maladroit, dit Beausire, tu l'auras perdu!

— Mais non! mais non! mais non! dit l'enfant.

Cette discussion eût pu devenir plus sérieuse sans l'événement qui va suivre, et qui devait nécessairement y mettre fin.

Tandis que l'enfant, doutant encore de lui-même, cherchait à terre le louis d'or, qui reposait déjà dans le double fond de la poche du gilet de Beausire ; tandis que Beausire admirait l'intelligence du jeune Toussaint, qui venait de se manifester par la narration que nous venons de rapporter, et qui s'est peut-être un peu améliorée sous notre plume ; tandis que Nicole, tout en partageant l'enthousiasme de son amant pour cette précoce faconde, se demandait sérieusement quel pouvait être ce donneur de bonbons et ce bailleur de louis d'or, la porte s'ouvrit lentement, et une voix pleine de douceur fit entendre ces mots :

— Bonsoir, mademoiselle Nicole ; bonsoir, monsieur de Beausire ; bonsoir, jeune Toussaint.

Chacun se retourna vers le côté d'où venait cette voix.

Sur le seuil, la figure souriant à ce tableau de famille, se tenait un homme fort élégamment vêtu.

— Ah! le monsieur aux bonbons! s'écria le jeune Toussaint.

— Le comte de Cagliostro! dirent ensemble Nicole et Beausire.

— Vous avez là un charmant enfant, monsieur de Beausire, dit le comte, et vous devez vous trouver bien heureux d'être père!

IV

OÙ LE LECTEUR AURA LE PLAISIR DE RETROUVER M. DE BEAUSIRE TEL QU'IL L'AVAIT QUITTÉ.

Il y eut, après ces gracieuses paroles du comte, un moment de silence pendant lequel Cagliostro s'avança jusqu'au milieu de la chambre, et jeta un regard scrutateur autour de lui, sans doute pour apprécier la situation morale, et surtout pécuniaire, des anciennes connaissances au milieu desquelles ces menées terribles et souterraines dont il était le centre le ramenaient inopinément.

Le résultat de ce coup d'œil, pour un homme aussi perspicace que l'était le comte, ne pouvait laisser aucun doute.

Un observateur ordinaire eût deviné, ce qui était vrai, que le pauvre ménage en était à sa dernière pièce de vingt-quatre sous.

Des trois personnages au milieu desquels l'apparition du comte avait jeté la surprise, le premier qui rompit le silence fut celui auquel sa mémoire ne rappelait que les événements de la soirée, et auquel, par conséquent, sa conscience n'avait rien à reprocher :

— Ah! Monsieur, quel malheur! dit le jeune Toussaint, j'ai perdu mon louis.

Nicole ouvrait la bouche pour rétablir les faits dans leur vérité, mais elle réfléchit que son silence vaudrait peut-être un second louis à l'enfant, et que, ce second louis, ce serait elle qui en hériterait.

Nicole ne s'était pas trompée.

— Tu as perdu ton louis, mon pauvre enfant? dit Cagliostro. Eh bien, en voici deux ; tâche de ne pas les perdre, cette fois-ci.

Et, tirant d'une bourse dont la rotondité alluma les regards cupides de Beausire deux autres louis d'or, il les laissa tomber dans la main collante de l'enfant.

— Tiens, maman, dit celui-ci courant à Nicole, en voilà un pour toi et un pour moi.

Et l'enfant partagea son trésor avec sa mère.

Cagliostro avait remarqué la ténacité avec laquelle le regard du faux sergent avait suivi sa bourse, qu'il venait d'éventrer pour donner passage aux quarante-huit livres, dans les différentes évolutions qu'elle avait faites depuis la sortie de sa poche jusqu'à sa rentrée.

En la voyant disparaître dans les profondeurs

de la veste du comte, l'amant de Nicole poussa un soupir.

— Eh quoi! monsieur de Beausire, dit Cagliostro, toujours mélancolique?

— Et vous, monsieur le comte, toujours millionnaire?

— Eh! mon Dieu! vous qui êtes un des plus grands philosophes que j'aie connus, tant dans les derniers siècles que dans l'antiquité, vous devez connaître cet axiome qui fut en honneur à toutes les époques: *L'argent ne fait pas le bonheur*. Je vous ai connu riche, relativement.

— Oui, répondit Beausire, c'est vrai ; j'ai eu jusqu'à cent mille francs.

— C'est possible ; seulement, à l'époque où je vous ai retrouvé, vous en aviez déjà mangé quarante mille à peu près, de sorte que vous n'en aviez plus que soixante mille, ce qui, vous en conviendrez, était une somme assez ronde pour un ancien exempt.

Beausire poussa un soupir.

— Qu'est-ce que soixante mille livres, dit-il, comparées aux sommes dont vous disposez, vous?

— A titre de dépositaire, monsieur de Beausire, car, si nous comptions bien, je crois que ce serait vous qui seriez saint Martin, et moi qui serait le pauvre, et que vous seriez obligé pour ne pas me laisser geler de froid, de me donner la moitié de votre manteau. Eh bien, mon cher monsieur de Beausire, rappelez-vous les circonstances dans lesquelles je vous ai rencontré? Vous aviez, alors, comme je vous le disais tout à l'heure, à peu près soixante mille livres dans votre poche ; en étiez-vous plus heureux?

Beausire poussa un soupir rétrospectif qui pouvait passer pour un gémissement.

— Voyons, répondez, insista Cagliostro ; voudriez-vous changer votre position actuelle, quoique vous ne possédiez que ce malheureux louis que vous avez pris au jeune Toussaint?...

— Monsieur! interrompit l'ancien exempt.

— Ne nous fâchons pas, monsieur de Beausire ; nous nous sommes fâchés une fois, et vous avez été forcé d'aller chercher dans la rue votre épée, qui avait sauté par la fenêtre, vous le rappelez-vous?... Vous vous le rappelez, n'est-ce pas? continua le comte, qui s'apercevait que Beausire ne répondait point. C'est déjà quelque chose d'avoir de la mémoire. Eh bien, je vous le demande encore, voudriez-vous changer votre position actuelle, quoique vous ne possédiez que ce malheureux louis que vous avez pris au jeune Toussaint, — cette fois l'allégation passa sans récrimination, — contre la position précaire dont je suis heureux d'avoir contribué à vous tirer?

— Non, monsieur le comte, dit Beausire ; en effet, vous avez raison, je ne changerais pas. Hélas! à cette époque, j'étais séparé de ma chère Nicole!

— Et puis, légèrement traqué par la police, à propos de votre affaire du Portugal... Que diable est devenue cette affaire, monsieur de Beausire?... Vilaine affaire, autant que je puis me le rappeler!

— Elle est tombée à l'eau, monsieur le comte, répondit Beausire.

— Ah! tant mieux, car elle devait fort vous inquiéter ; cependant, ne comptez pas trop sur cette noyade. Il y a de rudes plongeurs à la police, et, si trouble ou si profonde que soit l'eau, une vilaine affaire est toujours plus facile à pêcher qu'une belle perle.

— Enfin, monsieur le comte, sauf la misère à laquelle nous sommes réduits...

— Vous vous trouvez heureux. De sorte qu'il ne vous faudrait qu'un millier de louis pour que ce bonheur fût complet?

Les yeux de Nicole brillèrent ; ceux de Beausire jetèrent des flammes.

— C'est-à-dire, s'écria ce dernier, que, si nous avions mille louis, c'est-à-dire que, si nous avions vingt-quatre mille livres, nous achèterions une campagne avec la moitié de la somme ; avec l'autre, nous nous constituerions quelque petite rente, et je me ferais laboureur.

— Comme Cincinnatus...

— Tandis que Nicole se livrerait tout entière à l'éducation de notre enfant!

— Comme Cornélie... Mordieu! monsieur de Beausire, non seulement ce serait exemplaire, mais encore ce serait touchant ; vous n'espérez donc pas gagner cela dans l'affaire que vous menez en ce moment?

Beausire tressaillit.

— Quelle affaire? demanda-t-il.

— Mais l'affaire où vous vous produisez comme sergent aux gardes ; l'affaire, enfin, pour laquelle vous avez rendez-vous, ce soir, sous les arcades de la place Royale.

Beausire devint pâle comme un mort.

— Oh! monsieur le comte, dit-il en joignant les mains d'un air suppliant.

— Quoi?

— Ne me perdez pas!

— Bon! voilà que vous divaguez à présent! Est-ce que je suis le lieutenant de police pour vous perdre?

— Là ! je te l'avais bien dit, s'écria Nicole, que tu te fourrais dans une mauvaise affaire !

— Ah ! vous la connaissez, cette affaire, mademoiselle Legay ? demanda Cagliostro.

— Non, monsieur le comte, mais c'est pour cela... quand il me cache une affaire, c'est qu'elle est mauvaise, je puis être tranquille !

— Eh bien, en ce qui concerne celle-ci, chère demoiselle Legay, vous vous trompez, elle peut être excellente, au contraire.

— Ah ! n'est-ce pas ? s'écria Beausire. M. le comte est gentilhomme, et M. le comte comprend que toute la noblesse est intéressée...

— A ce qu'elle réussisse. Il est vrai que tout le peuple, de son côté, est intéressé à ce qu'elle échoue. Maintenant, si vous m'en croyez, mon cher monsieur de Beausire, — vous comprenez, c'est un conseil que je vous donne, un vrai conseil d'ami ; — eh bien, si vous m'en croyez, vous ne prendrez parti ni pour la noblesse ni pour le peuple.

— Mais pour qui prendrai-je parti, alors ?

— Pour vous.

— Pour moi ?

— Eh ! sans doute, pour toi, dit Nicole. Pardieu ! tu as assez pensé aux autres, il est temps de penser à toi !

— Vous l'entendez, elle parle comme saint Jean-Bouche-d'Or. Rappelez-vous ceci, monsieur de Beausire, toute affaire a un bon et un mauvais côté : bon pour les uns, mauvais pour les autres ; une affaire, quelle qu'elle soit, ne peut être mauvaise pour tout le monde ou bonne pour tout le monde ; eh bien, il s'agit uniquement de se trouver du bon côté.

— Ah ! ah ! et il paraîtrait que je ne suis pas du bon côté, hein ?...

— Pas tout à fait, monsieur de Beausire ; non, il s'en faut du tout au tout. J'ajouterai même que, si vous vous y entêtez, — vous savez que je me mêle de faire le prophète, — j'ajouterai même que, si vous vous y entêtez, cette fois, ce ne serait pas risque de l'honneur, ce ne serait pas risque de la fortune que vous courriez, ce serait risque de la vie... Oui, vous seriez probablement pendu !

— Monsieur, dit Beausire en tâchant de faire contenance, mais en essuyant la sueur qui roulait sur son front, on ne pend pas un gentilhomme.

— C'est vrai ; mais, pour obtenir d'avoir la tête tranchée, cher monsieur de Beausire, il faudrait faire vos preuves, ce qui serait long peut-être ; assez long pour ennuyer le tribunal, qui pourrait bien ordonner provisoirement que vous fussiez pendu. Après cela, vous me direz que, quand la cause est belle, peu importe le supplice.

Le crime fait la honte, et non pas l'échafaud.

comme a dit un grand poète.

— Cependant... balbutia Beausire de plus en plus effaré.

— Oui, cependant, vous n'êtes pas tellement attaché à vos opinions, que vous leur sacrifiez votre vie ; je comprends cela... Diable ! « On ne vit qu'une fois, » comme dit un autre poète moins grand que le premier, mais qui, néanmoins, pourrait bien avoir raison sur lui.

— Monsieur le comte, dit enfin Beausire, j'ai remarqué, pendant le peu de relations que j'ai eu l'honneur d'avoir avec vous, que vous possédez une façon de parler des choses qui ferait dresser les cheveux sur la tête d'un homme timide.

— Diable ! ce n'est pas mon intention, fit Cagliostro ; d'ailleurs, vous n'êtes pas un homme timide, vous.

— Non, répondit Beausire, il s'en faut même ; cependant il y a certaines circonstances...

— Oui, je comprends : par exemple, celles où l'on a derrière soi les galères pour vol, et devant soi la potence pour crime de lèse-nation, comme on appellerait aujourd'hui un crime qui, je suppose, aurait pour but d'enlever le roi.

— Monsieur ! monsieur ! s'écria Beausire tout épouvanté.

— Malheureux ! fit Oliva, c'était donc sur cet enlèvement que tu bâtissais tes rêves d'or ?

— Et il n'avait pas tout à fait tort, ma chère demoiselle ; seulement, comme j'avais l'honneur de vous le dire tout à l'heure, il y a à chaque chose un bon et un mauvais côté, une face éclairée et une face sombre ; M. de Beausire a eu le tort de caresser la face sombre, d'adopter le mauvais côté : qu'il se retourne, voilà tout.

— Est-il encore temps ? demanda Nicole.

— Oh ! certainement.

— Que faut-il que je fasse, monsieur le comte ? demanda Beausire.

— Supposez une chose, mon cher Monsieur, dit Cagliostro en se recueillant.

— Laquelle ?

— Supposez que votre complot échoue ; supposez que les complices de l'homme masqué et de l'homme au manteau brun soient arrêtés ;

LA COMTESSE DE CHARNY

Vous disiez qu'il n'y a ici que des morts. (Page 151.)

supposez — il faut tout supposer dans le temps où nous vivons, supposez qu'ils soient condamnés à mort... eh! mon Dieu! on a bien acquitté Besenval et Augeard, vous voyez qu'on peut tout supposer... supposez que ces complices soient condamnés à mort; supposez, — ne vous impatientez pas; de suppositions en suppositions, nous arriverons à un fait; — supposez que vous soyez un des complices; supposez que vous ayez la corde au cou, et que l'on vous dise, pour répondre à vos doléances, — car, en pareille situation, si courageux qu'il soit, eh! mon Dieu, un homme se lamente toujours peu ou prou, n'est-ce pas?...

— Achevez, monsieur le comte, je vous en supplie, il me semble déjà que j'étrangle.

— Pardieu! ce n'est pas étonnant, je vous suppose la corde au cou! Eh bien, supposez qu'on vienne vous dire : « Ah! pauvre monsieur de Beausire, cher monsieur de Beausire, c'est votre faute ! »

— Comment cela? s'écria Beausire.

— Là! vous voyez bien que, de suppositions en suppositions, nous arrivons à une réalité, puisque vous me répondez, à moi, comme si déjà vous en étiez là.

— Je l'avoue.

— « Comment cela? vous répondrait la voix. Parce que, non seulement vous pouviez échapper à cette malemort qui vous tient en ses griffes, mais encore gagner mille louis avec lesquels vous eussiez acheté cette petite maison aux charmilles vertes où vous désiriez vivre, en compagnie de mademoiselle Oliva et du petit Toussaint, de cinq cents livres de rente que vous vous fussiez constituées avec les douze mille livres qui n'ussent point été employées à l'achat de la maison... vivre, comme vous le disiez, en bon cultivateur, chaussé de pantoufles l'été et de sabots l'hiver ; tandis qu'au lieu de ce charmant horizon, nous avons là, vous surtout, devant les yeux la place de Grève, plantée de deux ou trois vilaines potences dont la plus haute vous tend les bras. Pouah ! mon pauvre monsieur de Beausire, la laide perspective ! »

— Mais enfin, comment aurais-je pu échapper à cette malemort ? comment aurais-je pu gagner ces mille louis qui assuraient ma tranquillité, celle de Nicole et celle de Toussaint ?...

— Demanderiez-vous toujours, n'est-ce pas ? « Rien de plus facile, répondrait la voix ; vous aviez là, près de vous, à deux pas, le comte de Cagliostro. — Je le connais, répondriez-vous ; un seigneur étranger qui habite Paris pour son plaisir, et qui s'y ennuie à pâmer quand il manque de nouvelles. — C'est cela même. Eh bien, vous n'aviez qu'à aller le trouver et lui dire : « Monsieur le comte... » »

— Mais je ne savais pas où il demeurait, s'écria Beausire ; je ne savais pas qu'il fût à Paris ; je ne savais pas même qu'il vécût encore !

— « Aussi, mon cher monsieur de Beausire, vous répondrait la voix, c'est pour cela qu'il est venu vous trouver, et, du moment qu'il est venu vous trouver, convenez-en, là, vous n'avez plus d'excuse. Eh bien, vous n'aviez qu'à lui dire : « Monsieur le comte, je sais combien » vous êtes friand de nouvelles ; j'en ai et des » plus fraîches. Monsieur, frère du roi, cons-» pire... — Bah !... — Oui, avec le marquis » de Favras. — Pas possible ! — Si fait ; j'en » parle savamment, puisque je suis un des » agents de M. de Favras. — Vraiment ? et » quel est le but du complot ? — D'enlever le roi, » et de le conduire à Péronne. Eh bien, monsieur » le comte, pour vous distraire, je vais, heure » par heure, si vous le désirez, minute par » minute, s'il le faut, vous dire où en est l'af-» faire. » Alors, mon cher ami, le comte, qui » est un seigneur généreux, vous eût répondu : » Voulez-vous réellement faire cela, monsieur » de Beausire ? — Oui. — Eh bien, comme toute » peine mérite salaire, si vous tenez la parole » donnée, j'ai là, dans un coin, vingt-quatre mille » livres que je comptais employer à une bonne » action ; ma foi, je les passerai à ce caprice, » et, le jour où le roi sera enlevé ou M. de Favras » pris, vous viendrez me trouver, et, foi de » gentilhomme, les vingt-quatre mille livres » vous seront remises, comme vous sont remis » ces dix louis, non pas à titre d'avance, non pas » à titre de prêt, mais à titre de simple don ! » »

Et, à ces paroles, comme un acteur qui répète avec les accessoires, le comte de Cagliostro tira de sa poche la pesante bourse, y introduisit le pouce et l'index, et, avec une dextérité qui témoignait de son habitude à ce genre d'exercice, il y pinça juste dix louis, ni plus ni moins, que, de son côté, Beausire, il faut lui rendre cette justice, avança la main pour recevoir.

Cagliostro écarta doucement cette main.

— Pardon, monsieur de Beausire, dit-il, nous faisions, je crois, des suppositions ?

— Oui ; mais, dit Beausire, dont les yeux brillaient comme deux charbons ardents, n'aviez-vous pas dit, monsieur le comte, que, de suppositions en suppositions, nous arriverions au fait ?

— Y sommes-nous arrivés ?

Beausire hésita un moment.

Hâtons-nous de dire que ce n'était pas l'honnêteté, la fidélité à la parole donnée, la conscience soulevée qui causait cette hésitation. Nous l'affirmerions, que nos lecteurs connaissent trop bien M. de Beausire pour ne pas nous donner un démenti

Non, c'était la simple crainte que le comte ne tînt pas sa promesse.

— Mon cher monsieur de Beausire, dit Cagliostro, je vois bien ce qui se passe en vous !

— Oui, répondit Beausire, vous avez raison, monsieur le comte, j'hésite à trahir la confiance qu'un galant homme a mise en moi.

Et, levant les yeux au ciel, il secoua la tête comme quelqu'un qui se dit : « Ah ! c'est bien dur ! »

— Non, ce n'est pas cela, reprit Cagliostro, et vous m'êtes une nouvelle preuve de la vérité de cette parole du sage : « L'homme ne se connaît pas soi-même ! »

— Et qu'est-ce donc ? demanda Beausire un peu ébouriffé de cette facilité qu'avait le comte de lire jusqu'au plus profond des cœurs.

— C'est que vous avez peur qu'après vous avoir promis les mille louis, je ne vous les donne pas.

— Oh ! monsieur le comte !...

— Et c'est tout naturel, je suis le premier à vous le dire ; mais je vous offre une caution.

— Une caution ! M. le comte n'en a certes pas besoin.

— Une caution qui répondra de moi corps pour corps.

— Et quelle est cette caution ? demanda timidement Beausire.

— Mademoiselle Nicole Oliva Legay.

— Oh ! s'écria Nicole, si M. le comte nous promet, le fait est que c'est comme si nous tenions, Beausire.

— Voyez, Monsieur, voilà ce que c'est que de remplir scrupuleusement les promesses qu'on a faites. Un jour que mademoiselle était dans la situation où vous êtes, moins le complot, c'est-à-dire un jour que mademoiselle était fort recherchée par la police, je lui fis une offre : c'était de venir prendre retraite chez moi. Mademoiselle hésitait ; elle craignait pour son honneur. Je lui donnai ma parole, et, malgré toutes les tentations que j'eus à subir, et que vous comprendrez mieux que personne, je l'ai tenue, monsieur de Beausire. — Est-ce vrai, Mademoiselle ?

— Oh ! cela, s'écria Nicole, sur notre petit Toussaint je le jure !

— Vous croyez donc, mademoiselle Nicole, que je tiendrai la parole que j'engage aujourd'hui à M. de Beausire, de lui donner vingt-quatre mille livres, le jour où le roi aura pris la fuite, ou le jour que M. de Favras sera arrêté ? — sans compter, bien entendu, que je desserre ce nœud coulant qui vous étranglait tout à l'heure, et qu'il ne sera plus jamais question pour vous ni de corde ni de potence, — à propos de cette affaire du moins. Je ne réponds pas au delà ; un instant ! entendons-nous bien, il y a des vocations...

— C'est-à-dire, monsieur le comte, répondit Nicole, que, pour moi, c'est comme si le notaire y avait passé.

— Eh bien, ma chère demoiselle, dit Cagliostro en alignant sur la table les dix louis qu'il n'avait point lâchés, faites passer votre conviction dans le cœur de M. de Beausire, et c'est une affaire conclue.

Et, de la main, il fit signe à Beausire d'aller causer un instant avec Nicole.

La conversation ne dura que cinq minutes ; mais il est juste de dire que, pendant ces cinq minutes, elle fut des plus animées.

En attendant, Cagliostro regardait à la chandelle le carton piqué, et faisait des mouvements de tête comme pour saluer une vieille connaissance.

— Ah ! ah ! dit-il, c'est la fameuse martingale de M. Law que vous avez retrouvée là ? J'ai perdu un million sur cette martingale.

Et il laissa négligemment retomber la carte sur la table.

Cette observation de Cagliostro parut donner une nouvelle activité à la conversation de Nicole et de Beausire.

Enfin Beausire parut décidé.

Il vint à Cagliostro la main étendue, comme un maquignon qui veut conclure un indissoluble marché.

Mais le comte se recula en fronçant le sourcil.

— Monsieur, dit-il, entre gentilshommes la parole vaut le jeu ; vous avez la mienne, donnez-moi la vôtre.

— Foi de Beausire, monsieur le comte, c'est convenu.

— Cela suffit, Monsieur, dit Cagliostro.

Puis, tirant de son gousset une montre sur laquelle était le portrait du roi Frédéric de Prusse, enrichi de diamants :

— Il est neuf heures moins un quart, monsieur de Beausire, dit-il ; à neuf heures précises, vous êtes attendu sous les arcades de la place Royale, du côté de l'hôtel Sully ; prenez ces dix louis, mettez-les dans la poche de votre veste, endossez votre habit, ceignez votre épée, passez le pont Notre-Dame et suivez la rue Saint-Antoine ; il ne faut pas vous faire attendre !

Beausire ne se le fit pas répéter deux fois. Il prit les dix louis, les mit dans sa poche, endossa son habit, et ceignit son épée.

— Où retrouverai-je monsieur le comte ?

— Au cimetière Saint-Jean, s'il vous plaît... Quand on veut, sans être entendu, causer d'affaires pareilles à celles-ci, mieux vaut en causer chez les morts que chez les vivants.

— Et à quelle heure ?

— Mais à l'heure que vous serez libre ; le premier venu attendra l'autre.

— Monsieur le comte a quelque chose à faire ? demanda Beausire avec inquiétude en voyant que Cagliostro ne s'apprêtait pas à le suivre.

— Oui, répondit Cagliostro, j'ai à causer avec mademoiselle Nicole.

Beausire fit un mouvement.

— Oh ! soyez tranquille, cher monsieur Beausire, j'ai respecté son honneur quand elle était jeune fille, à plus forte raison le respecterai-je quand elle est mère de famille. Allez, monsieur de Beausire, allez.

Beausire jeta un regard à Nicole, regard dans lequel il sembla lui dire : « Madame de

Beausire, soyez digne de la confiance que j'ai en vous. » Il embrassa tendrement le jeune Toussaint, salua avec un respect mêlé d'inquiétude le comte de Cagliostro, et sortit juste comme l'horloge de Notre-Dame sonnait les trois quarts avant neuf heures.

V

ŒDIPE ET LOTH

Il était minuit moins quelques minutes, lorsqu'un homme, débouchant par la rue Royale dans la rue Saint-Antoine, suivit cette dernière jusqu'à la fontaine Sainte-Catherine, s'arrêta un instant derrière l'ombre qu'elle projetait, pour s'assurer qu'il n'était point épié, prit l'espèce de ruelle qui conduisait à l'hôtel Saint-Paul, et, arrivé là, s'engagea dans la rue, à peu près sombre et tout à fait déserte, du Roi-de-Sicile : puis, ralentissant le pas à mesure qu'il s'avançait vers l'extrémité de la rue que nous venons de nommer, il entra avec hésitation dans celle de la Croix-Blanche où s'arrêta, hésitant de plus en plus, devant la grille du cimetière Saint-Jean.

Là, et comme si ses yeux eussent craint de voir sortir un spectre hors de terre, il attendit, essuyant avec la manche de son habit de sergent la sueur qui coulait de son front.

Et, en effet, au moment même où commençait de sonner minuit, quelque chose de pareil à une ombre apparut, se glissant à travers les ifs et les cyprès. Cette ombre s'approcha de la grille, et bientôt, au grincement d'une clef dans la serrure, on put s'apercevoir que le spectre, si c'en était un, avait, non seulement la faculté de sortir de son tombeau, mais encore, une fois sorti de son tombeau, celle de sortir du cimetière.

A ce grincement, le militaire se recula.

— Eh bien ! monsieur de Beausire, dit la voix railleuse de Cagliostro, ne me reconnaissez-vous point, ou avez-vous oublié notre rendez-vous ?

— Ah ! c'est vous, dit Beausire respirant comme un homme dont le cœur est soulagé d'un grand poids, tant mieux ! Ces diablesses de rues sont si sombres et si désertes, qu'on ne sait pas si mieux vaut y rencontrer âme qui y vive qu'y cheminer seul.

— Ah bah ! fit Cagliostro ; vous, craindre quequel chose, à quelque heure du jour ou de la nuit que ce soit ? Vous ne me ferez pas accroire cela ; un brave comme vous qui chemine l'épée au côté ! Au reste, passez de ce côté-ci de la grille, cher monsieur de Beausire, et vous serez tranquille, vous n'y rencontrerez que moi.

Beausire se rendit à l'invitation, et la serrure, qui avait grincé pour ouvrir la porte devant lui, grinça pour refermer la porte derrière lui.

— Là ! maintenant, dit Cagliostro, suivez ce petit sentier, cher Monsieur, et, à vingt pas d'ici, nous trouverons une espèce d'autel ruiné, sur les marches duquel nous serons à merveille pour causer de nos petites affaires.

Beausire se mit en devoir d'obéir à Cagliostro ; mais, après un instant d'hésitation :

— Où diable voyez-vous un chemin ? dit-il. Je ne vois que des ronces qui me déchirent les chevilles, et des herbes qui me montent jusqu'aux genoux.

— Le fait est que ce cimetière est un des plus mal tenus que je connaisse ; mais cela n'est point étonnant : vous savez que l'on n'y enterre guère que les condamnés qui ont été exécutés en Grève, et, pour ces pauvres diables, on n'y met pas tant de façon. Cependant, mon cher monsieur de Beausire, nous avons ici de véritables illustrations. S'il faisait jour, je vous montrerais la place où est enterré Bouteville de Montmorency, décapité pour s'être battu en duel ; le chevalier de Rohan, décapité pour avoir conspiré contre le gouvernement ; le comte de Horn, roué pour avoir assassiné un juif ; Damiens, écartelé pour avoir essayé de tuer Louis XV ; que sais-je ? Oh ! vous avez tort de médire du cimetière Saint-Jean, monsieur de Beausire ; c'est un cimetière mal tenu, mais bien habité.

Beausire suivait Cagliostro, emboîtant son pas dans le sien aussi régulièrement qu'un soldat du second rang a l'habitude de le faire avec son chef de file.

— Ah ! dit Cagliostro en s'arrêtant tout à coup, de manière que Beausire, qui ne s'attendait pas à cette halte subite, lui donna du ventre dans le dos. Tenez, voici du tout frais ; c'est la tombe de votre confrère Fleur-d'Épine, un des assassins du boulanger François, qui a été pendu, il y a huit jours, par arrêt du Châtelet ; cela doit vous intéresser, monsieur de Beausire ; c'était, comme vous, un ancien exempt, un faux sergent et un vrai racoleur.

Les dents de Beausire claquaient littéralement ; il lui semblait que ces ronces, au milieu desquelles il marchait, étaient autant de mains crispées sortant de terre pour le tirer par les jambes, et lui faire comprendre que la destinée avait marqué là la place où il devait dormir du sommeil éternel.

— Ah! dit enfin Cagliostro s'arrêtant près d'une espèce de ruine, nous sommes arrivés.

Et, s'asseyant sur un débris, il indiqua du doigt à Beausire une pierre qui semblait placée côte à côte de la première, pour épargner à Cinna la peine d'approcher son siège de celui d'Auguste.

Il était temps ; les jambes de l'ancien exempt flageolaient de telle façon, qu'il tomba sur la pierre plutôt qu'il ne s'y assit.

— Allons, maintenant que nous voici bien à notre aise pour causer, cher monsieur de Beausire, dit Cagliostro, voyons, que s'est-il passé ce soir sous les arcades de la place Royale ? La séance devait être intéressante.

— Ma foi! dit Beausire, je vous avoue, monsieur le comte, que j'ai, dans ce moment-ci, la tête un peu bouleversée, et, en vérité, je crois que nous gagnerions tous les deux à ce que vous voulussiez bien m'interroger.

— Soit! dit Cagliostro. Je suis bon prince, et, pourvu que j'arrive à ce que je veux savoir, peu m'importe la forme. Combien étiez-vous sous les arcades de la place Royale ?

— Six, moi compris.

— Six, vous compris, cher monsieur de Beausire. Voyons si ce sont bien les hommes que je pense ? Primo, vous, cela ne fait pas de doute.

Beausire poussa un soupir, indiquant qu'il aurait autant aimé que le doute fût possible.

— Vous me faites bien de l'honneur, dit-il, de commencer par moi, quand il y a de si grands personnages à côté de moi.

— Mon cher, je suis les préceptes de l'Évangile ; l'Évangile ne dit-il point : « Les premiers seront les derniers ? » Si les premiers doivent être les derniers, les derniers se trouveront naturellement être les premiers.

» Je procède donc, comme je vous le dis, selon l'Évangile. Il y avait d'abord vous, n'est-ce pas ?

— Oui, fit Beausire.

— Puis il y avait votre ami Tourcaty, n'est-il pas vrai ? un ancien officier recruteur, qui se charge de lever la légion du Brabant ?

— Oui, fit Beausire, il y avait Tourcaty.

— Puis un bon royaliste, nommé Marquié, ci-devant sergent aux gardes françaises, maintenant sous-lieutenant d'une compagnie du centre ?

— Oui, monsieur le comte, il y avait Marquié.

— Puis M. de Favras ?

— Puis M. de Favras.

— Puis l'homme masqué ?

— Puis l'homme masqué.

— Avez-vous quelque renseignement à me donner sur cet homme masqué, monsieur de Beausire ?

Beausire regarda Cagliostro si fixement, que ses deux yeux semblèrent s'allumer dans l'obscurité.

— Mais, dit-il, n'est-ce pas...?

Et il s'arrêta, comme s'il eût craint de commettre un sacrilège en allant plus loin.

— N'est-ce pas qui ? demanda Cagliostro

— N'est-ce pas... ?

— Ah çà ! mais vous avez un nœud à la langue, mon cher monsieur de Beausire ; il faut faire attention à cela. Les nœuds à la langue amènent quelquefois les nœuds au cou, et ceux-ci pour être des nœuds coulants, n'en sont que plus dangereux.

— Mais, enfin, reprit Beausire, forcé dans ses derniers retranchements, n'est-ce pas Monsieur ?

— Monsieur quoi ? demanda Cagliostro.

— Monsieur... Monsieur, frère du roi.

— Ah! cher monsieur de Beausire, que le marquis de Favras, qui a intérêt à faire croire qu'il touche la main d'un prince du sang dans toute cette affaire, dise que l'homme masqué est Monsieur, cela se conçoit : qui ne sait pas mentir ne sait pas conspirer ; mais que vous et votre ami Tourcaty, deux recruteurs, c'est-à-dire deux hommes habitués à prendre la mesure de leur prochain par pieds, par pouces et par lignes, se laissent tromper de la sorte, ce n'est pas probable.

— En effet, dit Beausire.

— Monsieur a cinq pieds trois pouces sept lignes, poursuivit Cagliostro, et l'homme masqué a près de cinq pieds six pouces.

— C'est vrai, dit Beausire, et j'y avais déjà songé ; mais, si ce n'est pas Monsieur, qui donc cela peut-il être ?

— Ah ! pardieu ! je serais heureux et fier, mon cher monsieur de Beausire, dit Cagliostro, d'avoir quelque chose à vous apprendre, quand je croyais avoir à apprendre quelque chose de vous.

— Alors, dit l'ancien exempt, qui rentrait peu à peu dans son état naturel, au fur et à mesure que peu à peu il rentrait dans la réalité, alors, vous savez qui est cet homme, vous, monsieur le comte ?

— Parbleu !

— Y aurait-il indiscrétion à vous demander ?...

— Son nom ?

Beausire fit de la tête signe que c'était cela qu'il désirait.

— Un nom est toujours une chose grave à dire, monsieur de Beausire, et, en vérité, j'aimerais mieux que vous devinassiez.

— Deviner... Il y a quinze jours que je cherche.

— Ah ! parce que personne ne vous aide.

— Aidez-moi, monsieur le comte.

— Je ne demande pas mieux. Connaissez-vous l'histoire d'Œdipe?

— Mal, monsieur le comte. J'ai vu jouer la pièce une fois à la Comédie-Française, et, vers la fin du quatrième acte, j'ai eu le malheur de m'endormir.

— Peste, je vous souhaite toujours de ces malheurs-là, mon cher Monsieur.

— Vous voyez, cependant, qu'aujourd'hui cela me porte préjudice.

— Eh bien ! en deux mots, je vais vous dire ce que c'était qu'Œdipe. Je l'ai connu enfant à la cour du roi Polybe, et vieux à celle du roi Admète ; vous pouvez donc croire ce que je vous en dis, mieux que vous ne croiriez ce qu'auraient pu vous en dire Eschyle, Sophocle, Sénèque, Corneille, Voltaire ou M. Ducis, qui en ont fort entendu parler, c'est possible, mais qui n'ont pas eu l'avantage de le connaître.

Beausire fit un mouvement, comme pour demander à Cagliostro une explication sur cette étrange prétention émise par lui, d'avoir connu un homme mort il y avait quelque trois mille six cents ans ; mais sans doute pensa-t-il que ce n'était pas la peine d'interrompre le narrateur pour si peu, il arrêta donc son mouvement, et le continua par un signe qui voulait dire : « Allez toujours, j'écoute. »

Et, en effet, comme s'il n'eût rien remarqué, Cagliostro allait toujours.

— J'ai donc connu Œdipe. On lui avait prédit qu'il devait être le meurtrier de son père et l'époux de sa mère. Or, croyant Polybe son père, il le quitta sans rien dire et partit pour la Phocide. Au moment du départ, je lui donnai le conseil, au lieu de prendre la grande route de Daulis à Delphes, de prendre par la montagne un chemin que je connaissais ; mais il s'entêta, et, comme je ne pouvais lui dire dans quel but je lui donnais ce conseil, toutes mes exhortations pour le faire changer de route furent inutiles. Il résulta de cet entêtement que ce que j'avais prévu arriva. A l'embranchement du chemin de Delphes à Thèbes, il rencontra un homme suivi de cinq esclaves : l'homme était monté sur un char, et le char barrait tout le chemin ; tout aurait pu s'arranger si l'homme au char eût consenti à prendre un peu à gauche, et Œdipe un peu à droite, mais chacun voulut tenir le milieu de la route. L'homme au char était d'un tempérament colérique ; Œdipe était d'un naturel peu patient. Les cinq esclaves se jetèrent, les uns après les autres, au-devant de leur maître, et les uns après les autres tombèrent ; puis, après eux, leur maître tomba à son tour. Œdipe passa sur six cadavres, et, parmi ces six cadavres, il y avait celui de son père.

— Diable ! fit Beausire.

— Puis il reprit la route de Thèbes ; or, sur la route de Thèbes s'élevait le mont Phicion, et, dans un sentier plus étroit encore que celui où Œdipe tua son père, un singulier animal avait sa caverne. Cet animal avait les ailes d'un aigle, la tête et les mamelles d'une femme, le corps et les griffes d'un lion.

— Oh ! oh ! fit Beausire, croyez-vous, monsieur le comte, qu'il existe de pareils monstres?

— Je ne saurais vous l'affirmer, cher monsieur de Beausire, répondit gravement Cagliostro, attendu que, lorsque j'allai à Thèbes par le même chemin, mille ans plus tard, du temps d'Épaminondas, le sphinx était mort. En somme, à l'époque d'Œdipe, il était vivant, et l'une de ses manies était de se tenir sur la route, proposant une énigme aux passants, et les mangeant dès qu'ils n'en pouvaient pas deviner le mot. Or, comme la chose durait depuis plus de trois siècles, les passants devenaient de plus en plus rares, et le sphinx avait les dents fort longues. Lorsqu'il aperçut Œdipe, il alla se mettre au milieu de la route, et, levant la patte pour faire signe au jeune homme de s'arrêter : « Voyageur, lui dit-il, je suis le sphinx. — Eh bien, après? demanda Œdipe. — Eh bien, le destin m'a envoyé sur la terre pour proposer une énigme aux mortels ; s'ils ne la devinent pas, ils m'appartiennent ; s'ils la devinent, j'appartiens à la mort, et je me précipite de moi-même dans l'abîme où, jusqu'à présent, j'ai précipité les cadavres de tous ceux qui ont eu le malheur de me trouver sur leur route. » Œdipe jeta un regard au fond du précipice, et le vit blanc d'ossements. « C'est bien, dit le jeune homme, quelle est l'énigme? — L'énigme, la voici, dit l'oiseau-lion : *Quel est l'animal qui marche à quatre pattes le matin, sur deux pattes à midi, et sur trois le soir ?* » Œdipe réfléchit un instant ; puis, avec un sourire qui ne laissa point que d'inquiéter le sphinx : « Et, si je

devine, dit-il, tu te précipiteras de toi-même dans l'abîme ? — C'est la loi, répondit le sphinx.
— Eh bien, répondit Œdipe, cet animal, c'est l'homme. »
— Comment, l'homme ? interrompit Beausire, qui prenait intérêt à la conversation, comme s'il se fût agi d'un fait contemporain.
— Oui, l'homme ! l'homme, qui, dans son enfance, c'est-à-dire au matin de sa vie, marche sur ses pieds et sur ses mains ; qui, dans son âge mûr, c'est-à-dire à midi, marche sur ses deux pieds, et qui, le soir, c'est-à-dire dans sa vieillesse, s'appuie sur un bâton.
— Ah ! s'écria Beausire, c'est mordieu vrai !... Embêté, le sphinx !
— Oui, mon cher monsieur de Beausire, si bien embêté, qu'il se précipita la tête la première dans l'abîme, et qu'ayant eu la loyauté de ne point se servir de ses ailes, ce que vous trouverez probablement bien niais de sa part, il se brisa la tête sur les rochers. Quant à Œdipe, il poursuivit son chemin, arriva à Thèbes, trouva Jocaste veuve, l'épousa et accomplit ainsi la prophétie de l'oracle qui avait dit qu'il tuerait son père et épouserait sa mère.
— Mais, enfin, monsieur le comte, dit Beausire, quelle analogie voyez-vous entre l'histoire d'Œdipe et celle de l'homme masqué ?
— Oh ! une grande... attendez ! D'abord, vous avez désiré savoir son nom.
— Oui.
— Et, moi, je vous ai dit que j'allais vous proposer une énigme ; il est vrai que je suis de meilleure pâte que le sphinx, et que je ne vous dévorerai pas, si vous avez le malheur de ne pas la deviner. Attention, je lève la patte : *Quel est le seigneur de la cour qui est le petit-fils de son père, le frère de sa mère, et l'oncle de ses sœurs ?*
— Ah ! diable, fit Beausire tombant dans une rêverie non moins profonde que celle d'Œdipe.
— Voyons, cherchez, mon cher Monsieur, dit Cagliostro.
— Aidez-moi un peu, monsieur le comte.
— Volontiers... je vous ai demandé si vous connaissiez l'histoire d'Œdipe.
— Vous m'avez fait cet honneur-là.
— Maintenant, nous allons passer de l'histoire païenne à l'histoire sacrée. Connaissez-vous l'anecdote de Loth ?
— Avec ses filles ?
— Justement.
— Parbleu, si je la connais ! Mais attendez donc. Eh !... oui... ce que l'on disait du vieux roi Louis XV et de sa fille Madame Adélaïde !...
— Vous brûlez, mon cher Monsieur.
— Alors, l'homme masqué, ce serait ?...
— Cinq pieds six pouces.
— Le comte Louis de...
— Chut !
— Mais, puisque vous disiez qu'il n'y a ici que des morts...
— Oui ; mais, sur leur tombe, il pousse de l'herbe, elle y pousse même mieux qu'ailleurs. Eh bien, si cette herbe, comme les roseaux du roi Midas... connaissez-vous l'histoire du roi Midas ?
— Non, monsieur le comte.
— Je vous la raconterai un autre jour ; pour le moment revenons à la nôtre.
Alors, reprenant son sérieux :
— Vous disiez donc ? demanda-t-il.
— Pardon, mais je croyais que c'était vous qui interrogiez.
— Vous avez raison.
Et, tandis que Cagliostro préparait son interrogation :
— C'est ma foi vrai, murmurait Beausire. Le petit-fils de son père, le frère de sa mère, l'oncle de ses sœurs... c'est le comte Louis de Nar !...
— Attention ! dit Cagliostro.
Beausire s'interrompit dans son monologue, et écouta de toutes ses oreilles.
— Maintenant qu'il ne nous reste plus de doute sur les conjurés masqués ou non masqués, passons au but du complot.
Beausire fit de la tête un signe qui voulait dire qu'il était prêt à répondre.
— Le but du complot est bien d'enlever le roi, n'est-ce pas ?
— C'est bien le but du complot, en effet.
— De le conduire à Péronne ?
— A Péronne.
— A présent, les moyens ?
— Pécuniaires ?
— Pécuniaires, oui, d'abord.
— On a deux millions.
— Que prête un banquier génois. Je connais ce banquier. Il n'y en a pas d'autres ?
— Je ne sache pas.
— Voilà qui est bien pour l'argent ; mais ce n'est pas assez d'avoir de l'argent, il faut des hommes.
— M. de la Fayette vient de donner l'autorisation de lever une légion pour aller au secours du Brabant, qui se révolte contre l'Empire.

— Oh! ce bon la Fayette, murmura Cagliostro, je le reconnais bien là.

Puis, tout haut :

— Soit! on aura une légion ; mais ce n'est pas une légion qu'il faut pour exécuter un pareil projet, c'est une armée.

— On a l'armée.

— Ah! voyons l'armée.

— Douze cents chevaux seront réunis à Versailles ; ils en partiront le jour désigné, à onze heures du soir ; à deux heures du matin, ils arriveront à Paris sur trois colonnes.

— Bon !

— La première entrera par la grille de Chaillot, la seconde par la barrière du Roule, la troisième par celle de Grenelle. La colonne qui entrera par la rue de Grenelle égorgera le général la Fayette ; celle qui entrera par la grille de Chaillot égorgera M. Necker ; enfin, celle qui entrera par la barrière du Roule égorgera M. Bailly.

— Bon ! répéta Cagliostro.

— Le coup fait, on encloue les canons, on se réunit aux Champs-Élysées, et l'on marche sur les Tuileries, qui sont à nous.

— Comment, à vous ? Et la garde nationale ?

— C'est là que doit agir la colonne brabançonne ; réunie à une partie de la garde soldée, à quatre cents Suisses, et à trois cents conjurés de province, elle s'empare, grâce aux intelligences que nous avons dans la place, des portes extérieures et intérieures ; on entre chez le roi, en criant : « Sire, le faubourg Saint-Antoine est en pleine insurrection... une voiture est tout attelée... il faut fuir ! » Si le roi consent à fuir, la chose va toute seule ; s'il n'y consent pas, on l'emporte de force, et on le conduit à Saint-Denis.

— Bon !

— Là, on trouve vingt mille hommes d'infanterie auxquels se joignent les douze cents Suisses, les trois cents conjurés, dix, vingt, trente mille royalistes recrutés sur la route, et, à grande force, on conduit le roi à Péronne.

— De mieux en mieux! Et, à Péronne, que fait-on, mon cher monsieur de Beausire ?

— A Péronne, on trouve vingt mille hommes qui y arrivent en même temps de la Flandre maritime, de la Picardie, de l'Artois, de la Champagne, de la Bourgogne, de la Lorraine, de l'Alsace et du Cambrésis. On est en marché pour vingt mille Suisses, douze mille Allemands, et douze mille Sardes, lesquels, réunis à la première escorte du roi, formeront un effectif de cent cinquante mille hommes.

— Joli chiffre ! dit Cagliostro.

— Enfin, avec ces cent cinquante mille hommes, on marchera sur Paris ; on interceptera le bas et le haut de la rivière pour lui couper les vivres ; Paris affamé capitulera ; on dissoudra l'Assemblée nationale, et l'on replacera le roi, véritablement roi, sur le trône de ses pères.

— *Amen !* dit Cagliostro.

Et, se levant :

— Mon cher monsieur de Beausire, dit-il, vous avez une conversation des plus agréables ; mais, enfin, il est dit de vous comme des plus grands orateurs, quand vous avez tout dit, vous n'avez plus rien à dire, — et vous avez tout dit, n'est-ce pas ?

— Oui, monsieur le comte, pour le moment.

— Alors, bonsoir, mon cher monsieur de Beausire ; lorsque vous aurez besoin de dix autres louis, toujours à titre de don, bien entendu, venez me trouver à Bellevue.

— A Bellevue, et je demanderai M. le comte de Cagliostro ?

— Le comte de Cagliostro ? Oh ! non, on ne saurait ce que vous voulez dire ; demandez le baron Zannone.

— Le baron Zannone ! s'écria Beausire, mais c'est le nom du banquier génois qui a escompté les deux millions de traites de Monsieur.

— C'est possible, dit Cagliostro.

— Comment, c'est possible ?

— Oui : seulement, je fais tant d'affaires, que celle-ci se sera confondue avec les autres ; voilà pourquoi, au premier abord, je ne me rappelais pas bien ; mais, en effet, maintenant, je crois me souvenir.

Beausire était en stupéfaction devant cet homme qui oubliait ainsi des affaires de deux millions, et il commençait à croire que, ne fût-ce qu'au point de vue pécuniaire, mieux valait être au service de prêteur que de l'emprunteur.

Mais, comme cette stupéfaction n'allait point jusqu'à lui faire oublier le lieu où il se trouvait, aux premiers pas de Cagliostro vers la porte, Beausire retrouva le mouvement, et le suivit d'une allure tellement modelée sur la sienne, qu'à les voir marcher ainsi presque accolés l'un à l'autre, on eût dit deux automates mus par un même ressort.

A la porte seulement, et, lorsque la grille fut refermée, les deux corps parurent se séparer d'une manière visible.

Vous avez beau être roi de France. (Page 156.)

— Et maintenant, demanda Cagliostro, de de quel côté allez-vous, cher monsieur de Beausire ?
— Mais vous-même ?
— Du côté où vous n'allez pas.
— Je vais au Palais-Royal, monsieur le comte.
— Et moi, à la Bastille, monsieur de Beausire.

Sur quoi, les deux hommes se quittèrent, Beausire saluant le comte avec une profonde révérence, Cagliostro saluant Beausire avec une légère inclination de tête ; et tous deux disparurent presque aussitôt au milieu de l'obscurité, Cagliostro dans la rue du Temple, et Beausire dans la rue de la Verrerie.

VI

OU GAMAIN PROUVE QU'IL EST VÉRITABLEMENT MAITRE SUR MAITRE, MAITRE SUR TOUS.

On se rappelle le désir qu'avait exprimé le roi devant M. de la Fayette et devant M. le comte de Bouillé, d'avoir près de lui son ancien maître Gamain, pour l'aider dans un important travail de serrurerie ; il avait même ajouté, — et nous ne croyons pas inutile de consigner ici ce détail, — il avait même ajouté qu'un apprenti adroit ne serait pas de trop pour compléter la trilogie forgeante. Le nombre trois, qui plaît aux dieux, n'avait pas déplu à la Fayette, et il avait, en conséquence, donné des ordres pour que maître Gamain et son apprenti eussent leur entrée franche près du roi, et fussent conduits à la forge aussitôt qu'ils se présenteraient.

On ne sera donc point étonné de voir, quelques jours après la conversation que nous avons rapportée, maître Gamain, — qui n'est point un étranger pour nos lecteurs, puisque nous avons eu soin de le montrer, dans la matinée du 6 octobre, vidant, avec un armurier inconnu, une bouteille de bourgogne au cabaret du pont de Sèvres; — on ne sera donc point étonné, disons-nous, de voir, quelques jours après cette conversation, maître Gamain, accompagné d'un apprenti, se présenter, — tous deux vêtus de leurs habits de travail, — à la porte des Tuileries, et, après leur admission, qui ne souffrit aucune difficulté, contourner les appartements royaux par le corridor commun, monter l'escalier des combles, et, arrivés à la porte de la forge, décliner leurs noms et leurs qualités au valet de chambre de service.

Les noms étaient : Nicolas-Claude Gamain.
Et Louis Lecomte.

Les qualités étaient : pour le premier, celle de maître serrurier ;

Pour le second, celle d'apprenti.

Quoiqu'il n'y eût rien dans tout cela de bien aristocratique, à peine Louis XVI, eut-il entendu noms et qualités, qu'il accourut lui-même vers la porte en criant :

— Entrez !

— Voilà, voilà, voilà ! dit Gamain se présentant avec la familiarité, non seulement d'un commensal, mais encore d'un maître.

Soit qu'il fût moins habitué aux relations royales, soit que la nature l'eût doué d'un plus grand respect pour les têtes couronnées, sous quelque costume qu'elle se présentassent à lui, ou sous quelque costume qu'il se présentât à elles, l'apprenti, sans répondre à l'invitation, et après avoir mis un intervalle convenable entre l'apparition de maître Gamain et la sienne demeura debout, la veste sur le bras et la casquette à la main, près de la porte que le valet de chambre refermait derrière eux.

Au reste, peut-être était-il mieux là que sur une ligne parallèle à celle de Gamain, pour saisir l'éclair de joie qui brilla dans l'œil terne de Louis XVI, et pour répondre par un respectueux signe de tête.

— Ah ! c'est toi, mon cher Gamain ! dit Louis XVI ; je suis bien aise de te voir ; en vérité, je ne comptais plus sur toi ; je croyais que tu m'avais oublié !

— Et voilà pourquoi, dit Gamain, vous avez pris un apprenti ? Vous avez bien fait, c'était votre droit, puisque je n'étais pas là ; mais, par malheur, ajouta-t-il avec un geste narquois, apprenti n'est pas maître, hein ?

L'apprenti fit un signe au roi.

— Que veux-tu mon pauvre Gamain ! dit Louis XVI, on m'avait assuré que tu ne me voulais plus voir ni de près ni de loin : on disait que tu avais peur de te compromettre...

— Ma foi, Sire, vous avez pu vous convaincre à Versailles, qu'il ne faisait pas bon être de vos amis, et j'ai vu friser, près de moi, — par M. Léonard lui-même, — j'ai vu friser, dans le petit cabaret du pont de Sèvres, deux têtes de gardes qui faisaient une vilaine grimace, pour s'être trouvées dans vos antichambres au moment où vos bons amis les Parisiens vous rendaient visite.

Un nuage passa sur le front du roi, et l'apprenti baissa la tête.

— Mais, continua Gamain, on dit que cela va mieux depuis que vous êtes revenu à Paris, et que vous faites maintenant des Parisiens tout ce que vous voulez. Oh ! pardieu, ce n'est pas étonnant, vos Parisiens sont si bêtes, et la reine est si enjôleuse quand cela lui plaît.

Louis XVI ne répondit rien, mais une légère rougeur monta à ses joues.

Quant au jeune homme il semblait énormément souffrir des familiarités que se permettait maître Gamain.

Aussi, après avoir essuyé son front couvert de sueur avec un mouchoir un peu fin peut-être pour appartenir à un apprenti serrurier, il s'approcha.

— Sire, dit-il, Votre Majesté veut-elle permettre que je lui dise comment maître Gamain a l'honneur de se trouver en face de Votre Majesté, et comment j'y suis moi-même près de lui ?

— Oui, mon cher Louis, répondit le roi.

— Ah ! c'est cela : *mon cher Louis !* gros comme le bras, dit Gamain murmurant. *Mon cher Louis...* à une connaissance de quinze jours, à un ouvrier, à un apprenti !... Qu'est-ce qu'on me dira donc, à moi qui vous connais depuis vingt-cinq ans ? à moi, qui vous ai mis la lime à la main ? à moi, qui suis maître ? Voilà ce que c'est que d'avoir la langue dorée et les mains blanches.

— Je te dirai : « Mon bon Gamain ! » j'appelle ce jeune homme *mon cher Louis*, non pas parce qu'il s'exprime plus élégamment que toi ; non pas parce qu'il se lave les mains plus souvent que tu ne le fais toi-même peut-être, — j'apprécie assez peu, tu le sais, toutes ces mignonneries, — mais parce qu'il a trouvé moyen de te ramener près de moi, toi, mon ami, quand on m'avait dit que tu ne voulais plus me voir !

— Oh ! ce n'était pas moi qui ne voulais plus vous voir ; car, moi, malgré tous vos défauts, au bout du compte, je vous aime bien ; mais c'était mon épouse, madame Gamain, qui me dit à chaque instant : « Tu as de mauvaises connaissances, Gamain, des connaissances trop hautes pour toi ; il ne fait pas bon voir les aristocrates par ce temps-ci ; nous avons un peu de bien, veillons dessus ; nous avons des enfants, élevons-les ; et, si le dauphin veut apprendre la serrurerie à son tour, qu'il s'adresse à d'autres que nous, on ne manque pas de serruriers en France. »

Louis XVI regarda l'apprenti, et, étouffant un soupir, moitié railleur, moitié mélancolique :

— Oui, sans doute, il ne manque pas de serruriers en France, mais pas de serruriers comme toi.

— C'est ce que j'ai dit au maître, Sire, quand je me suis présenté chez lui de votre part, interrompit l'apprenti : je lui ai dit : « Ma foi, maître, voilà ! le roi est en train de fabriquer une serrure à secret ; il avait besoin d'un aide serrurier : on lui a parlé de moi, il m'a pris avec lui ; c'était bien de l'honneur... bon... mais c'est de la fine ouvrage que celle qu'il fait. Ça a bien été pour la serrure, tant qu'il ne s'est agi que de la cloison, du palastre et des étoquiaux, parce que chacun sait que trois étoquiaux à queue d'aronde dans le rebord suffisent pour assujettir solidement la cloison au palastre ; mais, quand il s'est agi du pêne, voilà où l'ouvrier s'embarrasse... »

— Je le crois bien, dit Gamain, le pêne, c'est l'âme de la serrure.

— Et le chef-d'œuvre de la serrurerie quand il est bien fait, dit l'apprenti : mais il y a pêne et pêne. Il y a pêne dormant, il y a pêne à bascule pour mouvoir le demi-tour, il y a pêne à pignon pour mouvoir les verrous. Eh bien, supposons, maintenant, que nous ayons une clef forée dont le panneton soit entaillé par une planche avec un pertuis, une fronçure simple et une fronçure hastée en dedans, deux rouets avec un faucillon renversé en dedans, et

hasté en dehors, quel pêne faudra-t-il pour cette clef-là ? Voilà où nous sommes arrêtés...

— Le fait est que ça n'est pas donné à tout le monde de se tirer d'une pareille besogne, dit Gamain.

— Précisément... « C'est pourquoi, continuai-je, je suis venu à vous, maître Gamain. Chaque fois que le roi était embarrassé il disait avec un soupir : « Ah ! si Gamain était là ! » Alors, moi, j'ai dit au roi : « Eh bien, voyons, » faites-lui dire de venir, à votre fameux Ga-» main, et qu'on le voie à la besogne ! » Mais le roi répondait : « Inutile, mon pauvre Louis, Ga-» main m'a oublié ! — Oublier Votre Majesté ! un » homme qui a eu l'honneur de travailler avec » elle, impossible !... » Alors, j'ai dit au roi : « Je » vais l'aller chercher, ce maître sur maître, » maître sur tous ! » Le roi m'a dit : « Va, mais » tu ne le ramèneras pas ! » J'ai dit : « Je le ra-» mènerai ! » et je suis parti. Ah ! Sire, je ne savais pas de quelle besogne je m'étais chargé, et à quel homme j'avais à faire. D'ailleurs, quand je me suis présenté à lui comme apprenti, il m'a fait subir un examen que c'était pis que pour entrer à l'École des cadets. Enfin, bon... me voilà chez lui. Le lendemain, je me hasarde à lui dire que je viens de votre part. Cette fois-là, j'ai cru qu'il allait me mettre à la porte : il m'appelait espion, mouchard. J'avais beau lui assurer que j'étais réellement envoyé par vous, ça n'y faisait rien. Il n'y a que quand je lui ai avoué que nous avions commencé à nous deux un ouvrage que nous ne pouvions pas finir, qu'il a débouché ses oreilles ; mais tout cela ne le décidait pas. Il disait que c'était un piège que ses ennemis lui tendaient. Enfin, hier seulement, quand je lui eus remis les vingt-cinq louis que Votre Majesté m'a fait passer à son intention, il a dit : « Ah ! ah ! en effet, cela » pourrait bien être véritablement de la part du » roi !... Eh bien, soit ! a-t-il ajouté, nous irons » demain ; qui ne risque rien n'a rien. » Toute la soirée, j'ai entretenu le maître dans ces bonnes dispositions, et, ce matin, j'ai dit : « Voyons, ce n'est pas cela, il faut partir ! » Il faisait bien encore quelque difficulté, mais, enfin, je l'ai décidé. Je lui ai noué le tablier autour du corps, je lui ai mis la canne à la main, je l'ai poussé dehors ; nous avons pris la route de Paris, et nous voilà.

— Soyez les bienvenus, dit le roi en remerciant d'un coup d'œil le jeune homme, qui paraissait avoir eu autant de peine à composer dans le fond, et surtout dans la forme, le récit que l'on vient de lire qu'en eût eu maître Gamain à faire un discours de Bossuet ou un sermon de Fléchier. Et, maintenant, Gamain, mon ami, continua le roi, comme tu me parais pressé, ne perdons pas de temps.

— C'est justement cela, dit le maître serrurier; d'ailleurs, j'ai promis à madame Gamain d'être de retour ce soir. Voyons, où est cette fameuse serrure?

Le roi remit entre les mains du maître une serrure aux trois quarts achevée.

— Eh bien, mais que disais-tu donc que c'était une serrure bénarde? fit Gamain s'adressant à l'apprenti. Une serrure bénarde se ferme des deux côtés, mazette! et celle-ci est une serrure de coffre. Voyons, voyons un peu cela... Ça ne marche donc pas, hein?... Eh bien, avec maître Gamain, il faudra que cela marche.

Et Gamain essaya de faire tourner la clef.

— Ah! voilà, voilà! dit-il.

— Tu as trouvé le défaut, mon cher Gamain?

— Parbleu!

— Voyons, montre-moi cela!

— Ah! ce sera vite fait, regardez. Le museau de la clef accroche bien la grande barbe; la grande barbe décrit bien la moitié de son cercle; mais, arrivée là, comme elle n'est pas taillée en biseau, elle ne s'échappe pas toute seule, voilà l'affaire... La course de la barbe étant de six lignes, l'épaulement doit être d'une ligne.

Louis XVI et l'apprenti se regardèrent comme émerveillés de la science de Gamain.

— Eh! mon Dieu! c'est pourtant bien simple, dit celui-ci encouragé par cette admiration tacite; et je ne comprends même pas comment vous avez oublié cela. Il faut que vous ayez pensé, depuis que vous ne m'avez vu, à un tas de bêtises qui vous ont fait perdre la mémoire! Vous avez trois barbes, n'est-ce pas? une grande et deux petites, une de cinq lignes, deux de deux lignes?

— Sans doute, dit le roi suivant avec un certain intérêt la démonstration de Gamain.

— Eh bien, aussitôt que la clef a lâché la grande barbe, il faut qu'elle puisse ouvrir le pêne que vient de fermer, n'est-ce pas?

— Oui, dit le roi.

— Alors, il faut donc qu'elle puisse accrocher en sens inverse, c'est-à-dire en revenant sur ses pas, la seconde barbe au moment où elle lâche la première.

— Ah! oui, oui, dit le roi.

— Ah! oui, oui, répéta Gamain d'un ton goguenard. Eh bien, comment voulez-vous qu'elle s'y prenne, cette pauvre clef, si l'intervalle entre la grande et la petite barbe n'est pas égal à l'épaisseur du museau, plus un peu de liberté?

— Ah!

— Ah!... répéta encore Gamain! Voilà, vous avez beau être roi de France; vous avez beau dire: « Je veux! » la petite barbe dit: « Je ne veux pas! » elle, et bonsoir! c'est comme lorsque vous vous chamaillez avec l'Assemblée: c'est l'Assemblée qui est la plus forte!

— Et, cependant, demanda le roi à Gamain, il y a de la ressource, n'est-ce pas, maître?

— Parbleu! dit celui-ci, il y a toujours de la ressource. Il n'y a qu'à tailler la première barbe en biseau, creuser l'épaulement d'une ligne, écarter de quatre lignes la première barbe de la seconde, et rétablir à la même distance la troisième barbe, — celle-ci, qui fait partie du talon, et qui s'arrête sur le picolet, et tout sera dit.

— Mais, observa le roi, à tous ces changements, il y a bien une journée de travail, mon pauvre Gamain?

— Oh! oui, il y aurait une journée de travail pour un autre, mais pour Gamain, deux heures suffiront; seulement, il faut qu'on me laisse seul, et qu'on ne m'embête pas d'observations... Gamain, par-ci... Gamain par-là... Qu'on me laisse donc seul; la forge me paraît assez bien outillée, et, dans deux heures... eh bien, dans deux heures, si l'ouvrage est convenablement humecté, continua Gamain en souriant, on peut revenir; l'ouvrage sera fini.

Ce que demandait Gamain, c'était tout ce que désirait le roi. La solitude de Gamain lui fournissait l'occasion d'un tête à tête avec l'apprenti.

Cependant il parut faire des difficultés.

— Mais, si tu as besoin de quelque chose, mon pauvre Gamain?

— Si j'ai besoin de quelque chose, j'appellerai le valet de chambre, et, pourvu qu'il ait ordre de me donner ce que je lui demanderai... c'est tout ce qu'il me faut.

Le roi alla lui-même à la porte:

— François, dit-il en ouvrant cette porte, tenez-vous là, je vous prie. Voici Gamain, mon ancien maître en serrurerie, qui me corrige un travail manqué. Vous lui donnerez tout ce dont il aura besoin, et particulièrement une ou deux bouteilles d'excellent bordeaux.

— Si c'était un effet de votre bonté, Sire, de vous rappeler que j'aime mieux le bourgogne; ce diable de bordeaux, c'est comme si l'on buvait de l'eau tiède!

— Ah! oui, c'est vrai... j'oubliais, dit Louis XVI en riant; nous avons pourtant trinqué plus d'une fois ensemble, mon pauvre Gamain... Du bourgogne, François, vous entendez, du volnay !

— Bien ! dit Gamain en passant sa langue sur ses lèvres, je me rappelle ce nom-là !

— Et il te fait venir l'eau à la bouche, hein ?

— Ne parlez pas d'eau, Sire ; l'eau, je ne sais pas à quoi ça peut servir, si ce n'est pour tremper le fer ! mais ceux qui l'ont employée à un autre usage que celui-là l'ont détournée de sa véritable destination... l'eau, pouah !...

— Eh bien, sois tranquille, tant que tu seras ici, tu n'entendras point parler d'eau, et, de peur que le mot nous échappe à l'un ou à l'autre, nous te laissons seul ; quand tu auras fini, envoie-nous chercher.

— Et qu'est-ce que vous allez faire pendant ce temps-là, vous ?

— L'armoire à laquelle est destinée cette serrure.

— Ah ! bon, c'est de l'ouvrage comme il vous en convient, celle-là. Bien du plaisir !

— Bon courage ! répondit le roi.

Et, tout en faisant de la tête un adieu familier à Gamain, le roi sortit avec l'apprenti Louis Lecomte, ou le comte Louis, comme le préférera sans doute le lecteur, à qui nous supposons assez de perspicacité pour croire qu'il a reconnu, dans le faux compagnon, le fils du marquis de Bouillé.

VII

OU L'ON PARLE DE TOUT AUTRE CHOSE QUE DE SERRURERIE

Cette fois, seulement, Louis XVI ne sortit point de la forge par l'escalier extérieur et commun à tout le service ; il descendit par l'escalier secret réservé à lui seul.

Cet escalier conduisait à son cabinet de travail.

Une table de ce cabinet de travail était couverte par une immense carte de France, laquelle prouvait que le roi avait souvent déjà étudié la route la plus courte ou la plus facile pour sortir de son royaume.

Mais ce ne fut qu'au bas de l'escalier, et la porte refermée derrière lui et le compagnon serrurier, que Louis XVI, après avoir jeté un regard investigateur dans le cabinet, parut reconnaître celui qui le suivait, la veste sur l'épaule et la casquette à la main.

— Enfin, dit-il, nous voilà seuls, mon che comte ; laissez-moi, d'abord, vous féliciter de votre adresse, et vous remercier de votre dévouement.

— Et, moi, Sire, répondit le jeune homme, permettez que je fasse toutes mes excuses à Votre Majesté d'avoir, même pour son service, osé me présenter devant elle vêtu comme je le suis, et de m'être permis de lui parler comme je l'ai fait.

— Vous avez parlé comme un brave gentilhomme, mon cher Louis, et, de quelque façon que vous soyez vêtu, c'est un cœur loyal qui bat sous votre habit. Mais, voyons, nous n'avons pas de temps à perdre ; tout le monde, même la reine, ignore votre présence ici ; personne ne nous écoute, dites-moi vite ce qui vous amène.

— Votre Majesté n'a-t-elle pas fait à mon père l'honneur de lui envoyer un officier de sa maison ?

— Oui, M. de Charny.

— M. de Charny, c'est cela. Il était chargé d'une lettre...

— Insignifiante, interrompit le roi, et qui n'était qu'une introduction à une mission verbale.

— Cette mission verbale, il l'a remplie, Sire, et c'est pour qu'elle ait son exécution certaine que, sur l'ordre de mon père, et dans l'espoir de causer seul à seul avec Votre Majesté, je suis parti pour Paris.

— Alors, vous êtes instruit de tout ?

— Je sais que le roi, à un moment donné, voudrait être certain de pouvoir quitter la France.

— Et qu'il a compté sur le marquis de Bouillé, comme sur l'homme le plus capable de le seconder dans son projet.

— Et mon père est à la fois bien fier et bien reconnaissant de l'honneur que vous lui avez fait, Sire.

— Mais arrivons au principal. Que dit-il du projet ?

— Qu'il est hasardeux, qu'il demande de grandes précautions, mais qu'il n'est pas impossible.

— D'abord, fit le roi, pour que le concours de M. de Bouillé eût toute l'efficacité que promettent sa loyauté et son dévouement, ne faudrait-il pas qu'à son commandement de Metz on joignît celui de plusieurs provinces, et particulièrement celui de la Franche-Comté ?

— C'est l'avis de mon père, Sire, et je suis heureux que le roi ait le premier exprimé son opinion à cet égard ; le marquis craignait que le roi n'attribuât à une ambition personnelle...

— Allons donc, est-ce que je ne connais pas le désintéressement de votre père? Voyons, maintenant, s'est-il expliqué avec vous sur la route à suivre?

— Avant tout, Sire, mon père craint une chose.

— Laquelle?

— C'est que plusieurs projets de fuite ne soient présentés à Votre Majesté, soit de la part de l'Espagne, soit de la part de l'Empire, soit de la part des émigrés de Turin, et que, tous ces projets se contrecarrant, le sien n'avorte par quelques-unes de ces circonstances fortuites que l'on met sur le compte de la fatalité, et qui sont presque toujours le résultat de la jalousie ou de l'imprudence des partis.

— Mon cher Louis, je vous promets de laisser tout le monde intriguer autour de moi; c'est un besoin des partis, d'abord; puis, ensuite, c'est une nécessité de ma position. Tandis que l'esprit de la Fayette et les regards de l'Assemblée suivront tous ces fils qui n'auront d'autre but que de les égarer, nous, sans autres confidents que les personnes strictement nécessaires à l'exécution du projet, — toutes personnes sur lesquelles nous sommes sûrs de pouvoir compter, — nous suivrons notre chemin avec d'autant plus de sécurité qu'il sera plus mystérieux.

— Sire, ce point arrêté, voici ce que mon père a l'honneur de proposer à Votre Majesté.

— Parlez, dit le roi en s'inclinant sur la carte de France, afin de suivre des yeux les différents projets qu'allait exposer le jeune comte avec la parole.

— Sire, il y a plusieurs points sur lesquels le roi peut se retirer.

— Sans doute.

— Le roi a-t-il fait son choix?

— Pas encore. J'attendais l'avis de M. de Bouillé, et je présume que vous me l'apportez.

Le jeune homme fit de la tête un signe respectueux et affirmatif à la fois.

— Parlez, dit Louis XVI.

— Il y a d'abord Besançon, Sire, dont la citadelle offre un poste très fort et très avantageux pour rassembler une armée, et donner le signal et la main aux Suisses. Les Suisses, réunis à l'armée, pourront s'avancer à travers la Bourgogne, où les royalistes sont nombreux, et, de là, marcher sur Paris.

Le roi fit un mouvement de tête qui signifiait : « J'aimerais mieux autre chose. »

Le jeune comte continua :

— Il y a, ensuite, Valenciennes, Sire, ou telle autre place de la Flandre qui aurait une garnison sûre. M. de Bouillé s'y porterait lui-même avec les troupes de son commandement, soit avant, soit après l'arrivée du roi.

Louis XVI fit un second mouvement de tête qui voulait dire : « Autre chose, Monsieur. »

— Le roi, continua le jeune homme, peut encore sortir par les Ardennes et la Flandre autrichienne, et rentrer ensuite par cette même frontière en se portant sur une des places que M. de Bouillé livrerait dans son commandement, et où, d'avance, il serait fait un rassemblement de troupes.

— Je vous dirai, tout à l'heure, ce qui me fait vous demander si vous n'avez rien de mieux que tout cela.

— Enfin le roi peut se porter directement à Sedan ou à Montmédy ; là, le général, se trouvant au centre de son commandement, aurait pour obéir au désir du roi, soit qu'il lui plût de sortir de France, soit qu'il lui convînt de marcher sur Paris, toute sa liberté d'action.

— Mon cher comte, dit le roi, je vais vous expliquer en deux mots ce qui me fait refuser les trois premières propositions, et ce qui est cause que je m'arrêterai probablement à la quatrième. D'abord, Besançon est trop loin, et, par conséquent, j'aurais trop de chances d'être arrêté avant d'y arriver; Valenciennes est à une bonne distance, et me conviendrait assez en raison de l'excellent esprit de cette ville; mais M. de Rochambeau, qui commande dans le Hainaut, c'est-à-dire à ses portes, est entièrement livré à l'esprit démocratique; quant à sortir par les Ardennes et par la Flandre pour en appeler à l'Autriche, non ; outre que je n'aime pas l'Autriche, qui ne se mêle de nos affaires que pour les embrouiller, l'Autriche a bien assez, à l'heure qu'il est, de la maladie de mon beau-frère, de la guerre des Turcs et de la révolte du Brabant, sans que je lui donne encore un surcroît d'embarras par sa rupture avec la France ; d'ailleurs, je ne veux pas sortir de France ; une fois qu'il a le pied hors de son royaume, un roi ne sait jamais s'il y rentrera. Voyez Charles II, voyez Jacques II : l'un n'y rentre qu'au bout de treize ans, l'autre n'y rentre jamais. Non, je préfère Montmédy ; Montmédy est à une distance convenable, au centre du commandement de votre père... Dites au marquis que mon choix est fait, et que c'est à Montmédy que je me retirerai.

— Le roi a-t-il bien arrêté cette fuite, ou n'est-ce encore qu'un projet ? se hasarda de demander le jeune comte.

— Mon cher Louis, répondit Louis XVI, rien n'est arrêté encore, et tout dépendra des circonstances. Si je vois que la reine et mes enfants courent de nouveaux dangers, comme ceux qu'ils ont courus dans la nuit du 5 au 6 octobre, je me déciderai, et, dites-le bien à votre père, mon cher comte, une fois la décision prise, elle sera irrévocable.

— Maintenant, Sire, continua le jeune comte, s'il m'était permis, relativement à la façon dont se fera le voyage, de soumettre à la sagesse du roi l'avis de mon père...

— Oh! dites, dites!

— Son avis serait, Sire, qu'on diminuât les dangers du voyage en les partageant.

— Expliquez-vous.

— Sire, Votre Majesté partirait d'un côté avec Madame Royale et Madame Élisabeth, tandis que la reine partirait, de l'autre, avec monseigneur le dauphin... de sorte que...

Le roi ne laissa point M. de Bouillé achever sa phrase.

— Inutile de discuter sur ce point, mon cher Louis, dit-il, nous avons, dans un moment solennel, décidé, la reine et moi, que nous ne nous quitterions pas. Si votre père veut nous sauver, qu'il nous sauve tous ensemble ou pas du tout.

Le jeune comte s'inclina.

— Le moment venu, le roi donnera ses ordres, dit-il, et les ordres du roi seront exécutés. Seulement je me permettrai de faire observer au roi qu'il sera difficile de trouver une voiture assez grande pour que Leurs Majestés, leurs augustes enfants, Madame Élisabeth et les deux ou trois personnes de service qui doivent les accompagner puissent y tenir commodément.

— Ne vous inquiétez point de cela, mon cher Louis; on la fera faire exprès; le cas est prévu.

— Autre chose encore, Sire : deux routes conduisent à Montmédy; il me reste à vous demander quelle est celle des deux que Votre Majesté préfère suivre, afin qu'on puisse la faire étudier par un ingénieur de confiance.

— Cet ingénieur de confiance, nous l'avons. M. de Charny, qui est tout dévoué, a relevé les cartes des environs de Chandernagor avec une fidélité et un talent remarquables; moins nous mettrons de personnes dans le secret, mieux vaudra; nous avons, dans le comte, un serviteur à toute épreuve, intelligent et brave, servons-nous en. Quant à la route, vous voyez que je m'en suis préoccupé. Comme d'avance j'avais choisi Montmédy, les deux routes qui y conduisent sont pointées sur cette carte.

— Il y en a même trois, Sire, dit respectueusement M. de Bouillé.

— Oui, je sais, celle qui va de Paris à Metz, que l'on quitte après avoir traversé Verdun pour prendre, le long de la Meuse, la route de Stenay, dont Montmédy n'est distant que de trois lieues.

— Il y a celle de Reims, d'Isle, de Rethel et de Stenay, dit le jeune comte assez vivement pour que le roi vît la préférence que son interlocuteur donnait à celle-là.

— Ah! ah! dit le roi, il paraît que c'est la route que vous préférez?

— Oh! pas moi, Sire, Dieu me garde d'avoir, moi qui suis presque un enfant, la responsabilité d'une opinion émise dans une affaire si grave! Non, Sire, ce n'est point mon opinion, c'est celle de mon père, et il se fondait sur ce que le pays qu'elle parcourt est pauvre, presque désert, que, par conséquent, il exige moins de précautions; il ajoute que le Royal-Allemand, le meilleur régiment de l'armée, le seul peut-être qui soit resté complètement fidèle, est en quartier à Stenay, et, depuis Isle ou Rethel, pourrait être chargé de l'escorte du roi : ainsi l'on éviterait le danger d'un trop grand mouvement de troupes.

— Oui, interrompit le roi, mais on passerait par Reims, où j'ai été sacré, et où le premier venu peut me reconnaître... Non, mon cher comte, sur ce point, ma décision est précise.

Et le roi prononça ces paroles d'une voix si ferme, que, cette décision prise, le comte Louis ne tenta même point de la combattre.

— Ainsi, demanda-t-il, le roi est décidé?...

— Pour la route de Châlons par Varennes en évitant Verdun. Quant aux régiments, ils seront échelonnés dans les petites villes situées entre Montmédy et Châlons; je ne verrais même pas d'inconvénient, ajouta le roi, à ce que le premier détachement m'attendit dans cette dernière ville.

— Sire, quand nous en serons là, dit le jeune comte, ce sera un point à discuter de savoir jusqu'à quelle ville doivent se hasarder ces régiments : seulement, le roi n'ignore pas qu'il n'y a point de poste aux chevaux de Varennes.

— J'aime à vous voir si bien renseigné, monsieur le comte, dit le roi en riant; cela prouve que vous avez travaillé sérieusement notre projet; mais ne vous inquiétez point de cela, nous trouverons moyen de faire tenir des chevaux prêts au-dessous ou au-dessus de la ville; notre ingénieur nous dira où ce sera le mieux.

— Et maintenant, Sire, dit le jeune comte, maintenant que tout est à peu près arrêté, Sa Majesté m'autorise-t-elle à lui citer, au nom de mon père, quelques lignes d'un auteur italien qui lui ont paru tellement appropriées à la situation où se trouve le roi, qu'il m'a ordonné de les apprendre par cœur, afin que je puisse les lui dire.

— Dites-les, Monsieur.

— Les voici : « Le délai est toujours préjudiciable, et il n'y a jamais de circonstance entièrement favorable dans toutes les affaires que l'on entreprend : de sorte que, qui attend jusqu'à ce qu'il rencontre une occasion parfaite, jamais n'entreprendra une chose, ou s'il l'entreprend, en sortira souvent fort mal. » C'est l'auteur qui parle, Sire.

— Oui, monsieur, et cet auteur est Machiavel. J'aurai donc égard, croyez-le bien, aux conseils de l'ambassadeur de la magnifique république... Mais chut! j'entends des pas dans l'escalier... c'est Gamain qui descend; allons au-devant de lui pour qu'il ne voie pas que nous sommes occupés de tout autre chose que de l'armoire.

A ces mots, le roi ouvrit la porte de l'escalier secret.

Il était temps, le maître serrurier était sur la dernière marche, sa serrure à la main.

VIII

OU IL EST DÉMONTRÉ QU'IL Y A VÉRITABLEMENT UN DIEU POUR LES IVROGNES

Le même jour, vers huit heures du soir, un homme vêtu en ouvrier, et appuyant avec précaution la main sur la poche de sa veste, comme si cette poche contenait, ce soir-là, une somme plus considérable que n'en contient d'habitude la poche d'un ouvrier, un homme, disons-nous, sortait des Tuileries par le pont Tournant, inclinait à gauche, et suivait d'un bout à l'autre la grande allée d'arbres qui prolonge, du côté de la Seine, cette portion des Champs-Élysées qu'on appelait autrefois le port au Marbre ou le port aux Pierres, et qu'on nomme aujourd'hui le Cours-la-Reine.

A l'extrémité de cette allée, il se trouva sur le quai de la Savonnerie.

Le quai de la Savonnerie était, à cette époque, fort égayé le jour, fort éclairé le soir par une foule de petites guinguettes où, le dimanche, les bons bourgeois achetaient les provisions liquides et solides qu'ils embarquaient avec eux sur des bateaux nolisés au prix de deux sous par personne, pour aller passer la journée dans l'île des Cygnes ; — île, où, sans cette précaution, ils eussent risqué de mourir de faim, les jours ordinaires de la semaine, parce qu'elle était parfaitement déserte, les jours de fête et les dimanches, parce qu'elle était trop peuplée.

Au premier cabaret qu'il rencontra sur sa route, l'homme vêtu en ouvrier parut se livrer à lui-même un violent combat, — combat duquel il sortit vainqueur, — pour savoir s'il entrerait ou n'entrerait pas dans ce cabaret.

Il n'entra point et passa outre.

Au second, la même tentation se renouvela, et, cette fois, un autre homme qui le suivait comme son ombre sans qu'il s'en aperçût, depuis la hauteur de la patache, put croire qu'il allait y céder ; car, déviant de la ligne droite, il inclina tellement devant cette succursale du temple de Bacchus, comme on disait alors, qu'il en effleura le seuil.

Néanmoins, cette fois encore, la tempérance triompha, et il est probable que, si un troisième cabaret ne se fût pas trouvé sur son chemin et qu'il lui eût fallu revenir sur ses pas pour manquer au serment qu'il semblait s'être fait à lui-même, il eût continué sa route, — non pas à jeun, car le voyageur paraissait avoir déjà pris une honnête dose de ce liquide qui réjouit le cœur de l'homme, — mais dans un état de puissance sur lui-même qui eût permis à sa tête de conduire ses jambes dans une ligne suffisamment droite, pendant la route qu'il avait à faire.

Par malheur, il y avait, non seulement un troisième, mais encore un dixième, mais encore un vingtième cabaret sur cette route ; il en résulta que, les tentations étant trop souvent renouvelées, la force de résistance ne se trouva point en harmonie avec la puissance de tentation, et succomba à la troisième épreuve.

Il est vrai de dire que, par une espèce de transaction avec lui-même, l'ouvrier qui avait si bien et si malheureusement combattu le démon du vin, tout en entrant dans le cabaret, demeura debout près du comptoir et ne demanda qu'une chopine.

Au reste, le démon du vin contre lequel il luttait semblait être victorieusement représenté par cet inconnu qui le suivait à distance, ayant soin de demeurer dans l'obscurité, mais qui, en restant hors de sa vue, ne le perdait cependant pas des yeux.

Il avait approché un flacon. (Page 164.)

Ce fut sans doute pour jouir de cette perspective, qui semblait lui être particulièrement agréable, qu'il s'assit sur le parapet, juste en face de la porte du bouchon où l'ouvrier buvait sa chopine, et qu'il se remit en route cinq secondes après que celui-ci, l'ayant achevée, franchissait le seuil de la porte pour reprendre son chemin.

Mais qui peut dire où s'arrêteront les lèvres qui se sont une fois humectées à la fatale coupe de l'ivresse, et qui se sont aperçues, avec cet étonnement mêlé de satisfaction tout particulier aux ivrognes, que rien n'altère comme de boire? A peine l'ouvrier eut-il fait cent pas, que sa soif était telle qu'il lui fallut s'arrêter de nouveau pour l'étancher; seulement, cette fois, il comprit que c'était trop peu d'une chopine, et demanda une demi-bouteille.

L'ombre qui semblait s'être attachée à lui ne parut nullement mécontente des retards que ce besoin de se rafraîchir apportait dans l'accomplissement de sa route. Elle s'arrêta à l'angle même du cabaret; et, quoique le buveur se fût assis pour être plus à son aise, et eût mis un bon quart d'heure à siroter sa demi-bouteille, l'ombre bénévole ne donna aucun signe d'impatience, se contentant, au moment de la sortie, de le suivre du même pas qu'elle avait fait jusqu'à l'entrée.

Au bout de cent pas, cette longanimité fut mise à une nouvelle et plus rude épreuve; l'ouvrier fit une troisième halte, et, cette fois, comme sa soif allait augmentant, il demanda une bouteille entière.

Ce fut encore une demi-heure d'attente pour le patient argus qui s'était attaché à ses pas.

Sans doute, ces cinq minutes, ce quart d'heure, cette demi-heure, successivement perdus, soulevèrent une espèce de remords dans le cœur du buveur ; car, ne voulant plus s'arrêter, à ce qu'il paraît, mais désirant continuer de boire, il passa avec lui-même une espèce de transaction qui consista à se munir, au moment du départ, d'une bouteille de vin toute débouchée dont il résolut de faire la compagne de sa route.

C'était une résolution sage et qui ne retardait celui qui l'avait prise qu'en raison des courbes de plus en plus étendues, et des zigzags de plus en plus réitérés qui furent le résultat de chaque rapprochement qui se fit entre le goulot de la bouteille et les lèvres altérées du buveur.

Dans une de ces courbes adroitement combinées, il franchit la barrière de Passy, sans empêchement aucun, — les liquides, comme on sait, étant affranchis de tout droit d'octroi à la sortie de la capitale.

L'inconnu qui le suivait sortit derrière lui, et avec le même bonheur que lui.

Ce fut à cent pas de la barrière que notre homme dut se féliciter de l'ingénieuse précaution qu'il avait prise ; car, à partir de là, les cabarets devinrent de plus en plus rares, jusqu'à ce qu'enfin ils disparussent tout à fait.

Mais qu'importait à notre philosophe ? Comme le sage antique, il portait avec lui, non seulement sa fortune, mais encore sa joie.

Nous disons sa joie, attendu que, vers la moitié de la bouteille, notre buveur se mit à chanter, et personne ne contestera que le chant ne soit, avec le rire, un des moyens donnés à l'homme de manifester sa joie.

L'ombre du buveur paraissait fort sensible à l'harmonie de ce chant, qu'elle avait l'air de répéter tout bas, et à l'expression de cette joie, dont elle suivait les phases avec un intérêt tout particulier. Mais, par malheur, la joie fut éphémère, et le chant de courte durée. La joie ne dura que juste le temps que dura le vin dans la bouteille, et, la bouteille vide et inutilement pressée à plusieurs reprises entre les deux mains du buveur, le chant se changea en grognements, qui, s'accentuant de plus en plus, finirent par dégénérer en imprécations.

Ces imprécations s'adressaient à des persécuteurs inconnus dont se plaignait en trébuchant notre infortuné voyageur.

— Oh ! le malheureux ! disait-il ; oh ! la malheureuse !... à un ancien ami, à un maître, donner du vin frelaté... pouah ! Aussi, qu'il me renvoie chercher par son traître de compagnon qui m'abandonne pour lui repasser ses serrures ; qu'il me renvoie chercher, et je lui dirai : « Bonsoir, Sire ! que Ta Majesté repasse ses serrures elle-même. » Et nous verrons si, une serrure, ça se fait comme un décret... Ah ! je t'en donnerai, des serrures à trois barbes... ah ! je t'en donnerai, des pênes à gâchette... ah ! je t'en donnerai... des clefs forées, avec un panneton... entaillé, entail... Oh ! le malheureux !... Oh ! la malheureuse ! décidément, ils m'ont empoisonné !

Et, en disant ces mots, vaincu par la force du poison, sans doute, la malheureuse victime se laissa aller tout de son long pour la troisième fois sur le pavé de la route, moelleusement recouvert d'une épaisse couche de boue.

Les deux premières fois, notre homme s'était relevé seul : l'opération avait été difficile, mais, enfin, il l'avait accompli à son honneur ; la troisième fois, après des efforts désespérés, il fut obligé de s'avouer à lui-même que la tâche était au-dessus de ses forces : et, avec un soupir qui ressemblait à un gémissement, il parut se décider à prendre pour couche, cette nuit-là, le sein de notre mère commune, la terre.

C'était, sans doute, à ce point de découragement et de faiblesse que l'attendait l'inconnu qui, depuis la place Louis XV, le suivait avec tant de persévérance ; car, après lui avoir laissé tenter, en se tenant à distance, les efforts infructueux que nous avons essayé de peindre, il s'approcha de lui avec précaution, fit le tour de sa grandeur écroulée, et, appelant un fiacre qui passait :

— Tenez, mon ami, dit-il au cocher, voici mon compagnon qui vient de se trouver mal ; prenez cet écu de six livres, mettez le pauvre diable dans l'intérieur de votre voiture, et conduisez-le au cabaret du Pont de Sèvres. Je monterai près de vous.

Il n'y avait rien d'étonnant dans cette proposition que celui des deux compagnons resté debout faisait au cocher, de partager son siège, attendu qu'il paraissait lui-même un homme de condition assez vulgaire. Aussi, avec la touchante confiance que les hommes de cette condition ont les uns pour les autres :

— Six francs ! répondit le cocher ; et où sont-ils, tes six francs ?

— Les voilà, mon ami, dit, sans paraître formalisé le moins du monde, et en présentant un écu au cocher, celui qui avait offert cette somme.

— Et, arrivé là-bas, notre bourgeois, dit l'automédon adouci par la vue de la royale effigie, il n'y aura pas un petit pourboire ?

— C'est selon comme nous aurons marché. Charge ce pauvre diable dans ta voiture, ferme consciencieusement les portières, tâche de faire tenir jusque-là tes deux rosses sur leurs quatre pieds, et, arrivés au pont de Sèvres, nous verrons... Selon que tu te seras conduit, on se conduira.

— A la bonne heure, dit le cocher, voilà ce qui s'appelle répondre. Soyez tranquille, notre bourgeois, on sait ce que parler veut dire. Montez sur le siège, et empêchez les poulets d'Inde de faire des bêtises ; — dame ! à cette heure-ci, ils sentent l'écurie, et sont pressés de rentrer ; — je me charge du reste.

Le généreux inconnu suivit sans observation aucune l'instruction qui lui était donnée, de son côté, le cocher, avec toute la délicatesse dont il était susceptible, souleva l'ivrogne entre ses bras, le coucha mollement entre les deux banquettes de son fiacre, referma la portière, remonta sur son siège, où il trouva l'inconnu établi, fit tourner sa voiture et fouetta ses chevaux, qui, avec la mélancolique allure familière à ces infortunés quadrupèdes, traversèrent bientôt le hameau du Point-du-Jour, et, au bout d'une heure de marche, arrivèrent au cabaret du Pont de Sèvres.

C'est dans l'intérieur de ce cabaret, qu'après dix minutes consacrées au déballage du citoyen Gamain, que le lecteur a sans doute reconnu depuis longtemps, nous retrouverons le digne maître sur maître, maître sur tous, assis à la même table, et en face du même ouvrier armurier, que nous l'avons vu assis au premier chapitre de cette histoire.

IX

CE QUE C'EST QUE LE HASARD

Maintenant, comment ce déballage s'est-il opéré, et comment maître Gamain était-il passé de l'état presque cataleptique où nous l'avons laissé, à l'état presque naturel où nous le revoyons ?

L'hôte du cabaret du Pont de Sèvres était couché, et pas le moindre filon de lumière ne filtrait par la gerçure de ses contrevents, lorsque les premiers coups de poing du philanthrope qui avait recueilli maître Gamain retentirent sur sa porte. Ces coups de poing étaient appliqués de telle façon qu'ils ne permettaient pas de croire que les hôtes de la maison, si adonnés qu'ils fussent au sommeil, dussent jouir d'un long repos en face d'une pareille attaque.

Aussi, tout endormi, tout trébuchant, tout grommelant, le cabaretier vint-il ouvrir lui-même à ceux qui le réveillaient ainsi, se promettant de leur administrer une récompense digne du dérangement, si, comme il le disait lui-même, le jeu n'en valait pas la chandelle.

Il paraît que le jeu contre-balança au moins la valeur de la chandelle ; car, au premier mot que l'homme qui frappait de si irrévérente manière, glissa tout bas à l'hôte du cabaret du pont de Sèvres, celui-ci ôta son bonnet de coton, et, tirant des révérences que son costume rendait singulièrement grotesques, il introduisit maître Gamain et son conducteur dans le petit cabinet où nous l'avons déjà vu, dégustant le bourgogne, sa liqueur favorite.

Mais, cette fois-ci, pour en avoir trop dégusté, maître Gamain était à peu près sans connaissance.

D'abord, comme cocher et chevaux avaient fait chacun ce qu'ils avaient pu, l'un de son fouet, les autres de leurs jambes, l'inconnu commença par s'acquitter envers eux en ajoutant une pièce de vingt-quatre sous, à titre de pourboire, à celle de six livres déjà donnée à titre de payement.

Puis, voyant maître Gamain carrément assis sur une chaise, la tête appuyée au lambris avec une table devant sa personne, il s'était hâté de faire apporter par l'hôte deux bouteilles de vin et une carafe d'eau, et d'ouvrir lui-même la croisée et les volets pour changer l'air méphitique que l'on respirait à l'intérieur du cabaret.

Cette dernière précaution, dans une autre circonstance, eût été assez compromettante. En effet, tout observateur sait qu'il n'y a que les gens d'un certain monde qui aient besoin de respirer l'air dans les conditions où la nature le fait, c'est-à-dire composé de soixante et dix parties d'oxygène, de vingt et une parties d'azote, et de deux parties d'eau, — tandis que les gens du vulgaire, habitués à leurs habitations infectes, l'absorbent sans difficulté aucune, si chargé qu'il soit de carbone ou d'azote.

Par bonheur, personne n'était là pour faire une semblable observation. L'hôte lui-même, après avoir apporté avec assez d'empressement les deux bouteilles de vin et avec lenteur la carafe d'eau, l'hôte lui-même s'était respectucument retiré, et avait laissé l'inconnu en tête à tête avec maître Gamain.

Le premier, comme nous l'avons vu, avait tout d'abord eu soin de renouveler l'air ; puis, avant même que la fenêtre fût refermée, il avait approché un flacon des narines dilatées et sifflantes du maître serrurier, en proie à ce dégoûtant sommeil de l'ivresse, qui guérirait bien certainement les ivrognes de l'amour du vin, si, par un miracle de la puissance du Très-Haut, il était une seule fois donné aux ivrognes de se voir dormir.

En respirant l'odeur pénétrante de la liqueur contenue dans le flacon, maître Gamain avait rouvert les yeux tout grands, et avait immédiatement éternué avec fureur, puis il avait murmuré quelques paroles inintelligibles pour tout autre sans doute que le philologue exercé qui, en les écoutant avec une profonde attention, parvint à distinguer ces trois ou quatre mots :

— Le malheureux... il m'a empoisonné... empoisonné...

L'armurier parut reconnaître avec satisfaction que maître Gamain était toujours sous l'empire de la même idée ; il approcha le flacon de ses narines ; ce qui, rendant quelque force au digne fils de Noé, lui permit de compléter le sens de sa phrase, en ajoutant aux paroles déjà prononcées ces deux dernières paroles, accusation d'autant plus terrible qu'elle dénotait à la fois un abus de confiance et un oubli de cœur.

— Empoisonner un ami !... un ami !...

— Le fait est que c'est horrible, observa l'armurier.

— Horrible !... balbutia Gamain.

— Infâme ! reprit le n° 1.

— Infâme ! répéta le n° 2.

— Par bonheur, dit l'armurier, j'étais là, moi, pour vous donner du contre-poison.

— Oui, par bonheur, murmura Gamain.

— Mais, comme une première dose ne suffit pas pour un pareil empoisonnement, continua l'inconnu, tenez, prenez encore cela.

Et, dans un demi-verre d'eau, il versa cinq ou six gouttes de la liqueur contenue dans le flacon, et qui n'était autre chose que de l'ammoniaque dissoute.

Puis il approcha le verre des lèvres de Gamain.

— Ah ! ah ! balbutia celui-ci, c'est à boire par la bouche ; j'aime mieux cela que par le nez.

Et il avala avidement le contenu du verre

Mais à peine eût-il ingurgité la liqueur diabolique, qu'il ouvrit les yeux outre mesure, et s'écria entre deux éternuements :

— Ah ! brigand ! que m'as-tu donné là ? Pouah ! pouah !

— Mon cher, répondit l'inconnu, je vous ai donné une liqueur qui vous sauve tout bonnement la vie.

— Ah ! dit Gamain, si elle me sauve la vie, vous avez eu raison de me la donner ; mais, si vous appelez cela une liqueur, vous avez tort.

Et il éternua de nouveau, fronçant la bouche et écarquillant les yeux comme le masque de la tragédie antique.

L'inconnu profita de ce moment de pantomime pour aller fermer, non la fenêtre, mais les contrevents.

Ce n'était pas sans profit, au reste, que Gamain venait d'ouvrir les yeux une deuxième ou troisième fois. Pendant ce mouvement, si convulsif qu'il fût, le maître serrurier avait regardé autour de lui, et, avec ce sentiment de profonde reconnaissance qu'ont les ivrognes pour les murs d'un cabaret, il avait reconnu ceux-ci comme lui étant des plus familiers.

En effet, dans les fréquents voyages que son état l'obligeait de faire à Paris, il était rare que Gamain ne fît pas une halte au cabaret du Pont de Sèvres. Cette halte, à un certain point de vue, pouvait même être regardée comme nécessaire, le cabaret en question marquant à peu près la moitié du chemin.

Cette reconnaissance produisit son effet ; elle rendit, d'abord, une grande confiance au maître serrurier, en lui prouvant qu'il était en pays ami.

— Eh ! eh ! fit-il, bon ! j'ai déjà fait la moitié de la route, à ce qu'il paraît.

— Oui, grâce à moi, dit l'armurier.

— Comment, grâce à vous ? balbutia Gamain portant ses regards des objets inanimés aux objets vivants ; grâce à vous ! Qui est-ce, vous ?

— Mon cher monsieur Gamain, dit l'inconnu, voilà une question qui me prouve que vous avez la mémoire courte.

Gamain regarda son interlocuteur avec plus d'attention encore que la première fois.

— Attendez donc, attendez donc, dit-il ; il me semble, en effet, que je vous ai déjà vu, vous.

— Ah ! vraiment ? C'est bien heureux !

— Oui, oui, oui ; mais quand cela et où cela ? voilà la chose.

— Où cela ? En regardant autour de vous, peut-être les objets qui frapperont vos yeux aideront-ils un peu vos souvenirs... Quand cela ? C'est autre chose ; peut-être serons-nous obligés de vous administrer une nouvelle dose de contre-poison, pour que vous puissiez le dire.

— Non, merci, dit Gamain en étendant le bras, j'en ai assez, de votre contre-poison. Et, puisque je suis à peu près sauvé, je m'en tiendrai là... Où je vous ai vu... où je vous ai vu ?... Eh bien c'est ici.

— A la bonne heure !

— Quand je vous ai vu ? Attendez donc, c'est le jour où je revenais de faire à Paris de l'ouvrage... secrète... Il paraît que décidément, ajouta Gamain, j'ai l'entreprise de ces ouvrages-là.

— Avec d'autant plus de plaisir, dit l'inconnu, que, de maître serrurier à maître armurier, il n'y a que la main.

— Ah ! bon, bon, bon, je me souviens maintenant. Oui, c'était le 6 octobre, le jour où le roi revenait à Paris ; nous avons même un peu parlé de lui, ce jour-là.

— Et j'ai trouvé votre conversation des plus intéressantes, maître Gamain ; ce qui fait que, désirant en jouir encore, puisque la mémoire vous revient, je vous demanderai, si toutefois ce n'est pas une indiscrétion, ce que vous faisiez, il y a une heure, étendu tout de votre long en travers de la route, et à vingt pas d'une voiture de roulage qui allait vous couper en deux si je n'étais intervenu. Avez-vous des chagrins, maître Gamain, et aviez-vous pris la fatale résolution de vous suicider ?

— Me suicider, moi ! Ma foi, non. Ce que je faisais là, au milieu du chemin, couché sur le pavé ?... Êtes-vous bien sûr que j'étais là ?

— Parbleu ! regardez-vous.

Gamain jeta un coup d'œil sur lui-même.

— Oh ! oh ! fit-il, madame Gamain va un peu crier, elle qui me disait hier : « Ne mets donc pas ton habit neuf ; mets donc ta vieille veste ; c'est assez bon pour aller aux Tuileries. »

— Comment ! pour aller aux Tuileries ? dit l'inconnu. Vous veniez des Tuileries, quand je vous ai rencontré ?

Gamain se gratta la tête, cherchant à rappeler ses souvenirs encore tout bouleversés.

— Oui, oui, c'est cela, dit-il ; certainement que je venais des Tuileries. Pourquoi pas ? Ce n'est pas un mystère que j'ai été maître serrurier de M. Véto.

— Comment, M. Véto ? Qui donc appelez-vous M. Véto ?

— Ah ! bon ! Vous ne savez pas que c'est le roi qu'on appelle comme cela ? Eh bien, mais d'où venez-vous donc ? de la Chine ?

— Que voulez-vous ? moi, je fais mon état, et je ne m'occupe pas de politique.

— Vous êtes bien heureux ; moi, je m'en occupe malheureusement, ou plutôt on me force de m'en occuper ; c'est ce qui me perdra.

Et Gamain leva les yeux au ciel et poussa un soupir.

— Bah ! dit l'inconnu, est-ce que vous avez été appelé à Paris pour faire quelque ouvrage dans le genre de celui que vous veniez d'y faire la première fois que je vous ai vu ?

— Justement, si ce n'est qu'alors je ne savais pas où j'allais, et j'avais les yeux bandés, tandis que, cette fois-ci, je savais où j'allais, et j'avais les yeux ouverts.

— De sorte que vous n'avez pas eu de peine à reconnaître les Tuileries ?

— Les Tuileries ! fit Gamain répétant ; qui vous a dit que j'étais allé aux Tuileries ?

— Mais vous, tout à l'heure, pardieu ! Comment saurais-je, moi, que vous sortez des Tuileries, si vous l'aviez pas dit ?

— C'est vrai, dit Gamain se parlant à lui-même ; comment saurait-il cela, au fait, si je ne le lui avais pas dit ?

Puis, revenant à l'inconnu :

— J'ai peut-être eu tort de vous le dire ; mais, ma foi, tant pis ! vous n'êtes pas tout le monde, vous. Eh bien, oui, puisque je vous l'ai dit, je ne m'en dédis pas, j'ai été aux Tuileries.

— Et, reprit l'inconnu, vous avez travaillé avec le roi, qui vous a donné vingt-cinq louis que vous avez dans votre poche.

— Hein ! fit Gamain ; en effet, j'avais vingt-cinq louis dans ma poche.

— Et vous les avez toujours, mon ami.

Gamain plongea vivement sa main dans les profondeurs de son gousset, et en tira une poignée d'or mêlée à de la menue monnaie d'argent et à quelques gros sous.

— Attendez donc, attendez donc, dit-il ; cinq, six, sept... bon ! et moi qui avais oublié cela... douze, treize, quatorze... c'est que vingt-cinq louis, c'est une somme... dix-sept, dix-huit, dix-neuf... une somme qui, par le temps qui court, ne se trouve pas sous le pied d'un cheval... vingt-trois, vingt-quatre, vingt-cinq ! Ah ! continua Gamain en respirant avec plus de liberté, Dieu merci, le compte y est.

— Quand je vous le disais, vous pouviez bien vous en rapporter à moi, ce me semble.

— A vous ? Et comment saviez-vous que j'avais vingt-cinq louis sur moi ?

— Mon cher monsieur Gamain, j'ai déjà eu l'honneur de vous dire que je vous avais rencontré couché au beau travers de la grande route, à vingt pas d'une voiture de roulage qui allait vous couper en deux. J'ai crié au voiturier d'arrêter; j'ai appelé un fiacre qui passait; j'ai détaché une des lanternes de sa voiture, et, en vous regardant à la lueur de cette lanterne, j'ai aperçu deux ou trois louis d'or qui roulaient sur le pavé. Comme ces louis étaient à portée de votre poche, je présumai qu'ils venaient d'en sortir. J'y introduisis les doigts, et, à une vingtaine d'autres louis que contenait votre poche, je reconnus que je ne me trompais pas; mais, alors, le cocher secoua la tête et dit : « Non, Monsieur, non. — Comment, non? — Non, je ne prends pas cet homme-là. — Et pourquoi ne le prends-tu pas? — Parce qu'il est trop riche pour son habit... Vingt-cinq louis en or dans la poche d'un gilet de velours de coton, ça sent la potence d'une lieue, Monsieur ! — Comment, dis-je, vous croyez avoir affaire à un voleur ? » Il paraît que le mot vous frappa : « Voleur, dites-vous, voleur, moi ? — Sans doute, voleur, vous, reprit le cocher de fiacre ; si vous n'étiez pas un voleur, comment auriez-vous vingt-cinq louis dans votre poche? — J'ai vingt-cinq louis dans ma poche, parce que mon élève, le roi de France, me les a donnés, » répondîtes-vous. En effet, à ces paroles, je crus vous reconnaître ; j'approchai la lanterne de votre visage : « Eh ! m'écriai-je, tout s'explique! C'est M. Gamain, maître serrurier à Versailles. Il vient de travailler avec le roi, et le roi lui a donné vingt-cinq louis pour sa peine. Allons ! j'en réponds. » Du moment où je répondais de vous, le cocher ne fit plus de difficulté. Je réintégrai dans votre poche les louis qui s'en étaient échappés ; on vous coucha proprement dans la voiture ; je montai sur le siège ; nous vous descendîmes dans ce cabaret, et vous voilà, ne vous plaignant, Dieu merci, de rien, que de l'abandon de votre apprenti.

— Moi, j'ai parlé de mon apprenti? moi, je me suis plaint de son abandon? s'écria Gamain de plus en plus étonné.

— Allons, bon! voilà qu'il ne se rappelle plus ce qu'il vient de dire.

— Moi?

— Comment! vous n'avez pas dit là, à l'instant même : « c'est la faute de ce drôle de... » Je ne me rappelle plus le nom que vous avez dit...

— Louis Lecomte.

— C'est cela... Comment! vous n'avez pas dit à l'instant même : « c'est la faute de ce drôle de Louis Lecomte, qui avait promis de revenir avec moi à Versailles, et qui, au moment de partir, m'a brûlé la politesse. »

— Le fait est que j'ai bien pu dire tout cela, puisque c'est la vérité.

— Eh bien, alors, puisque c'est la vérité, pourquoi niez-vous? Savez-vous qu'avec un autre que moi, toutes ces cachotteries-là, dans le temps où nous vivons, ce serait dangereux, mon cher?

— Oui, mais avec vous..., dit Gamain câlinant l'inconnu.

— Avec moi! qu'est-ce que ça veut dire ?

— Ça veut dire avec un ami.

— Ah! oui, vous lui marquez grande confiance, à votre ami. Vous lui dites oui et puis non; vous lui dites : « C'est vrai, » et puis : « Ça n'est pas vrai. » C'est comme, l'autre fois ici, parole d'honneur! vous m'avez conté une histoire... il fallait être de Pézenas pour y croire un seul instant.

— Quelle histoire?

— L'histoire de la porte secrète que vous avez été ferrer chez ce grand seigneur dont vous n'avez seulement pas pu me dire l'adresse.

— Eh bien, vous me croirez si vous voulez, cette fois-ci, il était encore question d'une porte.

— Chez le roi?

— Chez le roi, seulement, au lieu d'une porte d'un escalier, c'était une porte d'armoire.

— Et vous me ferez entendre que le roi, qui se mêle de serrurerie, aura été vous chercher pour lui ferrer une porte? Allons donc!

— C'est pourtant comme cela. Ah! le pauvre homme! Il est vrai qu'il se croyait assez fort pour se passer de moi. Il avait commencé sa serrure dare dare. A quoi bon Gamain ? Pourquoi faire Gamain? Est-ce qu'on a besoin de Gamain? » Oui, mais on s'emberlificote dans les barbes, et il faut en revenir à ce pauvre Gamain!

— Alors, il vous a envoyé chercher par quelque valet de chambre de confiance: par Hue, par Durey ou par Weber?

— Eh bien, justement, voilà ce qui vous trompe. Il avait pris, pour l'aider, un compagnon qui en savait encore moins que lui; de sorte qu'un beau matin, le compagnon est venu à Versailles, et m'a dit : « Voilà, père Gamain : nous avons voulu faire une serrure, le roi et moi, et bonsoir ! la sacrée serrure ne marche pas! — Que voulez-vous que j'y fasse? ai-je répondu. — Que vous veniez la mettre en état, parbleu ! » Et, comme je lui disais : « Ce n'est pas vrai, vous ne venez pas de la part du roi ; vous m'attirez dans quelque piège, » il m'a dit : « Bon ! A preuve que le roi m'a chargé de vous remettre vingt-cinq louis, afin que vous ne doutiez pas. — Vingt-cinq louis ! ai-je dit : où sont-ils ? — Les voici. » Et il me les a donnés.

— Alors, ce sont les vingt-cinq louis que vous avez sur vous ? demanda l'armurier.

— Non ; ceux-là c'en est d'autres. Les vingt-cinq premiers, ça n'était qu'un acompte.

— Peste ! cinquante louis pour retoucher une serrure ! Il y a du mic-mac là-dessous, maître Gamain.

— C'est aussi ce que je me dis ; d'autant plus, voyez-vous, que le compagnon...

— Eh bien, le compagnon ?

— Eh bien, ça m'a l'air d'un faux compagnon. J'aurais dû le questionner, lui demander des détails sur son tour de France, et comment s'appelle la mère à tous.

— Cependant, vous n'êtes pas homme à vous tromper, quand vous voyez un apprenti à l'ouvrage.

— Je ne dis pas... Celui-ci maniait assez bien la lime et le ciseau. Je l'ai vu couper à chaud une barre de fer d'un seul coup, et percer un œillet avec une queue-de-rat, comme il eût fait avec une vrille dans une latte. Mais, voyez-vous, il y avait dans tout cela plus de théorie que de pratique : il n'avait pas plutôt fini son ouvrage, qu'il se lavait les mains, et il ne se lavait pas plutôt les mains qu'elles devenaient blanches. Est-ce que ça blanchit comme ça, des vraies mains de serrurier ? Ah bien, bon ! j'aurais beau laver les miennes, moi !

Et Gamain montra avec orgueil ses mains noires et calleuses, qui, en effet, semblaient défier toutes les pâtes d'amandes et tous les savons de la terre.

— Mais, enfin, reprit l'inconnu ramenant le serrurier au fait qui lui paraissait le plus intéressant, arrivé chez le roi, qu'avez-vous fait ?

— Il paraît d'abord que nous étions attendus. On nous a fait entrer dans la forge ; là le roi m'a donné une serrure pas mal commencée, ma foi ! mais il restait embrouillé dans les barbes. Une serrure à trois barbes, voyez-vous, il n'y a pas beaucoup de serruriers capables de faire cela, et des rois à plus forte raison, comme vous comprenez bien. Je l'ai regardée ; j'ai vu le joint ; j'ai dit : « C'est bon : laissez-moi seul une heure, et, dans une heure, j'aurai marché sur des roulettes. » Alors le roi m'a répondu : « Va, Gamain, mon ami, tu es chez toi ; voilà les limes, voilà les étaux : travaille, mon garçon, travaille ; nous, nous allons préparer l'armoire. » Sur quoi, il est sorti avec ce diable de compagnon.

— Par le grand escalier ? demanda négligemment l'armurier.

— Non ; par le petit escalier secret qui donne dans son cabinet de travail. Moi, quand j'ai eu fini, je me suis dit : « L'armoire est une frime ; ils sont enfermés ensemble à manigancer quelque complot. Je vais descendre tout doucement ; j'ouvrirai la porte du cabinet, vlan ! et je verrai un peu ce qu'ils font. »

— Et que faisaient-ils ? demanda l'inconnu.

— Ah bien, oui ! ils écoutaient probablement. Moi je n'ai pas le pas d'un danseur, vous comprenez ? J'avais beau me faire le plus léger possible, l'escalier craquait sous mes pieds : ils m'ont entendu ; ils ont fait comme s'ils venaient au-devant de moi, et, au moment où j'allais mettre la main sur le bouton de la porte, crac ! la porte s'est ouverte. Qui est-ce qui a été enfoncé ? Gamain.

— De sorte que vous ne savez rien ?

— Attendez donc ! « Ah ! ah ! Gamain, a dit le roi, c'est toi ? — Oui, sire, ai-je répondu ; j'ai fini. — Et, nous avons fini, a-t-il dit ; viens, je vais te donner, maintenant, une autre besogne. » Et il m'a fait traverser rapidement le cabinet, mais pas si rapidement, cependant, que je n'aie vu, étendue tout au long sur une table, une grande carte que je crois une carte de France, attendu qu'elle avait trois fleurs de lis à un de ses coins.

— Et vous n'avez rien remarqué de particulier à cette carte de France.

— Si fait : trois longues files d'épingles qui partaient du centre, et qui, en se côtoyant à quelque distance les unes des autres, s'avançaient vers l'extrémité : on aurait dit des soldats marchant à la frontière par trois routes différentes.

— En vérité, mon cher Gamain, dit l'inconnu jouant l'admiration, vous êtes d'une perspicacité à laquelle rien n'échappe... Et vous croyez qu'au lieu de s'occuper de leur armoire, le roi et votre compagnon venaient de s'occuper de cette carte ?

— J'en suis sûr, dit Gamain.

— Vous ne pouvez pas être sûr de cela.

— Si fait.

— Comment ?

— C'est bien simple : les épingles avaient des têtes en cire, — les unes en cire noire, les autres en cire bleue, les autres en cire rouge ; — eh bien, le roi tenait à la main et se nettoyait les dents, sans y faire attention, avec une épingle à tête rouge.

— Ah! Gamain, mon ami, dit l'inconnu, si je découvre quelque nouveau système d'armurerie, je ne vous ferai pas entrer dans mon cabinet, ne fût-ce que pour le traverser, je vous en réponds! ou je vous banderai les yeux, comme le jour où l'on vous a conduit chez le grand seigneur en question; et encore, malgré vos yeux bandés, vous êtes-vous aperçu que le perron avait dix marches, et que la maison donnait sur le boulevard.

— Attendez donc! dit Gamain enchanté des éloges qu'il recevait, vous n'êtes pas au bout: il y avait réellement une armoire!

— Ah! ah! Et où cela?

— Ah! oui, où cela! devinez un peu!... Creusée dans la muraille, mon cher ami!

— Dans quelle muraille?

— Dans la muraille du corridor intérieur qui communique de l'alcôve du roi à la chambre du Dauphin.

— Savez-vous que c'est très curieux, ce que vous me dites là?... Et cette armoire était comme cela toute ouverte.

— Je vous en souhaite!... C'est-à-dire que j'avais beau regarder de tous mes yeux, je ne voyais rien et je disais : « Eh bien, cette armoire, où est-elle donc? » Alors, le roi jeta un coup d'œil autour de lui, et me dit: « Gamain, j'ai toujours eu confiance en toi : aussi je n'ai pas voulu qu'un autre que toi connût mon secret ; tiens! » Et en disant ces mots, tandis que l'apprenti nous éclairait, — car le jour ne pénètre pas dans ce corridor, — le roi leva un panneau de la boiserie, et j'aperçus un trou rond, ayant deux pieds de diamètre à peu près à son ouverture. Puis, comme il voyait mon étonnement: « Mon ami, dit-il en clignant de l'œil à notre compagnon, tu vois bien ce trou? Je l'ai fait pour y cacher de l'argent ; ce jeune homme m'a aidé pendant les quatre ou cinq jours qu'il a passés au château. Maintenant il faut appliquer la serrure à cette porte de fer, laquelle doit clore de manière à ce que le panneau reprenne sa place, et la dissimule comme il dissimulait le trou... As-tu besoin d'un aide? ce jeune homme t'aidera ; peux-tu te passer de lui? alors, je l'emploierai ailleurs, mais toujours pour mon service. — Oh! répondis-je, vous savez bien que, quand je puis faire une besogne tout seul, je ne demande pas d'aide. Il y a ici quatre heures d'ouvrage pour un bon ouvrier, et moi, je suis maître, ce qui veut dire que, dans trois heures, tout sera fini. Allez donc à vos affaires, jeune homme, et, vous, aux vôtres, Sire ; et, si vous avez quelque chose à cacher là, revenez dans trois heures. » Il faut croire, comme le disait le roi, qu'il avait pour notre compagnon de l'emploi ailleurs, car je ne l'ai pas revu ; le roi seul, au bout de trois heures, est venu me demander: « Eh bien, Gamain, où en sommes-nous? — N, i, ni, c'est fini, Sire, lui ai-je répondu. » Et je lui ai fait voir la porte, qui marchait que c'était un plaisir, sans jeter le plus petit cri, et la serrure qui jouait comme un automate de M. Vaucanson. « Bon! m'a-t-il dit; alors, Gamain, tu vas m'aider à compter l'argent que je veux cacher là-dedans. » Et il a fait apporter quatre sacs de doubles louis par le valet de chambre, et il m'a dit: « Comptons. » Alors j'en ai compté pour un million et lui pour un million ; après quoi, comme il en restait vingt-cinq de mécompte: « Tiens, Gamain, a-t-il dit, ces vingt-cinq louis là, c'est pour ta peine ; » comme si ce n'était pas une honte de faire compter un million de louis à un pauvre homme qui a cinq enfants, et de lui en donner vingt-cinq de récompense! Hein, qu'en dites-vous?

L'inconnu fit un mouvement des lèvres.

— Le fait est que c'est mesquin, dit-il.

— Attendez donc, ce n'est pas le tout. Je prends les vingt-cinq louis, je les mets dans ma poche et je dis : « Merci bien, Sire! mais, avec tout cela, je n'ai ni bu, ni bu ni mangé depuis le matin et je crève de soif, moi! » Je n'avais pas achevé, que la reine entre par une porte masquée, de sorte que, tout d'un coup, comme cela sans dire gare, elle se trouve devant moi: elle tenait à la main une assiette sur laquelle il y avait un verre de vin et une brioche. « Mon cher Gamain, me dit-elle, vous avez soif, buvez ce verre de vin ; vous avez faim, mangez cette brioche. — Ah! lui dis-je en la saluant, madame la reine, il ne fallait pas vous déranger pour moi, ce n'était pas la peine. » Dites donc, que pensez-vous de cela? un verre de vin à un homme qui dit qu'il a soif, et une brioche à un homme qui dit qu'il a faim!... Qu'est-ce qu'elle veut qu'on veut qu'on fasse de ça, la reine?... On voit bien que ça n'a jamais eu faim et jamais eu soif!... Un verre de vin !... si cela ne fait pas pitié!...

— Alors, vous l'avez refusé?

— J'aurais mieux fait de le refuser... non, je l'ai bu. Quant à la brioche, je l'ai entortillée dans mon mouchoir, et je me suis dit : « Ce qui n'est pas bon pour le père est bon pour les enfants! » Puis j'ai remercié Sa Majesté, comme

Le roi garda le silence. (Page 176.)

cela en valait la peine, et je me suis mis en route en jurant qu'ils ne m'y reprendraient plus, aux Tuileries !...

— Et pourquoi dites-vous que vous eussiez mieux fait de refuser le vin ?

— Parce qu'il faut qu'ils aient mis du poison dedans ! A peine ai-je eu dépassé le pont Tournant, que j'ai été pris d'une soif... mais d'une soif !... c'est au point qu'ayant la rivière à ma gauche et les marchands de vin à ma droite, j'ai hésité un instant si je n'irais pas à la rivière... Ah ! c'est là que j'ai vu la mauvaise qualité du vin qu'ils m'avaient donné : plus je buvais, plus j'avais soif ! Ça a duré comme cela jusqu'à ce que j'aie perdu connaissance. Aussi ils peuvent être tranquilles ; si jamais je suis appelé en témoignage contre eux, je dirai qu'ils m'ont donné vingt-cinq louis pour m'avoir fait travailler quatre heures et compter un million, et que, de peur que je dénonce l'endroit où ils cachent leur trésor, ils m'ont empoisonné comme un chien[1] !

— Et moi, mon cher Gamain, dit en se levant l'armurier, qui savait sans doute tout ce qu'il voulait savoir, j'appuierai votre témoignage, en disant qui c'est moi qui vous ai donné le contre-poison grâce auquel vous avez été rappelé à la vie.

— Aussi, dit Gamain en prenant les mains de

[1]. Ce fut, en effet, l'accusation que ce misérable porta devant la Convention contre la reine.

l'inconnu, entre nous deux, désormais, c'est à la vie, à la mort !

Et, refusant avec une sobriété toute spartiate le verre de vin que, pour la troisième ou quatrième fois, lui présentait cet ami inconnu auquel il venait de jurer une tendresse éternelle, Gamain, sur lequel l'ammoniaque avait fait son double effet en le dégrisant instantanément et en le dégoûtant pour vingt-quatre heures du vin, Gamain reprit la route de Versailles, où il arriva sain et sauf à deux heures du matin, avec les vingt-cinq louis du roi dans la poche de sa veste, et la brioche de la reine dans la poche de son habit.

Resté derrière lui dans le cabaret, le faux armurier avait tiré de son gousset des tablettes d'écaille incrustées d'or, et y avait crayonné cette double note :

Derrière l'alcôve du roi, dans le corridor noir, conduisant à la chambre du dauphin, — armoire de fer.

S'assurer si ce Louis Lecomte, garçon serrurier, ne serait pas tout simplement le comte Louis, fils du marquis de Bouillé, arrivé de Metz depuis onze jours.

X

LA MACHINE DE M. GUILLOTIN

Le surlendemain, grâce aux ramifications étranges que Cagliostro possédait dans toutes les classes de la société, et jusque dans le service du roi, il savait que le comte Louis de Bouillé était arrivé à Paris le 15 ou le 16 novembre; avait été découvert par M. de la Fayette, son cousin, le 18; avait été présenté par lui au roi le même jour; s'était offert comme compagnon serrurier à Gamain le 22; était resté chez lui trois jours; le quatrième jour était parti avec lui de Versailles pour Paris; avait été introduit sans difficulté près du roi, était rentré dans le logement qu'il occupait près de son ami Achille du Chastelet, avait immédiatement changé de costume, et, le même soir, était reparti en poste pour Metz.

D'un autre côté, le lendemain de la conférence nocturne qui avait eu lieu dans le cimetière Saint-Jean entre lui et M. de Beausire, il avait vu l'ancien exempt accourir tout effaré à Bellevue chez le banquier Zannone. — En rentrant du jeu à sept heures du matin, après avoir perdu jusqu'à son dernier louis, malgré la martingale infaillible de M. Law, maître Beausire avait trouvé la maison parfaitement vide, mademoiselle Oliva et le jeune Toussaint avaient disparu.

Alors, il était revenu dans la mémoire de Beausire que le comte de Cagliostro avait refusé de sortir avec lui, déclarant qu'il avait quelque chose de confidentiel à dire à mademoiselle Oliva. C'était une voie ouverte au soupçon : mademoiselle Oliva avait été enlevée par le comte de Cagliostro ; en bon limier, M. de Beausire avait mis le nez sur cette voie, et l'avait suivie jusqu'à Bellevue; là, il s'était nommé, et aussitôt avait été introduit près du baron Zannone ou du comte de Cagliostro, comme il plaira au lecteur d'appeler, pour le moment, sinon le personnage principal, tout du moins la cheville ouvrière du drame que nous avons entrepris de raconter.

Introduit dans le salon que nous connaissons pour y avoir vu entrer, au commencement de cette histoire, le docteur Gilbert et le marquis de Favras, et se trouvant en face du comte, Beausire hésita; le comte lui paraissait un si grand seigneur, qu'il n'osait pas même lui réclamer sa maîtresse.

Mais, comme s'il eût pu lire au plus profond du cœur de l'ancien exempt:

— Monsieur de Beausire, lui dit Cagliostro, j'ai remarqué une chose, c'est que vous n'avez au monde que deux passions réelles : le jeu et mademoiselle Oliva.

— Ah! monsieur le comte, s'écria Beausire, vous savez donc ce qui m'amène ?

— Parfaitement. Vous venez me redemander mademoiselle Oliva ; elle est chez moi.

— Comment, elle est chez monsieur le comte?

— Oui, dans mon logis de la rue Saint-Claude ; elle y a retrouvé son ancien appartement, et, si vous êtes bien sage, si je suis content de vous, si vous me donnez des nouvelles qui m'intéressent ou qui m'amusent, eh bien, ces jours-là, monsieur de Beausire, nous vous mettrons vingt-cinq louis dans votre poche pour aller faire le gentilhomme au Palais-Royal, et un bel habit sur le dos pour aller faire l'amoureux rue Saint-Claude.

Beausire avait eu bonne envie d'élever la voix et de réclamer mademoiselle Oliva ; mais Cagliostro avait dit deux mots de cette malheureuse affaire de l'ambassade de Portugal, qui était toujours suspendue sur la tête de l'ancien exempt comme l'épée de Damoclès, et Beausire s'était tu.

Alors, sur le doute manifesté par lui que mademoiselle Oliva fût à l'hôtel de la rue Saint-

Claude, M. le comte avait ordonné d'atteler, était revenu avec Beausire à l'hôtel du boulevard, l'avait introduit dans le *sanctum sanctorum*, et, là, en déplaçant un tableau, il lui avait fait voir, par une ouverture habilement ménagée, mademoiselle Oliva, mise comme une reine, lisant dans une grande causeuse un de ces mauvais livres si communs à cette époque, et qui faisaient, quand elle avait le bonheur d'en rencontrer, la joie de l'ancienne femme de chambre de mademoiselle de Taverney, tandis que M. Toussaint, son fils, vêtu, comme un fils de roi, d'un chapeau blanc à la Henri IV retroussé avec des plumes, et d'un pantalon-matelot bleu de ciel retenu par une ceinture tricolore frangée d'or, jouait avec de magnifiques joujoux.

Alors Beausire avait senti se dilater son cœur d'amant et de père; il avait promis tout ce qu'avait voulu le comte, et le comte, fidèle à sa parole, avait permis, les jours où M. de Beausire apportait quelque intéressante nouvelle, qu'après en avoir reçu, en or, le payement de sa main, il allât en chercher le prix, en amour, dans les bras de mademoiselle Oliva.

Tout avait donc marché selon les désirs du comte, et nous dirons presque selon ceux de Beausire, quand, vers la fin du mois de décembre, à une heure fort indue pour cette époque de l'année, c'est-à-dire à six heures du matin, le docteur Gilbert, déjà à l'ouvrage depuis une heure et demie, entendit frapper trois coups à sa porte, et reconnut, à la manière dont ils étaient espacés, que celui qui s'annonçait ainsi était un frère en maçonnerie.

En conséquence, il alla ouvrir.

Le comte de Cagliostro, le sourire sur les lèvres, était debout de l'autre côté de la porte.

Gilbert ne se retrouvait jamais en face de cet homme mystérieux sans un certain tressaillement.

— Ah! dit-il, comte, c'est vous?

Puis, faisant un effort sur lui-même, et lui tendant la main :

— Soyez le bienvenu, à quelque heure que vous veniez, et quelle que soit la cause qui vous amène.

— La cause qui m'amène, mon cher Gilbert, dit le comte, est le désir de vous faire assister à une expérience philanthropique dont j'ai déjà eu l'honneur de vous parler.

Gilbert chercha à se rappeler, mais inutilement, de quelle expérience le comte l'avait entretenu.

— Je ne me souviens pas, dit-il.

— Venez toujours, mon cher Gilbert, je ne vous dérange pas pour rien, soyez tranquille... D'ailleurs, où je vous conduis, vous rencontrerez des personnes de connaissance.

— Cher comte, dit Gilbert, partout où vous voulez bien me conduire, je vais pour vous d'abord ; le lieu où je vais et les personnes que j'y rencontre ne sont plus que choses secondaires.

— Alors, venez, car nous n'avons pas de temps à perdre.

Gilbert était tout habillé, il n'eut que sa plume à quitter et son chapeau à prendre.

Ces deux opérations accomplies :

— Comte, dit-il, je suis à vos ordres.

— Partons, répondit simplement le comte.

Et il marcha devant : Gilbert le suivit.

Une voiture attendait en bas ; les deux hommes y montèrent.

La voiture partit rapidement, sans que le comte eût besoin de donner aucun ordre ; il était évident que le cocher savait d'avance où l'on allait.

Au bout d'un quart d'heure de marche, pendant lequel Gilbert remarqua qu'on traversait tout Paris et qu'on franchissait la barrière, on s'arrêta dans une grande cour carrée, sur laquelle s'ouvraient deux étages de petites fenêtres grillées.

Derrière la voiture, la porte qui lui avait donné passage s'était refermée.

En mettant pied à terre, Gilbert s'aperçut qu'il était dans la cour d'une prison, et, en examinant cette cour, il reconnut que c'était celle de Bicêtre.

Le lieu de la scène, déjà fort triste par son aspect naturel, était rendu plus triste encore par le jour douteux qui semblait comme à regret descendre dans cette cour.

Il était six heures et un quart du matin à peu près ; heure de malaise l'hiver, car c'est l'heure où le froid est sensible aux plus vigoureuses organisations.

Une petite pluie fine comme un crêpe tombait diagonalement et rayait les murailles grises.

Au milieu de la cour, cinq ou six ouvriers charpentiers, sous la conduite d'un maître, et sous la direction d'un petit homme vêtu de noir qui se donnait à lui seul plus de mouvement que tout le monde, dressaient une machine d'une forme inconnue et étrange.

A la vue des deux étrangers, le petit homme noir leva la tête.

Gilbert tressaillit ; il venait de reconnaître le docteur Guillotin, qu'il avait rencontré chez Marat. Cette machine était, en grand, la même qu'il avait vue en petit dans la cave du rédacteur du journal *l'Ami du Peuple.*

De son côté, le petit homme reconnut Cagliostro et Gilbert.

L'arrivée de ces deux personnages lui parut assez importante pour qu'il quittât un instant la direction de son travail, et vînt à eux.

Cependant, ce ne fut pas sans recommander au maître charpentier la plus grande attention dans la besogne dont il s'occupait.

— Là, là, maître Guidon... c'est bien, dit-il ; achevez la plate-forme ; la plate-forme, c'est la base de l'édifice ; puis, la plate-forme achevée, vous dresserez les deux poteaux, en remarquant bien les repères, afin qu'ils ne soient ni trop éloignés ni trop proches. D'ailleurs, je suis là, je ne vous perds pas de vue.

Puis, s'approchant de Cagliostro et de Gilbert, qui lui épargnèrent la moitié du chemin :

— Bonjour, baron, dit-il ; c'est bien aimable à vous d'arriver le premier et de nous amener le docteur. Docteur, vous vous rappelez que je vous avais invité chez Marat à venir voir mon expérience ; seulement, j'avais oublié de vous demander votre adresse... Vous allez voir quelque chose de curieux, la machine la plus philanthropique qui ait jamais été inventée.

Puis, tout à coup, se retournant vers cette machine, objet de ses plus chères préoccupations :

— Eh bien, eh bien, Guidon, que faites-vous? dit-il. Vous mettez le devant derrière.

Et, s'élançant par l'escalier que deux aides venaient d'appliquer à l'un des carrés, il se trouva en un instant sur la plate-forme, où sa présence eut pour effet de corriger en quelques secondes l'erreur que venaient de commettre les ouvriers, encore mal au courant des secrets de cette machine nouvelle.

— Là, là, dit le docteur Guillotin voyant avec satisfaction que, maintenant qu'il les dirigeait, les choses allaient toutes seules ; là, il ne s'agit plus que d'introduire le couperet dans la rainure... Guidon, Guidon, s'écria-t-il tout à coup, comme frappé d'effroi, eh bien, mais pourquoi donc la rainure n'est-elle pas garnie de cuivre ?

— Ah ! docteur, voilà : j'ai pensé que du bon bois de chêne bien graissé, cela valait du cuivre, répondit le maître charpentier.

— Oui, c'est cela, dit le docteur d'un air dédaigneux, des économies... des économies ! quand il s'agit du progrès de la science et du bien de l'humanité ! Guidon, si notre expérience manque aujourd'hui, je vous en rends responsable. Messieurs, je vous prends à témoin, continua le docteur s'adressant à Cagliostro et à Gilbert, je vous prends à témoin que j'avais demandé les rainures en cuivre, que je proteste contre l'absence du cuivre ; donc, si maintenant le couperet s'arrête en route ou glisse mal, ce n'est plus ma faute, je m'en lave les mains.

Et le docteur, à dix-huit cents ans de distance, fit, sur la plate-forme de la machine, le même geste que Pilate avait fait sur la terrasse de son palais.

Cependant, malgré toutes ces petites contrariétés, la machine s'élevait, et, en s'élevant, prenait une certaine tournure homicide qui réjouissait son inventeur, mais qui faisait frissonner le docteur Gilbert.

Quant à Cagliostro, il demeurait impassible ; depuis la mort de Lorenza, on eût dit que cet homme était devenu de marbre.

Voici la forme que prenait la machine.

D'abord, un premier plancher auquel on arrivait par une sorte d'escalier de meunier.

Ce plancher, en manière d'échafaud, offrait une plate-forme de quinze pieds de large par toutes ses faces ; sur cette plate-forme, vers les deux tiers de sa longueur, en face de l'escalier, s'élevaient deux poteaux parallèles hauts de dix à douze pieds.

Ces deux poteaux étaient ornés de la fameuse rainure pour laquelle maître Guidon avait économisé le cuivre, économie qui avait, comme on l'a vu, de faire jeter les hauts cris au philanthrope docteur Guillotin.

Dans cette rainure glissait, au moyen d'un ressort qui, en s'ouvrant, lui laissait toute liberté de se précipiter, avec la force de son propre poids centuplée par un poids étranger, une espèce de couperet en forme de croissant.

Une petite ouverture était pratiquée entre les deux poteaux : les deux battants de cette ouverture, au travers de laquelle un homme pouvait passer la tête, se rejoignaient, de façon à lui prendre le cou comme avec un collier.

Une bascule composée d'une planche de la longueur d'un homme de taille ordinaire jouait à un moment donné, et, en jouant, se présentait d'elle-même à la hauteur de cette fenêtre.

Tout cela, comme on le voit, était du plus grand ingénieux.

Pendant que les charpentiers, maître Guidon et le docteur, mettaient la dernière main à l'érection de leur machine, pendant que Cagliostro et Gilbert discutaient sur le plus ou le moins de nouveauté de l'instrument, — dont le comte contestait l'invention au docteur Guillotin, trouvant des analogues dans la *mannaya* italienne, et surtout dans cette doloire de Toulouse, avec laquelle fut exécuté le maréchal de Montmorency[1], — de nouveaux spectateurs convoqués sans doute pour assister aussi à l'expérience avaient peuplé la cour.

C'était, d'abord, un vieillard de notre connaissance, et qui a joué un rôle actif dans le milieu de cette longue histoire; atteint de la maladie dont il devait mourir bientôt, il s'était, sur les instances de son confrère Guillotin, arraché à sa chambre, et était venu, malgré l'heure et le mauvais temps, dans l'intention de voir fonctionner la machine.

Gilbert le reconnut, et s'avança respectueusement à sa rencontre.

Il était accompagné de M. Giraud, architecte de la ville de Paris, qui devait aux fonctions qu'il remplissait la faveur d'une invitation particulière.

Le second groupe, qui n'avait salué personne, et qui de personne n'avait été salué, se composait de quatre hommes vêtus tous quatre fort simplement.

A peine entrés, ces quatre hommes avaient gagné l'angle de la cour le plus éloigné de celui où étaient Gilbert et Cagliostro, et se tenaient là dans cet angle, humblement, parlant bas, et, malgré la pluie, ayant le chapeau à la main.

Celui qui paraissait le chef parmi ces quatre hommes, ou tout au moins celui que les trois autres écoutaient avec déférence lorsqu'il prononçait quelques paroles à voix basse, était un homme de cinquante à cinquante-deux ans, dont la taille était haute, le sourire bienveillant, la physionomie ouverte.

Cet homme s'appelait Charles-Louis Sanson; il était né le 15 février 1738; il avait vu écarteler Damiens par son père, et il avait aidé celui-ci lorsqu'il avait eu l'honneur de trancher la tête à M. de Lally-Tollendal.

On le nommait communément *Monsieur de Paris*.

Les trois autres hommes étaient son fils, qui devait avoir l'honneur de l'aider à décapiter Louis XVI, et ses deux aides.

La présence de M. de Paris, de son fils, et de ses deux aides, donnait une terrible éloquence à la machine de M. Guillotin, en prou-

[1] « En ce pays, dit Puységur, on se sert d'une doloire qui est entre deux morceaux de bois; quand on a la tête posée sur le bloc, quelqu'un lâche la corde, et cela descend et sépare la tête du corps. »

vant que l'expérience qu'il allait faire était tentée, sinon avec *la garantie*, du moins avec l'approbation du gouvernement.

Pour le moment, M. de Paris semblait fort triste: si la machine dont il était appelé à voir l'essai était adoptée, tout le côté pittoresque de sa physionomie se trouvait retranché; l'exécuteur n'apparaissait plus à la foule comme l'ange exterminateur armé du glaive flamboyant; le bourreau n'était plus qu'une espèce de concierge tirant le cordon à la mort.

Aussi, là était la véritable opposition.

Comme la pluie continuait de tomber plus fine peut-être, mais à coup sûr plus serrée, le docteur Guillotin, qui craignait sans doute que le mauvais temps ne lui enlevât quelqu'un de ses spectateurs s'adressa au groupe le plus important, c'est-à-dire à celui qui se composait de Cagliostro, de Gilbert, du docteur Louis et de l'architecte Giraud, et, comme un directeur qui sent que le public s'impatiente:

— Messieurs, dit-il, nous n'attendons plus qu'une seule personne, M. le docteur Cabanis. M. le docteur Cabanis arrivé, l'on commencera.

Il achevait à peine ces paroles, qu'une troisième voiture pénétrait dans la cour, et qu'un homme de trente-huit à quarante ans, au front découvert, à la physionomie intelligente, à l'œil vif et interrogateur, en descendait.

C'était le dernier spectateur attendu, c'était le docteur Cabanis.

Il salua chacun d'une manière affable, comme doit faire un médecin philosophe, alla tendre la main à Guillotin, qui, du haut de sa plateforme, lui criait: « Venez donc, docteur, mais venez donc, on n'attend plus que vous! » Puis il alla se confondre dans le groupe de Gilbert et de Cagliostro.

Pendant ce temps, sa voiture se rangeait près des deux autres voitures.

Quant au fiacre de M. de Paris, il était humblement resté à la porte.

— Messieurs, dit le docteur Guillotin, comme nous n'attendons plus personne, nous allons commencer.

Et, sur un signe de sa main, une porte s'étant ouverte, on en vit sortir deux hommes vêtus d'une espèce d'uniforme gris, qui portaient sur leurs épaules un sac sous la toile duquel se dessinait vaguement la forme d'un corps humain.

On voyait, derrière les vitres des fenêtres, apparaître les visages pâles des malades, qui, d'un œil effaré, regardaient, sans qu'on eût songé à les y inviter, ce spectacle inattendu o terrible dont ils ne pouvaient comprendre ni les apprêts ni le but.

XI

UNE SOIRÉE AU PAVILLON DE FLORE

Le soir de ce même jour, c'est-à-dire le 24 décembre, veille de la Noël, il y avait réception au pavillon de Flore.

La reine n'ayant pas voulu recevoir chez elle, c'était la princesse de Lamballe qui recevait pour elle, et qui faisait les honneurs du cercle jusqu'à ce que la reine fût arrivée.

La reine arrivée, toute chose reprenait son cours, comme si la soirée se fût écoulée au pavillon Marsan, au lieu du pavillon de Flore.

Dans le courant de la matinée, le jeune baron Isidore de Charny était revenu de Turin, et, aussitôt son retour, il avait été admis près du roi d'abord, et près de la reine ensuite.

Il avait trouvé chez tous deux une extrême bienveillance; mais, chez la reine surtout, deux raisons rendaient cette bienveillance remarquable.

D'abord, Isidore était le frère de Charny, et, Charny absent, c'était un grand charme pour la reine que de voir son frère.

Puis Isidore apportait, de la part de M. le comte d'Artois et de la part de M. le prince de Condé, des paroles qui n'étaient que trop en harmonie avec celles que lui soufflait son propre cœur.

Les princes recommandaient à la reine les projets de M. de Favras, et l'invitaient à profiter du dévouement de ce courageux gentilhomme, à fuir et à les venir rejoindre à Turin.

Il était, en outre, chargé d'exprimer, au nom des princes, à M. de Favras toute la sympathie qu'ils éprouvaient pour son projet, et tous les vœux qu'ils faisaient pour sa réussite.

La reine garda Isidore une heure près d'elle, l'invita à venir le soir au cercle de madame de Lamballe, et ne lui permit de se retirer que parce qu'il lui demanda congé pour aller s'acquitter de sa mission près de M. de Favras.

La reine n'avait rien dit de positif à l'endroit de sa fuite. Seulement, elle avait chargé Isidore de répéter à M. et à madame de Favras ce qu'elle leur avait dit lorsqu'elle avait reçu madame de Favras chez elle, et qu'elle était entrée tout à coup chez le roi, tandis que M. de Favras s'y trouvait.

En quittant la reine, Isidore se rendit immédiatement auprès de M. de Favras, qui demeurait place Royale, n° 21.

Ce fut madame de Favras qui reçut le baron de Charny. Elle lui dit, d'abord, que son mari était sorti; mais, lorsqu'elle sut le nom du visiteur, quels augustes personnages il venait de voir il y avait une heure, quels autres il avait quittés cinq ou six jours auparavant, elle avoua la présence de son mari à la maison, et le fit appeler.

Le marquis entra le visage ouvert et l'œil souriant; il avait été prévenu directement de Turin; il savait donc de quelle part venait Isidore.

Le message dont la reine avait, en outre, chargé le jeune homme mit le comble à la joie du conspirateur. Tout, en effet, secondait son espérance : le complot marchait à merveille ; les douze cents cavaliers étaient rassemblés à Versailles; chacun d'eux devait prendre un fantassin en croupe, ce qui donnait deux mille quatre cents hommes au lieu de douze cents. Quant au triple assassinat de Necker, de Bailly et de la Fayette, qui devait être exécuté simultanément par chacune des trois colonnes entrant dans Paris l'une, par la barrière du Roule, l'autre par la barrière de Grenelle, et la troisième par la grille de Chaillot, on y avait renoncé, pensant qu'il suffirait de se défaire de la Fayette. Or, pour cette expédition, c'était assez de quatre hommes, pourvu qu'ils fussent bien montés et bien armés : ils eussent attendu sa voiture, le soir, à onze heures, au moment où M. de la Fayette quittait ordinairement les Tuileries; deux auraient longé la rue à droite et à gauche, deux seraient venus au-devant de la voiture. Un de ceux-ci, tenant un papier à la main, aurait fait signe au cocher d'arrêter, disant qu'il avait un avis important à communiquer au général. Alors, la voiture se serait arrêtée, le général aurait mis la tête à la portière, et aussitôt on lui aurait brûlé la cervelle d'un coup de pistolet.

C'était là, du reste, le seul changement d'importance qui eût été fait au complot; tout tenait dans les mêmes conditions; seulement l'argent était versé, les hommes étaient prévenus, le roi n'avait qu'à dire : « Oui! » et, à un signe de M. de Favras, l'affaire serait enlevée.

Une seule chose inquiétait le marquis, c'était le silence du roi et de la reine à son égard. Ce silence, la reine venait de le rompre par l'intermédiaire d'Isidore, et, si vagues que fussent les paroles que celui-ci avait été chargé de transmettre à M. et à madame de Favras, ces paroles, sortant d'une bouche royale, avaient une grande importance.

Isidore promit à M. de Favras de reporter, le soir même, à la reine et au roi l'expression de son dévouement.

Le jeune baron était, comme on le sait, parti pour Turin le jour de son arrivée à Paris ; il n'avait donc d'autre logement que la chambre que son frère occupait aux Tuileries. Son frère absent, il se fit ouvrir cette chambre par un laquais du comte.

A neuf heures du soir, il entrait chez madame la princesse de Lamballe.

Il n'avait point été présenté à la princesse. Celle-ci ne le connaissait pas ; mais, prévenue dans la journée par un mot de la reine, à l'annonce de son nom la princesse se leva, et, avec cette grâce charmante qui lui tenait lieu d'esprit, elle l'attira tout de suite dans le cercle des intimes.

Le roi ni la reine n'étaient encore arrivés. Monsieur, qui paraissait inquiet, causait dans un coin avec deux gentilshommes de son intimité à lui, M. de la Châtre et M. d'Avaray. Le comte Louis de Narbonne allait d'un groupe à l'autre avec l'aisance d'un homme qui se sent en famille.

Ce cercle des intimes se composait des jeunes gentilshommes qui avaient résisté à la manie de l'émigration. C'étaient MM. de Lameth, qu devaient beaucoup à la reine, et qui n'avaient pas encore pris parti contre elle ; M. d'Ambly, une des bonnes ou des mauvaises têtes de l'époque, comme on voudra ; M. de Castries, M. de Fersen, Suleau, rédacteur en chef du spirituel journal *les Actes des Apôtres*, tous cœurs loyaux, mais toutes têtes ardentes, quelques-unes même un peu folles.

Isidore ne connaissait aucun de ces jeunes gens ; mais, à son nom bien connu, à la bienveillance particulière dont l'avait honoré la princesse, toutes les mains s'étaient tendues vers lui.

D'ailleurs, il apportait des nouvelles de cette autre France qui vivait à l'étranger. Chacun avait un parent ou un ami près des princes ; Isidore avait vu tout ce monde-là, c'était une seconde gazette.

Nous avons dit que Suleau était la première.

Suleau tenait la conversation et l'on riait fort. Suleau avait assisté, ce jour-là, à la séance de l'Assemblée. M. Guillotin était monté à la tribune, avait vanté les douceurs de la machine qu'il venait d'imaginer, avait raconté l'essai triomphant qu'il en avait fait le matin même, et avait demandé qu'on lui fît l'honneur de la substituer à tous les instruments de mort — roue, potence, bûcher, écartèlement, — qui avaient successivement effrayé la Grève.

L'Assemblée, séduite par le velouté de cette nouvelle machine, était tout près de l'adopter.

Suleau avait fait, à propos de l'Assemblée, de M. Guillotin et de sa machine, sur l'air du menuet d'*Exaudet*, une chanson qui devait paraître le lendemain dans son journal.

Cette chanson, qu'il chantait à demi-voix au cercle joyeux qui l'entourait, provoquait des rires si francs, que le roi, qui venait avec la reine, les entendit de l'antichambre, et que, comme, pauvre roi ! il ne riait plus guère, il se promit à lui-même de s'enquérir du sujet qui pouvait, dans les temps de tristesse où l'on se trouvait, provoquer une telle gaieté.

Il va sans dire que, dès qu'un huissier eut annoncé le roi, et un autre la reine, tous les chuchottements, toutes les conversations, tous les éclats de rire cessèrent pour faire place au plus respectueux silence.

Les deux augustes personnages entrèrent.

Plus, à l'extérieur, le génie révolutionnaire dépouillait un à un la royauté de tous ses prestiges, plus, il faut le dire, dans l'intimité, s'augmentaient, pour les vrais royalistes, ces respects auxquels les infortunes donnent une nouvelle force. 89 vit de grandes ingratitudes, mais 93 vit de suprêmes dévouements.

Madame de Lamballe et Madame Élisabeth s'emparèrent de la reine.

Monsieur marcha droit au roi pour lui présenter ses respects, et, en s'inclinant, lui dit :

— Mon frère, ne pourrions-nous point faire un jeu particulier, vous, la reine, moi et quelqu'un de vos intimes, afin que, sous l'apparence d'un whist, nous puissions causer un peu confidentiellement ?

— Volontiers, mon frère, répondit le roi ; arrangez cela avec la reine.

Monsieur se rapprocha de Marie-Antoinette, à qui Charny présentait ses hommages et disait tout bas :

— Madame, j'ai vu M. de Favras, et j'ai des communications de la plus haute importance à faire à Votre Majesté.

— Ma chère sœur, dit Monsieur, le roi désire que nous fassions un whist à quatre ; nous nous réunissons contre vous, et il vous laisse le choix de votre partenaire.

— Eh bien, dit la reine, qui se douta que cette partie de whist n'était qu'un prétexte, mon choix est fait. Monsieur le baron de Charny, vous serez de notre jeu, et, tout en jouant, vous nous donnerez des nouvelles de Turin.

— Ah! vous venez de Turin, baron? dit Monsieur.

— Oui, Monseigneur, et, en revenant de Turin, je suis passé par la place Royale, où j'ai vu un homme fort dévoué au roi, à la reine et à Votre Altesse.

Monsieur rougit, toussa, s'éloigna. C'était un homme tout d'ambages et de circonspection : cet esprit droit et précis l'inquiétait.

Il jeta un regard à M. de la Châtre, qui s'approcha de lui, reçut ses ordres tout bas, et sortit.

Pendant ce temps, le roi saluait et recevait les hommages des gentilshommes et des femmes un peu rares qui continuaient de fréquenter le cercle des Tuileries.

La reine alla le prendre par le bras et l'attira au jeu.

Il s'approcha de la table, chercha des yeux le quatrième joueur, et n'aperçut qu'Isidore.

— Ah! ah! monsieur de Charny, dit-il, en l'absence de votre frère, c'est vous qui faites notre quatrième; il ne pouvait être mieux remplacé; soyez le bienvenu.

Et, d'un signe, il invita la reine à s'asseoir, s'assit après elle, puis Monsieur après lui.

La reine fit à son tour un geste d'invitation à Isidore, qui prit place le dernier.

Madame Élisabeth s'agenouilla sur une causeuse derrière le roi, et appuya ses deux bras sur le dossier de son fauteuil.

On fit deux ou trois tours de whist en prononçant seulement les paroles sacramentelles.

Puis, enfin, tout en jouant, et après avoir remarqué que le respect tenait tout le monde écarté de la table royale :

— Mon frère, hasarda la reine en s'adressant à Monsieur, le baron vous a dit qu'il arrivait de Turin?

— Oui, dit Monsieur, il m'a touché un mot de cela.

— Il vous a dit que M. le comte d'Artois et M. le prince de Condé nous invitaient fort à aller les joindre?

Le roi laissa échapper un mouvement d'impatience.

— Mon frère, murmura Madame Élisabeth avec sa douceur d'ange, écoutez, je vous prie.

— Et vous aussi, ma sœur? dit le roi.

— Moi plus que personne, mon cher Louis, car, moi, plus que personne, je vous aime et suis inquiète.

— J'ai même ajouté, hasarda Isidore, que j'étais revenu par la place Royale, et que je m'étais arrêté près d'une heure au n° 21.

— Au n° 21? demanda le roi. Qu'est-ce que cela?

— Au n° 21, Sire, reprit Isidore, demeure un gentilhomme fort dévoué à Votre Majesté, comme nous tous, prêt à mourir pour elle, comme nous tous, mais qui, plus actif que nous tous, a combiné un projet.

— Quel projet, Monsieur? demanda le roi en levant la tête.

— Si je croyais avoir le malheur de déplaire au roi, en répétant à Sa Majesté ce que je sais de ce projet, je me tairais à l'instant même.

— Non, non, Monsieur, dit vivement la reine, parlez. Assez de gens font des projets contre nous; c'est bien le moins que nous connaissions ceux qui en font pour nous, afin que, tout en pardonnant à nos ennemis, nous soyons reconnaissants à nos amis. Monsieur le baron, dites-nous comment s'appelle ce gentilhomme.

— M. le marquis de Favras, Madame.

— Ah! dit la reine, nous le connaissons; et vous croyez à son dévouement, monsieur le baron?

— A son dévouement, oui, Madame; non seulement j'y crois, mais encore j'en suis sûr.

— Faites attention, Monsieur, dit le roi; vous vous avancez beaucoup.

— Le cœur se juge avec le cœur, Sire. Je réponds du dévouement de M. de Favras. Quant à la bonté de son projet, quant aux chances qu'il a de réussir, oh! cela, c'est autre chose. Je suis trop jeune, et, lorsqu'il s'agit du salut du roi et de la reine, je suis trop prudent pour oser émettre une opinion là-dessus.

— Et ce projet, voyons, où en est-il? dit la reine.

— Madame, il en est à son exécution, et, s'il plaît au roi de dire un mot, de faire un signe, ce soir, demain à pareille heure, il sera à Péronne.

Le roi garda le silence. Monsieur tordit les reins à un pauvre valet de cœur qui n'en pouvait mais.

— Sire, fit la reine s'adressant à son mari, entendez-vous ce que le baron vient de dire?

— Oui, certes, j'entends, répondit le roi en fronçant le sourcil.

— Et vous, mon frère? demanda la reine à Monsieur.

— Je ne suis pas plus sourd que le roi.

— Eh bien, voyons, qu'en dites-vous? C'est une proposition, ce me semble.

— Sans doute, dit Monsieur, sans doute.

Puis, se retournant vers Isidore :

De temps en temps, elle interrogeait le docteur. (Page 182.)

— Allons, baron, dit-il, répétez-nous ce joli couplet.

Isidore reprit :

— Je disais que le roi n'avait qu'un mot à prononcer, qu'un signe à faire, et que, grâce aux mesures prises par M. de Favras, il serait, vingt-quatre heures après, en sûreté dans sa ville de Péronne.

— Eh bien, mon frère, demanda Monsieur, est-ce que ce n'est pas tentant, ce que le baron vous propose là ?

Le roi se retourna vivement vers Monsieur, et fixant son regard sur le sien :

— Et, si je pars, dit-il, partez-vous avec moi ?

Monsieur changea de couleur; ses joues tremblèrent, agitées par un mouvement qu'il ne fut point le maître de réprimer.

— Moi ? dit-il.

— Oui, vous, mon frère, dit Louis XVI ; vous qui m'engagez à quitter Paris, je vous demande : « Si je pars, partez-vous avec moi ? »

— Mais, balbutia Monsieur, moi, je n'étais pas prévenu, aucun de mes préparatifs n'est fait.

— Comment ! vous n'étiez pas prévenu, dit le roi, et c'est vous qui fournissiez l'argent à M. de Favras ! Aucun de vos préparatifs n'est fait, et vous êtes renseigné heure par heure sur le point où en est le complot !

— Le complot ! répéta Monsieur pâlissant.

— Sans doute, le complot... car c'est un

complot, un complot si réel, que, s'il est découvert, M. de Favras sera emprisonné, conduit au Châtelet et condamné à mort — à moins qu'à force de sollicitations et d'argent, vous ne le sauviez comme nous avons sauvé M. de Besenval.

— Mais, si le roi a sauvé M. de Besenval, il sauvera bien aussi M. de Favras.

— Non, car ce que j'ai pu pour l'un, je ne le pourrai probablement plus pour l'autre. D'ailleurs M. de Besenval était mon homme comme M. de Favras est le vôtre. Que chacun sauve le sien, mon frère, et nous aurons fait tous deux notre devoir.

Et, en prononçant ces paroles, le roi se leva. La reine le retint par le pan de son habit.

— Sire, dit-elle, soit pour accepter, soit pour refuser, vous devez une réponse à M. de Favras.

— Moi?

— Oui; que répondra le baron de Charny au nom du roi?

— Il répondra, dit Louis XVI en dégageant son habit des mains de la reine, il répondra que le roi ne peut pas permettre qu'on l'enlève.

Et il s'éloigna.

— Ce qui veut dire, continua Monsieur, que si le marquis de Favras enlève le roi sans sa permission, il sera très bienvenu, — pourvu toutefois qu'il réussisse ; car quiconque ne réussit pas est un sot, et, en politique, les sots méritent double punition !

— Monsieur le baron, dit la reine, ce soir même, sans perdre un instant, courez chez M. de Favras, et dites-lui les propres paroles du roi : « Le roi ne peut pas permettre qu'on l'enlève. » C'est à lui de les comprendre ou à vous de les expliquer... Allez.

Le baron, qui regardait avec raison la réponse du roi et la recommandation de la reine comme un double consentement, prit son chapeau, sortit vivement, et s'élança dans un fiacre en criant au cocher :

— Place Royale, n° 21.

XII

CE QUE LA REINE AVAIT VU DANS UNE CARAFE, VINGT ANS AUPARAVANT, AU CHÂTEAU DE TAVERNEY.

Le roi, en se levant de la table de jeu, s'était dirigé vers le groupe de jeunes gens dont les rires joyeux avaient attiré son attention avant même qu'il fût entré dans le salon.

A son approche, le plus profond silence s'établit.

— Eh bien, Messieurs, demanda-t-il, le roi est-il donc si malheureux, qu'il porte la tristesse avec lui?

— Sire... murmurèrent les jeunes gens.

— La gaieté était grande et le rire bruyant, quand nous sommes entrés tout à l'heure, la reine et moi.

Puis, secouant la tête :

— Malheur aux rois, dit-il, devant lesquels on n'ose pas rire !

— Sire, dit M. de Lameth, le respect...

— Mon cher Charles, dit le roi, quand vous sortiez de votre pension, les dimanches ou les jeudis, et que je vous faisais venir en récréation à Versailles, est-ce que vous vous priviez de rire parce que j'étais là? J'ai dit tout à l'heure : « Malheur aux rois devant lesquels on n'ose pas rire ! » Je dis maintenant : « Heureux les rois devant lesquels on rit ! »

— Sire, dit M. de Castries, c'est que le sujet qui nous mettait en gaieté ne paraîtra peut-être pas des plus comiques à Votre Majesté.

— De quoi parliez-vous donc, Messieurs?

— Sire, dit Suleau en s'avançant, je livre le coupable à Votre Majesté.

— Ah ! dit le roi, c'est vous, monsieur Suleau. J'ai lu votre dernier numéro des *Actes des Apôtres*. Prenez garde ! Prenez garde !

— A quoi, Sire? demanda le jeune journaliste.

— Vous êtes un peu trop royaliste : vous pourrez bien vous attirer de mauvaises affaires avec l'amant de mademoiselle Théroigne.

— Avec M. Populus? dit en riant Suleau.

— Justement. Et qu'est devenue l'héroïne de votre poème?

— Théroigne?

— Oui... Je n'entends plus parler d'elle.

— Sire, je crois qu'elle trouve que notre révolution ne marche pas assez vite, et qu'elle est allée activer celle du Brabant. Votre Majesté sait, probablement, que cette chaste amazone est de Liège?

— Non, je ne savais pas... Était-ce à propos d'elle que vous riiez tout à l'heure?

— Non, Sire; c'était à propos de l'Assemblée nationale.

— Oh ! oh ! Messieurs ! alors, vous avez bien fait de redevenir sérieux en m'apercevant. Je ne puis permettre que l'on rie de l'Assemblée nationale chez moi. Il est vrai, ajouta le roi par manière de capitulation, que je suis, non pas chez moi, mais chez la princesse de Lamballe ;

ainsi donc, tout en ne riant plus, ou tout en riant bas, vous pouvez me dire ce qui vous faisait rire si haut.

— Le roi sait-il de quelle chose il a été question, aujourd'hui, pendant toute la séance à l'Assemblée nationale?

— Oui, et cela m'a même fort intéressé. N'a-t-il pas été question d'une nouvelle machine à exécuter les criminels?

— Offerte par M. Guillotin à la nation... oui, Sire, dit Suleau.

— Oh! oh! monsieur Suleau, et vous vous moquiez de M. Guillotin, d'un philanthrope? Ah çà! mais vous oubliez que je suis philanthrope moi-même.

— Oh! Sire, je m'entends, il y a philanthrope et philanthrope, il y a, par exemple, à la tête de la nation française, un philanthrope qui a aboli la torture préparatoire; celui-là, nous le respectons, nous le vénérons; nous faisons plus : celui-là, nous l'aimons, Sire.

Tous les jeunes gens s'inclinèrent d'un seul mouvement.

— Mais, continua Suleau, il y en a d'autres qui, étant déjà médecins, qui ayant entre les mains mille moyens plus adroits ou plus maladroits les uns que les autres de faire sortir les malades de la vie, cherchent encore le moyen d'en faire sortir ceux qui se portent bien. Ah! par ma foi, ceux-là, Sire, je prierai Votre Majesté de me les abandonner.

— Et qu'en ferez-vous, monsieur Suleau? Les décapiterez-vous *sans douleur?* demanda le roi faisant allusion à la prétention émise par le docteur Guillotin; en seront-ils quittes pour sentir *une légère fraîcheur* sur le cou?

— Sire, c'est ce que je leur souhaite, dit Suleau, mais ce n'est pas ce que je leur promets.

— Comment! ce que vous leur souhaitez? dit le roi.

— Oui, Sire, j'aime assez que les gens qui, inventant des machines nouvelles les essayent. Je ne plains pas fort maître Aubriot essuyant les murs de la Bastille, et messire Enguerrand de Marigny étrennant le gibet de Montfaucon. Malheureusement, je n'ai pas l'honneur d'être roi; heureusement, je n'ai pas le bonheur d'être juge; il est donc probable que je serai obligé de m'en tenir, vis-à-vis du respectable Guillotin, à ce que je lui promets et à ce que j'ai déjà commencé de tenir.

— Et qu'avez-vous promis ou plutôt qu'avez-vous tenu?

— Mais il m'est venu dans l'idée, Sire, que ce grand bienfaiteur de l'humanité devait tirer sa récompense du bienfait lui-même. Or, demain matin, dans le numéro des *Actes des Apôtres* qu'on imprime cette nuit, le baptême aura lieu. Il est juste que la fille de M. Guillotin, reconnue aujourd'hui publiquement par son père en face de l'Assemblée nationale, s'appelle mademoiselle *Guillotine*.

Le roi lui-même ne put s'empêcher de sourire.

— Et, dit Charles Lameth, comme il n'y a ni noce ni baptême sans chanson, M. Suleau a fait sur sa filleule deux chansons.

— Deux! fit le roi.

— Sire, dit Suleau il en faut pour tous les goûts.

— Et sur quel air avez-vous mis ces chansons-là? Je ne vois guère que l'air du *De profundis* qui leur aille.

— Fi donc, Sire! Votre Majesté oublie l'agrément que l'on aura de se faire couper le cou par la fille de M. Guillotin... c'est-à-dire qu'il y aura queue à la porte! Non, Sire, l'une de mes chansons est sur un air fort à la mode, celui du menuet d'*Exaudet;* l'autre est sur tous les airs, c'est un pot-pourri.

— Et peut-on avoir un avant-goût de votre poésie, monsieur Suleau? demanda le roi.

Suleau s'inclina.

— Je ne suis pas de l'Assemblée nationale, dit-il, pour avoir cette prétention de borner les pouvoirs du roi; non, je suis un fidèle sujet de Sa Majesté, et mon avis est que le roi peut tout ce qu'il veut.

— Alors, je vous écoute.

— Sire, dit Suleau, j'obéis.

Et il chanta, à demi-voix, sur l'air du menuet d'*Exaudet*, comme nous avons dit, la chanson suivante :

> Guillotin,
> Médecin
> Politique,
> Imagine, un beau matin,
> Que pendre est inhumain
> Et peu patriotique.
> Aussitôt,
> Il lui faut
> Un supplice
> Qui, sans corde ni poteau,
> Supprime du bourreau
> L'office...
> C'est en vain que l'on publie
> Que c'est pure jalousie
> D'un suppôt
> Du tripot
> D'Hippocrate,
> Qui de tuer impunément,

Même exclusivement,
Se flatte.
Le Romain
Guillotin,
Qui s'apprête,
Consulte gens du métier
Barnave et Chapellier,
Même le coupe-tête ;
Et sa main,
Fait soudain
La machine
Qui simplement nous tuera,
Et que l'on nommera :
Guillotine !

Les rires des jeunes gens redoublèrent; et, quoique tout cela ne parût pas bien gai au roi, comme Suleau était de ses plus dévoués, il ne voulut point laisser voir l'espèce d'émotion, qui sans qu'il s'en rendît compte lui serrait le cœur.

— Mais, dit-il, mon cher monsieur Suleau, vous nous aviez parlé de deux chansons; voilà le parrain, maintenant passons à la marraine.

— Sire, dit Suleau, la marraine va avoir l'honneur de vous être présentée; la voici, c'est sur l'air *Paris est au roi.*

Monsieur Guillotin,
Ce grand médecin
Que l'amour du prochain
Occupe sans fin,
S'avance soudain,
Prend la parole enfin,
Et, d'un air bénin,
Il propose
Peu de chose
Qu'il expose
En peu de mots;
Mais l'emphase
De sa phrase
Obtient les bravos
De cinq ou six sols.

« Messieurs, dans votre sagesse,
Si vous avez décrété,
Pour toute humaine faiblesse,
La loi de l'égalité,
Pour peu qu'on daigne m'entendre,
On sera bien convaincu
Que, s'il est cruel de pendre,
Il est dur d'être pendu.

» Comment donc faire,
Quand un honnête citoyen,
Dans un mouvement de colère,
Assassinera son prochain ?
Comment donc faire ?

» En rêvant à la sourdine,
Pour vous tirer d'embarras,
J'ai fait une machine,
Qui met les têtes à bas !

» C'est un coup que l'on reçoit,
Avant qu'on s'en doute ;
A peine on s'en aperçoit ;
Car on n'y voit goutte.
Un certain ressort caché,
Tout à coup étant lâché,

Fait tomber !
Ber ! ber !
Fait sauter !
Ter ! ter !
Fait tomber ;
Fait sauter ;
Fait voler
La tête !... »
C'est bien plus honnête ! »

— Eh bien, Messieurs, dit le roi, vous riez; si, cependant, cette machine de M. Guillotin était destinée à épargner des souffrances terribles aux malheureux condamnés ! Que demande la société, quand elle réclame la mort d'un coupable? La suppression pure et simple de l'individu. Si cette suppression est accompagnée de souffrances, comme dans la roue, comme dans l'écartèlement, ce n'est plus une justice, c'est une vengeance.

— Mais, Sire, observa Suleau, qui dit à Votre Majesté que la douleur est supprimée par le fait de la section de la tête? Qui dit que la vie ne persiste pas à la fois dans ces deux tronçons et que le moribond ne souffre pas doublement, ayant la conscience de sa dualité ?

— Cela, dit le roi, c'est une question à faire discuter par les gens de l'art ; au reste, une expérience a dû être faite, je crois, à Bicêtre, ce matin même; personne de vous n'assistait à cette expérience ?

— Non, Sire ! non, non, non, dirent presque simultanément douze ou quinze voix railleuses.

— J'y étais, moi, Sire, dit une voix grave.

Le roi se retourna et reconnut Gilbert qui était entré pendant la discussion, s'était approché respectueusement, et qui, s'étant tu jusque-là, répondait seulement à l'interrogation du roi.

— Ah ! c'est vous, docteur, dit le roi tressaillant; ah ! vous étiez là ?

— Oui, sire.

— Et comment l'expérience a-t-elle réussi ?

— Parfaitement sur les deux premiers, Sire, mais au troisième, quoique la colonne vertébrale eût été tranchée, on a été forcé d'achever la section de la tête avec un couteau.

Les jeunes gens écoutaient la bouche ouverte et les yeux hagards.

— Comment, Sire, dit Charles Lameth parlant visiblement au nom de tous les autres en même temps qu'au sien, on a exécuté trois hommes ce matin ?

— Oui, Messieurs, dit le roi, seulement, ces trois hommes étaient trois cadavres fournis par l'Hôtel-Dieu. Et votre avis, monsieur Gilbert?

— Sur quoi, Sire?

— Sur l'instrument.

— Sire, c'est évidemment un progrès à côté

de toutes les machines du même genre inventées jusqu'aujourd'hui ; mais l'accident arrivé au troisième cadavre prouve que cette machine a besoin de perfectionnement.

— Et comment est-elle faite ? demanda le roi chez lequel s'éveillait le génie du mécanisme.

Alors Gilbert essaya de donner une explication ; mais, comme le roi, d'après les paroles du docteur, ne pouvait saisir la forme exacte de l'instrument :

— Venez, dit-il, venez, docteur ; voici sur une table des plumes, de l'encre et du papier... Vous dessinez, je crois ?

— Oui, Sire.

— Eh bien, vous me ferez un croquis, je comprendrai mieux.

Et, comme les jeunes gentilshommes, retenus par le respect, n'osaient suivre le roi sans y être invités :

— Oh ! venez, venez, Messieurs, dit Louis XVI, ces questions-là intéressent l'humanité tout entière.

— Et puis, qui sait, dit Suleau à demi-voix, qui sait si l'un de nous n'est pas destiné à l'honneur d'épouser mademoiselle Guillotine ? Allons, Messieurs, allons faire connaissance avec notre fiancée.

Et tous, suivant le roi et Gilbert, se groupèrent autour de la table devant laquelle, pour exécuter plus facilement son dessin, Gilbert s'assit, sur l'invitation du roi.

Gilbert commença le croquis de la machine dont Louis XVI suivait les lignes avec la plus scrupuleuse attention.

Rien n'y manquait, ni la plate-forme, ni l'escalier qui conduisait, ni les deux poteaux, ni la bascule, ni la petite fenêtre, ni le fer taillé en croissant.

Il achevait à peine ce dernier détail que le roi l'arrêta.

— Parbleu ! dit-il, il n'y a rien d'étonnant à ce que l'expérience ait manqué, surtout à la troisième fois.

— Comment cela, Sire ? demanda Gilbert.

— Cela tient à la forme du couperet, dit Louis XVI, il faut n'avoir aucune idée de mécanique pour donner, à un objet destiné à trancher une matière offrant résistance, la forme d'un croissant.

— Mais quelle forme Votre Majesté lui donnerait-elle donc ?

— C'est bien simple, celle d'un triangle.

Gilbert essaya de rectifier le dessin.

— Non, non, pas cela, dit le roi, pas cela. Donnez-moi votre plume.

— Sire, dit Gilbert, voici la plume et la chaise.

— Attendez, attendez, dit Louis XVI emporté par son amour de la mécanique ; tenez, taillez-moi le fer en biseau, ainsi... là ! ainsi... et je vous réponds que vous couperiez vingt-cinq têtes à la suite les unes des autres, sans que le fer rebutât sur une seule.

Il achevait à peine ces paroles, qu'un cri déchirant, un cri d'effroi, presque de douleur, retentit au-dessus de sa tête.

Il se retourna vivement, et vit la reine pâle, chancelante, éperdue, qui tombait évanouie aux bras de Gilbert.

Poussée comme les autres par la curiosité, elle s'était approchée de la table, et, se penchant sur la chaise du roi, elle avait, par-dessus son épaule, au moment même où il en corrigeait le principal détail, reconnu la hideuse machine que Cagliostro lui avait fait voir, vingt ans auparavant, au château de Taverney Maison-Rouge.

A cette vue, elle n'avait eu de force que pour jeter un cri terrible, et, la vie l'ayant abandonnée, comme si la fatale machine eût opéré sur elle, elle était, ainsi que nous l'avons dit, tombée évanouie entre les bras de Gilbert.

XIII

LE MÉDECIN DE L'AME ET LE MÉDECIN DU CORPS

On comprend qu'après un pareil événement la soirée se trouva naturellement interrompue.

Quoique personne ne pût se rendre compte des causes qui avaient amené l'évanouissement de la reine, le fait existait.

En apercevant le dessin de Gilbert retouché par le roi, la reine avait poussé un cri, et s'était évanouie.

Voilà le bruit qui circula dans les groupes, et tout ce qui n'était pas de la famille, ou tout au moins de l'intimité, se retira.

Gilbert porta les premiers soins à la reine.

Madame de Lamballe n'avait point voulu qu'on la transportât chez elle. D'ailleurs, c'eût été chose difficile ; madame de Lamballe demeurait au pavillon de Flore, la reine au pavillon Marsan ; c'était toute la longueur du château à traverser.

L'auguste malade avait, en conséquence, été déposée sur une chaise longue dans la chambre à coucher de la princesse, laquelle, avec cette intuition particulière aux femmes, ayant deviné qu'il y avait quelque sombre mystère caché là-dessous, avait éloigné tout le monde, même le roi, et, debout à la tête de la chaise, l'œil tendrement inquiet, attendait que, grâce aux soins du docteur Gilbert, la reine reprît ses sens.

De temps en temps seulement, elle interrogeait d'un mot le docteur, qui, impuissant lui-même à hâter le retour de la vie, ne pouvait tranquilliser la princesse que par de banales assurances.

En effet, pendant quelques instants, la violence du coup porté à tout le système nerveux de la pauvre femme fut si intense, que l'application des flacons de sels sous le nez et les frictions de vinaigre aux tempes furent insuffisantes ; enfin de légères crispations vers les extrémités indiquèrent le retour de la sensibilité. La reine agita languissamment la tête de droite à gauche, comme on fait dans un rêve pénible, poussa un soupir et rouvrit les yeux.

Mais il était évident que, chez elle, la vie venait de se réveiller avant la raison ; aussi, pendant quelques secondes, regarda-t-elle autour de l'appartement de ce regard vague indiquant une personne qui ne sait où elle est, et qui ignore ce qui lui est arrivé ; mais bientôt un léger tremblement courut par tout son corps, elle poussa un faible cri, et mit sa main sur ses yeux comme pour leur dérober la vue d'un objet terrible.

Elle se souvenait.

Mais la crise était passée ! Gilbert, qui ne se dissimulait pas que l'accident avait une cause toute morale, et qui savait le peu d'action qu'a la médecine sur ces sortes de phénomènes, s'apprêtait à se retirer, lorsque, au premier pas qu'il fit en arrière, comme si la reine, par une vue intérieure, eût deviné son intention, elle étendit la main, lui saisit le bras, et, d'une voix aussi nerveuse que le geste qu'elle accompagnait :

— Restez, dit-elle.

Gilbert s'arrêta tout étonné. Il n'ignorait pas le peu de sympathie que la reine avait pour lui, et, cependant, d'un autre côté, il avait remarqué l'influence étrange et presque magnétique qu'il exerçait sur elle.

— Je suis aux ordres de la reine, dit-il ; mais je crois qu'il serait bon de calmer les inquiétudes du roi et des personnes restées au salon, et si Votre Majesté le permet...

— Thérèse, dit la reine en s'adressant à la princesse de Lamballe, va annoncer au roi que je suis revenue à moi ; et veille à ce que je ne sois pas interrompue ; j'ai à causer avec le docteur Gilbert.

La princesse obéit avec cette douceur passive qui était le trait dominant de son caractère et même de sa physionomie.

La reine, appuyée sur son coude, la suivit des yeux, attendit comme si elle eût voulu lui donner le temps de s'acquitter de sa commission, et, voyant qu'effectivement, cette commission accomplie, grâce à la vigilance de madame de Lamballe, elle allait être libre de causer à loisir avec le docteur, elle se retourna de son côté, et, fixant ses regards sur le sien :

— Docteur, lui dit-elle, ne vous étonnez-vous point de ce hasard qui vous met presque toujours face à face avec moi, dans les crises physiques ou morales de ma vie ? demanda-t-elle.

— Hélas ! Madame, répondit Gilbert, je ne sais si je dois remercier ce hasard ou m'en plaindre.

— Pourquoi cela, Monsieur ?

— Parce que je lis assez profondément dans le cœur pour m'apercevoir que ce n'est ni à votre désir ni à votre volonté que je dois cet honorable contact.

— Aussi ai-je dit hasard... Vous savez que je suis franche. Et, cependant, docteur, dans les dernières circonstances qui nous ont fait agir de concert, vous m'avez montré un véritable dévouement ; je ne l'oublierai pas et je vous en remercie.

Gilbert s'inclina.

La reine suivit le mouvement de son corps et de son visage.

— Moi aussi, je suis physionomiste, dit-elle ; savez-vous ce que vous venez de me répondre sans prononcer un mot ?

— Madame, dit Gilbert, je serais désespéré que mon silence fût moins respectueux que mes paroles.

— Vous venez de me répondre : « C'est bien, vous m'avez remercié, voilà une affaire réglée ; passons à une autre. »

— J'ai au moins éprouvé le désir que Sa Majesté mît mon dévouement à une épreuve qui lui permît de se manifester d'une façon plus efficace qu'il ne l'a fait jusqu'à présent ; de là l'espèce de désireuse impatience que la reine a peut-être, en effet, remarquée sur ma physionomie.

— Monsieur Gilbert, dit la reine en regardant fixement le docteur, vous êtes un homme supérieur et je fais amende honorable ; j'avais des préventions contre vous, ces préventions n'existent plus.

— Votre Majesté me permettra de la remercier du plus profond de mon cœur, non du compliment qu'elle daigne me faire, mais de l'assurance qu'elle veut bien me donner.

— Docteur, reprit la reine, comme si ce qu'elle allait dire s'enchaînait naturellement à ce qu'elle avait dit, que pensez-vous de ce qui vient de m'arriver ?

— Madame, dit Gilbert, je suis un homme positif, un homme de science ; ayez la bonté de me poser la question d'une façon plus précise.

— Je vous demande, Monsieur, si vous croyez que l'évanouissement dont je sors a été causé par une de ces crises nerveuses auxquelles les pauvres femmes sont soumises par la faiblesse de leur organisation, ou si vous soupçonnez à cet accident quelque cause plus sérieuse?

— Je répondrai à Votre Majesté que la fille de Marie-Thérèse, que la femme que j'ai vue si calme et si courageuse dans la nuit du 5 au 6 octobre, n'est point une femme ordinaire, et, par conséquent, n'a pu être émue d'un de ces accidents qui ont prise sur les femmes ordinaires.

— Vous avez raison, docteur; croyez-vous aux pressentiments?

— La science repousse tous ces phénomènes qui tendraient à renverser le cours matériel des choses ; et, cependant, parfois les faits sont là qui viennent donner un démenti à la science.

— J'aurais dû dire : Croyez-vous aux prédictions?

— Je crois que la suprême Bonté a, pour notre propre bonheur, couvert l'avenir d'un voile impénétrable. Quelques esprits, qui ont reçu de la nature une grande justesse mathématique, peuvent arriver, par l'étude profonde du passé, à soulever un coin de ce voile, et à entrevoir, comme à travers un brouillard, les choses futures ; mais ces exceptions sont rares, et, depuis que la religion a aboli la fatalité, depuis que la philosophie a mis les limites à la foi, les prophètes ont perdu les trois quarts de leur magie. Et, cependant..., ajouta Gilbert.

— Et cependant? reprit la reine voyant que, pensif, il s'arrêtait.

— Et, cependant, Madame, poursuivit-il, comme s'il faisait un effort sur lui-même pour aborder des questions que sa raison reléguait dans le domaine du doute; et, cependant, il est un homme...

— Un homme? dit la reine, qui suivait avec un intérêt haletant les paroles de Gilbert.

— Il est un homme qui a quelquefois confondu par des faits irrécusables tous les arguments de mon intelligence.

— Et cet homme, c'est?...

— Je n'ose le nommer devant Votre Majesté.

— Cet homme, c'est votre maître, n'est-ce pas, monsieur Gilbert? l'homme tout-puissant, l'homme immortel, le divin Cagliostro !

— Madame, mon unique, mon seul, mon véritable maître, c'est la nature. Cagliostro n'est que mon sauveur. Percé d'une balle qui me traversait la poitrine, perdant tout mon sang par une blessure que, devenu médecin, et après vingt ans d'études, je regarde comme incurable, en quelques jours, grâce à un baume dont j'ignore la composition, il m'a guéri ; de là ma reconnaissance, je dirai presque mon admiration.

— Et cet homme vous a fait des prédictions qui se sont accomplies?

— D'étranges, d'incroyables, Madame; cet homme marche dans le présent avec une certitude qui ferait croire à sa connaissance de l'avenir.

— De sorte que, si cet homme vous avait prédit quelque chose à vous, vous croiriez à sa prédiction?

— J'agirais du moins comme si elle dût se réaliser.

— De sorte que, s'il vous avait prédit une mort prématurée, terrible, infamante, vous vous prépareriez à cette mort?

— Après toutefois, Madame, dit Gilbert en regardant profondément la reine, après avoir cherché à y échapper par tous les moyens possibles.

— Y échapper? Non, docteur, non! je vois bien que je suis condamnée, dit la reine; cette révolution est un gouffre qui doit engloutir le trône; ce peuple est un lion qui me dévorera.

— Ah! Madame, dit Gilbert, ce lion qui vous épouvante, il dépend de vous de le voir se coucher à vos pieds comme un agneau.

— Ne l'avez-vous pas vu à Versailles?

— Ne l'avez-vous pas vu aux Tuileries? C'est l'Océan, Madame, battant incessamment, jusqu'à ce qu'il le déracine, le rocher qui s'oppose à sa course; caressant, comme une nourrice, la barque qui se confie à lui.

— Docteur, tout est rompu depuis longtemps entre ce peuple et moi : il me hait e je le méprise !

— Parce que vous ne vous connaissez récilement ni l'un ni l'autre. Cessez d'être pour lui une reine, devenez une mère; oubliez que vous êtes la fille de Marie-Thérèse, notre vieille ennemie; la sœur de Joseph II, notre faux ami; soyez Française, et vous entendrez les voix de ce peuple s'élever vers vous pour vous bénir, et vous verrez les bras de ce peuple se tendre vers vous pour vous caresser.

Marie-Antoinette haussa les épaules.

— Oui, je sais cela... il bénit hier, il caresse aujourd'hui, demain il étouffe ceux-là mêmes qu'il a bénis et caressés.

— Parce qu'il sent qu'il y a dans ceux-là une résistance à sa volonté, une haine en opposition avec son amour.

— Et sait-il lui-même ce qu'il aime ou ce qu'il hait, ce peuple, élément destructeur ! destructeur à la fois comme le vent, l'eau et le feu, et qui a les caprices d'une femme?

— Parce que vous le voyez du bord, Madame, comme le visiteur des falaises voit l'Océan ; parce que, s'avançant et reculant sans raison apparente, il brise à vos pieds son écume, et vous enveloppe de ses plaintes que vous prenez pour des rugissements; mais ce n'est point ainsi qu'il faut le voir; il faut le voir porté par l'esprit du Seigneur, qui plane sur les grandes eaux; il faut le voir, comme Dieu le voit, marchant à l'unité, et brisant tout ce qui lui est obstacle pour arriver à ce but. Vous êtes reine des Français, Madame, et vous ignorez ce qui se passe à cette heure en France. Levez votre voile, madame, au lieu de l'abaisser, et vous admirerez au lieu de craindre.

— Que verrai-je donc de si beau, de si magnifique, de si splendide.

— Vous verrez le nouveau monde éclore au milieu des ruines de l'ancien; vous verrez le berceau de la France à venir flotter comme celui de Moïse sur un fleuve plus large que le Nil, que la Méditerranée, que l'Océan... Dieu te protége, ô berceau ! Dieu te garde, ô France !

Et, si peu enthousiaste que fût Gilbert, il leva les bras et les yeux au ciel.

La reine le regardait avec étonnement; elle ne comprenait pas.

— Et où va-t-il aborder, ce berceau? demanda la reine. Est-ce à l'Assemblée nationale, cette réunion de disputeurs, de démolisseurs, de niveleurs? Est-ce la vieille France qui doit guider la nouvelle? Triste mère pour un si bel enfant, monsieur Gilbert !

— Non, Madame, où ce berceau doit aborder un jour ou l'autre, aujourd'hui, demain, peut-être, c'est à une terre inconnue jusqu'à cette heure, et qu'on appelle *la patrie*. Là, il trouvera la vigoureuse nourrice qui fait les peuples forts, la Liberté.

— Ah! de grands mots, dit la reine; je croyais que l'abus les avait tués.

— Non, Madame, dit Gilbert, de grandes choses ! Voyez la France, au moment où tout est brisé déjà, et où rien n'est reconstruit encore; où elle n'a pas de municipalités régulières, des départements à peine; où elle n'a point de lois, mais où elle se fait sa loi à elle-même ; voyez-la franchir, l'œil fixe et la marche assurée, le passage qui la conduit d'un monde à l'autre, ce pont étroit jeté sur l'abîme ; voyez, ce pont, étroit comme celui de Mahomet, elle le traverse sans trébucher... Où va-t-elle, cette vieille France? A l'unité de la patrie ! Tout ce qu'elle a cru difficile, pénible, insurmontable jusqu'ici, lui est devenu, non seulement possible, mais encore facile. Nos provinces étaient un faisceau de préjugés différents, d'intérêts opposés, de souvenirs individuels ; rien ne prévaudrait, croyait-on, contre ces vingt-cinq ou trente nationalités repoussant la nationalité générale. Le vieux Languedoc, la vieille Toulouse, la vieille Bretagne consentiront-ils à se faire Normandie, Bourgogne ou Dauphiné? Non, Madame ; mais tous se feront France. Pourquoi étaient-ils ainsi entêtés de leurs droits, de leurs privilèges, de leur législation ? C'est qu'ils n'avaient point de patrie. Or, je vous l'ai dit, Madame, la patrie leur est apparue, bien loin encore dans l'avenir peut-être, mais ils l'ont vue, mère immortelle et féconde, les appelant à elle les bras ouverts, enfants isolés et perdus; celle qui les appelle, c'est la mère commune; ils avaient l'humilité de se croire Languedociens, Provençaux, Bretons, Normands, Bourguignons, Dauphinois; non, ils se trompaient tous : ils étaient Français !

— Mais, à vous entendre, docteur, dit la reine avec un accent d'ironie, la France, cette vieille France, la fille aînée de l'Église, comme l'appellent les papes depuis le IXe siècle, n'existerait que d'hier?

— Et voilà justement où est le miracle, Madame, c'est qu'il y avait une France, et qu'aujourd'hui il y a des Français; non seulement des Français, mais encore des frères; des frères qui se tiennent tous par la main. Eh! mon Dieu ! Madame, les hommes sont moins mauvais qu'on ne le dit; ils tendent à se socialiser; pour les désunir, pour les empêcher de s'approcher, il a fallu tout un monde d'inven-

Voulez-vous être sauvé ? (Page 193.)

tions contre nature : douanes intérieures, péages innombrables, barrières sur les routes, bacs sur les fleuves ; diversités de lois, de règlements, de poids, de mesures ; rivalités de provinces, de pays, de villes, de villages. Un beau jour, un tremblement de terre arrive qui secoue le trône, et qui renverse toutes ces vieilles murailles, qui détruit tous ces obstacles. Les hommes, alors, se regardent à la face du ciel, à cette douce et bonne lumière du soleil, qui féconde, non seulement la terre, mais encore les cœurs ; la fraternité pousse comme une moisson sainte, et les ennemis eux-mêmes, étonnés des haines qui les ont agités si longtemps, s'avancent, non pas les uns contre les autres, mais les uns vers les autres ; les bras, non pas armés, mais ouverts ;

rien d'officiel, rien de commandé. Sous cette marée qui monte, fleuves et montagnes disparaissent, la géographie est tuée ; les accents sont encore divers, mais la langue est la même, et l'hymne universel que chantent trente millions de Français se compose de ces quelques mots :

Louons Dieu, qui nous a fait une patrie !

— Eh bien, où voulez-vous en venir, docteur ? Croyez-vous me rassurer par la vue de cette fédération universelle de trente millions de rebelles contre leur reine et leur roi?

— Eh ! Madame, détrompez-vous ! s'écria Gilbert ; ce n'est point le peuple qui est rebelle à sa reine et à son roi, c'est le roi et la reine qui sont rebelles à leur peuple, qui continuent à parler le langage des priviléges et de la royauté, quand on parle autour d'eux la langue de la fraternité et du dévouement. Jetez les yeux sur une de ces fêtes improvisées, Madame, et vous y verrez presque toujours, au milieu d'une vaste plaine ou au sommet d'une colline, un autel; autel pur comme celui d'Abel, et, sur cet autel, un petit enfant que tous adoptent, et qui, doté des vœux, des dons et des larmes de tous, devient l'enfant de tous. Eh bien, Madame, la France, cette France née d'hier, et dont je vous parle, c'est l'enfant sur l'autel; seulement, autour de cet autel, ce ne sont plus des villes et des villages qui se groupent, ce sont les peuples, ce sont les nations. La France, c'est le Christ qui vient de naître dans une crèche, au milieu des humbles, pour le salut du monde, et les peuples se réjouissent à sa naissance, en attendant que les rois plient le genou devant elle, et lui apportent leur tribut... L'Italie, la Pologne, l'Irlande, l'Espagne regardent cet enfant né d'hier qui porte leur avenir; et les yeux en larmes, elles lui tendent leurs mains enchaînées en criant : « France, France! nous sommes libres en toi! » Madame, Madame! continua Gilbert, il en est temps encore, prenez l'enfant sur l'autel, et faites-vous sa mère!

— Docteur, répondit la reine, vous oubliez que j'ai d'autres enfants, les enfants de mes entrailles, et qu'en faisant ce que vous dites, je les deshérite pour un enfant étranger.

— Alors, s'il en est ainsi, Madame, dit Gilbert avec une profonde tristesse, enveloppez ces enfants dans votre manteau royal, dans le manteau de guerre de Marie-Thérèse, et emportez-les avec vous hors de France; car vous avez dit vrai, le peuple vous dévorera, et vos enfants avec vous. Seulement, il n'y a pas de temps à perdre, hâtez-vous, Madame, hâtez-vous!

— Et vous ne vous opposez pas à ce départ, Monsieur?

— Loin de là, dit Gilbert. Maintenant que je sais vos véritables intentions, je vous y aiderai, Madame.

— Eh bien, cela tombe à merveille, dit la reine, car il y a un gentilhomme tout prêt à agir, à se dévouer, à mourir!

— Ah! Madame, dit Gilbert avec terreur, ne serait-ce point de M. de Favras que vous voulez parler?

— Qui vous a dit son nom? qui vous a révélé son projet?

— Oh! Madame, prenez garde! celui-là aussi une prédiction fatale le poursuit!

— Est-ce encore du même prophète?

— Toujours, Madame!

— Et, selon ce prophète, quel sort attend le marquis?

— Une mort prématurée, terrible, infamante! comme celle dont vous parliez tout à l'heure.

— Alors, vous disiez vrai, il n'y a pas de temps à perdre pour faire mentir ce prophète de malheur.

— Vous allez prévenir M. de Favras que vous acceptez son aide?

— On est chez lui à cette heure, monsieur Gilbert, et j'attends sa réponse.

En ce moment, et comme Gilbert, effrayé lui-même des circonstances au milieu desquelles il se trouvait engagé, passait sa main sur son front pour y attirer la lumière, madame de Lamballe entra, et dit deux mots tout bas à l'oreille de la reine.

— Qu'il entre, qu'il entre! s'écria la reine, le docteur sait tout. Docteur, continua-t-elle, c'est M. Isidore de Charny qui m'apporte la réponse du marquis de Favras. Demain, la reine aura quitté Paris; après-demain, nous serons hors de France. Venez, baron, venez... Grand Dieu! qu'avez-vous? et pourquoi êtes-vous si pâle?

— Madame la princesse de Lamballe m'a dit que je pouvais parler devant le docteur Gilbert? demanda Isidore.

— Et elle a dit vrai, oui, oui, parlez. Vous avez vu le marquis de Favras?... Le marquis est prêt... Nous acceptons son offre... nous allons quitter Paris, quitter la France...

— Le marquis de Favras vient d'être arrêté, il y a une heure, rue Beaurepaire, et conduit au Châtelet, répondit Isidore.

Le regard de la reine croisa celui de Gilbert, lumineux, désespéré, plein de colère.

Mais toute la force de Marie-Antoinette sembla s'être épuisée dans cet éclair.

Gilbert s'approcha d'elle, et, avec un accent de profonde pitié :

— Madame, lui dit-il, puis-je vous être bon à quelque chose? Disposez de moi; mon intelligence, mon dévouement, ma vie, je mets tout à vos pieds.

La reine leva lentement les yeux sur le docteur.

Puis, d'une voix lente et résignée :

— Monsieur Gilbert, dit-elle, vous qui êtes si savant, et qui avez assisté à l'expérience de ce matin, êtes-vous d'avis que la mort que donne cette affreuse machine soit aussi douce que le prétend son inventeur?

Gilbert poussa un soupir, et voila ses yeux de ses mains.

En ce moment, Monsieur, qui savait tout ce qu'il voulait savoir, car le bruit de l'arrestation du marquis de Favras s'était, en quelques secondes, répandu par tout le palais, Monsieur demandait en toute hâte sa voiture, et partait sans s'inquiéter de la santé de la reine, et presque sans prendre congé du roi.

Louis XVI lui barra le passage.

— Mon frère, dit-il, vous n'êtes point tellement pressé de rentrer au Luxembourg, je suppose, que vous n'ayez le temps de me donner un conseil. A votre avis, que dois-je faire?

— Vous voulez me demander ce qu'à votre place je ferais?

— Oui.

— J'abandonnerais M. de Favras, et je jurerais fidélité à la Constitution.

— Comment voulez-vous que je jure fidélité à une Constitution qui n'est pas achevée?

— Raison de plus, mon frère, dit Monsieur avec ce regard louche et faux qui partait des plus profondes sinuosités de son cœur, raison de plus pour ne pas vous croire obligé de tenir votre serment.

Le roi demeura un instant pensif.

— Soit, dit-il, cela n'empêche pas que je n'écrive à M. de Bouillé que notre projet tient toujours, mais est ajourné. Ce retard donnera le temps au comte de Charny de relever la route que nous devons suivre.

XIV

MONSIEUR DÉSAVOUE FAVRAS, ET LE ROI PRÊTE SERMENT A LA CONSTITUTION

Le lendemain de l'arrestation de M. de Favras, cette singulière circulaire courut par tout Paris.

« Le marquis de Favras (place Royale) a été arrêté avec madame son épouse, pendant la nuit du 24 au 25, pour un plan qu'il avait fait de soulever trente mille hommes pour faire assassiner M. de la Fayette et le maire de la ville, et ensuite de nous couper les vivres.

» Monsieur, frère du roi, était à la tête.

» Signé : BARAUZ. »

On comprend la révolution étrange que fit, dans le Paris de 1790, si facile à l'émotion, une pareille circulaire.

Une traînée de poudre allumée n'aurait pas produit une flamme plus rapide que celle qui s'éleva partout où passa le papier incendiaire.

D'abord, il fut dans toutes les mains; deux heures après, chacun le savait par cœur.

Le 26 au soir, les mandataires de la Commune étant rassemblés en conseil à l'Hôtel de Ville et lisant l'arrêté du comité des recherches qui venait d'être rendu, l'huissier annonça tout à coup que Monsieur demandait à être introduit.

— *Monsieur!* répéta le bon Bailly, qui présidait l'Assemblée, quel monsieur?

— Monsieur, frère du roi, répondit l'huissier.

A ces mots, les membres de la Commune se regardèrent les uns les autres. Le nom de Monsieur était, depuis la veille au matin, dans toutes les bouches.

Mais, en se regardant, ils se levèrent.

Bailly jeta un coup d'œil interrogateur autour de lui, et, comme les réponses muettes qu'il lut dans les yeux de ses collègues lui parurent unanimes :

— Allez annoncer à Monsieur, dit-il, que, bien qu'étonnés de l'honneur qu'il nous fait, nous sommes prêts à le recevoir.

Quelques secondes après, Monsieur était introduit.

Il était seul; son visage était pâle, et sa démarche, d'ordinaire assez mal assurée, était plus chancelante encore, ce soir-là, que de coutume.

Par bonheur pour le prince, chaque membre de la Commune ayant des lumières près de lui, sur l'immense table en fer à cheval où chacun travaillait, le milieu de ce fer à cheval demeurait dans une obscurité relative.

Cette circonstance n'échappa point à Monsieur, qui parut se rassurer.

Il promena un regard timide encore sur cette nombreuse réunion, dans laquelle il trouvait au moins le respect à défaut de la sympathie, et, d'une voix tremblante d'abord, mais qui se raffermit par degrés :

— Messieurs, dit-il, le désir de repousser une calomnie atroce m'amène au milieu de vous. M. de Favras a été arrêté avant-hier par ordre de votre comité des recherches, et l'on répand aujourd'hui avec affectation que j'ai de grandes liaisons avec lui.

Quelques sourires passèrent sur les visages des auditeurs, et des chuchottements accueilirent cette première partie du discours de Monsieur.

Il continua :

— En ma qualité de citoyen de la ville de Paris, j'ai cru devoir vous instruire moi-même des seuls rapports sous lesquels je connaisse M. de Favras.

Comme on le devine bien, l'attention de MM. les membres de la Commune redoubla; on tenait à savoir de la bouche même de Monsieur, quitte à en croire ce que l'on voudrait, quels étaient les rapports de Son Altesse Royale avec M. de Favras.

Son Altesse Royale continua en ces termes :

— En 1772, M. de Favras est entré dans mes gardes suisses; il en est sorti en 1775; je ne lui ai point parlé depuis cette époque.

Un murmure d'incrédulité passa dans l'auditoire; mais un regard de Bailly comprima ce murmure, et Monsieur put rester dans le doute s'il était approbatif ou improbatif.

Monsieur reprit :

— Privé depuis plusieurs mois de la jouissance de mes revenus, inquiet sur des payements considérables que j'ai à faire en janvier, j'ai désiré pouvoir satisfaire à mes engagements, sans être à charge au trésor public. J'avais résolu, en conséquence, de faire un emprunt; M. de Favras m'a été indiqué, il y a quinze jours environ, par M. de la Châtre, comme pouvant effectuer cet emprunt sur un banquier de Gênes. En conséquence, j'ai souscrit une obligation de deux millions, somme nécessaire pour acquitter mes engagements du commencement de l'année, et pour payer ma maison. Cette affaire étant purement de finance, j'ai chargé mon intendant de la suivre. Je n'ai pas vu M. de Favras, je ne lui ai point écrit, je n'ai eu aucune communication avec lui; ce qu'il a fait, d'ailleurs, m'est parfaitement inconnu[1].

Un ricanement parti des rangs du public prouva que tout le monde n'était pas disposé à croire ainsi sur parole à cette étrange assertion du prince, confiant, sans le voir, deux millions de traites à un intermédiaire, surtout quand cet intermédiaire était un de ses anciens gardes.

Monsieur rougit, et, sans doute pressé d'en finir avec la position fausse qu'il s'était faite, il continua vivement :

— Cependant, Messieurs, j'ai appris hier que l'on distribuait avec profusion, dans la capitale, un papier conçu en ces termes...

[1]. Nous reproduisons, sans y changer une syllabe, les propres paroles de Monsieur.

Et Monsieur lut, alors — ce qui était bien inutile, tout le monde l'ayant dans la main ou dans la mémoire, — le bulletin que nous avons cité tout à l'heure.

A ces mots : « Monsieur, frère du roi, était à la tête, » tous les membres de la Commune s'inclinèrent.

Voulaient-ils dire qu'ils étaient de l'avis du bulletin? voulaient-ils dire purement et simplement qu'ils étaient au courant de l'accusation?

Monsieur poursuivit :

— Vous n'attendez pas de moi, sans doute, que je descende jusqu'à me justifier d'un crime aussi bas; mais, dans un temps où les calomnies les plus absurdes peuvent faire aisément confondre les meilleurs citoyens avec les ennemis de la Révolution, j'ai cru, Messieurs, devoir au roi, à vous et à moi-même, d'entrer dans tous les détails que vous venez d'entendre, afin que l'opinion publique ne puisse rester un seul instant incertaine. Depuis le jour où, dans la seconde assemblée des notables, je me déclarai sur la question fondamentale qui divisait encore les esprits, je n'ai pas cessé de croire qu'une grande révolution était prête, que le roi, par ses intentions, ses vertus et son rang suprême, devait en être le chef, puisqu'elle ne pouvait pas être avantageuse à la nation sans l'être également au monarque ; enfin, que l'autorité royale devait être le rempart de la liberté nationale, la base de l'autorité royale.

Quoique le sens de la phrase ne fût pas bien clair, l'habitude qu'on avait d'applaudir certaines combinaisons de mots fit que l'on applaudit celle-ci.

Encouragé, Monsieur haussa la voix, et ajouta, s'adressant avec un peu plus d'assurance aux membres de l'assemblée :

— Que l'on cite une seule de mes actions, un seul de mes discours qui ait démenti les principes que je viens d'émettre, et qui ait montré que, dans quelque circonstance où j'ai été placé, le bonheur du roi, celui du peuple aient cessé d'être l'unique objet de mes pensées et de mes vœux; jusque-là, j'ai le droit d'être cru ; je n'ai jamais changé de sentiments ni de principes, et je n'en changerai jamais!

Tout romancier que nous nous sommes fait, nous avons momentanément empiété sur l'histoire en donnant le discours filandreux de Son Altesse Royale dans toute son étendue. Il est bon que même les lecteurs de romans sachent quel était à trente-cinq ans le prince qui devait nous octroyer, à soixante, la Charte ornée de son article 14.

Or, comme nous ne voulons pas être plus injuste pour Bailly que pour Son Altesse Royale, nous donnerons la réponse du maire de Paris comme nous avons donné le discours de Monsieur.

Bailly répondit.

— Monsieur, c'est une grande satisfaction pour les représentants de la commune de Paris de voir parmi eux le frère d'un roi chéri, d'un roi, le restaurateur de la liberté française. Augustes frères, vous êtes unis par les mêmes sentiments. Monsieur s'est montré le premier citoyen du royaume en votant pour le tiers-état dans la seconde assemblée des notables ; il a été presque le seul de cet avis, avec un très petit nombre d'amis du peuple, et il a ajouté la dignité de la raison à tous ses autres titres au respect de la nation. Monsieur est donc le premier auteur de l'égalité civile : il en donne un nouvel exemple aujourd'hui en venant se mêler parmi les représentants de la Commune, où il semble ne vouloir être apprécié que par ses sentiments patriotiques. Ces sentiments sont consignés dans les explications que Monsieur veut bien donner à l'assemblée. Le prince va au-devant de l'opinion publique ; le citoyen met le prix à l'opinion de ses concitoyens, et j'offre à Monsieur, au nom de l'assemblée, le tribut de respect et de reconnaissance qu'elle doit à ses sentiments, à l'honneur de sa présence, et surtout au prix qu'il attache à l'estime des hommes libres.

Alors, comme Monsieur comprit, sans doute, que, malgré le grand éloge que faisait Bailly de sa conduite, cette conduite serait diversement appréciée, il répondit, avec cet air paterne qu'il savait si bien prendre dans les circonstances où il pouvait lui être utile :

— Messieurs, le devoir que je viens de remplir a été pénible pour un cœur vertueux ; mais j'en suis bien dédommagé par les sentiments que l'assemblée vient de me témoigner, et ma bouche ne doit plus s'ouvrir que pour demander la grâce de ceux qui m'ont offensé.

On le voit, Monsieur ne s'engageait ni n'engageait l'assemblée. Pour qui demandait-il grâce ? Ce n'était point pour Favras, car nul ne savait si Favras était coupable, et, d'ailleurs Favras n'avait point offensé Monsieur.

Non, Monsieur demandait tout simplement la grâce de l'auteur anonyme de la circulaire qui l'accusait ; mais l'auteur n'avait pas besoin de grâce, puisqu'il était inconnu.

Les historiens passent si souvent, sans les relever, près des infamies des princes, que c'est à nous autres romanciers à faire, dans ce cas-là, leur office, au risque de voir, pendant un chapitre, le roman devenir aussi ennuyeux que l'histoire.

Il va sans dire que, lorsque nous parlons d'historiens aveugles ou d'histoires ennuyeuses on sait de quels historiens et de quelles histoires nous parlons.

Monsieur avait donc, pour son compte, pratiqué une partie du conseil qu'il avait donné à son frère Louis XVI.

Il avait renié M. de Favras, et, comme on le voit aux éloges que lui avait décernés le vertueux Bailly, la chose avait obtenu un plein succès.

Ce que considérant sans doute le roi Louis XVI, il se décida, de son côté, à jurer fidélité à la Constitution.

Un beau matin, l'huissier vint dire au président de l'Assemblée, qui était ce jour-là M. Bureaux de Puzy, comme l'huissier de la commune était venu dire au maire pour Monsieur, — que le roi, avec un ou deux ministres et trois ou quatre officiers, frappait à la porte du Manège, comme Monsieur avait frappé à la porte de l'Hôtel de Ville.

Les représentants du peuple se regardèrent étonnés. Que pouvait avoir à leur dire le roi, qui depuis si longtemps marchait séparé d'eux,

On fit entrer Louis XVI et le président lui céda son fauteuil.

A tout hasard la salle éclata en acclamations. A part Pétion, Camille Desmoulins et Marat, toute la France était encore ou croyait être encore royaliste.

Le roi avait éprouvé le besoin de venir féliciter l'Assemblée sur ses travaux ; il avait à louer cette belle division de la France en départements ; mais ce qu'il ne voulait point tarder à exprimer surtout, car ce sentiment l'étouffait, c'était son amour ardent pour la Constitution.

Le commencement du discours, — n'oublions pas que, noir ou blanc, royaliste ou constitutionnel, aristocrate ou patriote, pas un seul représentant ne savait où allait le roi, — le commencement du discours causa quelques inquiétudes, le milieu prédisposa les esprits à la reconnaissance, mais la fin, — oh ! la fin ! — la fin porta les sentiments de l'Assemblée jusqu'à l'enthousiasme.

Le roi ne pouvait résister au désir d'exprimer son amour pour cette petite constitution de 1791 qui n'était pas encore née, que serait-ce donc quand elle aurait complètement vu le jour?

Alors, ce ne serait plus de l'amour que le roi aurait pour elle, ce serait du fanatisme.

Nous ne citons pas le discours du roi; peste! il a six pages! c'est bien assez d'avoir cité le discours de Monsieur, qui n'en a qu'une, et qui, cependant, nous a paru terriblement long.

Tant il y a que Louis XVI ne parut pas trop prolixe à l'Assemblée, qui pleura d'attendrissement en l'écoutant.

Quand nous disons qu'elle pleura, ce n'est point une métaphore : Barnave pleurait, Lameth pleurait, Duport pleurait, Mirabeau pleurait, Barrère pleurait; c'était un véritable déluge.

L'Assemblée en perdit la tête. Elle se leva tout entière; les tribunes se levèrent; chacun étendit la main, et fit serment de fidélité à cette constitution qui n'existait pas encore.

Le roi sortit; mais le roi et l'Assemblée ne pouvaient se quitter ainsi : elle sort derrière lui, elle se précipite, elle lui fait cortège, elle arrive aux Tuileries, la reine la reçoit.

La reine! elle n'est pas enthousiaste, elle, la rude fille de Marie-Thérèse; elle ne pleure pas, la digne sœur de Léopold ; elle présente son fils aux députés de la nation.

— Messieurs, dit-elle, je partage tous les sentiments du roi; je m'unis de cœur et d'affection à la démarche que sa tendresse pour son peuple vient de lui dicter. Voici mon fils; je n'oublierai rien pour lui apprendre de bonne heure à imiter les vertus du meilleur des pères, à respecter la liberté publique, et à maintenir les lois, dont j'espère qu'il sera le plus ferme soutien.

Il fallait un enthousiasme bien réel pour qu'un pareil discours ne le refroidît point; celui de l'Assemblée était chauffé à blanc. On proposa de prêter à l'instant même le serment; on le formula séance tenante ; le premier de tous, le président fit entendre ces paroles :

— Je jure d'être fidèle à la nation, à la loi et au roi, et de maintenir, de tout mon pouvoir, la constitution décrétée par l'Assemblée nationale et acceptée par le roi.

Et tous les membres de l'Assemblée, excepté un seul, levèrent la main, chacun à son tour, et répétèrent : « Je le jure! »

Les dix jours qui suivirent cette bienheureuse démarche, qui venait de rendre la joie à l'Assemblée, le calme à Paris, la paix à la France, s'écoulèrent en fêtes, en bals, en illuminations. On n'entendait de toute part que serments prêtés; on jurait partout : on jurait sur la Grève, à l'Hôtel de Ville, dans les églises, dans les rues, sur les places publiques; on dressait des autels à la patrie; on y conduisait les écoliers, et les écoliers juraient, comme s'ils étaient déjà des hommes, et comme s'ils savaient ce que c'est qu'un serment.

L'Assemblée commanda un *Te Deum* où elle assista en masse; là, on renouvela sur l'autel, en face de Dieu, le serment déjà fait.

Seulement, le roi n'alla point à Notre-Dame, et, par conséquent, ne jura point.

On remarqua son absence; mais on était si joyeux, on était si confiant, que l'on se contenta du premier prétexte qu'il lui plut de donner.

— Pourquoi donc n'avez-vous pas été au *Te Deum?* pourquoi donc n'avez-vous pas juré sur l'autel comme les autres? demanda ironiquement la reine.

— Parce que je veux bien mentir, Madame, répondit Louis XVI, mais non point me parjurer.

La reine respira.

Jusque-là, comme tout le monde, elle avait cru à la bonne foi du roi.

XV

UN GENTILHOMME

Cette visite du roi à l'Assemblée avait eu lieu le 4 février 1790.

Douze jours plus tard, c'est-à-dire dans la nuit du 17 au 18 du même mois, en l'absence de M. le gouverneur du Châtelet, qui avait demandé et obtenu, le jour même, un congé pour se rendre à Soissons près de sa mère mourante, un homme se présenta à la porte de la prison, porteur d'un ordre signé de M. le lieutenant de police, lequel ordre autorisait le visiteur à conférer sans témoin avec M. de Favras.

L'ordre était-il réel ou falsifié, c'est ce que nous n'oserions dire; mais, en tout cas, le sous-gouverneur, que l'on réveilla pour le lui soumettre, le reconnut bon, puisqu'il ordonna aussitôt que, malgré l'heure avancée de la nuit, le porteur de l'ordre fût introduit dans le cachot de M. de Favras.

Après quoi, s'en rapportant à la bonne garde de ses porte-clefs à l'intérieur et de ses sentinelles à l'extérieur, il alla se remettre au lit, pour y achever sa nuit, si malencontreusement interrompue.

Le visiteur, sous prétexte d'avoir, en tirant

'ordre de son portefeuille, laissé tomber un papier important, prit la lampe et chercha à terre, jusqu'à ce qu'il eût vu M. le sous-directeur du Châtelet entrer dans sa chambre. Alors, il déclara qu'il croyait avoir laissé ce papier sur sa table de nuit, et qu'en tout cas, si on le retrouvait, il priait qu'on le lui rendît, au moment de son départ.

Puis, donnant la lampe au porte-clefs qui attendait, il l'invita à le conduire au cachot de M. de Favras.

Le guichetier ouvrit une porte, fit passer l'inconnu, passa à son tour, et referma la porte derrière lui.

Il paraissait regarder cet inconnu avec curiosité, comme s'il s'attendait que, d'un moment à l'autre, celui-ci dût lui adresser la parole pour une importante communication.

On descendit douze marches, et l'on s'engagea dans un corridor souterrain.

Puis une seconde porte se présenta que le guichetier ouvrit et referma comme la première.

L'inconnu et son guide se trouvèrent, alors, sur une espèce de palier, ayant devant eux un second étage de marches à descendre. L'inconnu s'arrêta, plongea son regard dans les profondeurs du corridor sombre, et, lorsqu'il se fût bien assuré que l'obscurité était aussi solitaire que muette :

— Vous êtes le porte-clefs Louis? demanda-t-il.

— Oui, répondit le guichetier.

— Frère de la loge Américaine?

— Oui.

— Vous avez été placé ici, il y a huit jours, par une main mystérieuse pour y accomplir une œuvre inconnue?

— Oui.

— Vous êtes prêt à accomplir cette œuvre?

— Je suis prêt.

— Vous devez recevoir des ordres d'un homme?...

— Oui, du messie.

— A quoi devez-vous reconnaître cet homme?

— A trois lettres brodées sur un plastron.

— Je suis cet homme... et voici les trois lettres !

Et, à ces mots, le visiteur ouvrit son jabot de dentelle, et, sur sa poitrine, montra brodées ces trois lettres dont nous avons déjà, dans le cours de cette histoire, eu plus d'une fois l'occasion de remarquer l'influence : L. P. D.

— Maître, dit le geôlier, en s'inclinant, je suis à vos ordres.

— Bien. Ouvrez-moi le cachot de M. de Favras, et tenez-vous prêt à obéir.

Le geôlier s'inclina sans répondre, passa devant pour éclairer la route, et, s'arrêtant devant une porte basse :

— C'est ici, murmura-t-il.

L'inconnu fit un signe de la tête : la clef, introduite dans la serrure, grinça deux fois, et la porte s'ouvrit.

Tout en prenant vis-à-vis du prisonnier les plus rigoureuses mesures de sûreté, jusqu'à le mettre dans un cachot enterré de vingt pieds sous le sol, on avait eu quelques attentions pour sa qualité. Il avait un lit propre et des draps blancs. Près de ce lit, était une table chargée de plusieurs livres et portant de l'encre, des plumes et du papier, destinés sans doute à préparer un mémoire de défense.

Une lampe éteinte dominait le tout.

Dans un coin, brillaient, sur une seconde table, des ustensiles de toilette tirés d'un élégant nécessaire aux armes du marquis; appliquée à la muraille, était une petite glace sortant du même nécessaire.

M. de Favras dormait si profondément que la porte s'ouvrit, que l'inconnu s'approcha de lui, que le geôlier posa la seconde lampe près de la première, et sortit sur un geste du visiteur sans que le bruit et le mouvement qui avaient été faits pussent le tirer de son sommeil.

L'inconnu considéra un instant cet homme endormi avec un sentiment de profonde mélancolie; puis, comme s'il se fût rappelé que le temps était précieux, quelque regret qu'il parût avoir de troubler ce bon repos, il lui posa la main sur l'épaule.

Le prisonnier tressaillit et se retourna vivement, les yeux tout grands ouverts, comme font d'habitude ceux qui se sont endormis s'attendant à être réveillés par une mauvaise nouvelle.

— Tranquillisez-vous, monsieur de Favras, dit l'inconnu ; c'est un ami.

M. de Favras regarda un instant ce visiteur nocturne avec un air de doute qui exprimait son étonnement qu'un ami le vînt chercher à dix-huit ou vingt pieds au-dessous du sol.

Puis, tout à coup rappelant ses souvenirs :

— Ah! ah! dit-il, monsieur le baron Zannone...

— Moi-même, cher marquis.

Favras jeta en souriant un regard autour de lui, et, montrant du doigt au baron un escabeau libre de tout livre et de tout vêtement :

— Donnez-vous la peine de vous asseoir, lui dit-il.

— Mon cher marquis, dit le baron, je viens vous proposer une chose qui n'admet point une longue discussion; et puis nous n'avons pas de temps à perdre...

— Que venez-vous me proposer, mon cher baron?... J'espère que ce n'est pas un emprunt?

— Pourquoi cela?

— Parce que les garanties que j'aurais à vous donner me paraissent médiocrement sûres...

— Ce ne serait point une raison avec moi, marquis, et je serais tout prêt, au contraire, à vous offrir un million!

— A moi? dit Favras en souriant.

— A vous, oui, mais comme ce serait à des conditions que vous n'accepteriez pas, je ne vous ferai pas même cette offre.

— Alors, puisque vous m'avez prévenu que vous étiez pressé, mon cher baron, venez au fait.

— Vous savez que c'est demain qu'on vous juge, marquis?

— Oui, j'ai entendu dire quelque chose comme cela, répondit Favras.

— Vous savez que les juges devant lesquels vous paraissez sont les mêmes qui ont acquitté Augeard et Besenval?...

— Oui.

— Vous savez que l'un et l'autre n'ont été acquittés que par l'intervention toute-puissante de la cour?...

— Oui, répondit pour la troisième fois Favras, sans que sa voix eût subi la moindre altération dans ses trois réponses.

— Vous espérez, sans doute, que la cour fera pour vous ce qu'elle a fait pour vos devanciers?...

— Ceux avec lesquels j'ai eu l'honneur d'être en relation pour l'entreprise qui m'a conduit ici savent ce qu'ils doivent faire à mon égard, monsieur le baron; ce qu'ils feront sera bien fait.

— Ils ont déjà pris leur parti à cet égard, monsieur le marquis, et je puis vous instruire de ce qu'ils ont fait.

Favras ne témoigna aucune curiosité de le savoir.

— Monsieur, continua le visiteur, s'est présenté à l'Hôtel de Ville et a déclaré qu'il vous connaissait à peine; qu'en 1772, vous étiez entré dans ses gardes suisses; que vous en étiez sorti en 1775, et que, depuis cette époque, il ne vous avait pas vu.

Favras inclina la tête en signe d'adhésion.

— Quant au roi, non seulement il ne pense plus à fuir, mais encore il s'est, le 4 du courant, rallié à l'Assemblée nationale, et a juré la Constitution!

Un sourire passa sur lèvres de Favras.

— Vous doutez? demanda le baron.

— Je ne dis point cela, répondit Favras.

— Ainsi, vous le voyez, marquis, il ne faut pas compter sur Monsieur... il ne faut pas compter sur le roi...

— Au fait, monsieur le baron.

— Vous allez donc passer devant vos juges...

— Vous m'avez fait l'honneur de me le dire.

— Vous serez condamné!...

— C'est probable.

— A mort!...

— C'est possible.

Favras s'inclina en homme prêt à recevoir, quel qu'il soit, le coup qui doit le frapper.

— Mais, fit le baron, savez-vous à quelle mort, mon cher marquis...?

— Y a-t-il deux morts, mon cher baron?

— Oh! il y en a dix: il y a le pal, l'écartèlement, le lacet, la roue, la potence, la tête tranchée... ou plutôt, la semaine dernière encore, il y avait toutes ces morts-là! Aujourd'hui, comme vous dites, il n'y en a plus qu'une: le gibet.

— Le gibet!

— Oui. L'Assemblée nationale, après avoir proclamé l'égalité devant la loi, a trouvé juste de proclamer l'égalité devant la mort! Maintenant, nobles et vilains sortent de ce monde par la même porte: ils sont pendus, marquis.

— Ah! Ah! fit Favras.

— Condamné à mort, vous serez pendu... chose fort triste pour un gentilhomme qui ne craint pas la mort, j'en suis sûr, mais qui répugne à la potence.

— Ah çà! monsieur le baron, dit Favras, êtes-vous venu pour m'annoncer seulement toutes ces bonnes nouvelles, ou vous reste-t-il encore quelque chose de mieux à me dire?

— Je suis venu pour vous annoncer que tout est prêt pour votre évasion, et pour vous dire que, dans dix minutes, si vous le voulez, vous pouvez être hors de votre prison, et, dans vingt-quatre heures, hors de France.

Favras réfléchit un instant, sans que l'offre que venait de lui faire le baron parût lui causer aucune émotion. Puis, s'adressant à son interlocuteur:

— Cette offre me vient-elle du roi ou de Son Altesse Royale? demanda-t-il.

— Non, Monsieur, elle vient de moi.

Favras regarda le baron.

Le condamné commença sa lecture. (Page 200.)

— De vous, Monsieur? dit-il. Et pourquoi de vous?
— A cause de l'intérêt que je vous porte, marquis.
— Quel intérêt pouvez-vous me porter, Monsieur? dit Favras. Vous m'avez vu deux fois.
— On a pas besoin de voir un homme deux fois pour le connaître, mon cher marquis. Or, les vrais gentilshommes sont rares, et j'en veux conserver un, je ne dirai pas à la France, mais à l'humanité.
— Vous n'avez pas d'autre raison?
— J'ai celle-ci, Monsieur, qu'ayant négocié avec vous un emprunt de deux millions, et vous ayant versé l'argent, je vous ai donné le moyen de marcher plus avant dans votre complot découvert aujourd'hui, et, par conséquent, j'ai involontairement contribué à votre mort.

Favras sourit.

— Si vous n'avez commis d'autre crime que celui-là, dormez tranquille, dit Favras, je vous absous.
— Comment! s'écria le baron, vous refusez de fuir?...

Favras lui tendit la main.

— Je vous remercie du plus profond de mon cœur, monsieur le baron, répondit-il : je vous remercie au nom de ma femme et de mes enfants, mais je refuse...
— Parce que vous croyez peut-être nos mesures mal prises, marquis, et que vous crai-

gnez qu'une tentative d'évasion avortée n'aggrave votre affaire.

— Je crois, Monsieur, que vous êtes un homme prudent, et je dirai plus, aventureux, puisque vous venez vous-même me proposer cette évasion ; mais, je vous le répète, je ne veux pas fuir!.

— Sans doute, Monsieur, craignez-vous que, forcé de sortir de France, vous n'y laissiez votre femme et vos enfants dans la misère... J'ai prévu le cas, Monsieur, et puis vous offrir ce portefeuille, dans lequel il y a cent mille francs en billets de caisse.

Favras regarda le baron avec une espèce d'admiration.

Puis, secouant la tête :

— Ce n'est pas cela, Monsieur, dit-il. Sur votre parole, et sans que vous eussiez besoin de me remettre ce portefeuille, j'aurais quitté la France si mon intention avait été de fuir ; mais, encore une fois, ma résolution est prise : je ne fuirai pas.

Le baron regarda celui qui lui faisait ce refus comme s'il eût douté qu'il possédât toute sa raison.

— Cela vous étonne, Monsieur, dit Favras avec une singulière sérénité, et vous vous demandez sans oser me le demander à moi-même, d'où me vient cette étrange résolution d'aller jusqu'au bout, et de mourir s'il le faut, de quelque mort que ce soit.

— Je vous l'avoue, Monsieur.

— Eh bien, je vais vous le dire. Je suis royaliste, Monsieur, mais non pas à la manière de ceux qui émigrent à l'étranger ou qui dissimulent à Paris ; mon opinion, ce n'est point un fait reposant sur un calcul d'intérêt, c'est un culte, une croyance, une religion, Monsieur ; et les rois ne sont pas autre chose pour moi que ce que serait un archevêque ou un pape, c'est-à-dire les représentants visibles de cette religion dont je vous parlais tout à l'heure. Si je fuis, on supposera que c'est ou le roi ou Monsieur qui m'ont fait fuir ; et, s'ils m'ont fait fuir, ils sont mes complices ; et Monsieur, qui est venu me renier à la tribune, le roi, qui a feint de ne pas me connaître, sont atteints du coup qui frappe dans le vide. Les religions tombent, monsieur le baron, quand elles n'ont plus de martyrs. Eh bien, moi, je relèverai la mienne en mourant pour elle ! Ce sera un reproche donné au passé, un avertissement offert à l'avenir !

— Mais pensez donc au genre de mort qui vous attend, marquis !

— Plus la mort sera infâme, Monsieur, plus le sacrifice sera méritoire : le Christ est mort sur une croix, entre deux larrons !

— Je comprendrais cela, Monsieur, dit le baron, si votre mort pouvait avoir pour la royauté l'influence que celle du Christ eut pour le monde. Mais les péchés des rois sont tels, marquis, que j'ai bien peur, non seulement que le sang d'un gentilhomme, mais encore que celui d'un roi ne suffise pas à les racheter !

— Il en sera ce qu'il plaira à Dieu, monsieur le baron ; mais, dans cette époque d'irrésolution et de doute où tant de gens manquent à leur devoir, je mourrai avec la consolation d'avoir fait le mien.

— Eh ! non, Monsieur ! dit le baron d'un air d'impatience : vous mourrez tout simplement avec le regret d'être mort sans aucune utilité !

— Quand le soldat désarmé ne veut pas fuir, quand il attend l'ennemi, quand il brave la mort, quand il la reçoit, il sait parfaitement que cette mort est inutile ; seulement, il s'est dit que la fuite serait honteuse, et il a mieux aimé mourir !...

— Monsieur, dit le baron, je ne me tiens pas pour battu...

Il tira sa montre : elle marquait trois heures du matin.

— Nous avons encore une heure, continua-t-il. Je vais m'asseoir à cette table et lire une demi-heure ; pendant ce temps réfléchissez. Dans une demi-heure, vous me rendrez une réponse définitive.

Et, prenant une chaise, il s'assit devant la table, le dos tourné au prisonnier, ouvrit un livre et lut :

— Bonne nuit, Monsieur ! dit Favras.

Et il se retourna du côté du mur, sans doute pour réfléchir avec moins de distraction.

Le lecteur tira deux ou trois fois sa montre de son gousset, plus impatient que le prisonnier. Puis, la demi-heure écoulée, il se leva et s'approcha du lit.

Mais il eut beau attendre, Favras ne se retourna point.

Alors le baron se pencha sur lui, et, à sa respiration régulière et calme, il s'aperçut que le prisonnier dormait.

— Allons, dit-il, se parlant à lui-même, je suis battu ; mais le jugement n'est point encore prononcé : peut-être doute-t-il encore...

Et, ne voulant pas réveiller le malheureux qu'un si long et si profond sommeil attendait dans quelques jours, il prit la plume et écrivit sur une feuille de papier blanc :

« Quand le jugement sera prononcé, quand

M. de Favras sera condamné à mort, quand il n'aura plus d'espoir ni dans ses juges, ni dans Monsieur, ni dans le Roi, s'il change d'avis, il n'aura qu'à appeler le guichetier Louis et lui dire : *Je suis décidé à fuir!* et l'on trouvera moyen de favoriser sa fuite.

» Quand M. de Favras sera dans le tombereau fatal, quand M. de Favras fera amende honorable devant Notre-Dame, quand M. de Favras traversera pieds nus et les mains liées, le court espace qui sépare les marches de l'Hôtel de Ville, où il aura été faire son testament de mort, du gibet dressé sur la Grève, il n'aura qu'à prononcer à haute voix ces paroles : *Je veux être sauvé!* et il sera sauvé.

» CAGLIOSTRO. »

Sur quoi, le visiteur prit la lampe, s'approcha une seconde fois du prisonnier, pour s'assurer s'il était réveillé, et, voyant qu'il dormait toujours, il regagna, non sans se retourner plusieurs fois, la porte de la cellule, derrière laquelle, avec l'impassible résignation de ces adeptes prêts à tous les sacrifices pour arriver à l'accomplissement du grand œuvre qu'ils avaient entrepris, se tenait debout et immobile le guichetier Louis.

— Eh bien, maître, demanda celui-ci, que dois-je faire?

— Rester dans la prison et obéir à tout ce que te commandera M. de Favras.

Le guichetier s'inclina, reprit la lampe des mains de Cagliostro, et marcha respectueusement devant lui, comme un valet qui éclaire son maître.

XVI

OU LA PRÉDICTION DE CAGLIOSTRO S'ACCOMPLIT

Le même jour, à une heure de l'après-midi, le greffier du Châtelet descendit avec quatre hommes armés dans la prison de M. de Favras, et lui annonça qu'il allait paraître devant ses juges.

M. de Favras avait été prévenu pendant la nuit de cette circonstance par Cagliostro, et, vers les neuf heures de la matinée, par le sous-directeur du Châtelet.

Le rapport général du procès avait commencé à neuf heures et demie du matin, et, à trois heures de l'après-midi, durait encore.

Depuis neuf heures du matin, la salle était encombrée de curieux qui s'y étaient entassés pour voir celui dont la sentence allait être prononcée.

Nous disons celui dont la sentence allait être prononcée, attendu que personne ne doutait de la condamnation de l'accusé.

Il y a, dans les conspirations politiques, de ces malheureux qui sont dévoués d'avance; on sent qu'il faut une victime expiatoire, et qu'ils sont fatalement désignés pour être cette victime.

Quarante juges étaient rangés en cercle au haut de la salle; le président sous un dais; un tableau représentant Jésus crucifié, derrière lui, et, devant lui, à l'autre extrémité de la salle, le portrait du roi.

Une baie de grenadiers nationaux garnissait le pourtour du prétoire, intérieurement et extérieurement; la porte était gardée par quatre hommes.

A trois heures un quart, les juges donnèrent l'ordre d'aller chercher l'accusé.

Un détachement de douze grenadiers qui, le fusil au pied, attendait cet ordre au milieu de la salle, se mit en marche.

Dès lors, toutes les têtes, même celle des juges, se tournèrent vers la porte par laquelle M. de Favras devait entrer.

Au bout de dix minutes à peu près, on vit reparaître quatre grenadiers.

Derrière eux, marchait le marquis de Favras.

Les huit autres grenadiers le suivaient.

Le prisonnier entra au milieu d'un de ces silences effrayants que savent faire deux mille personnes entassées dans la même chambre, quand apparaît, enfin, l'homme ou la chose qui est l'objet de l'attente générale.

Sa physionomie était parfaitement calme; sa toilette était faite avec le plus grand soin : il portait un habit de soie brodé gris clair, une veste de satin blanc, une culotte pareille à l'habit, des bas de soie, des souliers à boucles, et la croix de Saint-Louis à sa boutonnière.

Il était surtout coiffé avec une rare coquetterie, poudré à blanc, et *un cheveu ne dépassait point l'autre*, disent, dans leur *Histoire de la Révolution*, les deux Amis de la liberté.

Pendant le court espace de temps que mit M. de Favras à franchir l'intervalle qui s'étendait de la porte au banc des accusés, toutes les respirations demeurèrent suspendues.

Quelques secondes s'écoulèrent entre l'arrivée

de l'accusé et les premiers mots que lui adressa le président.

Enfin, faisant de la main, ce qui était inutile, le geste habituel aux juges pour recommander le silence :

— Qui êtes-vous? demanda le président d'une voix émue :

— Je suis accusé et prisonnier, répondit Favras avec le plus grand calme.

— Comment vous nommez-vous?

— Thomas Mahi, marquis de Favras.

— D'où êtes-vous?

— De Blois.

— Quel est votre état?

— Colonel au service du roi.

— Où demeurez-vous?

— Place Royale, n° 21.

— Quel âge avez-vous?

— Quarante-six ans.

— Asseyez-vous.

Le marquis obéit.

Alors seulement la respiration sembla revenir aux assistants : il passa dans l'air comme un souffle terrible, comme un souffle de vengeance.

L'accusé ne s'y trompa point; il regarda autour de lui; tous les yeux brillaient du feu de la haine; tous les poings menaçaient; on sentait qu'il fallait une victime à ce peuple, aux mains duquel on venait d'arracher Augeard et Besenval, et qui demandait, tous les jours, à grands cris, qu'on pendît, en effigie, du moins, le prince de Lambesc.

Au milieu de tous ces visages irrités, au milieu de tous ces regards flamboyants, l'accusé reconnut la figure calme et l'œil sympathique de son visiteur nocturne.

Il le salua d'un geste imperceptible, et continua sa revue.

— Accusé, dit le président, tenez-vous prêt à répondre.

Favras s'inclina.

— Je suis à vos ordres, monsieur le président, dit-il.

Alors commença un second interrogatoire que l'accusé soutint avec le même calme que le premier.

Puis, vint l'audition des témoins à charge.

Favras, qui refusait de sauver sa vie par la fuite, voulait la défendre par la discussion; il avait fait assigner quatorze témoins à décharge.

Les témoins à charge entendus, il s'attendait à voir venir les siens, lorsque, tout à coup, le président prononça ces paroles :

— Messieurs, les débats sont clos.

— Pardon, Monsieur, dit Favras avec sa courtoisie habituelle, vous oubliez une chose; il est vrai qu'elle est de peu d'importance : vous oubliez de faire déposer les quatorze témoins assignés à ma requête.

— La cour, répondit le président, a décidé qu'ils ne seraient point entendus.

Quelque chose comme un nuage passa sur le front de l'accusé; puis un éclair jaillit de ses yeux.

— Je croyais être jugé par le Châtelet de Paris, dit-il, je me trompais : je suis jugé, à ce qu'il paraît, par l'inquisition d'Espagne!

— Emmenez l'accusé, dit le président.

Favras fut reconduit à sa prison. Son calme, sa courtoisie, son courage, avaient fait une certaine impression sur ceux des spectateurs qui étaient venus là sans préjugés.

Mais, il faut le dire, c'était le petit nombre. La retraite de Favras fut accompagnée de cris, de menaces, de huées.

— Pas de grâce! pas de grâce! criaient cinq cents voix sur son passage.

Ces vociférations le suivirent de l'autre côté des portes de sa prison.

Alors, comme se parlant à lui-même :

— Voilà ce que c'est que de conspirer avec les princes! murmura-t-il.

Aussitôt la sortie de l'accusé, les juges entrèrent en délibération.

A son heure habituelle, Favras se coucha.

Vers une heure du matin, on entra dans sa prison, et on le réveilla.

C'était le porte-clefs Louis.

Il avait pris le prétexte d'apporter au prisonnier une bouteille de vin de Bordeaux que celui-ci n'avait pas demandée.

— Monsieur le marquis, lui dit-il, les juges prononcent en ce moment-ci votre jugement.

— Mon ami, dit Favras, si c'est pour cela que tu m'as réveillé, tu pouvais me laisser dormir.

— Non, monsieur le marquis, je vous ai réveillé pour vous demander si vous n'aviez rien à faire dire à la personne qui est venue vous visiter la nuit dernière.

— Rien.

— Réfléchissez, monsieur le marquis; quand le jugement sera prononcé, vous serez gardé à vue, et, si puissante que soit cette personne-là, peut-être sa volonté sera-t-elle enchaînée par l'impossibilité.

— Merci, mon ami, dit Favras; mais je n'ai rien à lui demander, ni maintenant, ni plus tard.

— Alors, dit le guichetier, j'ai le regret de vous avoir réveillé ; mais vous l'eussiez été dans une heure...

— Si bien, dit Favras en souriant, qu'à ton avis, ce n'est point la peine que je me rendorme, n'est-ce pas?

— Tenez, dit le porte-clefs, jugez-en vous-même.

En effet, on entendait un grand bruit aux étages supérieurs; des portes s'ouvraient et se refermaient, des crosses de fusil frappaient la terre.

— Ah! ah! dit Favras, c'est pour moi toute cette rumeur?

— On vient vous lire votre jugement, monsieur le marquis.

— Diable! veillez à ce que M. le rapporteur me donne le temps de passer mes culottes.

Le guichetier, en effet, sortit, et tira la porte derrière lui.

Pendant ce temps, M. de Favras mit ses bas de soie, ses souliers à boucles et sa culotte.

Il en était là de sa toilette, lorsque la porte se rouvrit.

Il ne jugea point à propos de la pousser plus loin et attendit. Il était vraiment beau, la tête rejetée en arrière, ses cheveux à moitié décoiffés, son jabot de dentelle ouvert sur sa poitrine.

Au moment où le rapporteur entra, il rabattit le col de sa chemise sur ses épaules.

— Vous le voyez, Monsieur, dit-il au rapporteur, je vous attendais, et en tenue de combat.

Et il passa la main sur son cou découvert, prêt à l'épée aristocratique ou au lacet roturier.

— Parlez, Monsieur, dit-il, je vous écoute.

Le rapporteur lut ou plutôt balbutia le jugement.

Le marquis était condamné à mort; il devait faire amende honorable devant Notre-Dame et ensuite être *pendu* en Grève.

Favras écouta toute cette lecture avec le plus grand calme, et ne fronça pas même le sourcil à ce mot de *pendu*, mot si dur à l'oreille d'un gentilhomme.

Seulement, après un moment de silence, regardant en face le rapporteur :

— Oh! Monsieur, lui dit-il, que je vous plains d'avoir été *obligé* de condamner un homme sur de pareilles preuves!

Le rapporteur éluda la réponse :

— Monsieur, lui dit-il, vous savez qu'il ne vous reste plus d'autres consolations que celles de la religion.

— Vous vous trompez, Monsieur, répondit le condamné, il me reste encore celles que je puise dans ma conscience.

Sur quoi, M. de Favras salua le rapporteur, qui, n'ayant plus rien à faire près de lui, se retira.

Cependant, à la porte, il se retourna :

— Voulez-vous que je vous envoie un confesseur? demanda-t-il au condamné.

— Un confesseur de la main de ceux qui m'assassinent? Non, Monsieur, il me serait suspect. Je veux bien vous livrer ma vie, mais je réserve mon salut!... Je demande le curé de Saint-Paul.

Deux heures après, le vénérable ecclésiastique qu'il avait demandé était près de lui.

XVII

LA PLACE DE GRÈVE

Ces deux heures avaient été bien employées.

Derrière le rapporteur, deux hommes étaient entrés, à la figure sombre, au costume patibulaire.

Favras avait compris qu'il avait affaire aux précurseurs de la mort, à l'avant-garde du bourreau.

— Suivez-nous! avait dit un de ces hommes.

Favras s'était incliné en signe d'assentiment.

Puis, montrant de la main le reste de ses vêtements qui attendait sur une chaise :

— Me donnez-vous le temps de m'habiller? demanda-t-il.

— Prenez-le, dit un des hommes.

Favras, alors, s'avança vers la table où étaient étalées les différentes pièces de son nécessaire, et, à l'aide de la petite glace qui ornait la muraille, il boutonna le col de sa chemise, fit prendre un pli convenable à son jabot et donna le tour le plus aristocratique qu'il put au nœud de sa cravate.

Puis il passa sa veste et son habit.

— Dois-je prendre mon chapeau, Messieurs? demanda le prisonnier.

— C'est inutile, répondit le même homme qui avait déjà parlé.

Celui des deux qui s'était tu avait regardé Favras avec une fixité qui avait attiré l'attention du marquis.

Il lui semblait même que cet homme lui avait fait de l'œil un signe imperceptible.

Mais ce signe avait été si rapide, que M. de Favras était resté dans le doute.

D'ailleurs, qu'avait à lui dire cet homme?

Il ne s'en occupa donc pas davantage, et, faisant de la main au guichetier Louis un geste amical :

— C'est bien, Messieurs, dit-il, marchez devant, je vous suis.

A la porte attendait un huissier.

L'huissier marcha le premier, puis Favras; puis vinrent les deux hommes funèbres.

Le sinistre cortège se dirigea vers le rez-de-chaussée.

Entre les deux guichets, un peloton de garde nationale attendait.

Alors l'huissier, se sentant soutenu :

— Monsieur, dit-il au condamné, remettez-moi votre croix de Saint-Louis.

— Je croyais être condamné à mort, et non à la dégradation, dit Favras.

— C'est l'ordre, Monsieur, répondit l'huissier.

Favras détacha sa croix et, ne voulant pas la remettre à cet homme de justice, il la déposa entre les mains du sergent-major qui commandait le peloton de garde nationale.

— C'est bien, dit l'huissier sans insister autrement pour que la croix lui fût personnellement remise; maintenant suivez-moi.

On remonta une vingtaine de marches, et l'on s'arrêta devant une porte de chêne toute bardée de fer; une de ces portes qui font, lorsqu'ils les regardent, froid jusqu'au fond des veines des condamnés; une de ces portes comme il y en a deux ou trois sur le chemin du sépulcre, derrière lesquelles, sans savoir quelle chose vous attend, on devine que c'est une chose terrible.

La porte s'ouvrit.

On ne laissa pas même à Favras le temps d'entrer; on le poussa.

Puis la porte se referma soudain, comme sous l'impulsion d'un bras de fer.

Favras se trouva dans la chambre de la torture.

— Ah! ah! Messieurs, dit-il en pâlissant légèrement, quand on conduit les gens dans ces endroits-là, que diable, on les prévient!

Il n'avait pas achevé ces mots, que les hommes qui le suivaient se jetèrent sur lui, lui arrachèrent son habit et son gilet, découvrirent sa cravate si artistement mise, et lui lièrent les mains derrière le dos.

Seulement, en remplissant son office de compte à demi avec son camarade, le tortureur

qu'il avait cru voir lui faire un signe murmura tout bas à son oreille :

— Voulez-vous être sauvé? Il en est temps encore!

Cette offre ramena le sourire sur les lèvres de Favras en lui rappelant la grandeur de sa mission.

Il secoua doucement et négativement la tête.

Un chevalet était là tout près. On étendit le condamné sur ce chevalet.

Le tortureur s'approcha avec des coins de chêne plein son tablier, et un maillet de fer à la main.

Favras tendit lui-même à cet homme sa jambe fine, chaussée de son soulier à talon rouge et de son bas de soie.

Mais, alors, l'huissier leva la main.

— Cela suffit, dit-il; la cour fait grâce au condamné de la torture.

— Ah! dit Favras, il paraît que la cour a peur que je n'en parle; je ne l'en remercie pas moins. Je marcherai à la potence sur deux bonnes jambes, ce qui est quelque chose; et, maintenant, Messieurs, vous savez que je suis à votre disposition.

— Vous devez passer une heure dans cette salle, répondit l'huissier.

— Ce n'est pas récréatif, mais c'est curieux, dit Favras.

Et il commença à faire le tour de la salle, examinant, les uns après les autres, tous ces hideux instruments semblables à de colossales araignées de fer, à de gigantesques scorpions.

On sentait qu'à un moment donné, et aux ordres d'une voix fatale, tout cela s'animait, prenait vie, et mordait cruellement. Il y en avait de toutes les formes, de tous les temps, depuis Philippe-Auguste jusqu'à Louis XVI : il y avait les crocs avec lesquels on avait déchiré les juifs au xiiie siècle; il y avait les roues avec lesquelles on avait broyé les protestants au xviie.

Favras s'arrêta devant chaque trophée, demandant le nom de chaque instrument.

Ce sang-froid finit par étonner jusqu'aux tortureurs eux-mêmes, gens qui, comme on le sait, ne s'étonnent pas facilement.

— Dans quel but faites-vous toutes ces questions? demanda l'un d'eux à Favras.

Celui-ci le regarda de cet air goguenard familier aux gentilshommes.

— Monsieur, lui dit-il, il se peut que je rencontre Satan sur la route que je vais accomplir et je ne serais pas fâché de m'en faire un ami en lui indiquant, pour torturer ses damnés, des machines qu'il ne connaît pas.

Le prisonnier avait justement achevé sa tournée comme cinq heures sonnaient à l'horloge du Châtelet.

Il y avait deux heures qu'il était sorti de son cachot.

On l'y ramena.

Il y trouva le curé de Saint-Paul qui l'attendait.

On a pu voir qu'il n'avait pas perdu les deux heures d'attente, et que si, quelque chose pouvait convenablement le disposer à la mort, c'était le spectacle qu'il venait de contempler.

En l'apercevant, le curé lui ouvrit les bras.

— Mon père, lui dit Favras, excusez-moi si je ne puis vous ouvrir que mon cœur; ces messieurs ont mis bon ordre à ce que je ne vous ouvrisse que lui.

Et il montra ses mains garrottées derrière son dos.

— Ne pouvez-vous, demanda le prêtre, pour le temps qu'il sera avec moi, délier les bras du condamné?

— Cela n'est pas en notre pouvoir, répondit l'huissier.

— Mon père, dit Favras, demandez-leur s'ils ne pourraient pas me les lier devant au lieu de les lier derrière; ce serait autant de fait pour le moment où j'aurai un cierge à tenir, et mon jugement à lire.

Les deux aides regardèrent l'huissier, lequel fit de la tête un signe qui voulait dire qu'il n'y voyait aucun inconvénient, et la faveur demandée fut accordée au marquis.

Puis on le laissa seul avec le prêtre.

Ce qui se passa pendant ce tête-à-tête suprême de l'homme du monde avec l'homme de Dieu, c'est ce que nul ne sait. Devant la sainteté de la religion, Favras descella-t-il son cœur, qui était resté fermé devant la majesté de la justice, devant les consolations que lui offrait cet autre monde dans lequel il allait entrer? ses yeux, séchés par l'ironie, se mouillèrent-ils d'une de ces larmes que son cœur avait amassées, et devait avoir besoin de répandre sur les objets chéris qu'il allait laisser seuls et abandonnés dans ce monde qu'il quittait? C'est ce que ne purent révéler ceux qui entrèrent vers trois heures de l'après-midi dans son cachot, et qui le trouvèrent la bouche souriante, les paupières sèches et le cœur fermé.

On venait lui annoncer qu'il était l'heure de mourir.

— Messieurs, dit-il, je vous en demande pardon, mais c'est vous qui m'avez fait attendre.

Alors, comme il était déjà sans habit et sans veste, et qu'il avait les mains liées, on lui enleva ses souliers et ses bas, et on lui passa une chemise blanche par-dessus le reste de ses vêtements.

Puis on lui mit sur la poitrine un écriteau, portant ces mots :

CONSPIRATEUR CONTRE L'ÉTAT

A la porte du Châtelet, un tombereau entouré d'une garde nombreuse l'attendait.

Il y avait, dans ce tombereau, une torche allumée.

En apercevant le condamné, la multitude battit des mains.

Depuis six heures du matin, le jugement était connu, et la multitude trouvait qu'il s'écoulait un temps bien long entre le jugement et le supplice.

Des gens couraient les rues, réclamant des pourboires aux passants.

— Et à quel propos des pourboires? demandaient ceux-ci.

— A propos de l'exécution de M. de Favras, répondaient ces mendiants de la mort.

Favras monta d'un pas ferme dans le tombereau; il s'assit du côté où la torche était appuyée, comprenant bien que cette torche était là à son intention.

Le curé de Saint-Paul monta ensuite, et s'assit à sa gauche.

L'exécuteur monta le dernier, et s'assit derrière lui.

C'était ce même homme au regard triste et doux que nous avons vu assister, dans la cour de Bicêtre, à l'essai de la machine de M. Guillotin.

Nous l'avons vu, nous le voyons, nous aurons l'occasion de le revoir. C'est le véritable héros de l'époque dans laquelle nous entrons.

Avant de s'asseoir, le bourreau passa au cou de Favras la corde avec laquelle celui-ci devait être pendu.

Il en conserva le bout dans sa main.

Au moment où le tombereau se mettait en marche, il y eut un mouvement dans la foule. Favras porta naturellement son regard vers l'endroit où ce mouvement avait lieu.

Il vit des gens qui se poussaient pour arriver au premier rang, et être mieux placés sur son passage.

Tout à coup, il tressaillit malgré lui; car, au premier rang, au milieu de cinq ou six de ces compagnons qui venaient de faire une trouée dans la foule, il reconnut, sous le costume d'un fort de la halle, le visiteur nocturne qui lui avait dit que, jusqu'au dernier moment, il veillerait sur lui.

Le condamné lui fit de la tête un signe, mais signe de reconnaissance, et n'ayant pas d'autre signification.

Le tombereau continua sa route, et ne s'arrêta que devant Notre-Dame

La porte du milieu était ouverte, et laissait voir, au fond de l'église sombre, le maître autel flamboyant sous ses cierges allumés.

Il y avait une telle affluence de curieux, que la charrette était obligée de s'arrêter à tout instant, et ne se remettait en route que lorsque la garde était parvenue à rouvrir le chemin, incessamment refermé par un flot de peuple rompant la faible digue qui lui était opposée.

Là, sur cette place du parvis, à force de lutte, on parvint à opérer un vide.

— Il faut descendre et faire amende honorable, Monsieur, dit l'exécuteur au condamné.

Favras obéit sans répondre.

Le prêtre descendit le premier, puis le condamné, puis l'exécuteur, tenant toujours le bout de la corde.

Les bras étaient liés au poignet, ce qui laissait au marquis l'exercice des mains.

Dans sa main droite, on mit la torche; dans sa main gauche, le jugement.

Le condamné s'avança jusque sur le parvis, et s'agenouilla.

Au premier rang de ceux qui l'entouraient, il reconnut ce même fort de la halle et ses compagnons qu'il avait déjà vus en sortant du Châtelet.

Cette persistance parut le toucher, mais pas une parole d'appel ne s'échappa de sa bouche.

Un greffier du Châtelet semblait l'attendre là.

— Lisez, Monsieur, lui dit-il tout haut.

Puis, tout bas :

— Monsieur le marquis, ajouta-t-il, vous savez que, si vous voulez être sauvé, vous n'avez qu'un mot à dire?

Sans répondre, le condamné commença sa lecture.

Cette lecture fut faite à haute voix, et rien dans l'accent de cette voix ne trahit la moindre émotion; puis, la lecture achevée, s'adressant à cette foule qui l'entourait :

— Prêt à paraître devant Dieu, dit le condamné, je pardonne aux hommes qui, contre leur conscience, m'ont accusé de projets criminels; j'aimais mon roi, je mourrai fidèle à ce sentiment; c'est un exemple que je donne, et qui, je l'espère, sera suivi par quelques nobles cœurs. Le peuple demande ma mort à grands cris, il lui faut une victime; soit! j'aime mieux que le choix de la fatalité tombe sur moi que sur quelque autre au cœur faible que la présence d'un supplice non mérité jetterait dans le désespoir. Donc, si je n'ai point autre chose à faire ici que ce qui vient d'être fait, continuons notre route, Messieurs.

On continua la route.

Il n'y a pas loin du porche de Notre-Dame à la place de Grève, et, cependant, le tombereau mit une bonne heure à faire ce chemin.

En arrivant sur la place :

— Messieurs, demanda Favras, ne pourrai-je pas monter quelques instants à l'Hôtel de Ville?

— Avez-vous des révélations à faire, mon fils? demanda vivement le prêtre.

— Non, mon père; mais j'ai mon testament de mort à dicter; j'ai entendu dire qu'on ne refusait jamais à un condamné pris à l'improviste cette dernière grâce, de faire son testament de mort. Le tombereau, au lieu de marcher droit au gibet, se dirigea vers l'Hôtel de Ville.

Une grande clameur s'éleva dans le peuple.

— Il va faire des révélations! il va faire des révélations! s'écriait-on de tous côtés.

A ce cri, on eût pu voir pâlir un beau jeune homme vêtu tout de noir comme un abbé, et qui se tenait debout, sur une borne, au coin du quai Pelletier.

— Oh! ne craignez rien, monsieur le comte Louis, dit près de lui une voix railleuse, le condamné ne dira pas un mot de ce qui s'est passé place Royale.

Le jeune homme vêtu de noir se retourna vivement; les paroles qui venaient de lui être adressées avaient été dites par un fort de la halle dont il ne put pas voir la figure, attendu qu'en achevant la phrase, il avait abaissé sur ses yeux son large chapeau.

D'ailleurs, s'il restait quelque doute au beau jeune homme, ce doute fut bientôt dissipé.

Arrivé au haut du perron de l'Hôtel de Ville, Favras fit signe qu'il voulait parler.

A l'instant même, les rumeurs s'éteignirent, comme si la bouffée de vent d'ouest qui passait en ce moment les eût emportées avec elle.

— Messieurs, dit Favras, j'entends répéter autour de moi que je monte à l'Hôtel de Ville pour faire des révélations; il n'en est rien, et, dans le cas où il y aurait parmi vous, comme c'est possible, un homme qui eût quelque chose à craindre si des révélations étaient faites

Il va sans dire qu'il n'avait pas bougé. (Page 212.)

qu'il se tranquillise, je monte à l'Hôtel de Ville pour dicter mon testament de mort.

Et il s'engagea d'un pas ferme sous la voûte sombre, monta l'escalier, entra dans la chambre où l'on conduisait d'habitude les condamnés, et que l'on appelait, à cause de cela, la chambre des révélations.

Là, trois hommes vêtus de noir attendaient, et, parmi ces trois hommes, M. de Favras reconnut le greffier qui lui avait parlé sur le parvis Notre-Dame.

Alors le condamné, qui, les mains liées, ne pouvait écrire, se mit à dicter son testament de mort.

On a beaucoup parlé du testament de Louis XVI, parce qu'on parle beaucoup du testament des rois. Nous avons le testament de M. de Favras sous les yeux, et nous dirons cette seule chose au public : « Lisez et comparez. »

Le testament dicté, M. de Favras demanda à le lire et à le signer.

On lui délia les mains ; il lut le testament, corrigea trois fautes d'orthographe qu'avait faites le greffier, et signa au bas de chaque page : « Mahi de Favras. »

Après quoi, il tendit ses mains, afin qu'on les lui liât de nouveau, opération dont s'acquitta le bourreau, qui ne s'était pas éloigné de lui un seul instant.

Cependant la dictée de ce testament avait pris plus de deux heures ; le peuple qui attendait depuis le matin s'impatientait fort : il y avait là beaucoup de braves gens qui étaient venus l'estomac vide, comptant déjeuner après l'exécution, et qui étaient encore à jeun.

De sorte que l'on murmurait de ce murmure menaçant et terrible qu'on avait déjà entendu sur la même place, le jour de l'assassinat de

Launay, de la pendaison de Foulon, et de l'éventrement de Berthier.

D'ailleurs, le peuple commençait à croire qu'on avait fait évader Favras par quelque porte de derrière.

Dans cette conjecture, quelques-uns proposaient déjà de pendre les municipaux à la place de Favras, et de démolir l'Hôtel de Ville.

Heureusement, vers neuf heures du soir, le condamné reparut. On avait distribué des torches aux soldats qui faisaient la haie; on avait illuminé toutes les fenêtres de la place; le gibet seul était resté dans une mystérieuse et terrible obscurité.

L'apparition du condamné fut saluée par un cri unanime et par un grand mouvement qui se fit parmi les cinquante mille personnes qui encombraient la place.

Cette fois, on était bien sûr, non seulement qu'il ne s'était pas échappé, mais encore qu'il ne s'échapperait pas.

Favras jeta les yeux autour de lui.

Puis, se parlant à lui-même avec ce sourire ironique qui lui était particulier:

— Pas un carrosse, murmura-t-il; ah! la noblesse est oublieuse; elle a été plus polie pour le comte de Horn que pour moi.

— C'est que le comte de Horn était un assassin, et que, toi, tu es un martyr, répondit une voix.

Favras se retourna et reconnut le fort de la halle qu'il avait déjà rencontré deux fois sur son chemin.

— Adieu, Monsieur, lui dit Favras; j'espère qu'au besoin, vous rendrez témoignage pour moi.

Et, d'un pas ferme, il descendit les degrés, et marcha vers l'échafaud.

Au moment où il posait le pied sur le premier échelon de la potence, une voix cria:

— Saute, marquis!

La voix grave et sonore du condamné répondit:

— Citoyens, je meurs innocent; priez Dieu pour moi!

Au quatrième échelon, il s'arrêta encore, et, d'un ton aussi ferme et aussi élevé que la première fois:

— Citoyens, répéta-t-il, je vous demande le secours de vos prières... Je meurs innocent!

Au huitième échelon, c'est-à-dire d'où il devait être précipité:

— Citoyens, redit-il pour la troisième fois, je meurs innocent; priez Dieu pour moi!

— Mais, lui dit un des deux aides du bourreau qui montait l'échelle près de lui, vous ne voulez donc pas être sauvé?

— Merci, mon ami, dit Favras; Dieu vous paye de vos bonnes intentions!

Puis, levant la tête vers le bourreau, qui semblait attendre des ordres, au lieu d'en donner:

— Faites votre devoir, dit-il.

A peine avait-il prononcé ces mots, que le bourreau le poussa et que son corps se balança dans le vide.

Pendant qu'un immense mouvement se produisait à cette vue sur la place de Grève, tandis que quelques amateurs battaient des mains et criaient bis, comme ils eussent fait après un couplet de vaudeville ou un grand air d'opéra, le jeune homme vêtu de noir se laissait glisser de la borne sur laquelle il était monté, fendait la foule, et, au coin du Pont-Neuf, montait vivement dans une voiture sans livrée et sans armoiries, en criant au cocher:

— Au Luxembourg, et à fond de train!

La voiture partit au galop.

Trois hommes, en effet, attendaient avec grande impatience l'arrivée de cette voiture.

Ces trois hommes étaient M. le comte de Provence, et deux de ses gentilshommes que nous avons nommés déjà dans le courant de cette histoire, mais que nous croyons inutile de nommer ici.

Ils attendaient avec une impatience d'autant plus grande qu'ils devaient se mettre à table à deux heures, et que, dans leur inquiétude, ils ne s'y étaient pas mis.

De son côté, le cuisinier était au désespoir: c'était le troisième dîner qu'il recommençait, et ce dîner, à point dans dix minutes, allait se détériorer dans un quart d'heure.

On en était donc à ce moment suprême, quand on entendit enfin le roulement d'une voiture dans l'intérieur des cours.

Le comte de Provence se précipita vers la fenêtre, mais il ne put voir qu'une ombre sautant du dernier degré du marchepied de la voiture sur le premier degré des marches du palais.

En conséquence, il quitta la fenêtre, et courut du côté de la porte; mais, avant que, dans sa marche toujours un peu gênée, le futur roi de France l'eût atteint, cette porte s'ouvrit, et donna passage au jeune homme vêtu de noir.

— Monseigneur, dit-il, tout est fini; M. de Favras est mort sans prononcer une parole.

— Alors, nous pouvons tranquillement nous mettre à table, mon cher Louis.

— Oui, Monseigneur... c'était, par ma foi, un digne gentilhomme, que celui-là!

— Je suis de votre avis, mon cher, dit Son Altesse Royale; aussi nous boirons au dessert un verre de constance à sa santé. A table, Messieurs!

En ce moment, la porte s'ouvrit à deux battants, et les illustres convives passèrent du salon dans la salle à manger.

XVIII

LA MONARCHIE EST SAUVÉE

Quelques jours après l'exécution que nous venons de raconter, et dans tous les détails de laquelle nous sommes entrés pour édifier nos lecteurs sur la reconnaissance que doivent attendre, des rois et des princes, ceux-là qui se sacrifient pour eux, un homme monté sur un cheval gris pommelé gravissait lentement l'avenue de Saint-Cloud.

Cette lenteur, il ne fallait l'attribuer ni à la lassitude du cavalier, ni à la fatigue du cheval : l'un et l'autre avaient fait une faible course; c'était chose facile à voir, car l'écume qui s'échappait de la bouche de l'animal venait de ce qu'il avait été, non poussé outre mesure, mais retenu avec obstination. Quant au cavalier qui était — cela se voyait au premier coup d'œil — un gentilhomme, tout son costume, exempt de souillures, attestait la précaution prise par lui pour sauvegarder ses vêtements de la boue qui couvrait le chemin.

Ce qui retardait le cavalier, c'était la pensée profonde dans laquelle il était visiblement absorbé, puis encore peut-être le besoin de n'arriver qu'à une certaine heure, laquelle n'était pas encore sonnée.

C'était un homme de quarante ans à peu près, dont la puissante laideur ne manquait pas d'un grand caractère : une tête trop grosse, des joues bouffies, un visage labouré de petite vérole, un teint facile à l'animation, des yeux prompts à lancer l'éclair, une bouche habituée à mâcher et à cracher le sarcasme; tel était l'aspect de cet homme, que l'on sentait, au premier abord, destiné à occuper une grande place et à faire un grand bruit.

Seulement toute cette physionomie semblait couverte d'un voile jeté sur elle par une de ces maladies organiques contre lesquelles se débattent en vain les plus vigoureux tempéraments : un teint obscur et gris, des yeux fatigués, rouges, des joues affaissées, un commencement de pesanteur et d'obésité malsaine; ainsi apparaissait l'homme que nous venons de mettre sous les yeux du lecteur.

Arrivé au haut de l'avenue, il franchit sans hésitation la porte donnant dans la cour du palais, sondant des yeux les profondeurs de cette cour.

A droite, entre deux bâtiments formant une espèce d'impasse, un autre homme attendait.

Il fit signe au cavalier de venir.

Une porte était ouverte; l'homme qui attendait s'engagea sous cette porte; le cavalier le suivit, et, toujours le suivant, se trouva dans une seconde cour.

Là, l'homme s'arrêta; — il était vêtu d'un habit, d'une culotte et d'un gilet noirs; — puis, regardant autour de lui, et voyant que cette cour était bien déserte, il s'approcha du cavalier le chapeau à la main.

Le cavalier vint en quelque sorte au-devant de lui, car, s'inclinant sur le cou de son cheval :

— M. Weber? dit-il à demi-voix.

— M. le comte de Mirabeau? répondit celui-ci.

— Lui-même, fit le cavalier.

Et, plus légèrement qu'on n'eût pu le supposer, il mit pied à terre.

— Entrez, dit vivement Weber, et veuillez bien attendre un instant que j'aie mis moi-même le cheval à l'écurie.

En même temps, il ouvrit la porte d'un salon dont les fenêtres et une seconde porte donnaient sur le parc.

Mirabeau entra dans le salon et employa les quelques minutes pendant lesquelles Weber le laissa seul à déboucler des espèces de bottes de cuir qui mirent à jour des bas de soie intacts et des souliers d'un vernis irréprochable.

Weber, comme il l'avait promis, rentra au bout de cinq minutes.

— Venez, monsieur le comte, dit-il; la reine vous attend.

— La reine m'attend! répondit Mirabeau; aurais-je eu le malheur de me faire attendre? Je croyais, cependant, avoir été exact.

— Je veux dire que la reine est impatiente de vous voir... Venez, monsieur le comte.

Weber ouvrit la porte donnant sur le jardin, et s'engagea dans le labyrinthe d'allées qui conduit à l'endroit le plus solitaire et le plus élevé du parc.

Là, au milieu des arbres étendant leurs branches désolées et sans feuillage, apparaissait, dans une atmosphère grisâtre et triste, une espèce de pavillon connu sous le nom de kiosque.

Les persiennes de ce pavillon étaient hermétiquement fermées, à l'exception de deux qui, poussées seulement l'une contre l'autre, laissaient entrer, comme à travers les meurtrières d'une tour, deux rayons de lumière suffisant à peine à éclairer l'intérieur.

Un grand feu était allumé dans l'âtre, et deux candélabres brûlaient sur la cheminée.

Weber fit entrer celui à qui il servait de guide dans une espèce d'antichambre. Puis, ouvrant la porte du kiosque après y avoir gratté doucement :

— M. le comte Riquetti de Mirabeau, annonça-t-il.

Et il s'effaça pour laisser passer le comte devant lui.

S'il eût écouté au moment où le comte passait, il eût bien certainement entendu battre le cœur dans cette large poitrine.

A l'annonce de la présence du comte, une femme se leva de l'angle le plus éloigné du kiosque, et, avec une sorte d'hésitation, de terreur même, elle fit quelques pas au-devant de lui.

Cette femme, c'était la reine.

Elle aussi, son cœur battait violemment : elle avait sous les yeux cet homme haï, décrié, fatal; cet homme qu'on accusait d'avoir fait les 5 et 6 octobre; cet homme vers lequel on s'était tourné un instant, mais qui avait été repoussé par les gens même de la cour, et qui, depuis, avait fait sentir la nécessité de traiter de nouveau avec lui, par deux coups de foudre, par deux magnifiques colères qui avaient monté jusqu'au sublime.

La première était son apostrophe au clergé.

La seconde, le discours où il avait expliqué comment les représentants du peuple, de députés de bailliage, s'étaient faits Assemblée nationale.

Mirabeau s'approcha avec une grâce et une courtoisie que la reine fut étonnée de reconnaître en lui du premier coup d'œil, et que cette énergique organisation semblait exclure.

Ces quelques pas faits, il salua respectueusement, et attendit.

La reine rompit la première le silence, et, d'une voix dont elle ne pouvait tempérer l'émotion :

— Monsieur de Mirabeau, dit-elle, M. Gilbert nous a assurés autrefois de votre disposition à vous rallier à nous?

Mirabeau s'inclina en signe d'assentiment.

La reine continua :

— Alors une première ouverture fut faite à laquelle vous répondîtes par un projet de ministère?

Mirabeau s'inclina une seconde fois.

— Ce n'est pas notre faute, monsieur le comte, si ce premier projet ne put réussir.

— Je le crois, Madame, répondit Mirabeau, et de la part de Votre Majesté surtout; mais c'est la faute de gens qui se disent dévoués aux intérêts de la monarchie!

— Que voulez-vous, monsieur le comte! c'est un des malheurs de notre position. Les rois ne peuvent pas plus choisir leurs amis que leurs ennemis; ils sont quelquefois forcés d'accepter des dévouements funestes. Nous sommes entourés d'hommes qui veulent nous sauver et qui nous perdent; leur motion qui écarte de la prochaine législature les membres de l'assemblée actuelle en est un exemple contre vous. Voulez-vous que je vous en cite un contre moi! Croiriez-vous qu'un de mes plus fidèles, un homme qui, j'en suis sûr, se ferait tuer pour nous, sans nous rien dire à l'avance de ce projet, a conduit à notre dîner public la veuve et les enfants de M. de Favras, vêtus de deuil tous trois? Mon premier mouvement en les apercevant, était de me lever, d'aller à eux, de faire placer les enfants de cet homme mort si courageusement pour nous, — car, moi, monsieur le comte, je ne suis pas de ceux qui renient leurs amis, — de de faire placer les enfants de cet homme entre le roi et moi!... Tous les yeux étaient fixés sur nous. On attendait ce que nous allions faire. Je me retourne... savez-vous qui j'avais derrière moi, à quatre pas de mon fauteuil? Santerre! l'homme des faubourgs!... Je suis retombée sur mon fauteuil, pleurant de rage, et n'osant même jeter les yeux sur cette veuve et ces orphelins. Les royalistes me blâmeront de n'avoir pas tout bravé pour donner une marque d'intérêt à cette malheureuse famille ; les révolutionnaires seront furieux en songeant qu'ils m'étaient présentés avec ma permission. Oh! Monsieur, Monsieur, continua la reine en secouant la tête, il faut bien périr, quand on est attaqué par des hommes de génie, et défendu par des gens fort estimables sans doute, mais qui n'ont aucune idée de notre position.

Et la reine porta avec un soupir son mouchoir à ses yeux.

— Madame, dit Mirabeau, touché de cette grande infortune qui ne se cachait pas de lui, et qui, soit par le calcul habile de la reine, soit par la faiblesse de la femme, lui montrait ses angoisses et lui laissait voir ses larmes, quand vous parlez des hommes qui vous attaquent, vous ne voulez point parler de moi, je l'espère? J'ai professé les principes monarchiques lorsque je ne voyais dans la cour que sa faiblesse, et que je ne connaissais ni l'âme ni la pensée de l'auguste fille de Marie-Thérèse. J'ai combattu pour les droits du trône, lorsque je n'inspirais que de la méfiance et que toutes mes démarches, empoisonnées par la malignité, paraissaient autant de pièges. J'ai servi le roi, lorsque je savais bien que je ne devais attendre de ce roi juste, mais trompé, ni bienfait ni récompense. Que ferai-je donc, maintenant, Madame, lorsque la confiance relève mon courage, et que la reconnaissance que m'inspire l'accueil de Votre Majesté fait de mes principes un devoir? Il est tard, je le sais, Madame, bien tard, continua Mirabeau en secouant la tête à son tour; peut être la monarchie, en venant me proposer de la sauver, ne me propose-t-elle en réalité que de me perdre avec elle! Si j'eusse réfléchi, peut-être eussé-je choisi, pour accepter la faveur de cette audience, un autre moment que celui où Sa Majesté vient de livrer à la chambre le fameux livre rouge, c'est-à-dire l'honneur de ses amis.

— Oh! Monsieur, s'écria la reine, croyez-vous donc le roi complice de cette trahison, et en êtes-vous à ignorer comment les choses se sont passées? Le livre rouge, exigé du roi, n'avait été livré par lui qu'à la condition que le comité le garderait secret; le comité l'a fait imprimer, c'est un manque du comité envers le roi, et non une trahison du roi envers ses amis.

— Hélas, Madame, vous savez quelle cause a déterminé le comité à cette publication, que je désapprouve comme homme d'honneur, que je renie comme député. Au moment où le roi jurait amour à la Constitution, il avait un agent en permanence à Turin, au milieu des ennemis mortels de cette constitution. A l'heure où il parlait de réformes pécuniaires et paraissait accepter celles que l'Assemblée lui proposait, à Trèves existait, soldée par lui, habillée par lui, sa grande et sa petite écurie, sous les ordres du prince de Lambesc, l'ennemi mortel des Parisiens, dont le peuple demande tous les jours la pendaison en effigie. On paye au comte d'Artois, au prince de Condé, à tous les émigrés, des pensions énormes, et, cela, sans égard à un décret rendu il y a deux mois, et qui supprime ces pensions. Il est vrai que le roi a oublié de sanctionner ce décret. Que voulez-vous, Madame! on a cherché pendant ces deux mois l'emploi de soixante millions, et on ne l'a pas trouvé; le roi, prié, supplié de dire où avait passé cet argent, a refusé de répondre; le comité s'est cru dégagé de sa promesse et a fait imprimer le livre rouge. Pourquoi le roi livre-t-il des armes que l'on peut si cruellement tourner contre lui?

— Ainsi, Monsieur, s'écria la reine, si vous étiez admis à l'honneur de conseiller le roi, vous ne lui conseilleriez donc pas des faiblesses avec lesquelles on le perd, avec lesquelles... oh! oui, disons le mot... avec lesquelles on le déshonore?

— Si j'étais appelé à l'honneur de conseiller le roi, Madame, reprit Mirabeau, je serais près de lui le défenseur du pouvoir monarchique réglé par les lois, et l'apôtre de la liberté garantie par le pouvoir monarchique. Cette liberté, Madame, elle a trois ennemis: le clergé, la noblesse et les parlements; le clergé n'est plus de ce siècle, il a été tué par la motion de M. de Talleyrand; la noblesse est de tous les siècles; je crois donc qu'il faut compter avec elle, car, sans noblesse, pas de monarchie, mais il faut la contenir, et cela n'est possible qu'en coalisant le peuple avec l'autorité royale. Or, l'autorité royale ne se coalisera jamais de bonne foi avec le peuple, tant que les parlements subsisteront, car ils conservent au roi ainsi qu'à la noblesse la fatale espérance de leur rendre l'ancien ordre de choses. Donc, après l'annihilation du clergé, la destruction des parlements, raviver le pouvoir exécutif, régénérer l'autorité royale et la concilier avec la liberté, voilà toute ma politique, Madame; si c'est celle du roi, qu'il l'adopte; si ce n'est pas la sienne, qu'il la repousse.

— Monsieur, Monsieur, dit la reine, frappée des clartés que répandait à la fois sur le passé, le présent et l'avenir le rayonnement de cette vaste intelligence; j'ignore si cette politique serait celle du roi, mais ce que je sais, c'est que, si j'avais quelque puissance, ce serait la mienne. Ainsi donc vos moyens pour arriver à ce but, monsieur le comte, faites-les moi connaître; je vous écoute, je ne dirai pas avec attention, avec intérêt; je dirai avec reconnaissance.

Mirabeau jeta un regard rapide sur la reine, regard d'aigle qui sondait l'abîme de son cœur, et il vit que, si elle n'était pas convaincue, elle était au moins entraînée.

Ce triomphe sur une femme aussi supérieure

que Marie-Antoinette caressait de la façon la plus douce la vanité de Mirabeau.

— Madame, dit-il, nous avons perdu Paris, ou à peu près; mais il nous reste encore en province de grandes foules dispersées dont nous pouvons faire des faisceaux. Voilà pourquoi mon avis, Madame, est que le roi quitte Paris, non pas la France; qu'il se retire à Rouen au milieu de l'armée; que, de là, il publie des ordonnances plus populaires que les décrets de l'Assemblée; dès lors, point de guerre civile, puisque le roi se fait plus révolutionnaire que la Révolution.

— Mais, cette révolution, qu'elle nous précède ou qu'elle nous suive, ne vous épouvante-t-elle pas? demanda la reine.

— Hélas! Madame, je crois savoir mieux que personne qu'il y a une part à lui faire, un gâteau à lui jeter; je l'ai déjà dit à la reine : c'est une entreprise au-dessus des forces humaines, que de vouloir rétablir la monarchie sur les antiques bases que cette révolution a détruites. A cette révolution, tout le monde en France a concouru, depuis le roi jusqu'au dernier de ses sujets, soit par intention, action ou omission. Ce n'est donc point l'antique monarchie que j'ai la prétention de défendre, Madame; mais je songe à la modifier, à la régénérer, à établir, enfin, une forme de gouvernement plus ou moins semblable à celle qui a conduit l'Angleterre à l'apogée de sa puissance et de sa gloire. Après avoir entrevu, à ce que m'a dit M. Gilbert, du moins, la prison et l'échafaud de Charles Ier, le roi ne se contenterait-il donc plus du trône de Guillaume III ou de Georges Ier?

— Oh! monsieur le comte, s'écria la reine, à qui un mot de Mirabeau venait de rappeler, par un frissonnement mortel, la vision du château de Taverney et le dessin de l'instrument de mort inventé par M. Guillotin, — oh! monsieur le comte, rendez-nous cette monarchie-là, et vous verrez si nous sommes des ingrats, comme on nous en accuse.

— Eh bien, s'écria à son tour Mirabeau, c'est ce que je ferai, Madame. Que le roi me soutienne, que la reine m'encourage, et je dépose ici, à vos pieds, mon serment de gentilhomme que je tiendrai la promesse que je fais à Votre Majesté, ou que je mourrai à la peine!

— Comte, comte! dit Marie-Antoinette, n'oubliez pas que c'est plus qu'une femme qui vient d'entendre votre serment : c'est une dynastie de cinq siècles!... c'est soixante et dix rois de France qui, de Pharamond à Louis XV, dorment dans leur tombeau, et qui seront détrônés avec nous, si notre trône tombe!

— Je connais l'engagement que je prends, Madame; il est immense, je le sais, mais il n'est pas plus grand que ma volonté, plus fort que mon dévouement. Que je sois sûr de la sympathie de ma reine et de la confiance de mon roi, et j'entreprendrai l'œuvre.

— S'il ne vous faut que cela, monsieur de Mirabeau, je vous engage l'une et l'autre.

Et elle salua Mirabeau avec ce sourire de sirène qui lui gagnait tous les cœurs.

Mirabeau comprit que l'audience était finie. L'orgueil de l'homme politique était satisfait, mais il manquait quelque chose à la vanité du gentilhomme.

— Madame, dit-il avec une courtoisie respectueuse et hardie, lorsque votre auguste mère, l'impératrice Marie-Thérèse, admettait un de ses sujets à l'honneur de sa présence, jamais elle ne le congédiait sans lui donner sa main à baiser.

Et il demeura debout et attendant.

La reine regarda ce lion enchaîné, qui ne demandait pas mieux que se coucher à ses pieds. Puis, avec le sourire du triomphe sur les lèvres, elle étendit lentement sa belle main, froide comme l'albâtre, presque transparente comme lui.

Mirabeau s'inclina, posa ses lèvres sur cette main, et, relevant la tête avec fierté :

— Madame, dit-il, par ce baiser, la monarchie est sauvée!

Et il sortit tout ému, tout joyeux, croyant lui-même, pauvre homme de génie, à l'accomplissement de la prophétie qu'il venait de faire.

XIX

RETOUR A LA FERME

Tandis que Marie-Antoinette rouvre à l'espérance son cœur tout endolori, et oublie un instant les souffrances de la femme en s'occupant du salut de la reine; tandis que Mirabeau, comme l'athlète Alcidamas, rêve de soutenir à lui seul la voûte de la monarchie près de s'écrouler, et qui menace de l'écraser en s'écroulant, ramenons le lecteur, fatigué de tant de politique, vers des personnages plus humbles et des horizons plus frais.

Nous avons vu quelles craintes soufflées par Pitou au cœur de Billot, pendant le second voyage de la Fayette d'Haramont dans la capitale, rappelaient le fermier à la ferme, ou plutôt le père près de sa fille.

Ces inquiétudes n'étaient point exagérées.

Le retour avait lieu le surlendemain de la fameuse nuit où s'était passé le triple événement de la fuite de Sébastien Gilbert, du départ du vicomte Isidore de Charny, et de l'évanouissement de Catherine sur le chemin de Villers-Cotterets à Pisseleu.

Dans un autre chapitre de ce livre, nous avons raconté comment Pitou, après avoir rapporté Catherine à la ferme, après avoir appris d'elle, au milieu des larmes et des sanglots, que l'accident qui venait de la frapper avait été causé par le départ d'Isidore, était revenu à Haramont, écrasé sous le poids de cet aveu, et, en rentrant chez lui, avait trouvé la lettre de Sébastien, et était immédiatement parti pour Paris.

A Paris, nous l'avons vu attendant le docteur Gilbert et Sébastien avec une telle inquiétude, qu'il n'avait pas même songé à parler à Billot de l'événement de la ferme.

Ce n'est que lorsqu'il avait été rassuré sur le sort de Sébastien, en voyant revenir celui-ci rue Saint-Honoré avec son père, ce n'est que lorsqu'il avait appris de la bouche même de l'enfant les détails de son voyage, et comme quoi, ayant rencontré le vicomte Isidore, il avait été amené en croupe à Paris, qu'il s'était souvenu de Catherine, de la ferme et de la mère Billot, et qu'il avait parlé de la mauvaise récolte, des pluies continuelles, et de l'évanouissement de Catherine.

Nous avons dit que c'était cet évanouissement qui avait tout particulièrement frappé Billot et l'avait déterminé à demander à Gilbert un congé que celui-ci lui avait accordé.

Tout le long du chemin, Billot avait interrogé Pitou sur cet évanouissement, car il aimait bien sa ferme, le digne fermier, il aimait bien sa femme, le bon mari, mais ce qu'il aimait par-dessus toutes choses, c'était sa fille Catherine.

Et, cependant, grâce à ses invariables idées d'honneur, à ses invincibles principes de probité, cet amour, dans l'occasion, l'eût rendu juge aussi inflexible qu'il était tendre père.

Interrogé par lui, Pitou répondait.

Il avait trouvé Catherine en travers du chemin, muette, immobile, inanimée; il l'avait crue morte; il l'avait, désespéré, soulevée dans ses bras, posée sur ses genoux; puis, bientôt, il s'était aperçu qu'elle respirait encore, et l'avait emportée tout courant à la ferme, où il l'avait, avec l'aide de la mère Billot, couchée sur son lit.

Là, tandis que la mère Billot se lamentait, il lui avait brutalement jeté de l'eau au visage. Cette fraîcheur avait fait rouvrir les yeux à Catherine; ce que voyant, ajoutait Pitou, il avait jugé que sa présence n'était plus nécessaire à la ferme, et s'était retiré chez lui.

Le reste, c'est-à-dire tout ce qui avait rapport à Sébastien, le père Billot en avait entendu le récit une fois, et ce récit lui avait suffi.

Il en résultait que, revenant sans cesse à Catherine, Billot s'épuisait en conjectures sur l'accident qui lui était arrivé, et sur les causes probables de cet accident.

Ces conjectures se traduisaient en questions adressées à Pitou, questions auxquelles Pitou répondait diplomatiquement : « Je ne sais pas. »

Et il y avait du mérite à Pitou à répondre : « Je ne sais pas; » car Catherine, on se le rappelle, avait eu la cruelle franchise de lui tout avouer, et par conséquent, Pitou *savait*.

Il savait que, le cœur brisé par l'adieu d'Isidore, Catherine s'était évanouie à la place où il l'avait trouvée.

Mais voilà ce que, pour tout l'or du monde, il n'eût jamais dit au fermier.

C'est que, par comparaison, il s'était laissé prendre d'une grande pitié pour Catherine.

Pitou aimait Catherine, il l'admirait surtout; nous avons vu, en temps et lieu, combien cette admiration et cet amour mal appréciés, et surtout mal récompensés, avaient amené de souffrances dans le cœur, et de transports dans l'esprit de Pitou.

Mais ces transports, si exaltés qu'ils fussent, ces douleurs, si aiguës qu'il les eût ressenties, tout en causant à Pitou des serrements d'estomac qui avaient été parfois jusqu'à reculer d'une heure, et même de deux heures, son déjeuner et son dîner, ces transports et ces douleurs, disons-nous, n'avaient jamais été jusqu'à la défaillance et l'évanouissement.

Donc Pitou se posait ce dilemme plein de raison, qu'avec son habitude de logique, il divisait en trois parties :

« Si mademoiselle Catherine aime M. Isidore à s'évanouir quand il la quitte, elle aime donc M. Isidore plus que je ne l'aime, elle, mademoiselle Catherine, puisque je ne me suis jamais évanoui en la quittant. »

Puis, de cette première partie, il passait à la seconde, et se disait :

« Si elle l'aime plus que je ne l'aime, elle

doit donc plus souffrir encore que je n'ai souffert; en ce cas, elle souffre beaucoup. »

D'où il passait à la troisième partie de son dilemme, c'est-à-dire à la conclusion, conclusion d'autant plus logique que, comme toute bonne conclusion, elle se rattachait à l'exorde.

« Et, en effet, elle souffre plus que je ne souffre, puisqu'elle s'évanouit, et que je ne m'évanouis pas. »

De là, cette grande pitié qui rendait Pitou muet, vis-à-vis de Billot, à l'endroit de Catherine, mutisme qui augmentait les inquiétudes de Billot, lesquelles, au fur et à mesure qu'elles augmentaient, se traduisaient plus clairement par les coups de fouet que le digne fermier appliquait sans relâche et à tour de bras sur les reins du cheval qu'il avait pris en location à Dammartin; si bien qu'à quatre heures de l'après-midi, le cheval, la carriole et les deux voyageurs qu'elle contenait s'arrêtèrent devant la porte de la ferme, où les aboiements des chiens signalèrent bientôt leur présence.

A peine la voiture fut-elle arrêtée, que Billot sauta à terre et entra rapidement dans la ferme.

Mais un obstacle auquel il ne s'attendait pas se dressa sur le seuil de la chambre à coucher de sa fille.

C'était le docteur Raynal, dont nous avons déjà eu, ce nous semble, l'occasion de prononcer le nom dans le cours de cette histoire, lequel déclara que, dans l'état où se trouvait Catherine, toute émotion, non seulement était dangereuse, mais encore pouvait être mortelle. C'était un nouveau coup qui frappait Billot.

Il savait le fait de l'évanouissement; mais, du moment que Pitou avait vu Catherine rouvrir les yeux et revenir à elle, il n'avait plus été préoccupé, si l'on peut s'exprimer ainsi, que des causes et des suites morales de l'événement.

Et voilà que le malheur voulait que, outre les causes et les suites morales, il y eût encore un résultat physique.

Ce résultat physique était une fièvre cérébrale qui s'était déclarée la veille au matin, et qui menaçait de s'élever au plus haut degré d'intensité.

Le docteur Raynal était occupé à combattre cette fièvre cérébrale par tous les moyens qu'employaient, en pareil cas, les adeptes de l'ancienne médecine, c'est-à-dire par les saignées et les sinapismes.

Mais ce traitement, si actif qu'il fût, n'avait fait jusque-là que côtoyer pour ainsi dire la maladie; la lutte venait de s'engager à peine entre le mal et le remède depuis le matin, Catherine était en proie à un violent délire.

Et, sans doute, dans ce délire, la jeune fille disait d'étranges choses; car, sous prétexte de lui épargner des émotions, le docteur Raynal avait déjà éloigné d'elle sa mère, comme il tentait en ce moment d'éloigner son père.

La mère Billot était assise sur un escabeau, dans les profondeurs de l'immense cheminée; elle avait la tête enfoncée entre ses mains, et semblait étrangère à tout ce qui se passait autour d'elle.

Cependant, insensible au bruit de la voiture, aux aboiements des chiens, à l'entrée de Billot dans la cuisine, elle se réveilla quand la voix de celui-ci, discutant avec le docteur, alla chercher sa raison noyée au fond de sa sombre rêverie.

Elle leva la tête, ouvrit les yeux, fixa son regard hébété sur Billot, et s'écria :

— Eh! c'est notre homme!

Et, se levant, elle alla, toute trébuchante et les bras étendus, se jeter contre la poitrine de Billot.

Celui-ci la regarda d'un air effaré, comme s'il la reconnaissait à peine.

— Eh! demanda-t-il, la sueur de l'angoisse au front, que se passe-t-il donc ici?

— Il se passe, dit le docteur Raynal, que votre fille a ce que nous appelons une méningite aiguë, et que, lorsqu'on a cela, de même qu'il ne faut prendre que certaines choses, il ne faut voir que certaines personnes.

— Mais, demanda le père Billot, est-ce que c'est dangereux, cette maladie-là, monsieur Raynal? est-ce que l'on en meurt?

— On meurt de toutes les maladies, quand on est mal soigné, mon cher monsieur Billot; mais laissez-moi soigner votre fille à ma façon, et elle n'en mourra pas.

— Bien vrai, docteur?

— Je réponds d'elle; mais il faut que, d'ici à deux ou trois jours, il n'y ait que moi et les personnes que j'indiquerai qui puissent entrer dans sa chambre.

Billot poussa un soupir: on le crut vaincu; mais, tentant un dernier effort :

— Ne puis-je du moins la voir? demanda-t-il du ton dont un enfant eût demandé une dernière grâce.

— Et, si vous la voyez, si vous l'embrassez, me laisserez-vous trois jours tranquille et sans rien demander de plus?

— Je vous le jure, docteur.

— Eh bien, venez.

On aperçut Pitou monté sur son cheval blanc. (Page 226.)

Il ouvrit la porte de la chambre de Catherine, et le père Billot put voir la jeune fille, le front ceint d'un bandeau trempé dans de l'eau glacée, l'œil égaré, le visage ardent de fièvre.

Elle prononçait des paroles entrecoupées, et, quand Billot posa ses lèvres pâles et tremblantes sur son front humide, il lui sembla, au milieu de ces paroles incohérentes, saisir le nom d'Isidore.

Sur le seuil de la porte de la cuisine, se groupaient la mère Billot les mains jointes, Pitou se soulevant sur la pointe de ses longs pieds pour regarder par-dessus l'épaule de la fermière, et deux ou trois journaliers qui, se trouvant là, étaient curieux de voir par eux-mêmes comment allait leur jeune maîtresse.

Fidèle à sa promesse, le père Billot se retira lorsqu'il eut embrassé son enfant; seulement il se retira le sourcil froncé, le regard sombre, et en murmurant :

— Allons, allons, je vois bien qu'il était temps que je revinsse.

Et il rentra à la cuisine, où sa femme le suivit machinalement, et où Pitou allait les suivre, quand le docteur le tira par le bas de sa veste et lui dit :

— Ne quitte pas la ferme, j'ai à te parler.

Pitou se retourna tout étonné, et il allait s'enquérir auprès du docteur à quelle chose il lui pouvait être bon ; mais celui-ci posa mystérieusement, et en signe de silence, le doigt sur sa bouche.

Pitou demeura donc debout dans la cuisine, à l'endroit même où il était, simulant d'une façon plus grotesque que poétique ces dieux antiques qui, les pieds pris dans la pierre, marquaient aux particuliers la limite de leurs champs.

Au bout de cinq minutes, la porte de la chambre de Catherine se rouvrit, et l'on entendit la voix du docteur appelant Pitou.

— Hein? fit celui-ci, tiré du plus profond du rêve où il paraissait plongé; que me voulez-vous, monsieur Raynal?

— Viens aider madame Clément à tenir Catherine, pendant que je vais la saigner une troisième fois.

— Une troisième fois! murmura la mère Billot, il va saigner mon enfant pour la troisième fois! Oh! mon Dieu! mon Dieu!

— Femme, femme, murmura Billot d'une voix sévère, tout cela ne serait point arrivé si vous aviez mieux veillé sur votre enfant!

Et il rentra dans sa chambre, d'où il était absent depuis trois mois, tandis que Pitou, élevé au rang d'élève en chirurgie par le docteur Raynal, entrait dans celle de Catherine.

XX

PITOU GARDE-MALADE

Pitou était fort étonné d'être bon à quelque chose au docteur Raynal; mais il eût été bien plus étonné encore si celui-ci lui eût dit que c'était plutôt un secours moral qu'un secours physique qu'il attendait de lui auprès de la malade.

En effet, le docteur avait remarqué que, dans son délire, Catherine accolait presque toujours le nom de Pitou à celui d'Isidore.

C'étaient, on s'en souviendra, les deux dernières figures qui avaient dû rester dans l'esprit de la jeune fille, Isidore quand elle avait fermé les yeux, Pitou quand elle les avait rouverts.

Cependant, comme la malade ne prononçait pas ces deux noms avec le même accent, et que le docteur Raynal — non moins observateur que son illustre homonyme, l'auteur de l'*Histoire philosophique des deux Indes*, — s'était promptement dit à lui-même qu'entre ces deux noms, Isidore de Charny et Ange Pitou, prononcés avec un accent différent, mais cependant expressif, par une jeune fille, le nom d'Ange Pitou devait être celui de l'ami et le nom d'Isidore de Charny celui de l'amant, non seulement il n'avait vu aucun inconvénient, mais encore il avait vu un avantage à introduire près de la malade un ami avec qui elle pût parler de son amant.

Car, pour le docteur Raynal, — et quoique nous ne voulions rien lui ôter de sa perspicacité, nous nous hâterons de dire que c'était chose facile; — car, pour le docteur Raynal, tout était clair comme le jour, et il n'avait eu, comme dans ces causes où les médecins font de la médecine légale, qu'à grouper les faits pour que la vérité tout entière apparût à ses yeux.

Tout le monde savait, à Villers-Cotterets, que, dans la nuit du 5 au 6 octobre, Georges de Charny avait été tué à Versailles, et que, dans la soirée du lendemain, son frère Isidore, mandé par le comte de Charny, était parti pour Paris.

Or Pitou avait trouvé Catherine évanouie sur le chemin de Boursonne à Paris. Il l'avait rapportée sans connaissance à la ferme; à la suite de cet événement, la jeune fille avait été prise de la fièvre cérébrale. Cette fièvre cérébrale avait amené le délire; dans ce délire, elle s'efforçait de retenir un fugitif, et, ce fugitif, elle l'appelait Isidore.

On voit donc que c'était chose facile au docteur de deviner le secret de la maladie de Catherine, qui n'était autre que le secret de son cœur.

Dans cette conjoncture, le docteur s'était fait ce raisonnement.

Le premier besoin d'un malade pris par le cerveau est le calme.

Qui peut amener le calme dans le cœur de Catherine? C'est d'apprendre ce qu'est devenu son amant.

A qui peut-elle demander des nouvelles de son amant? A celui qui peut en savoir.

Et quel est celui qui peut en savoir? Pitou, qui arrive de Paris.

Le raisonnement était à la fois simple et logique: aussi le docteur l'avait-il fait sans effort.

Cependant ce fut bien à l'office d'aide-chirurgien qu'il occupa d'abord Pitou; seulement, pour cet office, il eût parfaitement pu se passer de lui, attendu que c'était, non pas une saignée à faire, mais simplement l'ancienne à rouvrir.

Le docteur tira doucement le bras de Catherine hors du lit, enleva le tampon qui comprimait la cicatrice, écarta avec les deux pouces les chairs mal jointes, et le sang jaillit.

En voyant ce sang pour lequel il eût avec

joie donné le sien, Pitou sentit les forces lui manquer.

Il alla s'asseoir dans le fauteuil de madame Clément, les mains sur ses yeux, sanglotant et, à chaque sanglot, tirant du fond de son cœur ces mots :

— Oh! mademoiselle Catherine! pauvre mademoiselle Catherine!

Et, à chacun de ces mots, il se disait mentalement à lui-même, par ce double travail de l'esprit qui opère à la fois sur le présent et sur le passé :

— Oh! bien certainement qu'elle aime M. Isidore plus que je ne l'aime elle-même! bien certainement qu'elle souffre plus que je n'ai jamais souffert, puisqu'on est obligé de la saigner parce qu'elle a la fièvre cérébrale et le délire, deux choses fort désagréables à avoir et que je n'ai jamais eues!

Et, tout en tirant deux nouvelles palettes de sang à Catherine, le docteur Raynal, qui ne perdait pas de vue Pitou, se félicitait d'avoir si bien deviné que la malade avait en lui un ami dévoué.

Comme l'avait pensé le docteur, cette petite émission de sang calma la fièvre : les artères des tempes battirent plus doucement; la poitrine se dégagea; la respiration, qui était sifflante redevint douce et égale; le pouls tomba de cent-dix pulsations à quatre-vingt-cinq, et tout indiqua pour Catherine une nuit assez tranquille.

Le docteur Raynal respira donc à son tour; il fit à madame Clément les recommandations nécessaires, et, entre autres, cette recommandation étrange de dormir deux ou trois heures, tandis que Pitou veillerait à sa place, et, faisant signe à Pitou de le suivre, il rentra dans la cuisine.

Pitou suivit le docteur, qui trouva la mère Billot ensevelie dans l'ombre du manteau de la cheminée.

La pauvre femme était tellement abasourdie, qu'à peine put-elle comprendre ce que lui disait le docteur.

C'étaient, cependant, de bonnes paroles pour le cœur d'une mère.

— Allons! allons! du courage, mère Billot! dit le docteur, cela va aussi bien que cela peut aller.

La bonne femme sembla revenir de l'autre monde.

— Oh! cher monsieur Raynal, est-ce bien vrai, ce que vous dites là?

— Oui, la nuit ne sera pas mauvaise. Ne vous inquiétez pas, pourtant, si vous entendiez encore quelques cris dans la chambre de votre fille, et surtout n'y entrez pas.

— Mon Dieu! mon Dieu! dit la mère Billot avec un accent de profonde douleur, c'est bien triste, qu'une mère ne puisse pas entrer dans la chambre de sa fille.

— Que voulez-vous! dit le docteur, c'est ma prescription absolue; ni vous, ni M. Billot.

— Mais qui donc va avoir soin de ma pauvre enfant?

— Soyez tranquille. Vous avez, pour cela, madame Clément et Pitou.

— Comment! Pitou?

— Oui, Pitou; j'ai reconnu en lui, tout à l'heure, d'admirables dispositions à la médecine. Je l'emmène à Villers-Cotterets, où je vais faire préparer une potion par le pharmacien. Pitou rapportera la potion; madame Clément la fera prendre à la malade, cuillerée par cuillerée, et, s'il survenait quelque accident, Pitou, qui veillera Catherine avec madame Clément, prendrait ses longues jambes à son cou et serait chez moi en dix minutes; — n'est-ce pas, Pitou?

— En cinq, monsieur Raynal, dit Pitou avec une confiance en lui-même qui ne devait laisser aucun doute dans l'esprit de ses auditeurs.

— Vous voyez, madame Billot! dit le docteur Raynal.

— Et bien, soit, dit la mère Billot, cela ira ainsi; seulement dites un mot de votre espoir au pauvre père.

— Où est-il? demanda le docteur.

— Ici, dans la chambre à côté.

— Inutile, dit une voix du seuil de la porte, j'ai tout entendu.

Et, en effet, les trois interlocuteurs, qui se retournèrent en tressaillant à cette réponse inattendue, virent le fermier, pâle et debout dans l'encadrement sombre.

Puis, comme si c'eût été tout ce qu'il avait à écouter et à dire, Billot rentra chez lui, ne faisant aucune observation sur les arrangements pris pour la nuit par le docteur Raynal.

Pitou tint parole : au bout d'un quart d'heure, il était de retour avec la potion calmante ornée de son étiquette, et assurée par le cachet de maître Pacquenaud, docteur pharmacien de père en fils, à Villers-Cotterets.

Le messager traversa la cuisine et entra dans la chambre de Catherine, non seulement sans empêchement aucun, mais encore sans autre allocution faite de la part de personne que ces mots qui lui furent adressés par madame Billot :

— Ah! c'est toi, Pitou?

Et sans autre réponse de lui que celle-ci :
— Oui, mam'Billot.

Catherine dormait, comme l'avait prévu le docteur Raynal, d'un sommeil assez calme; auprès d'elle, étendue dans un grand fauteuil et les pieds sur les chenets, se tenait la garde-malade, en proie à cet état de somnolence particulier à cette honorable classe de la société, qui, n'ayant pas le droit de dormir tout à fait, ni la force de rester bien éveillée, semble comme ces âmes à qui il est défendu de descendre jusqu'aux Champs-Élysées, et qui, ne pouvant remonter jusqu'au jour, errent éternellement sur les limites de la veille et du sommeil.

Elle reçut, dans cet état de somnambulisme qui lui était habituel, le flacon des mains de Pitou, le déboucha, le posa sur la table de nuit, et plaça tout auprès la cuiller d'argent, afin que la malade attendît le moins longtemps possible à l'heure du besoin.

Puis elle alla s'étendre sur son fauteuil.

Quant à Pitou, il s'assit sur le rebord de la fenêtre pour voir Catherine tout à son aise.

Ce sentiment de miséricorde qui l'avait pris en songeant à Catherine n'avait pas, comme on le comprend bien, diminué en la voyant. Maintenant qu'il lui était permis, pour ainsi dire, de toucher le mal du doigt et de juger quel terrible ravage pouvait faire cette chose abstraite qu'on appelle l'amour, il était plus que jamais disposé à sacrifier son amour, à lui, qui lui paraissait de si facile composition, auprès de cet amour exigeant, fiévreux, terrible, dont lui semblait atteinte la jeune fille.

Ces pensées le mettaient insensiblement dans la disposition d'esprit où il avait besoin d'être pour favoriser le plan du docteur Raynal.

En effet, le brave homme avait pensé que le remède dont avait surtout besoin Catherine était ce topique qu'on appelle un confident.

Ce n'était peut-être pas un grand médecin, mais c'était à coup sûr, comme nous l'avons dit, un grand observateur que le docteur Raynal.

Une heure environ après la rentrée de Pitou, Catherine s'agita, poussa un soupir et ouvrit les yeux.

Il faut rendre cette justice à madame Clément, qu'au premier mouvement qu'avait fait la malade, elle était debout près d'elle, balbutiant :

— Me voilà, mademoiselle Catherine; que désirez-vous?

— J'ai soif, murmura la malade, revenant à la vie par une douleur physique, et au sentiment par un besoin matériel.

Madame Clément versa dans la cuiller quelques gouttes du calmant apporté par Pitou, introduisit la cuiller entre les lèvres sèches et les dents serrées de Catherine, qui machinalement avala la liqueur adoucissante.

Puis Catherine retomba, la tête sur son oreiller, et madame Clément, satisfaite de la conviction d'un devoir rempli, alla s'étendre de nouveau sur son fauteuil.

Pitou poussa un soupir; il croyait que Catherine ne l'avait pas même vu.

Pitou se trompait; quand il avait aidé madame Clément, à la soulever, en buvant les quelques gouttes de breuvage, en se laissant retomber sur son oreiller, Catherine avait entr'ouvert les yeux, et, de ce regard morbide qui avait glissé entre ses paupières, elle avait cru apercevoir Pitou.

Mais, dans le délire de la fièvre qui la tenait depuis trois jours, elle avait vu tant de fantômes qui n'avaient fait qu'apparaître et s'évanouir, qu'elle traita le Pitou réel comme un Pitou fantastique.

Le soupir que venait de pousser Pitou n'était donc pas tout à fait exagéré.

Cependant l'apparition de cet ancien ami, pour lequel Catherine avait été parfois si injuste, avait fait sur la malade une impression plus profonde que les précédentes, et, quoiqu'elle restât les yeux fermés, il lui semblait, avec un esprit, du reste, plus calme et moins fiévreux, voir devant elle le brave voyageur que le fil si souvent brisé de ses idées lui représentait comme étant près de son père à Paris.

Il en résulta que, tourmentée de l'idée que, cette fois, Pitou était une réalité et non une évocation de sa fièvre, elle rouvrit timidement les yeux et chercha si celui qu'elle avait vu était toujours à la même place.

Il va sans dire qu'il n'avait pas bougé.

En voyant les yeux de Catherine se rouvrir et s'arrêter sur lui, le visage de Pitou s'était illuminé; et en voyant ses yeux se reprendre à la vie et à l'intelligence, Pitou étendit les bras.

— Pitou! murmura la malade.

— Mademoiselle Catherine! s'écria Pitou.

— Hein? fit madame Clément en se retournant.

Catherine jeta un regard inquiet sur la garde-malade, et laissa retomber, avec un soupir, sa tête sur l'oreiller.

Pitou devina que la présence de madame Clément gênait Catherine.

Il alla à elle.

— Madame Clément, lui dit-il tout bas, ne vous privez pas de dormir; vous savez bien que M. Raynal m'a fait rester pour veiller mademoiselle Catherine, et afin que vous puissiez prendre un instant de repos pendant ce temps-là.

— Ah! oui, c'est vrai, dit madame Clément.

Et, en effet, comme si elle n'eût attendu que cette permission, la brave femme s'affaissa dans son fauteuil, poussa un soupir à son tour, et, après un instant de silence, indiqua par un ronflement timide d'abord, mais qui, s'enhardissant de plus en plus, finit, au bout de quelques minutes, par dominer entièrement la situation, qu'elle entrait à pleines voiles dans le pays enchanté du sommeil, qu'elle ne parcourait ordinairement qu'en rêve.

Catherine avait suivi le mouvement de Pitou avec un certain étonnement, et, avec l'acuité particulière aux malades, elle n'avait pas perdu un mot de ce que Pitou avait dit à madame Clément.

Pitou demeura un instant près de la garde-malade, comme pour s'assurer que son sommeil était bien réel; puis, lorsqu'il n'eut plus de doute à cet égard, il s'approcha de Catherine, en secouant la tête et laissant tomber ses bras.

— Ah! mademoiselle Catherine, dit-il, je savais bien que vous l'aimiez, mais je ne savais pas que vous l'aimiez tant que cela!

XXI

PITOU CONFIDENT

Pitou prononça ces paroles de telle façon, que Catherine y put voir tout à la fois l'expression d'une grande douleur et la preuve d'une grande bonté.

Ces deux sentiments émanés en même temps du cœur du brave garçon, qui la regardait d'un œil si triste, touchèrent la malade à un degré égal.

Tant qu'Isidore avait habité Boursonne, tant qu'elle avait senti son amant à trois quarts de lieue d'elle, tant qu'elle avait été heureuse enfin, Catherine, sauf quelques petites contrariétés soulevées par la persistance de Pitou à l'accompagner dans ses courses, sauf quelques légères inquiétudes causées par certains paragraphes des lettres de son père, Catherine, disons-nous, avait enfoui son amour en elle-même comme un trésor dont elle se serait bien gardée de laisser tomber la moindre obole dans un autre cœur que le sien. Mais, Isidore parti, mais, Catherine esseulée, mais, le malheur se substituant à la félicité, la pauvre enfant cherchait en vain un courage égal à son égoïsme, et elle comprenait qu'il y aurait pour elle un grand soulagement à rencontrer quelqu'un avec qui elle pût parler du beau gentilhomme qui venait de la quitter, sans avoir rien pu lui dire de positif sur l'époque de son retour.

Or elle ne pouvait parler d'Isidore ni à madame Clément, ni au docteur Raynal, ni à sa mère, et elle souffrait vivement d'être condamnée à ce silence, quand tout à coup, au moment où elle s'en doutait le moins, la Providence mettait devant ses yeux, qu'elle venait de rouvrir à la vie et à la raison, un ami dont elle avait pu douter un instant lorsqu'il s'était tu, mais dont elle ne pouvait plus douter aux premières paroles qu'il prononçait.

Aussi, à ces mots de compassion si péniblement échappés au cœur du pauvre neveu de la tante Angélique, Catherine répondit-elle sans chercher le moins du monde à cacher ses sentiments :

— Ah! monsieur Pitou, je suis bien malheureuse, allez!

Dès lors, la digue était rompue d'un côté, et le courant établi de l'autre.

— En tout cas, mademoiselle Catherine, continua Pitou, quoique ça ne me fasse pas grand plaisir de parler de M. Isidore, si ça doit vous être agréable, je puis vous donner de ses nouvelles.

— Toi? demanda Catherine.

— Oui, moi, dit Pitou.

— Tu l'as donc vu?

— Non, mademoiselle Catherine, mais je sais qu'il est arrivé en bonne santé à Paris.

— Et comment sais-tu cela? demanda-t-elle le regard tout brillant d'amour.

Ce regard fit pousser un gros soupir à Pitou; mais il n'en répondit pas moins avec sa conscience ordinaire :

— Je sais cela, Mademoiselle, par mon jeune ami Sébastien Gilbert, que M. Isidore a rencontré de nuit un peu au-dessus de la Fontaine-Eau-Claire, et qu'il a amené en croupe à Paris.

Catherine fit un effort, se souleva sur son coude, et, regardant Pitou :

— Ainsi, demanda vivement Catherine, il est à Paris?

— C'est-à-dire, objecta Pitou, il ne doit plus y être à présent.

— Et où doit-il être? fit languissamment la jeune fille.

— Je ne sais pas. Ce que je sais seulement

c'est qu'il devait partir en mission pour l'Espagne ou pour l'Italie.

Catherine, à ce mot *partir*, laissa retomber sa tête sur son oreiller avec un soupir qui fut bientôt suivi d'abondantes larmes.

— Mademoiselle, dit Pitou, à qui cette douleur de Catherine brisait le cœur, si vous tenez absolument à savoir où il est, je puis m'en informer.

— A qui? demanda Catherine.

— A M. le docteur Gilbert, qui l'avait quitté aux Tuileries... ou bien encore, si vous aimez mieux, ajouta Pitou en voyant que Catherine secouait la tête en signe de remerciement négatif, je puis retourner à Paris, et prendre des renseignements... Oh! mon Dieu, ce sera bien vite fait; c'est l'affaire de vingt-quatre heures.

Catherine étendit sa main fiévreuse et la présenta à Pitou, qui, ne devinant pas la faveur qui lui était accordée, ne se permit pas de la toucher.

— Eh bien, monsieur Pitou, lui demanda Catherine en souriant, est-ce que vous avez peur d'attraper ma fièvre?

— Oh! excusez, mademoiselle Catherine, dit Pitou pressant la main moite et humide de la jeune fille entre ses deux grosses mains, c'est que je ne comprenais pas, voyez-vous! Ainsi vous acceptez?

— Non, au contraire, Pitou, je te remercie. C'est inutile; il est impossible que je ne reçoive pas une lettre de lui demain matin.

— Une lettre de lui! dit vivement Pitou.

Puis il s'arrêta comme regardant avec inquiétude autour de lui.

— Eh bien, oui, une lettre de lui, dit Catherine cherchant elle-même du regard la cause qui pouvait troubler ainsi l'âme placide de son interlocuteur.

— Une lettre de lui! ah diable! répéta Pitou en se mordant les ongles comme fait un homme embarrassé.

— Mais, sans doute, une lettre de lui. Que trouvez-vous d'étonnant à ce qu'il m'écrive, reprit Catherine, vous qui savez tout, ou, ajouta-t-elle à voix basse, à peu près tout?...

— Je ne trouve pas étonnant qu'il vous écrive... S'il m'était permis de vous écrire, Dieu sait que je vous écrirais bien aussi, moi, et de longues lettres même; mais j'ai peur...

— Peur de quoi, mon ami?

— Que la lettre de M. Isidore ne tombe entre les mains de votre père.

— De mon père?

Pitou fit de la tête un triple signe qui voulait dire trois fois oui.

— Comment! de mon père? demanda Catherine de plus en plus étonnée. Mon père n'est-il pas à Paris?

— Votre père est à Pisseleu, mademoiselle Catherine, à la ferme, ici, dans la chambre à côté. Seulement M. Raynal lui a défendu d'entrer dans votre chambre, à cause du délire, a-t-il dit, et je crois qu'il a bien fait.

— Et pourquoi a-t-il bien fait?

— Mais parce que M. Billot ne me paraît pas tendre à l'endroit de M. Isidore, et que, pour une fois que vous avez prononcé son nom et qu'il l'a entendu, il a fait une rude grimace, je vous en réponds.

— Ah! mon Dieu, mon Dieu! murmura Catherine toute frissonnante, que me dites-vous là, monsieur Pitou?

— La vérité... Je l'ai même entendu grommeler entre ses dents : « C'est bien, c'est bien, on ne dira rien tant qu'elle sera malade; mais après, on verra »

— Monsieur Pitou! dit Catherine en saisissant, cette fois, la main de Pitou avec un geste si véhément, que ce fut au brave garçon de tressaillir à son tour.

— Mademoiselle Catherine! répondit-il.

— Vous avez raison, il ne faut pas que ses lettres tombent entre les mains de mon père... Mon père me tuerait!

— Vous voyez bien, vous voyez bien, dit Pitou. C'est qu'il n'entend pas raison sur la bagatelle, le père Billot.

— Mais comment faire?

— Dame! indiquez-moi cela, Mademoiselle.

— Il y a bien un moyen.

— Alors, dit Pitou, s'il y a un moyen, il faut l'employer.

— Mais je n'ose, dit Catherine.

— Comment! vous n'osez?

— Je n'ose vous dire ce qu'il faut faire.

— Quoi! le moyen dépend de moi, et vous n'osez pas me le dire?

— Dame! monsieur Pitou...

— Ah! fit Pitou, ce n'est pas bien, mademoiselle Catherine, et je n'aurais pas cru que vous eussiez manqué de confiance en moi.

— Je ne manque pas de confiance en toi, mon cher Pitou, dit Catherine.

— Ah! à la bonne heure! répondit Pitou, doucement caressé par la familiarité croissante de Catherine.

— Mais ce sera bien de la peine pour toi, mon ami.

— Oh! si ce n'est que de la peine pour moi, dit Pitou, il ne faut pas vous embarrasser de cela, mademoiselle Catherine.

— Tu consens donc d'avance à faire ce que je te demanderai?

— Bien certainement. Dame! cependant, à moins que ce ne soit impossible.

— C'est très facile, au contraire.

— Eh bien, si c'est très facile, dites.

— Il faudrait aller chez la mère Colombe.

— La marchande de sucre d'orge?

— Oui, qui est en même temps factrice de la poste aux lettres.

— Ah! je comprends... et je lui dirai de ne remettre les lettres qu'à vous?

— Tu lui diras de ne remettre mes lettres qu'à toi, Pitou.

— A moi? dit Pitou. Ah! oui, je n'avais pas compris d'abord.

Et il poussa un troisième ou quatrième soupir.

— C'est ce qu'il y a de plus sûr, tu conçois bien, Pitou?... A moins que tu ne veuilles pas me rendre ce service.

— Moi, vous refuser, mademoiselle Catherine? Ah! par exemple!

— Merci, alors, merci!

— J'irai... j'irai bien certainement, à partir de demain.

— C'est trop tard, demain, mon cher Pitou; il faudrait y aller à partir d'aujourd'hui.

— Eh bien, Mademoiselle, soit; à partir d'aujourd'hui, à partir de ce matin, à partir de tout de suite!

— Que tu es un brave garçon, Pitou! dit Catherine, et que je t'aime!

— Oh! mademoiselle Catherine, dit Pitou, ne me dites pas des choses pareilles, vous me feriez passer dans le feu.

— Regarde l'heure qu'il est, Pitou, dit Catherine.

Pitou s'approcha de la montre de la jeune fille, qui était pendue à la cheminée.

— Cinq heures et demie du matin, Mademoiselle, dit-il.

— Eh bien, fit Catherine, mon bon ami Pitou...

— Eh bien, Mademoiselle?

— Il serait peut être temps...

— D'aller chez la mère Colombe?... A vos ordres, Mademoiselle. Mais il faudrait prendre un peu de la potion : le docteur avait recommandé une cuillerée toutes les demi-heures.

— Ah! mon cher Pitou, dit Catherine se versant une cuillerée du breuvage pharmaceutique, et regardant Pitou avec des yeux qui lui firent fondre le cœur, ce que tu fais pour moi vaut mieux que tous les breuvages du monde!

— C'est donc cela que le docteur Raynal disait que j'avais de si grandes dispositions à être élève en médecine!

— Mais où diras-tu que tu vas, Pitou, pour qu'on ne se doute de rien à la ferme?

— Oh! quant à cela, soyez tranquille.

Et Pitou prit son chapeau.

— Faut-il que je réveille madame Clément? demanda-t-il.

— Oh! c'est inutile, laisse-la dormir, la pauvre femme... Je n'ai, maintenant, besoin de rien... que...

— Que... de quoi? demanda Pitou.

Catherine sourit.

— Ah! oui, j'y suis, murmura le messager d'amour... que de la lettre de M. Isidore.

Puis, après un instant de silence :

— Eh bien, soyez tranquille, si elle y est, vous l'aurez; si elle n'y est pas...

— Si elle n'y est pas? demanda anxieusement Catherine.

— Si elle n'y est pas... pour que vous me regardiez encore comme vous me regardiez tout à l'heure, pour que vous me souriiez encore comme vous venez de me sourire, pour que vous m'appeliez encore votre cher Pitou et votre bon ami... si elle n'y est pas, eh bien, j'irai la chercher à Paris.

— Bon et excellent cœur! murmura Catherine en suivant des yeux Pitou, qui sortait.

Puis, épuisée de cette longue conversation, elle retomba la tête sur son oreiller.

Au bout de dix minutes, il eût été impossible à la jeune fille de se dire à elle-même si ce qui venait de se passer était une réalité amenée par le retour de sa raison, ou un rêve enfanté par son délire; mais ce dont elle était sûre, c'est qu'une fraîcheur vivifiante et douce se répandait de son cœur aux extrémités les plus éloignées de ses membres fiévreux et endoloris.

Au moment où Pitou traversa la cuisine, la mère Billot leva la tête.

La mère Billot ne s'était pas couchée et n'avait pas dormi depuis trois jours.

Depuis trois jours, elle n'avait pas quitté cet escabeau enterré sous le manteau de la cheminée, d'où ses yeux pouvaient, à défaut de sa fille, près de laquelle il lui était défendu de pénétrer, voir au moins la porte de la chambre de sa fille.

— Eh bien? demanda-t-elle.

— Eh bien, mère Billot, cela va mieux, dit Pitou.
— Où vas-tu alors?
— Je vais à Villers-Cotterets.
— Et qu'y vas-tu faire?

Pitou hésita un instant; Pitou n'était pas l'homme de l'à-propos.

— Ce que je vais y faire?... répéta-t-il pour gagner du temps.

— Oui, dit la voix du père Billot, ma femme te demande ce que tu vas y faire?

— Je vais prévenir le docteur Raynal.

— Le docteur Raynal t'avait dit de ne le prévenir que s'il y avait du nouveau.

— Eh bien, dit Pitou, puisque mademoiselle Catherine va mieux, il me semble que c'est du nouveau.

Soit que le père Billot trouvât la réponse de Pitou péremptoire, soit qu'il ne voulût pas se montrer trop difficile pour un homme qui, au bout du compte, lui apportait une bonne nouvelle, il ne fit pas d'autre objection au départ de Pitou.

Pitou passa donc, tandis que le père Billot rentrait dans sa chambre, et que la mère Billot laissait retomber sa tête sur sa poitrine.

Pitou arriva à Villers-Cotterets à six heures moins un quart du matin.

Il réveilla scrupuleusement le docteur Raynal pour lui dire que Catherine allait mieux, et lui demander ce qu'il y avait de nouveau à faire.

Le docteur l'interrogea sur sa nuit de garde, et, au grand étonnement de Pitou, qui, cependant, mit dans ses réponses toute la circonspection possible, le brave garçon s'aperçut bientôt que le docteur savait ce qui s'était passé entre lui et Catherine aussi couramment à peu près que s'il eût, dans quelque coin de la chambre, derrière les rideaux de la fenêtre ou du lit, assisté à sa conversation avec la jeune fille.

Le docteur Raynal promit de passer dans la journée à la ferme, recommanda pour toute ordonnance que l'on servît à Catherine *toujours du même tonneau*, et congédia Pitou, lequel réfléchit fort longtemps à ces paroles énigmatiques, et finit par comprendre que le docteur lui recommandait de continuer à parler à la jeune fille du vicomte Isidore de Charny.

Puis, de chez le docteur, il alla chez la mère Colombe. La factrice demeurait au bout de la rue de Lormet, c'est-à-dire à l'autre extrémité de la ville.

Il arriva comme elle ouvrait sa porte.

La mère Colombe était une grande amie de la tante Angélique; mais cette amitié pour la tante ne l'empêchait point d'apprécier le neveu.

En entrant dans la boutique de la mère Colombe, pleine de pain d'épice et de sucre d'orge, Pitou comprit, pour la première fois, que, s'il voulait réussir dans sa négociation et se faire livrer par la factrice les lettres de mademoiselle Catherine, il fallait employer, sinon la corruption, du moins la séduction.

Il acheta deux bouts de sucre d'orge et un pavé de pain d'épice.

Puis, cette acquisition faite et payée, il hasarda sa demande.

Il y avait des difficultés graves.

Les lettres ne devaient être remises qu'aux personnes à qui elles étaient adressées, ou tout au moins à des fondés de pouvoir et porteurs de procurations écrites.

La mère Colombe ne doutait pas de la parole de Pitou, mais elle exigeait une procuration écrite.

Pitou vit qu'il fallait faire un sacrifice.

Il promit d'apporter le lendemain le reçu de la lettre, s'il y avait une lettre, plus une autorisation de recevoir pour Catherine les autres lettres à venir.

Promesse qu'il accompagna d'un second achat de sucre d'orge et de pain d'épice.

Le moyen de rien refuser à la main qui étrenne, et surtout qui étrenne d'une façon si libérale!

La mère Colombe ne fit que de faibles objections, et finit par autoriser Pitou à la suivre à la poste où elle lui remettrait la lettre de Catherine, si une lettre était arrivée pour elle.

Pitou la suivit en mangeant ses deux pavés de pain d'épice, et en suçant ses quatre bâtons de sucre d'orge.

Jamais, au grand jamais, il ne s'était permis une pareille débauche; mais, on le sait, grâce aux libéralités du docteur Gilbert, Pitou était riche.

En traversant la grande place, il monta sur les barreaux de la fontaine, appliqua sa bouche à l'un des quatre jets qui s'en échappaient à cette époque, et, pendant cinq minutes, absorba le cours d'eau tout entier sans en laisser tomber une goutte. En descendant de la fontaine, il jeta les yeux autour de lui et aperçut une espèce de théâtre dressé au milieu de la place.

Alors il se rappela qu'au moment de son départ, il était fort question de se réunir à Villers-Cotterets, afin d'y poser les bases d'une fédération entre le chef-lieu de canton et les villages environnants.

LA COMTESSE DE CHARNY 217

Billot étendit la main. (Page 231.)

Les divers événements privés, qui s'étaient succédé autour de lui, lui avaient fait oublier cet événement politique, qui n'était point cependant, sans une certaine importance.

Il pensa alors aux vingt-cinq louis que lui avait donnés, au moment du départ, le docteur Gilbert pour l'aider à mettre sur le meilleur pied possible la garde nationale d'Haramont.

Et il redressa la tête avec orgueil en songeant à la splendide figure que feraient, grâce à ces vingt-cinq louis, les trente-trois hommes qu'il avait sous ses ordres.

Cela l'aida à digérer les deux pavés de pain d'épice et les quatre morceaux de sucre d'orge, qui, joints à la pinte d'eau qu'il avait avalée, eussent bien pu, malgré la chaleur des sucs gastriques dont la nature l'avait pourvu, lui peser sur l'estomac, s'il eût été privé de cet excellent digestif qu'on appelle l'amour-propre satisfait.

XXII

PITOU GÉOGRAPHE

Pendant que Pitou buvait, pendant que Pitou digérait, pendant que Pitou réfléchissait, la mère Colombe avait gagné du chemin sur lui, et était entrée à la poste.

Mais Pitou ne s'était point inquiété de cela. La poste était située en face de ce que l'on ap-

28

pelle la rue Neuve, espèce de ruelle qui donne sur cette portion du parc où est située l'allée des Soupirs, de langoureuse mémoire : en quinze enjambées il aurait rejoint la mère Colombe.

Il exécuta ses quinze enjambées et arriva sur sur le seuil de la poste, juste comme la mère Colombe sortait, son paquet de lettres à la main.

Au milieu de toutes ces lettres, il y en avait une pliée, enfermée dans une élégante enveloppe et coquettement cachetée d'un sceau de cire.

Cette lettre était à l'adresse de Catherine Billot.

Il était évident que c'était la lettre que Catherine attendait.

Selon les conventions arrêtées, cette lettre fut remise par la factrice à l'acheteur de sucre d'orge, lequel partit à l'instant même pour Pisseleu, joyeux et triste à la fois : joyeux du bonheur qu'il allait reporter à Catherine, triste de ce que ce bonheur venait à la jeune fille d'une source dont il trouvait l'eau si amère à ses lèvres.

Mais, malgré cette amertume, le messager était d'une si excellente nature que, pour porter plus vite cette lettre maudite, il passa insensiblement du pas au trot, et du trot au galop.

A cinquante pas de la ferme, il s'arrêta tout à coup, songeant avec raison que, s'il arrivait ainsi tout haletant et tout couvert de sueur, il pourrait bien inspirer de la défiance au père Billot, lequel paraissait engagé dans la voie étroite et épineuse du soupçon.

Il résolut donc, au risque d'être en retard d'une minute ou deux, d'accomplir d'un pas plus posé le bout de chemin qui lui restait à faire, et, dans ce but, il marchait avec la gravité d'un de ces confidents de tragédie auxquels la confiance de Catherine venait de l'assimiler, lorsque, en passant devant la chambre de la jeune malade, il s'aperçut que la garde, sans doute pour donner un peu d'air frais à cette chambre, avait entr'ouvert la fenêtre.

Pitou introduisit son nez d'abord et son œil ensuite dans l'entre-bâillement ; il ne pouvait pas davantage à cause de l'espagnolette.

Mais cela lui suffit, à lui, pour voir Catherine éveillée et l'attendant, et cela suffit à Catherine pour voir Pitou mystérieux et faisant des signes.

— Une lettre !... balbutia la jeune fille, une lettre !

— Chut !... dit Pitou.

Et, regardant autour de lui avec l'œil d'un broconnier qui veut dépister tous les gardes d'une capitainerie, il lança, se voyant parfaitement isolé, sa lettre par l'entre-bâillement, et cela avec tant d'adresse, qu'elle tomba juste dans l'espèce de récipient que celle qui l'attendait lui avait ménagé sous son oreiller.

Puis, sans attendre un remerciement qui ne pouvait pas lui manquer, il se rejeta en arrière et poursuivit son chemin vers la porte de la ferme sur le seuil de laquelle il trouva Billot.

Sans l'espèce de courbe que faisait le mur, le fermier eût vu ce qui venait de se passer, et Dieu sait, avec la disposition d'esprit dans laquelle il paraissait être, ce qui serait arrivé de cette certitude substituée au simple soupçon.

L'honnête Pitou ne s'attendait pas à se trouver face à face avec le fermier, et il sentit que, malgré lui, il rougissait jusqu'aux oreilles.

— Oh ! monsieur Billot, dit-il, vrai, vous m'avez fait peur !...

— Peur, à toi, Pitou !... à un capitaine de la garde nationale !... à un vainqueur de la Bastille ! peur !...

— Que voulez-vous ? dit Pitou, il y a des moments comme cela ! Dame, quand on n'est pas prévenu...

— Oui..., dit Billot, et quand on s'attend à rencontrer la fille et qu'on rencontre le père, n'est-ce pas ?...

— Oh ! monsieur Billot, pour ça, non ! dit Pitou, je ne m'attendais pas à rencontrer mademoiselle Catherine ; oh ! non ; quoiqu'elle aille toujours de mieux en mieux, à ce que j'espère, elle est encore trop malade pour se lever.

— N'as-tu donc rien à lui dire ? demanda Billot.

— A qui ?

— A Catherine...

— Si fait. J'ai à lui rapporter que M. Raynal a dit que c'était bien et qu'il viendrait dans la journée ; mais un autre peut lui conter cela aussi bien que moi.

— D'ailleurs, toi, tu dois avoir faim, n'est-ce pas ?

— Faim ?... dit Pitou. Peuh !

— Comment ! tu n'as pas faim ?... s'écria le fermier.

Pitou vit qu'il avait lâché une bêtise. Pitou n'ayant pas faim à huit heures du matin, c'était un dérangement dans l'équilibre de la nature.

— Certainement que j'ai faim ! dit-il.

— Eh bien, entre et mange, les journaliers sont en train de déjeuner et ils ont dû te garder une place.

Pitou entra. Billot le suivit des yeux, quoique sa bonhomie eût presque détourné les soupçons ; il le vit s'asseoir au haut bout de la table et attaquer sa miche et son assiette de lard, comme s'il n'avait pas eu deux pavés de pain d'épice, quatre bâtons de sucre d'orge et une pinte d'eau sur l'estomac.

Il est vrai que, selon toute probabilité, l'estomac de Pitou était déjà redevenu libre.

Pitou ne savait pas faire beaucoup de choses à la fois, mais il faisait bien ce qu'il faisait. Chargé par Catherine d'une commission, il l'avait bien faite ; invité par Billot à déjeuner, il déjeunait bien.

Billot continuait à l'observer, mais, voyant qu'il ne détournait pas les yeux de son assiette, voyant que sa préoccupation s'arrêtait à la bouteille de cidre qu'il avait devant lui, remarquant que pas une seule fois son regard n'avait cherché la porte de Catherine, il finit par croire que le petit voyage de Pitou à Villers-Cotterets n'avait pas d'autre but que celui qu'il avait accusé.

Vers la fin du déjeuner de Pitou, la porte de Catherine s'ouvrit, et madame Clément sortit et s'avança dans la cuisine avec l'humble sourire de la garde-malade sur les lèvres ; elle venait à son tour chercher sa tasse de café.

Il va sans dire qu'à six heures du matin, c'est-à-dire un quart d'heure après le départ de Pitou, elle avait fait sa première apparition, pour réclamer son petit verre d'eau-de-vie, la seule chose qui la soutînt, disait-elle, quand elle avait veillé toute une nuit.

A sa vue, madame Billot alla à elle et M. Billot rentra.

Tous deux s'informèrent de la santé de Catherine.

— Cela va toujours bien, répondit madame Clément ; cependant je crois que, dans ce moment-ci, mademoiselle Catherine a un peu de délire.

— Comment cela, du délire ?... répondit le père Billot, ça lui a donc repris ?

— Oh ! mon Dieu ! ma pauvre enfant murmura la fermière.

Pitou leva la tête et écouta.

— Oui, reprit madame Clément, elle parle d'une ville nommée Turin, d'un pays nommé la Sardaigne, et elle appelle M. Pitou, pour qu'il lui dise ce que c'est que ce pays et cette ville.

— Me voilà ! dit Pitou en avalant le reste de sa canette de cidre, et en s'essuyant la bouche avec sa manche.

Le regard du père Billot l'arrêta.

— Toutefois, dit-il, si M. Billot juge à propos que je donne à mademoiselle Catherine les explications qu'elle désire...

— Pourquoi pas ? dit la mère Billot. Puisqu'elle te demande, la pauvre enfant, vas-y, mon garçon ; d'autant plus que M. Raynal a dit que tu étais un bon élève en médecine.

— Dame ! fit naïvement Pitou, demandez à madame Clément comme nous avons soigné mademoiselle Catherine cette nuit... Madame Clément n'a pas dormi un instant, la digne femme ! ni moi non plus.

C'était une grande adresse de la part de Pitou d'attaquer ce point délicat à l'endroit de la garde-malade. Comme elle avait fait un excellent somme de minuit à six heures du matin, déclarer qu'elle n'avait pas dormi un seul instant, c'était s'en faire une amie, plus qu'une amie : une complice.

— C'est bien ! dit le père Billot ; puisque Catherine te demande, va auprès d'elle. Peut-être un moment viendra-t-il où elle nous demandera aussi, sa mère et moi.

Pitou sentait instinctivement qu'il y avait un orage dans l'air, et, comme le berger dans les champs, quoique prêt à affronter cet orage s'il le fallait, il n'en cherchait pas moins d'avance un abri pour cacher sa tête.

Cet abri était Haramont.

A Haramont il était roi. Que dis-je, roi ? il était plus que roi : il était commandant de la garde nationale ! il était la Fayette !

D'ailleurs, il avait des devoirs qui l'appelaient à Haramont.

Aussi se promettait-il bien, ses mesures prises avec Catherine, de retourner promptement à Haramont.

Ce fut en arrêtant ce projet dans son esprit, qu'avec la permission verbale de M. Billot, et la permission mentale de madame Billot, il entra dans la chambre de la malade.

Catherine l'attendait impatiemment ; à l'ardeur de ses yeux, au coloris de ses joues, on pouvait croire, comme l'avait dit madame Clément, qu'elle était sous l'empire de la fièvre.

A peine Pitou eut-il refermé la porte de la chambre de Catherine, que celle-ci, le reconnaissant à son pas, et l'attendant, d'ailleurs, depuis une heure et demie à peu près, se retourna vivement de son côté, et lui tendit les deux mains.

— Ah ! c'est toi, Pitou ! dit la jeune fille ; comme tu as tardé !

— Ce n'est pas ma faute, Mademoiselle, dit

Pitou ; c'est votre père qui m'a retenu.
— Mon père?
— Lui-même... Oh! il faut qu'il se doute de quelque chose. Et puis, moi, d'ailleurs, ajouta Pitou avec un soupir, je ne me suis pas pressé : je savais que vous aviez ce que vous désiriez avoir.
— Oui, Pitou... oui, dit la jeune fille en baissant les yeux, oui... et je te remercie.
Puis elle ajouta à voix basse :
— Tu es bien bon, Pitou, et je t'aime bien !
— Vous êtes bien bonne vous-même, mademoiselle Catherine, répondit Pitou près de pleurer ; car il sentait que toute cette amitié pour lui n'était qu'un reflet de son amour pour un autre, et, au fond du cœur, si modeste que fût le brave garçon, il était humilié de n'être que la lune de Charny.
Aussi ajouta-t-il vivement :
— Je suis venu vous déranger, mademoiselle Catherine, parce qu'on m'a dit que vous désiriez savoir quelque chose.
Catherine porta la main à son cœur : elle y cherchait la lettre d'Isidore pour y puiser sans doute le courage de questionner Pitou.
Enfin, faisant un effort :
— Pitou, demanda-t-elle, toi qui es si savant, peux-tu me dire ce que c'est que la Sardaigne?
Pitou évoqua tous ses souvenirs en géographie.
— Attendez donc... attendez donc, Mademoiselle, dit-il, je dois savoir cela. Au nombre des choses que M. l'abbé Fortier avait la prétention de nous enseigner était la géographie. Attendez donc... la Sardaigne... je vais y être... Ah ! si je retrouvais le premier mot, je vous dirais tout !
— Oh ! cherche, Pitou... cherche, dit Catherine en joignant les mains.
— Parbleu ! dit Pitou, c'est bien ce que je fais aussi. La Sardaigne... la Sardaigne... Ah ! m'y voilà !
Catherine respira.
— La Sardaigne, reprit Pitou, la *Sardinia* des Romains, l'une des trois grandes îles de la Méditerranée, au sud de la Corse, dont la sépare le détroit de Bonifacio, fait partie des États Sardes, qui en tirent leur nom, et qu'on appelle royaume de Sardaigne ; elle a soixante lieues du nord au sud, seize de l'est à l'ouest ; elle est peuplée de 54,000 habitants ; capitale Cagliari... Voilà ce que c'est que la Sardaigne, mademoiselle Catherine.
— Oh ! mon Dieu ! dit la jeune fille, que vous êtes heureux de savoir tant de choses monsieur Pitou !
— Le fait est, dit Pitou, assez satisfait dans son amour-propre s'il était blessé dans son amour, le fait est que j'ai une bonne mémoire.
— Et maintenant, hasarda Catherine, mais avec moins de timidité, maintenant que vous m'avez dit ce que c'était que la Sardaigne, voulez-vous me dire ce que c'est que Turin?
— Turin ?... répéta Pitou, certainement, mademoiselle Catherine, que je ne demande pas mieux que de vous le dire... si je me le rappelle toutefois.
— Oh ! tâchez de vous le rappeler ; c'est le plus important, monsieur Pitou.
— Dame ! si c'est le plus important, dit Pitou, il faudra bien... D'ailleurs, si je ne me le rappelle pas, je ferai des recherches...
— C'est... c'est... insista Catherine, c'est que j'aimerais mieux le savoir tout de suite... Cherchez, mon cher Pitou... cherchez.
Et Catherine prononça ces paroles d'une voix si caressante, qu'elles firent courir un frisson par tout le corps de Pitou.
— Ah ! je cherche... Mademoiselle, dit-il, je cherche...
Catherine le couvait des yeux.
Pitou renversa sa tête en arrière, comme pour interroger le plafond.
— Turin... dit-il, Turin... Dame ! Mademoiselle, c'est plus difficile que la Sardaigne... La Sardaigne est une grande île de la Méditerranée, et il n'y a que trois grandes îles dans la Méditerranée : la Sardaigne, qui appartient au roi de Piémont ; la Corse, qui appartient au roi de France ; et la Sicile, qui appartient au roi de Naples ; tandis que Turin, c'est une simple capitale.
— Comment avez-vous dit pour la Sardaigne, mon cher Pitou ?...
— J'ai dit la Sardaigne, qui appartient au roi de Piémont, et je ne crois pas me tromper, Mademoiselle.
— C'est cela... justement, mon cher Pitou. Isidore dit, dans sa lettre, qu'il va à Turin, en Piémont.
— Ah ! fit Pitou, je comprends maintenant... Bon ! bon ! bon !... C'est à Turin que M. Isidore a été envoyé par le roi, et c'est pour savoir où va M. Isidore que vous m'interrogez...
— Pourquoi serait-ce donc, répondit la jeune fille, si ce n'était pour lui ? Que m'importent, à moi, la Sardaigne, le Piémont, Turin ?... Tant qu'il n'y a pas été, j'ai ignoré ce que c'était que cette île et cette capitale, et je m'en inquiétais

peu. Mais il est parti pour Turin... comprends-tu, mon cher Pitou? et je veux savoir ce que c'est que Turin...

Pitou poussa un gros soupir, secoua la tête, mais il n'en fit pas moins tous ses efforts pour satisfaire Catherine.

— Turin... dit-il, attendez... capitale du Piémont... Turin... Turin... J'y suis ! — Turin, *Bodincemagus, Taurasia, Colonia Julia, Augusta Taurinorum* chez les anciens; aujourd'hui capitale du Piémont et des États Sardes; situéc sur le Pô et la Doire; une des plus belles villes de l'Europe. Population, 125,000 habitants; roi régnant, Charles-Emmanuel... Voilà ce que c'est que Turin, mademoiselle Catherine.

— Et à quelle distance Turin est-il de Pisseleu, monsieur Pitou? Vous qui savez tout, vous devez encore savoir cela...

— Ah! dame! fit Pitou, je vous dirai bien à quelle distance Turin est de Paris: mais de Pisseleu, c'est plus difficile.

— Eh bien, dites d'abord de Paris, Pitou... et nous ajouterons les dix-huit lieues qu'il y a de Pisseleu à Paris.

— Tiens! c'est, ma foi! vrai, dit Pitou.

Et, continuant sa nomenclature :

— Distance de Paris, dit-il, deux cent six lieues; de Rome, cent quarante; de Constantinople...

— Je n'ai besoin que de Paris, mon cher Pitou. Deux cent six lieues... et dix-huit... deux cent vingt-quatre. Ainsi il est à deux cent vingt-quatre lieues de moi... Il y a trois jours, il était là... à trois quarts de lieue... à mes côtés... et aujourd'hui... aujourd'hui... ajouta Catherine en fondant en larmes et en se tordant les bras, aujourd'hui, il est à deux cent vingt-quatre lieues de moi !...

— Oh! pas encore, hasarda timidement Pitou : il n'est parti que d'avant-hier... il n'est encore qu'à moitié chemin... et à peine...

— Où est-il alors?

— Ah! quant à cela, je n'en sais rien, répondit Pitou. L'abbé Fortier nous apprenait ce que c'étaient que les royaumes et les capitales, mais il ne nous disait rien des chemins qui y conduisent.

— Ainsi, voilà tout ce que tu sais, mon cher Pitou?

— Oh! mon Dieu, oui! dit le géographe, humilié de toucher si vite aux limites de sa science; si ce n'est que Turin est un repaire d'aristocrates!

— Que veut dire cela?

— Cela veut dire, Mademoiselle, que c'est à Turin que sont réunis tous les princes, toutes les princesses, tous les émigrés : M. le comte d'Artois, M. le prince de Condé, madame de Polignac, un tas de brigands, enfin, qui conspirent contre la nation, et à qui on coupera la tête un jour, il faut l'espérer, avec une machine très ingénieuse qu'est en train d'inventer M. Guillotin.

— Oh! monsieur Pitou!...

— Quoi donc, Mademoiselle?...

— Voilà que vous redevenez féroce, comme à votre premier retour de Paris.

— Féroce!... moi? dit Pitou. Ah! c'est vrai... Oui, oui, oui!... M. Isidore est un de ces aristocrates-là! et vous avez peur pour lui...

Puis, avec un de ces gros soupirs que nous avons déjà signalés plus d'une fois :

— N'en parlons plus..., ajouta Pitou. Parlons de vous, mademoiselle Catherine, et de la façon dont je puis vous être agréable.

— Mon cher Pitou, dit Catherine, la lettre que j'ai reçue ce matin n'est probablement pas la seule que je recevrai...

— Et vous désirez que j'aille chercher les autres comme celle-ci?...

— Pitou... puisque tu as commencé d'être si bon...

— Autant vaut que je continue, n'est-ce pas?

— Oui...

— Je ne demande pas mieux, moi.

— Tu comprends bien que, surveillée par mon père comme je le serai, je ne pourrai aller à la ville...

— Ah! mais c'est qu'il faut vous dire qu'il me surveille un peu aussi, moi, le père Billot; j'ai vu cela à son œil.

— Oui; mais vous, Pitou, il ne peut pas vous suivre à Haramont, et nous pouvons convenir d'un endroit où vous déposerez les lettres.

— Oh! très bien! répondit Pitou, comme, par exemple, le gros saule creux qui est près de l'endroit où je vous ai trouvée évanouie?

— Justement, dit Catherine; c'est à portée de la ferme, et en même temps hors de vue des fenêtres. C'est donc convenu qu'on les mettra là?...

— Oui, mademoiselle Catherine.

— Seulement, vous aurez soin qu'on ne vous voie pas!

— Demandez aux gardes de la garderie de Longpré, de Taille-Fontaine et de Montaigu s'ils m'ont vu, et, cependant, je leur en ai soufflé des douzaines, de lapins!... Mais, vous, mademoiselle Catherine, comment ferez-vous pour les aller chercher, ces fameuses lettres?

— Moi ?... Oh ! moi, dit Catherine avec un sourire plein d'espérance et de volonté, moi, je vais tâcher de guérir bien vite !

Pitou poussa le plus gros des soupirs qu'il eût encore poussés.

En ce moment, la porte s'ouvrit, et le docteur Raynal parut.

XXIII

PITOU CAPITAINE D'HABILLEMENT

Cette visite de M. Raynal venait à propos pour faciliter la sortie de Pitou.

Le docteur s'approcha de la malade, non sans s'apercevoir du notable changement qui s'était opéré en elle depuis la veille.

Catherine sourit au docteur, et lui tendit le bras.

— Oh ! dit le docteur, si ce n'était pour le plaisir de toucher votre jolie main, ma chère Catherine, je ne consulterais même pas votre pouls. Je parie que nous ne dépassons pas soixante et quinze battements à la minute.

— C'est vrai que je vais beaucoup mieux, docteur, et que vos ordonnances ont fait merveille.

— Mes ordonnances... Hum ! hum ! fit le docteur ; je ne demande pas mieux, vous comprenez, mon enfant, que d'avoir tous les honneurs de la convalescence ; mais il faut bien, si vaniteux que je sois, que je laisse une part de cet honneur à mon élève Pitou.

Puis, levant les yeux au ciel :

— O nature, nature ! dit-il, puissante Cérès, mystérieuse Isis, que de secrets tu gardes encore à ceux qui sauront t'interroger !

Et, se tournant vers la porte :

— Allons, allons, dit-il, entrez, père au visage sombre, à l'œil inquiet, et venez voir la chère malade ; elle n'a, pour guérir tout à fait, plus besoin que de votre amour et de vos caresses.

A la voix du docteur, le père et la mère Billot accoururent ; le père Billot avec un reste de soupçon dans la physionomie ; la mère Billot avec une figure radieuse.

Pendant qu'ils faisaient leur entrée, Pitou, — après avoir répondu au dernier coup d'œil que lui lançait Catherine, — Pitou faisait sa sortie.

Laissons Catherine, — que la lettre d'Isidore, appuyée sur son cœur, dispense désormais d'applications de glace sur la tête et de moutarde aux pieds ; — laissons Catherine, disons-nous, revenir, sous les caresses de ses dignes parents, à l'espérance et à la vie, et suivons Pitou, qui venait, simplement et naïvement, d'accomplir une des actions les plus difficiles imposées par le christianisme aux âmes chrétiennes, l'abnégation de soi-même et le dévouement à son prochain.

Dire que le brave garçon quittait Catherine avec un cœur joyeux, ce serait trop dire ; nous nous contenterons donc d'affirmer qu'il la quittait avec un cœur satisfait. Quoiqu'il ne se fût pas rendu compte à lui-même de la grandeur de l'action qu'il venait d'accomplir, il sentait bien, aux félicitations de cette voix intérieure que chacun porte en soi, qu'il avait fait une bonne et sainte chose, non pas peut-être au point de vue de la morale, qui bien certainement réprouvait cette liaison avec le vicomte de Charny, c'est-à-dire d'une paysanne avec un grand seigneur, mais au point de vue de l'humanité.

Or, à l'époque dont nous parlons, l'humanité était un des mots à la mode, et Pitou, — qui, plus d'une fois, avait prononcé le mot sans savoir ce qu'il voulait dire, — Pitou venait de le mettre en pratique sans trop savoir ce qu'il avait fait.

Ce qu'il avait fait, c'était une chose qu'il eût dû faire par habileté, s'il ne l'eût pas faite par bonté d'âme.

De rival de M. de Charny, — situation impossible à maintenir pour lui, Pitou, — de rival de M. de Charny, il était devenu le confident de Catherine.

Aussi, Catherine, au lieu de le rudoyer, au lieu de le brutaliser, au lieu de le mettre à la porte, comme elle avait fait au retour de son premier voyage de Paris, Catherine l'avait-elle choyé, tutoyé, caressé.

Confident, il avait obtenu ce que, rival, il n'avait jamais rêvé.

Sans compter ce qu'il obtiendrait encore, au fur et à mesure que les événements rendraient sa participation de plus en plus nécessaire à la vie intime et aux sentiments secrets de la belle paysanne.

Afin de se ménager cet avenir d'amicales tendresses, Pitou commença par porter à madame Colombe une autorisation presque illisible donnée à lui, Pitou, par Catherine, de recevoir, pour elle et en son nom, toutes les lettres qui arriveraient pour elle et à son nom.

A cette autorisation écrite, Pitou joignait une promesse verbale de Catherine, qui s'engageait, à la Saint-Martin prochaine, à donner aux journaliers de Pisseleu une collation toute en pain d'épice et en sucres d'orge.

Moyennant cette autorisation et cette promesse, qui mettaient à la fois à couvert la conscience et les intérêts de la mère Colombe, celle-ci s'engagea à prendre tous les matins à la poste et à tenir à la disposition de Pitou les lettres qui pourraient arriver pour Catherine.

Ce point réglé, Pitou, — n'ayant plus rien à faire à *la ville*, comme on appelait pompeusement Villers-Cotterets, — Pitou s'achemina vers le village.

La rentrée de Pitou à Haramont fut un événement. Son départ précipité pour la capitale n'avait point été sans soulever un grand nombre de commentaires, et, après ce qui était arrivé à propos de l'ordre envoyé de Paris par un aide de camp de la Fayette de s'emparer des fusils en dépôt chez l'abbé Fortier, les Haramontois n'avaient plus fait de doute sur l'importance politique de Pitou. Les uns disaient qu'il avait été appelé à Paris par le docteur Gilbert; les autres, par le général la Fayette; les autres, enfin, — il est vrai de dire que c'était le plus petit nombre, — les autres, enfin, par le roi !

Quoique Pitou ignorât les bruits qui s'étaient répandus en son absence, bruits tout en faveur de son importance personnelle, il n'en rentrait pas moins dans son pays natal avec un air si digne, que chacun fut émerveillé de cette dignité.

C'est que, pour être vus à leur véritable distance, les hommes doivent être vus sur le terrain qui leur est propre. Écolier dans la cour de l'abbé Fortier, journalier à la ferme de M. Billot, Pitou était homme, citoyen, capitaine à Haramont.

Sans compter qu'en cette qualité de capitaine, outre cinq ou six louis lui appartenant en propre, il rapportait, on se le rappelle, vingt-cinq louis offerts généreusement par le docteur Gilbert en vue de l'équipement et de l'habillement de la garde nationale d'Haramont.

Aussi, à peine rentré chez lui, et comme le tambour venait lui faire sa visite, Pitou ordonna-t-il à celui-ci d'annoncer pour le lendemain dimanche, à midi, une revue officielle, avec armes et bagages, sur la grande place d'Haramont.

Dès lors, on ne douta plus que Pitou n'eût une communication à faire à la garde nationale d'Haramont de la part du gouvernement.

Beaucoup vinrent causer avec Pitou pour tâcher d'apprendre, avant les autres, quelque chose de ce grand secret; mais Pitou garda, à l'endroit des affaires publiques, un majestueux silence.

Le soir, — Pitou, que les affaires publiques ne distrayaient pas plus de ses affaires privées que les affaires privées ne le distrayaient des affaires publiques, — le soir, Pitou alla tendre ses collets et présenter ses compliments au père Cloüis, ce qui ne l'empêcha point d'être à sept heures du matin chez maître Dulauroy, tailleur, après avoir déposé dans son domicile d'Haramont trois lapins et un lièvre, et s'être informé à la mère Colombe s'il y avait des lettres pour Catherine.

Il n'y en avait pas, et Pitou en fut presque affligé en songeant au chagrin que ressentirait la pauvre convalescente.

La visite de Pitou à M. Dulauroy avait pour but de savoir si celui-ci consentirait à l'habillement à forfait de la garde nationale d'Haramont, et quel prix il demanderait pour cela.

Maître Dulauroy fit sur la taille des individus les questions usitées en pareille occurrence, questions auxquelles Pitou répondit en lui mettant sous les yeux l'état nominatif de trente-trois hommes, officiers, sous-officiers et soldats, composant l'effectif de la garde civique haramontoise.

Comme tous les hommes étaient connus de maître Dulauroy, on supputa grosseur et taille, et, plume et crayon à la main, le tailleur déclara qu'il ne pouvait pas fournir trente-trois habits et trente-trois culottes convenablement conditionnés à moins de trente-trois louis.

Et encore Pitou ne devait-il pas exiger pour ce prix du drap entièrement neuf.

Pitou se récria et prétendit qu'il tenait de la bouche même de M. de la Fayette qu'il avait fait habiller les trois millions d'hommes qui composaient la garde civique de France, à raison de vingt-cinq livres l'homme, ce qui faisait soixante et quinze millions pour le tout.

Maître Dulauroy répondit que, sur un chiffre pareil, perdit-on dans le détail, il y avait moyen de se retirer pour le tout, mais que, lui, ce qu'il pouvait faire, — et son dernier mot était dit, — c'était d'habiller la garde civique d'Haramont à vingt-deux francs l'homme, et encore, vu les avances nécessaires, ne pouvait-il entreprendre l'affaire qu'au comptant.

Pitou tira une poignée d'or de sa poche et déclara que là ne serait point l'empêchement, mais qu'il était limité dans son prix, et que, si maître Dulauroy refusait de confectionner les trente-trois habits et les trente-trois culottes pour vingt-cinq louis, il allait en faire l'offre à maître Bligny, confrère et rival de maître Dulauroy, auquel il avait donné la préférence en sa qualité d'ami de la tante Angélique.

Pitou, en effet, n'était point fâché que la tante Angélique apprît par voie détournée que lui, Pitou, remuait l'or à la pelle, et il ne doutait pas que, le même soir, le tailleur ne lui rapportât ce qu'il avait vu, c'est-à-dire que Pitou était riche comme feu Crésus.

La menace de porter ailleurs une commande de cette importance fit son effet, et maître Dulauroy en passa par où voulut Pitou, lequel exigea, en outre, que son costume, en drap neuf, — peu lui importait que ce fût en drap fin : il l'aimait même mieux gros que fin, — lui fût fourni, épaulettes comprises, par-dessus le marché.

Ce fut l'objet d'un nouveau débat non moins long et non moins ardent que le premier, mais sur lequel Pitou triompha encore, grâce à cette terrible menace d'obtenir de maître Bligny ce qu'il ne pouvait obtenir de maître Dulauroy.

Le résultat de toute la discussion fut l'engagement pris par maître Dulauroy de fournir, pour le samedi suivant, trente et un habits et trente et une culottes de soldats, deux habits et deux culottes de sergent et de lieutenant, et un habit, une culotte de capitaine, l'habit orné de ses épaulettes.

Faute d'exactitude dans la livraison, la commande restait pour le compte du tailleur retardataire, la cérémonie de la fédération de Villers-Cotterets et des villages qui relevaient de ce chef-lieu de canton devant avoir lieu le dimanche, lendemain de ce samedi.

Cette condition fut acceptée comme les autres.

A neuf heures du matin, cette grande affaire était terminée.

A neuf heures et demie, Pitou était rentré à Haramont, tout orgueilleux d'avance de la surprise qu'il ménageait à ses concitoyens.

A onze heures, le tambour battait le rappel.

A midi, la garde nationale sous les armes manœuvrait avec sa précision ordinaire, sur la place publique du village.

Après une heure de manœuvres qui valurent, à cette brave garde nationale, les éloges de son chef, et les bravos des femmes, des enfants et des vieillards qui regardaient ce touchant spectacle avec le plus grand intérêt, Pitou appela près de lui le sergent Claude Tellier et le lieutenant Désiré Maniquet, et leur ordonna de réunir leurs hommes et de les inviter, de sa part, à lui, Pitou, de la part du docteur Gilbert,

de la part du général la Fayette, et, enfin, de la part du roi, à passer chez maître Dulauroy, tailleur à Villers-Cotterets, qui avait une communication importante à leur faire.

Le tambour battit à l'ordre ; le sergent et le lieutenant, aussi ignorants que ceux auxquels ils s'adressaient, transmirent à leurs hommes les paroles textuelles de leur capitaine ; puis, le cri « Rompez les rangs ! » se fit entendre prononcé par la voix sonore de Pitou.

Cinq minutes après, les trente et un soldats de la garde civique d'Haramont, plus le sergent Claude Tellier et le lieutenant Désiré Maniquet, couraient comme des dératés sur la route de Villers-Cotterets.

Le soir, les deux ménétriers d'Haramont donnaient une sérénade au capitaine, l'air était sillonné de pétards, de fusées et de chandelles romaines, et quelques voix légèrement avinées, il est vrai, criaient par intervalle :

— Vive Ange Pitou, le père du peuple!

XXIV

OÙ L'ABBÉ FORTIER DONNE UNE NOUVELLE PREUVE DE SON ESPRIT CONTRE-RÉVOLUTIONNAIRE.

Le dimanche suivant, les habitants de Villers-Cotterets furent réveillés par le tambour, battant avec acharnement le rappel, dès cinq heures du matin.

Rien n'est plus impertinent, à mon avis, que cette façon de réveiller une population dont la majorité, presque toujours, il faut le dire, préférerait achever tranquillement sa nuit, et compléter les sept heures de sommeil dont, suivant l'hygiène populaire, tout homme a besoin pour se conserver dispos et bien portant.

Mais, à toutes les époques de révolution, il en est ainsi, et, quand on entre dans une de ces périodes d'agitation et de progrès, il faut mettre philosophiquement le sommeil au nombre des sacrifices à faire à la patrie.

Satisfaits ou non satisfaits, patriotes ou aristocrates, les habitants de Villers-Cotterets furent donc réveillés, le dimanche 18 octobre 1789, à cinq heures du matin.

La cérémonie ne commençait, cependant, qu'à dix heures ; mais ce n'était pas trop de cinq heures pour achever tout ce qui restait à faire.

Elle avait trouvé une lettre dans le saule creux. (Page 227.)

Un grand théâtre dressé depuis plus de dix jours s'élevait sur le milieu de la place; mais ce théâtre, dont la construction rapide attestait le zèle des ouvriers menuisiers, n'était, pour ainsi dire, que le squelette du monument.

Le monument était un autel à la patrie sur lequel l'abbé Fortier avait été invité, depuis plus de quinze jours, à venir dire la messe, le dimanche 18 octobre, au lieu de la dire dans son église.

Or, pour rendre le monument digne de sa double destination religieuse et sociale, il fallait mettre à contribution toutes les richesses de la commune.

Et, nous devons le dire, chacun avait généreusement offert ses richesses pour cette grande solennité : celui-ci un tapis, celui-là une nappe d'autel; l'un des rideaux de soie; l'autre un tableau de sainteté.

Mais, comme la stabilité n'est point, au mois d'octobre, une des qualités du temps, et que le baromètre marquant le beau fixe est un cas rare sous le signe du Scorpion, personne ne s'était exposé à faire son offrande d'avance, et chacun avait attendu le jour de la fête pour y apporter son tribut.

Le soleil se leva à six heures et demie, selon son habitude à cette époque de l'année, annonçant, par la limpidité et la chaleur de ses rayons, une de ces belles journées d'automne qui peuvent entrer en comparaison avec les plus belles journées du printemps.

Aussi, dès neuf heures du matin, l'autel de la patrie fut-il revêtu d'un magnifique tapis d'Aubusson, couvert d'une nappe toute garnie de dentelles, surmonté d'un tableau représentant le prêche de saint Jean dans le désert, et abrité par un dais de velours à crépines d'or d'où pendaient de magnifiques rideaux de brocart.

Les objets nécessaires à la célébration de la messe devaient naturellement être fournis par l'église ; on ne s'en inquiéta donc point.

En outre, chaque citoyen, comme au jour de la Fête-Dieu, avait tendu le devant de sa porte ou la façade de sa maison avec des draps ornés de rameaux de lierre, ou des tapisseries représentant, soit des fleurs, soit des personnages.

Toutes les jeunes filles de Villers-Cotterets et des environs, vêtues de blanc, la taille serrée par une ceinture tricolore, et tenant à la main une branche de feuillage, devaient entourer l'autel de la patrie.

Enfin, la messe dite, les hommes devaient faire serment à la Constitution.

La garde nationale de Villers-Cotterets, sous les armes à partir de huit heures du matin, attendant les gardes civiques des différents villages, fraternisait avec elles au fur et à mesure de leur arrivée.

Il va sans dire que, parmi toutes ces milices patriotiques, celle qui était attendue avec le plus d'impatience était la garde civique d'Haramont.

Le bruit s'était répandu que, grâce à l'influence de Pitou, et par une largesse toute royale, les trente-trois hommes qui la composaient, plus leur capitaine Ange Pitou, seraient revêtus d'habits d'uniforme.

Les magasins de maître Dulauroy n'avaient pas désempli de la semaine. Il y avait eu affluence de curieux dedans et dehors, pour voir les dix ouvriers travaillant à cette gigantesque commande, qui, de mémoire d'homme, n'avait pas eu sa pareille à Villers-Cotterets.

Le dernier uniforme, celui du capitaine, — car Pitou avait exigé qu'on ne songeât à lui qu'après avoir servi les autres, — le dernier uniforme avait été, selon les conventions, livré le samedi soir à onze heures cinquante-neuf minutes.

Selon les conventions aussi, Pitou avait, alors, compté rubis sur l'ongle les vingt-cinq louis à M. Dulauroy.

Tout cela avait donc fait grand bruit au cheflieu du canton, et il n'était pas étonnant qu'au jour dit, la garde nationale d'Haramont fût impatiemment attendue.

A neuf heures précises, le bruit d'un tambour et d'un fifre retentit à l'extrémité de la rue de Largny. On entendit de grands cris de joie et d'admiration, et l'on aperçut de loin Pitou, monté sur son cheval blanc, ou plutôt sur le cheval blanc de son lieutenant Désiré Maniquet.

La garde nationale d'Haramont, — ce qui n'arrive pas d'ordinaire pour les choses dont on s'est longtemps entretenu, — la garde nationale d'Haramont ne parut pas au-dessous de sa réputation.

On se rappelle le triomphe qu'avaient obtenu les Haramontois, lorsqu'ils n'avaient, pour tout uniforme, que trente-trois chapeaux pareils, et Pitou, lorsqu'il n'avait pour marque distinctive de son grade qu'un casque et un sabre de simple dragon.

Que l'on s'imagine donc quelle tournure martiale devaient avoir les trente-trois hommes de Pitou, revêtus d'habits et de culottes d'uniforme, et quel air coquet devait affecter leur chef, avec son petit chapeau sur l'oreille, son hausse-col sur la poitrine, ses *pattes de chat* sur les épaules, et son épée à la main.

Il n'y eut qu'un cri d'admiration de l'extrémité de la rue de Largny à la place de la Fontaine.

La tante Angélique ne voulait pas à toute force reconnaître son neveu. Elle faillit se faire écraser par le cheval blanc de Maniquet, en allant regarder Pitou sous le nez.

Pitou fit avec son épée un majestueux salut, et, de manière à être entendu à vingt pas à la ronde, il prononça pour toute vengeance ces paroles :

— Bonjour, madame Angélique !

La vieille fille, écrasée sous cette respectueuse appellation, fit trois pas en arrière en levant les bras au ciel, et en disant :

— Oh ! le malheureux ! les honneurs lui ont tourné la tête : il ne reconnaît plus sa tante !

Pitou passa majestueusement sans répondre à l'apostrophe, et alla prendre, au pied de l'autel de la patrie, la place d'honneur qui avait été assignée à la garde nationale d'Haramont, comme à la seule troupe qui eût un uniforme complet.

Arrivé là, Pitou mit pied à terre et donna son cheval à garder à un gamin, qui reçut pour cette tâche six blancs du magnifique capitaine.

Le fait fut rapporté cinq minutes après à la tante Angélique, qui s'écria :

— Mais, le malheureux ! il est donc millionnaire !

Puis elle ajouta tout bas :

— J'ai été bien mal inspirée de me brouiller avec lui : les tantes héritent des neveux...

Pitou n'entendit ni l'exclamation ni la réflexion, Pitou était tout simplement en extase.

Au milieu des jeunes filles ceintes d'un ruban tricolore, et tenant à la main un rameau de verdure, il avait reconnu Catherine.

Catherine, pâle encore de la maladie à peine vaincue, mais plus belle de sa pâleur qu'une autre ne l'eût été du plus frais coloris de la santé.

Catherine, pâle mais heureuse ; — le matin même, grâce aux soins de Pitou, elle avait trouvé une lettre dans le saule creux !

Nous l'avons dit, pauvre Pitou ! il trouvait du temps pour tout faire.

Le matin, à sept heures, il avait trouvé le temps d'être chez la mère Colombe ; à sept heures un quart, il avait trouvé celui de déposer la lettre dans le saule creux, et, à huit heures, celui de se trouver revêtu de son uniforme à la tête de ses trente-trois hommes.

Il n'avait pas revu Catherine depuis le jour où il l'avait quittée sur son lit à la ferme, et, nous le répétons, il la voyait si belle et si heureuse, qu'il était en extase devant elle.

Elle lui fit signe de venir à elle.

Pitou regarda autour de lui pour voir si c'était bien à lui que le signe s'adressait.

Catherine sourit et renouvela son invitation.

Il n'y avait pas à s'y tromper.

Pitou mit son épée au fourreau, prit galamment son chapeau par la corne, et s'avança, la tête découverte, vers la jeune fille.

Pour M. de la Fayette, Pitou eût simplement porté la main à son chapeau.

— Ah! monsieur Pitou, lui dit Catherine, je ne vous reconnaissais pas... Mon Dieu! comme vous avez bonne mine sous votre uniforme !

Puis, tout bas :

— Merci, merci, mon cher Pitou, ajouta-t-elle ; oh ! que vous êtes donc bon, et que je vous aime !

Et elle prit la main du capitaine de la garde nationale, qu'elle serra entre les siennes.

Un éblouissement passa sur les yeux de Pitou ; son chapeau s'échappa de la main qui était restée libre et tomba à terre, et peut-être le pauvre amoureux allait-il tomber lui-même près de son chapeau, quand un grand bruit accompagné de rumeurs menaçantes retentit du côté de la rue de Soissons.

Quelle que fût la cause de ce bruit, Pitou profita de l'incident pour sortir d'embarras.

Il dégagea sa main des mains de Catherine, ramassa son chapeau, et courut se mettre, en criant: « Aux armes! » à la tête de ses trente-trois hommes.

Disons ce qui causait ce grand bruit et ces rumeurs menaçantes.

On sait que l'abbé Fortier avait été désigné pour célébrer la messe de la fédération sur l'autel de la patrie, et que les vases sacrés et les autres ornements du culte, comme croix, bannières, chandeliers, devaient être transportés de l'église sur le nouvel autel dressé au milieu de la place.

C'était le maire, M. de Longpré, qui avait donné les ordres relatifs à cette partie de la cérémonie.

M. de Longpré, on se le rappelle, avait déjà eu affaire à l'abbé Fortier, lorsque Pitou, l'arrêté de M. de la Fayette à la main, avait requis la force armée pour s'emparer des armes détenues par l'abbé Fortier.

Or M. de Longpré connaissait, comme tout le monde, le caractère de l'abbé Fortier ; il le savait volontaire jusqu'à l'entêtement, irritable jusqu'à la violence.

Il se doutait bien que l'abbé Fortier n'avait pas gardé un souvenir bien tendre de son intervention dans toute l'affaire des fusils.

Aussi s'était-il contenté, au lieu de faire une visite à l'abbé Fortier, et de traiter la chose d'autorité civile à autorité religieuse, aussi s'était-il contenté, disons-nous, d'envoyer au digne serviteur de Dieu le programme de la fête, dans lequel il était dit :

ARTICLE 4.

« La messe sera dite sur l'autel de la patrie par M. l'abbé Fortier ; elle commencera à dix heures du matin.

ARTICLE 5.

» Les vases sacrés et autres ornements du culte seront, par les soins de M. l'abbé Fortier, transportés de l'église de Villers-Cotterets sur l'autel de la patrie. »

Le secrétaire de la mairie en personne avait remis le programme chez l'abbé Fortier, lequel l'avait parcouru d'un air goguenard, et, d'un ton en tout point pareil à son air, avait répondu :

— C'est bien.

A neuf heures, nous l'avons dit, l'autel de la patrie était entièrement paré de son tapis, de ses rideaux, de sa nappe et de son tableau représentant saint Jean prêchant dans le désert.

Il ne manquait plus que les chandeliers, le tabernacle, la croix et les autres objets nécessaires au service divin.

A neuf heures et demie, ces différents objets n'étaient point encore apportés.

Le maire s'inquiéta.

Il envoya son secrétaire à l'église, afin de s'enquérir si l'on s'occupait du transport des vases sacrés.

Le secrétaire revint en disant qu'il avait trouvé l'église fermée à double tour.

Alors il reçut l'ordre de courir jusque chez le bedeau ; — le bedeau devait naturellement être l'homme chargé de ce transport. Il trouva le bedeau la jambe étendue sur un tabouret et faisant des grimaces de possédé.

Le malheureux porte-haleine s'était donné une entorse.

Le secrétaire reçut alors l'ordre de courir chez les chantres.

Tous deux avaient le corps dérangé. Pour se remettre, l'un avait pris un vomitif ; l'autre un purgatif. Les deux médicaments opéraient de façon miraculeuse, et les deux malades espéraient être parfaitement remis le lendemain.

Le maire commença à soupçonner une conspiration. Il envoya son secrétaire chez l'abbé Fortier.

L'abbé Fortier avait été pris le matin même d'une attaque de goutte, et sa sœur tremblait que la goutte ne lui remontât dans l'estomac.

Dès lors pour M. de Longpré, il n'y eut plus de doute. Non seulement l'abbé Fortier ne voulait pas dire la messe sur l'autel de la patrie, mais, en mettant hors de service le bedeau et les chantres, mais, en fermant toutes les portes de l'église, il empêchait qu'un autre prêtre, s'il s'en trouvait un là, par hasard, ne dît la messe à sa place.

La situation était grave.

A cette époque, on ne croyait pas encore que l'autorité civile, dans de grandes circonstances, pût se séparer de l'autorité religieuse, et qu'une fête quelconque pût aller sans messe.

Quelques années plus tard, on tomba dans l'excès contraire.

D'ailleurs, tous ces voyages du secrétaire ne s'étaient pas exécutés, allée et retour, sans que celui-ci commît quelques indiscrétions à l'endroit de l'entorse du bedeau, du vomitif du premier chantre, du purgatif du second, et de la goutte de l'abbé.

Une sourde rumeur commençait à courir dans la population.

On ne parlait pas moins que d'enfoncer les portes de l'église, pour y prendre les vases sacrés et les ornements du culte, et de traîner de force l'abbé Fortier à l'autel de la patrie.

M. de Longpré, homme essentiellement conciliateur, calma ces premiers mouvements d'effervescence, et offrit d'aller en ambassadeur trouver l'abbé Fortier.

En conséquence, il s'achemina vers la rue de Soissons et frappa à la porte du digne abbé, aussi soigneusement verrouillée que celle de l'église.

Mais il eut beau frapper, la porte resta close.

M. de Longpré crut alors qu'il était nécessaire de requérir l'intervention de la force armée.

Il donna l'ordre de prévenir le maréchal des logis et le brigadier de la gendarmerie.

Tous deux étaient sur la grande place. Ils accoururent à l'appel du maire.

Un immense concours de population les suivait.

Comme on n'avait ni baliste ni catapulte pour enfoncer la porte, on envoya tout simplement chercher un serrurier.

Mais, au moment où le serrurier mettait le crochet dans la serrure, la porte s'ouvrit, et l'abbé Fortier parut sur le seuil.

Non point tel que Coligny, demandant à ses assassins : « Mes frères, que me voulez-vous ? »

Mais tel que Calchas, l'œil en feu et le *poil hérissé*, ainsi que le dit Racine dans *Iphigénie*.

— Arrière ! cria-t-il en levant la main avec un geste menaçant ; arrière ! hérétiques, impies, huguenots, relaps ! Arrière ! Amalécites, Sodomites, Gomorrhéens ! débarrassez le seuil de l'homme du Seigneur !

Il y eut un grand murmure dans la foule, murmure qui n'était pas, il faut le dire, en faveur de l'abbé Fortier.

— Pardon, dit M. de Longpré avec sa voix douce à laquelle il avait donné l'accent le plus persuasif possible, pardon, monsieur l'abbé, nous désirons savoir seulement si vous voulez ou si vous ne voulez pas dire la messe sur l'autel de la patrie ?

— Si je veux dire la messe sur l'autel de la patrie ? s'écria l'abbé entrant dans une de ces saintes colères auxquelles il était si enclin ; si je veux sanctionner la révolte, la rébellion, l'ingratitude ? si je veux demander à Dieu de maudire la vertu et de bénir le péché ? Vous ne l'avez pas espéré, monsieur le maire ! Vous voulez savoir, oui ou non, si je dirai votre messe sacrilège? eh bien, non! non! non! je ne la dirai pas!

— C'est bien, monsieur l'abbé, répondit le maire; vous êtes libre, et l'on ne peut pas vous forcer.

— Ah! c'est bien heureux, que je sois libre, dit l'abbé; c'est bien heureux, qu'on ne puisse pas me forcer... En vérité, vous êtes trop bon, monsieur le maire.

Et, avec un ricanement des plus insolents, il commença à repousser la porte au nez des autorités.

La porte allait présenter, comme on dit en langage vulgaire, son visage de bois à l'assemblée tout abasourdie, quand un homme s'élança hors de la foule, et, d'un puissant effort, rouvrit le battant aux trois quarts fermé et manqua de jeter l'abbé à la renverse, si vigoureux qu'il fût.

Cet homme, c'était Billot, — Billot, pâle de colère, le front plissé, les dents grinçantes.

Billot, on se le rappelle, était philosophe; en cette qualité, il détestait les prêtres, qu'il appelait des calotins et des fainéants.

Il se fit un silence profond. On comprit qu'il allait se passer quelque chose de terrible entre ces deux hommes.

Et cependant Billot, qui venait, pour repousser la porte, de déployer une si grande violence, Billot débuta d'une voix calme, presque douce :

— Pardon, monsieur le maire, demanda-t-il, comment avez-vous dit cela? Vous avez dit... répétez donc, je vous prie... vous avez dit que, si M. l'abbé ne voulait pas célébrer l'office, on ne pouvait pas le forcer à le faire?

— Oui, en effet, balbutia le pauvre M. de Longpré; oui, je crois bien lui avoir dit cela.

— Ah! c'est qu'alors vous avez avancé une grande erreur, monsieur le maire; et, dans le temps où nous sommes, il est important que les erreurs ne se propagent pas.

— Arrière, sacrilège! arrière, impie! arrière, relaps! arrière, hérétique! cria l'abbé s'adressant à Billot.

— Oh! dit Billot, monsieur l'abbé, taisons-nous, ou cela finira mal, c'est moi qui vous en avertis. Je ne vous insulte pas, je discute. M. le maire croit qu'on ne peut pas vous forcer à dire la messe; moi, je prétends qu'on peut vous y forcer.

— Ah! manichéen! s'écria l'abbé, ah! parpaillot!

— Silence! dit Billot. Je le dis et je le prouve.

— Silence! cria tout le monde, silence!

— Vous entendez, monsieur l'abbé, dit Billot avec le même calme, tout le monde est de mon avis. Je ne prêche pas aussi bien que vous; mais il paraît que je dis des choses plus intéressantes, puisqu'on m'écoute.

L'abbé avait bien envie de répliquer par quelque nouvel anathème, mais cette voix puissante de la multitude lui imposait malgré lui.

— Parle! parle! fit-il d'un air railleur, nous allons voir ce que tu vas dire.

— Vous allez voir, en effet, monsieur l'abbé, dit Billot.

— Va donc, je t'écoute.

— Et vous faites bien.

Puis, jetant un regard de côté sur l'abbé, comme pour s'assurer que celui-ci allait se taire tandis qu'il parlerait :

— Je dis donc, continua Billot, une chose bien simple, c'est que quiconque reçoit un salaire est obligé, en échange de ce salaire, de faire le métier pour lequel il est payé.

— Ah! dit l'abbé, je te vois venir.

— Mes amis, dit Billot avec la même douceur de voix, et en s'adressant aux deux ou trois cents spectateurs de cette scène, que préférez-vous, entendre les injures de M. l'abbé, ou écouter mes raisonnements?

— Parlez! monsieur Billot, parlez! nous écoutons. Silence! l'abbé, silence!

Billot, cette fois, se contenta de regarder l'abbé, et continua :

— Je disais donc que quiconque touche un salaire est obligé de faire le métier pour lequel il est payé. Par exemple, voici M. le secrétaire de la mairie: il est payé pour faire les écritures de M. le maire, pour porter ses messages, pour rendre les réponses de ceux auxquels ces messages sont adressés. M. le maire l'a envoyé chez vous, monsieur l'abbé, pour vous porter le programme de la fête, eh bien, il ne lui serait pas venu dans l'idée de dire : « Monsieur le maire, je ne veux pas porter le programme de la fête à M. Fortier. » N'est-ce pas, monsieur le secrétaire, que cela ne vous serait pas venu dans l'idée?

— Non, monsieur Billot, répondit naïvement le secrétaire, ma foi, non!

— Vous entendez, monsieur l'abbé? dit Billot.

— Blasphémateur! s'écria l'abbé.

— Silence! dirent les assistants.

Billot poursuivit.

— Voici M. le maréchal des logis de la gendarmerie, qui est payé pour mettre le bon ordre là où le bon ordre est ou peut être troublé. Quand M. le maire a pensé tout à l'heure que le bon ordre pouvait être troublé par vous, monsieur l'abbé, et qu'il lui a fait dire de venir à son aide, M. le maréchal des logis n'a pas eu l'idée de lui répondre : « Monsieur le maire, rétablissez l'ordre comme vous l'entendrez, mais rétablissez-le sans moi. » Vous n'avez pas eu l'idée de lui répondre cela, n'est-ce pas, monsieur le maréchal des logis?

— Ma foi, non! c'était mon devoir de venir, dit simplement le maréchal des logis, et je suis venu.

— Vous entendez, monsieur l'abbé? dit Billot.

L'abbé grinça des dents.

— Attendez, fit Billot. Voici un brave homme de serrurier. Son état, comme l'indique son nom, est de fabriquer et d'ouvrir ou de fermer les serrures. Tout à l'heure, M. le maire l'a envoyé chercher pour qu'il vînt ouvrir votre porte. Il ne lui a pas pris un instant l'idée de répondre à M. le maire : « Je ne veux pas ouvrir la porte de M. Fortier. » N'est-ce pas, Picard, que cette idée ne t'est pas venue?

— Ma foi, non! dit le serrurier; j'ai pris mes crochets et je suis venu. Que chacun fasse son métier, et les vaches seront bien gardées.

— Vous entendez, monsieur l'abbé? dit Billot.

L'abbé voulut l'interrompre, mais Billot l'arrêta d'un geste.

— Eh bien donc, continua-t-il, d'où vient, dites-moi cela, que vous qui êtes élu pour donner l'exemple, quand tout le monde fait son devoir ici, vous seul, entendez-vous bien, vous seul ne le faites pas?

— Bravo, Billot! bravo! crièrent d'une seule voix les assistants.

— Non seulement vous seul ne le faites pas, répéta Billot, mais encore vous seul donnez l'exemple du désordre et du mal.

— Oh! dit l'abbé Fortier comprenant qu'il fallait se défendre, l'Église est indépendante, l'Église n'obéit à personne, l'Église ne relève que d'elle-même.

— Eh! voilà justement le mal, dit Billot, c'est que vous faites un pouvoir dans le pays, un corps dans l'État. Vous êtes Français ou étranger, vous êtes citoyen ou vous ne l'êtes pas; si vous n'êtes pas citoyen, si vous n'êtes pas Français; si vous êtes Prussien, Anglais ou Autrichien, si c'est M. Pitt, M. Cobourg ou M. de Kaunitz qui vous paye, obéissez à M. Pitt, à M. Cobourg ou à M. Kaunitz; mais, si vous êtes Français, si vous êtes citoyen, si c'est la nation qui vous paye, obéissez à la nation.

— Oui! oui! crièrent trois cents voix.

— Et alors, dit Billot le sourcil froncé, l'œil plein d'éclairs, et allongeant sa main puissante jusque sur l'épaule de l'abbé, — et, alors, au nom de la nation, prêtre, je te somme de remplir ta mission de paix, et d'appeler les faveurs du ciel, les largesses de la Providence, la miséricorde du Seigneur sur tes concitoyens et sur ta patrie. Viens! viens!

— Bravo, Billot! vive Billot! crièrent toutes les voix. A l'autel! à l'autel, le prêtre!

Et, encouragé par ces acclamations, de son bras vigoureux, le fermier tira hors de la voûte protectrice de sa grande porte le premier prêtre peut-être qui, en France, eût donné aussi ouvertement le signal de la contre-révolution.

L'abbé Fortier comprit qu'il n'y avait pas de résistance possible.

— Eh bien, oui, dit-il, le martyre... j'appelle le martyre, j'invoque le martyre, je demande le martyre!

Et il entonna à pleine voix le *Libera nos, Domine !*

C'était ce cortège étrange qui s'avançait vers la grande place à travers les cris et les clameurs, dont le bruit était venu frapper Pitou au moment où celui-ci était tout près de s'évanouir sous les remerciements, les tendres paroles et la pression de main de Catherine.

XXV

LA DÉCLARATION DES DROITS DE L'HOMME

Pitou, à qui ce bruit avait rappelé celui des émeutes parisiennes qu'il avait entendu plus d'une fois, croyant voir s'approcher quelque bande d'assassins, croyant qu'il allait avoir à défendre quelque nouveau Flesselles, quelque nouveau Foulon, quelque nouveau Berthier, Pitou avait crié : « Aux armes ! » et avait été se mettre à la tête de ses trente-trois hommes.

Alors la foule s'était ouverte et il avait vu s'avancer l'abbé Fortier, traîné par Billot, et auquel il ne manquait qu'une palme pour ressembler aux anciens chrétiens que l'on menait au cirque.

Un mouvement naturel le poussa à la défense de son ancien professeur, dont il ignorait encore le crime.

— Oh! monsieur Billot, s'écria-t-il en s'élançant au-devant du fermier.

— Oh! mon père, s'écria Catherine avec un mouvement si identiquement pareil qu'on l'eût cru réglé par un habile metteur en scène.

Mais il ne fallut qu'un regard à Billot pour arrêter Pitou d'un côté et Catherine de l'autre. Il y avait de l'aigle et du lion à la fois dans cet homme qui représentait l'incarnation du peuple.

Arrivé au pied de l'estrade, il lâcha de lui-même l'abbé Fortier, et, la lui montrant du doigt:

— Tiens, dit-il, le voilà cet autel de la patrie sur lequel tu dédaignes d'officier, et dont, à mon tour, moi, Billot, je te déclare indigne d'être le desservant. Pour gravir ces marches sacrées, il faut se sentir le cœur plein de trois sentiments : le désir de la liberté, le dévouement à la patrie, l'amour de l'humanité! Prêtre, désires-tu l'affranchissement du monde? Prêtre, es-tu dévoué à ton pays? Prêtre, aimes-tu ton prochain plus que toi-même? Alors, monte hardiment à cet autel et invoque ton Dieu; mais, si tu ne te sens pas le premier entre nous tous, comme citoyen, cède la place au plus digne, et retire-toi... va-t'en!...

— Oh! malheureux! dit l'abbé en se retirant et en menaçant Billot du doigt; tu ne sais pas à qui tu déclares la guerre !

— Si fait, je le sais, dit Billot; je déclare la guerre aux loups, aux renards et aux serpents, à tout ce qui pique, à tout ce qui mord, à tout ce qui déchire dans les ténèbres. Eh bien, soit, ajouta-t-il en frappant avec un geste plein de puissance sa large poitrine de ses deux mains, déchirez... mordez... piquez... il y a de quoi !

Il se fit un moment de silence pendant lequel toute cette foule s'ouvrit pour laisser s'échapper le prêtre, et, s'étant refermée, demeura immobile et en admiration devant cette vigoureuse nature qui s'offrait comme une cible aux coups du pouvoir terrible dont, à cette époque, la moitié du monde était encore l'esclave, et que l'on appelait le clergé.

Il n'y avait plus de maire, plus d'adjoint, plus de conseil municipal; il n'y avait plus que Billot.

M. de Longpré s'approcha de lui.

— Mais, avec tout cela, monsieur Billot, lui dit-il, nous n'avons plus de prêtre !

— Eh bien, après, demanda Billot?

— N'ayant plus de curé, nous n'avons plus de messe.

— Le grand malheur! dit Billot qui, depuis sa première communion, n'avait mis que deux fois le pied à l'église, le jour de son mariage et le jour du baptême de sa fille.

— Je ne dis pas que ce soit un grand malheur, reprit le maire qui tenait, et pour cause, à ne pas contrarier Billot, mais qu'allons-nous mettre à la place de la messe?

— A la place de la messe, s'écria Billot sous l'élan d'une véritable inspiration, je vais vous le dire ! montez avec moi à l'autel de la patrie, monsieur le maire, monte avec moi, Pitou, vous à ma droite, toi à ma gauche... c'est cela. Ce que nous allons mettre à la place de la messe, écoutez bien tous, dit Billot, c'est la Déclaration des droits de l'homme, c'est le *Credo* de la liberté, c'est l'Évangile de l'avenir.

Toutes les mains battirent simultanément; tous ces hommes libres de la veille, ou plutôt déchaînés à peine, tous ces hommes étaient avides de connaître les droits qui venaient de leur être reconnus et dont ils n'avaient pas joui encore.

Ils avaient bien autrement soif de cette parole-là que de celle que l'abbé Fortier appelait la parole céleste.

Placé entre le maire qui représentait la force légale et Pitou qui représentait la force armée, Billot étendit la main et, par cœur, de mémoire, de souvenir, — l'honnête fermier ne savait pas lire, on se le rappelle, — il prononça d'une voix sonore les paroles suivantes que toute la population écouta debout, silencieuse et la tête découverte :

DÉCLARATION DES DROITS DE L'HOMME

ARTICLE PREMIER

« Les hommes naissent et demeurent libres et égaux en droits. Les distinctions sociales ne peuvent être fondées que sur l'utilité commune.

ARTICLE 2.

» Le but de toute association politique est la conservation des droits naturels et imprescriptibles de l'homme. Ces droits sont : la propriété, la sûreté et la résistance à l'oppression. »

Ces mots *et la résistance à l'oppression* furent prononcés par Billot en homme qui a vu tomber devant lui les murailles de la Bastille et qui sait que rien ne résiste au bras du peuple, quand le peuple étend le bras.

Aussi soulevèrent-ils une de ces clameurs qui, poussées par les foules, ressemblent à des rugissements.

Il continua :

ARTICLE 3.

« Le principe de toute souveraineté réside essentiellement dans la nation. Nul corps, nul individu, ne peut exercer d'autorité qui n'en émane essentiellement... »

Cette dernière phrase rappelait trop vivement à ceux qui l'écoutaient la discussion qui venait d'avoir lieu entre Billot et l'abbé Fortier, et dans laquelle Billot avait invoqué ce principe, pour passer inaperçue, et elle fut couverte de bravos et d'applaudissements.

Billot laissa s'éteindre bravos et applaudissements, et poursuivit :

ARTICLE 4.

« La liberté consiste à pouvoir faire tout ce qui ne nuit pas autrui : ainsi l'exercice des droits naturels de chaque homme n'a de bornes que celles qui assurent aux autres membres de la société la jouissance de ces mêmes droits : ces bornes ne peuvent être déterminées que par la loi... »

Cet article avait quelque chose d'un peu abstrait pour les esprits simples qui l'écoutaient; aussi passa-t-il plus froidement que les autres, tout article fondamental qu'il était.

ARTICLE 5.

« La loi, continua Billot, n'a le droit de défendre que les actions nuisibles à la société. Tout ce qui n'est pas défendu par la loi, ne peut être empêché, et nul ne peut être contraint à faire ce qu'elle n'ordonne pas... »

— C'est-à-dire, demanda une voix dans la foule, que, comme la loi n'ordonne plus la corvée, et a aboli la dîme, les prêtres ne pourront plus jamais venir prendre la dîme sur mon champ, ni le roi me forcer à la corvée?

— Justement, dit Billot, répondant au questionneur, et nous sommes, dès à présent, et à l'avenir, exempts à tout jamais de ces honteuses vexations.

— En ce cas, vive la loi! dit le questionneur.

Et tous les assistants répétèrent en chœur : « Vive la loi ! » Billot reprit :

ARTICLE 6.

« La loi est l'expression de la volonté générale. »

Puis, s'arrêtant et levant solennellement le doigt :

— Écoutez bien ceci, dit-il; amis, frères, citoyens, hommes !...

« Tous les Français ont le droit de concourir personnellement, ou par leurs représentants, à la formation de la loi... »

Et, haussant la voix, pour que pas une syllabe de ce qu'il disait ne fût perdue :

« Elle doit être la même pour tous; soit qu'elle protège, soit qu'elle punisse... »

Puis, plus haut encore :

« Tous les citoyens, égaux à ses yeux, sont également admissibles à toutes dignités, places et emplois publics, selon *leurs capacités*, et sans autre distinction que celle de leurs *vertus* et de leurs *talents*... »

L'article 6 souleva d'unanimes applaudissements.

Billot passa à l'article 7.

« Nul homme, dit-il, ne peut être accusé, arrêté, ni détenu, que dans les cas déterminés par la loi, et selon les formes qu'elle a prescrites. Ceux qui sollicitent, expédient, exécutent ou font exécuter des ordres arbitraires doivent être punis; mais tout citoyen appelé ou saisi en vertu de la loi doit obéir à l'instant. Il se rend coupable par la résistance.

ARTICLE 8.

» La loi ne doit établir que des peines strictement nécessaires; et nul ne peut être puni qu'en vertu d'une loi établie et promulguée antérieurement au délit et légalement appliquée.

ARTICLE 9.

» Tout homme étant présumé innocent jusqu'à ce qu'il ait été déclaré coupable, s'il est jugé indispensable de l'arrêter, toute rigueur qui ne serait pas jugée nécessaire pour s'assurer de sa personne doit être sévèrement réprimée par la loi.

ARTICLE 10.

» Nul ne peut être inquiété pour ses opinions, même religieuses, pourvu que leur manifestation ne trouble pas l'ordre établi par la loi.

ARTICLE 11.

» La libre communication des pensées et des opinions est un des droits les plus précieux de

Il sentit la jeune fille s'affaisser entre ses bras. (Page 242.)

l'homme. Tout citoyen peut donc parler, écrire, imprimer librement; sauf à répondre de l'abus de cette liberté dans les cas déterminés par la loi.

ARTICLE 12.

» La garantie des droits de l'homme et du citoyen nécessite une force publique : cette force est donc instituée pour l'avantage de tous et pour l'utilité particulière de ceux auxquels elle est confiée.

ARTICLE 13.

» Pour l'entretien de la force publique et pour les dépenses d'administration, une contribution commune est indispensable : elle doit être également répartie entre tous les citoyens en raison de leurs facultés.

ARTICLE 14.

» Tous les citoyens ont le droit de constater par eux-mêmes, ou par leurs représentants, la nécessité de la contribution publique, de la consentir librement, d'en suivre l'emploi, et d'en déterminer la quotité, l'assiette, le recouvrement et la durée.

ARTICLE 15.

» La société a le droit de demander à tout agent public compte de son administration.

ARTICLE 16.

» Toute société dans laquelle la garantie des droits n'est pas assurée, ni la séparation des pouvoirs déterminée, n'a pas de constitution. »

ARTICLE 17.

» La propriété étant un droit inviolable et sacré, nul ne peut en être privé, si ce n'est lorsque la nécessité publique, légalement constatée, l'exige évidemment, et sous la condition d'une juste et préalable indemnité. »

— Et, maintenant, continua Billot, voici l'application de ces principes; écoutez, frères! écoutez, citoyens! hommes que cette déclaration de vos droits vient de faire libres, écoutez!

— Chut! silence! écoutons, dirent ensemble vingt voix dans la foule.

Billot reprit :

« L'Assemblée nationale, voulant établir la constitution française sur les principes qu'elle vient de reconnaître et de déclarer, abolit irrévocablement les institutions qui blessaient la liberté et l'égalité des droits... »

La voix de Billot prit pour continuer un accent de haine et de menace.

« Il n'y a plus, poursuivit-il, ni noblesse, ni pairie, ni distinctions héréditaires, ni distinctions d'ordres, ni régime féodal, ni justices patrimoniales, ni aucun des titres, dénominations et prérogatives qui en dérivent, ni aucun ordre de chevalerie, ni aucune des corporations ou décorations pour lesquelles on exigeait des preuves de noblesse, ou qui supposaient des distinctions de naissance, ni aucune autre supériorité que celle des fonctionnaires publics dans l'exercice de leurs fonctions.

» Il n'y a plus ni vénalité ni hérédité d'aucun office public; il n'y a plus, pour aucune partie de la nation ni pour aucun individu, aucun privilège ni exception au droit commun de tous les Français.

» Il n'y a plus ni jurandes, ni corporations de professions, arts et métiers.

» Enfin la loi ne reconnaît ni vœux religieux, ni aucun autre engagement qui serait contraire aux droits naturels ou à la Constitution... »

Billot se tut.

On avait écouté dans un religieux silence.

Pour la première fois, le peuple entendait avec étonnement la reconnaissance de ses droits, proclamée au grand jour, à la lumière du soleil, à la face du Seigneur, auquel, depuis si longtemps, il demandait dans ses prières cette charte naturelle, qu'il n'obtenait qu'après des siècles d'esclavage, de misère et de souffrances!...

Pour la première fois, l'homme, l'homme réel, celui sur lequel l'édifice de la monarchie, avec sa noblesse à droite et son clergé à gauche, pesait depuis six cents ans; pour la première fois, l'ouvrier, l'artisan, le laboureur, venait de reconnaître sa force, d'apprécier sa valeur, de calculer la place qu'il tenait sur la terre, de mesurer l'ombre qu'il faisait au soleil, et tout cela, non point en vertu du bon plaisir d'un maître, mais à la voix d'un de ses égaux.

Aussi, quand, après ces dernières paroles : « La loi ne reconnaît plus ni vœux religieux, ni aucun autre engagement qui serait contraire aux droits naturels et à la Constitution; » quand, après ces mots, disons-nous, Billot poussa le cri encore si nouveau, qu'il semblait criminel, de « Vive la nation! », quand, étendant les deux bras, il réunit sur sa poitrine, dans un embrassement fraternel, l'écharpe du maire et les épaulettes du capitaine; quoique ce maire fût celui d'une petite ville, quoique ce capitaine fût le chef d'une poignée de paysans; comme, malgré l'infimité de ceux qui le représentaient, le principe n'en était pas moins grand, toutes les bouches répétèrent le cri de « Vive la nation! » et tous les bras, s'ouvrant, se refermèrent, par une étreinte générale, dans la sublime fusion de tous les cœurs en un seul cœur, dans la gravitation de tous les intérêts particuliers vers le dévouement commun.

C'était une de ces scènes dont Gilbert avait parlé à la reine et que la reine n'avait point comprises.

Billot descendit de l'autel de la patrie au milieu des cris de joie et des acclamations de la population tout entière.

La musique de Villers-Cotterets, réunie aux musiques des villages voisins, commença aussitôt l'air des réunions fraternelles, l'air des noces et des baptêmes : *Où peut-on être mieux qu'au sein de sa famille?*

Et, en effet, à partir de cette heure, la France devenait une grande famille; à partir de cette heure, les haines de religion étaient éteintes, les préjugés de province anéantis; à partir de cette heure, ce qui se fera un jour pour le monde se faisait pour la France : la géographie était tuée; plus de montagnes, plus de fleuves, plus d'obstacles entre les hommes; une langue, une patrie, un cœur!

Et, avec cet air naïf avec lequel la famille

avait autrefois accueilli Henri IV, et avec lequel aujourd'hui un peuple saluait la liberté, une immense farandole commença qui, se déployant à l'instant même comme une chaîne sans fin, roula ses anneaux vivants du centre de la place jusqu'à l'extrémité des rues qui y aboutissaient.

Puis on dressa des tables devant les portes. Pauvre ou riche, chacun apporta son plat, son pot de cidre, sa chope de bière, sa bouteille de vin ou sa cruche d'eau, et toute une population prit sa part de cette grande agape en bénissant Dieu; six mille citoyens communièrent à la même table, sainte table de la fraternité.

Billot fut le héros de la journée.

Il en partagea généreusement les honneurs avec le maire et Pitou.

Inutile de dire que, dans la farandole, Pitou trouva le moyen de donner la main à Catherine.

Inutile de dire qu'à table, Pitou trouva le moyen d'être placé près de Catherine.

Mais elle était triste, la pauvre enfant; sa joie du matin avait disparu comme disparait un frais et riant rayon de l'aurore, sous les vapeurs orageuses du midi.

Dans sa lutte avec l'abbé Fortier, dans sa déclaration des droits de l'homme, son père avait jeté le défi au clergé et à la noblesse; défi d'autant plus terrible qu'il venait de plus bas.

Elle avait pensé à Isidore, qui n'était plus rien... rien que ce qu'était tout autre homme.

Ce n'était pas le titre, ce n'était pas le rang, ce n'était pas la richesse qu'elle regrettait en lui : elle eût aimé Isidore simple paysan; mais il lui semblait qu'on était violent, injuste, brutal envers ce jeune homme; il lui semblait enfin que son père, en lui arrachant ses titres et ses privilèges; au lieu de le rapprocher d'elle un jour, devait l'en éloigner à tout jamais.

Quant à la messe, personne n'en parla plus; on pardonna presque à l'abbé Fortier sa sortie contre-révolutionnaire; seulement il s'aperçut le lendemain, à sa classe presque vide, du coup que le refus d'officier sur l'autel de la liberté avait porté à sa popularité près des parents patriotes de Villers-Cotterets.

XXVI

SOUS LA FENÊTRE

La cérémonie que nous venons de raconter, et qui, par des fédérations partielles, avait pour but de relier entre elles toutes les communes de France, n'était que le prélude de la grande fédération qui devait avoir lieu à Paris le 14 juillet 1790.

Dans ces fédérations partielles, les communes jetaient d'avance les yeux sur les députés qu'elles enverraient à la fédération générale.

Le rôle qu'avaient joué, dans cette journée du dimanche 18 octobre, Billot et Pitou, les désignait naturellement aux suffrages de leurs concitoyens, quand le grand jour de la fédération générale serait arrivé.

Mais, en attendant ce grand jour, tout était rentré dans les conditions de la vie ordinaire, dont chacun venait de sortir momentanément par la secousse qu'avait donnée aux calmes habitudes provinciales ce mémorable événement.

Quand nous parlons des calmes habitudes provinciales, nous ne voulons pas dire qu'en province, moins qu'ailleurs, la vie ait son cours égayé par les joies ou assombri par les douleurs. Il n'y a pas de ruisseau, si petit qu'il soit, depuis celui qui murmure sur l'herbe du verger d'un pauvre paysan, jusqu'au fleuve majestueux qui descend des Alpes comme d'un trône pour aller se jeter dans la mer comme un conquérant, qui n'ait sur sa rive humble ou orgueilleuse, semée de pâquerettes ou brodée de villes, ses intervalles d'ombre et de soleil.

Et, si nous en doutions, après le palais des Tuileries où nous avons introduit nos lecteurs, la ferme du père Billot, où nous venons de les ramener, pourrait nous en donner un exemple.

Non point qu'à la surface, tout ne parût calme et presque souriant. En effet, le matin, vers cinq heures, la grande porte donnant du côté de la plaine où s'étend la forêt, l'été comme un vert rideau, l'hiver comme un crêpe sombre, la grande porte s'ouvrait; le semeur en sortait à pied, son sac de froment mêlé de cendres sur le dos; le laboureur à cheval, allant chercher dans les champs la charrue dételée au bout du sillon de la veille; la vachère, connaissant son troupeau mugissant guidé par le taureau, majestueux, dominateur, suivi de ses vaches et de ses génisses parmi lesquelles marche la vache favorite, que l'on reconnaît à sa clochette sonore; enfin, derrière eux tous, monté sur son vigoureux hongre normand, trottant l'amble, venait Billot, le maître, l'âme, la vie de tout ce monde en miniature, de tout ce peuple en abrégé.

Un observateur désintéressé n'eût point remarqué sa sortie, et, dans cet œil recouvert d'un sourcil sombre et interrogeant les environs, dans cette oreille attentive à tous les bruits, dans ce cercle décrit autour de la ferme et pendant la durée duquel son regard, comme celui d'un chasseur qui relève une piste et qui trace une enceinte, ne quittait pas un instant la terre, un spectateur indifférent n'eût vu que l'acte d'un propriétaire s'assurant que la journée sera belle, et que, pendant la nuit, loups pour ses bergeries, sangliers pour ses pommes de terre, lapins pour ses trèfles, ne sont point sortis de la forêt, asile dans lequel peut seul les atteindre encore le plomb princier du duc d'Orléans et de ses gardes.

Mais, pour quelqu'un qui eût su ce qui se passait au fond de l'âme du brave fermier, chacun de ses gestes ou de ses pas eût pris un caractère plus grave.

Ce qu'il regardait à travers l'obscurité, c'est si quelque rôdeur ne se rapprochait pas ou ne s'éloignait pas furtivement de la ferme.

Ce qu'il écoutait dans le silence, c'est si quelque appel mystérieux ne correspondait point de la chambre de Catherine aux bouquets de saules bordant la route, ou aux fossés séparant la forêt de la plaine.

Ce qu'il demandait à la terre, interrogée si vivement par son regard, c'est si elle n'avait point gardé l'empreinte d'un pas dont la légèreté ou la petitesse eût dénoncé l'aristocratie.

Quant à Catherine, nous l'avons dit, quoique le visage de Billot se fût un peu adouci pour elle, elle ne continuait pas moins à sentir, comme une gardienne effarée, passer autour d'elle à chaque instant la défiance paternelle. Il en résultait que, pendant ses longues nuits d'hiver solitaires et anxieuses, elle en était à se demander si elle préférait qu'Isidore revînt à Boursonnes ou demeurât éloigné d'elle.

Pour la mère Billot, elle avait repris sa vie végétative : son mari était de retour, sa fille avait recouvré la santé; elle ne regardait point au delà de cet horizon borné, et il eût fallu un œil autrement exercé que le sien pour aller chercher, au fond de l'esprit de son mari, le soupçon; au fond du cœur de sa fille, l'angoisse.

Pitou, après avoir savouré avec un orgueil mélangé de tristesse son triomphe de capitaine, était retombé dans son état habituel, c'est-à-dire dans une douce et bienveillante mélancolie. Suivant sa régularité ordinaire, il faisait, le matin, sa visite à la mère Colombe. S'il n'y avait point de lettres pour Catherine, il revenait tristement à Haramont; car il songeait que de la journée Catherine, ne recevant point de lettres d'Isidore, n'aurait pas occasion de penser à celui qui les apportait. S'il y avait une lettre, au contraire, il la déposait religieusement dans le creux du saule, et revenait souvent, plus triste encore que les jours où il n'y en avait pas, en songeant, cette fois, que Catherine ne pensait à lui que par ricochet, et parce que le beau gentilhomme que la Déclaration des droits de l'homme avait bien su priver de son titre, mais n'avait pu priver de sa grâce et de son élégance, était le fil conducteur par lequel il percevait la sensation presque douloureuse du souvenir.

Cependant, comme il est facile de le comprendre, Pitou n'était point un messager purement passif, et, s'il était muet, il n'était pas aveugle. A la suite de son interrogatoire sur Turin et sur la Sardaigne, qui lui avait révélé le but du voyage d'Isidore, il avait reconnu, au timbre des lettres, que le jeune gentilhomme était dans la capitale du Piémont. Puis, enfin, un beau jour, le timbre avait porté le mot *Lyon* au lieu du mot *Turin*, et, deux jours après, c'est-à-dire le 25 décembre, une lettre était arrivée, portant le mot *Paris* au lieu du mot *Lyon*.

Alors, sans avoir besoin d'un grand effort de perspicacité, Pitou avait compris que le vicomte Isidore de Charny avait quitté l'Italie, et était rentré en France.

Maintenant, une fois à Paris, il était évident qu'il ne tarderait pas à quitter Paris pour Boursonnes.

Le cœur de Pitou se serra; sa résolution de dévouement était prise, mais son cœur n'était point pour cela insensible aux différentes émotions qui venaient l'assaillir.

Ainsi, le jour où arriva cette lettre datée de Paris, Pitou, pour se faire un prétexte, résolut-il d'aller placer ses collets sur la garderie de la Bruyère-aux-Loups, où nous l'avons vu fructueusement opérer au commencement de cet ouvrage.

Or la ferme de Pisseleu était juste située sur la route d'Haramont à cette partie de la forêt qu'on appelait la Bruyère-aux-Loups.

Il n'y avait donc rien d'étonnant à ce que Pitou s'y arrêtât en passant.

Il choisit, pour s'y arrêter, l'heure où Billot faisait aux champs sa course de l'après-dînée.

Selon son habitude, Pitou, coupant à travers plaine, allait d'Haramont à la grande route de Paris à Villers-Cotterets, de la grande route à la ferme de Noue, et de la ferme de Noue par les ravins à celle de Pisseleu.

Puis il contournait les murs de la ferme, longeait les bergeries et les étables, et finissait par se trouver en face de la grande porte d'entrée, de l'autre côté de laquelle s'élevaient les bâtiments d'habitation.

Cette fois encore, il suivit sa route accoutumée.

Arrivé à la porte de la ferme, il regarda autour de lui comme eût pu faire Billot, et il aperçut Catherine à sa fenêtre.

Catherine semblait attendre. Son œil vague, sans se fixer sur aucun point précis, parcourait toute l'étendue de forêt comprise entre le chemin de Villers-Cotterets à la Ferté-Milon et celui de Villers-Cotterets à Boursonnes.

Pitou ne cherchait point à surprendre Catherine : il s'arrangea de manière à se trouver dans le rayon parcouru par son œil, et, en le rencontrant, l'œil de la jeune fille s'arrêta sur lui.

Elle lui sourit. Pitou, pour Catherine, n'était plus qu'un ami, ou plutôt Pitou était pour elle devenu plus qu'un ami.

Pitou était son confident.

— C'est vous, mon cher Pitou, dit la jeune fille; quel bon vent vous amène de notre côté?

Pitou montra ses collets roulés autour de son poing.

— J'ai eu l'idée de vous faire manger une couple de lapins bien tendres et bien parfumés, mademoiselle Catherine, et, comme les meilleurs sont ceux de la Bruyère-aux-Loups, à cause du serpolet qui y pousse à foison, je suis parti longtemps à l'avance, afin de vous voir en passant, et de vous demander en même temps des nouvelles de votre santé.

Catherine commença par sourire à cette attention de Pitou. Puis, après avoir répondu à la première partie de son discours par un sourire, répondant à la seconde par la parole :

— Des nouvelles de ma santé? Vous êtes bien bon, cher monsieur Pitou. Grâce aux soins que vous avez eus de moi quand j'étais malade, et que vous avez continué de me rendre depuis ma convalescence, je suis à peu près guérie.

— A peu près guérie! reprit Pitou avec un soupir. Je voudrais bien que vous le fussiez tout à fait.

Catherine rougit, poussa un soupir à son tour, prit la main de Pitou comme si elle allait lui dire quelque chose d'important; mais, se ravisant sans doute, elle lâcha la main qu'elle tenait, fit quelques pas à travers sa chambre comme si elle cherchait son mouchoir, et, l'ayant trouvé, elle le passa sur son front couvert de sueur, quoiqu'on fût aux jours les plus froids de l'année.

Aucun de ces mouvements n'échappa au regard investigateur de Pitou.

— Vous avez quelque chose à me dire, mademoiselle Catherine? demanda-t-il.

— Moi?... Non... rien... vous vous trompez, mon cher Pitou, répondit la jeune fille d'une voix altérée.

Pitou fit un effort.

— C'est que, voyez-vous, dit-il, mademoiselle Catherine, si vous aviez besoin de moi, il ne faudrait pas vous gêner.

Catherine réfléchit ou plutôt hésita un instant.

— Mon cher Pitou, dit-elle, vous m'avez prouvé que, dans l'occasion, je pouvais compter sur vous, et je vous en suis bien reconnaissante; mais, une seconde fois, je vous remercie.

Puis elle ajouta à voix basse :

— Il est même inutile que vous passiez cette semaine à la poste; de quelques jours, je ne recevrai pas de lettres.

Pitou fut près de répondre qu'il s'en doutait; mais il voulut voir jusqu'où irait la confiance de la jeune fille envers lui.

Elle se borna à la recommandation que nous venons de dire, et qui avait tout simplement pour but de ne point faire faire tous les matins à Pitou une course inutile.

Cependant, aux yeux de Pitou, la recommandation avait une plus haute portée.

Ce n'était pas une raison pour Isidore de ne pas écrire, que d'être revenu à Paris. Si Isidore n'écrivait plus à Catherine, c'est qu'il comptait la voir.

Qui disait à Pitou que cette lettre datée de Paris, et qu'il avait déposée le matin même dans le saule creux, n'annonçait pas à Catherine l'arrivée prochaine de son amant? Qui lui disait dans ce regard perdu dans l'espace lorsqu'il était apparu, et que sa présence avait ramené sur lui-même, ne cherchait pas, à la lisière de la forêt, quelque signe qui indiquât à la jeune fille que son amant était arrivé?

Pitou attendit, afin de donner tout le temps à Catherine de débattre avec elle-même si elle avait quelque confidence à lui faire. Puis, voyant qu'elle gardait obstinément le silence :

— Mademoiselle Catherine, dit-il, avez-vous remarqué le changement qui se fait chez M. Billot?

La jeune fille tressaillit.

— Ah! dit-elle, répondant à une interrogation par une autre interrogation, avez-vous donc remarqué quelque chose, vous?

— Mademoiselle Catherine, dit Pitou en branlant la tête, il y aura, bien sûr, un moment — quand cela? je n'en sais rien — où celui qui est cause de ce changement passera un mauvais quart d'heure; c'est moi qui vous dis cela, entendez-vous?

Catherine pâlit.

Mais, n'en regardant pas moins fixement Pitou :

— Pourquoi dites-vous *celui*, et non pas *celle*? demanda la jeune fille. C'est peut-être une femme, et non un homme, qui aura à souffrir de cette colère cachée...

— Ah! mademoiselle Catherine, dit Pitou, vous m'effrayez. Avez-vous donc quelque chose à craindre ?

— Mon ami, dit tristement Catherine, jai à craindre ce qu'une pauvre fille qui a oublié sa condition, et qui aime au-dessus d'elle, peut craindre d'un père irrité.

— Mademoiselle, dit Pitou hasardant un conseil, il me semble qu'à votre place...

Il s'arrêta.

— Il vous semble qu'à ma place?... répéta Catherine.

— Eh bien, il me semble qu'à votre place... Ah! mais non, dit-il, vous avez failli mourir pour une simple absence qu'il a faite. S'il vous fallait renoncer à lui, ce serait pour en mourir tout à fait, et je ne veux pas que vous mouriez; dussé-je vous voir malade et triste, j'aime encore mieux vous voir ainsi que là-bas, au bout du Pleux... Ah! mademoiselle Catherine, c'est bien malheureux, tout cela!

— Chut! dit Catherine, parlons d'autre chose, ou ne parlons pas du tout, voici mon père.

Pitou se retourna dans la direction du regard lancé par Catherine, et vit, en effet, le fermier qui s'avançait au grand trot de son cheval.

En apercevant un homme près de la fenêtre de Catherine, Billot s'arrêta; puis, sans doute, reconnaissant celui à qui il avait affaire, il continua son chemin.

Pitou fit quelques pas au-devant de lui, souriant à sa venue, et tenant son chapeau à la main.

— Ah! ah! c'est toi, Pitou, dit Billot: viens-tu nous demander à dîner, mon garçon?

— Non, monsieur Billot, dit Pitou, je ne me permettrais pas cela; mais...

En ce moment il lui sembla qu'un regard de Catherine l'encourageait.

— Mais quoi? reprit Billot.

— Mais... si vous m'invitiez, j'accepterais.

— Eh bien, dit le fermier, je t'invite.

— Alors, répondit Pitou, j'accepte.

Le fermier donna un coup d'éperon à son cheval et rentra sous la voûte de la porte cochère.

Pitou se retourna vers Catherine.

— Était-ce là ce que vous vouliez me dire? demanda-t-il.

— Oui... Il est plus sombre encore aujourd'hui que les autres jours...

Puis elle ajouta tout bas :

— Oh! mon Dieu! est-ce qu'il saurait...?

— Quoi, Mademoiselle? demanda Pitou qui, si bas qu'eût parlé Catherine, avait entendu.

— Rien, dit Catherine en se retirant dans sa chambre et en fermant sa fenêtre.

XXVII

LE PÈRE CLOUÏS REPARAIT SUR LA SCÈNE

Catherine ne s'était pas trompée. Malgré l'accueil affable qu'il avait fait à Pitou, son père paraissait plus sombre que jamais. Il donna une poignée de main à Pitou, et Pitou sentit cette main froide et humide. Sa fille, comme d'habitude, lui présenta ses joues pâlies et frissonnantes, mais il se contenta d'effleurer son front avec ses lèvres; quant à la mère Billot, elle se leva, par un mouvement qui lui était naturel lorsqu'elle voyait entrer son mari, et qui tenait, à la fois, au sentiment de son infériorité et au respect qu'elle lui portait; mais le fermier ne fit pas même attention à elle.

— Le dîner est-il prêt? demanda-t-il.

— Oui, notre homme, répondit la mère Billot.

— Alors, à table, dit-il; j'ai encore beaucoup de choses à faire avant ce soir.

On passa dans la petite salle à manger de la famille. Cette salle à manger donnait sur la cour, et personne ne pouvait, venant du dehors, entrer dans la cuisine, sans passer devant la fenêtre par laquelle cette petite pièce recevait le jour.

Un couvert fut ajouté pour Pitou, que l'on plaça entre les deux femmes, le dos tourné à la fenêtre.

Si préoccupé que fût Pitou, il y avait chez lui un organe sur lequel la préoccupation n'influait jamais, c'était l'estomac; il en résulta donc que Billot, malgré toute la perspicacité de son regard, au premier service ne put voir autre chose, dans son convive, que la satisfaction qu'il éprouvait à l'aspect d'une excellente soupe aux choux, et du plat de bœuf et de lard qui la suivit.

Il était évident, néanmoins, que Billot désirait savoir si c'était le hasard ou un dessein prémédité qui avait amené Pitou à la ferme.

Aussi, au moment où l'on enlevait le bœuf et le lard, pour apporter un quartier d'agneau rôti, plat auquel Pitou regardait faire son entrée avec une joie visible, le fermier démasqua-t-il tout à coup ses batteries, et, s'adressant directement à Pitou :

— Maintenant, mon cher Pitou, lui demanda-t-il, maintenant que tu vois que tu es toujours le bienvenu à la ferme, peut-on savoir ce qui t'attire aujourd'hui dans nos parages?

Pitou sourit, jeta un coup d'œil autour de lui pour s'assurer qu'il n'y avait là ni regards indiscrets, ni oreilles dangereuses, et, relevant de la main gauche la manche droite de sa veste :

— Voilà, père Billot, lui dit-il en montrant une vingtaine de collets en fil d'archal roulés comme un bracelet autour de son poignet.

— Ah! ah! dit le père Billot, tu as donc dépeuplé les garderies de Longpré et de Taille-Fontaine, que tu te rabats par ici?

— Ce n'est pas cela, monsieur Billot, dit naïvement Pitou; mais, depuis le temps que j'ai affaire à ces gueux de lapins-là, je crois qu'ils reconnaissent mes collets, et qu'ils se détournent. J'ai donc décidé que je viendrais dire deux mots, cette nuit, à ceux du père Lajeunesse, qui sont moins malins et plus délicats, mangeant de la bruyère et du serpolet.

— Peste! dit le fermier, je ne te savais pas si friand, maître Pitou.

— Oh! ce n'est pas pour moi que je suis friand, dit Pitou; c'est pour mademoiselle Catherine; comme elle vient d'être malade, elle a besoin de viande fine...

— Oui, reprit Billot interrompant Pitou, tu as raison, car tu vois qu'elle n'a pas encore d'appétit.

Et il montra du doigt l'assiette blanche de Catherine, qui, après avoir mangé quelques cuillerées de soupe, n'avait touché ni au bœuf ni au lard.

— Je n'ai pas d'appétit, mon père, dit Catherine rougissant d'être interpellée ainsi, parce que j'ai mangé une grande tasse de lait avec du pain un instant avant que M. Pitou passât près de ma fenêtre, et que je l'appelasse.

— Je ne cherche point la cause pour laquelle tu as ou n'as pas d'appétit, dit Billot; je constate un fait, voilà tout.

Puis, à travers la fenêtre, jetant les yeux sur la cour :

— Ah! dit-il en se levant, voilà quelqu'un pour moi.

Pitou sentit le pied de Catherine s'appuyer vivement sur le sien; il se retourna de son côté, la vit pâle comme la mort, et lui indiquant des yeux la fenêtre donnant sur la cour.

Son regard suivit la direction du regard de Catherine, et il reconnut son vieil ami le père Clouïs, lequel passait devant la fenêtre, le fusil à deux coups de Billot sur l'épaule.

Le fusil du fermier se distinguait des autres en ce que sa sous-garde et ses capucines étaient d'argent.

— Ah! dit Pitou, qui ne voyait dans tout cela rien de bien effrayant, tiens, c'est le père Clouïs. Il rapporte votre fusil, monsieur Billot.

— Oui, dit Billot en se rasseyant, et il dînera avec nous, s'il n'a pas dîné. Femme, ajouta-t-il, ouvre la porte au père Clouïs.

La mère Billot se leva et alla ouvrir la porte; tandis que Pitou, les yeux fixés sur Catherine, se demandait quoi de terrible, dans ce qui se passait, pouvait occasionner sa pâleur.

Le père Clouïs entra : il tenait de la même main, sur son épaule, le fusil du fermier et un lièvre qu'il avait évidemment tué avec ce fusil.

On se rappelle que le père Clouïs avait reçu, de M. le duc d'Orléans, la permission de tuer un jour un lapin et un autre jour un lièvre.

C'était, à ce qu'il paraissait, le jour au lièvre.

Il porta la seconde main, celle qui n'était pas occupée, à une espèce de bonnet de fourrure qu'il portait habituellement, et auquel il ne restait plus guère que la peau, tout éraflé qu'il était journellement par les fourrés dans lesquels passait le père Clouïs, à peu près aussi insensible aux épines qu'un sanglier l'est à son tiéran.

— Monsieur Billot et la compagnie, dit-il, j'ai bien l'honneur de vous saluer.

— Bonjour, papa Clouïs, répondit Billot. Allons, vous êtes homme de parole, merci.

— Oh! ce qui est convenu est convenu, monsieur Billot; vous m'avez rencontré ce matin, et vous m'avez dit comme cela : « Père Clouïs, vous qui êtes un fin tireur, assortissezmoi donc une douzaine de balles au calibre de mon fusil, vous me rendrez service. » Ce à quoi je vous ai répondu : « Pour quand vous faut-il ça, monsieur Billot? » Vous m'avez dit : « Pour ce soir, sans faute. » Alors j'ai dit : « C'est bon, vous l'aurez, » et le voilà!

— Merci, père Clouïs, dit Billot. Vous allez dîner avec nous, n'est-ce pas?

— Oh! vous êtes bien honnête, monsieur Billot, je n'ai besoin de rien.

Le père Clouïs croyait que la civilité exigeait, quand on lui offrait un siège, qu'il dît qu'il n'était pas fatigué, et, quand on l'invitait à dîner, qu'il répondît qu'il n'avait pas faim.

Billot connaissait cela.

— N'importe, dit-il, mettez-vous toujours à table; il y a à boire et à manger, et, si vous ne mangez pas, vous boirez.

Pendant ce temps, la mère Billot, avec la régularité et presque le silence d'un automate, avait posé sur la table une assiette, un couvert et une serviette.

Puis elle approcha une chaise.

— Dame! puisque vous le voulez absolument, dit le père Clouïs.

Et il alla porter le fusil dans un coin, posa son lièvre sur le rebord du buffet, et vint s'asseoir à table.

Il se trouvait placé juste en face de Catherine, qui le regardait avec terreur.

Le visage doux et placide du vieux garde semblait si peu fait pour inspirer ce sentiment, que Pitou ne pouvait se rendre compte des émotions que trahissait, non seulement le visage de Catherine, mais encore le tremblement nerveux qui agitait tout son corps.

Cependant le verre et l'assiette de son convive, lequel, quoiqu'il eût déclaré n'avoir besoin de rien, attaqua bravement l'un et l'autre.

— Ah! voilà un joli vin, monsieur Billot, fit-il comme pour rendre hommage à la vérité, et un aimable agneau! Il paraît que vous êtes de l'avis du proverbe qui dit : « Il faut manger les agneaux trop jeunes, et boire le vin trop vieux. »

Personne ne répondit à la plaisanterie du père Clouïs, lequel, voyant que la conversation tombait, et se croyant, en sa qualité de convive, obligé de la soutenir, continua :

— Je me suis donc dit comme cela : « Ma foi, c'est aujourd'hui le tour des lièvres; autant que je tue mon lièvre d'un côté de la forêt que de l'autre. Je vais donc aller tuer mon lièvre sur la garderie du père Lajeunesse. Je verrai

en même temps, comment un fusil monté en argent porte la balle. » J'ai donc fondu treize balles au lieu de douze. Ma foi! il la porte bien, la balle, votre fusil.

— Oui, je sais cela, répondit Billot, c'est une bonne arme.

— Tiens! douze balles, observa Pitou, il y a donc un prix au fusil quelque part, monsieur Billot?

— Non, répondit Billot.

— Ah! c'est que je le connais, *le monté en argent*, comme on l'appelle dans les environs, continua Pitou; je lui en ai vu faire, des siennes, à la fête de Boursonnes, il y a deux ans. Tenez! c'est là qu'il a gagné le couvert d'argent avec lequel vous mangez, madame Billot, et la timbale dans laquelle vous buvez, mademoiselle Catherine... Oh! mais, s'écria Pitou effrayé, qu'avez-vous donc, Mademoiselle?

— Moi?... Rien, dit Catherine en rouvrant ses yeux à moitié fermés, et en se redressant sur sa chaise, contre le dos de laquelle elle s'était laissée aller à moitié évanouie.

— Catherine! qu'est-ce que tu veux qu'elle ait? dit Billot en haussant les épaules.

— Justement, continua le père Clouïs, il faut vous dire que, dans la vieille ferraille, chez Montagnon, l'armurier, j'ai retrouvé un moule... ah! c'est que c'est rare, un moule comme il vous en faut un. Ces diables de petits canons de Leclerc, ils sont presque tous du calibre vingt-quatre, ce qui ne les empêche pas de porter Dieu sait où. J'ai donc retrouvé un moule juste du calibre de votre fusil, un peu plus petit même; mais cela ne fait rien, au contraire, vous enveloppez la balle dans une peau graissée... Est-ce pour tirer à la course ou à coup posé?

— Je n'en sais rien encore, répondit Billot; tout ce que je puis dire, c'est que c'est pour aller à l'affût.

— Ah! oui, je comprends, dit le père Clouïs, les sangliers de M. le duc d'Orléans, ils sont friands de vos parmentières, et vous vous êtes dit : « Autant dans le saloir, autant qui n'en mangent plus. »

Il se fit un silence qui n'était troublé que par la respiration haletante de Catherine.

Les yeux de Pitou allaient du garde à Billot, et de Billot à sa fille.

Il cherchait à comprendre, et n'y arrivait pas.

Quant à la mère Billot, il était inutile de demander aucun éclaircissement à son visage; elle ne comprenait rien de ce qu'on disait, à

Pitou se démasqua. (Page 245.)

bien plus forte raison de ce qu'on voulait dire.

— Ah! c'est que, continua le père Clouïs poursuivant sa pensée, c'est que, si les balles sont pour les sangliers, elles sont, peut-être, un peu bien petites, voyez-vous ; ça a la peau dure, ces messieurs-là, sans compter que ça revient sur le chasseur. J'en ai vu, des sangliers, qui avaient cinq, six, huit balles entre cuir et chair, et des balles de munition encore, de seize à la livre, et qui ne s'en portaient que mieux.

— Ce n'est pas pour les sangliers, dit Billot.

Pitou ne put résister à sa curiosité.

— Pardon, monsieur Billot, dit-il; mais, si ce n'est pas pour tirer au prix, si ce n'est pas pour tirer sur les sangliers, pour tirer sur quoi est-ce donc, alors?

— Pour tirer sur un loup, dit Billot.

— Eh bien, si c'est pour tirer sur un loup, voilà votre affaire, dit le père Clouïs prenant les douze balles dans sa poche, et les transvasant dans une assiette où elles tombèrent en cliquetant.

Quant à la treizième, elle est dans le ventre du lièvre... Ah! je ne sais pas comment il porte le plomb, mais il porte joliment la balle, votre fusil.

Si Pitou eût regardé Catherine, il eût vu qu'elle était près de s'évanouir.

Mais, tout à ce que disait le père Clouïs, il ne regardait pas la jeune fille.

Aussi, lorsqu'il entendit le vieux garde dire que la treizième balle était dans le ventre du lièvre, il ne put pas y résister, et se leva pour aller vérifier le fait.

— C'est, ma foi, vrai ! dit-il en fourrant son petit doigt dans le trou de la balle ; c'est affaire à vous, père Clouïs. Monsieur Billot, vous tirez bien, vous, mais vous ne tuez pas encore les lièvres comme cela, à balle franche.

— Ah ! dit Billot, peu importe, du moment où l'animal sur lequel je tirerai est vingt fois gros comme un lièvre, j'espère que je ne le manquerai pas.

— Le fait est, dit Pitou, qu'un loup... Mais vous parlez de loups, il y en a donc dans le canton ? C'est étonnant avant la neige...

— Oui, c'est étonnant ; mais c'est comme cela, cependant.

— Vous êtes sûr, monsieur Billot ?

— Très sûr, répondit le fermier en regardant à la fois Pitou et Catherine, ce qui était facile puisqu'ils étaient placés l'un près de l'autre ; le berger en a vu un ce matin.

— Où cela ? demanda naïvement Pitou.

— Sur la route de Paris à Boursonnes, près du taillis d'Ivors.

— Ah ! fit Pitou regardant à son tour Billot et Catherine.

— Oui, continua Billot avec la même tranquillité, on l'avait déjà remarqué l'année dernière, et l'on m'avait prévenu ; quelque temps on l'a cru parti pour ne plus revenir ; mais...

— Mais ?... demanda Pitou.

— Mais il paraît qu'il est revenu, dit Billot, et qu'il s'apprête à tourner encore autour de la ferme. Voilà pourquoi j'ai dit au père Clouïs de me nettoyer mon fusil, et de me couler des balles.

C'était tout ce que pouvait supporter Catherine ; elle poussa un espèce de cri étouffé, se leva, et, toute trébuchante, se dirigea vers la porte.

Pitou, moitié naïf, moitié inquiet, se leva aussi, et, voyant Catherine chanceler, s'élança pour la soutenir.

Billot jeta un regard terrible du côté de la porte ; mais l'honnête visage de Pitou manifestait une trop grande expression d'étonnement pour qu'il pût soupçonner son propriétaire de complicité avec Catherine.

Sans s'inquiéter davantage ni de Pitou ni de sa fille, il poursuivit donc :

— Ainsi, vous dites, père Clouïs, que, pour assurer le coup, il sera bon d'envelopper les balles dans un morceau de peau graissée ?

Pitou entendit encore cette question, mais il n'entendit pas la réponse ; car, arrivé en ce moment dans la cuisine où il venait de rejoindre Catherine, il sentit la jeune fille s'affaisser entre ses bras.

— Mais qu'avez-vous donc ? mon Dieu ! qu'avez-vous donc ? demanda Pitou effrayé.

— Oh ! dit Catherine, vous ne comprenez donc pas ? Il sait qu'Isidore est arrivé ce matin à Boursonnes, et il veut l'assassiner s'il approche de la ferme.

En ce moment, la porte de la salle à manger s'ouvrit, et Billot parut sur le seuil.

— Mon cher Pitou, dit-il d'une voix si dure qu'elle n'admettait pas de réplique, si tu es venu en réalité pour les lapins du père Lajeunesse, je crois qu'il est temps que tu ailles tendre tes collets ; tu comprends, plus tard tu n'y verrais plus.

— Oui, monsieur Billot, dit humblement Pitou en jetant un double regard sur Catherine et sur Billot, j'étais venu pour cela, pas pour autre chose, je vous le jure.

— Eh bien, alors ?

— Eh bien, alors, j'y vais, monsieur Billot.

Et il sortit par la porte de la cour, tandis que Catherine éplorée rentrait dans sa chambre, dont elle poussait le verrou derrière elle.

— Oui, murmura Billot, oui, enferme-toi, malheureuse ! peu m'importe, car ce n'est pas de ce côté-ci que je me mettrai à l'affût.

XXVIII

LE JEU DE BARRES

Pitou sortit de la ferme tout abasourdi ; seulement, aux paroles de Catherine, il avait vu jour dans tout ce qui avait été obscurité pour lui jusque-là, et ce jour l'avait aveuglé.

Pitou savait ce qu'il avait voulu savoir, et même davantage.

Il savait que le vicomte Isidore de Charny était arrivé le matin à Boursonnes, et que, s'il se hasardait à venir voir Catherine à la ferme, il courait risque de recevoir un coup de fusil.

Car il n'y avait plus de doute à garder : les paroles de Billot, paraboliques d'abord, s'étaient éclaircies aux seuls mots prononcés par Catherine ; le loup qu'on avait vu, l'année dernière, rôder autour de la bergerie, que l'on croyait parti pour toujours, et que l'on avait revu le matin même, près du taillis d'Ivors, sur la route de Paris à Boursonnes, c'était le vicomte Isidore de Charny.

C'était à son intention que le fusil avait été nettoyé ; c'était pour lui que les balles avaient été fondues.

Comme on le voit, cela devenait grave.

Pitou, qui avait quelquefois, lorsque l'occasion l'exigeait, la force du lion, avait presque toujours la prudence du serpent. En contravention depuis le jour où il avait atteint l'âge de raison, à l'endroit des gardes champêtres, sous le nez desquels il allait dévaster les vergers fermés de haies, ou les arbres fruitiers en plein champ ; en contravention à l'endroit des gardes forestiers, sur les talons desquels il allait tendre ses gluaux et ses collets, il avait pris une habitude de réflexion profonde et de décision rapide, qui, dans tous les cas dangereux où il s'était trouvé, lui avait permis de se tirer d'affaire aux meilleures conditions possibles. Cette fois donc, comme les autres, appelant à son secours d'abord la décision rapide, il se décida immédiatement à gagner le bois situé à quatre-vingts pas de la ferme environ.

Le bois est couvert, et, sous ce couvert où il est facile de demeurer inaperçu, l'on peut réfléchir à son aise.

Dans cette occasion, Pitou, comme on le voit, avait interverti l'ordre ordinaire des choses en mettant la décision rapide avant la réflexion profonde.

Mais Pitou, avec son intelligence instinctive, avait été au plus pressé ; et le plus pressé pour lui, c'était d'avoir un couvert.

Il s'avança donc vers la forêt, d'un air aussi dégagé que si sa tête n'eût point porté un monde de pensées, et il atteignit le bois, ayant eu la force de ne pas jeter un regard derrière lui.

Il est vrai que, dès qu'il eut calculé qu'il était hors de vue de la ferme, il se baissa comme pour boucler le sous-pied de sa guêtre, et, la tête entre les deux jambes, il interrogea l'horizon.

L'horizon était libre et ne paraissait, pour le moment, offrir aucun danger.

Ce que voyant Pitou, il reprit la ligne verticale, et, d'un bond, se trouva dans la forêt.

La forêt, c'était le domaine de Pitou.

Là, il était chez lui ; là, il était libre ; là, il était roi.

Roi comme l'écureuil, dont il avait l'agilité ; comme le renard, dont il avait les ruses, comme le loup, dont il avait les yeux qui voient pendant la nuit.

Mais, à cette heure, il n'avait besoin ni de l'agilité de l'écureuil, ni des ruses du renard, ni des yeux nyctalopes du loup.

Il s'agissait tout simplement, pour Pitou, de couper en diagonale la portion de bois dans laquelle il s'était enfoncé, et de revenir à cet endroit de la lisière de la forêt qui s'étendait dans toute la longueur de la ferme.

A soixante ou soixante et dix pas de distance Pitou verrait tout ce qui se passerait ; avec soixante ou soixante et dix pas de distance, Pitou défiait tout être, quel qu'il fût, obligé de se servir, pour se mouvoir et attaquer, de ses pieds et de ses mains.

Il va sans dire qu'il défiait bien autrement un cavalier, car il n'en est pas un seul qui eût pu faire cent pas dans la forêt, par les chemins où l'eût conduit Pitou.

Aussi, en forêt, Pitou n'avait pas de comparaison assez dédaigneuse pour dire combien il méprisait un cavalier.

Pitou se coucha tout de son long dans une cépée, appuya son cou sur deux arbres jumeaux se séparant à leur tige, et réfléchit profondément.

Il réfléchit qu'il était de son devoir d'empêcher, autant qu'il serait en lui, le père Billot de mettre à exécution la terrible vengeance qu'il méditait.

Le premier moyen qui se présenta à l'esprit de Pitou fut de courir à Boursonnes et de prévenir M. Isidore du danger qui l'attendait, s'il se hasardait du côté de la ferme.

Mais presque aussitôt il réfléchit à deux choses.

La première, c'est qu'il n'avait pas reçu de Catherine mission de faire cela.

La seconde, c'est que le danger pourrait bien ne pas arrêter M. Isidore.

Puis quelle certitude avait Pitou que le vicomte, dont l'intention était sans doute de se cacher, viendrait par la route frayée aux voitures, et non par quelques-uns de ces petits sentiers que suivent, pour raccourcir leur chemin, les bûcherons et les ouvriers des bois ?

D'ailleurs, en allant à la recherche d'Isidore, Pitou abandonnait Catherine, et Pitou, qui, à tout prendre, eût été fâché qu'il arrivât malheur au vicomte, eût été désespéré qu'il arrivât malheur à Catherine.

Ce qui lui parut le plus sage, ce fut donc d'attendre où il était, et de prendre, selon ce qui surviendrait, conseil des circonstances.

En attendant, ses yeux se braquèrent sur la ferme, fixes et brillants, comme ceux d'un chat-tigre qui guette sa proie.

Le premier mouvement qui s'y opéra fut la sortie du père Clouïs.

Pitou le vit prendre congé de Billot sous la porte cochère, puis longer le mur en clopinant, et disparaître dans la direction de Villers-Cotterets, qu'il devait traverser ou contourner pour se rendre à sa hutte, distante d'une lieue et demie à peu près de Pisseleu.

Au moment où il sortit, le crépuscule commençait à tomber.

Comme le père Clouïs n'était qu'un personnage fort secondaire, une espèce de comparse dans le drame qui se jouait, Pitou n'attacha à lui qu'une attention médiocre, et l'ayant, pour l'acquit de sa conscience, suivi d'un regard jusqu'au moment où il disparut à l'angle du mur, il ramena ses yeux sur le centre du bâtiment, c'est-à-dire là où s'ouvraient la porte cochère et les fenêtres.

Au bout d'un instant, une des fenêtres s'éclaira : c'était celle de la chambre de Billot.

De l'endroit où était Pitou, le regard plongeait parfaitement dans la chambre; Pitou put donc voir Billot, rentré chez lui, charger son fusil avec toutes les précautions recommandées par le père Clouïs.

Pendant ce temps, la nuit achevait de tomber.

Billot, son fusil une fois chargé, éteignit sa lumière, et tira les deux volets de sa fenêtre, mais de façon à les garder entre-bâillés, pour que, sans doute, son regard pût observer les alentours par cet entre-bâillement.

De la fenêtre de Billot, située au premier, nous croyons l'avoir déjà dit, on ne voyait pas, à cause d'un coude formé par les murs de la ferme, la fenêtre de la chambre de Catherine, située au rez-de-chaussée; mais on découvrait entièrement le chemin de Boursonnes, et tout le cercle de la forêt qui s'arrondit de la montagne de la Ferté-Milon à ce que l'on appelle le taillis d'Ivors.

Tout en ne voyant pas la fenêtre de Catherine, en supposant que Catherine sortît par cette fenêtre et essayât de gagner le bois, Billot pouvait donc l'apercevoir du moment où elle entrerait dans le rayon embrassé par son regard; seulement, comme la nuit allait de plus en plus s'épaississant, Billot verrait une femme, pourrait se douter que cette femme est Catherine, mais ne pourrait pas la reconnaître d'une manière certaine pour être Catherine.

Nous faisons d'avance toutes ces remarques, parce que c'étaient celles que se faisait Pitou.

Pitou ne doutait point que, la nuit tout à fait venue, Catherine ne tentât une sortie afin de prévenir Isidore.

Sans perdre entièrement de vue la fenêtre de Billot, ce fut donc sur celle de Catherine que ses yeux se fixèrent plus particulièrement.

Pitou ne se trompait pas. Lorsque la nuit eut atteint un degré d'obscurité qui parut suffisant à la jeune fille, Pitou, pour lequel, nous l'avons dit, il n'y avait pas d'obscurité, vit s'ouvrir lentement le volet de Catherine; puis celle-ci enjamber l'appui de la fenêtre, repousser le volet, et se glisser tout le long de la muraille.

Il n'y avait pas de danger pour la jeune fille d'être vue tant qu'elle suivrait cette ligne; et, en supposant qu'elle eût eu affaire à Villers-Cotterets, elle eût pu y arriver inaperçue; mais si, au contraire, elle avait affaire du côté de Boursonnes, il lui fallait absolument entrer dans le rayon que le regard embrassait de la fenêtre de son père.

Arrivée au bout du mur, elle hésita pendant quelques secondes, de sorte que Pitou eut un instant l'espérance que c'était à Villers-Cotterets et non à Boursonnes qu'elle allait; mais, tout à coup, cette hésitation cessa, et, se courbant pour se dérober autant qu'elle pouvait aux yeux, elle traversa le chemin et se jeta dans une petite sente, rejoignant la forêt par une courbe qui se continuait sous bois, et allait tomber, à un quart de lieue à peu près, dans le chemin de Boursonnes.

Cette sente aboutissait à un petit carrefour appelé le carrefour de Bourg-Fontaine.

Une fois Catherine dans la sente, le chemin qu'elle allait suivre et l'intention qui la conduisait étaient si clairs pour Pitou, qu'il ne s'occupa plus d'elle, mais seulement de ces volets entr'ouverts par lesquels, comme à travers la meurtrière d'une citadelle, le regard plongeait d'une extrémité à l'autre du bois.

Tout ce rayon embrassé par le regard de Billot était, à part un berger dressant son parc, parfaitement solitaire.

Il en résulta que, dès que Catherine entra dans ce rayon, quoique son mantelet noir la rendît à peu près invisible, elle ne put, cependant, échapper au regard perçant du fermier.

Pitou vit les volets s'entre-bâiller, la tête de Billot passer par l'entre-bâillement et demeurer un instant fixe et immobile, comme s'il eût douté dans ces ténèbres du témoignage de ses yeux; mais les chiens du berger ayant couru dans la direction de cette ombre, et, après avoir donné quelques coups de gueule, étant revenus vers leur maître, Billot ne douta plus que cette ombre ne fût Catherine.

Les chiens, en s'approchant d'elle, l'avaient

reconnue et avaient cessé d'aboyer en la reconnaissant.

Il va sans dire que tout cela se traduisait pour Pitou aussi clairement que s'il eût été d'avance au courant des divers incidents de ce drame.

Il s'attendait donc à voir refermer les volets de la chambre de Billot, et à voir s'ouvrir la porte cochère.

En effet, au bout de quelques secondes, la porte s'ouvrit, et, comme Catherine atteignait la lisière du bois, Billot, son fusil sur l'épaule, franchissait le seuil de la porte et s'avançait à grands pas vers la forêt, suivant ce chemin de Boursonnes où devait aboutir, après un demi-quart de lieue, la sente suivie par Catherine.

Il n'y avait pas un instant à perdre pour que, dans dix minutes, la jeune fille ne se trouvât point en face de son père !

Ce fut ce que comprit Pitou.

Il se releva, bondit à travers les taillis comme un chevreuil effarouché, et, coupant diagonalement la forêt dans le sens inverse de sa première course, il se trouva au bord du sentier, au moment où l'on entendait déjà les pas pressés et la respiration haletante de la jeune fille.

Pitou s'arrêta caché derrière le tronc d'un chêne.

Au bout de dix secondes, Catherine passait à deux pas de ce chêne.

Pitou se démasqua, barra le chemin à la jeune fille, et se nomma du même coup.

Il avait jugé nécessaire cette unité d'une triple action pour ne pas trop épouvanter Catherine.

En effet, elle ne jeta qu'un faible cri, et, s'arrêtant toute tremblante, moins de l'émotion présente que de l'émotion passée :

— Vous, monsieur Pitou, ici !... Que me voulez-vous ? dit-elle.

— Pas un pas de plus, au nom du ciel, Mademoiselle, dit Pitou en joignant les mains.

— Et pourquoi cela ?

— Parce que votre père sait que vous êtes sortie ; parce qu'il suit la route de Boursonnes avec son fusil ; parce qu'il vous attend au carrefour de Bourg-Fontaine !

— Mais lui, lui !... dit Catherine presque égarée ; il ne sera donc pas prévenu ?...

Et elle fit un mouvement pour continuer son chemin.

— Le sera-t-il davantage, lorsque votre père vous aura barré la route ?

— Que faire ?

— Revenez, mademoiselle Catherine, rentrez dans votre chambre ; je me mettrai en embuscade aux environs de votre fenêtre, et, lorsque je verrai M. Isidore, je le préviendrai.

— Vous ferez cela, cher monsieur Pitou ?

— Pour vous, je ferai tout, mademoiselle Catherine ! Ah ! c'est que je vous aime bien, moi, allez !

Catherine lui serra les mains.

Puis, au bout d'une seconde de réflexion :

— Oui, vous avez raison, dit-elle, ramenez-moi.

Et, comme les jambes commençaient à lui manquer, elle passa son bras sous celui de Pitou, qui lui fit reprendre — lui marchant, elle courant, — le chemin de la ferme.

Dix minutes après, Catherine rentrait chez elle, sans avoir été vue, et refermait sa fenêtre derrière elle, tandis que Pitou lui montrait le groupe de saules dans lequel il allait veiller et attendre.

XXIX

L'AFFUT AU LOUP

Le groupe de saules, placé sur une petite hauteur, à vingt ou vingt-cinq pas de la fenêtre de Catherine, dominait une espèce de fossé où passait, encaissé à la profondeur de sept ou huit pieds, un filet d'eau courante.

Ce ruisseau, qui tournait comme le chemin, était ombragé, de place en place, de saules pareils à ceux qui formaient le groupe dont nous avons parlé, c'est-à-dire d'arbres semblables, la nuit surtout, à ces nains qui portent sur un petit corps une grosse tête ébouriffée.

C'était dans le dernier de ces arbres creusés par le temps que Pitou apportait, tous les matins, les lettres de Catherine, et que Catherine allait les prendre, quand elle avait vu son père s'éloigner et disparaître dans une direction opposée.

Au reste, Pitou, de son côté, et Catherine, du sien, avaient toujours usé de tant de précautions que ce n'était point par là que la mèche avait été éventée ; c'était par un pur hasard qui avait le matin même placé le berger de la ferme sur le chemin d'Isidore ; le berger avait annoncé comme une nouvelle sans importance le retour du vicomte ; ce retour caché, qui avait eu lieu à cinq heures du matin, avait paru plus que suspect à Billot. Depuis son retour de Paris, depuis la maladie de Catherine, depuis la recommandation que lui avait faite le docteur

Raynal de ne pas entrer dans la chambre de la malade, tant qu'elle aurait le délire, il avait été convaincu que le vicomte de Charny était l'amant de sa fille, et, comme il ne voyait au bout de cette liaison que le déshonneur, puisque M. le vicomte de Charny n'épouserait point Catherine, il avait résolu d'ôter à ce déshonneur ce qu'il avait de honteux en le faisant sanglant.

De là tous ces détails que nous avons racontés, et qui, insignifiants aux regards non prévenus, avaient pris une si terrible importance aux yeux de Catherine, et, après l'explication donnée par Catherine, aux yeux de Pitou.

On a vu que Catherine, tout en devinant le projet de son père, n'avait tenté de s'y opposer qu'en prévenant Isidore, démarche dans laquelle heureusement Pitou l'avait arrêtée, puisque au lieu d'Isidore, c'eût été son père qu'elle eût rencontré sur le chemin.

Elle connaissait trop le caractère terrible du fermier pour rien essayer à l'aide de prières et de supplications; c'eût été hâter l'orage, voilà tout; provoquer la foudre au lieu de la détourner.

Empêcher un choc entre son amant et son père, c'était tout ce qu'elle ambitionnait.

Oh! comme elle eût ardemment désiré en ce moment que cette absence dont elle avait cru mourir se fût prolongée! Comme elle eût béni la voix qui fût venue lui dire : « Il est parti! », cette voix eût-elle ajouté : « Pour jamais! »

Pitou avait compris tout cela aussi bien que Catherine, voilà pourquoi il s'était offert à la jeune fille comme intermédiaire ; soit que le vicomte vînt à pied, soit qu'il vînt à cheval, il espérait l'entendre ou le voir à temps, s'élancer au-devant de lui, en deux mots le mettre au courant de la situation, et le déterminer à fuir en lui promettant des nouvelles de Catherine pour le lendemain.

Pitou se tenait donc collé à son saule comme s'il eût fait partie de la famille végétale au milieu de laquelle il se trouvait, appliquant tout ce que ses sens avaient d'habitude de la nuit, des plaines et des bois, pour distinguer une ombre ou percevoir un son.

Tout à coup, il lui sembla entendre derrière lui, venant de la forêt, le bruit du pas heurté d'un homme qui marche dans les sillons; comme ce pas lui parut trop lourd pour être elui du jeune et élégant vicomte, il tourna lentement et d'une façon presque insensible autour de son saule, et, à trente pas de lui, il aperçut le fermier, son fusil sur l'épaule.

Il avait attendu, comme le prévoyait Pitou, au carrefour de Bourg-Fontaine; mais, ne voyant déboucher personne par la sente, il avait cru s'être trompé, et il revenait se mettre à l'affût, ainsi qu'il avait dit lui-même, en face de la fenêtre de Catherine, convaincu que c'était par cette fenêtre que le vicomte de Charny tenterait de s'introduire chez elle.

Malheureusement le hasard voulait qu'il eût choisi pour son embuscade le même groupe de saules où venait de se blottir Pitou.

Pitou devina l'intention du fermier; il n'y avait pas à lui disputer la place ; il se laissa couler le long du talus et disparut dans le fossé, la tête cachée sous les racines saillantes du saule contre lequel Billot vint s'appuyer.

Par bonheur, le vent soufflait avec une certaine violence; sans quoi, Billot eût certainement pu entendre les battements du cœur de Pitou.

Mais, il faut le dire à l'honneur de l'admirable nature de notre héros, c'était moins son danger personnel qui le préoccupait que le désespoir de manquer malgré lui de parole à Catherine.

Si M. de Charny venait, et qu'il arrivât malheur à M. de Charny, que penserait-elle de Pitou?

Qu'il l'avait trahie, peut-être.

Pitou eût préféré la mort à cette idée, que Catherine pouvait penser qu'il l'avait trahie.

Mais il n'y avait rien à faire qu'à rester où il était, et surtout à y rester immobile : le moindre mouvement l'eût dénoncé.

Un quart d'heure s'écoula, sans que rien vînt troubler le silence de la nuit; Pitou conservait un dernier espoir : c'est que si, par bonheur, le vicomte venait tard, Billot s'impatienterait d'attendre, douterait de sa venue, et rentrerait chez lui.

Mais, tout à coup, Pitou, qui, par sa position, avait l'oreille appuyée contre la terre, crut entendre le galop d'un cheval; ce cheval, si c'en était un, devait venir par la petite sente qui aboutissait au chemin.

Bientôt il n'y eut plus de doute que ce ne fût un cheval; il traversa le chemin à soixante pas à peu près du groupe de saules; on entendit les pieds de l'animal retentir sur le cailloutis, et l'un de ses fers ayant heurté un pavé, en tira quelques étincelles.

Pitou vit le fermier s'incliner au-dessus de sa tête, pour tâcher de distinguer dans l'obscurité.

Mais la nuit était si noire, que l'œil de Pitou

lui-même, tout habile qu'il était à percer les ténèbres, ne vit qu'une espèce d'ombre bondissant par-dessus le chemin, et disparaissant à l'angle de la muraille de la ferme.

Pitou ne douta pas un instant que ce ne fût Isidore, mais il espéra que le vicomte avait, pour pénétrer dans la ferme, une autre entrée que celle de la fenêtre.

Billot le craignit, car il murmura quelque chose comme un blasphème.

Puis il se fit dix minutes d'un silence effrayant.

Au bout de ces dix minutes, Pitou, grâce à l'acuité de sa vue, distingua une forme humaine à l'extrémité de la muraille.

Le cavalier avait attaché son cheval à quelque arbre et revenait à pied.

La nuit était si obscure, que Pitou espéra que Billot ne verrait pas cette espèce d'ombre, ou la verrait trop tard.

Il se trompait, Billot la vit, car Pitou entendit par deux fois, au-dessus de sa tête, le bruit sec que fait en s'armant le chien d'un fusil.

L'homme qui se glissait contre la muraille entendit sans doute de son côté ce bruit auquel ne se trompe pas l'oreille d'un chasseur; car il s'arrêta, essayant de percer l'obscurité du regard ; mais c'était chose impossible.

Pendant cette halte d'une seconde, Pitou vit au-dessus du fossé se lever le canon du fusil ; mais, sans doute, à cette distance le fermier n'était-il pas sûr de son coup, ou peut-être craignit-il de commettre quelque erreur, car le canon, qui s'était levé avec rapidité, s'abaissa lentement.

L'ombre reprit son mouvement et continua de se glisser contre la muraille.

Elle s'approchait visiblement de la fenêtre de Catherine.

Cette fois, c'était Pitou qui entendait battre le cœur de Billot.

Pitou se demandait ce qu'il pouvait faire, par quel cri il pouvait avertir le malheureux jeune homme, par quel moyen il pouvait le sauver.

Mais rien ne se présentait à son esprit, et, de désespoir, il s'enfonçait les mains dans les cheveux !

Il vit se lever le canon du fusil une seconde fois; mais, une seconde fois, le canon s'abaissa.

La victime était encore trop éloignée.

Il s'écoula une demi-minute, à peu près, pendant laquelle le jeune homme fit les vingt pas qui le séparaient encore de la fenêtre.

Arrivé à la fenêtre, il frappa doucement trois coups à intervalles égaux.

Cette fois, il n'y avait plus de doute, c'était bien un amant, et cet amant venait bien pour Catherine.

Aussi, une troisième fois, le canon du fusil se leva, tandis que, de son côté, Catherine, reconnaissant le signal habituel, entr'ouvrait sa fenêtre.

Pitou, haletant, sentit en quelque sorte se détendre le ressort du fusil; le bruit de la pierre contre la batterie se fit entendre, une lueur pareille à celle d'un éclair illumina le chemin mais aucune explosion ne suivit cette lueur.

L'amorce seule avait brûlé.

Le jeune gentilhomme vit le danger qu'il venait de courir; il fit un mouvement pour marcher droit sur le feu ; mais Catherine étendit le bras, et, l'attirant à elle :

— Malheureux ! dit-elle à voix basse, c'est mon père !... Il sait tout !... Viens !...

Et, avec une force surhumaine, elle l'aida à franchir la fenêtre, dont elle tira le volet derrière lui.

Il restait au fermier un second coup à tirer; mais les deux jeunes gens étaient tellement enlacés l'un à l'autre, que, sans doute, en tirant sur Isidore, il craignit de tuer sa fille.

— Oh ! murmura-t-il, il faudra bien qu'il sorte, et, en sortant, je ne le manquerai pas.

En même temps, avec l'épinglette de sa poudrière, il débouchait la lumière du fusil, et amorçait de nouveau, pour que ne se renouvelât point l'espèce de miracle auquel Isidore devait la vie.

Pendant cinq minutes, tout bruit resta suspendu, même celui de la respiration de Pitou et du fermier, même celui du battement de leurs cœurs.

Tout à coup, au milieu du silence, les aboiements des chiens à l'attache retentirent dans la cour de la ferme.

Billot frappa du pied, écouta un instant encore, et, frappant du pied de nouveau :

— Ah ! dit-il, elle le fait fuir par le verger, c'est contre lui que les chiens aboient.

Et, bondissant par-dessus la tête de Pitou, il retomba de l'autre côté du fossé, et, malgré la nuit, grâce à la connaissance qu'il avait des localités, il disparut avec la rapidité de l'éclair à l'angle de la muraille.

Il espérait arriver de l'autre côté de la ferme en même temps qu'Isidore.

Pitou comprit la manœuvre ; avec l'intelligence de l'homme de la nature, il s'élança à son tour hors du fossé, traversa le chemin en ligne directe, alla droit à la fenêtre de Catherine, tira à lui le contrevent qui s'ouvrit, entra dans la chambre vide, gagna la cuisine éclairée par une lampe, se jeta dans la cour, s'engagea dans le passage qui conduisait au verger, et, arrivé là, grâce à cette faculté qu'il avait de distinguer dans les ténèbres, il vit deux ombres, l'une qui enjambait la muraille, et l'autre qui, au pied de cette muraille, se tenait debout et les bras tendus.

Mais, avant de s'élancer de l'autre côté du mur, le jeune homme se retourna une dernière fois.

— Au revoir, Catherine, dit-il; n'oublie pas que tu es à moi.

— Oh! oui, répondit la jeune fille; mais pars, pars!

— Oui, partez, partez, monsieur Isidore! cria Pitou, partez!

On entendit le bruit que fit le jeune homme en tombant à terre, puis le hennissement de son cheval, qui le reconnut; puis les élans rapides de l'animal, poussé sans doute par l'éperon; puis un premier coup de feu, puis un second.

Au premier, Catherine jeta un cri et fit un mouvement comme pour s'élancer au secours d'Isidore; au second, elle poussa un soupir, et, la force lui manquant, elle tomba dans les bras de Pitou.

Celui-ci, le cou tendu, prêta l'oreille pour savoir si le cheval continuait sa course avec la même rapidité qu'avant les coups de feu, et, ayant entendu le galop de l'animal qui s'éloignait sans se ralentir:

— Bon! dit-il sentencieusement, il y a de l'espoir; on ne vise pas aussi bien la nuit que le jour, et la main n'est pas aussi sûre quand on tire sur un homme que quand on tire sur un loup ou sur un sanglier.

Et, soulevant Catherine, il voulut l'emporter dans ses bras.

Mais celle-ci, par un puissant effort de volonté, rappelant toutes ses forces, se laissa glisser à terre, et, arrêtant Pitou par le bras:

— Où me mènes-tu? demanda-t-elle.

— Mais, Mademoiselle, dit Pitou tout étonné, je vous reconduis à votre chambre.

— Pitou, fit Catherine, as-tu un endroit où me cacher?

— Oh! quant à cela, oui, Mademoiselle, dit Pitou, et, si je n'en ai pas, j'en trouverai.

— Alors, dit Catherine, emmène-moi.

— Mais la ferme?...

— Dans cinq minutes, je l'espère, j'en serai sortie pour n'y plus rentrer.

— Mais votre père?...

— Tout est rompu entre moi et l'homme qui a voulu tuer n amant.

— Mais, cependant, Mademoiselle... hasarda Pitou.

— Ah! tu refuses de m'accompagner, Pitou? demanda Catherine en abandonnant le bras du jeune homme.

— Non, mademoiselle Catherine, Dieu m'en garde!

— Eh bien, alors, suis-moi.

Et Catherine, marchant la première, passa du verger dans le potager.

A l'extrémité du potager était une petite porte donnant sur la plaine de Noue.

Catherine l'ouvrit sans hésitation, prit la clef, referma la porte à double tour derrière elle et Pitou, et jeta la clef dans un puits adossé à la muraille.

Puis, d'un pas ferme, à trav terres, elle s'éloigna, appuyée au bras de Pitou, et tous deux disparurent bientôt dans la vallée qui s'étend du village de Pisseleu à la ferme de Noue.

Nul ne les vit partir, et Dieu seul sut où Catherine trouva le refuge que lui avait promis Pitou.

XXX

OU L'ORAGE A PASSÉ

Il en est des orages humains comme des ouragans célestes; le ciel se couvre, l'éclair luit, le tonnerre gronde, la terre semble vacillante sur son axe; il y a un moment de paroxysme terrible où l'on croit à l'anéantissement des hommes et des choses, où chacun tremble, frémit, lève les mains au Seigneur comme vers la seule bonté, comme vers l'unique miséricorde. Puis, peu à peu le calme se fait, la nuit se dissipe, le jour revient, le soleil renaît, les fleurs se rouvrent, les arbres se redressent, les hommes vont à leurs affaires, à leurs plaisirs, à leurs amours; la vie rit et chante sur le bord des chemins et au seuil des portes, et on ne s'inquiète pas du désert partiel qui s'est fait là où le tonnerre est tombé.

Il en fut de même pour la ferme: toute la nuit, il y eut, sans doute, un orage terrible dans le cœur de cet homme qui avait résolu et mis à exécution son projet de vengeance. Quand il s'aperçut de la fuite de sa fille, quand il chercha en vain dans l'ombre la trace de ses pas, lorsqu'il l'appela d'abord avec la voix de la

Encore une victoire comme celle-là, docteur, et je suis perdu! (Page 255.)

colère, puis avec celle de la supplication, puis avec celle du désespoir, et qu'à aucune de ces voix, elle ne répondit, il se brisa certainement quelque chose de vital dans cette puissante organisation : mais, enfin, quand, à cet orage de cris et de menaces, qui avait eu son éclair et sa foudre comme un orage céleste, eut succédé le silence de l'épuisement ; quand les chiens, n'ayant plus de cause de trouble, eurent cessé de hurler; quand une pluie mêlée de grêle eut effacé une trace de sang qui, pareille à une ceinture à moitié dénouée, entourait tout un côté de la ferme ; quand le temps, cet insensible et muet témoin de tout ce qui s'accomplit ici-bas, eut secoué dans l'air, sur les ailes frissonnantes du bronze, les dernières heures de la nuit, les choses reprirent leur cours habituel : la porte cochère cria sur ses gonds rouillés ; les journaliers en sortirent, les uns pour aller à la semence, les autres pour aller à la herse, les autres pour aller à la charrue; puis Billot parut à son tour, croisant la plaine dans tous les sens ; puis, enfin, le jour vint, le reste du village s'éveilla, et quelques-uns, qui avaient moins bien dormi que les autres, dirent, d'un air moitié curieux et moitié insouciant:

— Les chiens du père Billot ont rudement hurlé cette nuit, et l'on a entendu deux coups de fusil derrière la ferme...

Ce fut tout.

Ah! si, nous nous trompons.

Lorsque le père Billot rentra, comme d'habitude, à neuf heures pour déjeuner, sa femme lui demanda :

— Dis donc, notre homme, où est Catherine? Sais-tu?...

— Catherine?... répondit le fermier avec un effort. L'air de la ferme lui était mauvais, et elle est partie pour aller en Sologne chez sa tante.

— Ah! fit la mère Billot. Et y restera-t-elle longtemps, chez sa tante?

— Tant qu'elle n'ira pas mieux, répondit le fermier.

La mère Billot poussa un soupir, et éloigna d'elle sa tasse de café au lait.

Le fermier, de son côté, voulut faire un effort pour manger; mais, à la troisième bouchée, comme si la nourriture l'étouffait, il prit la bouteille de bourgogne par le goulot, la vida d'un trait; puis, d'une voix rauque :

— On n'a pas dessellé mon cheval, j'espère?... demanda-t-il.

— Non, monsieur Billot, répondit la voix timide d'un enfant qui venait, la main tendue, chercher son déjeuner tous les matins à la ferme.

— Bien!

Et le fermier, écartant brusquement le pauvre petit, monta sur son cheval et le poussa dans les champs, tandis que sa femme, en essuyant deux larmes, allait sous le manteau de la cheminée reprendre sa place habituelle.

Et, moins cet oiseau chanteur, moins cette fleur riante qui, sous les traits d'une jeune fille, égaye et embaume les vieilles murailles, la ferme se retrouva aller dès le lendemain comme elle avait été la veille.

De son côté, Pitou vit se lever le jour dans sa maison d'Haramont, et ceux qui entrèrent chez lui, à six heures du matin, le trouvèrent éclairé par une chandelle qui paraissait brûler depuis longtemps, si l'on devait en croire sa mèche élancée, et mettant au net, pour l'envoyer à Gilbert, avec toutes les pièces à l'apui, un compte de l'emploi qui avait été fait des vingt-cinq louis que le docteur avait donnés pour l'habillement et l'équipement de la garde nationale d'Haramont.

Il est vrai qu'un bûcheron dit l'avoir vu, vers minuit, portant entre ses bras quelque chose de lourd et qui avait l'air d'une femme, et descendant les rampes qui conduisaient à l'ermitage du père Clouïs. Mais ce n'était guère probable, attendu que le père Lajeunesse prétendit l'avoir vu courant à toutes jambes, vers une heure du matin, sur la route de Boursonnes, tandis que Maniquet, qui demeurait tout au bout du village, du côté de Longpré, prétendit qu'à deux heures ou deux heures et demie, il l'avait vu passer devant sa porte et lui avait crié : « Bonsoir, Pitou! » politesse à laquelle Pitou aurait répondu en criant de son côté : « Bonsoir, Maniquet! »

Il n'y avait donc point à douter que Maniquet n'eût vu Pitou à deux heures ou deux heures et demie.

Mais, pour que le bûcheron eût vu Pitou aux environs de la pierre Clouïse, portant entre ses bras, et à minuit, quelque chose de lourd et ressemblant à une femme; pour que le père Lajeunesse eût vu Pitou courant à toutes jambes, vers une heure du matin, sur la route de Boursonnes; pour que Maniquet eût dit bonsoir à Pitou, passant devant sa porte à deux heures ou deux heures et demie du matin, il eût fallu que Pitou, que nous avons perdu de vue avec Catherine, vers dix heures et demie ou onze heures du soir, dans les ravins qui séparent le village de Pisseleu de la ferme de Noue, eût été de là à la pierre Clouïse, c'est-à-dire eût fait une lieue et demie à peu près; puis fût revenu de la pierre Clouïse à Boursonnes, c'est-à-dire eût fait deux autres lieues : puis fût revenu de Boursonnes à la pierre Clouïse, puis, enfin, fût allé de la pierre Clouïse chez lui, ce qui supposerait que, pour mettre Catherine en sûreté d'abord, pour aller prendre des nouvelles du vicomte ensuite et, après, donner des nouvelles du vicomte à Catherine, il aurait fait, entre onze heures du soir et deux heures et demie du matin, quelque chose comme huit ou neuf lieues. Or, la supposition ne serait pas admissible même pour un de ces coureurs princiers auxquels les gens du peuple prétendaient autrefois qu'on avait enlevé la rate; mais ce tour de force n'eût, à tout prendre, que médiocrement étonné ceux qui avaient été une fois à même d'apprécier les facultés locomotives de Pitou.

Néanmoins, comme Pitou ne dit à personne les secrets de cette nuit où il avait paru doué du don d'ubiquité, il en résulta qu'à part Désiré Maniquet, au bonsoir duquel il avait répondu, ni le bûcheron ni le père Lajeunesse n'eussent osé affirmer, sous la foi du serment, que c'était bien Pitou en personne, et non une ombre, un spectre, un fantôme ayant pris la ressemblance de Pitou, qu'ils avaient vu dans les fonds de la pierre Clouïse et sur la route de Boursonnes.

Tant il y a qu'à six heures du matin, le lendemain, comme Billot montait à cheval pour visiter ses champs, Pitou était vu relevant, sans apparence de fatigue ni d'inquiétude, les comptes du tailleur Durauloy, auxquels il adjoignait, comme pièces probantes, les reçus de ses trente-trois hommes.

Il y avait encore une autre personne de notre connaissance qui avait assez mal dormi cette nuit-là.

C'était le docteur Raynal.

A une heure du matin, il avait été réveillé par le laquais du vicomte de Charny, qui tirait sa sonnette à toute volée.

Il avait été ouvrir lui-même, comme c'était l'habitude quand retentissait la sonnette de nuit.

Le laquais du vicomte le venait chercher pour un accident grave arrivé à son maître.

Il tenait en main un second cheval tout sellé, afin que le docteur Raynal ne fût point retardé un seul instant.

Le docteur s'habilla en un tour de main, enfourcha le cheval et partit au galop, précédé du laquais marchant devant lui comme un courrier.

Quel était l'accident? il le saurait en arrivant au château. Seulement, il était invité à prendre ses instruments de chirurgie.

L'accident était une blessure au flanc gauche et une égratignure à l'épaule droite, faites par deux balles qui paraissaient du même calibre, c'est-à-dire du calibre vingt-quatre.

Mais, de détails sur l'événement, le vicomte n'en voulut donner aucun.

L'une des deux blessures, celle du flanc, était sérieuse, mais cependant ne présentait nul danger; la balle avait traversé les chairs sans attaquer d'organe important.

Quant à l'autre blessure, ce n'était pas la peine s'en occuper.

Le pansement fait, le jeune homme donna vingt-cinq louis au docteur pour qu'il gardât le silence.

— Si vous voulez que je garde le silence, il faut me payer ma visite au prix ordinaire, répondit le brave docteur, c'est-à-dire une pistole.

Et, prenant un louis, il rendit sur ce louis quatorze livres au vicomte, lequel insista inutilement pour lui faire accepter davantage.

Il n'y eut pas moyen.

Seulement le docteur Raynal annonça qu'il croyait trois visites nécessaires, et qu'en conséquence, il reviendrait le surlendemain et le surlendemain de ce surlendemain.

A sa seconde visite, le docteur trouva son malade debout : à l'aide d'une ceinture qui maintenait l'appareil contre la blessure, il avait pu, dès le lendemain, monter à cheval, comme si rien ne lui fût arrivé; de sorte que tout le monde, excepté son laquais de confiance, ignorait l'accident.

A la troisième visite, le docteur Raynal trouva son malade parti. Ce qui fait que, pour cette visite sans résultat, il ne voulut accepter qu'une demi-pistole.

Le docteur Raynal était un de ces rares médecins qui sont dignes d'avoir dans leur salon la fameuse gravure représentant *Hippocrate refusant les présents d'Artaxerce*.

XXXI

LA GRANDE TRAHISON DE M. DE MIRABEAU

On se rappelle les dernières paroles de Mirabeau à la reine, au moment où, le quittant à Saint-Cloud, elle lui donna sa main à baiser :

— Par ce baiser, Madame, la monarchie est sauvée!

Cette promesse, faite par Prométhée à Junon près d'être détrônée, il s'agissait de la réaliser.

Mirabeau avait commencé la lutte, confiant dans sa force, ne songeant pas qu'après tant d'imprudences et trois complots avortés, on le conviait à une lutte impossible.

Peut-être Mirabeau — et c'eût été plus prudent — eût-il combattu pendant quelque temps encore sous l'abri du masque; mais, le surlendemain du jour où il avait été reçu par la reine, en se rendant à l'Assemblée, il vit des groupes et entendit des cris.

Il s'approcha de ces groupes, et s'informa de la cause de ces cris.

On se passait de petites brochures.

Puis, de temps en temps, une voix criait :

La Grande Trahison de M. de Mirabeau! *la Grande Trahison de M. de Mirabeau!*

— Ah! ah! dit-il en tirant de sa poche une pièce de monnaie, il me semble que cela me regarde!... Mon ami, continua-t-il en s'adressant au colporteur qui distribuait la brochure, et qui en avait plusieurs milliers dans des paniers qu'un âne portait tranquillement là où il lui plaisait de transporter sa boutique; — combien la *Grande Trahison de M. de Mirabeau*?

Le colporteur regarda Mirabeau en face.

— Monsieur le comte, dit-il, je la donne pour rien.

Puis, plus bas, il ajouta :
— Et la brochure est tirée à cent mille!

Mirabeau s'éloigna pensif.

Cette brochure qu'on donnait pour rien!

Ce colporteur qui le connaissait!...

Mais, sans doute, la brochure était-elle une de ces publications stupides ou haineuses comme il en paraissait par milliers à cette époque.

L'excès de la haine ou l'excès de l'ineptie lui ôtait tout son danger, lui enlevait toute sa valeur.

Mirabeau jeta les yeux sur la première page, et pâlit.

La première page contenait la nomenclature des dettes de Mirabeau, et, chose étrange! cette nomenclature était exacte :

Deux cent huit mille francs!

Au-dessus de cette nomenclature était la date du jour où cette somme avait été payée aux différents créanciers de Mirabeau par l'aumônier de la reine, M. de Fontanges.

Puis venait le chiffre de la somme que la cour lui payait par mois :

Six mille francs.

Puis, enfin, le récit de son entrevue avec la reine.

C'était à n'y rien comprendre; le pamphlétaire anonyme ne s'était pas trompé d'un chiffre, on pouvait presque dire qu'il ne s'était pas trompé d'un mot.

Quel ennemi terrible, mystérieux, plein de secrets inouïs, le poursuivait ainsi, ou plutôt poursuivait en lui la monarchie?

Ce colporteur qui lui avait parlé, qui l'avait reconnu, qui l'avait appelé *monsieur le comte*, il semblait à Mirabeau que sa figure ne lui était pas étrangère.

Il revint sur ses pas.

L'âne était toujours là avec ses paniers aux trois quarts vides; mais le premier colporteur avait disparu, un autre avait pris sa place.

Celui-là était tout à fait inconnu à Mirabeau.

Il n'en poursuivait pas sa distribution avec moins d'acharnement.

Le hasard fit qu'au moment de cette distribution, le docteur Gilbert, qui assistait presque tous les jours aux débats de l'Assemblée, surtout lorsque ces débats avaient quelque importance, passa sur la place où stationnait le colporteur.

Peut-être n'allait-il point, préoccupé et rêveur, s'arrêter à ce bruit et à ces groupes; mais, avec son audace habituelle, Mirabeau alla droit à lui, le prit par le bras, et le conduisit en face du distributeur de brochures.

Celui-ci fit pour Gilbert ce qu'il faisait pour les autres, c'est-à-dire qu'il étendit vers lui le bras en disant :

— Citoyen, la *Grande Trahison de M. de Mirabeau!*

Mais, à la vue de Gilbert, sa langue et son bras s'arrêtèrent comme paralysés.

Gilbert le regarda à son tour, laissa tomber avec dégoût la brochure, et s'éloigna en disant :

— Vilain métier que celui que vous faites-là, monsieur Beausire!

Et, prenant le bras de Mirabeau, il continua sa route vers l'Assemblée, qui avait quitté l'archevêché pour le Manège.

— Connaissez-vous donc cet homme ? demanda Mirabeau à Gilbert.

— Je le connais comme on connaît ces gens-là, dit Gilbert; c'est un ancien exempt, un joueur, un escroc; il s'est fait calomniateur, ne sachant plus que faire.

— Ah! murmura Mirabeau en mettant la main sur la place où avait été son cœur, et où il n'y avait plus qu'un portefeuille contenant l'argent du château, s'il calomniait...

Et, sombre, le grand orateur continua son chemin.

— Comment, dit Gilbert, seriez-vous si peu philosophe que de vous laisser abattre pour une pareille attaque?

— Moi? s'écria Mirabeau. Ah! docteur, vous ne me connaissez pas.... Ah! ils disent que je suis vendu, quand ils devraient simplement dire que je suis payé! Eh bien, demain j'achète un hôtel; demain, je prends voiture, chevaux, domestiques; demain, j'ai un cuisinier, et je tiens table ouverte. Abattu, moi? Et que m'importent la popularité d'hier et l'impopularité d'aujourd'hui? est-ce que je n'ai pas l'avenir?... Non, docteur, ce qui m'abat, c'est une promesse donnée que je ne pourrai probablement pas tenir; ce sont les fautes, je dirai mieux, les trahisons de la cour à mon égard. J'ai vu la reine, n'est-ce pas? elle paraissait pleine de confiance en moi; un instant j'ai rêvé, — rêve insensé avec une pareille femme, — un instant j'ai rêvé, non pas d'être le ministre d'un roi, comme Richelieu, mais le ministre, disons mieux, — et la politique du monde ne s'en fût pas plus mal trouvée, — l'amant d'une reine, comme Mazarin. Eh bien, que faisait-elle? Le même jour, en me quittant, j'en ai la preuve, elle écrivait à son agent en Allemagne, à M. Flachslauden : « Dites à mon frère Léopold que je suis son conseil; que je me sers de M. de

Mirabeau, mais il n'y a rien de sérieux dans mes rapports avec lui. »

— Vous êtes sûr? dit Gilbert.

— Sûr, matériellement sûr... Ce n'est pas le tout : aujourd'hui, vous savez de quoi il va être question à l'Assemblée?

— Je sais qu'il va être question de guerre, mais je suis mal renseigné sur la cause de cette guerre.

— Oh! mon Dieu, dit Mirabeau, c'est bien simple: l'Europe entière, scindée en deux parties, Autriche et Russie d'un côté, Angleterre et Prusse de l'autre, gravite vers une même haine, la haine de la Révolution. Pour la Russie et pour l'Autriche, la manifestation n'est pas difficile, c'est celle de leur opinion propre; mais, à la libérale Angleterre, à la philosophique Prusse, il faut du temps pour se décider, pour passer d'un pôle à l'autre, s'abjurer, se renier, avouer qu'elles sont — ce qu'elles sont en réalité — des ennemies de la liberté. L'Angleterre, pour sa part, a vu le Brabant tendre la main à la France ; cela a hâté sa décision. Notre révolution, mon cher docteur, est vivace, contagieuse; c'est plus qu'une révolution nationale, c'est une révolution humaine. L'Irlandais Burke, un élève des jésuites de Saint-Omer, ennemi acharné de M. Pitt, vient de lancer contre la France un manifeste qui lui a été payé en bel et bon or par M. Pitt. L'Angleterre ne fait pas la guerre à la France... non, elle n'ose pas encore; mais elle abandonne la Belgique à l'empereur Léopold, et elle va au bout du monde chercher querelle à notre alliée l'Espagne. Or Louis XVI a fait savoir hier à l'Assemblée qu'il armait quatorze vaisseaux. Là-dessus, grande discussion aujourd'hui à l'Assemblée. A qui appartient l'initiative de la guerre? voilà la question. Le roi a déjà perdu l'intérieur, le roi a déjà perdu la justice ; s'il perd encore la guerre, que lui restera-t-il? D'un autre côté, — abordons franchement ici de vous à moi, mon cher docteur, le point qu'on n'ose pas aborder à la Chambre, — d'un autre côté, le roi est suspect; la révolution ne s'est faite jusqu'à présent, et j'y ai plus contribué que personne, je m'en vante! la révolution ne s'est faite qu'en brisant l'épée dans la main du roi. De tous les pouvoirs, le plus dangereux à lui laisser entre les mains, c'est assurément la guerre. Eh bien, moi, fidèle à la promesse faite, je vais demander qu'on lui laisse ce pouvoir, je vais risquer ma popularité, ma vie peut-être, en soutenant cette demande; je vais faire adopter un décret qui rendra le roi victorieux, triomphant. Or, que fait le roi, à cette heure? Il fait chercher par le garde des sceaux, aux archives du parlement, les vieilles formules de protestation contre les États généraux, sans doute pour rédiger une protestation secrète contre l'Assemblée. Ah! voilà le malheur, mon cher Gilbert, on fait trop de choses secrètes, et pas assez de choses franches, publiques, à visage découvert, et voilà pourquoi je veux, moi, Mirabeau, entendez-vous? voilà pourquoi je veux qu'on sache que je suis au roi et à la reine, puisque j'y suis. Vous me disiez que cette infamie dirigée contre moi me troublait ; non pas, docteur, elle me sert : il me faut, à moi, ce qu'il faut aux orages pour éclater : des nuages sombres et des vents contraires. Venez, venez, docteur et vous allez voir une belle séance, je vous en réponds!

Mirabeau ne mentait pas, et, dès son entrée au Manège, il eut à faire preuve de courage. Chacun lui criait au nez : « Trahison! » et l'un lui montrait une corde, l'autre un pistolet.

Mirabeau haussa les épaules, et passa, comme Jean Bart, en écartant avec les coudes ceux qui se trouvaient sur son chemin.

Les vociférations le suivirent jusque dans la salle, et semblèrent y éveiller des vociférations nouvelles. A peine parut-il, que cent voix s'écrièrent : « Ah! le voilà, le traître! l'orateur renégat! l'homme vendu! »

Barnave était à la tribune ; il parlait contre Mirabeau. Mirabeau le regarda fixement.

— Eh bien, oui, dit Barnave, c'est toi qu'on appelle traître, et c'est contre toi que je parle.

— Alors, répondit Mirabeau, si c'est contre moi que tu parles, je puis aller faire un tour aux Tuileries; j'aurai le temps de revenir avant que tu aies fini.

Et, effectivement, la tête haute, l'œil menaçant, il sortit au milieu des huées, des imprécations, des menaces, gagna la terrasse des Feuillants, et descendit dans les Tuileries.

Au tiers à peu près de la grande allée, une jeune femme, tenant à la main une branche de verveine dont elle respirait le parfum, réunissait un cercle autour d'elle.

Une place était libre à sa gauche; Mirabeau prit une chaise, et vint s'asseoir à côté d'elle.

La moitié de ceux qui l'entouraient se levèrent et partirent.

Mirabeau les regarda s'éloigner en souriant. La jeune femme lui tendit la main.

— Ah! baronne, dit-il, vous n'avez donc pas peur de gagner la peste?

— Mon cher comte, répondit la jeune femme,

on assure que vous penchez de notre côté, je vous tire à nous.

Mirabeau sourit a trois quarts d'heure avec la jeune femme, qui n'était autre qu'Anne-Louise-Germaine Necker, baronne de Staël.

Puis, au bout des trois quarts d'heure, tirant sa montre :

— Ah! dit-il, baronne, je vous demande pardon! Barnave parlait contre moi ; il y avait une heure qu'il parlait quand je suis sorti de l'Assemblée, il y a près de trois quarts d'heure que j'ai le bonheur de causer avec vous ; il y a donc tantôt deux heures que mon accusateur parle; son discours doit tirer à sa fin, il faut que je lui réponde.

— Allez, dit la baronne, répondez, et bon courage!

— Donnez-moi cette branche de verveine, baronne, dit Mirabeau, elle me servira de talisman.

— La verveine, prenez-y garde, mon cher comte, est l'arbre des libations funèbres!

— Donnez toujours, il est bon d'être couronné comme un martyr quand on descend dans le cirque.

— Le fait est, dit madame de Staël, qu'il est difficile d'être plus bête que l'Assemblée nationale, d'hier.

— Ah! baronne, répondit Mirabeau, pourquoi dater?

Et, prenant de ses mains la branche de verveine, qu'elle lui offrait, sans doute, en récompense de ce mot, Mirabeau salua galamment, monta les escaliers qui conduisaient à la terrasse des Feuillants et regagna l'Assemblée.

Barnave descendait de la tribune au milieu des acclamations de toute la salle ; il venait de prononcer un de ces discours filandreux qui vont bien à tous les partis.

A peine vit-on Mirabeau à la tribune, qu'un tonnerre de cris et d'imprécations éclata contre lui.

Mais lui, levant sa main puissante, attendit, et, profitant d'un de ces intervalles de silence comme il y en a dans les orages et les émeutes :

— Je savais bien, cria-t-il, qu'il n'y avait pas loin du Capitole à la roche Tarpéienne!

Telle fut la majesté du génie, que ce mot imposa silence aux plus acharnés.

Du moment que Mirabeau avait conquis le silence, c'était victoire à demi gagnée. Il demanda que l'initiative de la guerre fût donnée au roi ; c'était demander trop, on refusa. Alors, la lutte s'établit sur les amendements ; la charge principale avait été repoussée, il fallait reconquérir le terrain par des charges partielles : il remonta cinq fois à la tribune.

Barnave avait parlé deux heures ; pendant trois heures, à plusieurs reprises, Mirabeau parla; enfin, il obtint ceci :

Que le roi avait le droit *de faire les préparatifs, de diriger* les forces comme il voulait, qu'il *proposait* la guerre à l'Assemblée, laquelle ne décidait rien qui ne fût *sanctionné* par le roi.

Que n'eût-il pas obtenu, sans cette petite brochure distribuée gratis par ce colporteur inconnu d'abord, et ensuite par M. de Beausire, et qui, ainsi que nous l'avons dit, était intitulée : *Grande trahison de M. de Mirabeau?*

Au sortir de la séance, Mirabeau faillit être mis en pièces.

En échange, Barnave fut porté en triomphe par le peuple.

Pauvre Barnave, le jour n'est pas loin où tu entendras crier à ton tour :

— Grande trahison de M. Barnave!

XXXII

L'ÉLIXIR DE VIE

Mirabeau sortit de l'Assemblée, l'œil fier et la tête haute. Tant qu'il se trouvait en face du danger, le rude athlète ne pensait qu'au danger et non à ses forces.

Il en était de lui comme du maréchal de Saxe, à la bataille de Fontenoy; exténué, malade, toute la journée il resta à cheval, plus ferme que le plus vaillant gendarme de son armée; mais, quand l'armée anglaise fut rompue, quand la dernière fumée du dernier coup de canon salua la fuite des Anglais, il se laissa glisser mourant sur ce champ de bataille qu'il venait de conquérir.

Il en fut de même de Mirabeau.

En rentrant chez lui, il se coucha à terre sur des coussins, au milieu des fleurs.

Mirabeau avait deux passions, les femmes et les fleurs.

Depuis le commencement de la session, d'ailleurs, sa santé s'altérait visiblement; quoique avec un tempérament vigoureux, il avait tant souffert, au physique et au moral, de ses persécutions et de ses emprisonnements, qu'il n'était jamais dans un état de santé parfaite.

Tant que l'homme est jeune, tous les organes, soumis à sa volonté, prêts à obéir au premier commandement que leur communique le cerveau, agissent en quelque sorte simultanément et sans opposition aucune au désir qui les meut. Mais, au fur et à mesure que l'homme avance en âge, chaque organe, comme un domestique qui obéit encore, mais qu'un long service a gâté, chaque organe fait, si l'on peut dire, ses observations, et ce n'est plus sans fatigue et sans lutte qu'on parvient à en avoir raison.

Mirabeau en était à cet âge de la vie; pour que ses organes continuassent de le servir avec la promptitude à laquelle il était accoutumé, il lui fallait se fâcher, et la colère seule avait raison de ces serviteurs lassés et endoloris.

Cette fois, il sentait en lui quelque chose de plus grave que d'habitude, et il ne résistait que faiblement à son laquais, qui parlait d'aller chercher un médecin, lorsque le docteur Gilbert sonna et fut introduit près de lui.

Mirabeau tendit la main au docteur, et l'attira sur les coussins où il était couché, au milieu des feuilles et des fleurs.

— Eh bien, mon cher comte, lui dit Gilbert, je n'ai pas voulu rentrer chez moi sans vous féliciter. Vous m'aviez promis une victoire, vous avez remporté mieux que cela, vous avez remporté un triomphe.

— Oui, mais vous le voyez, c'est un triomphe, c'est une victoire dans le genre de celle de Pyrrhus; encore une victoire comme celle-là, docteur, et je suis perdu !

Gilbert regarda Mirabeau.

— En effet, dit-il, vous êtes malade.

Mirabeau haussa les épaules.

— C'est-à-dire qu'au métier que je fais, un autre que moi serait déjà mort cent fois, dit-il ; j'ai deux secrétaires, ils sont tous les deux sur les dents. Pellinc surtout, qui est chargé de recopier les brouillons de mon infâme écriture, et duquel je ne puis me passer parce que lui seul peut me lire et me comprendre, Pellinc est au lit depuis trois jours. Docteur, indiquez-moi donc, je ne dirai pas quelque chose qui me fasse vivre, mais quelque chose qui me donne de la force tant que je vivrai.

— Que voulez-vous! dit Gilbert, après avoir tâté le pouls du malade, il n'y a pas de conseils à donner à une organisation comme la vôtre. Conseillez donc le repos à un homme qui puise sa force dans le mouvement, la tempérance à un génie qui grandit au milieu des excès ! Que je vous dise d'enlever de votre chambre ces fleurs et ces plantes qui dégagent de l'oxygène le jour et du carbone la nuit : vous vous êtes fait une nécessité des fleurs, et vous souffririez plus de leur absence que vous ne souffrez de leur présence. Que je vous dise de traiter les femmes comme les fleurs, et de les éloigner, la nuit surtout : vous me répondrez que vous aimez mieux mourir... Vivez donc, mon cher comte, avec les conditions de votre vie; seulement ayez autour de vous des fleurs sans parfum, et, s'il est possible, des amours sans passion.

— Oh! sous ce dernier rapport, mon cher docteur, dit Mirabeau, vous êtes admirablement servi. Les amours à passion m'ont trop mal réussi pour que je recommence; trois ans de prison, une condamnation à mort, et le suicide de la femme que j'aimais se tuant pour un autre que moi m'ont guéri de ces sortes d'amours. Un instant, je vous l'ai dit, j'avais rêvé quelque chose de grand; j'avais rêvé l'alliance d'Élisabeth et de d'Essex, d'Anne d'Autriche et de Mazarin, de Catherine II et de Potemkin : mais c'était un rêve. Que voulez-vous ! je ne l'ai pas revue, cette femme pour laquelle je lutte, et je ne la reverrai probablement jamais... Tenez, Gilbert, il n'y a pas de plus grand supplice que de sentir que l'on porte en soi des projets immenses, la prospérité d'un royaume, le triomphe de ses amis, l'anéantissement de ses ennemis, et que, par un mauvais vouloir du hasard, par un caprice de la fatalité, tout cela vous échappe. Oh! les folies de ma jeunesse, comme ils me les font expier, comme ils les expieront eux-mêmes! Mais, enfin, pourquoi se défient-ils de moi? A part deux ou trois occasions dans lesquelles ils m'ont poussé à bout, et où il a fallu que je frappasse, pour leur donner la mesure de mes coups, n'ai-je pas été complètement à eux, et à eux depuis le commencement jusqu'à la fin? n'ai-je pas été pour le veto absolu quand M. Necker se contentait, lui, du veto suspensif? n'ai-je pas été contre cette nuit du 4 août, à laquelle je n'ai point pris part, et qui a dépouillé la noblesse de ses privilèges? n'ai-je pas protesté contre la Déclaration des droits de l'homme, non point que je pensasse à en rien retrancher, mais parce que je croyais que le jour de leur proclamation n'était pas encore venu? Aujourd'hui, aujourd'hui enfin, ne les ai-je pas servis au delà de ce qu'ils pouvaient espérer? n'ai-je pas obtenu, aux dépens de mon honneur, de ma popularité, de ma vie, plus qu'un homme, fût-il ministre, fût-il prince, ne pouvait obtenir pour eux? Et quand je pense, — réfléchissez bien à ce que je vais vous dire, grand philosophe, car la chute de la monarchie est peut-être dans ce fait ; — et quand je pense que, moi qui dois regarder comme une grande faveur, si grande qu'elle ne m'a été accordée qu'une seule fois, de voir la reine ; quand je pense que, si mon père n'était pas mort la veille de la prise de la Bastille ; que, si la décence ne m'eût point empêché de me montrer le surlendemain de cette mort, le jour où la Fayette a été nommé général de la garde nationale, et Bailly maire de Paris, c'était moi qui étais nommé maire à la place de Bailly ! Oh ! alors les choses changeaient : le roi se trouvait immédiatement dans la nécessité d'entrer en rapport avec moi ; je lui inspirais d'autres idées que celles qu'il a sur la direction à donner à une ville qui renferme la Révolution dans son sein ; je conquérais sa confiance ; je l'amenais, avant que le mal fût aussi profondément invétéré, à des mesures décisives de conservation ; au lieu que, simple député, homme suspect, jalousé, craint, haï, on m'a écarté du roi, calomnié près de la reine ! Croyez-vous une chose, docteur ? en m'apercevant à Saint-Cloud, elle a pâli. Eh ! c'est tout simple, ne lui a-t-on pas fait accroire que c'est moi qui ai fait les 5 et 6 octobre ? Eh bien, pendant cette année, j'aurais fait tout ce que l'on m'a empêché de faire, tandis qu'aujourd'hui, ah ! aujourd'hui, pour la santé de la monarchie comme pour la mienne, j'ai bien peur qu'il ne soit trop tard.

Et Mirabeau, avec une profonde impression de douleur répandue sur toute la physionomie, saisit à pleine main la chair de sa poitrine au-dessous de son estomac.

— Vous souffrez, comte ? demanda Gilbert.

— Comme un damné ! Il y a des jours où, ma parole d'honneur, ce qu'on fait pour mon moral avec la calomnie, je crois qu'on le fait au physique avec l'arsenic... Croyez-vous au poison des Borgia, à l'*aqua tofana* de Pérouse, et à la poudre de succession de la Voisin, docteur ? demanda en souriant Mirabeau.

— Non ; mais je crois à cette lame ardente qui brûle le fourreau, à cette lampe dont la flamme dilatée fait éclater le verre.

Gilbert tira de sa poche un petit flacon de cristal, contenant deux fois plein un dé à coudre d'une liqueur verdâtre.

— Tenez, comte, lui dit-il, nous allons faire un essai.

— Lequel ? dit Mirabeau en regardant le flacon avec curiosité.

— Un de mes amis, que je voudrais voir le vôtre, et qui est fort instruit dans toutes les sciences naturelles et même, à ce qu'il prétend, dans les sciences occultes, m'a donné la recette de ce breuvage comme un antidote souverain, comme une panacée universelle, presque comme un élixir de vie. Souvent, quand j'ai été pris de ces sombres pensées qui conduisent nos voisins d'Angleterre à la mélancolie, au spleen et même à la mort, j'ai bu quelques gouttes de cette liqueur, et, je dois le dire, toujours l'effet a été salutaire et prompt. Voulez-vous y goûter à votre tour ?

— De votre main, cher docteur, je recevrais tout, même la ciguë, à plus forte raison l'élixir de vie. Y a-t-il une préparation, ou cela doit-il se boire pur ?

— Non, car cette liqueur possède en réalité une grande puissance. Dites à votre laquais de vous apporter quelques gouttes d'eau-de-vie ou d'esprit-de-vin dans une cuiller.

— Diable ! de l'esprit-de-vin ou de l'eau-de-vie pour adoucir votre boisson ! Mais c'est donc du feu liquide. Je ne savais pas qu'un homme en eût bu depuis que Prométhée en avait versé à l'aïeul du genre humain ; seulement je vous préviens que je doute que mon domestique trouve dans toute la maison six gouttes d'eau-de-vie ; je ne suis pas comme Pitt, et ce n'est point là que je vais chercher mon éloquence.

Le laquais revint, cependant, quelques secondes après, avec une cuiller contenant les cinq ou six gouttes d'eau-de-vie demandées.

Gilbert ajouta à cette eau-de-vie une quantité égale de la liqueur que renfermait le flacon ; à l'instant même les deux liqueurs combinées prirent la couleur de l'absinthe, et Mirabeau, saisissant la cuiller, avala ce qu'elle contenait.

— Morbleu ! docteur, dit-il à Gilbert, vous avez bien fait de me prévenir que votre drogue était vigoureuse ; il me semble littéralement avoir avalé un éclair.

Gilbert sourit et parut attendre avec confiance.

Mirabeau demeura un instant comme consumé par ces quelques gouttes de flamme, la tête abaissée sur sa poitrine, la main appuyée sur son estomac : mais, tout à coup, relevant la tête :

— Ah ! docteur, dit-il, c'est vraiment l'élixir de vie que vous m'avez fait boire là.

Puis, se levant, la respiration bruyante, le front haut, et les bras étendus :

— Croule maintenant la monarchie, dit-il, je me sens de force à la soutenir !

Gilbert sourit.

C'est bien, dit Mirabeau, à la niche! (Page 260.)

— Vous vous sentez donc mieux? demanda-t-il.

— Docteur, dit Mirabeau, enseignez-moi où se vend ce breuvage, et, dussé-je payer chaque goutte d'un diamant égal en grosseur, dussé-je renoncer à tout autre luxe pour ce luxe de force et de vie, je vous réponds que, moi aussi, j'aurai cette flamme liquide, et qu'alors, je me regarderai comme invincible.

— Comte, dit Gilbert, faites-moi la promesse de ne prendre de ce breuvage que deux fois la semaine, de ne vous adresser qu'à moi pour renouveler votre provision, et ce flacon est à vous.

— Donnez, dit Mirabeau, et je vous promets tout ce que vous voudrez.

— Voilà, dit Gilbert; mais, maintenant, ce n'est pas le tout; vous allez avoir chevaux et voiture, m'avez-vous dit?

— Oui.

— Eh bien, vivez à la campagne; ces fleurs, qui vicient l'air de votre chambre, épurent l'air d'un jardin; la course que vous ferez tous les jours pour venir à Paris et pour retourner à la campagne vous sera une course salutaire; choisissez, s'il est possible, une résidence située sur une hauteur, dans un bois ou près d'une rivière, Bellevue, Saint-Germain ou Argenteuil.

— Argenteuil! reprit Mirabeau; justement,

j'ai envoyé mon domestique y chercher une maison de campagne. Teisch, ne m'avez-vous pas dit que vous aviez trouvé là-bas quelque chose qui me convenait?

— Oui, monsieur le comte, répondit le domestique, qui avait assisté à la cure que venait d'opérer Gilbert; oui, une maison charmante dont m'avait parlé un nommé Fritz, mon compatriote; il l'avait habitée, à ce qu'il paraît, avec son maître, qui est un banquier étranger. Elle est vacante, et monsieur le comte peut la prendre quand il voudra.

— Où est située cette maison?

— Hors d'Argenteuil; on l'appelle le château du Marais.

— Oh! je connais cela, dit Mirabeau; très bien, Teisch. Quand mon père me chassait de chez lui, avec sa malédiction et quelques coups de canne... Vous savez, docteur, que mon père habitait Argenteuil?

— Oui.

— Eh bien, dis-je, quand il me chassait de chez lui, il m'est arrivé souvent d'aller me promener à l'extérieur des murs de cette belle habitation, et de me dire, comme Horace, je crois, pardon si la citation est fausse : *O rus, quando te aspiciam?*

— Alors, mon cher comte, le moment est venu de réaliser votre rêve. Partez, visitez le château du Marais, transportez-y votre domicile... le plus tôt sera le mieux.

Mirabeau réfléchit un instant, et, se tournant vers Gilbert :

— Voyons, dit-il, cher docteur, il est de votre devoir de veiller sur le malade que vous venez de ressusciter; il n'est que cinq heures du soir; nous sommes dans les longs jours de l'année; il fait beau; montons en voiture, et allons à Argenteuil.

— Soit, dit Gilbert, allons à Argenteuil. Quand on a entrepris la cure d'une santé aussi précieuse que la vôtre, mon cher comte, il faut tout étudier... Allons étudier votre future maison de campagne!

TROISIÈME PARTIE

1

AU-DESSOUS DE QUATRE DEGRÉS IL N'Y A PLUS DE PARENTS

Mirabeau n'avait point encore de maison montée, et, par conséquent, point de voiture à lui. Le domestique alla chercher une voiture de place.

A cette époque, c'était presque un voyage que d'aller à Argenteuil, où l'on va aujourd'hui en onze minutes, et où, dans dix ans peut-être, on ira en onze secondes.

Pourquoi Mirabeau avait-il choisi Argenteuil? C'est que les souvenirs de sa vie, comme il venait de le dire au docteur, se rattachaient à cette ville, et que l'homme éprouve un si grand besoin de doubler cette courte période d'existence qui lui a été donnée, qu'il s'accroche tant qu'il peut au passé pour être moins rapidement entraîné vers l'avenir.

C'était à Argenteuil que son père, le marquis de Mirabeau, était mort, le 11 juillet 1789, comme devait mourir un vrai gentilhomme qui ne voulait pas assister à la prise de la Bastille.

Aussi, au bout du pont d'Argenteuil, Mirabeau fit-il arrêter la voiture.

— Sommes-nous arrivés? demanda le docteur.

— Oui et non. Nous ne sommes point encore arrivés au château du Marais, qui est situé à un quart de lieue au delà d'Argenteuil. Mais ce que nous faisons aujourd'hui, cher docteur, j'ai oublié de vous le dire, ce n'est point une simple visite ; c'est un pèlerinage en trois stations.

— Un pèlerinage ! dit Gilbert en souriant, et à quel saint ?

— A saint Riquetti, mon cher docteur ; c'est un saint que vous ne connaissez pas ; un saint que les hommes ont canonisé. A la vérité, je doute fort que le bon Dieu, en supposant qu'il s'occupe de toutes les niaiseries de ce pauvre monde, ait ratifié la canonisation ; mais il n'en est pas moins certain que c'est ici qu'est trépassé Riquetti, marquis de Mirabeau, *Ami des hommes*, mis à mort comme un martyr par les débordements et les débauches de son indigne fils Honoré-Gabriel-Victor Riquetti, comte de Mirabeau.

— Ah ! c'est vrai, fit le docteur, c'est à Argenteuil qu'est mort votre père. Pardonnez-moi d'avoir oublié cela, mon cher comte. Mon excuse est dans ceci : j'arrivais d'Amérique, quand j'ai été arrêté sur la route du Havre à Paris, dans les premiers jours de juillet, et je me trouvais à la Bastille lors de cette mort. J'en suis sorti le 14 juillet avec les sept autres prisonniers qu'elle renfermait, et, si grand que fût cet événement privé, il s'est, sinon de fait, du moins de détail, perdu dans les immenses événements qu'a vu éclore le même mois... Et où demeurait votre père ?

Au moment même où Gilbert faisait cette question, Mirabeau s'arrêtait devant la grille d'une maison située sur le quai, en face de la rivière, dont elle était séparée par une pelouse de trois cents pas environs et par un rideau d'arbres.

En voyant s'arrêter un homme devant cette grille, un énorme chien de la race des Pyrénées s'élança en grondant, passa sa tête à travers les barreaux de la grille et essaya d'attraper quelque lopin de la chair de Mirabeau ou quelque lambeau de ses habits.

— Pardieu ! docteur, dit-il en reculant pour échapper aux dents blanches et menaçantes du molosse, rien n'est changé, et l'on me reçoit ici comme du vivant de mon père.

Cependant, un jeune homme parut sur le perron, fit taire le chien, le rappela à lui et s'avança vers les deux étrangers.

— Pardon, Messieurs, dit-il, les maîtres ne sont pour rien dans la réception que vous fait le chien ; beaucoup de promeneurs s'arrêtent devant cette maison, qui a été habitée par M. le marquis de Mirabeau, et, comme le pauvre Cartouche ne peut comprendre l'intérêt historique qui s'attache à la demeure de ses humbles maîtres, il gronde éternellement. — A ta niche, Cartouche !

Le jeune homme fit un geste de menace, et le chien alla, tout grondant encore, se cacher dans sa niche, par l'ouverture de laquelle passèrent ses deux pattes de devant, sur lesquelles il allongea son museau aux dents aiguës, à la langue sanglante, aux yeux de feu.

Pendant ce temps, Mirabeau et Gilbert échangeaient un regard.

— Messieurs, continua le jeune homme, il n'y a plus maintenant, derrière cette grille, qu'un hôte prêt à l'ouvrir et à vous recevoir, si la curiosité ne se bornait pas chez vous à regarder l'extérieur.

Gilbert poussa Mirabeau du coude en signe qu'il visiterait volontiers l'intérieur de la maison.

Mirabeau le comprit ; d'ailleurs, son désir s'accordait avec celui de Gilbert.

— Monsieur, dit-il, vous avez lu au fond de notre pensée. Nous savions que cette maison avait été habitée par l'*Ami des hommes*, et nous étions curieux de la visiter.

— Et votre curiosité redoublera, Messieurs, dit le jeune homme, quand vous saurez que, deux ou trois fois, pendant le séjour qu'y fit le père, elle fut honorée de la visite de son illustre fils, qui, s'il faut en croire la tradition, ne fut pas toujours reçu comme il méritait de l'être, et comme nous l'y recevrions, s'il lui prenait l'envie qui vous prend, Messieurs, et à laquelle je m'empresse de souscrire.

Et, en s'inclinant, le jeune homme ouvrit la porte aux deux visiteurs, repoussa la grille et marcha devant eux.

Mais Cartouche ne parut pas disposé à les laisser jouir ainsi de l'hospitalité qui leur était offerte ; il s'élança de nouveau hors de sa niche avec d'horribles aboiements.

Le jeune homme se jeta entre le chien et celui de ses hôtes contre lequel l'animal paraissait plus particulièrement acharné.

Mais Mirabeau écarta le jeune homme de la main.

— Monsieur, dit-il, les chiens et les hommes ont fort aboyé contre moi : les hommes m'ont mordu quelquefois, les chiens jamais. D'ailleurs, on prétend que le regard humain est tout-puissant sur les animaux ; laissez-m'en, je vous prie, faire l'expérience.

— Monsieur, dit vivement le jeune homme, Cartouche est méchant, je vous en préviens.

— Laissez, laissez, Monsieur, répondit Mirabeau, j'ai affaire tous les jours à de plus méchantes bêtes que lui, et, aujourd'hui encore, j'ai eu raison de toute une meute.

— Oui, mais à cette meute-là, dit Gilbert, vous pouvez parler, et personne ne nie la puissance de votre parole.

— Docteur, je croyais que vous étiez un adepte du magnétisme ?

— Sans doute. Eh bien ?

— Eh bien, vous devez, en ce cas, reconnaître la puissance du regard. Laissez-moi magnétiser Cartouche.

Mirabeau parlait là cette langue hasardeuse si bien comprise des organisations supérieures.

— Faites, dit Gilbert.

— Oh ! Monsieur, répéta le jeune homme, ne vous exposez point.

— Par grâce ! dit Mirabeau.

Le jeune homme s'inclina en signe de consentement, et s'écarta à gauche, tandis que Gilbert s'écartait à droite, comme font les témoins d'un duel, quand l'adversaire va tirer sur leur filleul.

D'ailleurs, le jeune homme, monté sur les deux ou trois marches du perron, s'apprêtait à arrêter Cartouche, si la parole ou le regard de l'inconnu étaient insuffisants.

Le chien tourna la tête à droite et à gauche, comme pour examiner si celui à qui il paraissait avoir voué une haine implacable était bien isolé de tout secours. Puis, le voyant seul et sans armes, il rampa lentement hors de sa niche, plus serpent que quadrupède, et tout à coup il s'élança, et, du premier bond, franchit le tiers de la distance qui le séparait de son antagoniste.

Alors Mirabeau croisa les bras, et, avec cette puissance de regard qui faisait de lui le Jupiter tonnant de la tribune, il fixa ses yeux sur l'animal. En même temps, tout ce que ce corps si vigoureux pouvait contenir d'électricité sembla remonter à son front. Ses cheveux se hérissèrent comme fait la crinière d'un lion, et, si, au lieu d'être à cette heure de la journée où le soleil décline déjà, mais éclaire encore, on eût été aux premières heures de la nuit, sans doute, de chacun de ses cheveux, on eût vu jaillir une étincelle.

Le chien s'arrêta court et le regarda.

Mirabeau se baissa, prit une poignée de sable, et la lui jeta à la face.

Le chien rugit et fit un autre bond qui le rapprocha de trois ou quatre pas de son adversaire ; mais, alors, ce fut celui-ci qui marcha sur le chien.

L'animal resta un instant immobile, comme le chien de granit du chasseur Céphale ; puis, inquiété par la marche progressive de Mirabeau, il parut hésiter entre la colère et la crainte, menaça des dents et des yeux, mais en pliant sur ses pattes de derrière. Enfin Mirabeau leva le bras avec ce geste dominateur qui lui avait si souvent réussi à la tribune, quand il jetait à ses ennemis le sarcasme, l'injure ou l'ironie, et le chien, vaincu, tremblant de tous ses membres, recula, regardant derrière lui si la retraite lui était ouverte, et, tournant sur lui-même, il rentra précipitamment dans sa niche.

Mirabeau redressa la tête, fier et joyeux comme un vainqueur des jeux isthmiques.

— Ah ! docteur, dit-il, M. Mirabeau le père avait bien raison de dire que les chiens étaient des candidats à l'humanité. Vous voyez celui-ci insolent, lâche, et vous l'allez voir servile comme un homme.

Et, en même temps, il laissa pendre sa main le long de sa cuisse, et, avec le ton du commandement :

— Ici, Cartouche, dit-il, ici !

Le chien hésita ; mais, sur un geste d'impatience, il sortit pour la seconde fois la tête de sa niche, rampa de nouveau, les yeux fixés sur les yeux de Mirabeau, franchit ainsi tout l'intervalle qui le séparait de son vainqueur, et, arrivé à ses pieds, leva lentement et timidement la tête, et, du bout de sa langue haletante, toucha le bout de ses doigts.

— C'est bien, dit Mirabeau, à la niche !

Il fit un geste, et le chien alla se coucher.

Puis, se tournant vers Gilbert, tandis que le jeune homme était resté sur le perron, frissonnant de crainte et muet d'étonnement :

— Savez-vous, mon cher docteur, dit-il, à quoi je pensais en faisant la folie dont vous venez d'être témoin ?

— Non, mais dites, car vous ne l'avez pas faite par simple bravade, n'est-ce pas ?

— Je pensais à la fameuse nuit du 5 au 6 octobre. Docteur ! docteur, je donnerais la moitié des jours qui me restent à vivre pour que le roi Louis XVI eût vu ce chien s'élancer sur moi, rentrer dans sa niche et venir me lécher la main.

Puis, au jeune homme :

— Vous me pardonnerez, n'est-ce pas, Monsieur, d'avoir humilié Cartouche ! allons voir la maison de l'*Ami des hommes*, puisque vous voulez bien nous la montrer.

Le jeune homme s'effaça pour laisser passer Mirabeau, qui, au reste, semblait n'avoir pas besoin de guide et connaître la maison aussi bien que qui que ce fût.

Sans s'arrêter au rez-de-chaussée, il monta vivement l'escalier, garni d'une rampe de fer assez artistement travaillé, en disant :

— Par ici, docteur, par ici.

En effet, avec cet entraînement qui lui était ordinaire, avec cette habitude de domination qui était dans son tempérament, de spectateur Mirabeau venait de se faire acteur ; de simple visiteur, maître de la maison.

Gilbert le suivit.

Pendant ce temps, le jeune homme appelait son père, homme de cinquante à cinquante-cinq ans, et ses deux sœurs, jeunes filles de quinze à dix-huit ans, pour leur dire quel hôte étrange il venait de recevoir.

Tandis qu'il leur racontait l'histoire de la soumission de Cartouche, Mirabeau montrait à Gilbert le cabinet de travail, la chambre à coucher et le salon du marquis de Mirabeau, et, comme chaque pièce visitée éveillait en lui un souvenir, Mirabeau racontait anecdote sur anecdote avec ce charme et cet entrain qui lui étaient particuliers.

Le propriétaire et sa famille écoutaient ce cicerone qui leur faisait l'histoire de leur propre maison, ouvrant, pour voir et pour entendre, de grands yeux et de grandes oreilles.

L'appartement du haut visité, et comme sept heures sonnaient à l'église d'Argenteuil, Mirabeau craignit, sans doute, de manquer de temps pour ce qui lui restait à faire, et pressa Gilbert de descendre, lui donnant l'exemple en enjambant rapidement les quatre premières marches.

— Monsieur, dit alors le propriétaire de la maison, vous qui savez tant d'histoires sur le marquis de Mirabeau et son illustre fils, il me semble que vous auriez, si vous le vouliez bien, à raconter, sur ces quatre premières marches, une histoire qui ne serait pas la moins curieuse de vos histoires.

Mirabeau s'arrêta et sourit.

— En effet, dit-il ; mais, celle-là, je comptais la passer sous silence.

— Et pourquoi cela, comte ? demanda le docteur.

— Ma foi, vous allez en juger. En sortant du donjon de Vincennes, où il était resté dix-huit mois, Mirabeau, qui avait le double de l'âge de l'enfant prodigue, et qui ne s'apercevait pas le moins du monde que l'on s'apprêtât à tuer le veau gras en réjouissance de son retour, eut l'idée de venir réclamer sa légitime. Il y avait deux motifs pour que Mirabeau fût mal reçu dans la maison paternelle : d'abord, il sortait de Vincennes malgré le marquis ; ensuite, il entrait dans la maison pour demander de l'argent. Il en résulta que le marquis, occupé à mettre la dernière main à son œuvre philanthropique, se leva en apercevant son fils, saisit sa canne aux premières paroles qu'il prononça, et s'élança sur lui dès qu'il eût entendu le mot *argent*. Le comte connaissait son père, et cependant il espérait que ses trente-sept ans le sauveraient de la correction dont il était menacé. Le comte reconnut son erreur en sentant les coups de canne pleuvoir sur ses épaules.

— Comment ! les coups de canne ? dit Gilbert.

— Oui, de vrais, de bons coups de canne, non pas comme ceux qu'on donne et qu'on reçoit à la Comédie-Française dans les pièces de Molière, mais des coups de canne réels, à fendre la tête et à casser les bras.

— Et que fit le comte de Mirabeau ? demanda Gilbert.

— Parbleu ! il fit ce que fit Horace à son premier combat, il prit la fuite. Malheureusement il n'avait point, comme Horace, un bouclier ; car, au lieu de le jeter, ainsi que fit le chantre de Lydie, il s'en fût servi pour parer les coups ; mais, n'en ayant pas, il dégringola les quatre premières marches de cet escalier, à peu près comme je viens de le faire, plus vite encore peut-être. Arrivé là, il se retourna, et, levant la canne à son tour : « Halte-là, Monsieur, dit-il à son père, au-dessous de quatre degrés il n'y a plus de parents ! » C'était un calembour assez mauvais, mais qui, cependant, arrêta le bonhomme mieux que n'eût fait la meilleure raison. « Ah ! dit-il, quel malheur que le bailli soit mort, je lui aurais écrit celle-là. » Mirabeau, continua le narrateur, était trop bon stratégiste pour ne pas profiter de l'occasion qui lui était offerte de faire retraite. Il descendit le reste des degrés presque aussi rapidement qu'il avait descendu les premières marches, et, à sa grande douleur, il n'est jamais rentré dans la maison. C'est un grand coquin, n'est-ce pas, docteur, que ce comte de Mirabeau !

— Oh ! Monsieur, dit le jeune homme s'approchant de Mirabeau les mains jointes, et comme s'il demandait pardon à son hôte d'être d'un avis si opposé au sien, dites un bien grand homme !

Mirabeau regarda le jeune homme en face.

— Ah ! ah ! fit-il, il y a donc des gens qui pensent cela du comte de Mirabeau !

— Oui, Monsieur, dit le jeune homme, et, au

risque de vous déplaire, moi tout le premier.

— Oh ! reprit Mirabeau en riant, il ne faut pas dire cela tout haut dans cette maison, jeune homme, ou les murs s'écrouleront sur votre tête.

Puis, saluant respectueusement le vieillard et courtoisement les deux jeunes filles, il traversa le jardin en envoyant de la main un signe d'amitié à Cartouche, qui le lui rendit par une espèce de grognement où un reste de révolte se mêlait à la soumission.

Gilbert suivit Mirabeau, qui ordonna au cocher d'entrer dans la ville, et de s'arrêter devant l'église.

Seulement, à l'angle de la première rue, il fit faire halte à la voiture, et, tirant une carte de sa poche :

— Teisch, dit-il à son domestique, remettez de ma part cette carte au jeune homme qui n'est pas de mon avis sur M. de Mirabeau.

Puis, avec un soupir :

— Ah ! docteur ! dit-il, en voilà un qui n'a pas encore lu *la Grande Trahison de M. de Mirabeau*.

Teisch revint.

Il était suivi du jeune homme.

— Oh ! monsieur le comte, dit celui-ci avec un accent d'admiration auquel il n'y avait pas à se tromper, accordez-moi ce que vous avez accordé à Cartouche, l'honneur de baiser votre main.

Mirabeau ouvrit ses deux bras et serra le jeune homme sur sa poitrine.

— Monsieur le comte, dit celui-ci, je me nomme Mornais ; si jamais vous avez besoin de quelqu'un qui meure pour vous, souvenez-vous de moi.

Les larmes vinrent aux yeux de Mirabeau.

— Docteur ! dit-il, voilà les hommes qui nous succèderont. Je crois qu'ils valent mieux que nous, parole d'honneur !

II

UNE FEMME QUI RESSEMBLE A LA REINE

La voiture s'arrêta à la porte de l'église d'Argenteuil.

— Je vous ai dit que je n'étais jamais revenu à Argenteuil depuis le jour où mon père m'avait chassé de chez lui à coups de canne ; je me trompais : j'y suis revenu le jour où j'ai conduit son corps dans cette église.

Et Mirabeau descendit de voiture, prit son chapeau à la main, et, la tête nue, d'un pas lent et solennel, entra dans l'église.

Il y avait chez cet homme étrange tant de sentiments opposés, qu'il avait parfois des velléités de religion à l'époque où tous étaient philosophes, et où quelques-uns poussaient la philosophie jusqu'à l'athéisme.

Gilbert le suivit à quelques pas. Il vit Mirabeau traverser toute l'église, et, tout près de l'autel de la Vierge, alla s'adosser à une colonne massive dont le chapiteau roman semblait porter écrite la date du xiie siècle.

Sa tête s'inclina, ses yeux se fixèrent sur une dalle noire formant le centre de la chapelle.

Le docteur chercha à se rendre compte de ce qui absorbait ainsi la pensée de Mirabeau : ses yeux suivirent la direction des siens, et s'arrêtèrent sur l'inscription que voici :

Ici repose
FRANÇOISE DE CASTELLANE, MARQUISE DE MIRABEAU,
Modèle de piété et de vertus ; heureuse épouse,
mère heureuse.
Née en Dauphiné en 1685 ; morte à Paris en 1769.
Déposée à Saint-Sulpice,
puis transportée ici pour être réunie sous la
même tombe avec son digne fils,
VICTOR DE RIQUETTI, MARQUIS DE MIRABEAU,
surnommé l'*Ami des hommes* ;
Né à Pertuis, en Provence, le 4 octobre 1715 ;
mort à Argenteuil, le 11 juillet 1789.
Priez Dieu pour leurs âmes.

La religion de la mort est si puissante, que le docteur Gilbert plia un instant la tête et chercha dans sa mémoire s'il ne lui restait pas une prière quelconque pour obéir à l'invitation qu'adressait à tout chrétien la pierre sépulcrale qu'il avait devant les yeux.

Mais, si jamais Gilbert avait, dans son enfance, ce qui est chose douteuse, su parler la langue de l'humilité et de la foi, le doute, cette gangrène du dernier siècle, était venu effacer jusqu'à la dernière ligne de ce livre vivant, et la philosophie avait inscrit à leur place ses sophismes et ses paradoxes.

Se trouvant le cœur sec et la bouche muette, il releva les yeux et vit deux larmes rouler sur cette face puissante de Mirabeau, labourée par les passions comme l'est le sol d'un volcan par la lave.

Ces deux larmes de Mirabeau émurent étrangement Gilbert. Il alla à lui et lui serra la main.

Mirabeau comprit.

Des larmes versées en souvenir de ce père

qui avait emprisonné, torturé, martyrisé Mirabeau, eussent été des larmes incompréhensibles ou banales.

Il s'empressa donc d'exposer à Gilbert la véritable cause de cette sensibilité.

— C'était une digne femme, dit-il, que cette Françoise de Castellane, mère de mon père. Quand tout le monde me trouvait hideux, elle seule se contentait de me trouver laid ; quand tout le monde me haïssait, elle m'aimait presque ! Mais, ce qu'elle aimait par-dessus toute chose, c'était son fils. Aussi vous le voyez, mon cher Gilbert, je les ai réunis. Moi, à qui me réunira-t-on ? quels os dormiront près des miens ?... Je n'ai pas même un chien qui m'aime !

Et il rit douloureusement.

— Monsieur, dit une voix empreinte de cet accent rêche et plein de reproche qui n'appartient qu'aux dévots, on ne rit pas dans une église !

Mirabeau tourna son visage ruisselant de larmes du côté d'où venait la voix et aperçut un prêtre.

— Monsieur, répondit-il avec douceur, êtes-vous le prêtre desservant cette chapelle ?

— Oui... Que lui voulez-vous ?

— Avez-vous beaucoup de pauvres dans votre paroisse ?

— Plus que de gens disposés à leur faire l'aumône...

— Vous connaissez quelques cœurs charitables, cependant, quelques esprits philanthropiques ?...

Le prêtre se mit à rire.

— Monsieur, observa Mirabeau, je croyais que vous m'aviez fait l'honneur de me dire qu'on ne riait point dans les églises...

— Monsieur ! dit le prêtre blessé, auriez-vous la prétention de me donner une leçon ?...

— Non, Monsieur, mais celle de vous prouver que les gens qui croient qu'il est de leur devoir de venir au secours de leurs frères ne sont point aussi rares que vous le pensez. Ainsi, Monsieur, je vais, selon toute probabilité, habiter le château du Marais, eh bien, tout ouvrier manquant d'ouvrage y trouvera du travail et un bon salaire ; tout vieillard ayant faim y trouvera du pain ; tout homme malade, quels que soient son opinion politique et ses principes religieux, y trouvera du secours ; et, à partir d'aujourd'hui, Monsieur le curé, je vous offre, dans ce but, un crédit de mille francs par mois.

Et, déchirant une feuille de ses tablettes, il écrivit sur cette feuille, au crayon :

« Bon pour la somme de douze mille francs, dont M. le curé d'Argenteuil pourra disposer sur moi, à raison de mille francs par mois, qui seront employés par lui en bonnes œuvres, à partir du jour de mon installation au château du Marais.

» Fait en l'église d'Argenteuil, et signé sur l'autel de la vierge.

» MIRABEAU aîné. »

En effet, Mirabeau avait écrit cette lettre de change et l'avait signée sur l'autel de la Vierge.

La lettre de change écrite et signée, il la remit au curé, stupéfait avant d'avoir lu la signature, plus stupéfait encore après l'avoir lue.

Puis il sortit de l'église en faisant signe au docteur Gilbert de le suivre.

On remonta en voiture.

Si peu que Mirabeau fût resté à Argenteuil, il y laissait derrière lui, sur son passage, deux souvenirs qui devaient aller grandissant dans la postérité.

Le propre de certaines organisations, c'est de faire jaillir un événement de tout endroit où elles posent le pied.

C'est Cadmus semant des soldats sur le sol de Thèbes.

C'est Hercule éparpillant ses douze travaux sur la face du monde.

Aujourd'hui encore, — et, cependant, Mirabeau est mort depuis soixante ans, — aujourd'hui encore, faites à Argenteuil, au même lieu où les fit Mirabeau, les deux stations que nous avons indiquées, et, à moins que la maison ne soit inhabitée ou l'église déserte, vous trouverez quelqu'un qui vous racontera, dans tous ses détails, et comme si l'événement était d'hier, ce que nous venons de vous raconter.

La voiture suivit la grande rue jusqu'à son extrémité, puis elle quitta Argenteuil et roula sur la route de Bezons. Elle n'eut pas fait cent pas sur cette route que Mirabeau aperçut à sa droite les arbres touffus d'un parc séparés par les toits ardoisés du château et de ses dépendances.

C'était le Marais.

A droite de la route que suivait la voiture, avant d'arriver au chemin qui aboutit à la grille du château, s'élevait une pauvre chaumière.

Devant le seuil de cette chaumière, une femme était assise sur un escabeau de bois, tenant dans ses bras un enfant maigre, hâve, dévoré par la fièvre.

La mère, tout en berçant ce demi-cadavre, levait les yeux au ciel, et pleurait.

Elle s'adressait à celui à qui l'on s'adresse quand on n'attend plus rien des hommes.

Mirabeau fixait de loin les yeux sur ce triste spectacle.

— Docteur, dit-il à Gilbert, je suis superstitieux comme un ancien : si cet enfant meurt, je ne prends pas le château du Marais. Voyez, cela vous regarde.

Et il arrêta sa voiture en face de la chaumière.

— Docteur, reprit-il, comme je n'ai plus que vingt minutes de jour pour visiter le château, je vous laisse ici ; vous viendrez me rejoindre, et vous me direz si vous espérez sauver l'enfant.

Puis, à la mère :

— Bonne femme, ajouta-t-il, voici monsieur qui est un grand médecin ; remerciez la Providence qui vous l'envoie : il va essayer de guérir votre enfant.

La femme ne savait si c'était un rêve. Elle se leva, portant son enfant entre ses bras et balbutiant des remerciements.

Gilbert descendit.

La voiture continua sa route. Cinq minutes après, Teisch sonnait à la grille du château.

On fut quelque temps sans voir paraître personne. Enfin, un homme, qu'à son costume, il était facile de reconnaître pour le jardinier, vint ouvrir.

Mirabeau s'informa d'abord de l'état dans lequel était le château.

Le château était fort habitable, à ce que disait le jardinier, du moins, et à ce qui même, il faut l'avouer, apparaissait à la première vue.

Il faisait partie du domaine de l'abbaye de Saint-Denis, comme chef-lieu du prieuré d'Argenteuil, et il était en vente par suite des décrets rendus sur les biens du clergé.

Mirabeau, nous l'avons dit, le connaissait déjà ; mais il n'avait jamais eu l'occasion de l'examiner aussi attentivement qu'il lui était donné de le faire en cette circonstance.

La grille ouverte, il se trouvait dans une première cour à peu près carrée. A droite était un pavillon habité par le jardinier ; à gauche un second pavillon, qu'à la coquetterie avec laquelle il était décoré, même extérieurement, on pouvait douter un instant être le frère du premier.

C'était son frère, cependant ; mais, du pavillon roturier, la parure avait fait une demeure presque aristocratique : de gigantesques rosiers couverts de fleurs le vêtaient d'une robe diaprée, tandis qu'une ceinture de vignes lui ceignait toute la taille d'un cordon vert. Chacune des fenêtres était fermée par un rideau d'œillets, d'héliotropes, de fuchsias, dont les branches épaisses, dont les fleurs écloses empêchaient à la fois le soleil et le regard de pénétrer dans l'appartement ; un petit jardin tout de lis, tout de cactus, tout de narcisses, un véritable tapis qu'on eût dit, de loin, brodé par la main de Pénélope, attenait à la maison, et s'étendait dans toute la longueur de cette première cour, faisant pendant à un gigantesque saule pleureur et à de magnifiques ormes plantés du côté opposé.

Nous avons déjà dit la passion de Mirabeau pour les fleurs. En voyant ce pavillon perdu dans les roses, ce charmant jardin qui semblaient faire partie de la maison de Flore, il jeta un cri de joie.

— Oh ! dit-il au jardinier, ce pavillon est-il à louer ou à vendre, mon ami ?

— Sans doute, Monsieur, répondit celui-ci, puisqu'il appartient au château, et que le château est à vendre ou à louer. Seulement il est habité en ce moment-ci ; mais, comme il n'y a pas de bail, si Monsieur s'arrangeait du château, on pourrait renvoyer la personne qui habite là.

— Ah ! dit Mirabeau. Et quelle est cette personne ?

— Une dame.

— Jeune ?...

— De trente à trente-cinq ans.

— Belle ?...

— Très belle.

— Bien, dit Mirabeau, nous verrons ; une belle voisine ne gâte rien... Faites-moi voir le château, mon ami.

Le jardinier marcha devant Mirabeau, traversa un pont qui séparait la première cour de la seconde, et sous lequel passait une espèce de petite rivière.

Là, le jardinier s'arrêta.

— Si Monsieur, dit-il, ne voulait pas déranger la dame du pavillon, ce serait d'autant plus facile que cette petite rivière isole complètement la portion du parc attenante au pavillon du reste du jardin : elle serait chez elle, et Monsieur serait chez lui...

— Bon, bon, dit Mirabeau. Voyons le château.

Et il monta lestement les cinq marches du perron.

Le jardinier ouvrit la porte principale.

Cette porte donnait sur un vestibule, en stuc, avec niches portant statues, et colonnes portant vases, selon la mode du temps.

Une porte placée au fond de ce vestibule, en face de la porte d'entrée, faisait une sortie sur le jardin.

C'était bien la femme du pavillon aux fleurs. (Page 266.)

A droite du vestibule étaient la salle de billard et la salle à manger.

A gauche, deux salons, un grand et un petit.

Cette première disposition plaisait assez à Mirabeau, qui, d'ailleurs, paraissait distrait et impatient.

On monta au premier.

Le premier se composait d'un salon merveilleusement disposé pour faire un cabinet de travail, et de trois ou quatre chambres à coucher de maître.

Fenêtres de salon et de chambres à coucher étaient fermées.

Mirabeau alla de lui-même à une des fenêtres, et l'ouvrit.

Le jardinier voulait ouvrir les autres.

Mais Mirabeau lui fit un signe de la main. Le jardinier s'arrêta.

Juste au-dessous de la fenêtre que venait d'ouvrir Mirabeau, au pied d'un immense saule pleureur, une femme lisait, à demi couchée, tandis qu'un enfant de cinq ou six ans jouait, à quelques pas d'elle, sur les pelouses et dans les massifs de fleurs.

Mirabeau comprit que c'était la dame du pavillon.

Il était impossible d'être plus gracieusement et plus élégamment mise que cette femme ne l'était, avec son petit peignoir de mousseline garni de dentelles couvrant une veste de taffetas blanc ruchée de rubans roses et blancs ; avec sa jupe de mousseline blanche à volants ruchés, roses et blancs comme la veste ; avec son corsage de taffetas rose à nœuds de la même couleur, et son coqueluchon tout garni de dentelles retombant comme un voile, et à travers lesquelles, comme à travers une vapeur, on pouvait distinguer son visage.

Des mains fines, aux ongles aristocratiques ; des pieds d'enfant, jouant dans deux petites pantoufles de taffetas blanc à nœuds roses, complétaient cet harmonieux et séduisant ensemble.

L'enfant, tout vêtu de satin blanc, portait — singulier mélange, assez commun, du reste, à cette époque, — un petit chapeau à la Henri IV avec une de ces ceintures tricolores qu'on appelait une ceinture à la Nation.

Tel était, au surplus, le costume que portait le jeune dauphin, la dernière fois qu'il avait paru avec sa mère sur le balcon des Tuileries.

Le signe fait par Mirabeau avait pour but de ne pas déranger la belle liseuse.

C'était bien la femme du pavillon aux fleurs; c'était bien la reine du jardin des lis, des cactus et des narcisses ; c'était bien enfin cette voisine que Mirabeau, l'homme aux sens toujours aspirant vers les voluptés, eût choisie, si le hasard ne la lui avait pas amenée.

Pendant quelque temps, il dévora des yeux la charmante créature, immobile comme une statue, ignorante qu'elle était du regard ardent dont elle était enveloppée. Mais, soit hasard, soit courant magnétique, ses yeux se détachèrent du livre et se tournèrent du côté de la fenêtre.

Elle aperçut Mirabeau, jeta un petit cri de surprise, se leva, appela son fils, s'éloigna, le tenant par la main, non sans retourner la tête deux ou trois fois, et disparut avec l'enfant entre les arbres, dans les intervalles desquels Mirabeau suivit les différentes réapparitions de son éclatant costume, dont la blancheur luttait contre les premières ombres de la nuit.

Au cri de surprise jeté par l'inconnue, Mirabeau répondit par un cri d'étonnement.

Cette femme avait, non seulement la démarche royale, mais encore, autant que le voile de dentelle dont son visage était à demi couvert permettait d'en juger, les traits de Marie-Antoinette.

L'enfant ajoutait à la ressemblance : il était juste de l'âge du second fils de la reine, dont la démarche, dont le visage, dont les moindres mouvements étaient restés si présents, non seulement au souvenir, mais, nous dirons plus, au cœur de Mirabeau, depuis l'entrevue de Saint-Cloud, qu'il eût reconnu la reine partout où il l'eût rencontrée, fût-elle entourée de ce nuage divin dont Virgile enveloppe Vénus lorsqu'elle apparaît à son fils sur le rivage de Carthage.

Quelle étrange merveille amenait donc, dans le parc de la maison qu'allait louer Mirabeau, une femme mystérieuse qui, si elle n'était point la reine, était au moins son vivant portrait ?

En ce moment, Mirabeau sentit qu'une main s'appuyait sur son épaule.

III

OU L'INFLUENCE DE LA DAME INCONNUE COMMENCE A SE FAIRE SENTIR

Mirabeau se retourna en tressaillant.

Celui qui lui posait la main sur l'épaule, c'était le docteur Gilbert.

— Ah ! dit Mirabeau, c'est vous, cher docteur. Eh bien ?

— Eh bien, dit Gilbert, j'ai vu l'enfant.

— Et vous espérez le sauver ?

— Jamais un médecin ne doit perdre l'espoir, fût-il en face de la mort même.

— Diable, fit Mirabeau, cela veut dire que la maladie est grave.

— Plus que grave, mon cher comte, elle est mortelle.

— Quelle est donc cette maladie ?

— Je ne demande pas mieux que d'entrer dans quelques détails à ce sujet, attendu que ces détails ne seront pas sans intérêt pour un homme qui aurait pris, sans savoir à quoi il s'expose, la résolution d'habiter ce château.

— Hein ! fit Mirabeau allez-vous me dire que l'on y risque la peste ?

— Non, mais je vais vous dire comment le pauvre enfant a attrapé la fièvre dont, selon toute probabilité, il sera mort dans huit jours. Sa mère coupait le foin du château avec le jardinier, et, pour être plus libre, elle avait posé l'enfant à quelques pas de ces fossés d'eau dormante qui ceignent le parc ; la bonne femme, qui n'a aucune idée du double mouvement de la terre, avait couché la petite créature à l'ombre, sans se douter qu'au bout d'une heure, l'ombre aurait fait place au soleil. Quand elle est venue chercher son enfant, attirée qu'elle était par ses cris, elle l'a trouvé doublement atteint : atteint par l'insolation trop continue qui avait frappé sur son jeune cerveau, atteint par l'absorption des effluves marécageux qui avait déterminé ce genre d'empoisonnement nommé l'empoisonnement *paludéen*.

— Excusez-moi, docteur, dit Mirabeau, mais je ne vous comprends pas bien.

— Voyons, n'avez-vous pas entendu parler des marais Pontins ? Ne connaissez-vous pas, de réputation du moins, les miasmes délétères qui s'exhalent des maremmes toscanes ? N'avez-vous pas lu, dans le poète florentin, la mort de Pia dei Tolomei ?

— Si fait, docteur, je sais tout cela, mais en homme du monde et en poète, non en chimiste et en médecin. Cabanis m'a dit quelque chose de pareil, la dernière fois que je l'ai vu, à propos de la salle du Manège, où nous sommes fort mal ; il prétendait même que, si je ne sortais pas trois fois par séance pour respirer l'air des Tuileries, je mourrais empoisonné.

— Et Cabanis avait raison.

— Voulez-vous m'expliquer cela, docteur ? Vous me ferez plaisir.

— Sérieusement ?

— Oui, je sais bien mon grec et mon latin ; j'ai, pendant les quatre ou cinq ans de prison que j'ai faits à différentes époques, grâce aux susceptibilités sociales de mon père, assez bien étudié l'antiquité. J'ai même fait, dans mes moments perdus, sur les mœurs de la susdite antiquité, un livre obscène qui ne manque pas d'une certaine science. Mais j'ignore complètement comment on peut être empoisonné dans la salle de l'Assemblée nationale, à moins qu'on n'y soit mordu par l'abbé Maury, ou qu'on n'y lise la feuille de Marat.

— Alors, je vais vous le dire ; peut-être l'explication sera-t-elle assez obscure pour un homme qui a la modestie de s'avouer peu fort en physique et ignorant en chimie. Cependant je vais tâcher d'être le plus clair possible.

— Parlez, docteur ; jamais vous n'aurez trouvé auditeur plus curieux d'apprendre.

— L'architecte qui a construit la salle du Manège, — et, par malheur, mon cher comte, les architectes sont, comme vous, d'assez mauvais chimistes, — l'architecte qui a construit la salle du Manège n'a pas eu l'idée de faire des cheminées pour l'évacuation de l'air corrompu, ni des tuyaux inférieurs pour la rénovation. Il en résulte que les onze cents bouches, qui, enfermées dans cette salle, aspirent l'oxygène, rendent en place des vapeurs carboniques ; ce qui fait qu'au bout d'une heure de séance, surtout l'hiver, quand les fenêtres sont fermées et les poêles chauffés, l'air n'est plus respirable.

— Voilà justement le travail dont je voudrais me rendre compte, ne fût-ce que pour en faire part à Bailly.

— Rien de plus simple que cette explication : l'air pur, l'air tel qu'il est destiné à être absorbé par nos poumons, l'air, tel qu'on le respire dans une habitation à mi-côte tournée vers le levant, avec un cours d'eau à sa proximité, c'est-à-dire dans les meilleures conditions où l'air puisse être respiré, se compose de 77 parties d'oxygène, de 21 parties d'azote et de 2 parties de ce qu'on appelle vapeur d'eau.

— Très bien ! je comprends jusque-là, et je note vos chiffres.

— Eh bien, écoutez ceci : le sang veineux est apporté noir et chargé de carbone dans les poumons, où il doit être revivifié par le contact de l'air extérieur, c'est-à-dire de l'oxygène, que l'action inspiratoire va emprunter à l'air libre. Ici se produit un double phénomène que nous désignons sous le nom d'hématose. L'oxygène, mis en contact avec le sang, se combine avec lui, de noir qu'il était le fait rouge, et lui donne ainsi l'élément de vie qui doit être dans toute l'économie ; en même temps, le carbone, qui se combinait avec une partie d'oxygène, passe à l'état d'acide carbonique, ou d'oxyde de carbone, et est exhalé au dehors, mêlé à une certaine quantité de vapeur d'eau, dans l'acte de l'expiration. Eh bien, cet air pur absorbé par l'inspiration, cet air vicié rendu par l'expiration, forment, dans une salle fermée, une atmosphère qui, non seulement cesse d'être dans des conditions respirables, mais qui encore peut arriver à produire un véritable empoisonnement.

— De sorte qu'à votre avis, docteur, je suis déjà à moitié empoisonné ?

— Parfaitement. Vos douleurs d'entrailles ne viennent pas d'une autre cause que de celle-là ; bien entendu que je joins aux empoisonnements de la salle du Manège ceux de la salle de l'Archevêché, ceux du donjon de Vincennes, ceux du fort de Joux et ceux du château d'If. Ne vous rappelez-vous pas que madame de Bellegarde disait qu'il y avait, au château de Vincennes, une chambre qui valait son pesant d'arsenic ?

— De sorte, mon cher docteur, que le

pauvre enfant est tout à fait ce que je ne suis qu'à moitié, c'est-à-dire empoisonné?

— Oui, cher comte, et l'empoisonnement a amené chez lui une fièvre pernicieuse dont le siège est dans le cerveau et dans les méninges. Cette fièvre a produit une maladie que l'on appelle simplement fièvre cérébrale, et que je baptiserai, moi, d'un nom nouveau : que j'appellerai, si vous le voulez bien, une hydrocéphale aiguë. De là des convulsions ; de là la face tuméfiée ; de là les lèvres violettes ; de là le trismus prononcé de la mâchoire ; de là le renversement du globe oculaire ; de là la respiration haletante, le frémissement du pouls substitué aux battements ; de là, enfin, la sueur visqueuse qui couvre tout son corps.

— Peste ! mon cher docteur, savez-vous que c'est à donner le frisson, cette énumération que vous me faites là? En vérité, quand j'entends parler un médecin en mots techniques, c'est comme lorsque je lis un papier timbré en termes de chicane ; il me semble toujours que ce qui m'attend de plus doux, c'est la mort. Et qu'avez-vous ordonné au pauvre petit?

— Le traitement le plus énergique ; et je me hâte de vous dire qu'un ou deux mots enveloppés dans l'ordonnance ont mis la mère à même de le suivre. Ainsi les réfrigérants sur la tête, les excitants aux extrémités, l'émétique en vomitif, le quinquina en décoction.

— En vérité ! Et tout cela n'y fera rien?...

— Tout cela, sans l'aide de la nature, n'y fera pas grand'chose. Pour l'acquit de ma conscience, j'ai ordonné ce traitement[1]. Son bon ange, si le pauvre enfant en a un, fera le reste.

— Hum ! fit Mirabeau.

— Vous comprenez, n'est-ce pas? dit Gilbert.

— Votre théorie de l'empoisonnement par l'oxyde de carbone? A peu près.

— Non, ce n'est pas cela : je veux dire que vous comprenez que l'air du château du Marais ne vous convient pas.

— Vous croyez, docteur?

— J'en suis sûr.

— Ce serait bien fâcheux, car le château me convient fort, à moi.

— Je vous reconnais bien là, éternel ennemi de vous-même ! Je vous conseille une hauteur, vous prenez un terrain plat ; je vous recommande un cours d'eau, vous choisissez une eau stagnante.

— Mais quel parc ! mais regardez donc ces arbres-là, docteur !

— Dormez une seule nuit la fenêtre ouverte, comte, ou promenez-vous passé onze heures du soir à l'ombre de ces beaux arbres, et vous m'en direz des nouvelles le lendemain.

— C'est-à-dire qu'au lieu d'être empoisonné à moitié comme je le suis, le lendemain je serai empoisonné tout à fait?...

— M'avez-vous demandé la vérité?

— Oui ; et vous me la dites, n'est-ce pas?

— Oh ! dans toute sa crudité. Je vous connais, mon cher comte. Vous venez ici pour fuir le monde, le monde viendra vous y chercher : chacun traîne sa chaîne après soi, ou de fer, ou d'or, ou de fleurs. Votre chaîne, à vous, c'est le plaisir la nuit, et, le jour, l'étude. Tant que vous avez été jeune, la volupté vous a reposé du travail ; mais le travail a usé vos jours, la volupté a fatigué vos nuits. Vous me le dites vous-même avec votre langage toujours si expressif et si coloré : vous vous sentez passer de l'été à l'automne. Eh bien, mon cher comte, qu'à la suite d'un excès de plaisir la nuit, qu'à la suite d'un excès de travail le jour, je sois obligé de vous saigner, eh bien, dans ce moment de déperdition de forces, songez-y, vous serez plus apte que jamais à absorber cet air vicié la nuit par les grands arbres du parc, cet air vicié le jour par les miasmes paludéens de cette eau dormante. Alors, que voulez-vous ! vous serez deux contre moi, tous deux plus forts que moi : vous et la nature. Il faudra bien que je succombe.

— Ainsi vous croyez, mon cher docteur, que c'est par les entrailles que je périrai?... Diable ! vous me faites de la peine en me disant cela. C'est long et douloureux, les maladies d'entrailles ! J'aimerais mieux quelque anévrisme. Vous ne pourriez pas m'arranger cela?

— Oh ! mon cher comte, dit Gilbert, ne me demandez rien sous ce rapport : ce que vous désirez est fait ou se fera. A mon avis, vos entrailles ne sont que secondaires, et, chez vous, c'est le cœur qui joue et qui jouera le premier rôle. Malheureusement les maladies du cœur, chez les hommes de votre âge, sont nombreuses et variées, et n'entraînent pas toutes la mort instantanée. Règle générale, mon cher comte, écoutez bien ceci, ce n'est écrit nulle part, mais je vous le dis, moi, observateur philosophe, bien plus que médecin : les maladies aiguës de l'homme suivent un

---

[1]. En 1790, on ne connaissait pas encore le sulfate de quinine, et l'on n'appliquait pas encore les sangsues derrière l'oreille. L'ordonnance du docteur Gilbert était donc aussi complète que le permettait l'état de la science à la fin du XVIIIe siècle.

ordre presque absolu ; chez les enfants, c'est le cerveau qui se prend ; chez l'adolescent, c'est la poitrine ; chez l'adulte, ce sont les viscères inférieurs ; chez le vieillard, enfin, c'est le cerveau ou le cœur, c'est-à-dire ce qui a beaucoup pensé et beaucoup souffert. Ainsi, quand la science aura dit son dernier mot, quand la création tout entière, interrogée par l'homme, aura livré son dernier secret, quand toute maladie aura trouvé son remède, quand l'homme, à part quelques exceptions, comme les animaux qui l'entourent, ne mourra plus que de vieillesse, les deux seuls organes attaquables chez lui seront le cerveau et le cœur, et encore la mort par le cerveau aura-t-elle pour principe la maladie du cœur.

— Mordieu ! mon cher docteur, dit Mirabeau, vous n'avez pas idée comme vous m'intéressez ; tenez, on dirait que mon cœur sait que vous parlez de lui, voyez comme il bat.

Mirabeau prit la main de Gilbert et la posa sur son cœur.

— Eh bien, dit le docteur, voilà qui vient à l'appui de ce que je vous expliquais. Comment voulez-vous qu'un organe qui participe à toutes vos émotions, qui précipite ses battements ou qui les arrête pour suivre une simple conversation pathologique, comment voulez-vous que, chez vous surtout, cet organe ne soit pas affecté ? Vous avez vécu par le cœur, vous mourrez par le cœur ; comprenez donc ceci : il n'y a pas une affection morale vive, il n'y a pas une affection physique aiguë, qui ne donne à l'homme une sorte de fièvre ; il n'y a pas de fièvre qui ne produise une accélération plus ou moins grande des battements du cœur. Eh bien, dans ce travail qui est une peine et une fatigue, puisqu'il s'accomplit en dehors de l'ordre normal, le cœur s'use, le cœur s'altère ; de là, chez les vieillards, l'hypertrophie du cœur, c'est-à-dire son trop grand développement ; de là l'anévrisme, c'est-à-dire son amincissement ; l'anévrisme conduit aux déchirements du cœur, la seule mort qui soit instantanée ; l'hypertrophie aux apoplexies cérébrales, mort plus lente parfois, mais où l'intelligence est tuée, et où, par conséquent, la véritable douleur n'existe plus, puisqu'il n'y a pas de douleur sans le sentiment qui juge et qui mesure cette douleur. Eh bien, vous, vous figurez-vous que vous aurez aimé, que vous aurez été heureux, que vous aurez souffert, que vous aurez eu des moments de joie et des heures de désespoir, comme nul autre n'en aura eu avant vous ; que vous aurez atteint à des triomphes inconnus, que vous serez descendu à des déceptions inouïes, que votre cœur vous aura renvoyé quarante ans le sang en cataractes brûlantes ou précipitées du centre aux extrémités ; que vous aurez pensé, travaillé, parlé des journées entières ; que vous aurez bu, ri, aimé des nuits complètes, et que votre cœur, dont vous avez usé, abusé, ne vous manquera pas tout à coup ? Allons donc, mon cher ami ; le cœur est comme une bourse : si bien garnie qu'elle soit, à force de lui emprunter on la met à sec. Mais, en vous montrant le mauvais côté de la position, laissez-moi vous développer le bon. Il faut du temps au cœur pour s'user ; n'agissez plus sur le vôtre comme vous le faites, ne lui demandez pas plus de travail qu'il n'en peut produire, ne lui donnez pas plus d'émotions qu'il n'en peut supporter, mettez-vous dans des conditions qui n'amènent pas de désordres graves dans les trois fonctions principales de la vie : la respiration, qui a son siège dans les poumons ; la circulation, qui a son siège dans le cœur ; la digestion, qui a son siège dans les intestins, et vous pouvez vivre vingt ans, trente encore, et vous pouvez ne mourir que de vieillesse ; tandis que, si vous voulez marcher au suicide, oh ! mon Dieu, rien de plus facile pour vous, vous retarderez ou hâterez votre mort à volonté. Figurez-vous que vous conduisez deux chevaux fougueux qui vous entraînent, vous, leur guide ; contraignez-les de marcher au pas, et ils accompliront, en un long temps, un long voyage ; laissez-leur prendre le galop, et, comme ceux du soleil, ils parcourront en un jour et une nuit tout l'orbe du ciel.

— Oui, dit Mirabeau ; mais, pendant ce jour, ils chauffent et ils éclairent, ce qui est bien quelque chose. Venez, docteur, il se fait tard, je réfléchirai à tout cela.

— Réfléchissez à tout, dit le docteur en suivant Mirabeau ; mais, pour commencement d'obéissance aux ordres de la Faculté, promettez-moi d'abord de ne pas louer ce château ; vous en trouverez autour de Paris dix, vingt, cinquante qui vous offriront les mêmes avantages que celui-ci.

Peut-être Mirabeau, cédant à cette voix de la raison, allait-il promettre ; mais tout à coup, au milieu des premières ombres du soir, il lui sembla voir apparaître, derrière un rideau de fleurs, la tête de la femme à la jupe de taffetas blanc et aux volants roses ; cette femme, Mirabeau le crut du moins, lui souriait ; mais il n'eut pas le temps de s'en assurer, car, au moment où Gilbert, devinant qu'il se passait quelque chose de nouveau chez son malade, cherchait des yeux, pour se rendre compte à lui-même du tressaillement nerveux de ce bras sur lequel il était appuyé, la tête se retira précipitamment, et l'on ne vit plus à la fenêtre du pavillon que les branches légèrement agitées des rosiers, des héliotropes et des œillets.

— Eh bien, fit Gilbert, vous ne répondez pas?

— Mon cher docteur, dit Mirabeau, vous vous rappelez ce que j'ai dit à la reine, lorsque, en me quittant, elle me donna sa main à baiser : « Madame, par ce baiser, la monarchie est sauvée ! »

— Oui.

— Eh bien, j'ai pris là un lourd engagement, docteur, surtout si l'on m'abandonne comme on le fait. Cependant, cet engagement, je n'y veux pas manquer. Ne méprisons pas le suicide dont vous parliez, docteur ; ce suicide sera peut-être le seul moyen de me tirer honorablement d'affaire.

Le surlendemain, Mirabeau avait, par bail emphytéotique, acheté le château du Marais.

IV

LE CHAMP DE MARS

Nous avons déjà essayé de faire comprendre à nos lecteurs par quel nœud indissoluble de fédération la France tout entière venait de se lier, et quel effet cette fédération générale avait produit sur l'Europe.

C'est que l'Europe comprenait qu'un jour, — quand cela ? l'époque était cachée dans les nuages de l'immense avenir, — c'est que l'Europe, disons-nous, comprenait qu'un jour, elle ne formerait, elle aussi, qu'une immense fédération de citoyens, qu'une colossale société de frères.

Mirabeau avait poussé à cette grande fédération. Aux craintes que lui avait fait exprimer le roi, il avait répondu que, s'il y avait quelque salut pour la royauté en France, c'était, non point à Paris, mais dans la province qu'il le fallait chercher.

D'ailleurs, il ressortait de cette réunion d'hommes venus de tous les coins de la France un grand avantage ; c'est que le roi verrait son peuple et que le peuple verrait son roi. Quand la population tout entière de la France, représentée par trois cent mille fédérés, bourgeois, magistrats, militaires, viendrait crier : « Vive la nation ! » au Champ de Mars, et unir ses mains sur les ruines de la Bastille, quelques courtisans aveugles ou intéressés à aveugler le roi ne lui diraient plus que Paris, mené par une poignée de factieux, demandait une liberté qu'était loin de réclamer le reste de la France. Non, Mirabeau comptait sur l'esprit judicieux du roi ; non, Mirabeau comptait sur l'esprit de royauté encore si vivant, à cette époque, au fond du cœur des Français, et il augurait que, de ce contact inusité, inconnu, inouï d'un monarque avec son peuple, résulterait une alliance sacrée qu'aucune intrigue ne saurait plus rompre.

Les hommes de génie sont parfois atteints de ces niaiseries sublimes qui font que les derniers goujats politiques de l'avenir ont le droit de rire au nez de leur mémoire.

Déjà une fédération préparatoire avait eu lieu d'elle-même, pour ainsi dire, dans les plaines de Lyon. La France, qui marchait instinctivement vers l'unité, avait cru trouver le mot définitif de cette unité dans les campagnes du Rhône ; mais, là, elle s'était aperçue que Lyon pouvait bien fiancer la France au génie de la liberté, mais qu'il fallait Paris pour la marier.

Quand cette proposition d'une fédération générale fut apportée à l'Assemblée par le maire et par la Commune de Paris, qui ne pouvaient plus résister aux demandes des autres villes, il se fit un grand mouvement parmi les auditeurs. Cette réunion innombrable d'hommes conduite à Paris, ce centre éternel d'agitation, était désapprouvée à la fois par les deux partis qui séparaient la Chambre, par les royalistes et les jacobins.

C'était, disaient les royalistes, risquer un gigantesque 14 juillet, non plus contre la Bastille, mais contre la royauté.

Que deviendrait le roi, au milieu de cette effroyable mêlée de passions diverses, de cet épouvantable conflit d'opinions différentes ?

D'un autre côté, les jacobins, qui n'ignoraient pas quelle influence Louis XVI conservait sur les masses, ne redoutaient pas moins cette réunion que leurs ennemis.

Aux yeux des jacobins, une telle réunion allait amortir l'esprit public, endormir les défiances, réveiller les vieilles idolâtries, enfin royaliser la France.

Mais il n'y avait pas moyen de s'opposer à ce mouvement, qui n'avait pas eu son pareil, depuis que l'Europe tout entière s'était soulevée, au xie siècle, pour délivrer le tombeau du Christ.

Et qu'on ne s'étonne pas ; ces deux mouvements ne sont pas aussi étrangers l'un à l'autre, qu'on le pourrait croire : le premier arbre de la liberté avait été planté sur le Calvaire.

Seulement l'Assemblée fit ce qu'elle put pour rendre la réunion moins considérable qu'on ne la sentait venir. On traîna la discussion en longueur, de sorte qu'il devait se passer, pour ceux qui viendraient de l'extrémité du royaume, ce qui, à la fédération de Lyon, s'était passé pour les députés de la Corse : ils avaient eu beau se presser, ils n'étaient arrivés que le lendemain.

En outre, les dépenses furent mises à la charge des localités. Or il y avait des provinces si pauvres, et l'on savait cela, qu'on ne supposait point qu'en faisant les plus grands efforts, elles pussent subvenir aux frais de la moitié du chemin de leurs députés, ou plutôt du quart de la route qu'ils avaient à faire, puisqu'il leur fallait, non seulement aller à Paris, mais encore en revenir.

Mais on avait compté sans l'enthousiasme public. On avait compté sans la cotisation dans laquelle les riches donnèrent deux fois, une fois pour eux, une fois pour les pauvres. On avait compté sans l'hospitalité, criant le long des chemins : « Français, ouvrez vos portes, voilà des frères qui vous arrivent du bout de la France ! »

Et ce dernier cri surtout n'avait pas trouvé une oreille sourde, pas une porte rebelle.

Plus d'étrangers, plus d'inconnus ; partout des Français, des parents, des frères. A nous les pèlerins de la grande fête ! Venez, gardes nationaux ! venez, soldats ! venez, marins ! entrez chez nous ; vous trouverez des pères et des mères, des épouses dont les fils et les époux trouvent ailleurs l'hospitalité que nous vous offrons !

Pour celui qui eût pu, comme le Christ, être transporté, non pas sur la plus haute montagne de la terre, mais seulement sur la plus haute montagne de la France, c'eût été un splendide spectacle que de voir ces trois cent mille citoyens marchant vers Paris, tous ces rayons de l'étoile refluant vers le centre.

Et par qui étaient guidés tous ces pèlerins de la liberté ? Par des vieillards, par de pauvres soldats de la guerre de sept ans, par des sous-officiers de Fontenoy, par des officiers de fortune à qui il avait fallu toute une vie de labeur, de courage et de dévouement pour arriver à l'épaulette de lieutenant ou aux deux épaulettes de capitaine ; pauvres mineurs qui avaient été obligés d'user avec leur front la voûte de granit de l'ancien régime militaire ; par des mariniers, qui avaient conquis l'Inde avec Bussy et Dupleix, et qui l'avaient perdue avec Lally-Tollendal ; ruines vivantes, brisées par les canons des champs de bataille, usées au flux et au reflux de la mer. Pendant les derniers jours, des hommes de quatre-vingts ans firent des étapes de dix et douze lieues pour arriver à temps, et ils arrivèrent.

Au moment de se coucher pour toujours et de s'endormir du sommeil de l'éternité, ils avaient retrouvé les forces de la jeunesse.

C'est que la patrie leur avait fait signe, les appelant à elle d'une main, et, de l'autre, leur montrant l'avenir de leurs enfants.

L'espérance marchait devant eux.

Puis ils chantaient un seul et unique chant, que les pèlerins vinssent du nord ou du midi, de l'orient ou de l'occident, de l'Alsace ou de la Bretagne, de la Provence ou de la Normandie. Qui leur avait appris ce chant, rimé lourdement, pesamment, comme ces anciens cantiques qui guidaient les croisés à travers les mers de l'Archipel et les plaines de l'Asie Mineure ? Nul ne le sait : — l'ange de la rénovation, qui secouait en passant ses ailes au-dessus de la France.

Ce chant, c'était le fameux *Ça ira*, non pas celui de 93 ; — 93 a tout inverti, tout changé : le rire en larmes, la sueur en sang.

Non, cette France tout entière, s'arrachant à elle-même pour venir apporter à Paris le serment universel, elle ne chantait point des paroles de menace, elle ne disait point :

Ah ! ça ira, ça ira, ça ira,
Les aristocrat's à la lanterne ;
Ah ! ça ira, ça ira, ça ira,
Les aristocrat's, on les pendra !

Non, son chant, à elle, ce n'était point un chant de mort, c'était un chant de vie ; ce n'était point l'hymne du désespoir, c'était le cantique de l'espérance.

Elle chantait sur un autre air les paroles suivantes :

Le peuple en ce jour sans cesse répète :
Ah ! ça ira, ça ira, ça ira,
Suivant les maximes de l'Évangile.
Ah ! ça ira, ça ira, ça ira,
Du législateur tout s'accomplira :
Celui qui s'élève, on l'abaissera ;
Celui qui s'abaisse, on l'élèvera !

Il fallait un cirque gigantesque pour recevoir, province et Paris, cinq mille âmes ; il fallait un amphithéâtre colossal pour étager un million de spectateurs.

Pour le premier, on choisit le Champ de Mars. Pour le second, les hauteurs de Passy et de Chaillot.

Seulement le champ de Mars présentait une surface plane. Il fallait en faire un vaste bassin ; il fallait le creuser et en amonceler les terres tout autour pour former des élévations.

Quinze mille ouvriers, — de ces hommes qui se plaignent éternellement tout haut de chercher en vain de l'ouvrage, et qui, tout bas prient Dieu de n'en pas trouver, — quinze mille ouvriers furent lancés, avec bêches, pioches et hoyaux, par la ville de Paris, pour transformer cette plaine en un vallon bordé d'un large amphithéâtre. Mais, à ces quinze mille ouvriers, trois semaines seulement restaient pour accomplir cette œuvre de Titans ; et, au bout de deux jours de travail, on s'aperçut qu'il leur faudrait trois mois.

Peut-être, d'ailleurs, étaient-ils plus chèrement payés pour ne rien faire qu'ils ne l'étaient pour travailler.

Alors se produisit une espèce de miracle auquel on put juger de l'enthousiasme parisien. Le labeur immense que ne pouvaient pas ou ne voulaient pas exécuter quelque milliers d'ouvriers fainéants, la population tout entière l'entreprit. Le jour même où le bruit se répandit que le Champ de Mars ne serait pas prêt pour le 14 juillet, cent mille hommes se levèrent et dirent, avec cette certitude qui accompagne la volonté d'un peuple ou la volonté d'un Dieu : « Il le sera. »

Des députés allèrent trouver le maire de Paris au nom de ces cent mille travailleurs, et il fut convenu avec eux que, pour ne pas nuire aux travaux de la journée, on leur donnerait la nuit.

Le même soir, à sept heures, un coup de canon fut tiré, qui annonçait que, la besogne du jour étant finie, l'œuvre nocturne allait commencer.

Et, au coup de canon, par ses quatre faces, du côté de Grenelle, du côté de la rivière, du côté du Gros-Caillou et du côté de Paris, le Champ de Mars fut envahi.

Chacun portait son instrument : hoyau, bêche, pelle ou brouette.

D'autres roulaient des tonneaux pleins de vin, accompagnés de violons, de guitares, de tambours et de fifres.

Tous les âges, tous les sexes, tous les états étaient confondus ; citoyens, soldats, abbés, moines, belles dames, dames de la halle, sœurs de charité, actrices, tout cela maniait la pioche, roulait la brouette ou menait le tombereau ; les enfants marchaient devant, portant des torches ; les orchestres suivaient, jouant de toute sorte d'instruments, et, planant sur ce bruit, sur tout ce vacarme, sur tous ces instruments, s'élevait le *Ça ira*, chœur immense chanté par cent mille bouches, et auquel répondaient trois cent mille voix venant de tous les points de la France.

Au nombre des travailleurs les plus acharnés, on en remarquait deux arrivés des premiers et en uniforme ; l'un était un homme de quarante ans, aux membres robustes et trapus, mais à la figure sombre.

Lui ne chantait pas et parlait peu.

L'autre était un jeune homme de vingt ans, à la figure ouverte et souriante, aux grands yeux bleus, aux dents blanches, aux cheveux blonds, d'aplomb sur ses grands pieds et sur ses gros genoux ; il soulevait de ses larges mains des fardeaux énormes, roulait charrette et tombereau sans jamais s'arrêter, sans jamais se reposer, chantant toujours, veillant du coin de l'œil sur son compagnon, lui disant une bonne parole à laquelle celui-ci ne répondait pas, lui portant un verre de vin qu'il repoussait, revenant à sa place en levant tristement les épaules, et se remettant à travailler comme dix, et à chanter comme vingt.

Ces deux hommes, c'étaient deux des députés du nouveau département de l'Aisne qui, éloignés de dix lieues seulement de Paris, et ayant entendu dire que l'on manquait de bras, étaient accourus en toute hâte pour offrir, l'un son silencieux travail, l'autre sa bruyante et joyeuse coopération.

Ces deux hommes, c'étaient Billot et Pitou.

Disons ce qui se passait à Villers-Cotterets pendant la troisième nuit de leur arrivée à Paris, c'est-à-dire pendant la nuit du 5 au 6 juillet, au moment juste où nous venons de les reconnaître s'escrimant de leur mieux au milieu des travailleurs.

V

OÙ L'ON VOIT CE QU'ÉTAIT DEVENUE CATHERINE, MAIS OÙ L'ON IGNORE CE QU'ELLE DEVIENDRA.

Pendant cette nuit du 5 au 6 juillet, vers onze heures du soir, le docteur Raynal, qui venait de se coucher dans l'espérance — si souvent déçue chez les chirurgiens et les médecins — de dormir sa grasse nuit, le docteur Raynal, disons-nous, fut réveillé par trois coups vigoureusement frappés à sa porte.

Le docteur l'attendait, élevant un enfant dans ses bras. (Page 275.)

C'était, on le sait, l'habitude du bon docteur, quand on frappait ou quand on sonnait la nuit, d'aller ouvrir lui-même, afin d'être plus vite en contact avec les gens qui pouvaient avoir besoin de lui.

Cette fois, comme les autres, il sauta à bas de son lit, passa sa robe de chambre, chaussa ses pantoufles et descendit aussi rapidement que possible son étroit escalier.

Quelque diligence qu'il eût faite, sans doute, il paraissait trop lent encore au visiteur nocturne, car celui-ci s'était remis à frapper, mais, cette fois, sans nombre et sans mesure, lorsque tout à coup la porte s'ouvrit.

Le docteur Raynal reconnut ce même laquais qui l'était venu chercher une certaine nuit pour le conduire près du vicomte Isidore de Charny.

— Oh! oh! dit le docteur à cette vue, encore vous, mon ami? Ce n'est point un mot de reproche, entendez-vous bien? mais, si votre maître était encore blessé de nouveau, il faudrait qu'il y prît garde : il ne fait pas bon aller ainsi aux endroits où il pleut des balles.

— Non, Monsieur, répondit le laquais, ce n'est pas pour mon maître, ce n'est pas pour une blessure, c'est pour quelque chose qui n'est pas moins pressé. Achevez votre toilette : voici un cheval, et l'on vous attend.

Le docteur ne demandait jamais plus de cinq minutes pour sa toilette. Cette fois-ci, jugeant, au son de voix du laquais, et surtout à la façon dont il avait frappé, que sa présence était urgente, il n'en mit que quatre.

— Me voilà, dit-il reparaissant presque aussitôt qu'il avait disparu.

Le laquais, sans mettre pied à terre, tint la bride du cheval au docteur Raynal, qui se trouva immédiatement en selle, et qui, au lieu de tourner à gauche en sortant de chez lui, comme la première fois, tourna à droite, suivant le laquais qui lui indiquait le chemin.

C'était donc du côté opposé à Boursonnes qu'on le conduisait, cette fois.

Il traversa le parc, s'enfonça dans la forêt, laissant Haramont à sa gauche, et se trouva bientôt dans une partie du bois si accidentée qu'il était difficile d'aller plus loin à cheval.

Tout à coup, un homme caché derrière un arbre se démasqua en faisant un mouvement.

— Est-ce vous, docteur? demanda-t-il.

Le docteur, qui avait arrêté son cheval, ignorant les intentions du nouveau venu, reconnut à ces mots le vicomte Isidore de Charny.

— Oui, dit-il, c'est moi. Où diable me faites-vous donc mener, monsieur le vicomte?

— Vous allez voir, dit Isidore. Mais descendez de cheval, je vous prie, et suivez-moi.

Le docteur descendit; il commençait à tout comprendre.

— Ah! ah! dit-il, il s'agit d'un accouchement, je parie?

Isidore lui saisit la main.

— Oui, docteur, et, par conséquent, vous me promettez de garder le silence, n'est-ce pas?

Le docteur haussa les épaules en homme qui voulait dire : « Eh! mon Dieu, soyez donc tranquille, j'en ai vu bien d'autres. »

— Alors, venez par ici, dit Isidore répondant à sa pensée.

Et, au milieu des houx, sur les feuilles sèches et criantes, perdus sous l'obscurité des hêtres gigantesques, à travers le feuillage frémissant desquels on apercevait de temps en temps le scintillement d'une étoile, tous deux descendirent dans les profondeurs où nous avons dit que le pas des chevaux ne pouvait pénétrer.

Au bout de quelques instants, le docteur aperçut le haut de la pierre Clouïse.

— Oh! oh! dit-il, serait-ce dans la hutte du bonhomme Clouïs que nous allons?

— Pas tout à fait, dit Isidore, mais bien près.

Et, faisant le tour de l'immense rocher, il conduisit le docteur devant la porte d'une petite bâtisse en briques, adossée à la hutte du vieux garde, si bien qu'on aurait pu croire, et l'on croyait effectivement, dans les environs, que le bonhomme, pour plus grande commodité, avait ajouté cette annexe à son logement.

Il est vrai que, à part même Catherine, gisante sur un lit, on eût été détrompé par le premier coup d'œil jeté dans l'intérieur de cette petite chambre.

Un joli papier tendu sur la muraille, des rideaux d'étoffe pareille à ce papier pendant aux deux fenêtres; entre ces deux fenêtres une glace élégante; au-dessous de cette glace, une toilette garnie de tous ses ustensiles en porcelaine; deux chaises, deux fauteuils, un petit canapé et une petite bibliothèque : tel était l'intérieur, presque confortable, qui s'offrait à la vue en entrant dans cette petite chambre.

Mais le regard du bon docteur ne s'arrêta sur rien de tout cela. Il avait vu la femme étendue sur le lit; il allait droit à la souffrance.

En apercevant le docteur, Catherine avait caché son visage entre ses deux mains qui ne pouvaient contenir ses sanglots ni cacher ses larmes.

Isidore s'approcha d'elle et prononça son nom; elle se jeta dans ses bras.

— Docteur, dit le jeune homme, je vous confie la vie et l'honneur de celle qui n'est que ma maîtresse, mais qui, je l'espère, sera un jour ma femme.

— Oh! que tu es bon, mon cher Isidore, de me dire de pareilles choses! car tu sais bien qu'il est impossible qu'une pauvre fille comme moi soit jamais vicomtesse de Charny. Mais je ne t'en remercie pas moins; tu sais que je vais avoir besoin de forces, et tu veux m'en donner; sois tranquille, j'aurai du courage, et le premier, le plus grand que je puisse avoir, c'est de me montrer à vous, à visage découvert, cher docteur, et de vous offrir la main.

Et elle tendit la main au docteur Raynal.

Une douleur, plus violente qu'aucune de celles qu'avait éprouvées Catherine, crispa sa main, au moment même où celle du docteur Raynal la toucha.

Celui-ci fit du regard un signe à Isidore, qui comprit que le moment était venu.

Le jeune homme s'agenouilla devant le lit de la patiente.

— Catherine, mon enfant chérie, lui dit-il, sans doute je devrais rester là près de toi, à te soutenir et à t'encourager; mais, j'en ai peur, la force me manquerait; si, cependant, tu le désires...

Catherine passa son bras autour du cou d'Isidore.

— Va, dit-elle, va ; je te remercie de tant m'aimer, que tu ne puisses pas me voir souffrir.

Isidore appuya ses lèvres contre celles de la pauvre enfant, serra encore une fois la main du docteur Raynal, et s'élança hors de la chambre.

Pendant deux heures il erra comme ces ombres dont parle Dante, qui ne peuvent s'arrêter pour prendre un instant de repos, et qui, si elles s'arrêtent, sont relancées par un démon qui les pique de son trident de fer. A chaque instant, après un cercle plus ou moins grand, il revenait à cette porte derrière laquelle s'accomplissait le douloureux mystère de l'enfantement. Mais presque aussitôt un cri poussé par Catherine, en pénétrant jusqu'à lui, le frappait comme le trident de fer du damné, et le forçait de reprendre sa course errante, s'éloignant sans cesse du but où elle revenait sans cesse.

Enfin il s'entendit appeler au milieu de la nuit par la voix du docteur et par une voix plus douce et plus faible. En deux bonds, il fut à la porte, ouverte cette fois, et sur le seuil de laquelle le docteur l'attendait, élevant un enfant dans ses bras.

— Hélas ! hélas ! Isidore, maintenant je suis doublement à toi... à toi comme maîtresse, à toi comme mère !

Huit jours après, à la même heure, dans la nuit du 13 au 14 juillet, la porte se rouvrait ; deux hommes portaient dans une litière une femme et un enfant qu'un jeune homme escortait à cheval, en recommandant aux porteurs les plus grandes précautions. Arrivé à la grande route d'Haramont à Villers-Cotterets, le cortège trouva une bonne berline attelée de trois chevaux, dans laquelle montèrent la mère et l'enfant.

Le jeune homme donna alors quelques ordres à son domestique, mit pied à terre, lui jeta aux mains la bride de son cheval, et monta à son tour dans la voiture, qui, sans s'arrêter à Villers-Cotterets et sans le traverser, longea seulement le parc depuis la Faisanderie jusqu'au bout de la rue de Largny, et, arrivée là, prit au grand trot la route de Paris.

Avant de partir, le jeune homme avait laissé une bourse d'or à l'intention du père Clouïs, et la jeune femme une lettre à l'adresse de Pitou.

Le docteur Raynal avait répondu que, vu la prompte convalescence de la malade et de la bonne constitution de l'enfant, qui était un garçon, le voyage de Villers-Cotterets à Paris pouvait, dans une bonne voiture, se faire sans aucun accident.

C'était en vertu de cette bonne assurance qu'Isidore s'était décidé à ce voyage, rendu nécessaire, d'ailleurs, par le prochain retour de Billot et de Pitou.

Dieu, qui, jusqu'à un certain moment, veille parfois sur ceux que plus tard il semble abandonner, avait permis que l'accouchement eût lieu en l'absence de Billot, qui, d'ailleurs, ignorait la retraite de sa fille, et de Pitou, qui, dans son innocence, n'avait pas même soupçonné la grossesse de Catherine.

Vers cinq heures du matin, la voiture arrivait à la porte Saint-Denis ; mais elle ne pouvait traverser les boulevards à cause de l'encombrement occasionné par la fête du jour.

Catherine hasarda sa tête hors de la portière, mais elle la rentra à l'instant même en poussant un cri, et en se cachant dans la poitrine d'Isidore.

Les deux premières personnes qu'elle venait de reconnaître parmi les fédérés étaient Billot et Pitou.

VI

LE 14 JUILLET 1790

Ce travail qui, d'une plaine immense, devait faire une immense vallée entre deux collines avait, en effet, grâce à la coopération de Paris tout entier, été achevé dans la soirée du 13 juillet.

Beaucoup de travailleurs, afin d'y avoir leur place le lendemain, y avaient couché, comme des vainqueurs couchent sur le champ de bataille.

Billot et Pitou étaient allés rejoindre les fédérés, et avaient pris place au milieu d'eux sur le boulevard. Le hasard fit, comme nous l'avons vu, que la place assignée aux députés du département de l'Aisne était justement celle où alla se heurter la voiture qui amenait à Paris Catherine et son enfant.

Et, en effet, cette ligne, composée de fédérés seulement, s'étendait de la Bastille au boulevard Bonne-Nouvelle.

Chacun avait fait de son mieux pour recevoir ces hôtes bien-aimés. Quand on sut que les Bretons, ces aînés de la liberté, arrivaient, les vainqueurs de la Bastille allèrent au-devant d'eux jusqu'à Saint-Cyr, et les gardèrent comme leurs hôtes.

Il y eut alors des élans étranges de désintéressement et de patriotisme.

Les aubergistes se réunirent, et, d'un commun accord, au lieu d'augmenter leurs prix, les abaissèrent. Voilà pour le désintéressement.

Les journalistes, ces âpres jouteurs de tous les jours, qui se font une guerre incessante avec ces passions qui aigrissent en général les haines au lieu de les rapprocher, les journalistes — deux du moins, Loustalot et Camille Desmoulin — proposèrent un pacte fédératif entre les écrivains. Ils renonceraient à toute concurrence, à toute jalousie ; ils promettraient de ne ressentir désormais d'autre émulation que celle du bien public. Voilà pour le patriotisme.

Malheureusement, la proposition de ce pacte n'eut pas d'écho dans la presse, et y resta pour le présent, comme pour l'avenir, à titre de sublime utopie.

L'Assemblée avait reçu, de son côté, une portion de la secousse électrique qui remuait la France comme un tremblement de terre. Quelques jours auparavant, elle avait, sur la proposition de MM. de Montmorency et de la Fayette, aboli la noblesse héréditaire, défendue par l'abbé Maury, fils d'un savetier de village.

Dès le mois de février, l'Assemblée avait commencé par abolir l'hérédité du mal. Elle avait décidé, à propos de la pendaison des frères Agasse, condamnés pour faux billets de commerce, que l'échafaud ne flétrirait plus les enfants ni les parents du coupable.

En outre, le jour même où l'Assemblée abolissait la transmission du privilège, comme elle avait aboli la transmission du mal, un Allemand, un homme des bords du Rhin qui avait échangé ses prénoms de Jean-Baptiste contre celui d'Anacharsis, — Anacharsis Clootz, — baron prussien, né à Clèves, s'était présenté à la barre comme député du genre humain. Il conduisait derrière lui une vingtaine d'hommes de toutes les nations, dans leurs costumes nationaux, tous proscrits, et venant demander, au nom des peuples, les seuls souverains légitimes, leur place à la fédération.

Une place avait été assignée à l'*Orateur du genre humain*.

D'un autre côté, l'influence de Mirabeau se faisait sentir tous les jours : grâce à ce puissant champion, la cour conquérait des partisans, non pas seulement dans les rangs de la droite, mais encore dans ceux de la gauche. L'Assemblée avait voté, nous dirons presque d'enthousiasme, vingt-quatre millions de liste civile pour le roi, et un douaire de quatre millions pour la reine.

C'était largement rendre à tous deux les deux cent huit mille francs de dettes qu'ils avaient payés pour l'éloquent tribun, et les six mille livres de rente qu'ils lui faisaient par mois.

Du reste, Mirabeau ne paraissait pas s'être trompé non plus sur l'esprit des provinces ; ceux des fédérés qui furent reçus par Louis XVI apportaient à Paris l'enthousiasme pour l'Assemblée nationale, mais, en même temps, la religion pour la royauté. Ils levaient leur chapeau devant M. Bailly en criant : « Vive la nation ! » ; mais ils s'agenouillaient devant Louis XVI, et déposaient leur épée à ses pieds en criant : « Vive le roi ! »

Malheureusement le roi, peu poétique, peu chevaleresque, répondait mal à tous ces élans du cœur.

Malheureusement, la reine, trop fière, trop Lorraine, si on peut dire, n'estimait point comme ils le méritaient ces témoignages venant du cœur.

Puis, la pauvre femme ! elle avait quelque chose de sombre au fond de la pensée ; quelque chose de pareil à un de ces points obscurs qui tachent la face du soleil.

Ce quelque chose de sombre, cette tache qui rongeait son cœur, c'était l'absence de Charny ; de Charny, qui, certes, eût pu revenir, et qui restait près de M. de Bouillé.

Un instant, quand elle avait vu Mirabeau, elle avait eu l'idée, à titre de distraction, de faire de la coquetterie avec cet homme. Le puissant génie avait flatté son amour-propre royal et féminin en se courbant à ses pieds ; mais, au bout du compte, qu'est-ce pour le cœur que le génie ? Qu'importent aux passions ces triomphes pour l'amour-propre, ces victoires de l'orgueil ? Avant tout, dans Mirabeau, la reine, de ses yeux de femmes, avait vu l'homme matériel, l'homme avec son obésité maladive, ses joues sillonnées, creuses, déchirées, bouleversées par la petite vérole, son œil rouge, son cou engorgé ; elle lui avait immédiatement comparé Charny ; Charny, l'élégant gentilhomme à la fleur de l'âge, dans la maturité de la beauté ; Charny, sous son brillant uniforme, qui lui donnait l'air d'un prince des batailles, tandis que Mirabeau, sous son costume, ressemblait, quand le génie n'animait pas sa puissante figure, à un chanoine déguisé. Elle avait haussé ses épaules ; elle avait poussé un profond soupir, avec des yeux rougis par les veilles et par les larmes ; elle avait essayé de percer la distance, et, d'une voix douloureuse et pleine de sanglots, elle avait murmuré : « Charny ! ô Charny ! »

Qu'importaient à cette femme, en de pareils

moments, les populations accumulées à ses pieds? que lui importaient ces flots d'hommes poussés comme une marée par les quatre vents du ciel, et venant battre les degrés du trône en criant : « Vive le roi ! vive la reine ! » Une voix connue, qui eût murmuré à son oreille : « Marie, rien n'est changé en moi ! Antoinette, je vous aime ! » cette voix lui eût fait croire que rien non plus n'était changé autour d'elle, et eût plus fait, pour la satisfaction de ce cœur, pour la sérénité de ce front, que tous ces cris, que toutes ces promesses, que tous ces serments.

Enfin le 14 juillet était venu impassiblement et à son heure, amenant avec lui ces grands et petits événements qui font à la fois l'histoire des humbles et des puissants, du peuple et de la royauté.

Comme si ce dédaigneux 14 juillet n'eût pas su qu'il venait pour éclairer un spectacle inouï, inconnu, splendide, il vint, le front voilé de nuages, soufflant le vent et la pluie.

Mais une des qualités du peuple français est de rire de tout, même de la pluie les jours de fête.

Les gardes nationaux parisiens et les fédérés provinciaux, entassés sur les boulevards depuis cinq heures du matin, trempés de pluie, mourant de faim, riaient et chantaient.

Il est vrai que la population parisienne, qui ne pouvait pas les garantir de la pluie, eut au moins l'idée de les guérir de la faim.

De toutes les fenêtres, on commença à leur descendre, avec des cordes, des pains, des jambons et des bouteilles de vin.

Il en fut de même dans toutes les rues par où ils passèrent. Pendant leur marche, cent cinquante mille personnes prenaient place sur les tertres du Champ de Mars, et cent cinquante mille autres se tenaient debout derrière elles.

Quant aux amphithéâtres de Chaillot et de Passy, ils étaient chargés de spectateurs dont il était impossible de savoir le nombre.

Magnifique cirque, gigantesque amphithéâtre, splendide arène, où eut lieu la fédération de la France, et où aura lieu un jour la fédération du monde !

Que nous voyions cette fête ou que nous ne la voyions pas, qu'importe? nos fils la verront, le monde la verra !

Une des grandes erreurs de l'homme est de croire que le monde tout entier est fait pour sa courte vie, tandis que ce sont ces enchaînements d'existences infiniment courtes, éphémères, presque invisibles, excepté à l'œil de Dieu, qui font *le temps*, c'est-à-dire la période plus ou moins longue pendant laquelle la Providence, cette Isis aux quadruples mamelles qui veille sur les nations, travaille à son œuvre mystérieuse, et poursuit son incessante genèse.

Eh ! certes, tous ceux qui étaient là croyaient bien la tenir de près, par ses deux ailes, la fugitive déesse qu'on appelle la Liberté, qui n'échappe et ne disparaît que pour reparaître, à chaque fois plus fière et plus brillante.

Ils se trompaient, comme se trompèrent leurs fils, lorsqu'ils crurent l'avoir perdue.

Aussi, quelle joie, quelle confiance dans cette foule, dans celle qui attendait assise ou debout, dans celle qui, passant la rivière sur le pont de bois bâti devant Chaillot, envahissait le Champ de Mars par l'arc de triomphe.

A mesure qu'entraient les bataillons de fédérés, de grands cris d'enthousiasme, — et peut-être un peu d'étonnement au tableau qui frappait leurs yeux, — de grands cris poussés par le cœur s'échappaient de toutes les bouches.

Et, en effet, jamais pareil spectacle n'avait frappé l'œil de l'homme.

Le Champ de Mars, transformé par enchantement ! Une plaine changée, en moins d'un mois, en une vallée d'une lieue de tour !

Sur les talus quadrangulaires de cette vallée, trois cent mille personnes assises ou debout !

Au milieu, l'autel de la Patrie, auquel on monte par quatre escaliers correspondant aux quatre faces de l'obélisque, qui le surmonte !

A chaque angle du monument, d'immenses cassolettes brûlant cet encens que l'Assemblée nationale a décidé qu'on ne brûlerait plus que pour Dieu !

Sur chacune de ses quatre faces, des inscriptions annonçant au monde que le peuple français est libre, et conviant les autres nations à la liberté !

O grande joie de nos pères ! à cette vue, tu fus si vive, si profonde, si réelle, que les tressaillements en sont venus jusqu'à nous !

Et cependant le ciel était parlant comme un augure antique ! A chaque instant, de lourdes averses, des rafales de vents, des nuages sombres : 1793, 1814, 1815 !

Puis, de temps en temps, au milieu de tout cela, un soleil brillant : 1830, 1848 !

O prophète qui fusses venu dire l'avenir à ce million d'hommes, comment eusses-tu été reçu ?

Comme les Grecs recevaient Calchas, comme les Troyens recevaient Cassandre.

Mais, ce jour-là, on n'entendit que deux voix : la voix de la foi, à laquelle répondait celle de l'espérance.

Devant les bâtiments de l'École militaire, des galeries étaient dressées.

Ces galeries, couvertes de draperies et surmontées de drapeaux aux trois couleurs, étaient réservées pour la reine, pour la cour et pour l'Assemblée nationale.

Deux trônes pareils, et s'élevant à trois pieds de distance l'un de l'autre, étaient destinés au roi et au président de l'Assemblée.

Le roi nommé, *pour ce jour seulement*, chef suprême et absolu des gardes nationales de France, avait transmis son commandement à M. de la Fayette !

La Fayette était donc, ce jour-là, généralissime-connétable de six millions d'hommes armés !

Sa fortune était pressée d'arriver au faîte ! plus grande que lui, elle ne pouvait tarder à décliner et à s'éteindre.

Ce jour, elle fut à son apogée ; mais, comme ces apparitions nocturnes et fantastiques qui dépassent peu à peu toutes les proportions humaines, elle n'avait grandi démesurément que pour se dissoudre en vapeur, s'évanouir, et disparaître.

Mais, pendant la fédération, tout était réel, et tout avait la puissance de la réalité.

Peuple qui devait donner sa démission ; roi dont la tête devait tomber; généralissime que les quatre pieds de son cheval blanc devaient mener à l'exil.

Et cependant, sous cette pluie hivernale, sous ces rafales tempétueuses, à la lueur de ces rayons, non pas même de soleil, mais de jour filtrant à travers la voûte sombre des nuages, les fédérés entraient dans l'immense cirque par les trois ouvertures de l'arc de triomphe ; puis, derrière leur avant-garde, pour ainsi dire, vingt-cinq mille hommes environ, se développant sur deux lignes circulaires pour embrasser les contours du cirque, venaient les électeurs de Paris, ensuite les représentants de la commune, enfin l'Assemblée nationale.

Tous ces corps, qui avaient leurs places retenues dans les galeries adossées à l'École militaire, suivaient une ligne droite s'ouvrant seulement comme le flot devant un rocher, pour côtoyer l'autel de la Patrie, se réunissant au delà comme ils avaient été réunis en deçà, et touchant déjà de la tête les galeries, tandis que la queue, immense serpent, étendait son dernier repli jusqu'à l'arc de triomphe.

Derrière les électeurs, les représentants de la commune et l'Assemblée nationale, venait le reste du cortège : fédérés, députations militaires, gardes nationaux.

Chaque département portant sa bannière distinctive, mais reliée, enveloppée, nationalisée, par cette grande ceinture de bannières tricolores, qui disait aux yeux et aux cœurs ces deux mots, les seuls avec lesquels les peuples, ces ouvriers de Dieu, font les grandes choses : *Patrie, Unité.*

En même temps que le président de l'Assemblée nationale montait à son fauteuil, le roi montait au sien, et la reine prenait place dans sa tribune.

Hélas ! pauvre reine ! sa cour était mesquine. Ses meilleures amies avaient eu peur et l'avaient quittée ; peut-être, si l'on eût su que, grâce à Mirabeau, le roi avait obtenu vingt-cinq millions de douaire, peut-être quelques-unes seraient-elles revenues ; mais on l'ignorait.

Quant à celui qu'elle cherchait inutilement des yeux, Marie-Antoinette savait que, celui-là, ce n'était ni l'or ni la puissance qui l'attiraient près d'elle.

A son défaut, ses yeux au moins voulurent s'arrêter sur un visage ami et dévoué.

Elle demanda où était M. Isidore de Charny, et pourquoi, la royauté ayant si peu de partisans au milieu d'une si grande foule, ses défenseurs n'étaient pas à leur poste autour du roi ou aux pieds de la reine.

Nul ne savait où était Isidore de Charny, et celui qui lui eût répondu qu'à cette heure, il conduisait une petite paysanne, sa maîtresse, dans une modeste maison bâtie sur le versant de la montagne de Bellevue, lui eût fait, certainement, hausser les épaules de pitié, s'il ne lui eût pas serré le cœur de jalousie.

Qui sait, en effet, si l'héritière des Césars n'eût pas donné trône et couronne, n'eût pas consenti à être une paysanne obscure, fille d'un obscur fermier, pour être aimée encore d'Olivier, comme Catherine était aimée d'Isidore ?

Sans doute, c'étaient toutes ces pensées qu'elle roulait dans son esprit, lorsque Mirabeau, saisissant un de ses regards douteux, moitié rayon du ciel, moitié éclair d'orage, ne put s'empêcher de dire tout haut :

— Mais à quoi pense-t-elle donc, la magicienne ?

Si Cagliostro eût été à portée d'entendre ces paroles, peut-être eût-il pu lui répondre : « Elle pense à la fatale machine que je lui ai fait voir au château de Taverny, dans une carafe, et qu'elle a reconnue un soir, aux Tuileries, sous la plume du docteur Gilbert. » Et il se serait trompé, le grand prophète qui se trompait si rarement.

Elle pensait à Charny absent et à l'amour éteint.

Et cela, au bruit de cinq cents tambours et de deux mille instruments de musique que l'on entendait à peine parmi les cris de « Vive le roi ! Vive la loi ! Vive la nation ! »

Tout à coup, un grand silence se fit.

Le roi était assis comme le président de l'Assemblée nationale.

Deux cents prêtres, vêtus d'aubes blanches, s'avançaient vers l'autel, précédés de l'évêque d'Autun, M. de Talleyrand, le patron de tous les prêteurs de serments, passés, présents et futurs.

Il monta les marches de l'autel de son pied boiteux, le Méphistophélès attendant le Faust qui devait apparaître au 13 vendémiaire.

Une messe dite par l'évêque d'Autun ! Nous avions oublié cela au nombre des mauvais présages.

Ce fut à ce moment que l'orage redoubla ; on eût dit que le ciel protestait contre ce faux prêtre qui allait profaner le saint sacrifice de la messe, donner pour tabernacle au Seigneur une poitrine que devaient souiller tant de parjures à venir.

Les bannières des départements et les drapeaux tricolores, rapprochés de l'autel, lui faisaient une ceinture flottante dont le vent du sud-ouest déroulait et agitait violemment les mille couleurs.

La messe achevée, M. de Talleyrand descendit quelques marches, et bénit le drapeau national et les bannières des quatre-vingt-trois départements.

Puis commença la cérémonie sainte du serment.

La Fayette jurait le premier, au nom des gardes nationales du royaume.

Le président de l'Assemblée nationale jurait le second, au nom de la France.

Le roi jurait le troisième en son propre nom.

La Fayette descendit de cheval, traversa l'espace qui le séparait de l'autel, en monta les degrés, tira son épée, en appuya la pointe sur le livre des Évangiles, et, d'une voix ferme et assurée :

— Nous jurons d'être à jamais fidèles à la nation, à la loi, au roi ; de maintenir, de tout notre pouvoir, la constitution décrétée par l'Assemblée nationale et acceptée par le roi ; de protéger, conformément aux lois, la sûreté des personnes et des propriétés, la circulation des grains et subsistances dans l'intérieur du royaume, la perception des contributions publiques sous quelque forme qu'elles existent ; de demeurer unis à tous les Français par les liens indissolubles de la fraternité.

Il s'était fait un grand silence pendant ce serment.

A peine fut-il achevé, que cent pièces de canon s'enflamment à la fois et donnent le signal aux départements voisins.

Alors, de toute ville fortifiée partit un immense éclair suivi de ce tonnerre menaçant inventé par les hommes, et qui, si la supériorité se mesure aux désastres, a depuis longtemps vaincu celui de Dieu.

Comme les cercles produits par une pierre jetée au milieu d'un lac, et qui vont s'élargissant jusqu'à ce qu'ils atteignent le bord, chaque cercle de flamme, chaque grondement de tonnerre s'élargit ainsi, marchant du centre à la circonférence, de Paris à la frontière, du cœur de la France à l'étranger.

Puis le président de l'Assemblée nationale se leva à son tour, et, tous les députés debout autour de lui, il dit :

— Je jure d'être fidèle à la nation, à la loi, au roi, et de maintenir de tout mon pouvoir, la constitution décrétée par l'Assemblée nationale et acceptée par le roi.

Et à peine avait-il achevé, que la même flamme brilla, que la même foudre retentit, et roula d'échos en échos vers toutes les extrémités de la France.

C'était le tour du roi.

Il se leva.

Silence ! Écoutez tous de quelle voix il va faire le serment national, celui qu'il trahissait au fond du cœur en le faisant.

Prenez garde, Sire ! le nuage se déchire, le ciel s'ouvre, le soleil paraît.

Le soleil, c'est l'œil de Dieu ! Dieu vous regarde.

— Moi, roi des Français, dit Louis XVI, je jure d'employer tout le pouvoir qui m'est délégué par la loi constitutionnelle de l'État à maintenir la constitution décrétée par l'Assemblée nationale et acceptée par moi, et à faire exécuter les lois.

Oh ! Sire, Sire, pourquoi, cette fois encore, n'avez-vous pas voulu jurer à l'autel ?

Le 21 juin répondra au 14 juillet, Varennes dira le mot de l'énigme du Champ de Mars.

Mais, faux ou réel, le serment n'en fit pas moins sa flamme et son bruit.

Les cent pièces de canon éclatèrent comme elles avaient fait pour la Fayette et pour le président de l'Assemblée ; et l'artillerie des départements alla porter une troisième fois ce menaçant avis aux rois de l'Europe : « Prenez garde, la France est debout! prenez garde, la France veut être libre, et, comme cet ambassadeur romain qui portait dans un pli de son manteau la paix et la guerre, elle est prête à secouer son manteau sur le monde ! »

VII

ICI L'ON DANSE

Il y eut une heure d'immense joie dans cette multitude.

Mirabeau en oublia un instant la reine, Billot en oublia un instant Catherine.

Le roi se retira au milieu des acclamations universelles.

L'Assemblée regagna la salle de ses séances, accompagnée du même cortège qu'elle avait en arrivant.

Quant au drapeau donné par la ville de Paris aux vétérans de l'armée, il fut, — dit l'*Histoire de la Révolution par Deux amis de la liberté*, — il fut décrété qu'il resterait suspendu aux voûtes de l'Assemblée, comme un monument, pour les législatures à venir, de l'heureuse époque que l'on venait de célébrer, *et comme un emblème propre à rappeler aux troupes qu'elles sont soumises aux deux pouvoirs, et qu'elles ne peuvent le déployer sans leur intervention mutuelle.*

Chapelier, sur la proposition duquel fut rendu ce décret, prévoyait-il donc le 27 juillet, le 24 février et le 2 décembre?

La nuit vint. — La fête du matin avait été au Champ de Mars; la fête du soir fut à la Bastille.

Quatre-vingt-trois arbres, autant qu'il y avait de départements, représentèrent, couverts de leurs feuilles, les huit tours de la forteresse sur les fondements desquelles ils étaient plantés. Des cordons de lumière couraient d'arbre en arbre; au milieu s'élevait un mât gigantesque, portant un drapeau sur lequel on lisait le mot LIBERTÉ. Près des fossés, dans une tombe laissée ouverte à dessein, étaient enterrés les fers, les chaînes, les grilles de la Bastille, et ce fameux bas-relief de l'horloge, représentant des esclaves enchaînés. En outre, on avait laissé béants, en les éclairant d'une façon lugubre, ces cachots qui avaient absorbé tant de larmes et étouffé tant de gémissements; enfin, lorsque, attiré par la musique qui retentissait au milieu du feuillage, on pénétrait jusqu'à l'endroit où était autrefois la cour intérieure, on y trouvait une salle de bal ardemment éclairée, au-dessus de l'entrée de laquelle on lisait ces mots, qui n'étaient que la réalisation de la prédiction de Cagliostro :

ICI L'ON DANSE

A l'une des mille tables dressées autour de la Bastille, et sous cet ombrage improvisé qui représentait la vieille forteresse presque aussi exactement que les petites pierres taillées de M. l'architecte Palloy, deux hommes réparaient leurs forces épuisées par toute une journée de marches, de contre-marches et de manœuvres.

Ils avaient devant eux un énorme saucisson, un pain de quatre livres, et deux bouteilles de vin.

— Ah ! par ma foi ! dit, en vidant son verre d'un seul trait, le plus jeune des deux hommes, qui portait le costume de capitaine de la garde nationale, tandis que l'autre, plus âgé du double au moins, portait celui de fédéré; — par ma foi ! c'est une bonne chose de manger quand on a faim, et de boire quand on a soif.

Puis, après une pause :

— Mais vous n'avez donc ni soif ni faim, vous, père Billot? demanda-t-il.

— J'ai mangé et j'ai bu, répondit celui-ci, et je n'ai plus ni soif ni faim que d'une chose...

— De laquelle?

— Je te dirai cela, ami Pitou, quand l'heure de me mettre à table sera venue.

Pitou ne vit point malice dans la réponse de Billot. Billot avait peu bu et peu mangé, malgré la fatigue de la journée et *la faim qu'il faisait*, comme disait Pitou; mais, depuis son départ de Villers-Cotterets pour Paris, et pendant les cinq jours ou plutôt les cinq nuits de travail au Champ de Mars, Billot avait également très peu bu et très peu mangé.

Pitou savait que certaines indispositions, sans être autrement dangereuses, enlèvent momentanément l'appétit aux organisations les plus robustes, et, à chaque fois, qu'il avait remarqué combien peu mangeait Billot, il lui avait demandé, comme il venait de le faire, pourquoi il ne mangeait pas; demande à laquelle Billot avait répondu qu'il n'avait pas faim; réponse qui avait suffi à Pitou.

Seulement, il y avait une chose qui contrariait Pitou : ce n'était pas la sobriété d'estomac de Billot; chacun est libre de manger peu ou point. D'ailleurs, moins Billot mangeait, plus

Pitou laissait la main de la belle dame étendue vers lui. (Page 281.)

il en restait à Pitou. C'était la sobriété de paroles du fermier.

Quand Pitou mangeait en compagnie, Pitou aimait à parler; il avait remarqué que, sans que la parole nuisît à la déglutition, elle aidait à la digestion, et cette remarque avait jeté de si profondes racines dans son esprit, que, quand Pitou mangeait seul, il chantait.

A moins que Pitou ne fût triste.

Mais Pitou n'avait aucun motif pour être triste, au contraire.

Sa vie d'Haramont, depuis un certain temps, était redevenue fort agréable. Pitou, on l'a vu, aimait ou plutôt adorait Catherine; et j'invite le lecteur à prendre le mot à la lettre; or, que faut-il à l'Italien ou à l'Espagnol qui adore la madone? Voir la madone, s'agenouiller devant la madone, prier la madone...

Que faisait Pitou?

Dès que la nuit était venue, il partait pour la pierre Clouïse; il voyait Catherine; il s'agenouillait devant Catherine; il priait Catherine.

Et la jeune fille, reconnaissante de l'immense service que lui avait rendu Pitou, le laissait faire. Elle avait les yeux ailleurs, plus loin, plus haut!...

Seulement, de temps en temps, il y avait un petit sentiment de jalousie chez le brave garçon, quand il apportait de la poste une lettre d'Isidore pour Catherine, ou quand il portait à la poste une lettre de Catherine pour Isidore.

Mais, à tout prendre, cette situation était incomparablement meilleure que celle qui lui avait été faite à la ferme, à son retour de Paris, lorsque Catherine, reconnaissant dans Pitou un démagogue, un ennemi des nobles et des aristocrates, l'avait mis à la porte en lui disant qu'il n'y avait pas d'ouvrage à la ferme pour lui.

Pitou, qui ignorait la grossesse de Catherine, ne faisait donc aucun doute que cette situation ne dût durer éternellement.

Aussi avait-il quitté Haramont avec grand regret, mais forcé par son grade supérieur de donner l'exemple du zèle, et avait-il pris congé de Catherine en la recommandant au père Clouis, et en promettant de revenir le plus tôt possible.

Pitou n'avait donc rien laissé derrière lui qui pût le rendre triste.

A Paris, Pitou n'avait été se heurter contre aucun événement qui pût faire naître ce sentiment dans son cœur.

Il avait trouvé le docteur Gilbert, auquel il avait rendu compte de l'emploi de ses vingt-cinq louis, et rapporté les remerciements et les vœux des trente-trois gardes nationaux qu'à l'aide de ces vingt-cinq louis il avait vêtus, et le docteur Gilbert lui en avait donné vingt-cinq autres, pour être appliqués, non plus, cette fois, aux besoins exclusifs de la garde nationale, mais, en même temps, aux siens propres.

Pitou avait accepté simplement et naïvement les vingt-cinq louis.

Puisque M. Gilbert, qui était un dieu pour lui, donnait, il n'y avait pas de mal à recevoir.

Quand Dieu donnait la pluie ou le soleil, il n'était jamais venu à Pitou cette idée de prendre un parapluie ou un parasol pour repousser les dons de Dieu.

Non, il avait accepté l'un et l'autre, et, comme les fleurs, comme les plantes, comme les arbres, il s'en était toujours bien trouvé.

En outre, après avoir réfléchi un instant, Gilbert avait relevé sa belle tête pensive et lui avait dit :

— Je crois, mon cher Pitou, que Billot a beaucoup de choses à me raconter; ne voudrais-tu pas, pendant que je causerai avec Billot, faire une visite à Sébastien?

— Oh! si fait, monsieur Gilbert, s'écria Pitou en frappant ses deux mains l'une contre l'autre comme un enfant : j'en avais grande envie, à part moi, mais je n'osais pas vous en demander la permission.

Gilbert réfléchit encore un instant.

Puis, prenant une plume, il écrivit quelques mots qu'il plia en lettre, et qu'il adressa à son fils.

— Tiens, dit-il, prends une voiture et va trouver Sébastien; probablement, d'après ce que je lui écris, aura-t-il une visite à faire; tu le conduiras où il doit aller, n'est-ce pas, mon cher Pitou? et tu l'attendras à la porte. Peut-être te fera-t-il attendre une heure, peut-être davantage; mais je connais ta complaisance, tu te diras que tu me rends un service, et tu ne t'ennuieras pas.

— Oh! non, soyez tranquille, dit Pitou, je ne m'ennuie jamais, monsieur Gilbert; d'ailleurs, je prendrai, en passant devant un boulanger, un bon morceau de pain, et, si je m'ennuie dans la voiture, je mangerai.

— Bon moyen! avait répondu Gilbert; seulement, Pitou, ceci soit dit comme hygiène, avait-il ajouté en souriant, il ne faut pas manger de pain sec, et il est bon de boire en mangeant.

— Alors, avait repris Pitou, j'achèterai, en outre du morceau de pain, un morceau de fromage de cochon et une bouteille de vin.

— Bravo! s'était écrié Gilbert.

Et, sur cet encouragement, Pitou était descendu, avait pris un fiacre, s'était fait conduire au collège Saint-Louis, avait demandé Sébastien, qui se promenait dans le jardin réservé, l'avait enlevé dans ses bras comme Hercule fait de Téléphe, l'avait embrassé tout à son aise, puis, en le reposant à terre, lui avait remis la lettre de son père.

Sébastien avait d'abord baisé la lettre avec ce doux respect et ce tendre amour qu'il avait pour son père; puis, après un instant de réflexion :

— Pitou, demanda-t-il, mon père ne t'a-t-il pas dit que tu devais me conduire quelque part?

— Si cela te convenait d'y aller?

— Oui, oui, dit vivement l'enfant, oui, cela me convient, et tu diras à mon père que j'ai accepté avec empressement.

— Bon! dit Pitou, il paraît que c'est un endroit où tu t'amuses.

— C'est un endroit où je n'ai été qu'une fois, Pitou, mais où je suis bien heureux de retourner.

— En ce cas, dit Pitou, il n'y a qu'à prévenir l'abbé Bérardier que tu sors; nous avons un fiacre à la porte, et je t'emmène.

— Eh bien, pour ne pas perdre de temps,

mon cher Pitou, dit le jeune homme, porte toi-même à l'abbé ce petit mot de mon père, je fais un peu de toilette, et je te rejoins dans la cour.

Pitou porta son petit mot au directeur des études, prit un *exeat*, et descendit dans la cour.

L'entrevue avec l'abbé Bérardier avait amené une certaine satisfaction d'amour-propre chez Pitou; il s'était fait reconnaître pour ce pauvre paysan coiffé d'un casque, armé d'un sabre, et légèrement privé de culotte, qui, le jour même de la prise de la Bastille, il y avait un an, avait fait émeute dans le collège, à la fois par les armes qu'il avait et par le vêtement qui lui manquait. Aujourd'hui il s'y présentait avec le chapeau à trois cornes, l'habit bleu, le revers blanc, la culotte courte, les épaulettes de capitaine sur l'épaule; aujourd'hui il s'y présentait comme député à la fédération; il avait donc droit à toute sorte d'égards.

Aussi l'abbé Bérardier eut-il pour Pitou toute sorte d'égards.

Presque en même temps que Pitou descendait l'escalier du directeur des études, Sébastien, qui avait chambre à part, descendait l'escalier de sa chambre.

Ce n'était plus un enfant que Sébastien; c'était un charmant jeune homme de seize à dix-sept ans, dont les beaux cheveux châtains encadraient le visage, et dont les yeux bleus lançaient ces premières flammes juvéniles, dorées comme les rayons du jour naissant.

— Me voilà, dit-il tout joyeux à Pitou, partons.

Pitou le regarda avec une si grande joie mêlée d'un si grand étonnement, que Sébastien fut obligé de répéter une seconde fois son invitation.

A cette seconde fois, Pitou suivit le jeune homme.

Arrivé à la grille:

— Ah çà! dit Pitou à Sébastien, tu sais que j'ignore où nous allons; c'est donc à toi de donner l'adresse.

— Sois tranquille, dit Sébastien.

Et, s'adressant au cocher:

— Rue Coq-Héron, n° 9, à la première porte cochère en entrant par la rue Coquillière.

Cette adresse ne disait absolument rien à Pitou. Aussi Pitou monta-t-il dans la voiture derrière Sébastien, sans faire aucune observation.

— Mais, mon cher Pitou, dit Sébastien, si la personne chez qui je vais est chez elle, probablement y resterai-je une heure, et peut-être davantage.

— Ne t'inquiète pas de cela, Sébastien, dit Pitou en ouvrant sa grande bouche pour rire joyeusement, le cas est prévu. Hé! cocher! arrêtez.

En effet, on passait devant un boulanger; le cocher s'arrêta, Pitou descendit, acheta un pain de deux livres, et remonta dans le fiacre.

Un peu plus loin, Pitou arrêta le cocher une seconde fois.

C'était devant un cabaret.

Pitou descendit, acheta une bouteille de vin, et reprit sa place près de Sébastien.

Enfin Pitou arrêta le cocher une troisième fois; c'était devant un charcutier.

Pitou descendit et acheta un quart de fromage de cochon.

— Là, maintenant, dit-il, allez sans vous arrêter rue Coq-Héron, j'ai tout ce qu'il me faut.

— Bon! dit Sébastien, je comprends ton affaire à présent, et je suis tout à fait tranquille.

La voiture roula jusqu'à la rue Coq-Héron et ne s'arrêta que devant le n° 9.

A mesure qu'il approchait de cette maison, Sébastien paraissait pris d'une agitation fébrile qui allait croissant. Il se tenait debout dans le fiacre, passait la tête à la portière, et criait au cocher, sans que cette invitation — il faut le dire à l'honneur du cocher et de ses deux rosses — fit faire un pas plus vite au fiacre:

— Allez donc, cocher, mais allez donc!

Cependant, comme il faut que chaque chose atteigne son but, le ruisseau la rivière, la rivière le fleuve, le fleuve l'Océan, le fiacre atteignit la rue Coq-Héron, et s'arrêta, comme nous l'avons dit, au n° 9.

Aussitôt, sans attendre l'aide du cocher, Sébastien ouvrit la portière, embrassa une dernière fois Pitou, sauta à terre, sonna vivement à la porte, qui s'ouvrit, demanda au concierge madame la comtesse de Charny, et, avant qu'il lui eût répondu, s'élança vers le pavillon.

Le concierge, qui vit un charmant enfant beau et bien mis, n'essaya pas même de l'arrêter, car, comme la comtesse était chez elle, il se contenta de refermer la porte après s'être assuré que personne ne suivait l'enfant, et ne désirait entrer avec lui.

Au bout de cinq minutes, pendant que Pitou entamait de son couteau le quart de fromage de cochon, tenait entre ses genoux la bouteille débouchée, et mordait à belles dents le pain tendre à croûte croquante, la portière du fiacre s'ouvrit, et le concierge, son bonnet à la main, adressa à Pitou ces paroles, qu'il lui fit répéter deux fois :

— Madame la comtesse de Charny prie M. le capitaine Pitou de lui faire l'honneur d'entrer chez elle, au lieu d'attendre M. Sébastien dans le fiacre.

Pitou, nous l'avons dit, se fit répéter ces paroles deux fois ; mais, comme, à la seconde, il n'y avait pas moyen de s'y méprendre, force lui fut, avec un soupir, d'avaler sa bouchée, de restituer au papier qui l'enveloppait la partie du fromage de cochon qu'il avait déjà séparée du tout, et d'accoter proprement sa bouteille dans l'angle du fiacre, afin que le vin ne s'en échappât point.

Puis, tout étourdi de l'aventure, il suivit le concierge. Mais son étourdissement redoubla, quand il se vit attendu dans l'antichambre par une belle dame qui, serrant Sébastien sur sa poitrine, et tendant la main, lui dit, à lui Pitou :

— Monsieur Pitou, vous venez de me faire une joie si grande et si inespérée en m'amenant Sébastien, que j'ai voulu vous remercier moi-même.

Pitou regardait, Pitou balbutiait, mais Pitou laissait la main de la belle dame étendue vers lui.

— Prends cette main et baise-la, Pitou, dit Sébastien ; ma mère le permet.

— Ta mère ? dit Pitou.

Sébastien fit de la tête un signe affirmatif.

— Oui, sa mère, dit Andrée, le regard rayonnant de joie ; à laquelle vous l'avez ramené, après neuf mois d'absence ; sa mère, qui ne l'avait vu qu'une fois, et qui, dans l'espérance que vous le lui ramènerez encore, ne veut pas avoir de secret pour vous, quoique ce secret dût être sa perte s'il était connu.

Chaque fois qu'on s'adressait au cœur ou à la loyauté de Pitou, on était sûr que le brave garçon perdait à l'instant même tout trouble et toute hésitation.

— Oh ! Madame ! s'écria-t-il en saisissant la main que la comtesse de Charny lui tendait, et en la baisant, soyez tranquille, votre secret est là.

Et, se relevant, il posa avec une certaine dignité sa main sur son cœur.

— Maintenant, monsieur Pitou, poursuivit la comtesse, mon fils m'a dit que vous n'aviez pas déjeuné ; entrez dans la salle à manger, et, pendant que je causerai avec Sébastien, — vous voudrez bien accorder ce bonheur à une mère, n'est-ce pas ? — on vous servira, et vous réparerez le temps perdu.

Et, saluant Pitou d'un de ces regards qu'elle n'avait jamais eus pour les plus riches seigneurs de la cour de Louis XV ou de la cour de Louis XVI, elle entraîna Sébastien à travers le salon jusque dans sa chambre à coucher, laissant Pitou, assez étourdi encore, attendre, dans la salle à manger, l'effet de la promesse qui venait de lui être faite.

Au bout de quelques instants, cette promesse était remplie. Deux côtelettes, un poulet froid et un pot de confitures étaient dressés sur la table, près d'une bouteille de vin de Bordeaux, d'un verre à pied de cristal de Venise fin comme de la mousseline, et d'une pile d'assiettes de porcelaine de Chine.

Malgré l'élégance du service, nous n'oserions dire que Pitou ne regretta point son pain de deux livres, son fromage de cochon et sa bouteille de vin au cachet vert.

Comme il entamait son poulet, après avoir absorbé ses deux côtelettes, la porte de la salle à manger s'ouvrit, et un jeune gentilhomme parut, s'apprêtant à traverser cette salle pour gagner le salon.

Pitou leva la tête, le jeune gentilhomme baissa les yeux, tous deux se reconnurent en même temps, et en même temps poussèrent ce double cri de reconnaissance :

— M. le vicomte de Charny !

— Ange Pitou !

Pitou se leva, son cœur battit violemment ; la vue du jeune homme lui rappelait les émotions les plus douloureuses qu'il eût jamais éprouvées.

Quant à Isidore, la vue de Pitou ne lui rappelait absolument rien que les obligations que Catherine lui avait dit avoir au brave garçon.

Il ignorait, et n'avait pas même l'idée de supposer cet amour profond de Pitou pour Catherine, amour dans lequel Pitou avait eu la force de puiser son dévouement. En conséquence, il vint droit à Pitou, dans lequel, malgré son uniforme et sa double épaulette, l'habitude lui faisait voir le paysan d'Haramont, le collecteur de la Bruyère-aux-Loups, le garçon de ferme de Billot.

— Ah ! c'est vous, monsieur Pitou, dit-il ; enchanté de vous rencontrer pour vous faire tous mes remerciements sur les services que vous nous avez rendus.

— Monsieur le vicomte, dit Pitou d'une voix assez ferme, quoiqu'il sentît tout son corps frissonner, ces services je les ai rendus en vue de mademoiselle Catherine, et à elle seule.

— Oui, jusqu'au moment où vous avez su

que je l'aimais; depuis ce moment, je dois donc prendre ma part de ces services, et, comme, tant pour recevoir mes lettres que pour faire bâtir cette petite maison de la pierre Clouïse, vous avez dû dépenser quelque chose...

Et Isidore porta la main à sa poche, comme pour interroger par une démonstration la conscience de Pitou.

Mais celui-ci l'arrêta :

— Monsieur, dit-il avec cette dignité qu'on était parfois étonné de trouver en lui, je rends des services quand je puis, mais je ne les fais pas payer; d'ailleurs, je vous le répète, ces services, je les ai rendus à mademoiselle Catherine. Mademoiselle Catherine est mon amie; si elle croit me devoir quelque chose, elle règlera cette dette avec moi; mais vous, Monsieur, vous ne me devez rien, car j'ai tout fait pour mademoiselle Catherine, et rien pour vous; vous n'avez donc rien à m'offrir.

Ces paroles, et surtout le ton dont elles étaient dites, frappèrent Isidore; peut-être fut-ce alors seulement qu'il s'aperçut que celui qui les prononçait était vêtu d'un habit d'uniforme et portait des épaulettes de capitaine.

— Si fait, monsieur Pitou, insista Isidore en inclinant légèrement la tête, je vous dois quelque chose, et j'ai quelque chose à vous offrir. Je vous dois des remerciements, et j'ai à vous offrir ma main; j'espère que vous me ferez le plaisir d'accepter les uns et l'honneur de toucher l'autre.

Il y avait une telle grandeur de façons dans la réponse d'Isidore et dans le geste qui l'accompagnait, que Pitou, vaincu, étendit la main, et du bout des doigts toucha les doigts d'Isidore.

En ce moment, la comtesse de Charny parut sur le seuil de la porte du salon.

— Monsieur le vicomte, dit-elle, vous m'avez fait demander, me voici.

Isidore salua Pitou et se rendit à l'invitation de la comtesse en passant au salon.

Seulement, comme il allait repousser la porte du salon, sans doute pour se trouver seul avec la comtesse, Andrée retint cette porte, qui demeura entre-bâillée.

L'intention de la comtesse était visiblement que cela fût ainsi.

Pitou put donc entendre ce qui se disait dans le salon.

Il remarqua que la porte du salon, parallèle à la sienne, et qui était celle de la chambre à coucher, était ouverte aussi; de sorte que, bien qu'il fût invisible, Sébastien pourrait entendre ce qui allait se dire entre la comtesse et le vicomte, comme il pourrait l'entendre lui-même.

— Vous m'avez fait demander, Monsieur? dit la comtesse à son beau-frère. Puis-je savoir ce qui me vaut la bonne fortune de votre visite?

— Madame, dit Isidore, j'ai reçu hier des nouvelles d'Olivier; comme il l'avait fait dans les autres lettres que j'ai reçues de lui, il me charge de mettre ses souvenirs à vos pieds; il ne sait encore l'époque de son retour, et sera heureux, me dit-il, d'avoir de vos nouvelles, soit que vous vouliez bien me remettre une lettre pour lui, soit que simplement vous me chargiez de vos compliments.

— Monsieur, dit la comtesse, je n'ai pas pu répondre jusqu'aujourd'hui à la lettre que M. de Charny m'a écrite en partant, puisque j'ignore où il est; mais je profiterai volontiers de votre entremise, pour lui présenter les devoirs d'une femme soumise et respectueuse. Demain donc, si vous voulez faire prendre une lettre pour M. de Charny, je tiendrai cette lettre prête et à son intention.

— Écrivez toujours la lettre, Madame, dit Isidore; seulement, au lieu de venir la prendre demain, je la viendrai prendre dans cinq ou six jours; j'ai à faire un voyage d'absolue nécessité; le temps qu'il durera, je l'ignore; mais, à peine de retour, je viendrai vous présenter mes hommages et prendre vos commissions.

Et Isidore salua la comtesse, qui lui rendit son salut, et, sans doute, lui indiqua une autre sortie; car, pour se retirer, il ne traversa point la salle à manger, où Pitou, après qu'il avait eu raison des deux côtelettes, commençait à attaquer le pot de confitures.

Le pot de confitures était achevé depuis longtemps, et net comme le verre dans lequel Pitou venait de boire les dernières gouttes de sa bouteille de vin de Bordeaux, lorsque la comtesse reparut ramenant Sébastien.

Il eût été difficile de reconnaître la sévère mademoiselle de Taverney ou la grave comtesse de Charny dans la jeune mère aux yeux resplendissants de joie, à la bouche éclairée d'un ineffable sourire, qui reparaissait appuyée sur son enfant; ses joues pâles avaient pris, sous des larmes d'une douceur inconnue et versées pour la première fois, une teinte rosée qui étonnait Andrée elle-même, que l'amour maternel, c'est-à-dire la moitié de l'existence de la femme, venait de faire rentrer en elle pendant ces deux heures passées avec son enfant.

Elle couvrit encore une fois de baisers le visage de Sébastien; puis elle le remit à Pitou en serrant la rude main du brave garçon entre ses mains blanches, qui semblaient du marbre réchauffé et amolli.

Sébastien, de son côté, embrassait Andrée avec cette ardeur qu'il mettait à tout ce qu'il faisait, et qu'avait pu seule, à l'endroit de sa mère, refroidir un instant cette imprudente exclamation qu'Andrée n'avait pu retenir, lorsqu'il lui avait parlé de Gilbert.

Mais, pendant sa solitude au collège Saint-Louis, pendant ses promenades dans le jardin réservé, le doux fantôme maternel avait reparu, et l'amour était rentré peu à peu au cœur de l'enfant, de sorte que, lorsque était arrivée à Sébastien cette lettre de Gilbert qui lui permettait d'aller, sous la conduite de Pitou, passer une heure ou deux avec sa mère, cette lettre avait comblé les plus secrets et les plus tendres désirs de l'enfant.

C'était une délicatesse de Gilbert qui avait tant retardé cette entrevue; il comprenait que, conduisant lui-même Sébastien chez Andrée, il lui enlevait par sa présence la moitié du bonheur qu'elle avait à voir son fils, et, en l'y faisant conduire par un autre que Pitou, ce bon cœur et cette âme naïve, il compromettait un secret qui n'était pas le sien.

Pitou prit congé de la comtesse de Charny sans faire une question, sans jeter un regard de curiosité sur ce qui l'entourait, et, traitant Sébastien, qui, à moitié tourné en arrière, échangeait des baisers avec sa mère, il regagna le fiacre, où il retrouva son pain, son fromage de cochon enveloppé de papier, et sa bouteille de vin accotée dans son coin.

Pas plus en cela que dans son voyage de Villers-Cotterets, il n'y avait rien encore qui pût attrister Pitou.

Dès le soir, Pitou avait été travailler au Champ de Mars; il y était retourné le lendemain et les jours suivants; il y avait reçu force compliments de M. Maillard, qui l'avait reconnu, et de M. Bailly, à qui il s'était fait connaître ; il avait retrouvé là MM. Élie et Hullin, vainqueurs de la Bastille comme lui, et il avait vu sans envie la médaille qu'ils portaient à leur boutonnière, et à laquelle lui et Billot avaient autant de droits que qui que ce fût au monde. Enfin, le fameux jour venu, il avait été, dès le matin, prendre son rang avec Billot à la porte Saint-Denis. Il avait, au bout de trois cordes différentes, décroché un jambon, un pain et une bouteille de vin. Il était arrivé à la hauteur de l'autel de la Patrie, où il avait dansé une rfaandole, tenant d'une main une actrice de l'Opéra et de l'autre une religieuse bernardine. A l'entrée du roi, il était allé reprendre son rang, et il avait eu la satisfaction de se voir représenté par la Fayette, ce qui était un grand honneur pour lui, Pitou; puis, les serments prêtés, les coups de canon tirés, les fanfares jetées dans les airs, quand la Fayette avait passé avec son cheval blanc entre les rangs de ses chers camarades, il avait eu la joie d'être reconnu par lui, et d'avoir part à une des trente ou quarante mille poignées de main que le général avait distribuées dans la journée, après quoi, il avait quitté le Champ de Mars avec Billot; s'était arrêté à regarder les jeux, les illuminations et les feux d'artifice des Champs-Élysées. Puis il avait suivi les boulevards; puis, pour ne rien perdre des divertissements de ce grand jour, au lieu d'aller se coucher comme tel autre à qui les jambes eussent rentré dans le ventre après une pareille fatigue, lui, qui ne savait pas ce que c'était que d'être fatigué, il était venu à la Bastille, où il avait trouvé, dans la tour du coin, une table inoccupée sur laquelle il avait fait apporter, comme nous l'avons dit, deux livres de pain, deux bouteilles de vin et un saucisson.

Pour un homme qui ignorait qu'en annonçant à madame de Charny une absence de sept ou huit jours, c'était à Villers-Cotterets qu'Isidore allait passer ces sept ou huit jours; pour un homme qui ignorait que, six jours auparavant, Catherine était accouchée d'un garçon, qu'elle avait quitté la petite maison de la pierre Clouïse dans la nuit, qu'elle était arrivée le matin à Paris avec Isidore, et qu'elle avait poussé un cri et s'était rejetée dans la voiture en l'apercevant, lui et Billot, à la porte Saint-Denis, il n'y avait rien de bien triste, au contraire, dans ce travail au Champ de Mars, dans cette rencontre de M. Maillard, de M. Bailly, de M. Élie et de M. Hullin; dans cette farandole dansée entre une actrice de l'Opéra et une religieuse bernardine; dans cette reconnaissance de la Fayette; dans cette poignée de main qu'il avait eu l'honneur de recevoir de lui; enfin, dans ces illuminations, ces feux d'artifice, cette Bastille factice et cette table chargée d'un pain, d'un saucisson et de deux bouteilles de vin.

La seule chose qui eût pu attrister Pitou dans tout cela, c'était la tristesse de Billot

VIII

LE RENDEZ-VOUS

Aussi, comme on l'a vu au commencement du chapitre précédent, Pitou résolut-il, autant pour se tenir en gaieté lui-même que pour dissiper la tristesse de Billot, aussi, disons-nous, Pitou résolut-il de lui adresser la parole.

— Dites donc, père Billot, entama Pitou après un moment de silence pendant lequel il paraissait avoir fait provision de paroles, comme un tirailleur, avant de commencer le feu, fait provision de cartouches, qui diable aurait pu deviner, il y a juste un an et deux jours, quand mademoiselle Catherine me donnait un louis, et coupait les cordes qui me liaient les mains, avec ce couteau... tenez, là... qui est-ce qui se serait douté qu'en un an et deux jours, il arriverait tant d'événements?

— Personne, répondit Billot, sans que Pitou eût remarqué quel regard terrible avait lancé l'œil du fermier quand lui, Pitou, avait prononcé le nom de Catherine.

Pitou attendit pour savoir si Billot n'ajouterait pas quelques mots au mot unique qu'il venait de répondre en échange d'une phrase assez longue et qui lui paraissait passablement bien tournée.

Mais, voyant que Billot gardait le silence, Pitou, comme ce tirailleur dont nous parlions à l'instant même, rechargea son arme, et, tirant une seconde fois :

— Dites donc, père Billot, continua-t-il, qui est-ce qui nous aurait dit, quand vous couriez après moi dans la plaine d'Ermenonville; quand vous avez manqué crever Cadet, et me faire crever, moi; quand vous m'avez rejoint; quand vous vous êtes nommé; quand vous m'avez fait monter en croupe; quand vous avez changé de cheval à Dammartin pour être plus vite à Paris; quand nous sommes arrivés à Paris, pour voir brûler les barrières; quand nous avons été bousculés dans le faubourg de la Villette par les kaiserlicks; quand nous avons rencontré une procession qui criait : « Vive M. Necker! » et : « Vive le duc d'Orléans! » quand vous avez eu l'honneur de porter un des bâtons de la civière sur laquelle étaient les bustes de ces deux grands hommes, tandis que j'essayais de sauver la vie à Margot; quand Royal-Allemand a tiré sur nous place Vendôme, et que le buste de M. Necker vous est tombé sur la tête; quand nous nous sommes sauvés par la rue Saint-Honoré en criant : « Aux armes! on assassine nos frères! » qui est-ce qui nous aurait dit que nous prendrions la Bastille?

— Personne, répondit le fermier, aussi laconiquement que la première fois.

— Diable! fit Pitou à part lui, après avoir attendu un instant, il paraît que c'est un parti pris!... Voyons! feu une troisième fois.

Alors, tout haut :

— Dites donc, père Billot, reprit-il, qui donc aurait cru, quand nous eûmes pris la Bastille, qu'un an jour pour jour après cette prise, je serais capitaine, que vous seriez fédéré, et que nous souperions tous les deux, moi surtout, dans une bastille de feuillage qui serait plantée juste à l'endroit où l'autre était bâtie? Hein! qui donc aurait cru cela?

— Personne, répéta Billot, d'un air plus sombre encore que les premières fois.

Pitou reconnut qu'il n'y avait pas moyen de faire parler le fermier, mais il s'en consola en pensant qu'il n'avait aucunement aliéné le droit de parler tout seul.

Il continua donc, laissant à Billot le droit de répondre, si cela lui faisait plaisir.

— Quand je pense qu'il y a juste un an que nous sommes entrés à l'Hôtel de Ville ; que vous avez pris M. de Flesselles, — pauvre M. de Flesselles, où est-il? où est la Bastille? — que vous avez pris M. de Flesselles au collet; que vous lui avez fait donner la poudre, pendant que je montais la garde à la porte, et, en outre de la poudre, un billet pour M. Delaunay ; qu'après la poudre distribuée, nous avons quitté M. Marat, qui allait aux Invalides, pour venir, nous, à la Bastille; qu'à la Bastille, nous avons trouvé M. Gonchon, le Mirabeau du peuple, comme ils l'appelaient... — Savez-vous ce qu'il est devenu, M. Gonchon, père Billot? Hein! savez-vous ce qu'il est devenu?

Billot se contenta cette fois de secouer négativement la tête.

— Vous ne savez pas? continua Pitou. Ni moi non plus. Peut-être aussi ce qu'est devenue la Bastille, ce qu'est devenu M. de Flesselles, ce que nous deviendrons tous, ajouta philosophiquement Pitou; *pulvis es et in pulverem reverteris*. Quand je pense que c'est par la porte qui était là, et qui n'y est plus, que vous êtes entré après avoir fait écrire, par M. Maillard, la fameuse note sur la cassette, que je devais lire au peuple si vous ne reparaissiez pas; quand je pense que c'est là où sont ces fers et ces chaînes, dans ce grand trou qui ressemble à une fosse, que vous avez rencontré M. Delaunay! — Pauvre homme! je le vois encore avec son habit gris de lin, son chapeau à trois cornes, son ruban rouge, et sa canne à épée; encore un qui est allé rejoindre M. de Flesselles! — Quand je pense que ce M. Delaunay vous a fait voir la Bastille de fond en comble, vous l'a fait étudier, vous l'a fait mesurer... des murs de trente pieds d'épaisseur à la base, et de quinze pieds au sommet! que vous êtes monté avec lui sur les tours, et que même vous l'avez menacé, s'il n'était pas sage, de vous jeter du haut en bas des tours avec lui; quand je pense qu'en descendant, il vous a fait voir cette pièce de canon qui, dix minutes plus tard, m'aurait envoyé où est ce pauvre M. de Flesselles, et où est ce pauvre M. Delaunay lui-même, si je n'avais pas trouvé un angle où me ranger; et quand je pense, enfin, qu'en venant de voir tout cela, vous avez dit, comme s'il s'agissait d'escalader un grenier à foin, un pigeonnier ou un moulin à vent : « Amis, prenons la Bastille! » et que nous l'avons prise, cette fameuse Bastille, si bien prise, qu'aujourd'hui nous voilà assis à l'endroit où elle était, mangeant du saucisson et buvant du vin de Bourgogne, à la place même de la tour qu'on appelait *troisième Berthaudière*, et, où était M. le docteur Gilbert! Quelle singulière chose! Et quand je pense à tout ce tapage, à tous ces cris, à toutes ces rumeurs, à tout ce bruit... Tiens! fit Pitou, à propos de bruit, qu'est-ce que celui-là? Dites donc, père Billot, il se passe quelque chose, on il passe quelqu'un; tout le monde court, tout le monde se lève; venez donc voir comme tout le monde, venez donc, père Billot, venez donc!

Pitou souleva Billot en lui passant sa main sous le bras, et tous deux, Pitou avec curiosité, Billot avec insouciance, se portèrent du côté d'où venait ce bruit.

Ce bruit était causé par un homme qui avait le privilège rare de faire partout du bruit sur son passage.

Au milieu des rumeurs, on entendait les cris de « Vive Mirabeau! » poussés par ces poitrines vigoureuses qui sont les dernières à changer d'opinion sur les hommes qu'elles ont une fois adoptés.

C'était, en effet, Mirabeau qui, une femme au bras, était venu visiter la nouvelle Bastille, et qui, ayant été reconnu, occasionnait toute cette rumeur.

La femme était voilée.

Un autre que Mirabeau eût été effrayé de tout ce tumulte qu'il traînait après lui, et surtout d'entendre, sous cette grande voix qui le glorifiait, quelques cris de sourde menace; de ces cris, enfin, qui suivaient le char du triomphateur romain, en lui disant: « César, n'oublie pas que tu es mortel! »

Mais lui, l'homme des orages, qui, pareil à l'oiseau des tempêtes, semblait n'être bien qu'au milieu du tonnerre et des éclairs, lui traversait tout ce tumulte, le visage souriant, l'œil calme et le geste dominateur, tenant à son bras cette femme inconnue qui frissonnait au souffle de sa terrible popularité.

Sans doute, comme Sémélé, l'imprudente avait voulu voir Jupiter, et voilà que la foudre était tout près de la consumer.

— Ah! M. de Mirabeau! dit Pitou; tiens, c'est là M. de Mirabeau, le Mirabeau des nobles? Vous rappelez-vous, père Billot, que c'est ici à peu près que nous avons vu M. Gonchon, le Mirabeau du peuple, et que je vous ai dit : « Je ne sais pas comment est le Mirabeau des nobles, mais je trouve celui du peuple assez laid. » Eh bien, savez-vous, aujourd'hui que je les ai vus tous les deux, je les trouve aussi laids l'un que l'autre; mais ça n'empêche pas, n'en rendons pas moins hommage au grand homme.

Et Pitou monta sur une chaise, et de la chaise sur une table, mettant son tricorne au bout de son épée en criant :

— Vive M. de Mirabeau!

Billot ne laissa échapper aucun signe de sympathie ou d'antipathie; il croisa simplement ses deux bras sur sa robuste poitrine, et murmura d'une voix sombre :

— On dit qu'il trahit le peuple.

— Bah! dit Pitou, on a dit cela de tous les grands hommes de l'antiquité, depuis Aristide jusqu'à Cicéron.

Et, d'une voix plus pleine et plus sonore que la première fois :

— Vive Mirabeau! cria-t-il, tandis que l'illustre orateur disparaissait, entraînant avec lui ce tourbillon d'hommes, de rumeurs et de cris.

— C'est égal, dit Pitou en sautant à bas de sa table, je suis bien aise d'avoir vu M. de Mirabeau... Allons finir notre seconde bouteille et achever notre saucisson, père Billot.

Et il entraînait le fermier vers la table où, en effet, les attendaient les restes du repas absorbé à peu près par Pitou seul, lorsqu'ils s'aperçurent qu'une troisième chaise avait été approchée de leur table, et qu'un homme, qui semblait les attendre, était assis sur cette chaise.

Frères, nous avons deux choses à faire, aujourd'hui. (Page 292).

Pitou regarda Billot, qui regardait l'inconnu.

Il est vrai que le jour était un jour de fraternité et permettait, par conséquent, une certaine familiarité entre concitoyens; mais, aux yeux de Pitou, qui n'avait pas bu sa seconde bouteille, et n'avait pas achevé son saucisson, c'était une familiarité presque aussi grande que celle du joueur inconnu près du chevalier de Grammont.

Et encore, celui qu'Hamilton appelle *la petite citrouille* demandait-il pardon au chevalier de Grammont de « la familiarité grande », tandis que l'inconnu ne demandait pardon de rien, ni à Billot, ni à Pitou, et les regardait, au contraire, avec un certain air railleur qui semblait lui être naturel.

Sans doute, Billot n'était pas d'humeur à supporter ce regard sans explication, car il s'avança rapidement vers l'inconnu; mais, avant que le fermier eût ouvert la bouche ou risqué un geste, l'inconnu avait fait un signe maçonnique auquel Billot avait répondu.

Ces deux hommes ne se connaissaient pas, c'est vrai, mais ils étaient frères.

Au reste, l'inconnu était vêtu, comme Billot, d'un costume de fédéré; seulement, à certain changement dans le costume, le fermier reconnut que celui qui le portait avait dû, dans la journée même, faire partie de ce petit groupe d'étrangers qui suivait Anacharsis Clootz, et qui avait représenté, à la fête, la députation du genre humain.

Ce signe fait par l'inconnu et rendu par Billot, Billot et Pitou reprirent leur place.

Billot inclina même la tête en manière de salut, tandis que Pitou souriait gracieusement.

Cependant, comme tous deux semblaient interroger l'inconnu du regard, ce fut lui qui prit le premier la parole.

— Vous ne me connaissez pas, frères, dit-il, et, pourtant, moi, je vous connais tous deux.

Billot regarda fixement l'étranger, et Pitou, plus expansif, s'écria :

— Bah ! vraiment, vous nous connaissez ?

— Je te connais, capitaine Pitou, dit l'étranger ; je te connais, fermier Billot.

— Ça y est, dit Pitou.

— Pourquoi cet air sombre, Billot ? demanda l'étranger. Est-ce parce que, vainqueur de la Bastille, où tu es entré le premier, on a oublié de te pendre à la boutonnière la médaille du 14 juillet, et de te rendre aujourd'hui les honneurs que l'on a rendus à MM. Maillard, Élie et Hullin ?

Billot sourit d'un air de mépris.

— Si tu me connais, frère, dit-il, tu dois savoir qu'une pareille misère ne saurait attrister un cœur comme le mien.

— Alors, serait-ce parce que, dans la générosité de ton âme, tu as tenté vainement de t'opposer aux meurtres de Delaunay, de Foulon et de Berthier ?

— J'ai fait ce que j'ai pu, et dans la mesure de mes forces, pour que ces crimes ne fussent point commis, dit Billot. J'ai revu plus d'une fois dans mes rêves ceux qui ont été victimes de ces crimes, et pas un d'eux n'a eu l'idée de m'accuser.

— Est-ce parce qu'après les 5 et 6 octobre, en revenant à la ferme, tu as trouvé tes granges vides et tes terres en friche ?

— Je suis riche, dit Billot ; peu m'importe une récolte perdue !

— Alors, dit l'inconnu en regardant Billot en face, c'est donc parce que la fille Catherine ?...

— Silence ! dit le fermier en saisissant le bras de l'inconnu, ne parlons pas de cela.

— Pourquoi pas, dit l'inconnu, si je t'en parle pour t'aider dans ta vengeance ?

— Alors, dit Billot, pâlissant et souriant à la fois, alors, c'est autre chose, parlons-en.

Pitou ne pensait plus à boire ni à manger ; il regardait l'inconnu comme il eût regardé un magicien.

— Et, dit l'étranger avec un sourire, ta vengeance, comment entend-elle se venger ? Dis.

Est-ce mesquinement, en essayant de tuer un individu, comme tu as voulu le faire ?

Billot pâlit à en devenir livide ; Pitou sentit un frisson lui courir par tout le corps.

— Est-ce en poursuivant toute une caste ?

— C'est en poursuivant toute une caste, dit Billot, car le crime de l'un est le crime de tous ; et M. Gilbert, à qui je me suis plaint, m'a dit : « Pauvre Billot, ce qui t'arrive, à toi, est déjà arrivé à cent mille pères ! Que feraient donc les jeunes nobles s'ils n'enlevaient pas les filles du peuple, et, les vieux, s'ils ne mangeaient pas l'argent du roi ? »

— Ah ! il t'a dit cela, Gilbert ?

— Vous le connaissez ?

L'inconnu sourit.

— Je connais tous les hommes, dit-il, comme je te connais, toi, Billot, le fermier de Pisseleu ; comme je connais Pitou, le capitaine de la garde nationale d'Haramont ; comme je connais le vicomte Isidore de Charny, seigneur de Boursonnes ; comme je connais Catherine.

— Je t'ai déjà dit de ne point prononcer ce nom-là, frère.

— Et pourquoi cela ?

— Parce qu'il n'y a plus de Catherine.

— Qu'est-elle donc devenue ?

— Elle est morte !

— Mais non, elle n'est pas morte, père Billot, s'écria Pitou, puisque...

Et, sans doute, il allait ajouter : « Puisque je sais où elle est, moi, et que je la vois tous les jours », quand Billot répéta, d'une voix qui n'admettait pas de réplique :

— Elle est morte !

Pitou s'inclina ; il avait compris.

Catherine, vivante pour les autres peut-être, était morte pour son père.

— Ah ! ah ! fit l'inconnu, si j'étais Diogène, j'éteindrais ma lanterne : je crois que j'ai rencontré un homme.

Puis, se levant et offrant le bras à Billot :

— Frère, dit-il, viens faire un tour avec moi, tandis que ce brave garçon achèvera sa bouteille de vin et son saucisson.

— Volontiers, dit Billot, car je commence à comprendre ce que tu viens m'offrir.

Et, prenant le bras de l'inconnu :

— Attends-moi ici, dit-il à Pitou, je reviens.

— Dites donc, père Billot, fit Pitou, si vous êtes longtemps je vais m'ennuyer, moi ! il ne me reste plus qu'un demi-verre de vin, une bribe de saucisson et une lèche de pain.

— C'est bien, mon brave Pitou, dit l'inconnu ; on connaît la mesure de ton appétit, et l'on va t'envoyer de quoi te faire prendre patience ent nous attendant.

En effet, à peine l'inconnu et Billot avaient-ils disparu à l'angle d'une des murailles de verdure, qu'un nouveau saucisson, un second pain et une troisième bouteille de vin ornaient la table de Pitou.

Pitou ne comprenait rien à ce qui venait de se passer; il était tout à la fois fort étonné et fort inquiet.

Mais l'étonnement et l'inquiétude, comme toutes les émotions en général, creusaient l'estomac de Pitou.

Pitou éprouva donc, tant il était étonné et surtout inquiet, un irrésistible besoin de faire honneur aux provisions qu'on venait de lui apporter, et il s'abandonnait à ce besoin avec l'ardeur que nous lui connaissons, quand Billot reparut seul et revint silencieusement, quoique le front éclairé d'une lueur qui ressemblait à celle de la joie, reprendre sa place à table en face de Pitou.

— Eh bien, demanda celui-ci au fermier, qu'y a-t-il de nouveau, père Billot?

— Il y a de nouveau que tu repartiras seul demain, Pitou.

— Et vous, donc? demanda le capitaine de la garde nationale.

— Moi? dit Billot. Moi, je reste

IX

LA LOGE DE LA RUE PLATRIÈRE

Si nos lecteurs veulent, — huit jours étant écoulés depuis les événements que nous venons de leur raconter, — si nos lecteurs veulent, disons-nous, retrouver quelques-uns des principaux personnages de notre histoire, personnages qui, non seulement ont joué un rôle dans le passé, mais qui encore sont destinés à jouer un rôle dans l'avenir, il faut qu'ils se placent avec nous près de cette fontaine de la rue Plâtrière, où nous avons vu Gilbert, enfant et hôte de Rousseau, venir tremper son pain dur. Une fois là, nous surveillerons et nous suivrons un homme qui ne peut tarder à passer, et que nous reconnaîtrons, non plus à son costume de fédéré, — costume qui, après le départ des cent mille députés envoyés par la France, ne saurait être porté sans attirer sur celui qui le porte une plus grande somme d'attention que ne le désire notre personnage, — mais au costume simple, quoique connu, d'un riche fermier des environs de Paris.

Je n'ai pas besoin de dire maintenant au lecteur que ce personnage n'est autre que Billot, lequel suit la rue Saint-Honoré, longe les grilles du Palais-Royal, — auquel le retour du duc d'Orléans, exilé pendant plus de huit mois à Londres, vient de rendre toute sa splendeur nocturne, — prend à sa gauche la rue de Grenelle, et s'engage sans hésitation dans la rue Plâtrière.

Cependant, arrivé juste en face de la fontaine où nous l'attendons, il s'arrête, il hésite, non pas que le cœur lui fasse défaut, — ceux qui le connaissent savent parfaitement que, si le brave fermier avait décidé d'aller en enfer, il irait sans pâlir, — mais, sans doute, parce que les renseignements lui manquent.

Et, en effet, il n'est pas difficile de voir, pour nous surtout qui avons intérêt à épier ses démarches, il n'est pas difficile de voir qu'il examine et étudie chaque porte, en homme qui ne veut pas commettre d'erreur.

Toutefois, malgré cet examen, il est arrivé aux deux tiers de la rue à peu près, sans avoir trouvé ce qu'il cherche; mais, là, le passage est encombré par les citoyens qui s'arrêtent autour d'un groupe de musiciens du milieu duquel s'élève une voix d'homme chantant des chansons de circonstance sur les événements; ce qui probablement ne suffirait pas à exciter une aussi grande curiosité, si un ou deux couplets de chaque chanson n'étaient pas destinés à relever les autres par des épigrammes sur les individus.

Il y en a une, entre autres, intitulée le *Manège*, qui fait pousser des cris de joie à la foule. Comme l'Assemblée nationale siège sur l'ancien emplacement du Manège, non seulement les différentes couleurs de l'Assemblée ont pris les nuances de la race chevaline, — les noirs et les blancs, les alezans et les bais, — mais encore les individus ont pris les noms des chevaux : Mirabeau s'appelle *le Pétulant;* le comte de Clermont-Tonnerre, *l'Ombrageux;* l'abbé Maury, *la Cabreuse*, Thouret, *le Foudroyant*, Bailly, *l'Heureux*.

Billot s'arrête un instant, à écouter ces attaques plus vertes que spirituelles; puis il se glisse à droite contre la muraille, et disparaît dans les groupes.

Sans doute, au milieu de cette foule, il a trouvé ce qu'il cherchait, car, après avoir disparu d'un côté du groupe, il ne reparaît point de l'autre.

Voyons donc, en pénétrant à la suite de Billot, ce que cache ce groupe.

Une porte basse, surmontée de trois lettres, de trois initiales tracées à la craie rouge, et qui, sans doute, symboles de réunion pour cette nuit, seront effacées le lendemain matin.

Ces trois lettres sont un L, un D et un P.

Cette porte basse semble une allée de cave ; on descend quelques marches, puis on suit un couloir sombre.

Sans doute, ce second renseignement confirmait le premier ; car, après avoir regardé avec attention les trois lettres, signe de reconnaissance insuffisant pour Billot, qui, on se le rappelle, ne savait pas lire, le fermier avait descendu les marches en les comptant au fur et à mesure qu'il les descendait, et, arrivé à la huitième, il s'était hardiment engagé dans l'allée.

Au bout de cette allée tremblait une pâle lumière ; devant cette lueur, un homme assis lisait ou faisait semblant de lire une gazette.

Au bruit des pas de Billot, cet homme se leva, et, un doigt appuyé sur sa poitrine, il attendit.

Billot présenta le même doigt replié, et l'appuya comme un cadenas sur sa bouche.

C'était probablement le signe de passe attendu par le mystérieux concierge, car celui-ci poussa à sa droite une porte parfaitement invisible quand elle était fermée, et fit voir à Billot un escalier à marches raides et étroites qui plongeait sous la terre.

Billot entra ; la porte se referma derrière lui, rapide mais silencieuse.

Le fermier, cette fois, compta dix-sept marches, et, arrivé à la dix-septième, malgré le mutisme auquel il semblait s'être condamné, il se dit à lui-même et à demi-voix :

— Bon ! j'y suis.

Une tapisserie flottait à quelques pas de là, devant une porte ; Billot alla droit à cette tapisserie, la souleva et se trouva dans une grande salle circulaire et souterraine où étaient déjà réunies une cinquantaine de personnes.

Cette salle, nos lecteurs y sont déjà descendus, il y a quinze ou seize ans, sur les pas de Rousseau.

Comme au temps de Rousseau, les murailles en étaient tapissées de toiles rouges et blanches, sur lesquelles s'entrelaçaient le compas, l'équerre et le niveau.

Une seule lampe, pendue à la voûte, jetait une lueur blafarde qui portait vers le milieu du cercle, et y répandait une certaine lumière, mais qui était insuffisante à éclairer ceux qui,
désirant n'être pas reconnus, se tenaient à la circonférence.

Une estrade à laquelle on montait par quatre degrés attendait les orateurs ou les récipiendaires, et, sur cette estrade, dans sa partie la plus rapprochée du mur, un bureau solitaire et un fauteuil vide attendaient le président.

En quelques minutes, la salle se remplit à n'y pouvoir circuler. C'étaient des hommes de tous les états et de toutes les conditions, depuis le paysan jusqu'au prince, qui arrivaient un à un, ainsi qu'était arrivé Billot, et qui, sans se connaître ou se connaissant, prenaient leurs places au hasard ou selon leurs sympathies.

Chacun de ces hommes portait sous son habit ou sa houppelande, soit le tablier maçonnique, s'il était simplement maçon, soit l'écharpe des illuminés, s'il était à la fois maçon et illuminé, c'est-à-dire affilié au grand mystère.

Trois hommes seulement ne portaient pas ce dernier signe et n'avaient que le tablier maçonnique.

L'un était Billot ; l'autre, un jeune homme de vingt ans à peine ; le troisième, enfin, un homme de quarante-deux ans à peu près, qui, par ses manières, paraissait appartenir aux plus hautes classes de la société.

Quelques secondes après que ce dernier fut entré à son tour, sans qu'il eût été fait pour son arrivée plus de bruit que pour l'arrivée du plus simple des membres de l'association, une porte masquée s'ouvrit, et le président parut, portant à la fois les insignes de Grand-Orient et ceux de Grand-Cophte.

Billot poussa un faible cri d'étonnement : ce président, devant lequel s'inclinaient toutes les têtes, n'était autre que son fédéré de la Bastille.

Il monta lentement l'estrade, et, se tournant vers l'assemblée :

— Frères, dit-il, nous avons deux choses à faire aujourd'hui ; moi, j'ai à recevoir trois nouveaux adeptes ; j'ai à vous rendre compte de mon œuvre, depuis le jour où je l'ai entreprise jusqu'aujourd'hui ; car, l'œuvre devenant d'heure en heure plus difficile, il faut que vous sachiez, vous, si je suis toujours digne de votre confiance, et que je sache, moi, si je continue de la mériter. C'est en recevant de vous la lumière et en vous la renvoyant que je puis marcher dans la voie sombre et terrible où je suis engagé. Donc, que les chefs de l'ordre restent seuls dans cette salle, pour que nous procédions à la réception ou au rejet des trois nouveaux membres qui se présentent devant nous. Puis, ces trois membres admis ou rejetés, tout le monde rentrera en séance, depuis le premier jusqu'au dernier; car c'est en présence de tous, et non pas seulement en face du cercle suprême, que je veux exposer ma conduite, et recevoir le blâme ou demander le remerciement.

A ces mots, une porte opposée à celle qui s'était déjà démasquée s'ouvrit. On aperçut de vastes profondeurs voûtées, pareilles aux cryptes d'une ancienne basilique, et la foule s'écoula silencieuse et telle qu'une procession de spectres sous les arcades, à peine éclairées de place en place par des lampes de cuivre dont la lumière était tout juste suffisante pour rendre, comme l'a dit le poète, les ténèbres visibles.

Trois hommes seulement restèrent. C'étaient les trois récipiendaires.

Le hasard faisait qu'ils étaient appuyés à la muraille à des distances à peu près égales les uns des autres.

Ils se regardèrent tous trois avec étonnement, car, seulement alors, ils apprenaient qu'ils étaient les trois héros de la séance.

En ce moment, la porte par laquelle était entré le président se rouvrit. Six hommes masqués entrèrent à leur tour, et vinrent se placer debout, trois à la droite, trois à la gauche du fauteuil.

— Que les numéros 2 et 3 disparaissent un instant, dit le président. Nuls que les chefs suprêmes ne doivent connaître les secrets de la réception ou du refus d'un frère maçon dans l'ordre des illuminés.

Le jeune homme et l'homme à la mine aristocratique se retirèrent, regagnant le corridor par lequel ils étaient entrés.

Billot resta seul.

— Approche, lui dit le président après un instant de silence qui avait pour but de donner aux deux autres candidats le temps de s'éloigner.

Billot s'approcha.

— Quel est ton nom parmi les profanes? lui demanda le président.

— François Billot.

— Quel est ton nom parmi les élus?

— Force.

— Où as-tu vu la lumière?

— Dans la loge des Amis de la Vérité de Soissons.

— Quel âge as-tu?

— Sept ans.

— Pourquoi désires-tu monter un degré, et être reçu parmi nous?

— Parce qu'on m'a dit que ce degré était un pas de plus vers la lumière universelle.

— As-tu des parrains?

— Je n'ai personne que celui qui est venu au-devant de moi, de lui-même et le premier, pour m'offrir de me faire recevoir.

Et Billot regarda fixement le président.

— Avec quel sentiment marcheras-tu dans la voie que tu veux faire ouvrir.

— Avec la haine des puissants, avec l'amour de l'égalité.

— Qui nous répondra de cet amour pour l'égalité et de cette haine des puissants?

— La parole d'un homme qui n'a jamais manqué à sa parole.

— Qui t'a inspiré cet amour de l'égalité?

— La condition inférieure dans laquelle je suis né.

— Qui t'a inspiré cette haine des puissants?

— C'est mon secret; ce secret, tu le sais. Pourquoi veux-tu me faire répéter tout haut ce que j'hésite à me dire à moi-même tout bas?

— Marcheras-tu, et t'engageras-tu, dans la mesure de ta force et de ton pouvoir, à faire marcher tout ce qui t'entoure dans cette voie d'égalité?

— Oui.

— Dans la mesure de ta force et de ton pouvoir, renverseras-tu tout obstacle qui s'opposerait à la liberté de la France et à l'émancipation du monde?

— Oui.

— Es-tu libre de tout engagement antérieur, ou, cet engagement pris, s'il était contraire aux promesses que tu viens de faire, es-tu prêt à le rompre?

— Oui.

Le président se retourna vers les six chefs masqués.

— Frères, reprit-il, cet homme dit vrai. C'est moi qui l'ai invité à être des nôtres. Une grande douleur le lie à notre cause par la fraternité de la haine. Il a déjà beaucoup fait pour la Révolution, et peut beaucoup faire encore. Je me déclare son parrain, et je réponds de lui dans le passé, dans le présent et dans l'avenir.

— Qu'il soit reçu, dirent unanimement les six voix.

— Tu entends? dit le président. Es-tu prêt à faire serment.

— Dictez-le, dit Billot, et je le répéterai.

Le président leva la main, et, d'une voix lente et solennelle :

— Au nom du Fils crucifié, dit-il, je jure de briser les liens charnels qui t'attachent encore à père, mère, frères, sœurs, femme, parents, amis, maîtresse, rois, bienfaiteurs, et à tout être auquel tu aurais promis foi, obéissance, gratitude ou service.

Billot répéta, d'une voix plus ferme peut-être que ne l'était la voix du président, les mêmes paroles que celui-ci avait dites.

— Bien, reprit le président. A partir de cette heure, tu es affranchi du prétendu serment fait à la patrie et aux lois. Jure donc de révéler au chef que tu reconnais ce que tu auras vu ou fait, lu ou entendu, appris ou deviné, et même de rechercher et d'épier ce qui ne s'offrirait pas à tes yeux.

— Je le jure! répéta Billot.

— Jure, continua le président, d'honorer et respecter le poison, le fer et le feu, comme des moyens prompts, sûrs et nécessaires pour purger le globe par la mort de ceux qui cherchent à avilir la vérité ou à l'arracher de nos mains.

— Je le jure! répéta Billot.

— Jure de fuir Naples, de fuir Rome, de fuir l'Espagne, de fuir toute terre maudite. Jure de fuir la tentation de rien révéler de ce que tu pourras voir et entendre dans nos assemblées, car le tonnerre n'est pas plus prompt à frapper que ne le serait à t'atteindre, en quelque lieu que tu fusses caché, le couteau invisible et inévitable.

— Je le jure! répéta Billot.

— Et, maintenant, dit le président, vis au nom du Père, du Fils et du Saint-Esprit!

Un frère caché dans l'ombre ouvrit la porte de la crypte où se promenaient, en attendant que la triple réception fût finie, les frères inférieurs de l'ordre. Le président fit un signe à Billot, qui s'inclina et alla rejoindre les hommes auxquels le serment prononcé par lui venait de l'associer.

— Le numéro 2! dit le président à haute voix, lorsque la porte se fut refermée derrière le nouvel adepte.

La tapisserie masquant la porte du corridor se souleva lentement, et le jeune homme vêtu de noir entra.

Il laissa retomber la tapisserie derrière lui et s'arrêta sur le seuil, attendant que la parole lui fût adressée.

— Approche, dit le président.

Le jeune homme s'approcha.

Nous l'avons déjà dit, c'était un jeune homme de vingt à vingt-deux ans à peine, qui, grâce à sa peau blanche et fine, eût pu passer pour une femme. L'énorme cravate serrée qu'il portait seul à cette époque pouvait faire croire que l'éclat et la transparence de cette peau n'avait pas pour cause principale la pureté du sang, mais, tout au contraire, quelque maladie secrète et cachée; malgré sa grande taille et sa haute cravate, le cou relativement paraissait court; le front était bas, et la partie supérieure de la tête semblait déprimée. Il en résultait que les cheveux, sans être plus longs qu'on ne les portait d'habitude sur le front, touchaient presque aux yeux, et, derrière la tête, descendaient jusqu'aux épaules. Il y avait, en outre, dans toute sa personne, une raideur automatique qui semblait faire de ce jeune homme, à peine au seuil de la vie, un envoyé d'un autre monde, un député du tombeau.

Le président le regarda un instant avec une certaine attention, avant de commencer l'interrogatoire.

Mais ce regard, mêlé d'étonnement et de curiosité, ne put faire baisser l'œil fixe du jeune homme.

Il attendit.

— Quel est ton nom parmi les profanes?

— Antoine Saint-Just.

— Quel est ton nom parmi les élus?

— Humilité.

— Où as-tu vu la lumière?

— Dans la loge des Humanitaires de Laon.

— Quel âge as-tu?

— Cinq ans.

Et le récipiendaire fit un signe indiquant qu'il était compagnon dans la franc-maçonnerie.

— Pourquoi désires-tu monter un degré et être reçu parmi nous?

— Parce qu'il est de l'essence de l'homme d'aspirer aux hauteurs, et que, sur les hauteurs, l'air est plus pur et la lumière plus brillante.

— As-tu un modèle?

— Le philosophe de Genève, l'homme de la nature, l'immortel Rousseau.

— As-tu des parrains?

— Oui.

— Combien?

— Deux.

— Quels sont-ils?

— Robespierre aîné et Robespierre jeune.

— Avec quel sentiment marches-tu dans la voie que tu veux te faire ouvrir?

— Avec la foi.

— Où cette voie doit-elle mener la France et le monde?

— La France à la liberté, le monde à l'affranchissement.

— Que donnerais-tu pour que la France et le monde arrivassent à ce but?

— Ma vie; c'est la seule chose que je possède, ayant déjà donné mon bien.

— Ainsi tu marcheras, et tu t'engages, dans la mesure de ta force et de ton pouvoir à faire marcher tout ce qui t'entoure dans cette voie de liberté et d'affranchissement?

— Je marcherai et ferai marcher tout ce qui m'entoure dans cette voie.

— Ainsi, dans la mesure de ta force et de ton pouvoir, tu renverseras tout obstacle que tu rencontreras sur ton chemin?

— Je le renverserai.

— Es-tu libre de tout engagement, ou, si quelque engagement était pris par toi qui fût contraire aux promesses que tu viens de faire, le romprais-tu?

— Je suis libre.

Le président se retourna vers les six hommes masqués.

— Frères, dit-il, vous avez entendu?

— Oui, répondirent à la fois les six membres du cercle suprême.

— A-t-il dit la vérité?

— Oui, répondirent-ils encore.

— Êtes-vous d'avis qu'il soit reçu?

— Oui, dirent-ils une dernière fois.

— Es-tu prêt à faire le serment? demanda le président au récipiendaire.

— Je suis prêt, répondit Saint-Just.

Alors, mot pour mot, le président répéta, dans sa triple période, le même serment qui avait été dicté à Billot, et, à chaque pose du président, Saint-Just, de sa voix ferme et stridente, répondit :

— Je le jure!

Le serment prêté, la même porte s'ouvrit sous la main du frère invisible, et, du même pas raide et automatique qu'il était entré, Saint-Just se retira, ne laissant évidemment en arrière ni un doute, ni un regret.

Le président attendit que la porte de la crypte eût le temps de se refermer, et, d'une voix haute :

— Le numéro 3, dit-il.

La tapisserie se souleva une troisième fois, et le troisième adepte parut.

Celui-là, nous l'avons dit, était un homme de quarante à quarante-deux ans, haut en couleur, presque bourgeonné, respirant par toute sa personne, malgré ces signes de vulgarité, un air aristocratique auquel se mêlait je ne sais quel parfum d'anglomanie visible au premier coup d'œil.

Son costume, quoique élégant, avait un peu de cette sévérité que l'on commençait à adopter en France, et dont la véritable source était dans les relations que nous venions d'avoir avec l'Amérique.

Son pas, sans être chancelant, n'était ni ferme comme celui de Billot, ni raide comme celui de Saint-Just.

Seulement, dans son pas, ainsi que dans ses allures, on reconnaissait une certaine hésitation, qui paraissait lui être naturelle.

— Approche, dit le président.

Le candidat obéit.

— Quel était ton nom parmi les profanes?

— Louis-Philippe-Joseph, duc d'Orléans.

— Quel est ton nom parmi les élus?

— Égalité.

— Où as-tu vu la lumière?

— Dans la loge des Hommes Libres de Paris.

— Quel âge as-tu?

— Je n'ai plus d'âge.

Et le duc fit un signe maçonnique indiquant qu'il était revêtu de la dignité de rose-croix.

— Pourquoi désires-tu être reçu parmi nous?

— Parce que, ayant toujours vécu parmi les grands, je désire enfin vivre parmi les hommes; parce que, ayant toujours vécu parmi des ennemis, je désire enfin vivre parmi des frères.

— As-tu des parrains?

— J'en ai deux.

— Comment les nommes-tu?

— L'un le dégoût, l'autre la haine.

— Avec quel désir marcheras-tu dans la voie que tu veux te faire ouvrir?

— Avec le désir de me venger.

— De qui?

— De celui qui m'a méconnu, de celle qui m'a humilié.

— Pour arriver à ce but, que donnerais-tu?

— Ma fortune; plus que ma fortune, ma vie; plus que ma vie, mon honneur!

— Es-tu libre de tout engagement, ou, si quelque engagement était pris par toi qui fût contraire aux promesses que tu viens de faire, le romprais-tu?

— Depuis hier, tous mes engagements sont brisés.

— Frères, vous avez entendu? dit le président en se retournant vers les hommes masqués;

— Oui.

— Vous connaissez celui qui se présente pour accomplir l'œuvre avec nous?

— Oui.

— Et, le connaissant, vous êtes d'avis de le recevoir dans nos rangs?

— Oui, mais qu'il jure.

— Connais-tu le serment qu'il te reste à prononcer? dit le président au prince.

— Non ; mais dites-le moi, et, quel qu'il soit, je le répéterai.

— Il est terrible, pour toi surtout.

— Pas plus terrible que les outrages que j'ai reçus.

— Si terrible, qu'après l'avoir entendu, nous te déclarons libre de te retirer, si tu doutes, au moment venu, de le tenir dans toute sa rigidité.

— Dites-le.

Le président fixa sur le récipiendaire son regard perçant ; puis, comme s'il eût voulu le préparer peu à peu à la sanglante promesse, il intervertit l'ordre des paragraphes, et, commençant par le second, au lieu de commencer par le premier :

— Jure, dit-il, d'honorer le fer, le poison et le feu, comme des moyens sûrs, prompts et nécessaires pour purger le globe par la mort de ceux qui cherchent à avilir la vérité ou à l'arracher de nos mains.

— Je le jure ! dit le prince d'une voix ferme.

— Jure, continua le président, de briser les liens charnels qui t'attachent encore à père, mère, frères, sœurs, femme, parents, amis, maîtresse, rois, bienfaiteurs, et à tout être quelconque à qui tu aurais promis foi, obéissance, gratitude ou service.

Le duc demeura un instant muet, et l'on put voir une sueur glacée perler sur son front.

— Je te l'avais bien dit, fit le président.

Mais, au lieu de répondre simplement : « Je le jure, » ainsi qu'il avait fait à l'autre paragraphe, le duc, comme s'il eût voulu s'interdire tout moyen de revenir sur ses pas, répéta d'une voix sombre :

— Je jure de briser les liens charnels qui m'attachent encore à père, mère, frères, femme, parents, amis, maîtresse, rois, bienfaiteurs, et à tout être quelconque à qui j'aurais promis foi, obéissance, gratitude ou service.

Le président se retourna du côté des hommes masqués, qui se regardèrent entre eux, et l'on vit briller comme des éclairs leurs regards à travers les ouvertures de leurs masques.

Puis, s'adressant au prince :

— Louis-Philippe-Joseph, duc d'Orléans, dit-il, à partir de ce moment, tu es affranchi du serment fait à la patrie et aux lois ; seulement n'oublie pas une chose, c'est que, si tu nous trahissais, le tonnerre n'est pas plus prompt à frapper que ne le serait à t'atteindre, en quelque lieu que tu fusses caché, le couteau invisible et inévitable. — Maintenant, vis au nom du Père, du Fils et du Saint-Esprit.

Et, de la main, le président montra au prince la porte de la crypte, qui s'ouvrait devant lui.

Celui-ci, comme un homme qui vient de soulever un fardeau excédant la mesure de ses forces, passa sa main sur son front, respira bruyamment en faisant un effort pour arracher ses pieds de la terre.

— Ah ! s'écria-t-il en s'élançant dans la crypte, je me vengerai donc !..

X

COMPTE RENDU

Restés seuls, les six hommes masqués et le président échangèrent quelques paroles à voix basse.

Puis tout haut :

— Que tout le monde soit introduit, dit Cagliostro ; je suis prêt à rendre les comptes que j'ai promis.

Aussitôt la porte s'ouvrit ; les membres de l'association, qui se promenaient deux à deux ou causaient par groupes dans la crypte furent introduits et encombrèrent de nouveau la salle habituelle des séances.

A peine la porte fut-elle refermée derrière le dernier affilié, que Cagliostro, étendant la main comme un homme qui sait la valeur du temps, et qui ne veut pas en perdre une seconde, dit à voix haute :

— Frères, quelques-uns de vous assistaient peut-être à une réunion qui avait lieu, il y a juste vingt ans, à cinq milles des bords du Rhin, à deux milles du village de Danenfels, dans une des grottes du mont Tonnerre ; si quelques-uns de vous y assistaient, que ces vénérables soutiens de la grande cause que nous avons embrassée lèvent la main, et disent : « J'y étais. »

Cinq ou six mains s'élevèrent dans la foule et s'agitèrent au-dessus des têtes.

En même temps, cinq ou six voix répétèrent, comme l'avait demandé le président :

— J'y étais !

— Bien, c'est tout ce qu'il faut, dit l'orateur ; les autres sont morts, ou, dispersés sur la surface du globe, travaillent à l'œuvre commune, œuvre sainte, puisqu'elle est l'œuvre de l'humanité toute entière. Il y a vingt ans, cette œuvre que nous allons suivre dans ses diverses périodes était à peine commencée ; alors, le jour qui nous éclaire était à peine à son orient, et les plus fermes regards ne voyaient l'avenir qu'à travers le nuage que l'œil des élus seul

Le pouls était convulsif et intermittent. (Page 303.)

peut percer. A cette réunion, j'expliquai par quel miracle la mort, qui n'est autre chose pour l'homme que l'oubli des temps révolus et des événements passés, n'existait pas pour moi, ou plutôt m'avait, depuis vingt siècles, couché trente-deux fois dans la tombe, sans que les différents corps héritiers éphémères de mon âme immortelle eussent subi cet oubli qui, comme je vous l'ai dit, est la seule véritable mort. J'ai donc pu suivre, à travers les siècles, le développement de la parole du Christ, et voir les peuples passer lentement mais sûrement de l'esclavage au servage, et du servage à cet état d'aspiration qui précède la liberté. Comme des étoiles de la nuit qui se hâtent et qui, avant que le soleil soit couché, brillent déjà au ciel, nous avons vu successivement différents petits peuples de notre Europe essayer de la liberté : Rome, Venise, Florence, la Suisse, Gênes, Pise, Lucques, Arezzo, ces villes du Midi, où les fleurs s'ouvrent plus vite, où les fruits mûrissent plus tôt, firent, les unes après les autres, des essais de républiques dont deux ou trois ont survécu au temps et bravent encore aujourd'hui la ligue des rois; mais toutes ces républiques étaient et sont entachées du péché originel : les unes sont aristocratiques; les autres, oligarchiques; les autres, despotiques; Gênes, par exemple, une de celles qui survivent, est marquise; les habitants, simples citoyens chez elle, sont tous nobles au delà de ses murailles. Seule, la Suisse a quelques institutions démocratiques; mais ses imperceptibles cantons, perdus au milieu de leurs montagnes, ne sont d'aucun exemple ni d'aucun secours au genre humain. Ce n'était donc pas cela qu'il nous fallait : il nous fallait un grand pays qui ne reçût pas l'impulsion, mais qui la donnât; un rouage immense auquel s'engrenât l'Europe; une planète qui, en s'enflammant, pût éclairer le monde !...

Un murmure approbateur parcourut l'assemblée. Cagliostro reprit d'un air inspiré :

— J'interrogeai Dieu, le créateur de toute chose, le moteur de tout mouvement, la source de tout progrès, et je vis que, du doigt, il me montrait la France. En effet, la France, catholique depuis le ⅼⅼ° siècle, nationale depuis le xv°, unitaire depuis le xvi°; la France, que le Seigneur lui-même a appelée sa fille aînée, — sans doute pour avoir le droit, aux grandes heures des dévouements, de la mettre sur la croix de l'humanité comme il a fait du Christ; — en effet, la France, après avoir usé toutes les formes du gouvernement monarchique, féodalité, seigneurie et aristocratie; la France nous parut la plus apte à subir et à rendre notre influence, et nous décidâmes, guidés par le rayon céleste, comme l'étaient les Israélites par la colonne de feu, nous décidâmes que la France serait la première libre. Jetez les yeux sur la France d'il y a vingt ans, et vous verrez qu'il y avait une grande audace, ou plutôt une foi sublime à entreprendre une pareille œuvre. La France d'il y a vingt ans était encore, entre les mains débiles de Louis XV, la France de Louis XIV, c'est-à-dire un grand royaume aristocratique, où tous les droits étaient aux nobles, tous les privilèges aux riches. A la tête de cet État était un homme qui représentait à la fois ce qu'il y a de plus élevé et de plus bas, de plus grand et de plus petit, Dieu et le peuple. Cet homme pouvait d'un mot vous faire riche ou pauvre, heureux ou malheureux, libre ou captif, vivant ou mort. Cet homme avait trois petits-fils, trois jeunes princes appelés à lui succéder. Le hasard faisait que celui qui avait été désigné par la nature pour son successeur l'eût aussi été par la voix publique, s'il y avait eu une voix publique à cette heure-là. On le disait bon, juste, intègre, désintéressé, instruit, presque philosophe. Afin d'anéantir à tout jamais ces guerres désastreuses qu'avait allumées en Europe la fatale succession de Charles II, on venait de lui choisir pour femme la fille de Marie-Thérèse; les deux grandes nations qui sont le véritable contre-poids de l'Europe, la France au bord de l'océan Atlantique, l'Autriche au bord de la mer Noire, allaient être indissolublement unies; cela avait été calculé ainsi par Marie-Thérèse, la première tête politique de l'Europe. C'est donc en ce moment que la France, appuyée sur l'Autriche, sur l'Italie et sur l'Espagne, allait entrer dans un règne nouveau et désiré, que nous choisîmes, non pas la France pour en faire le premier des royaumes, mais les Français pour en faire le premier des peuples. Seulement, on se demanda qui entrerait dans cet antre du lion, quel Thésée chrétien, guidé par la lumière de la foi, parcourrait les détours de l'immense labyrinthe, et affronterait le minautore royal. Je répondis : « Moi! » Puis, comme quelques esprits ardents, quelques organisations inquiètes s'informaient combien il me faudrait de temps pour accomplir la première période de mon œuvre, que je venais de diviser en trois périodes, je demandai vingt ans. On se récria. Comprenez-vous bien ? les hommes étaient esclaves ou serfs depuis vingt siècles, et l'on se récria quand je demandai vingt ans pour faire les hommes libres !

Cagliostro promena un instant son regard sur l'assemblée, où ses dernières paroles venaient de provoquer des sourires ironiques.

Puis il continua :

— Enfin, j'obtins ces vingt années; je donnai à nos frères la fameuse devise : *Lilia pedibus destrue*, et je me mis à l'œuvre en invitant chacun à en faire autant. J'entrai dans la France à l'ombre des arcs de triomphe; les lauriers et les roses faisaient une route de fleurs et de feuillages depuis Strasbourg jusqu'à Paris. Chacun criait : « Vive la dauphine! vive la future reine! » L'espérance tout entière du royaume était suspendue à la fécondité de l'hymen sauveur. Maintenant, je ne veux pas me donner la gloire des initiatives ni le mérite des événements. Dieu était avec moi, il a permis que je visse la main divine qui tenait les rênes de son char de feu. Dieu soit loué! J'ai écarté les pierres du chemin, j'ai jeté un pont sur les fleuves, j'ai comblé les précipices, et le char a roulé, voilà tout. Or, frères, voyez ce qui s'est accompli depuis vingt ans :

» Les Parlements cassés;

» Louis XV, dit le Bien-Aimé, mort au milieu du mépris général;

» La reine, sept ans stérile, mettant au jour, au bout de sept ans, des enfants contestés, attaquée comme mère à la naissance du dauphin, déshonorée comme femme à l'affaire du collier.

» Le roi, sacré sous le titre de Louis-le-Désiré, mis à l'œuvre de la Royauté, impuissant en politique comme en amour, poussé d'utopies en utopies jusqu'à la banqueroute, de ministre en ministre jusqu'à M. de Calonne.

» L'assemblée des notables réunie, et décrétant les États généraux ;

» Les États généraux, nommés par le suffrage universel, se déclarant Assemblée nationale ;

» La noblesse et le clergé vaincus par le tiers ;

» La Bastille prise ;

» Les troupes étrangères chassées de Paris et Versailles ;

» La nuit du 4 août montrant à l'aristocratie le néant de la noblesse ;

» Le 5 et 6 octobre montrant au roi et à la reine le néant de la royauté ;

» Le 15 juillet 1790 montrant au monde l'unité de la France ;

» Les princes dépopularisés par l'émigration ;

» Monsieur dépopularisé par le procès de Favras ;

» Enfin, la Constitution jurée sur l'autel de la Patrie ; le président de l'Assemblée nationale assis sur un trône pareil à celui du roi ; la loi et la nation assises au-dessus d'eux ; l'Europe attentive, qui se penche sur nous, qui se tait et qui attend ; tout ce qui n'applaudit pas qui tremble !

» Frères, la France est-elle bien ce que j'avais dit qu'elle serait, c'est-à-dire la roue à laquelle va s'engrener l'Europe, le soleil auquel va s'éclairer le monde ?

— Oui ! oui ! oui ! crièrent toutes les voix.

— Maintenant, frères, continua Cagliostro, croyez-vous l'œuvre assez avancée pour qu'on puisse l'abandonner à elle-même ? croyez-vous que, la Constitution jurée, on puisse se fier au serment royal ?

— Non ! non ! non ! crièrent toutes les voix.

— Alors, dit Cagliostro, c'est la seconde période révolutionnaire de la grande œuvre démocratique qu'il faut entreprendre. A vos yeux comme aux miens, je m'en aperçois avec joie, la fédération de 1790 n'est pas un but, ce n'est qu'une halte ; soit, la halte est faite, le repos est pris, la cour s'est remise à son œuvre de contre-révolution ; ceignons nos reins à notre tour, remettons-nous en chemin. Sans doute, pour nos cœurs timides, il y aura bien des heures d'inquiétude, bien des moments de défaillance ; souvent le rayon qui nous éclaire paraîtra s'éteindre ; la main qui nous guide semblera nous abandonner. Plus d'une fois, pendant cette longue période qu'il nous reste à accomplir, la partie semblera compromise, perdue même, par quelque accident imprévu, par quelque événement fortuit ; tout semblera nous donner tort ; les circonstances défavorables, le triomphe de nos ennemis, l'ingratitude de nos concitoyens ; beaucoup, et des plus consciencieux peut-être, arriveront à se demander à eux-mêmes, après tant de fatigues réelles et tant d'impuissance apparente, s'ils n'ont pas fait fausse route, et s'ils ne sont point engagés dans la mauvaise voie. Non, frères, non ! je vous le dis à cette heure, et que mes paroles sonnent éternellement à votre oreille, dans la victoire comme une fanfare de triomphe, dans la défaite comme un tocsin d'alarme ; non, les peuples conducteurs ont leur mission sainte qu'ils doivent providentiellement fatalement accomplir ; le Seigneur, qui les guide, a ses voies mystérieuses, ne se révélant à nos yeux que dans la splendeur de leur accomplissement ; souvent une nuée le dérobe à nos regards, et on le croit absent ; souvent une idée recule et semble battre en retraite, quand, au contraire, comme ces anciens chevaliers des tournois du moyen-âge, elle prend du champ pour remettre sa lance en arrêt, et s'élancer de nouveau vers son adversaire, rafraîchie et plus ardente. Frères ! frères ! le but où nous tendons, c'est le phare allumé sur la haute montagne, vingt fois, pendant la route, les accidents du terrain nous le font perdre de vue, et on le croit éteint ; alors, les faibles murmurent, se plaignent, s'arrêtent, disant : « Nous n'avons plus rien qui nous guide, nous marchons dans la nuit ; restons où nous sommes ; à quoi bon nous égarer ? » Les forts continuent, souriants et confiants, et bientôt le phare reparaît pour s'évanouir et reparaître encore, et, à chaque fois, plus visible et plus brillant car il est plus rapproché ! Et c'est ainsi qu'en luttant, en persévérant, en croyant surtout, arriveront les élus du monde au pied du phare sauveur dont la lumière doit un jour éclairer, non seulement la France, mais encore tous les peuples. Jurons donc, frères, jurons, pour nous et pour nos descendants, car parfois l'idée ou le principe éternel usent à leur service plusieurs générations ; jurons donc, pour nous et pour nos descendants, de ne nous arrêter que lorsque nous aurons établi sur toute la terre cette sainte devise du Christ dont nous avons déjà, ou à peu près, conquis la première partie : liberté, égalité, fraternité !

Ces paroles de Cagliostro furent suivies d'une éclatante approbation ; mais, au milieu des cris et des bravos, tombant sur l'enthousiasme général, comme ces gouttes d'eau glacée qui, de la voûte d'un rocher humide, tombent sur un front en sueur, se firent entendre ces paroles, prononcées d'une voix aigre et tranchante :

— Oui, jurons; mais, auparavant, explique-nous comment tu comprends ces trois mots, afin que, nous, tes simples apôtres, nous puissions les expliquer après toi.

Un regard perçant de Cagliostro sillonna la foule, et alla, comme le rayon d'un miroir, éclairer le pâle visage du député d'Arras.

— Soit! dit-il; écoute donc, Maximilien.

Puis, haussant à la fois la main et la voix pour s'adresser à la foule :

— Écoutez, vous tous !

XI

LIBERTÉ! ÉGALITÉ! FRATERNITÉ!

Il se fit dans l'assemblée un de ces silences solennels qui donnent la mesure de l'importance qu'on accorde à ce qu'on va entendre.

— Oui, l'on a raison de me demander ce que c'est que la liberté, ce que c'est que l'égalité, ce que c'est que la fraternité; je vais vous le dire. Commençons par la liberté. Et, avant tout, frères, ne confondez pas la liberté avec l'indépendance; ce ne sont point deux sœurs qui se ressemblent, ce sont deux ennemies qui se haïssent. Presque tous les peuples qui habitent un pays de montagnes sont indépendants; je ne sais si l'on peut dire qu'un seul, la Suisse exceptée, soit véritablement libre. Personne ne niera que le Calabrais, le Corse et l'Écossais ne soient indépendants. Nul n'osera dire qu'ils sont libres. Que le Calabrais se trouve blessé dans sa fantaisie, le Corse dans son honneur, l'Écossais dans ses intérêts, le Calabrais, qui ne peut recourir à la justice, attendu qu'il n'y a pas de justice chez un peuple opprimé, le Calabrais en appelle à son poignard, le Corse à son stylet, l'Écossais à son *dirk*; il frappe, son ennemi tombe, il est vengé, la montagne est là qui lui offre un asile, et à défaut de la liberté, invoquée vainement par l'homme des villes, il trouve l'indépendance des cavernes profondes, des grands bois, des hautes cimes, c'est-à-dire l'indépendance du renard, du chamois et de l'aigle. Mais, aigle, chamois et renard, impassibles, invariables, indifférents spectateurs du grand drame humain qui se déroule sous leurs yeux, sont des animaux réduits à l'instinct et voués à la solitude; les civilisations primitives, antiques, maternelles, pourrait-on dire, les civilisations de l'Inde, de l'Égypte, de l'Étrurie, de l'Asie Mineure, de la Grèce et du Latium, en réunissant leurs sciences, leurs religions, leurs arts, leurs poésies, comme un faisceau de lumières qu'elles ont secoué sur le monde pour éclairer à son berceau et dans ses développements la civilisation moderne, ont laissé les renards dans leurs terriers, les chamois sur leurs cimes, les aigles au milieu de leurs nuages; pour eux, en effet, le temps passe, mais il n'a pas de mesure; pour eux, les sciences fleurissent, mais il n'y a pas de progrès; pour eux, les nations naissent, grandissent et tombent, mais il n'y a pas d'enseignement. C'est que la Providence a borné le cercle de leurs facultés à l'instinct de la conservation individuelle, tandis que Dieu a donné à l'homme l'intelligence du bien et du mal, le sentiment du juste et de l'injuste, l'horreur de l'isolement, l'amour de la société. Voilà pourquoi l'homme né solitaire comme le renard, sauvage comme le chamois, isolé comme l'aigle, s'est réuni en familles, aggloméré en tribus, constitué en peuples. C'est que, comme je vous le disais, frères, l'individu qui s'isole n'a droit qu'à l'indépendance, et qu'au contraire, les hommes qui se réunissent ont droit à la liberté.

LA LIBERTÉ!

» Ce n'est point une substance primitive et unique comme l'or; c'est une fleur, c'est un fruit, c'est un art, c'est un produit, enfin ; il faut la cultiver pour qu'elle éclose et mûrisse. La liberté, c'est le droit pour chacun de faire, au bénéfice de son intérêt, de sa satisfaction, de son bien-être, de son amusement, de sa gloire, tout ce qui ne blesse pas l'intérêt des autres; c'est l'abandon d'une partie de l'indépendance individuelle pour en faire un fonds de liberté générale, où chacun puise à son tour et en égale mesure; la liberté, enfin, c'est tout cela, c'est l'obligation prise à la face du monde de ne pas resserrer la somme de lumières, de progrès, de privilèges que l'on a conquise, dans le cercle égoïste d'un peuple, d'une nation, d'une race; mais, au contraire, de les répandre à pleines mains, soit comme individu, soit comme société, chaque fois qu'un individu pauvre ou qu'une société indigente vous demandera de partager votre trésor avec elle. Et ne craignez pas de l'épuiser, ce trésor, car la liberté a ce privilège divin de se multiplier par la prodigalité même, pareille à cette urne des grands fleuves qui arrosent la terre, et qui est d'autant plus pleine à sa source qu'ils sont plus abondants à leur embouchure. Voilà ce que c'est que la liberté; une manne céleste à laquelle chacun a droit, et que le peuple élu pour qui elle tombe doit partager avec tout peuple qui en réclame sa part, telle est la liberté comme je l'entends, continua Cagliostro, sans même daigner répondre directement à celui qui l'avait interpellé. Passons à l'égalité.

Un immense murmure d'approbation s'éleva jusqu'aux voûtes, embrassant l'orateur de cette caresse, la plus douce de toutes, sinon au cœur, du moins à l'orgueil de l'homme, — la popularité.

Mais lui, comme habitué à ces ovations humaines, étendit la main pour réclamer le silence.

— Frères, dit-il, l'heure passe, le temps est précieux, chaque minute de ce temps, mise à profit par les ennemis de notre sainte cause, creuse un abîme sous nos pas ou dresse un obstacle sur notre chemin. Laissez-moi donc vous dire ce que c'est que l'égalité, comme je vous ai dit ce que c'est que la liberté.

Il se fit, à la suite de ces paroles, des *chut* multipliés, puis un grand silence, au milieu duquel la voix de Cagliostro monta, claire, sonore, accentuée.

— Frères, dit-il, je ne vous fais pas l'injure de croire qu'un seul de vous, par ce mot séduisant d'égalité, ait compris un instant l'égalité de la matière et de l'intelligence; non, vous savez très bien que l'une et l'autre égalité répugnent à la véritable philosophie, et que la nature elle-même a tranché cette grande question en plaçant l'hysope près du chêne, la colline près de la montagne, le ruisseau près du fleuve, le lac près de l'Océan, la stupidité près du génie. Tous les décrets du monde n'abaisseront pas d'une coudée le Chimboraço, l'Himalaya ou le mont Blanc; tous les arrêtés d'une assemblée d'hommes n'éteindront pas la flamme qui brûle au front d'Homère, de Dante et de Shakspeare. Nul n'a pu avoir cette idée que l'égalité sanctionnée par la loi serait l'égalité matérielle et physique; que, du jour où cette loi serait inscrite sur les tables de la constitution, les générations auraient la taille de Goliath, la valeur du Cid, ou le génie de Voltaire; non, individus et masse, nous avons parfaitement compris qu'il s'agit purement et simplement de l'égalité sociale. Or, frères, qu'est-ce que l'égalité sociale ?

L'ÉGALITÉ !

» C'est l'abolition de tous les privilèges transmissibles; le libre accès à tous les emplois, à tous les grades, à tous les rangs; enfin, la récompense accordée au mérite, au génie, à la vertu, et non plus l'apanage d'une caste, d'une famille ou d'une race; ainsi, le trône, en supposant qu'il reste un trône, n'est ou plutôt ne sera qu'un poste plus élevé où pourra parvenir le plus digne, tandis qu'à des degrés inférieurs, et selon leurs mérites, s'arrêteront ceux-là qui seront dignes des postes secondaires, sans que, pour rois, ministres, conseillers, généraux, juges, on s'inquiète un instant, les voyant arrivés, de quel point ils sont partis. Ainsi, royauté ou magistrature, trône de monarque ou fauteuil de président, ne seront pas l'apanage de l'hérédité dans la race : *Élection*. Ainsi, pour le conseil, pour la guerre, pour la justice, plus de privilège dans une race : *Aptitude*. Ainsi pour les arts, les sciences, les lettres, plus de faveur : *Concours*. Voilà l'égalité sociale !

Puis, au fur et à mesure qu'avec l'éducation, non seulement gratuite et mise à la portée de tous, mais encore forcée pour tous, les idées grandiront, il faut que l'égalité monte avec elles; l'égalité, au lieu de demeurer les pieds dans la fange, doit siéger aux plus hauts sommets; une grande nation comme la France ne doit reconnaître que l'égalité qui élève, et non l'égalité qui abaisse; l'égalité qui abaisse n'est plus celle du Titan, c'est celle du bandit; ce n'est plus la couche caucasienne de Prométhée, c'est le lit de Procuste. — Voilà l'égalité !

Il était impossible qu'une pareille définition ne réunit pas tous les suffrages dans une société d'hommes à l'esprit élevé, au cœur ambitieux, où chacun, à part quelques rares exceptions de modestie, devait voir naturellement dans son voisin un des degrés de son élévation future. Aussi, les hourras, les bravos et les trépignements éclatèrent, attestant que ceux-là mêmes, et il y en avait quelques-uns dans l'assemblée, qui devaient, au moment de la pratique, faire de l'égalité d'une autre façon que ne l'entendait Cagliostro, acceptaient cependant, à cette heure de théorie, l'égalité telle que la comprenait le puissant génie du chef étrange qu'ils s'étaient choisi.

Mais Cagliostro, plus ardent, plus illuminé, plus resplendissant, à mesure que la question grandissait, Cagliostro réclama le silence comme il avait déjà fait, et, continuant d'une voix dans laquelle il était impossible de reconnaître la moindre fatigue ou de surprendre la plus légère hésitation :

— Frères, dit-il, nous voici arrivés au troisième mot de la devise, à celui que les hommes seront le plus longtemps à comprendre, et que, sans doute, pour cette raison, le grand civilisateur a placé le dernier. Frères, nous voici arrivés à la fraternité.

LA FRATERNITÉ !

» Oh! grand mot, s'il est bien compris! sublime parole, si elle bien expliquée! Dieu me garde de dire que celui qui, ayant mal mesuré la hauteur de ce mot, le prendra dans son acception étroite pour l'appliquer aux habitants d'un village, aux citoyens d'une ville, aux hommes d'un royaume, soit un mauvais cœur... Non, frères, non, ce ne sera qu'un pauvre d'esprit. Plaignons les pauvres d'esprit, tâchons de secouer les sandales de plomb de la médiocrité, déployons nos ailes, et planons au-dessus des idées vulgaires. Lorsque Satan voulut tenter Jésus, il le transporta sur la plus haute montagne du monde, du sommet de laquelle il pouvait lui montrer tous les royaumes de la terre, et non sur la tour de Nazareth, d'où il ne pouvait lui faire voir que quelques pauvres villages de la Judée. Frères, ce n'est point à une ville, ce n'est point à un royaume même qu'il faut appliquer la fraternité; c'est au monde qu'il faut l'étendre. Frères, un jour viendra où ce mot qui nous paraît sacré, *la patrie*, où cette parole qui nous paraît sainte, *la nationalité*, disparaîtront comme ces toiles de théâtre qui ne s'abaissent provisoirement que pour donner aux peintres et aux machinistes le temps de préparer des lointains infinis, des horizons incommensurables. Frères, un jour viendra où les hommes, qui ont déjà conquis la terre et l'eau, conquerront le feu et l'air; où ils attelleront des coursiers de flamme, non seulement à la pensée, mais encore à la matière; où les vents, qui ne sont aujourd'hui que les courriers indisciplinés de la tempête, deviendront les messagers intelligents et dociles de la civilisation. Frères, un jour viendra, enfin, où les peuples, grâce à ces communications terrestres et aériennes contre lesquelles les rois seront impuissants, comprendront qu'ils sont liés les uns aux autres par la solidarité des douleurs passées; que ces rois, qui les ont mis les armes à la main pour s'entre-détruire les ont poussés, non point à la gloire, comme ils le leur disaient, mais au fratricide,

et qu'ils auront désormais compte à rendre à la postérité de toute goutte de sang tirée du corps du membre le plus infime de la grande famille humaine. Alors, frères, vous verrez un magnifique spectacle se dérouler à la face du Seigneur; toute frontière idéale disparaîtra, toute limite factice sera effacée; les fleuves ne seront plus un obstacle, les montagnes ne seront plus un empêchement; d'un côté à l'autre des fleuves, les peuples se donneront la main, et, sur tout haut sommet s'élèvera un autel, l'autel de la fraternité. Frères! frères! frères! je vous le dis, voilà la vraie fraternité de l'apôtre. Le Christ n'est pas mort pour les Nazaréens seulement, le Christ est mort pour racheter tous les peuples de la terre. Ne faites donc pas seulement de ces trois mots, *liberté, égalité, fraternité*, la devise de la France; inscrivez-les sur le labarum de l'humanité, comme la devise du monde... Et maintenant, allez, frères, votre tâche est grande; si grande, que, par quelque vallée de larmes ou de sang que vous passiez, vos descendants vous envieront la mission sainte que vous aurez accomplie, et, comme ces croisés qui se succédaient toujours plus nombreux et plus pressés par les chemins qui conduisaient aux lieux saints, ils ne s'arrêteront pas, quoique bien souvent ils ne reconnaîtront leur route qu'aux ossements blanchis de leurs pères... Courage donc, apôtres! courage donc, pèlerins! courage donc, soldats!... Apôtres, convertissez! pèlerins, marchez! soldats, combattez!

Cagliostro s'arrêta, mais il ne se fût point arrêté, que les applaudissements, les bravos, les cris d'enthousiasme l'eussent interrompu.

Trois fois ils s'éteignirent, et trois fois se relevèrent, grondant sous les voûtes de la crypte comme un orage souterrain.

Alors les six hommes masqués, s'inclinant l'un après l'autre devant lui, lui baisèrent la main, et se retirèrent.

Puis, chacun des frères, s'inclinant à son tour devant cette estrade où, comme un autre Pierre l'Ermite, le nouvel apôtre venait de prêcher la croisade de liberté, passa, répétant la devise fatale : *Lilia pedibus destrue*.

Avec le dernier, la lampe s'éteignit.

Et Cagliostro resta seul, enseveli dans les entrailles de la terre, perdu dans le silence et dans l'obscurité, pareil à ces dieux de l'Inde, aux mystères desquels il prétendait avoir été initié deux mille ans auparavant.

XII

LES FEMMES ET LES FLEURS

Quelques mois après les événements que nous venons de raconter, vers la fin de mars 1791, une voiture, suivant rapidement le chemin d'Argenteuil à Besons, faisait un détour à un demi-quart de lieue de la ville, s'avançait vers le château du Marais, dont la grille s'ouvrait devant elle, et s'arrêtait au fond de la seconde cour, près de la première marche du perron.

L'horloge placée au fronton du bâtiment marquait huit heures du matin.

Un vieux domestique, qui semblait attendre impatiemment l'arrivée de la voiture se précipita vers la portière, qu'il ouvrit, et un homme entièrement vêtu de noir s'élança sur les degrés.

— Ah! monsieur Gilbert, dit le valet de chambre, vous voici enfin!

— Qu'y a-t-il donc, mon pauvre Teisch, demanda le docteur?

— Hélas! Monsieur, vous allez voir, dit le domestique.

Et, marchant devant le docteur, il lui fit traverser la salle de billard, dont les lampes, allumées sans doute à une heure avancée de la nuit, brûlaient encore; puis la salle à manger, dont la table, couverte de fleurs, de bouteilles débouchées, de fruits et de pâtisseries, attestait un souper qui s'était prolongé au delà des heures habituelles.

Gilbert jeta sur cette scène de désordre, qui lui prouvait combien peu ses prescriptions avaient été suivies, un regard douloureux; puis, haussant les épaules avec un soupir, il s'engagea dans l'escalier qui conduisait à la chambre de Mirabeau, située au premier étage.

— Monsieur le comte, dit le domestique, en pénétrant le premier dans cette chambre, voici M. le docteur Gilbert.

— Comment, le docteur, dit Mirabeau, on a été le chercher pour une pareille niaiserie?

— Niaiserie! murmura le pauvre Teisch; jugez-en par vous-même, Monsieur.

— Oh! docteur, dit Mirabeau en se soulevant sur son lit, croyez que je suis aux regrets que, sans me consulter, on vous ait dérangé ainsi.

— D'abord, mon cher comte, ce n'est jamais me déranger que de me susciter une occasion de vous voir; vous savez que je n'exerce que pour quelques amis, et, ceux-là, je leur appartiens tout entier. Voyons, qu'est-il arrivé? Et surtout pas de secret pour la faculté! — Teisch, tirez les rideaux, et ouvrez les fenêtres.

Cet ordre exécuté, le jour envahit la chambre de Mirabeau jusque dans la pénombre, et le docteur put voir le changement qui s'était fait dans toute la personne du célèbre orateur, depuis un mois à peu près qu'il ne l'avait rencontré.

— Ah! ah! fit-il malgré lui.

— Oui, dit Mirabeau, je suis changé, n'est-ce pas? Je vais vous dire d'où cela vient.

Gilbert sourit tristement; mais, comme un médecin intelligent tire toujours parti de ce que lui dit son malade, dût celui-ci dire un mensonge, il le laissa faire.

— Vous savez, continua Mirabeau, quelle question on débattait hier?

— Oui, celle des mines.

— C'est une question encore mal connue, peu ou point approfondie; les intérêts des propriétaires et du gouvernement ne sont pas assez distincts. D'ailleurs, le comte de la Marck, mon ami intime, était très intéressé dans la question : la moitié de sa fortune en dépendait; sa bourse, cher docteur, a toujours été la mienne; il faut être reconnaissant. J'ai parlé ou plutôt j'ai chargé cinq fois; à la dernière charge, j'ai mis les ennemis en déroute, mais je suis resté, ou à peu près, sur le carreau. Cependant, en rentrant, j'ai voulu célébrer la victoire. J'avais quelques amis à souper; on a ri, bavardé jusqu'à trois heures du matin; à trois heures du matin, on s'est couché; à cinq, j'ai été pris par des douleurs d'entrailles; j'ai crié comme un imbécile, Teisch a eu peur comme un poltron, et il vous a envoyé chercher. Maintenant, vous êtes aussi savant que moi. Voilà le pouls, voilà la langue; je souffre comme un damné! Tirez-moi de là si vous pouvez; quant à moi, je vous déclare que je ne m'en mêle plus.

Gilbert était un trop habile médecin pour ne pas voir, sans le secours de la langue ou du pouls, la gravité de la situation de Mirabeau. Le malade était près de suffoquer, respirait avec peine, avait le visage gonflé par l'arrêt du sang dans les poumons; il se plaignait de froid aux extrémités, et, de temps en temps, la violence de la douleur lui arrachait soit un soupir, soit un cri.

Le docteur voulut, cependant, confirmer son opinion, déjà presque arrêtée, par l'examen du pouls.

Le pouls était convulsif et intermittent.

— Allons, dit Gilbert, ce ne sera rien pour

cette fois-ci, mon cher comte ; mais il était temps.

Et il tira sa trousse de sa poche, avec cette rapidité et ce calme qui sont les signes distinctifs du véritable génie.

— Ah! ah! dit Mirabeau, vous allez me saigner?

— A l'instant même.

— Au bras droit ou au bras gauche?

— Ni à l'un ni à l'autre, vous n'avez déjà les poumons que trop engorgés. Je vais vous saigner au pied, tandis que Teisch va aller chercher à Argenteuil de la moutarde et des cantharides, pour que nous vous appliquions des sinapismes. — Prenez ma voiture, Teisch.

— Diable, fit Mirabeau, il paraît que, comme vous le disiez, docteur, il était temps.

Gilbert, sans lui répondre, procéda immédiatement à l'opération, et bientôt un sang noir et épais, après avoir hésité un instant, jaillit du pied du malade.

Le soulagement fut instantané.

— Ah! morbleu! dit Mirabeau respirant plus à l'aise, décidément vous êtes un grand homme, docteur.

— Et vous un grand fou, comte, de risquer ainsi une vie si précieuse à vos amis et à la France, pour quelques heures de faux plaisir.

Mirabeau sourit avec mélancolie, presque ironiquement.

— Bah! mon cher docteur, dit-il, vous vous exagérez le cas que mes amis et la France font de moi.

— D'honneur, dit en riant Gilbert, les grands hommes se plaignent toujours de l'ingratitude des autres hommes, et ce sont eux, en réalité, qui sont ingrats. Soyez malade sérieusement, et, demain, vous aurez tout Paris sous vos fenêtres ; mourez après demain, et vous aurez toute la France à votre convoi.

— Savez-vous que c'est très consolant, ce que vous me dites là? répondit en riant Mirabeau.

— C'est justement parce que vous pouvez voir l'un sans risquer que je vous dis cela, et, en vérité, vous avez besoin d'une grande démonstration qui vous remonte le moral. Laissez-moi vous ramener à Paris, dans deux heures, comte ; laissez-moi dire au commissionnaire du premier coin de rue que vous êtes malade, et vous verrez.

— Vous croyez que je puis être transporté à Paris?

— Aujourd'hui même, oui... Qu'éprouvez-vous?

— Je respire plus librement, ma tête se dégage, le brouillard que j'avais devant les yeux disparaît... Je souffre toujours des entrailles.

— Oh! cela regarde les sinapismes, mon cher comte; la saignée a fait son œuvre, c'est au tour des sinapismes à faire la leur. Eh! tenez, justement, voici Teisch.

En effet, Teisch entra au moment même avec les ingrédients demandés. Un quart d'heure après, le mieux prédit par le docteur était arrivé.

— Maintenant, dit Gilbert, je vous laisse une heure de repos, et je vous emmène.

— Docteur, dit Mirabeau en riant, voulez-vous me permettre de ne partir que ce soir, et de vous donner rendez-vous dans mon hôtel de la Chaussée-d'Antin à onze heures?

Gilbert regarda Mirabeau.

Le malade comprit que son médecin avait deviné la cause de ce retard.

— Que voulez-vous! dit Mirabeau, j'ai une visite à recevoir.

— Mon cher comte, répondit Gilbert, j'ai vu bien des fleurs sur la table de la salle à manger. Ce n'était pas seulement un souper d'amis que vous avez donné hier?

— Vous savez que je ne saurais me passer de fleurs ; c'est ma folie.

— Oui, mais les fleurs ne sont pas seules, comte!

— Dame! si les fleurs me sont nécessaires, il faut bien que je subisse *les conséquences* de cette nécessité.

— Comte, comte, vous vous tuerez! dit Gilbert.

— Avouez, docteur, que ce sera du moins un charmant suicide.

— Comte, je ne vous quitte pas de la journée.

— Docteur, j'ai donné ma parole, vous ne voudriez pas m'y faire manquer.

— Vous serez ce soir à Paris?

— Je vous ai dit que je vous attendrais à onze heures, dans mon petit hôtel de la rue de la Chaussée-d'Antin... L'avez-vous vu déjà?

— Pas encore.

— C'est une acquisition que j'ai faite de Julie, la femme de Talma... En vérité, je me sens tout à fait bien, docteur.

— C'est-à-dire que vous me chassez.

— Oh! par exemple...

— Au reste, vous faites bien. Je suis de quartier aux Tuileries.

— Ah! ah! vous verrez la reine, dit Mirabeau en s'assombrissant.

Sauvez-le, sauvez-le, dit Nicole. (Page 311.)

— Probablement. Avez-vous quelque message pour elle?

Mirabeau sourit amèrement.

— Je ne prendrais point pareille liberté, docteur; ne lui dites pas même que vous m'avez vu.

— Pourquoi cela?

— Parce qu'elle vous demanderait si j'ai sauvé la monarchie, comme je lui ai promis de le faire, et vous seriez obligé de lui répondre que non; du reste, ajouta Mirabeau avec un rire nerveux, il y a bien autant de sa faute que de la mienne.

— Vous ne voulez pas que je lui dise que votre excès de travail, que votre lutte à la tribune vous tuent.

Mirabeau réfléchit un instant.

— Oui, répondit-il, dites-lui cela; faites-moi même, si vous voulez, plus malade que je ne suis.

— Pourquoi?

— Pour rien... par curiosité... pour me rendre compte de quelque chose...

— Soit.

— Vous me promettez cela, docteur?

— Je vous le promets.

— Et vous me répéterez ce qu'elle aura dit?

— Ses propres paroles.

— Bien... Adieu, docteur; mille fois merci.

Et il tendit la main à Gilbert.

Gilbert regarda fixement Mirabeau, que ce regard parut embarrasser.

— A propos, dit le malade, avant de vous en aller, que prescrivez-vous?

— Oh! dit Gilbert, des boissons chaudes et purement délayantes, chicorée ou bourrache, diète absolue, et surtout...

— Surtout?

— Pas de garde-malade qui ait moins de cinquante ans... Vous entendez, comte?

— Docteur, dit Mirabeau en riant, plutôt que de manquer à votre ordonnance, j'en prendrais deux de vingt-cinq!

A la porte, Gilbert rencontra Teisch.

Le pauvre garçon avait les larmes aux yeux.

— Oh! Monsieur, dit-il, pourquoi vous en allez-vous?

— Je m'en vais parce qu'on me chasse, mon cher Teisch, dit Gilbert en riant.

— Et tout cela pour cette femme! murmura le vieillard; et tout cela parce que cette femme ressemble à la reine! Un homme qui a tant de génie, à ce que l'on dit. Mon Dieu! faut-il être bête!

Et, sur cette conclusion, il ouvrit la portière à Gilbert, qui remonta en voiture tout préoccupé, et se demandant tout bas :

— Que veut-il dire avec cette femme qui ressemble à la reine?

Un instant il arrêta le bras de Teisch, comme pour l'interroger; mais, tout bas encore :

— Eh bien, qu'allais-je faire? dit-il. C'est le secret de M. de Mirabeau, et non le mien.

— Cocher, à Paris!

XIII

CE QUE LE ROI AVAIT DIT; CE QU'AVAIT DIT LA REINE

Gilbert s'acquitta scrupuleusement de la double promesse faite à Mirabeau.

En rentrant dans Paris, il rencontra Camille Desmoulins, la gazette vivante, le journal incarné du temps.

Il lui annonça la maladie de Mirabeau, qu'il fit, avec intention, plus grave, non pas qu'elle ne pouvait devenir si Mirabeau faisait quelque nouvelle imprudence, mais qu'elle n'était en ce moment.

Puis il alla aux Tuileries, et annonça cette même maladie au roi.

Le roi se contenta de dire :

— Ah! ah! pauvre comte! et a-t-il perdu l'appétit?

— Oui, Sire, répondit Gilbert.

— Alors, c'est grave, dit le roi.

Et il parla d'autre chose.

Gilbert, en sortant de chez le roi, entra chez la reine, et lui répéta la même chose qu'il avait dite au roi.

Le front hautain de la fille de Marie-Thérèse se plissa.

— Pourquoi, dit-elle, cette maladie ne l'a-t-elle point pris le matin du jour où il a fait son beau discours sur le drapeau tricolore?

Puis, comme si elle se repentait d'avoir laissé échapper devant Gilbert l'expression de sa haine pour ce signe de la nationalité française :

— N'importe, dit-elle, ce serait bien malheureux pour la France et pour nous, si cette indisposition faisait des progrès.

— Je croyais avoir eu l'honneur de dire à la reine, répéta Gilbert, que c'était plus qu'une indisposition, que c'était une maladie.

— Dont vous vous rendrez maître, docteur, dit la reine.

— J'y ferai mon possible, Madame, mais je n'en réponds pas.

— Docteur, dit la reine, je compte sur vous, vous entendez bien? pour me donner des nouvelles de M. de Mirabeau.

Et elle parla d'autre chose.

Le soir, à l'heure dite, Gilbert montait l'escalier du petit hôtel de Mirabeau.

Mirabeau l'attendait, couché sur une chaise longue; mais, comme on l'avait fait demeurer quelques instants au salon sous prétexte de prévenir le comte de sa présence, Gilbert jeta en entrant un regard autour de lui, et ses yeux s'arrêtèrent sur une écharpe de cachemire oubliée sur un fauteuil.

Mais, soit pour détourner l'attention de Gilbert, soit qu'il attachât une grande importance à la question qui devait suivre les premières paroles échangées entre lui et le docteur.

— Ah! dit Mirabeau, c'est vous! J'ai appris que vous aviez déjà tenu une partie de votre promesse. Paris sait que je suis malade, et le pauvre Teisch n'a pas, depuis deux heures, été dix minutes sans donner de mes nouvelles à mes amis, qui viennent voir si je vais mieux, et à mes ennemis, qui viennent voir si je vais plus mal. Voilà pour la première partie. Maintenant, avez-vous été aussi fidèle à la seconde?

— Que voulez-vous dire? demanda Gilbert en souriant.

— Vous le savez bien.

Gilbert haussa les épaules en signe de négation.

— Avez-vous été aux Tuileries ?
— Oui.
— Avez-vous vu le roi ?
— Oui.
— Avez-vous vu la reine ?
— Oui.
— Et vous leur avez annoncé qu'ils seraient bientôt débarrassés de moi ?
— Je leur ai annoncé que vous étiez malade, du moins.
— Et qu'ont-ils dit ?
— Le roi a demandé si vous aviez perdu l'appétit.
— Et sur votre réponse affirmative ?
— Il vous a plaint très sérieusement.
— Bon roi ! le jour de sa mort, il dira à ses amis comme Léonidas : « Je dîne ce soir chez Pluton. » Mais la reine ?
— La reine vous a plaint et s'est informée de vous avec intérêt.
— En quels termes, docteur ? dit Mirabeau, qui attachait évidemment une grande valeur à la réponse qu'allait lui faire Gilbert.
— Mais en très bons termes, dit le docteur.
— Vous m'avez donné votre parole de me répéter textuellement ce qu'elle vous aura dit.
— Oh ! je ne saurais me rappeler mot pour mot.
— Docteur, vous n'en avez pas oublié une syllabe.
— Je vous jure...
— Docteur, j'ai votre parole ; voulez-vous que je vous traite d'homme sans foi ?
— Vous êtes exigeant, comte.
Voilà comme je suis.
— Vous voulez absolument que je vous répète les paroles de la reine ?
— Mot pour mot.
— Eh bien, elle a dit que cette maladie aurait dû vous prendre le matin du jour où vous avez défendu à la tribune le drapeau tricolore.
Gilbert voulait juger de l'influence que la reine avait sur Mirabeau.
Celui-ci bondit sur sa chaise longue, comme s'il eût été mis en contact avec une pile de Volta.
— Ingratitude des rois ! murmura-t-il. Ce discours a suffi pour lui faire oublier la liste civile de vingt-quatre millions du roi, et son douaire de quatre millions, à elle ! Mais elle ne sait donc pas, cette femme, elle ignore donc, cette reine, qu'il s'agissait de reconquérir d'un seul coup ma popularité perdue pour elle ! mais elle ne se souvient donc plus que j'ai proposé l'ajournement de la réunion d'Avignon à la France pour soutenir les scrupules religieux du roi ! — faute ! Elle ne se souvient donc plus que, pendant ma présidence aux Jacobins, présidence de trois mois qui m'a pris dix ans de ma vie, j'ai défendu la loi de la garde nationale restreinte aux citoyens actifs ! — faute ! Elle ne se souvient donc plus que, dans la discussion à l'Assemblée du projet de loi sur le serment des prêtres, j'ai demandé qu'on restreignît le serment aux prêtres confesseurs ! — faute ! Oh ! ces fautes ! ces fautes ! je les ai bien payées ! continua Mirabeau, et, cependant, ce ne sont pas ces fautes qui m'ont fait tomber ; car il y a des époques étranges, singulières, anormales, où l'on ne tombe point par les fautes que l'on commet. Un jour, pour eux encore, j'ai défendu une question de justice, d'humanité : on attaquait la fuite des tantes du roi ; on proposait une loi contre l'émigration : « Si vous faites une loi contre les émigrants, me suis-je écrié, je jure de n'y obéir jamais ! » Et le projet de loi a été rejeté à l'unanimité. Eh bien, ce que n'avaient pu faire mes échecs, mon triomphe l'a fait. On m'a appelé dictateur, on m'a lancé à la tribune par la voie de la colère, la pire des routes que puisse prendre un orateur. Je triomphai une seconde fois, mais en attaquant les jacobins. Alors les jacobins jurèrent ma mort, les niais ! Duport, Lameth, Barnave, ils ne voient pas qu'en me tuant, ils donnent la dictature de leur tripot à Robespierre. Moi qu'ils eussent dû garder comme la prunelle de leurs yeux, ils m'ont écrasé sous leur stupide majorité : ils ont fait couler sur mon front la sueur de sang, ils m'ont fait boire le calice d'amertume jusqu'à la lie ; ils m'ont couronné d'épines ; mis le roseau entre les mains, crucifié enfin ! Heureux d'avoir subi cette Passion, comme le Christ, pour une question d'humanité... Le drapeau tricolore ! ils ne voient donc pas que c'est leur seul refuge ; que, s'ils voulaient venir loyalement, publiquement s'asseoir à son ombre, cette ombre les sauverait encore peut-être ? Mais, la reine, elle ne veut pas être sauvée, elle veut être vengée ; elle ne goûte aucune idée raisonnable. Le moyen que je propose comme étant le seul efficace est celui qu'elle repousse le plus : être modéré, être juste, et, autant que possible, avoir toujours raison. J'ai voulu sauver deux choses à la fois, la royauté et la liberté : lutte ingrate, dans laquelle je combats seul, abandonné, contre quoi ? si c'était contre des hommes, ce ne serait rien ; contre des tigres, ce ne serait rien ; contre des lions, ce ne serait rien ; mais c'est contre un élément, contre la mer, contre le flot qui monte, contre

la marée qui grandit! Hier, j'en avais jusqu'à la cheville ; aujourd'hui, j'en ai jusqu'au genou; demain, j'en aurai jusqu'à la ceinture ; après-demain, par-dessus la tête... Ainsi, tenez, docteur, il faut que je sois franc avec vous. Le chagrin m'a pris d'abord, puis le dégoût. J'avais rêvé le rôle d'arbitre entre la Révolution et la monarchie. Je croyais prendre ascendant sur la reine comme homme, et, comme homme, un beau jour qu'elle se serait aventurée imprudemment dans le fleuve et aurait perdu pied, me jeter à l'eau et la sauver. Mais non ; on n'a jamais voulu s'aider sérieusement de moi, docteur ; on a voulu me compromettre, me dépopulariser, me perdre, m'annihiler, me rendre impuissant au mal comme au bien. Aussi, maintenant, ce que j'ai de mieux à faire, docteur, je vais vous le dire : c'est de mourir à temps ; c'est surtout de me coucher artistement comme l'athlète antique ; c'est de tendre la gorge avec grâce ; c'est de rendre le dernier soupir convenablement.

Et Mirabeau se laissa retomber sur sa chaise longue, dont il mordit l'oreiller à pleines dents.

Gilbert savait ce qu'il voulait savoir, c'est-à-dire où étaient la vie et la mort de Mirabeau.

— Comte, demanda-t-il, que diriez-vous si demain le roi envoyait prendre de vos nouvelles?

Le malade fit un mouvement des épaules qui voulait dire : « Ça me serait bien égal ! »

— Le roi... ou la reine, ajouta Gilbert.

— Hein? fit Mirabeau en se redressant.

— Je dis le roi ou la reine, répéta Gilbert.

Mirabeau se souleva sur ses deux poings comme un lion accroupi, et essaya de lire jusqu'au fond du cœur de Gilbert.

— Elle ne le fera pas, dit-il.

— Mais, enfin, si elle le faisait ?

— Vous croyez, dit Mirabeau, qu'elle descendrait jusque-là?

— Je ne crois rien ; je suppose, je présume.

— Soit, dit Mirabeau, j'attendrai jusqu'à demain au soir.

— Que voulez-vous dire ?

— Prenez les mots dans le sens qu'ils ont, docteur, et ne voyez pas en eux autre chose que ce qu'ils veulent dire. J'attendrai jusqu'à demain au soir.

— Et demain au soir?

— Eh bien, demain au soir, si elle a envoyé, docteur ; si par exemple, M. Weber est venu, vous avez raison, et c'est moi qui ai tort. Mais si, au contraire, il n'est pas venu, oh! alors, c'est vous qui avez tort, docteur, et c'est moi qui ai raison.

— Soit, à demain au soir. Jusque-là, mon cher Démosthènes, du calme, du repos, de la tranquillité.

— Je ne quitterai pas ma chaise longue.

— Et cette écharpe?

Gilbert montra du doigt l'objet qui le premier avait frappé ses yeux en entrant dans la chambre.

Mirabeau sourit.

— Parole d'honneur! dit-il.

— Bon! dit Gilbert, tâchez de passer une nuit paisible, et je réponds de vous.

Et il sortit.

A la porte, Teisch l'attendait.

— Eh bien, mon brave Teisch, ton maître va mieux, dit le docteur.

Le vieux serviteur secoua tristement la tête.

— Comment, reprit Gilbert, tu doutes de ma parole?

— Je doute de tout, Monsieur le docteur, tant que son mauvais génie sera près de lui.

Et il poussa un soupir en laissant Gilbert dans l'étroit escalier.

A l'angle d'un des paliers, Gilbert vit comme une ombre voilée qui l'attendait.

Cette ombre, en l'apercevant, jeta un léger cri, et disparut derrière une porte entr'ouverte pour lui faciliter cette retraite qui ressemblait à une fuite.

— Quelle est cette femme? demanda Gilbert.

— C'est elle, répondit Teisch.

— Qui, elle?

— La femme qui ressemble à la reine.

Gilbert, pour la seconde fois, parut frappé de la même idée en entendant la même phrase ; il fit deux pas en avant, comme s'il eût voulu poursuivre le fantôme ; mais il s'arrêta en murmurant :

— Impossible!

Et il continua son chemin, laissant le vieux domestique désespéré qu'un homme aussi savant que l'était le docteur n'entreprît point d'adjurer le démon qu'il tenait, dans sa conviction la plus profonde, pour un envoyé de l'enfer.

Mirabeau passa une assez bonne nuit. Le lendemain de bonne heure, il appela Teisch, et il fit ouvrir ses fenêtres pour respirer l'air du matin.

La seule chose qui inquiétât le vieux serviteur, c'était l'impatience fébrile à laquelle le malade paraissait en proie.

Quand, interrogé par son maître, il avait répondu qu'il était huit heures à peine, Mirabeau n'avait pas voulu le croire, et s'était fait apporter sa montre pour s'en assurer.

Cette montre, il l'avait posée sur la table, à côté de son lit.

— Teisch, dit-il au vieux domestique, vous prendrez en bas la place de Jean, qui fera aujourd'hui le service près de moi.

— Oh ! mon Dieu, dit Teisch, aurais-je eu le malheur de mécontenter monsieur le comte ?

— Au contraire, mon bon Teisch, dit Mirabeau attendri, c'est parce que je ne me fie qu'à toi que je te place aujourd'hui à la porte. A chaque personne qui viendra demander de mes nouvelles, tu diras que je vais mieux, mais que je ne reçois pas encore ; seulement, si l'on vient de la part de la... — Mirabeau s'arrêta et se reprit. — Seulement, si l'on vient du château, si l'on envoie des Tuileries, tu feras monter le messager, tu entends bien ? sous quelque prétexte que ce soit, tu ne le laisseras en aller sans que je lui parle. Tu vois, mon bon Teisch, qu'en t'éloignant de moi je t'élève à l'emploi de confident.

Teisch prit la main de Mirabeau et la baisa.

— Oh ! monsieur le comte, dit-il, si seulement vous vouliez vivre !

Et il sortit.

— Parbleu ! dit Mirabeau en le regardant s'éloigner, voilà justement le difficile.

A dix heures, Mirabeau se leva et s'habilla avec une sorte de coquetterie. Jean le coiffa, et le rasa, puis il lui approcha un fauteuil de la fenêtre.

De cette fenêtre, il pouvait voir dans la rue.

A chaque coup de marteau, à chaque vibration de la sonnette, on eût pu voir, de la maison d'en face, son visage anxieux apparaître, derrière le rideau soulevé, son regard perçant plonger jusque dans la rue, puis le rideau retomber pour se relever de nouveau dans la prochaine vibration de la sonnette, au prochain coup de marteau.

A deux heures, Teisch monta suivi d'un laquais. Le cœur de Mirabeau battit violemment ; le laquais était sans livrée.

La première idée qui lui passa par l'esprit, c'est que cette espèce de grison venait de la part de la reine, et ainsi vêtu pour ne point compromettre celle qui l'envoyait.

Mirabeau se trompait.

— De la part de M. le docteur Gilbert, dit Teisch.

— Ah ! fit Mirabeau en pâlissant comme s'il eût eu vingt-cinq ans, et que, attendant un messager de madame de Monnier il eût vu arriver un coureur de son oncle le bailli.

— Monsieur, dit Teisch, comme ce garçon vient la part de M. le docteur Gilbert, et qu'il était porteur d'une lettre pour vous, j'ai cru pouvoir faire en sa faveur une exception à la consigne.

— Et tu as bien fait, dit le comte.

Puis, au laquais :

— La lettre ? demanda-t-il.

Celui-ci la tenait à la main et la présenta au comte.

Mirabeau l'ouvrit ; elle ne contenait que ces quelques mots :

« Donnez-moi de vos nouvelles. Je serai chez vous à onze heures du soir. J'espère que le premier mot que vous me direz, c'est que j'avais raison, et que vous aviez tort ».

— Tu diras à ton maître que tu m'as trouvé debout, et que je l'attends ce soir, dit Mirabeau au laquais.

Puis, à Teisch :

— Que ce garçon s'en aille content, dit-il.

Teisch fit un signe qu'il comprenait et emmena le grison.

Les heures se succédèrent. La sonnette ne cessait de vibrer, le marteau de retentir. Paris tout entier s'inscrivait chez Mirabeau. Il y avait dans la rue des groupes d'hommes du peuple qui, ayant appris la nouvelle, non pas telle que les journaux l'avaient dite, ne voulaient pas croire aux bulletins rassurants de Teisch, et forçaient les voitures de prendre à droite et à gauche de la rue, pour que le bruit des roues ne fatiguât point l'illustre malade.

Vers les cinq heures, Teisch jugea à propos de faire une seconde apparition dans la chambre de Mirabeau, afin de lui annoncer cette nouvelle.

— Ah ! dit Mirabeau, en te voyant, mon pauvre Teisch, j'avais cru que tu avais quelque chose de mieux à m'apprendre.

— Quelque chose de mieux ! dit Teisch étonné. Je ne croyais pas que je puisse annoncer à Monsieur le comte quelque chose de mieux qu'une pareille preuve d'amour.

— Tu as raison, Teisch, dit Mirabeau, et je suis un ingrat.

Aussi, quand Teisch eut refermé la porte, Mirabeau ouvrit-il la fenêtre.

Il s'avança sur le balcon, et fit de la main un signe de remerciement aux braves qui s'étaient établis les gardiens de son repos.

Ceux-ci le reconnurent, et les cris de « Vive Mirabeau ! » retentirent, d'un bout à l'autre de la rue de la Chaussée-d'Antin.

A quoi pensait Mirabeau pendant qu'on lui rendait cet hommage inattendu, qui, en toute autre circonstance eut fait bondir son cœur de joie?

Il pensait à cette femme hautaine qui ne s'inquiétait point de lui, et son œil allait chercher au delà des groupes pressés aux alentours de sa maison, s'il n'apercevait pas quelque laquais en livrée bleue venant du côté des boulevards.

Il rentra dans sa chambre, le cœur serré. L'ombre commençait à venir : il n'avait rien vu.

La soirée s'écoula comme la journée. L'impatience de Mirabeau s'était changée en une sombre amertume. Son cœur sans espérance n'allait plus au devant de la sonnette ou du marteau. Non, il attendait, le visage empreint d'une sombre amertume, cette preuve d'intérêt qui lui était presque promise, et qui n'arrivait pas.

A onze heures, la porte s'ouvrit, et Teisch annonça le docteur Gilbert.

Celui-ci entrait souriant ; il fut effrayé de l'expression du visage de Mirabeau.

Ce visage était le miroir fidèle des bouleversements de son cœur.

Gilbert se douta de tout.

— N'est-on pas venu? demanda-t-il.

— D'où cela? dit Mirabeau.

— Vous savez bien ce que je veux dire.

— Moi? Non, sur mon honneur !

— Du château... de sa part... au nom de la reine?

— Pas le moins du monde, mon cher docteur ; il n'est venu personne.

— Impossible ! fit Gilbert.

Mirabeau haussa les épaules.

— Naïf homme de bien ! dit-il.

Puis, saisissant la main de Gilbert avec un mouvement convulsif :

— Voulez-vous que je vous dise ce que vous avez fait aujourd'hui, docteur? demanda-t-il.

— Moi? dit le docteur. J'ai fait à peu près ce que je fais tous les jours.

— Non, car tous les jours vous n'allez pas au château, et, aujourd'hui, vous y avez été ; non, car tous les jours vous ne voyez pas la reine, et, aujourd'hui, vous l'avez vue ; non, car tous les jours vous ne vous permettez pas de lui donner des conseils et, aujourd'hui, vous lui en avez donné un.

— Allons donc ! dit Gilbert.

— Tenez, cher docteur, je vois ce qui s'est passé, et j'entends ce qui s'est dit comme si j'avais été là.

— Eh bien, voyons, monsieur l'homme à double vue, que s'est-il passé? que s'est-il dit?

— Vous vous êtes présenté aux Tuileries aujourd'hui à une heure ; vous avez demandé à parler à la reine ; vous lui avez parlé ; vous lui avez dit que mon état empirait, qu'il serait bon à elle comme reine, bien à elle comme femme d'envoyer demander des nouvelles de ma santé, sinon par sollicitude, du moins par calcul. Elle a discuté avec vous ; elle a paru convaincue que vous aviez raison ; elle vous a congédié en disant qu'elle allait envoyer chez moi ; vous vous en êtes allé heureux et satisfait, comptant sur la parole royale, et, elle, elle est restée hautaine et amère, riant de votre crédulité, qui ignore qu'une parole royale n'engage à rien... Voyons, foi d'honnête homme, dit Mirabeau en regardant Gilbert en face, est-ce cela, docteur?

— En vérité, dit Gilbert, vous eussiez été là, mon cher comte, que vous n'eussiez pas mieux vu ni mieux entendu.

— Les maladroits ! dit Mirabeau avec amertume. Quand je vous disais qu'ils ne savaient rien faire à propos... La livrée du roi entrant chez moi aujourd'hui, au milieu de cette foule qui criait : « Vive Mirabeau ! » devant ma porte et sous mes fenêtres, leur redonnait pour un an de popularité.

Et Mirabeau, secouant la tête, porta vivement la main à ses yeux.

Gilbert étonné le vit essuyer une larme.

— Qu'avez-vous donc, comte? lui demanda-t-il.

— Moi? rien ! dit Mirabeau. Avez-vous des nouvelles de l'Assemblée nationale, des Cordeliers ou des Jacobins? Robespierre a-t-il distillé quelque nouveau discours, ou Marat vomi quelque nouveau pamphlet?

— Y a-t-il longtemps que vous n'avez mangé? demanda Gilbert.

— Pas depuis deux heures de l'après-midi.

— En ce cas, vous allez vous mettre au bain, mon cher comte.

— Tiens, en effet, c'est une excellente idée que vous avez là, docteur. — Jean, un bain.

— Ici, monsieur le comte?

— Non, non, à côté, dans le cabinet de toilette.

Dix minutes après, Mirabeau était au bain, et, comme d'habitude, Teisch reconduisait Gilbert.

Mirabeau se souleva de sa baignoire pour suivre des yeux le docteur ; puis, lorsqu'il l'eut perdu de vue, il tendit l'oreille pour écouter le bruit de ses pas ; puis il resta immobile ainsi jusqu'à ce qu'il eût entendu s'ouvrir et se refermer la porte de l'hôtel.

Alors, sonnant violemment :

— Jean, dit-il, faites dresser une table dans ma chambre et allez demander de ma part à Oliva si elle veut me faire la grâce de souper avec moi.

Puis, comme le laquais sortait pour obéir :

— Des fleurs, surtout des fleurs! cria Mirabeau, j'adore les fleurs.

A quatre heures du matin, le docteur Gilbert fut réveillé par un violent coup de sonnette.

— Ah! dit-il, en sautant à bas de son lit, je suis sûr que M. de Mirabeau est plus mal!

Le docteur ne se trompait pas. Mirabeau, après s'être fait servir à souper, après avoir fait couvrir la table de fleurs, avait renvoyé Jean et ordonné à Teisch d'aller se coucher.

Puis il avait fermé toutes les portes, excepté celle qui donnait chez la femme inconnue que le vieux domestique appelait son mauvais génie.

Mais les deux serviteurs ne s'étaient point couchés; Jean seulement, quoique le plus jeune, s'était endormi sur un fauteuil dans l'antichambre.

Teisch avait veillé.

A quatre heures moins un quart, un violent coup de sonnette avait retenti. Tous deux s'étaient précipités vers la chambre à coucher de Mirabeau.

Les portes en étaient fermées.

Alors, ils eurent l'idée de faire le tour par l'appartement de la femme inconnue, et purent pénétrer ainsi jusqu'à la chambre à coucher.

Mirabeau, renversé, à demi évanoui, retenait cette femme entre ses bras, sans doute pour qu'elle ne pût pas appeler du secours, et elle, épouvantée, sonnait avec la sonnette de la table, n'ayant pu aller jusqu'au cordon de sonnette de la cheminée.

En apercevant les deux domestiques, elle avait appelé autant à son secours qu'au secours de Mirabeau; dans ses convulsions, Mirabeau l'étouffait.

On eût dit la mort déguisée et essayant de l'entraîner dans le tombeau.

Grâce aux efforts réunis des deux domestiques, les bras du moribond s'étaient écartés; Mirabeau était retombé sur son siège, et elle, tout éplorée, était rentrée dans son appartement.

Jean avait, alors, couru chercher le docteur Gilbert, tandis que Teisch essayait de donner les premiers soins à son maître.

Gilbert ne prit ni le temps de faire atteler, ni celui de faire approcher une voiture. De la rue Saint-Honoré à la Chaussée-d'Antin, la course n'était pas longue; il suivit Jean, et, dix minutes après, il était arrivé à l'hôtel de Mirabeau.

Teisch attendait dans le vestibule du bas.

— Eh bien, mon ami, qu'y a-t-il encore? demanda Gilbert.

— Ah! monsieur, dit le vieux serviteur, cette femme, toujours cette femme, et puis ces maudites fleurs; vous allez voir... vous allez voir!

En ce moment, on entendit quelque chose comme un sanglot, Gilbert monta précipitamment; comme il arrivait aux dernières marches de l'escalier, une porte voisine de la porte de Mirabeau s'ouvrit, et une femme enveloppée d'un peignoir blanc apparut tout à coup, et vint tomber aux pieds du docteur.

— Oh! Gilbert, Gilbert! dit-elle en lui jetant ses deux mains sur la poitrine, au nom du ciel sauvez-le!

— Nicole! s'écria Gilbert, Nicole! Oh! malheureuse, c'était donc vous!

— Sauvez-le! sauvez-le! dit Nicole.

Gilbert resta un instant, comme abîmé dans une idée terrible.

— Oh! murmura-t-il, Beausire vendant des pamphlets contre lui, Nicole sa maîtresse! Il est bien véritablement perdu, car il y a du Cagliostro là-dessous.

Et il s'élança dans l'appartement de Mirabeau, comprenant bien qu'il n'y avait pas un instant à perdre.

XIV

VIVE MIRABEAU!

Mirabeau était sur son lit : il avait repris connaissance. Les débris du souper, les plats, les fleurs étaient là, témoins aussi accusateurs que le sont au fond d'un vase les restes du poison près du lit d'un suicidé.

Gilbert s'avança vivement vers lui et respira en le voyant.

— Ah! dit-il, il n'est pas encore aussi mal que je le craignais.

Mirabeau sourit.

— Vous croyez, docteur? dit-il.

Et il secoua la tête en homme qui pense connaître son état au moins aussi bien que le docteur, qui parfois veut se tromper lui-même afin de mieux tromper les autres.

Cette fois, Gilbert ne s'arrêta point aux diagnostics extérieurs. Il tâta le pouls : le pouls était vite et élevé ; il regarda la langue : la langue était pâteuse et amère ; il s'enquit de l'état de la tête : la tête était lourde et douloureuse. Un commencement de froid se faisait sentir aux extrémités inférieures.

Tout à coup, les spasmes que le malade avait éprouvés deux jours auparavant reparurent, se jetant tour à tour sur l'omoplate, sur les clavicules et sur le diaphragme. Le pouls, qui, ainsi que nous l'avons dit, était vite et élevé, devint intermittent et convulsif.

Gilbert ordonna les mêmes révulsifs qui avaient amené une première amélioration.

Par malheur, soit que le malade n'eût point la force de supporter le douloureux remède, soit qu'il ne voulût point être guéri, au bout d'un quart d'heure, il se plaignit de souffrances si vives sur toutes les régions sinapisées qu'il fallut lui enlever les sinapismes.

Dès lors, le mieux qui s'était manifesté pendant cette application disparut.

Notre intention n'est point de suivre dans toutes leurs variations les phases de la terrible maladie ; seulement, dès le matin de ce jour, le bruit s'en répandit dans la ville, et, cette fois, plus sérieusement que la veille.

Il y avait eu rechute, disait-on, et cette rechute menaçait de mort.

C'était alors qu'il fut réellement permis de juger de la place gigantesque que peut occuper un homme au milieu d'une nation. Paris tout entier fut ému, comme aux jours où une calamité générale menace à la fois les individus et la population. Toute la journée, comme cela avait déjà eu lieu la veille, la rue fut barrée et gardée par des hommes du peuple, afin que le bruit des voitures ne parvînt pas jusqu'au malade. D'heure en heure, les groupes rassemblés sous les fenêtres demandaient des nouvelles ; des bulletins étaient remis, qui à l'instant même circulaient de la rue de la Chaussée-d'Antin aux extrémités de Paris. La porte était assiégée par une foule de citoyens de tous les états, de toutes les opinions, comme si chaque parti, si opposé qu'il fût aux autres, eût eu quelque chose à perdre en perdant Mirabeau. Pendant ce temps, les amis, les parents et les connaissances particulières du grand orateur remplissaient les cours, les vestibules et l'appartement d'en bas, sans que lui-même eût l'idée de cet encombrement.

Au reste, peu de paroles avaient été échangées entre Mirabeau et le docteur Gilbert.

— Décidément, vous voulez donc mourir ? avait dit le docteur.

— A quoi bon vivre ?... avait répondu Mirabeau.

Et Gilbert, s'étant rappelé les engagements pris par Mirabeau envers la reine, et les ingratitudes de celle-ci, Gilbert n'avait pas insisté autrement, se promettant à lui-même de faire jusqu'au bout son devoir de médecin, mais sachant d'avance qu'il n'était pas un dieu pour lutter contre l'impossible.

Le soir de ce premier jour de la rechute, la société des Jacobins envoya, pour s'informer de la santé de son ex-président, une députation à la tête de laquelle était Barnave. On avait voulu adjoindre à Barnave les deux Lameth ; mais ceux-ci avaient refusé.

Lorsque Mirabeau fut instruit de cette circonstance :

— Ah ! dit-il, je savais bien que c'étaient des lâches, mais je ne savais pas que ce fussent des imbéciles !

Pendant vingt-quatre heures, le docteur Gilbert ne quitta pas un instant Mirabeau. Le mercredi soir, vers onze heures, il était assez bien pour que Gilbert consentît à passer dans une chambre voisine, afin d'y prendre quelques heures de repos.

Avant de se coucher, le docteur ordonna qu'à la moindre réapparition, des accidents on vînt l'avertir à l'instant même.

Au point du jour, il se réveilla. Personne n'avait troublé son sommeil, et, cependant, il se leva inquiet : il lui semblait impossible qu'un mieux se fût soutenu ainsi sans un accident quelconque.

En effet, en descendant, Teisch annonça au docteur, avec des larmes plein les yeux et plein la voix, que Mirabeau était au plus mal, mais qu'il avait défendu, quelques souffrances qu'il eût éprouvées, que l'on réveillât le docteur Gilbert.

Et pourtant le malade avait dû cruellement souffrir, le pouls avait repris le caractère le plus effrayant ; les douleurs s'étaient développées avec férocité ; enfin les étouffements et les spasmes étaient revenus.

Plusieurs fois, — et Teisch avait attribué cela à un commencement de délire, — le malade avait prononcé le nom de la reine.

— Les ingrats ! avait-il dit, ils n'ont pas même fait demander de mes nouvelles !

Puis, comme se parlant à lui-même :

— Je m'étonne bien, avait-il ajouté, de ce

Il traça ces deux mots : « Dormir, mourir. » (Page 318.)

qu'elle dira, quand elle apprendra, demain ou après-demain, que je suis mort...

Gilbert pensa que tout allait dépendre de la crise qui se préparait; aussi, se disposant à lutter vigoureusement contre la maladie, il ordonna une application de sangsues à la poitrine; mais, comme si elles eussent été complices du moribond, les sangsues mordirent mal; on les remplaça par une seconde saignée au pied et par des pilules de musc.

L'accès dura huit heures. Pendant huit heures, comme un habile duelliste, Gilbert fit, pour ainsi dire, assaut avec la mort, parant chaque coup qu'elle portait, allant au-devant de quelques-uns, mais touché aussi quelquefois par elle. Enfin, au bout de huit heures, la fièvre tomba, la mort battit en retraite; mais, comme un tigre qui fuit pour revenir, elle imprima sa griffe terrible sur le visage du malade.

Gilbert demeura debout et les bras croisés, devant ce lit où venait de s'accomplir la terrible lutte. Il était trop avant dans les secrets de l'art, non seulement pour conserver quelque espoir, mais même pour douter encore.

Mirabeau était perdu; et, dans le cadavre étendu devant ses yeux, malgré un reste d'existence, il lui était impossible de voir Mirabeau vivant.

A partir de ce moment, chose étrange! le malade et Gilbert, d'un commun accord, et comme frappés d'une même idée, parlèrent de Mirabeau ainsi que d'un homme qui avait été, mais qui avait cessé d'être.

A partir de ce moment aussi, la physionomie de Mirabeau prit ce caractère de solennité qui appartient essentiellement à l'agonie des grands hommes : sa voix devint lente, grave, presque prophétique ; il y eut dès lors dans sa parole quelque chose de plus sévère, de plus profond, de plus vaste ; dans ses sentiments quelque chose de plus affectueux, de plus abandonné, de plus sublime.

On lui annonça qu'un jeune homme qui ne l'avait vu qu'une fois, et qui ne voulait pas dire qui il était insistait pour entrer.

Il se retourna du côté de Gilbert, comme pour lui demander la permission de recevoir ce jeune homme.

Gilbert le comprit.

— Faites entrer, dit-il à Teisch.

Teisch ouvrit la porte. Un jeune homme de dix-neuf à vingt ans parut sur le seuil, s'avança lentement, s'agenouilla devant le lit de Mirabeau, prit sa main, et la baisa en éclatant en sanglots.

Mirabeau semblait chercher dans sa mémoire un vague souvenir.

— Ah ! dit-il tout à coup, je vous reconnais ; vous êtes le jeune homme d'Argenteuil.

— Mon Dieu ! soyez béni ! dit le jeune homme ; voilà tout ce que je vous demandais.

Et, se levant en appuyant ses deux mains sur ses yeux, il sortit.

Quelques secondes après, Teisch entra, tenant à la main un billet que le jeune homme avait écrit dans l'antichambre.

Il contenait ces simples paroles :

« En baisant la main de M. de Mirabeau à Argenteuil, je lui ai dit que j'étais prêt à mourir pour lui.

» Je viens acquitter ma parole.

» J'ai lu hier dans un journal anglais que la transfusion du sang avait, dans un cas pareil à celui où se trouve l'illustre malade, été exécutée avec succès à Londres.

» Si, pour sauver M. de Mirabeau, la transfusion du sang était jugée utile, j'offre le mien, il est jeune et pur.

» MARNAIS. »

En lisant ces quelques lignes, Mirabeau ne put retenir ses larmes.

Il ordonna qu'on fît rentrer le jeune homme ; mais, voulant sans doute échapper à cette reconnaissance si bien méritée, celui-ci était parti en laissant sa double adresse à Paris et à Argenteuil.

Quelques instants après, Mirabeau consentit à recevoir tout le monde : MM. de la Marck et Frochot, ses amis ; madame du Saillant, sa sœur ; madame d'Aragon, sa nièce.

Seulement, il refusa de voir un autre médecin que Gilbert ; et, comme celui-ci insistait :

— Non, docteur, dit-il, vous avez eu tous les inconvénients de ma maladie ; si vous me guérissez, il faut que vous ayez tout le mérite de la guérison.

De temps en temps il voulait savoir qui avait pris de ses nouvelles, et, quoiqu'il ne demandât point : « La reine a-t-elle envoyé du château ? » Gilbert devinait, au soupir que poussait le moribond quand il arrivait à la fin de la liste, que le seul nom qu'il eût désiré y trouver était justement celui qui ne s'y trouvait pas.

Alors, sans parler du roi ni de la reine, — Mirabeau n'était pas encore assez mourant pour en arriver là, — il se lançait avec une éloquence admirable dans la politique générale, et particulièrement dans celle qu'il eût suivie vis-à-vis de l'Angleterre, s'il eût été ministre.

C'était avec Pitt surtout qu'il se fût trouvé heureux de lutter corps à corps.

— Oh ! ce Pitt, s'écria-t-il une fois, c'est le ministre des préparatifs : il gouverne avec ce dont il menace plutôt qu'avec ce qu'il fait ; si j'eusse vécu, je lui eusse donné du chagrin !

De temps en temps, une clameur montait jusqu'aux fenêtres : c'était un triste cri de « Vive Mirabeau ! » poussé par le peuple, cri qui semblait une prière, ou plutôt une plainte qu'une espérance.

Alors Mirabeau écoutait et faisait ouvrir la fenêtre, pour que ce bruit rémunérateur de tant de souffrances endurées arrivât jusqu'à lui. Pendant quelques secondes, il demeurait, les mains et les oreilles tendues, aspirant à lui et comme absorbant en lui toute cette rumeur.

Puis il murmurait :

— Oh ! bon peuple ! peuple calomnié, injurié, méprisé comme moi, il est juste que ce soit *eux* qui m'oublient et toi qui me récompenses !

La nuit arriva, Gilbert ne voulut point quitter le malade ; il fit approcher du lit la chaise longue et se coucha dessus.

Mirabeau le laissa faire ; depuis qu'il était sûr de mourir, il semblait ne plus craindre son médecin.

Dès que le jour parut, il fit ouvrir les fenêtres.

— Mon cher docteur, dit-il à Gilbert, c'est aujourd'hui que je mourrai. Quand on en est où je suis, on n'a plus qu'à se parfumer et à se couronner de fleurs, afin d'entrer le plus agréablement possible dans le sommeil dont on ne se réveille plus... Ai-je la permission de faire ce que je voudrai?

Gilbert lui fit signe qu'il était parfaitement le maître.

Alors, il appela les deux domestiques.

— Jean, dit-il, ayez-moi les plus belles fleurs que vous pourrez trouver ; tandis que Teisch va se charger, lui, de me faire le plus beau possible.

Jean sembla demander des yeux permission à Gilbert, qui de la tête lui fit signe que oui.

Il sortit.

Quant à Teisch, qui avait été fort malade la veille, il commença à raser et à friser son maître.

— A propos, lui dit Mirabeau, tu étais malade hier, mon pauvre Teisch ; comment vas-tu aujourd'hui?

— Oh! très bien, mon cher maître, répondit l'honnête serviteur ; et je vous souhaite d'être à ma place.

— Eh bien, moi, répondit Mirabeau en riant, pour peu que tu tiennes à la vie, je ne te souhaite pas d'être à la mienne.

En ce moment, un coup de canon retentit. D'où venait-il? On n'en sut jamais rien.

Mirabeau tressaillit.

— Oh! dit-il en se redressant, sont-ce déjà les funérailles d'Achille?

A peine Jean, vers lequel tout le monde s'était précipité à sa sortie de l'hôtel, afin d'avoir des nouvelles de l'illustre malade, eut-il dit qu'il allait chercher des fleurs, que des hommes coururent par les rues en criant : « Des fleurs pour M. de Mirabeau! » et que toutes les portes s'ouvrirent, chacun offrant ce qu'il en avait, soit dans ses appartements, soit dans ses serres, de sorte qu'en moins d'un quart d'heure, l'hôtel fut encombré des fleurs les plus rares.

A neuf heures du matin, la chambre de Mirabeau était transformée en un véritable parterre.

En ce moment, Teisch venait de lui achever sa toilette.

— Mon cher docteur, dit Mirabeau, je vous demanderai un quart d'heure pour faire mes adieux à quelqu'un qui doit quitter l'hôtel avant moi. Si on voulait insulter cette personne, je vous la recommande.

Gilbert comprit.

— Bien, dit-il, je vais vous laisser.

— Oui; mais vous attendrez dans la chambre à côté. Cette personne une fois sortie, vous ne me quitterez plus jusqu'à ma mort?

Gilbert fit un signe affirmatif.

— Donnez-moi votre parole, dit Mirabeau.

Gilbert la donna en balbutiant. Cet homme stoïque était tout étonné de se trouver des larmes, lui qui croyait, à force de philosophie, être arrivé à l'insensibilité.

Puis il s'avança vers la porte.

Mirabeau l'arrêta.

— Avant de sortir, dit-il, ouvrez mon secrétaire, et donnez-moi une petite cassette qui s'y trouve.

Gilbert fit ce que désirait Mirabeau.

Cette cassette était lourde. Gilbert jugea qu'elle devait être pleine d'or.

Mirabeau lui fit signe de la poser sur la table de nuit ; puis il lui tendit la main.

— Vous aurez la bonté de m'envoyer Jean, dit-il ; Jean, vous entendez bien? pas Teisch ; il me fatigue d'appeler ou sonner.

Gilbert sortit. Jean attendait dans la chambre voisine, et, par la même ouverture qui donnait sortie à Gilbert, il entra.

Derrière Jean, Gilbert entendit la porte se refermer au verrou.

La demi-heure qui suivit fut employée par Gilbert à donner des nouvelles du malade à tous ceux qui encombraient la maison.

Les nouvelles étaient désespérées ; il ne cacha point à toute cette foule que Mirabeau ne passerait sans doute point la journée.

Une voiture s'arrêta devant la porte de l'hôtel.

Un instant, il eut l'idée que c'était une voiture de la cour qu'on avait, par considération, laissé approcher malgré la défense générale.

Il courut à la fenêtre. C'eût été une si douce consolation pour le mourant de savoir que la reine s'occupait de lui!

C'était une simple voiture de place que Jean venait d'aller chercher.

Le docteur devina pour qui.

En effet, quelques minutes après, Jean sortit conduisant une femme voilée par une grande mante.

Cette femme monta dans la voiture.

Devant cette voiture, sans s'inquiéter quelle était cette femme, la foule s'écarta respectueusement.

Jean resta.

Un instant après, la porte de la chambre de Mirabeau se rouvrit et l'on entendit la voix affaiblie du malade qui demandait le docteur.

Gilbert courut à lui.

— Tenez, dit Mirabeau, remettez cette cassette à sa place, mon cher docteur.

Puis, comme celui-ci semblait étonné de la trouver aussi lourde qu'auparavant :

— Oui, n'est-ce pas, dit Mirabeau, c'est curieux! Où diable le désintéressement va-t-il se nicher?

En revenant près du lit, Gilbert trouva à terre un mouchoir brodé et tout garni de dentelle.

Il était trempé de larmes.

— Ah! dit-il à Mirabeau, elle n'a rien emporté, mais elle a laisé quelque chose.

Mirabeau prit le mouchoir, et, le sentant tout humide, il l'appliqua sur son front.

— Oh! murmura-t-il, il n'y a donc qu'*elle* qui n'a pas de cœur?

Et il retomba sur son lit, les yeux fermés; de sorte qu'on eût pu le croire évanoui ou mort, sans le râle de sa poitrine qui indiquait qu'il était seulement en train de mourir.

XV

FUIR! FUIR! FUIR!

En effet, à partir de ce moment, les quelques heures que vécut encore Mirabeau ne furent plus qu'une agonie.

Gilbert n'en tint pas moins la promesse donnée, et resta attaché à son lit jusqu'à la dernière minute.

D'ailleurs, si douloureux qu'il soit, c'est toujours un grand enseignement pour le médecin et le philosophe que le spectacle de cette dernière lutte entre la matière et l'âme.

Plus le génie a été grand, plus il est curieux d'étudier comment ce génie soutient le combat contre la mort, qui doit finir par le dompter.

Puis l'âme du docteur trouvait encore, à la vue de ce grand homme expirant, une autre source de réflexions sombres.

Pourquoi Mirabeau mourait-il, lui, l'homme au tempérament athlétique, à la constitution herculéenne?

N'était-ce point parce qu'il avait étendu la main pour soutenir cette monarchie qui allait croulant? N'était-ce point parce que s'était appuyée un instant à son bras cette femme de malheur qu'on appelait Marie-Antoinette?

Cagliostro ne lui avait-il pas prédit quelque chose de pareil à cette mort à l'endroit de Mirabeau; et ces deux êtres étranges qu'il avait rencontrés, l'un tuant la réputation, l'autre tuant la santé du grand orateur de la France devenu le soutien de la monarchie, n'étaient-ils pas pour lui, Gilbert, une preuve que toute chose faisant obstacle devait, comme la Bastille,

s'écrouler devant cet homme ou plutôt devant l'idée qu'il représentait?

Pendant que Gilbert était plongé au plus profond de ses pensées, Mirabeau fit un mouvement et ouvrit les yeux.

Il rentrait dans la vie par la porte de la douleur.

Il essaya de parler; ce fut inutilement. Mais, loin de paraître affecté de ce nouvel accident, dès qu'il se fut bien assuré que sa langue était muette, il sourit et essaya de faire passer dans ses yeux le sentiment de reconnaissance qu'il éprouvait pour Gilbert et pour ceux dont les soins l'accompagnaient dans cette suprême et dernière étape dont le but était la mort.

Cependant une idée unique semblait le préoccuper; Gilbert pouvait seul la deviner et la devina.

Le malade ne pouvait apprécier la durée de l'évanouissement dont il venait de sortir. Avait-il duré une heure? avait-il duré un jour? pendant cette heure ou pendant ce jour, la reine avait-elle envoyé demander de ses nouvelles?

On fit monter le registre qui se trouvait en bas, et où chacun, soit qu'il vînt comme messager, soit qu'il vînt pour son propre compte, écrivait son nom.

Aucun nom connu pour être de l'intimité royale ne dénonça de ce côté même une sollicitude déguisée.

On fit venir Teisch et Jean, et on les interrogea; personne, ni valet de chambre ni huissier n'était venu.

On vit alors Mirabeau tenter un effort suprême pour prononcer encore quelques paroles, un de ces efforts comme dut en faire le fils de Crésus, lorsque, voyant son père menacé de mort, il parvint à briser les liens qui enchaînaient sa langue, et à crier: « Soldat, ne tue pas Crésus! »

Il réussit.

— Oh! s'écria-t-il, ils ne savent donc pas que, moi mort, ils sont perdus? J'emporte avec moi le deuil de la monarchie, et, sur ma tombe, les factieux s'en partageront les lambeaux...

Gilbert se précipita vers le malade. Pour un habile médecin, il y a espoir tant qu'il y a vie. D'ailleurs, ne fût-ce que pour permettre à cette bouche éloquente de prononcer encore quelques mots, ne devait-il pas employer toutes les ressources de l'art?

Il prit une cuiller, y versa quelques gouttes de cette liqueur verdâtre dont, une fois déjà, avait donné un flacon à Mirabeau, et, sans la mélanger, cette fois, avec de l'eau-de-vie, il l'approcha des lèvres du malade.

— Oh! cher docteur, dit celui-ci en souriant, si vous voulez que la liqueur de vie agisse sur moi, donnez-moi la cuiller pleine ou le flacon entier.

— Comment cela? demanda Gilbert en regardant fixement Mirabeau.

— Croyez-vous, répondit celui-ci, que, moi, l'abuseur de tout par excellence, j'aie eu ce trésor de vie entre les mains sans en abuser? Non pas. J'ai fait décomposer votre liqueur, mon cher Esculape; j'ai appris qu'elle se tirait de la racine du chanvre indien, et, alors, j'en ai bu, non seulement par gouttes, mais encore par cuillerées, non seulement pour vivre, mais encore pour rêver.

— Malheureux! malheureux! murmura Gilbert, je m'étais bien douté que je vous versais du poison.

— Doux poison, docteur, grâce auquel j'ai doublé, quadruplé, centuplé les dernières heures de mon existence; grâce auquel, en mourant à quarante-deux ans, j'aurai vécu la vie d'un centenaire; grâce auquel, enfin, j'ai possédé en rêve tout ce qui m'échappait en réalité, force, richesse, amour... Oh! docteur, docteur, ne vous repentez pas; mais, au contraire, félicitez-vous. Dieu ne m'avait donné que la vie réelle, vie triste, pauvre, décolorée, malheureuse, peu regrettable, et que l'homme devrait toujours être disposé à lui rendre comme un prêt usuraire; docteur, je ne sais si je dois dire à Dieu merci de vie, mais je sais que je dois vous dire à vous merci de votre poison. Emplissez donc la cuiller, et donnez-la-moi!

Le docteur fit ce que demandait Mirabeau, et lui présenta la liqueur, qu'il savoura avec délices.

Alors, après quelques secondes de silence:

— Ah! docteur, dit-il, comme si, à l'approche de l'éternité, la mort permettait que se soulevât pour lui le voile de l'avenir, bienheureux ceux qui mourront dans cette année 1791! ils n'auront vu de la Révolution que sa face resplendissante et sereine. Jusqu'aujourd'hui, jamais révolution plus grande n'a coûté moins de sang; c'est que, jusqu'aujourd'hui, elle se fait dans les esprits seulement, et que le moment va venir où elle se fera dans les faits et dans les choses. Peut-être croyez-vous qu'ils vont me regretter là-bas, aux Tuileries; point. Ma mort les débarrasse d'un engagement pris. Avec moi, il leur fallait gouverner d'une certaine façon; je ne leur étais plus un soutien, je leur étais un obstacle; elle s'excusait de moi à son frère. « Mirabeau croit qu'il me conseille, lui écrivait-elle, et il ne s'aperçoit pas que je l'amuse. » Oh! voilà pourquoi j'aurais voulu que cette femme fût ma maîtresse, et non ma reine. Quel beau rôle à jouer dans l'histoire, docteur, que celui d'un homme qui soutient d'une main la jeune liberté et de l'autre la vieille monarchie, qui les force à marcher du même pas et vers un seul but, le bonheur du peuple et le respect de la royauté! Peut-être était-ce possible, peut-être était-ce un rêve; mais ce rêve, j'en ai la conviction, moi seul pouvais le réaliser. Ce qui me peine, docteur, ce n'est pas de mourir, c'est de mourir incomplet, c'est d'avoir entrepris une œuvre, et de comprendre que je ne puis mener cette œuvre à bout. Qui glorifiera mon idée, si mon idée est avortée, tronquée, décapitée? Ce que l'on saura de moi, c'est justement ce qu'il ne faudrait pas qu'on en sût. C'est ma vie déréglée, folle, vagabonde: ce qu'on lira de moi, ce sont mes *Lettres à Sophie*, l'*Érotika-Biblion*, la *Monarchie prussienne*, des pamphlets et des livres obscènes : ce qu'on me reprochera, c'est d'avoir pactisé avec la cour, et l'on me reprochera cela parce que, de ce pacte, il ne sera rien sorti de ce qui devait en sortir; mon œuvre ne sera qu'un fœtus informe, qu'un monstre auquel manquera la tête; et, cependant, on me jugera, moi, mort à quarante-deux ans, comme si j'avais vécu une vie d'homme; moi, disparu au milieu d'une tempête, comme si, au lieu d'être obligé de marcher sans cesse sur les flots, c'est-à-dire sur un abîme, j'avais marché sur une grande route solidement pavée de lois, d'ordonnances et de règlements. Docteur, à qui léguerai-je, non pas ma fortune dilapidée, — peu importe cela, je n'ai pas d'enfants, — mais à qui léguerai-je ma mémoire calomniée, ma mémoire qui pouvait être un jour un héritage à faire honneur à la France, à l'Europe, au monde?...

— Pourquoi aussi vous être tant hâté de mourir? répondit tristement Gilbert.

— Oui, dit Mirabeau, il y a, en effet, des moments où je me demande cela à moi-même comme vous me le demandez. Mais, écoutez bien ceci; je ne pouvais rien sans *elle*, et elle n'a pas voulu. Je m'étais engagé comme un sot; j'avais juré comme un imbécile, toujours soumis à ces ailes invisibles de mon cerveau qui emportent le cœur, tandis qu'*elle*, elle n'avait rien juré, elle n'était engagée à rien... Ainsi donc, tout est pour le mieux, docteur, et, si vous voulez me promettre une chose, aucun regret ne troublera plus les quelques heures que j'ai encore à vivre.

— Et que puis-je vous promettre, mon Dieu ?

— Eh bien, promettez-moi que, si mon passage de cette vie à l'autre était trop difficile, trop douloureux, promettez-moi, docteur, — et c'est non seulement d'un médecin, mais encore d'un homme, mais encore d'un philosophe, — promettez-moi que vous y aideriez ?

— Pourquoi me faites-vous une pareille demande ?

— Ah ! je vais vous le dire ; c'est que, quoique je sente que la mort est là, je sens aussi qu'il reste bien de la vie en moi. Je ne meurs pas mort, cher docteur, je meurs vivant, et le dernier pas sera dur à franchir !

Le docteur inclina son visage sur celui de Mirabeau.

— Je vous ai promis de ne pas vous quitter, mon ami, dit-il ; si Dieu, — et j'espère encore que cela n'est point, — si Dieu a condamné votre vie, eh bien, au moment suprême, laissez à ma profonde tendresse pour vous le soin d'accomplir ce que j'aurai à faire ! Si la mort est là, j'y serai aussi.

On eût dit que le malade n'attendait que cette promesse.

— Merci, murmura-t-il.

Et il retomba la tête sur son oreiller.

Cette fois, malgré cette espérance qu'il est du devoir d'un médecin d'infiltrer jusqu'à la dernière goutte dans l'esprit du malade, Gilbert ne douta plus. La dose abondante de hachich que venait de prendre Mirabeau avait pour un instant, comme les secousses de la pile voltaïque, rendu au malade, avec la parole, le jeu des muscles — cette vie de la pensée, si on peut dire cela — qui l'accompagne. Mais, lorsqu'il cessa de parler, les muscles s'affaissèrent ; cette vie de la pensée s'évanouit, et la mort, déjà empreinte sur son visage depuis la dernière crise, y reparut plus profondément gravée que jamais.

Pendant trois heures, sa main glacée resta entre les mains du docteur Gilbert ; pendant ces trois heures, c'est-à-dire de quatre à sept heures, l'agonie fut calme ; si calme, que l'on put faire entrer tout le monde. On eût cru qu'il dormait.

Mais, vers huit heures, Gilbert sentit tressaillir dans les siennes sa main glacée ; le tressaillement était si violent, qu'il ne s'y trompa point.

— Allons, dit-il, voici l'heure de la lutte, voici la vraie agonie qui commence.

Et, en effet, le front du moribond venait de se couvrir de sueur ; son œil venait de se rouvrir et avait lancé un éclair.

Il fit un mouvement qui indiquait qu'il voulait boire.

On s'empressa aussitôt de lui offrir de l'eau, du vin, de l'orangeade ; mais il secouait la tête.

Ce n'était point là ce qu'il voulait.

Il fit signe qu'on lui apportât une plume, de l'encre et du papier.

On obéit, autant pour lui obéir qu'afin que pas une pensée de ce grand génie, même celles du délire, ne fût perdue.

Il prit la plume, et, d'une main ferme, traça ces deux mots : « Dormir, mourir. »

C'étaient les deux mots d'Hamlet.

Gilbert fit semblant de ne pas comprendre.

Mirabeau lâcha la plume, prit sa poitrine à pleines mains comme pour la briser, jeta quelques cris inarticulés, reprit la plume, et, faisant un effort surhumain pour commander à la douleur de s'abstenir un instant, il écrivit : « Les douleurs sont devenues poignantes, insupportables. Doit-on laisser un ami sur la roue pendant des heures, pendant des jours peut-être, quand on peut lui épargner la torture avec quelques gouttes d'opium ? »

Mais le docteur hésitait. Oui, comme il l'avait dit à Mirabeau, au moment suprême, il serait là en face de la mort, mais pour combattre la mort et non pour la seconder.

Les douleurs devenaient de plus en plus violentes ; le moribond se raidissait, se tordait les mains, mordait son oreiller.

Enfin elles rompirent les liens de la paralysie.

— Oh ! les médecins, les médecins, s'écria-t-il tout à coup. N'êtes-vous pas mon médecin et mon ami, Gilbert ? Ne m'avez-vous pas promis de m'épargner les douleurs d'une pareille mort ? Voulez-vous que j'emporte le regret de vous avoir donné ma confiance ? Gilbert, j'en appelle à votre amitié ! j'en appelle à votre honneur !

Et, avec un soupir, un gémissement, un cri de douleur, il retomba sur son oreiller.

Gilbert, à son tour, poussa un soupir, et, tendant la main à Mirabeau :

— C'est bien, dit-il, mon ami, on va vous donner ce que vous demandez.

Et il prit la plume pour écrire une ordonnance qui n'était autre qu'une forte dose de sirop diacode dans de l'eau distillée.

Mais, à peine avait-il écrit le dernier mot, que Mirabeau se dressa sur son lit, tendant la main et demandant la plume.

Gilbert se hâta de la lui donner.

Alors la main de l'agonisant, crispée par la mort, se cramponna au papier, et, d'une écriture à peine lisible, il écrivit : « Fuir ! fuir ! fuir ! »

Il voulut signer ; mais il ne put tracer tout au plus les quatre premières lettres de son nom, et, étendant son bras convulsif vers Gilbert :

— Pour elle, murmura-t-il.

Et il retomba sur son oreiller sans mouvement, sans regard, sans souffle.

Il était mort.

Gilbert s'approcha du lit, le regarda, lui tâta le pouls, lui mit la main sur le cœur ; puis, se retournant vers les spectateurs de cette scène suprême :

— Messieurs, dit-il, Mirabeau ne souffre plus.

Et, posant une dernière fois ses lèvres sur le front du mort, il prit le papier dont lui seul connaissait la destination, le plia religieusement, le mit sur sa poitrine et sortit, ne pensant pas qu'il eût le droit de garder un instant de plus que le temps nécessaire pour aller de la Chaussée-d'Antin aux Tuileries la recommandation de l'illustre trépassé.

Quelques secondes après la sortie du docteur de la chambre mortuaire, une grande clameur s'éleva dans la rue.

C'était le bruit de la mort de Mirabeau qui commençait à se répandre.

Bientôt un sculpteur entra : il était envoyé par Gilbert pour conserver à la postérité l'image du grand orateur, au moment même où, dans sa lutte contre la mort, il venait de succomber.

Quelques minutes d'éternité avaient rendu à ce masque la sérénité qu'une âme puissante reflète en quittant le corps sur la physionomie qu'elle a animée.

Mirabeau n'est pas mort, Mirabeau semble dormir d'un sommeil plein de vie et de songes riants.

XVI

LES FUNÉRAILLES

La douleur fut immense, universelle ; en un instant elle se répandit du centre à la circonférence, de la rue de la Chaussée-d'Antin aux barrières de Paris. Il était huit heures et demie du matin.

Le peuple jeta une clameur terrible ; puis il se chargea de décréter le deuil.

Il courut aux théâtres, dont il déchira les affiches, et dont il ferma les portes.

Un bal avait lieu le soir même, dans un hôtel de la rue de la Chaussée-d'Antin ; il envahit l'hôtel, dispersa les danseurs et brisa les instruments des musiciens.

La perte qu'elle venait de faire fut annoncée à l'Assemblée nationale par son président.

Aussitôt Barrère monta à la tribune et demanda que l'Assemblée déposât dans le procès-verbal de ce jour funèbre le témoignage des regrets qu'elle donnait à la perte de ce grand homme, et insista pour qu'il fût fait, au nom de la patrie, une invitation à tous les membres de l'Assemblée d'assister à ses funérailles.

Le lendemain, 3 avril, le département de Paris se présenta à l'Assemblée nationale, demanda et obtint que l'église Sainte-Geneviève fût érigée en panthéon, consacrée à la sépulture des grands hommes, et que, le premier, Mirabeau y fût inhumé.

Consignons ici ce magnifique décret de l'Assemblée. Il est bon qu'on retrouve dans ces livres que les hommes politiques tiennent pour frivoles, parce qu'ils ont le tort d'apprendre l'histoire sous une forme un peu moins lourde que celle qu'emploient les historiens, il est bon, disons-nous, qu'on rencontre, le plus souvent possible, et n'importe où, pourvu que ce soit à la portée des yeux, ces décrets d'autant plus grands, qu'ils sont spontanément arrachés à l'admiration ou à la reconnaissance d'un peuple.

Voici ce décret dans toute sa pureté :

« L'Assemblée nationale décrète :

ARTICLE PREMIER

» Le nouvel édifice de Sainte-Geneviève sera destiné à recevoir les cendres des grands hommes, à dater de l'époque de la liberté française.

ARTICLE II

» Le Corps législatif décidera seul à quels hommes cet honneur sera décerné.

ARTICLE III

» Honoré Riquetti Mirabeau est jugé digne de cet honneur.

ARTICLE IV

» La législature ne pourra pas à l'avenir décerner cet honneur à l'un de ses membres venant à décéder; il ne pourra être déféré que par la législature suivante.

ARTICLE V

» Les exceptions qui pourront avoir lieu pour quelques grands hommes morts avant la Révolution ne pourront être faites que par le Corps législatif.

ARTICLE VI

» Le directoire du département de Paris sera chargé de mettre promptement l'édifice de Sainte-Geneviève en état de remplir sa nouvelle destination, et fera graver au-dessus du fronton ces mots :

AUX GRANDS HOMMES LA PATRIE RECONNAISSANTE

ARTICLE VII

» En attendant que la nouvelle église Sainte-Geneviève soit achevée, le corps de Riquetti Mirabeau sera déposé à côté des cendres de Descartes dans le caveau de l'église Sainte-Geneviève[1]. »

1. Le Panthéon fut, depuis, l'objet de différents décrets; nous les citons sans commentaires les uns à côté des autres, ou plutôt les uns après les autres.
Décret du 20 février 1806 :
(Le titre 1er du décret consacre l'église de Saint-Denis à la sépulture des empereurs.)

TITRE II

ARTICLE 7.

« L'église Sainte-Geneviève sera terminée et rendue au culte, conformément à l'intention de son fondateur, sous l'invocation de sainte Geneviève, patronne de Paris.

ARTICLE 8.

» Elle conservera la destination qui lui avait été donnée par l'Assemblée constituante, et sera consacrée à la sépulture des *grands dignitaires*, des *grands officiers de l'empire et de la couronne*, des *sénateurs*, des *grands officiers de la Légion d'honneur*, et, en vertu de nos décrets spéciaux, des citoyens qui, dans la carrière des armes ou de l'administration et des lettres, auront rendu d'éminents services à la patrie; leurs corps, embaumés, seront inhumés dans l'église.

ARTICLE 9.

» Les tombeaux déposés au musée des monuments français seront transportés dans cette église, pour y être rangés par ordre de siècles.

Le lendemain, à quatre heures de l'après-midi, l'Assemblée tout entière quitta la salle du Manège pour se rendre à l'hôtel de Mirabeau; elle y était attendue par le directeur du département, par tous les ministres, et par plus de cent mille personnes.

Mais, de ces cent mille personnes, pas une n'était spécialement venue de la part de la reine.

Le cortège se mit en marche.

La Fayette marchait en tête, comme commandant général des gardes nationales du royaume.

Puis le président de l'Assemblée nationale, Tronchet, entouré royalement des douze huissiers de la chaîne.

Puis les ministres.

Puis l'Assemblée, sans distinction de partis, Sieyès donnant le bras à Charles de Lameth.

Puis, après l'Assemblée, le club des Jacobins, comme une seconde Assemblée nationale; lui s'était signalé par sa douleur, probablement plus fastueuse que vraie : il avait décrété huit jours de deuil, et Robespierre, trop pauvre pour faire la dépense d'un habit, en avait loué un, comme il avait déjà fait pour le deuil de Franklin.

Puis la population de Paris tout entière, en-

ARTICLE 10.

» Le chapitre métropolitain de Notre-Dame, augmenté de six membres, sera chargé de desservir l'église Sainte-Geneviève. La garde de cette église sera spécialement confiée à un archiprêtre choisi parmi les chanoines.

ARTICLE 11.

» Il y sera officié solennellement le 3 janvier, fête de Sainte-Geneviève; le 15 août, fête de Saint-Napoléon et anniversaire de la conclusion du Concordat; le jours des Morts, et le premier dimanche de décembre, anniversaire du couronnement et de la bataille d'Austerlitz, et toutes les fois qu'il y aura lieu à des inhumations en exécution du présent décret. Aucune autre fonction religieuse ne pourra être exercée dans ladite église qu'en vertu de notre approbation.

» Signé : NAPOLÉON.

» Contre-signé : CHAMPAGNY. »

Ordonnance du 12 décembre 1821 :
« Louis, par la grâce de Dieu, roi de France et de Navarre,
» A tous ceux qui ces présentes verront, salut.
» L'église que notre aïeul Louis XV avait commencé de faire élever, sous l'invocation de sainte Geneviève, est heureusement terminée; si elle n'a pas encore reçu tous les ornements qui doivent couronner sa magnificence, elle est dans un état qui permet d'y célébrer le service divin. C'est pourquoi, afin de ne pas retarder davantage l'accomplissement des intentions de son fon-

C'était la reine. (Page 327.)

fermée dans deux lignes de gardes nationales montant à plus de trente mille hommes.

Une musique funèbre, dans laquelle on entendait, pour la première fois, deux inconnus jusqu'alors, le trombone et le tamtam, marquait le pas à cette foule immense.

Ce fut à huit heures seulement que l'on arriva à Saint-Eustache. L'éloge funèbre fut

dateur, et de rétablir, conformément à ses vues et aux nôtres, le culte de la patronne dont notre bonne ville de Paris avait coutume d'implorer l'assistance dans tous ses besoins;

» Sur le rapport de notre ministre de l'intérieur, et notre conseil entendu,

» Nous avons ordonné et ordonnons ce qui suit :

ARTICLE PREMIER.

« La nouvelle église fondée par le roi Louis XV en l'honneur de sainte Geneviève, patronne de Paris, sera incessamment consacrée à l'exercice du culte divin sous l'invocation de cette sainte. A cet effet, elle est mise à la disposition de l'archevêque de Paris, qui la fera provisoirement desservir par des ecclésiastiques qu'il désignera.

ARTICLE 2.

» Il sera ultérieurement statué sur le service régulier et perpétuel qui devra y être fait et sur la nature du service.

» Signé : LOUIS.
» Contre-signé : SIMÉON. »

Ordonnance du 26 août 1830 :

« Considérant qu'il est de la justice nationale et de

prononcé par Cerutti; au dernier mot, dix mille gardes nationaux qui étaient dans l'église déchargèrent leurs fusils d'un seul coup. L'assemblée, qui ne s'attendait pas à cette décharge, jeta un grand cri. La commotion avait été si violente, que pas un carreau n'était resté intact. On put croire un instant que la voûte du temple allait s'écrouler, et que l'église servirait de tombe au cercueil.

On se remit en marche aux flambeaux; l'ombre était descendue, et non seulement avait envahi les rues par lesquelles on devait passer, mais encore la plupart des cœurs de ceux qui passaient.

La mort de Mirabeau, c'était, en effet, une obscurité politique. Mirabeau mort, savait-on dans quelle voie on allait entrer? L'habile dompteur n'était plus pour diriger ces fougueux coursiers qu'on appelle l'ambition et la haine. On sentait qu'il emportait avec lui quelque chose qui désormais manquerait à l'Assemblée : l'esprit de paix veillant même au milieu de la guerre, la bonté du cœur cachée sous la violence de l'esprit. Tout le monde avait perdu à cette mort; les royalistes n'avaient plus d'aiguillon, les révolutionnaires plus de frein. Désormais le char allait rouler plus rapide, et la descente était encore longue. Qui pouvait dire vers quoi on roulait, et si c'était vers le triomphe ou vers l'abîme!

l'honneur de la France que les grands hommes qui ont bien mérité de la patrie en contribuant à son honneur et à sa gloire reçoivent, après leur mort, un témoignage éclatant de l'estime et de la reconnaissance publiques.

» Considérant que, pour atteindre ce but, les lois qui avaient affecté le Panthéon à une semblable destination doivent être remises en vigueur;

» Nous avons ordonné et ordonnons ce qui suit :

ARTICLE PREMIER.

» Le Panthéon sera rendu à destination primitive et légale. L'inscription

Aux grands hommes la patrie reconnaissante

sera rétablie sur le fronton. Les restes des grands hommes qui auront bien mérité de la patrie y seront déposés.

ARTICLE 2.

» Il sera pris des mesures pour déterminer à quelles conditions et dans quelle forme ce témoignage de la reconnaissance nationale sera décerné au nom de la patrie. Une commission sera immédiatement chargée de préparer un projet de la loi à cet effet.

ARTICLE 3.

» Le décret du 20 février 1806 et l'ordonnance du 12 décembre 1821 sont rapportés.

» Signé : LOUIS-PHILIPPE.
» Contre-signé : GUIZOT. »

On n'atteignit le Panthéon qu'au milieu de la nuit.

Un seul homme avait manqué au cortège, Pétion.

Pourquoi Pétion s'était-il abstenu? Il le dit lui-même, le lendemain, à ceux de ses amis qui lui faisaient un reproche de son absence.

Il avait lu, disait-il, un plan de conspiration contre-révolutionnaire écrit de la main de Mirabeau.

Trois ans après, dans une sombre journée d'automne, non plus dans la salle du Manège, mais dans la salle des Tuileries, quand la Convention, après avoir tué le roi, après avoir tué la reine, après avoir tué les girondins, après avoir tué les cordeliers, après avoir tué les jacobins, après avoir tué les montagnards, après s'être tuée elle-même, n'eut plus rien de vivant à tuer, elle se mit à tuer les morts. Ce fut alors qu'avec une joie sauvage elle déclara qu'elle s'était trompée dans le jugement qu'elle avait rendu sur Mirabeau, et qu'à ses yeux, le génie ne pouvait faire pardonner à la corruption.

Un nouveau décret fut rendu qui excluait Mirabeau du Panthéon.

Un huissier vint, et, sur le seuil du temple, il fit lecture du décret qui déclarait Mirabeau indigne de partager la sépulture de Voltaire, de Rousseau et de Descartes, et qui sommait le gardien de l'église de lui remettre le cadavre.

Décret du 6 décembre 1851 :

« Le président de la République,
» Vu la loi du 4-10 avril 1791;
» Vu le décret du 20 février 1806;
» Vu l'ordonnance du 12 décembre 1821;
» Vu l'ordonnance du 26 août 1830;

DÉCRÈTE :

ARTICLE PREMIER.

» L'ancienne église de Sainte-Geneviève est rendue au culte, conformément à l'intention de son fondateur, sous l'invocation de sainte Geneviève, patronne de Paris. Il sera pris ultérieurement des mesures pour régler l'exercice permanent du culte catholique dans cette église.

ARTICLE 2.

» L'ordonnance du 26 août 1830 est rapportée.

ARTICLE 3.

» Le ministre de l'instruction publique et des cultes et le ministre des travaux publics sont chargés, chacun en ce qui le concerne, de l'exécution du présent décret, qui sera inséré au *Bulletin des lois*.

» Signé : LOUIS-NAPOLÉON.
» Contre-signé : FORTOUL. »

Ainsi, une voix plus terrible que celle qui doit être entendue dans la vallée de Josaphat, criait avant l'heure :

— Panthéon, rends tes morts !

Le Panthéon obéit ; le cadavre de Mirabeau fut remis à l'huissier, qui fit, il le dit lui-même, *conduire et déposer ledit cercueil dans le lieu ordinaire des sépultures.*

Or, le lieu ordinaire des sépultures, c'était Clamart, le cimetière des suppliciés.

Et, sans doute, pour rendre encore plus terrible la punition qui l'allait chercher jusque dans la mort, ce fut nuitamment et sans cortège aucun que le cercueil fut inhumé, sans nul indice du lieu de l'inhumation, sans croix, sans pierre, sans inscription.

Seulement, plus tard, un vieux fossoyeur, interrogé par un de ces esprits curieux de savoir ce que les autres ignorent, conduisit, un soir, un homme à travers le cimetière désolé, et, s'arrêtant au milieu de l'enceinte, et frappant du pied, lui dit :

— C'est ici.

Puis, comme le curieux insistait pour avoir une certitude :

— C'est ici, répéta-t-il, j'en réponds ; car j'ai aidé à le descendre dans sa fosse, et même j'ai manqué d'y rouler, tant était lourd son maudit cercueil de plomb.

Cet homme, c'était Nodier. Un jour, il me conduisit aussi à Clamart, frappa du pied au même endroit, et me dit à son tour :

— C'est ici.

Or voilà plus de cinquante ans que les générations qui se sont succédé passent sur cette tombe inconnue de Mirabeau. N'est-ce pas une assez longue expiation pour un crime contestable, qui fut bien plus celui des ennemis de Mirabeau que celui de Mirabeau lui-même, et ne sera-t-il pas temps, à la première occasion, de fouiller cette terre impure dans laquelle il repose, jusqu'à ce qu'on trouve ce cercueil de plomb qui pesait si fort aux bras du pauvre fossoyeur, et auquel on reconnaîtra le proscrit du Panthéon ?

Peut-être Mirabeau ne mérite-t-il pas le Panthéon ; mais, à coup sûr, beaucoup reposent et reposeront en terre chrétienne qui plus que lui méritent les gémonies.

France ! entre les gémonies et le Panthéon une tombe à Mirabeau ! avec son nom pour toute épitaphe, avec son buste pour tout ornement, avec l'avenir pour tout juge !

XVII

LE MESSAGER

Le matin même du 2 avril, une heure peut-être avant que Mirabeau rendît le dernier soupir, un officier supérieur de la marine, revêtu de son grand uniforme de capitaine de vaisseau, et venant de la rue Saint-Honoré, s'acheminait vers les Tuileries par la rue Saint-Louis et la rue de l'Échelle.

A la hauteur de la rue des Écuries, il laissa cette cour à droite, enjamba les chaînes qui le séparaient de la cour intérieure, rendit son salut au factionnaire qui lui portait les armes, et se trouva dans la cour des Suisses.

Arrivé là, il prit, comme un homme à qui le chemin est familier, un petit escalier de service qui, par un long corridor tournant, communiquait au cabinet du roi.

En l'apercevant, le valet de chambre jeta un cri de surprise, presque de joie ; mais lui, mettant un doigt sur sa bouche :

— Monsieur Hue, dit-il, le roi peut-il me recevoir en ce moment ?

— Le roi est avec M. le général la Fayette, auquel il donne ses ordres pour la journée, répondit le valet de chambre ; mais, dès que le général sera sorti...

— Vous m'annoncerez ? dit l'officier.

— Oh ! c'est inutile sans doute ; Sa Majesté vous attend, car, dès hier au soir, elle a donné l'ordre que vous fussiez introduit aussitôt votre arrivée.

En ce moment, on entendit retentir la sonnette dans le cabinet du roi.

— Et, tenez, dit le valet de chambre, voilà le roi qui sonne probablement pour s'informer de vous.

— Alors, entrez, monsieur Hue, et ne perdons pas de temps, si, en effet, le roi est libre de me recevoir.

Le valet de chambre ouvrit la porte, et presque aussitôt, — preuve que le roi était seul, — il annonça :

— M. le comte de Charny.

— Oh ! qu'il entre ! qu'il entre ! dit le roi ; depuis hier je l'attends.

Charny s'avança vivement, et, avec un respectueux empressement, s'approchant du roi :

— Sire, dit-il, je suis en retard de quelques heures ; mais j'espère que, quand j'aurai dit à Sa Majesté les causes de ce retard, elle me le pardonnera.

— Venez, venez, monsieur de Charny. Je vous attendais avec impatience, c'est vrai; mais d'avance, je suis de votre avis, une cause importante a pu seule faire votre voyage moins rapide qu'il n'aurait dû être. Vous voici, soyez le bienvenu.

Et il tendit au comte une main que celui-ci baisa avec respect.

— Sire, continua Charny, qui voyait l'impatience du roi, j'ai reçu votre lettre avant-hier dans la nuit, et je suis parti hier matin à trois heures de Montmédy.

— Comment êtes-vous venu?

— En voiture de poste.

— Cela m'explique ces quelques heures de retard, dit le roi en souriant.

— Sire, dit Charny, j'eusse pu venir à franc étrier, c'est vrai, et, de cette façon, j'eusse été ici de dix à onze heures du soir, et même plus tôt, en prenant la route directe; mais j'ai voulu me rendre compte des chances bonnes ou mauvaises de la route que Votre Majesté a choisie; j'ai voulu connaître les postes bien montées et les postes mal servies; j'ai voulu surtout savoir précisément combien de temps, à la minute, à la seconde, on mettait pour aller de Montmédy à Paris, et, par conséquent, de Paris à Montmédy. J'ai tout noté, et suis en mesure, maintenant, de répondre sur tout.

— Bravo! monsieur de Charny, dit le roi, vous êtes un admirable serviteur; seulement laissez-moi commencer par vous dire où nous en sommes ici; vous me direz ensuite où vous en êtes là-bas.

— Oh! Sire, dit Charny, si j'en juge par ce qui m'en est revenu, les choses vont fort mal.

— A tel point que je suis prisonnier aux Tuileries, mon cher comte! Je le disais tout à l'heure à ce cher M. de la Fayette, mon geôlier, j'aimerais mieux être roi de Metz que roi de France; mais, heureusement, vous voici!

— Sa Majesté me faisait l'honneur de me dire qu'elle allait me mettre au courant de la situation.

— Oui, c'est vrai, en deux mots... Vous avez appris la fuite ne mes tantes?

— Comme tout le monde, Sire, mais sans aucun détail.

— Ah! mon Dieu, c'est bien simple. Vous savez que l'Assemblée ne nous permet plus que des prêtres assermentés. Eh bien! les pauvres femmes se sont effrayées à l'approche des Pâques; elles ont cru qu'il y avait risque de leur âme à se confesser à un prêtre constitutionnel; sur mon avis, je dois le dire, elles sont parties pour Rome. Nulle loi ne mettait obstacle à ce voyage, et l'on ne devait pas craindre que deux pauvres vieilles femmes fortifiassent beaucoup le parti des émigrés. C'est Narbonne qu'elles avaient chargé de ce départ; mais je ne sais comment il s'y est pris: toute la mèche a été éventée, et une visite, dans le genre de celle qui nous est arrivée à Versailles les 5 et 6 octobre, leur est arrivée, à elles, à Bellevue, le soir même de leur départ. Heureusement, elles sortaient par une porte tandis que toute cette canaille leur arrivait par l'autre. Comprenez-vous? pas une voiture prête! trois devaient attendre tout attelées sous les remises. Il leur a fallu aller jusqu'à Meudon à pied. Là, enfin, on a trouvé les voitures, et l'on est parti. Trois heures après, rumeur immense dans tout Paris; ceux qui étaient venus pour empêcher cette fuite avaient trouvé le nid tout chaud, mais vide. Le lendemain, hurlement de toute la presse. Marat crie qu'elles emportent des millions; Desmoulins, qu'elles enlèvent le dauphin. Rien de tout cela n'était vrai; les pauvres femmes avaient trois ou quatre cent mille francs dans leur bourse, et étaient bien assez embarrassées d'elles-mêmes, sans se charger d'un enfant qui ne pouvait que les faire reconnaître; et la preuve, c'est qu'elles furent reconnues sans lui, d'abord à Moret, qui les laissa passer, puis à Arnay-le-Duc, qui les arrêta. Il m'a fallu écrire à l'Assemblée pour qu'elles continuassent leur chemin, et, malgré cela, l'Assemblée a discuté toute la journée. Enfin, elles ont été autorisées à poursuivre leur voyage, mais à la condition que le comité présenterait une loi sur l'émigration.

— Oui, dit Charny; mais il me semblait que, sur un magnifique discours de M. de Mirabeau, l'Assemblée avait rejeté le projet de loi du comité.

— Sans doute, elle l'a rejeté. Mais à côté de ce petit triomphe m'attendait une grande humiliation. Quand on a vu le tapage que faisait le départ des pauvres filles, quelques amis dévoués, — il m'en restait encore plus que je ne croyais, mon cher comte, — quelques amis dévoués, une centaine de gentilshommes, s'étaient précipités vers les Tuileries, et étaient venus m'offrir leur vie. Aussitôt le bruit se répand qu'une conspiration se noue, et qu'on veut m'enlever. La Fayette, qu'on avait fait courir au faubourg Saint-Antoine, sous le prétexte qu'on relevait la Bastille, furieux d'avoir été pris pour dupe, revient vers les Tuileries, y entre l'épée au poing, la baïonnette en avant, arrête nos pauvres amis, les désarme. On trouve sur les uns des pistolets, sur les autres des couteaux. Chacun avait pris ce qu'il avait trouvé à la portée de sa main. Bon! la journée sera inscrite dans l'histoire sous un nouveau nom ; elle s'appellera la journée des Chevaliers du Poignard.

— Oh! Sire, Sire! quels temps terribles que ceux où nous vivons! dit Charny en secouant la tête.

— Attendez donc. Tous les ans, nous allons à Saint-Cloud ; c'est chose convenue, arrêtée. Avant-hier, nous commandons les voitures ; nous descendons ; nous trouvons quinze cents personnes autour de ces voitures. Nous montons ; impossible d'avancer ; le peuple saute à la bride des chevaux, déclare que je veux fuir, mais que je ne fuirai pas. Après une heure de tentatives inutiles, il fallut rentrer : la reine pleurait de colère.

— Mais le général La Fayette n'était-il donc pas là pour faire respecter Votre Majesté?

— La Fayette! savez-vous ce qu'il faisait? Il faisait sonner le tocsin à Saint-Roch ; il courait à l'Hôtel de Ville demander le drapeau rouge pour déclarer la patrie en danger. La patrie en danger, parce que le roi et la reine vont à Saint-Cloud! Savez-vous qui lui a refusé le drapeau rouge, qui le lui a arraché des mains? — car il le tenait déjà, — Danton ; aussi prétend-il que Danton m'a tend vendu, que Danton a reçu cent mille francs de moi. Voilà où nous en sommes, mon cher comte, sans compter Mirabeau qui se meurt, qui est peut-être mort même, à cette heure.

— Eh bien, alors, raison de plus pour se hâter, Sire.

— C'est ce que nous allons faire. Voyons, qu'avez-vous décidé là-bas avec Bouillé? Le voilà fort, j'espère. L'affaire de Nancy a été une occasion pour moi d'augmenter son commandement, de mettre de nouvelles troupes sous ses ordres.

— Oui, Sire ; mais, par malheur, les arrangements du ministre de la guerre contrecarrent les nôtres. Il vient de lui retirer le régiment de Saxe hussards, et il lui refuse les régiments suisses. C'est à grand'peine qu'il a conservé dans la forteresse de Montmédy le régiment de Bouillon infanterie.

— Alors, il doute donc maintenant?

— Non, Sire, ce sont quelques chances de moins ; mais qu'importe! dans de pareilles entreprises, il faut bien faire la part du feu ou du hasard, et nous avons toujours, si l'entreprise est bien conduite, quatre-vingt-dix chances sur cent.

— Eh bien, puisqu'il en est ainsi, revenons à nous.

— Sire, Votre Majesté est toujours bien décidée à suivre la route de Châlons, de Sainte-Menehould, de Clermont et de Stenay, quoique cette route ait vingt lieues au moins de plus que les autres, et qu'il n'y ait pas de poste à Varennes?

— J'ai déjà dit à M. de Bouillé les motifs qui me faisaient préférer ce chemin.

— Oui, Sire, et il nous a transmis, à ce sujet, les ordres de Votre Majesté. C'est même d'après ces ordres que toute la route a été relevée par moi, buisson à buisson, pierre à pierre ; le travail doit être entre les mains de Votre Majesté.

— Et c'est un modèle de clarté, mon cher comte. Je connais maintenant la route comme si je l'avais faite moi-même.

— Eh bien, Sire, voici les renseignements que mon dernier voyage a ajoutés aux autres.

— Parlez, monsieur de Charny, je vous écoute, et, pour plus de clarté, voici la carte dressée par vous-même.

Et, en disant ces mots, le roi tira d'un carton une carte qu'il déploya sur la table. Cette carte était, non tracée, mais dessinée à la main, et, comme l'avait dit Charny, pas un arbre, pas une pierre n'y manquait ; c'était l'œuvre de plus de huit mois de travail.

Charny et le roi se penchèrent sur cette carte.

— Sire, dit Charny, le véritable danger commencera pour Votre Majesté à Sainte-Menehould, et cessera à Stenay. C'est sur ces dix-huit lieues qu'il faut répartir nos détachements.

— Ne pourrait-on les rapprocher davantage de Paris, monsieur de Charny? les faire venir jusqu'à Châlons, par exemple?

— Sire, dit Charny, c'est difficile. Châlons est une ville trop forte pour que quarante, cinquante, cent hommes même apportent quelque chose d'efficace au salut de Votre Majesté, si ce salut était menacé. M. de Bouillé, d'ailleurs, ne répond de rien qu'à partir de Sainte-Menehould. Tout ce qu'il peut faire, — et, cela, m'a-t-il dit encore de le discuter avec Votre Majesté, — c'est de placer son premier détachement à Pont-de-Sommevelle. Vous voyez, Sire, ici, c'est-à-dire à la première poste après Châlons.

Et Charny montrait du doigt sur la carte l'endroit dont il était question.

— Soit, dit le roi, en dix ou douze heures, on peut être à Châlons. En combien d'heures avez-vous fait vos quatre-vingt-dix lieues, vous?

— Sire, en trente-six heures.

— Mais, avec une voiture légère, où vous étiez seul avec un domestique.

— Sire, j'ai perdu trois heures en route à examiner à quel endroit de Varennes on devait placer le relais, et si c'était en deçà de la ville du côté de Sainte-Menehould, ou au delà, du côté de Dun. Cela revient donc à peu près au même. Ces trois heures perdues compenseront le poids de la voiture. Mon avis est donc que le roi peut aller de Paris à Montmédy en trente-cinq ou trente-six heures.

— Et qu'avez-vous décidé pour le relais de Varennes? C'est le point important; il faut que nous soyons certains de n'y pas manquer de chevaux.

— Oui, Sire, et mon avis est que le relais doit être placé au delà de la ville, du côté de Dun.

— Sur quoi appuyez-vous cet avis?

— Sur la situation même de la ville, Sire.

— Expliquez-moi cette situation, comte.

— Sire, la chose est facile. Je suis passé cinq ou six fois à Varennes, depuis mon départ de Paris, et, hier, j'y suis resté de midi à trois heures. Varennes est une petite ville de seize cents habitants, à peu près, formée de deux quartiers bien distincts qu'on appelle la ville haute et la ville basse, séparés par la rivière d'Aire, et communiquant par un pont jeté sur cette rivière. Si Sa Majesté veut bien me suivre sur la carte... là, Sire, près de la forêt d'Argonne, sur la lisière, elle verra...

— Oh! j'y suis, dit le roi; la route fait un coude énorme dans la forêt pour aller à Clermont.

— C'est cela, Sire.

— Mais tout cela ne me dit point pourquoi vous placez le relais au delà de la ville, au lieu de le placer en deçà.

— Attendez, Sire. Le pont qui conduit d'un quartier à l'autre est dominé par une haute tour. Cette tour, ancienne tour de péage, pose sur une voûte sombre, obscure, étroite. Là, le moindre obstacle peut empêcher le passage; mieux vaut donc, puisqu'il y a là un risque à courir, le courir avec des chevaux et des postillons lancés à fond de train, et venant de Clermont, que de relayer à cinq cents pas en deçà du pont, qui, si le roi était par hasard reconnu au relais, pourrait être gardé et défendu sur un simple signal, et par trois ou quatre hommes.

— C'est juste, dit le roi; d'ailleurs, en cas d'hésitation, vous serez là, comte.

— Ce sera à la fois un devoir et un honneur pour moi, si toutefois le roi m'en juge digne.

Le roi tendit de nouveau la main à Charny.

— Ainsi, dit le roi, M. de Bouillé a déjà marqué les étapes et choisi les hommes qu'il échelonnera sur ma route?

— Sauf l'approbation de Votre Majesté, oui, Sire.

— Vous a-t-il remis quelque note à ce sujet?

Charny prit dans sa poche un papier plié et le présenta au roi en s'inclinant.

Le roi le déplia et lut:

« L'avis du marquis de Bouillé est que les détachements ne doivent pas aller au delà de Sainte-Menehould. Si, cependant, le roi exigeait qu'ils vinssent jusqu'à Pont-de-Sommevelle, voici comment je propose à Sa Majesté de répartir les forces destinées à lui servir d'escorte:

» 1° A Pont-de-Sommevelle, quarante hussards du régiment de Lauzun, commandés par M. de Choiseul, ayant sous ses ordres le sous-lieutenant Boudet;

» 2° A Sainte-Menehould, trente dragons du régiment Royal, commandés par M. Dandoins, capitaine;

» 3° A Clermont, cent dragons du régiment de Monsieur, et quarante du régiment Royal, commandés par le comte Charles de Damas;

» 4° A Varennes, soixante hussards du régiment de Lauzun, commandés par MM. de Rohrig, de Bouillé fils et de Raigecourt;

» 5° A Dun, cent hussards du régiment de Lauzun, commandés par M. Deslon, capitaine;

» 6° A Mouzay, cinquante cavaliers de Royal-allemand, commandés par M. Guntzer, capitaine;

» 7° Enfin, à Stenay, le régiment de Royal-allemand, commandé par son lieutenant-colonel, M. le baron de Mandell. »

— Cela me paraît bien ainsi, dit le roi après avoir lu; mais, si ces détachements sont obligés de stationner un, deux ou trois jours dans ces villes ou dans ces villages, quel prétexte donnera-t-on?

— Sire, le prétexte est tout trouvé; ils seront censés attendre un convoi d'argent envoyé par le ministère à l'armée du Nord.

— Allons, dit le roi avec une satisfaction visible, tout est prévu.

Charny s'inclina.

— Et, à propos de convoi d'argent, dit le

roi, savez-vous si M. de Bouillé a reçu le million que je lui ai envoyé?

— Oui, Sire ; seulement, Votre Majesté sait que ce million était en assignats qui perdent vingt pour cent?

— A-t-il pu les escompter à ce taux du moins?

— Sire, d'abord, un fidèle sujet de Votre Majesté a été assez heureux de pouvoir, à lui seul, en prendre pour cent mille écus, sans escompte bien entendu.

Le roi regarda Charny.

— Et le reste, comte? demanda-t-il.

— Le reste, répondit le comte de Charny, a été escompté par M. de Bouillé fils chez le banquier de son père, M. Perregaux, qui lui en a payé le montant en lettres de change sur MM. Bethmann, de Francfort, lesquels ont accepté les lettres de change. Au moment venu, l'argent ne manquera donc pas.

— Merci, monsieur le comte, dit Louis XVI. Maintenant, vous avez à me faire connaître le nom de ce fidèle serviteur qui a compromis sa fortune peut-être pour donner ces cent mille écus à M. de Bouillé.

— Sire, ce fidèle serviteur de Votre Majesté est fort riche, et, par conséquent, n'a eu aucun mérite à faire ce qu'il a fait.

— N'importe, Monsieur, le roi désire savoir son nom.

— Sire, répondit Charny en s'inclinant, la seule condition qu'il ait mise au prétendu service qu'il rendait à Votre Majesté, ç'a été de garder l'anonyme.

— Cependant, dit le roi, vous le connaissez, vous?

— Je le connais, Sire.

— Monsieur de Charny, dit alors le roi avec cette dignité pleine d'âme qu'il avait dans certains moments, voici une bague qui m'est bien précieuse... — Et il tira un simple anneau d'or de son doigt. — Je l'ai prise à la main de mon père expiré en baisant cette main glacée par la mort. Sa valeur est donc celle que j'y attache; elle n'en a pas d'autre ; mais, pour un cœur qui saura me comprendre, cette bague deviendra plus précieuse que le plus précieux diamant. Redites à ce fidèle serviteur ce que je viens de vous dire, monsieur de Charny, et donnez-lui cette bague de ma part.

Deux larmes s'échappèrent des yeux de Charny, sa poitrine se gonfla, et, haletant, il mit un genou en terre pour recevoir la bague des mains du roi.

En ce moment, la porte s'ouvrit. Le roi se retourna vivement, car cette porte s'ouvrant ainsi était une telle infraction aux règles de l'étiquette, qu'elle constituait une grande insulte, si elle n'était excusée par une grande nécessité.

C'était là la reine ; la reine, pâle et tenant un papier à la main.

Mais, à la vue du comte à genoux, baisant la bague du roi, et la passant à son doigt, elle laissa échapper le papier en poussant un cri d'étonnement...

Charny se releva et salua respectueusement la reine, qui balbutiait entre ses dents :

— M. de Charny!... M. de Charny!... ici... chez le roi... aux Tuileries?...

Et qui, tout bas, ajoutait :

— Et je ne le savais pas !

Il y avait une telle douleur dans les yeux de la pauvre femme, que Charny, qui n'avait point entendu la fin de la phrase, mais qui l'avait devinée, fit deux pas vers elle.

— J'arrive à l'instant même, dit-il, et j'allais demander au roi la permission de vous présenter mes hommages.

Le sang reparut sur les joues de la reine. Il y avait longtemps qu'elle n'avait entendu la voix de Charny, et, dans cette voix, la douce intonation qu'il venait de donner à ses paroles.

Elle tendit alors les deux mains comme pour aller à lui ; mais presque aussitôt elle en ramena une sur son cœur, qui sans doute battait trop violemment.

Charny vit tout, devina tout, quoique ces sensations, qu'il nous faut dix lignes pour transcrire et pour expliquer, se fussent produites pendant le temps qu'avait mis le roi à aller ramasser le papier qui était échappé des mains de la reine, et que le courant d'air causé par l'ouverture simultanée des fenêtres et de la porte avait fait voler jusqu'au fond du cabinet.

Le roi lut ce qui était écrit sur le papier, mais sans y rien comprendre.

— Que veulent dire ces trois mots : « Fuir!... fuir!... fuir!... » et cette moitié de signature? demanda le roi.

— Sire, répondit la reine, ils veulent dire que M. de Mirabeau est mort il y a dix minutes, et que voilà le conseil qu'il nous donne en mourant.

— Madame, reprit le roi, le conseil sera suivi, car il est bon, et le moment est venu, cette fois, de le mettre à exécution.

Puis, se tournant vers Charny :

— Comte, poursuivit-il, vous pouvez suivre la reine chez elle, et lui tout dire.

La reine se leva, regarda tour à tour le roi et Charny; puis, s'adressant à ce dernier :
— Venez, monsieur le comte, dit-elle.

Et elle sortit précipitamment, car il lui eût été impossible, si elle fût restée une minute de plus, de contenir tous les sentiments opposés que renfermait son cœur.

Charny s'inclina une dernière fois devant le roi, et suivit Marie-Antoinette.

XVIII

LA PROMESSE

La reine rentra chez elle et se laissa tomber sur un canapé, en faisant signe à Charny de pousser la porte derrière lui.

Par bonheur, le boudoir dans lequel elle entrait était solitaire, Gilbert ayant demandé à parler sans témoins à la reine, afin de lui dire ce qui venait de se passer, et de lui remettre la dernière recommandation de Mirabeau.

A peine assise, son cœur trop plein déborda, et elle éclata en sanglots.

Ces sanglots étaient si énergiques et si vrais, qu'ils allèrent chercher jusqu'au fond du cœur de Charny les restes de son amour.

Nous disons les restes de son amour, car, lorsqu'une passion semblable à celle que nous avons vue naître et grandir a brûlé dans le cœur d'un homme, à moins d'un de ces chocs terribles qui font succéder la haine à l'amour, elle ne s'y éteint jamais complètement.

Charny était dans cette position étrange que ceux-là qui se sont trouvés en position pareille peuvent seuls apprécier : il avait à la fois en lui un ancien et un nouvel amour.

Il aimait déjà Andrée de toute la flamme de son cœur.

Il aimait encore la reine de toute la pitié de son âme.

A chaque déchirement de ce pauvre amour, déchirement causé par l'égoïsme, c'est-à-dire par l'excès de cet amour, il l'avait, pour ainsi dire, senti saigner dans le cœur de sa femme, et, à chaque fois, tout en comprenant cet égoïsme, comme tous ceux pour lesquels un amour passé devient un fardeau, il n'avait pas eu la force de l'excuser.

Et, cependant, toutes les fois que cette douleur si vraie éclatait devant lui sans récriminations et sans reproches, il mesurait la profondeur de cet amour, il se rappelait combien de préjugés humains, combien de devoirs sociaux cette femme avait méprisés pour lui, et, penché sur cet abîme, il ne pouvait s'empêcher d'y laisser tomber à son tour une larme de regret et une parole de consolation.

Mais, à travers les sanglots, le reproche perçait-il; mais, à travers les pleurs, les récriminations se faisaient-elles jour, à l'instant même il se rappelait les exigences de cet amour, cette volonté absolue, ce despotisme royal qui était sans cesse mêlé aux expressions de la tendresse, aux preuves de la passion; il se roidissait contre les exigences, s'armait contre le despotisme, entrait en lutte contre cette volonté, leur comparait cette douce et inaltérable figure d'Andrée, et se prenait à préférer cette statue, toute de glace qu'il la croyait, à cette image de la passion, toujours prête à lancer par les yeux les éclairs de son amour, de sa jalousie ou de son orgueil.

Cette fois, la reine pleurait sans rien dire.

Il y avait plus de huit mois qu'elle n'avait vu Charny. Fidèle à la promesse qu'il avait faite au roi, le comte, pendant ce temps, ne s'était révélé à personne. La reine était donc restée ignorante de cette existence si intimement liée à la sienne, que, pendant deux ou trois ans, elle avait cru qu'on ne pourrait séparer l'une de l'autre qu'en les brisant toutes deux.

Et, cependant, on l'a vu, Charny s'était séparé d'elle sans lui dire où il allait. Seulement, et c'était sa seule consolation, elle le savait employé au service du roi; de sorte qu'elle se disait : « En travaillant pour le roi, il travaille pour moi aussi; donc, il est forcé de penser à moi, voulût-il m'oublier. »

Mais c'était une faible consolation que cette pensée qui revenait ainsi à elle par contre-coup, quand cette pensée lui avait si longtemps appartenu, à elle seule. Aussi, en revoyant tout à coup Charny au moment où elle s'attendait le moins à le revoir; en le retrouvant là, chez le roi, à son retour, à peu près au même endroit où elle l'avait rencontré le jour de son départ, toutes les douleurs qui avaient bourrelé son âme, toutes les pensées qui avaient tourmenté son cœur, toutes les larmes qui avaient brûlé ses yeux pendant la longue absence du comte, venaient à la fois, ensemble, tumultueusement, inonder ses joues et emplir sa poitrine de toutes ces angoisses qu'elle croyait évanouies, de toutes ces douleurs qu'elle croyait passées.

Elle pleurait pour pleurer : ses larmes l'eussent étouffée, si elles n'eussent pas jailli au dehors.

Elle pleurait sans prononcer une parole.

Le roi présenta sa main aux trois jeunes gens. (Page 339.)

Était-ce de joie? était-ce de douleur?... De l'une et de l'autre peut-être : toute puissante émotion se résume par des larmes.

Aussi, sans rien dire, mais, cependant, avec plus d'amour que de respect, Charny s'approcha de la reine, détacha une des mains dont elle se couvrait le visage, et, appuyant ses lèvres sur cette main :

— Madame, dit-il, je suis heureux et fier de vous affirmer que, depuis le jour où j'ai pris congé de vous, je n'ai pas été une heure sans m'occuper de vous.

— O Charny, Charny! répondit la reine, il y eut un temps où vous vous fussiez peut-être moins occupé de moi, mais où vous y eussiez pensé davantage.

— Madame, dit Charny, j'étais chargé par le roi d'une grave responsabilité; cette responsabilité m'imposait le silence le plus absolu jusqu'au jour où ma mission serait remplie. Elle l'est aujourd'hui seulement. Aujourd'hui, je puis vous revoir, je puis vous parler; tandis que, jusqu'aujourd'hui, je ne pouvais pas même vous écrire.

— C'est un bel exemple de loyauté que vous avez donné là, Olivier, dit mélancoliquement la reine; et je ne regrette qu'une chose, c'est que vous n'ayez pu le donner qu'aux dépens d'un autre sentiment.

— Madame, dit Charny, permettez, puisque j'en ai reçu la permission du roi, que je vous instruise de ce que j'ai fait pour votre salut.

— Oh! Charny! Charny! reprit la reine, n'avez-vous donc rien de plus pressé à me dire?

Et elle serra tendrement la main du comte, en le regardant de ce regard pour lequel autrefois il eût offert sa vie, qu'il était toujours prêt, sinon à offrir, du moins à sacrifier.

Et, tout en le regardant ainsi, elle le vit, non point en voyageur poudreux qui descend d'une chaise de poste, mais en courtisan plein d'élégance qui a soumis son dévouement à toutes les les règles de l'étiquette.

Cette toilette si complète, dont la reine la plus exigeante aurait pu se contenter, inquiéta visiblement la femme.

— Quand donc êtes-vous arrivé? demanda-t-elle.

— J'arrive, Madame, répondit Charny.

— Et vous venez?...

— De Montmédy.

— Ainsi vous avez traversé la moitié de la France?

— J'ai fait quatre-vingt-dix lieues depuis hier matin.

— A cheval? en voiture?...

— En chaise de poste.

— Comment, après ce long et fatigant voyage, — excusez mes questions, Charny, — êtes-vous aussi bien brossé, verni, peigné qu'un aide de camp du général la Fayette qui sortirait de l'état-major? Les nouvelles que vous apportez étaient donc peu importantes?

— Très importantes, au contraire, Madame; mais j'ai pensé que, si je débarquais dans la cour des Tuileries avec une chaise de poste couverte de boue ou de poussière, j'éveillerais la curiosité. Le roi tout à l'heure encore me disait combien vous êtes étroitement gardés, et, en l'écoutant, je me félicitais de cette précaution que j'avais prise de venir à pied et avec mon uniforme, comme un simple officier qui revient faire sa cour, après une semaine ou deux d'absence.

La reine serra convulsivement la main à Charny; on voyait qu'une dernière question lui restait à faire, et qu'elle avait d'autant plus de difficulté à la formuler que cette question lui paraissait plus importante.

Aussi prit-elle une autre forme d'interrogation,

— Ah! oui, dit-elle d'une voix étouffée, j'oubliais que vous aviez un pied-à-terre à Paris.

Charny tressaillit: seulement alors il voyait le but de toutes ces questions.

— Moi, un pied-à-terre à Paris? dit-il. Et où donc cela, Madame?

La reine fit un effort.

— Mais rue Coq-Héron, dit-elle. N'est-ce point là que demeure la comtesse?

Charny fut près de s'emporter comme un cheval qu'on presse de l'éperon dans une plaie encore vive; mais il y avait dans la voix de la reine une telle hésitation, une telle expression de douleur, qu'il eut pitié de ce qu'elle devait souffrir, elle si hautaine, elle si puissante sur elle-même, pour laisser voir son émotion à ce point.

— Madame, dit-il avec un accent de profonde tristesse qui peut-être n'était pas causée tout entière par la souffrance de la reine, je croyais avoir eu l'honneur de vous dire, avant mon départ, que la maison de madame de Charny n'était pas la mienne. Je suis descendu chez mon frère, le vicomte Isidore de Charny, et c'est chez lui que j'ai changé de costume.

La reine jeta un cri de joie, et se laissa glisser sur ses genoux, en portant à ses lèvres la main de Charny.

Mais, aussi rapide qu'elle, il la prit sous les deux bras, et, la relevant:

— Oh! Madame! s'écria-t-il, que faites-vous?

— Je vous remercie, Olivier, dit la reine avec une voix si douce, que Charny sentit les larmes lui venir aux yeux.

— Vous me remerciez!... dit-il. Mon Dieu! et de quoi?

— De quoi?... vous me demandez de quoi? s'écria la reine. Mais de m'avoir donné le seul instant de joie complète que j'aie eu depuis votre départ. Mon Dieu! je le sais, c'est une chose folle et insensée, mais bien digne de pitié, que la jalousie. Vous aussi, à une époque, vous avez été jaloux, Charny; aujourd'hui, vous l'oubliez. Oh! les hommes! quand ils sont jaloux, ils sont bien heureux: ils peuvent se battre avec leurs rivaux, tuer ou être tués; mais les femmes, elles, ne peuvent que pleurer, quoiqu'elles s'aperçoivent que leurs larmes sont inutiles, dangereuses; car nous le savons bien, que nos larmes, au lieu de rapprocher de nous celui pour lequel nous les versons, l'en écartent souvent davantage; mais c'est le vertige de l'amour: on voit l'abîme, et, au lieu de s'en éloigner, on s'y jette. Merci encore une fois, Olivier; vous le voyez, me voilà joyeuse, et je ne pleure plus.

Et, en effet, la reine essaya de rire; mais, comme si, à force de douleurs, elle eût désappris la joie, son rire eut un accent si triste et si douloureux, que le comte en tressaillit.

— Oh! mon Dieu! murmura-t-il, se peut-il donc que vous ayez tant souffert?

Marie-Antoinette joignit les mains.

— Soyez béni, Seigneur! dit-elle, car, le jour où il comprendra ma douleur, il n'aura pas la force de ne plus m'aimer!

Charny se sentait entraîner sur une pente où, à un moment donné, il lui serait impossible de se retenir. Il fit un effort comme ces patineurs qui, pour s'arrêter, se cambrent en arrière, au risque de briser la glace sur laquelle ils glissent.

— Madame, dit-il, ne me permettrez-vous donc pas de recueillir le fruit de cette longue absence, en vous expliquant ce que j'ai été assez heureux de faire pour vous?

— Ah! Charny, répondit la reine, j'aimais bien mieux ce que je vous disais tout à l'heure; mais vous avez raison : il ne faut pas laisser trop longtemps oublier à la femme qu'elle est reine. Parlez, monsieur l'ambassadeur : la femme a obtenu tout ce qu'elle avait droit d'attendre, la reine vous écoute.

Alors Charny lui raconta tout : comment il avait été envoyé à M. de Bouillé; comment le comte Louis était venu à Paris; comment lui, Charny, avait, buisson à buisson, relevé la route par laquelle la reine devait fuir; comment, enfin, il était venu annoncer au roi qu'il n'y avait plus en quelque sorte que la partie matérielle du projet à mettre à exécution.

La reine écouta Charny avec une grande attention, et, en même temps, avec une profonde reconnaissance. Il lui semblait impossible que le simple dévouement allât jusque-là. L'amour, et un amour ardent et inquiet, pouvait seul prévoir ces obstacles, et inventer les moyens qui devaient les combattre et les surmonter.

Elle le laissa donc dire d'un bout à l'autre. Puis, quand il eut fini, le regardant avec une suprême expression de tendresse :

— Vous serez donc bien heureux de m'avoir sauvée, Charny? demanda-t-elle.

— Oh! s'écria le comte, vous me demandez cela, Madame? Mais c'est le rêve de mon ambition, et, si j'y parviens, ce sera la gloire de ma vie!

— J'aimerais mieux que ce fût tout simplement la récompense de votre amour, dit la reine avec mélancolie. Mais n'importe... Vous désirez ardemment, n'est-ce pas, que cette grande œuvre du salut du roi, de la reine et du dauphin de France s'accomplisse par vous?

— Je n'attends que votre assentiment pour y dévouer mon existence.

— Oui, et je le comprends, mon ami, dit la reine : ce dévouement doit être pur de tout sentiment étranger, de toute affection matérielle. Il est impossible que mon mari, mes enfants soient sauvés par une main qui n'oserait s'étendre vers eux pour les soutenir, s'ils glissaient dans cette route que nous allons parcourir ensemble. Je vous remets leur vie et la mienne, mon frère; mais à votre tour, vous aurez pitié de moi, n'est-ce pas?

— Pitié de vous, Madame?... dit Charny.

— Oui. Vous ne voudrez pas qu'en ces moments où j'aurai besoin de toute ma force, de tout mon courage, de toute ma présence d'esprit, une idée folle peut-être, — mais, que voulez-vous! il y a des gens qui n'osent se hasarder dans la nuit de peur des spectres que, le jour venu, ils reconnaissent ne pas exister, — vous ne voudrez pas que tout soit perdu peut-être, faute d'une promesse, faute d'une parole donnée? vous ne le voudrez pas?...

Charny interrompit la reine.

— Madame, dit-il, je veux le salut de Votre Majesté; je veux le bonheur de la France; je veux la gloire d'achever l'œuvre que j'ai commencée, et, je vous l'avoue, je suis désespéré de n'avoir qu'un si faible sacrifice à vous faire : je vous jure de ne voir madame de Charny qu'avec la permission de Votre Majesté.

Et, saluant respectueusement et froidement la reine, il se retira, sans que celle-ci, glacée par l'accent avec lequel il avait prononcé ces paroles, essayât de le retenir.

Mais, à peine Charny eut-il refermé la porte derrière lui, que, se tordant les bras, elle s'écria douloureusement :

— Oh! que j'aimerais mieux que ce fût moi qu'il eût fait le serment de ne pas voir, et qu'il m'aimât comme il l'aime!...

XIX

DOUBLE VUE

Le 19 juin suivant, vers huit heures du matin, Gilbert se promenait à grands pas dans son logement de la rue Saint-Honoré, allant de temps en temps à la fenêtre, et se penchant en dehors comme un homme qui attend avec impatience quelqu'un qu'il ne voit point arriver.

Il tenait à la main un papier plié en quatre, avec des lettres et des cachets transparaissant de l'autre côté de la page où ils étaient imprimés. C'était, sans doute, un papier de grande importance, car deux ou trois fois, pendant ces anxieuses minutes de l'attente, Gilbert le déplia, le lut, le déplia de nouveau, le relut et le replia, pour le rouvrir et le replier encore.

Enfin le bruit d'une voiture s'arrêtant à la porte le fit courir de plus belle à la fenêtre; mais il était trop tard : celui qu'avait amené la voiture était déjà dans l'allée.

Cependant Gilbert ne doutait apparemment pas de l'identité du personnage, car, poussant la porte de l'antichambre :

— Bastien! dit-il, ouvrez à M. le comte de Charny, que j'attends.

Et, une dernière fois, il déplia le papier, qu'il était en train de lire, lorsque Bastien, au lieu d'annoncer le comte de Charny, annonça :

— M. le comte de Cagliostro.

Ce nom était, à cette heure, si loin de la pensée de Gilbert, qu'il tressaillit, comme si un éclair, lui annonçant la foudre, venait de passer devant ses yeux.

Il replia vivement le papier, qu'il cacha dans la poche de son habit.

— M. le comte de Cagliostro? répéta-t-il encore tout étonné de l'annonce.

— Eh! mon Dieu, oui, moi-même, mon cher Gilbert, dit le comte : ce n'était pas moi que vous attendiez, je le sais bien; c'était M. de Charny; mais M. de Charny est occupé, — je vous dirai à quoi tout à l'heure, — de sorte qu'il ne pourra guère être ici que dans une demi-heure; ce que voyant, ma foi, je me suis dit : « Puisque je me trouve dans le quartier, je vais monter un instant chez le docteur Gilbert. » J'espère que, pour n'être pas attendu de vous, je n'en serai pas moins bien reçu.

— Cher maître, dit Gilbert, vous savez qu'à toute heure du jour ou de la nuit, deux portes vous sont ouvertes ici : la porte de la maison, la porte du cœur.

— Merci, Gilbert. Un jour, il me sera donné, à moi aussi, peut-être, de vous prouver à quel point je vous aime; ce jour venu, la preuve ne se fera pas attendre. Maintenant causons.

— Et de quoi? demanda Gilbert en souriant, car la présence de Cagliostro lui annonçait toujours quelque nouvel étonnement.

— De quoi? répéta Cagliostro. Eh bien, mais de la conversation à la mode, du prochain départ du roi.

Gilbert se sentit frissonner de la tête aux pieds, mais le sourire ne disparut pas un instant de ses lèvres; et, grâce à la force de sa volonté, s'il ne put empêcher la sueur de perler à la racine de ses cheveux, il empêcha du moins la pâleur d'apparaître sur ses joues.

— Et, comme nous en aurons pour quelque temps, attendu que la matière prête, continua Cagliostro, je m'assieds.

Et Cagliostro s'assit en effet.

Au reste, le premier mouvement de terreur passé, Gilbert réfléchit que, si c'était un hasard qui avait amené Cagliostro chez lui, c'était du moins un hasard providentiel. Cagliostro, n'ayant pas l'habitude d'avoir de secrets pour lui, allait, sans doute, lui raconter tout ce qu'il savait de ce départ du roi et de la reine dont il venait de lui dire un mot.

— Eh bien, ajouta Cagliostro voyant que Gilbert attendait, c'est donc décidé pour demain?

— Très cher maître, dit Gilbert, vous savez que j'ai l'habitude de vous laisser dire jusqu'au bout; même lorsque vous errez, il y a toujours pour moi quelque chose à apprendre, non seulement dans un discours, mais encore dans une parole de vous.

— Et où me suis-je trompé jusqu'à présent, Gilbert? dit Cagliostro. Est-ce quand je vous ai prédit la mort de Favras, que j'ai, cependant, au moment décisif, fait, moi, tout ce que j'ai pu pour empêcher? Est-ce quand je vous ai prévenu que le roi lui-même intriguait contre Mirabeau, et que Mirabeau ne serait pas nommé ministre? Est-ce quand je vous ai dit que Robespierre relèverait l'échafaud de Charles Ier, et Bonaparte le trône de Charlemagne? Quant à cela, vous ne pouvez m'accuser d'erreur, car les temps ne sont point encore révolus, et, de ces choses, les unes appartiennent à la fin de ce siècle-ci, et les autres au commencement du siècle prochain. Or, aujourd'hui, mon cher Gilbert, vous savez mieux que personne que je dis la vérité en vous disant que le roi doit fuir pendant la nuit de demain, puisque vous êtes un des agents de cette fuite.

— S'il en est ainsi, dit Gilbert, vous n'attendez pas de moi que je vous l'avoue, n'est-ce pas?

— Et qu'ai-je besoin de votre aveu? Vous savez bien, non seulement que *je suis celui qui est*, mais encore que *je suis celui qui sait*.

— Mais, si vous êtes celui qui sait, dit Gilbert, vous savez que la reine a dit hier à M. de Montmorin, à propos du refus que madame Élisabeth a fait d'assister dimanche à la Fête-Dieu : « Elle ne veut pas venir avec nous à Saint-Germain-l'Auxerrois, elle m'afflige; elle pourrait bien, cependant, faire au roi le sacrifice de ses opinions. » Or, si la reine va dimanche avec le roi à l'église Saint-Germain-l'Auxerrois, ils ne partent pas cette nuit, ou ne partent pas pour un long voyage.

— Oui ; mais je sais aussi, répondit Cagliostro, qu'un grand philosophe a dit : « La parole a été donnée à l'homme pour dissimuler sa pensée. » Or Dieu n'est pas assez exclusif pour avoir fait à l'homme seul un don si précieux.

— Mon cher maître, dit Gilbert essayant toujours de demeurer sur le terrain de la plaisanterie, vous connaissez l'histoire de l'incrédule apôtre?

— Qui commença de croire, lorsque le Christ lui eut montré ses pieds, ses mains et son côté. Eh bien, mon cher Gilbert, la reine, qui est habituée à toutes ses aises, et qui ne veut pas être privée de ses habitudes pendant son voyage, quoiqu'il ne doive durer, si le calcul de M. de Charny est juste, que trente-cinq ou trente-six heures, la reine a commandé chez Desbrosses, rue Notre-Dame-des-Victoires, un charmant nécessaire tout en vermeil, qui est censé destiné à sa sœur l'archiduchesse Christine, gouvernante des Pays-Bas. Le nécessaire, achevé hier au matin seulement, a été porté hier au soir aux Tuileries ; — voilà pour les mains. — On part dans une grande berline de voyage, spacieuse, commode, où l'on tient facilement six personnes. Elle a été commandée à Louis, le premier carrossier des Champs-Élysées, par M. de Charny, qui est chez lui de ce moment-ci, et qui lui compte cent vingt-cinq louis, c'est-à-dire la moitié de la somme convenue ; on l'a essayée hier, en lui faisant courir la poste à quatre chevaux, et elle a parfaitement résisté ; aussi le rapport qu'en a fait M. Isidore de Charny a-t-il été excellent ; — voilà pour les pieds. — Enfin, M. de Montmorin, sans savoir ce qu'il signait, a signé ce matin un passeport pour madame la baronne de Korff, ses deux enfants, ses deux femmes de chambre, son intendant et ses trois domestiques. Madame de Korff, c'est madame de Tourzel, gouvernante des enfants de France ; ses deux enfants, c'est Madame Royale et monseigneur le dauphin ; ses deux femmes de chambre, c'est la reine et madame Élisabeth ; son intendant, c'est le roi ; enfin ses trois domestiques, qui doivent, habillés en courriers, précéder et accompagner la voiture, c'est M. Isidore de Charny, M. de Malden et M. de Valory ; ce passeport, c'est le papier que vous teniez quand je suis arrivé, que vous avez plié et caché dans votre poche en m'apercevant, et qui est conçu en ces termes :

« De par le roi.

» Mandons de laisser passer madame la baronne de Korff avec ses deux enfants, *une femme*, un valet de chambre et trois domestiques.

» Le ministre des affaires étrangères,

» MONTMORIN. »

— Voilà pour le côté. Suis-je bien informé, mon cher Gilbert?

— A part une petite contradiction entre vos paroles et la rédaction dudit passeport.

— Laquelle?

— Vous dites que la reine et madame Élisabeth représentent les deux femmes de chambre de madame de Tourzel, et je vois sur le passeport une seule femme de chambre.

— Ah! voici. C'est qu'arrivée à Bondy, madame de Tourzel, qui croit faire le voyage jusqu'à Montmédy, sera priée de descendre. M. de Charny, qui est un homme dévoué et sur lequel on peut compter, montera à sa place pour mettre le nez à la portière, en cas de besoin, et tirer deux pistolets de sa poche s'il le faut. La reine, alors, deviendra madame de Korff, et comme — à part Madame Royale, qui, d'ailleurs, fait partie des enfants — il n'y aura qu'une femme dans la voiture, madame Élisabeth, il était inutile de mettre sur le passeport deux femmes de chambre. Maintenant, voulez-vous d'autres détails? soit ; les détails ne manquent pas, et je vous en donnerai. Le départ devait avoir lieu le 1ᵉʳ juin ; M. de Bouillé y tenait beaucoup ; il a même, à ce sujet, écrit au roi une curieuse lettre dans laquelle il l'invite à se presser, attendu, dit-il, que les troupes *se corrompent* de jour en jour, et qu'il ne répond plus de rien, si on laisse prêter le serment aux soldats. Or, ajouta Cagliostro avec son air goguenard, par ces mots *se corrompent*, il est bien entendu qu'il faut comprendre que l'armée commence à reconnaître qu'ayant à choisir entre une monarchie qui, pendant trois siècles, a sacrifié le peuple à la noblesse, le soldat à l'officier, et une constitution qui proclame l'égalité devant la loi, qui fait des grades la récompense du mérite et du courage, cette ingrate armée penche pour la Constitution. Mais la berline ni le nécessaire n'étaient achevés, et il a été impossible de partir le 1ᵉʳ, ce qui est un grand malheur, vu que, depuis le 1ᵉʳ, l'armée a pu se corrompre de plus en plus, et que les soldats ont prêté serment à la Constitution ; sur quoi, le départ a été fixé au 8. Mais M. de Bouillé a reçu trop tard la signification de cette date, et à son tour il a été obligé de répondre qu'il ne serait pas prêt; alors, la chose, d'un commun accord, a été remise au 12; on eût préféré le 11, mais une femme très démocrate, de plus, maîtresse de M. de Gouvion, aide de camp de M. de la Fayette, — madame de Rochereul, si vous voulez savoir son nom, — était de service près du dauphin, et l'on craignait qu'elle ne s'aperçût de quelque chose, et qu'elle ne dénonçât, comme disait ce pauvre M. de Mirabeau, ce pot-au-feu caché que les rois font toujours bouillir dans quelque coin de leur palais. Le 12, le roi s'est aperçu qu'il n'avait plus que six jours à attendre pour toucher un quartier de la liste civile, six millions. Peste! cela, vous en conviendrez, mon cher Gilbert, valait bien la peine d'attendre six jours! En outre, Léopold, le grand temporiseur, le Fabius des rois, venait enfin de promettre que quinze mille Autrichiens occuperaient, le 15, les débouchés d'Arlon. Dame! vous comprenez, ces bons rois, ce n'est pas la volonté qui leur manque, mais, de leur côté, ils ont leurs petites affaires à terminer. L'Autriche venait de dévorer Liège et le Brabant, et était en train de digérer ville et province; or l'Autriche est comme les boas : quand elle digère, elle dort. Catherine était en train de battre ce petit roitelet de Gustave III, à qui elle a, enfin, accordé une trêve, pour qu'il eût le temps d'aller recevoir à Aix, en Savoie, la reine de France à la descente de sa voiture; pendant ce temps-là, elle rongera ce qu'elle pourra de la Turquie, et sucera les os de la Pologne : elle aime la moelle de lion, cette digne impératrice. La Prusse philosophe, et l'Angleterre philanthrope sont en train de changer de peau, afin que l'une puisse raisonnablement s'allonger sur les bords du Rhin, et l'autre dans la mer du Nord. Mais, soyez tranquille, comme les chevaux de Diomède, les rois ont goûté de la chair humaine, et ils ne voudront plus manger autre chose, si toutefois nous ne les troublons pas dans ce délicieux festin. Bref le départ avait été remis au dimanche 19, à minuit; puis, le 18, au matin, une nouvelle dépêche a été expédiée, remettant ce départ au lundi 20, à la même heure, c'est-à-dire à demain au soir; ce qui pourra bien avoir ses inconvénients, attendu que M. de Bouillé avait déjà envoyé ses ordres à tous ses détachements, et qu'il a fallu envoyer des contre-ordres. — Prenez garde, mon cher Gilbert, prenez garde, tout cela fatigue les soldats, et donne à penser aux populations.

— Comte, dit Gilbert, je ne ruserai pas avec vous; tout ce que vous venez de dire est vrai, et je ruserai d'autant moins que mon avis, à moi, n'était pas que le roi partît ou plutôt que le roi quittât la France. Maintenant, avouez-le franchement, au point de vue du danger personnel, au point de vue du danger de la reine et de ses enfants, si le roi doit rester comme roi, l'homme, l'époux, le père n'est-il pas autorisé à fuir?

— Eh bien, voulez-vous que je vous dise une chose, mon cher Gilbert? C'est que ce n'est pas comme père, c'est que ce n'est pas comme époux, c'est que ce n'est pas comme homme que Louis XVI fuit; c'est que ce n'est pas à cause des 5 et 6 octobre qu'il quitte la France; non, par son père, à tout prendre il est Bourbon, et les Bourbons savent ce que c'est que de regarder le danger en face; non, il quitte la France à cause de cette Constitution que vient de lui fabriquer, à l'instar des États-Unis, l'Assemblée nationale, sans réfléchir que le modèle qu'elle a suivi est taillé pour une république, et, appliqué à une monarchie, ne laisse pas au roi une suffisante quantité d'air respirable; non, il quitte la France à cause de cette fameuse affaire des Chevaliers du Poignard, dans laquelle votre ami la Fayette a agi irrévérencieusement avec la royauté et ses fidèles; non, il quitte la France à cause de cette fameuse affaire de Saint-Cloud, dans laquelle il a voulu constater sa liberté, et dans laquelle le peuple lui a prouvé qu'il était prisonnier; non, voyez-vous, mon cher Gilbert, vous qui êtes honnêtement, franchement, loyalement royaliste constitutionnel, vous qui croyez à cette douce et consolante utopie d'une monarchie tempérée par la liberté, il faut que vous sachiez une chose : c'est que les rois, à l'imitation de Dieu, dont ils se prétendent les représentants sur la terre, ont une religion, la religion de la royauté; non seulement leur personne frottée d'huile à Reims est sacro-sainte, mais encore leur palais est saint, leurs serviteurs sont sacrés; leur palais est un temple où il ne faut entrer qu'en priant; leurs serviteurs sont des prêtres auxquels on ne doit parler qu'à genoux; il ne faut pas toucher aux rois sous peine de mort! il ne faut pas toucher à leurs serviteurs sous peine d'excommunication! Or, le jour où l'on a empêché le roi de faire son voyage à Saint-Cloud, on a touché au roi; le jour où l'on a expulsé des Tuileries les Chevaliers du Poignard, on a touché à ses serviteurs; c'est là ce que le roi n'a pu supporter; voilà la véritable abomination de la désolation; voilà pourquoi on a fait revenir M. de Charny de Montmédy; voilà pourquoi le roi, qui avait refusé de se laisser enlever par M. de Favras et de se sauver avec ses tantes, consent à fuir demain avec un passeport de M. de Montmorin, — qui ne sait pour qui il a signé le passeport, — sous le nom de Durand, et sous l'habit d'un domestique, tout en recommandant pourtant, — les rois sont toujours rois par un bout, — tout en recommandant de ne pas oublier de mettre dans les malles l'habit rouge brodé d'or qu'il portait à Cherbourg.

Pendant que Cagliostro parlait, Gilbert l'avait regardé fixement, en ayant l'air de deviner ce qu'il y avait au fond de la pensée de cet homme.

Mais c'était chose inutile : aucun regard humain n'avait la puissance de voir au delà de ce masque railleur dont le disciple d'Althotas avait coutume de couvrir son visage.

Gilbert prit donc le parti d'aborder franchement la question.

— Comte, observa-t-il, tout ce que vous venez de dire est vrai, je le répète. Maintenant, dans quel but venez-vous me le dire? Sous quel titre vous présentez-vous à moi? Venez-vous comme un ennemi loyal qui prévient qu'il va combattre? Venez-vous comme un ami qui s'offre à aider?

— Je viens d'abord, mon cher Gilbert, répondit affectueusement Cagliostro, comme vient le maître à l'élève, lui dire : « Ami, tu fais fausse route en t'attachant à cette ruine qui tombe, à cet édifice qui s'écroule, à ce principe qui meurt et qu'on appelle la monarchie. Les hommes comme toi ne sont pas les hommes du passé ne sont pas même les hommes du présent, ce sont les hommes de l'avenir. Abandonne la chose à laquelle tu ne crois pas pour la chose à laquelle nous croyons! ne t'éloigne pas de la réalité pour suivre l'ombre, et, si tu ne te fais pas soldat actif de la Révolution, regarde-la passer, et ne tente pas de l'arrêter dans sa route; Mirabeau était un géant, et Mirabeau vient de succomber à l'œuvre. »

— Comte, dit Gilbert, je répondrai à cela le jour où le roi, qui s'est fié à moi, sera en sûreté. Louis XVI m'a pris pour confident, pour auxiliaire, pour complice, si vous voulez, dans l'œuvre qu'il entreprend. J'ai accepté cette mission, je l'accomplirai jusqu'au bout, le cœur ouvert, les yeux fermés. Je suis médecin, mon cher comte, le salut matériel de mon malade avant tout! Maintenant, vous, répondez-moi à votre tour. Dans vos mystérieux projets, dans vos sombres combinaisons, avez-vous besoin que cette fuite réussisse ou avorte? Si vous voulez qu'elle avorte, il est inutile de lutter, dites : « Ne partez pas! » et nous resterons et nous courberons la tête, et nous attendrons le coup.

— Frère! dit Cagliostro, si, poussé par le Dieu qui m'a tracé ma route, il me fallait frapper ou ceux que ton cœur aime, ou ceux que ton génie protège, je resterais dans l'ombre et je ne demanderais qu'une chose à cette puissance surhumaine à laquelle j'obéis, c'est qu'elle te laissât ignorer de quelle main est parti le coup. Non, si je ne viens pas en ami, — je ne puis être l'ami des rois, moi qui ai été leur victime, — je ne viens pas non plus en ennemi; je viens, une balance à la main, te disant : « J'ai pesé les destins de ce dernier Bourbon, et je ne crois pas que sa mort importe au salut de la cause. Or, Dieu me garde, moi qui, comme Pythagore, me reconnais à peine le droit de disposer de la vie du dernier insecte créé, de toucher imprudemment à celle de l'homme, ce roi de la création! » Il y a plus; non seulement je viens te dire : « Je resterai neutre, » mais encore j'ajoute : « As-tu besoin de mon aide? Je te l'offre. »

Gilbert essaya, une seconde fois, de lire jusqu'au fond du cœur de Cagliostro.

— Bon! dit celui-ci en reprenant son ton railleur, voilà que tu doutes. Voyons, homme lettré, ne connais-tu pas cette histoire de la lance d'Achille, qui blessait et qui guérissait? Cette lance, je la possède. La femme qui a passé pour la reine, dans les bosquets de Versailles, ne peut-elle pas aussi passer pour la reine dans les appartements des Tuileries, ou sur quelque route opposée à celle que suivra la vraie fugitive? Voyons, ce n'est point à mépriser ce que je vous offre là, mon cher Gilbert.

— Soyez franc, alors, jusqu'au bout, comte, et dites-moi dans quel but vous me faites cette offre?

— Mais, mon cher docteur, c'est bien simple; dans le but que le roi s'en aille, dans le but que le roi quitte la France, dans le but qu'il nous laisse proclamer la république.

— La république! dit Gilbert étonné.

— Pourquoi pas? dit Cagliostro.

— Mais, mon cher comte, je regarde en France autour de moi, du midi au Nord, de l'orient à l'occident, et je ne vois pas un seul républicain.

— D'abord, vous vous trompez, j'en vois trois : Pétion, Camille Desmoulins et votre serviteur; ceux-là, vous les pouvez voir comme moi; puis je vois encore ceux que vous ne voyez pas, et que vous verrez quand il sera temps qu'ils paraissent. Alors, rapportez-vous-en à moi de faire un coup de théâtre qui vous étonnera; seulement, vous comprenez, je désire que, dans le changement à vue, il n'arrive pas d'accidents trop graves. Les accidents retombent toujours sur le machiniste.

Gilbert réfléchit un instant.

Puis, tendant la main à Cagliostro :

— Comte, dit-il, s'il ne s'agissait que de moi, s'il ne s'agissait que de ma vie, s'il ne s'agissait que de mon honneur, de ma réputation, de ma mémoire, j'accepterais à l'instant même; mais il s'agit d'un royaume, d'un roi, d'une reine, d'une race, d'une monarchie, et je ne puis prendre sur moi de traiter pour eux. Restez neutre, mon cher comte, voilà tout ce que je vous demande.

Cagliostro sourit.

— Oui, je comprends, dit-il, l'homme du collier!... Eh bien, mon cher Gilbert, l'homme du collier va vous donner un conseil.

— Silence! dit Gilbert, on sonne.

— Qu'importe! vous savez que celui qui sonne, c'est M. le comte de Charny. Or, le conseil que j'ai à vous donner, lui aussi peut l'entendre et le mettre à profit. Entrez, monsieur le comte, entrez.

Charny, en effet, venait de paraître sur la porte. Voyant un étranger où il comptait ne rencontrer que Gilbert, il s'était arrêté inquiet et hésitant.

— Ce conseil, continua Cagliostro, le voici : Défiez-vous des nécessaires trop riches, des voitures trop lourdes, et des portraits trop ressemblants. Adieu, Gilbert, adieu, monsieur le comte ! et, pour employer la formule de ceux à qui, comme à vous, je souhaite un bon voyage, Dieu vous ait en sa sainte et digne garde !

Et le prophète, saluant amicalement Gilbert et courtoisement Charny, se retira suivi par le regard inquiet de l'un et l'œil interrogateur de l'autre.

— Qu'est-ce que cet homme, docteur? demanda Charny, lorsque le bruit des pas se fut éteint dans l'escalier.

— Un de mes amis, dit Gilbert, un homme qui sait tout, mais qui vient de me donner sa parole de ne pas nous trahir.

— Et vous le nommez ?

Gilbert hésita un instant:

— Le baron Zannone, dit-il.

— C'est singulier, reprit Charny, je ne connais pas ce nom, et, cependant, il me semble que je connais ce visage. — Avez-vous le passeport, docteur ?

— Le voici, comte.

Charny prit le passeport, le déplia vivement, et, complètement absorbé par l'attention qu'il donnait à cette pièce importante, il parut avoir oublié, momentanément du moins, jusqu'au baron Zannone.

XX

LA SOIRÉE DE 20 JUIN

Maintenant nous allons voir ce qui ce passait le 20 juin au soir, de neuf heures à minuit, sur divers points de la capitale.

Ce n'était pas sans raison que l'on s'était défié de madame de Rochereul; bien que son service eût cessé le 11, elle avait trouvé, ayant conçu quelque doute, moyen de revenir au château, et elle s'était aperçue que, quoique les écrins de la reine fussent toujours à leur place, les diamants n'y étaient plus; en effet, ils avaient été confiés par Marie-Antoinette à son coiffeur Léonard, lequel devait partir dans la soirée du 20, quelques heures avant son auguste maîtresse, avec M. de Choiseul, commandant les soldats du premier détachement posté à Pont-de-Sommevelle, chargé, en outre, du relais de Varennes, qu'il devait composer de six bons chevaux, et qui attendait chez lui, rue d'Artois, les derniers ordres du roi et de la reine. C'était peut-être un peu indiscret d'embarrasser M. de Choiseul de maître Léonard, et un peu imprudent d'emmener avec soi un coiffeur ; mais quel artiste eût entrepris de faire à l'étranger ces admirables coiffures qu'exécutait en se jouant Léonard ? Que voulez-vous ! quand on a un coiffeur homme de génie, on n'y renonce pas volontiers !

Il en résulta que la femme de chambre de M. le dauphin, se doutant que le départ était fixé au lundi 20, à onze heures du soir, en avait donné avis, non seulement à son amant M. de Gouvion, mais encore à M. Bailly.

M. la Fayette avait été trouver le roi pour s'expliquer franchement avec lui de cette dénonciation, et avait haussé les épaules.

M. Bailly avait mieux fait : pendant que la Fayette était devenu aveugle comme un astronome, lui, Bailly, était devenu courtois comme un chevalier : il avait envoyé à la reine la lettre même de madame de Rochereul.

M. de Gouvion, influencé directement, avait seul conservé de plus intenses soupçons ; pré-

Le crochet entra dans le trou de la serrure. (Page 343.)

venu par sa maîtresse, il avait, sous prétexte d'une petite réunion militaire, attiré chez lui une douzaine d'officiers de la garde nationale; il en avait placé cinq ou six en vedette à différentes portes, et lui-même avec cinq chefs de bataillon, il s'était chargé de surveiller les portes de l'appartement de M. de Villequier, plus spécialement désignées à son attention.

Vers la même heure, rue Coq-Héron, n° 9, dans un salon que nous connaissons, assise sur une causeuse où elle nous est déjà apparue, une jeune femme, belle, calme en apparence, mais profondément émue au fond du cœur, causait avec un jeune homme de vingt-trois à vingt quatre ans, debout devant elle, vêtu d'une veste de courrier de couleur chamois, d'un pantalon de peau collant, chaussé d'une paire de bottes à retroussis et armé d'un couteau de chasse.

Il tenait à la main un chapeau rond galonné.

La jeune femme paraissait insister, le jeune homme paraissait se défendre.

— Mais encore une fois, vicomte, disait-elle, pourquoi, depuis deux mois et demi qu'il est de retour à Paris, pourquoi ne pas être venu lui-même?

— Mon frère, Madame, depuis son retour, m'a chargé plusieurs fois d'avoir l'honneur de vous donner de ses nouvelles.

— Je le sais, et je lui en suis bien reconnaissante, ainsi qu'à vous, vicomte; mais il me semble qu'au moment de partir, il eût pu lui-même me dire adieu.

— Sans doute, Madame, la chose lui aura été impossible, car c'est moi qu'il a chargé de ce soin.

— Et le voyage que vous entreprenez sera-t-il long ?

— Je l'ignore, Madame.

— Je dis *vous*, vicomte, parce qu'à votre costume, je dois penser que, vous aussi, vous êtes sur votre départ.

— Selon toute probabilité, Madame, j'aurai quitté Paris ce soir à minuit.

— Accompagnez-vous votre frère, où suivez-vous une direction opposée à la sienne ?

— Je crois, Madame, que nous suivons le même chemin.

— Lui direz-vous que vous m'avez vue ?

— Oui, Madame ; car à la sollicitude qu'il a mise à m'envoyer près de vous, aux recommandations réitérées qu'il m'a faites de ne pas le rejoindre sans vous avoir vue, il ne me pardonnerait pas d'avoir oublié une pareille mission.

La jeune femme passa la main sur ses yeux, poussa un soupir, et, après avoir réfléchi un instant :

— Vicomte, dit-elle, vous êtes gentilhomme, vous allez comprendre toute la portée de la demande que je vous fais ; répondez-moi comme vous me répondriez si j'étais véritablement votre sœur, répondez-moi comme vous répondriez à Dieu. Dans ce voyage qu'il entreprend, M. de Charny court-il quelque danger sérieux ?

— Qui peut dire, Madame, répliqua Isidore, essayant d'éluder la question, où est, et où n'est pas le danger dans l'époque où nous vivons ?... Le 5 octobre, au matin, notre pauvre frère Georges, interrogé s'il croyait courir quelque danger, eût bien certainement répondu que non ; le lendemain, il était couché pâle, inanimé, en travers de la porte de la reine. Le danger, Madame, à l'époque où nous sommes, sort de terre et se trouve parfois face à face avec la mort, sans savoir d'où elle vient ni qui l'a appelée.

Andrée pâlit.

— Ainsi, dit-elle, il y a danger de mort, n'est-ce pas, vicomte ?

— Je n'ai pas dit cela, Madame.

— Non ; mais vous le pensez.

— Je pense, Madame, que, si vous avez quelque chose d'important à faire dire à mon frère, l'entreprise dans laquelle il se hasarde, ainsi que moi, est assez grave pour que, de vive voix ou par écrit, vous me chargiez de lui transmettre votre pensée, votre désir ou votre recommandation.

— C'est bien, vicomte, dit Andrée en se levant, je vous demande cinq minutes.

Et, de ce pas lent et froid qui lui était habituel, la comtesse entra dans sa chambre, dont elle referma la porte derrière elle.

La comtesse sortie, le jeune homme regarda sa montre avec une certaine inquiétude.

— Neuf heures un quart ; murmura-t-il, le roi nous attend à neuf heures et demie... Heureusement qu'il n'y a qu'un pas d'ici aux Tuileries.

Mais la comtesse n'usa pas même de la somme de temps qu'elle avait demandée.

Au bout de quelques secondes, elle rentra tenant à la main une lettre cachetée.

— Vicomte, dit-elle avec solennité, à votre honneur je confie ceci.

Isidore allongea la main pour prendre la lettre.

— Attendez, dit Andrée, et comprenez bien ce que je vais vous dire : si votre frère, si M. le comte de Charny, accomplit sans accident l'entreprise qu'il poursuit, il n'y a rien à lui dire autre chose que ce que je vous ai dit, sympathie pour sa loyauté, respect pour son dévouement, admiration pour son caractère... — La voix d'Andrée s'altéra légèrement. — S'il est blessé grièvement vous lui demanderez de m'accorder la grâce de le rejoindre, et, s'il m'accorde cette grâce, vous m'enverrez un messager qui me dise sûrement où je le trouver, car je partirai à l'instant même ; s'il est blessé à mort... — L'émotion fut près de couper la voix d'Andrée.

— Vous lui remettrez cette lettre ; s'il ne peut plus la lire lui-même, vous la lui lirez ; car, avant qu'il meure, je veux qu'il sache ce que contient cette lettre. Votre foi de gentilhomme, que vous ferez comme je le désire, vicomte ?

Isidore, aussi ému que la comtesse, tendit la main.

— Sur l'honneur, Madame ! dit-il.

— Alors, prenez cette lettre, et allez, vicomte.

Isidore prit la lettre, baisa la main de la comtesse, et sortit.

— Oh ! s'écria Andrée en retombant sur son canapé, s'il meurt, je veux au moins qu'en mourant, il sache que je l'aime !

Juste au même moment où Isidore quittait la comtesse, et plaçait la lettre sur sa poitrine, à côté d'une autre lettre dont, à la lueur du réverbère allumé au coin de la rue Coquillière, il venait de lire l'adresse, deux hommes, vêtus absolument du même costume que lui, s'avançaient vers un lieu de réunion commun, c'est-à-dire vers ce boudoir de la reine où nous avons déjà introduit nos lecteurs par deux passages différents ; l'un suivait la galerie du Louvre, qui longe le quai, cette galerie où est aujourd'hui le musée de peinture, et à l'extrémité de laquelle Weber l'attendait; l'autre montait par le petit escalier que l'on a vu prendre à Charny à son arrivée de Montmédy. Au haut de cet escalier, de même que son compagnon était attendu au bout de la galerie du Louvre par Weber, le valet de chambre de la reine, celui-ci était attendu par François Hue, le valet de chambre du roi.

On les introduisit tous les deux, et presque en même temps, par deux portes différentes ; le premier introduit était M. de Valory.

Quelques secondes après, comme nous l'avons dit, une seconde porte s'ouvrit, et, avec un certain étonnement, M. de Valory vit entrer un autre lui-même.

Les deux officiers ne se connaissaient pas ; cependant, présumant qu'ils étaient appelés tous deux pour une même cause, ils allèrent l'un à l'autre, et se saluèrent.

En ce moment, une troisième porte s'ouvrit, et le vicomte de Charny parut.

C'était le troisième courrier, aussi inconnu aux deux autres que les deux autres lui étaient inconnus à lui-même.

Isidore seul savait dans quel but ils étaient rassemblés, et quelle œuvre commune ils allaient accomplir.

Sans doute, il se disposait à répondre aux questions qui lui étaient adressées par ses deux futurs compagnons, quand la porte s'ouvrit de nouveau et quand le roi parut.

— Messieurs, dit Louis XVI s'adressant à MM. de Malden et de Valory, excusez-moi d'avoir disposé de vous sans votre permission, mais je vous tenais pour de fidèles serviteurs de la royauté : vous sortiez de mes gardes. Je vous ai invités à passer chez un tailleur dont je vous ai fait donner l'adresse, à vous y faire faire à chacun un costume de courrier, et à vous trouver ce soir aux Tuileries, à neuf heures et demie ; votre présence me prouve que, quelle qu'elle soit, vous voulez bien accepter la mission dont j'ai à vous charger.

Les deux anciens gardes du corps s'inclinèrent.

— Sire, dit M. de Valory, Votre Majesté sait qu'elle n'a pas besoin de consulter ses gentilshommes pour disposer de leur dévouement, de leur courage et de leur vie.

— Sire, dit à son tour M. de Malden, mon collègue, en répondant pour lui, a répondu pour moi, et, je le présume, pour notre troisième compagnon.

— Votre troisième compagnon, Messieurs, avec lequel je vous invite à faire connaissance, la connaissance étant bonne à faire, est M. le vicomte Isidore de Charny, dont le frère a été tué en défendant, à Versailles, la porte de la reine ; nous sommes habitué aux dévouements des gens de sa famille, et ces dévouements nous sont, maintenant, chose si familière, que nous ne les en remercions même plus.

— D'après ce que dit le roi, reprit M. de Valory, le vicomte de Charny sait, sans doute, le motif qui nous rassemble, tandis que nous l'ignorons, Sire, et avons hâte de l'apprendre.

— Messieurs, reprit le roi, vous n'ignorez pas que je suis prisonnier, prisonnier du commandant de la garde nationale, prisonnier du président de l'Assemblée, prisonnier du maire de Paris, prisonnier du peuple, prisonnier de tout le monde enfin. Eh bien, Messieurs, j'ai compté sur vous pour m'aider à secouer cette humiliation, et à reprendre ma liberté. Mon sort, celui de la reine, celui de mes enfants, est entre vos mains ; tout est prêt pour que nous puissions fuir ce soir ; chargez-vous seulement, vous, de nous sortir d'ici.

— Sire, dirent les trois jeunes gens, ordonnez.

— Nous ne pouvons sortir ensemble, comme vous comprenez bien, Messieurs. Notre rendez-vous commun est au coin de la rue Saint-Nicaise, où M. le comte de Charny nous attendra avec une remise ; vous, vicomte, vous vous chargerez de la reine, et vous répondrez au nom de Melchior ; vous, monsieur de Malden, vous vous chargerez de Madame Élisabeth et de Madame Royale, et vous vous appellerez Jean ; vous, monsieur de Valory, vous vous chargerez de madame de Tourzel et du dauphin, et vous vous appellerez François. N'oubliez pas vos nouveaux noms, Messieurs, et attendez ici d'autres instructions.

Le roi présenta à son tour sa main aux trois jeunes gens, et sortit, laissant dans cette pièce trois hommes disposés à mourir pour lui.

Cependant M. de Choiseul, qui avait déclaré au roi la veille, de la part de M. de Bouillé, qu'il était impossible d'attendre plus tard que le 20, à minuit, et qui avait annoncé que, le 21, à quatre heures du matin, il partirait s'il n'avait pas de nouvelles, et ramènerait avec lui tous les détachements à Dun, à Stenay et à Montmédy, M. de Choiseul, ainsi que nous l'avons dit, était chez lui, rue d'Artois, où devaient venir le chercher les derniers ordres de la cour, et, comme il était neuf heures du soir, il commençait à désespérer, lorsque le seul de ses gens qu'il eût gardé, et qui le croyait sur le point de partir pour Metz, vint le prévenir qu'un homme demandait à lui parler de la part de la reine.

Il ordonna de le faire monter.

Un homme entra avec un chapeau rond enfoncé sur ses yeux et enveloppé dans une énorme houppelande.

— C'est vous, Léonard, dit-il, je vous attendais avec impatience.

— Si je vous ai fait attendre, monsieur le duc, ce n'est point ma faute, c'est celle de la reine, qui m'a prévenu, il y a dix minutes seulement, que j'eusse à venir chez vous.

— Elle ne vous a rien dit autre chose?

— Si fait, monsieur le duc: elle m'a chargé de prendre tous ses diamants et de vous apporter cette lettre...

— Donnez donc! fit le duc avec une légère impatience que ne put lui faire entièrement contenir l'immense crédit dont jouissait l'important personnage qui lui remettait la dépêche royale.

La lettre était longue, pleine de recommandations; elle annonçait que l'on partait à minuit; elle invitait le duc de Choiseul à partir à l'instant même, et elle lui faisait de nouveau la prière d'emmener Léonard, lequel, ajoutait la reine, avait reçu l'ordre de lui obéir comme à elle-même.

Et elle soulignait les sept mots suivants : *Je lui renouvelle encore ici cet ordre.*

Le duc leva les yeux sur Léonard, qui attendait avec une inquiétude visible ; le coiffeur était grotesque sous son énorme chapeau et dans son immense houppelande.

— Voyons, dit le duc, rappelez bien tous vos souvenirs: que vous a dit la reine?

— Je vais répéter mot pour mot ses paroles à monsieur le duc.

— Allez, je vous écoute.

— Elle m'a donc fait appeler, il y a trois quarts d'heure à peu près, monsieur le duc.

— Bon.

— Elle m'a dit à voix basse...

— Sa Majesté n'était donc pas seule?

— Non, monsieur le duc; le roi était en train de causer dans l'embrasure d'une fenêtre avec Madame Élisabeth ; M. le dauphin et Madame Royale jouaient ensemble; quant à la reine, elle était appuyée contre la cheminée.

— Continuez, Léonard, continuez.

— La reine m'a donc dit à voix basse : « Léonard, je puis compter sur vous? — Ah! Madame, ai-je répondu, disposez de moi; Votre Majesté sait que je lui suis dévoué corps et âme. — Prenez ces diamants et fourrez-les dans vos poches; prenez cette lettre, et portez-la rue d'Artois, au duc de Choiseul, surtout ne la remettez qu'à lui; s'il n'est pas rentré, vous le trouverez chez la duchesse de Grammont. » Puis, comme je m'éloignais déjà pour obéir aux ordres de la reine, Sa Majesté me rappela : « Mettez un chapeau à grands bords et une large redingote, afin de ne pas être reconnu, mon cher Léonard, a-t-elle ajouté, et surtout obéissez à M. de Choiseul comme à moi-même. » Alors, je suis monté chez moi, j'ai pris le chapeau et la redingote de mon frère, et me voilà.

— Ainsi, dit M. de Choiseul, la reine vous a bien recommandé de m'obéir comme à elle-même?

— Ce sont les augustes paroles de Sa Majesté, monsieur le duc.

— Je suis fort aise que vous vous rappeliez aussi bien cette recommandation verbale; en tout cas, voici la même recommandation écrite, et, comme il faut que je brûle cette lettre, lisez-la.

Et M. de Choiseul présenta le bas de la lettre qu'il venait de recevoir à Léonard, lequel lut à haute voix:

« J'ai donné à mon coiffeur Léonard l'ordre de vous obéir comme à moi-même. *Je lui renouvelle encore ici cet ordre.*

— Vous comprenez, n'est-ce pas? fit M. de Choiseul.

— Oh! Monsieur, dit Léonard, croyez bien qu'il suffisait de l'ordre verbal de Sa Majesté.

— N'importe, dit M. de Choiseul.

Et il brûla la lettre.

En ce moment, le domestique rentra et annonça que la voiture était prête.

— Venez, mon cher Léonard, dit le duc.

— Comment, que je vienne? et les diamants?

— Vous les emportez avec vous.

— Et où cela?

— Où je vous mène.

— Et où me menez-vous?

— A quelques lieues d'ici, où vous avez à remplir une mission toute particulière.

— Monsieur le duc, impossible.

— Comment, impossible! la reine ne vous a-t-elle pas dit de m'obéir comme à elle-même?

— C'est vrai; mais comment faire? J'ai laissé la clef à la porte de notre appartement; quand mon frère va rentrer, il ne trouvera plus ni sa redingote ni son chapeau; ne me voyant pas revenir, il ne saura pas où je suis. Et puis il y a madame de l'Aage, à qui j'ai promis de la coiffer, et qui m'attend; à preuve, monsieur le duc, que mon cabriolet et mon domestique sont dans la cour des Tuileries.

— Eh bien, mon cher Léonard, dit M. de Choiseul en riant, que voulez-vous? votre frère achètera un autre chapeau et une autre redingote; vous coifferez madame de l'Aage un autre jour, et votre domestique, ne vous voyant pas revenir, détellera votre cheval et le rentrera à l'écurie; mais le nôtre est attelé. Partons.

Et, sans faire davantage attention aux plaintes et aux lamentations de Léonard, M. le duc de Choiseul fit monter dans son cabriolet le coiffeur désespéré, et lança son cheval au grand trot vers la barrière de la Petite-Villette.

Le duc de Choiseul n'avait pas encore dépassé les dernières maisons de la Petite-Villette, qu'un groupe de cinq personnes qui revenaient du club des Jacobins déboucha de la rue Saint-Honoré, paraissant se diriger vers le Palais-Royal, et remarquant la profonde tranquillité de cette soirée.

Ces cinq personnes étaient : Camille Desmoulins, qui raconte lui-même le fait, Danton, Fréron, Chénier et Legendre.

Arrivé à la hauteur de la rue de l'Échelle, et jetant un coup d'œil sur les Tuileries :

— Ma foi, dit Camille Desmoulins, ne vous semble-t-il pas que Paris est plus tranquille ce soir, que Paris est comme abandonné? Pendant tout le chemin que nous venons de faire, nous n'avons rencontré qu'une seule patrouille.

— C'est, répondit Fréron, que les mesures sont prises pour laisser le chemin libre au roi.

— Comment, le chemin libre au roi? demanda Danton.

— Sans doute, dit Fréron, c'est cette nuit qu'il part.

— Allons donc, dit Legendre, quelle plaisanterie !

— C'est peut-être une plaisanterie, reprit Fréron, mais on m'en prévient dans une lettre.

— Tu as reçu une lettre qui te prévient de la fuite du roi? dit Camille Desmoulins, une lettre signée?

— Non, une lettre anonyme; au reste, je l'ai sur moi... La voici, lisez.

Les cinq patriotes s'approchèrent d'un remise qui stationnait à la hauteur de la rue Saint-Nicaise, et, à la lueur de la lanterne, ils lurent les lignes suivantes :

« Le citoyen Fréron est prévenu que c'est ce soir que M. Capet, l'Autrichienne et ses deux louveteaux quittent Paris, et vont rejoindre M. de Bouillé, le massacreur de Nancy, qui les attend à la frontière. »

— Tiens, *M. Capet*, dit Camille Desmoulins, le nom est bon ; j'appellerai désormais Louis XVI *M. Capet.*

— Et l'on n'aura qu'une chose à te reprocher, dit Chénier, c'est que Louis XVI est, non pas *Capet*, mais *Bourbon.*

— Bah ! qui sait cela? dit Camille Desmoulins. Deux ou trois pédants comme toi. N'est-ce pas, Legendre, que Capet est un bon nom?

— En attendant, observa Danton, si la lettre disait la vérité, et si c'était vraiment cette nuit que toute la séquelle royale dût décamper !

— Puisque nous sommes aux Tuileries, dit Camille, voyons-y.

Et les cinq patriotes s'amusèrent à faire le tour des Tuileries ; en revenant vers la rue Saint-Nicaise, ils aperçurent la Fayette et tout son état-major qui entraient aux Tuileries.

— Ma foi, dit Danton, voici Blondinet qui vient assister au coucher de la famille royale; notre service est fini, le sien commence. Bonsoir, Messieurs! qui vient avec moi du côté de la rue du Paon?

— Moi, dit Legendre.

Et le groupe se sépara en deux parties.

Danton et Legendre traversèrent le Carrousel, tandis que Chénier, Fréron et Camille Desmoulins disparaissaient à l'angle de la rue de Rohan et de la rue Saint-Honoré.

XXI

LE DÉPART

A onze heures du soir, en effet, au moment où mesdames de Tourzel et Brennier, après avoir déshabillé et couché Madame Royale et le dauphin, les réveillaient et les habillaient de leurs costumes de voyage, à la grande honte du dauphin, qui voulait mettre ses habits de garçon et refusait obstinément des vêtements de fille, le roi, la reine et Madame Élisabeth recevaient M. de la Fayette et MM. de Gouvion et Romeuf, ses aides de camp.

Cette visite était des plus inquiétantes, surtout après les soupçons qu'on avait sur madame de Rochereul.

La reine et Madame Élisabeth étaient allées dans la soirée faire une promenade au bois de Boulogne, et étaient rentrées à huit heures.

M. de la Fayette demanda à la reine si la promenade avait été bonne ; seulement il ajouta qu'elle avait tort de rentrer si tard, et qu'il était à craindre que les brouillards du soir ne lui fissent mal.

— Les brouillards du soir au mois de juin! dit la reine en riant; mais, en vérité, à moins que je n'en fasse faire exprès pour cacher notre fuite, je ne sais pas où j'en trouverais... Je dis pour cacher notre fuite, car je présume que le bruit court toujours que nous partons.

— Le fait est, Madame, dit la Fayette, qu'on parle plus que jamais de ce départ, et que j'ai même reçu avis qu'il avait lieu ce soir.

— Ah! dit la reine, je parie que c'est de M. de Gouvion que vous tenez cette belle nouvelle?

— Et pourquoi de moi, Madame? demanda le jeune officier en rougissant.

— Mais parce que je crois que vous avez des intelligences au château. Tenez, voici M. Romeuf qui n'en a point; eh bien, je suis sûre qu'il répondrait de nous.

— Et je n'aurais pas grand mérite, Madame, répondit le jeune aide de camp, puisque le roi a donné sa parole à l'Assemblée de ne pas quitter Paris.

Ce fut la reine qui rougit à son tour.

On parla d'autre chose.

A onze heures et demie, M. de la Fayette et ses deux aides de camp prirent congé du roi et de la reine.

Cependant, M. de Gouvion, mal rassuré, regagna sa chambre du château; il y trouva ses amis en sentinelle, et, au lieu de les relever de faction, il leur recommanda de redoubler de surveillance.

Quant à M. de la Fayette, il allait à l'Hôtel de Ville tranquilliser Bailly sur les intentions du roi, si toutefois Bailly pouvait avoir quelque crainte.

M. de la Fayette parti, le roi, la reine et Madame Élisabeth appelèrent leur domesticité, et se firent rendre les services de toilette qu'ils étaient accoutumés d'en recevoir; après quoi, à l'heure habituelle, ils congédièrent tout le monde.

La reine et Madame Élisabeth s'habillèrent mutuellement; leurs robes étaient d'une extrême simplicité; leurs chapeaux étaient à grands bords, et dérobaient entièrement leurs visages.

Quand elles furent habillées, le roi entra. Il était vêtu d'un habit gris, et portait une de ces petites perruques à boudins qu'on appelait perruques à la Rousseau; il portait, en outre, une culotte courte, des bas gris et des souliers à boucles.

Depuis huit jours, le valet de chambre Hue, revêtu d'un costume absolument pareil, sortait par la porte de M. de Villequier, qui était émigré depuis six mois, et gagnait la place du Carrousel et la rue Saint-Nicaise : cette précaution avait été prise pour que l'on s'habituât à voir un homme vêtu de cette façon passer tous les soirs, et que l'on ne fît pas attention au roi quand il passerait à son tour.

On alla tirer les trois courriers du boudoir de la reine, où ils avaient attendu que l'heure fût arrivée, et on les fit passer par le salon dans l'appartement de Madame Royale, où celle-ci se trouvait avec le dauphin.

Cette chambre, dans la prévision de la fuite, avait été prise, le 11 juin, sur l'appartement de M. de Villequier.

Le roi s'était fait remettre les clefs de cet appartement le 13.

Une fois chez M. de Villequier, il n'y avait plus grande difficulté à sortir du château. On savait l'appartement désert; on ignorait que le roi s'en fût fait remettre les clefs, et, dans les circonstances ordinaires, on ne le gardait pas.

En outre, les sentinelles des cours, dès que onze heures étaient sonnées, avaient l'habitude de voir sortir beaucoup de monde à la fois.

C'étaient les personnes de service qui ne couchaient point au château, et qui rentraient chez elles.

Là, on arrêta toutes les dispositions du voyage.

M. Isidore de Charny, qui avait relevé le chemin avec son frère, et qui connaissait tous les endroits difficiles ou dangereux, courrait devant; il préviendrait les postillons, afin que les relais ne subissent jamais de retard.

M. de Malden et M. de Valory, placés sur le siège, payeraient les postillons à trente sous de guides ; ordinairement on en donnait vingt-cinq : on augmenterait de cinq sous, vu la lourdeur de la voiture.

Quand les postillons auraient très bien marché, ils recevraient des pourboires plus considérables. Cependant les guides ne devaient jamais être payées plus de quarante sous ; le roi seul payait un écu.

M. le comte de Charny se tiendrait dans la voiture, prêt à parer à tous les accidents. Il serait très bien armé, ainsi que les trois courriers. Chacun d'eux devait trouver une paire de pistolets dans la voiture.

En payant trente sous de guides, et en allant très médiocrement, on avait calculé qu'on serait en treize heures à Châlons.

Toutes ces instructions avaient été arrêtées entre M. le comte de Charny et M. le duc de Choiseul.

Elles furent répétées plusieurs fois aux trois jeunes gens, afin que chacun se pénétrât bien de ses fonctions.

Le vicomte de Charny courait devant et commandait des chevaux.

MM. de Malden et de Valory, assis sur le siège de la voiture, les payaient.

Le comte de Charny, placé dans l'intérieur, passait sa tête par la portière, et, s'il y avait à parler, parlait.

Chacun promit de s'en tenir au programme. On souffla les bougies, et l'on s'avança à tâtons dans l'appartement de M. de Villequier.

Minuit sonnait comme on passait de la chambre de Madame Royale dans cet appartement. Le comte de Charny devait être à son poste depuis plus d'une heure.

A tâtons le roi trouva la porte.

Il allait mettre la clef dans la serrure, lorsque la reine l'arrêta.

— Chut! fit-elle.

On écouta.

On entendait des pas et des chuchotements dans le corridor.

Il se passait là quelque chose d'extraordinaire.

Madame de Tourzel, qui habitait le château, et dont la présence, à quelque heure que ce fût, dans le corridor, ne pouvait causer aucun étonnement, se chargea de tourner l'appartement, et de voir d'où venaient ces bruits de pas et ces chuchotements.

On attendit sans faire un mouvement, chacun retenant sa respiration.

Plus le silence était grand, plus il était facile de reconnaître que le corridor était occupé par plusieurs personnes.

Madame de Tourzel revint; elle avait reconnu M. de Gouvion et vu plusieurs uniformes.

Il était impossible de sortir par l'appartement de M. de Villequier, à moins que cet appartement n'eût une autre issue que celle qu'on avait choisie d'abord.

Seulement, on était sans lumière.

Une veilleuse brûlait dans la chambre de Madame Royale; Madame Élisabeth alla y allumer la bougie qu'on venait de souffler.

Puis, éclairée par cette bougie, la petite troupe des fugitifs se mit à chercher une issue.

Longtemps on crut la recherche inutile, et, dans cette recherche, on perdit plus d'un quart d'heure. Enfin on trouva un petit escalier qui conduisait à une chambre isolée à l'entresol. Cette chambre était celle du laquais de M. de Villequier, et donnait pour sa sortie sur un corridor et un escalier de service.

La porte en était fermée à la clef.

Le roi essaya à la serrure toutes les clefs du trousseau : aucune n'y allait.

Le vicomte de Charny tenta de repousser le pêne avec la pointe de son couteau de chasse; mais le pêne résista.

On avait une issue, et, cependant, on était tout aussi enfermé qu'auparavant.

Le roi prit la bougie des mains de madame Élisabeth et, laissant tout le monde dans l'obscurité, regagna sa chambre à coucher, et, par l'escalier secret, monta jusqu'à la forge. Là, il prit un trousseau de crochets de formes différentes, quelquefois bizarres et descendit.

Avant d'avoir rejoint le groupe qui l'attendait plein d'anxiété, il avait déjà fait son choix.

Le crochet choisi par le roi entra dans le trou de la serrure, grinça en tournant, mordit le pêne, le laissa échapper deux fois, mais, à la troisième, s'y accrocha si bien, qu'au bout de deux ou trois secondes, ce fut au pêne de céder.

Le pêne recula, la porte s'ouvrit; la respiration suspendue revint à tout le monde.

Louis XVI se retourna vers la reine d'un air triomphant,

— Hein! Madame? dit-il.

— Oui, Monsieur, fit la reine en riant, c'est vrai, et je ne dis pas qu'il soit mauvais d'être serrurier; je dis seulement qu'il est bon aussi parfois d'être roi.

Maintenant, il s'agissait de régler l'ordre de la sortie.

Madame Élisabeth sortit la première conduisant Madame Royale.

A vingt pas, elle devait être suivie de madame de Tourzel conduisant le dauphin.

Entre elles deux marchait M. de Malden, prêt à porter secours à l'un ou à l'autre groupe.

Ces premiers grains détachés du chapelet royal, ces pauvres enfants dont l'amour regardait, en arrière, cherchant cet autre amour qui les suivait des yeux, descendirent tremblants et sur la pointe des pieds, entrèrent dans le cercle de lumière formé par le réverbère qui éclairait la porte du palais donnant sur la cour, et passèrent devant la sentinelle, sans que la sentinelle parût s'occuper d'eux.

— Bon! dit Madame Élisabeth, voici déjà un mauvais pas franchi.

En arrivant au guichet qui donnait sur le

Carrousel, on trouva la sentinelle croisant dans sa marche la marche des fugitifs.

En les voyant venir, elle s'arrêta.

— Ma tante, dit Madame Royale, en serrant la main de Madame Élisabeth, nous sommes perdues, cet homme nous reconnaît.

— N'importe, mon enfant, dit Madame Élisabeth, nous sommes bien autrement perdues encore si nous reculons.

Et elles continuèrent leur chemin.

Quand elles ne furent plus qu'à quatre pas de la sentinelle, la sentinelle tourna le dos, et elles purent passer.

Cet homme les avait-il reconnues en effet? savait-il quelles illustres fugitives il laissait passer? Les princesses en demeurèrent convaincues, et envoyèrent, en fuyant, mille bénédictions à ce sauveur inconnu.

De l'autre côté du guichet, elles aperçurent le visage inquiet de Charny.

Le comte était enveloppé dans un grand carrick bleu, et avait la tête couverte d'un chapeau rond en toile cirée.

— Ah! mon Dieu, murmura-t-il, vous voici donc enfin! Et le roi? et la reine?

— Ils nous suivent, répondit madame Élisabeth.

— Venez, dit Charny.

Et il conduisit rapidement les fugitifs au remise qui stationnait rue Saint-Nicaise.

Un fiacre était venu se ranger côte à côte du remise comme pour l'espionner.

— Eh bien, camarade, dit le cocher du fiacre en voyant la recrue faite par le comte de Charny, il paraît que tu es chargé?

— Comme tu vois, camarade, répondit Charny.

Puis, tout bas au garde du corps :

— Monsieur, dit-il, prenez ce fiacre, et allez droit à la porte Saint-Martin; vous n'aurez pas de peine à reconnaître la voiture qui nous attend.

M. de Malden comprit, sauta dans le fiacre.

— Et toi aussi, tu es chargé. A l'Opéra, vite!

L'Opéra était, alors, à la porte Saint-Martin.

Le cocher crut avoir affaire à un coureur allant rejoindre son maître au spectacle, et partit sans autre observation que ces mots qui indiquaient sur le prix de la course une réserve pécuniaire :

— Vous savez qu'il est minuit, notre maître?

— Oui, va bien, et sois tranquille.

Comme, à cette époque, les laquais étaient parfois plus généreux que leurs maîtres, le cocher partit au grand trot et sans observation aucune.

A peine avait-il tourné le coin de la rue de Rohan, que, par le même guichet qui avait donné passage à madame Royale, à madame Élisabeth, à madame de Tourzel et au dauphin, on vit venir, d'un pas ordinaire, et comme un expéditionnaire qui sort de son bureau après une longue et laborieuse journée, un bonhomme en habit gris, la corne de son chapeau sur le nez, et les mains dans ses poches.

C'était le roi.

Il était suivi de M. de Valory.

Pendant le trajet, une des boucles de ses souliers s'était détachée; il avait continué son chemin sans vouloir y faire attention; M. de Valory l'avait ramassée.

Charny fit quelques pas au-devant de lui; il avait reconnu le roi, non pas à lui-même, mais à M. de Valory qui le suivait.

Il était de ceux qui veulent toujours voir un roi dans le roi.

Il poussa un soupir de douleur, presque de honte.

— Venez, Sire, venez, murmura-t-il.

Puis, tout bas à M. de Valory :

— Et la reine?

— La reine nous suit avec monsieur votre frère.

— Bien; prenez le chemin le plus court, et allez nous attendre à la porte Saint-Martin; moi, je prendrai le plus long, le rendez-vous est autour de la voiture.

M. de Valory s'élança dans la rue Saint-Nicaise, gagna la rue Saint-Honoré, puis la rue de Richelieu, puis la place des Victoires, puis la rue Bourbon-Villeneuve.

On attendit la reine.

Une demi-heure se passa.

Nous n'essayerons pas de peindre l'anxiété des fugitifs. Charny, sur qui pesait toute la responsabilité, était comme un fou.

Il voulait rentrer au château, s'enquérir, s'informer; le roi le retint.

Le petit dauphin pleurait en appelant: « Maman, maman! »

Madame Royale, madame Élisabeth et madame de Tourzel n'arrivaient pas à le consoler.

La terreur redoubla lorsqu'on vit revenir, accompagnée de flambeaux, la voiture du général La Fayette. Elle rentrait au Carrousel.

Voici ce qui était arrivé.

A la porte de la cour, le vicomte de Charny, qui donnait le bras à la reine, voulut tourner à gauche.

Mais la reine l'arrêta.

— Où donc allez-vous? dit-elle.

Le dauphin se mit à courir après des papillons. (Page 351.)

— Au coin de la rue Saint-Nicaise, où nous attend mon frère, répondit Isidore.
— La rue Saint-Nicaise est-elle au bord de l'eau? demanda la reine.
— Non, Madame.
— Eh bien, c'est au guichet du bord de l'eau que votre frère nous attend.

Isidore voulut insister; la reine paraissait si sûre de ce qu'elle disait, que le doute entra dans son esprit.

— Mon Dieu! Madame, dit-il, prenons bien garde, toute erreur nous serait mortelle.
— Au bord de l'eau, répéta la reine, j'ai bien entendu au bord de l'eau.
— Allons donc au bord de l'eau, Madame; mais, si nous n'y trouvons pas la voiture, nous reviendrons à l'instant même rue Saint-Nicaise, n'est-ce pas?
— Oui, mais allons.

Et la reine entraîna son cavalier à travers les trois cours, séparées, à cette époque, par une épaisse muraille, et qui ne communiquaient l'une avec l'autre qu'au moyen d'une étroite ouverture attenante au palais, ouverture barrée par une chaîne, gardée par une sentinelle.

La reine et Isidore franchirent l'un après l'autre ces trois ouvertures, et enjambèrent ces trois chaînes.

Pas une sentinelle n'eut l'idée de les arrêter.

Le moyen de croire, en effet, que cette jeune femme en habit de suivante de bonne maison, donnant le bras à un beau garçon à la livrée du prince de Condé, ou à peu près, enjambant si légèrement les lourdes chaînes, fût la reine de France?

On arriva au bord de l'eau.

Le quai était désert.

— Alors, c'est de l'autre côté, dit la reine.

Isidore voulait revenir.

Mais, elle, comme prise d'un vertige :

— Non, non, dit-elle, c'est par ici.

Et elle entraîna Isidore vers le pont Royal.

Le pont traversé, on trouva le quai de la rive gauche tout à fait aussi désert que celui de la rive droite.

— Voyons dans cette rue, dit la reine.

Et elle força Isidore à faire une pointe dans la rue du Bac.

Au bout de cent pas, cependant, elle reconnut qu'elle devait se tromper, et s'arrêta haletante.

Les forces étaient près de lui manquer.

— Eh bien, Madame, dit Isidore, insistez-vous encore?

— Non, dit la reine; maintenant, cela vous regarde, conduisez-moi où vous voudrez.

— Madame, au nom du ciel, du courage! dit Isidore.

— Oh! dit la reine, ce n'est point le courage, c'est la force qui me manque.

Puis, se renversant en arrière :

— Il me semble que je ne pourrai jamais retrouver mon haleine, dit-elle. Mon Dieu, mon Dieu!

Isidore savait que cette haleine qui manquait à la reine lui était aussi nécessaire à cette heure qu'elle l'est à la biche poursuivie par des chiens.

Il s'arrêta.

— Respirez, Madame, dit-il; nous avons le temps. Je vous réponds de mon frère; il attendra, s'il le faut, jusqu'au jour.

— Vous croyez donc qu'il m'aime? s'écria aussi imprudemment que vivement Marie-Antoinette, en serrant le bras du jeune homme contre sa poitrine.

— Je crois que sa vie comme la mienne est à vous, Madame, et que le sentiment qui est chez nous de l'amour et du respect est chez lui de l'adoration.

— Merci, dit la reine, vous me faites du bien, je respire! Allons...

Et, avec cette même fébrilité, elle reprit sa marche, repassant par le chemin qu'elle avait déjà pris, refaisant la route qu'elle avait déjà faite.

Seulement, au lieu de rentrer dans les Tuileries, Isidore lui fit prendre le guichet du Carrousel.

On traversa l'immense place, jusqu'à minuit couverte, d'habitude, de petites boutiques ambulantes et de fiacres en station.

Elle était à peu près déserte, presque sombre.

Cependant on entendait comme un grand bruit de roues de voitures et de pas de chevaux.

On était arrivé au guichet de la rue de l'Échelle. Il était évident que ces chevaux dont on entendait le pas, que cette voiture dont on entendait le bruit, allaient passer par ce guichet.

On apercevait déjà une lueur; sans doute celle des torches qui accompagnaient cette voiture.

Isidore voulut se rejeter en arrière; la reine l'entraîna en avant.

Isidore se précipita sous le guichet pour la protéger, au moment juste où la tête des chevaux des porteurs de torches apparaissait à l'entrée opposée.

Il la poussa dans l'enfoncement le plus sombre, et se plaça devant elle.

Mais l'enfoncement le plus sombre fut à l'instant même inondé par la lumière des porteurs de torches.

Au milieu d'eux, à demi couché dans sa voiture, revêtu de son élégant uniforme de général de la garde nationale, on apercevait le général la Fayette.

Au moment où cette voiture passait, Isidore sentit qu'un bras fort de volonté, sinon de puissance réelle, l'écartait vivement.

Ce bras, c'était le bras gauche de la reine.

De la main droite, elle tenait une petite baguette de bambou à pomme d'or, comme en portaient les femmes à cette époque-là.

Elle en frappa les roues de la voiture en disant :

— Va, geôlier, je suis hors de ta prison!

— Que faites-vous, Madame, dit Isidore, et à quoi vous exposez-vous?

— Je me venge, répondit la reine; on peut bien risquer quelque chose pour cela.

Et, derrière le dernier porte-torche, elle s'élança radieuse comme une déesse, joyeuse comme un enfant.

XXII

UNE QUESTION D'ÉTIQUETTE

La reine n'avait pas fait dix pas hors du guichet, qu'un homme enveloppé d'un carrick bleu, et le visage caché sous un chapeau de toile cirée, lui saisissait convulsivement le bras, et l'entraînait vers un remise stationnant au coin de la rue Saint-Nicaise.

Cet homme, c'était le comte de Charny.

Ce remise, c'était celui où, depuis plus d'une demi-heure, attendait toute la famille royale.

On croyait voir arriver la reine consternée, abattue, mourante ; elle arrivait riante et joyeuse ; les dangers courus, la fatigue essuyée, l'erreur commise, le temps perdu, la conséquence que ce retard pouvait avoir, — le coup de badine qu'elle venait de donner à la voiture de la Fayette, et qu'elle semblait avoir donné à lui-même, lui avait fait oublier tout cela.

A dix pas du remise, un domestique tenait un cheval en main.

Charny ne fit qu'indiquer du doigt le cheval à Isidore, Isidore se lança dessus et partit au galop.

Il allait d'avance à Bondy, afin d'y commander les chevaux.

La reine, le voyant partir, lui jeta quelques paroles de remerciement qu'il n'entendit pas.

— Allons, Madame, allons, dit Charny avec cette volonté mêlée de respect que les hommes véritablement forts savent si bien prendre dans les grandes occasions, il n'y a pas une seconde à perdre.

La reine entra dans le remise, où étaient déjà le roi, Madame Élisabeth, Madame Royale, le dauphin et Madame de Tourzel, c'est-à-dire cinq personnes ; elle s'assit au fond, prit le dauphin sur ses genoux ; le roi s'assit près d'elle ; Madame Élisabeth, Madame Royale et Madame de Tourzel s'assirent sur le devant.

Charny referma la portière, monta sur le siège, et, pour dérouter les espions, s'il en existait, il fit tourner les chevaux, remonta la rue Saint-Honoré, prit les boulevards à la Madeleine, et les suivit jusqu'à la porte Saint-Martin.

La voiture était là, attendant sur un chemin extérieur conduisant à ce que l'on appelait la voirie.

Ce chemin était désert.

Le comte de Charny sauta à bas de son siège, et ouvrit la portière du remise.

Celle de la grande voiture qui devait servir au voyage était déjà ouverte. M. de Malden et M. de Valory se tenaient aux deux côtés du marchepied.

En un instant, les six personnes qui occupaient le carrosse de remise furent sur le chemin.

Alors, le comte de Charny conduisit ce carrosse sur le bas côté de la route, et le versa dans un fossé.

Puis il revint à la grande voiture.

Le roi monta le premier, puis la reine, puis Madame Élisabeth ; après Madame Élisabeth, les deux enfants ; après les deux enfants, madame de Tourzel.

M. de Malden monta derrière la voiture, M. de Valory s'établit près de Charny, sur le siège.

La voiture était attelée de quatre chevaux ; un clappement de langue les fit partir au trot ; le conducteur les menait à grandes guides.

Le quart après une heure sonnait à l'église Saint-Laurent. On mit une heure pour aller à Bondy.

Les chevaux, tout harnachés et prêts à être mis à la voiture, attendaient hors de l'écurie.

Isidore attendait près des chevaux.

De l'autre côté de la route, stationnait aussi un cabriolet de louage tout attelé de chevaux de poste.

Dans ce cabriolet étaient deux femmes de chambre appartenant au service du dauphin et de Madame Royale.

Elles avaient cru trouver une voiture à louer à Bondy, et, n'en ayant pas trouvé, elles s'étaient arrangées avec le maître du cabriolet, lequel leur avait vendu sa voiture mille francs.

Celui-ci, content du marché, et voulant voir sans doute ce que devenaient les personnes qui avaient eu la bêtise de lui donner mille francs d'un pareil bahut, attendait en buvant à l'hôtel même de la poste.

Il vit arriver la voiture du roi conduite par Charny ; Charny descendit du siège, et s'approcha de la portière.

Sous son manteau de cocher, il avait son habit d'uniforme ; dans le coffre du siège était son chapeau.

Il était convenu entre le roi, la reine et Charny, qu'à Bondy, Charny prendrait dans l'intérieur la place de madame de Tourzel, qui, alors, reviendrait seule à Paris.

Mais on avait, pour ce changement, oublié de consulter madame de Tourzel.

Le roi lui soumit la question.

Madame de Tourzel, outre son profond dévouement pour la famille royale, était, sur la question d'étiquette, le pendant de la vieille madame de Noailles.

— Sire, répondit-elle, ma charge est de veiller sur les enfants de France, et de ne pas les quitter d'un instant ; à moins d'un ordre exprès de Votre Majesté, ordre qui n'aurait point de précédent ; je ne les quitterai donc pas.

La reine frémit d'impatience. Une double raison lui faisait désirer d'avoir Charny dans la voiture ; reine, elle y voyait sa sûreté ; femme, elle y trouvait sa joie.

— Chère madame de Tourzel, dit la reine, nous vous sommes aussi reconnaissants que possible ; mais vous êtes souffrante, vous veniez par une exagération de dévouement ; restez à Bondy, et, partout où nous serons, venez nous rejoindre.

— Madame, répondit madame de Tourzel, que le roi ordonne, je suis prête à descendre et à demeurer, s'il le faut, sur la grande route ; mais un ordre du roi seul peut me faire, non seulement manquer à mon devoir, mais encore renoncer à mon droit.

— Sire, dit la reine, Sire !

Mais Louis XVI n'osait se prononcer dans cette grave question ; il cherchait un biais, une porte de sortie, une échappatoire.

— Monsieur de Charny, dit-il, ne pouvez-vous donc rester sur le siége ?

— Je puis tout ce que voudra le roi, dit M. de Charny ; seulement, j'y dois rester ou avec mon uniforme d'officier, — et, avec cet uniforme d'officier, on me voit depuis quatre mois sur la route, et chacun me reconnaîtra, — ou avec mon carrick et mon chapeau de cocher de remise, — et le costume est un peu modeste pour une voiture si élégante.

— Entrez dans la voiture, monsieur de Charny, entrez, dit la reine ; je prendrai le dauphin sur mes genoux, Madame Élisabeth prendra Marie-Thérèse sur les siens, et cela ira à merveille... Nous serons un peu serrés, voilà tout.

Charny attendit la décision du roi.

— Impossible, ma chère, dit le roi ; songez que nous avons quatre-vingt-dix lieues à faire.

Madame de Tourzel se tenait debout, prête à obéir à l'ordre du roi, si le roi lui ordonnait de descendre ; mais le roi n'osait le faire, tant sont grands, chez les gens de cour, même les plus petits préjugés.

— Monsieur de Charny, dit le roi au comte, ne pouvez-vous prendre la place de monsieur votre frère, et courir devant nous pour commander les chevaux ?

— J'ai déjà dit au roi que j'étais prêt à tout : seulement, je ferai observer au roi que, d'habitude, les chevaux sont commandés par un courrier, et non par un capitaine de vaisseau ; ce changement, qui étonnera les maîtres de poste, pourrait amener de graves inconvénients.

— C'est juste, dit le roi.

— Oh ! mon Dieu, mon Dieu ! murmura la reine au comble de l'impatience.

Puis, se tournant vers Charny :

— Arrangez-vous comme vous voudrez, monsieur le comte, dit la reine ; mais je ne veux pas que vous nous quittiez.

— C'est aussi mon désir, Madame, dit Charny, et je ne vois qu'un moyen pour cela.

— Lequel ? Dites vite, fit la reine.

— C'est qu'au lieu d'entrer dans la voiture, au lieu de monter sur le siége, au lieu de courir devant, je la suive en simple costume d'homme qui court la poste ; partez, Madame, et, avant que vous ayez fait dix lieues, je serai à cinq cents pas de votre voiture.

— Alors, vous retournez à Paris ?

— Sans doute, Madame ; mais, jusqu'à Châlons, Votre Majesté n'a rien à craindre, et, avant Châlons, je l'aurai rejointe.

— Mais comment allez-vous retourner à Paris ?

— Sur le cheval avec lequel est venu mon frère, Madame, c'est un excellent coureur, il a eu le temps de souffler, et, en moins d'une demi-heure, je serai à Paris.

— Alors ?

— Alors, Madame, je mettrai un costume convenable, je prendrai un cheval à la poste, et je courrai à franc étrier jusqu'à ce que je vous aie rejointe.

— N'y a-t-il point d'autre moyen ? dit Marie-Antoinette au désespoir.

— Dame ! fit le roi, je n'en vois point.

— Alors, dit Charny, ne perdons pas de temps. Allons, Jean et François, à votre poste ! En avant, Melchior ! Postillons, vos chevaux !

Madame de Tourzel triomphante se rassit, et la voiture partit au galop, suivie par le cabriolet.

L'importance de la discussion avait fait oublier de distribuer au vicomte de Charny, à M. de Valory et à M. de Malden, les pistolets tout chargés qui étaient dans la caisse de la voiture.

Que se passait-il à Paris, vers lequel le comte de Charny revenait à franc étrier ?

Un perruquier, nommé Busseby, demeurant rue de Bourbon, avait, dans la soirée, été visiter aux Tuileries un de ses amis qui y montait la garde : cet ami avait fort entendu parler par ses officiers de la fuite qui devait avoir lieu la nuit même ; ce que ceux-ci assuraient ; il en parla donc au perruquier, qui ne sut plus chasser de sa pensée cette idée que ce projet était réel, et que cette fuite royale, dont on parlait depuis si longtemps, s'exécuterait pendant la nuit.

Rentré chez lui, il avait raconté à sa femme ce qu'il venait d'apprendre aux Tuileries, mais celle-ci avait traité la chose de rêve ; ce doute de la perruquière avait influé sur le mari, lequel avait fini par se déshabiller et se coucher sans donner une autre suite à ses soupçons.

Mais, une fois couché, il avait été repris par sa première préoccupation ; et, dès lors, elle était devenue si forte, qu'il n'avait pas eu le courage d'y résister : il s'était jeté à bas de son lit, s'était rhabillé, et avait couru chez un de ses amis nommé Hucher, lequel était à la fois boulanger et sapeur du bataillon des Théatins.

Là, il avait rapporté tout ce qu'on lui avait dit aux Tuileries, et avait d'une façon si vive communiqué ses craintes au boulanger à l'endroit de la fuite de la famille royale, que celui-ci, non seulement les avait partagées, mais encore, plus ardent que celui-là même de qui il les tenait, avait sauté à bas de son lit, et, sans perdre de temps de passer d'autre vêtement qu'un caleçon, était sorti dans la rue, et, frappant aux portes, avait réveillé une trentaine de ses voisins.

Il était, alors, environ minuit un quart, et c'était quelques minutes après que la reine avait rencontré M. de la Fayette sous le guichet des Tuileries.

Les citoyens réveillés par le perruquier Buseby et le boulanger Hucher décidèrent que l'on se rendrait en uniforme de la garde nationale chez M. le général la Fayette, et qu'on le préviendrait de ce qui se passait.

Aussitôt prise, la résolution fut exécutée. M. de la Fayette demeurait rue Saint-Honoré, hôtel de Noailles, près des Feuillants. Les patriotes se mirent en route, et arrivèrent chez lui vers minuit et demi.

Le général, après avoir assisté au coucher du roi, après avoir été prévenir son ami Bailly que le roi était couché, après avoir fait une visite à M. Emmery, membre de l'Assemblée nationale, le général venait de rentrer chez lui, et s'apprêtait à se déshabiller.

En ce moment, on frappa à l'hôtel de Noailles. M. de la Fayette envoya son valet de chambre aux informations.

Celui-ci rentra bientôt, disant que c'étaient vingt-cinq ou trente citoyens, qui voulaient parler à l'instant même au général, pour affaire de la plus haute importance.

Dès cette époque, le général la Fayette avait l'habitude des réceptions à quelque heure que ce fût.

D'ailleurs, comme, au bout du compte, une affaire pour laquelle se dérangeaient vingt-cinq ou trente citoyens pouvait et même devait être une affaire importante, il ordonna que ceux qui désiraient lui parler fussent introduits.

Le général n'eut qu'à repasser son habit, qu'il venait d'ôter, et il se trouva en costume de réception.

Alors les sieurs Buseby et Hucher, en leur nom et au nom de leurs compagnons, lui exposèrent leurs craintes : le sieur Buseby les appuyant sur ce qu'il avait entendu dire aux Tuileries ; les autres, sur ce qu'ils entendaient dire journellement de tout côté.

Mais de toutes ces craintes le général ne fit que rire, et, comme il était bon prince et fort causeur, il leur raconta d'où venaient tous ces bruits, comment ils avaient été répandus par madame de Rochereul et M. de Gouvion ; comment lui, pour s'assurer de leur fausseté, avait vu se coucher le roi comme eux pourraient le voir se coucher, lui, la Fayette, s'ils restaient quelques minutes encore ; enfin, toute cette causerie ne paraissant point suffisante pour les rassurer, M. de la Fayette leur dit qu'il répondrait du roi et de la famille royale sur sa tête.

Il était impossible, après cela, de manifester un doute ; ils se contentèrent donc de demander à M. de la Fayette le mot d'ordre, afin qu'on n'inquiétât point leur retour, M. de la Fayette ne fit pas de difficulté à leur faire ce plaisir, et leur donna le mot d'ordre.

Cependant, munis du mot d'ordre, ils résolurent de visiter la salle du Manège, pour savoir s'il n'y avait rien de nouveau de ce côté-là, et les cours du château, pour voir s'il ne s'y passait rien d'extraordinaire.

Ils revenaient le long de la rue Saint-Honoré, et allaient s'engager dans la rue de l'Échelle, lorsqu'un cavalier lancé au galop vint donner au milieu d'eux. Comme en une pareille nuit tout était événement, ils croisèrent leurs fusils, criant au cavalier d'arrêter.

Le cavalier s'arrêta.

— Que voulez-vous ? demanda-t-il.

— Nous voulons savoir où vous allez, dirent les gardes nationaux.

— Je vais aux Tuileries.

— Qu'allez-vous faire aux Tuileries ?

— Rendre compte au roi d'une mission dont il m'a chargé.

— A cette heure-ci ?

— Sans doute, à cette heure-ci ?

Un des plus malins fit signe aux autres de le laisser faire.

— Mais, à cette heure-ci, répéta-t-il, le roi est couché.

— Oui, répondit le cavalier, mais on le réveillera.

— Si vous avez affaire au roi, reprit le même homme, vous devez avoir le mot d'ordre.

— Ce ne serait pas une raison, observa le cavalier, attendu que je pourrais arriver de la frontière, au lieu d'arriver tout simplement de trois lieues d'ici, et être parti il y a un mois, au lieu d'être parti il y a deux heures.

— C'est juste, dirent les gardes nationaux.

— Alors, vous avez vu le roi, il y a deux heures? continua l'interrogateur.

— Oui.

— Vous lui avez parlé?

— Oui.

— Qu'allait-il faire, il y a deux heures?

— Il n'attendait que la sortie du général la Fayette pour se coucher.

— De sorte que vous avez le mot d'ordre?

— Sans doute : le général sachant que je devais rentrer aux Tuileries, vers une heure ou deux heures du matin, me l'avait donné, afin que je n'éprouvasse point de retard.

— Et ce mot d'ordre?

— Paris et Poitiers.

— Allons, dirent les gardes nationaux, c'est bien cela. Bon retour, camarade, et dites au roi que vous nous avez trouvés veillant à la porte du château, de peur qu'il ne se sauve.

Et ils s'écartèrent devant le cavalier.

— Je n'y manquerai pas, répondit celui-ci.

Et, piquant son cheval des deux, il s'élança sous le guichet des Tuileries, où il disparut.

— Si nous attendions qu'il sortît des Tuileries, pour savoir s'il a vu le roi? dit un des gardes nationaux.

— Mais, s'il loge aux Tuileries, dit un autre, nous attendrons donc jusqu'à demain?

— C'est juste, dit le premier, et, ma foi, puisque le roi est couché, puisque M. de la Fayette se couche, allons nous coucher à notre tour, et vive la nation!

Les vingt-cinq ou trente patriotes répétèrent en chœur le cri de « Vive la nation! » et allèrent se coucher, heureux et fiers d'avoir appris de la bouche même de la Fayette qu'il n'y avait point à craindre que le roi quittât Paris.

XXIII

LA ROUTE

Nous avons vu partir, au grand trot de quatre vigoureux chevaux de poste, la voiture qui emmenait le roi et sa famille; suivons-la sur la route dans tous les détails du voyage, comme nous les avons suivis dans tous les détails de leur fuite. L'événement est si grand et a exercé une influence si fatale sur leur destinée, que le moindre accident de cette route nous semble digne de curiosité ou d'intérêt.

Le jour vint vers trois heures du matin; la voiture relayait à Meaux. Le roi eut faim, et l'on commença d'entamer les provisions. Ces provisions étaient un morceau de veau froid qu'avait fait placer, avec du pain et quatre bouteilles de vin de Champagne non mousseux, le comte de Charny, dans la cantine de la voiture.

Comme on n'avait ni couteaux ni fourchettes, le roi appela Jean.

Jean, on se le rappelle, était le nom de voyage de M. de Malden.

M. de Malden s'approcha.

— Jean, dit le roi, prêtez-nous votre couteau de chasse, que je puisse découper ce veau.

Jean tira son couteau de chasse du fourreau et le présenta au roi.

Pendant ce temps, la reine se penchait hors de la voiture, et regardait en arrière, sans doute pour voir si Charny ne venait pas.

— Voulez-vous prendre quelque chose, monsieur de Malden? dit à demi-voix le roi.

— Non, Sire, répondit M. de Malden aussi à basse voix; je n'ai encore besoin de rien.

— Que ni vous ni vos compagnons ne se gênent, dit le roi.

Puis, se tournant vers la reine, qui regardait toujours par la portière :

— A quoi pensez-vous donc, Madame? dit-il.

— Moi? répondit la reine en essayant de sourire. Je pense à M. de La Fayette; probablement qu'à cette heure-ci, il n'est pas à son aise.

Puis, à M. de Valory, qui à son tour s'approchait de la portière :

— François, dit-elle, il me semble que tout va bien, et que nous serions déjà arrêtés, si nous eussions dû l'être. On ne se sera point aperçu de notre départ.

— C'est plus que probable, Madame, répondit M. de Valory; car je ne remarque nulle part ni mouvement ni suspicions. Allons, allons, courage, Madame, tout va bien.

— En route! cria le postillon.

MM. de Malden et de Valory remontèrent sur leur siège, et la voiture continua son chemin.

Vers huit heures du matin, on arriva au bas d'une longue montée. Il y avait, à droite et à gauche de cette montée, un joli bois où les oiseaux chantaient, et que les premiers rayons du soleil d'un des plus beaux jours de juin perçaient comme des flèches d'or.

Le postillon mit ses chevaux au pas.

Les deux gardes sautèrent à bas du siège.

— Jean, dit le roi, faites arrêter la voiture, et ouvrez-nous la portière : je voudrais marcher, et je crois que les enfants et la reine ne seront pas fâchés non plus de cette petite traite à pied.

M. de Malden fit un signe : le postillon arrêta ; la portière s'ouvrit : le roi, la reine, Madame Élisabeth et les deux enfants descendirent ; madame de Tourzel seule resta, étant trop souffrante pour descendre.

A l'instant même, toute la petite colonie royale se répandit par le chemin ; le dauphin se mit à courir après les papillons et Madame Royale à cueillir des fleurs.

Madame Élisabeth prit le bras du roi ; la reine marcha seule.

A voir cette famille éparpillée ainsi sur le chemin ; ces beaux enfants jouant et courant ; cette sœur appuyée au bras de son frère, et lui souriant ; cette belle femme pensive et regardant en arrière ; tout cela éclairé par un beau et matinal soleil de juin, projetant l'ombre transparente de la forêt jusqu'au milieu de la route, on eût dit une joyeuse famille regagnant son château pour y reprendre le cours de sa vie paisible et régulière et non une reine et un roi de France fuyant un trône vers lequel on ne devait les ramener que pour les conduire jusqu'à l'échafaud !

Il est vrai qu'un accident devait bientôt apporter dans ce calme et serein tableau le trouble des différentes passions dormant au fond des cœurs des divers personnages de cette histoire.

Tout à coup la reine s'arrêta, comme si ses pieds eussent pris racine dans la terre.

Un cavalier apparaissait à un quart de lieue à peu près, enveloppé dans le nuage de poussière que soulevait le galop de son cheval.

Marie-Antoinette n'osa pas dire : « C'est le comte de Charny. »

Mais un cri s'échappa de sa poitrine.

— Ah ! des nouvelles de Paris, dit-elle.

Tout le monde se retourna, excepté le dauphin ; l'insoucieux enfant venait d'attraper le papillon après lequel il courait, peu lui importaient les nouvelles de Paris.

Le roi, un peu myope, tira une petite lorgnette de sa poche.

— Eh ! dit-il, c'est, je crois, M. de Charny.

— Oui, Sire, dit la reine, c'est lui.

— Continuons, continuons de monter, dit le roi ; il nous rejoindra toujours et nous n'avons pas de temps à perdre.

La reine n'osa point dire que, sans doute, les nouvelles qu'apportait M. de Charny valaient la peine d'être attendues.

Au reste, c'était un retard de quelques secondes seulement : le cavalier arrivait de toute la vitesse de son cheval.

Lui-même, de son côté, et à mesure qu'il approchait, regardait avec une grande attention, et paraissait ne pas comprendre pourquoi la gigantesque voiture avait répandu ses voyageurs sur le grand chemin.

Enfin, il les rejoignit au moment où la voiture atteignait le sommet de la montée, et faisait halte à ce sommet.

C'était bien M. de Charny, comme l'avait deviné le cœur de la reine et les yeux du roi.

Il était vêtu d'une petite redingote verte à collet flottant, d'un chapeau à large ganse et à boucle d'acier, d'un gilet blanc, d'une culotte de peau collante et de grandes bottes militaires montant jusqu'au-dessus du genou.

Son teint, ordinairement d'un blanc mat, était animé par la course, et les étincelles de la flamme qui rougissait son visage jaillissaient de ses prunelles.

Il y avait quelque chose d'un vainqueur dans son souffle puissant et dans sa narine dilatée.

Jamais la reine ne l'avait vu si beau.

Elle poussa un profond soupir.

Lui, sauta à bas de son cheval, et s'inclina devant le roi.

Puis, se retournant, il salua la reine.

Tout le monde se groupa autour de lui, excepté les deux gardes, qui demeurèrent éloignés par discrétion.

— Approchez, Messieurs, approchez, dit le roi : les nouvelles que nous apporte M. de Charny regardent tout le monde.

— D'abord, Sire, tout va bien, dit Charny, et à deux heures du matin encore, nul ne soupçonnait votre fuite.

Chacun respira.

Puis les questions se multiplièrent.

Charny raconta comment il était rentré à Paris : comment il avait rencontré, rue de l'Échelle, la patrouille des patriotes ; comment il avait été interrogé par elle, et comment il l'avait laissée convaincue que le roi était couché et dormait.

Puis il dit comment, une fois dans l'intérieur des Tuileries, calmes comme aux jours ordinaires, il était monté à sa chambre, avait changé de costume, était redescendu par les corridors du roi, et s'était ainsi assuré que nul ne se doutait de la fuite de la famille royale, pas même M. de Gouvion, qui, voyant que cette ligne de sentinelles qu'il avait établie autour de l'appartement du roi ne servait à rien, l'avait brisée, et avait renvoyé chez eux officiers et chefs de bataillon.

Alors, M. de Charny avait repris son cheval qu'il avait fait tenir dans la cour par un domestique de veille, et, pensant qu'il aurait grand'peine à se faire donner, à pareille heure, un bidet à la poste de Paris, il était reparti pour Bondy sur le même cheval.

Ce malheureux cheval était arrivé à peu près fourbu ; mais il était arrivé, c'était ce qu'il fallait.

Là, le comte avait pris un cheval frais, et avait continué son chemin.

Du reste, rien d'inquiétant sur la route parcourue.

La reine trouva moyen de tendre la main à Charny : de si bonnes nouvelles apportées valaient bien une pareille faveur.

Charny baisa respectueusement la main de la reine.

Pourquoi la reine pâlit-elle ?

Était-ce de joie, si Charny lui avait serré la main ?

Était-ce de douleur, s'il ne lui avait pas serrée ?

On remonta en voiture. La voiture partit. Charny galopa à la portière.

A la prochaine poste, on trouva les chevaux préparés, moins le cheval de selle de Charny.

Isidore n'avait pu commander ce cheval de selle, ne sachant pas que son frère en eût besoin.

Il y eut donc un retard pour ce cheval : la voiture repartit. Cinq minutes après, Charny était en selle.

D'ailleurs, il était convenu qu'il suivrait la voiture, et non qu'il l'escorterait.

Seulement, il la suivait d'assez près pour que la reine, en passant sa tête par la portière, l'aperçût, et pour qu'à chaque relais il arrivât de manière à avoir le temps d'échanger quelques paroles avec les illustres voyageurs.

Charny venait de relayer à Montmirail ; il croyait que la voiture avait un quart d'heure d'avance sur lui, quand tout à coup, au détour d'une rue, son cheval donne du nez contre la voiture arrêtée et contre les deux gardes, qui essayent de raccommoder un trait.

Le comte saute à bas de son cheval, passe la tête par la portière pour recommander au roi de se cacher et à la reine de ne pas être inquiète ; puis il ouvre une espèce de coffre où sont placés d'avance tous les outils ou tous les objets qu'un accident quelconque rend nécessaires : on y trouve une paire de traits, on en prend un par lequel on remplace le trait cassé.

Les deux gardes profitent de ce temps d'arrêt pour demander leurs armes ; mais le roi s'oppose formellement à ce qu'on les leur remette. On lui objecte le cas où la voiture serait arrêtée ; mais il répond que, dans aucun cas, il ne veut que le sang coule pour lui.

Enfin, le trait est raccommodé, le coffre refermé ; les deux gardes remontent sur leur sièges ; Charny se remet en selle, et la voiture part.

Seulement on a perdu plus d'une demi-heure, et, cela, quand chaque minute perdue est une perte irréparable.

A deux heures, on arriva à Châlons.

— Si nous arrivions à Châlons sans être arrêtés, avait dit le roi, tout ira bien !

On était arrivé à Châlons sans être arrêté, et l'on relayait.

Le roi s'était montré un instant. Au milieu des groupes formés autour de la voiture, deux hommes l'avaient regardé avec une attention soutenue.

Tout à coup, un de ces hommes s'éloigne et disparaît.

L'autre s'approche.

— Sire, dit-il à demi-voix, ne vous montrez pas ainsi, ou vous vous perdez.

Alors, s'adressant aux postillons :

— Allons donc, paresseux ! dit-il ; est-ce que c'est comme cela qu'on sert de braves voyageurs qui payent trente sous de guides ?...

Et il se mit lui-même à l'ouvrage, aidant les postillons.

C'était le maître de poste.

Enfin, les chevaux sont attelés, les postillons en selle. Le premier postillon veut enlever ses chevaux.

Tous les deux s'abattent.

Les chevaux se relèvent sous les coups de fouet, on veut lancer la voiture : les deux chevaux du second postillon s'abattent à leur tour.

Le postillon est pris sous son cheval.

Charny, qui attend en silence, tire le postillon à lui, et le dégage de dessous son cheval, où il laisse ses bottes fortes.

— Oh ! Monsieur, s'écrie Charny s'adressant au maître de poste, dont il ignore le dévouement, quels chevaux nous avez-vous donnés là ?

M. Dandoins parlemente avec le peuple. (Page 360.)

— Les meilleurs de l'écurie! répond celui-ci.

Seulement, les chevaux sont tellement embarrassés dans les traits, que plus ils essayent de se relever, plus ils s'engagent.

Charny se jette sur les traits.

Allons! dit-il, dételons et ratelons : nous aurons plus tôt fait.

Le maître de poste se remet à la besogne en pleurant de désespoir.

Pendant ce temps, l'homme qui s'est éloigné et qui a disparu court chez le maire : il lui annonce qu'en ce moment le roi et toute la famille royale relayent à la poste, et lui demande un ordre pour les arrêter.

Par bonheur, le maire est peu républicain, ou ne se soucie pas de prendre sur lui une pareille responsabilité. Au lieu de s'assurer du fait, il demande à son tour toute sorte d'explications, nie que la chose puisse être vraie, et, enfin, poussé à bout, arrive à l'hôtel de la poste au moment où la voiture disparaît au tournant de la rue.

On a perdu plus de vingt minutes.

L'alarme est dans la voiture royale. Ces chevaux s'abattant les uns après les autres, sans aucune raison de s'abattre, rappellent à la reine ces bougies s'éteignant toutes seules.

Cependant, en sortant des portes de la ville, le roi, la reine et Madame Élisabeth disent ensemble :

— Nous sommes sauvés !

Mais, cent pas plus loin, un homme s'élance, passe sa tête par la portière, et crie aux illustres voyageurs :

— Vos mesures sont mal prises : vous serez arrêtés !

La reine pousse un cri ; l'homme se jette de côté, et disparaît dans un petit bois.

Heureusement, on n'est plus qu'à quatre lieues de Pont-de-Sommevelle, où l'on trouvera M. de Choiseul et ses quarante hussards.

Seulement, il est trois heures de l'après-midi et l'on est en retard de près de quatre heures !

XXIV

FATALITÉ

On se rappelle M. le duc de Choiseul courant la poste avec Léonard, qui se désespère d'avoir laissée ouverte la porte de sa chambre, d'emporter le chapeau et la redingote de son frère, et de manquer à la promesse qu'il avait faite à madame de l'Aage de la coiffer.

Ce qui consolait le pauvre Léonard, c'est que M. de Choiseul lui avait positivement dit qu'il l'emmenait à deux ou trois lieues seulement pour lui donner une commission particulière de la part de la reine, et qu'après il serait libre.

Aussi, en arrivant à Bondy, en sentant s'arrêter la voiture, il respira et fit ses dispositions pour descendre.

Mais M. de Choiseul l'arrêta en lui disant :

— Ce n'est point encore ici.

Les chevaux étaient commandés d'avance ; en quelques secondes ils furent attelés, et la voiture repartit comme un trait.

— Mais, Monsieur, dit le pauvre Léonard, où allons-nous donc ?

— Pourvu que vous soyez de retour demain matin, répondit M. de Choiseul, que vous importe le reste ?

— Le fait est, dit Léonard, que pourvu que je sois aux Tuileries à dix heures pour coiffer la reine...

— C'est tout ce qu'il vous faut, n'est-ce pas ?

— Sans doute... Seulement, j'y serais plus tôt qu'il n'y aurait pas de mal, attendu que je pourrais tranquilliser mon frère, et expliquer à madame de l'Aage que ce n'est pas ma faute si je lui ai manqué de parole.

— Si ce n'est que cela, tranquillisez-vous, mon cher Léonard, tout ira pour le mieux, répondit M. de Choiseul.

Léonard n'avait aucune raison de croire que M. de Choiseul l'enlevât ; aussi se tranquillisat-il, momentanément du moins.

Mais, à Claye, voyant qu'on mettait de nouveaux chevaux à la voiture, et qu'il n'était aucunement question de s'arrêter :

— Ah çà ! monsieur le duc, s'écria le malheureux, nous allons donc au bout du monde ?

— Écoutez, Léonard, lui dit alors M. de Choiseul d'un air sérieux, ce n'est pas dans une maison voisine de Paris que je vous mène, c'est à la frontière.

Léonard poussa un cri, appuya ses deux mains sur ses genoux, et regarda le duc d'un air terrifié.

— A la... à la... frontière ?... balbutia-t-il.

— Oui, mon cher Léonard. Je dois trouver là, à mon régiment, une lettre de la plus haute importance pour la reine. Ne pouvant la lui remettre moi-même, il me fallait quelqu'un de sûr pour la lui envoyer. Je l'ai priée de m'indiquer ce quelqu'un : elle vous a choisi, comme étant, par votre dévouement, le plus digne de sa confiance.

— Oh ! Monsieur, s'écria Léonard, sûrement que j'en suis digne, de la confiance de la reine ! Mais comment reviendrai-je ? Je suis en escarpins, en bas de soie blancs, en culotte de soie. Je n'ai ni linge ni argent.

Le brave garçon oubliait qu'il avait pour deux millions de diamants à la reine dans ses poches.

— Ne vous inquiétez pas, mon cher ami, lui dit M. de Choiseul ; j'ai dans ma voiture bottes, habits, linge, argent, tout ce qui vous sera nécessaire enfin, et rien ne vous manquera.

— Sans doute, avec vous, monsieur le duc, j'en suis bien sûr, rien ne me manquera ; mais mon pauvre frère, dont j'ai pris le chapeau et la redingote ; mais cette pauvre madame de l'Aage, qui n'est bien coiffée que par moi... Mon Dieu ! mon Dieu ! comment tout cela finira-t-il ?

— Au mieux, mon cher Léonard ; je l'espère, du moins, dit M. de Choiseul.

On allait comme le vent ; M. de Choiseul avait dit à son courrier de faire préparer deux lits et un souper à Montmirail, où il passerait le reste de la nuit.

En arrivant à Montmirail, les voyageurs trouvèrent les deux lits prêts et le souper servi.

A part la redingote et le chapeau de son frère, à part la douleur d'avoir été forcé de manquer de parole à madame de l'Aage, Léonard était à peu près consolé. De temps en temps, il laissait même échapper quelque expression de contentement par laquelle il était facile de voir que son orgueil était flatté que la reine l'eût choisi pour une mission aussi importante que celle dont il paraissait être chargé.

Après le souper, les deux voyageurs se couchèrent, M. de Choiseul ayant recommandé que sa voiture l'attendît tout attelée à quatre heures.

A quatre heures moins un quart, on devait venir frapper à sa porte pour le réveiller, au cas où il dormirait.

A trois heures, M. de Choiseul n'avait pas encore fermé l'œil, quand de sa chambre, placée au-dessus de la porte d'entrée de la poste, il entend le roulement d'une voiture accompagné de ces coups de fouet par lesquels les voyageurs ou les postillons annoncent leur arrivée.

Sauter à bas du lit et courir à la fenêtre fut pour M. de Choiseul l'affaire d'un instant.

Un cabriolet était arrêté à la porte. Deux hommes en descendaient, vêtus d'habits de gardes nationaux, et demandaient des chevaux avec instance.

Qu'étaient-ce que ces gardes nationaux? que voulaient-ils à trois heures du matin? et pourquoi cette instance à demander des chevaux?

M. de Choiseul appela son domestique, et lui ordonna de faire atteler.

Puis il éveilla Léonard.

Les deux voyageurs s'étaient jetés sur leur lit tout habillés. Ils furent donc prêts en un instant.

Lorsqu'ils descendirent, les deux voitures étaient tout attelées.

M. de Choiseul recommanda au postillon de laisser passer la voiture des deux gardes nationaux la première; seulement, il devait la suivre, de manière à ne pas la perdre de vue une minute.

Puis il examina les pistolets qu'il avait dans les poches de sa voiture, et en renouvela les amorces, ce qui donna quelques inquiétudes à Léonard.

On marcha ainsi pendant une lieue ou une lieue et demie; mais, entre Étoges et Chaintry, le cabriolet coupa par un chemin de traverse, allant du côté de Jalons et d'Épernay.

Les deux gardes nationaux, auxquels M. de Choiseul croyait de mauvaises intentions, étaient deux braves citoyens qui revenaient de la Ferté, et qui rentraient chez eux.

Tranquille sur ce point, M. de Choiseul continua sa route.

A dix heures, il traverse Châlons; à onze, il arrive à Pont-de-Sommevelle.

Il s'informe : les hussards ne sont pas encore arrivés.

Il s'arrête à la maison de poste, descend, demande une chambre, et revêt son uniforme.

Léonard regardait tous ces apprêts avec une vive inquiétude, et il les accompagnait de soupirs qui touchèrent M. de Choiseul.

— Léonard, lui dit-il, il est temps de vous faire connaître la vérité.

— Comment, la vérité! s'écria Léonard marchant de surprise en surprise; mais je ne la sais donc pas, la vérité?

— Vous en savez une partie, et je vais vous apprendre le reste.

Léonard joignit les mains.

— Vous êtes dévoué à vos maîtres, n'est-ce pas, mon cher Léonard?

— A la vie et à la mort, monsieur le duc.

— Eh bien, dans deux heures ils seront ici.

— Oh! mon Dieu, est-ce possible? s'écria le pauvre garçon.

— Oui, continua M. de Choiseul, ici, avec les enfants, avec Madame Élisabeth... Vous savez quels dangers ils ont courus (Léonard fit de la tête un signe affirmatif)? quels dangers ils courent encore (Léonard leva les yeux au ciel)? Eh bien, dans deux heures, ils seront sauvés!...

Léonard ne pouvait répondre; il pleurait à chaudes larmes. Cependant, il parvint à balbutier :

— Dans deux heures, ici? Êtes-vous bien sûr?

— Oui, dans deux heures. Ils ont dû partir des Tuileries à onze heures ou onze heures et demie du soir; ils ont dû être à midi à Châlons. Mettons une heure et demie pour faire les quatre lieues que nous venons de faire; ils seront ici à deux heures au plus tard. Nous allons demander à dîner. J'attends un détachement de hussards que doit m'amener M. de Goguelat. Nous ferons durer le dîner le plus longtemps possible.

— Oh! monsieur, interrompit Léonard, je n'ai aucune faim.

— N'importe, vous ferez un effort et vous mangerez.

— Oui, monsieur le duc.

— Nous ferons donc durer le dîner le plus longtemps possible, afin d'avoir un prétexte de rester... Eh! tenez, voici les hussards qui arrivent!

En effet, on entendait en même temps et la trompette et le pas des chevaux.

En ce moment, M. de Goguelat entra dans la

chambre et remit à M. de Choiseul un paquet de la part de M. de Bouillé.

Ce paquet contenait six blancs seings et un double de l'ordre formel donné par le roi à tous les officiers de l'armée, quels que fussent leur grade et leur ancienneté, d'obéir à M. de Choiseul.

M. de Choiseul fit mettre les chevaux au piquet, distribua du pain et du vin aux hussards, et se mit à table de son côté.

Les nouvelles qu'apportait M. de Goguelat n'étaient pas bonnes; partout sur son chemin il avait trouvé une grande effervescence. Il y avait plus d'un an que ces bruits du départ du roi circulaient, non seulement à Paris, mais encore en province, et les détachements de corps de différentes armes stationnant à Sainte-Menehould et à Varennes avaient fait naître des soupçons.

Il avait même entendu sonner le tocsin dans une commune voisine de la route.

Tout cela était bien fait pour couper l'appétit même à M. de Choiseul. Aussi, après une heure passée à table, comme l'horloge venait de sonner midi et demi, se leva-t-il, et, laissant la garde du détachement à M. Boudet, gagna-t-il la route qui, placée à l'entrée de Pont-de-Sommevelle, sur une hauteur, permet d'embrasser plus d'une demi-lieue de chemin.

On ne voyait ni courrier ni voiture ; mais il n'y avait encore là rien d'étonnant. On n'attendait pas, comme nous l'avons dit, — car M. de Choiseul faisait la part des petits accidents, — le courrier avant une heure ou une heure et demie, le roi avant une heure et demie ou deux heures.

Cependant, le temps s'écoulait, et rien ne paraissait sur la route, du moins rien qui ressemblât à ce qu'on attendait.

De cinq minutes en cinq minutes, M. de Choiseul tirait sa montre, et, chaque fois qu'il tirait sa montre, Léonard disait :

— Oh ! ils ne viendront pas... Mes pauvres maîtres ! mes pauvres maîtres ! Il leur sera arrivé malheur !

Et le pauvre garçon, par son désespoir, ajoutait encore aux inquiétudes de M. de Choiseul.

A deux heures et demie, à trois heures, à trois heures et demie, pas de courrier, pas de voiture ! On se rappelle qu'à trois heures seulement le roi quittait Châlons.

Mais, pendant que M. de Choiseul attendait ainsi sur la route, la *fatalité* préparait à Pont-de-Sommevelle un événement qui devait avoir la plus grande influence sur tout le drame que nous racontons.

La fatalité, répétons le mot, avait fait que, juste quelques jours auparavant, les paysans d'une terre appartenant à madame d'Elbœuf, terre située près de Pont-de-Sommevelle, avaient refusé le payement des droits non rachetables. Alors, on les avait menacés d'exécution militaire; mais la Fédération avait porté ses fruits, et les paysans des villages environnants avaient promis main-forte aux paysans de la terre de madame d'Elbœuf, si ces menaces se réalisaient.

En voyant arriver et stationner les hussards, les paysans crurent que ceux-ci venaient dans un but hostile.

Des courriers furent donc expédiés de Pont-de-Sommevelle aux villages voisins, et, vers trois heures, le tocsin commença de sonner dans toute la contrée.

En entendant ce bruit, M. de Choiseul rentra à Pont-de-Sommevelle ; il trouva son sous-lieutenant M. Boudet fort inquiet.

Des menaces sourdes étaient faites aux hussards, qui étaient justement, à cette époque, un des corps les plus détestés de l'armée. Les paysans les narguaient et venaient chanter jusque sous leur nez cette chanson improvisée :

> Les hussards sont des gueux;
> Mais nous nous moquons d'eux !

En outre, d'autres personnes, mieux informées ou plus perspicaces, commençaient à dire tout bas que les hussards étaient là, non pour exécuter les paysans de madame d'Elbœuf, mais pour attendre le roi et la reine.

Sur ces entrefaites, quatre heures sonnent sans amener ni courrier ni nouvelles.

Cependant, M. de Choiseul se décide à rester encore. Seulement, il fait remettre les chevaux de poste à sa voiture, se charge des diamants de Léonard, et expédie celui-ci à Varennes en lui recommandant de dire, en passant, — à Sainte-Menehould, à M. Dandoins, — à Clermont, à M. de Damas, — et, à Varennes, à M. de Bouillé fils, la situation où il se trouve.

Puis, pour calmer l'exaltation qui se manifeste autour de lui, il déclare que lui et les hussards ne sont point là, comme on le croit, pour procéder contre les paysans de madame d'Elbœuf, mais qu'ils y sont pour attendre et escorter un trésor que le ministre de la guerre envoie à l'armée.

Mais ce mot *trésor*, qui présente un double

sens, en calmant l'irritabilité sur un point, confirme les soupçons sur l'autre. Le roi et la reine aussi sont un trésor, et voilà bien certainement le trésor qu'attend M. de Choiseul.

Au bout d'un quart d'heure, M. de Choiseul et ses hussards sont tellement pressés et entourés, qu'il comprend ne pouvoir tenir plus longtemps, et que, si par malheur le roi et la reine arrivent en ce moment, il sera impuissant à les protéger, lui et ses quarante hussards.

Son ordre est de *faire en sorte que la voiture du roi continue sa marche sans obstacle.*

Au lieu d'être une protection, sa présence est devenue un obstacle.

Ce qu'il a de mieux à faire, même dans le cas où le roi arriverait, c'est donc de partir.

En effet, son départ rendra la liberté à la route.

Seulement, il faut un prétexte pour partir.

Le maître de poste est là, au milieu de cinq ou six cents curieux dont il ne faut qu'un mot pour faire des ennemis.

Il regarde comme les autres, les bras croisés ; il est sous le nez de M. de Choiseul lui-même.

— Monsieur, lui dit le duc, avez-vous connaissance de quelque envoi d'argent expédié ces jours-ci à Metz?

— Ce matin même, répond le maître de poste, la diligence y a porté cent mille écus; elle était escortée de deux gendarmes.

— En vérité? dit M. de Choiseul tout étourdi de la partialité avec laquelle le hasard le sert.

— Parbleu! dit un gendarme, c'est si vrai, que c'est moi et Robin qui étions d'escorte.

— Alors, dit M. de Choiseul se tournant tranquillement vers M. de Goguelat, le ministre aura préféré ce mode d'envoi, et, comme notre présence ici n'a plus de motif, je crois que nous pouvons nous retirer. Allons, hussards, bridez les chevaux.

Les hussards, assez inquiets, ne demandaient pas mieux que d'obéir à cet ordre. En un instant les chevaux furent bridés, et les hussards à cheval.

Ils se rangèrent sur une ligne.

M. de Choiseul passa sur le front de la ligne, jeta un regard du côté de Châlons, et, avec un soupir :

— Allons, hussards, dit-il, rompez par quatre, et au pas!

Et il sortit de Pont-de-Sommevelle trompettes en tête, comme l'horloge sonnait cinq heures et demie.

A deux cents pas du village, M. de Choiseul prit la traverse, afin d'éviter Sainte-Menehould, où l'on disait que régnait une grande agitation.

Juste en ce moment-là, Isidore de Charny, poussant des éperons et du fouet un cheval avec lequel il avait mis deux heures à faire quatre lieues, arrivait à la poste, relayait, s'informait, en relayant, si l'on avait pas vu un détachement de hussards, apprenait que ce détachement venait de partir au pas, il y avait un quart d'heure, par la route de Sainte-Menehould, commandait les chevaux, et, espérant rejoindre M. de Choiseul et l'arrêter dans sa retraite, partait au grand galop d'un cheval frais.

M. de Choiseul, on vient de le voir, avait quitté la route de Sainte-Menehould, et pris la traverse, précisément à l'instant où le vicomte de Charny arrivait à la poste, de sorte que le vicomte de Charny ne le rejoignit pas.

XXV

FATALITÉ

Dix minutes après le départ d'Isidore de Charny, arriva la voiture du roi.

Comme l'avait prévu M. de Choiseul, le rassemblement était tout à fait dissipé.

Le comte de Charny, sachant qu'il devait y avoir un premier détachement de troupes à Pont-de-Sommevelle, n'avait point pensé qu'il fût urgent pour lui de rester en arrière; il galopait à la portière de la voiture, pressant les postillons, qui semblaient avoir reçu un mot d'ordre, et faire exprès de marcher au petit trot.

En arrivant à Pont-de-Sommevelle, et en ne voyant ni les hussards ni M. de Choiseul, le roi sortit avec inquiétude sa tête de la voiture.

— Par grâce, Sire, dit Charny, ne vous montrez pas, je vais m'informer.

Et il entra dans la maison de poste.

Cinq minutes après, il reparut; il venait de tout apprendre, et répéta tout au roi.

Le roi comprit que c'était pour lui laisser le passage libre que M. de Choiseul s'était retiré.

L'important était de gagner du chemin et d'arriver à Sainte-Menehould; sans doute, M. de Choiseul s'était replié sur Sainte-Menehould, et l'on trouverait réunis dans cette ville hussards et dragons.

Au moment du départ, Charny s'approcha de la portière.

— Qu'ordonne la reine? demanda-t-il; dois-je aller en avant? suivre par derrière?

— Ne me quittez pas, dit la reine.

Charny s'inclina sur son cheval, et galopa près de la portière.

Cependant, Isidore courait devant, ne comprenant rien à cette solitude de la route, tracée dans une ligne si droite, que, sur certains points, on peut voir à la distance d'une lieue ou d'une lieue et demie devant soi.

Inquiet, il pressait son cheval, gagnant sur la voiture plus qu'il n'avait fait encore, et craignant que les habitants de Sainte-Menehould n'eussent pris ombrage des dragons de M. Dandoins comme ceux de Pont-de-Sommevelle avaient pris ombrage des hussards de M. de Choiseul.

Il ne se trompait pas. La première chose qu'il aperçut à Sainte-Menehould, ce fut un grand nombre de gardes nationaux répandus dans les rues; c'étaient les premiers que l'on eût rencontrés depuis Paris.

La ville tout entière paraissait être en mouvement, et, dans le quartier opposé à celui par lequel entrait Isidore, le tambour battait.

Le vicomte se lança par les rues, sans paraître s'inquiéter le moins du monde de tout ce mouvement; il traversa la grande place, et s'arrêta à la poste.

En traversant la grande place, il remarqua une douzaine de dragons en bonnet de police, assis sur un banc.

A quelques pas d'eux, à une fenêtre du rez-de-chaussée, était le marquis Dandoins, en bonnet de police aussi, et tenant une cravache à la main.

Isidore passa sans s'arrêter, et n'eut l'air de rien voir; il présumait que M. Dandoins, sachant quel devait être le costume des courriers du roi, le reconnaîtrait, et, par conséquent, n'aurait pas besoin d'autre indice.

Un jeune homme de vingt-huit ans, aux cheveux coupés à la Titus, comme les patriotes les portaient à cette époque, aux favoris passant sous le cou et faisant le tour du visage, était sur la porte de la poste, vêtu d'une robe de chambre.

Isidore cherchait à qui s'adresser.

— Que désirez-vous, Monsieur? dit le jeune homme aux favoris noirs.

— Parler au maître de poste, dit Isidore.

— Le maître de poste est absent pour le moment, Monsieur; mais je suis son fils, Jean-Baptiste Drouet... Si je puis le remplacer, parlez.

Le jeune homme avait appuyé sur ces mots: Jean-Baptiste Drouet, comme s'il eût deviné que ces mots, ou plutôt ces noms, obtiendraient dans l'histoire une fatale célébrité.

— Je désire six chevaux de poste pour deux voitures qui me suivent.

Drouet fit un signe de tête qui voulait dire que le courrier allait obtenir ce qu'il désirait, et, passant de la maison dans la cour :

— Hé ! postillons! cria-t-il, six chevaux pour deux voitures, et un bidet pour le courrier.

En ce moment, le marquis Dandoins entra vivement.

— Monsieur, dit-il en s'adressant à Isidore, vous précédez la voiture du roi, n'est-ce pas?

— Oui, Monsieur, et je suis tout étonné de vous voir, vous et vos hommes, en bonnet de police.

— Nous n'avons pas été prévenus, Monsieur; d'ailleurs, des démonstrations très menaçantes se font tout autour de nous : on essaye de débaucher mes hommes. Que faut-il faire?

— Mais, comme le roi va passer, surveiller la voiture, prendre conseil des circonstances, et partir une demi-heure après la famille royale pour servir d'arrière-garde.

Puis, s'interrompant tout à coup :

— Silence! fit Isidore, on nous épie; peut-être nous a-t-on entendus. Allez à votre escadron, et faites votre possible pour maintenir vos hommes dans le devoir.

En effet, Drouet est sur la porte de la cuisine dans laquelle a lieu cette conversation.

M. Dandoins s'éloigne.

Au même instant, les coups de fouet retentissent, la voiture du roi arrive, traverse la place, s'arrête devant la poste.

Au bruit qu'elle fait, la population se groupe avec curiosité à l'entour.

M. Dandoins, qui a à cœur d'expliquer au roi comment il le trouve, lui et ses hommes, au repos au lieu de les trouver sous les armes, s'élance à la portière, son bonnet de police à la main, et, avec toute sorte de marques de respect, fait ses excuses au roi et à la famille royale.

Le roi, en lui répondant, montre à plusieurs reprises sa tête par la portière.

Isidore, le pied à l'étrier, est placé près de Drouet, qui regarde dans la voiture avec une attention profonde; il a été, l'année d'auparavant, à la Fédération : il a vu le roi, et croit le reconnaître.

Le matin, il a reçu une somme considérable en assignats; il a examiné les uns après les autres ces assignats, timbrés du portrait du roi, pour voir s'ils n'étaient pas faux, et ces timbres du roi, restés dans sa mémoire, semblent lui crier : « Cet homme qui est devant toi, c'est le roi ! »

Il tire un assignat de sa poche, compare à l'original le portrait gravé sur l'assignat, et murmure :

— Décidément, c'est lui !

Isidore passe de l'autre côté de la voiture; son frère couvre de son corps la portière à laquelle s'accoude la reine.

— Le roi est reconnu! lui dit-il; presse le départ de la voiture, et regarde bien ce grand garçon brun... C'est le fils du maître de poste, c'est lui qui a reconnu le roi. Il se nomme Jean-Baptiste Drouet.

— Bien! dit Olivier, je veillerai: pars!

Isidore s'élance au galop pour aller commander les chevaux à Clermont.

A peine est-il au bout de la ville, que, stimulés par les instances de MM. de Malden et de Valory, et la promesse d'un écu de guides, les postillons enlèvent la voiture, qui part au grand trot.

Le comte n'a pas perdu de vue Drouet.

Drouet n'a pas bougé; seulement il a parlé tout bas à un valet d'écurie.

Charny s'approche de lui :

— Monsieur, lui dit-il, n'avait-on pas commandé un cheval pour moi ?

— Si fait, Monsieur, répond Drouet; mais il n'y a plus de chevaux.

— Comment! il n'y a plus de chevaux! dit le comte; mais qu'est-ce donc que ce cheval qu'on est en train de seller dans la cour, Monsieur ?

— C'est le mien.

— Ne pouvez-vous me le céder, monsieur? Je payerai ce qu'il faudra.

— Impossible, Monsieur! il se fait tard, et j'ai une course que je ne puis remettre.

Insister, c'est donner des soupçons; essayer de prendre le cheval de force, c'est tout compromettre.

Charny, d'ailleurs, a trouvé un moyen qui concilie tout.

Il va à M. Dandoins, qui a suivi des yeux la voiture royale jusqu'au tournant de la rue.

M. Dandoins sent une main se poser sur son épaule.

Il se retourne.

— Chut! dit Olivier, c'est moi, le comte de Charny... Il n'y a plus de cheval pour moi à la poste : démontez un de vos dragons, et donnez-moi son cheval; il faut que je suive le roi et la reine! Seul, je sais où est le relais de M. de Choiseul, et, si je ne suis pas là, le roi reste à Varennes.

— Comte, répond M. Dandoins, ce n'est pas le cheval d'un de mes hommes que je vous donnerai, c'est un des miens.

— J'accepte. Le salut du roi et de la famille royale dépend du moindre accident. Meilleur sera le cheval, meilleure sera la chance !

Et tous deux s'éloignent à travers les rues, se dirigeant vers le logement du marquis Dandoins.

Avant de s'éloigner, Charny a chargé un maréchal des logis d'observer tous les mouvements de Drouet.

Par malheur, la maison du marquis est à cinq cents pas de la place. Lorsque les chevaux seront sellés, on aura perdu au moins un quart d'heure; nous disons les chevaux, car, de son côté, M. Dandoins va monter à cheval, et, selon l'ordre que lui a donné le roi, se replier derrière la voiture et former arrière-garde.

Tout à coup, il semble à Charny qu'on entend de grands cris et, mêlés à ces cris, ces mots : « Le roi! la reine! »

Il s'élance hors de la maison en recommandant à M. Dandoins de lui faire conduire son cheval sur la place.

En effet, toute la ville est en tumulte. A peine M. Dandoins et Charny ont-ils quitté la place, que, comme si Drouet n'eût attendu que ce moment pour éclater :

— Cette voiture qui vient de passer, dit-il, c'est la voiture du roi! et le roi, la reine et les enfants de France sont dans cette voiture !

Et il s'est élancé à cheval.

Plusieurs de ses amis essayent de le retenir.

— Où va-t-il? que veut-il faire? quel est son projet?

Il leur répond tout bas :

— Le colonel et le détachement de dragons étaient là... Pas moyen d'arrêter le roi sans une collision qui pouvait mal tourner pour nous. Ce que je n'ai point fait ici, je le ferai à Clermont... Retenez les dragons, voilà tout ce que je vous demande.

Et il partit au galop sur les traces du roi.

C'est alors que le bruit se répand que le roi et la reine étaient dans la voiture qui vient de passer, et que les cris qui parviennent jusqu'à Charny se font entendre.

A ces cris, le maire et la municipalité sont accourus; et le maire somme les dragons de rentrer à la caserne, attendu que huit heures viennent de sonner.

Charny a tout entendu : le roi est reconnu, Drouet est parti, il trépigne d'impatience.

En ce moment, M. Dandoins le rejoint.

— Les chevaux ! les chevaux ! lui demande Charny du plus loin qu'il l'aperçoit.

— On les amène à l'instant, répond M. Dandoins.

— Avez-vous fait mettre des pistolets dans les fontes du mien?

— Oui.

— Sont-ils en état?

— Je les ai chargés moi-même.

— Bon ! Maintenant, tout dépend de la vitesse de votre cheval. Il faut que je rejoigne un homme qui a déjà près d'un quart d'heure d'avance sur moi, et que je le tue.

— Comment, que vous le tuiez?

— Oui ! si je ne le tue pas, tout est perdu !

— Mordieu ! allons au-devant des chevaux, alors?

— Ne vous occupez pas de moi; occupez-vous de vos dragons, que l'on embauche pour la révolte... Tenez, voyez-vous le maire qui les harangue? Vous non plus, vous n'avez pas de temps à perdre; allez, allez !

En ce moment, le domestique arrive avec les deux chevaux. Charny saute au hasard sur celui qui se trouve le plus près de lui, arrache la bride des mains du domestique, rassemble les rênes, pique des deux, et part ventre à terre sur les traces de Drouet, sans trop comprendre les dernières paroles que lui jette le marquis Dandoins.

Ces dernières paroles, que le vent vient d'emporter, ont, cependant, bien leur importance.

— Vous avez pris mon cheval à la place du vôtre ! a crié M. Dandoins, de sorte que les pistolets ne sont pas chargés !

XXVI

FATALITÉ

Cependant la voiture du roi, précédée par Isidore, volait sur la route de Sainte-Menehould à Clermont.

Le jour baissait, comme nous l'avons dit; huit heures venaient de sonner, et la voiture entrait dans la forêt d'Argonne, posée à cheval sur la grand'route.

Charny n'avait pu prévenir la reine du contre-temps qui le retenait en arrière, puisque la voiture royale était partie avant que Drouet lui eût répondu qu'il n'y avait plus de chevaux.

En sortant de la ville, la reine s'aperçut que son cavalier avait quitté la portière de la voiture; mais il n'y avait moyen ni de ralentir la course, ni de questionner les postillons.

Dix fois, peut-être, elle se pencha hors de la voiture pour regarder en arrière; mais elle ne découvrit rien.

Une fois, elle crut distinguer un cavalier galopant à grande distance; mais ce cavalier commençait déjà à se perdre dans les ombres naissantes de la nuit.

Pendant ce temps, — car, pour l'intelligence des événements, et afin d'éclairer chaque point de ce terrible voyage, nous devons aller, tour à tour, d'un acteur à un autre, — pendant ce temps, c'est-à-dire tandis qu'Isidore précède en courrier la voiture d'un quart de lieue, tandis que la voiture suit la route de Sainte-Menehould à Clermont, et vient de s'engager dans la forêt d'Argonne, tandis que Drouet court après la voiture, et que Charny court après Drouet, le marquis Dandoins rejoint sa troupe, et fait sonner le boute-selle.

Mais, quand les soldats essayent de se mettre en marche, les rues sont tellement encombrées de monde, que les chevaux ne peuvent faire un pas en avant.

Au milieu de cette foule, il y a trois cents gardes nationaux en uniforme et le fusil à la main.

Risquer le combat, — et tout annonce qu'il sera rude, — c'est perdre le roi.

Mieux vaut rester, et, en restant, retenir tout ce peuple. M. Dandoins parlemente avec lui, il demande aux meneurs ce qu'ils veulent, ce qu'ils désirent, et pourquoi ces menaces et ces démonstrations hostiles. Durant ce temps, le roi gagnera Clermont, et y trouvera M. de Damas, et ses cent quarante dragons.

S'il avait cent quarante dragons comme M. de Damas, le marquis Dandoins tenterait quelque chose; mais il n'en a que trente. Que faire avec trente dragons contre trois ou quatre mille hommes?

Parlementer, — et, nous l'avons dit, c'est ce qu'il fait. A neuf heures et demie, la voiture du roi, qu'Isidore précède de quelques centaines de pas seulement, tant les postillons ont marché vite, arrive à Clermont; elle n'a mis qu'une heure et un quart pour faire les quatre lieues qui séparent une ville de l'autre.

Cela explique jusqu'à un certain point à la reine l'absence de Charny.

Il rejoindra au relais.

En avant de la ville, M. de Damas attend la

Postillons, cria-t-il, pas un pas de plus! (Page 365.)

voiture du roi. Il a été prévenu par Léonard; il reconnaît la livrée du courrier et arrête Isidore.

— Pardon, Monsieur, dit-il, c'est bien le roi que vous précédez?

— Et vous, Monsieur, demande Isidore, vous êtes bien le comte Charles de Damas?

— Oui.

— Eh bien, Monsieur, je précède, en effet, le roi. Rassemblez vos dragons, et escortez la voiture de Sa Majesté.

— Monsieur, répond le comte, il souffle par les airs un vent d'insurrection qui m'effraye, et je suis obligé de vous avouer que je ne réponds pas de mes dragons, s'ils reconnaissent le roi.

Tout ce que je puis vous promettre, c'est, quand la voiture sera passée, de me replier derrière elle et de fermer la route.

— Faites de votre mieux, Monsieur, dit Isidore. Voici le roi.

Et il montre, au milieu de l'obscurité, la voiture qui arrive, et dont on peut suivre la course aux étincelles qui jaillissent sous les pieds des chevaux.

Quant à lui, son devoir est de s'élancer en avant, et de commander les relais.

Cinq minutes après, il s'arrête devant l'hôtel de la poste.

Presque en même temps que lui arrivent M. de Damas et cinq ou six dragons.

Puis la voiture du roi.

La voiture suit Isidore de si près, qu'il n'a pas eu le temps de remonter à cheval. Cette voiture, sans être magnifique, est tellement remarquable, qu'un grand nombre de personnes commencent à s'attrouper devant la maison du maître de poste.

M. de Damas se tenait en face de la portière sans faire connaître aucunement qu'il connût les illustres voyageurs.

Mais ni le roi ni la reine ne purent résister au désir de prendre des renseignements.

D'un côté, le roi fit signe à M. de Damas.

De l'autre, la reine fit signe à Isidore.

— C'est vous, monsieur de Damas? demanda le roi.

— Oui, Sire.

— Pourquoi donc vos dragons ne sont-ils pas sous les armes?

— Sire, Votre Majesté est en retard de cinq heures. Mon escadron était à cheval depuis quatre heures de l'après-midi. J'ai traîné le plus longtemps possible; mais la ville commençait à s'émouvoir; mes dragons eux-mêmes faisaient des conjectures inquiétantes. Si la fermentation éclatait avant le passage de Votre Majesté, le tocsin sonnait, et la route était barrée. Je n'ai donc gardé qu'une douzaine d'hommes à cheval, et j'ai fait rentrer les autres dans leurs logements; seulement, j'ai enfermé les trompettes chez moi afin de leur faire sonner à cheval au premier besoin. Du reste, Votre Majesté voit que tout est pour le mieux, puisque la route est libre.

— Très bien, monsieur, dit le roi, vous avez agi en homme prudent. Moi parti, vous ferez sonner le boute-selle, et vous suivrez la voiture à un quart de lieue à peu près.

— Sire, dit la reine, voulez-vous écouter ce que dit M. Isidore de Charny?

— Et que dit-il? demanda le roi avec une certaine impatience.

— Il dit, Sire, que vous avez été reconnu par le fils du maître de poste de Sainte-Menehould; qu'il en est sûr; qu'il a vu ce jeune homme, un assignat à la main, s'assurer de la ressemblance de votre portrait en le comparant à vous-même; que son frère, prévenu par lui, est resté en arrière, et que, sans doute, il se passe quelque chose de grave en ce moment, puisque nous ne voyons pas revenir M. le comte de Charny.

— Alors, si nous avons été reconnus, raison de plus de nous hâter, Madame. — Monsieur Isidore, pressez les postillons, et courez devant.

Le cheval d'Isidore était prêt. Le jeune homme s'élança en selle en criant aux postillons :

— Route de Varennes!

Les deux gardes du corps, assis sur le siège, répétèrent : « Route de Varennes! »

M. de Damas se recula en saluant respectueusement le roi, et les postillons lancèrent les chevaux.

La voiture avait été relayée en un clin d'œil et s'éloignait avec la rapidité de l'éclair.

En sortant de la ville, elle croisa un maréchal des logis de hussards qui y entrait.

M. de Damas avait eu un instant l'idée de suivre la voiture du roi avec les quelques hommes qu'il avait disponibles; mais le roi venait de lui donner des ordres tout à fait contraires; il crut devoir se conformer à ces ordres, d'autant plus qu'une certaine émotion commençait à se répandre dans la ville. Les bourgeois couraient de maison en maison; les fenêtres s'ouvraient, on y voyait apparaître et des têtes et des lumières. M. de Damas se préoccupa d'une seule chose, du tocsin qui pouvait être sonné, et il courut à l'église, dont il garda la porte.

D'ailleurs, M. Dandoins allait arriver, d'un moment à l'autre, avec ses trente hommes, et le renforcerait d'autant.

Cependant tout paraissait se calmer. Au bout d'un quart d'heure, M. de Damas revint sur la place; il y trouva son chef d'escadron, M. de Noirville; il lui donna ses instructions pour la route et lui commanda de faire mettre les hommes sous les armes.

En ce moment, on vint prévenir M. de Damas qu'un sous-officier de dragons, expédié par M. Dandoins, l'attendait à son logement.

Ce sous-officier venait lui annoncer qu'il ne devait attendre ni M. Dandoins ni ses dragons, M. Dandoins étant retenu à la municipalité par les habitants de Sainte-Menehould; qu'en outre, — ce que M. de Damas savait déjà, — Drouet était parti, à franc étrier, pour suivre les voitures, qu'il n'avait probablement pas pu joindre, puisqu'on ne l'avait point vu à Clermont.

M. de Damas en était là des renseignements donnés par le sous-officier du régiment Royal, quand on lui annonça une ordonnance des hussards de Lauzun.

Cette ordonnance était expédiée par M. de Rohrig, commandant, avec MM. de Bouillé fils et de Raigecourt, le poste de Varennes. Inquiets de voir s'écouler les heures sans que personne arrivât, ces braves gentilshommes envoyaient auprès de M. de Damas pour savoir s'il avait quelques nouvelles du roi.

— Dans quel état avez-vous laissé le poste de Varennes? demanda d'abord M. de Damas.

— Parfaitement tranquille, répondit l'ordonnance.

— Où sont les hussards?

— A la caserne, avec les chevaux tout sellés.

— N'avez-vous donc rencontré aucune voiture sur la route?

— Si fait, une voiture à quatre chevaux et une autre à deux.

— Ce sont les voitures dont vous veniez chercher des nouvelles. Tout va bien, dit M. de Damas.

Sur quoi, il rentra chez lui, et donna l'ordre aux trompettes de sonner le boute-selle.

Il se préparait à suivre le roi, et à lui prêter main-forte à Varennes, s'il en était besoin.

Cinq minutes après, les trompettes sonnaient.

Tout allait donc pour le mieux, à part l'incident qui retenait à Sainte-Menehould les trente hommes de M. Dandoins.

Mais, avec ses cent quarante dragons, M. de Damas se passerait de ce surcroît de forces.

Revenons à la voiture du roi, qui, au lieu de suivre, en partant de Clermont, la ligne droite qui conduit à Verdun, a tourné à gauche, et roule sur la route de Varennes.

Nous avons dit la situation topographique de la ville de Varennes, divisée en ville haute et en ville basse; nous avons dit comment il avait été décidé qu'on relayerait à l'extrémité de la ville, du côté de Dun, et comment, pour arriver là, il fallait quitter la route qui conduisait au pont, traverser ce pont en passant sous la voûte de la tour, et atteindre le relais de M. de Choiseul, autour duquel devaient veiller MM. de Bouillé et de Raigecourt. Quant à M. de Rohrig, jeune officier de vingt ans, on ne l'avait pas mis dans la confidence, et il croyait être venu là pour escorter le trésor de l'armée.

D'ailleurs, arrivé à ce point difficile, on se le rappelle, c'est Charny qui doit guider la voiture royale dans le dédale des rues. Charny est resté quinze jours à Varennes, il a tout étudié, tout relevé; pas une borne qui ne lui soit connue, pas une ruelle qui ne lui soit familière.

Par malheur, Charny n'est point là!

Aussi, chez la reine, l'inquiétude est-elle double. Pour que Charny, dans une pareille circonstance, ne rejoigne pas la voiture, il faut qu'il lui soit arrivé quelque grave accident.

En approchant de Varennes, le roi lui-même s'inquiète; comptant sur Charny, il n'a pas même emporté le plan de la ville.

Puis la nuit est absolument sombre, éclairée par les seules étoiles; c'est une de ces nuits où il est facile de s'égarer même dans les localités connues, à plus forte raison dans les détours d'une ville étrangère.

La consigne d'Isidore, consigne donnée par Charny lui-même, était de s'arrêter en avant de la ville.

Là, son frère le relayerait, et, comme nous l'avons dit, reprendrait la conduite de la caravane.

Mais, comme la reine, et autant que la reine peut-être, Isidore était inquiet de l'absence de son frère. La seule espérance qui lui restât, c'est que M. de Bouillé ou M. de Raigecourt, dans leur impatience, fussent venus au-devant du roi, et attendissent en deçà de Varennes.

Depuis deux ou trois jours qu'ils étaient dans la ville, ils la connaîtraient, et serviraient alors facilement de guides.

Aussi, en arrivant au bas de la colline, en voyant deux ou trois rares lumières qui brillaient par la ville, Isidore s'arrêta irrésolu, jeta les yeux autour de lui, cherchant à percer l'obscurité de son regard.

Il ne vit rien.

Alors, il appela à voix basse, puis à voix plus haute, puis enfin à pleine voix, MM. de Bouillé et de Raigecourt.

Personne ne répondit.

On entendait le roulement de la voiture, qui arrivait à un quart de lieue comme un tonnerre lointain se rapprochant peu à peu.

Une idée vint à Isidore. Peut-être ces messieurs étaient-ils cachés dans la lisière de la forêt qui longeait la gauche du chemin.

Il entra dans la forêt, explora toute cette lisière.

Personne.

Il n'y avait pas d'autre parti à prendre que d'attendre, et il attendit.

Au bout de cinq minutes, la voiture du roi l'avait rejoint.

Les deux têtes du roi et de la reine passaient aux deux côtés de la voiture.

Leurs deux voix demandèrent en même temps :

— Vous n'avez pas vu le comte de Charny?

— Sire, répondit Isidore, je ne l'ai pas vu; et, puisqu'il n'est point ici, il faut que, dans la poursuite de ce malheureux Drouet, il lui soit arrivé quelque accident grave.

La reine poussa un gémissement.

— Que faire? dit le roi.

Puis, s'adressant aux deux gardes du corps, qui avaient mis pied à terre :

— Connaissez-vous la ville, Messieurs? demanda-t-il.

Personne ne la connaissait, et la réponse fut négative.

— Sire, dit Isidore, tout est silencieux et par conséquent tout paraît tranquille : qu'il plaise à Votre Majesté d'attendre ici dix minutes. Je vais entrer dans la ville et tâcher d'avoir des nouvelles de MM. de Bouillé et de Raigecourt, ou tout au moins du relais de M. de Choiseul. Votre Majesté ne se rappelle pas le nom de l'auberge où les chevaux doivent attendre.

— Hélas! non, dit le roi; je l'ai su, mais je l'ai oublié. N'importe, allez toujours; nous allons, pendant ce temps, tâcher de prendre quelques renseignements.

Isidore s'élança dans la direction de la ville basse, et disparut bientôt derrière les premières maisons.

XXVII

JEAN-BAPTISTE DROUET

Ce mot du roi : *Nous allons prendre ici quelques renseignements*, était expliqué par la présence de deux ou trois maisons, sentinelles avancées de la ville haute, et qui s'étendaient sur la droite de la route.

L'une de ces maisons, la plus proche, s'était même ouverte au bruit des deux voitures, et l'on avait aperçu de la lumière à travers l'entrebâillement de la porte.

La reine descendit, prit le bras de M. de Malden, et se dirigea vers la maison.

Mais, à leur approche, la porte se referma.

Cependant, cette porte n'avait point été repoussée si vite que M. de Malden, qui s'était aperçu des intentions peu hospitalières du maître du logis, n'eût eu le temps de s'élancer et n'eût arrêté la porte avant que le pêne fût entré dans la gâche.

Sous la secousse de M. de Malden, et quoiqu'on tentât de la repousser, la porte s'ouvrit.

Derrière la porte, et faisant effort pour la fermer, était un homme d'une cinquantaine d'années, jambes nues, vêtu d'une robe de chambre et les pieds dans des pantoufles.

Ce ne fut pas sans un certain étonnement, on le comprend bien, que l'homme à la robe de chambre se sentit repoussé dans sa maison et vit sa porte s'ouvrir sous la pression d'un inconnu derrière lequel se tenait une femme.

L'homme à la robe de chambre jeta un regard rapide sur la reine, dont le visage était éclairé par la lumière qu'il tenait à la main, et il tressaillit.

— Que voulez-vous, Monsieur? demanda-t-il à M. de Malden.

— Monsieur, répondit le garde du corps, nous ne connaissons pas Varennes, et nous vous prions d'être assez bon pour nous indiquer le chemin de Stenay.

— Et si je le fais, dit l'inconnu, et si l'on sait que je vous ai donné ce renseignement, et si, pour vous l'avoir donné, je suis perdu?

— Ah! Monsieur, dit le garde du corps, dussiez-vous courir quelque risque à nous rendre ce service, vous êtes trop courtois pour ne pas obliger une femme qui se trouve dans une dangereuse position.

— Monsieur, répondit l'homme à la robe de chambre, la personne qui est derrière vous n'est pas une femme...

Il s'approcha de l'oreille de M. de Malden et lui dit tout bas :

— C'est la reine!

— Monsieur!

— Je l'ai reconnue.

La reine, qui avait entendu ou qui avait deviné ce que l'on venait de dire, tira M. de Malden en arrière.

— Avant d'aller plus loin, dit-elle, prévenez le roi que je suis reconnue.

M. de Malden en une seconde eut accompli cette commission.

— Eh bien, dit le roi, priez cet homme de venir me parler.

M. de Malden revint; puis, pensant qu'il était inutile de dissimuler :

— Le roi désire vous parler, Monsieur, dit-il.

L'homme poussa un soupir, quitta ses pantoufles, et, pieds nus, pour faire moins de bruit, s'avança vers la portière.

— Votre nom, Monsieur? lui demanda le roi tout d'abord.

— M. de Préfontaine, Sire, répondit-il en hésitant.

— Qu'êtes-vous?

— Major de cavalerie et chevalier de l'ordre royal et militaire de Saint-Louis.

— En votre double qualité de major et de chevalier de Saint-Louis, Monsieur, vous m'avez fait deux fois serment de fidélité; il est donc de votre devoir de m'aider dans l'embarras où je me trouve.

— Certainement, répondit le major en balbutiant; mais je supplie Votre Majesté de se hâter, on pourrait me voir.

— Eh! monsieur, dit M. de Malden, quand

on vous verrait, tant mieux! vous n'aurez jamais plus belle occasion de faire votre devoir!

Le major, dont cela ne paraissait point être l'avis, poussa une espèce de gémissement.

La reine haussait les épaules de pitié et frappait du pied avec impatience.

Le roi lui fit un signe; puis, s'adressant au major :

— Monsieur, reprit-il, auriez-vous entendu dire, par hasard, que des chevaux attendissent une voiture qui doit passer, et avez-vous vu des hussards qui stationnent dans la ville depuis hier?

— Oui, Sire, chevaux et hussards sont de l'autre côté de la ville : les chevaux, à l'hôtel du Grand-Monarque; les hussards, probablement dans la caserne.

— Merci, Monsieur... Maintenant, rentrez chez vous : personne ne vous a vu, il ne vous arrivera donc rien.

— Sire!

Le roi, sans en écouter davantage, tendit la main à la reine, pour qu'elle remontât en voiture, et, s'adressant aux gardes du corps qui attendaient ses ordres :

— Messieurs, dit-il, sur votre siège, et au Grand-Monarque!

Les deux officiers reprirent leur place et crièrent aux postillons : « Au Grand-Monarque! »

Mais, au même instant, une espèce d'ombre à cheval, un cavalier fantastique, s'élança du bois, et, coupant la route en diagonale :

— Postillons, cria-t-il, pas un pas de plus!

— Pourquoi cela? demandèrent les postillons étonnés.

— Parce que vous conduisez le roi, qui s'enfuit. Mais, au nom de la nation, je vous ordonne de ne pas bouger!

Les postillons, qui avaient déjà fait un mouvement pour enlever la voiture, s'arrêtèrent en murmurant :

— Le roi!

Louis XVI vit que l'instant était suprême.

— Qui donc êtes-vous, Monsieur, s'écria-t-il, pour donner des ordres ici?

— Un simple citoyen... seulement, je représente la loi, et je parle au nom de la nation. Postillons, ne bougez pas, je vous l'ordonne une seconde fois! Vous me connaissez bien : je suis Jean-Baptiste Drouet, fils du maître de poste de Sainte-Menehould.

— Oh! le malheureux! crièrent les deux gardes en se précipitant de leur siège, et en mettant le couteau de chasse à la main, c'est lui!

Mais, avant qu'ils eussent mis pied à terre, Drouet s'était élancé dans les rues de la ville basse.

— Ah! Charny! Charny! murmura la reine, qu'est-il devenu?...

Et elle se laissa aller au fond de la voiture, presque indifférente à ce qui allait se passer.

Qu'était-il arrivé de Charny, et comment avait-il laissé passer Drouet?

La fatalité, toujours!

Le cheval de M. Dandoins était bon coureur, mais Drouet avait près de vingt minutes sur le comte.

Il fallait regagner ces vingt minutes.

Charny enfonça ses éperons dans le ventre de son cheval, le cheval bondit, souffla la fumée par ses naseaux, et partit à fond de train.

Drouet, de son côté, sans savoir même s'il était ou non poursuivi, allait ventre à terre.

Seulement Drouet avait un bidet de poste, et Charny avait un cheval de sang.

Il en résulta qu'au bout d'une lieue, Charny avait gagné le tiers du chemin sur Drouet.

Alors Drouet s'aperçut qu'il était poursuivi, et redoubla d'efforts pour échapper à celui qui menaçait de l'atteindre.

A la fin de la seconde lieue, Charny avait continué de gagner dans la même proportion, et Drouet se retournait plus souvent et avec une inquiétude croissante.

Drouet était parti si rapidement, qu'il était parti sans armes.

Or le jeune patriote ne craignait pas la mort, — il l'a bien prouvé depuis; — mais il craignait d'être arrêté dans sa course, il craignait de laisser fuir le roi. il craignait que cette fatale occasion qui lui était offerte d'illustrer à tout jamais son nom ne lui échappât.

Il avait encore deux lieues à faire avant d'arriver à Clermont; mais il était évident qu'il serait rejoint à la fin de la première lieue, ou plutôt de la troisième depuis son départ de Sainte-Menehould.

Et cependant, pour stimuler son ardeur, il sentait devant lui la voiture du roi.

Nous disons il sentait, car il était, on le sait, quelque chose comme neuf heures et demie du soir, et, quoiqu'on fût dans les plus longs jours de l'année, la nuit commençait à tomber.

Drouet redoubla ses coups d'éperon et ses coups de fouet.

Il n'était plus qu'à trois quarts de lieue de Clermont, mais Charny n'était plus qu'à deux cents pas de lui.

Sans aucun doute, — Drouet savait qu'il n'y avait pas de poste à Varennes, — sans aucun doute, le roi allait continuer sa route par Verdun.

Drouet commençait à désespérer : avant de rejoindre le roi, il serait rejoint lui-même.

A une demi-lieue de Clermont, il entendait le galop du cheval de Charny pressant le sien, et les hennissements du cheval de Charny répondant aux hennissements de son cheval.

Il fallait renoncer à la poursuite, ou se décider à faire face à son adversaire; et, pour faire face à son adversaire, nous l'avons dit, Drouet n'avait point d'armes.

Tout à coup, comme Charny n'est plus qu'à cinquante pas de lui, des postillons revenant sur des chevaux dételés croisent Drouet. Drouet les reconnaît pour ceux qui conduisaient les voitures du roi.

— Ah! dit-il, c'est vous... Route de Verdun, n'est-ce pas?

— Quoi! route de Verdun? demandent les postillons.

— Je dis, répète Drouet, que les voitures que vous avez conduites ont pris la route de Verdun.

Et il les dépasse, pressant son cheval par un dernier effort.

— Non, lui crient les postillons, la route de Varennes.

Drouet pousse un rugissement de joie.

Il est sauvé, et le roi est perdu!

Si le roi eût suivi la route de Verdun, il était obligé, lui, le chemin tirant une ligne droite de Sainte-Menehould à Verdun, il était obligé, disons-nous, de suivre la route droite.

Mais le roi a pris la route de Varennes à Clermont; la route de Varennes se jette à gauche, à angle presque aigu.

Drouet s'élance dans la forêt d'Argonne, dont il connaît tous les détours; en coupant à travers le bois, il peut gagner un quart d'heure sur le roi; en outre, l'obscurité de la forêt le protégera.

Charny, qui connaît la topographie générale du pays presque aussi bien que Drouet, comprend que Drouet lui échappe, et jette à son tour un cri de colère.

Presque en même temps que Drouet, il pousse son cheval dans l'étroite plaine qui sépare la route de la forêt, en criant :

— Arrête! Arrête!

Mais Drouet se garde bien de répondre; il se penche sur le cou de son cheval, l'excitant des éperons, de la cravache, de la voix. Qu'il atteigne le bois, c'est tout ce qu'il lui faut : il est sauvé!

Il atteindra le bois; seulement, pour l'atteindre, il passera à dix pas de Charny.

Charny prend un de ses pistolets, vise Drouet.

— Arrête! lui dit-il, ou tu es mort!

Drouet se penche plus bas sur le cou de son cheval, et le presse plus fort.

Charny lâche la détente, mais les étincelles de la pierre, s'abattant sur la batterie, brillent seules dans l'obscurité.

Charny, furieux, lance son pistolet sur Drouet, prend le second, se jette dans le bois à la suite du fugitif, l'entrevoit à travers les arbres, fait feu de nouveau; mais, comme la première fois, son pistolet rate!

C'est alors qu'il se souvient que, lorsqu'il s'éloignait au galop, M. Dandoins lui a crié quelque chose qu'il n'a pas compris.

— Ah! dit-il, je me suis trompé de cheval, et, sans doute, il m'a crié que les pistolets du cheval que je prenais n'étaient pas chargés. N'importe, je rejoindrai ce misérable, et, s'il le faut, je l'étoufferai de mes mains!

Et il se remet à la poursuite de l'ombre qu'il entrevoit encore au milieu de l'obscurité.

Mais à peine a-t-il fait cent pas dans cette forêt qu'il ne connaît pas, que son cheval s'abat dans un fossé; Charny roule par-dessus sa bête, se relève, saute de nouveau en selle, mais Drouet a disparu!

Voilà comment Drouet a échappé à Charny; voilà comment il vient de passer sur la grande route pareil à un fantôme menaçant, et commandant aux postillons qui conduisent le roi de ne pas faire un pas de plus.

Les postillons se sont arrêtés, car Drouet les a adjurés au nom de la nation, qui commence à être plus puissante que le nom du roi.

A peine Drouet s'est-il enfoncé dans la ville basse, qu'en échange du galop de son cheval qui s'éloigne, on entend le galop d'un cheval qui se rapproche.

Par la même rue que Drouet a prise, Isidore reparaît.

Ses renseignements sont les mêmes que ceux qui ont été donnés par M. de Préfontaine :

Les chevaux de M. de Choiseul et de MM. de Bouillé et de Raigecourt sont à l'autre extrémité de la ville, à l'hôtel du Grand-Monarque.

Le troisième officier, M. de Rohrig, est à la caserne avec les hussards.

Un garçon de café qui fermait son établissement lui a donné ces détails comme précis.

Mais, au lieu de la joie qu'il croit apporter

aux illustres voyageurs, il les trouve plongés dans la stupeur la plus profonde.

M. de Préfontaine se lamente ; les deux gardes du corps menacent quelque chose d'invisible et d'inconnu.

Isidore s'arrête au milieu de son récit.

— Qu'est-il donc arrivé, Messieurs? demande-t-il.

— N'avez-vous pas vu, dans cette rue, un homme qui passait au galop?

— Oui, Sire, dit Isidore.

— Eh bien, cet homme, c'est Drouet, dit le roi.

— Drouet! s'écrie Isidore avec un profond déchirement de cœur. Alors, mon frère est mort !

La reine jette un cri et cache sa tête entre ses mains.

XXVIII

LA TOUR DE PÉAGE DU PONT DE VARENNES

Il y eut un instant d'inexprimable accablement parmi tous ces malheureux menacés d'un danger inconnu, mais terrible, et arrêtés sur la grande route.

Isidore en sortit le premier.

— Sire! dit-il, mort ou vivant, ne pensons plus à mon frère, pensons à Votre Majesté. Il n'y a pas un instant à perdre ; les postillons connaissent l'hôtel du Grand-Monarque. Au galop, à l'hôtel du Grand-Monarque !

Mais les postillons ne bougent pas.

— N'avez-vous pas entendu? leur demande Isidore.

— Si fait.

— Eh bien, pourquoi ne partons-nous pas?

— Parce que M. Drouet l'a défendu.

— Comment ! M. Drouet l'a défendu ? Et, quand le roi commande, et que M. Drouet défend, vous obéissez à M. Drouet?

— Nous obéissons à la nation.

— Allons, Messieurs, dit Isidore à ses deux compagnons, il y a des moments où la vie d'un homme ne compte pour rien : chargez-vous chacun d'un de ces hommes ; je me charge, moi, de celui-ci : nous conduirons nous-mêmes!

Et il prend au collet le postillon le plus proche de lui, et lui appuie sur la poitrine la pointe de son couteau de chasse.

La reine voit briller les trois lames et jette un cri.

— Messieurs, dit-elle, Messieurs, par grâce.

Puis aux postillons :

— Mes amis, dit-elle, cinquante louis à partager tout de suite entre vous trois, et une pension de cinq cents francs chacun, si vous sauvez le roi.

Soit qu'ils eussent été effrayés par la démonstration des trois jeunes gens, soit qu'ils fussent séduits par l'offre, les postillons enlèvent leurs chevaux et reprennent leur chemin.

M. de Préfontaine rentre chez lui tremblant, et se barricade.

Isidore galope devant la voiture. Il s'agit de traverser la ville et de passer le pont; la ville traversée et le pont passé, en cinq minutes on sera à l'hôtel du Grand-Monarque.

La voiture descend à fond de train la côte qui conduit à la ville basse.

Mais, en arrivant à la voûte qui donne sur le pont, et qui passe sur la tour, on aperçoit qu'un des battants de la porte est fermé.

On ouvre ce battant ; deux ou trois charrettes barrent le pont.

— A moi ! messieurs, dit Isidore en sautant à bas de son cheval et en rangeant les charrettes.

En ce moment, on entend les premiers battements du tambour et les premières volées du tocsin.

Drouet fait son œuvre.

— Ah ! misérable ! s'écrie Isidore en grinçant des dents, si je te retrouve...

Et, par un effort inouï, il pousse de côté une des deux charrettes, tandis que M. de Malden et M. de Valory poussent l'autre.

Une troisième reste en travers.

— A nous la dernière ! dit Isidore.

Et, en même temps, la voiture s'engage sous la voûte.

Tout à coup, entre les ridelles de la troisième charrette, on voit passer les canons de quatre ou cinq fusils.

— Pas un pas, ou vous êtes morts, Messieurs! dit une voix.

— Messieurs, Messieurs, dit le roi en mettant la tête à la portière, n'essayez point de forcer le passage, je vous l'ordonne.

Les deux officiers et Isidore font un pas en arrière.

— Que nous veut-on? demande le roi.

En même temps, on entend un cri d'effroi poussé dans la voiture.

Outre les hommes qui interceptent le passage du pont, deux ou trois autres se sont glissés derrière la voiture, et les canons de plusieurs fusils se montrent aux portières.

Un d'eux est dirigé sur la poitrine de la reine.

Isidore a tout vu ; il s'élance, saisit le canon du fusil et l'écarte.

— Feu! feu! crient plusieurs voix.

Un des hommes obéit; heureusement, son fusil rate.

Isidore lève le bras, et va poignarder cet homme avec son couteau de chasse; la reine lui arrête le bras.

— Ah! Madame, s'écrie Isidore furieux, au nom du ciel, laissez-moi donc charger cette canaille!

— Non, Monsieur, dit la reine; le sabre au fourreau! entendez-vous?

Isidore obéit à moitié : il laisse retomber son couteau de chasse, mais ne le remet pas au fourreau.

— Ah! si je rencontre Drouet!... murmura-t-il.

— Quant à celui-là, dit la reine à demi-voix, et lui serrant le bras avec une force étrange, quant à celui-là, je vous le livre.

— Mais, enfin, Monsieur, répéta le roi, que voulez-vous?

— Nous voulons voir les passeports, répondirent deux ou trois voix.

— Les passeports? Soit! dit le roi. Allez chercher les autorités de la ville, et nous les leur montrerons.

— Ah! par ma foi, voilà bien des façons! s'écria, en mettant en joue le roi, l'homme dont le fusil avait déjà raté.

Mais les deux gardes du corps se jetèrent sur lui et le terrassèrent.

Dans la lutte, le fusil partit, mais la balle n'atteignit personne.

— Holà! cria une voix, qui a tiré?

L'homme foulé aux pieds par les gardes du corps poussa un rugissement en criant :

— A moi!

Les cinq ou six autres hommes armés accoururent à son secours.

Les gardes du corps dégainèrent leurs couteaux de chasse, et s'apprêtèrent à combattre.

Le roi et la reine faisaient d'inutiles efforts pour arrêter les uns et les autres; la lutte allait commencer, terrible, acharnée, mortelle.

En ce moment, deux hommes se précipitèrent au milieu de la mêlée : l'un, ceint d'une écharpe tricolore; l'autre, vêtu d'un uniforme.

L'homme à l'écharpe tricolore, c'était le procureur de la commune Sausse.

L'homme vêtu de l'uniforme, c'était le commandant de la garde nationale Hannonet.

Derrière eux, on voyait briller, à la lueur de deux ou trois torches, une vingtaine de fusils.

Le roi comprit que, dans ces deux hommes, était, sinon un secours, du moins une garantie.

— Messieurs, dit-il, je suis prêt à me confier à vous ainsi que les personnes qui m'accompagnent; mais défendez-nous des brutalités de ces gens.

Et il montrait les hommes armés de fusils.

— Bas les armes, Messieurs, s'écria Hannonet.

Les hommes obéirent en grondant.

— Vous nous excuserez, Monsieur, dit le procureur de la commune s'adressant au roi; mais le bruit s'est répandu que Sa Majesté Louis XVI était en fuite, et il est de notre devoir de nous assurer si c'est vrai.

— Vous assurer si c'est vrai? s'écria Isidore. Si c'est vrai que cette voiture renferme le roi, vous devez être aux pieds du roi; si, au contraire, elle ne renferme qu'un simple particulier, de quel droit l'arrêtez-vous?

— Monsieur, dit Sausse continuant de s'adresser au roi, c'est à vous que je parle; voulez-vous me faire l'honneur de me répondre?

— Sire, dit tout bas Isidore, gagnez du temps; M. de Damas et ses dragons nous suivent sans doute, et ne tarderont pas à arriver.

— Vous avez raison, dit le roi.

Puis, répondant à M. Sausse :

— Et, si nos passeports sont en règle, Monsieur, dit-il, nous laisserez-vous poursuivre notre route?

— Sans doute, dit Sausse.

— Eh bien, madame la baronne, dit le roi s'adressant à madame de Tourzel, ayez la bonté de chercher votre passeport, et de le donner à ces messieurs.

Madame de Tourzel comprit ce que le roi voulait dire par les mots : « Ayez la bonté de *chercher* votre passeport. »

Elle se mit, en effet, à le chercher, mais dans les poches où il n'était pas.

— Eh! dit une voix impatiente et pleine de menaces, vous voyez bien qu'ils n'en ont point, de passeports!

— Si fait, Messieurs, dit la reine, nous en avons un; mais ignorant qu'on allait nous le demander, madame la baronne de Korff ne sait plus ce qu'elle en a fait.

Une espèce de huée s'éleva dans la foule, indiquant qu'elle n'était pas dupe de ce subterfuge.

— Il y a quelque chose de plus simple que tout cela, dit Sausse. Postillons, conduisez la voiture devant mon magasin. Ces messieurs et ces dames entreront chez moi, et, là, tout s'éclaircira. Postillons, en avant! — Messieurs les gardes nationaux, escortez la voiture.

Eh bien, oui, Monsieur, dit-il. (Page 372.)

Cette invitation ressemblait trop à un ordre pour qu'on essayât de s'y soustraire.

D'ailleurs, l'eût-on tenté, on n'eût probablement pas réussi. Le tocsin continuait de sonner, le tambour continuait de battre, et la foule qui entourait la voiture augmentait à chaque instant.

La voiture se mit en marche.

— Oh! M. de Damas! M. de Damas! murmura le roi, pourvu qu'il arrive avant que nous soyons à cette maison maudite.

La reine ne disait rien; elle pensait à Charny, étouffait ses soupirs et retenait ses larmes.

On arriva à la porte du magasin de Sausse sans avoir entendu parler M. de Damas.

Qu'était-il encore advenu de ce côté-là, et qui empêchait ce gentilhomme, sur le dévouement duquel on savait pouvoir compter, d'accomplir les ordres qu'il avait reçus, et la promesse qu'il avait faite?

Nous allons le dire en deux mots, pour que sorte à tout jamais de l'obscurité chaque point de cette lugubre histoire[1].

[1]. « L'histoire de ce moment tragique où le roi fut arrêté est et sera toujours imparfaitement connue : les principaux historiens du voyage de Varennes n'ont rien su que par ouï-dire. MM. de Bouillé père et fils n'étaient point là; MM. de Choiseul et de Goguelat n'arrivèrent qu'une heure après le moment fatal; M. Deslon plus tard encore. »

(Michelet.)

Nous avons laissé M. de Damas faisant sonner le boute-selle par les trompettes que, pour plus grande sûreté, il avait retenus chez lui.

Au moment où le premier son de la trompette éclata, il prenait son argent dans le tiroir de son secrétaire; et, en y prenant son argent, il en tirait quelques papiers qu'il ne voulait ni laisser derrière lui ni emporter avec lui.

Il s'occupait de ce soin, lorsque la porte de la chambre s'ouvrit, et que plusieurs membres de la municipalité parurent sur le seuil.

L'un d'eux s'approcha du comte.

— Que me voulez-vous? demanda celui-ci tout étonné de cette visite inattendue, et se redressant pour cacher une paire de pistolets déposée sur la cheminée.

— Monsieur le comte, répondit un des visiteurs avec politesse, mais avec fermeté, nous désirons savoir pourquoi vous partez à cette heure.

M. de Damas regarda avec surprise celui qui se permettait de faire une pareille question à un officier supérieur de l'armée du roi.

— Mais, répondit-il, c'est bien simple, Monsieur : je pars à une pareille heure parce que j'en ai reçu l'ordre.

— Dans quel but partez-vous, monsieur le colonel? insista le questionneur.

M. de Damas fixa sur lui un regard de plus en plus étonné.

— Dans quel but je pars? D'abord, je l'ignore moi-même; puis, ensuite, je le saurais, que je ne vous le dirais pas.

Les députés de la municipalité se regardèrent entre eux en s'encourageant les uns les autres du geste; de sorte que celui qui avait commencé d'adresser la parole à M. de Damas continua :

— Monsieur, dit-il, le désir de la municipalité de Clermont est que vous partiez, non pas ce soir, mais seulement demain matin.

M. de Damas sourit de ce mauvais sourire du soldat à qui l'on demande, soit par ignorance, soit dans l'espoir de l'intimider, une chose incompatible avec les lois de la discipline.

— Ah! dit-il, c'est le désir de la municipalité de Clermont que je reste jusqu'à demain matin?

— Oui.

— Eh bien, Monsieur, dites à la municipalité de Clermont que j'ai le suprême regret de me refuser à son désir, attendu qu'aucune loi — que je connaisse du moins — n'autorise la municipalité de Clermont à entraver la marche des troupes. Quant à moi, je n'ai d'ordre à recevoir que de mon chef militaire, et voici mon ordre de départ.

Et ce disant, M. de Damas étendit son ordre vers les députés municipaux.

Celui qui était le plus proche du comte le reçut de ses mains, et le communiqua à ses compagnons, tandis que M. de Damas prenait, derrière lui, les pistolets déposés d'avance sur la cheminée, et cachés par son corps.

Après avoir examiné, avec ses collègues, le papier qui venait de lui être communiqué.

— Monsieur, dit le membre de la municipalité qui avait déjà adressé la parole à M. de Damas, plus cet ordre est précis, plus nous devons nous y opposer; car, sans doute, il vous commande une chose qui, dans l'intérêt de la France, ne doit pas s'accomplir. Je vous annonce donc, au nom de la nation, que je vous arrête.

— Et moi, Messieurs, dit le comte en démasquant ses deux pistolets et en les dirigeant sur les deux officiers municipaux les plus rapprochés de lui, je vous annonce que je pars.

Les officiers municipaux ne s'attendaient pas à cette menace armée; un premier sentiment de crainte ou peut-être d'étonnement les fit s'écarter de devant M. de Damas; celui-ci franchit le seuil du salon, s'élança dans l'antichambre, dont il ferma la porte à double tour, se précipita par les escaliers, trouva son cheval à la porte, sauta dessus, se rendit ventre à terre sur la place où se rassemblait le régiment, et, s'adressant à M. de Floirac, un de ses officiers qu'il trouva à cheval :

— Il faut nous tirer d'ici comme nous pourrons, dit-il, mais l'important est que le roi soit sauvé.

Pour M. de Damas, qui ignorait le départ de Drouet de Sainte-Menehould, qui ne connaissait que l'insurrection de Clermont, le roi était sauvé puisqu'il avait dépassé Clermont, qu'il allait atteindre Varennes, où stationnaient les relais de M. de Choiseul et les hussards de Lauzun, commandés par MM. Jules de Bouillé et de Raigecourt.

N'importe, pour plus grande précaution, s'adressant au quartier-maître du régiment qui s'était rendu sur la place un des premiers avec les fourriers et les dragons de logement :

— Monsieur Rémy, lui dit-il tout bas, partez; prenez la route de Varennes, allez ventre à terre, rejoignez les voitures qui viennent de passer, vous m'en répondez sur votre tête!

Le quartier-maître piqua des deux, et partit avec les fourriers et quatre dragons; mais, en sortant de Clermont, arrivé à un endroit où la route se bifurquait, il prit le mauvais chemin, et s'égara.

Tout tourna fatalement dans cette fatale nuit. Sur la place, la troupe se formait lentement. Les municipaux enfermés chez M. de Damas étaient facilement sortis de leur prison en forçant la porte ; ils excitaient le peuple et la garde nationale, qui se rassemblait avec une bien autre ardeur et dans une bien autre attitude que les dragons. Quelque mouvement que fît M. de Damas, il s'apercevait qu'il était couché en joue par trois ou quatre fusils dont le point de mire ne le quittait pas, ce qui ne laissait pas que d'être inquiétant. Il voyait ses soldats soucieux, il passait dans leurs rangs pour essayer de raviver leur dévouement au roi, mais les soldats secouaient la tête. Quoiqu'ils ne fussent pas encore tous rassemblés, il jugea qu'il était grandement temps de partir ; il donna l'ordre de se mettre en marche, mais personne ne bougea. Pendant ce temps, les officiers municipaux criaient :

— Dragons ! vos officiers sont des traîtres ; ils vous mènent à la boucherie. Les dragons sont patriotes... Vivent les dragons !

Quant aux gardes nationaux et au peuple, ils criaient :

« Vive la nation ! »

D'abord M. de Damas, qui avait donné à demi-voix l'ordre de partir, crut que cet ordre n'avait pas été entendu ; il se retourna, et vit les dragons du second rang qui mettaient pied à terre, et qui fraternisaient avec le peuple.

Dès lors, il comprit qu'il n'y avait plus rien à attendre de ses hommes. Il réunit autour de lui les officiers par un coup d'œil.

— Messieurs, dit-il, les soldats trahissent le roi... J'en appelle des soldats aux gentilshommes : qui m'aime, me suive ! A Varennes !

Et, enfonçant les éperons dans les flancs de son cheval, il s'élança le premier à travers la foule, suivi de M. de Floirac et de trois officiers.

Ces trois officiers, ou plutôt sous-officiers, étaient l'adjudant Foucq et les deux maréchaux des logis Saint-Charles et La Potterie.

Cinq ou six dragons fidèles se détachèrent des rangs, et suivirent aussi M. de Damas.

Quelques balles que l'on envoya à ces héroïques fugitifs furent des balles perdues.

Voilà comment M. de Damas et ses dragons ne s'étaient point trouvés là pour défendre le roi, quand le roi avait été arrêté sous la voûte de la tour du péage à Varennes, forcé de descendre de sa voiture, et conduit chez le procureur de la commune, M. Sausse.

XXIX

LA MAISON DE M. SAUSSE.

La maison de M. Sausse, du moins ce qu'en virent les illustres prisonniers et leurs compagnons d'infortune, se composait d'un magasin d'épicerie au fond duquel, et à travers un vitrage, apparaissait une salle à manger d'où l'on pouvait, étant assis à table, distinguer les chalands qui entraient dans la boutique, entrée, d'ailleurs, dont avertissait une sonnette mise en branle par l'ouverture d'une petite porte basse et à claire-voie comme celles qui ferment, pendant le jour, les magasins de province, que leurs propriétaires, soit par calcul, soit par humilité, semblent n'avoir pas le droit de soustraire aux regards des passants.

Dans un coin de la boutique, un escalier de bois à angles grossiers conduisait au premier étage.

Ce premier étage se composait de deux chambres ; la première, succursale du magasin, était pleine de ballots entassés à terre, de chandelles pendues au plafond, de pains de sucre rangés sur la cheminée dans leurs grossiers papiers bleus, et coiffés de leurs bonnets gris, qu'on enlevait pour voir la finesse et la blancheur de leur grain ; la seconde était la chambre à coucher du propriétaire de l'établissement, réveillé par Drouet, laquelle chambre laissait voir encore des traces du désordre occasionné par ce réveil subit.

Madame Sausse, à moitié habillée, sortait de cette première chambre, traversait la seconde, et apparaissait en haut de l'escalier au moment où la reine d'abord, puis le roi, puis les enfants de France, puis, enfin, Madame Élisabeth et madame de Tourzel, franchissaient le seuil du magasin.

Précédant de quelques pas les voyageurs, le procureur de la commune était entré le premier.

Plus de cent personnes accompagnant la voiture demeurèrent devant la maison de M. Sausse, qui était située sur une petite place.

— Eh bien ? fit le roi en entrant.

— Eh bien, Monsieur, répondit Sausse, il a été parlé de passeport ; si la dame qui dit être la maîtresse de la voiture veut bien montrer le sien, je le porterai à la municipalité, où le conseil est rassemblé, pour voir s'il est valable.

Comme, à tout prendre, le passeport donné par madame de Korff au comte de Charny, et par le comte de Charny à la reine, était en règle, le roi fit signe à madame de Tourzel de donner ce passeport.

Elle tira le précieux papier de sa poche, et le remit aux mains de M. Sausse, lequel chargea sa femme de faire les honneurs de la maison à ses hôtes mystérieux, et partit pour la municipalité. Les esprits y étaient fort échauffés, car Drouet assistait à la séance ; M. Sausse entra avec le passeport. Chacun savait que les voyageurs avaient été conduits chez lui, et, à son arrivée, le silence de la curiosité se fit.

Il déposa le passeport devant le maire.

Nous avons déjà donné la teneur de ce passeport, le lecteur sait donc qu'il n'y avait rien à y redire.

Aussi, après avoir lu :

— Messieurs, dit le maire, le passeport est parfaitement bon.

— Bon ? répétèrent huit ou dix voix avec étonnement.

Et, en même temps, les mains se tendaient pour le recevoir.

— Sans doute, bon, dit le maire, puisque la signature du roi y est !

Et il poussa le passeport vers les mains tendues qui s'en emparèrent aussitôt.

Mais Drouet l'arracha presque des mains qui le tenaient.

— Signé du roi ! dit-il, soit ; mais l'est-il de l'Assemblée nationale ?

— Oui, dit un des voisins qui lisait le passeport en même temps que lui, à la lueur de sa chandelle, voilà la signature des membres d'un des comités.

— D'accord, reprit Drouet ; mais l'est-il du président ? Et, d'ailleurs, trancha le jeune patriote, la question n'est pas là ; les voyageurs ne sont pas madame de Korff, dame russe, ses enfants, son intendant, ses deux dames de compagnie, et trois domestiques ; les voyageurs sont le roi, la reine, le dauphin, Madame Royale, Madame Élisabeth, quelque grande dame du palais, trois courriers, la famille royale enfin ! Voulez-vous ou ne voulez-vous point laisser sortir de France la famille royale ?

La question se posait sous son véritable point de vue ; mais, pour être posée ainsi, elle n'en était que plus difficile à résoudre par de pauvres officiers municipaux d'une ville de troisième ordre comme était Varennes.

Donc, on délibéra, et, la délibération menaçant de traîner en longueur, le procureur de la commune résolut de laisser délibérer les officiers municipaux et de revenir chez lui.

Il retrouva les voyageurs debout dans son magasin. Madame Sausse avait insisté pour les faire monter dans sa chambre, puis pour les faire asseoir dans sa boutique, puis pour leur faire prendre quelque chose ; mais ils avaient tout refusé.

Il leur semblait qu'en s'installant dans cette maison, ou qu'en s'y asseyant, ou qu'en y acceptant quelque chose, ils feraient une concession à ceux qui les avaient arrêtés, et renonceraient à ce prochain départ, objet de tous leurs désirs.

Toutes leurs facultés étaient, pour ainsi dire, suspendues jusqu'au retour du maître de la maison, qui devait rapporter la décision de la municipalité sur ce point si important du passeport.

Tout à coup on le vit fendre la foule qui encombrait la porte et faire des efforts pour rentrer chez lui.

Le roi s'avança de trois pas à sa rencontre.

— Eh bien ? lui demanda-t-il avec une anxiété qu'il s'efforçait en vain de cacher et qui se faisait jour malgré lui, eh bien, le passeport ?

— Le passeport, répondit M. Sausse, je dois dire qu'il soulève en ce moment une grave discussion à la municipalité.

— Et laquelle ? demanda Louis XVI. Douterait-on de sa validité, par hasard ?

— Non ; mais on doute qu'il appartienne véritablement à madame de Korff, et le bruit se répand que c'est, en réalité, le roi et sa famille que nous avons le bonheur de posséder dans nos murs...

Louis XVI hésita un instant à répondre ; puis, prenant tout à coup son parti :

— Eh bien, oui ! Monsieur, dit-il, je suis le roi ! voici la reine, voici mes enfants ! et je vous prie de nous traiter avec les égards que les Français ont toujours eus pour leurs rois !

Nous l'avons dit, la porte de la rue était restée ouverte ; grand nombre de curieux encombraient cette porte. Les paroles du roi furent entendues non seulement au dedans, mais aussi au dehors.

Malheureusement, si celui qui venait de les prononcer les avait dites avec une certaine dignité, l'habit gris dont il était revêtu, sa veste de basin, sa culotte et ses bas gris, et la petite perruque à la Jean-Jacques qu'il portait ne répondaient guère à cette dignité.

Le moyen, en effet, de retrouver un roi de France sous cet ignoble déguisement !

La reine sentit l'impression produite sur

cette multitude et le rouge lui en monta au visage.

— Acceptons ce que madame Sausse nous a offert, dit-elle vivement, et montons au premier.

M. Sausse prit une lumière et s'élança vers l'escalier pour montrer le chemin à ses illustres hôtes.

Pendant ce temps, la nouvelle que c'était bien le roi qui était à Varennes, et que l'aveu venait d'en être fait par sa propre bouche, s'envolait à tire-d'aile et se répandait dans les rues de la ville.

Un homme entra tout effaré à la municipalité.

— Messieurs, dit-il, les voyageurs arrêtés chez M. Sausse sont bien le roi et la famille royale ! Je viens d'en entendre l'aveu de la propre bouche du roi.

— Eh bien, Messieurs, s'écria Drouet, que vous disais-je ?

En même temps, on entendait de grandes rumeurs par la ville, et le tambour continuait de battre, et le tocsin continuait de sonner.

Maintenant, comment tous ces bruits différents n'attiraient-ils point au cœur de la ville, et près des fugitifs, M. de Bouillé, M. de Raigecourt et les hussards en station à Varennes pour attendre le roi ?

Nous allons le dire.

Vers neuf heures du soir, les deux jeunes officiers venaient de rentrer à l'hôtel du Grand-Monarque, lorsqu'ils entendirent le bruit d'une voiture.

Tous deux étaient dans une salle au rez-de-chaussée, et coururent à la fenêtre.

Cette voiture était un simple cabriolet. Cependant, les deux gentilshommes se tenaient prêts, s'il était besoin, à faire sortir les relais.

Mais le voyageur qu'ils aperçurent n'était pas le roi ; c'était un grotesque personnage coiffé d'un chapeau à larges bords, et affublé d'une énorme houppelande.

Ils faisaient un pas en arrière quand ce voyageur cria :

— Eh ! Messieurs ! l'un de vous n'est-il pas M. le chevalier Jules de Bouillé ?

Le chevalier s'arrêta dans sa retraite.

— Oui, Monsieur, dit-il, c'est moi.

— En ce cas, dit l'homme à la houppelande et au chapeau à grands bords, j'ai beaucoup de choses à vous dire.

— Monsieur, dit le chevalier de Bouillé, je suis prêt à les entendre, quoique je n'aie pas l'honneur de vous connaître ; mais donnez-vous la peine de descendre de votre voiture, et d'entrer dans cette auberge, nous ferons connaissance.

— Volontiers, monsieur le chevalier, volontiers ! cria l'homme à la houppelande.

Et il sauta de la voiture sans toucher au marchepied, et entra précipitamment à l'hôtel.

Le chevalier remarqua qu'il paraissait fort effaré.

— Ah ! monsieur le chevalier, dit l'inconnu, vous allez me donner les chevaux que vous avez ici, n'est-ce pas ?

— Comment, les chevaux que j'ai ici ? répondit M. de Bouillé tout effaré à son tour.

— Oui ! oui ! vous allez me les donner ! Vous n'avez besoin de me rien cacher... J'en suis, je sais tout !

— Monsieur, permettez-moi de vous avouer que la surprise m'empêche de vous répondre, reprit M. de Bouillé, et que je ne comprends pas un mot de tout ce que vous voulez dire.

— Je vous répète que je sais tout, insista le voyageur ; le roi est parti de Paris hier au soir... mais il n'y a pas d'apparence qu'il ait pu poursuivre son chemin ; j'en ai déjà prévenu M. de Damas, et il a fait retirer ses postes : le régiment de dragons s'est mutiné ; il y a eu une émeute à Clermont... J'ai eu beaucoup de peine à passer, moi qui vous parle !

— Mais, enfin, vous qui me parlez, dit M. de Bouillé avec impatience, qui êtes-vous ?

— Je suis Léonard, coiffeur de la reine. Comment ! vous ne me connaissez pas ? Imaginez-vous que c'est M. de Choiseul qui m'a emmené avec lui, malgré moi... Je lui apportais les diamants de la reine et de Madame Élisabeth, et quand je pense, Monsieur, que mon frère, dont j'ai le chapeau et la houppelande, ne sait pas ce que je suis devenu, et que cette pauvre madame de l'Aage, qui m'attendait, hier, pour la coiffer, m'attend encore à l'heure qu'il est ! Oh ! mon Dieu ! mon Dieu ! quelle histoire que tout cela !

Et Léonard se promena à grands pas dans la salle, levant des bras désespérés vers le plafond.

M. de Bouillé commençait à comprendre.

— Ah ! vous êtes M. Léonard ! dit-il.

— Certainement que je suis Léonard, reprit le voyageur, retranchant, à la manière des grands hommes, le titre que lui avait donné le chevalier de Bouillé ; — et, comme vous me connaissez maintenant, vous allez me donner vos chevaux, n'est-ce pas ?

— Monsieur Léonard, reprit le chevalier s'obstinant à faire rentrer l'illustre coiffeur dans la classe ordinaire des mortels, les chevaux que j'ai ici sont au roi, personne ne s'en servira que le roi !

— Mais, puisque je vous dis, Monsieur, qu'il n'est pas probable que le roi passe...

— C'est vrai, monsieur Léonard ; mais le roi peut passer, et, s'il passait sans trouver ses chevaux, et que je lui dise que je vous les ai donnés, peut-être me répondrait-il que je le paye d'une assez mauvaise raison.

— Comment ! une mauvaise raison ! dit Léonard. Vous croyez que, dans une situation extrême comme est celle où nous sommes, le roi me blâmerait d'avoir pris ses chevaux ?

Le chevalier ne put s'empêcher de sourire.

— Je ne prétends point, répondit-il, que le roi vous blâmerait d'avoir pris ses chevaux ; mais il trouverait, à coup sûr, que, moi, j'ai eu tort de vous les donner.

— Ah ! fit Léonard, ah ! diable !... je n'avais pas envisagé la question de ce côté-là ! Vous me refusez donc les chevaux, monsieur le chevalier ?

— Positivement.

Léonard poussa un soupir.

— Mais, au moins, dit-il revenant à la charge, vous vous emploierez pour m'en faire donner.

— Ah ! quant à cela, mon cher monsieur Léonard, dit M. de Bouillé, je ne demande pas mieux !

En effet, Léonard était un hôte assez embarrassant, non seulement il parlait haut, mais encore il joignait à ses paroles une pantomime des plus expressives, et cette pantomime, grâce aux bords immenses de son chapeau et à la largeur démesurée de sa houppelande, prenait une forme grotesque dont le ridicule ne laissait pas de rejaillir tant soit peu sur ses interlocuteurs.

M. de Bouillé était donc on ne peut plus pressé de se débarrasser de Léonard.

Il fit, en conséquence, venir l'hôte du Grand-Monarque, le pria de s'enquérir de chevaux qui pussent conduire le voyageur jusqu'à Dun, et, cette recommandation faite, il abandonna Léonard à sa bonne fortune, en lui disant, ce qui était vrai, qu'il allait aux nouvelles.

Les deux officiers, M. de Bouillé et M. de Raigecour, rentrèrent effectivement dans la ville, la traversèrent entièrement, firent un quart de lieue sur le chemin de Paris, ne virent, n'entendirent rien, et, commençant à croire de leur côté que le roi, qui était de huit ou dix heures en retard, ne passerait pas, ils s'en retournèrent à l'hôtel.

Léonard venait de partir. Onze heures sonnaient.

Déjà fort inquiets avant même d'avoir entendu ce que leur avait dit le coiffeur de la reine, ils avaient, en outre, vers neuf heures un quart, expédié une ordonnance. C'était cette ordonnance qui avait croisé les voitures à la sortie de Clermont, et que nous avons vu arriver chez M. de Damas.

Les deux officiers attendirent jusqu'à minuit.

A minuit, ils se jetèrent sur leurs lits, mais tout habillés.

A minuit et demi, ils furent réveillés par le tocsin, par le tambour, par les cris.

Ils mirent la tête à la fenêtre de l'auberge, et virent toute la ville en rumeur, courant ou plutôt se précipitant du côté de la municipalité.

Beaucoup d'hommes armés couraient dans la même direction. Ces hommes portaient, les uns des fusils de munition, les autres des fusils à deux coups ; d'autres étaient simplement armés de sabres, d'épées ou de pistolets.

Les deux gentilshommes allèrent aux écuries, et commencèrent par faire sortir les chevaux du roi, qu'à tout hasard, et pour les conserver, ils conduisirent hors de la ville : la ville traversée, le roi les retrouverait là.

Puis ils revinrent chercher leurs propres chevaux, qu'ils amenèrent près des chevaux du roi, gardés par des postillons.

Mais ces allées et venues avaient excité les soupçons, et, pour sortir de l'hôtel avec leurs propres chevaux, ils avaient eu à soutenir une espèce de combat dans lequel deux ou trois coups de fusil avaient été tirés sur eux.

En même temps, au milieu des cris et des menaces, ils avaient appris que le roi venait d'être arrêté et conduit chez le procureur de la commune.

Ils tinrent conseil sur ce qu'ils avaient à faire. Devaient-ils réunir les hussards, et tenter un effort pour délivrer le roi ? Devaient-ils monter à cheval, et prévenir le marquis de Bouillé, qu'ils rencontreraient, selon toute probabilité, à Dun, et, à coup sûr, à Stenay ?

Or, Dun n'était éloigné de Varennes que de cinq lieues ; Stenay n'en était distant que de huit ; en une heure et demie, ils pouvaient être à Dun ; en deux heures, à Stenay, et marcher immédiatement sur Varennes avec le petit corps d'armée que commandait M. de Bouillé.

Ils s'arrêtèrent à ce dernier parti, et, à minuit et demi, juste comme le roi se décidait à monter dans la chambre du procureur de la commune, ils se décidèrent à abandonner le relais qui leur était confié, et partirent au grand galop pour Dun.

C'était encore un des secours immédiats sur lesquels le roi comptait, et qui échappait au roi !

XXX

LE CONSEIL DU DÉSESPOIR

On se rappelle la situation dans laquelle s'était trouvé M. de Choiseul, commandant du premier poste à Pont-de-Sommevelle : voyant l'insurrection grandir autour de lui, et voulant éviter un combat, il avait dit négligemment, sans attendre le roi davantage, que probablement le trésor était passé, et il s'était replié sur Varennes.

Seulement, pour ne point passer par Sainte-Menehould qui, on s'en souvient, était tout en rumeur, il avait pris la traverse en ayant soin, jusqu'au moment où il avait quitté la grande route, de ne marcher qu'au pas, afin de donner cette chance au courrier de le rejoindre.

Mais le courrier ne l'avait pas rejoint, et, à Orbeval, il avait pris la traverse.

Derrière lui, Isidore passait.

M. de Choiseul croyait fermement le roi arrêté par quelque événement imprévu. D'ailleurs, s'il avait le bonheur de se tromper, et si le roi continuait son chemin, ne trouverait-il pas M. Dandoins à Sainte-Menehould, et M. de Damas à Clermont ?

Nous avons vu ce qui était arrivé de M. de Dandoins, retenu avec ses hommes à la municipalité, et de M. de Damas, obligé de fuir presque seul.

Mais ce qui nous est connu, à nous qui planons de la hauteur de soixante ans sur cette terrible journée, et qui avons sous les yeux la relation de chacun des acteurs de ce grand drame, était encore caché à M. de Choiseul par le nuage du présent. M. de Choiseul, qui avait pris la traverse à Orbeval, arriva donc vers la nuit au bois de Varennes, au moment même où Charny, dans une autre partie de la forêt, s'enfonçait sous ce bois à la poursuite de Drouet. Dans le dernier village placé sur la lisière, c'est-à-dire à la Neuville-au-Pont, il fut obligé de perdre une demi-heure à attendre un guide. Pendant ce temps, le tocsin sonnait dans tous les villages environnants, et une arrière-garde de quatre hussards était enlevée par les paysans. M. de Choiseul, prévenu aussitôt, ne parvint jusqu'à eux que par une charge à fond ; les quatre hussards furent délivrés.

Mais, à partir de ce moment, le tocsin se fit entendre avec rage et ne s'arrêta plus.

Le chemin à travers ces bois était extrêmement pénible, et souvent même dangereux ; le guide, soit à dessin, soit sans le vouloir, égara la petite troupe ; à chaque instant, pour gravir ou pour descendre quelque montagne à pic, les hussards étaient forcés de mettre pied à terre ; parfois le chemin était si étroit, qu'ils se trouvaient réduits à marcher un à un ; un hussard tomba dans un précipice, et comme, à ses cris d'appel, on reconnut qu'il n'était pas mort, ses camarades refusèrent de l'abandonner. On perdit trois quarts d'heure à l'opération du sauvetage ; ces trois quarts d'heure furent justement ceux pendant lesquels le roi, arrêté, fut forcé de descendre de voiture, et conduit chez M. Sausse.

A minuit et demi, comme MM. de Bouillé et de Raigecourt fuyaient sur la route de Dun, M. de Choiseul, avec ses quarante hussards, se présentait à l'autre extrémité de la ville, arrivant par son chemin de traverse.

A la hauteur du pont, il fut accueilli par un vigoureux « Qui vive ? »

Ce *qui vive* était poussé par un garde national de faction.

— France ! Lauzun-hussards ! répondit M. de Choiseul.

— On ne passe pas ! répondit le garde national.

Et il appela aux armes.

Au moment même il se fit un grand mouvement dans la population ; on vit s'épaissir dans la nuit des masses d'hommes armés, et, à la lueur des torches et des lumières apparaissant aux fenêtres, briller les fusils par les rues.

Ne sachant point à qui il avait affaire ni ce qui était arrivé, M. de Choiseul voulut d'abord se reconnaître. Il commença par demander à être mis en communication avec le poste de police du détachement en station à Varennes ; cette demande amena de longs pourparlers ; enfin, on se décida à obtempérer au désir de M. de Choiseul.

Mais, pendant qu'on prenait cette décision et qu'on l'exécutait, M. de Choiseul pouvait voir que les gardes nationaux utilisaient leur temps et préparaient des moyens de défense en faisant des abatis d'arbres, et en braquant sur lui et ses quarante hommes deux petites pièces de canon. Comme le pointeur achevait sa besogne, le poste de police des hussards arrivait, mais démonté ; les hommes qui le composaient ne savaient rien, sinon que le roi, leur avait-on dit, venait d'être arrêté et conduit à la commune ; quant à eux, ils avaient été surpris et démontés par le peuple. Ils ignoraient ce qu'étaient devenus leurs compagnons.

Comme ils achevaient de donner ces explications, M. de Choiseul crut voir s'avancer au milieu de l'obscurité une petite troupe à cheval, et en même temps il entendit crier : « Qui vive? »

— France! répondit une voix.

— Quel régiment?

— Monsieur-dragons!

A ces mots, un coup de fusil retentit, tiré par un garde national.

— Bon! dit tout bas M. de Choiseul au sous-officier qui se trouvait près de lui, voilà M. de Damas et ses dragons.

Et, sans attendre davantage, se dégageant de deux hommes qui s'étaient cramponnés à la bride de son cheval, et qui lui criaient que son devoir était d'obéir à la municipalité, et de ne connaître qu'elle, il commanda au trot, prit à l'improviste ceux qui voulaient l'arrêter, força le passage, et pénétra dans les rues illuminées et fourmillantes de monde.

En approchant de la maison de M. Sausse, il aperçut la voiture du roi dételée, puis une petite place où, en face d'une maison de peu d'apparence, stationnait une garde nombreuse.

Pour ne pas mettre la troupe en contact avec les habitants, il alla droit à la caserne des hussards, dont il connaissait la position.

La caserne était vide : il y enferma ses quarante hussards.

Comme M. de Choiseul sortait de la caserne, deux hommes venant de la maison commune l'arrêtèrent et le sommèrent de se rendre à la municipalité.

Mais M. de Choiseul, qui était encore à portée de la voix de ses hussards, renvoya ces deux hommes en leur disant qu'il se rendrait à la municipalité quand il en aurait le temps, et en ordonnant tout haut à la sentinelle de ne laisser entrer personne.

Deux ou trois gardes d'écurie étaient restés à la caserne. M. de Choiseul les interrogea et apprit par eux que les hussards, ne sachant pas ce qu'étaient devenus leurs chefs, avaient suivi les bourgeois qui étaient venus les prendre, et, répandus par la ville, buvaient avec eux.

A cette nouvelle, M. de Choiseul rentra dans la caserne. Il en était réduit aux quarante hommes dont les chevaux avaient fait plus de vingt lieues dans la journée. Hommes et chevaux étaient éreintés.

Cependant il n'y avait point à marchander avec la situation. M. de Choiseul commença par faire l'inspection des pistolets pour voir s'ils étaient chargés ; puis il déclara en allemand aux hussards, qui, n'entendant pas un mot de français, n'avaient rien compris à ce qui se passait autour d'eux, qu'ils étaient à Varennes, que le roi, la reine et la famille royale venaient d'être arrêtés, qu'il s'agissait de les tirer des mains de ceux qui les retenaient prisonniers ou de mourir.

La harangue était courte mais chaude : elle parut produire sur les hussards une vive impression. *Der kœnig! die kœnigin!* répétaient-ils avec étonnement.

M. de Choiseul ne leur laissa pas le temps de se refroidir ; il leur ordonna de mettre le sabre à la main en les faisant rompre par quatre, et se porta au grand trot vers la maison où il avait vu une garde, se doutant bien que c'était dans cette maison que le roi était prisonnier.

Là, au milieu des invectives des gardes nationaux, et sans se préoccuper de ces invectives, il plaça deux vedettes à la porte, et mit pied à terre pour entrer dans la maison.

Au moment où il allait en franchir le seuil, il se sentit toucher sur l'épaule.

Il se retourna et vit le comte Charles de Damas, dont il avait reconnu la voix au *qui vive?* des gardes nationaux.

Peut-être M. de Choiseul avait-il un peu compté sur cet auxiliaire.

— Ah! c'est vous! dit-il. Êtes-vous en force?

— Je suis seul ou presque seul, répondit M. de Damas.

— Et comment cela?

— Mon régiment a refusé de me suivre, et je suis ici avec cinq ou six hommes.

— Voilà un malheur ; mais, n'importe, il me reste mes quarante hussards, voyons ce qu'il y a à faire avec eux.

Le roi recevait une députation de la commune conduite par M. Sausse.

Cette députation venait dire à Louis XVI :

— Puisqu'il n'est plus douteux pour les habitants de Varennes qu'ils ont le bonheur de posséder leur roi, ils viennent prendre ses ordres.

— Mes ordres? répondit le roi. Faites alors que mes voitures soient prêtes, et que je puisse partir.

On ne sait ce qu'allait répondre à cette demande précise la députation municipale,

La balle du fusil lui traversa la poitrine. (Page 362.)

quand on entendit le galop des chevaux de M. de Choiseul, et quand on vit, à travers les vitres, les hussards se ranger sur la place, le sabre à la main.

La reine tressaillit, un rayon de joie passa dans ses yeux.

— Nous sommes sauvés ! murmura-t-elle à l'oreille de Madame Élisabeth.

— Dieu le veuille ! répondit la sainte brebis royale, qui reportait tout à Dieu, bien et mal, espérance et désespoir.

Le roi se redressa et attendit

Les officiers municipaux se regardèrent inquiets.

En ce moment, un grand bruit se fit entendre dans l'antichambre, gardée par des paysans armés de faux ; il y eut quelques paroles échangées, puis une lutte, et M. de Choiseul, sans chapeau, l'épée à la main, apparut sur le seuil de la porte.

Au-dessus de son épaule, on voyait la tête pâle mais résolue de M. de Damas.

Il y avait dans le regard des deux officiers une telle expression de menace, que les députés de la commune s'écartèrent, laissant libre l'espace qui séparait les nouveaux venus du roi et de la famille royale.

Quand ils entrèrent, l'intérieur de la chambre présentait le tableau suivant :

Au milieu était une table sur laquelle étaient

placés une bouteille de vin entamée, du pain et quelques verres.

Le roi et la reine, debout, écoutaient les députés de la commune ; près de la fenêtre étaient Madame Élisabeth et Madame Royale ; sur le lit, à moitié défait, dormait le dauphin, épuisé de lassitude ; à côté de lui, madame de Touzel était assise, la tête appuyée dans ses deux mains, et, debout derrière elle, se tenaient mesdames Brunier et de Neuville ; enfin, les deux gardes du corps et Isidore de Charny, écrasés à la fois de douleur et de fatigue, se perdaient au fond dans la pénombre, à demi couchés sur des chaises.

En apercevant M. de Choiseul, la reine traversa la chambre dans toute sa longueur, et, lui prenant la main :

— Ah ! monsieur de Choiseul, dit-elle, c'est vous !... Soyez le bienvenu !

— Hélas ! Madame, dit le duc, j'arrive bien tard, il me semble.

— N'importe, si vous arrivez en bonne compagnie.

— Ah ! Madame, nous sommes presque seuls au contraire. M. Dandoins a été retenu avec ses dragons à la municipalité de Sainte-Menehould, et M. de Damas a été abandonné par les siens.

La reine secoua tristement la tête.

— Mais, continua M. de Choiseul, où donc est le chevalier de Bouillé ? où donc est M. de Raigecourt ?

Et M. de Choiseul les cherchait des yeux, regardant tout autour de lui.

Pendant ce temps, le roi s'était approché.

— Je n'ai pas seulement aperçu ces messieurs, dit-il.

— Sire, dit M. de Damas, je vous donne ma parole d'honneur que je les croyais tués devant les roues de votre voiture.

— Que faire ? demanda le roi.

— Vous sauver, Sire, dit M. de Damas. Donnez vos ordres.

— Sire, reprit M. de Choiseul, j'ai ici quarante hussards ; ils ont fait vingt lieues dans leur journée, mais ils iront bien encore jusqu'à Dun.

— Mais nous ? demanda le roi.

— Écoutez, Sire, répondit M. de Choiseul, voici, je crois, la seule chose qu'il y ait à faire. J'ai quarante hussards, comme je vous l'ai dit ; j'en démonte sept, vous monterez sur un des chevaux tenant le dauphin dans vos bras ; la reine montera le second cheval, Madame Élisabeth le troisième, Madame Royale le quatrième, mesdames de Tourzel, de Neuville et Brunier, que vous ne voulez pas abandonner, monteront les trois autres... Nous vous entourerons avec les trente-trois hussards restés à cheval ; nous nous ferons jour à coups de sabre, et ainsi nous aurons une chance de salut. Mais réfléchissez bien, Sire, que c'est une mesure à adopter à l'instant même, si vous l'adoptez ; car, dans une heure, dans une demi-heure, dans un quart d'heure peut-être, mes hussards seront gagnés !

M. de Choiseul se tut, attendant la réponse du roi ; la reine paraissait adhérer au projet, et, les yeux fixés sur Louis XVI, l'interrogeait ardemment du regard.

Mais lui, au contraire, semblait fuir les yeux de la reine et l'influence qu'elle pouvait prendre sur lui.

Enfin, regardant M. de Choiseul en face :

— Oui, dit-il, je sais bien que c'est un moyen et même le seul peut-être ; mais pouvez-vous me répondre que, dans cette inégale bagarre de trente-trois hommes contre sept ou huit cents, un coup de fusil ne tuera point ou mon fils, ou ma fille, ou la reine, ou ma sœur ?

— Sire, répondit M. de Choiseul, si un pareil malheur arrivait, et arrivait parce que vous auriez cédé à mon conseil, je n'aurais plus qu'à me tuer aux yeux de Votre Majesté.

— Eh bien, alors, dit le roi, au lieu de nous laisser emporter à tous ces projets extrêmes, raisonnons froidement.

La reine poussa un soupir, et fit deux ou trois pas en arrière.

Dans ce mouvement où elle ne dissimulait point son regret, elle rencontra Isidore, qui, attiré par le bruit de la rue, et espérant toujours que ce bruit était occasionné par l'arrivée de son frère, s'était approché de la fenêtre.

Ils échangèrent tout bas deux ou trois mots, et Isidore s'élança hors de la chambre.

Le roi continua sans paraître avoir remarqué ce qui venait de se passer entre Isidore et la reine.

— La municipalité, dit-il, ne refuse pas de me laisser passer ; elle demande seulement que j'attende ici la pointe du jour. Je ne parle pas du comte de Charny, qui nous est si profondément dévoué, et dont nous n'avons point de nouvelles. Mais le chevalier de Bouillé et M. de Raigecourt sont partis, à ce que l'on m'a assuré, dix minutes après mon arrivée, pour prévenir le marquis de Bouillé, et faire marcher les troupes, qui sont sûrement prêtes. Si j'étais seul, je suivrais votre conseil et je passerais ; mais la reine, mes deux enfants, ma sœur, ces dames, il est impossible de risquer autant avec le peu de monde que vous avez et dont il faudrait encore démonter une partie, car je ne partirai certes pas en laissant ici mes trois gardes du corps ! — Il tira sa montre. — Il est bientôt trois heures ; le jeune Bouillé est parti à minuit et demi ; son père a bien certainement échelonné des troupes de distance en distance ; les premières seront averties par le chevalier ; elles arriveront successivement... Il n'y a que huit lieues d'ici à Stenay ; dans l'espace de deux heures ou deux heures et demie, un homme peut les faire à cheval ; il arrivera donc des détachements toute la nuit; vers cinq ou six heures, le marquis de Bouillé pourra donc être ici de sa personne, et, alors, sans aucun danger pour ma famille, sans aucune violence, nous quitterons Varennes, et continuerons notre chemin.

M. de Choiseul reconnaissait la logique de ce raisonnement, et, cependant, son instinct lui disait qu'il y a certains moments où il ne faut pas écouter la logique.

Il se retourna donc vers la reine, et du regard sembla la supplier de lui donner d'autres ordres, ou, du moins, d'obtenir du roi qu'il révoquât ceux qu'il venait de donner.

Mais, elle, secouant la tête :

— Je ne veux rien prendre sur moi, dit-elle ; c'est au roi de commander ; mon devoir, à moi, est d'obéir ; d'ailleurs, je suis de l'avis du roi : M. de Bouillé ne peut tarder à arriver.

M. de Choiseul s'inclina et fit quelques pas en arrière, entraînant M. de Damas, avec lequel il avait besoin de se concerter, et faisant signe aux deux gardes du corps de venir prendre part au conseil qu'ils allaient tenir.

XXXI

PAUVRE CATHERINE !

La chambre avait un peu changé d'aspect.

Madame Royale n'avait pu résister à la fatigue, et Madame Élisabeth et madame de Tourzel l'avaient couchée près de son frère.

Elle s'était endormie.

Madame Élisabeth se tenait auprès du lit, la tête appuyée contre un des angles.

La reine, crispée de colère, était debout près de la cheminée, regardant alternativement le roi, qui s'était assis sur un ballot de marchandises, et les quatre officiers, qui délibéraient près de la porte.

Une femme octogénaire était à genoux, comme devant un autel, auprès du lit où dormaient les deux enfants. C'était la grand'mère du procureur de la commune, qui, frappée de la beauté des deux enfants, et de l'air imposant de la reine, était tombée à genoux, fondait en larmes et priait tout bas.

Quelle était la prière qu'elle adressait à Dieu ? Était-ce que Dieu pardonnât à ces deux anges, ou que ces deux anges pardonnassent aux hommes ?

M. Sausse et les officiers municipaux s'étaient retirés, promettant au roi que les chevaux allaient être mis à la voiture.

Mais le regard de la reine annonçait parfaitement qu'elle ne faisait aucun fond sur cette promesse ; aussi M. de Choiseul disait-il à M. de Damas, à M. de Floirac et à M. Foucq, qui l'avaient suivi, ainsi qu'aux deux gardes du corps :

— Messieurs, ne nous arrêtons point à la feinte tranquillité du roi et de la reine ; la question n'est pas désespérée, mais envisageons-la telle qu'elle est.

Les officiers firent signe qu'ils écoutaient, et que M. de Choiseul pouvait parler.

— Il est probable qu'à l'heure qu'il est, M. de Bouillé est averti, et qu'il arrivera ici vers cinq ou six heures du matin, puisqu'il doit être entre Dun et Stenay avec un détachement de Royal-Allemand. Il est même possible que son avant-garde soit ici une demi-heure avant lui ; car dans des circonstances comme celles où nous sommes, tout ce qui est possible doit être exécuté ; mais il ne faut pas nous dissimuler que quatre ou cinq mille hommes nous entourent, et que le moment où l'on apercevra les troupes de M. de Bouillé sera celui d'un danger imminent, et d'une effervescence épouvantable. On voudra entraîner le roi hors de Varennes, on essayera de le faire monter à cheval, et de l'emmener à Clermont ; on menacera sa vie ; on y attentera peut-être ; mais ce danger, Messieurs, continua M. de Choiseul, ne durera qu'un instant, et, aussitôt la barrière forcée, aussitôt les hussards dans la ville, la déroute sera complète. C'est donc dix minutes à peu près qu'il nous faudra tenir ; nous sommes dix : avec la disposition des localités, nous pouvons espérer qu'on ne nous tuera guère qu'un homme par minute. En conséquence, nous avons le temps.

Les auditeurs se contentèrent de faire un signe de tête affirmatif. Ce dévouement, qui allait jusqu'à la mort, proposé simplement, était accepté avec la même simplicité.

— Eh bien, Messieurs, je crois que voici ce

qu'il y aura à faire, continua M. de Choiseul : au premier coup de feu que nous entendrons, aux premiers cris qui retentiront au dehors, nous nous précipiterons dans la première chambre; nous tuerons tout ce qui s'y trouvera, nous nous emparerons de l'escalier et des fenêtres... Il y a trois fenêtres : trois de nous les défendront ; les sept autres s'étageront dans l'escalier, que sa disposition en coquille rend facile à défendre, puisqu'un homme seul peut y faire face à cinq ou six assaillants. Les cadavres mêmes de ceux d'entre nous qui seront tués serviront de rempart aux autres ; il y a donc cent à parier contre un que les troupes seront maîtresses de la ville avant que nous soyons égorgés jusqu'au dernier, et, dussions-nous l'être, la place que nous occuperons alors dans l'histoire sera une assez belle récompense de notre dévouement.

Les jeunes gens se serrèrent les mains comme durent faire les Spartiates au moment du combat, puis chacun arrêta son poste de bataille : les deux gardes et Isidore de Charny, — dont on gardait la place quoiqu'il fût absent, — aux trois fenêtres donnant sur la rue; M. de Choiseul au bas de l'escalier; puis, après lui, le comte de Damas; puis M. de Floirac, M. Foucq et les deux autres sous-officiers du régiment de dragons qui étaient restés fidèles à M. Damas.

Au moment où ces dispositions venaient d'être arrêtées, une certaine rumeur se fit entendre dans la rue.

C'était une seconde députation se composant de Sausse, qui paraissait être l'élément premier de toutes les députations, du commandant de la garde nationale Hannonet, et de trois ou quatre officiers municipaux.

Ils se firent annoncer, et le roi, croyant qu'ils venaient lui dire que les chevaux étaient enfin à la voiture, ordonna qu'ils fussent introduits.

Ils entrèrent; les jeunes officiers, qui interprétaient tout geste, tout signe, tout mouvement, crurent remarquer sur la physionomie de Sausse une hésitation, et sur le front d'Hannonet une volonté arrêtée qui ne leur semblèrent pas de bon augure.

En même temps, Isidore de Charny remonta, dit tout bas quelques mots à la reine, et redescendit précipitamment.

La reine fit un pas en arrière, et se soutint toute pâlissante au lit où dormaient ses enfants.

Quant au roi, il interrogeait des yeux les envoyés de la commune, et attendait qu'ils lui adressassent la parole.

Mais ceux-ci, sans parler, s'inclinèrent devant le roi.

Louis XVI fit semblant de se méprendre à leur intention.

— Messieurs, dit-il, les Français ne sont qu'égarés, et leur attachement pour leur roi est réel. Aussi, fatigué des outrages continuels que j'éprouve dans ma capitale, c'est au fond de mes provinces, où vit encore la flamme sacrée du dévouement, que je me suis décidé à me retirer ; là, je suis assuré de retrouver l'ancien amour de mon peuple pour ses souverains.

Les envoyés s'inclinèrent de nouveau.

— Et la preuve de ma confiance dans mon peuple, je suis prêt à la donner, continua le roi. Ainsi, je vais prendre ici moitié hommes de la garde nationale, moitié troupes de ligne, et cette escorte m'accompagnera jusqu'à Montmédy, où je suis décidé à me retirer. En conséquence, commandant, je vous prie de choisir vous-même les hommes qui m'accompagneront parmi ceux de votre garde nationale, et de faire atteler les chevaux à ma voiture.

Il se fit un moment de silence pendant lequel, sans doute, Sausse attendait qu'Hannonet parlât et où Hannonet attendait que Sausse prît la parole.

Enfin, Hannonet, s'inclinant, répondit :

— Sire, ce serait avec le plus grand bonheur que j'obéirais aux ordres de Votre Majesté; mais il y a un article de la Constitution qui défend au roi de sortir du royaume, et aux bons Français de l'aider dans sa fuite.

Le roi tressaillit.

— En conséquence, continua Hannonet faisant un signe de la main pour prier le roi de le laisser achever, en conséquence, la municipalité de Varennes a décidé qu'avant de permettre que le roi passât outre, elle enverrait un courrier à Paris, et attendrait la réponse de l'Assemblée nationale.

Le roi sentit la sueur perler sur son front, tandis que la reine mordait d'impatience ses lèvres pâles, et que Madame Élisabeth levait les mains et les yeux vers le ciel.

— Holà! Messieurs, dit le roi avec une certaine dignité qui lui revenait quand il était poussé à bout. Est-ce que je ne suis plus le maître d'aller où il me convient ? En ce cas, je suis plus esclave que le dernier de mes sujets !

— Sire, répondit le commandant de la garde nationale, vous êtes toujours le maître ; seulement, tous les hommes, roi et simples citoyens, sont engagés par leur serment; vous avez fait serment, obéissez le premier à la loi, Sire. C'est non seulement un grand exemple à donner, mais encore un noble devoir à suivre.

Pendant ce temps, M. de Choiseul consultait des yeux la reine, et, sur la réponse affirmative à la question muette qu'il lui faisait, il descendit à son tour.

Le roi comprit que, s'il subissait sans résistance cette rébellion — et, à son point de vue, c'était une rébellion — d'une municipalité de village, il était perdu.

D'ailleurs, il reconnaissait ce même esprit révolutionnaire que Mirabeau avait voulu combattre en province, et qu'il avait déjà vu se dresser devant lui à Paris, le 14 juillet, les 5 et 6 octobre et le 18 avril, ce jour où le roi, pour faire un essai de sa liberté, avait voulu aller à Saint-Cloud et en avait été empêché par le peuple.

— Messieurs, dit-il, ceci est de la violence; mais je ne suis pas aussi isolé que je le parais. J'ai, là, devant la porte, une quarantaine d'hommes fidèles, et, autour de Varennes, dix mille soldats ; je vous ordonne donc, monsieur le commandant, de faire atteler sur-le-champ les chevaux à ma voiture. Vous entendez, je vous l'ordonne, je le veux.

La reine s'approcha du roi, et, tout bas :

— Bien! bien! Sire, dit-elle, risquons-y notre vie, mais n'abandonnons pas notre honneur et notre dignité.

— Et, si nous refusons d'obéir à Votre Majesté, dit le commandant de la garde nationale, qu'en résultera-t-il?

— Il en résultera, Monsieur, que j'en appellerai à la force, et que vous serez responsable du sang que je refusais de faire couler, et qui, dans ce cas, sera versé, en réalité, par vous.

— Eh bien, soit, Sire, dit le commandant, essayez d'en appeler à vos hussards ; moi, je vais en appeler à la garde nationale.

Et il descendit à son tour.

Le roi et la reine se regardèrent presque effrayés; peut-être ni l'un ni l'autre n'eussent-ils risqué un effort suprême, si, écartant sa grand'mère, qui continuait de prier au pied du lit, la femme du procureur Sausse ne se fût approchée, et n'eût dit à la reine avec la rudesse et la franchise de la femme du peuple :

— Ah çà ! madame, vous êtes bien la reine, n'est-ce pas?

La reine se retourna, se sentant mordue dans la dignité par cette interpellation plus que familière.

— Mais oui, dit-elle, à ce que je croyais du moins il y a une heure encore.

— Eh bien, si vous êtes la reine, continua Madame Sausse sans se troubler, on vous donne vingt-quatre millions pour tenir votre place. La place est bonne, ce me semble, étant bien payée; pourquoi donc la voulez-vous quitter ?

La reine jeta un cri de douleur, et, se retournant vers le roi :

— Oh! Monsieur, dit-elle, tout, tout, tout! plutôt que de pareilles indignités !

Et, prenant le dauphin tout endormi sur son lit, elle courut à la fenêtre, et, l'ouvrant :

— Monsieur, dit-elle, montrons-nous à ce peuple, et voyons s'il est entièrement gangrené. En ce cas, appelons-en aux soldats, et encourageons-les de la voix et du geste. C'est bien le moins que méritent ceux qui vont mourir pour nous !

Le roi la suivit machinalement et parut avec elle sur le balcon.

Toute la place sur laquelle plongeaient les regards de Louis XVI et de Marie-Antoinette présentait le spectacle d'une vive agitation.

Une moitié des hussards de M. de Choiseul était à pied, l'autre à cheval; ceux qui étaient à pied, circonvenus, perdus, noyés au milieu des groupes de bourgeois, laissaient ceux-ci entraîner leurs chevaux dans toutes les directions : ils étaient déjà gagnés à la nation. Les autres qui étaient à cheval paraissaient encore soumis à M. de Choiseul, lequel les haranguait en allemand, mais ils montraient à leur colonel la moitié de leurs compagnons qui faisaient défaut.

A part, Isidore de Charny, son couteau de chasse à la main, semblait, étranger à toute cette bagarre, attendre un homme, comme un chasseur à l'affût attend le gibier.

Le cri « Le roi! le roi! » retentit aussitôt, poussé par cinq cents bouches.

C'étaient, en effet, le roi et la reine qui paraissaient à la fenêtre: la reine, comme nous l'avons dit, tenait le dauphin dans ses bras.

Si Louis XVI eût été vêtu royalement ou militairement, s'il eût tenu à la main un sceptre ou une épée, s'il eût parlé de cette voix forte et imposante qui, à cette époque, semblait encore au peuple la voix de Dieu ou de son envoyé descendant du ciel, peut-être eût-il obtenu sur cette multitude l'influence qu'il espérait y prendre.

Mais le roi, au jour naissant, à la lueur de ce crépuscule bâtard qui enlaidit la beauté même, le roi habillé en valet, avec son habit gris, sans poudre, coiffé de cette ignoble petite perruque que nous avons dite, le roi pâle, gras, avec sa barbe de trois jours, ses grosses lèvres, son œil terne n'exprimant aucune idée, ni celle de la tyrannie, ni celle de la paternité; le roi bégayant alternativement ces deux mots : « Messieurs! mes enfants! » ah! ce n'était point là ce qu'attendaient à ce balcon les amis de la royauté, et même ses ennemis.

Et, cependant, M. de Choiseul cria : « Vive le roi! » Isidore de Charny cria : « Vive le roi! » et tel était encore le prestige de la royauté, que, malgré cet aspect qui répondait si mal à l'idée qu'on s'était faite du chef d'un grand royaume, quelques voix dans la foule répétèrent : « Vive le roi! »

Mais un cri répondit, poussé par le chef de la garde nationale, qui fut bien autrement répété, et eut un bien plus puissant écho : c'était le cri de « Vive la nation! »

Ce cri, à cette heure, était une rébellion, et le roi et la reine purent voir qu'il avait été poussé par une partie des hussards.

Marie-Antoinette, à son tour, jeta une espèce de cri de rage, et, serrant contre sa poitrine le dauphin, pauvre enfant ignorant de la grandeur des événements qui se passaient, elle se pencha en dehors du balcon en mâchant entre ses dents et en crachant à la foule ce mot :

— Misérables!

Quelques-uns l'entendirent et répondirent par des menaces; la place n'était plus qu'un grand tumulte et qu'une immense clameur.

M. de Choiseul, désespéré, voulait se faire tuer; il tenta un dernier effort.

— Hussards! cria-t-il, au nom de l'honneur, sauvez le roi!

Mais, en ce moment, au milieu d'une vingtaine d'hommes armés, un nouvel acteur s'élança en scène.

C'était Drouet sortant de la municipalité, où il avait fait prendre la décision d'empêcher que le roi continuât son chemin.

— Ah! s'écria-t-il en marchant sur M. de Choiseul, vous voulez enlever le roi? Eh bien, c'est moi qui vous le dis, vous ne l'aurez que mort!

M. de Choiseul fit à son tour un pas sur Drouet, le sabre levé.

Mais le commandant de la garde nationale était là.

— Si vous faites un pas de plus, dit-il à M. de Choiseul, je vous tue!

A ces mots, un homme s'élança, sans que les menaces des groupes pussent l'arrêter.

C'était Isidore de Charny : l'homme qu'il guettait, c'était justement Drouet.

— Arrière! arrière! cria-t-il en fendant la foule du poitrail de son cheval, cet homme m'appartient. Et, le couteau de chasse haut, il fondit sur Drouet.

Mais, au moment où il allait le joindre, deux coups de feu partirent à la fois : un coup de pistolet et un coup de fusil.

La balle du pistolet s'aplatit sur la clavicule d'Isidore.

La balle du fusil lui traversa la poitrine.

Les deux coups étaient tirés de si près que le malheureux se trouva littéralement enveloppé d'une vague de flamme et d'un nuage de fumée.

On le vit étendre les bras et on l'entendit murmurer :

— Pauvre Catherine!

Puis, laissant échapper le couteau de chasse, il tomba à la renverse sur la croupe de son cheval et, de la croupe de son cheval, roula à terre.

La reine poussa un cri terrible; elle faillit laisser glisser le dauphin de ses bras, et se rejeta en arrière, ne voyant pas un nouveau cavalier qui arrivait à toute bride du côté de Dun et s'engageait, pour ainsi dire, dans le sillage que venait de tracer au milieu de la foule le passage du pauvre Isidore.

Derrière la reine, le roi rentra et ferma la fenêtre.

Ce n'étaient plus quelques voix seulement qui criaient : « Vive la nation! » ce n'étaient plus seulement les hussards à pied, c'était la foule tout entière, et, avec cette foule, les vingt hussards restés les derniers fidèles : seule espérance de la royauté en détresse!

La reine alla se jeter sur un fauteuil, la tête dans ses mains, en pensant qu'elle venait de voir tomber pour elle et à ses pieds Isidore de Charny, comme elle avait vu tomber Georges.

Mais tout à coup il se fit à la porte un grand bruit qui la força de lever les yeux.

Ce qui se passa en une seconde dans ce cœur de femme et de reine nous n'essayerons pas de le rendre.

Olivier de Charny, pâle et tout sanglant du dernier embrassement de son frère, était debout au seuil de la porte.

Quant au roi, il semblait anéanti.

XXXII

CHARNY

La chambre était pleine de gardes nationaux et d'étrangers que la curiosité avait amenés là.

La reine fut donc retenue dans son premier

mouvement, qui eût été de se jeter au-devant de Charny, d'effacer avec son mouchoir le sang dont il était couvert, et de lui dire quelques-unes de ces paroles consolantes qui, parties du cœur, arrivent au cœur.

Mais elle ne put que se soulever sur son siège, étendre les bras vers lui, et murmurer :

— Olivier !...

Lui, sombre et calme, fit un signe aux assistants étrangers, et, d'une voix douce et ferme :

— Pardon, Messieurs, dit-il, il faut que je parle à Leurs Majestés.

Les gardes nationaux essayèrent de répondre qu'ils étaient là, au contraire, pour empêcher que le roi n'eût de communications avec personne du dehors. Charny serra ses lèvres pâles, fronça le sourcil, ouvrit sa redingote, qui, en s'ouvrant, laissa voir une paire de pistolets, et répéta d'une voix peut-être plus douce encore que la première fois, mais, par cela même, plus menaçante :

— Messieurs, j'ai déjà eu l'honneur de vous dire que j'avais à parler en particulier au roi et à la reine.

Et, en même temps, il faisait de la main signe aux étrangers de sortir.

A cette voix, et à cette puissance que Charny, en l'exerçant sur lui-même, exerçait sur les autres, M. de Damas et les deux gardes du corps reprirent toute leur énergie, un moment altérée, et, poussant devant eux gardes nationaux et curieux, firent évacuer la chambre.

Alors la reine comprit de quelle utilité un pareil homme eût été dans la voiture du roi si l'étiquette n'eût point exigé que madame de Tourzel y montât à sa place.

Charny regarda autour de lui, afin de s'assurer qu'il ne restait pour le moment près de la reine que de fidèles serviteurs, et, s'approchant d'elle :

— Madame, dit-il, me voici. J'ai soixante et dix hussards à la porte de la ville ; je crois pouvoir compter sur eux. Qu'ordonnez-vous de moi ?

— Oh ! d'abord, dit la reine en allemand, que vous est-il arrivé, mon pauvre Charny ?

Charny fit signe à la reine que M. de Malden était là, et qu'il parlait allemand.

— Hélas ! hélas ! reprit la reine en français, ne vous voyant pas, nous vous avons cru mort !

— Malheureusement, Madame, répondit Charny avec une mélancolie profonde, ce n'est pas encore moi qui suis mort : c'est mon pauvre frère Isidore qui l'est...

Il ne put retenir une larme.

— Mais, murmura-t-il à voix basse, mon tour viendra...

— Charny, Charny ! je vous demande ce qui vous est arrivé, dit la reine, et pourquoi vous avez disparu ainsi ?

Puis elle ajouta à demi-voix et en allemand :

— Olivier, vous nous avez bien fait faute, à moi surtout !

Charny s'inclina.

— Je croyais, dit-il, que mon frère avait dû apprendre à Votre Majesté la cause qui m'avait momentanément éloigné d'elle.

— Oui, je sais ; vous poursuiviez cet homme, ce malheureux Drouet, et un instant nous avons craint qu'il ne vous fût arrivé malheur dans cette poursuite.

— Il m'est arrivé un grand malheur, en effet ; malgré tous mes efforts, je n'ai pu le rejoindre à temps ! Un postillon de retour lui a appris que la voiture de Votre Majesté, qu'il croyait suivre la route de Verdun, avait pris celle de Varennes ; alors il s'est jeté dans les bois d'Argonne ; j'ai tiré deux coups de pistolet sur lui : les pistolets n'étaient point chargés ! Je m'étais trompé de cheval à Sainte-Menehould, j'avais pris celui de M. Dandoins, au lieu du mien. Que voulez-vous, Madame ! une fatalité ! Je ne l'en ai pas moins poursuivi dans la forêt, mais j'en ignorais les routes ; lui en connaissait jusqu'aux moindres sentiers ; puis l'obscurité devenait à chaque instant plus épaisse ; tant que j'ai pu le voir, je l'ai poursuivi à la vue comme on poursuit une ombre ; tant que j'ai pu l'entendre, je l'ai poursuivi au bruit ; mais le bruit s'est éteint comme l'ombre s'était évanouie, et je me suis trouvé seul, perdu au milieu de la forêt, égaré dans les ténèbres... Oh ! Madame, je suis un homme, vous me connaissez ; dans ce moment-ci... je ne pleure pas ! eh bien, au milieu de cette forêt, de cette obscurité, j'ai versé des larmes de colère, j'ai jeté des cris de rage !

La reine lui tendit la main.

Charny s'inclina et toucha cette main tremblante du bout de ses lèvres.

— Mais personne ne m'a répondu, continua Charny ; j'ai erré toute la nuit, et, au jour, je me suis trouvé près du village de Gèves, sur la route de Varennes à Dun... Aviez-vous eu le bonheur d'échapper à Drouet comme il m'avait échappé ? C'était chose possible ; alors, vous aviez traversé Varennes, et il était inutile que j'y allasse. Aviez-vous été arrêtés à Varennes ? Alors, j'étais seul, et mon dévouement vous était inutile. Je résolus de continuer ma route vers Dun. Un peu en avant de la ville, je rencontrai M. Deslon et cent hussards. M. Deslon était inquiet, mais il n'avait aucune nouvelle; seulement, il avait vu passer, fuyant à toute bride du côté de Stenay, M. de Bouillé et M. de Raigecourt. Pourquoi ne lui avaient-ils rien dit? Sans doute, ils se défiaient de lui; mais, moi, je connaissais M. Deslon comme un bon et loyal gentilhomme; je devinai que Votre Majesté avait été arrêtée à Varennes, que MM. de Bouillé et de Raigecourt avaient pris la fuite, et allaient prévenir le général. Je dis tout à M. Deslon, je l'adjurai de me suivre avec ses hussards, ce qu'il fit à l'instant même, en laissant toutefois trente de ses hommes pour garder le pont de la Meuse. Une heure après, nous étions à Varennes; — nous avions fait quatre lieues en une heure! — je voulais commencer immédiatement l'attaque, tout renverser pour arriver jusqu'au roi et à Votre Majesté: nous trouvâmes barricades sur barricades; essayer de les franchir eût été une folie. Alors, j'essayai de parlementer; un poste de garde nationale se présenta, je lui demandai la permission de réunir mes hussards à ceux qui étaient dans la ville; cette permission me fut refusée; je demandai à venir prendre les ordres du roi, et, comme on s'apprêtait à me refuser sans doute cette seconde demande ainsi qu'on m'avait refusé la première, je piquai mon cheval, je franchis la première barricade, puis la deuxième... Guidé par les rumeurs, j'accourus au galop, et j'arrivai sur la place au moment où... Votre Majesté, se rejetant en arrière, abandonnait le balcon. Et, maintenant, continua Charny, j'attends les ordres de Votre Majesté.

La reine serra encore une fois les mains de Charny dans les siennes.

Puis, se retournant vers le roi plongé toujours dans la même torpeur :

— Sire, dit-elle, avez-vous entendu ce que vient de dire votre fidèle serviteur le comte de Charny?

Mais le roi ne répondit pas.

Alors, la reine, se levant, alla à lui.

— Sire, dit-elle, il n'y a pas de temps à perdre, et, par malheur, nous n'avons déjà perdu que trop de temps! Voici M. de Charny qui dispose de soixante et dix hommes sûrs, à ce qu'il prétend, et qui demande vos ordres.

Le roi secoua la tête.

— Sire, au nom du ciel, dit la reine, vos ordres?

Et Charny implorait du regard, tandis que la reine implorait de la voix.

— Mes ordres? répéta le roi. Je n'ai pas d'ordres à donner : je suis prisonnier... Faites tout ce que vous croyez pouvoir faire.

— Bien, dit la reine, voilà tout ce que nous vous demandons.

Et, tirant Charny en arrière :

— Vous avez carte blanche, reprit-elle; faites, comme vous a dit le roi, tout ce que vous croyez pouvoir faire.

Puis elle ajouta tout bas :

— Mais faites vite, et agissez avec vigueur, ou nous sommes perdus!

— C'est bien, Madame, dit Charny, laissez-moi conférer un instant avec ces Messieurs, et ce que nous déciderons sera exécuté immédiatement.

En ce moment, M. de Choiseul entra.

Il tenait à la main quelques papiers enveloppés dans un mouchoir ensanglanté.

Il les tendit sans rien dire à Charny.

Le comte comprit que c'étaient les papiers trouvés sur son frère; il avança la main pour recevoir le sanglant héritage, approcha le mouchoir de ses lèvres, et le baisa.

La reine ne put retenir un sanglot.

Mais Charny ne se retourna même pas, et, mettant les papiers sur sa poitrine :

— Messieurs, dit-il, pouvez-vous m'aider dans le dernier effort que je vais tenter?

— Nous sommes prêts à y sacrifier notre vie, répondirent les jeunes gens.

— Croyez-vous pouvoir répondre d'une douzaine d'hommes restés fidèles?

— Nous sommes déjà huit ou neuf.

— Eh bien, je retourne auprès de mes soixante et dix hussards; pendant que j'attaque les barricades de front, vous faites une diversion par derrière; à la faveur de cette diversion, je force les barricades, et, avec nos deux troupes réunies, nous pénétrons jusqu'ici, et nous enlevons le roi.

Les jeunes gens, pour toute réponse, tendirent la main au comte de Charny.

Alors, celui-ci se retourna vers la reine.

— Madame, lui dit-il, dans une heure, Votre Majesté sera libre ou je serai mort.

— Oh! comte, comte, dit la reine, ne prononcez pas ce mot, il fait trop de mal!

Olivier se contenta de s'incliner en confirmation de sa promesse, et, sans s'inquiéter d'un nouveau bruit et de nouvelles rumeurs qui venaient d'éclater, et qui avaient paru s'engouffrer dans la maison, il marcha vers la porte.

Mais, au moment où il mettait la main sur la

— Vous êtes tous mes prisonniers ! (Page 333.)

clef, la porte s'ouvrit et donna entrée à un nouveau personnage qui allait se mêler à l'intrigue déjà si compliquée de ce drame.

C'était un homme de quarante à quarante-deux ans, au visage sombre et sévère; son col rejeté loin de lui, son habit ouvert, ses yeux rougis par la fatigue, ses vêtements poudreux, indiquaient que lui aussi, poussé par quelque violente passion, venait de faire une course acharnée.

Il portait une paire de pistolets passée à sa ceinture et un sabre pendu à son côté.

Haletant, presque sans voix au moment où il ouvrit la porte, il parut rassuré seulement en reconnaissant le roi et la reine; un sourire de vengeance satisfaite passa sur son visage, et, sans s'inquiéter des personnages secondaires qui occupaient les profondeurs de la chambre, de la porte même qu'il fermait presque entièrement avec sa puissante stature, il étendit la main en disant :

— Au nom de l'Assemblée nationale, vous êtes tous mes prisonniers !

Par un mouvement aussi rapide que la pensée, M. de Choiseul s'élança en avant, un pistolet à la main, et étendit le bras à son tour, pour brûler la cervelle à ce nouveau venu, qui paraissait dépasser en insolence et en résolution tout ce que l'on avait vu jusque-là.

Mais, par un mouvement plus rapide encore,

ou furieux, que demandant grâce ou assassinant; la reine arrêta cette main menaçante en disant à demi-voix à M. de Choiseul :

— N'avancez pas notre perte, Monsieur; de la prudence! Avec tout cela nous gagnons du temps, et M. de Bouillé ne peut être loin.

— Oui, vous avez raison, Madame, répondit M. de Choiseul.

Et il renfonça son pistolet dans sa poitrine.

La reine jeta un coup d'œil sur Charny, étonnée, dans ce péril nouveau, de ne pas l'avoir vu se jeter en avant; mais, chose étrange! Charny semblait désirer de ne pas être vu du nouvel arrivé, et, pour échapper sans doute à ses regards, il venait de s'enfoncer dans l'angle le plus obscur de l'appartement.

Cependant, la reine, qui connaissait le comte, se douta bien qu'au moment où il le faudrait, il sortirait à la fois de cette ombre et de ce mystère.

XXXIII

UN ENNEMI DE PLUS

Toute cette scène de M. de Choiseul menaçant l'homme qui parlait au nom de l'Assemblée nationale s'était passée sans que celui-ci eût même paru remarquer qu'il venait d'échapper à un danger de mort.

D'ailleurs, il semblait occupé d'un sentiment bien autrement puissant sur son cœur que le sentiment de la crainte; il n'y avait pas à se méprendre à l'expression de son visage; c'était celle du chasseur qui voit enfin réunis et entassés dans la même fosse où ils sont sa proie, le lion, la lionne et les lionceaux qui ont dévoré son unique enfant.

Cependant à ce mot de *prisonniers* qui avait fait bondir M. de Choiseul, le roi s'était soulevé.

— Prisonniers! prisonniers, au nom de l'Assemblée nationale! Que voulez-vous dire? Je ne vous comprends pas.

— C'est bien simple, pourtant, répondit l'homme, et facile à comprendre. Malgré le serment que vous avez fait de ne pas quitter la France, vous vous êtes enfui nuitamment, trahissant votre parole, trahissant la nation, trahissant le peuple; de sorte que la nation a crié aux armes, de sorte que le peuple s'est soulevé et que peuple et nation vous disent, par la voix d'un de vos sujets, — laquelle, pour venir d'en bas, n'en est pas moins puissante : — « Sire, au nom du peuple, au nom de la nation, au nom de l'Assemblée, vous êtes mon prisonnier! »

Dans la chambre voisine, une rumeur d'approbation accompagnée ou plutôt suivie de bravos frénétiques, retentit.

— Madame, Madame, murmura M. de Choiseul à l'oreille de la reine, vous n'oublierez pas que c'est vous qui m'avez arrêté, et que, sans la pitié que vous avez eue de cet homme, vous ne subiriez pas une pareille offense.

— Tout cela ne sera rien si nous nous vengeons, dit tout bas la reine.

— Oui, reprit M. de Choiseul; mais, si nous ne nous vengeons pas?...

La reine poussa un gémissement sourd et douloureux.

Mais la main de Charny s'étendit lentement par-dessus l'épaule de M. de Choiseul, et alla toucher le bras de la reine.

Marie-Antoinette se retourna vivement :

— Laissez dire et faire cet homme, souffla tout bas le comte; c'est moi qui me charge de lui...

Cependant le roi, tout étourdi du nouveau coup qui lui était porté, regardait avec étonnement le sombre personnage qui, au nom de l'Assemblée, de la nation et du peuple, venait de lui parler un langage si énergique, et à cet étonnement se mêlait une certaine curiosité; car il semblait à Louis XVI, quoiqu'il ne pût se rappeler où il l'avait vu, que ce n'était point la première fois qu'il voyait cet homme.

— Mais, enfin, dit-il, que voulez-vous? Parlez.

— Sire, je veux que ni vous ni la famille royale ne fassiez un pas de plus vers l'étranger.

— Et vous venez, sans doute, avec des milliers d'hommes armés pour vous opposer à ma marche? dit le roi qui grandissait dans la discussion.

— Non, Sire, je suis seul ou plutôt nous ne sommes que deux, l'aide de camp du général la Fayette et moi, c'est-à-dire un simple paysan; seulement, l'Assemblée a rendu un décret; elle a compté sur nous pour qu'il soit exécuté, et il le sera.

— Donnez ce décret, dit le roi, que je le voie au moins.

— Ce n'est pas moi qui l'ai, c'est mon compagnon. Mon compagnon est envoyé par M. de La Fayette et par l'Assemblée pour faire exécuter les ordres de la nation; moi je suis envoyé par M. Bailly et surtout par moi-même, pour surveiller ce compagnon, et lui brûler la cervelle s'il bronche.

La reine, M. de Choiseul, M. de Damas et les autres assistants se regardaient avec étonnement; ils n'avaient jamais vu le peuple qu'opprimé ils le voyaient, pour la première fois, calme, debout, les bras croisés, sentant sa force, et parlant au nom de ses droits.

Aussi Louis XVI comprit-il bien vite qu'il n'y avait rien à espérer d'un homme de cette trempe-là, et, pressé d'en finir avec lui :

— Eh bien, demanda-t-il, où est votre compagnon?

— Là, dit-il, derrière moi.

Et, à ces mots, faisant un pas en avant, il démasqua la porte, à travers l'ouverture de laquelle on put voir un jeune homme, revêtu de l'uniforme d'officier d'ordonnance, appuyé contre la fenêtre.

Lui aussi était dans le plus grand désordre; seulement, son désordre, au lieu d'être celui de la force, était celui de l'abattement.

Son visage ruisselait de larmes, et il tenait un papier à la main.

C'était M. de Romeuf, c'est-à-dire ce jeune aide de camp du général La Fayette avec lequel, notre lecteur se rappelle sans doute, nous avons fait connaissance lors de l'arrivée de M. Louis de Bouillé à Paris.

M. de Romeuf, comme il a pu ressortir de la conversation qu'il eut en ce moment avec le jeune royaliste, était patriote et patriote sincère; mais, pendant la dictature de M. de La Fayette aux Tuileries, chargé de surveiller la reine, et de l'accompagner dans ses sorties, il avait su mettre, dans ses rapports avec elle, tant de respectueuse délicatesse, que la reine lui en avait plusieurs fois exprimé sa reconnaissance.

Aussi, en l'apercevant :

— Oh! s'écria-t-elle péniblement surprise, c'est vous?

Puis, avec ce gémissement douloureux de la femme qui voit faillir une puissance qu'elle croyait invincible :

— Oh! ajouta-t-elle, je ne l'eusse jamais cru!...

— Bon! murmura en souriant le second messager, il paraît que j'ai bien fait de venir.

M. de Romeuf s'avança les yeux baissés, marchant avec lenteur et tenant son arrêté à la main.

Mais le roi, impatient, ne donna pas au jeune homme le temps de lui présenter cet arrêté : il fit un pas rapide vers lui, et le lui arracha des mains.

Puis, après l'avoir lu :

— Il n'y a plus de roi en France, dit-il.

L'homme qui accompagnait M. de Romeuf sourit, comme s'il eût voulu dire : « Je le sais bien. »

A ces mots du roi, la reine fit vers lui un mouvement pour l'interroger.

— Ecoutez, Madame, dit-il. Voici le décret que l'Assemblée a osé rendre.

Et il lut d'une voix tremblante d'indignation les lignes suivantes :

« L'Assemblée ordonne que le ministre de l'intérieur expédiera, à l'instant même, des courriers dans les départements, avec ordre, à tous les fonctionnaires publics ou gardes nationaux et troupes de ligne de l'empire, d'arrêter ou faire arrêter toute personne quelconque sortant du royaume, comme aussi d'empêcher toute sortie d'effets, d'armes, de munitions, d'espèces d'or ou d'argent, de chevaux et de voitures; et, dans le cas où les courriers joindraient le roi, quelques individus de la famille royale, et ceux qui auraient pu concourir à leur enlèvement, lesdits fonctionnaires publics, gardes nationaux et troupes de ligne, seront tenus de prendre toutes les mesures possibles pour arrêter ledit enlèvement, les empêcher de continuer leur route, et rendre compte ensuite au Corps législatif. »

La reine avait écouté avec une sorte de torpeur; mais, quand le roi eut fini, secouant la tête comme pour retrouver ses esprits :

— Donnez! dit-elle en tendant la main à son tour pour recevoir le décret fatal. Impossible!...

Pendant ce temps, le compagnon de M. de Romeuf rassura, par un sourire, les gardes nationaux et les patriotes de Varennes.

Ce mot *impossible*, prononcé par la reine, les avait inquiétés, quoique, d'un bout à l'autre, ils eussent entendu la teneur du décret.

— Oh! lisez, madame, dit le roi avec amertume, si vous doutez encore; lisez, c'est écrit et signé par le président de l'Assemblée nationale.

— Et quel homme a osé écrire et signer un pareil décret?

— Un noble, madame, répondit le roi : M. le marquis de Beauharnais!

N'est-ce pas une chose étrange, et qui prouve bien les enchaînements mystérieux du passé à l'avenir, que ce décret qui arrêtait dans leur fuite Louis XVI, la reine et la famille royale, portât un nom qui, obscur jusque-là, allait, d'une manière éclatante, se rattacher à l'histoire du commencement du xixe siècle?

La reine prit le décret, et le lut, les sourcils froncés, les lèvres contractées.

Puis, à son tour, le roi le lui prit des mains pour le relire encore, et, après l'avoir relu une seconde fois, il le jeta sur le lit où dormaient, insensibles à cette discussion qui décidait de leur sort, le dauphin et Madame Royale.

Mais, à cette vue, la reine, incapable de se contenir plus longtemps, s'élança rapide, rugissante, et, saisissant le papier, elle le froissa dans ses mains, et le jeta loin du lit en s'écriant :

— Oh! Monsieur, prenez donc garde! je ne veux pas que ce papier souille mes enfants!

Une immense clameur s'éleva de la chambre voisine. Les gardes nationaux firent un mouvement pour se précipiter dans celle où étaient les illustres fugitifs.

L'aide de camp du général La Fayette laissa échapper un cri de terreur.

Son compagnon poussa un cri de rage.

— Ah! gronda ce dernier entre ses dents, on insulte l'Assemblée, on insulte la nation, on insulte le peuple, c'est bien.

Et, se retournant vers ces hommes, déjà excités à la lutte, qui encombraient la première chambre, armés de fusils, de faux et de sabres :

— A moi! citoyens! cria-t-il.

Ceux-ci firent, pour pénétrer dans la chambre, un second mouvement qui n'était que le complément du premier, et Dieu seul sait ce qui allait résulter du choc de ces deux colères, lorsque Charny, qui n'avait prononcé, vers le commencement de la scène, que le peu de paroles que nous avons rapportées, et qui, depuis ce temps, s'était tenu à l'écart, s'élança en avant, et, saisissant par le bras ce garde national inconnu, au moment où il portait la main à la poignée de son sabre :

— Un mot à moi, s'il vous plaît, monsieur Billot, dit-il, je désire vous parler.

Billot — car c'était lui — laissa à son tour échapper un cri d'étonnement, devint pâle comme la mort, demeura un instant irrésolu, et repoussant au fourreau son sabre à moitié tiré :

— Eh bien, soit! Et moi aussi, dit-il, j'ai à vous parler, monsieur de Charny.

Et, se dirigeant aussitôt vers la porte :

— Citoyens, dit-il, place à nous, s'il vous plaît. J'ai à m'entretenir un instant avec cet officier ; mais, soyez tranquilles, ajouta-t-il à voix basse, ni loup, ni louve, ni louveteaux ne nous échapperont. Je suis là, et je réponds d'eux!

Comme si cet homme, qui leur était aussi inconnu à eux qu'il l'était — à part Charny — au roi et à sa suite, eût eu, néanmoins, le droit de leur donner des ordres, ils sortirent à reculons, laissant la première chambre libre.

D'ailleurs, chacun avait à raconter à ses compagnons du dehors ce qui venait de se passer au dedans, et à recommander aux patriotes de faire plus que jamais bonne garde.

Pendant ce temps, Charny disait tout bas à la reine :

— M. de Romeuf est à vous, Madame; je vous laisse avec lui, tirez-en le meilleur parti possible.

Et cela lui devenait d'autant plus facile que, parvenu dans la seconde chambre, Charny avait refermé la porte, et, en s'adossant à cette porte, empêchait que personne, pas même Billot, n'y entrât.

QUATRIÈME PARTIE

I

LA HAINE D'UN HOMME DU PEUPLE

Les deux hommes, en se trouvant tête à tête, se regardèrent un instant sans que le regard du gentilhomme pût faire baisser les yeux à l'homme du peuple.

Il y a plus, ce fut Billot qui prit le premier la parole.

— Monsieur le comte m'a fait l'honneur de m'annoncer qu'il avait quelque chose à me dire. J'attends qu'il veuille bien parler.

— Billot, demanda Charny, d'où vient que je vous rencontre ici chargé d'une mission de vengeance? Je vous croyais notre ami, à nous autres nobles, et, en outre, bon et fidèle sujet du roi.

— J'ai été bon et fidèle sujet du roi, monsieur le comte; j'ai été, non pas votre ami, un pareil honneur n'était pas réservé à un pauvre fermier comme moi; mais j'ai été votre humble serviteur.

— Eh bien?

— Eh bien, monsieur le comte, vous le voyez, je ne suis plus rien de tout cela.

— Je ne vous comprends pas, Billot.

— Pourquoi vouloir me comprendre, monsieur le comte? est-ce que je vous demande, moi, les causes de votre fidélité au roi, les causes de votre dévouement à la reine? Non, je présume que vous avez vos raisons pour agir ainsi, et que, comme vous êtes, vous, un homme honnête et sage, vos raisons sont bonnes, ou tout au moins selon votre conscience. Je n'ai pas votre haute position, monsieur le comte, je n'ai pas votre savoir; cependant, vous me connaissez ou m'avez connu homme honnête et sage aussi! supposez donc que, comme vous, j'ai mes raisons, sinon bonnes, du moins selon ma conscience.

— Billot, dit Charny qui ignorait complètement les motifs de haine que le fermier pouvait avoir contre la noblesse ou la royauté, je vous ai connu, et il n'y a pas longtemps de cela, bien autrement que vous n'êtes aujourd'hui.

— Oh! certes, je ne le nie pas, dit Billot avec un sourire amer, oui, vous m'avez connu bien autrement que je ne suis; je vais vous dire comme j'étais, monsieur le comte : j'étais un vrai patriote, dévoué à deux hommes et à une chose : ces deux hommes, c'étaient le roi et M. Gilbert; cette chose, c'était mon pays. Un jour, les agents du roi, — et, je vous l'avoue dit le fermier en secouant la tête, cela commença à me brouiller avec lui, — un jour les agents du roi vinrent chez moi, et, moitié par force, moitié par surprise, m'enlevèrent une cassette, dépôt précieux qui m'avait été confié par M. Gilbert. Aussitôt libre, je partis pour Paris; j'y arrivai le 13 juillet au soir; c'était au milieu de l'émeute des bustes de M. le duc d'Orléans et de M. Necker; on portait ces bustes par les rues en criant : « Vive le duc d'Orléans! vive M. Necker! » Cela ne faisait pas grand mal au roi, et, cependant, tout à coup, les soldats du roi nous chargèrent. Je vis de pauvres diables qui n'avaient commis d'autre crime que de crier *vivent* deux hommes qu'ils ne connaissaient probablement pas, tomber, autour de moi, les uns la tête fendue par des coups de sabre, les autres, la poitrine trouée par des balles; je vis M. de Lambesc, un ami du roi, poursuivre dans les Tuileries des femmes et des enfants qui n'avaient rien crié du tout, et fouler aux pieds de son cheval un vieillard de soixante et dix ans. Cela continua de me brouiller un peu plus encore avec le roi. Le lendemain, je me présentai à la pension du petit Sébastien, et j'appris par le pauvre enfant que son père était à la Bastille, sur un ordre du roi sollicité par une dame de la cour! et je continuai de me dire, à part moi, que le roi qu'on prétendait si bon avait, au milieu de cette bonté, de grands moments d'erreur, d'ignorance ou d'oubli, et, pour réformer, autant qu'il était en moi, une des fautes que le roi avait commises dans un de ces moments d'oubli, d'ignorance ou d'erreur, je contribuai de tout mon pouvoir à prendre la Bastille. Nous y arrivâmes, — ce ne fut pas sans peine; les soldats du roi tirèrent sur nous, nous tuèrent deux cents hommes, à peu près; ce qui me donna de nouveau occasion de n'être pas de l'avis de tout le monde sur cette grande bonté du roi; mais, enfin, la Bastille fut prise: dans un des cachots, je trouvai M. Gilbert, pour lequel je venais de risquer de me faire tuer vingt fois, et la joie de le retrouver me fit oublier bien des choses. D'ailleurs, M. Gilbert me dit tout le premier que le roi était bon, qu'il ignorait la plupart des indignités qui se faisaient en son nom, et que ce n'était pas à lui qu'il fallait en vouloir, que c'était à ses ministres; or, comme tout ce que me disait M. Gilbert à cette époque était pour moi parole d'évangile, je crus M. Gilbert, et, voyant la Bastille prise, M. Gilbert libre, et Pitou et moi sains et saufs, j'oubliai les fusillades de la rue Saint-Honoré, les charges des Tuileries, les cent cinquante ou deux cents hommes tués à la *musette* de M. le prince de Saxe, et l'emprisonnement de M. Gilbert sur la simple demande d'une dame de la cour... Mais pardon! monsieur le comte, dit Billot en s'interrompant, tout cela ne vous regarde point, et vous ne m'avez pas demandé à me parler en tête-à-tête pour écouter les rabâchages d'un pauvre paysan sans éducation; vous êtes à la fois un grand seigneur et un savant.

Et Billot fit un mouvement pour porter la main à la serrure, et rentrer dans la chambre du roi.

Mais Charny l'arrêta.

Pour l'arrêter, Charny avait deux raisons.

La première, c'est qu'il apprenait les causes de cette inimitié de Billot, qui, dans une pareille situation, n'était pas sans importance; la seconde, c'est qu'il gagnait du temps.

— Non, dit-il, racontez-moi tout, mon cher Billot; vous savez l'amitié que nous vous portons, mes pauvres frères et moi, et ce que vous me dites m'intéresse au plus haut degré.

A ces mots: *mes pauvres frères!* Billot sourit amèrement.

— Eh bien donc, reprit-il, je vais tout vous conter, monsieur de Charny, et je regrette que *vos pauvres frères... un surtout..., M. Isidore*, ne soient pas là pour m'entendre.

Billot avait prononcé ces paroles: *un surtout, M. Isidore*, avec une si singulière expression, que Charny comprima le mouvement de douleur que le nom de son frère bien-aimé éveillait dans son âme, et, sans rien répondre à Billot, qui ignorait visiblement le malheur arrivé à ce frère de Charny, dont il désirait la présence, il lui fit signe de continuer.

Billot continua:

— Aussi, dit-il, quand le roi se mit en route pour Paris, je ne vis qu'un père revenant au milieu de ses enfants. Je marchais avec M. Gilbert près de la voiture royale, faisant de ceux qu'elle renfermait un rempart de mon corps, et criant: « Vive le roi! » à tue-tête. C'était le premier voyage du roi, celui-là; il y avait tout autour de lui, devant, derrière, sur sa route, sous les pieds de ses chevaux, sous les roues de sa voiture, des bénédictions et des fleurs. En arrivant sur la place de l'Hôtel-de-Ville, on s'aperçut que le roi n'avait plus la cocarde blanche, mais qu'il n'avait pas encore la cocarde tricolore; on cria: « La cocarde! la cocarde! » Je pris celle qui était à mon chapeau, et la lui donnai; il me remercia, et la mit au sien aux grandes acclamations de la foule. J'étais ivre de joie de voir ma cocarde au chapeau de ce bon roi; aussi je criai à moi seul « Vive le roi! » plus fort que tout le monde; j'en étais si enthousiaste, de ce bon roi, que je restai à Paris. Ma moisson était sur pied, et avait besoin de ma présence; mais bah! que m'importait ma moisson? J'étais bien assez riche pour perdre une récolte, et si ma présence était utile en quelque chose à ce bon roi, au père du peuple, au restaurateur de la liberté française, comme, nous autres niais, nous l'appelions à cette époque-là, mieux valait que je restasse à Paris, bien certainement, plutôt que de retourner à Pisseleu; ma moisson, que j'avais confiée aux soins de Catherine, fut à peu près perdue!

— Catherine avait, à ce qu'il paraît, autre chose à faire que la moisson... N'en parlons plus! — Cependant, on disait que ce n'était pas bien franchement que le roi acceptait la Révolution; qu'il y marchait contraint et forcé; que c'était, non pas la cocarde tricolore qu'il aurait voulu porter à son chapeau, mais la cocarde blanche. Ceux qui disaient cela étaient des calomniateurs, ce qui fut bien prouvé par le repas de MM. les gardes du corps, où la reine ne mit ni la cocarde tricolore, ni la cocarde blanche, ni la cocarde nationale, ni la cocarde française! mais tout simplement la cocarde de son frère Joseph II, la cocarde autrichienne, la cocarde noire. Ah! je l'avoue, cette fois, mon doute recommença; mais, comme me le disait M. Gilbert : « Billot, ce n'est pas le roi qui a fait cela, c'est la reine; or, la reine est une femme, et, pour les femmes, il faut être indulgent! » Moi, je le crus si bien, que, lorsqu'on vint de Paris pour attaquer le château, quoique je trouvasse, au fond du cœur, que ceux qui venaient pour attaquer le château n'avaient pas tout à fait tort, je me mis du côté de ceux qui le défendaient; de sorte que ce fut moi qui allai éveiller M. de La Fayette, lequel dormait, pauvre cher homme! que c'était une bénédiction, et qui l'amenai au château juste à temps pour sauver le roi. Ah! ce jour-là, je vis Madame Élisabeth serrer dans ses bras M. de La Fayette; je vis la reine lui donner sa main à baiser; j'entendis le roi l'appeler son ami, et je me dis : « Par ma foi, il paraît que c'est M. Gilbert qui avait raison! Certainement, ce n'est point par peur qu'un roi, une reine et une princesse royale font de telles démonstrations, et, si elles ne partageaient pas les opinions de cet homme, de quelque utilité que cet homme puisse leur être dans ce moment, trois personnages pareils ne s'abaisseraient pas à mentir. » Cette fois encore, j'en revins donc à plaindre cette pauvre reine, qui n'était qu'imprudente, et ce pauvre roi, qui n'était que faible; seulement, je les laissai revenir à Paris sans moi... Moi, j'étais occupé à Versailles; vous savez à quoi, monsieur de Charny?

Charny poussa un soupir.

— On dit, continua Billot, que ce second voyage ne fut pas tout à fait aussi gai que le premier; on dit qu'au lieu de bénédictions, il y eut des malédictions! qu'au lieu de vivats, il y eut des cris de mort! qu'au lieu de bouquets jetés sous les pieds des chevaux et sous les roues de la voiture, il y eut des têtes coupées et portées au bout des piques! Je n'en sais rien, je n'y étais pas, j'étais resté à Versailles. Je laissais toujours la ferme sans maître! Bah! j'étais assez riche, après avoir perdu la moisson de 1789, pour perdre celle de 1790! Mais, un beau matin, Pitou arriva et m'annonça que j'étais sur le point de perdre une chose qu'un père n'est jamais assez riche pour perdre : c'était ma fille!

Charny tressaillit.

Billot regarda fixement Charny, et continua:

— Il faut vous dire, monsieur le comte, qu'il y a, à une lieue de chez nous, à Boursonnes, une famille noble, une famille de grands seigneurs, une famille puissamment riche. Cette famille se composait de trois frères. Quand ils étaient enfants, et qu'ils allaient de Boursonnes à Villers-Cotterets, les plus jeunes de ces trois frères me faisaient presque toujours l'honneur de s'arrêter à la ferme; ils disaient qu'ils n'avaient jamais bu d'aussi bon lait que le lait de mes vaches, mangé d'aussi bon pain que le pain de la mère Billot, et, de temps en temps, ils ajoutaient — je croyais, pauvre niais, que c'était pour me payer mon hospitalité! — de temps en temps, ils ajoutaient qu'ils n'avaient jamais vu d'aussi belle enfant que ma fille Catherine... Et moi, je les remerciais de boire mon lait, de manger mon pain et de trouver ma fille Catherine jolie! Que voulez-vous! je croyais au roi, qui est, à ce que l'on dit, moitié Allemand par sa mère, je pouvais bien croire à eux. Aussi, quand le cadet, qui avait quitté le pays depuis longtemps, et qui se nommait Georges, fut tué à Versailles, à la porte de la reine, dans la nuit du 5 au 6 octobre, en faisant bravement son devoir de gentilhomme, Dieu sait jusqu'où je fus blessé du coup qui le tua! Ah! monsieur le comte, son frère m'a vu, — son frère aîné, celui qui ne venait pas à la maison, non pas parce qu'il était trop fier, je lui rends cette justice, mais parce qu'il avait quitté le pays plus jeune encore que son frère Georges; — il m'a vu à genoux devant le cadavre, versant autant de larmes qu'il avait versé de sang! je crois y être encore, là... au fond d'une petite cour, verte et humide, où je l'avais transporté dans mes bras pour qu'il ne fût pas mutilé, pauvre jeune homme! comme avaient été mutilés ses compagnons, MM. de Varicourt et des Huttes, si bien que j'avais presque autant de sang à mes habits que vous en avez aux vôtres, monsieur le comte. Oh! c'était un bien charmant enfant, que je vois toujours, allant au collége de Villers-Cotterets, sur son petit cheval gris, avec son panier à la main... et c'est si vrai, qu'en pensant à celui-là, je ne pensais qu'à lui, je crois que je pleurerais encore comme vous pleurez, monsieur le comte! Mais je pense à l'autre, ajouta Billot, et je ne pleure pas.

— A l'autre! que voulez-vous donc dire? demanda Charny.

— Attendez, dit Billot, nous y arrivons. Pitou était donc venu à Paris, et il m'avait dit deux mots qui m'avaient prouvé que c'était, non plus ma moisson qui courait des risques, mais mon enfant; que c'était, non pas ma fortune qui allait être détruite, mais mon bonheur! Je laissai donc le roi à Paris. Puisqu'il était de bonne foi, à ce que me disait M. Gilbert, toutes choses ne pouvaient manquer d'aller au mieux, que je fusse là ou que je n'y fusse pas, et je revins à la ferme. Je crus d'abord que Catherine n'était qu'en danger de mort : elle avait le délire, une fièvre cérébrale, que sais-je, moi? L'état dans lequel je la trouvai me rendit fort inquiet, d'autant plus inquiet que le docteur me dit qu'il m'était défendu d'entrer dans sa chambre avant qu'elle ne fût guérie. Mais, ne pouvant entrer dans sa chambre, pauvre père au désespoir! je crus qu'il m'était bien permis d'écouter à sa porte. J'écoutai donc! Alors j'appris qu'elle avait failli mourir, qu'elle avait la fièvre cérébrale, qu'elle était presque folle, enfin, parce que son amant était parti! Moi, j'étais parti aussi, un an auparavant, et, au lieu de devenir folle de ce que son père la quittait, elle avait souri à mon départ. Mon départ ne la laissait-il pas libre de voir son amant?... Catherine revint à la santé, mais non pas à la joie! Un mois, deux mois, trois mois, six mois se passèrent sans qu'un seul rayon de gaieté éclairât ce visage que mes yeux ne quittaient pas; un matin, je la vis sourire, et je tremblai : son amant allait donc revenir, puisqu'elle avait souri? En effet, un berger, qui l'avait vu passer, m'annonça que, le matin même, il était arrivé! Je ne doutai point que, le soir de ce jour-là, il ne fût chez moi ou plutôt chez Catherine! Aussi, le soir venu, je chargeai mon fusil à deux coups, et je me mis à l'affût...

— Billot! s'écria Charny, vous avez fait cela?

— Pourquoi pas? dit Billot. Je me mets bien à l'affût pour tuer le sanglier qui vient retourner mes pommes de terre, le loup qui vient égorger mes brebis, le renard qui vient étrangler mes poules, et je ne me mettrais pas à l'affût pour tuer l'homme qui vient m'enlever mon bonheur, l'amant qui vient déshonorer ma fille?

— Mais, arrivé là, le cœur vous faillit, n'est-ce pas, Billot? dit vivement le comte.

— Non, dit Billot, pas le cœur, mais l'œil et la main; une trace de sang me prouva, cependant, que je ne l'avais pas manqué tout à fait; seulement, vous le comprenez bien, ajouta Billot avec amertume, entre un amant et un père, ma fille n'avait pas hésité. Quand j'entrai dans la chambre de Catherine, Catherine avait disparu.

— Et vous ne l'avez pas revue depuis? demanda Charny.

— Non, répondit Billot; mais pourquoi la reverrais-je? Elle sait bien que, si je la revoyais, je la tuerais.

Charny fit un mouvement, tout en regardant avec un sentiment d'admiration mêlé de terreur la puissante nature qui posait devant lui.

— Je me remis aux travaux de ma ferme, continua Billot. Qu'importait mon malheur à moi, pourvu que la France fût heureuse? Le roi ne marchait-il pas franchement dans la voie de la Révolution? ne devait-il pas prendre part à la fête de la Fédération? n'allais-je pas le revoir là, ce bon roi à qui j'avais donné ma cocarde tricolore le 16 juillet, et à qui j'avais à peu près sauvé la vie le 6 octobre? Quelle joie ce devait être pour lui que de voir la France tout entière réunie au Champ-de-Mars, jurant comme un seul homme l'unité de la patrie! Aussi, un instant, quand je le vis, j'oubliai tout, jusqu'à Catherine... Non, je mens, un père n'oublie pas sa fille!... Lui aussi jura à son tour! Il me sembla bien qu'il jurait mal, qu'il jurait du bout des lèvres, qu'il jurait de sa place, au lieu de jurer sur l'autel de la Patrie! Mais bah! il avait juré, c'était essentiel : un serment est un serment! ce n'est pas l'endroit où on le prononce qui le rend plus ou moins sacré, et, quand il a fait un serment, un honnête homme le tient! Le roi tiendrait donc son serment. Il est vrai qu'une fois revenu à Villers-Cotterets, — comme je n'avais plus rien à faire qu'à m'occuper de politique, n'ayant plus mon enfant, — j'entendais dire que le roi avait voulu se faire enlever par M. de Favras, mais que la chose avait échoué; que le roi avait voulu s'enfuir avec ses tantes, mais que le projet n'avait pas réussi; que le roi avait voulu aller à Saint-Cloud, et de là, gagner Rouen, mais que le peuple s'y était opposé; est vrai que j'entendais dire tout cela, mais je n'y croyais pas : n'avais-je pas de mes yeux, au Champ-de-Mars, vu le roi étendre la main? ne l'avais-je pas de mes oreilles entendu faire serment à la nation? Le moyen de croire qu'un roi, parce qu'il avait juré en face de trois cent mille citoyens, tiendrait son serment pour moins sacré que celui que font les autres hommes? Ce n'était pas probable! Aussi, comme j'avais été au marché de Meaux avant-hier, je

Il tente un dernier effort. (Page 398.)

fus bien étonné, quand, au jour, — il faut vous dire que j'avais couché chez le maître de poste, un de mes amis, avec lequel j'avais terminé un grand marché de grains, — aussi, dis-je, je fus bien étonné quand, dans une voiture qui relayait, je vis et je reconnus le roi, la reine et le dauphin! Il n'y avait pas à s'y tromper, j'avais habitude de les voir en voiture, moi! puisque, le 16 juillet, je les avais accompagnés de Versailles à Paris; alors, j'entendis un de ces messieurs habillés en jaune qui disait : « Route de Châlons! » La voix me frappa; je me retournai et je reconnus qui? Celui qui m'avait enlevé Catherine, un noble gentilhomme qui faisait son devoir de laquais en courant devant la voiture du roi...

A ces mots, Billot regarda fixement le comte pour voir si celui-ci comprenait qu'il s'agissait de son frère Isidore; mais Charny se contenta d'essuyer avec son mouchoir la sueur qui coulait sur son front, et se tut.

Billot reprit :

— Je voulus le poursuivre, il était déjà loin; il avait un bon cheval, il était armé, et je ne l'étais pas... Un instant, je grinçai des dents, à l'idée de ce roi qui échappait à la France et de ce ravisseur qui m'échappait; mais, tout à coup, une idée me vient : « Tiens, dis-je, moi aussi, j'ai fait serment à la nation, et, puisque le roi rompt le sien, si je tenais le mien, moi? Ma foi, oui! tenons-le! Je ne suis qu'à dix lieues de Paris; il est trois heures du matin sur un bon cheval, c'est l'affaire de deux heures ! Je causerai de cela avec M. Bailly, un honnête homme qui me paraît être du parti de ceux qui tiennent leur serment, contre ceux qui ne le tiennent pas. » Ce point arrêté, pour ne pas perdre de temps, je priai mon ami, le maître de poste de Meaux, — sans rien lui dire de ce que j'allais faire, bien entendu, — de me prêter son uniforme de garde national, son sabre et ses pistolets. Je pris le meilleur cheval de son écurie et, au lieu de partir au petit trot pour Villers-Cotterets, je partis au grand galop pour Paris ! Ma foi ! j'arrivai juste : on savait déjà la fuite du roi, mais l'on ne savait pas de quel côté il s'était enfui. M. de Romeuf avait été envoyé par M. de La Fayette, sur la route de Valenciennes ! Mais, voyez donc ce que c'est que le hasard ! à la barrière, il avait été arrêté, avait obtenu qu'on le ramenât à l'Assemblée nationale, et il y rentrait juste au moment où M. Bailly, renseigné par moi, donnait sur l'itinéraire de Sa Majesté les détails les plus précis ; il n'y avait qu'un ordre bien en règle à écrire, et la route à changer. La chose fut faite en un instant ! M. de Romeuf fut lancé sur la route de Châlons, et, moi, je reçus mission de l'accompagner, mission que je remplis, ainsi que vous voyez. Maintenant ajouta Billot d'un air sombre, j'ai rejoint le roi, qui m'a trompé comme Français, et je suis tranquille, il ne m'échappera pas ! il me reste à rejoindre à cette heure celui qui m'a trompé comme père ! et, je vous le jure, monsieur le comte, il ne m'échappera pas non plus.

— Hélas ! mon cher Billot, dit Charny avec un soupir, vous vous trompez !

— Comment cela ?

— Je dis que le malheureux dont vous parlez vous a échappé !

— Il a fui ? s'écria Billot avec une indescriptible expression de rage.

— Non, dit Charny, il est mort !

— Mort ? s'écria Billot en tressaillant malgré lui, et en essuyant son front qui s'était instantanément couvert de sueur.

— Mort ! répéta Charny, et ce sang que vous voyez, et auquel tout à l'heure vous aviez raison de comparer celui dont vous étiez couvert dans la petite cour de Versailles, ce sang, c'était le sien... Et si vous en doutez, descendez, mon cher Billot, et vous trouverez le corps couché dans une petite cour, à peu près pareille à celle de Versailles, et frappé pour la même cause que celui qui a été frappé là-bas !

Billot regardait Charny, qui lui parlait d'une voix douce, tandis que deux grosses larmes coulaient sur ses joues, avec des yeux hagards et un visage effaré ; puis, tout à coup, jetant un cri :

— Ah ! s'écria-t-il, il y a donc une justice au ciel !

Et, s'élançant hors de la chambre :

— Monsieur le comte, dit-il, je crois à vos paroles ; mais n'importe, je vais m'assurer de mes yeux que justice est faite...

Charny le regarda s'éloigner en étouffant un soupir, et essuyant ses larmes.

Puis, comprenant qu'il n'y avait pas une minute à perdre, il s'élança de son côté dans la chambre de la reine, et, marchant droit à elle :

— M. de Romeuf ? dit-il tout bas.

— Il est à nous, répondit la reine.

— Tant mieux, dit Charny, car, de l'autre côté, il n'y a rien à espérer !

— Que faire, alors ? demanda la reine.

— Gagner du temps, jusqu'à ce que M. de Bouillé arrive !

— Mais arrivera-t-il ?

— Oui, car c'est moi qui vais aller le chercher.

— Oh ! s'écria la reine, les rues sont encombrées, vous êtes signalé, vous ne passerez pas, ils vous massacreront ! Olivier ! Olivier !

Mais Charny, souriant, ouvrit, sans répondre, la fenêtre qui donnait sur le jardin, envoya une dernière promesse au roi, un dernier salut à la reine, et franchit les quinze pieds qui le séparaient du sol.

La reine jeta un cri de terreur, et cacha sa tête dans ses mains ; mais les jeunes gens coururent à la fenêtre, et, par un cri de joie, répondirent au cri de terreur de la reine.

Charny venait d'escalader le mur du jardin, et de disparaître de l'autre côté de ce mur.

Il était temps : en ce moment, Billot reparut au seuil de la chambre.

II

M. DE BOUILLÉ

Voyons ce que faisait, pendant ces heures d'angoisses, M. le marquis de Bouillé, que l'on attendait avec tant d'impatience à Varennes, et sur qui reposaient les dernières espérances de la famille royale.

A neuf heures du soir, c'est-à-dire à peu près au moment où les fugitifs arrivaient à Clermont, M. le marquis de Bouillé quittait Stenay avec son fils, M. Louis de Bouillé, et s'avançait vers Dun pour se rapprocher du roi.

Cependant, arrivé à un quart de lieue de cette dernière ville, il craignit que sa présence n'y fût remarquée, s'arrêta, lui et ses compagnons, sur le bord de la route, et s'établit dans un fossé, tenant ses chevaux en arrière.

Là, on attendit. C'était l'heure où, selon toute probabilité, devait bientôt apparaître le courrier du roi.

En pareille circonstance, les minutes semblent des heures; les heures des siècles.

On entendit sonner lentement, et avec cette impassibilité que ceux qui attendent voudraient régler aux battements de leurs cœurs, dix heures, onze heures, minuit, une heure, deux heures et trois heures du matin.

Entre deux et trois heures, le jour avait commencé à paraître; pendant ces six heures d'attente, le moindre bruit qui arrivait aux oreilles des veilleurs, soit qu'il s'approchât, soit qu'il s'éloignât, leur apportait l'espérance ou le désespoir.

Au jour, la petite troupe désespérait.

M. de Bouillé pensa qu'il était survenu quelque accident, mais, ignorant lequel, il ordonna de regagner Stenay, afin que, se trouvant au centre de ses forces, il pût, autant que possible, parer à cet accident.

On remonta donc à cheval, et l'on reprit lentement et au pas la route de Stenay.

On n'était plus guère qu'à un quart de lieue de la ville, lorsque, en se retournant, M. Louis de Bouillé aperçut loin de lui sur la route la poussière soulevée par le galop de plusieurs chevaux.

On s'arrêta, on attendit.

A mesure que les nouveaux cavaliers approchaient, on croyait les reconnaître.

Enfin, on n'en douta bientôt plus, c'étaient MM. Jules de Bouillé et de Raigecourt.

La petite troupe se porta au-devant d'eux.

Au moment où l'on se joignait, toutes les bouches d'une des deux troupes faisaient la même question; chaque bouche de l'autre faisait la même réponse.

— Qu'est-il arrivé?

— Le roi a été arrêté à Varennes!

Il était quatre heures du matin, à peu près.

La nouvelle était terrible : d'autant plus terrible que les deux jeunes gens placés à l'extrémité de la ville, à l'hôtel du Grand-Monarque, où ils s'étaient trouvés tout à coup enveloppés par l'insurrection, avaient été obligés de se faire jour à travers la foule, et, cela, sans emporter avec eux aucun renseignement précis.

Cependant, si terrible que fût cette nouvelle, elle ne détruisait pas toute espérance.

M. de Bouillé, comme tous les officiers supérieurs qui se reposent sur une absolue discipline, croyait, sans songer aux obstacles, que tous ses ordres avaient été exécutés.

Or, si le roi avait été arrêté à Varennes, les différents postes qui avaient reçu l'ordre de se replier derrière le roi devaient être arrivés à Varennes.

Ces différents postes devaient se composer des quarante hussards du régiment de Lauzun, commandés par le duc de Choiseul;

Des trente dragons de Sainte-Menehould, commandés par M. Dandoins;

Des cent quarante dragons de Clermont, commandés par M. de Damas;

Et, enfin, des soixante hussards de Varennes, commandés par MM. de Bouillé et de Raigecourt, avec lesquels, il est vrai, les jeunes gens n'avaient pu communiquer au moment de leur départ, mais qui étaient restés en leur absence sous le commandement de M. de Rohrig.

Il était vrai encore qu'on n'avait rien voulu confier à M. de Rohrig, jeune homme de vingt ans; mais M. de Rohrig recevrait les ordres des autres chefs, MM. de Choiseul, Dandoins ou de Damas, et réunirait ses hommes à ceux qui accourraient au secours du roi.

Le roi devait donc avoir autour de lui, à l'heure qu'il était, quelque chose comme cent hussards et cent soixante ou cent quatre-vingts dragons.

C'était autant qu'il en fallait pour tenir contre l'insurrection d'un petit bourg de dix-huit cents âmes.

On a vu comment les événements avaient donné tort aux calculs stratégiques de M. de Bouillé.

Au reste, une première atteinte ne tarda pas à être portée à cette sécurité.

Pendant que MM. de Bouillé et de Raigecourt donnaient des renseignements au général, on vit arriver un cavalier au grand galop de son cheval.

Ce cavalier, c'étaient des nouvelles.

Tous les yeux se tournèrent donc vers lui, et l'on reconnut M. de Rohrig.

En le reconnaissant, le général poussa à lui.

Il était dans une de ces dispositions d'esprit où l'on n'est point fâché de faire tomber même sur un innocent le poids de sa colère.

— Qu'est-ce à dire, Monsieur, s'écria le général, et pourquoi avez-vous quitté votre poste?

— Mon général, répondit M. de Rohrig, excusez-moi ; mais je viens par ordre de M. de Damas.

— Eh bien, M. de Damas est à Varennes avec ses dragons ?

— M. de Damas est à Varennes sans ses dragons, mon général, avec un officier, un adjudant et deux ou trois hommes.

— Et les autres ?

— Les autres n'ont pas voulu marcher.

— Et M. Dandoins et ses dragons ? demanda M. de Bouillé.

— On les dit prisonniers à la municipalité de Sainte-Menehould.

— Mais, au moins, s'écria le général, M. de Choiseul est à Varennes avec ses hussards et les vôtres.

— Les hussards de M. de Choiseul ont tourné du côté du peuple, et crient : « Vive la nation ! » Mes hussards, à moi, sont gardés dans leur caserne par la garde nationale de Varennes.

— Et vous ne vous êtes pas mis à leur tête, Monsieur, et vous n'avez pas chargé toute cette canaille, et vous ne vous êtes pas ralliés autour du roi ?

— Mon général oublie que je n'avais aucun ordre, que M. de Bouillé et M. de Raigecourt étaient mes chefs, et que j'ignorais complètement que Sa Majesté dût passer à Varennes.

— C'est vrai, dirent à la fois MM. de Bouillé et de Raigecourt rendant hommage à la vérité.

— Au premier bruit que j'ai entendu, continua le sous-lieutenant, je suis descendu dans la rue, je me suis informé : j'ai appris qu'une voiture qu'on disait contenir le roi et la famille royale avait été arrêtée, il y avait un quart d'heure à peu près, et que les personnes renfermées dans cette voiture avaient été conduites chez le procureur de la commune. Je me suis acheminé vers la maison du procureur de la commune. Il y avait grande foule d'hommes armés ; on battait le tambour, on sonnait le tocsin. Au milieu de tout ce tumulte, j'ai senti qu'on me touchait l'épaule, je me suis retourné, et j'ai reconnu M. de Damas, avec une redingote par-dessus son uniforme : « Vous êtes le sous-lieutenant commandant les hussards de Varennes ? » m'a-t-il dit. « Oui mon colonel. — Vous me connaissez ? — Vous êtes le comte Charles de Damas. — Eh bien, montez à cheval sans perdre une seconde, partez pour Dun, pour Stenay... courez jusqu'à ce que vous rejoigniez M. le marquis de Bouillé ; dites-lui que Dandoins et ses dragons sont prisonniers à Sainte-Menehould, que mes dragons à moi ont refusé, que les hussards de Choiseul menacent de tourner au peuple, et que le roi et la famille royale, qui sont là arrêtés dans cette maison, n'ont plus d'espoir qu'en lui. » Sur un pareil ordre, mon général, j'ai cru que je ne devais faire aucune observation, mais, au contraire, qu'il était de mon devoir d'obéir aveuglément. Je suis monté à cheval, je suis parti ventre à terre, et me voici.

— Et M. de Damas ne vous a pas dit autre chose ?

— Si fait, il m'a dit encore qu'on emploierait tous les moyens de gagner du temps, afin de vous donner, mon général, celui d'arriver à Varennes.

— Allons, dit M. de Bouillé en poussant un soupir, je vois que chacun a fait ce qu'il a pu. A nous maintenant de faire de notre mieux.

Puis, se retournant vers le comte Louis :

— Louis, dit-il, je reste ici. Ces messieurs vont porter les différents ordres que je donne. D'abord, les détachements de Mouza et de Dun marcheront à l'instant même sur Varennes, en gardant le passage de la Meuse, et commenceront l'attaque. — Monsieur de Rohrig, portez-leur cet ordre de ma part, et dites-leur qu'ils seront soutenus de près.

Le jeune homme auquel l'ordre était donné salua et partit dans la direction de Dun pour l'exécuter.

M. de Bouillé continua :

— Monsieur de Raigecourt, allez au-devant du régiment suisse de Castella, qui est en marche pour se rendre à Stenay ; partout où vous le joindrez, dites-lui l'urgence de la situation et l'ordre que je lui donne de doubler les étapes. Allez.

Puis, ayant vu partir le jeune officier dans une direction opposée à celle que venait de prendre, de toute la vitesse de son cheval, déjà fatigué, M. de Rohrig, il se tourna vers son second fils :

— Jules, dit-il, change de cheval à Stenay, et pars pour Montmédy. Que M. de Klinglin fasse marcher sur Dun le régiment de Nassau-infanterie, qui est à Montmédy, et se porte de sa personne sur Stenay. Va !

Le jeune homme salua et partit à son tour.

Enfin, se retournant vers son fils aîné :

— Louis, dit M. de Bouillé, Royal-Allemand est à Stenay.

— Oui, mon père.

— Il a reçu l'ordre de se tenir prêt à la pointe du jour ?

— J'en ai moi-même donné de votre part l'ordre à son colonel.

— Amène-le-moi, j'attendrai ici sur la route ; peut-être m'arrivera-t-il d'autres nouvelles. Royal-Allemand est sûr, n'est-ce pas ?

— Oui mon père.

— Eh bien, Royal-Allemand suffira ; nous marcherons avec lui sur Varennes. Va !

Et le comte Louis partit à son tour.

Dix minutes après, il reparut.

— Royal-Allemand me suit, dit-il au général.

— Tu l'as trouvé prêt à marcher, alors ?

— Non, et à mon grand étonnement même. Il faut que le commandant m'ait mal compris hier, quand je lui ai transmis votre ordre, car je l'ai trouvé au lit. Mais il se lève, et il m'a promis d'aller aux casernes lui-même pour hâter le départ. Craignant que vous ne vous impatientiez, je suis venu vous dire la cause du retard.

— Bien, dit le général, il va arriver alors ?

— Le commandant m'a dit qu'il me suivait.

On attendit dix minutes, puis un quart d'heure, puis vingt minutes, personne ne paraissait.

Le général impatient regarda son fils.

— J'y retourne, mon père, dit celui-ci.

Et, remettant son cheval au galop, il rentra dans la ville.

Le temps, si long qu'il eût paru à l'impatience de M. de Bouillé, avait mal été mis à profit par le commandant ; à peine quelques hommes étaient-ils prêts ; le jeune officier se plaignit amèrement, renouvela l'ordre du général, et, sur la promesse positive du commandant que, dans cinq minutes, ses soldats et lui seraient hors de la ville, il revint vers son père.

En revenant, il remarqua que la porte par laquelle il avait déjà passé quatre fois était gardée par la garde nationale.

On attendit de nouveau cinq minutes, dix minutes, un quart d'heure, personne ne paraissait.

Et, cependant, M. de Bouillé comprenait que chaque minute perdue était une année retranchée à la vie des prisonniers.

On vit venir un cabriolet sur la route, du côté de Dun.

Ce cabriolet, c'était celui de Léonard, qui continuait son chemin, de plus en plus troublé.

M. de Bouillé l'arrêta ; mais, à mesure que le pauvre garçon s'éloignait de Paris, le souvenir de son frère, dont il emportait le chapeau et la redingote, celui de madame de l'Aage, qui n'était bien coiffée que par lui, et qui l'attendait pour être coiffée, repassaient dans son esprit, et y produisaient un tel chaos, que M. de Bouillé ne put tirer de lui rien qui eût le sens commun.

En effet, Léonard, parti de Varennes avant l'arrestation du roi, ne pouvait rien apprendre de nouveau à M. de Bouillé.

Ce petit incident servit à faire, pendant quelques minutes, prendre patience au général. Mais, enfin, près d'une heure s'étant écoulée depuis l'ordre donné au commandant de Royal-Allemand, M. de Bouillé invita son fils à rentrer pour la troisième fois à Stenay, et à ne pas revenir sans le régiment.

Le comte Louis partit furieux.

En arrivant sur la place, sa colère augmenta : cinquante hommes à peine étaient à cheval !

Il commença par prendre ces cinquante hommes, et, avec eux, il alla s'emparer de la porte qui assurait sa libre entrée et sortie ; puis il revint près du général, qui attendait toujours, s'assurant que, cette fois, il était suivi par le commandant et par ses soldats.

Il le croyait. Mais ce ne fut que dix minutes après, et quand, pour la quatrième fois, il allait rentrer dans la ville que l'on aperçut la tête de de Royal-Allemand.

En toute autre circonstance, M. de Bouillé eût fait arrêter le commandant par ses hommes eux-mêmes ; mais, en un pareil moment, il craignit de mécontenter chefs et soldats ; il se contenta donc de lui adresser quelques reproches sur sa lenteur ; puis, haranguant les soldats, il leur dit à quelle mission d'honneur ils étaient réservés ; comment, non seulement la liberté, mais encore la vie du roi et de la famille royale dépendaient d'eux ; il promit aux officiers des honneurs, aux soldats des récompenses, et, pour commencer, il distribua quatre cents louis à ces derniers.

Le discours, terminé par cette péroraison, produisit l'effet qu'il en attendait ; un immense cri de « Vive le roi ! » retentit, et tout le régiment partit au grand trot pour Varennes.

A Dun, l'on trouva, gardant le pont de la Meuse, le détachement de trente hommes que M. Deslon, en quittant Dun avec Charny, y avait laissé.

On rallia ces trente hommes, et l'on continua le chemin.

On avait huit grandes lieues à faire par un pays de montées et de descentes, on ne marchait donc pas de l'allure qu'on eût voulu ; il fallait arriver, mais arriver surtout avec des soldats qui pussent soutenir un choc ou fournir une charge.

Cependant, on sentait qu'on avançait en pays ennemi : à droite et à gauche, les villages sonnaient le tocsin ; devant soi, on entendait pétiller quelque chose comme une fusillade.

On avançait toujours.

A la Grange-au-Bois, un cavalier sans chapeau, courbé sur son cheval, qui semble dévorer le chemin, apparaît en faisant de loin des signes d'appel. On presse l'allure; le régiment et l'homme se rapprochent.

Ce cavalier c'est M. de Charny.

— Au roi, Messieurs! au roi! crie-t-il du plus loin qu'on peut l'entendre, et en levant la main.

— Au roi! vive le roi! crient à la fois soldats officiers.

Charny a pris place dans les rangs; il expose en quatre mots la situation : le roi était encore à Varennes quand le comte en est parti; tout n'est donc pas perdu.

Les chevaux sont bien fatigués; mais n'importe, on soutiendra l'allure; les chevaux ont été bourrés d'avoine, les hommes sont chauffés à blanc par les discours et par les louis de M. de Bouillé : le régiment avance comme un ouragan aux cris de « Vive le roi! »

A Crépy, on rencontre un prêtre; ce prêtre est constitutionnel : il voit toute cette troupe qui se précipite vers Varennes.

— Allez! allez! dit-il; par bonheur, vous arriverez trop tard.

Le comte de Bouillé l'entend, fond sur lui, le sabre levé.

— Malheureux! lui crie son père, que fais-tu?

En effet, le jeune comte comprend qu'il va tuer un homme sans défense, et que cet homme est un ecclésiastique, — double crime; — il dégage son pied de l'étrier, et donne un coup de botte dans la poitrine du prêtre.

— Vous arriverez trop tard! répète le prêtre en roulant dans la poussière.

On continue le chemin en maudissant le prophète de malheur.

Cependant, on se rapproche peu à peu des coups de fusil.

C'est M. Deslon et ses soixante et dix hussards qui escarmouchent avec un nombre à peu près égal d'hommes de la garde nationale.

On charge sur la garde nationale, on la disperse, — on passe.

Mais, là, on apprend de M. Deslon que, depuis huit heures du matin, le roi est parti de Varennes.

M. de Bouillé tire sa montre : il est neuf heures moins cinq minutes.

Soit! tout espoir n'est pas perdu. Il ne faut pas songer à traverser la ville, à cause des barricades; on tournera Varennes.

On le tournera par la gauche; par la droite, c'est impossible, à cause de la disposition du terrain.

A gauche, on aura la rivière à traverser. Mais Charny assure qu'elle est guéable.

On laisse Varennes à droite, on s'élance dans les prairies; on attaquera sur la route de Clermont l'escorte, si nombreuse qu'elle soit; on délivrera le roi, ou l'on se fera tuer.

Aux deux tiers de la hauteur de la ville, on trouve la rivière. Charny y pousse le premier son cheval, MM. de Bouillé le suivent, les officiers s'élancent après eux, les soldats suivent les officiers. Le cours de la rivière disparaît sous les chevaux et les uniformes. En dix minutes, le gué est franchi.

Ce passage à travers l'eau courante a rafraîchi chevaux et cavaliers. On reprend le galop en tirant à vol d'oiseau sur la route de Clermont.

Tout à coup, Charny, qui précède la troupe de vingt pas, s'arrête et jette un cri : il est sur les bords d'un canal profondément encaissé, et dont l'encaissement est à fleur de terre.

Il avait oublié ce canal, relevé par lui pourtant dans ses travaux topographiques. Ce canal s'étend à plusieurs lieues, et partout il présente la même difficulté que sur le point où l'on est arrivé.

Si on ne le franchit pas sur-le-champ, on ne le franchira jamais.

Charny donne l'exemple : il s'élance le premier à l'eau; le canal n'est pas guéable, mais le cheval du comte nage vigoureusement vers l'autre bord.

Seulement, le bord est un talus rapide et glaiseux, sur lequel ne peuvent mordre les ongles de fer du cheval.

Trois ou quatre fois, Charny essaye de remonter; mais, malgré toute la science de l'habile cavalier, toujours son cheval, après avoir fait des efforts désespérés, intelligents, presque humains, pour s'élever sur la rive, glisse en arrière faute d'un point d'appui solide sous ses pieds de devant, et retombe dans l'eau en soufflant péniblement, et à moitié renversé sur son cavalier.

Charny comprend que ce que ne peut faire son cheval, bête de sang et de choix conduite par un cavalier consommé, quatre cents chevaux d'escadron ne pourront le faire.

C'est donc une tentative manquée; la fatalité est la plus forte; le roi et la reine sont perdus, et, puisqu'il n'a pu les sauver, il ne lui reste plus qu'un devoir à accomplir, c'est de se perdre avec eux.

Il tente un dernier effort, inutile comme les autres, pour gagner la berge; mais, au milieu de cet effort, il a enfoncé son sabre dans la glaise jusqu'à la moitié de la lame.

Ce sabre y est resté comme un point d'appui inutile au cheval, mais qui va servir au cavalier.

En effet, Charny abandonne les étriers et la bride ; il laisse son cheval se débattre sans cavalier au milieu de cette eau fatale ; il nage vers le sabre, le saisit de la main, s'y cramponne, arrive après quelques vains efforts à y poser le pied, et s'élance sur la berge.

Alors, il se retourne, et, de l'autre côté du canal, il voit M. de Bouillé et son fils pleurant de colère, tous les soldats, sombres et immobiles, comprenant, d'après la lutte que Charny vient de livrer sous leurs yeux, de quelle inutilité il serait d'essayer de franchir ce canal infranchissable.

M. de Bouillé surtout se tord les bras avec désespoir, lui dont toutes les entreprises avaient jusque-là réussi, lui dont tous les actes étaient couronnés de succès, lui qui, dans l'armée, avait donné naissance au proverbe : *Heureux comme Bouillé.*

— Oh ! Messieurs, s'écria-t-il d'une voix douloureuse, dites encore que je suis heureux !

— Non, général, répondit Charny de l'autre rive ; mais soyez tranquille, je dirai que vous avez fait tout ce qu'un homme pouvait faire, et, quand ce sera moi qui le dirai, on me croira. Adieu, général.

Et, à pied, à travers terres, tout souillé de boue, tout ruisselant d'eau, désarmé de son sabre resté dans le canal, désarmé de ses pistolets dont la poudre est trempée, Charny prend sa course, et disparaît au milieu des groupes d'arbres qui, comme des sentinelles avancées de la forêt, sont placés en deçà de la route.

Cette route, c'est enfin celle par laquelle on emmène le roi et la famille royale prisonniers. Il n'a qu'à la suivre pour les rejoindre.

Mais, avant de la suivre, il se retourne une dernière fois, et voit, sur les rives de ce canal maudit, M. de Bouillé et sa troupe, qui, malgré l'impossibilité bien reconnue d'aller en avant, ne peuvent se décider à battre en retraite.

Il leur fait un dernier signe perdu, puis s'avance sur la route, tourne un angle, et tout s'évanouit.

Seulement, il lui reste pour se guider l'immense rumeur qui le précède et qui se compose des cris, des clameurs, des menaces, des rires et des malédictions de dix mille hommes.

III

LE DÉPART

On sait comment le roi était parti.

Cependant il nous reste à dire quelques mots de ce départ et de ce voyage, pendant lesquels nous verrons s'accomplir les destinées diverses des fidèles et derniers amis que la fatalité, le hasard ou le dévouement avaient groupés autour de la monarchie mourante.

Revenons donc à la maison de M. Sausse.

Charny avait à peine touché le sol, avons-nous dit, que la porte s'était rouverte, et que Billot avait reparu sur le seuil.

Son visage était sombre ; son œil, sur lequel la pensée abaissait son sourcil, était investigateur et profond : il passa en revue toutes les personnages du drame ; mais, dans le cercle qu'il parcourut, son regard ne parut faire que deux seules remarques :

La fuite de Charny : — elle était patente ; le comte n'était plus là, et M. de Damas refermait la fenêtre derrière lui ; en se penchant en avant, Billot eût pu voir le comte franchir le mur du jardin.

Puis l'espèce de pacte qui venait d'être conclu entre la reine et M. de Romeuf, pacte dans lequel tout ce que M. de Romeuf avait pu promettre, c'était de rester neutre.

Derrière Billot, la première chambre s'était remplie de ces mêmes gens du peuple armés de fusils, de faux ou de sabres, qu'un geste du fermier en avait expulsés.

Ces hommes, d'ailleurs, semblaient entraînés instinctivement, par une influence magnétique, à obéir à ce chef, plébéien comme eux, et dans lequel ils devinaient un patriotisme égal au leur, disons mieux, une haine égale à leur haine.

Billot jeta un regard derrière lui ; ce regard, en se croisant avec celui des hommes armés, lui apprit qu'il pouvait compter sur eux, même dans le cas où il faudrait en venir à la violence.

— Eh bien, demanda-t-il à M. de Romeuf, sont-ils décidés à partir ?

La reine jeta sur Billot un de ces regards obliques qui eussent pulvérisé les imprudents à qui elle les adressait, si elle eût pu y mettre la puissance de la foudre.

Puis, sans répondre, elle s'assit en saisissant le bras de son fauteuil, comme si elle eût voulu s'y cramponner.

— Le roi demande encore quelques instants,

répondit M. de Romeuf ; personne n'a dormi de la nuit, et Leurs Majestés sont accablées de fatigue.

— Monsieur de Romeuf, répondit Billot, vous savez bien que ce n'est point parce que Leurs Majestés sont fatiguées qu'elles demandent quelques instants ; mais c'est parce qu'elles espèrent que, pendant ces quelques instants, M. de Bouillé arrivera. Seulement, ajouta Billot avec affectation, que Leurs Majestés y prennent garde, car, si elles refusent de venir de bonne volonté, on les traînera par les pieds jusqu'à leur voiture.

— Misérable ! s'écria M. de Damas en s'élançant vers Billot, le sabre à la main.

Mais Billot se retourna en croisant les bras.

En effet, il n'avait pas besoin de se défendre lui-même ; huit ou dix hommes s'élancèrent à leur tour de la première chambre dans la seconde, et M. de Damas se trouva menacé à la fois par dix armes différentes.

Le roi vit qu'il ne fallait qu'un mot ou qu'un geste pour que les deux gardes du corps, M. de Choiseul, M. de Damas, et les deux ou trois officiers ou sous-officiers qui étaient près de lui fussent égorgés.

— C'est bien, dit-il, faites mettre les chevaux à la voiture. Nous partons.

Madame Brunier, une des deux femmes de la reine, jeta un cri et s'évanouit.

Ce cri réveilla les deux enfants.

Le jeune dauphin se mit à pleurer.

— Ah ! Monsieur, dit la reine, s'adressant à Billot, vous n'avez donc pas d'enfant, que vous êtes cruel à ce point pour une mère ?

Billot tressaillit ; mais aussitôt, avec un sourire amer :

— Non, Madame, dit-il, je n'en ai plus.

Puis, au roi :

— Ce n'est pas la peine de mettre les chevaux à la voiture, dit-il, ils y sont.

— Eh bien, alors, faites-la avancer.

— Elle est à la porte.

Le roi s'approcha de la fenêtre de la rue, et vit, en effet, la voiture tout attelée ; au milieu de l'immense rumeur qui se faisait dans la rue, il ne l'avait point entendue venir.

Le peuple aperçut le roi à travers les vitres.

Alors, un formidable cri, ou plutôt une formidable menace s'éleva de la multitude. Le roi pâlit.

M. de Choiseul s'approcha de la reine.

— Qu'ordonne Sa Majesté ? dit-il. Moi et mes camarades préférons mourir plutôt que de voir ce qui se passe.

— Croyez-vous M. de Charny sauvé ? demanda tout bas et vivement la reine.

— Oh ! pour cela, oui, dit M. de Choiseul ; j'en répondrais.

— Eh bien, partons ; mais, au nom du ciel, encore plus pour vous que pour nous, ne nous quittez pas, vous et vos amis.

Le roi comprit quelle crainte tenait la reine.

— En effet, MM. de Choiseul et de Damas nous accompagnent, et je ne vois pas leurs chevaux.

— C'est vrai, dit M. de Romeuf en s'adressant à Billot, nous ne pouvons empêcher que ces messieurs ne suivent le roi et la reine.

— Ces messieurs, dit Billot, suivront le roi et la reine s'ils peuvent ; nos ordres portent de ramener le roi et la reine, et ne parlent pas de ces messieurs.

— Mais, moi, dit le roi avec plus de fermeté qu'on n'eût pu en attendre de lui, je déclare que je ne partirai point que ces messieurs n'aient leurs chevaux !

— Que dites-vous de cela ? demanda Billot se retournant vers les hommes qui encombraient la chambre. Le roi ne partira pas si ces messieurs n'ont pas leurs chevaux.

Les hommes éclatèrent de rire.

— Je vais les faire approcher, dit M. de Romeuf.

Mais M. de Choiseul, faisant un pas en avant, et barrant le chemin :

— Ne quittez pas Leurs Majestés, lui dit-il ; votre mission vous donne quelque pouvoir sur le peuple, et il est de votre honneur qu'il ne tombe pas un cheveu de la tête de Leurs Majestés.

M. de Romeuf s'arrêta.

Billot haussa les épaules.

— C'est bien, dit-il, j'y vais, moi.

Et il marcha le premier.

Mais, se retournant au seuil de la porte :

— On me suit, n'est-ce pas ? ajouta-t-il en fronçant le sourcil.

— Oh ! soyez tranquille, dirent les hommes avec un éclat de rire qui indiquait qu'en cas de résistance, il ne fallait attendre d'eux aucune pitié.

En effet, arrivés à ce point d'irritation, ces hommes eussent bien certainement employé la violence contre la famille royale, ou fait feu sur quiconque eût essayé de fuir.

Aussi Billot n'eut pas même la peine de remonter.

Un des hommes était près de la fenêtre, suivant des yeux ce qui se passait dans la rue.

LA COMTESSE DE CHARNY

La reine prit le bouquet... (Page 408).

— Voilà les chevaux, dit-il ; en route !
— En route ! répétèrent ses compagnons avec un accent qui n'admettait pas de discussion.

Le roi marcha le premier.

M. de Choiseul vint ensuite, donnant le bras à la reine ; puis M. de Damas donnant le bras à Madame Élisabeth ; puis madame de Tourzel avec les deux enfants, et, autour d'eux, formant un groupe, le reste de la petite troupe fidèle.

M. de Romeuf, comme envoyé de l'Assemblée nationale, et, par conséquent, comme revêtu d'un caractère sacré, avait mission de veiller particulièrement sur le cortège royal.

Mais, il faut le dire, M. de Romeuf avait lui-même grand besoin que l'on veillât sur lui : le bruit s'était répandu qu'il avait non seulement exécuté avec mollesse les ordres de l'Assemblée, mais encore qu'il avait, sinon activement, du moins par son inertie, favorisé la fuite d'un des plus dévoués serviteurs du roi, lequel, disait-on, n'avait quitté Leurs Majestés que pour aller transmettre à M. de Bouillé l'ordre de venir à leur secours.

Il en résulta que, arrivé au seuil de la porte, tandis que la conduite de Billot était glorifiée par tout ce peuple, qui paraissait disposé à le reconnaître comme seul chef, M. de Romeuf entendit retentir autour de lui, accompagnés de menaces, les mots d'*aristocrate* et de *traître*.

On monta dans les voitures, en suivant le même ordre qu'on avait suivi pour descendre l'escalier.

Les deux gardes du corps reprirent leurs places sur le siège.

Au moment de descendre, M. de Valory s'était approché du roi.

— Sire, avait-il dit, mon camarade et moi venons demander une faveur à Votre Majesté.

— Laquelle, Messieurs? répondit le roi, étonné qu'il y eût une faveur quelconque dont il pût encore disposer.

— Sire, la faveur, puisque nous n'avons plus le bonheur de vous servir comme militaires, d'occuper près de vous la place de vos domestiques.

— De mes domestiques, Messieurs? s'écria le roi. Impossible!

Mais M. de Valory s'inclina.

— Sire, dit-il, dans la situation où se trouve Votre Majesté, notre avis est que cette place ferait honneur à des princes du sang; à plus forte raison à de pauvres gentilshommes comme nous.

— Eh bien, soit, Messieurs, dit le roi les larmes aux yeux; restez, ne nous quittez plus jamais.

C'était ainsi que les deux jeunes gens, faisant une réalité de leur livrée et de leurs fonctions factices de courriers, avaient repris leurs places sur le siège.

M. de Choiseul referma la portière de la voiture.

— Messieurs, dit le roi, je donne positivement l'ordre que l'on me conduise à Montmédy. Postillons, à Montmédy!

Mais une seule voix, voix immense, voix, non pas d'une seule population, mais de dix populations réunies, cria :

— A Paris! à Paris!

Puis, dans un moment de silence, Billot, montrant de la pointe de son sabre le chemin qu'il fallait suivre :

— Postillons, dit-il, route de Clermont!

La voiture s'ébranla pour obéir à cet ordre.

— Je vous prends tous à témoin qu'on me fait violence, dit Louis XVI.

Puis le malheureux roi, épuisé de cet effort de volonté qui dépassait aucun de ceux qu'il eût faits encore, retomba assis au fond de la voiture, entre la reine et Madame Élisabeth.

La voiture continua son chemin.

Au bout de cinq minutes, et avant qu'elle eût fait deux cents pas, on entendit de grands cris à l'arrière.

Par la disposition des personnes, et peut-être aussi par celle des tempéraments, la reine fut la première à mettre la tête hors de la portière.

Mais, presque au même instant, elle se rejeta dans la voiture, couvrant ses yeux de ses deux mains :

— Oh! malheur sur nous! dit-elle, c'est M. de Choiseul qu'on assassine!

Le roi tenta de faire un mouvement; mais la reine et Madame Élisabeth le tirèrent en arrière, et le firent retomber entre elles. D'ailleurs, la voiture venait de tourner un angle de rue, et il était impossible de voir ce qui se passait à vingt pas de là.

Voici ce qui se passait.

A la porte de M. Sausse, M. de Choiseul et M. de Damas étaient montés à cheval; mais le cheval de M. de Romeuf, qui, du reste, était venu en poste, avait disparu.

M. de Romeuf, M. de Floirac, et l'adjudant Foucq, suivaient donc à pied, espérant retrouver des chevaux de dragons ou de hussards, soit que dragons et hussards, restés fidèles, leur offrissent leurs chevaux, soit qu'ils rencontrassent des chevaux abandonnés de leurs maîtres, lesquels, la plus grande partie au moins, fraternisaient avec le peuple, et buvaient à la santé de la nation.

Mais on n'avait pas fait quinze pas, que, de la portière de la voiture qu'il escorte, M. de Choiseul s'aperçoit que MM. de Romeuf, de Floirac et Foucq courent le danger d'être enveloppés, dispersés, étouffés par la foule.

Alors, il s'arrête un instant, laisse filer la voiture, et, jugeant que M. de Romeuf, en vertu de la mission dont il est chargé, peut, parmi ces quatre hommes qui courent un danger égal, être celui qui rendra les plus grands services à la famille royale, il crie à son domestique James Brisack, mêlé à toute cette foule :

— Mon second cheval à M. de Romeuf!

A peine a-t-il prononcé ces paroles, que le peuple s'irrite, gronde, l'enveloppe, en criant:

— C'est le comte de Choiseul, c'est un de ceux qui voulaient enlever le roi! A mort, l'aristocrate! à mort, le traître!

On sait la rapidité avec laquelle, dans les émeutes populaires, l'effet suit la menace.

Arraché de sa selle, M. de Choiseul fut renversé en arrière, et disparut englouti dans ce gouffre terrible qu'on appelle la multitude, et dont, à cette époque de passions mortelles, on ne sortait guère qu'en lambeaux.

Mais, en même temps qu'il tombait, cinq personnes s'élançaient à son secours.

C'étaient M. de Damas, M. de Floirac, M. de Romeuf, l'adjudant Foucq et ce même domestique James Brisack, des mains duquel on venait d'arracher le cheval qu'il tenait, et qui, ayant les mains libres, pouvait les occuper au service de son maître.

Il y eut, alors, un instant de mêlée terrible, d'une mêlée pareille à l'un de ces combats que les peuples de l'antiquité, et de nos jours les Arabes, livrent autour des corps sanglants de leurs blessés et de leurs morts.

Contre toute probabilité, par bonheur, M. de Choiseul n'était ni mort ni blessé, ou du moins, malgré les armes dangereuses qui les avaient portées, ses blessures étaient légères.

Un gendarme para avec le canon de son mousqueton un coup de faux qui lui était destiné, James Brisack en para un autre avec un bâton qu'il avait arraché à l'un des assaillants.

Le bâton fut tranché comme un roseau, mais le coup détourné ne blessa que le cheval de M. de Choiseul.

Alors, l'adjudant Foucq eut l'idée de crier :

— A moi, dragons!

Quelques soldats accoururent à ce cri, et, ayant honte de laisser massacrer l'homme qui les avait commandés, ils se firent jour jusqu'à lui.

M. de Romeuf se jeta lui-même en avant.

— Au nom de l'Assemblée nationale, dont je suis mandataire, et du général la Fayette, par qui je suis député, s'écria-t-il, conduisez ces messieurs à la municipalité.

Ces deux noms de l'Assemblée nationale et du général la Fayette jouissaient, alors, de toute leur popularité ; ils produisirent leur effet.

— A la municipalité! à la municipalité! crièrent un grand nombre de voix.

Les hommes de bonne volonté firent un effort, et M. de Choiseul et ses compagnons se trouvèrent entraînés vers la maison communale.

On mit plus d'une heure et demie à y arriver; chaque minute de cette heure et demie fut une menace ou une tentative de mort; toute ouverture que leurs défenseurs laissaient autour des prisonniers donnait passage à la lame d'un sabre, au trident d'une fourche ou à la pointe d'une faux.

Enfin, on arriva à la maison de ville; un seul officier municipal y restait, fort effarouché de la responsabilité qui pesait sur lui.

Pour se décharger de cette responsabilité, il ordonna que MM. de Choiseul, de Damas et de Floirac fussent mis au cachot, et y fussent gardés par la garde nationale.

M. de Romeuf déclara, alors, qu'il ne voulait pas quitter M. de Choiseul, qui s'était exposé pour lui à tout ce qui arrivait.

Le municipal ordonna donc que M. de Romeuf fût conduit au cachot avec les autres.

Sur un signe que M. de Choiseul fit à son domestique, celui-ci, qui était trop peu de chose pour qu'on s'occupât de lui, s'éclipsa.

Son premier soin — n'oublions pas que James Brisack était valet d'écurie — fut de s'occuper des chevaux.

Il apprit que les chevaux, à peu près sains et saufs, étaient dans une auberge, gardés par plusieurs factionnaires.

Rassuré sur ce point, il entra dans un café, demanda du thé, une plume et de l'encre, et écrivit à madame de Choiseul et à madame de Grammont, pour les rassurer sur le sort de leur fils et de leur neveu, qui, selon toute probabilité, était sauvé du moment où il était prisonnier.

Le pauvre James Brisack s'avançait beaucoup en annonçant ces bonnes nouvelles ; oui, M. de Choiseul était prisonnier; oui, M. de Choiseul était au cachot; oui, M. de Choiseul était sous la garde de la milice urbaine; mais on avait oublié de mettre des sentinelles aux soupiraux de ce cachot, et, par ces soupiraux, on tirait aux prisonniers force coups de fusil.

Ils furent donc obligés de se réfugier dans les angles.

Cette situation assez précaire dura vingt-quatre heures pendant lesquelles M. de Romeuf, avec un dévouement admirable, refusa de quitter ses compagnons.

Enfin, le 23 juin, la garde nationale de Verdun étant arrivée, M. de Romeuf obtint que les prisonniers lui fussent remis, et il ne les quitta que lorsqu'il eut la parole d'honneur des officiers de veiller sur eux, jusqu'à ce qu'ils fussent dans les prisons de la haute cour.

Quant au pauvre Isidore de Charny, son corps avait été traîné dans la maison d'un tisserand où des mains pieuses, mais étrangères, l'ensevelirent ; — moins heureux en cela que Georges qui, du moins, avait reçu les derniers devoirs des mains fraternelles du comte, et des mains amies de Gilbert et de Billot.

Car, alors, Billot était un ami dévoué et respectueux. Nous avons vu comment cette amitié, ce dévouement et ce respect s'étaient changés en haine; haine aussi implacable que cette amitié, ce dévouement et ce respect avaient été profonds.

IV

LA VOIE DOULOUREUSE

Cependant la famille royale continuait son chemin vers Paris, suivant ce que nous pouvons appeler la *voie douloureuse*.

Hélas! Louis XVI et Marie-Antoinette eurent, eux aussi, leur calvaire! Rachetèrent-ils, par cette passion terrible, les fautes de la monarchie, comme Jésus-Christ racheta les fautes des hommes? C'est le problème que le passé n'a pas encore résolu, mais que l'avenir nous apprendra peut-être.

On avançait lentement, car les chevaux ne pouvaient marcher qu'au pas de l'escorte, et cette escorte — tout en se composant, dans sa plus grande partie, d'hommes armés, comme nous l'avons dit, de fourches, de fusils, de faux, de sabres, de piques, de fléaux, — se complétait par une innombrable quantité de femmes et d'enfants; les femmes, élevant leurs enfants au-dessus de leur tête, pour leur faire voir ce roi qu'on ramenait de force vers sa capitale, et qu'ils n'eussent probablement jamais vu sans cette circonstance.

Et, au milieu de cette multitude qui suivait la route en débordant des deux côtés dans la plaine, la grande voiture du roi, suivie du cabriolet de madame Brunier et de madame de Neuville, semblait, suivi de sa chaloupe, un vaisseau en perdition au milieu des vagues furieuses près de l'engloutir.

De temps en temps, une circonstance inattendue faisait — qu'on nous permette de suivre la comparaison — que cet orage prenait une nouvelle force. Les cris, les imprécations, les menaces redoublaient: les vagues humaines s'agitaient, s'élevaient, s'abaissaient, montaient comme une marée, et quelquefois, dans leurs profondeurs, cachaient entièrement le bâtiment qui les fendait à grand'peine de sa proue, les naufragés qu'il portait, et la frêle chaloupe qu'il traînait à la remorque.

On arriva à Clermont sans avoir vu, quoiqu'on eût fait près de quatre lieues, la terrible escorte diminuer; ceux des hommes qui la composaient, que leurs occupations rappelaient chez eux, étant remplacés par ceux qui accouraient des environs, et qui voulaient jouir à leur tour du spectacle dont les autres étaient rassasiés.

Parmi tous les captifs qu'emportait la prison ambulante, deux étaient plus particulièrement exposés à la colère de la foule, et en butte à ses menaces: c'étaient les malheureux gardes assis sur le large siège de la voiture. A chaque instant, — et c'était une manière de frapper la famille royale, que l'ordre de l'Assemblée faisait inviolable, — à chaque instant, les baïonnettes étaient dirigées sur leur poitrine; quelque faux, qui était bien réellement celle de la mort, s'élevait au-dessus de leur tête, ou quelque lance qui se glissait comme un serpent perfide entre les intervalles allait mordre les chairs vivantes de son dard aigu, et revenait d'un mouvement aussi rapide rapporter, sous les yeux de son maître satisfait de ne pas avoir manqué son coup, sa pointe humide et rougie.

Tout à coup, on vit avec étonnement un homme sans chapeau, sans armes, les vêtements souillés de boue, fendre la foule; et, après avoir simplement adressé un salut respectueux au roi et à la reine, s'élancer sur l'avant-train de la voiture, et prendre place sur le siège entre les deux gardes du corps.

La reine poussa à la fois un cri de crainte, de joie et de douleur.

Elle avait reconnu Charny.

De crainte, car ce qu'il faisait aux yeux de tous était tellement audacieux, que c'était un miracle qu'il eût pris cette place dangereuse sans avoir reçu quelque blessure.

De joie, car elle était heureuse de voir qu'il avait échappé à ces dangers inconnus qu'il avait dû courir dans sa fuite, dangers d'autant plus grands que la réalité, sans lui en spécialiser aucun, laissait l'imagination les lui offrir tous.

De douleur, car elle comprenait que, puisqu'elle revoyait Charny seul, et dans cet état, elle devait renoncer à tout espoir de secours venant de la part de M. de Bouillé.

Au reste, la foule, étonnée de l'audace de cet homme, semblait l'avoir respecté à cause même de son audace.

Au bruit qui s'était fait autour de la voiture, Billot, qui marchait à cheval en tête de l'escorte, se retourna, et reconnut aussi Charny.

— Ah! murmura-t-il, je suis bien aise qu'il ne lui soit rien arrivé; mais malheur à l'insensé qui tenterait maintenant une pareille chose, car bien certainement il payerait pour deux.

On arriva à Sainte-Menehould vers les deux heures de l'après-midi.

La privation de sommeil pendant la nuit du départ, les fatigues et les émotions de la nuit qu'on venait de passer avaient agi sur tout le monde, et principalement sur le dauphin. En arrivant à Sainte-Menehould, le pauvre enfant était en proie à une fièvre terrible.

Le roi ordonna de faire halte.

Malheureusement, de toutes les villes échelonnées sur la route, Sainte-Menehould était peut-être la ville la plus ardemment soulevée contre cette malheureuse famille que l'on ramenait prisonnière.

On ne fit donc aucune attention à l'ordre du roi, et un ordre contradictoire fut donné par Billot pour qu'on mît les chevaux à la voiture. On obéit.

Le dauphin pleurait et demandait au milieu de ses sanglots :

— Pourquoi ne me déshabille-t-on pas, et ne me couche-t-on pas dans mon bon lit, puisque je suis malade ?

La reine ne put tenir à ces plaintes, et son orgueil fut un instant brisé.

Elle souleva dans ses bras le jeune prince en larmes et tout frissonnant, et, le montrant au peuple :

— Ah! Messieurs, dit-elle, par grâce pour cet enfant, arrêtez !

Mais les chevaux étaient déjà à la voiture.

— En marche! cria Billot.

— En marche! répéta le peuple.

Et, comme le fermier passait près de la portière pour aller reprendre sa place en tête du cortège :

— Ah! Monsieur, s'écria la reine s'adressant à Billot, je vous le répète, il faut que vous n'ayez pas d'enfant !

— Et moi, Madame, je vous répète à mon tour, dit Billot avec son regard et sa voix sombres, que j'en ai eu, mais que je n'en ai plus !

— Faites donc comme vous voudrez, dit la reine, vous êtes les plus forts. Mais, prenez garde, il n'y a pas de voix qui crie plus haut malheur ! que la petite voix des enfants.

Le cortège se remit en route.

La traversée de la ville fut cruelle. L'enthousiasme qu'excitait la vue de Drouet, à qui l'arrestation des prisonniers était due, eût été pour ceux-ci un terrible enseignement, s'il y avait un enseignement pour les rois; mais, dans ces cris, Louis XVI et Marie-Antoinette ne voyaient qu'une fureur aveugle ; dans ces hommes patriotes, convaincus qu'ils sauvaient la France, le roi et la reine ne voyaient que des rebelles.

Le roi était atterré ; la sueur de la honte et de la colère coulait sur le front du roi ; Madame Élisabeth, ange du ciel égaré sur la terre, priait tout bas, non pour elle, mais pour son frère, pour sa belle-sœur, pour ses neveux, pour tout ce peuple. La sainte femme ne savait point séparer ceux qu'elle considérait comme des victimes de ceux qu'elle regardait comme des bourreaux, et, dans une même invocation, elle mettait les uns et les autres aux pieds du Seigneur.

A l'entrée de Sainte-Menehould, le flot qui, pareil à une inondation, couvrait toute la plaine, ne put s'engouffrer dans la rue étroite.

Il écuma aux deux côtés de la ville et en suivit le contour extérieur; mais, comme on ne s'arrêta à Sainte-Menehould que le temps nécessaire au relais, à l'autre extrémité de la ville, il revint plus ardent battre la voiture.

Le roi avait cru, — et c'était cette croyance peut-être qui l'avait poussé dans une route mauvaise, — le roi avait cru que l'esprit de Paris seul était fourvoyé; il comptait sur sa bonne province. Voilà que sa bonne province, non seulement lui échappait, mais encore se tournait impitoyable contre lui. Cette province, elle avait effrayé M. de Choiseul à Pont-de-Sommevelle, elle avait emprisonné M. Dandoins à Sainte-Menehould, elle avait tiré sur M. de Damas à Clermont, elle venait de tuer Isidore sous les yeux du roi ; tout se soulevait contre cette fuite, même le prêtre que le chevalier de Bouillé avait renversé du talon de sa botte au revers de la route.

Et c'eût été bien pis si le roi eût pu voir ce qui se passait aux lieux mêmes, villes et villages, où la nouvelle arrivait qu'il venait d'être arrêté. A l'instant même, la population entière se soulevait, les femmes prenaient dans leurs bras les enfants au maillot, les mères tiraient par la main ceux qui pouvaient marcher, les hommes se chargeaient d'armes : autant ils en avaient, autant ils en suspendaient autour d'eux, ou en portaient sur leurs épaules ; ils arrivaient décidés, non pas à faire escorte au roi, mais à tuer le roi ; ce roi qui, au moment de la récolte, — triste récolte que celle de la pauvre Champagne aux abords de Châlons, si pauvre que, dans son langage expressif, le peuple l'appelle la *Champagne pouilleuse!* — ce roi qui, au moment de la récolte, allait chercher, pour qu'ils la foulassent aux pieds de leurs chevaux, le pandour pillard, le hussard voleur; mais trois anges gardaient la voiture royale : le pauvre petit dauphin, tout malade et tout grelottant sur les genoux de sa mère; Madame Royale, qui, belle de cette beauté éclatante des rousses, se tenait debout à la portière, regardant tout cela de son œil étonné mais ferme; Madame Élisabeth, enfin, déjà âgée de vingt-sept ans, mais à qui la chasteté du corps et du cœur mettait autour du front l'auréole de la plus pure jeunesse. Ces hommes voyaient tout cela; plus, cette reine courbée sur son enfant; plus, ce roi abattu; et leur colère s'en allait, demandant quelque autre sujet sur lequel elle pût s'abattre. Ils criaient contre les gardes, ils les injuriaient, ils les appelaient — ces cœurs nobles et dévoués! — cœurs de lâches et cœurs de traîtres; puis, sur toutes ces têtes exaltées, la plupart nues, la plupart échauffées par le mauvais vin des cabarets, tombait d'aplomb le soleil de juin, faisant un arc-en-ciel de flamme dans la poussière crayeuse que tout cet immense cortège soulevait le long du chemin.

Qu'eût-il dit, ce roi, qui peut-être s'illusionnait encore, s'il eût vu un homme partir de Mézières, son fusil sur l'épaule, faire soixante lieues en trois jours pour tuer le roi, le joindre à Paris, et, à Paris, le voyant si pauvre, si malheureux, si humilié, secouer la tête et renoncer à son projet?

Qu'eût-il dit s'il eût vu un jeune menuisier — ne doutant pas qu'après sa fuite, le roi ne fût immédiatement mis en jugement et condamné, — partir du fond de la Bourgogne, et s'élancer par les routes pour assister à ce jugement et entendre cette condamnation? En route, un maître menuisier lui fait comprendre que ce sera plus long qu'il ne croit, le retient pour fraterniser avec lui; le jeune menuisier s'arrête, en effet, chez le vieux maître, et épouse sa fille[1].

Ce que voyait Louis XVI était plus expressif peut-être, mais moins terrible; car nous avons dit comment le triple bouclier de l'innocence repoussait de lui la colère et la renvoyait contre ses serviteurs.

En sortant de Sainte-Menehould, à une demi-lieue de la ville peut-être, on vit arriver à travers champs, au grand galop de son cheval, un vieux gentilhomme chevalier de Saint-Louis; il portait sa croix à sa boutonnière; un instant, sans doute, le peuple crut que cet homme accourait conduit par la simple curiosité, et lui fit place. Le vieux gentilhomme s'approcha de la portière, le chapeau à la main, saluant le roi et la reine, et les appelant *Majestés*. Le peuple venait de mesurer où étaient la véritable force et la majesté réelle, il s'indigna qu'on donnât à ses prisonniers un titre qui lui était dû, à lui; il commença à gronder et à menacer.

Déjà le roi avait appris à connaître ces gron-

[1]. Cette double anecdote est racontée par Michelet, l'historien poétique et pittoresque. Il nomme même les deux héros; la majesté de son récit le lui permettait.

dements-là; il les avait entendus autour de la maison de Varennes : il devinait leur signification.

— Monsieur, dit-il au vieux chevalier de Saint-Louis, la reine et moi sommes bien touchés de la marque de dévouement que vous venez de nous donner d'une manière aussi publique; mais, au nom de Dieu, éloignez-vous, votre vie n'est pas en sûreté!

— Ma vie est au roi, dit le vieux chevalier, et le dernier jour de ma vie en sera le plus beau, si je meurs pour mon roi!

Quelques-uns entendirent ces paroles et grondèrent plus haut.

— Retirez-vous, Monsieur, retirez-vous! cria le roi.

Puis, se penchant au dehors :

— Mes amis, dit-il, faites place, je vous prie, à M. de Dampierre.

Les plus proches, ceux qui entendirent la prière du roi, y obtempérèrent et firent place. Malheureusement, un peu plus loin, cheval et cavalier se trouvèrent pressés : le cavalier excita son cheval de la bride et de l'éperon; mais la foule était tellement compacte, qu'elle n'était pas maîtresse elle-même de ses mouvements. Quelques femmes froissées crièrent, un enfant épouvanté pleura, les hommes montrèrent le poing, le vieillard obstiné montra son fouet; alors les menaces se changèrent en rugissements; cette grande colère populaire et léonine éclata. M. de Dampierre était déjà sur la lisière de cette forêt d'hommes : il piqua son cheval des deux, le cheval franchit bravement le fossé, et partit au galop à travers terres. En ce moment, le vieux gentilhomme se retourna, et, mettant le chapeau à la main : « Vive le roi! » cria-t-il. Dernier hommage à son souverain, mais suprême insulte à ce peuple.

Un coup de fusil retentit.

Lui, tira un pistolet de ses fontes et rendit coup sur coup.

Alors, tout ce qui avait un fusil chargé tira à la fois sur cet insensé.

Le cheval, criblé de balles, s'abattit.

L'homme fut-il blessé, fut-il tué par l'effroyable décharge? On n'en sut rien. La foule se rua, comme une avalanche, vers l'endroit où l'homme et le cheval étaient tombés, à cinquante pas à peu près de la voiture du roi; puis il se fit un de ces tumultes comme il s'en fait autour des cadavres, des mouvements désordonnés, un chaos informe, un gouffre de cris et de clameurs; puis, tout à coup, au bout d'une pique, on vit surgir une tête à cheveux blancs.

C'était celle du malheureux chevalier de Dampierre.

La reine poussa un cri, et se rejeta dans le fond de la voiture.

— Monstres! cannibales! assassins! hurla Charny.

— Taisez-vous, taisez-vous, monsieur le comte, dit Billot; sans cela, je ne répondrais plus de vous.

— Soit! dit Charny; je suis las de la vie! Que peut-il m'arriver de pis qu'à mon pauvre frère?

— Votre frère, dit Billot, était coupable, et vous ne l'êtes pas.

Charny fit un mouvement pour sauter à bas du siège : les deux gardes du corps le retinrent; vingt baïonnettes se tournèrent vers lui.

— Amis, dit Billot de sa voix forte et imposante, quelque chose que fasse ou dise celui-ci, — et il montra Charny, — je défends qu'il tombe un cheveu de sa tête... Je réponds de lui à sa femme.

— A sa femme! murmura la reine en tressaillant, comme si une de ces baïonnettes qui menaçaient Charny l'eût piquée au cœur ; à sa femme! pourquoi?...

Pourquoi? Billot n'aurait pu le dire lui-même. Il avait invoqué le nom et l'image de la femme de Charny, sachant combien sont puissants ces noms-là sur les foules, qui se composent, à tout prendre, de pères et d'époux!

V

LA VOIE DOULOUREUSE

On arriva tard à Châlons. La voiture entra dans la cour de l'intendance; des courriers avaient été envoyés d'avance pour faire préparer les logements.

Cette cour était encombrée par la garde nationale et par les curieux.

On fut obligé de faire écarter les spectateurs pour que le roi pût descendre de voiture.

Il descendit le premier, puis la reine portant le dauphin dans ses bras, puis Madame Élisabeth et Madame Royale, enfin madame de Tourzel.

Au moment où Louis XVI mettait le pied sur l'escalier, un coup de fusil partit, et la balle siffla aux oreilles du roi.

Y avait-il intention régicide? était-ce un simple accident?

— Bon! dit le roi en se retournant avec beaucoup de calme, voilà un maladroit qui a laissé partir son fusil.

Puis à haute voix :

— Il faut faire attention, Messieurs, ajouta-t-il; un malheur est bientôt arrivé!

Charny et les deux gardes du corps suivirent sans empêchement la famille royale, et montèrent derrière elle.

Mais déjà, à part le malencontreux coup de fusil, il avait semblé à la reine qu'elle entrait dans une atmosphère plus douce. A la porte où s'était arrêté le cortège tumultueux de la grande route, les cris aussi s'étaient arrêtés; un certain murmure de compassion s'était même fait entendre au moment où la famille royale avait descendu de voiture; en arrivant au premier, on trouva une table aussi somptueuse que possible, et servie avec une élégance qui fit que les prisonniers se regardèrent tout étonnés.

Des domestiques étaient là attendant; mais Charny réclama, pour lui et les deux gardes du corps, le privilège du service. Sous cette humilité, qui, aujourd'hui, pourrait paraître étrange, le comte cachait le désir de ne point quitter le roi, de rester à sa portée, et de se tenir prêt à tout événement.

La reine comprit; mais elle ne se tourna pas même de son côté, mais elle ne le remercia ni de la main, ni du regard, ni de la parole. Ce mot de Billot : « Je réponds de lui à sa femme! » grondait comme un orage au fond du cœur de Marie-Antoinette.

Charny, qu'elle croyait enlever de France; Charny, qu'elle croyait expatrier avec elle, Charny revenait avec elle à Paris! Charny allait revoir Andrée!

Lui, de son côté, ignorait ce qui se passait dans le cœur de la reine. Ces mots, il ne pouvait deviner qu'elle les eût entendus; d'ailleurs, son esprit commençait à concevoir quelques espérances.

Comme nous l'avons dit, Charny avait été envoyé d'avance pour explorer la route, et il avait rempli sa mission en conscience. Il savait donc quel était l'esprit du moindre village. Or, à Châlons, vieille ville sans commerce et peuplée de bourgeois, de rentiers, de gentilshommes, l'opinion était royaliste.

Il en résulta qu'à peine les augustes convives furent-ils à table, leur hôte, l'intendant du département, s'avança, et, s'inclinant devant la reine, qui, ne s'attendant plus à rien de bon, le regardait avec inquiétude :

— Madame, dit-il, ce sont les jeunes filles

de Châlons qui sollicitent la grâce d'offrir des fleurs à Votre Majesté.

La reine se retourna tout étonnée vers Madame Élisabeth, puis vers le roi.

— Des fleurs? dit-elle.

— Madame, reprit l'intendant, si le moment est mal choisi, ou la demande trop hardie, je vais donner l'ordre que ces jeunes filles ne montent point.

— Oh! non, non, Monsieur, au contraire! s'écria la reine. Des jeunes filles! des fleurs! Oh! laissez-les venir!

L'intendant se retira, et, un instant après, douze jeunes filles de quatorze à seize ans, les plus jolies que l'on avait pu trouver dans la ville, parurent dans l'antichambre, et s'arrêtèrent sur le seuil de la porte.

— Oh! entrez, entrez, mes enfants! cria la reine en leur tendant les bras.

L'une des jeunes filles, interprète, non seulement de ses compagnes, mais encore de leurs parents, mais encore de la ville, avait appris un beau discours qu'elle s'apprêtait à répéter; mais, à ce cri de la reine, à ces bras ouverts, à cette émotion de la famille royale, la pauvre enfant ne put trouver que des larmes et ces mots, sortis du plus profond de sa poitrine, et qui résumaient l'opinion générale.

— Oh! Votre Majesté! quel malheur!

La reine prit le bouquet et embrassa la jeune fille.

Charny, pendant ce temps, se penchait à l'oreille du roi.

— Sire, dit-il tout bas, peut-être y a-t-il bon parti à tirer de la ville; peut-être tout n'est-il pas encore perdu; si Votre Majesté veut me donner congé pour une heure, je descendrai, et je lui rendrai compte de ce que j'aurai vu, entendu, et peut-être même fait!

— Allez, Monsieur, dit le roi, mais soyez prudent; s'il vous arrivait malheur, je ne m'en consolerais jamais! Hélas! c'est bien assez déjà de deux morts dans la même famille.

— Sire, répondit Charny, ma vie est au roi comme l'était celle de mes frères!

Et il sortit.

Mais, en sortant, il essuya une larme.

Il fallait la présence de toute la famille royale pour faire, de cet homme au cœur ferme mais tendre, le stoïque qu'il affectait de paraître; en se retrouvant en face de lui-même, il se retrouvait en face de sa douleur.

— Pauvre Isidore! murmura-t-il.

Et, de sa main, il pressa sur sa poitrine, pour voir s'ils étaient toujours dans la poche de son habit, ces papiers que M. de Choiseul lui avait apportés, qui avaient été trouvés sur le cadavre de son frère, et qu'il se promettait bien de lire, au premier moment de calme, avec la même religion qu'il eût mise à lire un testament.

Derrière les jeunes filles, que Madame Royale embrassa comme des sœurs, se présentèrent les parents; c'étaient presque tous, ainsi que nous l'avons dit, ou de dignes bourgeois, ou de vieux gentilshommes; ils venaient timidement, humblement demander la grâce de saluer leurs souverains malheureux. Le roi se leva lorsqu'ils passèrent, et, de sa plus douce voix, la reine leur dit :

— Entrez!

Était-on à Châlons? était-on à Versailles? était-ce quelques heures auparavant que les prisonniers avaient vu égorger, sous leurs yeux, le malheureux M. de Dampierre?

Au bout d'une demi-heure, Charny rentra.

La reine l'avait vu sortir, la reine l'avait vu rentrer; mais il eût été impossible à l'œil le plus perçant de rien lire sur son visage du contre-coup que donnaient à son âme cette sortie et cette rentrée.

— Eh bien? demanda le roi en se penchant du côté de Charny.

— Eh bien, Sire, répondit le comte, tout est pour le mieux : la garde nationale offre de reconduire, demain, Votre Majesté à Montmédy.

— Alors, dit le roi, vous avez décidé quelque chose?

— Oui Sire, avec les principaux chefs. Demain, avant de partir, le roi demandera à entendre la messe; on ne peut refuser cette demande à Votre Majesté: c'est le jour de la Fête-Dieu. La voiture attendra le roi à la porte de l'église; en sortant, le roi montera dans la voiture, les *vivat* éclateront, et, au milieu de ces *vivat*, le roi donnera l'ordre de tourner bride, et de marcher sur Montmédy.

— C'est bien, dit Louis XVI; merci, monsieur de Charny; si d'ici à demain rien n'est changé, nous ferons comme vous dites... Seulement, allez prendre du repos, vous et vos compagnons, vous devez en avoir encore plus besoin que nous.

Comme on le comprend bien, cette réception de jeunes filles, de bons bourgeois et de braves gentilshommes ne se prolongea pas fort avant dans la nuit; le roi et la famille royale se retirèrent à neuf heures.

Lorsqu'ils rentrèrent dans leur appartement, une sentinelle qu'ils virent à leur porte rappela

Je suis Pétion, dit-il. (Page 413.)

au roi et à la reine qu'ils étaient toujours prisonniers.

Cependant cette sentinelle leur présenta les armes.

Au mouvement précis avec lequel se fit cet hommage à la majesté royale, même captive, le roi reconnut un vieux soldat.

— Où avez-vous servi, mon ami? demanda-t-il au factionnaire.

— Aux gardes françaises, Sire, répondit celui-ci.

— Alors, reprit le roi d'un ton sec, je ne suis pas surpris de vous voir là.

Louis XVI ne pouvait oublier que, dès le 13 juillet 1789, les gardes françaises avaient passé avec le peuple.

Le roi et la reine entrèrent chez eux. Cette sentinelle était à la porte même de la chambre à coucher.

Une heure après, en descendant de garde, le factionnaire demanda à parler au chef de l'escorte. Ce chef, c'était Billot.

Il soupait dans la rue avec les hommes qui étaient venus des différents villages bordant la route, et essayait de les déterminer à rester le lendemain.

Mais, pour la plupart, ces hommes avaient vu ce qu'ils voulaient voir, c'est-à-dire le roi, et plus de la moitié tenait à faire la Fête-Dieu dans son village.

Billot s'efforçait de les retenir parce que les dispositions de la ville aristocratique l'inquiétaient.

Eux, braves gens de la campagne, lui répondaient :

— Si nous ne rentrons pas chez nous, qui donc souhaiterait demain la fête au bon Dieu, et tendrait des draps devant nos maisons ?

Ce fut au milieu de cette occupation que vint le surprendre la sentinelle.

Tous deux causèrent bas et d'une façon animée.

Puis Billot envoya chercher Drouet.

La même conversation à demi-voix, animée et pleine de gestes, se renouvela.

A la suite de cette conversation, Billot et Drouet allèrent chez le maître de poste, ami de ce dernier.

Le maître de poste leur fit seller deux chevaux, et, dix minutes après, Billot galopait sur la route de Reims, et Drouet sur celle de Vitry-le-François.

Le jour vint; à peine restait-il six cents hommes de l'escorte de la veille, les plus acharnés, ou les plus las; ils avaient passé la nuit dans la rue sur des bottes de paille qu'on leur avait apportées. En se secouant aux premières lueurs du matin, ils purent voir une douzaine d'hommes en uniforme qui entraient à l'intendance, et qui, un instant après, en sortaient en courant.

Il y avait à Châlons un quartier des gardes de la compagnie de Villeroy; une douzaine de ces messieurs se trouvaient encore dans la ville.

Ils venaient de prendre les ordres de Charny.

Charny leur avait dit de revêtir leur uniforme, et de se trouver, à cheval, devant la porte de l'église au moment de la sortie du roi.

Ils allaient se préparer à cette manœuvre.

Comme nous l'avons dit, quelques-uns des paysans qui, la veille, avaient fait escorte au roi, ne s'étaient point retirés le soir, parce qu'ils étaient las; mais, le matin, ils comptèrent les lieues : ceux-ci étaient à dix lieues, ceux-là à quinze lieues de leur maison. Cent ou deux cents partirent, quelques instances que leur fissent leurs camarades.

Les fidèles se trouvèrent donc réduits à quatre cents ou quatre cent cinquante tout au plus.

Or, on pouvait compter sur un nombre égal au moins de gardes nationaux dévoués au roi, sans compter les gardes royaux, et les officiers que l'on devait recruter, espèce de bataillon sacré prêt à donner l'exemple en s'exposant à tous les dangers.

En outre, on le sait, la ville était aristocrate.

Le matin, dès six heures, les habitants les plus zélés pour la cause royaliste étaient debout et attendant dans la cour de l'intendance. Charny et les gardes se tenaient au milieu d'eux et attendaient aussi.

Le roi se leva à sept heures, et fit dire que son intention était d'assister à la messe.

On chercha Drouet et Billot, pour leur exposer le désir du roi, mais on ne les trouva ni l'un ni l'autre.

Rien ne s'opposait donc à ce que ce désir s'accomplît.

Charny monta chez le roi, et lui annonça l'absence des deux chefs de l'escorte.

Le roi s'en réjouit, mais Charny secoua la tête; s'il ne connaissait pas Drouet, en revanche, il connaissait Billot.

Cependant les augures paraissaient favorables. Les rues étaient encombrées, mais il était facile de voir que toute cette population était sympathique. Tant que les volets de la chambre du roi et de la chambre de la reine avaient été fermés, cette foule, pour ne pas troubler le sommeil des prisonniers, avait circulé à petit bruit et à pas sourds, levant les mains et les yeux au ciel, et si nombreuse, qu'à peine voyait-on, perdus dans ses rangs, les quatre ou cinq cents paysans des environs, qui avaient persisté à ne point rejoindre leurs villages.

Mais, dès que les volets s'ouvrirent chez les augustes époux, les cris de « Vive le roi ! » et « vive la reine ! » retentirent avec une telle énergie, que, sans s'être communiqué leur pensée, d'eux-mêmes, et chacun de son côté, le roi et la reine apparurent à leur balcon.

Alors, les cris furent unanimes, et, une dernière fois encore, les deux condamnés du destin purent se faire illusion.

— Allons, dit d'un balcon à l'autre Louis XVI à Marie-Antoinette, tout va bien !

Marie-Antoinette leva les yeux au ciel, mais ne répondit pas.

En ce moment, les volées de la cloche annonçaient l'ouverture de l'église.

Puis, en même temps, Charny frappa légèrement à la porte.

— C'est bien, dit le roi, je suis prêt, Monsieur.

Charny jeta un coup d'œil sur le roi; il était calme, presque ferme; il avait tant souffert, qu'on eût dit qu'à force de souffrance il perdait son irrésolution.

La voiture attendait à la porte.

Le roi, la reine et la famille royale y montèrent, entourés d'une foule pour le moins aussi considérable que la veille; mais, au lieu d'insulter les prisonniers, cette foule leur demandait un mot, un regard, se trouvait heureuse de toucher les pans de l'habit du roi, fière de baiser le bas de la robe de la reine.

Les trois officiers reprirent leurs places sur le siège.

Le cocher reçut l'ordre de conduire la voiture à l'église, et obéit sans faire aucune observation.

D'ailleurs, d'où eût pu venir le contre-ordre? Les deux chefs étaient toujours absents.

Charny plongeait les yeux de tous côtés, et cherchait en vain Billot et Drouet.

On arriva à l'église.

L'escorte des paysans avait bien pris son rang autour de la voiture; mais à chaque moment, le nombre des gardes nationaux augmentait ; au coin de chaque rue, ils débouchaient par compagnies.

En arrivant à l'église, Charny estima qu'il pouvait disposer de six cents hommes.

On avait réservé les places de la famille royale sous une espèce de dais, et, quoiqu'il ne fût que huit heures du matin, les prêtres commençaient une grand'messe.

Charny s'en aperçut; il ne craignait rien tant qu'un retard; car un retard pouvait être mortel à ces espérances auxquelles il venait de se reprendre. Il fit prévenir l'officiant qu'il était essentiel que la messe ne durât pas plus d'un quart d'heure.

— Je comprends, fit répondre le prêtre, et je vais prier Dieu pour qu'il accorde à Leurs Majestés un heureux voyage !

La messe dura juste le temps indiqué, et, cependant, Charny tira plus de vingt fois sa montre ; le roi lui-même ne pouvait cacher son impatience ; la reine, à genoux entre ses deux enfants, appuyait sa tête sur le coussin du prie-Dieu ; Madame Élisabeth, calme et sereine comme une vierge d'albâtre, soit qu'elle ignorât le projet, soit qu'elle eût déjà remis sa vie et celle de son frère aux mains du Seigneur, ne donnait aucun signe d'impatience.

Enfin, le prêtre, en se retournant, prononça les paroles sacramentelles : *Ite, missa est.*

Et, descendant les marches de l'autel, le ciboire à la main, il bénit, en passant, le roi et la famille royale.

Ceux-ci s'inclinèrent de leur côté, et, au désir qui se formulait dans le cœur du prêtre, répondirent tout bas : *Amen.*

Puis ils s'acheminèrent vers la porte.

Tous ceux qui venaient d'entendre la messe avec eux s'agenouillaient sur leur passage ; les lèvres remuaient sans qu'aucun son sortît des bouches, mais il était facile de deviner tout ce que demandaient ces lèvres muettes.

A la porte de l'église, on trouva les dix ou douze gardes à cheval.

L'escorte royaliste commençait à prendre des proportions colossales.

Et, cependant, il était évident que les paysans avec leurs rudes volontés, avec leurs armes, moins mortelles peut-être que celles des citadins, mais plus terribles à la vue, — un tiers étaient armés de fusils, le reste de faux et de lances, — il était évident que les paysans pouvaient, au moment décisif, peser d'un poids fatal dans la balance.

Ce ne fut donc pas sans une certaine crainte que Charny, se penchant vers le roi, à qui l'on demandait ses ordres, lui dit pour l'encourager :

— Allons, Sire !

Le roi était décidé.

Il passa la tête par la portière, et, s'adressant à ceux qui entouraient la voiture :

— Messieurs, dit-il, hier, à Varennes, on m'a fait violence : j'avais donné l'ordre d'aller à Montmédy, et de force on m'a ramené vers une capitale révoltée ; mais, hier, j'étais au milieu de rebelles ; aujourd'hui, je suis parmi de braves sujets, et je répète : A Montmédy, Messieurs !

— A Montmédy ! cria Charny.

— A Montmédy ! répétèrent les gardes de la compagnie de Villeroy.

— A Montmédy ! répéta après eux toute la garde nationale de Châlons.

Puis un chœur général poussa le cri de « Vive le roi ! »

La voiture tourna à l'angle de la rue, et reprit pour s'en aller le chemin qu'on avait suivi la veille pour venir.

Charny avait les yeux sur toute cette population des villages ; elle semblait, en l'absence de Drouet et de Billot, commandée par ce garde française qui avait été de faction à la porte du roi ; il suivit et fit suivre silencieusement le mouvement par ses hommes, dont l'œil sombre indiquait assez qu'ils goûtaient peu la manœuvre qui s'exécutait.

Seulement, ils laissèrent passer toute la garde nationale, se massant à la suite en arrière-garde.

Aux premiers rangs marchaient les hommes armés de piques, de fourches et de faux.

Ensuite venaient cent cinquante hommes à peu près armés de fusils.

Cette manœuvre, aussi bien exécutée que si elle l'eût été par des troupes habituées à l'exercice, inquiéta Charny ; mais il n'avait aucun moyen de s'y opposer, et, placé comme il était, ne pouvait pas même en demander l'explication.

L'explication lui fut bientôt donnée.

A mesure que l'on avançait vers la porte de la ville, il semblait que, malgré le bruit de la voiture, malgré les rumeurs et les cris de ceux qui l'accompagnaient, on entendît quelque chose comme un roulement sourd qui allait augmentant.

Tout à coup, Charny pâlit et posa la main sur le genou du garde du corps qui était près de lui.

— Tout est perdu ! dit-il.

— Pourquoi cela ? demanda le garde du corps.

— Ne reconnaissez-vous donc pas ce bruit ?

— On dirait le bruit du tambour... Eh bien ?

— Eh bien, vous allez voir ! dit Charny.

En ce moment, on tourna l'angle d'une place.

Deux rues aboutissaient à cette place : la rue de Reims et la rue de Vitry-le-François.

Par chacune de ces deux rues, tambours en tête, drapeaux déployés, s'avançaient deux troupes considérables de gardes nationaux.

L'une de dix-huit cents hommes à peu près, l'autre de deux mille cinq cents à trois mille.

Chacune de ces deux troupes semblait commandée par un homme à cheval.

L'un de ces hommes était Drouet, l'autre Billot.

Charny n'eut besoin que de jeter un coup d'œil sur la direction que suivait chaque troupe pour tout comprendre.

L'absence de Drouet et de Billot, absence inexplicable jusque-là, s'expliquait trop clairement.

Sans doute avaient-ils été prévenus du coup qui se machinait à Châlons ; ils étaient partis, l'un pour hâter l'arrivée de la garde nationale de Reims, l'autre pour aller chercher la garde nationale de Vitry-le-François.

Leurs mesures avaient été prises de concert : tous deux arrivaient à temps.

Ils firent faire halte à leurs hommes sur la place, qu'ils barraient entièrement.

Puis, sans autre démonstration, l'ordre fut donné de charger les armes.

Le cortège s'arrêta.

Le roi mit la tête à la portière.

Il trouva Charny debout, pâle, les dents serrées.

— Qu'y a-t-il ? demanda le roi.

— Il y a, Sire, que nos ennemis sont allés chercher du renfort, et que, comme vous le voyez, on charge les armes, tandis que, derrière la garde nationale de Châlons, les paysans se tiennent avec leurs armes toutes chargées.

— Que pensez-vous de cela, monsieur de Charny ?

— Je pense, Sire, que nous sommes pris entre deux feux ! ce qui n'empêche pas que, si vous voulez passer, vous passerez, Sire ; seulement, jusqu'où ira Votre Majesté, je n'en sais rien.

— C'est bien, dit le roi, retournons.

— Votre Majesté est bien décidée ?

— Monsieur de Charny, il a déjà coulé assez de sang pour moi, et du sang que je pleure avec des larmes bien amères. Je ne veux pas qu'il en soit versé une goutte de plus... Retournons.

A ces mots, les deux jeunes gens du siège s'élancèrent à la portière ; les gardes de la compagnie de Villeroy accoururent. Ces braves et bouillants militaires ne demandaient pas mieux que d'entrer en lutte avec des bourgeois, mais le roi répéta l'ordre plus positivement qu'il ne l'avait encore fait.

— Messieurs ! dit Charny à voix haute et impérative, retournons, le roi le veut !

Et lui-même, prenant la bride du cheval, il fit faire un tête-à-queue à la lourde voiture.

A la porte de Paris, la garde nationale de Châlons, devenue inutile, céda sa place aux paysans, à la garde nationale de Vitry et à la garde nationale de Reims.

— Trouvez-vous que j'aie bien fait, Madame ? dit Louis XVI à Marie-Antoinette.

— Oui, Monsieur, répondit celle-ci ; seulement, je trouve que M. de Charny vous a obéi bien facilement...

Et elle tomba dans une sombre rêverie qui n'appartenait pas tout entière à la situation, si terrible qu'elle fût, dans laquelle on se trouvait.

VI

LA VOIE DOULOUREUSE

La voiture royale suivait tristement la route de Paris, surveillée par ces deux hommes sombres qui venaient de lui faire rebrousser chemin, lorsque, entre Épernay et Dormans, Charny put, grâce à sa grande taille et du haut du siège où il était placé, apercevoir une autre voiture venant de Paris au galop de quatre chevaux de poste.

Charny devina immédiatement que cette voiture apportait quelque nouvelle grave ou amenait quelque personnage important.

En effet, lorsqu'elle eut joint l'avant-garde de l'escorte, on vit, après deux ou trois paroles échangées, les rangs de cette avant-garde s'ouvrir et les hommes qui la composaient présenter respectueusement les armes.

La berline du roi s'arrêta, et l'on put entendre de grands cris.

Toutes les voix répétaient en même temps : « Vive l'Assemblée nationale! »

La voiture qui venait du côté de Paris continua son chemin jusqu'à ce qu'elle fût arrivée près de la berline du roi.

Alors, de cette voiture descendirent trois hommes dont deux étaient complètement inconnus aux augustes prisonniers.

Le troisième avait à peine mis la tête à la portière, que la reine murmura à l'oreille de Louis XVI :

— M. de Latour-Maubourg, l'âme damnée de la Fayette!

Puis, secouant la tête :

— Cela ne nous présage rien de bon, ajouta-t-elle.

De ces trois hommes, le plus âgé s'avança, et, ouvrant brutalement la portière de la voiture du roi :

— Je suis Pétion, dit-il, et voici MM. Barnave et Latour-Maubourg, envoyés comme moi et avec moi par l'Assemblée nationale pour vous servir d'escorte, et veiller à ce que la colère du peuple ne se fasse pas justice elle-même. Serrez-vous donc un peu, et faites-nous place.

La reine lança, sur le député de Chartres et ses deux compagnons, un de ces coups d'œil dédaigneux comme il en tombait de temps en temps du haut de l'orgueil de la fille de Marie-Thérèse.

M. de Latour-Maubourg, gentilhomme courtisan de l'école de la Fayette, ne put supporter ce regard.

— Leurs Majestés sont déjà bien pressées dans cette voiture, dit-il; moi, je monterai dans la voiture de suite.

— Montez où vous voudrez, dit Pétion; quant à moi, ma place est dans la voiture du roi et de la reine, et j'y monte.

En même temps, il entra dans la voiture.

Au fond étaient assis le roi, la reine et Madame Élisabeth.

Pétion les regarda l'un après l'autre.

Puis, s'adressant à Madame Élisabeth :

— Pardon, Madame, dit-il; mais, comme représentant de l'Assemblée, la place d'honneur m'appartient. Ayez donc l'obligeance de vous lever et de vous asseoir sur le devant.

— Oh! par exemple! murmura la reine.

— Monsieur, fit le roi.

— C'est comme cela... Allons, levez-vous, Madame, et me donnez votre place.

Madame Élisabeth se leva et céda sa place en faisant à son frère et à sa belle-sœur un signe de résignation.

Pendant ce temps, M. de Latour-Maubourg s'était esquivé et était allé demander une place aux deux dames du cabriolet avec plus de courtoisie, certainement, que ne venait de le faire Pétion à l'endroit du roi et de la reine.

Barnave était resté dehors, hésitant à entrer dans cette berline où se trouvaient déjà pressées sept personnes.

— Eh bien, Barnave, dit Pétion, ne venez-vous pas?

— Mais où me mettre? demanda Barnave un peu embarrassé.

— Voulez-vous ma place, Monsieur? demanda aigrement la reine.

— Je vous remercie, Madame, répondit Barnave blessé; une place sur le devant me suffira.

Par un même mouvement, Madame Élisabeth attira à elle Madame Royale, tandis que la reine prenait le dauphin sur ses genoux.

De cette manière, une place se fit sur le devant de la voiture et Barnave se trouva en face de la reine, genoux à genoux avec elle.

— Allons, dit Pétion sans demander l'autorisation au roi, en route!

Et la voiture se remit en marche aux cris de « Vive l'Assemblée nationale! »

Le peuple venait à son tour de monter dans les carrosses du roi avec Barnave et Pétion.

Quant à ses preuves, il les avait faites le 14 juillet, les 5 et 6 octobre.

Il y eut un moment de silence pendant lequel, à part Pétion, qui, enfermé dans sa rudesse, semblait indifférent à tout, chacun s'examina.

Qu'on nous permette donc de dire quelques mots des personnages que nous venons d'introduire en scène.

Jérôme Pétion, dit de Villeneuve, était un homme de trente-deux ans, à peu près, aux traits vigoureusement arrêtés, et dont tout le mérite consistait dans l'exaltation, la netteté et la conscience de ses principes politiques. Il était né à Chartres, y avait été reçu avocat, et avait été envoyé à Paris comme membre de l'Assemblée nationale, en 1789. Il devait être maire de Paris, jouir d'une popularité destinée à effacer celle des Bailly et des la Fayette, et mourir dans les landes de Bordeaux, dévoré par les loups. Ses amis l'appelaient le vertueux Pétion. Lui et Camille Desmoulins étaient déjà républicains en France quand personne ne l'était encore.

Pierre-Joseph-Marie Barnave était né à Grenoble; il avait trente ans à peine; envoyé à l'Assemblée nationale, il s'y était acquis à la fois une grande réputation et une grande popularité en luttant avec Mirabeau au moment où baissaient la popularité et la réputation du député d'Aix. Tous ceux qui étaient les ennemis du grand orateur, — et Mirabeau jouissait de ce privilège des hommes de génie d'avoir pour ennemi tout ce qui est médiocre, — tous les ennemis de Mirabeau s'étaient faits les amis de Barnave, et l'avaient soutenu, soulevé, grandi dans les luttes orageuses qui avaient accompagné la fin de la vie de l'illustre tribun. C'était — nous parlons de Barnave — un jeune homme de trente ans à peine, comme nous l'avons dit, en paraissant tout au plus vingt-cinq, avec de beaux yeux bleus, la bouche grande, le nez retroussé et la voix aigre. Sa personne, d'ailleurs, était élégante; agresseur et duelliste, il semblait un jeune capitaine de guerre en bourgeois. Son aspect était sec, froid et méchant. Il valait mieux que ne l'annonçait son aspect.

Il appartenait au parti royaliste constitutionnel.

Au moment où il prenait sa place sur le devant et s'asseyait en face de la reine :

— Messieurs, dit Louis XVI, je commence par vous déclarer que mon intention n'a jamais été de quitter le royaume.

Barnave, à moitié assis, s'arrêta et regarda le roi.

— Dites-vous vrai, Sire? demanda-t-il. En ce cas, voilà un mot qui sauvera la France.

Et il s'assit.

Alors, il se passa quelque chose d'étrange entre cet homme parti de la bourgeoisie d'une petite ville de province, et cette femme descendue à moitié d'un des plus grands trônes du monde.

Tous deux essayèrent de lire dans le cœur l'un de l'autre, non pas comme deux ennemis politiques qui veulent y chercher des secrets d'État, mais comme un homme et une femme qui y cherchent des mystères d'amour.

D'où venait dans le cœur de Barnave ce sentiment qu'y surprit, au bout de quelques minutes d'étude, l'œil perçant de Marie-Antoinette?

Nous allons le dire et mettre au jour une de ces tablettes du cœur qui font les légendes secrètes de l'histoire, et qui, au jour des grandes décisions du destin, pèsent plus dans la balance que le gros livre des événements officiels.

Barnave avait la prétention d'être en toutes choses le successeur et l'héritier de Mirabeau ; or, à son avis, il était déjà le successeur et l'héritier du grand orateur à la tribune.

Mais restait un autre point.

Aux yeux de tous — nous savons, nous, qui en était. — Mirabeau avait passé pour être honoré de la confiance du roi et de la bienveillance de la reine. Cette seule et unique conférence qu'avait obtenue le négociateur au château de Saint-Cloud avait été transformée en plusieurs audiences secrètes dans lesquelles la présomption de Mirabeau aurait été jusqu'à l'audace, et la condescendance de la reine jusqu'à la faiblesse. A cette époque, il était de mode, non seulement de calomnier la pauvre Marie-Antoinette, mais encore de croire à ces calomnies.

Or, ce qu'ambitionnait Barnave, c'était la succession tout entière de Mirabeau ; de là son ardeur à se faire nommer l'un des trois commissaires à envoyer près du roi.

Il avait été nommé, et il venait avec cette assurance d'un homme qui sait que, dans le cas où il n'aurait pas le talent de se faire aimer, il aura au moins la puissance de se faire haïr.

Voilà ce que, avec son rapide coup d'œil de femme, la reine avait pressenti, presque deviné.

Puis, ce qu'elle devinait encore, c'était la préoccupation actuelle de Barnave.

Cinq ou six fois, dans l'espace d'un quart d'heure où Barnave se trouva vis-à-vis d'elle, le jeune député se retourna pour examiner avec une scrupuleuse attention les trois hommes qui étaient sur le siège de la voiture, et, du siège de la voiture, son regard descendait chaque fois plus dur et plus hostile sur la reine.

En effet, Barnave savait que l'un de ces trois hommes — lequel? il l'ignorait — était le comte de Charny. Or le bruit public donnait le comte de Charny pour amant à la reine.

Barnave était jaloux. Explique qui pourra ce sentiment dans le cœur du jeune homme, mais cela était ainsi.

Voilà ce que la reine devina.

Et, du moment où elle l'eut deviné, elle fut bien forte : elle connaissait le défaut de la cuirasse de son adversaire; il ne s'agissait plus que de frapper, et de frapper juste.

— Monsieur, dit-elle s'adressant au roi, vous

avez entendu ce que disait cet homme qui conduit la voiture?

— A quel propos, Madame? demanda le roi.
— A propos de M. le comte de Charny.

Barnave tressaillit.

Ce tressaillement ne put échapper à la reine, qui touchait son genou du sien.

— N'a-t-il pas déclaré, dit le roi, qu'il prenait sur lui la responsabilité de la vie du comte?

— Justement, Monsieur; et il a ajouté qu'il répondait de cette existence à la comtesse.

Barnave ferma les yeux à moitié, mais écouta de façon à ne pas perdre une syllabe de ce qu'allait dire la reine.

— Eh bien? demanda le roi.

— Eh bien, Monsieur, la comtesse de Charny est mon ancienne amie, mademoiselle Andrée de Taverney. Ne trouvez-vous pas qu'à notre retour à Paris, il serait bon que je donnasse congé à M. de Charny afin qu'il pût rassurer sa femme? Il a couru de grands risques; son frère a été tué pour nous. Je crois que lui demander la continuation de ses services près de vous, Sire, serait faire une chose cruelle à ces deux époux.

Barnave respira et ouvrit de grands yeux.

— Vous avez raison, Madame, répondit le roi, quoique, à vrai dire, je doute que M. de Charny accepte.

— Eh bien, dans ce cas, dit la reine, chacun de nous aura fait ce qu'il devait faire: nous, en offrant ce congé à M. de Charny; M. de Charny, en le refusant.

La reine sentit en quelque sorte, par une communication magnétique, se détendre l'irritation de Barnave. En même temps, lui, cœur généreux, comprenant son injustice vis-à-vis de cette femme, il en eut honte.

Il s'était jusqu'alors tenu la tête haute et insolente, comme un juge devant un coupable qu'il avait droit de juger et de condamner, et voilà que, tout à coup, cette coupable, répondant à une accusation qu'elle ne pouvait deviner, disait le mot ou de l'innocence ou du repentir.

Mais pourquoi pas de l'innocence?

— Nous serons d'autant plus forts, continua la reine, que nous n'avons pas emmené M. de Charny, et que, moi, je le supposais, pour mon compte, bien tranquille à Paris, quand je l'ai vu apparaître tout à coup à la portière de la voiture.

— C'est vrai, répondit le roi; mais cela vous prouve que le comte n'a pas besoin d'être stimulé lorsqu'il croit accomplir un devoir.

Elle était innocente, il n'y avait plus de doute.

Oh! comment Barnave se ferait-il pardonner de la reine cette mauvaise pensée qu'il avait eue contre la femme?

Adresser la parole à la reine? Barnave n'osait pas. Attendre que la reine parlât la première? Mais la reine, satisfaite de l'effet qu'avaient produit le peu de paroles qu'elle avait dites, la reine ne parlait plus.

Barnave était redevenu doux, presque humble; Barnave implorait la reine du regard; mais la reine ne paraissait faire aucune attention à Barnave.

Le jeune homme était dans un de ces états d'exaltation nerveuse où, pour être remarqué d'une femme inattentive, on entreprendrait les douze travaux d'Hercule, au risque de succomber dès le premier.

Il demandait à l'Être suprême, — en 1791, on ne demandait déjà plus à Dieu, — il demandait à l'Être suprême de lui envoyer une occasion quelconque d'attirer sur lui les yeux de la royale indifférente, lorsque, tout à coup, comme si l'Être suprême eût entendu la prière qui lui était adressée, un pauvre prêtre qui attendait sur le bord de la route le passage du roi, s'approchant pour voir de plus près l'auguste prisonnier, leva au ciel ses yeux pleins de larmes et ses mains suppliantes, en disant:

— Sire! Dieu garde Votre Majesté!

Il y avait longtemps que le peuple n'avait eu le sujet ou le prétexte de se mettre en colère. Rien ne s'était présenté depuis qu'il avait mis en morceaux le vieux chevalier de Saint-Louis, dont la tête suivait toujours, portée au bout d'une pique.

Une occasion lui était enfin offerte: il la saisit avec empressement.

Au geste du vieillard, à la prière qu'il prononçait, le peuple répondit par un rugissement; il se jeta sur le prêtre en un instant, et, avant que Barnave fût tiré de sa rêverie, le prêtre était renversé à terre et allait être écharpé, quand la reine, épouvantée, s'écria, s'adressant à Barnave:

— Oh! Monsieur, ne voyez-vous pas ce qui se passe?

Barnave releva la tête, plongea un regard rapide vers l'océan où venait de disparaître le pauvre vieillard, et qui roulait en vagues tumultueuses et grondantes autour de la voiture, et, voyant ce dont il s'agissait:

— Oh! misérables! s'écria-t-il en s'élançant avec une telle violence, que la portière s'ouvrit, et qu'il fût tombé si, par un de ces premiers mouvements du cœur si prompts chez Madame Élisabeth, celle-ci ne l'eût retenu par la basque de son habit.

« Oh! tigres! vous n'êtes donc pas des Français, où la France, le peuple des braves, est-il devenu un peuple d'assassins ?

L'apostrophe nous paraîtra peut-être, à nous, un peu prétentieuse, mais elle était dans le goût du temps. D'ailleurs Barnave représentait l'Assemblée nationale; c'était le pouvoir suprême qui parlait par sa voix : le peuple recula, le vieillard fut sauvé.

Il se releva en disant :

— Vous avez bien fait de me sauver, jeune homme; un vieillard priera pour vous.

Et, faisant le signe de la croix, il se retira.

Le peuple le laissa passer, dominé par le geste et le regard de Barnave, qui semblait la statue du commandement.

Puis, quand le vieillard fut loin, le jeune député se rassit simplement, naturellement, n'ayant pas l'air de se douter qu'il venait de sauver la vie à un homme.

— Monsieur, dit la reine, je vous remercie.

Et, à ces seules paroles, Barnave frissonna de tout son corps.

C'est que, sans contredit, pendant cette longue période que nous venons de parcourir avec la malheureuse Marie-Antoinette, elle avait été plus belle, mais jamais aussi touchante.

En effet, au lieu de trôner comme reine, elle trônait comme mère; elle avait à sa gauche le dauphin, charmant enfant aux cheveux blonds, qui était passé, avec l'insouciance et la naïveté de son âge, des genoux de sa mère entre les jambes du vertueux Pétion, lequel s'humanisait au point de jouer avec ses cheveux bouclés; elle avait à sa droite sa fille, Madame Royale, qui semblait un portrait de sa mère à la première fleur de la jeunesse et de la beauté. Enfin, elle-même, elle avait, à la place de la couronne d'or de la royauté, la couronne d'épines du malheur, et, au-dessus de ses yeux noirs, de son front pâli, sa magnifique chevelure blonde au milieu de laquelle brillaient quelques fils d'argent venus avant l'âge, et qui parlaient plus éloquemment au cœur du jeune député que n'eût pu faire la plainte la plus douloureuse.

Il contemplait cette grâce royale, et se sentait tout prêt à tomber aux genoux de cette majesté mourante, lorsque le jeune dauphin jeta un cri de douleur.

L'enfant avait fait au vertueux Pétion je ne sais quelle espièglerie, dont celui-ci jugeait à propos de le punir en lui tirant vigoureusement l'oreille.

Le roi rougit de colère; la reine pâlit de honte. Elle étendit les bras, et enleva l'enfant d'entre les jambes de Pétion, et, comme Barnave fit le même mouvement qu'elle, le dauphin, transporté par leurs quatre bras et tiré à lui par Barnave, se trouva sur les genoux de ce dernier.

Marie-Antoinette voulut l'attirer sur les siens.

— Non, dit le dauphin, je suis bien ici.

Et, comme Barnave, qui avait vu le mouvement de la reine, écartait les bras pour la laisser libre dans l'exécution de sa volonté, la reine — était-ce coquetterie de mère? était-ce séduction de femme? — laissa le jeune prince où il était.

Il se passa en ce moment dans le cœur de Barnave quelque chose d'impossible à rendre; il était fier et heureux tout à la fois.

L'enfant se mit à jouer avec le jabot de Barnave, puis avec sa ceinture, puis avec les boutons de son habit de député.

Ces boutons surtout occupèrent le jeune prince; ils portaient une devise gravée.

Le dauphin épela les lettres les unes après les autres, et finit en les assemblant, par lire ces quatre mots : « Vivre libre ou mourir. »

— Qu'est-ce que cela veut dire, Monsieur? demanda-t-il.

Barnave hésita à répondre.

— Cela veut dire, mon petit bonhomme, expliqua Pétion, que les Français ont fait serment de n'avoir plus de maître; comprends-tu cela?

— Pétion! s'écria Barnave.

— Eh bien, mais, répondit Pétion le plus naturellement du monde, explique la devise autrement, si tu lui connais un autre sens.

Barnave se tut. Cette devise, qu'il trouvait sublime la veille, lui semblait presque cruelle dans la situation présente.

Mais il prit la main du dauphin, et abaissa respectueusement ses lèvres sur cette main.

La reine essuya furtivement une larme montée de son cœur à sa paupière.

Et la voiture, théâtre de ce petit drame étrange, simple jusqu'à la naïveté, continua de rouler à travers les cris de la foule grondante, conduisant à la mort six des huit personnes qu'elle contenait.

On arriva à Dormans.

Elle se trouva en face d'un portrait de femme. (Page 124.)

VII

LA VOIE DOULOUREUSE

Là rien n'avait été préparé pour la réception de la famille royale, qui fut forcée de descendre dans une auberge.

Soit par ordre de Pétion, que le silence du roi et de la reine avait fort blessé pendant la route, soit que l'auberge fût réellement pleine, on ne trouva pour les augustes prisonniers que trois mansardes dans lesquelles ils s'installèrent.

En descendant de voiture, Charny, selon son habitude, avait voulu s'approcher du roi et de la reine pour prendre leurs ordres, mais la reine d'un seul coup d'œil lui avait fait signe de se tenir à l'écart.

Sans savoir la cause de cette recommandation, le comte s'était empressé d'y obéir.

C'était Pétion qui était entré dans l'auberge, et qui s'était chargé des fonctions de maréchal des logis : il ne se donna pas même la peine de redescendre, et ce fut un garçon qui vint annoncer que les chambres de la famille royale étaient prêtes.

Barnave était assez embarrassé ; il mourait

d'envie d'offrir son bras à la reine ; mais craignait que celle qui jadis avait si fort raillé l'étiquette dans la personne de madame de Noailles, ne l'invoquât, lorsque lui, Barnave, y manquerait.

Il attendit donc.

Le roi descendit le premier, s'appuyant aux bras des deux gardes, MM. de Malden et de Valory, Charny, on le sait déjà, sur un signe de Marie-Antoinette, s'était retiré un peu à l'écart.

La reine descendit ensuite et tendit les bras pour qu'on lui donnât le dauphin ; mais, comme si le pauvre enfant eût senti le besoin que sa mère avait de cette flatterie :

— Non, dit-il, je veux rester avec mon ami Barnave.

Marie-Antoinette fit un signe d'assentiment accompagné d'un doux sourire. Barnave laissa passer Madame Élisabeth et Madame Royale puis il descendit, portant le dauphin dans ses bras.

Madame de Tourzel venait ensuite, n'aspirant qu'à reprendre son royal élève aux mains indignes qui le tenaient ; mais un nouveau signe de la pauvre reine calma l'aristocratique ardeur de la gouvernante des enfants de France.

La reine monta l'escalier sale et tortueux, s'appuyant au bras de son mari.

Au premier étage, elle s'arrêta, croyant avoir assez fait en montant vingt marches ; mais la voix du garçon cria :

— Plus haut, plus haut !

Et, sur cette invitation, la reine continua de monter.

La sueur de la honte perla sur le front de Barnave.

— Comment, plus haut ? demanda-t-il.

— Oui, dit le garçon, ici, c'est la salle à manger et les appartements de messieurs de l'Assemblée nationale.

Un éblouissement passa sur les yeux de Barnave. Pétion avait pris les appartements du premier étage pour lui et ses collègues, et avait relégué la famille royale au second.

Cependant le jeune député ne dit rien ; mais craignant sans doute le premier mouvement de la reine, lorsqu'elle verrait les chambres du second étage destinées par Pétion à elle et à sa famille, en arrivant à ce second étage, Barnave déposa l'enfant royal sur le palier.

— Madame ! madame ! dit le jeune prince s'adressant à sa mère, voilà mon ami Barnave qui s'en va.

— Il fait bien, dit en riant la reine, qui venait de jeter un coup d'œil sur l'appartement.

Cet appartement, comme nous l'avons dit, se composait de trois petites pièces se commandant les unes les autres.

La reine s'installa dans la première avec Madame Royale ; Madame Élisabeth, prit la seconde pour elle, le dauphin et madame de Tourzel ; enfin, le roi prit la troisième, qui était un petit cabinet ayant en retour une porte de sortie sur l'escalier.

Le roi était fatigué ; il voulut, en attendant le souper, se jeter quelques instants sur son lit. Mais ce lit était si court, qu'au bout d'une minute il fut obligé de se lever, et, ouvrant la porte, demanda une chaise.

MM. de Malden et de Valory étaient déjà à leur poste sur les marches de l'escalier. M. de Malden, qui se trouvait le plus à portée, descendit, prit une chaise dans la salle à manger, et la porta au roi.

Louis XVI, qui avait déjà une chaise de bois dans son cabinet, accommoda cette seconde chaise que lui portait M. de Malden, pour en faire un lit à sa taille.

— Oh ! Sire, dit M. de Malden en joignant les mains et en secouant douloureusement la tête, comptez-vous donc passer la nuit ainsi ?

— Certainement, Monsieur, dit le roi.

Puis il ajouta :

— D'ailleurs, si ce que l'on me crie aux oreilles de la misère de mon peuple est vrai, combien de mes sujets seraient heureux d'avoir ce petit cabinet, ce lit et ces deux chaises !

Et il s'étendit sur cette couche improvisée, préludant ainsi aux longues douleurs du Temple.

Un instant après, on vint annoncer à Leurs Majestés qu'elles étaient servies.

Le roi descendit et vit six couverts sur la table.

— Pourquoi ces six couverts ? demanda-t-il.

— Mais, dit le garçon, un pour le roi, un pour la reine, un pour Madame Élisabeth, un pour Madame Royale, un pour Monseigneur le dauphin, et un pour M. Pétion.

— Et pourquoi pas aussi un pour M. Barnave et un pour M. de Latour-Maubourg ? demanda le roi.

— Ils y étaient, Sire, répondit le garçon ; mais M. Barnave les a fait ôter.

— Et il a laissé celui de M. Pétion ?

— M. Pétion a exigé qu'il restât.

En ce moment, la figure grave, plus que grave, austère, du député de Chartres parut à l'encadrement de la porte.

Le roi fit comme s'il n'était pas là, et répondit au garçon :

— Je ne me mets à table qu'avec ma famille ; nous mangeons entre nous, ou avec les gens que nous invitons ; autrement, nous ne mangeons pas.

— Je savais bien, dit Pétion, que Votre Majesté avait oublié le premier article de la *Déclaration des droits de l'homme* ; mais je croyais qu'elle aurait au moins l'air de s'en souvenir.

Le roi fit semblant de ne pas entendre Pétion, comme il avait fait semblant de ne pas le voir, et, d'un signe des yeux et du sourcil, il ordonna au garçon d'enlever le couvert.

Le garçon obéit. Pétion sortit furieux.

— Monsieur de Malden, dit le roi, tirez la porte, afin que, autant que possible, nous soyons chez nous.

M. de Malden obéit à son tour, et Piéton put entendre la porte se refermer derrière lui.

Le roi arriva ainsi à dîner en famille.

Les deux gardes du corps servirent comme d'habitude.

Quant à Charny, il ne parut point ; s'il n'était plus le serviteur, il était toujours l'esclave de la reine.

Mais il y avait des moments où cette obéissance passive à la reine blessait la femme. Aussi, pendant tout le souper, Marie-Antoinette impatiente, chercha des yeux Charny. Elle eût voulu qu'après lui avoir obéi un instant, il finît par lui désobéir.

Au moment où le roi, le souper terminé, remua sa chaise pour se lever de table, le salon s'ouvrit, et le garçon, entrant, pria, au nom de M. Barnave, Leurs Majestés de vouloir bien prendre l'appartement du premier à la place du leur.

Louis XVI et Marie-Antoinette se regardèrent. Fallait-il faire de la dignité, et repousser la courtoisie de l'un pour punir la grossièreté de l'autre ? Peut-être eût-ce été l'avis du roi ; mais le dauphin courut au salon en criant :

— Où est-il, mon ami Barnave?

La reine suivit le dauphin, et le roi la reine.

Barnave n'était point au salon.

Du salon, la reine passa dans les chambres ; il y en avait trois comme à l'étage supérieur.

On n'avait pu faire de l'élégance, mais on avait fait de la propreté. Des bougies brûlaient dans des chandeliers de cuivre, c'est vrai, mais brûlaient à profusion.

Deux ou trois fois pendant la route, la reine s'était récriée en passant devant de beaux jardins garnis de fleurs ; la chambre de la reine était garnie des plus belles fleurs d'été, en même temps que les fenêtres ouvertes permettaient aux parfums trop âcres de s'échapper ; des rideaux de mousseline, fermant l'ouverture de ces fenêtres, s'opposaient à ce qu'un regard indiscret poursuivît chez elle l'auguste prisonnière.

C'était Barnave qui avait veillé à tout cela.

Elle soupira, la pauvre reine : six ans auparavant, c'est Charny qui eût pris tous ces soins.

Au reste, Barnave eut la délicatesse de ne pas venir chercher un remerciement.

C'est encore ce qu'eût fait Charny.

Comment un petit avocat de province avait-il les mêmes attentions et les mêmes délicatesses qu'aurait eues l'homme le plus élégant et le plus distingué de la cour?

Il y avait certes bien là-dedans de quoi faire rêver une femme, cette femme fût-elle reine.

Aussi la reine rêva-t-elle à cet étrange mystère une partie de la nuit.

Pendant ce temps, que devenait le comte de Charny?

Charny, nous l'avons vu, sur le signe que lui fit la reine, s'était retiré, et, depuis ce moment, n'avait pas reparu.

Charny, que son devoir enchaînait aux pas de Louis XVI et de Marie-Antoinette, était heureux que l'ordre de la reine, dont il ne chercha pas même la cause, lui eût donné un moment de solitude et de réflexion.

Il avait vécu si rapidement depuis trois jours ; il avait vécu tellement hors de lui-même, pour ainsi dire ; il avait tant vécu pour les autres, qu'il n'était pas fâché de laisser, pendant quelques instants, la douleur d'autrui, pour revenir à sa propre douleur.

Charny était le gentilhomme des anciens jours, l'homme de la famille surtout : il adorait ses frères, dont il était plutôt le père que le frère aîné.

A la mort de Georges, sa douleur avait été grande ; mais, au moins, il avait pu, agenouillé près du cadavre, dans cette petite et sombre cour de Versailles, répandre sa douleur avec ses larmes ; mais, au moins, il lui restait son second frère Isidore, sur lequel toute son affection s'était reportée ; Isidore, qui lui était devenu plus cher encore, s'il était posssible, pendant les trois ou quatre mois qui avaient précédé son départ et où le jeune homme lui avait servi d'intermédiaire près d'Andrée.

Nous avons tâché, sinon de faire comprendre, du moins de raconter ce singulier mystère de certains cœurs que la séparation anime au lieu de refroidir, et qui puisent dans l'absence un nouvel aliment au souvenir qui les occupe.

Eh bien, moins Charny voyait Andrée, plus il pensait à elle, et penser de plus en plus à Andrée, pour Charny, c'était l'aimer.

En effet, quand il voyait Andrée, quand il était près d'Andrée, il lui semblait purement et simplement être près d'une statue de glace que le moindre rayon d'amour ferait fondre, et qui, retirée à l'ombre et en elle-même, craignait autant l'amour, que — de glace véritablement — une statue craindrait le soleil; il était en contact avec ce geste lent et froid, avec cette parole grave et contenue, avec ce regard muet et voilé : derrière ce geste, derrière cette parole, derrière ce regard, il ne voyait, disons mieux, il n'entrevoyait rien.

Tout cela était blanc, pâle, laiteux comme l'albâtre, froid et terne comme lui.

C'était ainsi, sauf de rares intervalles d'animation, amenés par des situations violentes, que lui était apparue Andrée pendant leurs dernières entrevues, et surtout pendant celle qu'il avait eue avec la malheureuse jeune femme, rue Coq-Héron, le soir où elle avait à la fois retrouvé et perdu son fils.

Mais, dès qu'il s'éloignait d'elle, la distance produisait son effet ordinaire, en éteignant les teintes trop vives, en estompant les contours trop arrêtés. Alors, le geste lent et froid d'Andrée s'animait; alors, la parole grave et contenue d'Andrée devenait timbrée et sonore; alors, le regard muet et voilé d'Andrée soulevait sa longue paupière et lançait une flamme humide et dévorante; alors, il lui semblait qu'un feu intérieur s'allumait au cœur de la statue, et qu'à travers l'albâtre de ses chairs, il voyait circuler le sang et battre le cœur.

Ah! c'était dans ces moments d'absence et de solitude qu'Andrée était la véritable rivale de la reine; c'était dans l'obscurité fiévreuse de ces nuits que Charny croyait tout à coup voir s'ouvrir la muraille de sa chambre, ou se soulever la tapisserie de sa porte, et s'approcher de son lit, les bras ouverts, les lèvres murmurantes, l'œil plein d'amour, cette statue transparente, dont le feu de son âme éclairait au dehors. Alors Charny, lui aussi, tendait les bras; alors Charny appelait la douce vision; alors Charny essayait de presser le fantôme sur son cœur. Mais, hélas! le fantôme lui échappait; il n'embrassait que le vide, et retombait, de son rêve haletant, dans la triste et froide réalité.

Isidore lui était donc devenu plus cher que ne l'avait jamais été Georges, et, nous l'avons vu, le comte n'avait pas eu la sombre joie de pleurer sur le cadavre d'Isidore, comme il avait eu celle de pleurer sur le cadavre de Georges.

Tous deux, l'un après l'autre, étaient tombés pour cette femme fatale, pour cette cause pleine d'abîmes.

Pour la même femme, et dans un abîme pareil, lui, Charny, tomberait certainement à son tour.

Eh bien, depuis deux jours, depuis la mort de son frère, depuis cette dernière étreinte qui avait laissé ses habits teints de son sang, ses lèvres tièdes du dernier soupir de la victime, depuis cette heure à laquelle M. de Choiseul lui avait remis les papiers trouvés sur Isidore, à peine avait-il eu un instant à donner à cette grande douleur.

Ce signe de la reine qui lui avait indiqué qu'il eût à se tenir à l'écart, il l'avait donc reçu comme une faveur, et accepté comme une joie.

Dès lors, il avait cherché un coin, un endroit, une retraite, où, tout en demeurant à portée de venir au secours de la famille royale, au premier appel, au premier cri, il pût néanmoins être bien seul avec sa douleur, bien isolé avec ses larmes.

Il avait trouvé une mansarde située au haut du même escalier où veillaient MM. de Malden et de Valory.

Une fois là, seul, enfermé, assis devant une table éclairée par une de ces lampes de cuivre à trois becs comme nous en retrouvons encore aujourd'hui dans quelques vieilles maisons de village, il avait tiré de sa poche les papiers ensanglantés, seules reliques qui lui restassent de son frère.

Puis, le front dans ses deux mains, les yeux fixés sur ces lettres où continuaient de vivre les pensées de celui qui n'était plus, il avait pendant longtemps laissé couler, de ses joues sur la table, des larmes pressées et silencieuses.

Enfin, il poussa un soupir, releva et secoua la tête, prit et déplia une lettre.

Elle était de la pauvre Catherine.

Charny soupçonnait depuis plusieurs mois cette liaison d'Isidore avec la fille du fermier, lorsque, à Varennes, Billot s'était chargé de la lui raconter dans tous ses détails, mais seulement après le récit du fermier il lui avait accordé toute l'importance qu'elle méritait de prendre dans son esprit.

Cette importance s'accrut encore à la lecture de la lettre. Alors il vit ce titre de maîtresse rendu sacré par le titre de mère, et, dans les termes si simples où Catherine exposait son amour, toute la vie de la femme donnée en expiation de la faute de la jeune fille.

Il en ouvrit une seconde, puis une troisième; c'étaient toujours les mêmes plans d'avenir, les mêmes espérances de bonheur, les mêmes joies maternelles, les mêmes craintes d'amante, les mêmes regrets, les mêmes douleurs, les mêmes repentirs.

Tout à coup, au milieu de ces lettres, il en vit une dont l'écriture le frappa.

L'écriture était d'Andrée.

Elle lui était adressée, à lui.

A la lettre, un papier plié en quatre était attaché par un cachet en cire aux armes d'Isidore.

Cette lettre de l'écriture d'Andrée, adressée à lui, Charny, et retrouvée parmi les papiers d'Isidore, lui parut une chose si étrange, qu'il commença par ouvrir le billet annexé à la lettre avant d'ouvrir la lettre elle-même.

Le billet écrit au crayon par Isidore, sans doute sur quelque table d'auberge, et tandis qu'on lui sellait un cheval, contenait ces quelques lignes :

« Cette lettre est adressée, non point à moi, mais à mon frère le comte Olivier de Charny : elle est écrite par sa femme, la comtesse de Charny. S'il m'arrivait malheur, celui qui trouverait ce papier est prié de le faire passer au comte Olivier de Charny, ou de le renvoyer à la comtesse.

» Je le tiens de celle-ci avec la recommandation suivante :

» *Si, dans l'entreprise qu'il poursuit, le comte réussissait sans accident, rendre la lettre à la comtesse.*

» *S'il était blessé grièvement, mais sans danger de mort, le prier d'accorder à sa femme la grâce de le rejoindre.*

» *Enfin, s'il était blessé à mort, lui donner cette lettre, et, s'il ne peut la lire lui-même, la lui lire, afin qu'avant d'expirer, il connaisse le secret qu'elle contient.*

» Si la lettre est renvoyée à mon frère le comte de Charny, comme sans doute ce billet lui sera remis en même temps, il agira, à l'égard des trois recommandations ci-dessus, ainsi que sa délicatesse lui conseillera de le faire.

» Je lègue à ses soins la pauvre Catherine Billot, qui habite le village de Ville-d'Avray avec mon enfant.

« ISIDORE DE CHARNY. »

D'abord, le comte parut entièrement absorbé par la lecture de ce billet de son frère; ses larmes, un instant arrêtées, recommencèrent à couler avec la même abondance; puis, enfin, ses yeux encore voilés de pleurs se portèrent sur la lettre de madame de Charny; il la regarda longtemps, la prit, la porta à ses lèvres, l'appuya sur son cœur, comme si elle eût pu communiquer à ce cœur le secret qu'elle contenait, relut une fois encore, puis deux fois, puis trois fois la recommandation de son frère.

Puis, à demi-voix et secouant la tête :

— Je n'ai pas le droit d'ouvrir cette lettre, dit-il; mais je la supplierai tant elle-même, qu'elle me laissera lire...

Et, comme pour s'encourager dans cette résolution, impossible à un cœur moins loyal que le sien, il répéta encore :

— Non, je ne la lirai pas!

En effet, il ne la lut point; mais le jour le surprit, assis à la même table, et dévorant du regard l'adresse de cette lettre tout humide de son haleine, tant il l'avait pressée de fois contre ses lèvres.

Tout à coup, au milieu du bruit qui se faisait dans l'hôtel annonçant que le départ se préparait, on entendit la voix de M. de Malden, qui appelait le comte de Charny.

— Me voici, répondit le comte.

Et, serrant dans la poche de son habit les papiers du pauvre Isidore, il baisa une dernière fois la lettre intacte, la mit sur son cœur et descendit rapidement.

Il rencontra sur l'escalier Barnave, qui demandait des nouvelles de la reine, et qui chargeait M. de Valory de prendre ses ordres pour l'heure du départ.

Il était facile de voir que Barnave ne s'était pas plus couché et n'avait pas plus dormi que le comte Olivier de Charny.

Les deux hommes se saluèrent, et Charny eût certainement remarqué l'éclair de jalousie qui passa dans les yeux de Barnave en l'entendant s'informer lui-même de la santé de la reine, s'il eût pu se préoccuper d'autre chose que de cette lettre qu'il pressait du bras contre son cœur.

VIII

LA VOIE DOULOUREUSE

En remontant en voiture, le roi et la reine virent avec étonnement qu'ils n'avaient plus autour d'eux, pour les regarder partir, que la population de la ville, et, pour les accompagner, que de la cavalerie.

C'était encore une attention de Barnave : il savait ce que, la veille, la reine, forcée de marcher au pas, avait souffert de la chaleur, de la poussière, des insectes, de la multitude, des menaces faites à ses gardes et aux fidèles serviteurs qui venaient pour lui adresser un dernier salut; il avait feint d'avoir reçu la nouvelle d'une invasion; M. de Bouillé rentrait en France avec cinquante mille Autrichiens; c'était contre lui que devait se porter tout homme ayant un fusil, une faux, une pique, une arme quelconque enfin, et toute la population avait entendu cet appel, et était retournée sur ses pas.

C'est qu'alors il y avait en France une véritable haine de l'étranger, haine si puissante, qu'elle l'emportait sur celle que l'on avait vouée au roi et à la reine; à la reine, dont le plus grand crime était d'être étrangère.

Marie-Antoinette devina d'où lui venait ce nouveau bienfait. Nous disons *bienfait*, et le mot n'est point exagéré. Elle remercia Barnave d'un coup d'œil.

Au moment où elle allait prendre place dans la voiture, son regard avait cherché celui de Charny : Charny était déjà sur son siège; seulement, au lieu de se placer au milieu, comme la veille, il avait obstinément voulu céder à M. de Malden cette place, moins dangereuse que celle qu'avait occupée jusque-là le fidèle garde du corps. Charny eût désiré qu'une blessure lui permît d'ouvrir cette lettre de la comtesse qui lui brûlait le cœur.

Il ne vit donc point le regard de la reine qui cherchait le sien.

La reine poussa un profond soupir.

Barnave l'entendit.

Inquiet de savoir où allait ce soupir, le jeune homme s'arrêta sur le marchepied de la voiture.

— Madame, dit-il, je me suis aperçu hier que vous étiez bien serrée dans cette berline; une personne de moins vous fera quelque allégement... Si vous le désirez, je monterai dans la voiture de suite avec M. de Latour-Maubourg, ou je vous accompagnerai à cheval.

Barnave, en faisant une pareille offre, eût donné la moitié des jours qui lui restaient à vivre — et il ne lui en restait pas beaucoup — pour que cette offre fût refusée.

Elle le fut.

— Non, dit vivement la reine, restez avec nous, vous.

En même temps, le dauphin disait, en étendant ses petites mains pour attirer à lui le jeune député :

— Mon ami Barnave! mon ami Barnave! je ne veux pas que tu t'en ailles.

Barnave, radieux, reprit sa place de la veille. A peine y fut-il assis, que le dauphin, à son tour, passa des genoux de la reine sur les siens.

La reine embrassa, en le laissant glisser de ses mains, le dauphin sur les deux joues.

La trace humide de sa lèvre resta empreinte sur la peau veloutée de l'enfant. Barnave regarda cette trace du baiser maternel comme Tantale devait regarder les fruits qui pendaient sur sa tête.

— Madame, dit-il à la reine, Votre Majesté daignerait-elle m'accorder la faveur d'embrasser l'auguste prince, qui, guidé par l'instinct infaillible de son âge, veut bien m'appeler son ami?

La reine fit en souriant un signe de tête.

Alors, les lèvres de Barnave se collèrent sur cette trace des lèvres de la reine avec une telle ardeur, que l'enfant effrayé jeta un cri.

La reine ne perdait rien de tout ce jeu, où Barnave apportait sa tête. Peut-être n'avait-elle pas plus dormi que Barnave et Charny; peut-être cette espèce d'animation qui rendait la vie à ses yeux était-elle causée par la fièvre intérieure qui la brûlait; mais ses lèvres couvertes d'une couche de pourpre, ses joues légèrement teintées d'un rose presque imperceptible, faisaient d'elle cette dangereuse sirène qui, avec un de ses cheveux, était sûre de conduire ses adorateurs jusqu'à l'abîme.

Grâce à la précaution de Barnave, la voiture faisait maintenant deux lieues à l'heure.

A Château-Thierry, l'on s'arrêta pour dîner.

La maison où l'on fit halte était située près de la rivière, dans une position charmante, et appartenait à une riche marchande de bois qui n'avait point attendu qu'on la désignât, mais qui, la veille, apprenant que la famille royale devait passer par Château-Thierry, avait fait partir à cheval un de ses commis, pour offrir à MM. les délégués de l'Assemblée nationale de leur donner, ainsi qu'au roi et à la reine, l'hospitalité dans sa maison.

L'offre avait été acceptée.

Aussitôt que la voiture s'arrêta, un concours empressé de serviteurs indiqua aux augustes prisonniers une réception toute différente de celle qu'ils avaient subie la veille à l'auberge de Dormans. La reine, le roi, Madame Élisabeth, madame de Tourzel et les deux enfants furent conduits dans des chambres séparées, où tous les préparatifs étaient faits pour que chacun pût donner à sa toilette les soins les plus minutieux.

Depuis son départ de Paris, la reine n'avait point rencontré pareille prévoyance. Les habitudes les plus délicates de la femme venaient d'être caressées par cette aristocratique attention : Marie-Antoinette, qui commençait à apprécier de pareils soins, demanda, pour la remercier, sa bonne hôtesse.

Un instant après, une femme de quarante ans, fraîche encore, et mise avec une simplicité extrême, se présenta. Elle avait eu jusque-là la modestie de se tenir loin des regards de ceux qu'elle recevait.

— C'est vous, Madame, qui êtes la maîtresse de la maison? lui demanda la reine.

— Oh! Madame! s'écria l'excellente femme en fondant en larmes, partout où Votre Majesté daigne s'arrêter, et quelle que soit la maison honorée de sa présence, là où est la reine, la reine est la maîtresse.

Marie-Antoinette jeta un regard autour de la chambre, pour voir si elles étaient bien seules.

Puis, s'étant assurée que personne ne pouvait ni voir, ni entendre :

— Si vous vous intéressez à notre tranquillité, dit-elle en lui prenant la main, en l'attirant à elle et en l'embrassant comme elle eût fait d'une amie, et si vous avez quelque souci de votre propre salut, calmez-vous et modérez ces marques de douleurs; car, si l'on venait à s'apercevoir du motif qui les cause, elles pourraient vous être funestes; et vous devez comprendre, s'il vous arrivait quelque désagrément, combien cela ajouterait à nos peines! Nous nous reverrons peut-être; contenez-vous donc et conservez-moi une amie dont la rencontre aujourd'hui m'est si rare et si précieuse[1].

Après le dîner, on se remit en route : la chaleur était accablante; le roi, qui s'était plusieurs fois aperçu que Madame Élisabeth, écrasée de fatigue, laissait tomber malgré sur sa tête sur sa poitrine, exigea que la princesse prît, jusqu'à Meaux, où l'on devait coucher, sa place au fond de la voiture; sur l'ordre exprès du roi, Madame Élisabeth céda.

Pétion avait assisté à tout ce débat sans offrir sa place.

Barnave, pourpre de honte, cachait sa tête entre ses deux mains; mais, à travers les ouvertures de ses doigts, il pouvait voir le sourire mélancolique de la reine.

Au bout d'une heure de marche, la fatigue de Madame Élisabeth devint si grande, qu'elle s'endormit tout à fait, et la conscience de ce qu'elle faisait était si éteinte en elle-même, que sa belle tête d'ange, après avoir ballotté un instant à droite et à gauche sur ses épaules, finit par se reposer sur l'épaule de Pétion.

C'est ce qui fit dire au député de Chartres, dans la relation inédite de son voyage, que Madame Élisabeth, la sainte créature que vous savez, était devenue amoureuse de lui, et, en reposant un moment sa tête sur son épaule, *cédait à la nature.*

Vers quatre heures de l'après-midi, on arriva à Meaux, et l'on s'arrêta devant le palais épiscopal, qu'avait habité Bossuet, et dans lequel, quatre-vingt-sept ans auparavant, l'auteur du *Discours sur l'histoire universelle* était mort.

Le palais était habité par un évêque constitutionnel et assermenté. On s'en aperçut plus tard à la façon dont il reçut la famille royale.

Mais, pour le moment, la reine ne fut frappée que de l'aspect sombre du bâtiment dans lequel elle allait entrer. Nulle part, palais princier ou religieux ne s'élevait plus digne, par sa mélancolie, d'abriter la suprême infortune qui venait lui demander asile pour une nuit. Ce n'est plus comme à Versailles, où la grandeur est magnifique; ici la grandeur est simple : une large pente pavée de briques conduit aux appartements, et les appartements donnent sur un jardin dont les remparts mêmes de la ville font le soutènement : ce jardin est dominé par la tour de l'église, tour entièrement couverte de lierre, et conduit, par une allée bordée de houx, au cabinet d'où l'éloquent évêque de Meaux jetait de temps en temps un de ces cris sinistres qui présageaient la chute des monarchies.

La reine promena son regard sur cette lugubre bâtisse, et, la trouvant selon l'état de son esprit, elle porta les yeux autour d'elle, cherchant un bras où appuyer le sien pour visiter le palais.

Barnave seul était là.

La reine sourit.

— Donnez-moi le bras, Monsieur, dit-elle, et ayez la bonté de me servir de guide dans ce vieux palais; je n'oserais m'y aventurer seule, j'aurais peur d'y entendre retentir cette grande voix qui, un jour, fit tressaillir la chrétienté à ce cri : « Madame se meurt! Madame est morte! »

---

[1]. Nous copions dans la rédaction de l'un des gardes du corps qui préparèrent la fuite de Varennes, et qui accompagnèrent le roi dans cette fuite, les propres paroles de Marie-Antoinette.

Barnave s'approcha rapidement et offrit son bras à la reine avec un empressement mêlé de respect.

Mais la reine jeta un dernier regard autour d'elle ; l'absence obstinée de Charny l'inquiétait.

Barnave, qui voyait tout, remarqua ce regard.

— La reine désire quelque chose? demanda-t-il.
— Oui. Je désirerais savoir où est le roi? répondit Marie-Antoinette.
— Il a fait l'honneur à M. Pétion de le recevoir, dit Barnave, et il cause avec lui.

La reine parut satisfaite.

Puis, comme si elle eût eu besoin de s'arracher à elle-même, et de sortir de sa propre pensée :

— Venez, dit-elle.

Et elle entraîna Barnave à travers les appartements du palais épiscopal.

On eût dit qu'elle fuyait, suivant l'ombre flottante dessinée par son esprit, et ne regardant ni devant ni derrière elle.

Dans la chambre à coucher du grand prédicateur, elle s'arrêta enfin, presque essoufflée.

Le hasard fit qu'elle se trouva en face d'un portrait de femme.

Elle leva machinalement les yeux, et, lisant sur le cadre ces mots : *Madame Henriette*, elle tressaillit.

Ce tressaillement, Barnave le sentit sans le comprendre.

— Votre Majesté souffre-t-elle? demanda-t-il.
— Non, dit la reine ; mais ce portrait... Madame Henriette !...

Barnave devina ce qui se passait dans le cœur de la pauvre femme.

— Oui, dit-il, Madame Henriette, mais Madame Henriette d'Angleterre; non pas la veuve du malheureux Charles Ier, mais la femme de l'insouciant Philippe d'Orléans ; non pas celle qui pensa mourir de froid au Louvre, mais celle qui mourut empoisonnée à Saint-Cloud, et qui, en mourant, envoya sa bague à Bossuet...

Puis, après un instant d'hésitation :

— J'aimerais mieux que ce fût le portrait de l'autre, dit-il.

— Et pourquoi cela? demanda Marie-Antoinette.

— Mais parce qu'il y a des bouches qui seules osent donner certains conseils ; et ces bouches sont surtout celles que la mort a fermées.

— Et ne pourriez-vous me dire, Monsieur, ce que me conseillerait la bouche de la veuve du roi Charles? demanda la reine.

— Si sa Majesté l'ordonne, j'essayerai, répondit Barnave.

— Essayez alors.

— « Oh! ma sœur! vous dirait cette bouche, ne vous apercevez-vous pas de la ressemblance qu'il y a entre nos deux destinées? Je venais de France, comme vous venez d'Autriche ; j'étais pour les Anglais une étrangère, comme vous vous êtes une étrangère pour la France. J'aurais pu donner à mon mari égaré de bons conseils, je gardais le silence ou lui en donnais de mauvais ; au lieu de le rallier à son peuple et de rallier son peuple à lui, je l'excitai à la guerre ; je lui donnai le conseil de marcher sur Londres avec les protestants Irlandais. Non seulement j'entretenais une correspondance avec l'ennemi de l'Angleterre, mais encore je passai deux fois en France pour amener en Angleterre des soldats étrangers. Enfin... »

Barnave s'arrêta.

— Continuez, reprit la reine, le sourcil sombre et la lèvre plissée.

— Pourquoi continuerais-je, Madame? répondit le jeune orateur en secouant tristement la tête. Vous savez aussi bien que moi la fin de cette sanglante histoire.

— Oui, je vais donc continuer, et vous dire, à vous, ce que le portrait de Madame Henriette dirait à moi, afin que vous m'appreniez si je me trompe : « Enfin, les Écossais trahirent et livrèrent leur roi. Le roi fut arrêté au moment où il rêvait de passer en France. Un tailleur l'alla prendre ; un boucher le conduisit en prison ; un charretier purgea la chambre qui le devait juger ; un marchand de bière présida la cour de justice, et, pour que rien ne manquât à l'odieux de ce jugement et à la revision de ce procès inique porté devant le souverain juge qui reçoit tous les procès, un bourreau masqué trancha la tête de la victime! » Voilà ce que le portrait de Madame Henriette me dirait, n'est-ce pas ? Eh! mon Dieu! je sais tout cela aussi bien que personne, je le sais d'autant mieux que rien ne manque à la ressemblance. Nous avons notre marchand de bière des faubourgs : seulement, au lieu de s'appeler Cromwell, il s'appelle Santerre; nous avons notre boucher : seulement, au lieu de s'appeler Harrison, il s'appelle, comment?... Legendre, je crois; nous avons notre charretier : seulement, au lieu de s'appeler Pridge, il s'appelle... Oh! pour cela, je n'en sais rien ! l'homme est si peu de chose, que je ne connais même pas son nom, ni vous non plus, j'en suis sûre ; mais demandez-le-lui, il vous le dira : c'est l'homme qui conduit notre

On mit une heure pour aller à la place Louis XV. (Page 430.)

escorte, un paysan, un vilain, un manant, que sais-je? Eh bien, voilà ce que madame Henriette me dirait.

— Et que lui répondriez-vous?

— Je lui répondrais : « Pauvre chère princesse! ce ne sont pas des conseils que vous me donnez-là, c'est un cours d'histoire que vous me faites; le cours d'histoire est fait; maintenant, j'attends les conseils. »

— Oh! ces conseils, Madame, dit Barnave, si vous ne vous refusiez pas à les suivre, ce seraient non seulement les morts, mais encore les vivants qui vous les donneraient.

— Morts ou vivants, que ceux qui doivent parler parlent : qui dit, si les conseils sont bons, qu'on ne les suivra point?

— Eh! mon Dieu, Madame! morts et vivants n'ont qu'un seul conseil à vous donner.

— Lequel?

— Vous faire aimer du peuple.

— Avec cela que c'est facile, de se faire aimer de votre peuple!

— Eh! Madame, ce peuple est bien plus le vôtre que le mien, et la preuve, c'est qu'à votre arrivée en France, ce peuple vous adorait.

— Oh! Monsieur, que vous parlez là d'une chose fragile : la popularité!

— Madame! Madame! dit Barnave, si, moi, inconnu, sorti de mon obscure sphère, j'ai conquis cette popularité, combien vous serait-il plus facile de la reconquérir! Mais non, continua Barnave en s'animant, non; votre cause, la cause de la monarchie, la plus sainte, la plus belle des causes, à qui l'avez-vous confiée? quelles voix et quels bras l'ont défendue? On ne vit jamais pareille ignorance des temps, pareil oubli du génie de la France; oh! tenez, moi, moi qui ai sollicité la mission d'aller au-devant de vous dans ce seul but; moi qui vous vois; moi qui vous parle enfin, combien de fois, mon Dieu! n'ai-je pas été au moment d'aller m'offrir à vous... de me dévouer, de...

— Silence! dit la reine, on vient; nous recauserons de tout cela, monsieur Barnave; je suis prête à vous revoir, à vous entendre, à suivre vos conseils!

— Oh! Madame! Madame! s'écria Barnave transporté.

— Silence! répéta la reine.

— Votre Majesté est servie, dit, en paraissant sur le seuil de la porte, le domestique dont on avait entendu les pas.

On rentra dans la salle à manger. Le roi y arrivait par une autre porte; il venait de causer avec Pétion pendant tout le temps que la reine avait causé avec Barnave, et il paraissait fort animé.

Les deux gardes attendaient debout, réclamant comme toujours le privilège de servir Leurs Majestés.

Charny, le plus éloigné de tous, se tenait debout dans l'embrasure d'une fenêtre.

Le roi regarda autour de lui, et, profitant d'un moment où il était seul avec sa famille, les gardes et le comte :

— Messieurs, dit-il à ces derniers, après le souper, il faut que je vous parle. Vous me suivrez donc, s'il vous plaît, dans mon appartement.

Les trois officiers s'inclinèrent.

Le service commença ainsi que d'habitude.

Mais, quoique dressée, cette fois, chez un des premiers évêques du royaume, la table était aussi mal servie, le soir à Meaux, qu'elle avait été bien servie le matin à Château-Thierry.

Le roi, comme toujours, avait grand appétit, et mangea beaucoup malgré la mauvaise chère.

Depuis la veille, le dauphin, qui était un peu malade, demandait des fraises; mais le pauvre enfant n'en était déjà plus au temps où ses moindres désirs étaient prévenus. Depuis la veille, tous ceux à qui il s'était adressé lui avaient répondu, ou : « Il n'y en a pas! » ou : « L'on n'en peut pas trouver. »

Et, cependant, sur la route, il avait vu de gros enfants de paysans mangeant à même des bouquets de fraises, qu'ils avaient été cueillir dans les bois.

Il avait alors, pauvre petit, fort envié ces gros enfants, aux cheveux blonds, aux joues roses, qui n'avaient pas besoin de demander des fraises, et qui, lorsqu'ils en avaient envie, allaient les cueillir eux-mêmes, sachant les clairières où poussent les fraises, comme les petits oiseaux savent les champs où fleurissent la navette et le chènevis.

Ce désir qu'elle n'avait pas pu satisfaire avait fort attristé la reine, de sorte que, lorsque l'enfant, refusant tout ce qu'on lui offrait, demanda de nouveau des fraises, les larmes vinrent aux yeux de la mère impuissante.

Elle chercha autour d'elle à qui elle pourrait s'adresser, et aperçut Charny, muet, debout, immobile.

Elle lui fit signe, une fois, deux fois ; mais, absorbé dans sa pensée, Charny ne vit point les signes de la reine.

Enfin, d'une voix rauque d'émotion :

— Monsieur le comte de Charny, dit-elle.

Charny tressaillit, comme si on l'avait tiré d'un rêve, et fit un mouvement pour s'élancer vers la reine.

Mais, à ce moment, la porte s'ouvrit, et Barnave parut, un plat de fraises à la main.

— La reine m'excusera, dit-il, si j'entre ainsi, et le roi sera assez bon, je l'espère, pour me pardonner, mais plusieurs fois dans la journée j'ai entendu Monseigneur le dauphin, demander des fraises; j'ai trouvé ce plat sur la table de l'évêque, je l'ai pris et je l'apporte.

Pendant ce temps, Charny avait fait le tour, et s'était approché de la reine; mais celle-ci ne lui donna pas même le temps de venir jusqu'à elle.

— Merci, monsieur le comte, dit-elle; M. Barnave a deviné ce que je désirais, et je n'ai plus besoin de rien.

Charny s'inclina, et, sans répondre un seul mot, retourna à sa place.

— Merci, mon ami Barnave, dit le jeune dauphin.

— Monsieur Barnave, dit le roi, notre dîner n'est pas bon; mais, si vous voulez en prendre votre part, vous nous ferez plaisir, à la reine et à moi.

— Sire, dit Barnave, une invitation du roi est un ordre. Où plaît-il à Votre Majesté que je m'assoie?

— Entre la reine et le dauphin, dit le roi.

Barnave s'assit, fou tout à la fois d'amour et d'orgueil.

Charny regarda toute cette scène, sans que le moindre frisson de jalousie courût de son cœur à ses veines. Seulement, voyant ce pauvre papillon qui lui aussi venait se brûler à la lumière royale :

— Encore un qui se perd ! dit-il ; c'est dommage : celui-là valait mieux que les autres.

Puis, revenant à son incessante pensée :

— Cette lettre ! cette lettre ! murmura-t-il ; que peut-il y avoir dans cette lettre !

IX

LE CALVAIRE

Après le souper, les trois officiers, comme ils en avaient reçu l'ordre, montèrent dans la chambre du roi.

Madame Royale, M. le dauphin et madame de Tourzel étaient dans leur chambre ; — le roi, la reine et Madame Élisabeth attendaient.

Lorsque les jeunes gens furent entrés :

— Monsieur de Charny, dit le roi, faites-moi le plaisir de fermer la porte, que personne ne vienne nous déranger ; j'ai quelque chose de la plus haute importance à vous communiquer.

— Hier, Messieurs, à Dormans, M. Pétion m'a proposé de vous faire évader sous un déguisement ; mais la reine et moi nous y sommes opposés, de peur que cette proposition ne fût un piège, et que l'on ne tentât de vous éloigner de nous que pour vous assassiner, ou vous livrer, au fond de quelque province, à une commission militaire qui vous condamnerait à être fusillés sans vous laisser aucun recours. Nous avons donc, la reine et moi, pris sur nous de repousser cette proposition ; — mais, aujourd'hui, M. Pétion est revenu à la charge, engageant son honneur de député, et je crois devoir vous faire part de ce qu'il craint et de ce qu'il propose.

— Sire, interrompit Charny, avant que Votre Majesté aille plus loin, — et ici, non seulement je parle en mon nom, mais encore je crois être l'interprète des sentiments de ces messieurs, — avant d'aller plus loin, le roi veut-il nous promettre une grâce ?

— Messieurs, dit Louis XVI, votre dévouement pour la reine et pour moi a exposé votre vie depuis trois jours ; depuis trois jours, à chaque instant, vous êtes menacés de la mort la plus cruelle ; à chaque instant, vous partagez les hontes dont on nous abreuve, les insultes dont on nous couvre. Messieurs, vous avez le droit, non pas de solliciter une grâce, mais d'exposer votre désir, et ce désir, pour qu'il ne soit pas immédiatement accompli, il faudrait qu'il fût hors du pouvoir de la reine et du mien.

— Eh bien ! Sire, dit Charny, nous demandons humblement, mais instamment, à Votre Majesté, quelles que soient les propositions faites par MM. les députés à notre endroit, de nous laisser la faculté d'accepter ces propositions ou de les refuser.

— Messieurs, dit le roi, je vous engage ma parole de n'exercer aucune pression sur votre volonté ; ce que vous désirerez sera fait.

— Alors, Sire, dit Charny, nous écoutons avec reconnaissance.

La reine étonnée regardait Charny ; elle ne comprenait pas cette indifférence croissante qu'elle remarquait en lui avec cette volonté obstinée de ne pas s'écarter un instant de ce qu'il considérait, sans doute, comme son devoir.

Aussi ne répondit-elle pas, et laissa-t-elle le roi continuer la conversation.

— Maintenant, ce libre arbitre réservé par vous, dit le roi, voici les propres paroles de M. Pétion : « Sire, il n'y a, au moment de votre rentrée à Paris, aucune sûreté pour les trois officiers qui vous accompagnent. Ni moi, ni M. Barnave, ni M. de Latour-Maubourg, ne pouvons répondre de les sauver, même au péril de notre vie, et leur sang est d'avance dévolu au peuple. »

Charny regarda ses deux compagnons ; un sourire de mépris passa sur leurs lèvres.

— Eh bien, Sire, demanda Charny, après ?

— Après, dit le roi, voici ce que M. Pétion propose : il propose de vous procurer trois habits de gardes nationaux, de vous faire ouvrir, cette nuit, les portes de l'évêché, et de laisser à chacun de vous la liberté de fuir.

Charny consulta de nouveau ses deux compagnons, mais le même sourire lui répondit.

— Sire, dit-il en s'adressant de nouveau au roi, nos jours ont été consacrés à Vos Majestés ; elles ont daigné en accepter l'hommage, il nous sera plus facile de mourir pour elles que de nous en séparer ; accordez-nous donc cette faveur de nous traiter demain comme vous nous avez traités hier, rien de plus, rien de moins. De toute votre cour, de toute votre armée, de tous vos gardes, il vous reste trois cœurs fidèles ; ne leur ôtez pas la seule gloire qu'ils ambitionnent, celle d'être fidèles jusqu'au bout.

— C'est bien, Messieurs, dit la reine ; nous acceptons ; seulement, vous le comprenez, à partir de ce moment, tout nous doit être commun ; vous n'êtes plus pour nous des serviteurs, vous êtes des amis, des frères ; je ne vous dirai pas de me donner vos noms, je les connais, mais (elle tira des tablettes de sa poche) mais donnez-moi ceux de vos pères, de vos mères, de vos frères et de vos sœurs ; il se peut que nous ayons le malheur de vous perdre sans que nous succombions, nous. Alors, ce serait à moi à apprendre à ces êtres chéris leur malheur, en même temps que je me mettrais à leur disposition pour les soulager autant qu'il serait en notre pouvoir... Allons, monsieur de Valden ; allons, monsieur de Valory, dites hardiment, en cas de mort, — et nous sommes tous si près de la réalité que nous ne devons pas reculer devant le mot, — quels sont les parents, quels sont les amis que vous nous recommandez ?

M. de Malden recommanda sa mère, vieille dame infirme, demeurant dans une petite terre aux environs de Blois ; M. de Valory recommanda sa sœur, jeune orpheline qu'il faisait élever dans un couvent, à Soissons.

Certes, c'étaient des cœurs forts et pleins de courage que ceux de ces deux hommes, et, cependant, tandis que la reine écrivait les noms et les adresses de madame de Malden et de mademoiselle de Valory, tous deux faisaient d'inutiles efforts pour retenir leurs larmes.

La reine aussi fut forcée de s'interrompre d'écrire pour tirer un mouchoir de sa poche et s'essuyer les yeux.

Puis, quand elle eut achevé de prendre les adresses, se tournant vers Charny :

— Hélas ! monsieur le comte, dit-elle, je sais que vous n'avez personne à me recommander, vous ; votre père et votre mère sont morts, et vos deux frères...

La voix manqua à la reine.

— Mes deux frères ont eu le bonheur de se faire tuer pour Votre Majesté, oui, Madame, ajouta Charny ; mais le dernier mort a laissé une pauvre enfant qu'il me recommande par une espèce de testament que j'ai retrouvé sur lui. Cette jeune fille, il l'a enlevée à sa famille, dont elle n'a plus aucun pardon à attendre. Tant que je vivrai, ni elle ni son enfant ne manqueront de rien ; mais, Votre Majesté l'a dit tout à l'heure avec son admirable courage, nous sommes tous en face de la mort, et, si la mort me frappait, la pauvre fille et son enfant resteraient sans ressources. Madame, daignez prendre sur vos tablettes le nom d'une pauvre paysanne, et, si j'avais, comme mes deux frères, le bonheur de mourir pour mon auguste maître et ma noble maîtresse, abaissez votre générosité jusqu'à Catherine Billot et son enfant ; on les trouvera tous deux dans le petit village de Ville-d'Avray.

Sans doute, cette image de Charny expirant à son tour comme avaient expiré ses deux frères était un spectacle trop terrible pour l'imagination de Marie-Antoinette ; car, se renversant en arrière, avec un faible cri, elle laissa échapper ses tablettes, et alla toute chancelante tomber sur un fauteuil.

Les deux gardes se précipitèrent vers elle, tandis que Charny, ramassant les tablettes royales, y inscrivait le nom et l'adresse de Catherine Billot, et les reposait sur la cheminée.

La reine fit un effort et revint à elle.

Alors, les jeunes gens, comprenant le besoin qu'elle avait, après une pareille émotion, de se trouver seule, firent un pas en arrière pour prendre congé.

Mais, elle, étendant la main vers eux :

— Messieurs, dit-elle, vous ne me quitterez point, je l'espère, sans me baiser la main.

Les deux gardes s'avancèrent dans le même ordre qu'ils avaient donné leurs noms et leurs adresses, M. de Malden d'abord, puis M. de Valory.

Charny s'approcha le dernier. La main de la reine était tremblante en attendant ce baiser pour lequel, certainement, elle avait offert les deux autres.

Mais à peine les lèvres du comte touchèrent-elles cette belle main, tant il lui semblait — avec cette lettre d'Andrée sur le cœur — que ce fût commettre un sacrilège de toucher de ses lèvres la main de la reine.

Marie-Antoinette poussa un soupir qui ressemblait à un gémissement ; jamais elle n'avait mieux mesuré que par ce baiser l'abîme que chaque jour, chaque heure, nous dirons presque chaque minute, creusait entre elle et son amant.

Le lendemain, au moment du départ, MM. de Latour-Maubourg et Barnave, ignorant sans doute ce qui s'était passé la veille entre le roi et les trois officiers, renouvelèrent leurs instances pour faire habiller ceux-ci en gardes nationaux ; mais ils refusèrent, disant que leur place était sur le siège de la voiture du roi, et qu'ils n'avaient pas d'autre costume à prendre que celui que le roi leur avait ordonné de porter.

Alors Barnave voulut qu'une planche, dépassant à droite et à gauche le siège de la voiture, fût attachée à ce siège, afin que deux grenadiers pussent se tenir sur cette planche, et garantir, autant qu'il serait en eux, les obstinés serviteurs du roi.

A dix heures du matin, l'on quitta Meaux ; on

allait rentrer à Paris, d'où l'on était absent depuis cinq jours.

Cinq jours! quel abîme insondable avait été creusé pendant ces cinq jours!

A peine fut-on à une lieue au delà de Meaux, que le cortège prit un aspect plus terrible qu'il n'avait jamais eu.

Toutes les populations des environs de Paris affluaient. Barnave avait voulu forcer les postillons d'aller au trot ; mais la garde nationale de Claye barra la route en présentant la pointe de ses baïonnettes.

Il eût été imprudent de briser cette digue ; la reine elle-même comprit le danger et supplia les députés de ne rien faire pour augmenter cette colère du peuple, formidable orage que l'on entendait gronder, que l'on sentait venir.

Bientôt la foule fut telle, que ce fut à peine si les chevaux purent marcher au pas.

Jamais il n'avait fait si chaud ; ce n'était plus de l'air que l'on respirait, c'était du feu.

L'insolente curiosité de ce peuple poursuivait le roi et la reine jusque dans les deux angles de la voiture, où il s'étaient réfugiés.

Des hommes montaient sur les marchepieds, et fourraient leurs têtes dans la berline ; d'autres se hissaient sur la voiture, d'autres derrière ; d'autres se cramponnaient aux chevaux.

Ce fut un miracle si Charny et ses deux compagnons ne furent pas tués vingt fois.

Les deux grenadiers ne pouvaient suffire à parer tous les coups ; ils priaient, ils suppliaient, ils commandaient même au nom de l'Assemblée nationale ; mais leurs voix se perdaient au milieu du tumulte, des clameurs, des vociférations.

Une avant-garde de plus de deux mille hommes précédait la voiture ; une arrière-garde de plus de quatre mille la suivait.

Sur les flancs, roulait une foule qui allait en augmentant sans cesse.

Au fur et à mesure que l'on approchait de Paris, il semblait que, absorbé par la cité géante, l'air manquât.

La voiture se mouvait sous un soleil de trente-cinq degrés, à travers un nuage de poussière, dont chaque atome était comme une parcelle de verre pilé.

Deux ou trois fois la reine se renversa en arrière, en criant qu'elle étouffait.

Au Bourget, le roi pâlit tellement que l'on crut qu'il allait se trouver mal ; il demanda un verre de vin : le cœur lui défaillait.

Peu s'en fallut qu'on ne lui présentât, comme au Christ, une éponge trempée dans du fiel et du vinaigre.

La proposition en fut faite et, par bonheur, repoussée.

On atteignit la Villette.

La foule fut plus d'une heure à s'amincir suffisamment pour s'engouffrer entre les deux rangs de maisons dont les pierres blanches renvoyaient les rayons du soleil et doublaient la chaleur.

Il y avait des hommes, des enfants, des femmes partout. Jamais le regard n'a mesuré une pareille foule : les pavés étaient couverts de manière que ceux qui les couvraient ne pussent remuer.

Les portes, les fenêtres, les toits des maisons, étaient chargés de spectateurs.

Les arbres pliaient sous le poids de ces fruits vivants.

Tout le monde avait le chapeau sur la tête.

C'est que, dès la veille, cette affiche avait été placardée sur tous les murs de Paris :

Celui qui saluera le roi aura des coups de bâton ;
Celui qui l'insultera sera pendu.

Tout cela était si effrayant, que les commissaires n'osèrent s'engager dans la rue du Faubourg-Saint-Martin, rue pleine d'encombrement et, par conséquent, de menaces ; rue funeste, rue sanglante, rue célèbre dans les fastes de l'assassinat depuis la terrible histoire de Berthier.

On résolut donc de rentrer par les Champs-Élysées, et le cortège, tournant Paris, prit les boulevards extérieurs.

C'étaient trois heures de supplice de plus, et ce supplice était si insupportable, que la reine demandait que l'on rentrât par le chemin le plus court, ce chemin fût-il le plus dangereux.

Deux fois elle avait essayé de baisser les stores ; deux fois, aux grondements de la foule, il avait fallu les relever.

A la barrière, au reste, une forte troupe de grenadiers avait enveloppé la voiture.

Plusieurs d'entre eux marchèrent près des portières, et, de leurs bonnets à poil, cachèrent presque les ouvertures de la berline.

Enfin, vers six heures, l'avant-garde apparut au-dessus des murs du jardin Monceau ; elle menait avec elle trois pièces d'artillerie, qui retentissaient sur le pavé inégal en lourds soubresauts.

Cette avant-garde se composait de cavaliers et de fantassins mêlés à des flots de peuple au milieu desquels il leur était impossible de tenir leurs rangs.

Ceux qui les aperçurent refluèrent vers le

haut des Champs-Élysées ; c'était pour la troisième fois que Louis XVI rentrait par cette fatale barrière.

Il y était rentré, la première fois, après la prise de la Bastille.

La seconde fois, après les 5 et 6 octobre.

La troisième fois — celle-ci — après la fuite à Varennes.

Tout Paris, en apprenant que le cortège rentrait par la route de Neuilly, s'était porté dans les Champs-Élysées.

Aussi, en arrivant à la barrière, le roi et la reine virent se dérouler à perte de vue une vaste mer d'hommes, silencieux, sombres, menaçants, ayant leur chapeau sur la tête.

Mais ce qui, peut-être, était, sinon plus effrayant, du moins plus lugubre que tout cela, c'était une double haie de gardes nationaux tenant leurs fusils renversés en signe de deuil, et s'étendant de la barrière aux Tuileries.

C'était un jour de deuil, en effet, deuil immense, deuil d'une monarchie de sept siècles!

Cette voiture, qui roulait lentement au milieu de tout ce peuple, c'était le char funéraire qui conduisait la royauté au cercueil.

En apercevant cette longue file de gardes nationaux, les soldats, qui accompagnaient la voiture, agitèrent leurs armes aux cris de « Vive la Nation ! »

Le cri de « Vive la Nation ! » retentit aussitôt sur toute la ligne, de la barrière aux Tuileries.

Puis, le flot immense, perdu sous les arbres, s'étendant, d'un côté, jusque dans les rues du faubourg du Roule, de l'autre, jusqu'à la rivière, ondula en criant : « Vive la Nation ! »

C'était le cri de fraternité poussé par toute la France.

Seulement une famille, celle qui avait voulu fuir la France, était exclue de cette fraternité.

On mit une heure pour aller de la barrière à la place Louis XV. Les chevaux pliaient sous le poids, chacun d'eux portait un grenadier.

Derrière la berline où étaient le roi, la reine, la famille royale, Barnave et Pétion, venait le cabriolet renfermant les deux femmes de la reine et M. de Latour-Maubourg ; enfin, derrière le cabriolet, une carriole découverte, mais ombragée par des branchages, et qui était occupée par Drouet, Guillaume et Maugin, c'est-à-dire par celui qui avait arrêté le roi, et par ceux qui avaient prêté main-forte pour l'arrêter. La fatigue les avait forcés de recourir à ce genre de locomotion.

Billot seul, infatigable, comme si l'ardeur de la vengeance l'eût fait de bronze, Billot était resté à cheval, et semblait mener tout le cortège.

En débouchant sur la place Louis XV, le roi s'aperçut qu'on avait bandé les yeux à la statue de son aïeul.

— Qu'ont-ils voulu exprimer par là? demanda le roi à Barnave.

— Je l'ignore, Sire, répondit celui auquel s'adressait la question.

— Je le sais, moi, dit Pétion ; ils ont voulu exprimer l'aveuglement de la monarchie.

Pendant la route, malgré l'escorte, malgré les commissaires, malgré les placards qui défendaient d'insulter le roi sous peine d'être pendu, le peuple rompit deux ou trois fois la haie de grenadiers, faible et impuissante digue contre cet élément à qui Dieu a oublié de dire, comme à la mer : « Tu n'iras pas plus loin! » Quand ce heurt arrivait, quand ce brisement avait lieu, la reine voyait tout à coup apparaître, aux portières, de ces hommes aux figures hideuses, aux paroles implacables, qui ne montent qu'à certains jours à la surface de la société, comme certains monstres, aux jours d'orage seulement, montent à la surface de l'Océan.

Une fois, elle fut tellement épouvantée de l'apparition, qu'elle baissa un des stores de la voiture.

— Pourquoi baisser les glaces? crièrent dix voix furieuses.

— Voyez, Messieurs, dit la reine, voyez mes pauvres enfants, dans quel état ils sont!

Et, essuyant la sueur qui ruisselait sur leurs joues :

— Nous étouffons, ajouta-t-elle.

— Bah! répondit une voix, ce n'est rien; nous t'étoufferons bien autrement, sois tranquille!

Et un coup de poing fit voler la glace en éclats.

Cependant, au milieu de ce spectacle terrible, quelques épisodes eussent consolé le roi et la reine, si l'expression du bien fût venue jusqu'à eux aussi facilement qu'y parvenait l'expression du mal.

Malgré le placard qui défendait de saluer le roi, M. Guilhermy, membre de l'Assemblée, se découvrit quand le roi passa, et, comme on voulait le forcer de remettre son chapeau sur sa tête :

— Qu'on ose me le rapporter! dit-il en le jetant loin de lui.

A l'entrée du pont tournant, on trouva vingt députés que l'Assemblée venait de déléguer pour protéger le roi et la famille royale.

Puis la Fayette et son état-major.

La Fayette s'approcha de la voiture.

— Oh! Monsieur de la Fayette, s'écria la reine aussitôt qu'elle l'aperçut, sauvez les gardes du corps.

Ce cri n'était pas inutile, car on approchait du danger et le danger était grand.

Pendant ce temps, une scène qui ne manquait pas d'une certaine poésie se passait aux portes du château.

Cinq ou six femmes de la reine qui, après la fuite de leur maîtresse, avaient quitté les Tuileries, croyant que la reine elle-même les avait quittées pour toujours, voulaient y rentrer pour la recevoir.

— Au large! criaient les sentinelles en leur présentant la pointe de leurs baïonnettes.

— Esclaves de l'Autrichienne! hurlaient les poissardes en leur montrant le poing.

Alors, à travers les baïonnettes des soldats, et bravant les menaces des femmes de la halle, la sœur de madame Campan fit quelques pas en avant.

— Écoutez! dit-elle, je suis attachée à la reine depuis l'âge de quinze ans; elle m'a dotée et mariée; je l'ai servie puissante, elle est malheureuse aujourd'hui, dois-je l'abandonner?

— Elle a raison, cria le peuple. Soldats, laissez passer!

Et, à cet ordre donné par le maître auquel on ne résiste pas, les rangs s'ouvrirent et les femmes passèrent.

Un instant après, la reine put les voir agiter leurs mouchoirs à la fenêtre du premier étage.

Et, cependant, la voiture roulait toujours, poussant devant elle un flot de peuple et un nuage de poussière, comme un vaisseau en dérive pousse devant lui les flots de l'Océan et un nuage d'écume; et la comparaison est d'autant plus exacte que jamais naufragés ne furent menacés par une mer plus hurlante et plus agitée que celle qui se préparait à engloutir la malheureuse famille, au moment où elle tenterait de gagner ces Tuileries qui étaient pour elle le rivage.

Enfin la voiture s'arrêta. On était arrivé aux marches de la grande terrasse.

— Oh! Messieurs, dit encore une fois la reine, mais en s'adressant, cette fois, à Pétion et à Barnave, les gardes du corps! les gardes du corps!

— Vous n'avez personne à me recommander plus particulièrement parmi ces messieurs, Madame? demanda Barnave.

La reine le regarda fixement avec ses yeux clairs :

— Personne, dit-elle.

Et elle exigea que le roi et ses enfants sortissent les premiers.

Les dix minutes qui s'écoulèrent alors furent, — nous n'en exceptons pas celles qui la conduisirent à l'échafaud, — furent certes les plus cruelles de sa vie.

Elle était convaincue, non pas qu'elle allait être assassinée, — mourir n'était rien, — mais qu'elle allait être ou livrée au peuple comme un jouet, ou enfermée dans quelque prison d'où elle ne sortirait que par la porte d'un procès infâme.

Aussi, lorsqu'elle mit le pied sur les marches de la voiture, protégée par la voûte de fer que formaient au-dessus de sa tête, par l'ordre de Barnave, les fusils et les baïonnettes des gardes nationaux, un éblouissement la prit-il qui lui fit croire qu'elle allait tomber à la renverse.

Mais, comme ses yeux étaient près de se fermer, dans ce dernier regard d'angoisse où l'on voit tout, il lui sembla voir, en face d'elle, cet homme terrible qui, au château de Taverney, avait d'une façon si mystérieuse soulevé pour elle le voile de l'avenir; cet homme qu'elle avait revu une seule fois, en revenant de Versailles le 6 octobre; cet homme, enfin, qui ne paraissait que pour prédire les grandes catastrophes, ou à l'heure où ces grandes catastrophes s'accomplissaient.

Oh! ce fut alors que ses yeux, qui hésitaient encore, après qu'elle se fût bien assurée qu'ils ne la trompaient pas, se fermèrent; elle poussa un cri, se laissant aller, forte contre les réalités, mais inerte et impuissante devant cette sinistre vision.

Il lui sembla que la terre manquait sous ses pieds; que cette foule, ces arbres, ce ciel ardent, ce château immobile, que tout cela tourbillonnait autour d'elle; des bras vigoureux la saisirent, et elle se sentit emporter au milieu des cris, des hurlements, des clameurs. A ce moment, elle crut entendre la voix des gardes qui criaient, appelant à eux la colère du peuple, qu'ils espéraient ainsi détourner de sa véritable pente. Elle rouvrit un instant les yeux, et vit ces malheureux enlevés du siège de la voiture, Charny, pâle et beau, comme toujours, luttant seul contre dix hommes, l'éclair du martyre dans les yeux, et le sourire du dédain sur les lèvres. De Charny, ses regards se portèrent sur l'homme qui l'enlevait au milieu de ce tourbillon; elle reconnut, avec terreur, le mystérieux personnage de Taverney et de Sèvres.

— Vous! vous! s'écria-t-elle en le repoussant de ses mains raidies.

— Oui, moi, murmura-t-il à son oreille. J'ai encore besoin de toi pour pousser la monarchie à son dernier abîme, et je te sauve !...

Pour cette fois, c'était plus qu'elle n'en pouvait supporter; elle jeta un cri et s'évanouit réellement.

Pendant ce temps, la foule essayait de mettre en pièces MM. de Charny, de Malden et de Valory, et portait en triomphe Drouet et Billot.

X

LE CALICE

Lorsque la reine revint à elle, elle se retrouva dans sa chambre à coucher des Tuileries.

Madame de Misery et madame Campan, ses deux femmes de prédilection, étaient à ses côtés.

Son premier cri fut pour demander le dauphin.

Le dauphin était dans sa chambre, couché dans son lit, gardé par madame de Tourzel, sa gouvernante, et madame Brunier, sa femme de chambre.

Cette assurance ne suffit point à la reine, elle se leva aussitôt, et, tout en désordre, comme elle était, elle courut à l'appartement de son fils.

L'enfant avait eu grand'peur; il avait beaucoup pleuré; mais ses angoisses s'étaient calmées, et il dormait.

Seulement, de légers frissonnements agitaient son sommeil.

La reine demeura longtemps les yeux fixés sur lui, appuyée à la colonne de son lit, le regardant à travers ses larmes.

Ces mots terribles que cet homme lui avait dits tout bas grondaient incessamment à son oreille : « J'ai besoin de toi pour pousser la monarchie à son dernier abîme, voilà pourquoi je te sauve. »

C'était donc vrai? c'était donc elle qui poussait la monarchie vers l'abîme?

Il fallait bien que cela fût ainsi, puisque ses ennemis veillaient sur ses jours, s'en remettant à elle de faire l'œuvre de destruction qu'elle accomplissait mieux qu'eux-mêmes.

Cet abîme où elle poussait la monarchie se refermerait-il après avoir dévoré le roi, elle et le trône? Ne faudrait-il pas aussi jeter au gouffre ses deux enfants? Dans les religions antiques, n'était-ce pas l'innocence seulement qui désarmait les dieux?

Il est vrai que le Seigneur n'avait point accepté le sacrifice d'Abraham; mais il avait laissé s'accomplir celui de Jephté.

C'étaient là de sombres pensées pour une reine; plus sombres encore pour une mère.

Enfin elle secoua la tête, et revint chez elle à pas le ..

Là, — songea au désordre dans lequel elle se trouvait.

Ses vêtements étaient froissés et déchirés en plusieurs endroits; ses souliers avaient été percés par les cailloux pointus, par les pavés raboteux sur lesquels elle avait marché ; enfin, elle était toute couverte de poussière.

Elle demanda d'autres souliers et un bain. Barnave était venu deux fois prendre de ses nouvelles.

En lui annonçant cette visite, madame Campan regardait avec étonnement la reine.

— Vous le remercierez affectueusement, Madame, dit Marie-Antoinette.

Madame Campan la regarda, plus étonnée encore.

— Nous avons de grandes obligations à ce jeune homme, Madame, reprit la reine, consentant, quoique ce ne fût pas son habitude, à donner l'explication de sa pensée.

— Mais il me semblait, Madame, hasarda la femme de chambre, que M. Barnave était un démocrate, un homme du peuple, à qui tous les moyens avaient été bons pour parvenir où il est.

— Tous les moyens qu'offre le talent, oui, Madame, c'est vrai, dit la reine; mais retenez bien ce que je vais vous dire : J'excuse Barnave; un sentiment d'orgueil que je ne saurais blâmer l'a fait applaudir à tout ce qui aplanissait la route des honneurs et de la gloire pour la classe dans laquelle il est né : point de pardon pour les nobles qui se sont jetés dans la Révolution. Mais, si la puissance nous revient, le pardon de Barnave lui est d'avance accordé... Allez, et tâchez de m'avoir des nouvelles de MM. de Malden et de Valory.

Le cœur de la reine ajoutait à ces deux noms celui du comte; mais ses lèvres se refusèrent à le prononcer.

On vint lui annoncer que son bain était prêt. Pendant l'intervalle qui venait de s'écouler depuis la visite de la reine au dauphin, on avait mis des sentinelles partout, même à la porte de son cabinet de toilette, même à celle de la salle de bain.

Le comte avait arraché une baïonnette. (Page 435.)

La reine obtint à grand'peine que cette porte restât fermée tandis qu'elle prendrait son bain.

C'est ce qui fit dire à Prud'homme, dans son *Journal des Révolutions de Paris:*

« Quelques bons patriotes, en qui le sentiment de la royauté n'a pas éteint celui de la compassion, ont paru inquiets de l'état moral et physique de Louis XVI et de sa famille, après un voyage aussi malencontreux que celui de Sainte-Menehould.

» Qu'ils se rassurent! Notre *ci-devant*, samedi soir, en rentrant dans ses appartements, ne se trouva pas plus mal à son aise qu'au retour d'une chasse fatigante et à peu près nulle: il dévora son poulet comme à l'ordinaire. Le lendemain, à la fin de son dîner, il joua avec son fils.

» Quant à *la mère,* elle prit un bain en arrivant; ses premiers ordres furent de demander *des chaussures,* en montrant avec soin *que celles de son voyage étaient percées;* elle se conduisit fort lestement avec les officiers préposés à sa garde particulière; *trouva ridicule et indécent de se voir contrainte à laisser ouvertes la porte de sa salle de bain et celle de sa chambre à coucher.* »

Voyez-vous ce *monstre,* qui a l'infamie de manger un poulet en arrivant, et de jouer le lendemain avec son fils!

Voyez-vous cette *sybarite,* qui prend un bain

après cinq jours de voiture et trois nuits d'auberge.

Voyez-vous cette *prodigue*, qui demande des chaussures parce que celles de son voyage sont *percées!*

Voyez-vous enfin cette *Messaline*, qui, trouvant indécent et ridicule de se voir contrainte à *laisser ouvertes la porte de sa salle de bain et celle de sa chambre à coucher*, demanda aux factionnaires la permission de fermer ces portes!

Ah! monsieur le journaliste, que vous m'avez bien l'air de ne manger du poulet qu'aux quatre grandes fêtes de l'année, de n'avoir pas d'enfants, de ne point prendre de bain, et d'aller dans votre loge de l'Assemblée nationale avec des souliers percés!

Au risque du scandale que la chose devait faire, la reine eut son bain, et obtint que la porte demeurât fermée.

Aussi la sentinelle ne manqua-t-elle point d'appeler madame Campan *aristocrate* au moment où celle-ci, revenant des informations, rentrait dans la salle de bain.

Les nouvelles n'étaient pas aussi désastreuses qu'on eût pu le croire.

Dès l'arrivée à la barrière, Charny et ses deux compagnons avaient combiné un plan; ce plan avait pour but d'enlever, en les amenant sur eux, une part des dangers que couraient le roi et la reine. En conséquence, il fut convenu qu'aussitôt la voiture arrêtée, l'un se jetterait à droite, l'autre à gauche, et celui qui tenait le milieu, en avant; de cette façon on diviserait la troupe d'assassins, et, en les forçant à suivre trois pistes opposées, à faire trois curées différentes, peut-être resterait-il un chemin par lequel le roi et la reine gagneraient librement le château.

Nous avons dit que la voiture s'arrêta au-dessus du premier bassin, près de la grande terrasse du château. La hâte des meurtriers était si grande, qu'en se précipitant à l'avant de la voiture, deux se blessèrent grièvement. Un instant cependant, les deux grenadiers placés sur le siège parvinrent à garantir les trois officiers; mais bientôt, ayant été tirés à terre, ils laissèrent ces derniers sans défense.

Ce fut le moment qu'ils choisirent; tous trois s'élancèrent, mais pas si rapidement néanmoins, qu'ils ne renversassent, en s'élançant, cinq ou six hommes qui montaient aux roues et aux marchepieds pour les arracher de leurs sièges. Alors, comme ils l'avaient pensé, la colère du peuple s'éparpilla sur trois points.

A peine à terre, M. de Malden se trouva sous la hache de deux sapeurs. Les deux haches étaient levées et ne cherchaient qu'un moyen de l'atteindre seul. Il fit un mouvement violent et rapide, grâce auquel il écarta de lui les hommes qui le tenaient au collet, de sorte qu'une seconde il se trouva isolé.

Alors, croisant ses bras :

— Frappez, dit-il.

Une des deux haches resta levée. Le courage de la victime paralysait l'assassin.

L'autre tomba altérée de sang; mais, en tombant, elle rencontra un mousqueton dont le canon la fit dévier, et la pointe seulement atteignit M. de Malden au cou, et lui fit une légère blessure.

Alors, il donna tête baissée dans la multitude, qui s'ouvrit; mais, au bout de quelques pas, il fut reçu par un groupe d'officiers qui, voulant le sauver, le poussèrent du côté de la haie des gardes nationaux, laquelle faisait au roi et à la famille royale un chemin couvert de la voiture au château. En ce moment, le général la Fayette l'aperçut, et, poussant son cheval à lui, il le saisit au collet et le tira contre ses étriers, afin de le couvrir en quelque sorte de sa popularité; mais M. de Malden, le reconnaissant, s'était écrié :

— Laissez-moi, Monsieur; ne vous occupez que de la famille royale, et abandonnez-moi à la canaille.

M. de la Fayette l'avait, en effet, lâché, et, apercevant un homme qui emportait la reine, s'était élancé du côté de cet homme.

M. de Malden avait alors été renversé, relevé, attaqué par les uns, défendu par les autres, et avait roulé ainsi, couvert de contusions, de blessures et de sang, jusqu'à la porte du château; là, un officier de service, le voyant près de succomber, l'avait saisi au collet, et, l'attirant à lui, s'était écrié :

— Il serait dommage qu'un pareil misérable mourût d'une si douce mort. Il faut inventer un supplice pour un brigand de cette espèce. Livrez-le-moi donc, je m'en charge!

Et, continuant d'insulter M. de Malden, en lui disant : « Viens, coquin! viens par ici; c'est à moi que tu vas avoir affaire! » il l'avait attiré jusqu'à un endroit plus sombre, où il lui avait dit :

— Sauvez-vous, Monsieur, et pardonnez-moi la ruse dont j'ai dû me servir pour vous arracher des mains de ces misérables.

Alors M. de Malden s'était glissé dans les escaliers du château, et avait disparu.

Quelque chose d'à peu près pareil s'était passé pour M. de Valory; il avait reçu deux blessures graves à la tête. Mais, au moment où vingt baïonnettes, vingt sabres, vingt poignards se levaient sur lui pour l'achever, Pétion s'était élancé, et, repoussant les assassins avec toute la vigueur dont il était doué :

— Au nom de l'Assemblée nationale, s'était-il écrié, je vous déclare indignes du nom de Français, si vous ne vous écartez pas à l'instant même, et si vous ne me livrez pas cet homme! Je suis Pétion.

Et Pétion, qui, sous une enveloppe un peu rude, cachait une grande honnêteté, un cœur courageux et loyal, avait, en disant ces paroles, tellement resplendi aux yeux des meurtriers, qu'ils s'étaient écartés, et lui avaient abandonné M. de Valory.

Alors, il l'avait conduit, le soutenant, — car, tout étourdi des coups qu'il avait reçus, M. de Valory pouvait à peine se tenir debout; — alors, il l'avait conduit jusqu'à la haie des gardes nationaux, et l'avait remis entre les mains de l'aide de camp Mathieu Dumas qui en avait répondu sur sa tête, et l'avait, en effet, protégé jusqu'au château.

En ce moment, Pétion avait entendu la voix de Barnave, Barnave l'appelait à son aide, insuffisant qu'il était pour défendre Charny.

Le comte, enlevé par vingt bras, renversé, traîné dans la poussière, s'était relevé, avait arraché une baïonnette à un fusil, et trouait à coups redoublés la foule autour de lui.

Mais il n'eût pas tardé à succomber dans cette lutte inégale, si Barnave, puis Pétion, n'étaient accourus à son secours.

La reine écouta ce récit dans son bain; seulement madame Campan, qui le lui faisait, ne pouvait lui donner de nouvelles certaines que de MM. de Malden et de Valory, qui avaient été vus au château, meurtris, ensanglantés, mais, à tout prendre, sans blessures dangereuses.

Quant à Charny, on ne savait rien de positif sur son compte; on disait bien qu'il avait été sauvé par MM. Barnave et Pétion, mais on ne l'avait pas vu rentrer au château.

A ces dernières paroles de madame Campan, une pâleur si mortelle passa sur le visage de la reine, que la femme de chambre, croyant que cette pâleur venait de la crainte qu'il ne fût arrivé malheur au comte, s'écria :

— Mais il ne faudrait pas que Sa Majesté désespérât du salut de M. de Charny parce qu'il ne serait pas rentré au château; la reine sait que madame de Charny habite Paris, et peut-être le comte s'est-il réfugié chez sa femme.

C'était justement cette idée qui était venue à Marie-Antoinette, et qui l'avait si affreusement fait pâlir.

Elle s'élança hors du bain en s'écriant :

— Habillez-moi, Campan! habillez-moi vite! il faut absolument que je sache ce qu'est devenu le comte.

— Quel comte? demanda madame de Misery en entrant.

— Le comte de Charny! s'écria la reine.

— Le comte de Charny est dans l'antichambre de Sa Majesté, dit madame de Misery, et sollicite l'honneur d'un moment d'entretien avec elle.

— Ah! murmura la reine. Il a donc tenu sa parole!

Les deux femmes se regardèrent, ignorant ce que voulait dire la reine, qui, haletante, incapable de prononcer un mot de plus, leur fit signe de se hâter.

Jamais toilette ne fut plus rapide. Il est vrai que Marie-Antoinette se contenta de tordre ses cheveux, qu'elle avait fait laver avec une eau parfumée afin d'en enlever la poussière, et de passer par-dessus sa chemise un peignoir de mousseline blanche.

Lorsqu'elle rentra dans sa chambre, en ordonnant d'introduire le comte de Charny, elle était aussi blanche que son peignoir.

XI

LE COUP DE LANCE

Quelques secondes après, le valet de chambre annonça M. le comte de Charny, et celui-ci parut dans l'encadrement de la porte, éclairé par le reflet d'or d'un rayon du soleil couchant.

Lui aussi, comme la reine, venait d'employer le temps qui s'était écoulé depuis sa rentrée au château à faire disparaître les traces de ce long voyage, et de la lutte terrible qu'il avait soutenue en arrivant.

Il avait revêtu son ancien uniforme, c'est-à-dire le costume de capitaine de frégate, avec les revers rouges et le jabot de dentelles.

C'était ce même costume qu'il portait le jour où il avait rencontré la reine et Andrée de Taverney sur la place du Palais-Royal, et où, les ayant conduites à un fiacre, il les avait ramenées jusqu'à Versailles.

Jamais il n'avait été si élégant, si calme, si beau, et la reine eut peine à croire, en l'apercevant, que ce fût le même homme qui, une heure auparavant, avait failli être mis en morceaux par le peuple.

— Oh! Monsieur, s'écria la reine, on a dû vous dire combien j'étais inquiète de vous, et comme j'ai envoyé de tous les côtés demander de vos nouvelles.

— Oui, Madame, dit Charny en s'inclinant; mais croyez bien que je ne suis rentré chez moi qu'après m'être assuré, auprès de vos femmes, que vous aussi étiez saine et sauve.

— On prétend que vous devez la vie à M. Pétion et à M. Barnave; est-ce vrai, et aurais-je encore à ce dernier cette nouvelle obligation?

— C'est vrai, Madame, et j'ai même une double reconnaissance à M. Barnave; car, n'ayant pas voulu me quitter que je ne fusse dans ma chambre, il a eu la bonté de me dire que vous vous étiez occupée de moi pendant la route.

— De vous, comte! et de quelle façon?

— Mais en exposant au roi les inquiétudes que vous avez bien voulu penser que votre ancienne amie éprouvait de mon absence... Je suis loin de croire, comme vous, Madame, à la vivacité de ces inquiétudes; cependant...

Il s'arrêta, car il lui semblait que la reine, déjà si pâle, pâlissait encore.

— Cependant?... répéta la reine.

— Cependant, reprit Charny, sans accepter, dans toute son étendue, le congé que Votre Majesté avait l'intention de m'offrir, je crois qu'en effet, rassuré comme je le suis maintenant sur la vie du roi, sur la vôtre, Madame, et sur celle de vos augustes enfants, il est convenable que je donne en personne de mes nouvelles à madame la comtesse de Charny.

La reine appuya sa main gauche contre son cœur, comme si elle eût voulu s'assurer que ce cœur n'était pas mort du coup qu'il venait de recevoir, et, d'une voix presque étranglée par la sécheresse de sa gorge :

— Mais c'est trop juste, en effet, Monsieur, dit-elle; seulement, je me demande comment vous avez attendu si longtemps pour remplir ce devoir !

— La reine oublie que je lui avais engagé ma parole de ne pas revoir la comtesse sans sa permission.

— Et cette permission, vous venez me la demander?

— Oui, Madame, dit Charny, et je supplie Votre Majesté de me l'accorder.

— Sans quoi, dans l'ardeur où vous êtes de revoir madame de Charny, vous vous en passeriez, n'est-ce pas?

— Je crois que la reine est injuste à mon égard, dit Charny. Au moment où j'ai quitté Paris, j'ai cru le quitter pour longtemps, sinon pour toujours. Pendant tout ce voyage, j'ai humainement fait tout ce qu'il était en mon pouvoir de faire pour que le voyage réussît. Ce n'est point ma faute, que Votre Majesté s'en souvienne, si je n'ai pas, comme mon frère, laissé ma vie à Varennes, ou, comme M. de Dampierre, été mis en morceaux sur la route ou dans le jardin des Tuileries... Si j'avais eu la joie de conduire Votre Majesté au delà de la frontière, ou l'honneur de mourir pour elle, je m'exilais ou je mourais sans revoir la comtesse... Mais, je le répète à Votre Majesté, de retour à Paris, je ne puis donner à la femme qui porte mon nom — et vous savez comment elle le porte, Madame! — cette marque d'indifférence, de ne pas lui donner de mes nouvelles, surtout mon frère Isidore n'étant plus là pour me remplacer... Au reste, ou M. Barnave s'est trompé, ou c'était avant-hier encore l'avis de Votre Majesté.

La reine laissa glisser son bras sur le dossier de sa chaise longue, et, suivant avec tout le haut de son corps ce mouvement qui la rapprochait de Charny :

— Vous aimez donc bien cette femme, Monsieur, dit-elle, que vous me fassiez froidement une pareille douleur?

— Madame, dit Charny, il y a six ans bientôt que vous-même, — au moment où je n'y songeais pas, parce qu'il n'existait pour moi qu'une femme sur la terre, et que, cette femme, Dieu l'avait placée tellement au-dessus de moi, que je ne pouvais l'atteindre, — il y a six ans que vous m'avez donné pour mari à mademoiselle Andrée de Taverney, et que vous me l'avez imposée pour femme. Depuis ces six ans, ma main n'a pas deux fois touché la sienne; je ne lui ai pas, sans nécessité, adressé dix fois la parole, et dix fois nos regards ne se sont pas rencontrés. Ma vie, à moi, a été occupée, remplie, remplie d'un autre amour, occupée de ces mille soins, de ces mille travaux, de ces mille combats qui agitent l'existence de l'homme. J'ai vécu à la cour, arpenté les grands chemins, noué, pour ma part, et avec le fil que le roi avait bien voulu me confier, l'intrigue gigantesque que vient de dénouer la fatalité; or, je n'ai pas compté les jours, je n'ai pas compté les mois, je n'ai pas compté les années; le temps a passé d'autant plus rapide, que j'ai été plus occupé de toutes ces affections, de tous ces soins, de toutes ces intrigues que je viens de dire. Mais il n'en a pas été ainsi de la comtesse de Charny, Madame. Depuis qu'elle a eu la douleur de vous quitter, après avoir eu, sans doute, le malheur de vous déplaire, elle vit seule, isolée, perdue, dans ce pavillon de la rue Coq-Héron; cette solitude, cet isolement, cet abandon, elle les a acceptés sans se plaindre; car — cœur exempt d'amour — elle n'a pas besoin des mêmes affections que les autres femmes; mais, ce qu'elle n'accepterait peut-être pas sans se plaindre, ce serait mon oubli à son égard des devoirs les plus simples, des convenances les plus vulgaires;

— Eh! mon Dieu! Monsieur, vous voilà bien préoccupé de ce que madame de Charny pensera ou ne pensera pas de vous, selon qu'elle vous verra ou ne vous verra pas! Avant de prendre tout ce souci, il serait bon de savoir si elle a songé à vous au moment de votre départ, ou si elle y songe à l'heure de votre retour.

— A l'heure de mon retour, j'ignore si la comtesse songe à moi, Madame; mais, au moment de mon départ, elle y a songé, j'en suis sûr!

— Vous l'avez donc vue au moment de votre départ?

— J'ai eu l'honneur de dire à Votre Majesté que je n'avais pas vu madame de Charny depuis que j'ai donné à la reine ma parole de ne pas la voir.

— Alors, elle vous a écrit?

Charny garda le silence.

— Voyons, s'écria Marie-Antoinette, elle vous a écrit, avouez-le!

— Elle a remis à mon frère Isidore une lettre pour moi.

— Et vous avez lu cette lettre?... Que vous disait-elle? que pouvait-elle vous écrire?... Ah! elle m'avait pourtant juré... Voyons, répondez vite... Eh bien, dans cette lettre, elle vous disait?... Parlez donc! vous voyez que je bous.

— Je ne puis répéter à Votre Majesté ce que la comtesse me disait dans cette lettre : je ne l'ai pas lue.

— Vous l'avez déchirée? s'écria la reine joyeuse; vous l'avez jetée au feu sans la lire? Charny! Charny! si vous avez fait cela, vous êtes le plus loyal des hommes et j'avais tort de me plaindre, et je n'ai rien perdu!

Et la reine tendit ses deux bras à Charny comme pour l'appeler à elle.

Mais Charny demeura à sa place.

— Je ne l'ai point déchirée, je ne l'ai point jetée au feu, dit-il.

— Mais, alors, dit la reine en retombant sur sa chaise, comment ne l'avez-vous pas lue?

— La lettre ne devait m'être remise, par mon frère, que dans le cas où je serais blessé à mort. Hélas! ce n'était pas moi qui devais mourir, c'était lui... Lui mort, on m'a apporté ses papiers; dans ses papiers était la lettre de la comtesse... et cette note que voici... Tenez, Madame.

Et Charny présenta à la reine le billet écrit de la main d'Isidore, et qui était annexé à la lettre.

Marie-Antoinette prit ce billet d'une main tremblante, et sonna.

Pendant cette scène, que nous venons de raconter, la nuit était venue.

— De la lumière! dit-elle, à l'instant!

Le valet de chambre sortit; il se fit une minute de silence, où l'on n'entendit d'autre bruit que la respiration haletante de la reine et le battement précipité de son cœur.

Le valet de chambre rentra avec deux candélabres qu'il déposa sur la cheminée.

La reine ne lui donna pas même le temps de se retirer, et, tandis qu'il s'éloignait et refermait la porte, elle s'approcha de la cheminée, le billet à la main.

Mais deux fois elle jeta les yeux sur le papier sans rien voir.

— Oh! murmura-t-elle, ce n'est point du papier, c'est de la flamme.

Et, passant sa main sur ses yeux, comme pour leur rendre cette faculté de voir qu'ils semblaient avoir perdue :

— Mon Dieu! mon Dieu! dit-elle en frappant du pied avec impatience.

Enfin, à force de volonté, sa main cessa de trembler, et ses yeux commencèrent à voir.

Elle lut d'une voix rauque, et qui n'avait rien de commun avec sa voix habituelle :

« Cette lettre est adressée, non point à moi, mais à mon frère le comte Olivier de Charny; elle est écrite par sa femme, la comtesse de Charny. »

La reine s'arrêta quelques secondes, puis reprit :

« S'il m'arrivait malheur, celui qui trouverait ce papier est prié de le faire passer au comte Olivier de Charny, ou de le renvoyer à la comtesse. »

La reine s'arrêta une seconde fois, secoua la tête, et continua :

« Je le tiens de celle-ci, avec la recommandation suivante. »

— Ah! voyons la recommandation, murmura la reine.

Et elle passa de nouveau la main sur ses yeux.

« Si, dans l'entreprise qu'il poursuit, le comte réussissait sans accident, rendre la lettre à la comtesse. »

La voix de la reine devenait de plus en plus haletante au fur et à mesure qu'elle lisait.

Elle poursuivit :

« S'il était blessé grièvement, mais sans danger de mort, le prier d'accorder à sa femme la grâce de le rejoindre. »

— Oh! c'est clair, cela! balbutia la reine.

Puis, d'une voix presque inintelligible :

« Enfin, s'il était blessé à mort, lui donner cette lettre, et, s'il ne peut la lire lui-même, la lui lire, afin que, avant d'expirer, il connaisse le secret qu'elle contient. »

— Eh bien, le nierez-vous maintenant? s'écria Marie-Antoinette en couvrant le comte d'un regard enflammé.

— Quoi?

— Eh! mon Dieu!... qu'elle vous aime!...

— Qui! moi? la comtesse m'aime?... Que dites-vous là, Madame? s'écria à son tour Charny.

— Oh! malheureuse que je suis, je dis la vérité!

— La comtesse m'aime! moi? Impossible!

— Et pourquoi? Je vous aime bien, moi!

— Mais, depuis six ans, si la comtesse m'aimait, la comtesse me l'eût dit, la comtesse me l'eût laissé apercevoir.

Le moment était venu, pour la pauvre Marie-Antoinette, où elle souffrait tant, qu'elle sentait le besoin de s'enfoncer, comme un poignard, la souffrance au plus profond du cœur.

— Non, s'écria-t-elle, non, elle ne vous a rien laissé apercevoir, c'est qu'elle sait bien qu'elle ne peut pas être votre femme.

— La comtesse de Charny ne peut être ma femme? répéta Olivier.

— C'est, continua la reine s'enivrant de plus en plus de sa propre douleur, c'est qu'elle sait bien qu'il y a entre vous un secret qui tuerait votre amour.

— Un secret qui tuerait notre amour?

— C'est qu'elle sait bien que, du moment où elle parlerait, vous la mépriseriez!

— Moi! mépriser la comtesse?...

— A moins qu'on ne méprise pas la jeune fille, femme sans époux, mère sans mari.

Ce fut au tour de Charny de devenir pâle comme la mort, et de chercher un appui sur le fauteuil le plus proche de sa main.

— Oh! Madame, Madame, s'écria-t-il, vous en avez dit trop ou trop peu, et j'ai le droit de vous demander une explication.

— Une explication, Monsieur! à moi, à la reine, une explication?

— Oui, Madame, dit Charny, et je vous la demande.

En ce moment, la porte s'ouvrit.

— Que me veut-on? s'écria la reine impatiente.

— Votre Majesté, répondit le valet de chambre, avait dit autrefois qu'elle y était toujours pour le docteur Gilbert.

— Eh bien?

— Le docteur Gilbert réclame l'honneur de présenter ses humbles respects à Votre Majesté.

— Le docteur Gilbert! dit la reine; êtes-vous bien sûr que ce soit le docteur Gilbert?

— Oui, Madame.

— Oh! qu'il entre, qu'il entre alors! dit la reine.

Puis, se retournant vers Charny :

— Vous vouliez une explication au sujet de madame de Charny, dit-elle en élevant la voix : tenez, cette explication, demandez-la à M. le docteur Gilbert; mieux que personne, il est à même de vous la donner.

Gilbert était entré pendant ce temps. Il avait entendu les paroles que venait de prononcer Marie-Antoinette, et il était resté debout et immobile sur le seuil de la porte.

Quant à la reine, rejetant à Charny le billet de son frère, elle fit quelques pas pour gagner son cabinet de toilette; mais, plus rapide qu'elle, le comte lui barra le passage, et, la saisissant par le poignet :

— Pardon, Madame, dit-il, mais, cette explication, c'est devant vous qu'elle doit avoir lieu.

— Monsieur, dit Marie-Antoinette l'œil fiévreux et les dents serrées, vous oubliez, je crois, que je suis la reine!

— Vous êtes une amie ingrate qui calomnie son amie; vous êtes une femme jalouse qui insulte une autre femme, la femme d'un homme qui, depuis trois jours a risqué vingt fois sa vie pour vous; la femme du comte de Charny! Ce sera devant vous, qui l'avez calomniée, qui l'avez insultée, que justice lui sera rendue... Asseyez-vous donc là, et attendez.

— Eh bien, soit, dit la reine. Monsieur Gilbert, continua-t-elle en essayant un rire mal réussi, vous voyez ce que je désire, monsieur.

— Monsieur Gilbert, dit Charny d'un ton plein de courtoisie et de dignité, vous entendez ce qu'ordonne la reine.

Gilbert s'avança et regarda tristement Marie-Antoinette :

— Oh! Madame! Madame!... murmura-t-il.

Puis, se tournant vers Charny :

— Monsieur le comte, ce que j'ai à vous dire est la honte d'un homme et la gloire d'une femme. Un malheureux, un paysan, un ver de terre, aimait mademoiselle de Taverney. Un jour, il la trouva évanouie, et, sans respect pour sa jeunesse, pour sa beauté, pour son innocence, le misérable la viola, et c'est ainsi que la jeune fille fut femme sans époux, et mère sans mari... Mademoiselle de Taverney est un ange! madame de Charny est une martyre!

Charny essuya la sueur qui coulait sur son front.

— Merci, monsieur Gilbert, dit-il.

Puis, s'adressant à la reine :

— Madame, dit-il, j'ignorais que mademoiselle de Taverney eût été si malheureuse; j'ignorais que madame de Charny fût si respectable; sans quoi, je vous prie de le croire, je n'eusse pas été six ans sans tomber à ses genoux, et sans l'adorer comme elle mérite d'être adorée!

Et, s'inclinant devant la reine stupéfaite, il sortit sans que la malheureuse femme osât faire un mouvement pour le retenir.

Seulement, il entendit le cri de douleur qu'elle jeta, en voyant la porte se refermer entre elle et lui.

C'est qu'elle comprenait que, sur la porte comme sur celle de l'enfer, la main du démon de la jalousie venait d'écrire cette terrible sentence :

Lasciate ogni speranza!

XII

DATE LILIA

Disons un peu ce que devenait la comtesse de Charny tandis qu'avait lieu, entre le comte et la reine, la scène que nous venons de raconter, et qui brisait si douloureusement une longue série de douleurs.

D'abord, pour nous qui connaissons l'état de son cœur, il est facile d'imaginer ce qu'elle souffrit à compter du départ d'Isidore.

Elle tremblait, à la fois, que ce grand projet, qu'elle avait deviné être celui d'une fuite, réussît ou échouât.

En effet, s'il réussissait, elle connaissait assez le dévouement du comte à ses maîtres pour être sûre que, dès que ceux-ci seraient en exil, il ne les quitterait plus; s'il échouait, elle connaissait assez le courage d'Olivier pour être sûre qu'il lutterait jusqu'au dernier moment, tant qu'il resterait quelque espoir, et même lorsqu'il n'en resterait plus, contre les obstacles quels qu'ils fussent.

Du moment où Isidore avait pris congé d'elle, la comtesse avait donc eu l'œil constamment ouvert pour saisir toute lueur, l'oreille constamment attentive pour percevoir tout bruit.

Le lendemain, elle apprit, avec le reste de la population parisienne, que le roi et la famille royale avaient quitté Paris dans la nuit.

Aucun accident n'avait signalé ce départ.

Puisqu'il y avait eu départ, comme elle s'en était doutée, Charny en était donc; Charny s'éloignait d'elle!

Elle poussa un profond soupir, et s'agenouilla, priant pour la route heureuse.

Puis, pendant deux jours, Paris resta muet et sans écho.

Enfin, dans la matinée du troisième jour, une grande rumeur éclata sur la ville : le roi était arrêté à Varennes.

Il n'y avait aucun détail. A part ce coup de foudre, aucun bruit; à part cet éclair, la nuit.

Le roi était arrêté à Varennes, voilà tout.

Andrée ignorait ce que c'était que Varennes. Cette petite ville, si fatalement célèbre depuis; ce bourg, qui devait plus tard devenir une menace pour toute royauté, partageait, à cette époque, l'obscurité qui pesait et qui pèse encore sur dix mille communes de France aussi peu importantes et aussi inconnues que lui.

Andrée ouvrit un dictionnaire de géographie et lut :

« Varennes-en-Argonne, chef-lieu de canton, habitants : 1,607. »

Puis elle chercha sur une carte, et découvrit Varennes placé comme centre de triangle entre Stenay, Verdun et Châlons, à la lisière de sa forêt, sur le bord de sa petite rivière.

Ce fut donc sur ce point obscur de la France que se concentra désormais toute son attention. Ce fut là qu'elle vécut en pensées, en espérances, en craintes.

Puis, peu à peu, à la suite de la grande nouvelle, vinrent les nouvelles secondaires, comme, au lever du soleil, après le grand ensemble qu'il tire du chaos, viennent peu à peu les petits détails.

Ces petits détails étaient immenses pour elle.

M. de Bouillé, disait-on, avait poursuivi le roi, avait attaqué l'escorte, et, après un combat acharné, s'était retiré laissant la famille royale aux mains des patriotes vainqueurs.

Sans doute, Charny avait pris part à ce combat; sans doute, Charny ne s'était retiré que le dernier, si toutefois Charny n'était pas resté sur le champ de bataille.

Puis, bientôt, on annonça que l'un des trois gardes du corps qui accompagnaient le roi avait été tué.

Puis le nom se fit jour. Seulement, on ne savait pas si c'était le vicomte ou le comte, si c'était Isidore ou Olivier de Charny.

C'était un Charny, on ne pouvait rien dire de plus.

Pendant les deux jours où cette question demeura indécise, le cœur d'Andrée roula dans d'inexprimables angoisses !

Enfin, on annonça le retour du roi et de la famille royale pour le samedi 26.

Les augustes prisonniers avaient couché à Meaux.

En calculant le temps et l'espace sur la mesure ordinaire, le roi devait être à Paris avant midi; en supposant qu'il revînt aux Tuileries par la route la plus directe, le roi devait rentrer dans Paris par le faubourg Saint-Martin.

A onze heures, madame de Charny, en costume de la plus grande simplicité, le visage couvert d'un voile, était à la barrière.

Elle attendit jusqu'à trois heures.

A trois heures, les premiers flots de la foule, poussant tout devant eux, annoncèrent que le roi contournerait Paris et rentrerait par la barrière des Champs-Élysées.

C'était tout Paris à traverser, et à traverser à pied. Nul n'eût osé circuler en voiture au milieu de la foule compacte qui emplissait les rues.

Jamais, depuis la prise de la Bastille, il n'y avait eu pareil encombrement sur le boulevard.

Andrée n'hésita point, elle prit le chemin des Champs-Élysées, et arriva une des premières.

Là elle attendit encore trois heures; trois mortelles heures !

Enfin, le cortège parut. Nous avons dit dans quel ordre et dans quelles conditions il marchait.

Andrée vit passer la voiture; elle jeta un grand cri de joie : elle venait de reconnaître Charny sur le siège.

Un cri qui eût semblé l'écho du sien, s'il n'eût été un cri de douleur, lui répondit.

Andrée se tourna du côté où venait ce cri; une jeune fille se débattait entre les bras de trois ou quatre personnes charitables qui s'empressaient de lui porter des secours.

Elle paraissait en proie au plus violent désespoir.

Peut-être Andrée eût-elle accordé une plus efficace attention à cette jeune fille, si elle n'eût entendu murmurer autour d'elle toute sorte d'imprécations contre ces trois hommes placés sur le siège de la voiture du roi.

Ce serait sur eux que tomberait la colère du peuple; ce seraient eux les boucs émissaires de cette grande trahison royale; ils seraient indubitablement mis en pièces au moment où la voiture s'arrêterait.

Et Charny était un de ces trois hommes !

Andrée résolut de faire tout ce qu'elle pourrait afin de pénétrer dans le jardin des Tuileries.

Mais, pour cela, il fallait contourner la foule, revenir par le bord de l'eau, c'est-à-dire par le quai de la Conférence, et rentrer dans le jardin, si la chose était possible, par le quai des Tuileries.

Andrée prit la rue de Chaillot et gagna le quai.

A force de tentatives, au risque d'être écrasée vingt fois, elle parvint à franchir la grille ; mais une telle foule se pressait à l'endroit où devait s'arrêter la voiture, qu'il ne fallait pas songer à arriver aux premiers rangs.

Andrée pensa que, de la terrasse du bord de l'eau, elle dominerait toute la foule. Il est vrai que la distance serait trop grande pour qu'elle pût rien distinguer en détail, rien entendre sûrement.

N'importe, elle verrait mal et entendrait mal; cela valait mieux que de ne pas voir et de ne pas entendre du tout.

Elle monta donc la terrasse du bord l'eau.

De là, en effet, elle voyait le siège de la voiture : Charny et les deux gardes ; — Charny, qui ne se doutait pas qu'à cent pas de lui, un cœur battait si violemment pour lui; Charny, qui, en ce moment, n'avait probablement pas un souvenir pour Andrée ; Charny, qui ne pensait qu'à la reine, qui oubliait sa propre sûreté pour veiller à la sûreté de la reine.

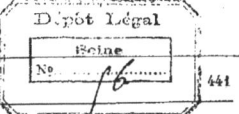

Charny était venu s'agenouiller devant elle. (Page 443.)

Oh! si elle eût su qu'à cet instant même Charny pressait sa lettre sur son cœur, et lui offrait en pensée ce dernier soupir qu'il se croyait tout près d'exhaler!

Enfin, la voiture s'arrêta au milieu des cris, des hurlements, des clameurs.

Presque aussitôt il se fit autour de cette voiture un grand bruit, un grand mouvement, un immense tumulte.

Les baïonnettes, les piques, les sabres se levèrent; on eût dit une moisson de fer poussant sous un orage.

Les trois hommes, précipités du siège, disparurent comme s'ils fussent tombés dans un gouffre. Puis il y eut un tel remous dans toute cette multitude, que ses derniers rangs, refluant en arrière, vinrent se briser contre le mur de soutènement de la terrasse.

Andrée était enveloppée d'un voile d'angoisse; elle ne voyait, elle n'entendait plus rien; elle jeta, haletante, les bras tendus, des sons inarticulés au milieu de ce concert terrible qui se composait de malédictions, de cris de mort!

Puis elle ne sut plus se rendre compte de ce qui se passait: la terre tourna, le ciel devint rouge, un bruissement pareil à celui de la mer qui monte gronda à ses oreilles.

C'était le sang qui montait du cœur à la tête, et qui envahissait le cerveau.

Elle tomba à demi évanouie, comprenant qu'elle vivait parce qu'elle souffrait.

Une impression de fraîcheur la fit revenir à elle : une femme lui appliquait au front un mouchoir trempé dans l'eau de la Seine, tandis qu'une autre lui faisait respirer un flacon de sels.

Elle se rappela cette femme, qu'elle avait vue mourante comme elle à la barrière, sans savoir quelle instinctive analogie rattachait, par un lien inconnu, la douleur de cette femme à sa douleur.

En revenant à elle, son premier mot fut :

— Sont-ils morts ?

La compassion est intelligente. Ceux qui entouraient Andrée comprirent qu'il s'agissait de ces trois hommes dont la vie avait été si cruellement menacée.

— Non, lui répondit-on ; ils sont sauvés.
— Tous trois ? demanda-t-elle.
— Tous trois, oui.
— Oh ! le Seigneur soit loué !... Où sont-ils ?
— On croit qu'ils sont au château.
— Au château ? Merci !

Et, se relevant, secouant la tête, s'orientant d'un œil égaré, la jeune femme sortit par la grille du bord de l'eau, afin de rentrer par le guichet du Louvre.

Elle pensait avec raison que, de ce côté, la foule serait moins compacte.

En effet, la rue des Orties était presque vide.

Elle traversa un coin de la place du Carrousel, entra dans la cour des Princes et s'élança chez le concierge.

Cet homme connaissait la comtesse : il l'avait vue entrer au château et en sortir pendant les deux ou trois premières journées du retour de Versailles.

Puis il l'avait vue sortir et ne plus rentrer, le jour où, poursuivie par Sébastien, Andrée avait enlevé l'enfant dans sa voiture.

Le concierge consentit à aller aux renseignements. Par les corridors intérieurs, il parvint bientôt au cœur du château.

Les trois officiers étaient sauvés. M. de Charny, sain et sauf, s'était retiré dans sa chambre.

Un quart d'heure après, il en était sorti en uniforme d'officier de marine, et s'était rendu chez la reine, où il devait être en ce moment.

Andrée respira, tendit sa bourse à celui qui lui donnait ces bonnes nouvelles, et toute étourdie, toute haletante, demanda un verre d'eau.

Ah ! Charny était donc sauvé !

Elle remercia le brave homme, et reprit le chemin de l'hôtel de la rue Coq-Héron.

Arrivée là, elle alla tomber, non pas sur une chaise, non pas sur un fauteuil, mais sur un prie-Dieu.

Ce n'était pas pour prier de bouche ; il y a des moments où la reconnaissance envers le Seigneur est si grande, que les paroles manquent ; alors ce sont les bras, ce sont les yeux, c'est tout le corps, tout le cœur, toute l'âme qui s'élancent à Dieu.

Elle était plongée dans cette bienheureuse extase, quand elle entendit la porte s'ouvrir ; elle se retourna lentement, ne comprenant rien à ce bruit de la terre qui venait la chercher au plus profond de sa rêverie.

Sa femme de chambre était debout, la cherchant des yeux, perdue qu'elle était dans l'obscurité.

Derrière la femme de chambre se dressait une ombre, une forme indécise, mais à laquelle son instinct donna aussitôt des contours et un nom.

— M. le comte de Charny, dit la femme de chambre.

Andrée voulut se relever, mais les forces lui manquèrent ; elle retomba les genoux sur le coussin, et, se retournant à moitié, elle appuya son bras sur la déclivité du prie-Dieu.

— Le comte ! murmura-t-elle, le comte !

Et, quoiqu'il fût là devant ses yeux, elle ne pouvait croire à sa présence.

Andrée fit un signe de la tête, elle ne pouvait parler. La femme de chambre s'effaça pour laisser passer Charny, et referma la porte.

Charny et la comtesse se trouvèrent seuls.

— On m'a dit que vous veniez de rentrer, Madame, dit Charny ; ne suis-je pas indiscret de vous avoir de si près suivie ?

— Non, dit-elle d'une voix tremblante, non, vous êtes le bienvenu, Monsieur. J'étais tellement inquiète, que j'étais sortie pour savoir ce qui se passait.

— Vous étiez sortie... depuis longtemps ?...

— Depuis le matin, Monsieur ; j'ai d'abord été à la barrière Saint-Martin, puis à celle des Champs-Élysées ; là, j'ai... j'ai vu... — Elle hésita. — J'ai vu le roi, la famille royale... je vous ai vu, et j'ai été rassurée momentanément du moins... on craignait pour vous à la descente de voiture. Alors, je suis revenue au jardin des Tuileries. Ah ! là, j'ai pensé mourir !

— Oui, dit Charny, la foule était grande, vous avez été pressée, étouffée presque, je comprends...

— Non, non, dit Andrée en secouant la tête, oh ! non, ce n'est pas cela. Enfin, je me suis informée, j'ai appris que vous étiez sauvé ; je suis revenue ici, et voyez... j'étais à genoux... je priais, je remerciais Dieu.

— Puisque vous étiez à genoux, Madame, puisque vous parliez au Seigneur, ne vous relevez pas sans lui dire quelques paroles pour mon pauvre frère !

— M. Isidore ? ah ! s'écria Andrée, c'était donc lui ! Malheureux jeune homme !

Et elle laissa retomber sa tête sur ses deux mains.

Charny fit quelques pas en avant, et regarda avec une profonde expression de tendresse et de mélancolie cette chaste créature qui priait.

Il y avait, en outre, dans ce regard, un immense sentiment de commisération, de mansuétude et de miséricorde.

Puis quelque chose encore comme un désir retenu.

La reine ne lui avait-elle pas dit, ou plutôt laissé échapper cette étrange révélation, qu'Andrée l'aimait.

Sa prière finie, la comtesse se retourna.

— Et il est mort ? dit-elle.

— Mort, Madame, comme est mort le pauvre Georges, pour la même cause, et en remplissant le même devoir.

— Et au milieu de cette grande douleur qu'à dû vous faire éprouver la mort d'un frère, vous avez eu le temps de songer à moi, Monsieur ? dit Andrée d'une voix si faible, qu'à peine ses paroles étaient-elles compréhensibles.

Heureusement, Charny écoutait avec le cœur et les oreilles à la fois.

— Madame, dit-il, n'aviez-vous pas chargé mon frère d'une commission pour moi ?

— Monsieur !... balbutia Andrée en se relevant sur un genou, et en regardant le comte avec anxiété.

— Ne lui aviez-vous pas remis une lettre à mon adresse ?

— Monsieur ! répéta Andrée d'une voix frémissante.

— Après la mort du pauvre Isidore, ses papiers m'ont été rendus, Madame, et votre lettre était parmi ses papiers.

— Vous l'avez lue ? s'écria Andrée en cachant sa tête dans ses mains. Ah !...

— Madame, je ne devais connaître le contenu de cette lettre que si j'étais mortellement blessé, et, vous le voyez, je suis sain et sauf.

— Alors la lettre ?...

— La voici intacte, Madame, et telle que vous l'avez remise à Isidore.

— Oh ! murmura Andrée en prenant la lettre, c'est bien beau... ou bien cruel, ce que vous faites là !

Charny étendit le bras et prit la main d'Andrée, qu'il mit entre les deux siennes.

Andrée fit un mouvement pour retirer sa main.

Puis, comme Charny insistait en murmurant : « Par grâce, Madame ! » elle poussa un soupir presque d'effroi ; mais, sans force contre elle-même, elle laissa sa main frissonnante et humide entre les mains de Charny.

Alors, embarrassée, ne sachant où arrêter ses yeux, ne sachant comment fuir le regard de Charny, qu'elle sentait fixé sur elle, ne pouvant reculer, adossée qu'elle était au prie-Dieu :

— Oui, je comprends, Monsieur, dit-elle, et vous êtes venu pour me rendre cette lettre ?

— Pour cela, oui, Madame, et aussi pour autre chose... J'ai à vous demander bien des pardons, comtesse.

Andrée tressaillit jusqu'au fond du cœur ; c'était la première fois que Charny lui donnait ce titre sans le faire précéder du mot *madame*.

Puis sa voix avait prononcé la phrase tout entière avec une inflexion d'une douceur infinie.

— Des pardons ! à moi, monsieur le comte ? Et à quelle occasion, je vous prie ?

— Pour la manière dont je me suis conduit envers vous pendant six ans...

Andrée le regarda avec un profond étonnement.

— Me suis-je jamais plainte, Monsieur ? demanda-t-elle.

— Non, Madame, parce que vous êtes un ange !

Malgré elle, les yeux d'Andrée se voilèrent, et elle sentit des larmes rouler sous ses paupières.

— Vous pleurez, Andrée ? dit Charny.

— Oh ! s'écria Andrée en fondant en larmes, excusez-moi, Monsieur ; mais je n'ai pas l'habitude que vous me parliez ainsi... Ah ! mon Dieu ! mon Dieu !

Et elle alla s'abattre sur une chaise longue, laissant tomber sa tête entre ses mains.

Puis, au bout d'un instant, écartant ses mains, et secouant la tête :

— Mais, en vérité, je suis folle ! dit-elle.

Tout à coup, elle s'arrêta. Pendant qu'elle avait les yeux perdus dans ses mains, Charny était venu s'agenouiller devant elle.

— Oh ! vous à mes genoux, vous à mes pieds ! dit-elle.

— Ne vous ai-je pas dit, Andrée, que je venais vous demander pardon ?

— A mes genoux, à mes pieds ! répéta-t-elle comme une femme qui ne peut croire à ce qu'elle voit

— Andrée, vous m'avez retiré votre main, dit Charny.

Et il tendit de nouveau sa main à la jeune femme.

Mais, elle, se reculant avec un sentiment qui ressemblait à de la terreur :

— Que veut dire cela ? murmura-t-elle.

— Andrée ! répondit Charny de sa plus douce voix, cela veut dire que je vous aime !

Andrée appuya sa main sur son cœur, et jeta un cri.

Puis, se levant tout debout, comme si un ressort l'eût mise sur ses pieds, et serrant ses tempes entre ses deux mains :

— Il m'aime ! il m'aime ! répéta-t-elle, mais c'est impossible !

— Dites que c'est impossible que vous m'aimiez, Andrée, mais ne dites pas qu'il est impossible que je vous aime.

Elle abaissa son regard sur Charny, comme pour s'assurer qu'il disait vrai ; les grands yeux noirs du comte disaient bien au delà de ce qu'avaient dit ses paroles.

Andrée, qui aurait pu douter des paroles, ne douta point du regard.

— Oh ! murmura-t-elle, mon Dieu ! mon Dieu ! y a-t-il au monde une créature plus malheureuse que moi ?

— Andrée, continua Charny, dites-moi que vous m'aimez, ou, si vous ne me dites pas que vous m'aimez, dites-moi au moins que vous ne me haïssez pas !

— Moi, vous haïr ! s'écria Andrée.

Et, à leur tour, ses yeux si calmes, si limpides, si sereins, laissèrent échapper un double éclair.

— Oh ! Monsieur ! vous seriez bien injuste, si vous preniez pour de la haine le sentiment que vous m'inspirez.

— Mais, enfin, si ce n'est pas de la haine, si ce n'est pas de l'amour, qu'est-ce donc, Andrée ?

— Ce n'est pas de l'amour, parce qu'il ne m'est pas permis de vous aimer ; ne m'avez-vous pas entendue crier à Dieu que j'étais la plus malheureuse créature de la terre ?

— Et pourquoi ne vous est-il pas permis de m'aimer, quand je vous aime, moi, Andrée, de toutes les forces de mon cœur ?

— Oh ! voilà ce que je ne veux pas, voilà ce que je ne peux pas, voilà ce que je n'ose pas vous dire ! répondit Andrée en se tordant les bras.

— Mais, reprit Charny en adoucissant encore le timbre de sa voix, si ce que vous ne voulez pas, ce que vous ne pouvez pas, ce que vous n'osez pas dire, si une autre personne me l'avait dit, à moi ?

Andrée appuya ses deux mains sur les épaules de Charny.

— Hein ? fit-elle épouvantée.

— Si je le savais ? continua Charny.

— Mon Dieu !

— Et si c'était, vous trouvant plus digne et plus respectable de ce malheur même, si c'était, en apprenant ce secret terrible, que je me suis décidé à venir vous dire que je vous aimais !

— Si vous aviez fait cela, Monsieur, vous seriez le plus noble et le plus généreux des hommes.

— Je vous aime, Andrée ! répéta Charny, je vous aime ! je vous aime !

— Ah ! fit Andrée en levant ses deux bras au ciel, je ne savais pas, mon Dieu ! qu'il pût y avoir une pareille joie en ce monde.

— Mais, à votre tour, Andrée, dites-moi donc que vous m'aimez ! s'écria Charny.

— Oh ! non ! je n'oserai jamais, dit Andrée ; mais lisez cette lettre qui devait vous être remise à votre lit de mort !

Et elle tendit au comte la lettre qu'il lui avait rapportée.

Tandis qu'Andrée couvrait son visage de ses deux mains, Charny brisa vivement le cachet de cette lettre, en lut les premières lignes, jeta un cri ; puis, écartant les mains d'Andrée, et du même mouvement la ramenant sur son cœur :

— Depuis le jour où tu m'as vu, depuis six ans ! ô sainte créature ! dit-il, comment t'aimerai-je jamais assez pour te faire oublier ce que tu as souffert ?

— Mon Dieu ! murmura Andrée en pliant comme un roseau sous le poids de tant de bonheur, si c'est un rêve, faites que je ne me réveille jamais, ou que je meure en me réveillant !...

Et maintenant oublions ceux qui sont heureux, pour revenir à ceux qui souffrent, qui luttent ou qui haïssent, et peut-être que leur mauvais destin les oubliera comme nous.

XIII

UN PEU D'OMBRE APRÈS LE SOLEIL

Le 16 juillet 1791, c'est-à-dire quelques jours après les événements que nous venons de raconter, deux nouveaux personnages, que nous avons jusqu'à ce moment tardé à faire connaître à nos lecteurs afin de les leur présenter sous leur véritable jour, écrivaient tous les deux à la même table, dans un petit salon s'ouvrant au troisième étage de l'hôtel Britannique, situé rue Guénégaud.

Ce petit salon donnait, par une de ses portes, dans une modeste salle à manger où, d'ailleurs, on reconnaissait en tous points l'ameublement habituel des hôtels garnis, et, par une autre porte, dans une chambre à coucher où étaient dressés deux lits jumeaux.

Les deux écrivains étaient de sexe différent, et méritent chacun une mention particulière.

L'homme paraissait avoir soixante ans environ, un peu moins peut-être; il était grand, il était maigre; il avait l'air à la fois austère et passionné; les lignes droites de son visage indiquaient un penseur calme et sérieux, chez lequel les qualités rigides et droites de l'esprit l'emportaient sur les fantaisies de l'imagination.

La femme n'accusait guère que trente ou trente-deux ans, quoique, en réalité, elle en eût déjà plus de trente-six. A un certain éclat du sang, à une certaine vigueur de carnation, il était facile de voir qu'elle sortait de souche populaire. Elle avait des yeux charmants, de cette teinte indécise qui emprunte les différentes nuances du gris, du vert et du bleu; des yeux doux et fermes à la fois; la bouche grande mais ornée de fraîches lèvres et de blanches dents; le menton et le nez retroussés; la main belle quoique un peu forte; la taille riche, plantureuse, cambrée; une gorge merveilleuse, et les hanches de la Vénus de Syracuse.

L'homme, c'était Jean-Marie Roland de la Plâtière, né en 1732, à Villefranche, près de Lyon.

La femme, c'était Manon-Jeanne Phlipon, née à Paris, en 1754.

Ils s'étaient mariés onze ans auparavant, c'est-à-dire en 1780.

Nous avons dit que la femme était de race populaire; les noms le prouvent : Manon-Jeanne Phlipon, noms de baptême, nom propre, tout dénonce l'origine. Fille d'un graveur, elle gravait elle-même jusqu'à ce que, à l'âge de vingt-cinq ans, elle eût épousé Roland, qui avait vingt-deux ans de plus qu'elle; alors, de graveur elle devint copiste, traducteur, compilateur. Des livres comme l'*Art du Tourbier*, l'*Art du fabricant de laine rase et sèche*, le *Dictionnaire des manufactures*, avaient absorbé dans un rude et ingrat travail les plus belles années, de cette femme à la riche nature, qui resta vierge de toute faute, sinon de toute passion, non par stérilité de cœur, mais par pureté d'âme.

Dans le sentiment qu'elle avait voué à son mari, le respect de la fille l'emportait sur l'amour de la femme. Cet amour, c'était une espèce de culte chaste et en dehors de tous rapports physiques; il allait jusqu'à lui faire quitter son travail du jour, qu'elle rattrapait sur les heures de la nuit, pour préparer ellemême le repas du vieillard, dont l'estomac affaibli ne pouvait supporter qu'un certain genre de nourriture.

En 1789, madame Roland menait cette vie obscure et laborieuse en province. Son mari habitait alors le clos de la Plâtière, dont il prit le nom. Ce clos était situé à Villefranche, près de Lyon. C'est là que vint les faire tressaillir tous les deux le canon de la Bastille.

C'est au bruit de ce canon que tout ce qu'il y avait de grand, de patriotique, de saintement français s'éveilla dans le cœur de la noble créature. La France n'était plus un royaume, c'était une nation! ce n'était plus simplement un pays qu'on habite, c'était une patrie! — La fédération de 1790 arriva; celle de Lyon, on se le rappelle, précéda celle de Paris. Jeanne Phlipon, qui, dans sa maison paternelle du quai de l'Horloge, voyait tous les jours, en regardant de sa fenêtre le bleu profond du ciel, se lever le soleil, qu'elle pouvait suivre jusqu'à l'extrémité des Champs-Élysées, où il semblait s'abaisser jusque sur la cime verte et feuillue des arbres, avait vu, dès trois heures du matin, se lever, du haut de Fourvières, cet autre soleil bien autrement dévorant, bien autrement lumineux, qu'on appelle la liberté; de là, son regard avait embrassé toute cette grande fête citoyenne; de là, son cœur avait plongé dans cet océan de fraternité, et il en était sorti, comme Achille, invulnérable partout, excepté à un seul endroit. Ce fut à cet endroit que la frappa l'amour; mais, cette blessure, au moins n'y succomba-t-elle pas.

Le soir de ce grand jour, tout enthousiasmée de ce qu'elle avait vu, se sentant poète, se sentant historien, elle avait écrit la relation de cette fête. Cette relation, elle l'avait envoyée à son ami Champagneux, rédacteur en chef du *Journal de Lyon*. Le jeune homme, étonné, ébloui, émerveillé de l'ardent récit, l'avait imprimé dans son journal : et le lendemain, le journal, qui se tirait d'ordinaire à douze ou quinze cents exemplaires, s'était tiré à soixante mille!

Expliquons en deux mots comment cette imagination de poète et ce cœur de femme prirent tant d'ardeur à la politique : c'est que Jeanne Phlipon, traitée par son père comme un ouvrier graveur, c'est que madame Roland, traitée par son mari comme un secrétaire, ne touchant dans la maison paternelle ou la maison conjugale qu'aux choses austères de la vie ; c'est que madame Roland, entre les mains de laquelle n'avait jamais passé un livre frivole, c'est que madame Roland regardait, disons-nous, comme une grande distraction, comme un suprême passe-temps, le *Procès-verbal des Électeurs de 89*, ou le *Récit de la prise de la Bastille*.

Quant à Roland, il était, lui, un exemple de ce que la Providence, le hasard ou la fatalité peuvent, par un fait sans importance, amener de changements dans la vie d'un homme ou l'existence d'un empire.

Il était le dernier de cinq frères. On voulait faire de lui un prêtre, il voulut rester un homme. A dix-neuf ans, il quitte la maison paternelle, et, seul, à pied, sans argent, traverse la France, se rend à Nantes, se place chez un armateur, et obtient d'être envoyé aux Indes. Au moment du départ, à l'heure même où appareille le navire, un crachement de sang survient si considérable, que le médecin lui défend la mer.

Cromwell s'embarquant pour l'Amérique au lieu de rester en Angleterre, retenu par l'ordre de Charles Ier, peut-être l'échafaud de White-Hall ne s'élevait-il pas ! Roland partant pour les Indes, peut-être le 10 août n'avait-il pas lieu !

Roland, ne pouvant remplir les vues de l'armateur chez lequel il était entré, quitte Nantes et se rend à Rouen ; là, un de ses parents, auquel il s'adresse, reconnaît la valeur du jeune homme et lui fait obtenir la place d'inspecteur des manufactures.

Dès lors, la vie de Roland devient une vie d'étude et de travail. L'économie est sa muse, le commerce son dieu inspirateur ; il voyage, il recueille, il écrit ; il écrit des mémoires sur l'éducation des troupeaux, des théories sur les arts mécaniques, les *Lettres de Sicile, d'Italie, de Malte, le Financier français*, et les autres ouvrages que nous avons déjà cités et qu'il fait copier à sa femme, qu'il épouse, comme nous l'avons dit, en 1780. Quatre ans après, il fait avec elle un voyage en Angleterre ; à son retour, il l'envoie à Paris solliciter des lettres de noblesse, et demander l'inspection de Lyon au lieu de celle de Rouen ; pour l'inspection, elle réussit ; pour les lettres de noblesse, elle échoue.

Voilà Roland à Lyon, et, malgré lui, du parti populaire, vers lequel, d'ailleurs, le poussent ses instincts et ses convictions. Il exerce donc les fonctions d'inspecteur du commerce et des manufactures de la généralité de Lyon quand la Révolution éclate, et qu'à cette aube nouvelle et régénératrice, lui et sa femme sentent germer dans leur cœur cette belle plante aux feuilles d'or et à la fleur de diamant qu'on appelle l'enthousiasme. Nous avons vu comment madame Roland écrit la relation de la fête du 30 mai ; comment le journal qui l'a publiée se tire à soixante mille exemplaires, et comment chaque garde national qui retourne dans son village, dans son bourg ou dans sa ville, emporte une portion de l'âme de madame Roland.

Et, comme le journal n'est point signé, comme l'article n'est point signé, chacun peut penser que c'est la Liberté elle-même qui, descendue sur la terre, a dicté à quelque prophète inconnu la relation de la fête, de même qu'un ange dictait l'Évangile à saint Jean.

Les deux époux étaient là, pleins de croyance, pleins de foi, pleins d'espoir, vivant au milieu d'un petit cercle d'amis, Champagneux, Bosc, Lanthenas, deux ou trois autres peut-être, quand le cercle s'augmenta d'un nouvel ami.

Lanthenas, qui vivait familièrement chez les Roland, qui y passait des jours, des semaines, des mois, amena un soir un de ces électeurs dont madame Roland avait tant admiré le compte rendu.

On nommait le nouveau présenté Bancal des Issarts.

C'était un homme de trente-neuf ans, beau, simple, grave, tendre et religieux ; rien de précisément brillant, mais ayant le cœur bon, l'âme charitable.

Au bout de huit jours que le nouvel hôte était dans la maison, Lanthenas, Roland et lui se convenaient si bien, ce groupe formait une si harmonieuse trinité dans ce dévouement à la patrie, dans son amour pour la liberté, dans son respect pour toutes les choses saintes, que les trois hommes résolurent de ne plus se quitter, de vivre ensemble et à frais communs.

Ce fut surtout quand Bancal les eut abandonnés momentanément que le besoin de cette réunion se fit sentir.

« Venez, mon ami, lui écrivait Roland : que tardez-vous ? Vous avez vu notre manière franche et ronde de vivre et d'agir. Ce n'est point à mon âge que l'on change quand on n'a jamais varié. Nous prêchons le patriotisme, nous élevons l'âme ; Lanthenas fait son métier de docteur ; ma femme est la garde-malade du canton ; vous et moi, nous gérerons les affaires de la société. »

La réunion de ces trois médiocrités dorées faisait, en effet, quelque chose qui ressemblait à une petite fortune. Lanthenas possédait vingt mille livres, à peu près ; Roland, soixante mille ; Bancal, cent mille.

En attendant, Roland remplissait sa mission, mission d'apôtre ; il catéchisait, dans ses courses d'inspecteur, les paysans de la contrée ; excellent marcheur, le bâton à la main, ce pèlerin de l'humanité allait du nord au midi, de l'est à l'ouest, semant sur son chemin, à droite et à gauche, devant et derrière lui, la parole nouvelle, le grain fécond de la liberté ; Bancal, simple, éloquent, passionné sous une froide enveloppe, était pour Roland un aide, un disciple, un second lui-même ; l'idée ne venait pas même à l'esprit du futur collègue de Clavière et de Dumouriez que Bancal pût aimer sa femme, et sa femme aimer celui-ci. Depuis cinq ou six ans, Lanthenas, tout jeune homme, n'était-il pas, près de la femme chaste, laborieuse, sobre et pure, comme un frère près d'une sœur ? Madame Roland, sa Jeanne, n'était-ce pas la statue de la Force et de la Vertu ?

Aussi Roland fut bien heureux, quand, au billet que nous venons de citer, Bancal répondit une lettre affectueuse et pleine de tendre adhésion. Roland reçut cette lettre à Lyon, et l'envoya immédiatement à la Plâtière, où était sa femme.

Oh ! ne me lisez pas, lisez Michelet, si vous voulez, par une simple analyse, bien connaître cette admirable créature qu'on appelle madame Roland.

Elle reçut la lettre par une de ces chaudes journées, où l'électricité court dans l'air, où les cœurs les plus froids s'animent, où le marbre lui-même rêve et frissonne. On était déjà en automne, et, cependant, un lourd orage d'été grondait au ciel.

Depuis le jour où elle avait vu Bancal, quelque chose d'inconnu s'était éveillé dans le cœur de la chaste femme ; ce cœur s'était ouvert, et, comme du calice d'une fleur, il en était sorti un parfum ; un chant doux comme celui de l'oiseau au fond des bois gazouillait à son oreille. On eût dit que le printemps se faisait pour son imagination, et que, dans le champ inconnu qu'elle entrevoyait derrière le brouillard qui l'obstruait encore, la main de ce puissant machiniste qu'on appelle Dieu, préparait une décoration nouvelle pleine de bosquets odorants, de fraîches cascades, de pelouse pleines d'ombre, d'échappées pleines de soleil.

Elle ne connaissait pas l'amour ; mais, comme toutes les femmes, elle le devinait. Elle comprit le danger, et, les larmes aux yeux, mais souriante, elle alla droit à une table, et, sans hésitation, sans détour, elle écrivit à Bancal, montrant, pauvre Clorinde blessée, le défaut de son armure, faisant l'aveu, et, du même coup, tuant l'espoir que cet aveu pouvait faire naître.

Bancal comprit tout, ne parla plus de réunion, passa en Angleterre, et y resta deux ans.

C'étaient des cœurs antiques que ces cœurs-là ! Aussi j'ai pensé qu'il serait doux à mes lecteurs, après tous les tumultes et toutes les passions qu'ils viennent de traverser, de se reposer un instant à l'ombre fraîche et pure de la beauté, de la force et de la vertu.

Qu'on ne dise pas que nous faisons madame Roland autre qu'elle n'était, chaste dans l'atelier de son père, chaste près de la couche de son vieil époux, chaste près du berceau de son enfant. A cette heure où l'on ne ment pas, elle écrivait en face de la guillotine : « J'ai toujours commandé à mes sens, et personne moins que moi n'a connu la volupté. »

Et qu'on ne fasse pas à la froideur de la femme mérite de son honnêteté. Non, l'époque à laquelle nous sommes arrivés est une époque de haine, je le sais, mais aussi une époque d'amour. La France donnait l'exemple : pauvre captive longtemps emprisonnée, longtemps aux fers, on détachait ses chaînes, on la rendait à la liberté. Comme Marie Stuart, sortant de sa prison, elle eût voulu déposer un baiser sur les lèvres de la création, réunir la nature tout entière dans ses bras, la féconder de son souffle pour qu'il en naquît la liberté du pays et l'indépendance du monde.

Non, toutes ces femmes aimaient saintement, tous ces hommes aimaient ardemment. Lucile et Camille Desmoulins, Danton et sa Louise, mademoiselle de Keralio et Robert, Sophie et Condorcet, Vergniaud et mademoiselle Candeille. Il n'y avait pas jusqu'au froid et tranchant Robespierre, froid et tranchant comme le couteau de la guillotine, qui ne sentît son cœur se fondre à ce grand foyer d'amour ; il aima la fille de son hôte, du menuisier Duplay, avec lequel nous allons le voir faire connaissance.

Et n'était-ce pas de l'amour encore, de l'amour

moins pur, je le sais, — mais n'importe, l'amour est la grande vertu des cœurs, — que l'amour de madame Tallien, que l'amour de madame de Beauharnais, que l'amour de madame de Genlis, que tous ces amours dont le souffle consolateur effleura jusque sur l'échafaud le visage pâle des mourants?

Oui, tout le monde aimait, à cette bienheureuse époque; et prenez ici le mot amour dans tous les sens : les uns aimaient l'idée, les autres la matière; ceux-ci la patrie, ceux-là le genre humain. Depuis Rousseau, le besoin d'aimer avait toujours été croissant; on eût dit qu'à l'approche de la tombe, du gouffre, de l'abîme, tout cœur palpitait d'un souffle inconnu, passionné, dévorant; on eût dit, enfin, que chaque poitrine puisait son haleine au foyer universel, et que, ce foyer, c'étaient tous les amours fondus dans un seul amour!

Nous voilà loin de ce vieillard et de cette jeune femme écrivant au troisième étage de l'hôtel Britannique. Revenons-y.

XIV

LES PREMIERS RÉPUBLICAINS

Le 20 février 1791, Roland avait été envoyé de Lyon à Paris comme député extraordinaire : sa mission était de plaider la cause de vingt mille ouvriers sans pain.

Il était depuis cinq mois à Paris lorsqu'était arrivé ce terrible événement de Varennes, qui eut une telle influence sur la destinée de nos héros et sur le sort de la France, que nous avons cru devoir lui consacrer près d'un volume.

Or, depuis le retour du roi, 25 juin, jusqu'au jour où nous sommes arrivés, 16 juillet, il s'était passé bien des choses.

Tout le monde avait crié : « Le roi se sauve! » tout le monde avait couru après le roi, tout le monde l'avait ramené à Paris, et, une fois le roi de retour, une fois le roi à Paris, une fois le roi aux Tuileries, personne ne savait plus que faire de lui!

Chacun apporte son avis, les avis soufflent de tous les côtés; on dirait des vents pendant la tempête. Malheur au vaisseau qui est en mer par un pareil orage!

Le 21 juin, jour de la fuite du roi, les Cordeliers avaient fait leur affiche, signée de Legendre, ce boucher français que la reine indiquait comme pendant au boucher anglais Harrison.

L'affiche portait ces vers pour épigraphe :

Si, parmi les Français, il se trouvait un traître
Qui regrettât les rois et qui voulût un maître,
Que le perfide meure au milieu des tourments,
Et que sa cendre soit abandonnée aux vents.

Les vers étaient de Voltaire. Ils étaient mauvais et rimaient mal; mais ils avaient le mérite d'exprimer nettement la pensée des patriotes dont ils décoraient l'affiche.

Cette affiche déclarait que tous les Cordeliers avaient fait serment de poignarder les tyrans qui oseraient attaquer le territoire, la liberté et la Constitution.

Quant à Marat, qui marche toujours seul, et qui donne pour prétexte de son isolement que l'aigle vit solitaire et que les dindons vivent en troupe, Marat propose un dictateur.

« Prenez, dit-il dans son journal, prenez un bon Français, un bon patriote; prenez le citoyen qui, depuis le commencement de la Révolution, montre le plus de lumières, de zèle, de fidélité et de désintéressement; prenez-le sans plus tarder, ou la cause de la Révolution est perdue! »

Ce qui voulait dire : « Prenez Marat. »

Quant à Prudhomme, il ne propose ni un homme ni un gouvernement nouveau; seulement, il abomine l'ancien dans la personne du roi et de ses descendants. Écoutons-le :

« Le surlendemain lundi, dit-il, on fit prendre l'air au dauphin le long de la terrasse des Tuileries donnant sur la rivière : quand on apercevait un groupe assez considérable de citoyens, un grenadier soldé prenait l'enfant dans ses bras, et l'asseyait sur le rebord en pierre de la terrasse; le bambin royal, fidèle à sa leçon du matin, envoyait des baisers au peuple; c'était crier merci pour son papa et sa maman. Quelques spectateurs eurent la lâcheté de crier : « Vive le dauphin! » Citoyens, soyez en garde contre ces cajoleries d'une cour rampante avec le peuple quand elle n'est pas la plus forte. »

Puis, après ces lignes, venaient immédiatement celles-ci :

« Ce fut le 27 janvier 1649 que le Parlement d'Angleterre condamna Charles Ier, son père; ce fut le 30 du même mois qu'il expia ses forfaits presque légitimés par l'usage et consacrés par un parti nombreux. Mais la voix du peuple s'était fait entendre, le Parlement déclara le roi FUGITIF, TRAÎTRE, ENNEMI PUBLIC, et Charles Stuart fut décollé devant la salle des festins du palais de White-Hall. »

Bravo! citoyen Prudhomme, au moins vous

Camille Desmoulins au Palais-Royal. (Page 450.)

n'êtes pas en retard, et, le 21 janvier 1793, lorsque, à son tour, Louis XVI sera décollé, vous aurez le droit de réclamer l'initiative, ayant proposé l'exemple le 27 juin 1791.

Il est vrai que M. Prudhomme, — ne pas confondre avec celui de notre spirituel ami Monnier, celui-là est un sot, mais un honnête homme — il est vrai que M. Prudhomme se fera plus tard royaliste et réactionnaire, et publiera l'*Histoire des crimes commis pendant la Révolution*.

La belle chose que la conscience!

La Bouche de fer est plus franche, elle : point d'hypocrisie, point de parole à double entente, point de sens perfide; c'est Bonneville, le loyal, le hardi, le jeune Bonneville, un fou admirable qui divague dans les circonstances vulgaires, mais qui ne se trompe jamais dans les grandes, c'est lui qui la rédige; elle est ouverte, *la Bouche de fer*, rue de l'Ancienne-Comédie, près de l'Odéon, à deux pas du club des Cordeliers.

« On a effacé du serment, dit-il, le mot infâme de *roi*; plus de rois, plus de mangeurs d'hommes! On changeait souvent de nom jusqu'ici, et l'on gardait toujours la chose : point de régent, point de dictateur, point de protecteur, point de d'Orléans, point de la Fayette. Je n'aime pas ce fils de Philippe d'Orléans qui prend justement ce jour pour monter la garde aux Tuileries, ni son père qu'on ne voit jamais à l'Assemblée et qu'on voit toujours sur la terrasse à la porte des Feuillants. Est-ce qu'une nation a besoin d'être toujours en tutelle? Que nos départements se confédèrent et déclarent qu'ils ne veulent ni tyrans, ni monarques, ni protecteur, ni régent, ni aucune de ces ombres de roi, ombres aussi funestes à la chose publique que l'ombre de cet arbre maudit, le bohon-upas, dont l'ombre est mortelle.

» Mais il ne suffit pas de dire : « République! » Venise aussi fut république. Il faut une communauté nationale, un gouvernement national. Assemblez le peuple à la face du soleil; proclamez que la loi doit seule être souveraine. Jurez qu'elle régnera seule. Il n'y a pas un ami de la liberté sur la terre qui ne répète le serment! »

Quant à Camille Desmoulins, il était monté sur une chaise dans le Palais-Royal, c'est-à-dire sur le théâtre ordinaire de ses exploits oratoires, et il avait dit :

— Messieurs, il serait malheureux que cet homme perfide nous fût ramené. Qu'en ferions-nous? Il viendrait, comme Thersite, nous verser ces larmes grasses dont parle Homère. Si on nous le ramène, je fais la motion qu'on l'expose trois jours à la risée publique, le mouchoir rouge sur la tête, et qu'on le conduise ainsi par étapes jusqu'aux frontières.

De toutes les propositions, avouons-le, celle de cet enfant terrible qu'on appelle Camille Desmoulins n'était pas la plus folle.

Encore un mot, il peindra assez bien le sentiment général; c'est Dumont qui le dit, un Genevois pensionné de l'Angleterre et qui, par conséquent, n'est pas suspect de partialité pour la France.

« Le peuple sembla inspiré d'une sagesse suprême. Voilà un grand embarras parti, disait-il gaiement; mais, si le roi nous a quittés, la nation reste, il peut y avoir une nation sans roi, mais non pas un roi sans nation. »

On voit qu'au milieu de tout cela, le mot *république* n'a encore été prononcé que par Bonneville : ni Brissot, ni Danton, ni Robespierre, ni même Pétion n'osent relever ce mot; il effraye les Cordeliers, il indigne les Jacobins.

Le 13 juillet, Robespierre s'est écrié à la tribune : « Je ne suis ni républicain ni monarchiste. »

Si l'on eût mis Robespierre au pied du mur, il eût été, comme on voit, bien embarrassé de dire ce qu'il était.

Eh bien, tout le monde en était à peu près là, excepté Bonneville et cette femme qui, en face de son mari, recopie une protestation à ce troisième étage de la rue Guénégaud.

Le 22 juin, le lendemain du départ du roi, elle écrivait :

« Le sentiment de la république, l'indignation contre Louis XVI, la haine des rois, s'exhalent ici de partout. »

Le *sentiment*, vous le voyez, le *sentiment* de la république est dans les cœurs, mais le nom de la république est à peine dans quelques bouches.

L'Assemblée surtout lui est hostile.

Le grand malheur des assemblées est de s'arrêter toujours au moment où elles ont été élues, de ne point tenir compte des événements, de ne point marcher avec l'esprit du pays, de ne point suivre le peuple où il va et de prétendre qu'elles continuent à représenter le peuple.

L'Assemblée disait :

LES MŒURS DE LA FRANCE NE SONT POINT RÉPUBLICAINES.

L'Assemblée jouait avec M. de la Palisse, et, à notre avis, l'emportait sur l'illustre diseur de vérités. Qui aurait formé les mœurs de la France à la république? Est-ce la monarchie? Non pas; la monarchie n'était pas si bête. La monarchie a besoin d'obéissance, de servilité, de corruption, et elle forme les mœurs à la corruption, à la servilité, à l'obéissance. C'est la république qui forme les mœurs républicaines. Ayez d'abord la république, et les mœurs républicaines viendront après.

Il y avait eu cependant un moment où la proclamation de la république eût été facile : c'était au moment où l'on apprit que le roi était parti emmenant le dauphin. Au lieu de courir après eux et de les ramener, il fallait leur donner les meilleurs chevaux des écuries postales, de vigoureux postillons, avec des fouets aux mains, des éperons aux bottes; il fallait pousser les courtisans derrière eux, les prêtres derrière les courtisans, et fermer la porte par-dessus tout cela.

La Fayette, qui avait quelquefois des éclairs, rarement des idées, eut un de ces éclairs-là.

A six heures du matin, on vint lui dire que le roi, la reine et la famille royale étaient partis; on eut toutes les peines du monde à le réveiller, il dormait de ce sommeil historique qu'on lui avait déjà reproché à Versailles.

— Partis? dit-il. Impossible! j'ai laissé Gouvion dormant, appuyé à la porte de leur chambre à coucher.

Cependant il se lève, s'habille et descend. A la porte, il rencontre Bailly, le maire de Paris;

Beauharnais, le président de l'Assemblée : Bailly ayant le nez plus long et la figure plus jaune que jamais, Beauharnais consterné.

Chose curieuse, n'est-ce pas ? le mari de Joséphine qui, mourant sur l'échafaud, laisse sa veuve sur le chemin du trône, est consterné de la fuite de Louis XVI.

— Quel malheur, s'écrie Bailly, que l'Assemblée ne soit pas réunie encore !

— Oh ! oui, dit Beauharnais, c'est un grand malheur.

— Tiens, dit la Fayette, ainsi il est parti ?

— Hélas ! oui, répondent en chœur les deux hommes d'État.

— Pourquoi *hélas ?* demande la Fayette.

— Comment ! vous ne comprenez pas ? s'écrie Bailly. Parce qu'il va revenir avec les Prussiens, les Autrichiens, les émigrés ; parce qu'il va nous ramener la guerre civile, la guerre étrangère.

— Alors, dit la Fayette mal convaincu, *vous pensez que le salut public exige le retour du roi ?*

— Oui, disent d'un seul cri Bailly et Beauharnais.

— En ce cas, dit la Fayette, courons après lui.

Et il écrit ce billet :

« Les ennemis de la patrie ayant *enlevé le roi*, il est ordonné aux gardes nationaux de les arrêter. »

En effet, remarquez bien cela, toute la politique de l'année 1791, toute la fin de l'Assemblée nationale va rouler là-dessus.

Puisque le roi est nécessaire à la France, puisqu'on doit le ramener, il faut qu'il ait *été enlevé* et non pas qu'il se soit sauvé.

Tout cela n'avait pas convaincu la Fayette ; aussi, en envoyant Romeuf, lui avait-il recommandé de ne pas trop se presser. Le jeune aide de camp avait pris la route opposée à celle que suivait Louis XVI pour être sûr de ne pas le rejoindre.

Malheureusement, sur la véritable route était Billot.

Quand l'Assemblée sut la nouvelle, il y eut terreur. A la vérité, le roi avait, en partant, laissé une lettre fort menaçante ; il faisait parfaitement comprendre qu'il allait chercher l'ennemi et qu'il reviendrait mettre les Français à la raison.

Les royalistes, de leur côté, levaient la tête et haussaient le ton. Un d'eux, Suleau, je crois, écrivait :

« Tous ceux qui voudront être compris dans l'amnistie que nous offrons à nos ennemis, au nom du prince de Condé, pourront se faire inscrire dans nos bureaux, d'ici au mois d'août. Nous aurons quinze cents registres pour la commodité du public. »

Un de ceux qui eurent la plus grande peur fut Robespierre. La séance ayant été suspendue de trois heures et demie à cinq heures, il courut chez Pétion. Le faible cherchait le fort.

Selon lui, la Fayette était complice de la cour. Il ne s'agissait pas moins que de faire une Saint-Barthélemy de députés.

— Je serai un des premiers tués ! s'écriait-il lamentablement. Je n'en ai pas pour vingt-quatre heures.

Pétion, tout au contraire, d'un caractère calme et d'un tempérament lymphatique, voyait les choses autrement.

— Bon ! dit-il, maintenant on connaît le roi, et l'on agira en conséquence.

Brissot arriva ; c'était un des hommes les plus avancés de l'époque ; il écrivait dans *le Patriote*.

— On fonde un nouveau journal dont je serai l'un des rédacteurs, dit-il.

— Lequel ? demanda Pétion.

— *Le Républicain.*

Robespierre grimaça un sourire.

— *Le Républicain ?* dit-il. Je voudrais bien que vous m'expliquassiez ce que c'est que la république.

Ils en étaient là quand chez Pétion, leur ami, arrivèrent les deux Roland, le mari austère et résolu comme toujours, la femme calme, plutôt souriante qu'effrayée, avec ses beaux yeux clairs et parlants. Ils venaient de chez eux, de la rue Guénégaud, ils avaient vu l'affiche des Cordeliers. Comme les Cordeliers, ils ne croyaient pas le moins du monde qu'un roi fût nécessaire à une nation.

Le courage du mari et de la femme rend du cœur à Robespierre ; il rentre à la séance en observateur, prêt à profiter de tout du coin où il siège, comme le renard embusqué au bord de son terrier. Vers neuf heures du soir, il voit que l'Assemblée tourne au sentimentalisme, qu'on prêche la fraternité, et que, pour joindre l'exemple à la théorie, on va aller en masse aux Jacobins, avec lesquels on est très mal et que l'on appelle une bande d'assassins.

Alors il glisse de son banc, rampe vers la porte, s'esquive sans être remarqué, court aux Jacobins, monte à la tribune, dénonce le roi, dénonce le ministère, dénonce Bailly, dénonce la Fayette, dénonce l'Assemblée tout entière, répète la fable du matin, déroule une Saint-Barthélemy imaginaire, et finit par dévouer son existence sur l'autel de la Patrie.

Quand Robespierre parlait de lui-même, il arrivait à une certaine éloquence. A cette idée que le vertueux, que l'austère Robespierre court un si grand danger, on sanglote. « Si tu meurs, nous mourrons tous avec toi! » crie une voix. « Oui, oui, tous, tous! » répètent en chœur les assistants, et les uns étendent la main pour jurer, les autres tirent l'épée, les autres tombent à genoux, les bras levés au ciel. On levait beaucoup les bras au ciel dans ce temps-là, c'était le geste de l'époque. Voyez plutôt le *Serment du jeu de paume* de David.

Madame Roland était là, ne comprenant pas trop bien quel danger pouvait courir Robespierre. Mais enfin elle était femme, par conséquent, accessible à l'émotion. L'émotion était grande, elle fut émue, elle-même l'avoue.

En ce moment, Danton entre; popularité naissante, c'était à lui d'attaquer la popularité chancelante de la Fayette.

Pourquoi cette haine de tout le monde contre la Fayette?

Peut-être parce qu'il était honnête homme, et toujours dupe des partis, pourvu que les partis en appelassent à sa générosité.

Aussi, au moment où l'on annonce l'Assemblée, où, pour donner l'exemple de la fraternité, Lameth et la Fayette, ces deux ennemis mortels, entrent bras dessus bras dessous, de tous les côtés ce cri se fait entendre :

— Danton à la tribune! à la tribune Danton!

Robespierre ne demandait pas mieux que de céder la place. Robespierre, nous l'avons dit, était un renard et non un dogue. Il poursuivait l'ennemi absent, sautait sur lui par derrière, se cramponnait à ses épaules, lui rongeait le crâne jusqu'à la cervelle, mais l'attaquait rarement en face.

La tribune était donc vide, attendant Danton.

Seulement il était difficile à Danton d'y monter.

S'il était le seul homme qui *dût* attaquer la Fayette, la Fayette était peut-être le seul homme que Danton ne pût pas attaquer.

Pourquoi?

Ah! nous allons vous le dire. Il y avait beaucoup de Mirabeau dans Danton, comme il y avait beaucoup de Danton dans Mirabeau : même tempérament, même besoin de plaisirs, mêmes nécessités d'argent, et, par conséquent, mêmes facilités de corruption.

On assurait que, comme Mirabeau, Danton avait reçu de l'argent de la cour. Où? par quelle voie? combien ? On l'ignorait; mais il en avait reçu, on en était sûr; on le disait du moins.

Voici ce qu'il y avait de réel dans tout cela.

Danton venait de *vendre* au ministère sa charge d'avocat au conseil du roi, et l'on disait qu'il avait reçu du ministère quatre fois le prix de sa charge.

C'était vrai; seulement, le secret était entre trois personnes : le vendeur, Danton, l'acheteur, M. de Montmorin, l'intermédiaire, M. de la Fayette.

Si Danton accusait la Fayette, la Fayette pouvait lui jeter en plein visage l'histoire de cet office vendu quatre fois sa valeur.

Un autre eût reculé.

Danton, au contraire, marcha en avant : il connaissait la Fayette, cette générosité de cœur qui dégénéra parfois en niaiserie. Rappelons-nous 1830.

Danton se dit que M. de Montmorin, ami de la Fayette, que M. de Montmorin, qui avait signé les passeports du roi, était trop compromis en ce moment pour que la Fayette vînt lui attacher au cou cette nouvelle pierre.

Il monta à la tribune.

Son discours ne fut pas long.

— Monsieur le président, dit-il, j'accuse la Fayette; le traître va venir; que l'on dresse deux échafauds, et je consens à monter sur l'un s'il n'a pas mérité de monter sur l'autre.

Le *traître* n'allait pas venir, il venait, il put entendre l'accusation terrible qui sortait de la bouche de Danton; mais, comme celui-ci l'avait prévu, il eut la générosité de ne pas y répondre.

Lameth se chargea de ce soin; il répandit sur la lave de Danton l'eau tiède d'une de ses pastorales ordinaires, il prôcha la fraternité.

Puis vint Sieyès, qui prêcha aussi la fraternité.

Puis Barnave, qui reprêcha la fraternité.

Ces trois popularités finirent par l'emporter sur celle de Danton. On sut gré à Danton d'avoir attaqué la Fayette; mais on sut gré à Lameth, à Sieyès et à Barnave de l'avoir défendu, et, quand la Fayette et Danton sortirent des Jacobins, ce fut la Fayette qu'on accompagna avec les flambeaux, que l'on reconduisit avec des acclamations.

Le parti de la cour venait de remporter une grande victoire dans cette ovation de la Fayette.

Les deux grandes puissances du jour étaient battues dans la personne de leur chef :

Les Jacobins dans Robespierre;

Les Cordeliers dans Danton.

Je vois bien qu'il faut encore que je remette à l'autre chapitre de dire quelle était cette protestation que madame Rolland copiait en face de son mari, dans ce petit salon du troisième étage de l'hôtel Britannique.

XV

L'ENTRESOL DES TUILERIES

Cette protestation que copiait madame Roland nous allons savoir ce qu'elle contenait; mais pour que le lecteur soit parfaitement au courant de la situation, et voie clair dans un des plus sombres mystères de la Révolution, il faut d'abord qu'il passe avec nous par les Tuileries, pendant la soirée du 15 juillet.

Derrière la porte d'un appartement donnant dans un corridor obscur et désert situé à l'entresol du palais, une femme se tenait debout, l'oreille tendue, la main sur la clef, tressaillant à chaque pas qui éveillait un écho dans les environs.

Cette femme, si nous ignorions qui elle est, il nous serait difficile de la reconnaître; car outre l'obscurité qui, même en plein jour, règne dans ce corridor, la nuit est venue, et, soit par hasard, soit par préméditation, la mèche de l'unique quinquet qui y brûle est baissée et près de s'éteindre.

De plus, la seconde chambre de l'appartement seule éclairée, et c'est contre la porte de la première que cette femme attend, tressaille et écoute.

Quelle est cette femme qui attend? Marie-Antoinette.

Qui attend-elle? Barnave.

Ô superbe fille de Marie-Thérèse, qui vous eût dit, le jour où l'on vous sacra reine des Français, qu'il arriverait un moment, où cachée derrière la porte de l'appartement de votre femme de chambre vous attendriez, en tressaillant de crainte et d'espérance, un petit avocat de Grenoble, vous qui avez tant fait attendre Mirabeau, et qui n'avez daigné le recevoir qu'une fois!

Mais qu'on ne s'y trompe point, c'est dans un intérêt tout politique que la reine attend Barnave; dans cette respiration suspendue, dans ces mouvements nerveux, dans cette main qui tremble en froissant la clef, le cœur n'est pour rien, et l'orgueil seul est intéressé.

Nous disons l'orgueil, car malgré les mille persécutions auxquelles le roi et la reine sont en butte depuis leur retour, il est évident que la vie est sauve, et que toute la question se résume dans ces quelques mots : « Les fugitifs de Varennes perdront-ils le reste de leur pouvoir, ou reconquerront-ils leur pouvoir perdu? »

Depuis cette soirée fatale où Charny a quitté les Tuileries pour n'y plus rentrer, le cœur de la reine a cessé de battre. Pendant quelques jours, elle est restée indifférente à tout, même aux outrages; mais peu à peu elle s'est aperçue qu'il y avait deux points de sa puissante organisation par lesquels elle vivait encore, l'orgueil et la haine, et elle est revenue à elle, pour haïr et pour venger.

Non pas se venger de Charny, non pas haïr Andrée, non quand elle pense à eux, c'est elle-même qu'elle hait, c'est d'elle-même qu'elle voudrait se venger; car elle est trop loyale pour ne pas se dire que, de son côté, à elle, ont été tous les torts, et de leur côté, à eux, tous les dévouements.

Oh! si elle pouvait les haïr, elle serait trop heureuse.

Mais ce qu'elle hait, et du plus profond de son cœur, c'est ce peuple qui a mis la main sur elle comme une fugitive ordinaire, qui l'a comblée de dégoûts, poursuivie d'injures, abreuvée de honte. Oui, elle le hait bien ce peuple qui l'a appelée *madame Déficit*, *madame Veto*, qui l'appelle l'*Autrichienne*, qui l'appellera la *veuve Capet*.

Et, si elle peut se venger, oh! comme elle se vengera!

Or, ce que vient lui apporter Barnave, le 15 juillet 1791, à neuf heures du soir, tandis que madame Roland copie en face de son mari, dans ce petit salon du troisième étage de l'hôtel Britannique, cette protestation dont nous ignorons encore le contenu, c'est peut-être l'impuissance et le désespoir, mais c'est peut-être aussi ce mets divin qu'on appelle vengeance.

En effet, la situation est suprême.

Sans doute, grâce à la Fayette et à l'Assemblée nationale, le premier coup avait été paré avec le bouclier constitutionnel; le roi avait été enlevé, le roi n'avait pas fui.

Mais on se rappelle l'affiche des Cordeliers, mais on se rappelle la proposition de Marat, mais on se rappelle la diatribe du citoyen Prudhomme, mais on se rappelle la boutade de Bonneville, mais on se rappelle la motion de Camille Desmoulins, mais on se rappelle l'axiome du Génevois Dumont, mais on se rappelle qu'il va être fondé un nouveau journal auquel travaillera Brissot, et que ce journal s'appellera *le Républicain*.

Veut-on connaître le prospectus de ce journal? Il est court mais explicite. C'est l'Américain Thomas Payne qui l'a rédigé ; puis il a été traduit par un jeune officier qui a fait la guerre de l'indépendance, et il a été affiché avec la signature de *Duchâtelet*.

Quelle étrange chose que cette facilité, qui, des quatre coins du monde, appelle des ennemis nouveaux à ce trône qui croule! Thomas Payne! Que vient faire ici Thomas Payne? Cet homme qui est de tous les pays, Anglais, Américain, Français, qui a fait tous les métiers, qui a été fabricant, maître d'école, douanier, matelot, journaliste! Ce qu'il vient faire, il vient mêler son haleine à ce vent d'orage qui souffle impitoyablement sur ce flambeau qui s'éteint.

Voici le prospectus du *Républicain* de 1791, de ce journal qui paraissait ou qui allait paraître quand Robespierre demandait ce que c'était qu'une république :

« Nous venons d'éprouver que l'absence d'un roi nous vaut mieux que sa présence. Il a déserté et, par conséquent, abdiqué. La nation ne rendra jamais sa confiance au parjure, au fuyard. Sa fuite est-elle son fait ou celui d'autrui? Qu'importe! fourbe ou idiot, il est toujours indigne. Nous sommes libres de lui, et il l'est de nous ; c'est un simple individu, M. Louis de Bourbon. Pour sa sûreté, elle est certaine, la France ne se déshonorera pas, la royauté est finie. Qu'est-ce qu'un office abandonné au hasard de la naissance, qui peut être rempli par un idiot? N'est-ce pas un rien, un néant? »

On comprend l'effet produit par une pareille affiche collée sur les murs de Paris. Le constitutionnel Malouet en fut épouvanté. Il entra, tout courant et tout effaré, à l'Assemblée nationale, dénonçant le prospectus et demandant que l'on en arrêtât les auteurs.

— Soit, répondit Pétion ; mais lisons d'abord le prospectus.

Ce prospectus, Pétion, un des rares républicains qu'il y eût alors en France, le connaissait certainement. Malouet, qui l'avait dénoncé, recula devant la lecture. Si les tribunes allaient applaudir! Et il était certain qu'elles applaudiraient.

Deux membres de l'Assemblée, Chabroud et Chapelier, réparèrent la bévue de leur collègue.

— La presse est libre, dirent-ils, et chacun, fou ou sage, a le droit d'émettre son opinion. Méprisons l'œuvre d'un insensé et passons à l'ordre du jour.

Et l'Assemblée passa à l'ordre du jour.

Soit ; n'en parlons plus.

Mais c'est l'hydre qui menace la monarchie. Une tête coupée : pendant qu'elle repousse, une autre mord.

On n'a pas oublié Monsieur, ni la conspiration Favras : le roi écarté, Monsieur nommé régent. Aujourd'hui, il ne s'agit plus de Monsieur. Monsieur a fui en même temps que le roi, et, plus heureux que le roi, il a gagné la frontière.

Mais M. le duc d'Orléans est resté, lui.

Il est resté, avec son âme damnée, avec l'homme qui le pousse en avant, Laclos, l'auteur des *Liaisons dangereuses*.

Il existe un décret sur la régence, un décret qui moisit dans les cartons ; pourquoi n'utiliserait-on pas ce décret?

Le 28 juin, un journal offre la régence au duc d'Orléans. Louis XVI, vous le voyez, n'existe plus, — quoi qu'en ait dit l'Assemblée nationale ; — puisqu'on offre la régence au duc d'Orléans, c'est qu'il n'y a plus de roi. Bien entendu que le duc d'Orléans fait semblant de s'étonner et refuse.

Mais, le 1er juillet, Laclos, de son autorité privée, proclame la déchéance et veut un régent ; le 3, Réal établit que le duc d'Orléans est véritablement gardien du jeune prince ; le 4, il demande à la tribune des Jacobins que l'on réimprime et que l'on proclame le décret sur la régence. Malheureusement les Jacobins, qui ne savent pas encore ce qu'ils sont, savent au moins ce qu'ils ne sont pas. Ils ne sont pas orléanistes, quoique le duc d'Orléans et le duc de Chartres fassent partie de la société. La régence du duc d'Orléans est repoussée aux Jacobins ; mais la nuit suffit à Laclos pour reprendre haleine. S'il n'est pas le maître aux Jacobins, il est le maître dans son journal, et, là, il proclame la régence du duc d'Orléans, et, comme le mot de *protecteur* a été profané par Cromwell, le régent, qui aura tout pouvoir, se nommera un *modérateur*.

Et tout cela, on le voit, c'est une campagne contre la royauté, — campagne dans laquelle la royauté, impuissante par elle-même, n'a d'autre alliée que l'Assemblée nationale ; — or, il y a les Jacobins qui sont une assemblée bien autrement redoutable que l'Assemblée nationale.

Le 8 juillet, — voyez comme nous approchons! — Pétion y porte la question de l'inviolabilité royale. Seulement, il sépare l'inviolabilité politique de l'inviolabilité personnelle.

On lui objecte que l'on va se brouiller avec les rois si l'on dépose Louis XVI.

— Si les rois veulent nous combattre, répond Pétion, en déposant Louis XVI, nous leur enlevons leur plus puissant allié; tandis qu'en le laissant sur le trône, nous leur donnons toute la force que nous lui aurons rendue.

Brissot, à son tour, monte à la tribune et va plus loin. Il examine cette question : Le roi peut-il être jugé?

— Plus tard, dit-il, nous discuterons, en cas de *destitution*, quel sera le gouvernement à substituer à la royauté.

Il paraît que Brissot fut superbe. Madame Roland était à cette séance; écoutez ce qu'elle en dit :

« Ce ne furent point des applaudissements, ce furent des cris, des transports : trois fois l'Assemblée entraînée s'est levée tout entière, les bras étendus, les chapeaux en l'air, et dans un enthousiasme inexprimable. Périsse à jamais quiconque a ressenti ou partagé ces grands mouvements, et qui pourrait encore reprendre des fers! »

Ainsi voilà que non seulement le roi peut être jugé, mais encore que l'on applaudit avec enthousiasme celui qui résout la question.

Jugez quel terrible écho les applaudissements devaient avoir aux Tuileries.

Aussi fallait-il que l'Assemblée nationale, à son tour, vidât cette formidable question.

Les constitutionnels, au lieu de reculer devant le débat, le provoquèrent : ils étaient sûrs de la majorité.

Mais la majorité de l'Assemblée était loin de représenter la majorité de la nation : n'importe, les assemblées, en général, s'inquiètent peu de ces anomalies. Elles font, c'est au peuple à défaire.

Et, quand le peuple défait ce qu'a fait une assemblée, cela s'appelle une révolution.

Le 13 juillet, les tribunes sont remplies de gens sûrs, introduits d'avance avec des billets spéciaux. C'est ce que, aujourd'hui, nous nommerions des claqueurs.

En outre, les royalistes gardent les corridors. On a retrouvé, pour la circonstance, les chevaliers du poignard.

Enfin, sur la proposition d'un membre, on ferme les Tuileries.

Oh! sans doute, le soir de ce jour-là, la reine avait attendu Barnave aussi impatiemment qu'elle l'attendait dans la soirée du 15.

Et, ce jour-là, cependant, rien ne devait se décider. Le rapport seulement, fait au nom des cinq comités, allait être lu.

Ce rapport disait :

« La fuite du roi n'est pas un cas prévu dans la Constitution; mais l'inviolabilité royale y est écrite. »

Les comités, considérant donc le roi comme inviolable, ne livraient à la justice que M. de Bouillé, M. de Charny, madame de Tourzel, les courriers, les domestiques, les laquais. Jamais l'ingénieuse fable des grands et des petits n'avait reçu une plus complète application.

C'était aux Jacobins, du reste, bien plus qu'à l'Assemblée que la question se discutait.

Comme elle n'était pas jugée, Robespierre restait dans le vague. Il n'était ni républicain ni monarchiste; on pouvait être libre sous un roi comme avec un sénat.

C'était un homme qui se compromettait rarement que M. de Robespierre, et nous avons vu, à la fin du chapitre précédent, quelles terreurs le prenaient, même quand il n'était pas compromis.

Mais il y avait là des hommes qui n'avaient point cette précieuse prudence; ces hommes, c'étaient l'ex-avocat Danton et le boucher Legendre, un bouledogue et un ours.

— L'Assemblée peut absoudre le roi, dit Danton. Le jugement sera réformé par la France, car la France le condamne!

— Les comités sont fous, dit Legendre; s'ils connaissaient l'esprit des masses, ils reviendraient à la raison; du reste, ajouta-t-il, si je parle ainsi, c'est pour leur salut.

De pareils discours indignaient les constitutionnels; malheureusement pour eux, ils n'étaient point en majorité aux Jacobins, comme ils l'étaient à l'Assemblée.

Ils se contentèrent de sortir.

Ils eurent tort, les gens qui quittent la place ont toujours tort, et il y a là-dessus un vieux dicton français plein de sens. « Qui quitte sa place la perd, » dit le proverbe.

Non seulement les constitutionnels perdirent la place, mais encore la place fut prise par des députations populaires apportant des adresses contre les comités.

Voilà ce qui allait aux Jacobins; aussi les députés furent-ils reçus avec acclamations.

En même temps, une adresse qui devait conquérir de son côté une certaine importance dans les événements qui vont suivre, se rédigeait à l'autre bout de Paris, au fond du Marais, dans un club, ou plutôt dans une société fraternelle d'hommes et de femmes que l'on appelait la société des Minimes, du lieu où elle se tenait.

Cette société était une succursale des Cordeliers; aussi était-elle animée de l'âme de Danton. Un jeune homme de vingt-trois à vingt-quatre ans à peine, sur lequel Danton avait soufflé et qu'il avait animé de son souffle, tenait la plume et rédigeait cette adresse.

Ce jeune homme, c'était Jean-Lambert Tallien.

L'adresse portait pour signature un nom formidable : elle était LE PEUPLE.

Le 14, la discussion s'ouvrit à l'Assemblée.

Cette fois, il avait été impossible d'interdire les tribunes au public; — impossible aussi de bourrer, comme les premières fois, les corridors et les avenues de royalistes et de chevaliers du poignard; — impossible enfin de fermer le jardin des Tuileries.

Le prologue s'était joué devant les claqueurs, mais la comédie allait être représentée devant le vrai public.

Et, il faut le dire, le public était mal disposé.

Si mal disposé, que Duport, populaire encore il y a trois mois, fût écouté dans un morne silence quand il proposa de faire retomber sur l'entourage du roi le crime du roi.

Il alla cependant jusqu'au bout, étonné de parler pour la première fois sans soulever un mot, un signe d'approbation.

C'était un des astres de cette triade dont la lumière allait s'effacer peu à peu dans le ciel politique : Duport, Lameth, Barnave.

Robespierre après lui monta à la tribune.

Robespierre, l'homme prudent, qui savait si bien s'effacer, qu'allait-il dire? L'orateur qui, huit jours auparavant, avait déclaré qu'il n'était ni monarchiste ni républicain, pour qui allait-il se prononcer?

Il ne se prononça point.

Il vint, avec son aigre douceur, se constituer l'avocat de l'humanité; il dit qu'à son avis il y aurait à la fois injustice et cruauté à ne frapper que les faibles; qu'il n'attaquait point le roi, puisque l'Assemblée paraissait regarder le roi comme inviolable, mais qu'il défendait Bouillé, Charny, madame de Tourzel, les courriers, les laquais, les domestiques, tous ceux enfin qui, par leur position dépendante, avaient été forcés d'obéir.

L'Assemblée murmura fort pendant ce discours. Les tribunes écoutaient avec une grande attention, ne sachant si elles devaient applaudir ou improuver; elles finirent par voir, dans les paroles de l'orateur, ce qu'il y avait véritablement, une attaque réelle à la royauté et une fausse défense de la courtisanerie.

Alors les tribunes applaudirent Robespierre.

Le président essaya d'imposer silence aux tribunes.

Prieur (de la Marne) voulut porter le débat sur un terrain parfaitement déblayé de subterfuges et de paradoxes.

— Mais, s'écria-t-il, que feriez-vous, citoyens, si, le roi étant mis hors de cause, on venait vous demander qu'il fût rétabli dans tout son pouvoir?

La question était d'autant plus embarrassante qu'elle était directe; mais il y a des moments d'impudence où rien n'embarrasse les partis réactionnaires.

Desmeuniers releva l'apostrophe, et parut soutenir, au détriment du roi, la cause de l'Assemblée.

— L'Assemblée, dit l'orateur, est un corps tout-puissant, et, dans sa toute-puissance, il a bien le droit de suspendre le pouvoir royal, et de maintenir cette suspension *jusqu'au moment où la Constitution sera terminée.*

Ainsi le roi, qui n'avait point fui, mais qui avait été enlevé, ne serait suspendu que momentanément, et parce que la Constitution n'était point achevée; une fois la Constitution achevée, il rentrerait de plein droit dans l'exercice de ses fonctions royales.

— Enfin, s'écria l'orateur, puisqu'on me demande, — personne ne lui demandait, — puisqu'on me demande de rédiger mon explication en décret, voici le projet que je propose :

1° La suspension durera jusqu'à ce que le roi accepte la Constitution.

« 2° S'il n'acceptait pas, l'Assemblée le déclarerait déchu. »

— Oh! soyez tranquille, s'écria Grégoire de sa place, non seulement il acceptera, mais encore il jurera tout ce que vous voudrez!

Et il avait raison, si ce n'est qu'il eût dû dire : « *Jurera* et *acceptera* tout ce que vous voudrez. »

Les rois jurent plus facilement encore qu'ils n'acceptent.

L'Assemblée allait peut-être saisir au vol le projet de décret de Desmeuniers; mais Robespierre, de sa place, jeta ce mot :

— Prenez garde! un tel décret décide d'avance que le roi ne sera pas jugé!

On était surpris en flagrant délit, on n'osa voter. Un bruit qu'on entendit à la porte tira l'Assemblée d'embarras.

C'était une députation de la Société fraternelle des Minimes, apportant cette proclamation inspirée par Danton, rédigée par Tallien, et signée *le Peuple.*

L'Assemblée se vengea sur les plénipoten-

Ils mirent leurs trois bouteilles de vin dans le baril. (Page 467.)

tiaires; elle refusa d'entendre leur adresse.

Barnave, alors, se leva.

— Qu'elle ne soit pas lue aujourd'hui, dit-il; mais, demain, écoutez-la, et ne vous laissez point influencer par une opinion factice... La loi n'a qu'à placer son signal, on verra s'y rallier tous les bons citoyens!

Lecteur, retenez bien ces quelques paroles, relisez ces sept mots, méditez cette phrase : *La loi n'a qu'à placer son signal!* La phrase a été prononcée le 14; le massacre du 17 est dans cette phrase.

Ainsi on ne se contentait plus d'escamoter au *peuple* la toute-puissance dont il croyait être redevenu maître par la fuite de son roi, disons mieux, par la trahison de son mandataire; on rendait publiquement cette toute-puissance à Louis XVI, et, si le *peuple* faisait des pétitions, il n'était plus qu'une opinion factice dont l'Assemblée, cet autre mandataire du peuple, aurait raison *en plaçant son signal!*

Que signifiaient ces mots : *Placer le signal de la loi?*

Proclamer la loi martiale et arborer le drapeau rouge.

En effet, le lendemain 15, c'est le jour décisif, l'Assemblée présente un aspect formidable; personne ne la menace, mais elle veut avoir l'air d'être menacée. Elle appelle la Fayette à son aide et la Fayette, qui a toujours passé près du vrai peuple sans le voir, la Fayette envoie à l'Assemblée cinq mille hommes de garde nationale auxquels, pour stimuler le peuple, il a soin de mêler mille piques du faubourg Saint-Antoine.

Les fusils, c'était l'aristocratie de la garde nationale; les piques, c'en était le prolétariat.

Convaincue, comme Barnave, qu'elle n'avait qu'à arborer le signal de la loi pour rallier à elle, non pas le peuple, mais la Fayette, le commandant de la garde nationale, mais Bailly, le maire de Paris, l'Assemblée était décidée à en finir.

Or, quoique née depuis deux ans à peine, l'Assemblée était déjà rouée comme une assemblée de 1829 ou de 1846; elle savait qu'il ne s'agissait que de lasser membres et auditeurs par des discussions secondaires, et de reléguer à la fin de la séance la question principale, pour enlever d'emblée cette question. Elle perdit une moitié de la séance à entendre la lecture d'un rapport militaire sur les affaires du département; puis elle laissa complaisamment discourir trois ou quatre membres qui avaient l'habitude de parler au milieu des conversations particulières; puis, enfin, arrivés aux limites de la discussion, elle se tut pour écouter deux discours, un de Salles, un de Barnave.

Deux discours d'avocats, lesquels convainquirent si bien l'Assemblée, que, la Fayette ayant demandé la clôture, elle vota en toute tranquillité.

Et, en effet, ce jour-là, l'Assemblée n'avait rien à craindre : elle avait fait les tribunes; — qu'on nous passe ce terme d'argot, nous l'employons comme le plus significatif; — les Tuileries étaient fermées; la police était aux ordres du président; la Fayette siégeait au sein de la Chambre pour demander la clôture; Bailly stationnait sur la place à la tête du conseil municipal, et tout prêt à faire ses sommations. Partout l'autorité sous les armes offrait le combat au peuple.

Aussi le peuple, qui n'était pas en mesure de combattre, s'écoula-t-il tout le long des baïonnettes et des piques, et s'en alla-t-il à son mont Aventin à lui, c'est-à-dire au Champ-de-Mars.

Et, notez bien ceci, il ne s'en allait pas au Champ-de-Mars pour se révolter, pour *se mettre en grève* comme le peuple romain; non, il allait au Champ-de-Mars parce qu'il était sûr d'y retrouver l'autel de la Patrie, que, depuis le 14, on n'avait pas encore eu le temps de démolir, si prompt que soient d'ordinaire les gouvernements à démolir les autels de la Patrie.

La foule voulait rédiger là une protestation, et faire passer cette protestation à l'Assemblée.

Pendant que la foule rédigeait sa protestation, l'Assemblée votait :

1° Cette mesure préventive :

« Si le roi rétracte son serment, s'il attaque son peuple ou ne le défend point, il abdique, devient simple citoyen, et est accusable pour les délits postérieurs à son abdication; »

2° Cette mesure répressive :

« Seront poursuivis : Bouillé, comme coupable principal, et, comme coupables secondaires, toutes les personnes ayant pris part à l'enlèvement du roi. »

Au moment où l'Assemblée venait de voter, la foule avait rédigé et signé sa protestation : elle revenait pour la présenter à l'Assemblée, qu'elle trouva mieux gardée que jamais. Tous les pouvoirs étaient militaires ce jour-là : le président de l'Assemblée était Charles Lameth, un colonel; le commandant de la garde nationale était la Fayette, un jeune général; il n'y avait pas jusqu'à notre digne astronome Bailly, qui, ayant noué sur son habit de savant la ceinture tricolore, et coiffé sa tête pensive du tricorne municipal, n'eût, au milieu de ses baïonnettes et de ses piques, un certain air guerrier; si bien qu'en le voyant ainsi, madame Bailly eût pu le prendre pour la Fayette, comme, disait-on, elle prenait parfois la Fayette pour lui.

La foule parlementa; elle était si peu hostile, qu'il n'y avait pas moyen de ne point parlementer. Le résultat de cette *parlementation* fut que l'on permettrait aux députés de parler à MM. Pétion et Robespierre. Voyez-vous grandir la popularité de nouveaux noms au fur et à mesure que baisse celle des Duport, des Lameth, des Barnave, des la Fayette et des Bailly? Les députés, au nombre de six, partirent pour l'Assemblée bien accompagnés. Robespierre et Pétion, prévenus, coururent les recevoir au passage des Feuillants.

Il était trop tard, le vote était porté!

Les deux membres de l'Assemblée, qui n'étaient point favorables à ce vote, n'en rendirent probablement pas compte aux députés du peuple de manière à le leur faire doucement avaler. Aussi ces députés revinrent-ils furieux vers ceux qui les avaient envoyés.

Le peuple avait perdu la partie avec le plus beau jeu que la fortune eût jamais mis entre les mains d'un peuple.

Par cela même, il était en colère : il se répandit dans la ville et commença par faire fermer les théâtres. Les théâtres fermés, ainsi que le disait un de nos amis en 1830, c'est le drapeau noir sur Paris.

L'Opéra avait garnison, il résista.

La Fayette, avec ses quatre mille fusils et ses mille piques, ne demandait pas mieux que de réprimer cette émeute naissante; l'autorité municipale lui refusa des ordres.

Jusque-là, la reine avait été tenue au courant des événements; mais les rapports s'étaient arrêtés là, leur suite s'était perdue dans la nuit moins sombre qu'eux.

Barnave, qu'elle attendait avec tant d'impatience, devait lui dire ce qui s'était passé dans la journée du 15.

Tout le monde, du reste, sentait l'approche de quelque événement suprême.

Le roi, qui attendait aussi Barnave dans la seconde chambre de madame Campan, avait été prévenu de l'arrivée du docteur Gilbert, et, pour donner plus d'attention au récit des événements, il était remonté chez lui, gardant Gilbert, et laissant Barnave à la reine.

Enfin, vers neuf heures et demie, un pas résonna dans l'escalier, une voix se fit entendre, échangeant quelques mots avec la sentinelle qui se tenait sur le palier; puis un jeune homme parut au bout du corridor, vêtu d'un habit de lieutenant de la garde nationale.

C'était Barnave.

La reine, le cœur palpitant, comme si cet homme eût été l'amant le plus adoré, tira la porte, et Barnave, après avoir regardé devant et derrière lui, se glissa par l'entre-baillement.

La porte se referma aussitôt, et, avant aucune parole échangée, on entendit le grincement d'un verrou dans sa gâche.

XVI

LA JOURNÉE DU 15 JUILLET

Le cœur de tous deux battait avec une égale violence, mais sous l'impulsion de deux sentiments bien opposés. Le cœur de la reine battait à l'espoir de la vengeance; le cœur de Barnave battait au désir d'être aimé.

La reine entra vivement dans la seconde pièce, cherchant, pour ainsi dire, la lumière. Elle ne craignait certes ni Barnave ni son amour; elle savait combien cet amour était respectueux et dévoué; mais, par un instinct de femme, elle fuyait l'obscurité.

Arrivée dans la seconde pièce, elle se laissa aller sur une chaise.

Barnave s'arrêta au seuil de la porte, et embrassa d'un regard tout le périple de la petite chambre, éclairée par deux bougies seulement.

Il s'attendait à trouver le roi : le roi avait assisté à ses deux précédentes entrevues avec Marie-Antoinette.

La chambre était solitaire. Pour la première fois depuis sa promenade dans la galerie de l'évêché de Meaux, il allait se trouver en tête-à-tête avec la reine.

Sa main se porta d'elle-même sur son cœur : elle en comprimait les battements.

— Oh! monsieur Barnave, dit la reine après un moment de silence, je vous attends depuis deux heures.

Le premier mouvement de Barnave, à ce reproche, fait avec une voix si douce qu'elle cessait d'être accusatrice pour devenir plaintive, eût été de se jeter aux pieds de la reine si le respect ne l'eût retenu.

C'est le cœur qui indique que, parfois, tomber aux genoux d'une femme, c'est lui manquer de respect.

— Hélas! Madame, cela est vrai, dit-il; mais j'espère que Votre Majesté est bien convaincue que ma volonté n'est pour rien dans ce retard.

— Oh! oui, dit la reine avec un petit mouvement de tête affirmatif; je sais que vous êtes dévoué à la monarchie.

— Je suis dévoué à la reine surtout, dit Barnave; voilà ce dont je désire que Votre Majesté soit bien persuadée.

— Je n'en doute pas, monsieur Barnave... Ainsi vous n'avez pas pu venir plus tôt?

— J'ai tenté de venir à sept heures, Madame; mais il faisait encore trop grand jour, et j'ai rencontré, — comment un pareil homme ose-t-il approcher de votre palais! — j'ai rencontré M. Marat sur la terrasse.

— M. Marat? dit la reine comme si elle cherchait dans ses souvenirs; n'est-ce pas un gazetier qui écrit contre nous?

— Qui écrit contre tout le monde, oui... Son œil de vipère m'a suivi jusqu'à ce que j'eusse disparu sous la grille des Feuillants... J'ai passé sans même oser jeter un regard sur vos fenêtres. Par bonheur, au pont Royal, j'ai rencontré Saint-Prix.

— Saint-Prix! qu'est-ce que cela? dit la reine avec un mépris égal à celui qu'elle venait de montrer pour Marat; un comédien?

— Oui, Madame, un comédien, reprit Barnave; mais, que voulez-vous! c'est un des caractères de notre époque : comédiens et gazetiers, gens dont autrefois les rois ne connaissaient l'existence que pour leur faire donner des ordres auxquels ils étaient trop heureux d'obéir, comédiens et gazetiers sont devenus des citoyens ayant leur part d'influence, se mouvant d'après leur volonté, agissant selon leur inspiration, pouvant, — rouages importants de la grande machine dont la royauté n'est aujourd'hui que la roue supérieure, — pouvant faire le bien, pouvant faire le mal... Saint-Prix a raccommodé ce qu'avait gâté Marat.

— Comment cela?

— Saint-Prix était en uniforme. Je le connais beaucoup, Madame; je me suis approché de lui, je lui ai demandé où il montait la garde : c'était, par bonheur, au château ! Je savais que je pouvais me fier à sa discrétion : je lui ai dit que j'avais l'honneur d'avoir une audience de vous...

— Oh ! monsieur Barnave...

— Valait-il mieux renoncer?...

Barnave allait dire *au bonheur*, il se reprit :

— Valait-il mieux renoncer à l'honneur de vous voir, et vous laisser ignorer les importantes nouvelles que j'ai à vous apprendre?

— Non, dit la reine, vous avez bien fait... Et vous croyez que vous pouvez vous fier à M. Saint-Prix?

— Madame, dit gravement Barnave, le moment est suprême, croyez-le bien, les hommes qui vous restent à cette heure sont des amis véritablement dévoués; car, si, demain, — et cela se décidera demain, — les jacobins l'emportent sur les constitutionnels, vos amis seront des complices... Et, vous l'avez vu, la loi n'écarte de vous la punition que pour en frapper vos amis, qu'elle appelle vos complices.

— C'est vrai, reprit la reine. Alors, vous dites que M. Saint-Prix?...

— M. Saint-Prix, Madame, m'a dit qu'il était de garde aux Tuileries de neuf heures à onze, qu'il tâcherait d'avoir le poste des entresols, et qu'alors, pendant ces deux heures, Votre Majesté aurait toute liberté de me donner ses ordres... seulement, il m'a conseillé de prendre moi-même le costume d'officier de la garde nationale; et j'ai suivi son conseil, comme le voit Votre Majesté.

— Et vous avez trouvé M. Saint-Prix à son poste?

— Oui, Madame... Il lui en a coûté deux billets de spectacle pour obtenir ce poste de son sergent... Vous voyez, ajouta en souriant Barnave, que la corruption est facile.

— M. Marat... M. Saint-Prix... deux billets de spectacle... répéta la reine en jetant un regard effrayé dans l'abîme d'où sortent les petits événements qui, aux jours de révolution, tissent la destinée des rois.

— Oh! mon Dieu, oui, dit Barnave; c'est étrange, n'est-ce pas, Madame? C'est ce que les anciens appelaient la fatalité; c'est ce que les philosophes appellent le hasard; c'est ce que les croyants nomment la Providence.

La reine tira le long de son beau cou une boucle de cheveux, et la regarda tristement.

— Enfin, c'est ce qui a fait blanchir mes cheveux! dit-elle.

Puis, revenant à Barnave et au côté politique de la situation, abandonné un instant pour le côté vague et pittoresque :

— Mais, reprit-elle, je croyais avoir entendu dire que nous avions obtenu une victoire à l'Assemblée.

— Oui, Madame, nous avons obtenu une victoire à l'Assemblée, mais nous venons d'essuyer une défaite aux Jacobins.

— Mais, mon Dieu! dit la reine, je n'y comprends plus rien, moi... Je croyais que les Jacobins étaient à vous, à M. Lameth et à M. Duport; que vous les teniez dans la main; que vous en faisiez ce que vous vouliez?

Barnave secoua tristement la tête.

— C'était ainsi autrefois, dit-il; mais un nouvel esprit a soufflé sur l'Assemblée.

— D'Orléans, n'est-ce pas? dit la reine.

— Oui, pour le moment, c'est de là que vient le danger.

— Le danger! mais, encore une fois, n'y avons-nous pas échappé par le vote d'aujourd'hui?

— Comprenez bien ceci, Madame, — car, pour faire face à une situation, il faut la connaître, — voici le vote d'aujourd'hui : « Si un roi rétracte son serment, s'il attaque ou ne défend point son peuple, il abdique, devient simple citoyen, et accusable pour les délits postérieurs à son abdication. »

— Eh bien, dit la reine, le roi ne rétractera pas son serment; le roi n'attaquera pas son peuple, et, si l'on attaque son peuple, le roi le défendra.

— Oui; mais, par ce vote, Madame, dit Barnave, une porte reste ouverte aux révolutionnaires et aux orléanistes. L'Assemblée n'a pas statué sur le roi : elle a voté des mesures préventives contre une seconde désertion, mais elle a laissé de côté la première, et, ce soir, aux Jacobins, savez-vous ce que Laclos, l'homme du duc d'Orléans, a proposé?

— Oh! quelque chose de terrible, sans doute! Que peut proposer de salutaire l'auteur des *Liaisons dangereuses?*

— Il a demandé que l'on fît, à Paris et par toute la France, une pétition pour réclamer la déchéance. Il a répondu de dix millions de signatures.

— Dix millions de signatures! s'écria la reine; mon Dieu! sommes-nous donc si fort haïs, que dix millions de Français nous repoussent?

— Oh! Madame, les majorités sont faciles à faire!

— Et la motion de M. Laclos a-t-elle passé?

— Elle a soulevé une discussion... Danton a appuyé.

— Danton! mais je croyais que ce M. Danton était à nous?... M. de Montmorin m'avait parlé d'une charge d'avocat aux conseils du roi vendue ou achetée, je ne sais plus bien, et qui nous donnait cet homme.

— M. de Montmorin s'est trompé, Madame; si Danton était à quelqu'un, il serait au duc d'Orléans.

— Et M. de Robespierre, a-t-il parlé, lui?... On dit qu'il commence à prendre une grande influence.

— Oui, Robespierre a parlé. Il n'était point pour la pétition; il était simplement pour une adresse aux sociétés jacobines de province.

— Mais il faudrait, cependant, avoir M. de Robespierre, s'il acquiert une semblable importance.

— On n'a pas M. de Robespierre, Madame : M. de Robespierre est à lui-même, — à une idée, à une utopie, à un fantôme, à une ambition peut-être.

— Mais, enfin, son ambition, quelle qu'elle soit, nous pouvons la satisfaire... Supposez qu'il veuille être riche?

— Il ne veut pas être riche.

— Être ministre, alors?

— Peut-être veut-il être plus que ministre!

La reine regarda Barnave avec un certain effroi.

— Il me semblait, cependant, dit-elle, qu'un ministère était le but le plus élevé auquel un de nos sujets pût atteindre?

— Si M. de Robespierre regarde le roi comme déchu, il ne se regarde pas comme sujet du roi.

— Mais qu'ambitionne-t-il donc, alors? demanda la reine épouvantée.

— Il y a, dans certains moments, Madame, des hommes qui rêvent de nouveaux titres politiques, à la place des vieux titres effacés.

— Oui, je comprends que M. le duc d'Orléans rêve d'être régent, soit; sa naissance l'appelle à cette haute fonction. Mais M. de Robespierre, un petit avocat de province!...

La reine oubliait que Barnave, lui aussi, était un petit avocat de province.

Barnave resta impassible, soit que le coup eût glissé sans l'atteindre, soit qu'il eût eu le courage de le recevoir et d'en cacher la douleur.

— Marius et Cromwell étaient sortis des rangs du peuple, dit-il.

— Marius! Cromwell!... Hélas! quand j'entendais prononcer ces noms dans mon enfance, je ne me doutais pas qu'un jour ils retentiraient d'une manière si fatale à mon oreille!... Mais, cependant, voyons, — car sans cesse nous nous écartons des faits pour nous lancer dans les appréciations, — M. de Robespierre, m'avez-vous dit, s'opposait à cette pétition proposée par M. Laclos, et appuyée par M. Danton.

— Oui; mais, en ce moment, il est entré un flot de peuple, les aboyeurs ordinaires du Palais-Royal, une bande de filles, une machine montée pour appuyer Laclos; et, non seulement la motion de celui-ci a passé, mais encore il a été arrêté que, demain, à onze heures du matin, les Jacobins réunis entendraient la lecture de la pétition, qu'elle serait portée au Champ-de-Mars, signée sur l'autel de la Patrie, et envoyée, de là, aux sociétés de province, qui signeront à leur tour.

— Et cette pétition, qui la rédige?

— Danton, Laclos et Brissot?

— Trois ennemis?

— Oui, Madame.

— Mais, mon Dieu! nos amis les constitutionnels, que font-ils donc?

— Ah! voilà!... Eh bien, Madame, ils sont décidés à jouer, demain, le tout pour le tout.

— Mais ils ne peuvent plus rester aux Jacobins?

— Votre admirable intelligence des hommes et des choses, Madame, vous fait voir la situation telle qu'elle est... Oui, conduits par Duport et Lameth, vos amis viennent de se séparer de vos ennemis. Ils opposent les Feuillants aux Jacobins.

— Qu'est-ce que cela, les Feuillants? Excusez-moi, je ne sais rien. Il entre tant de noms et tant de mots nouveaux dans notre langue politique, que chacune de mes paroles est une question.

— Madame, les Feuillants, c'est ce grand bâtiment placé près du Manège, appuyé à l'Assemblée par conséquent, et qui donne son nom à la terrasse des Tuileries.

— Et qui sera encore de ce club?

— La Fayette, c'est-à-dire la garde nationale; Bailly, c'est-à-dire la municipalité.

— La Fayette, la Fayette... vous croyez pouvoir compter sur la Fayette?

— Je le crois sincèrement dévoué au roi.

— Dévoué au roi, comme le bûcheron au chêne qu'il coupe dans sa racine! Bailly, passe encore : je n'ai point eu à me plaindre de lui; je dirai même plus, il m'a remis la dénonciation de cette femme qui avait deviné notre départ. Mais la Fayette...

— Votre Majesté le jugera dans l'occasion.

— Oui, c'est vrai, dit la reine en jetant un regard douloureux en arrière, oui... Versailles... Eh bien, ce club, revenons-y : que va-t-on y faire? que va-t-on y proposer? quelle puissance aura-t-il?

— Une puissance énorme, puisqu'il disposera à la fois, comme je le disais à Votre Majesté, de la garde nationale, de la municipalité et de la majorité de l'Assemblée, qui vote avec nous. Que restera-t-il aux Jacobins? Cinq ou six députés peut-être : Robespierre, Pétion, Laclos, le duc d'Orléans; tous éléments hétérogènes qui ne trouveront plus à remuer que la tourbe des nouveaux membres, des intrus, une bande d'aboyeurs qui feront du bruit, mais qui n'auront aucune influence.

— Dieu le veuille, Monsieur! En attendant, que compte faire l'Assemblée?

— L'Assemblée compte, dès demain, admonester vivement M. le maire de Paris sur son hésitation et sa mollesse d'aujourd'hui. Il en résultera que le bonhomme Bailly, qui est de la famille des pendules, et qui n'a besoin, pour marcher, que d'être remonté à son heure, étant monté, marchera.

En ce moment, onze heures moins un quart sonnèrent, et l'on entendit tousser la sentinelle.

— Oui, oui, murmura Barnave, je le sais, il est temps que je me retire; et, cependant, il me semble que j'avais encore mille choses à dire à Votre Majesté.

— Et moi, monsieur Barnave, dit la reine, je n'en ai qu'une à vous répondre, c'est que je vous suis reconnaissante, à vous et à vos amis, des dangers auxquels vous vous exposez pour moi.

— Madame, dit Barnave, le danger est un jeu auquel j'ai tout à gagner, que je sois vaincu ou vainqueur, si, vaincu ou vainqueur, la reine me paye d'un sourire.

— Hélas! Monsieur, dit la reine, je ne sais plus guère ce que c'est que sourire! mais vous faites tant pour nous, que j'essayerai de me rappeler l'époque où j'étais heureuse, et je vous promets que mon premier sourire sera pour vous.

Barnave s'inclina, la main sur son cœur, et sortit à reculons.

— A propos, dit la reine, quand vous reverrai-je?

Barnave parut calculer.

— Demain, la pétition et le second vote de l'Assemblée... Après-demain, l'explosion et la répression provisoire... Dimanche au soir, Madame, je tâcherai de venir vous dire ce qui se sera passé au Champ-de-Mars.

Et il sortit.

La reine remonta toute pensive chez son mari, qu'elle trouva aussi pensif qu'elle. Le docteur Gilbert venait de le quitter, et lui avait dit à peu près les mêmes choses que Barnave avait dites à la reine.

L'un et l'autre n'eurent besoin que d'échanger un regard pour voir que, des deux côtés, les nouvelles avaient été sombres.

Le roi venait d'écrire une lettre.

Il présenta cette lettre, sans mot dire, à la reine.

C'étaient des pouvoirs donnés à Monsieur, pour qu'il sollicitât, au nom du roi de France, l'intervention de l'empereur d'Autriche et du roi de Prusse.

— Monsieur m'a fait bien du mal, dit la reine; Monsieur me hait et me fera encore tout le mal qu'il pourra me faire; mais, puisqu'il a la confiance du roi, il a la mienne.

Et, prenant la plume, elle mit héroïquement sa signature à côté de celle du roi.

XVII

OU NOUS ARRIVONS ENFIN A CETTE PROTESTATION QUE RECOPIAIT MADAME ROLAND

La conversation de la reine avec Barnave a donné, nous l'espérons, à nos lecteurs une idée exacte de la situation dans laquelle se trouvaient tous les partis le 15 juillet 1791 :

Les nouveaux Jacobins perçant à la place des anciens;

Les anciens Jacobins créant le club des Feuillants;

Les Cordeliers, dans la personne de Danton,

Camille Desmoulins et Legendre, se réunissant aux nouveaux Jacobins;

L'Assemblée, devenue royaliste constitutionnelle, décidée à maintenir le roi à tout prix;

Le peuple, résolu à obtenir la déchéance par tous les moyens possibles, mais résolu, en même temps, à employer d'abord celui de la protestation et de la pétition.

Maintenant, que s'était-il passé pendant la nuit et la journée écoulées entre cette entrevue de Barnave et de la reine, protégée par l'acteur Saint-Prix, et le moment où nous allons rentrer chez madame Roland?

Nous le dirons en quelques mots.

Pendant cette conversation d'abord, et au moment même où elle finissait, trois hommes étaient assis autour d'une table, avec du papier, des plumes, de l'encre devant eux, chargés qu'ils étaient par les Jacobins de rédiger la pétition.

Ces trois hommes, c'étaient Danton, Laclos et Brissot.

Danton n'était point l'homme de ces sortes de réunions; d'ailleurs, dans sa vie toute de plaisir et de mouvement, il attendait avec impatience la fin de chaque comité dont il faisait partie.

Au bout d'un instant, il se leva donc, laissant Brissot et Laclos rédiger la pétition comme ils l'entendraient.

Laclos le vit sortir, et le suivit des yeux jusqu'à ce qu'il eût disparu, de l'oreille jusqu'à ce qu'il lui eût entendu fermer la porte.

Cette double fonction de ses sens parut le tirer un instant de cette somnolence factice sous laquelle il cachait son infatigable activité; puis il s'affaissa sur son fauteuil, et, laissant tomber la plume de sa main :

— Ah! ma foi, mon cher monsieur Brissot, dit-il, rédigez-nous cela comme vous l'entendrez; quant à moi, je me récuse... Ah! si c'était un mauvais livre, comme on le dit à la cour, une suite des *Liaisons dangereuses*, j'en ferais mon affaire; mais une pétition, une pétition..., ajouta-t-il en bâillant à se démonter la mâchoire, cela m'ennuie horriblement!

Brissot était, au contraire, l'homme de ces sortes de rédactions. Convaincu donc qu'il rédigerait la pétition mieux que personne, il accepta le mandat que lui donnaient l'absence de Danton et la démission de Laclos, lequel ferma les yeux, s'accommoda du mieux qu'il put dans son fauteuil, comme s'il voulait dormir, et s'apprêta à peser chaque phrase, chaque lettre, afin d'y intercaler à l'occasion une réserve pour la régence de son prince.

A mesure que Brissot écrivait une phrase, il la lisait, et Laclos approuvait d'un petit mouvement de tête et d'une petite intonation de voix.

Brissot mit en lumière en faisant ressortir la situation :

1° Le silence hypocrite ou timide de l'Assemblée, qui n'avait point voulu ou n'avait point osé statuer sur le roi;

2° L'abdication de fait de Louis XVI, puisqu'il avait fui, et que l'Assemblée l'avait suspendu, fait poursuivre et arrêter; on ne poursuit pas, on n'arrête pas, on ne suspend pas son roi, ou, si on le poursuit, si on le suspend, si on l'arrête, c'est qu'il n'est plus roi;

3° La nécessité de pourvoir à son *remplacement*.

— Bien! bien! dit Laclos à ce dernier mot.

Puis, comme Brissot allait continuer :

— Attendez... attendez! dit le secrétaire du duc d'Orléans, il me semble qu'après ces mots : « A son remplacement, » il y a quelque chose à ajouter... quelque chose qui nous rallie les esprits timides. Tout le monde n'a pas encore, comme nous, jeté son bonnet par-dessus les ponts.

— C'est possible, dit Brissot; qu'ajouteriez-vous?

— Oh! c'est bien plutôt à vous qu'à moi à trouver cela, mon cher monsieur Brissot... J'ajouterais... voyons...

Laclos fit semblant de chercher une phrase qui, depuis longtemps toute formulée dans son esprit, n'attendait que le moment d'en sortir.

— Eh bien, dit-il enfin, après ces mots, par exemple : « La nécessité de pourvoir à son remplacement, » j'ajouterais : « Par tous les moyens constitutionnels. »

Étudiez et admirez, ô hommes politiques, rédacteurs passés, présents et futurs de pétitions, de protestations, de projets de lois!

C'était bien peu de chose, n'est-ce pas, que ces mots inoffensifs?

Eh bien, vous allez voir, — c'est-à-dire ceux de mes lecteurs qui ont le bonheur de n'être point des hommes politiques, vont voir où nous menaient ces cinq mots : « Par tous les moyens constitutionnels. »

Tous les moyens constitutionnels de pourvoir au remplacement du roi se réduisaient à un seul.

Ce seul moyen, c'était la *régence*.

Or, en l'absence du comte de Provence et du

comte d'Artois, frères de Louis XVI et oncles du dauphin, — dépopularisés, d'ailleurs, par leur émigration, — à qui revenait la régence ? Au duc d'Orléans.

Cette petite phrase innocente, glissée dans une pétition rédigée au nom du peuple, faisait donc toujours, au nom de ce peuple, M. le duc d'Orléans régent !

C'est une belle chose, n'est-ce pas, que la politique ? Seulement, il faudra encore bien du temps au peuple pour y voir clair, quand il aura affaire à des hommes de la force de M. de Laclos !

Soit que Brissot ne devinât point la mine enfermée dans ces cinq mots, et toute prête à éclater lorsqu'il le faudrait, soit qu'il ne vit pas le serpent qui s'était glissé sous cette adjonction, et qui relèverait sa tête sifflante quand le moment serait venu, soit enfin que lui-même, sachant ce qu'il risquait comme rédacteur de cette pétition, ne fût point fâché de se ménager une porte de sortie, il ne fit aucune objection, et il ajouta la phrase en disant :

— En effet, cela nous ralliera quelques constitutionnels... L'idée est bonne, monsieur de Laclos.

Le reste de la pétition était conforme au sentiment qui l'avait fait décréter.

Le lendemain, Pétion, Brissot, Danton, Camille Desmoulins et Laclos se rendent aux Jacobins. Ils apportent la pétition.

La salle est vide ou à peu près.

Tout le monde est aux Feuillants.

Barnave ne s'était point trompé : la désertion était complète.

Aussitôt Pétion court aux Feuillants.

Qu'y trouve-t-il ? Barnave, Duport et Lameth, rédigeant une adresse aux sociétés jacobines de province, adresse par laquelle ils annoncent à celles-ci que le club des Jacobins n'existe plus, et vient d'être transporté aux Feuillants sous le titre de *Société des Amis de la Constitution.*

Ainsi cette association qui a coûté tant de peines à fonder, et qui, pareille à un réseau, s'étend sur toute la France, va cesser d'agir, paralysée par l'hésitation.

A qui croira-t-elle, à qui obéira-t-elle, des vieux Jacobins ou des nouveaux ?

Pendant ce temps, on fera le coup d'État contre-révolutionnaire, et le peuple, qui n'aura pas de point d'appui, s'endormant sur la bonne foi de ceux qui veillent pour lui, se réveillera vaincu et garrotté.

Il s'agit de faire face à l'orage.

Chacun rédigera sa protestation qu'il enverra en province, là où il croira avoir quelque crédit.

Roland est le député spécial de Lyon : il a une grande influence sur la population de cette seconde capitale du royaume. Danton avant de se rendre au Champ-de-Mars, — où l'on doit à défaut des Jacobins, que l'on n'a point trouvés, faire signer la pétition par le peuple, — passe chez Roland, lui explique la situation, et l'engage à envoyer sans retard une protestation aux Lyonnais, s'en rapportant à lui pour la rédaction de cette pièce importante.

Le peuple de Lyon donnera la main au peuple de Paris, et protestera en même temps que lui.

C'est cette protestation, rédigée par son mari, que recopie madame Roland.

Quant à Danton, il est allé rejoindre ses amis au Champ-de-Mars.

Au moment où il arrive, une grande discussion s'y vide : au milieu de l'immense arène est l'autel de la Patrie, élevé pour la fête du 14, et qui est resté là comme le squelette du passé.

C'est, ainsi que nous l'avons dit à propos de la fédération de 1790, une plate-forme à laquelle on monte par quatre escaliers correspondants aux quatre points cardinaux.

Sur l'autel de la Patrie est un tableau représentant le triomphe de Voltaire, qui a eu lieu le 12 ; sur le tableau est l'affiche des Cordeliers, portant le serment de Brutus.

La discussion avait justement lieu sur les cinq mots introduits dans la pétition par Laclos.

Ils allaient passer inaperçus, lorsqu'un homme paraissant appartenir à la classe populaire par son costume et par ses manières, d'une franchise qui touche à la violence, arrête le lecteur brusquement.

— Halte-là ! dit-il, on trompe le peuple.

— Comment cela ? demanda le lecteur.

— Avec ces mots : « Par tous les moyens constitutionnels, » vous remplacez 1 par 1..., vous refaites une royauté, et nous ne voulons plus de roi.

— Non, plus de royauté ! non, plus de roi ! cria la majeure partie des assistants.

Chose étrange ! ce furent alors les Jacobins qui prirent le parti de la royauté !

— Messieurs, Messieurs, s'écrièrent-ils, prenez garde ! plus de royauté, plus de roi, c'est l'avènement de la république, et nous ne sommes pas mûrs pour la république.

— Nous ne sommes pas mûrs ? dit l'homme du peuple. Soit... Mais un ou deux soleils comme celui de Varennes nous mûriront.

— Aux voix ! la pétition aux voix !

Elles tombent, Dianes irritées, sur les Actéons modernes. (Page 469.)

— Aux voix! répétèrent ceux qui avaient déjà crié : « Plus de royauté ! plus de roi ! »

Il fallut aller aux voix.

— Que ceux qui veulent qu'on ne reconnaisse plus Louis XVI, ni aucun autre roi, dit l'inconnu, lèvent la main.

Une si puissante majorité leva la main, qu'on n'eut pas même besoin de recourir à la contre-épreuve.

— C'est bien, dit le provocateur ; demain dimanche, 17 juillet, tout Paris sera ici pour signer la pétition. C'est moi, Billot, qui me charge de le prévenir.

A ce nom de Billot, chacun avait reconnu le terrible fermier qui, accompagnant l'aide de camp de la Fayette, avait arrêté le roi à Varennes et l'avait ramené à Paris.

Ainsi, du premier coup, étaient dépassés les plus hardis des Cordeliers et des Jacobins ; par qui ? Par un homme du peuple, c'est-à-dire par l'instinct des masses ; si bien que Camille Desmoulins, Danton, Brissot et Pétion déclarent qu'à leur avis, un pareil acte, de la part de la population parisienne, ne devant point s'accomplir sans soulever quelque orage, il est important d'obtenir d'abord de l'Hôtel de Ville la permission de se réunir le lendemain.

— Soit, dit l'homme du peuple, obtenez, et, si vous n'obtenez pas, j'exigerai, moi !

Camille Desmoulins et Brissot furent chargés de la démarche.

Bailly était absent; on ne trouva que le premier syndic. Celui-ci ne prit rien sur lui, ne refusa point, mais n'autorisa pas non plus; il se contenta d'approuver verbalement la pétition. Brissot et Camille Desmoulins quittèrent l'Hôtel de Ville, se regardant comme autorisés.

Derrière eux, le premier syndic envoya prévenir l'Assemblée de la démarche qui venait d'être faite près de lui.

L'Assemblée était prise en faute.

Elle n'avait rien statué relativement à la situation de Louis XVI fugitif, suspendu de son titre de roi, rejoint à Varennes, ramené aux Tuileries, et gardé, depuis le 26 juin, comme prisonnier.

Il n'y avait pas de temps à perdre.

Desmeuniers, avec toutes les apparences d'un ennemi de la famille royale, présenta un projet de décret conçu en ces termes :

« La suspension du pouvoir exécutif durera jusqu'à ce que l'acte constitutionnel ait été *présenté au roi et accepté par lui.* »

Le décret, proposé à sept heures du soir, était adopté à huit par une immense majorité.

Ainsi, la pétition du peuple se trouvait inutile : le roi, suspendu seulement jusqu'au jour où il accepterait la Constitution, redevenait, par cette simple acceptation, roi comme auparavant.

Quiconque demandera la déchéance du roi maintenu constitutionnellement par l'Assemblée, tant que le roi se montrera disposé à accomplir cette condition, sera donc un rebelle.

Or, comme la situation est grave, on poursuivra les rebelles par tous les moyens que la loi met à la disposition de ses agents.

Aussi, réunion du maire et du conseil municipal le soir, à l'Hôtel de Ville.

La séance s'ouvrit à neuf heures et demie.

A dix heures, on avait arrêté que, le lendemain dimanche, 17 juillet, dès huit heures du matin, le décret de l'Assemblée, imprimé et affiché sur tous les murs de Paris, serait, de plus, à tous les carrefours, proclamé à son de trompe par les notables et les huissiers de la ville, dûment escortés de troupe.

Une heure après cette décision prise, on la connaissait aux Jacobins.

Les Jacobins se sentaient bien faibles : la désertion de la plupart d'entre eux aux Feuillants les laissait isolés et sans force.

Ils plièrent.

Santerre, l'homme du faubourg Saint-Antoine, le brasseur populaire de la Bastille, celui qui devait succéder à la Fayette, se chargea, au nom de la société, d'aller au Champ de Mars retirer la pétition.

Les Cordeliers se montrèrent plus prudents encore.

Danton déclara qu'il allait passer la journée du lendemain à Fontenay-sous-Bois; son beau-père le limonadier avait là une petite maison de campagne.

Legendre lui promit à peu près d'aller l'y rejoindre avec Desmoulins et Fréron.

Les Roland reçurent un petit billet dans lequel on les prévenait qu'il était inutile qu'ils envoyassent leur protestation à Lyon.

Tout était manqué ou ajourné.

Il se faisait près de minuit, et madame Roland venait d'achever la copie de la protestation, quand arriva ce petit billet de Danton, auquel il était impossible de rien comprendre.

Juste en ce moment, deux hommes attablés dans une arrière-salle d'un cabaret du Gros-Caillou mettaient, en achevant leur troisième bouteille de vin à quinze sous, la dernière main à un étrange projet.

C'était un perruquier et un invalide.

— Ah! que vous avez de drôles d'idées, monsieur Lajariette! disait l'invalide en riant d'un rire obscène et stupide.

— C'est cela, père Rémy, reprit le perruquier; vous comprenez, n'est-ce pas? Avant le jour, nous allons au Champ de Mars; nous levons une planche de l'autel de la Patrie; nous nous glissons dessous; nous replaçons la planche; puis, avec une vrille, une grosse vrille, nous faisons des trous dans le plancher... Une foule de jeunes et jolies citoyennes viendront demain sur l'autel de la Patrie pour signer la pétition, et, ma foi, à travers les trous...

Le rire obscène et stupide de l'invalide redoubla. Il était évident que, en imagination, il regardait déjà à travers les trous de l'autel de la Patrie.

Le perruquier, lui, ne riait pas d'un si bon rire : l'honorable et aristocratique corporation à laquelle il appartenait était ruinée par le malheur des temps; l'émigration avait enlevé aux artistes en coiffure, — d'après ce que nous avons vu des coiffures de la reine, la coiffure était un art à cette époque, — l'émigration, disons-nous, avait enlevé aux artistes en coiffure leurs meilleures pratiques. En outre, Talma venait de jouer le rôle de Titus dans *Bérénice*, et la façon dont il s'était coiffé avait donné naissance à une nouvelle mode qui consistait à porter les cheveux courts et sans poudre.

En général, les perruquiers étaient donc royalistes. Lisez Prudhomme et vous y verrez que, le jour de l'exécution du roi, un perruquier se coupa la gorge de désespoir.

Or, c'était un bon tour à jouer à toutes ces drôlesses de patriotes, comme les appelaient le peu de grandes dames qui fussent demeurées en France, que d'aller regarder sous leurs jupes, et maître Lajariette comptait sur ses souvenirs érotiques pour défrayer, pendant un mois, ses conversations du matin. L'idée de cette plaisanterie lui était venue tout en trinquant avec un vieux brave de ses amis, et il l'avait communiquée à celui-ci, qui en avait senti frémir les nerfs de la jambe qu'il avait laissée à Fontenoy, et que l'État avait généreusement remplacée par une jambe de bois.

En conséquence, les deux buveurs demandèrent une quatrième bouteille de vin, que l'hôte se hâta de leur apporter.

Ils allaient l'entamer, lorsque l'invalide eut une idée à son tour.

C'était de prendre un petit baril, de vider la bouteille dans ce baril, au lieu de la vider dans leurs verres, d'y adjoindre deux autres bouteilles, et, en restant momentanément sur leur soif, d'emporter ce baril avec eux.

L'invalide appuyait sa proposition sur cet axiome, qu'il est très échauffant de regarder en l'air.

Le perruquier daigna sourire; et, comme le cabaretier fit observer à ses deux hôtes qu'il était inutile qu'ils restassent dans le cabaret s'ils ne buvaient plus, nos deux reîtres firent prix avec lui d'une vrille et d'un baril, mirent la vrille dans leur poche, et leurs trois bouteilles de vin dans le baril, et, minuit sonnant, à travers l'obscurité, ils se dirigèrent vers le Champ de Mars, levèrent la planche, et, leur baril entre eux deux, se couchèrent mollement sur le sable, et s'endormirent.

XVIII

LA PÉTITION

Il y a certains moments où le peuple, à la suite d'excitations successives, monte comme une marée, et a besoin de quelque grand cataclysme pour rentrer, comme l'Océan, dans le lit que la nature lui a creusé.

Il en était ainsi du peuple parisien pendant cette première quinzaine de juillet, où tant d'événements étaient venus le mettre en ébullition.

Le dimanche 10, on avait été au-devant du convoi de Voltaire; mais le mauvais temps avait empêché la fête d'avoir lieu, et le convoi s'était arrêté à la barrière de Charenton, où la foule avait stationné toute la journée.

Le lundi 11, le temps s'était éclairci; le cortège s'était mis en route, et avait traversé Paris au milieu d'un immense concours de peuple, faisant halte devant la maison où était mort l'auteur du *Dictionnaire philosophique* et de *la Pucelle*, pour donner le temps à madame Villette, sa fille adoptive, et à la famille de Calas de couronner le cercueil, salué par les chœurs des artistes de l'Opéra.

Le mercredi 13, spectacle à Notre-Dame : on y joue *la Prise de la Bastille*, à grand orchestre.

Le jeudi 14, anniversaire de la fédération, pèlerinage à l'autel de la Patrie; les trois quarts de Paris sont au Champ de Mars, et les têtes se montent de plus en plus, aux cris de « Vive la Nation ! » et à la vue de l'illumination universelle, au milieu de laquelle le palais des Tuileries, sombre et muet, semble un tombeau.

Le vendredi 15, vote à la Chambre, protégée par les quatre mille baïonnettes et les mille piques de la Fayette; pétition de la foule, fermeture des théâtres, bruit et rumeurs pendant toute la soirée et une partie de la nuit.

Enfin, le samedi 16, désertion des Jacobins pour les Feuillants; scènes violentes sur le pont Neuf, où des hommes de la police battent Fréron, et arrêtent un Anglais, maître d'italien, nommé Rotondo : excitation au Champ de Mars, où Billot découvre, dans la pétition, la phrase de Laclos; vote populaire sur la déchéance de Louis XVI; rendez-vous pris pour le lendemain afin de signer la pétition.

Nuit sombre, agitée, pleine de tumulte, où, tandis que les grands meneurs des Jacobins et des Cordeliers se cachent parce qu'ils connaissent le jeu de leurs adversaires, les hommes consciencieux et naïfs du parti se promettent de se réunir et de donner quelque chose qui puisse arriver, suite à l'entreprise commencée.

Puis d'autres veillent encore dans des sentiments moins honnêtes et surtout moins philanthropiques; ce sont ces hommes de haine qu'on retrouve à chaque grande commotion des sociétés, qui aiment le trouble, le tumulte, la vue du sang, comme les vautours et les tigres aiment les armées qui se battent et qui leur fournissent des cadavres.

Marat, dans son souterrain, où le confine sa monomanie ; Marat croit toujours être persécuté, menacé, ou feint de le croire : il vit dans l'ombre comme les animaux de proie et les oiseaux de nuit ; de cette ombre, comme de l'antre de Trophonius ou de Delphes, sortent, tous les matins, de sinistres oracles épars sur les feuilles de ce journal qu'on appelle *l'Ami du Peuple*. Depuis quelques jours, le journal de Marat sue le sang ; depuis le retour du roi, il propose, comme seul moyen de sauvegarder les droits et les intérêts du peuple, un dictateur unique et un massacre général. Au dire de Marat, il faut, avant tout, égorger l'Assemblée et pendre les autorités ; puis, en manière de variante, comme l'égorgement et la pendaison ne lui suffisent pas, il propose de scier les mains, de couper les pouces, d'enterrer vivant, d'asseoir sur des pals ! Il est temps que le médecin de Marat vienne à lui selon son habitude et lui dise : « Vous écrivez rouge, Marat ; il faut que je vous saigne ! »

Verrière, cet abominable bossu, ce formidable nain aux longs bras et aux longues jambes, que nous avons vu apparaître au commencement de ce livre pour faire les 5 et 6 octobre, et qui, les 5 et 6 octobre faits, est rentré dans l'obscurité, eh bien, le soir du 16, il a reparu, on l'a revu, *vision de l'Apocalypse!* dit Michelet, monté sur le cheval blanc de la mort, aux flancs duquel ballottent ses longues jambes aux gros genoux et aux grands pieds ; il s'est arrêté à chaque coin de rue, à chaque carrefour, et, héraut de malheur, il a convoqué pour le lendemain le peuple au Champ de Mars.

Fournier, qui va, lui, se produire pour la première fois, et qu'on appellera Fournier l'Américain, non point parce qu'il est né en Amérique — Fournier est Auvergnat — mais parce qu'il a été piqueur de nègres à Saint-Domingue ; Fournier, ruiné, aigri par un procès perdu, exaspéré par le silence avec lequel l'Assemblée nationale a reçu les vingt pétitions successives qu'il lui a envoyées ; et c'est tout simple, les meneurs de l'Assemblée sont des planteurs : les Lameth, ou des amis des planteurs : Duport, Barnave. Aussi, à la première occasion, se vengera-t-il, il se le promet, et il tiendra sa parole, cet homme qui a dans sa pensée les soubresauts de la brute, et sur son visage le ricanement de l'hyène.

Ainsi, voyez, voici la situation de tous pendant la nuit du 16 au 17 :

Le roi et la reine attendent anxieusement aux Tuileries : Barnave leur a promis un triomphe sur le peuple. Il ne leur a pas dit quel serait ce triomphe, ni de quelle manière il s'opérerait ; peu leur importe ! les moyens ne les regardent pas : on agit pour eux. — Seulement, le roi désire ce triomphe parce qu'il améliore la position de la royauté ; la reine, parce que ce sera un commencement de vengeance, et ce peuple l'a tant fait souffrir, que, à son avis, il lui est bien permis de se venger.

L'Assemblée, appuyée sur une de ces majorités factices qui rassurent les assemblées, attend avec une certaine tranquillité ; ses mesures sont prises ; elle aura, quelque chose qu'il arrive, la loi pour elle, et, le cas échéant, le besoin venu, elle invoquera ce mot suprême : *salut public !*

La Fayette aussi attend sans crainte : il a sa garde nationale, qui lui est encore toute dévouée, et, parmi cette garde nationale, un corps de neuf mille hommes composé d'anciens militaires, de gardes-françaises, d'enrôlés volontaires. Ce corps appartient plus à l'armée qu'à la ville ; il est payé, d'ailleurs : aussi l'appelle-t-on la *garde soldée*. S'il y a, le lendemain, quelque exécution terrible à faire, c'est ce corps qui la fera.

Bailly et la municipalité attendent de leur côté. Bailly, après une vie tout entière passée dans l'étude et dans le cabinet, et poussé subitement dans la politique et sur les places et les carrefours. Admonesté la veille par l'Assemblée sur la faiblesse qu'il a montrée dans la soirée du 16, il s'est endormi, la tête posée sur la loi martiale, qu'il appliquera le lendemain dans toute sa rigueur, si besoin est.

Les Jacobins attendent, mais dans la dislocation la plus complète. Robespierre est caché ; Laclos, qui a vu rayer sa phrase, boude ; Pétion, Buzot et Brissot se tiennent prêts, supposant bien que la journée du lendemain sera rude ; Santerre, qui, à onze heures du matin, doit aller au Champ de Mars pour retirer la pétition, leur donnera des nouvelles.

Les Cordeliers ont abdiqué. Danton, nous l'avons dit, est à Fontenay, chez son beau-père ; Legendre, Fréron et Camille Desmoulins le rejoindront. Le reste ne fera rien : la tête manque.

Le peuple, qui ignore tout cela, ira au Champ de Mars ; il y signera la pétition, il y criera : « Vive la Nation ! » il dansera en rond autour de l'autel de la Patrie, en chantant le fameux *Ça ira* de 1790.

Entre 1790 et 1791, la réaction a creusé un abîme; cet abîme, il faudra les morts du 17 juillet pour le combler!

Quoi qu'il en soit, le jour se leva magnifique. Dès quatre heures du matin, tous ces petits industriels forains qui vivent des multitudes, ces bohèmes des grandes villes, qui vendent du coco, du pain d'épice, des gâteaux, commençaient à s'acheminer vers l'autel de la Patrie, lequel s'élevait solitaire au milieu du Champ de Mars, pareil à un grand catafalque.

Un peintre, placé à une vingtaine de pas de la face tournée vers la rivière, en faisait scrupuleusement un dessin.

A quatre heures et demie, on compte déjà cent cinquante personnes, à peu près, au Champ de Mars.

Ceux qui se lèvent si matin sont, en général, ceux qui ont mal dormi, et la plupart de ceux qui dorment mal — je parle des hommes et des femmes du peuple — sont ceux qui ont mal soupé ou qui n'ont pas soupé du tout.

Quand on n'a pas soupé, et qu'on a mal dormi, on est, ordinairement, de mauvaise humeur à quatre heures du matin.

Il y avait donc, parmi ces cent cinquante personnes qui enveloppaient l'autel de la Patrie, pas mal de gens de mauvaise humeur et surtout de mauvaise mine.

Tout à coup, une femme, une marchande de limonade, qui est montée sur les degrés de l'autel, pousse un cri.

La pointe d'une vrille vient de percer son soulier.

Elle appelle, on accourt. Le plancher est percé de trous dont on ne comprend ni la cause ni la raison; seulement, cette vrille qui vient de percer le soulier de la marchande de limonade indique la présence d'un ou de plusieurs hommes sous la plate-forme de l'autel de la Patrie.

Que peuvent-ils faire là?

On les interpelle, on les somme de répondre, de dire leurs intentions, de sortir, de paraître.

Pas de réponse.

Le rapin quitte son escabeau, laisse sa toile, et court au Gros-Caillou pour y chercher la garde.

La garde, qui ne voit pas dans une femme piquée au pied avec une vrille un motif suffisant de se déranger, refuse le service, et renvoie le rapin.

Au retour de celui-ci, l'exaspération est à son comble. Tout le monde est amassé autour de l'autel de la Patrie, trois cents personnes à peu près. On lève une planche, on pénètre dans la cavité; on trouve notre perruquier et notre invalide tout penauds.

Le perruquier, qui a vu dans la vrille une preuve de conviction, la jette loin de lui; mais il n'a pas pensé à éloigner le baril.

On les prend au collet, on les force de monter sur la plate-forme, on les interroge sur leurs intentions, et, comme ils balbutient, on les mène chez le commissaire.

Là, interrogés, ils avouent dans quel but ils se sont cachés; le commissaire n'y voit qu'une espièglerie sans conséquence, et les remet en liberté; mais, à la porte, ils trouvent les blanchisseuses du Gros-Caillou, leurs battoirs à la main. Les blanchisseuses du Gros-Caillou sont, à ce qu'il paraît, très chatouilleuses à l'endroit de l'honneur des femmes: elles tombent, Dianes irritées, à grands coups de battoir sur les Actéons modernes.

En ce moment-là, un homme accourt: on a trouvé sous l'autel de la Patrie un baril de poudre; les deux coupables étaient là, non point, comme ils l'ont dit, pour percer des trous et regarder en l'air, mais pour faire sauter les patriotes.

Il n'y avait qu'à tirer la bonde du baril, et à s'assurer que c'était du vin, et non pas de la poudre qu'il contenait; il n'y avait qu'à réfléchir qu'en mettant le feu au baril, les deux conspirateurs — en supposant que ce baril contînt de la poudre — se faisaient sauter les premiers plus sûrement encore qu'ils ne faisaient sauter les patriotes, et les deux prétendus coupables étaient innocentés; mais il y a des moments où l'on ne réfléchit à rien, où l'on ne vérifie rien, ou plutôt où l'on ne veut pas réfléchir, où l'on se garde bien de vérifier.

A l'instant même, la bourrasque se change en orage. Un groupe d'hommes arrive; d'où sort-il? On ne sait pas. — D'où sortaient ces hommes qui ont tué Foulon, Berthier, Flesselles; qui ont fait les 5 et 6 octobre? Des ténèbres, où ils rentrent quand leur œuvre de mort est finie. Ces hommes s'emparent du malheureux invalide et du pauvre perruquier; tous deux sont renversés; l'un deux, l'invalide, percé de coups de couteau, ne se relève pas; l'autre, le perruquier, est traîné sous un réverbère: on lui passe une corde au cou, on le hisse... A la hauteur de dix pieds à peu près, le poids de son corps fait casser la corde. Il retombe vivant, se débat un instant, et voit la tête de son compagnon au bout d'une pique; — comment y avait-il là justement une pique? — A cette vue, il jette un cri, et s'évanouit. Alors on lui coupe ou plutôt on lui scie la tête, et il se trouve à point nommé une seconde pique pour recevoir le sanglant trophée !

Aussitôt, le besoin de promener dans Paris ces deux têtes coupées s'empare de la populace, et les porteurs de têtes, suivis d'une centaine de bandits pareils à eux, prennent, en chantant, la rue de Grenelle.

A neuf heures, les officiers municipaux, les notables, avec huissiers et trompettes, proclamaient sur la place du Palais-Royal le décret de l'Assemblée, et les mesures répressives qu'entraînerait toute infraction à ce décret, lorsque, par la rue Saint-Thomas-du-Louvre, débouchent les égorgeurs.

C'était une admirable position faite à la municipalité : si acerbes que fussent ces mesures, elles n'atteindraient jamais à la hauteur du crime qui venait d'être commis.

L'Assemblée commençait à se réunir; de la place du Palais-Royal au Manège, il n'y avait pas loin : la nouvelle ne fait qu'un bond, et va éclater dans la salle.

Seulement, ce n'est plus un perruquier et un invalide punis bien outre mesure pour une polissonnerie de collégien; ce sont deux bons citoyens, deux amis de l'ordre, qui ont été égorgés pour avoir recommandé aux révolutionnaires le respect des lois.

Alors, Regnault de Saint-Jean-d'Angély s'élance à la tribune.

— Citoyens, dit-il, je demande la loi martiale; je demande que l'Assemblée déclare ceux qui, par écrits *individuels ou collectifs*, porteraient le peuple à résister, *criminels de lèse-nation !*

L'Assemblée se lève presque entière, et, sur la motion de Regnault de Saint-Jean-d'Angély, proclame criminels de lèse-nation ceux qui, par des écrits *individuels ou collectifs*, porteront le peuple à la résistance.

Ainsi voilà les pétitionnaires criminels de lèse-nation. C'est ce que l'on voulait.

Robespierre était caché dans un coin de l'Assemblée ; il entendit proclamer le vote et courut aux Jacobins pour leur donner avis de la mesure qui venait d'être prise.

La salle des Jacobins était déserte; vingt-cinq ou trente membres à peine erraient dans le vieux couvent. Santerre était là, attendant l'ordre des chefs.

On expédie Santerre au Champ de Mars, afin qu'il prévienne les pétitionnaires du danger qu'ils courent.

Il les trouve au nombre de deux ou trois cents signant, sur l'autel de la Patrie, la pétition des Jacobins.

L'homme de la veille, Billot, est le centre de ce vaste mouvement; il ne sait pas signer, lui; mais il a dit son nom, il s'est fait guider la main, et il a signé un des premiers.

Santerre monte à l'autel de la Patrie, annonce que l'Assemblée vient de proclamer rebelle quiconque oserait demander la déchéance du roi, et déclare qu'il est envoyé par les Jacobins pour retirer la pétition rédigée par Brissot.

Billot descend trois degrés, et se trouve en face du célèbre brasseur. Les deux hommes du peuple se regardent, s'examinent, symboles l'un et l'autre des deux forces matérielles qui agissent en ce moment : la province, Paris.

Tous deux se reconnaissent pour frères : ils ont combattu ensemble à la Bastille.

— C'est bien ! dit Billot, on la rendra aux Jacobins, mais on en fera une autre.

— Et cette pétition, dit Santerre, on n'aura qu'à l'apporter chez moi, au faubourg Saint-Antoine : je la signerai et la ferai signer par mes ouvriers.

Et il lui tend sa large main, où Billot place la sienne.

A la vue de cette puissante fraternité, qui relie le province à la ville, on applaudit.

Billot rend à Santerre sa pétition, et celui-ci s'éloigne en faisant au peuple un de ces gestes de promesse et d'assentiment auxquels le peuple ne se trompe pas; d'ailleurs, il commence à connaître Santerre.

— Maintenant, dit Billot, les Jacobins ont peur, soit; ayant peur, ils ont droit de retirer leur pétition, soit encore; mais nous, nous qui n'avons pas peur, nous avons le droit d'en faire une autre.

— Oui, oui ! crient plusieurs voix, une autre pétition ! ici, demain !

— Et pourquoi pas aujourd'hui? demande Billot; demain ! qui sait ce qui arrivera d'ici à demain?

— Oui, oui, crient plusieurs voix, aujourd'hui ! tout de suite !

Un groupe de gens distingués s'est formé autour de Billot : la force a la vertu de l'aimant, elle attire.

Ce groupe se compose de députés des Cordeliers, ou de Jacobins amateurs, qui, mal renseignés ou plus hasardeux que les chefs, sont venus au Champ de Mars, malgré le contre-ordre.

Ces hommes, pour la plupart, portaient des noms fort inconnus alors ; mais ils ne devaient pas tarder de faire à ces noms des célébrités bien différentes.

C'étaient : Robert, mademoiselle de Kéralio, Roland; Brune, ouvrier typographe, qui sera maréchal de France; Hébert, écrivain public, rédacteur futur du terrible *Père Duchêne;* Chaumette, journaliste et élève en médecine; Sergent, graveur en taille-douce, qui sera le beau-frère de Marceau, et qui mettra en scène les fêtes patriotiques; Fabre d'Églantine, l'auteur de *l'Intrigue épistolaire ;* Henriot, le gendarme de la guillotine; Maillard, le terrible huissier du Châtelet, que nous avons perdu de vue depuis le 6 octobre, et que nous retrouvons le 2 septembre; Isabey père et Isabey fils, le seul peut-être des acteurs de cette scène qui puisse la raconter, jeune et vivant qu'il est encore, à quatre-vingt-huit ans.

— Tout de suite! cria le peuple, oui, tout de suite !

Un immense applaudissement s'éleva du côté du Champ de Mars.

— Mais qui tiendra la plume ? demanda une voix.

— Moi, vous, nous, tout le monde, cria Billot; celle-là sera réellement la pétition du peuple.

Un patriote se détacha tout courant : il allait chercher du papier, de l'encre et des plumes.

En l'attendant, on se prit les mains, et l'on commença de danser des farandoles, en chantant le fameux *Ça ira.*

Le patriote revint au bout de dix minutes, avec papier, plumes et encre ; il avait, de peur de manquer, acheté une bouteille d'encre, un paquet de plumes et cinq ou six cahiers de papier.

Alors, Robert prit la plume, et, mademoiselle de Kéralio, madame Roland et Roland dictant tour à tour, il écrivit la pétition suivante :

PÉTITION A L'ASSEMBLÉE NATIONALE, RÉDIGÉE SUR L'AUTEL DE LA PATRIE, LE 17 JUILLET 1791.

« Représentants de la nation,

» Vous touchez au terme de vos travaux ; bientôt des successeurs, tous nommés par le peuple, allaient marcher sur vos traces, sans rencontrer les obstacles que vous ont présentés les députés des deux ordres privilégiés, ennemis nécessaires de tous les principes de la sainte égalité.

» Un grand crime se commet : Louis XVI fuit ; il abandonne indignement son poste ; l'empire est à deux doigts de l'anarchie ; des citoyens l'arrêtent à Varennes, et il est ramené à Paris. Le peuple de cette capitale vous demande instamment de ne rien prononcer sur le sort du coupable sans avoir entendu l'expression du vœu des quatre-vingt-deux autres départements.

» Vous différez : une foule d'adresses arrivent à l'Assemblée ; toutes les sections de l'empire demandent simultanément que Louis soit jugé. Vous, Messieurs, vous avez préjugé qu'il était innocent et inviolable, en déclarant, par votre vote du 16, que la charte constitutionnelle lui sera présentée alors que la constitution sera achevée. — Législateurs ! ce n'était point là le vœu du peuple, et nous avons pensé que votre devoir même consistait à être les organes de la volonté publique. Sans doute, Messieurs, que vous avez été entraînés à cette décision par la foule de ces députés réfractaires qui ont fait d'avance leur protestation contre la constitution ; mais, Messieurs ! mais, représentants d'un peuple généreux et confiant ! rappelez-vous que ces deux cent quatre-vingt-dix protestants n'avaient point de voix à l'Assemblée nationale ; que le décret est donc nul dans la forme et dans le fond ; nul dans le fond, parce qu'il est contraire au vœu du souverain ; nul dans la forme, parce qu'il est porté par deux cent quatre-vingt-dix individus sans qualité.

» Ces considérations, toutes ces vues de bien général, ce désir impérieux d'éviter l'anarchie à laquelle nous exposerait le défaut d'harmonie entre les représentants et les représentés, tout nous fait la loi de vous demander, au nom de la France entière, de revenir sur ce décret ; de prendre en considération que le délit de Louis XVI est prouvé, que ce roi a abdiqué ; de recevoir son abdication, et de convoquer un nouveau corps constituant pour procéder d'une manière vraiment nationale au jugement du coupable, et surtout au remplacement et à l'organisation d'un nouveau pouvoir exécutif. »

La pétition rédigée, on réclama le silence. A l'instant même, tout bruit cesse, les fronts se découvrent, et Robert lit à haute voix les lignes que nous venons de mettre sous les yeux de nos lecteurs.

Elles répondaient au vœu de tous ; aussi aucune observation ne fut faite ; au contraire, des applaudissements unanimes éclatèrent à la dernière phrase.

Il s'agissait de signer; on n'était plus seulement deux ou trois cents: on était dix mille peut-être, et, comme, par toutes les issues du Champ de Mars, la foule ne cessait d'arriver, il était évident que, avant une heure, plus de cinquante mille personnes entoureraient l'autel de la Patrie.

Les commissaires rédacteurs signent les premiers, puis passent la plume à leurs voisins; puis, comme en une seconde le bas de la page est couvert de signatures, on distribue des feuilles de papier blanches du même format que la pétition; ces feuilles numérotées seront ajoutées à la suite.

Les feuilles distribuées, on signe d'abord sur les cratères qui forment les quatre angles de l'autel de la Patrie, ensuite sur les degrés, sur les genoux, sur la forme des chapeaux, sur tout ce qui offre un point d'appui.

Cependant, d'après les ordres de l'Assemblée, transmis à la Fayette, et qui ont rapport, non pas à la pétition qui se signe à cette heure, mais à l'assassinat du matin, les premières troupes arrivent au Champ de Mars, et la préoccupation que cause la pétition est telle, qu'à peine fait-on attention à ces troupes.

Ce qui va se passer aura pourtant quelque importance.

XIX

LE DRAPEAU ROUGE

Ces troupes sont conduites par un aide de camp de la Fayette; lequel? On ne le nomme pas: la Fayette a toujours eu tant d'aides de camp, que l'histoire s'y perd.

Quoi qu'il en soit, un coup de feu part des glacis, et va frapper cet aide de camp; mais la blessure est peu dangereuse, et, le coup de feu étant isolé, on dédaigne d'y répondre.

Une scène du même genre se passe au Gros-Caillou. C'est par le Gros-Caillou que se présente la Fayette avec trois mille hommes et du canon.

Mais Fournier est là, à la tête d'une bande de coquins, les mêmes probablement qui ont assassiné le perruquier et l'invalide; ils font une barricade.

La Fayette marche contre cette barricade, et la démolit.

A travers les roues d'une charrette, et à bout portant, Fournier tire un coup de fusil sur la Fayette; par bonheur, le fusil rate. La barricade est emportée, et Fournier pris.

On l'amène devant la Fayette.

— Quel est cet homme? demanda-t-il.

— Celui qui a tiré sur vous, et dont le fusil a raté.

— Lâchez-le, et qu'il aille se faire pendre ailleurs!

Fournier n'alla point se faire pendre: il disparut momentanément, et reparut aux massacres de Septembre.

La Fayette arrive au Champ de Mars: on y signe la pétition; la tranquillité la plus parfaite y règne.

Cette tranquillité était grande, puisque madame de Condorcet y promenait son enfant âgé d'un an.

La Fayette s'avance jusqu'à l'autel de la Patrie: il s'enquiert de ce que l'on y fait: on lui montre la pétition. Les pétitionnaires s'engagent à rentrer chez eux quand la pétition sera signée. Il ne voit rien de bien répréhensible dans tout cela, et se retire avec sa troupe.

Mais, si ce coup de feu qui a blessé l'aide de camp de la Fayette, si ce fusil qui a raté sur lui-même, n'ont pas été entendus au Champ de Mars, ils ont eu un retentissement terrible à l'Assemblée!

N'oublions pas que l'Assemblée veut un coup d'État royaliste, et que tout la sert.

— La Fayette est blessé! son aide de camp tué!... On s'égorge au Champ de Mars!...

Telle est la nouvelle qui court dans Paris, et que l'Assemblée transmet officiellement à l'Hôtel de Ville.

Mais l'Hôtel de Ville s'est déjà inquiété de ce qui se fait au Champ de Mars; il a envoyé, de son côté, trois municipaux, MM. Jacques, Renaud et Hardy.

Du haut de l'autel de la Patrie, les signataires de la pétition voient s'avancer vers eux un nouveau cortège; celui-là leur arrive du côté du bord de l'eau.

Ils envoient une députation au-devant du cortège.

Les trois officiers municipaux — ce sont ceux qui viennent d'entrer au Champ de Mars — marchent droit à l'autel de la Patrie; mais, au lieu de cette foule de factieux qu'ils s'attendaient à trouver effarée, en tumulte et pleine de menaces, ils voient des citoyens, les uns se promenant par groupes, les autres signant la

L'homme le reconnut. (Page 478.)

pétition ; d'autres, enfin, dansant la farandole en chantant le *Ça ira!*

La multitude est tranquille ; mais peut-être la pétition est-elle factieuse. Les municipaux demandent que cette pétition leur soit lue.

La pétition leur est lue depuis la première jusqu'à la dernière ligne, et, comme la chose est déjà arrivée une fois, cette lecture est suivie de bravos universels, d'acclamations unanimes.

— Messieurs, disent alors les officiers municipaux, nous sommes charmés de connaître vos dispositions ; on nous avait dit qu'il y avait ici du tumulte : on nous avait trompés. Nous ne manquerons point de rendre compte de ce que nous avons vu, de dire la tranquillité qui règne au Champ de Mars ; et, loin de vous empêcher de faire votre pétition, nous vous aiderions de la force publique, dans le cas où l'on essayerait de vous troubler. Si nous n'étions pas en fonctions, nous la signerions nous-mêmes, et, si vous doutez de nos intentions, nous resterons en otage près de vous jusqu'à ce que toutes les signatures soient apposées.

Ainsi, l'esprit de la pétition est bien l'esprit de tous, puisque les membres de la municipalité eux-mêmes signeraient comme citoyens cette pétition, que leur qualité de municipaux les empêche seule de signer.

Cette adhésion de trois hommes qu'ils voyaient

s'avancer vers eux avec défiance, leur supposant des intentions ennemies, encourage les pétitionnaires. Dans la rixe sans gravité qui vient d'avoir lieu entre le peuple et la garde nationale, deux hommes ont été arrêtés; comme cela arrive presque toujours en pareille circonstance, les deux prisonniers sont parfaitement innocents; les plus notables parmi les pétitionnaires demandent qu'on les mette en liberté.

— Nous ne pouvons prendre cela sur nous, répondent les délégués de la municipalité; mais nommez des commissaires: ces commissaires nous accompagneront à l'Hôtel de Ville, et justice leur sera accordée.

Alors, on nomme douze commissaires; Billot, nommé à l'unanimité, fait partie de cette commission, qui prend, avec les trois délégués, le chemin de la municipalité.

En arrivant sur la place de Grève, les commissaires sont tout étonnés de trouver cette place encombrée de soldats; ils s'ouvrent à grand'peine un chemin à travers cette forêt de baïonnettes.

Billot les guide; on se rappelle qu'il connaît l'Hôtel de Ville: nous l'y avons vu entrer plus d'une fois avec Pitou.

A la porte de la salle du conseil, les trois officiers municipaux invitent les commissaires à attendre un instant, se font ouvrir la porte, entrent, et ne reparaissent plus.

Les commissaires attendent une heure.

Pas de nouvelles!

Billot s'impatiente, fronce le sourcil et frappe du pied.

Tout à coup, la porte s'ouvre. Le corps municipal paraît, Bailly en tête.

Bailly est fort pâle; c'est, avant tout, un mathématicien: il a le sentiment exact du juste et de l'injuste; il sent qu'on le pousse à une mauvaise action; mais l'ordre de l'Assemblée est là: Bailly l'exécutera jusqu'au bout.

Billot s'avance droit à lui.

— Monsieur le maire, dit-il de ce ton ferme que nos lecteurs lui connaissent, nous vous attendons depuis plus d'une heure.

— Qui êtes-vous donc, et qu'avez-vous à me dire? demanda Bailly.

— Qui je suis? répond Billot. Cela m'étonne que vous me demandiez qui je suis, monsieur Bailly. Il est vrai que ceux qui vont à gauche ne sauraient reconnaître ceux qui suivent leur droit chemin... Je suis Billot.

Bailly fit un mouvement: ce seul nom lui rappelait l'homme qui était entré un des premiers à la Bastille; l'homme qui avait gardé l'Hôtel de Ville aux jours terribles des massacres de Foulon et de Berthier; l'homme qui avait marché à la portière du roi revenant de Versailles, qui avait attaché la cocarde tricolore au chapeau de Louis XVI, qui avait réveillé la Fayette dans la nuit du 5 au 6 octobre, qui, enfin, venait de ramener Louis XVI de Varennes.

— Quant à ce que j'ai à vous dire, continua Billot; j'ai à vous dire que nous sommes les envoyés du peuple assemblé au Champ de Mars.

— Et que demande-t-il, le peuple?

— Il demande que l'on tienne la promesse faite par vos trois envoyés, c'est-à-dire que l'on mette en liberté deux citoyens injustement accusés, et de l'innocence desquels nous nous portons garants.

— Bon! dit Bailly essayant de passer, est-ce que nous répondons de pareilles promesses?

— Et pourquoi n'en répondriez-vous point?

— Parce qu'elles ont été faites à des factieux!

Les commissaires se regardèrent étonnés. Billot fronça le sourcil.

— A des factieux? dit-il; ah! voilà que nous sommes des factieux, maintenant?

— Oui, dit Bailly, à des factieux, et je vais me rendre au Champ de Mars pour y mettre la paix.

Billot haussa les épaules, et se mit à rire, de ce gros rire qui, en passant par certaines lèvres, prend une expression menaçante.

— Mettre la paix au Champ de Mars? dit-il. Mais votre ami la Fayette en sort, du Champ de Mars; mais vos trois délégués en sortent, et ils vous diront que le Champ de Mars est plus calme que la place de l'Hôtel-de-Ville!

Juste en ce moment, le capitaine d'une compagnie du centre du bataillon Bonne-Nouvelle accourt tout effaré.

— Où est M. le maire? demande-t-il.

Billot se range pour démasquer Bailly.

— Me voici, dit ce dernier.

— Aux armes, monsieur le maire! aux armes! crie le capitaine; on se bat au Champ de Mars, où cinquante mille brigands réunis s'apprêtent à marcher sur l'Assemblée!

A peine le capitaine a-t-il prononcé ces mots, que la lourde main de Billot pèse sur son épaule.

— Et qui dit cela? demanda le fermier.

— Qui le dit? l'Assemblée.

— L'Assemblée en a menti! reprend Billot.

— Monsieur ! dit le capitaine en tirant son sabre.

— L'Assemblée en a menti ! répète Billot en saisissant le sabre moitié par la poignée moitié par la lame, et en l'arrachant des mains du capitaine.

— Assez, assez, Messieurs! dit Bailly ; nous allons voir cela par nous-mêmes... Monsieur Billot, rendez ce sabre, je vous prie ; et si vous avez de l'influence sur ceux qui vous envoient, retournez près d'eux, et invitez-les à se disperser.

Billot jeta le sabre aux pieds du capitaine.

— A se disperser? dit-il. Allons donc ! Le droit de pétition nous est reconnu par un décret, et, jusqu'à ce qu'un décret nous l'ôte, il ne sera permis à personne, ni maire, ni commandant de la garde nationale, d'empêcher des citoyens d'exprimer leur vœu... Vous allez au Champ de Mars? Nous vous y précédons, monsieur le maire !

Ceux qui entouraient les acteurs de cette scène n'attendaient qu'un ordre, qu'un mot, qu'un geste de Bailly pour arrêter Billot; mais Bailly sentait que cette voix qui venait de lui parler si haut et si ferme, c'était la voix du peuple.

Il fit signe qu'on laissât passer Billot et les commissaires.

On descendit sur la place : un vaste drapeau rouge tordait, à l'une des fenêtres de l'Hôtel de Ville, ses plis sanglants dans les premiers souffles d'un orage qui montait au ciel.

Par malheur, cet orage ne dura que quelques instants ; il gronda sans pluie ; augmenta la chaleur de la journée, répandit un peu plus d'électricité dans l'air, et voilà tout.

Lorsque Billot et les onze autres commissaires reviennent au Champ de Mars, la foule s'est augmentée de près d'un tiers.

Autant qu'on peut calculer dans l'immense bassin le nombre de ceux qui le peuplent, il doit y avoir environ soixante mille âmes.

Ces soixante mille citoyens et citoyennes sont répartis tant sur le talus qu'autour de l'autel de la Patrie, et sur la plate-forme et sur les degrés de l'autel lui-même.

Billot et ses onze collègues arrivent. Il se fait un immense mouvement ; de tous les points, on accourt, on se presse. Les deux citoyens ont-ils été délivrés? Qu'a fait répondre M. le maire?

— Les deux citoyens n'ont pas été délivrés ; et le maire n'a pas fait répondre, mais a très bien répondu lui-même que les pétitionnaires étaient des factieux.

Les factieux se mettent à rire du titre qu'on leur donne, et chacun reprend sa promenade, sa place, son occupation.

Pendant tout ce temps, on a continué de signer la pétition.

On compte déjà quatre ou cinq mille signatures; avant le soir, on en comptera cinquante mille. L'Assemblée sera forcée de plier sous cette effrayante unanimité.

Tout à coup, un citoyen accourt haletant. Non seulement, comme les commissaires, il a vu le drapeau rouge aux fenêtres de l'Hôtel de Ville, mais encore, à l'annonce que l'on allait marcher sur le Champ de Mars, les gardes nationaux ont poussé des cris de joie ; puis ils ont chargé leurs fusils ; puis, enfin, les fusils chargés, un officier municipal a été de rang en rang parlant bas à l'oreille des chefs.

Alors, toute la masse de la garde nationale, Bailly et la municipalité en tête, s'est mise en route pour le Champ de Mars.

Celui qui apporte ces détails a pris les devants afin d'annoncer aux patriotes ces sinistres nouvelles.

Mais il règne une telle tranquillité, un tel ensemble, une telle fraternité sur cet immense terrain consacré par la fédération de l'année précédente, que les citoyens qui y exercent un droit reconnu par la Constitution ne peuvent croire que ce soit eux qu'on menace.

Ils préfèrent penser que le messager se trompe.

On continue à signer ; les danses et les chants redoublent.

Cependant on commence à entendre le bruit du tambour.

Ce bruit va se rapprochant.

Alors, on se regarde, on s'inquiète. Il se fait d'abord une grande rumeur sur les glacis : on se montre les baïonnettes qui reluisent, pareilles à une moisson de fer.

Les membres des diverses sociétés patriotiques se rallient, se groupent, et proposent de se retirer.

Mais, de la plate-forme de l'autel de la Patrie, Billot s'écrie :

— Frères! que faisons-nous? et pourquoi cette crainte? Ou la loi martiale est dirigée contre nous, ou elle ne l'est pas ; si elle n'est point dirigée contre nous, pourquoi nous sauver? si elle l'est, on la publiera, nous serons avertis par les sommations, et, alors, il sera temps de nous retirer.

— Oui, oui, crie-t-on de toute part, nous sommes dans les termes de la loi... attendons les sommations... il faut trois sommations... Restons! restons!

Et on reste.

Au même instant, le tambour bat plus rapproché, et la garde nationale apparaît à trois entrées du Champ de Mars.

Un tiers de cette masse armée se présente par l'ouverture voisine de l'École militaire;

Un second tiers par l'ouverture qui se trouve un peu plus bas;

Enfin, le troisième par celle qui fait face aux hauteurs de Chaillot. De ce côté, la troupe traverse le pont de bois, et s'avance, le drapeau rouge à sa tête, Bailly dans ses rangs.

Seulement, le drapeau rouge est un guidon presque invisible, et qui n'attire pas plus les yeux de la foule sur ce corps que sur les deux autres.

Voilà ce que voient les pétitionnaires du Champ de Mars. Maintenant, que voient ceux qui arrivent?

La vaste plaine remplie de promeneurs inoffensifs, et, au milieu de la plaine, l'autel de la Patrie, gigantesque construction sur la plate-forme de laquelle on monte, comme nous l'avons dit, par quatre escaliers gigantesques que quatre bataillons peuvent gravir à la fois.

Sur cette plate-forme s'élèvent encore pyramidalement des degrés qui conduisent à un terre-plein couronné par l'autel de la patrie, qu'ombrage un élégant palmier.

Chaque degré, depuis le plus bas jusqu'au plus élevé, sert de siège, selon sa capacité, à un nombre plus ou moins considérable de spectateurs.

La pyramide humaine s'élève ainsi bruyante et animée.

La garde nationale du Marais et du faubourg Saint-Antoine, quatre mille hommes à peu près, avec son artillerie, arrivait par l'ouverture qui confine à l'angle méridional de l'École militaire.

Elle s'étendit devant le bâtiment.

La Fayette se fiait peu à ces hommes du Marais et des faubourgs, qui formaient le côté démocrate de son armée; aussi leur avait-il adjoint un bataillon de la garde soldée.

La garde soldée, c'étaient les modernes prétoriens.

Elle se composait, comme nous l'avons dit, d'anciens militaires, de gardes-françaises licenciés, de *fayettistes* enragés qui, sachant qu'on avait tiré sur leur dieu, venaient pour venger ce crime, lequel était, à leurs yeux, un bien autre crime que celui de lèse-nation qu'avait commis le roi.

Cette garde arrivait du côté du Gros-Caillou, entrait, bruyante, formidable, menaçante, par le milieu du Champ de Mars, et elle se trouvait, dès son entrée, en face de l'autel de la Patrie.

Enfin, le troisième corps, qui débouchait par le pont de bois, précédé de ce mesquin drapeau rouge que nous avons dit, se composait de la réserve de la garde nationale, à laquelle étaient mêlés une centaine de dragons et une bande de perruquiers portant l'épée, comme c'était leur privilège, et armés, du reste, jusqu'aux dents.

Par les mêmes ouvertures où passait la garde nationale à pied, pénétraient en même temps quelques escadrons de cavaliers, lesquels, soulevant la poussière mal abattue par cet orage d'un instant qu'on pouvait regarder comme un présage, dérobèrent aux spectateurs la vue du drame qui allait s'accomplir, ou ne le leur laissèrent entrevoir qu'à travers un voile ou par de larges déchirures.

Ce que l'on put apercevoir à travers ce voile ou par ces déchirures, nous allons essayer de le décrire.

C'est d'abord la foule tourbillonnant devant ces cavaliers, dont les chevaux sont lâchés à toute bride dans le vaste cirque; la foule, qui, complètement enfermée dans un cercle de fer, se réfugie au pied de l'autel de la Patrie comme au seuil d'un asile inviolable.

Puis, du côté du bord de l'eau, un seul coup de fusil et une vigoureuse fusillade dont la fumée monte vers le ciel.

Bailly vient d'être accueilli par les huées des gamins qui couvrent les talus du côté de Grenelle; au milieu de ces huées, un coup de fusil s'est fait entendre, et une balle est venue, derrière le maire de Paris, blesser légèrement un dragon.

Alors, Bailly a ordonné de faire feu, mais de faire feu en l'air, et pour effrayer seulement.

Mais, comme un écho de cette fusillade, une autre fusillade répondit.

C'était la garde soldée qui tirait à son tour.

Sur qui? sur quoi?

Sur cette foule inoffensive qui environnait l'autel de la Patrie!

Un effroyable cri succéda à cette décharge, puis l'on vit ce que l'on avait encore si peu vu alors, et ce que l'on a tant vu depuis:

La foule fuyant et laissant derrière elle des cadavres immobiles, des blessés se traînant dans le sang.

Et, au milieu de la fumée et de la poussière, la cavalerie acharnée à la poursuite des fuyards.

Le Champ de Mars présentait un aspect déplorable. C'étaient surtout les femmes et les enfants qui avaient été atteints.

Alors, il arriva ce qui arrive en pareille circonstance, la folie du sang, la luxure du carnage gagna de proche en proche.

L'artillerie mit ses pièces en batterie, et s'apprêta à faire feu.

La Fayette n'eut que le temps de pousser à elle, et de se mettre, lui et son cheval, à la bouche des canons.

Après avoir tourbillonné un instant, la foule éperdue alla, par instinct, se jeter dans les rangs de la garde nationale du Marais et du faubourg Saint-Antoine.

La garde nationale ouvrit ses rangs, et recueillit les fugitifs ; le vent avait poussé la fumée de son côté, de sorte qu'elle n'avait rien vu, et qu'elle croyait que toute cette multitude était poussée par la peur seulement.

Quand la fumée se dissipa, elle vit, avec terreur, la terre tachée de sang et jonchée de morts!

En ce moment, un aide de camp arrivait au galop, et donnait ordre à la garde nationale du faubourg Saint-Antoine et du Marais de marcher devant elle, de balayer la place, afin d'opérer sa jonction avec les deux autres troupes.

Mais elle, au contraire, mit en joue l'aide de camp et les cavaliers qui poursuivaient la foule.

Aide de camp et cavaliers reculèrent devant les baïonnettes patriotiques.

Tout ce qui avait fui de ce côté y trouva une inébranlable protection.

En un instant, le Champ de Mars fut évacué ; il n'y resta que les corps des hommes, des femmes et des enfants, tués ou blessés par cette terrible décharge de la garde soldée, et ceux des malheureux fugitifs sabrés par les dragons ou écrasés par les chevaux.

Et, cependant, au milieu de ce carnage, sans s'effrayer de la chute des morts, des cris des blessés, sous les décharges de la fusillade, à la bouche des canons, les patriotes recueillaient les cahiers de la pétition, qui, de même que les hommes avaient trouvé un refuge dans les rangs de la garde nationale du Marais et du faubourg Saint-Antoine, trouvèrent, eux, selon toute probabilité, un asile dans la maison de Santerre.

Qui avait donné l'ordre de tirer? Personne ne le sut ; c'est un de ces mystères historiques qui restent inexpliqués malgré les plus consciencieuses investigations. Ni le chevaleresque la Fayette, ni l'honnête Bailly n'aimaient le sang, et ce sang, d'ailleurs, les a poursuivis jusqu'à leur mort.

Leur popularité s'y noya le jour même.

Combien de victimes restèrent sur le champ du carnage? On l'ignore ; car les uns diminuèrent ce nombre, pour atténuer la responsabilité du maire et du commandant général ; les autres l'augmentèrent, pour grandir la colère du peuple.

La nuit venue, on jeta les cadavres dans la Seine ; la Seine, complice aveugle, les roula vers l'Océan ; l'Océan les engloutit.

Mais en vain Bailly et la Fayette furent-ils, non seulement absous, mais encore félicités par l'Assemblée ; en vain les journaux constitutionnels appelèrent-ils cette action le triomphe de la loi ; ce triomphe fut flétri comme méritent de l'être toutes ces désastreuses journées où le pouvoir tue sans combattre. Le peuple, qui donne aux choses leur véritable nom, appela ce prétendu triomphe : *le massacre du Champ de Mars.*

XX

APRÈS LE MASSACRE

Rentrons dans Paris, et voyons un peu ce qui s'y passait.

Paris avait entendu le bruit de la fusillade, il avait tressailli. Paris ne savait pas encore parfaitement qui avait tort ou raison ; mais il sentait qu'il venait de recevoir une blessure, et que, par cette blessure, le sang coulait.

Robespierre se tenait en permanence aux Jacobins comme un gouverneur dans sa forteresse ; là, il était véritablement puissant. Mais, pour le moment, la citadelle populaire était éventrée, et tout le monde pouvait entrer par la brèche qu'avaient faite, en se retirant, Barnave, Duport et Lameth.

Les Jacobins envoyèrent un des leurs aux renseignements.

Quant à leurs voisins les Feuillants, ils n'avaient pas besoin d'y envoyer : ils étaient renseignés heure par heure, minute par minute. C'était leur partie qui se jouait, et ils venaient de la gagner...

L'envoyé des Jacobins rentra au bout de dix minutes. Il avait rencontré les fuyards, qui lui avaient jeté cette horrible nouvelle :

— La Fayette et Bailly égorgent le peuple.

Tout le monde n'avait pas pu entendre les

cris désespérés de Bailly, tout le monde n'avait pu voir la Fayette se jetant à la gueule des canons.

L'envoyé revint donc en jetant à son tour un cri de terreur dans l'assemblée, peu nombreuse, au reste; — trente ou quarante Jacobins à peine étaient réunis dans le vieux couvent.

Ils comprirent que c'était sur eux que les Feuillants allaient faire retomber la responsabilité de la provocation. La première pétition n'était-elle pas sortie de leur club? Ils l'avaient retirée, c'est vrai; mais la seconde était évidemment la fille de la première.

Ils eurent peur.

Cette pâle figure, ce fantôme de la vertu, cet ombre de la philosophie de Rousseau qu'on appelait Robespierre, de pâle devint livide. Le prudent député d'Arras tenta de s'esquiver, et ne le put : force lui fut de rester et de prendre un parti. Ce parti fut inspiré par l'effroi.

La société déclara qu'elle désavouait les imprimés faux ou falsifiés qu'on lui avait attribués, et qu'elle jurait de nouveau fidélité à la Constitution, obéissance aux décrets de l'Assemblée.

A peine venait-elle de faire cette déclaration, qu'à travers les vieux corridors des Jacobins, on entendit un grand bruit venant de la rue.

Ce bruit se composait de rires, de huées, de clameurs, de menaces, de chants. Les Jacobins, l'oreille tendue, espéraient qu'il allait passer outre, et suivre son chemin du côté du Palais-Royal.

Point! le bruit s'arrêta, fit halte, se fixa devant la porte basse et sombre qui ouvrait sur la rue Saint-Honoré, et, pour ajouter à la terreur qui régnait déjà, quelques-uns des assistants s'écrièrent :

— Ce sont les gardes soldés qui reviennent du Champ de Mars!... Ils demandent à la démolir à coups de canon!...

Heureusement, des soldats avaient été, par précaution, mis en sentinelle aux portes. On ferma toutes les issues pour empêcher cette troupe, furieuse et ivre du sang qu'elle avait versé, d'en répandre de nouveau; puis Jacobins et spectateurs sortirent peu à peu; l'évacuation ne fut pas longue, car, de même que la salle renfermait à peine trente ou quarante membres, les tribunes ne contenaient guère plus de cent personnes.

Madame Roland, qui fut partout ce jour-là, était de ces derniers. Elle raconte qu'un jacobin, à cette nouvelle que les troupes soldées allaient envahir la salle, perdit la tête à ce point qu'il suata dans la tribune des femmes.

Elle, madame Roland, lui fit honte de cette terreur, et il s'en alla, par où il était venu.

Cependant, comme nous l'avons dit, acteurs et spectateurs se glissaient les uns après les autres par la porte entr'ouverte,

Robespierre sortit à son tour.

Un instant il hésita. Tournerait-il à droite ou à gauche? C'était à gauche qu'il devait tourner pour rentrer chez lui; — il demeurait au fond du Marais, on le sait; — mais il lui fallait alors traverser les rangs de cette garde soldée.

Il préféra gagner le faubourg Saint-Honoré pour demander asile à Pétion, qui y demeurait.

Il tourna à droite.

Robespierre avait grande envie de rester inaperçu ; mais le moyen avec cet habit olive, sec de pureté civique, — l'habit rayé ne vint que plus tard, — avec ces lunettes qui témoignent qu'avant l'âge les yeux de ce vertueux patriote se sont usés dans les veilles ; avec cette démarche oblique de la belette et du renard?

A peine Robespierre eut-il fait vingt pas dans la rue, que deux ou trois personnes s'étaient déjà dit les unes aux autres :

— Robespierre!... Vois-tu Robespierre?... C'est Robespierre!

Les femmes s'arrêtent et joignent les mains :
— les femmes aimaient fort Robespierre, qui, dans tous ses discours, avait grand soin de mettre en avant la sensibilité de son cœur.

— Comment, ce cher M. de Robespierre, c'est lui?

— Oui.

— Où donc cela?

— Là, là... Vois-tu ce petit homme mince et bien poudré, qui glisse le long de la muraille, et qui se dérobe par modestie?

Robespierre ne se dérobait point par modestie, il se dérobait par peur; mais qui eût osé dire que le vertueux, que l'incorruptible Robespierre, que le tribun du peuple se dérobait par peur?

Un homme alla le regarder sous le nez pour s'assurer que c'était lui.

Robespierre baissa son chapeau, ignorant dans quel but on le regardait.

L'homme le reconnut.

— Vive Robespierre! cria-t-il.

Robespierre eût mieux aimé avoir affaire à un ennemi qu'à un pareil ami.

— Robespierre! cria un autre plus fanatique encore; vive Robespierre! S'il faut absolument un roi, pourquoi pas lui?

O grand Shakspeare! « César est mort : que son assassin soit fait César! »

Certes, si un homme maudit sa popularité, ce fut Robespierre en ce moment.

Un cercle immense se formait autour de lui : il s'agissait de le porter en triomphe!

Il jeta, par-dessus ses lunettes, un regard effaré à droite et à gauche, cherchant quelque porte ouverte, quelque allée sombre où fuir, où se cacher.

Justement, il se sentit saisir par le bras, et tirer vivement de côté, tandis que, avec un accent amical, une voix lui disait tout bas :

— Venez!

Robespierre céda à l'impulsion, se laissa aller, vit une porte se refermer derrière lui, et se trouva dans la boutique d'un menuisier.

Ce menuisier était un homme de quarante-deux à quarante-cinq ans environ. Près de lui était sa femme ; dans une chambre au fond, deux belles jeunes filles, l'une de quinze ans, l'autre de dix-huit, dressaient le souper de la famille.

Robespierre était très pâle, et semblait sur le point de s'évanouir.

— Léonore, dit le menuisier, un verre d'eau!

Léonore, la fille aînée du menuisier, s'approcha toute tremblante, un verre d'eau à la main.

Peut-être les lèvres de l'austère tribun touchèrent-elles les doigts de mademoiselle Duplay.

Car Robespierre était chez le menuisier Duplay.

Pendant que madame Roland, qui sait le danger qu'il court, et qui se l'exagère encore, se rend inutilement au Marais pour lui offrir un asile chez elle, abandonnons Robespierre, qui est en sûreté au milieu de cette excellente famille Duplay, dont il va faire la sienne, pour entrer aux Tuileries à la suite du docteur Gilbert.

Cette fois encore, la reine attend ; mais, comme ce n'est point Barnave qu'elle attend, elle est, non pas à l'entresol de madame Campan, mais chez elle, non pas debout, la main au loquet d'une porte, mais assise sur un fauteuil, la tête dans sa main.

Elle attend Weber, qu'elle a envoyé au Champ de Mars, et qui a tout vu des hauteurs de Chaillot.

Pour être juste envers la reine, et pour que l'on comprenne bien cette haine qu'elle portait, disait-on, aux Français, et qu'on lui a tant reprochée, après avoir raconté ce qu'elle a souffert pendant son voyage de Varennes, disons ce qu'elle a souffert depuis son retour.

Un historien pourrait être partial, nous ne sommes qu'un romancier : la partialité ne nous est point permise.

Le roi et la reine arrêtés, le peuple n'eut plus qu'une idée : c'est que, ayant fui une première fois, ils pouvaient fuir une seconde fois, gagner la frontière.

La reine surtout était tenue pour une magicienne capable, comme Médée, de s'envoler par une fenêtre sur un char traîné par deux dragons.

Ces idées n'avaient pas cours seulement parmi le peuple ; elles trouvaient créance jusque chez les officiers chargés de garder Marie-Antoinette.

M. de Gouvion, qui l'avait laissée glisser entre ses mains, lors de la fuite pour Varennes, et dont la maîtresse, femme de garde-robe, avait dénoncé le départ à Bailly ; M. de Gouvion avait déclaré refuser toute responsabilité si une autre femme que madame de Rochereul — c'était, on se le rappelle, le nom de cette dame de garde-robe — avait le droit d'entrer chez la reine.

En conséquence, il avait, au bas de l'escalier conduisant à l'appartement royal, fait mettre le portrait de madame de Rochereul, afin que la sentinelle, constatant l'identité de chaque personne qui se présenterait, ne permît à aucune autre femme d'y entrer.

La reine fut instruite de cette consigne ; elle passa aussitôt chez le roi, et se plaignit à lui. Le roi n'y pouvait croire : il envoya au bas de l'escalier pour s'assurer du fait ; le fait était vrai.

Le roi fit appeler M. de la Fayette, et réclama de lui l'enlèvement de ce portrait.

Le portrait fut enlevé, et les femmes ordinaires de la reine reprirent leur service près d'elle.

Mais, à la place de cette humiliante consigne, une précaution non moins blessante venait d'être arrêtée : les chefs de bataillon, qui stationnaient d'habitude dans le salon précédant la chambre à coucher de la reine, et qu'on appelait le grand cabinet, avaient l'ordre d'en tenir la porte incessamment ouverte, afin d'avoir toujours les yeux sur la famille royale.

Un jour, le roi se hasarda de fermer cette porte.

Aussitôt l'officier alla la rouvrir.

Un instant après, le roi la referma.

Mais, la rouvrant de nouveau :

— Sire, dit l'officier, il est inutile que vous refermiez cette porte : autant de fois vous la refermerez, autant de fois je la rouvrirai ; c'est la consigne.

La porte demeura ouverte.

Tout ce que l'on put obtenir des officiers, c'est que cette porte, sans être complètement fermée, serait poussée contre le chambranle, lorsque la reine s'habillerait ou se déshabillerait.

La reine habillée ou couchée, la porte se rouvrait.

C'était une tyrannie intolérable. La reine eut l'idée de tirer près de son lit le lit de sa femme de chambre, de manière que celui-ci se trouvât placé entre elle et la porte.

Ce lit, roulant et garni de rideaux, lui faisait un paravent derrière lequel elle pouvait s'habiller et se déshabiller.

Une nuit, l'officier, voyant que la femme de chambre dormait et que la reine veillait, profita de ce sommeil de la femme de chambre pour entrer chez la reine, et s'approcher de son lit.

La reine le regarda venir de cet air que savait prendre la fille de Marie-Thérèse quand on lui manquait de respect; mais le brave homme, qui ne croyait aucunement manquer de respect à la reine, ne s'inquiéta point de son air, et, la regardant à son tour avec une expression de pitié à laquelle il n'y avait point à se tromper:

— Ah! par ma foi! dit-il, puisque je vous trouve seule, Madame, il faut que je vous donne quelques conseils.

Et, à l'instant, sans se préoccuper de savoir si la reine voulait ou non l'entendre, il lui expliqua ce qu'il ferait, *s'il était à sa place*.

La reine, qui l'avait vu approcher avec colère, rassurée par son ton de bonhomie, l'avait laissé dire, et avait fini par l'écouter avec une mélancolie profonde.

Sur ces entrefaites, la femme de chambre se réveilla, et, voyant un homme près du lit de la reine, jeta un cri et voulut appeler au secours.

Mais la reine l'arrêta.

— Non, Campan, dit-elle, laissez-moi écouter ce que dit monsieur... Monsieur est un bon Français trompé, comme tant d'autres, sur nos intentions, et ses discours annoncent un véritable attachement à la royauté.

Et l'officier, jusqu'au bout, avait dit à la reine ce qu'il avait à lui dire.

Avant de partir pour Varennes, Marie-Antoinette n'avait pas un cheveu gris.

Pendant la nuit qui suivit la scène que nous avons racontée entre Charny et elle, ses cheveux blanchirent presque complètement.

En s'apercevant de cette triste métamorphose, elle sourit avec amertume, en coupa une boucle, et l'envoya à madame de Lamballe, à Londres, avec ces mots:

« Blanchis par le malheur! »

Nous l'avons vue attendant Barnave, nous avons assisté aux espérances de celui-ci; mais, ces espérances, il avait eu grande difficulté à les faire partager à la reine.

Marie-Antoinette craignait les scènes de violence; jusqu'alors, ces scènes avaient constamment tourné contre elle; témoin le 14 juillet, les 5 et 6 octobre, l'arrestation à Varennes.

Elle avait entendu des Tuileries le bruit de la fatale décharge du Champ de Mars; son cœur s'en était profondément inquiété. A tout prendre, ce voyage de Varennes avait été un grand enseignement pour elle. Jusqu'à ce moment, la Révolution n'avait point, à ses yeux, dépassé la hauteur d'un système de M. Pitt, d'une intrigue du duc d'Orléans; elle croyait Paris conduit par quelques meneurs; elle disait avec le roi: « Notre bonne province! »

Elle avait vu la province: la province était plus révolutionnaire que Paris!

L'Assemblée était bien vieille, bien radoteuse, bien décrépite pour tenir vaillamment les engagements que Barnave avait pris en son nom; d'ailleurs, n'était-elle pas près de mourir? L'embrassement d'une mourante n'était pas bien sain!

La reine attendait donc, comme nous l'avons dit, Weber avec une grande anxiété.

La porte s'ouvrit: elle tourna vivement les yeux de ce côté; mais, au lieu de la bonne grosse figure autrichienne de son frère de lait, elle vit apparaître le visage sévère et froid du docteur Gilbert.

La reine n'aimait pas ce royaliste aux théories constitutionnelles si bien arrêtées, qu'elle le regardait comme un républicain; et, cependant, elle avait pour lui un certain respect; elle ne l'eût envoyé chercher ni dans une crise physique, ni dans une crise morale; mais, lui, une fois là, elle subissait son influence.

En l'apercevant, elle tressaillit.

Elle ne l'avait pas revu depuis la soirée du retour de Varennes.

— C'est vous, docteur? murmura-t-elle.

Gilbert s'inclina.

— Oui, Madame, dit-il, c'est moi... Je sais que vous attendiez Weber; mais les nouvelles qu'il vous apporte, je les appor bien plus précises encore. Il était du côté de la Seine où l'on n'égorgeait pas, et moi, au contraire, j'étais du côté de la Seine où l'on égorgeait...

— Es-tu mort ou vivant? (Page 494.)

— Où l'on égorgeait! Qu'est-il donc arrivé, Monsieur? demanda la reine.
— Un grand malheur, Madame : le parti de la cour a triomphé!
— Le parti de la cour a triomphé! Et vous appelez cela un malheur, monsieur Gilbert?
— Oui, parce qu'il a triomphé par un de ces moyens terribles qui énervent le triomphateur, et qui parfois le couchent à côté du vaincu!
— Mais que s'est-il donc passé?
— La Fayette et Bailly ont tiré sur le peuple; de sorte que voilà la Fayette et Bailly hors d'état de vous servir.
— Pourquoi cela?
— Parce qu'ils sont dépopularisés.

— Et que faisait ce peuple sur lequel on a tiré?
— Il signait une pétition demandant la déchéance.
— La déchéance de qui?
— Du roi.
— Et vous trouvez que l'on a eu tort de tirer sur lui? demanda la reine dont l'œil étincela.
— Je crois qu'on eût mieux fait de le convaincre que de le fusiller.
— Mais de quoi le convaincre?
— De la sincérité du roi.
— Mais le roi est sincère!
— Pardon, Madame... Il y a trois jours, j'ai quitté le roi; toute ma soirée s'était passée à

essayer de lui faire comprendre que ses véritables ennemis, ce sont ses frères, M. de Condé, les émigrés. J'avais, à genoux, supplié le roi de rompre toute relation avec eux, et d'adopter franchement la Constitution, sauf à en reviser les articles, dont la pratique ferait reconnaître l'application impossible. Le roi, convaincu, — je le croyais du moins, — avait eu la bonté de me promettre que c'était fini entre lui et l'émigration; et, derrière moi, Madame, le roi a signé et vous a fait signer, à vous, une lettre pour son frère, pour Monsieur, lettre dans laquelle il le charge de ses pouvoirs auprès de l'empereur d'Autriche et du roi de Prusse...

La reine rougit comme un enfant pris en faute; mais un enfant pris en faute courbe la tête; elle, au contraire, se révolta.

— Nos ennemis ont-ils des espions jusque dans le cabinet du roi?

— Oui, Madame, répondit tranquillement Gilbert, et c'est ce qui rend, de la part du roi, toute démarche fausse si dangereuse.

— Mais, Monsieur, la lettre était tout entière écrite de la main du roi; elle a été — aussitôt signée par moi — pliée et cachetée par le roi, puis remise au courrier qui devait la porter.

— C'est vrai, Madame.

— Le courrier a donc été arrêté?

— La lettre a été lue.

— Mais nous ne sommes donc entourés que de traîtres?

— Tous les hommes ne sont pas des comtes de Charny!

— Que voulez-vous dire?

— Hélas! je veux dire, Madame, qu'un des augures fatals qui présagent la perte des rois, c'est quand ils éloignent d'eux des hommes qu'ils devraient attacher à leur fortune par des liens de fer.

— Je n'ai point éloigné M. de Charny, dit amèrement la reine; c'est M. de Charny qui s'est éloigné. Quand les rois deviennent malheureux, il n'y a plus de liens assez forts pour retenir près d'eux leurs amis.

Gilbert regarda la reine et secoua doucement la tête.

— Ne calomniez pas M. de Charny, Madame, ou le sang de ses deux frères criera, du fond de la tombe, que la reine de France est une ingrate!

— Monsieur! fit Marie-Antoinette.

— Oh! vous savez bien que je dis la vérité, Madame, reprit Gilbert; vous savez bien qu'au jour où un véritable danger vous menacera, M. de Charny sera à son poste, et que ce poste sera celui du danger.

La reine baissa la tête.

— Enfin, dit-elle avec impatience, vous n'étiez pas venu pour me parler de M. de Charny, je suppose?

— Non, Madame; mais les idées sont parfois comme les événements, elles s'enchaînent par des fils invisibles, et telles sont tirées tout à coup au jour qui devraient rester cachées dans l'obscurité du cœur... Non, je venais pour parler à la reine; pardon si, sans le vouloir, j'ai parlé à la femme; mais me voici prêt à réparer mon erreur.

— Et que vouliez-vous dire à la reine, Monsieur?

— Je voulais lui mettre sous les yeux sa situation, celle de l'Europe; je voulais lui dire : Madame, vous jouez le bonheur ou le malheur du monde en partie liée; vous avez perdu la première manche au 6 octobre; vous venez, aux yeux de vos courtisans du moins, de gagner la seconde. A partir de demain, vous allez engager ce que l'on nomme *la belle*; si vous perdez, il y va du trône, de la liberté, peut-être de la vie!

— Et, dit la reine en se redressant vivement, croyez-vous, Monsieur, que nous reculerons devant une pareille crainte?

— Je sais que le roi est brave : il est petit-fils de Henri IV; je sais que la reine est héroïque : elle est fille de Marie-Thérèse; je n'essayerai donc jamais vis-à-vis d'eux que de la conviction; malheureusement, je doute que j'arrive jamais à faire passer dans le cœur du roi et de la reine la conviction qui est dans le mien.

— Pourquoi, alors, prendre une pareille peine, Monsieur, si vous la jugez inutile?

— Pour remplir un devoir, Madame... Croyez-moi, il est doux, quand on vit dans des temps orageux comme les nôtres, de se dire, à chaque effort que l'on fait, cet effort dût-il être infructueux : « C'est un devoir que je remplis! »

La reine regarda Gilbert en face.

— Avant toute chose, Monsieur, dit-elle, pensez-vous qu'il soit encore possible de sauver le roi?

— Je le crois.

— Et la royauté?

— Je l'espère.

— Eh bien, Monsieur, dit la reine avec un soupir profondément triste, vous êtes plus heureux que moi; je crois que l'un et l'autre sont perdus, et je ne me débats, pour mon compte, qu'en acquit de ma conscience.

— Oui, Madame, je comprends cela, parce que vous voulez la royauté despotique et le roi absolu ; comme un avare qui ne sait, même en vue d'un rivage prêt à lui rendre plus qu'il ne perd dans son naufrage, sacrifier une partie de sa fortune, et qui veut garder tous ses trésors, vous vous noierez avec les vôtres, entraînée par leur poids... Faites la part de la tempête, jetez au gouffre tout le passé, s'il le faut, et nagez vers l'avenir !

— Jeter le passé au gouffre, c'est rompre avec tous les rois de l'Europe.

— Oui ; mais c'est faire alliance avec le peuple français.

— Le peuple français est notre ennemi ! dit Marie-Antoinette.

— Parce que vous lui avez appris à douter de vous.

— Le peuple français ne peut lutter contre une coalition européenne.

— Supposez à sa tête un roi qui veuille franchement la Constitution, et le peuple français fera la conquête de l'Europe.

— Il faut une armée d'un million d'hommes pour cela.

— On ne fait pas la conquête de l'Europe avec un million d'hommes, Madame, on fait la conquête de l'Europe avec une idée... Plantez sur le Rhin et sur les Alpes deux drapeaux tricolores avec ces mots : « Guerre aux tyrans, liberté aux peuples ! » et l'Europe sera conquise.

— En vérité, Monsieur, il y a des moments où je suis tentée de croire que les plus sages deviennent fous !

— Ah ! Madame, Madame, vous ne savez donc pas ce que c'est, en ce moment, que la France aux yeux des nations ? La France, avec quelques crimes individuels, quelques excès locaux, mais qui ne tachent point sa robe blanche, qui ne souillent pas ses mains pures, cette France, c'est la vierge de la liberté ; le monde entier est amoureux d'elle ; des Pays-Bas, du Rhin, de l'Italie, des millions de voix l'invoquent ! Elle n'a qu'à mettre un pied hors de la frontière, et les peuples l'attendront à genoux. La France arrivant les mains pleines de liberté, ce n'est plus une nation : c'est la justice immuable ! c'est la raison éternelle !... Oh ! Madame, Madame, profitez de ce qu'elle n'est point encore entrée dans la violence ; car, si vous attendez trop longtemps, ces mains qu'elle étend sur le monde, elle les retournera contre elle-même... Mais la Belgique, mais l'Allemagne, mais l'Italie suivent chacun de ses mouvements avec des regards d'amour et de joie, la Belgique lui dit : « Viens ! » l'Allemagne lui dit : « Je t'attends ! » l'Italie lui dit : « Sauve-moi ! » Au fond du Nord, une main inconnue n'a-t-elle pas écrit sur le bureau de Gustave : « Pas de guerre à la France ! » D'ailleurs, aucun de ces rois que vous appelez à votre aide n'est prêt à nous faire la guerre, Madame. Deux empires nous haïssent profondément, quand je dis deux empires, je veux dire une impératrice et un ministre, Catherine II et M. Pitt ; mais ils sont impuissants contre nous, à cette heure du moins. Catherine II tient la Turquie sous une de ses griffes, et la Pologne sous l'autre ; elle pousse les Allemands vers nous ; elle leur offre la France ; elle fait honte à votre frère Léopold de son inaction ; elle lui montre le roi de Prusse envahissant la Hollande pour un simple déplaisir fait à sa sœur ; elle lui dit : « Marchez donc ! » mais elle ne marche pas. M. Pitt avale l'Inde en ce moment ; il est comme le serpent boa : cette laborieuse digestion l'engourdit ; si nous attendons qu'elle soit achevée, il nous attaquera à son tour, non point tant par la guerre étrangère que par la guerre civile... Je sais que vous en avez une peur mortelle, de ce Pitt ; je sais que vous avouez, Madame, que vous ne parlez pas de lui sans avoir la *petite mort* ; voulez-vous un moyen de le frapper au cœur ? C'est de faire de la France une république avec un roi ! Au lieu de cela, que faites-vous, Madame ? au lieu de cela, que fait votre amie la princesse de Lamballe ? Elle dit à l'Angleterre, où elle vous représente, que toute l'ambition de la France est d'arriver à la grande Charte ; que la Révolution française, bridée et montée par le roi, va marcher à reculons ! Et que répond Pitt à ces avances ? Qu'il ne souffrira pas que la France devienne république ; qu'il sauvera la monarchie ; mais toutes les caresses, toutes les instances, toutes les prières de madame de Lamballe n'ont pu lui faire promettre qu'il sauverait le monarque ; car, le monarque, il le hait ! N'est-ce pas Louis XVI, roi constitutionnel, roi, philosophe, qui lui a disputé l'Inde et arraché l'Amérique ? Louis XVI ! mais Pitt ne désire qu'une chose, c'est que l'histoire en fasse un pendant à Charles Ier !

— Monsieur ! Monsieur ! s'écria la reine épouvantée, qui donc vous dévoile toutes ces choses ?

— Les mêmes hommes qui me disent ce qu'il y a dans les lettres que Votre Majesté écrit.

— Mais nous n'avons donc plus une pensée qui nous appartienne?

— Je vous ai dit, Madame, que les rois de l'Europe étaient enveloppés d'un invisible réseau dans lequel ceux qui voudraient résister se débattront inutilement. Ne résistez pas, Madame : mettez-vous à la tête des idées que vous essayez de tirer en arrière, et le réseau vous deviendra une armure, et ceux qui vous haïssent deviendront vos défenseurs, et ces poignards invisibles qui vous menacent deviendront des épées prêtes à frapper vos ennemis!

— Mais ceux que vous appelez nos ennemis, Monsieur, vous oubliez toujours que ce sont les rois nos frères.

— Eh! Madame, appelez une fois les Français vos enfants, et vous verrez, alors, le peu que vous sont ces frères selon la politique et la diplomatie! D'ailleurs, tous ces rois, tous ces princes, ne vous semblent-ils point marqués du sceau fatal, du sceau de la folie? Commençons par votre frère Léopold, caduc à quarante-quatre ans, avec son harem toscan transporté à Vienne, ranimant ses facultés mourantes par des excitants meurtriers qu'il se fabrique lui-même... Voyez Frédéric; voyez Gustave; l'un qui est mort, l'autre qui mourra sans postérité, — car, aux yeux de tous, il est connu que l'héritier royal de Suède est le fils de Monk, et non celui de Gustave... Voyez le roi de Portugal, avec ses trois cents religieuses... Voyez le roi de Saxe, avec ses trois cent cinquante-quatre bâtards... Voyez Catherine, cette Pasiphaé du Nord, à qui un taureau ne saurait suffire, et qui a trois armées pour amants!... Oh! Madame, Madame, ne vous apercevez-vous pas que tous ces rois et toutes ces reines marchent au gouffre, à l'abîme, au suicide, et que, si vous vouliez, vous... vous! au lieu de marcher comme eux, au suicide, à l'abîme, au gouffre, vous marcheriez à l'empire du monde, à la monarchie universelle?

— Pourquoi donc ne dites-vous point cela au roi, monsieur Gilbert? demanda la reine ébranlée.

— Eh! je le lui dis, mon Dieu! mais, comme vous avez les vôtres, il a ses mauvais génies qui viennent défaire ce que j'ai fait.

Puis, avec une profonde mélancolie :

— Vous avez usé Mirabeau, vous usez Barnave; vous m'userez après eux et comme eux, et tout sera dit!

— Monsieur Gilbert, fit la reine, attendez-moi ici.....J'entre un instant chez le roi, et je reviens.

Gilbert s'inclina; la reine passa devant lui, et sortit par la porte qui conduisait chez le roi.

Le docteur attendit dix minutes, un quart d'heure, une demi-heure; enfin, une porte s'ouvrit, mais opposée à celle par laquelle était sortie la reine.

C'était un huissier qui, après avoir regardé de tout côté avec inquiétude, s'avança vers Gilbert, fit un signe maçonnique, lui remit une lettre, et s'éloigna.

Gilbert ouvrit la lettre et lut :

« Tu perds ton temps, Gilbert : en ce moment, la reine et le roi écoutent M. de Breteuil, qui arrive de Vienne, et qui leur apporte ce plan de politique :

» *Faire de Barnave comme de Mirabeau; ga-*
» *gner du temps, jurer la Constitution, l'exécuter*
» *littéralement, pour montrer qu'elle est inexé-*
» *cutable. La France se refroidira, s'ennuiera;*
» *les Français ont la tête légère, il se fera*
» *quelque mode nouvelle, et la liberté passera.*
» *Si la liberté ne passe pas, on aura gagné*
» *un an, et, dans un an, nous serons prêts à la*
» *guerre.* »

» Laisse donc là ces deux condamnés, qu'on appelle encore, par dérision, le roi et la reine, et rends-toi, sans perdre un instant, à l'hôpital du Gros-Caillou; tu y trouveras un mourant, moins malade qu'eux; car, ce mourant, peut-être pourras-tu le sauver, tandis qu'eux, sans que tu puisses les sauver, t'entraîneront dans leur chute! »

Le billet n'avait point de signature; mais Gilbert reconnut l'écriture de Cagliostro.

En ce moment, madame Campan entra; cette fois, c'était par la porte de la reine.

Elle remit à Gilbert un petit billet conçu en ces termes :

« Le roi prie M. Gilbert de lui mettre par écrit tout le plan politique qu'il vient d'exposer à la reine.

» La reine, retenue par une affaire importante, a le regret de ne pouvoir revenir près de M. Gilbert; il serait donc inutile qu'il l'attendît plus longtemps. »

Gilbert lut, resta un moment pensif, et, secouant la tête :

— Les insensés! murmura-t-il.

— N'avez-vous rien à faire dire à Leurs Majestés, Monsieur? demanda madame Campan.

Gilbert donna à la femme de chambre la lettre sans signature qu'il venait de recevoir.

— Voici ma réponse, dit-il.

Et il sortit.

XXI

PLUS DE MAITRE! PLUS DE MAITRESSE!

Avant de suivre Gilbert dans cet hôpital du Gros-Caillou, où le réclament les soins à donner à ce blessé inconnu recommandé par Cagliostro, jetons un dernier coup d'œil sur l'Assemblée, qui va se dissoudre, après l'acceptation de cette Constitution à laquelle est suspendue la non-déchéance du roi, et voyons quel parti la cour tirera de cette fatale victoire du 17 juillet, qui, deux ans plus tard, coûtera la tête à Bailly. Puis nous reviendrons aux héros de cette histoire, que nous avons un peu perdus de vue, emportés qu'ils sont par la tourmente politique, qui nous force de mettre sous les yeux des lecteurs ces grands troubles de la rue où les individus disparaissent pour faire place aux masses.

Nous avons vu le danger couru par Robespierre, et nous savons comment, grâce à l'intervention du menuisier Duplay, il a échappé au triomphe peut-être mortel qui allait être déféré à sa popularité.

Tandis qu'il soupe en famille dans une petite salle à manger donnant sur la cour, avec le mari, la femme et les deux filles, ses amis, instruits du péril auquel il a été exposé, s'inquiètent de lui.

Madame Roland surtout. — Créature dévouée, elle oublie qu'elle a été vue et reconnue sur l'autel de la Patrie, et qu'elle court le même risque que les autres. Elle commence par recueillir chez elle Robert et mademoiselle de Kéralio ; puis, comme on lui dit que l'Assemblée doit, cette même nuit, dresser un acte d'accusation contre Robespierre, elle va, pour prévenir celui-ci, au fond du Marais, et, ne le trouvant pas, elle revient quai des Théatins, chez Buzot.

Buzot est un des admirateurs de madame Roland ; elle sait toute l'influence qu'elle a sur Buzot. C'est pour cela qu'elle s'adresse à lui.

Buzot fait immédiatement passer un mot à Grégoire. Si l'on attaque Robespierre aux Feuillants, Grégoire le défendra aux Feuillants ; si l'on attaque Robespierre à l'Assemblée, lui, Buzot, défendra Robespierre à l'Assemblée.

C'est d'autant plus méritoire de sa part qu'il n'adore pas Robespierre.

Grégoire alla aux Feuillants, et Buzot à l'Assemblée : il ne fut pas question d'accuser Robespierre ni aucun autre. Députés et Feuillants étaient épouvantés de leur propre victoire, consternés du pas sanglant qu'ils avaient fait au profit des royalistes. A défaut d'accusation contre les hommes, on en porta une contre les clubs ; un membre de l'Assemblée demanda leur fermeture immédiate. On crut un instant qu'il allait y avoir unanimité pour cette mesure ; mais Duport, mais la Fayette réclamèrent : fermer les clubs, c'était fermer les Feuillants. La Fayette et Duport n'étaient point encore désillusionnés sur la force que cette arme mettait entre leurs mains. Ils croyaient que les Feuillants remplaceraient les Jacobins, et que, par l'immense machine, ils dirigeraient l'esprit de la France.

Le lendemain, l'Assemblée reçut le double rapport du maire de Paris et du commandant de la garde nationale. Tout le monde avait intérêt à se tromper : la comédie fut facile à jouer.

Le commandant et le maire parlèrent de l'immense désordre qu'il leur avait fallu comprimer ; de la pendaison du matin et des coups de feu du soir, — deux choses qui n'avaient aucune corrélation ; — du danger qui avait menacé le roi, l'Assemblée, la société tout entière, — danger qu'ils savaient mieux que personne n'avoir jamais existé.

L'Assemblée les remercia d'une énergie qu'ils n'avaient jamais eu l'idée de déployer, les félicita d'une victoire que chacun d'eux déplorait au fond du cœur, et rendit grâce au ciel, qui avait permis que l'on anéantît d'un seul coup l'insurrection et les insurgés.

A entendre les félicités et les félicitants, la Révolution était terminée.

La Révolution commençait !

Pendant ce temps, les anciens Jacobins, jugeant du lendemain par la veille, se croyaient attaqués, poursuivis, traqués, et se préparaient à se faire pardonner leur importance réelle à force de feinte humilité. Robespierre, encore tout tremblant d'avoir été proposé pour roi à la place de Louis XVI, rédigea une adresse au nom des présents et des absents.

Dans cette adresse, il remerciait l'Assemblée de ses *généreux efforts*, de sa *sagesse*, de sa *fermeté*, de sa *vigilance*, de sa *justice impartiale et incorruptible*.

Comment les Feuillants n'auraient-ils pas repris courage, et ne se seraient-ils pas crus tout-puissants, en voyant cette humilité de leurs ennemis ?

Un instant, ils se crurent, non seulement les maîtres de Paris, mais encore les maîtres de la France.

Hélas! les Feuillants n'avaient point compris la situation : en se séparant des Jacobins, ils avaient fait tout simplement une seconde assemblée, doublure de la première. La similitude entre les deux compagnies était telle, que, aux Feuillants comme à la Chambre, on n'entrait qu'en payant contribution, qu'à la condition d'être citoyen actif, électeur des électeurs.

Le peuple avait deux chambres bourgeoises, au lieu d'une.

Ce n'était point cela qu'il voulait.

Il voulait une chambre populaire qui fût, non pas l'alliée, mais l'ennemie de l'Assemblée nationale; qui n'aidât point celle-ci à reconstituer la royauté, mais qui la forçât de la détruire.

Les Feuillants ne répondaient donc aucunement à l'esprit public; aussi le public les abandonna dans ce court trajet qu'ils venaient de faire.

Leur popularité se perdit en traversant la rue.

En juillet, la province comptait quatre cents sociétés, sur ces quatre cents sociétés, trois cents correspondaient également avec les Feuillants et les Jacobins; cent avec les Jacobins seuls.

De juillet à septembre, il se créa six cents autres sociétés, dont pas une ne correspondait avec les Feuillants.

Et, au fur et à mesure que les Feuillants s'affaiblissaient, les Jacobins se reconstituaient sous la main de Robespierre. — Robespierre commençait à être l'homme le plus populaire de France.

La prédiction de Cagliostro à Gilbert s'accomplissait à l'endroit du petit avocat d'Arras.

Peut-être la verrons-nous s'accomplir aussi fidèlement à l'endroit du petit Corse d'Ajaccio.

En attendant, l'heure qui devait voir la fin de l'Assemblée nationale sonnait; elle sonnait lentement, c'est vrai, comme pour ces vieillards chez lesquels la vie s'éteint et se consume goutte à goutte.

Après avoir voté trois mille lois, l'Assemblée venait d'achever enfin la revision de la Constitution.

Cette Constitution, c'était une cage de fer dans laquelle, presque malgré elle, presque à son insu, elle avait enfermé le roi.

Elle avait doré les barreaux de la cage; mais, au bout du compte, tout dorés qu'ils étaient, les barreaux ne dissimulaient pas la prison.

En effet, la volonté royale était devenue impuissante; c'était une roue qui recevait le mouvement au lieu de l'imprimer. Toute la résistance de Louis XVI était dans son *veto*, qui, pour trois ans, suspendait l'exécution des décrets rendus, si ces décrets ne convenaient pas au roi; alors la roue cessait de tourner, et, par son immobilité, arrêtait toute la machine.

A part cette force d'inertie, la royauté de Louis XIV et de Henri IV, toute d'initiative sous ces deux grands rois, n'était plus qu'une majestueuse inutilité.

Cependant, le jour où le roi devait jurer la Constitution approchait.

L'Angleterre et les émigrés écrivaient au roi :

« Périssez, s'il le faut; mais ne vous avilissez pas en jurant! »

Léopold et Barnave disaient :

« Jurez toujours : tiendra qui pourra. »

Enfin, le roi décida la question par cette phrase :

« Je déclare que je ne vois point dans la Constitution des moyens suffisants d'action et d'unité; mais, puisque les opinions sont diverses sur ce sujet, je consens que l'expérience en demeure seule juge. »

Restait à savoir dans quel lieu la Constitution serait présentée à l'acceptation du roi : aux Tuileries ou à l'Assemblée?

Le roi trancha la difficulté en annonçant qu'il jurerait la Constitution là où elle avait été votée.

Le jour fixé par le roi était le 13 septembre.

L'Assemblée reçut cette communication avec des applaudissements unanimes.

Le roi venait à elle!

Dans un élan d'enthousiasme, la Fayette se leva et demanda une amnistie universelle pour ceux qui étaient accusés d'avoir favorisé la fuite du roi.

L'Assemblée vota l'amnistie par acclamation.

Ce nuage, qui un instant avait assombri le ciel de Charny et d'Andrée, se dissipa donc aussitôt que formé.

Une députation de soixante membres fut nommée pour remercier le roi de sa lettre.

Le garde des sceaux se leva et courut annoncer au roi cette députation.

Le matin même, un décret avait aboli l'ordre du Saint-Esprit, autorisant le roi seul à porter ce cordon, emblème de la haute aristocratie.

La députation trouva le roi décoré de la seule croix de Saint-Louis, et, comme Louis XVI s'aperçut de l'effet que produisait sur les députés l'absence du cordon bleu :

— Messieurs, dit-il, vous avez aboli ce matin l'ordre du Saint-Esprit en le conservant pour moi seul; mais un ordre, quel qu'il soit, n'ayant à mes yeux d'autre prix que celui de pouvoir être communiqué, à partir d'aujourd'hui je le tiens comme aboli pour moi aussi bien que pour les autres.

La reine, le dauphin et Madame Royale se tenaient debout près de la porte ; la reine pâle, les dents serrées, toutes les fibres frémissantes ; — Madame Royale, déjà passionnée, violente, hautaine, impressionnée des humiliations passées, présentes et futures ; — le dauphin, insoucieux comme un enfant : seul, il semblait, par son sourire et le mouvement qu'il se donnait, un personnage vivant dans un groupe de marbre.

Quant au roi, quelques jours auparavant, il avait dit à M. de Montmorin :

— Je sais bien que je suis perdu... Tout ce qu'on fera désormais en faveur de la royauté, qu'on le tente pour mon fils.

Louis XVI répondit avec une sincérité apparente au discours de la députation.

Puis, lorsqu'il eut fini, se tournant vers la reine et la famille royale :

— Voilà, dit-il, ma femme et mes enfants qui partagent tous mes sentiments.

Oui, femme et enfants les partageaient ; car, lorsque la députation se fut retirée, que le roi l'eut suivie d'un regard inquiet, la reine d'un regard haineux, les deux époux se rapprochèrent, et Marie-Antoinette, posant sa main blanche et froide comme du marbre sur le bras du roi :

— Ces gens-là, dit-elle en secouant la tête, ne veulent plus de souverains. Ils démolissent la monarchie pierre à pierre, et, de ces pierres, ils nous font un tombeau !

Elle se trompait, pauvre femme ! ensevelie dans la bière des pauvres, elle ne devait pas même avoir un tombeau.

Mais la chose sur laquelle elle ne se trompait pas, c'étaient ces atteintes de tous les jours à la prérogative royale.

M. de Malouet était président de l'Assemblée : c'était un royaliste pur sang ; cependant il se crut obligé de mettre en délibération si l'Assemblée resterait debout ou assise, tandis que le roi prononcerait son serment.

— Assise ! assise ! cria-t-on de toute part.

— Et le roi ? demanda M. de Malouet.

— Debout et tête nue ! cria une voix.

L'Assemblée entière tressaillit.

Cette voix était isolée, mais nette, forte, vibrante ; elle semblait la voix du peuple, qui ne se fait entendre solitaire que pour mieux être entendue.

Le président pâlit.

Qui avait prononcé ces paroles ? Étaient-elles parties de la salle ou des tribunes ? N'importe ! elles avaient une telle puissance que le président fut forcé d'y répondre.

— Messieurs, dit-il, il n'y a point de circonstance où la nation assemblée en présence du roi ne le reconnaisse pour son chef. Si le roi prête son serment debout, je demande que l'Assemblée l'écoute dans la même attitude.

Alors, la même voix se fit entendre.

— J'ai, dit-elle, à proposer un amendement qui mettra tout le monde d'accord. Décrétons qu'il sera permis à M. de Malouet et à quiconque préférera cette posture, d'écouter le roi à genoux ; maintenons la proposition.

La proposition fut écartée.

C'était le lendemain de cette discussion que le roi devait prêter serment. La salle était comble ; les tribunes regorgeaient de spectateurs.

A midi, on annonça le roi.

Le roi parla debout ; l'Assemblée l'écouta debout ; puis, le discours prononcé, on signa l'acte constitutionnel et tout le monde s'assit.

Alors, le président — c'était Thouret — se leva pour prononcer son discours ; mais, après les deux ou trois premières phrases, voyant que le roi ne se levait point, il s'assit lui-même.

Cette action provoqua les applaudissements des tribunes.

A ces applaudissements plusieurs fois répétés, le roi ne put s'empêcher de pâlir.

Il tira son mouchoir de sa poche, et essuya la sueur qui ruisselait sur son front.

La reine assistait à la séance dans une loge particulière ; elle ne put en supporter davantage ; elle se leva, sortit, fermant violemment la porte, et se fit ramener aux Tuileries.

Elle rentra sans dire un seul mot, même à ses plus intimes. Depuis que Charny n'était plus près d'elle, son cœur absorbait le fiel, mais ne le rendait pas.

Le roi rentra une demi-heure après elle.

— La reine ? demanda-t-il aussitôt.

On lui indiqua où elle était.

Un huissier voulait marcher devant lui.

Il l'écarta d'un signe, ouvrit les portes lui-même, et apparut tout à coup sur le seuil de la chambre où se trouvait la reine.

Il était si pâle, si défait, la sueur coulait à si larges gouttes sur son front, que la reine, en l'apercevant, se leva tout debout et poussa un cri.

— Oh ! Sire, dit-elle, qu'est-il donc arrivé ?

Le roi, sans répondre, se jeta dans un fauteuil et éclata en sanglots.

— Oh ! Madame, Madame, s'écria-t-il, pourquoi avez-vous assisté à cette séance ? Fallait-il que vous fussiez témoin de mon humiliation ? Est-ce donc pour cela que, sous prétexte d'être reine, je vous ai fait venir en France ?

Une pareille explosion de la part de Louis XVI était d'autant plus déchirante qu'elle était rare. La reine n'y put tenir, et, courant au roi, elle se laissa tomber à genoux devant lui.

En ce moment, le bruit d'une porte qu'on ouvrait la fit retourner. C'était madame Campan qui entrait.

La reine étendit le bras vers elle.

— Oh ! laissez-nous, Campan, dit-elle, laissez-nous !

Madame Campan ne se trompa point au sentiment qui portait la reine à l'éloigner. Elle se retira respectueusement ; mais, debout derrière la porte, elle entendit longtemps les deux époux échangeant des phrases entrecoupées par des sanglots.

Enfin les interlocuteurs se turent, les sanglots se calmèrent ; au bout d'une demi-heure, la porte se rouvrit, et la reine elle-même appela madame Campan.

— Campan, dit-elle, chargez-vous de remettre cette lettre à M. de Malden ; elle est adressée à mon frère Léopold. Que M. de Malden parte à l'instant pour Vienne ; il faut que cette lettre y arrive avant la nouvelle de ce qui s'est passé aujourd'hui... S'il a besoin de deux ou trois cents louis : donnez-les-lui ; je vous les rendrai.

Madame Campan prit la lettre et sortit. Deux heures après, M. de Malden partait pour Vienne.

Ce qu'il y avait de pis dans tout cela, c'est qu'il fallait sourire, caresser, avoir l'air joyeux.

Pendant tout le reste de la journée, les Tuileries furent remplies d'une foule prodigieuse. Le soir, la ville entière étincela d'illuminations. On invita le roi et la reine à se promener aux Champs-Élysées en voiture, escortés par les aides de camp et les chefs de l'armée parisienne.

A peine parurent-ils, que des cris de « Vive le roi ! » et « Vive la reine ! » se firent entendre. Mais, dans un intervalle où ces cris s'éteignaient, et où la voiture était arrêtée :

— Ne les croyez pas, dit un homme du peuple à la mine farouche, et qui se tenait les bras croisés près du marchepied. Vive la nation !

La voiture se remit en marche au pas ; mais l'homme du peuple appuya sa main sur la portière, marchant du même pas qu'elle, et, chaque fois que le peuple criait : « Vive le roi ! vive la reine ! » répétant de sa même voix stridente :

— Ne les croyez pas... Vive la nation !

La reine rentra le cœur broyé de cet incessant coup de marteau qui frappait avec la périodicité de l'entêtement et de la haine.

Des représentations s'organisèrent aux différents théâtres : d'abord à l'Opéra, puis à la Comédie-Française, puis aux Italiens.

A l'Opéra et aux Français, on *fit la salle*, et le roi et la reine furent reçus par des acclamations unanimes ; mais, lorsqu'on voulut prendre les mêmes précautions pour les Italiens, il n'était plus temps : le parterre avait été loué en masse.

On comprit qu'il n'en serait pas des Italiens comme de l'Opéra et des Français, et que, probablement, il y aurait du bruit le soir.

La crainte se tourna en certitude, quand on vit la façon dont le parterre était composé.

Danton, Camille Desmoulins, Legendre, Santerre, y occupaient les premières places. Au moment où la reine entrait dans sa loge, les galeries essayèrent d'applaudir.

Le parterre chuta.

La reine plongea avec terreur son regard dans cette espèce de cratère béant devant elle : elle vit, comme à travers une atmosphère de flamme, des yeux pleins de colère et de menace.

Elle ne connaissait aucun de ces hommes de vue, quelques-uns pas même de nom.

— Que leur ai-je donc fait, mon Dieu ? se demandait-elle en cherchant à dissimuler son trouble sous un sourire, et pourquoi me détestent-ils ainsi ?

Tout à coup, son regard s'arrêta avec terreur sur un homme debout contre une des colonnes sur lesquelles reposait la galerie.

Cet homme la regardait avec une effrayante fixité.

C'était l'homme du château de Taverney, l'homme du retour de Sèvres ; l'homme du jardin des Tuileries ; c'était l'homme aux paroles menaçantes, aux actions mystérieuses et terribles !

Une fois les yeux de la reine arrêtés sur cet homme, ils ne purent plus s'en détourner. Il exerçait sur elle la fascination du serpent sur l'oiseau.

Le spectacle commença : la reine fit un effort, rompit le charme, parvint à détourner la tête et à regarder sur la scène.

On jouait les *Événements imprévus* de Grétry.

Mais, quelque effort que fît Marie-Antoinette pour distraire sa pensée de l'homme mystérieux, malgré elle, et, comme par l'effet d'une puissance magnétique plus forte que sa volonté, elle se retournait et dardait son regard effrayé dans cette seule et unique direction.

C'était une chose terrible que cette marche. (Page 495.)

Et l'homme était sans cesse à la même place, immobile, sardonique, railleur. C'était une obsession douloureuse, intime, fatale; quelque chose de semblable, pendant la veille, à ce qu'est le cauchemar pendant la nuit.

Au reste, une sorte d'électricité flottait dans la salle. Ces deux colères suspendues ne pouvaient manquer de se heurter, comme aux jours orageux d'août, deux nuages arrivant des deux extrémités de l'horizon, et comme ces deux nuages se heurtant, de dégager l'éclair, sinon la foudre.

L'occasion se présenta enfin.

Madame Dugazon, cette charmante femme qui a donné son nom à un emploi, avait un duo à chanter avec le ténor, et, dans ce duo, elle disait ces vers :

Oh! comme j'aime ma maîtresse!

La vaillante créature s'élança sur le devant de la scène, leva les yeux et les bras vers la reine, et jeta la fatale provocation.

La reine comprit que là était la tempête.

Elle se détourna épouvantée, et ses yeux se portèrent involontairement sur l'homme de la colonne.

Elle crut lui voir faire un signe de commandement auquel tout le parterre obéit.

En effet, d'une seule voix, d'une voix terrible, le parterre cria :

— Plus de maître! plus de maîtresse! Liberté!...

Mais, à ce cri, loges et galeries répondirent :
— Vive le roi! vive la reine! vivent à jamais notre maître et notre maîtresse!
— Plus de maître! plus de maîtresse! Liberté! liberté! liberté! hurla une seconde fois le parterre.

Puis cette double déclartion de guerre jetée et acceptée, la lutte commença.

La reine poussa un cri de terreur et ferma les yeux ; elle ne se sentait plus la force de regarder ce démon, qui semblait le roi du désordre, l'esprit de la destruction.

Au même instant, les officiers de la garde nationale l'enveloppèrent, lui faisant un rempart de leur corps, et l'entraînant hors de la salle.

Mais, dans les corridors, ce cri continua de la poursuivre.
— Plus de maître! plus de maîtresse! plus de roi! plus de reine!

On la porta évanouie dans sa voiture. Ce fut la dernière fois que la reine alla au spectacle.

Le 30 septembre, l'Assemblée constituante, par l'organe de son président Thouret, déclarait qu'elle avait rempli sa mission, et terminait ses séances.

Voici, en quelques lignes, le résultat de ses travaux, qui avaient duré deux ans et quatre mois :

La désorganisation complète de la monarchie ;
L'organisation du pouvoir populaire ;
La destruction de tous les privilèges nobiliaires et ecclésiastiques ;
Douze cents millions d'assignats décrétés ;
L'hypothèque mise sur les biens nationaux ;
La liberté des cultes reconnue ;
Les vœux monastiques abolis ;
Les lettres de cachet détruites ;
L'égalité des charges publiques établie ;
Les douanes intérieures supprimées ;
La garde nationale instituée ;
Enfin, la Constitution votée et soumise à l'acceptation du roi.

Il eût fallu avoir de bien tristes prévisions pour croire, — roi ou reine de France, — que l'on eût plus à craindre de l'Assemblée qui allait se réunir que de celle qui venait de se dissoudre.

XXII

LES ADIEUX DE BARNAVE

Le 2 octobre, c'est-à-dire le surlendemain de la dissolution de la Constituante, à l'heure où il avait l'habitude de voir la reine, Barnave était introduit, non plus dans l'entresol de madame Campan, mais dans la pièce que l'on appelait le grand cabinet.

Le soir même du jour où le roi avait juré la Constitution, sentinelles, aides de camp de la Fayette avaient disparu de l'intérieur du château, et, si le roi n'était pas redevenu puissant, il était au moins redevenu libre.

C'était une petite compensation à cette humiliation dont nous l'avons vu se plaindre si amèrement à la reine.

Sans être reçu publiquement et avec l'apparat d'une audience solennelle, Barnave n'allait donc plus cette fois être soumis aux précautions qu'avait jusqu'alors nécessitées sa présence aux Tuileries.

Il était très pâle et paraissait fort triste ; cette tristesse et cette pâleur frappèrent la reine.

Elle le reçut debout, quoiqu'elle connût le respect qu'avait pour elle le jeune avocat, et qu'elle fût bien certaine qu'il ne ferait point, si elle s'asseyait, ce qu'avait fait le président Thouret en voyant que le roi ne se levait pas.

— Eh bien, monsieur Barnave, dit-elle, vous voilà content, le roi a suivi votre avis, il a juré la Constitution.

— La reine est bien bonne, répondit Barnave en s'inclinant, de dire que le roi a suivi mon avis... Si cet avis n'eût point été en même temps celui de l'empereur Léopold et du prince de Kaunitz, peut-être Sa Majesté eût-elle mis une hésitation plus grande à accomplir cet acte, le seul pourtant qui pût sauver le roi, si le roi pouvait...

Barnave s'arrêta.

— Pouvait être sauvé... n'est-ce pas, Monsieur? C'est cela que vous voulez dire? reprit la reine abordant la question en face avec ce courage, et, nous pouvons ajouter, avec cette audace qui lui étaient particuliers.

— Dieu me garde, Madame, de me faire le prophète de pareils malheurs! Et cependant, près de quitter Paris, près de m'éloigner pour toujours de la reine, je ne voulais ni trop désespérer Sa Majesté, ni lui laisser trop d'illusions.

— Vous quittez Paris, monsieur Barnave? vous vous éloignez de moi?

— Les travaux de l'Assemblée dont j'étais membre sont finis, Madame, et, comme l'Assemblée a décidé qu'aucun constituant ne pourrait faire partie de la Législative, je n'ai plus aucun motif pour rester à Paris.

— Pas même celui de nous être utile, monsieur Barnave?

Barnave sourit tristement.

— Pas même celui de vous être utile, Madame; car, en effet, à partir d'aujourd'hui, ou plutôt d'avant-hier, je ne puis plus vous être utile à rien.

— Oh! Monsieur! dit la reine, vous présumez trop peu de vous-même.

— Hélas! non, Madame, je me juge, et je me trouve faible... je me pèse, et je me trouve léger... Ce qui faisait ma force, force dont je suppliais la monarchie de se servir comme d'un levier, c'était mon influence à l'Assemblée, ma domination aux Jacobins; c'était enfin ma popularité si péniblement acquise; mais l'Assemblée est dissoute, mais les Jacobins sont devenus les Feuillants, et j'ai grand'peur que les Feuillants n'aient joué, en se séparant des Jacobins, un bien mauvais jeu... Enfin, Madame, ma popularité...

Barnave sourit encore plus tristement que la première fois.

— Enfin, ma popularité est perdue!

La reine regarda Barnave, et une lueur étrange qui ressemblait à un éclair de triomphe passa dans ses yeux.

— Eh bien, dit-elle, vous voyez donc, Monsieur, que la popularité se perd.

Barnave poussa un soupir.

La reine comprit qu'elle venait de commettre une de ces petites cruautés qui lui étaient habituelles.

En effet, si Barnave avait perdu sa popularité, si un mois avait suffi pour cela, s'il avait été forcé de courber la tête sous la parole de Robespierre, à qui la faute? N'était-ce pas à cette monarchie fatale qui entraînait tout ce qu'elle touchait vers l'abîme où elle courait elle-même; à ce destin terrible qui, de Marie-Antoinette, comme de Marie Stuart, faisait une espèce d'ange de la mort venant au tombeau tous ceux auxquels elle apparaissait?

Elle revint donc en quelque sorte sur ses pas, et, sachant gré à Barnave d'avoir répondu par un simple soupir, quand il eût pu répondre par ces mots foudroyants : « Pour qui ai-je perdu ma popularité, Madame, sinon pour vous? » elle reprit :

— Mais non, vous ne partirez point, n'est-ce pas, monsieur Barnave?

— Certes, dit Barnave, si la reine me dit de rester, je resterai, comme reste sous un drapeau un soldat qui a son congé et que l'on garde pour la bataille; mais, si je reste, savez-vous ce qui arrivera, Madame? Au lieu d'être faible, je deviendrai traître!

— Comment cela, Monsieur? dit la reine légèrement blessée. Expliquez-vous : je ne vous comprends pas.

— La reine me permet-elle de la placer bien en face de la situation, non seulement où elle se trouve, mais encore où elle va se trouver?

— Faites, Monsieur; je suis habituée à sonder les abîmes, et si j'étais facile au vertige, déjà depuis longtemps je serais précipitée.

— La reine regarde peut-être l'Assemblée qui se retire comme son ennemie?

— Distinguons, monsieur Barnave; dans cette Assemblée, j'ai eu des amis; mais vous ne nierez pas que la majorité de cette Assemblée n'ait été hostile à la royauté.

— Madame, dit Barnave, l'Assemblée n'a fait qu'un acte d'hostilité contre le roi et vous; c'est le jour où elle a décrété qu'aucun de ses membres ne pourrait faire partie de la Législative.

— Je ne vous comprends pas bien, Monsieur; expliquez-moi cela, dit la reine avec le sourire du doute.

— C'est bien simple : elle a arraché le bouclier du bras de vos amis.

— Et un peu aussi, ce me semble, l'épée de la main de mes ennemis.

— Hélas! Madame, vous vous trompez! le coup vient de Robespierre, et il est terrible comme tout ce qui vient de cet homme! D'abord, vis-à-vis de l'Assemblée nouvelle, il vous jette dans l'inconnu. Avec la Constituante, vous saviez qui combattre : avec la Législative, c'est une nouvelle étude à faire. Puis remarquez bien ceci, Madame, en proposant qu'aucun de nous ne pût être réélu, Robespierre a voulu mettre la France dans cette alternative, de prendre ou la couche qui nous est supérieure ou la couche qui nous est inférieure. Au-dessus de nous, rien n'existe : l'émigration a tout désorganisé; et en supposant même que la noblesse fût demeurée en France, ce n'est point parmi les nobles que le peuple irait chercher ses représentants. Au-dessous de nous, soit, c'est au-dessous de nous que le peuple a pris ses députés : alors, l'Assemblée entière sera démocrate; il y aura des nuances dans cette démocratie, voilà tout.

On voyait sur le visage de la reine qu'elle suivait avec une attention profonde la démonstration de Barnave, et que, commençant à comprendre, elle commençait à s'effrayer.

— Tenez, continua Barnave, je les ai vus, ces députés, car, depuis trois ou quatre jours déjà, ils affluent à Paris; j'ai vu particulièrement ceux qui arrivent de Bordeaux. Ce sont presque tous des hommes sans nom, mais qui ont hâte de s'en faire un, d'autant plus pressés qu'ils sont jeunes. A part Condorcet, Brissot et quelques autres, les plus vieux d'entre eux ont à peine trente ans. C'est l'avènement de la jeunesse chassant l'âge mûr, et détrônant la tradition. Plus de cheveux blancs ! une nouvelle France va siéger en cheveux noirs.

— Et vous croyez, Monsieur, que nous avons plus à craindre de ceux qui arrivent que de ceux qui s'en vont ?

— Oui, Madame ; car ceux qui arrivent, arrivent armés d'un mandat : faire la guerre aux nobles et aux prêtres ! Quant au roi, on ne se prononce pas encore sur lui, on verra... S'il veut se contenter d'être pouvoir exécutif, peut-être lui pardonnera-t-on le passé.

— Comment ! s'écria la reine, comment ! lui pardonner le passé ?... Mais ce serait au roi de pardonner, je présume !

— Eh bien, justement ; vous voyez, voilà où l'on ne s'entendra jamais : ceux qui arrivent, Madame, — et vous en aurez malheureusement la preuve, — ne garderont pas même les ménagements hypocrites de ceux qui s'en vont... Pour eux, — je tiens cela d'un député de la Gironde, d'un de mes confrères nommé Vergniaud, — pour eux, le roi, c'est l'ennemi !

— L'ennemi ? dit la reine avec étonnement.

— Oui, Madame, répéta Barnave, l'ennemi ! c'est-à-dire le centre volontaire ou involontaire de tous les ennemis intérieurs et extérieurs ; hélas ! oui, il faut bien l'avouer, — et ils n'ont pas tout à fait tort, ces nouveaux venus, qui croient avoir découvert une vérité, et qui n'ont d'autre mérite que de dire tout haut ce que vos plus ardents adversaires n'osaient dire tout bas...

— Ennemi ; répéta la reine ; le roi, ennemi de son peuple ? Oh ! par exemple, monsieur Barnave, voilà une chose dont non seulement vous ne me ferez jamais convenir, mais encore que vous ne me ferez jamais comprendre !

— C'est cependant la vérité, Madame ; ennemi de nature, ennemi de tempérament ! Il y a trois jours, il a accepté la Constitution, n'est-ce pas ?

— Oui ; eh bien ?

— Eh bien, en rentrant ici, le roi s'est presque trouvé mal de colère, et, le soir, il a écrit à l'empereur.

— Mais aussi comment voulez-vous que nous supportions de pareilles humiliations ?

— Ah ! vous le voyez bien, Madame : ennemi, fatalement ennemi... Ennemi volontaire, car, élevé par M. de la Vauguyon, le général du parti jésuitique, le roi a son cœur dans la main des prêtres, qui sont les ennemis de la nation ! ennemi involontaire, car il est le chef obligé de la contre-révolution ; et, supposez même qu'il ne quitte point Paris, il est à Coblentz avec l'émigration, en Vendée avec les prêtres, à Vienne et en Prusse avec ses alliés Léopold et Frédéric. Le roi ne fait rien... j'admets qu'il ne fasse rien, Madame, dit tristement Barnave, eh bien, à défaut de sa personne, on exploite son nom : dans la chaumière, dans la chaire dans le château, c'est le pauvre roi, le bon roi, le saint roi ! de sorte que, au règne de la Révolution, on oppose une révolte terrible, Madame : la révolte de la pitié !

— En vérité, monsieur Barnave, est-ce bien vous qui me dites ces choses, et n'avez-vous pas été le premier à nous plaindre ?

— Oh ! Madame, oui, je vous plaignais ! oui, je vous plains encore, et bien sincèrement ! mais il y a cette différence entre moi et ceux dont je parle, c'est qu'ils vous plaignent, eux, pour vous perdre, et que je vous plains, moi, pour vous sauver !

— Mais, enfin, Monsieur, parmi ceux qui arrivent et qui, s'il faut vous en croire, viennent nous faire une guerre d'extermination, y a-t-il quelque chose de convenu d'avance, un plan arrêté ?

— Non, Madame, et je n'ai encore surpris que des appréciations vagues : la suppression du titre de *Majesté* pour la séance d'ouverture ; au lieu du trône, un simple fauteuil à la gauche du président.

— Voyez-vous là-dedans quelque chose de plus que dans M. Thouret s'esseyant parce que le roi était assis ?

— C'est, au moins, un nouveau pas en avant au lieu d'être un pas en arrière... Puis il y a encore ceci d'effrayant, Madame, c'est que MM. de la Fayette et Bailly vont être remplacés !

— Oh ! quant à ceux-là, dit vivement la reine, je ne les regrette pas !

— Et vous avez tort, Madame : M. Bailly et M. de la Fayette sont vos amis...

La reine sourit amèrement.

— Vos amis, Madame ! vos derniers amis peut-être ! Ainsi ménagez-les ; s'ils ont sauvé quelque popularité, usez-en, mais hâtez-vous : leur popularité ne tardera point à émigrer, comme a fait la mienne.

— Au bout de tout cela, Monsieur, vous me montrez l'abîme, vous me conduisez jusqu'à son cratère, vous m'en faites mesurer la profondeur, mais vous ne me dites pas le moyen de l'éviter.

Barnave resta muet un instant.

Puis, poussant un soupir :

— Ah ! Madame, murmura-t-il, pourquoi donc

vous a-t-on arrêtés sur la route de Montmédy !

— Bon ! dit la reine, voilà M. Barnave qui approuve la fuite de Varennes !

— Je ne l'approuve pas, Madame, car la situation où vous vous trouvez aujourd'hui est la conséquence naturelle de cette fuite ; mais, puisque cette fuite devait avoir une telle conséquence, je déplore qu'elle n'ait pas mieux réussi.

— De sorte que, aujourd'hui, M. Barnave, membre de l'Assemblée nationale, délégué par cette Assemblée, avec MM. Pétion et Latour-Maubourg, pour ramener le roi et la reine à Paris, déplore que le roi et la reine ne soient pas à l'étranger ?

— Oh ! entendons-nous bien, Madame ; celui qui déplore cela, ce n'est point le collègue de MM. Latourg-Maubourg et Pétion ; c'est le pauvre Barnave, qui n'est plus rien que votre humble serviteur, prêt à donner pour vous sa vie, c'est-à-dire tout ce qu'il possède.

— Merci, Monsieur, dit la reine ; l'accent avec lequel vous me faites l'offre me prouve que vous seriez homme à la tenir, mais j'espère n'avoir pas un pareil dévouement à exiger de vous.

— Tant pis pour moi, Madame ! répondit simplement Barnave.

— Comment, tant pis ?

— Oui... Tomber pour tomber, j'aurais voulu du moins tomber en combattant, tandis que voici ce qui va arriver, Madame : qu'au fond de mon Dauphiné, où je vais vous être inutile, je ferai des vœux bien plus encore pour la femme jeune et belle, pour la mère tendre et dévouée, que pour la reine ; les mêmes fautes qui ont fait le passé prépareront l'avenir : vous compterez sur un secours étranger qui n'arrira pas, ou qui arrivera trop tard ; les Jacobins s'empareront du pouvoir dans l'Assemblée et hors de l'Assemblée ; vos amis quitteront la France pour fuir la persécution ; ceux qui resteront seront arrêtés, emprisonnés : je serai de ceux-là, car je ne veux pas fuir ! Alors, je serai jugé, condamné ; peut-être ma mort obscure vous sera inutile, inconnue même ; ou, si le bruit de cette mort arrive jusqu'à vous, je vous aurai été d'un si pauvre secours, que vous aurez oublié les quelques heures pendant lesquelles j'ai pu espérer pouvoir vous être utile...

— Monsieur Barnave, dit la reine avec une grande dignité, j'ignore complètement quel est le sort que l'avenir nous réserve, au roi et à moi ; mais ce que je sais, c'est que les noms des gens qui nous ont rendu service sont scrupuleusement inscrits dans notre mémoire, et que rien de ce qui arrivera d'heureux ou de malheureux à ceux-là ne nous sera étranger... En attendant, monsieur Barnave, pouvons-nous quelque chose pour vous ?

— Beaucoup... vous personnellement, Madame... Vous pouvez me prouver que je n'étais pas tout à fait un être sans valeur à vos yeux.

— Et que faut-il faire pour cela ?

Barnave mit un genou en terre.

— Me donner votre main à baiser, Madame.

Une larme vint jusqu'aux paupières sèches de Marie-Antoinette ; elle étendit vers le jeune homme cette main blanche et froide que devaient, à un an de distance, toucher les lèvres les plus éloquentes de l'Assemblée : celles de Mirabeau et de Barnave.

Barnave l'effleura seulement : on voyait que le pauvre insensé craignait, s'il appuyait ses lèvres sur cette belle main de marbre, de ne plus pouvoir s'en détacher.

Puis, en se relevant :

— Madame, reprit-il, je n'aurai pas, moi, l'orgueil de vous dire : « La monarchie est sauvée ! » mais je vous dis : « Si la monarchie est perdue, celui qui n'oubliera jamais la faveur qu'une reine vient de lui accorder, celui-là est perdu avec elle ! »

Et, saluant la reine, il sortit.

Marie-Antoinette le regarda s'éloigner en soupirant, et, quand la porte se fut refermée sur Barnave :

— Pauvre citron vide ! dit-elle, il ne leur a pas fallu beaucoup de temps pour ne laisser de toi que l'écorce !...

XXIII

LE CHAMP DE BATAILLE

Nous avons essayé de raconter les terribles événements qui s'étaient passés au Champ de Mars dans l'après-midi du 17 juillet 1791 ; essayons de donner une idée du spectacle que présentait le théâtre, après avoir mis sous les yeux de nos lecteurs le tableau du drame qui venait de s'y jouer, et dont Bailly et la Fayette avaient été les deux principaux acteurs.

Ce spectacle était celui qui frappa un jeune homme vêtu en officier de la garde nationale, qui, débouchant de la rue Saint-Honoré, avait traversé le pont Louis XV, et abordait le Champ de Mars par la rue de Grenelle.

Ce spectacle — qu'éclairait une lune aux deux tiers de sa période croissante, et roulant entre de gros nuages noirs dans lesquels elle se perdait de temps en temps — était lugubre à voir !

Le Champ de Mars avait l'aspect d'un champ de bataille couvert de morts et de blessés au milieu desquels erraient, comme des ombres, des hommes chargés de jeter les morts à la Seine, et de porter les blessés à l'hôpital militaire du Gros-Caillou.

Le jeune officier que nous suivons depuis la rue Saint-Honoré s'arrêta un instant à l'entrée du Champ de Mars, et, joignant les mains avec un geste de naïve terreur :

— Jésus Dieu ! murmura-t-il, la chose a donc été pire encore qu'on ne me l'avait dit?...

Puis, après avoir regardé, pendant quelques minutes, l'étrange opération qui s'accomplissait, s'approchant de deux hommes qu'il voyait porter un cadavre du côté de la Seine :

— Citoyens, leur demanda-t-il, voulez-vous bien me dire ce que vous allez faire de cet homme?

— Suis-nous, répondirent les deux hommes, et tu le verras.

Le jeune homme les suivit.

Arrivés sur le pont de bois, les deux hommes balancèrent le cadavre en comptant : « Une, deux, trois ! et, au troisième coup, ils jetèrent le corps à la Seine.

Le jeune homme poussa un cri de terreur.

— Mais que faites-vous donc, citoyens? demanda-t-il.

— Vous le voyez bien, mon officier, répondirent les deux hommes; nous déblayons le terrain.

— Et vous avez des ordres pour agir ainsi?

— Apparemment.

— De qui?

— De la municipalité.

— Oh ! fit le jeune homme stupéfait.

Puis, après un moment de silence, et, étant rentré avec eux dans le Champ de Mars :

— Avez-vous déjà jeté beaucoup de cadavres à la Seine.

— Cinq ou six, répondit un des deux hommes.

— Pardon, citoyens, reprit le jeune homme, mais j'ai un grand intérêt à la question que je vais vous faire : parmi ces cinq ou six cadavres, avez-vous remarqué un homme de quarante-six ou quarante-huit ans, de cinq pieds cinq pouces à peu près : trapu, vigoureux, moitié paysan, moitié bourgeois?

— Ma foi, dit un des hommes, nous n'avons qu'une remarque à faire : c'est si les gens couchés là sont morts ou vivants; s'ils sont morts, nous les jetons à la rivière; s'ils ne sont pas morts, nous les transportons à l'hôpital du Gros-Caillou.

— Ah ! dit le jeune homme, c'est que j'ai un de mes bons amis qui n'est pas rentré chez lui, et, comme on m'a dit qu'il était ici, qu'on l'y avait vu une partie de la journée, j'ai bien peur qu'il ne soit parmi les blessés ou les morts.

— Dame ! dit un des porteurs en secouant un cadavre, tandis que l'autre l'éclairait avec une lanterne, s'il était ici, il est probable qu'il y est encore; s'il n'est pas rentré chez lui, il est probable qu'il n'y rentrera pas.

Puis, redoublant la secousse qu'il imprimait à ce corps gisant à ses pieds :

— Hé ! cria l'homme de la municipalité, es-tu mort ou vivant? Si tu n'es pas mort, tâche de répondre !

— Oh ! quant à celui-là, il l'est bien ! dit le second; il a reçu une balle au beau milieu de la poitrine.

— Alors, à la rivière ! dit le premier.

Et les deux hommes soulevèrent le cadavre, et reprirent le chemin du pont de bois.

— Citoyens, dit l'officier, vous n'avez pas besoin de votre lanterne pour jeter cet homme à l'eau : ayez l'obligeance de me la prêter un instant : pendant que vous ferez votre course, moi, je chercherai mon ami.

Les porteurs consentirent à la demande; et la lanterne passa entre les mains du jeune officier, lequel commença sa recherche avec un soin et une expression de physionomie indiquant qu'il avait donné au mort ou au blessé dont il s'enquérait un titre qui sortait non seulement de ses lèvres, mais encore de son cœur.

Dix ou douze hommes, armés comme lui de lanternes, se livraient, comme lui, à la funèbre recherche.

De temps en temps, au milieu du silence, — car la terrible solennité du spectacle semblait, à l'aspect de la mort, éteindre la voix des vivants, — de temps en temps, au milieu du silence, un nom prononcé à haute voix traversait l'espace.

Parfois une plainte, un gémissement, un cri répondait à cette voix; mais le plus souvent elle n'obtenait pour réponse qu'un lugubre silence.

Le jeune officier, après avoir hésité, comme si sa voix fût enchaînée par une certaine terreur, suivit l'exemple qui lui était donné, et par trois fois cria :

— Monsieur Billot !... monsieur Billot !... monsieur Billot !...

Mais aucune voix ne lui répondit.

— Oh ! bien sûr qu'il est mort ! murmura-t-il en essuyant avec sa manche les larmes qui coulaient de ses yeux. Pauvre M. Billot !

En ce moment, deux hommes passaient près de lui, emportant un cadavre vers la Seine.

— Eh! dit celui qui soutenait le torse, et qui, par conséquent, était le plus près de la tête, je crois que notre cadavre vient de pousser un soupir.

— Bon! dit l'autre en riant, si l'on écoutait tous ces gaillards-là, il n'y en aurait pas un de mort.

— Citoyens, dit le jeune officier, par grâce, laissez-moi voir l'homme que vous portez!

— Oh! volontiers, mon officier, dirent les deux hommes.

Et ils assirent le cadavre sur son derrière pour donner plus de facilité à l'officier d'éclairer son visage. Le jeune homme approcha la lanterne, et poussa un cri.

Malgré la blessure terrible qui le défigurait, il croyait avoir reconnu l'individu qu'il cherchait.

Seulement, était-il mort ou vivant?

Celui qui avait déjà fait la moitié du chemin vers son humide tombeau avait eu la tête fendue d'un coup de sabre : la blessure, comme nous l'avons dit, était terrible! elle avait détaché tout le cuir chevelu du pariétal gauche, qui pendait sur la joue, laissant à découvert l'os du crâne ; l'artère temporale avait été coupée; de sorte que tout le corps du blessé ou du mort était inondé de sang.

Du côté de la plaie, le blessé était méconnaissable.

Le jeune homme porta d'une main tremblante la lanterne de l'autre côté.

— Oh! citoyens, s'écria-t-il, c'est lui!... c'est celui que je cherche : c'est M. Billot!

— Ah! diable! fit un des deux hommes. Eh bien, il est un peu avarié, votre M. Billot!

— N'avez-vous pas dit qu'il avait poussé un soupir?

— J'ai cru l'entendre, du moins.

— Alors, faites-moi un plaisir...

L'officier tira un petit écu de sa poche.

— Lequel? demanda le porteur, plein de bonne volonté à la vue de la pièce de monnaie.

— Courez jusqu'à la rivière, et apportez de l'eau dans votre chapeau.

— Volontiers!

L'homme se mit à courir du côté de la Seine. Le jeune officier avait pris sa place et soutenait le blessé.

Au bout de cinq minutes, le messager revint.

— Jetez-lui de l'eau au visage, dit le jeune homme.

Le porteur obéit; il trempa sa main dans le chapeau, et, la secouant comme on fait d'un goupillon, en aspergea le visage du blessé.

— Il a tressailli! s'écria le jeune homme qui tenait le moribond entre ses bras; il n'est pas mort!... Oh! cher monsieur Billot, quel bonheur que je sois arrivé là!

— Ah! ma foi, oui, c'en est un bonheur! dirent les deux hommes : encore vingt pas, et votre ami revenait à lui dans les filets de Saint Cloud.

— Jetez-lui de l'eau une seconde fois!

Le porteur renouvela l'opération; le blessé frissonna et poussa un soupir.

— Allons, allons, dit le second porteur, décidément il n'est pas mort.

— Eh bien, qu'allons-nous en faire? dit le premier.

— Aidez-moi à le transporter rue Saint-Honoré, chez M. le docteur Gilbert, et vous aurez une bonne récompense! dit le jeune homme.

— Nous ne pouvons pas.

— Pourquoi?

— Nous avons ordre de jeter les morts à la Seine, et de porter les blessés à l'hôpital du Gros-Caillou... Puisqu'il prétend qu'il n'est pas mort, et que, par conséquent, nous ne pouvons pas le jeter à la Seine, nous devons le porter à l'hôpital.

— Eh bien, portons-le à l'hôpital, dit le jeune homme, et le plus tôt possible!

Il regarda tout autour de lui.

— Où est l'hôpital?

— A trois cents pas à peu près de l'École militaire.

— Alors c'est par là?

— Oui.

— Nous avons tout le Champ de Mars à traverser?

— En longueur.

— Mon Dieu! n'avez-vous donc pas une civière?

— Dame! cela peut se trouver, répondit le second porteur, c'est comme de l'eau, et, avec un petit écu...

— C'est juste, dit le jeune homme, vous n'avez rien eu, vous... Tenez, voilà un autre petit écu : trouvez-moi une civière.

Dix minutes après, la civière était trouvée.

Le blessé y fut étendu sur un matelas; les deux porteurs s'emparèrent des brancards, et le lugubre cortège s'achemina vers l'hôpital du Gros-Caillou, escorté du jeune homme qui, sa lanterne à la main, se tenait à la tête du blessé.

C'était une chose terrible que cette marche nocturne sur un terrain inondé de sang, au milieu des cadavres immobiles et raides que l'on heurtait à chaque pas, ou des blessés qui se soulevaient pour retomber en appelant du secours.

Au bout d'un quart d'heure, on franchissait le seuil de l'hôpital du Gros-Caillou.

XXIV

L'HÔPITAL DU GROS-CAILLOU

A cette époque, les hôpitaux, et surtout les hôpitaux militaires, étaient bien loin d'être organisés comme ils le sont aujourd'hui.

On ne s'étonnera donc pas du trouble qui régnait dans l'hôpital du Gros-Caillou, et de l'immense désordre qui s'opposait à l'accomplissement des désirs des chirurgiens.

La première chose qui avait manqué, c'étaient les lits. On avait alors mis en réquisition les matelas des habitants des rues environnantes.

Ces matelas étaient posés à terre, et il y en avait jusque dans la cour; sur chacun d'eux était un blessé, attendant du secours; mais les chirurgiens manquaient comme les matelas, et étaient plus difficiles à trouver.

L'officier — dans lequel nos lecteurs ont bien certainement reconnu notre vieil ami Pitou — obtint, moyennant deux autres petits écus, qu'on lui laissât le matelas de la civière; de sorte que Billot fut déposé assez doucement dans la cour de l'hôpital.

Pitou, voulant prendre au moins à la situation le peu qu'elle avait de bon, avait fait déposer le blessé le plus près possible de la porte afin de saisir au passage le premier chirurgien qui entrerait ou sortirait.

Il avait grande envie de courir dans les salles et d'en amener un, coûte que coûte; mais il n'osait quitter le blessé : il avait peur que, sous prétexte que celui-ci était mort, — on pouvait s'y tromper sans mauvaise foi, — quelqu'un ne prît le matelas, en jetant le prétendu cadavre sur le pavé de la cour.

Pitou était là depuis une heure, appelant à grands cris, lorsqu'il aperçut un homme vêtu de noir, éclairé par deux infirmiers, et visitant l'une après l'autre toutes ces couches d'agonie.

Plus l'homme vêtu de noir s'avançait du côté de Pitou, plus celui-ci croyait le reconnaître; bientôt tous ces doutes cessèrent, et Pitou, se hasardant à s'éloigner de quelques pas du blessé pour s'approcher d'autant du chirurgien, cria de toute la force de ses poumons :

— Hé! par ici, monsieur Gilbert, par ici!

Le chirurgien, qui était en effet Gilbert, accourut à sa voix.

— Ah! c'est toi, Pitou? dit-il.

— Mon Dieu! oui, monsieur Gilbert.

— As-tu vu Billot?

— Eh! Monsieur, le voilà, répondit Pitou en montrant le blessé toujours immobile.

— Est-il mort? demanda le docteur.

— Hélas! cher monsieur Gilbert, j'espère que non; mais je ne vous cache pas qu'il n'en vaut guère mieux.

Gilbert s'approcha du matelas, et les deux infirmiers qui le suivaient éclairèrent le visage du blessé.

— C'est à la tête, monsieur Gilbert, disait Pitou, c'est à la tête!... Pauvre cher M. Billot! il a la tête fendue jusqu'à la mâchoire.

Gilbert regarda la plaie avec attention.

— Le fait est grave, murmura-t-il.

Puis, se tournant vers les deux infirmiers :

— Il me faut une chambre particulière pour cet homme, qui est un de mes amis, ajouta-t-il.

Les deux infirmiers se consultèrent.

— Il n'y a pas de chambre particulière, dirent-ils, mais il y a la lingerie.

— A merveille! dit Gilbert, portons-le à la lingerie.

On souleva le blessé le plus doucement possible; mais, quelque précaution que l'on prît, il laissa échapper un gémissement.

— Ah! dit Gilbert, jamais exclamation de joie ne m'a fait un plaisir égal à ce soupir de douleur! Il est vivant; c'est le principal.

Billot fut porté à la lingerie et déposé sur le lit d'un des employés; puis aussitôt Gilbert procéda au pansement.

L'artère temporale avait été coupée, et de là était venue une immense perte de sang; mais cette perte de sang avait amené la syncope, et la syncope, en ralentissant les mouvements du cœur, avait arrêté l'hémorragie.

La nature en avait immédiatement profité pour former un caillot, lequel avait fermé l'artère.

Gilbert, avec une adresse admirable, lia d'abord l'artère au moyen d'un fil de soie; puis il lava les chairs, et les réappliqua sur le crâne. La fraîcheur de l'eau, et peut-être bien aussi quelques douleurs plus vives, occasionnées par le pansement, firent rouvrir les yeux à Billot, qui prononça quelques paroles empâtées et sans suite.

— Il y a eu ébranlement du cerveau, murmura Gilbert.

— Mais, enfin, dit Pitou, du moment où il

Il se mit à genoux, et baisa la main de l'enfant. (Page 501.)

n'est pas mort, vous le sauverez, n'est-ce pas, monsieur Gilbert?

Gilbert sourit tristement.

— J'y tâcherai, dit-il ; mais tu viens de voir encore une fois, mon cher Pitou, que la nature est un bien plus habile chirurgien qu'aucun de nous.

Alors, Gilbert acheva le pansement. Les cheveux coupés autant que la chose était possible, il rapprocha les deux bords de la plaie, les assujettit avec des bandelettes de diachylon, et ordonna qu'on eût soin de poser le malade presque assis, le dos, et non la tête, appuyé contre les oreillers.

Ce fut seulement alors que, tous ces soins accomplis, il demanda à Pitou comment il était venu à Paris, et comment, étant venu à Paris, il s'était trouvé là juste à point nommé pour secourir Billot.

La chose était bien simple : depuis la disparition de Catherine et le départ de son mari, la mère Billot, que nous n'avons jamais donnée à nos lecteurs comme un bien vigoureux esprit, était tombée dans une espèce d'idiotie qui avait toujours été augmentant. Elle vivait, mais d'une façon toute mécanique, et, chaque jour, quelque nouveau ressort de la pauvre machine humaine, ou se détendait, ou se brisait; peu à peu, ses paroles étaient devenues plus rares; puis elle avait fini par ne plus parler du tout, et même par s'aliter ; et le docteur Raynal avait déclaré qu'il n'y avait qu'une chose au monde qui pût tirer la mère Billot de cette torpeur mortelle : c'était la vue de sa fille.

Pitou s'était aussitôt offert pour aller à Paris, ou plutôt il était parti sans s'offrir.

Grâce aux longues jambes du capitaine de la garde nationale d'Haramont, les dix-huit lieues qui séparent la patrie de Demoustier de la capitale n'étaient qu'une promenade.

En effet, Pitou était parti à quatre heures du matin, et, entre sept heures et demie et huit heures du soir, il était arrivé à Paris.

Pitou semblait prédestiné à venir à Paris pour les grands événements.

La première fois, il était venu pour assister à la prise de la Bastille ; la seconde fois pour assister à la fédération de 1790 ; la troisième fois, il arrivait le jour du massacre du Champ de Mars.

Aussi trouva-t-il Paris tout en rumeur ; — c'était, du reste, l'état dans lequel il avait l'habitude de voir Paris.

Dès les premiers groupes qu'il rencontra, il apprit ce qui s'était passé au Champ de Mars.

Bailly et la Fayette avaient fait tirer sur le peuple ; le peuple maudissait à pleins poumons la Fayette et Bailly.

Pitou les avait laissés dieux et adorés ! Il les retrouvait renversés de leurs autels, et maudits : il n'y comprenait absolument rien.

Ce qu'il comprenait seulement, c'est qu'il y avait eu, au Champ de Mars, lutte, massacre, tuerie, à propos d'une pétition patriotique, et que Gilbert et Billot devaient être là.

Quoique Pitou eût, comme on dit vulgairement, ses dix-huit lieues dans le ventre, il doubla le pas, et arriva rue Saint-Honoré, à l'appartement de Gilbert.

Le docteur était rentré, mais on n'avait pas vu Billot.

Le Champ de Mars, au reste, disait le domestique qui donnait ces renseignements à Pitou, était jonché de morts et de blessés ; Billot était peut-être parmi les uns ou parmi les autres.

Le Champ de Mars, couvert de morts et de blessés ! cette nouvelle n'étonnait pas moins Pitou que ne l'avait étonné celle de Bailly et de la Fayette, ces deux idoles du peuple, tirant sur le peuple.

Le Champ de Mars couvert de morts et de blessés ? Pitou ne pouvait se figurer cela. Ce Champ de Mars qu'il avait aidé, lui dix-millième, à niveler, que son souvenir lui rappelait plein d'illuminations, de chants joyeux, de gaies farandoles ! couvert de morts et de blessés ?

parce qu'on avait voulu, comme l'année précédente, y fêter l'anniversaire de la prise de la Bastille et celui de la fédération ?

C'était impossible !

Comment, en une année, ce qui avait été un motif de joie et de triomphe était-il devenu une cause de rébellion et de massacre ?

Quel esprit de vertige avait donc, pendant cette année, passé par la tête des Parisiens ?

Nous l'avons dit, la cour, pendant cette année, grâce à l'influence de Mirabeau, grâce à la création du club des Feuillants, grâce à l'appui de Bailly et de la Fayette, grâce, enfin, à la réaction qui s'était opérée à la suite du retour de Varennes, avait ressaisi son pouvoir perdu ; et ce pouvoir se manifestait par le deuil et par le massacre.

Le 17 juillet vengeait les 5 et 6 octobre.

Ainsi que l'avait dit Gilbert, la royauté et le peuple étaient manche à manche ; — restait à savoir qui gagnerait la belle.

Nous avons vu comment, préoccupé par toutes ces idées, — dont aucune, d'ailleurs, n'avait l'influence de ralentir sa marche, — notre ami Ange Pitou, toujours vêtu de son uniforme de capitaine de la garde nationale d'Haramont, était arrivé au Champ de Mars par le pont Louis XV et la rue de Grenelle, juste à temps pour empêcher Billot d'être jeté comme mort à la rivière.

D'un autre côté, on se rappelle comment Gilbert, étant chez le roi, avait reçu un billet sans signature, mais où il avait reconnu l'écriture de Cagliostro, et dans lequel se trouvait ce paragraphe :

« Laisse donc là ces deux condamnés qu'on appelle encore par dérision le roi et la reine, et rends-toi, sans perdre un instant, à l'hôpital du Gros-Caillou : tu y trouveras un mourant moins malade qu'eux ; car, ce mourant, tu peux le sauver, tandis qu'eux, sans que tu puisses les sauver, t'entraîneront dans leur chute. »

Aussitôt, comme nous l'avons dit, ayant appris, par madame Campan, que la reine, qui venait de le quitter en l'invitant à attendre son retour, était retenue ailleurs et lui donnait congé, aussitôt Gilbert était sorti des Tuileries, et, suivant à peu près le même chemin que Pitou, avait longé le Champ de Mars, était entré à l'hôpital du Gros-Caillou, et avait déjà, éclairé par deux infirmiers, visité de lit en lit, de matelas en matelas, les salles, les corridors, les vestibules et même la cour, lorsque une voix l'avait appelé près de la couche d'un moribond.

Cette voix, nous le savons, c'était celle de Pitou ; ce moribond, c'était Billot.

Nous avons dit l'état dans lequel Gilbert avait trouvé le digne fermier, et les chances que présentait sa situation ; chances bonnes et mauvaises, mais dans lesquelles les mauvaises l'eussent certainement emporté sur les bonnes, si le blessé eût eu affaire à un homme moins habile que le docteur Gilbert.

XXV

CATHERINE

Des deux personnes que le docteur Raynal avait cru devoir prévenir de l'état désespéré de madame Billot, l'une, comme on le voit, était retenue au lit, dans un état voisin de la mort, c'était le mari ; l'autre personne seule pouvait donc venir assister l'agonisante à ses derniers moments : c'était sa fille.

Il s'agissait de faire connaître à Catherine la position dans laquelle se trouvait sa mère, et même son père ; — seulement, où était Catherine ?

On n'avait qu'un moyen possible de le savoir : c'était de s'adresser au comte de Charny.

Pitou avait été si doucement, si bienveillamment accueilli par la comtesse, le jour où, de la part de Gilbert, il lui avait amené son fils, qu'il n'hésita point à s'offrir pour aller demander l'adresse de Catherine à la maison de la rue Coq-Héron, si avancée que fût l'heure de la nuit.

En effet, onze heures et demie sonnaient à l'horloge de l'École militaire lorsque, le pansement fini, Gilbert et Pitou purent quitter le lit de Billot.

Gilbert recommanda le blessé aux infirmiers : il n'y avait plus rien à faire qu'à laisser agir la nature.

D'ailleurs, il devait revenir le lendemain dans la journée.

Pitou et Gilbert, montèrent dans la voiture du docteur, qui attendait à la porte de l'hôpital ; le docteur ordonna au cocher de toucher rue Coq-Héron.

Tout était fermé et éteint dans le quartier.

Après avoir sonné un quart d'heure, Pitou, qui allait passer de la sonnette au marteau, entendit enfin crier, non pas la porte de la rue, mais celle de la loge du concierge, et une voix enrouée et de mauvaise humeur demanda avec un accent d'impatience auquel il n'y avait pas à se tromper :

— Qui va là ?
— Moi, dit Pitou.
— Qui, vous ?
— Ah ! c'est vrai... Ange Pitou, capitaine de la garde nationale.
— Ange Pitou ?... Je ne connais pas cela !
— Capitaine de la garde nationale !

Capitaine ! répéta Pitou appuyant sur ce titre, dont il connaissait l'influence.

En effet, le concierge put croire que, dans ce moment où la garde nationale balançait pour le moins l'ancienne prépondérance de l'armée, il avait affaire à quelque aide de camp de la Fayette.

En conséquence, d'un ton plus radouci, mais sans ouvrir la porte, dont il se contenta de se rapprocher :

— Eh bien, monsieur le capitaine, reprit le concierge, que demandez-vous ?

— Je demande à parler à M. le comte de Charny.
— Il n'y est pas.
— A madame la comtesse alors.
— Elle n'y est pas non plus.
— Où sont-ils ?
— Ils sont partis ce matin.
— Pour quel pays ?
— Pour leur terre des Boursonnes.
— Ah ! diable ! fit Pitou, comme se parlant à lui-même ; ce sont eux que j'aurai croisés à Dammartin ; ils étaient sans doute dans cette voiture de poste... Si j'avais su cela !

Mais Pitou ne le savait pas ; de sorte qu'il avait laissé passer le comte et la comtesse.

— Mon ami, dit la voix du docteur, intervenant à cet endroit de la conversation, pourriez-vous, en l'absence de vos maîtres, nous donner un renseignement ?

— Ah ! pardon, Monsieur, dit le concierge, qui, par suite de ses habitudes aristocratiques, reconnaissait une voix de maître dans celle qui venait de parler avec tant de politesse et de douceur.

Et ouvrant la porte, le bonhomme vint, en caleçon, et son bonnet de coton à la main, prendre, comme on dit en style de domesticité, prendre les *ordres* à la portière de la voiture du docteur.

— Quel renseignement Monsieur désire-t-il ? demanda le concierge.

— Connaissez-vous, mon ami, une jeune fille à laquelle M. le comte et madame la comtesse doivent porter intérêt ?

— Mademoiselle Catherine ? demanda le concierge.

— Justement! dit Gilbert.

— Oui, Monsieur... M. le comte et madame la comtesse ont été la voir deux fois, et m'ont envoyé souvent lui demander si elle avait besoin de quelque chose; mais, pauvre demoiselle! quoique je ne la croie pas bien riche, ni elle ni son cher enfant du bon Dieu, elle répond toujours qu'elle n'a besoin de rien.

A ces mots : « Enfant du bon Dieu, » Pitou ne put s'empêcher de pousser un gros soupir.

— Eh bien, mon ami, dit Gilbert, le père de la pauvre Catherine a été blessé aujourd'hui au Champ de Mars, et sa mère, madame Billot, se meurt à Villers-Cotterets : nous avons besoin de lui faire savoir cette triste nouvelle. Voulez-vous nous donner son adresse?

— Oh! pauvre jeune fille, Dieu l'assiste! elle est pourtant déjà assez malheureuse! elle demeure à Ville-d'Avray, Monsieur, dans la grande Rue... Je ne saurais trop vous dire le numéro; mais c'est en face d'une fontaine.

— Cela suffit, dit Pitou; je la trouverai.

— Merci, mon ami, dit Gilbert en glissant un écu de six livres dans la main du concierge.

— Il ne fallait rien pour cela, Monsieur, dit le vieux bonhomme; on doit, Dieu merci! s'aider entre chrétiens.

Et, tirant sa révérence au docteur, il rentra chez lui.

— Eh bien? demanda Gilbert.

— Eh bien, répondit Pitou, je pars pour Ville-d'Avray.

Pitou était toujours prêt à partir.

— Sais-tu le chemin? reprit le docteur.

— Non; mais vous me l'indiquerez.

— Tu es un cœur d'or et un jarret d'acier! dit en riant Gilbert. Mais viens te reposer; tu partiras demain matin.

— Cependant, si cela presse?...

— Ni d'un côté ni de l'autre il n'y a urgence, dit le docteur : l'état de Billot est grave; mais, à moins d'accidents imprévus, il n'est point mortel. Quant à la mère Billot, elle peut vivre encore dix ou douze jours.

— Oh! monsieur le docteur, quand on l'a couchée, avant-hier, elle ne parlait plus, elle ne remuait plus : il n'y avait que ses yeux qui semblaient encore vivants.

— N'importe, je sais ce que je dis, Pitou, et je réponds pour elle, comme je le dis, de dix à douze jours.

— Dame! monsieur Gilbert, vous savez cela mieux que moi.

— Autant vaut donc laisser à la pauvre Catherine une nuit encore d'ignorance et de repos; une nuit de sommeil de plus, pour les malheureux, c'est important, Pitou!

Pitou se rendit à cette dernière raison.

— Eh bien, alors, demanda-t-il, où allons-nous, monsieur Gilbert?

— Chez moi, parbleu! tu retrouveras ton ancienne chambre.

— Tiens! dit Pitou souriant, cela me fera plaisir de la revoir.

— Et, demain, continua Gilbert, à six heures du matin, les chevaux seront à la voiture.

— Pourquoi faire les chevaux à la voiture? demanda Pitou, qui ne considérait absolument le cheval que comme un objet de luxe.

— Mais pour te conduire à Ville-d'Avray.

— Bon! dit Pitou, il y a donc une cinquantaine de lieues, d'ici à Ville-d'Avray?

— Non, il y en a deux ou trois, dit Gilbert, à qui devant les yeux passaient, comme un éclair de sa jeunesse, les promenades qu'il avait faites avec son maître Rousseau dans les bois de Louveciennes, de Meudon et de Ville-d'Avray.

— Eh bien, alors, dit Pitou, c'est l'affaire d'une heure, trois lieues, monsieur Gilbert! cela se gobe comme un œuf.

— Et Catherine, demanda Gilbert, crois-tu qu'elle aussi gobe comme un œuf les trois lieues de Ville-d'Avray à Paris, et les dix-huit lieues de Paris à Villers-Cotterets?

— Ah! c'est vrai! dit Pitou; excusez-moi, monsieur Gilbert; c'est moi qui suis un imbécile... A propos, comment va Sébastien.

— A merveille! tu le verras demain.

— Toujours chez l'abbé Bérardier?

— Toujours.

— Ah! tant mieux, je serai bien content de le voir!

— Et lui le sera aussi, Pitou, car, ainsi que moi, il t'aime de tout son cœur.

Et, sur cette assurance, le docteur et Ange Pitou s'arrêtèrent devant la porte de la rue Saint-Honoré.

Pitou dormit comme il marchait, comme il mangeait, comme il se battait, c'est-à-dire de tout cœur; seulement, grâce à l'habitude contractée à la campagne de se lever de grand matin, il était debout à cinq heures.

A six, la voiture était prête.

A sept, il frappait à la porte de Catherine.

Il était convenu, avec le docteur Gilbert, qu'à huit heures, on se retrouverait au chevet du lit de Billot.

Catherine vint ouvrir, et jeta un cri en apercevant Pitou.

— Ah! dit-elle, ma mère est morte!
Et elle pâlit en s'appuyant contre la muraille.
— Non, dit Pitou ; seulement, si vous voulez la voir avant qu'elle meure, il faut vous presser, mademoiselle Catherine.

Cet échange de paroles, qui, en un mot, disait tant de choses, supprimait tout préliminaire, et mettait, du premier bond, Catherine face à face avec son malheur.

— Et puis, continua Pitou, il y a encore un autre malheur.

— Lequel? demanda Catherine avec ce ton bref et presque indifférent d'une créature qui, ayant épuisé la mesure des douleurs humaines, ne craint plus que ces douleurs s'augmentent.

— Il y a que M. Billot a été dangereusement blessé hier au Champ de Mars.

— Ah! fit Catherine.

Évidemment la jeune fille était beaucoup moins sensible à cette nouvelle qu'à la première.

— Alors, continua Pitou, voilà ce que je me suis dit, — et ç'a été aussi l'avis de M. le docteur Gilbert : « Mademoiselle Catherine fera, en passant, une visite à M. Billot, qui a été transporté à l'hôpital du Gros-Caillou, et, de là, elle prendra la diligence de Villers-Cotterets. »

— Et vous, monsieur Pitou? demanda Catherine.

— Moi, dit Pitou, j'ai pensé, puisque vous alliez là-bas madame Billot à mourir, que c'était à moi de rester ici pour tâcher d'aider M. Billot à revivre... Je reste auprès de celui qui n'a personne, vous comprenez, mademoiselle Catherine?

Pitou prononça ces paroles, avec son angélique naïveté, sans songer qu'il faisait ainsi, en quelques mots, l'histoire tout entière de son dévouement.

Catherine lui tendit la main.

— Vous êtes un brave cœur, Pitou; lui dit-elle. Venez embrasser mon pauvre petit Isidore.

Et elle marcha devant, car la courte scène que nous venons de raconter s'était passée dans l'allée de la maison, à la porte de la rue. Elle était plus belle que jamais, pauvre Catherine! toute vêtue de deuil comme elle l'était; ce qui fit pousser un second soupir à Pitou.

Catherine précéda le jeune homme dans une petite chambre donnant sur un jardin : dans cette chambre, qui, avec une cuisine et un cabinet de toilette, composait tout le logement de Catherine, il y avait un lit et un berceau :

Le lit de la mère, le berceau de l'enfant.

L'enfant dormait.

Catherine tira un rideau de gaze, et se rangea pour laisser les yeux de Pitou plonger dans le berceau.

— Oh! le beau petit ange! dit Pitou en joignant les mains.

Et, comme s'il eût été, en effet, devant un ange, il se mit à genoux et baisa la main de l'enfant.

Pitou fut vite récompensé de ce qu'il venait de faire : il sentit flotter sur son visage les cheveux de Catherine, et deux lèvres se posèrent sur son front.

La mère rendait le baiser donné au fils.

— Merci, bon Pitou! dit-elle. Depuis le dernier baiser qu'il a reçu de son père, personne que moi n'avait embrassé le pauvre petit.

— Oh! mademoiselle Catherine! murmura Pitou, ébloui et secoué par le baiser de la jeune fille, comme il l'eût été par l'étincelle électrique.

Et, cependant, ce baiser était composé simplement de tout ce qu'il y a de saint et de reconnaissant dans l'amour d'une mère.

XXV

LA FILLE ET LE PÈRE

Dix minutes après, Catherine, Pitou et le petit Isidore, roulaient dans la voiture du docteur Gilbert sur la route de Paris.

La voiture fit halte devant l'hôpital du Gros-Caillou.

Catherine descendit, prit son fils dans ses bras et suivit Pitou.

Arrivée à la porte de la lingerie, elle s'arrêta :

— Vous m'avez dit que nous trouverions le docteur Gilbert près du lit de mon père?

— Oui...

Pitou entr'ouvrit la porte.

— Et il y est effectivement, dit-il.

— Voyez si je puis entrer sans crainte de lui causer une trop forte émotion.

Pitou entra dans la chambre, interrogea le docteur, et vint presque aussitôt retrouver Catherine.

— L'ébranlement causé par le coup qu'il a reçu est tel, qu'il ne reconnaît encore personne, à ce que dit M. Gilbert.

Catherine allait entrer avec le petit Isidore dans ses bras.

— Donnez-moi votre enfant, mademoiselle Catherine, dit Pitou.

Catherine eut un moment d'hésitation.

— Oh! me le donner, à moi, dit Pitou, c'est comme si vous ne le quittiez pas.

— Vous avez raison, dit Catherine.

Et, comme elle eût fait à un frère, avec plus de confiance peut-être, elle remit l'enfant à Ange Pitou, et s'avança d'un pas ferme dans la salle, marchant droit au lit de son père.

Comme nous l'avons dit, le docteur Gilbert était au chevet du lit du blessé.

Peu de changement s'était opéré dans l'état du malade ; il était placé, comme la veille, le dos appuyé à ses oreillers, et le docteur humectait, à l'aide d'une éponge imbibée d'eau, et pressée dans sa main, les bandes qui assujettissaient l'appareil posé sur la blessure. Malgré un commencement de fièvre inflammatoire bien caractérisée, le visage, vu la quantité de sang que Billot avait perdu, était d'une pâleur mortelle ; l'enflure avait gagné l'œil et une partie de la joue gauche.

A la première impression de fraîcheur, il avait balbutié quelques mots sans suite, et rouvert les yeux ; mais cette violente tendance vers le sommeil que les médecins nomment *coma* avait de nouveau éteint sa parole, et fermé ses yeux.

Catherine, arrivée devant le lit, se laissa tomber sur ses genoux, et, levant les mains au ciel :

— O mon Dieu ! dit-elle, vous êtes témoin que je vous demande du plus profond de mon cœur la vie de mon père !

C'était tout ce que pouvait cette fille pour le père qui avait voulu tuer son amant.

A sa voix, au reste, un tressaillement agita le corps du malade ; sa respiration devint plus pressée ; il rouvrit les yeux, et son regard, après avoir erré un instant autour de lui comme pour reconnaître d'où venait la voix, se fixa sur Catherine.

Sa main fit un mouvement, comme pour repousser cette apparition, que le blessé prit, sans doute, pour une vision de sa fièvre.

Le regard de la jeune fille rencontra celui de son père, et Gilbert vit, avec une espèce de terreur, se froisser l'une à l'autre deux flammes qui semblaient plutôt deux éclairs de haine que deux rayons d'amour.

Après quoi, la jeune fille se leva et, du même pas qu'elle était entrée, alla retrouver Pitou.

Pitou était à quatre pattes, et jouait avec l'enfant.

Catherine reprit son fils avec une violence qui tenait plus de l'amour de la lionne que de celui de la femme, et le pressa contre sa poitrine en s'écriant :

— Mon enfant ! oh ! mon enfant !

Il y avait dans ce cri toutes les angoisses de la mère, toutes les plaintes de la veuve, toutes les douleurs de la femme.

Pitou voulut accompagner Catherine jusqu'au bureau de la diligence, qui partait à dix heures du matin.

Mais celle-ci refusa.

— Non, dit-elle, vous l'avez dit, votre place est près de celui qui est seul ; restez, Pitou.

Et, de la main, elle repoussa Pitou dans la chambre.

Pitou ne savait qu'obéir quand Catherine commandait.

Pendant que Pitou se rapprochait du lit de Billot, que celui-ci, au bruit que faisait le pas un peu lourd du capitaine de la garde nationale, rouvrait les yeux, et qu'une impression bienveillante succédait sur sa physionomie à l'impression haineuse qu'y avait fait passer, comme un nuage de tempête, la vue de sa fille, Catherine descendait l'escalier, et, son enfant dans ses bras, gagnait, dans la rue Saint-Denis, l'hôtel du Plat-d'Étain, d'où partait la diligence de Villers-Cotterets.

Les chevaux étaient attelés, le postillon était en selle ; il restait une place dans l'intérieur : Catherine la prit.

Huit heures après, la voiture s'arrêtait rue de Soissons.

Il était six heures de l'après-midi, c'est-à-dire qu'on était encore en plein jour.

Jeune fille, et venant, Isidore vivant, voir sa mère en bonne santé, Catherine eût fait arrêter la voiture au bout de la rue de Largny, eût contourné la ville, et fût arrivée à Pisseleu sans être vue, car elle eût eu honte.

Veuve et mère, elle ne songea même point aux railleries provinciales ; elle descendit de voiture sans impudence, mais sans crainte : son deuil et son enfant lui semblaient, l'un un ange sombre, l'autre un ange souriant, qui devaient écarter d'elle l'injure et le mépris.

D'abord, on ne reconnut pas Catherine : elle était si pâle et si changée qu'elle ne semblait plus la même femme ; puis ce qui la dissimulait encore mieux aux regards, c'était cet air de distinction qu'elle avait pris à la fréquentation d'un homme distingué.

Aussi, une seule personne la reconnut, et encore était-elle déjà loin.

Ce fut la tante Angélique.

La tante Angélique était à la porte de l'hôtel de ville, et causait avec deux ou trois commères du serment exigé des prêtres, déclarant qu'elle avait entendu dire à M. Fortier que jamais il ne ferait serment aux Jacobins et à la Révolution, et qu'il subirait plutôt le martyre que de courber la tête sous le joug révolutionnaire.

— Oh! cria-t-elle tout à coup, s'interrompant au milieu de son discours, Jésus Dieu! c'est la Billotte et son enfant qui descendent de voiture!

— Catherine? — Catherine? répétèrent plusieurs voix.

— Eh! oui; tenez, la voilà qui se sauve par la ruelle.

Tante Angélique se trompait : Catherine ne se sauvait pas; Catherine avait hâte d'arriver près de sa mère, et marchait vite. Catherine prenait la ruelle, parce que c'était le chemin le plus court.

Plusieurs enfants, à ce mot de tante Angélique : « C'est la Billotte! » et à cette exclamation de ses voisines : « Catherine! » plusieurs enfants se mirent à courir après la jeune fille, et, l'ayant rejointe :

— Ah! tiens, oui, c'est vrai, dirent-ils, c'est mademoiselle...

— Oui, mes enfants, c'est moi, dit Catherine avec douceur.

Puis, comme elle était fort aimée des enfants surtout, à qui elle avait toujours quelque chose à donner, une caresse à défaut d'autre chose :

— Bonjour, mademoiselle Catherine! dirent les enfants.

— Bonjour, mes amis! dit Catherine. Ma mère n'est pas morte, n'est-ce pas?

— Oh! non, Mademoiselle, pas encore.

Puis, un autre enfant ajouta :

— M. Raynal dit qu'elle en a bien encore pour huit ou dix jours.

— Merci, mes enfants! dit Catherine.

Et elle continua son chemin, après leur avoir donné quelques pièces de monnaie.

Les enfants revinrent.

— Eh bien? demandèrent les commères.

— Eh bien, dirent les enfants, c'est elle; et la preuve, c'est qu'elle nous a demandé des nouvelles de sa mère, et que voilà ce qu'elle nous a donné.

Et les enfants montrèrent les quelques pièces de monnaie qu'ils tenaient de Catherine.

— Il paraît que ce qu'elle a vendu se vend cher à Paris, dit tante Angélique, pour qu'elle puisse donner des pièces blanches aux enfants qui courent après elle.

Tante Angélique n'aimait pas Catherine Billot. D'ailleurs, Catherine Billot était jeune et belle, et tante Angélique était vieille et laide;

Catherine Billot était grande et bien faite, tante Angélique était petite et boiteuse.

Puis c'était chez Billot qu'Ange Pitou, chassé de chez tante Angélique, avait trouvé un asile.

Puis, enfin, c'était Billot qui, le jour de la déclaration des droits de l'homme, était venu prendre l'abbé Fortier pour le forcer à dire la messe sur l'autel de la Patrie.

Toutes raisons suffisantes, jointes surtout à l'aigreur naturelle de son caractère, pour que tante Angélique haït les Billot en général et Catherine en particulier.

Et, quand tante Angélique haïssait, elle haïssait bien, elle haïssait en dévote.

Elle courut chez mademoiselle Adélaïde, la nièce de l'abbé Fortier, et elle lui annonça la nouvelle.

L'abbé Fortier soupait d'une carpe pêchée aux étangs de Wallue, flanquée d'un plat d'œufs brouillés et d'un plat d'épinards.

C'était jour maigre.

L'abbé Fortier avait pris la mine roide et ascétique d'un homme qui s'attend à chaque instant au martyre.

— Qu'y a-t-il encore? demanda-t-il en entendant jaboter les deux femmes dans le corridor; vient-on me chercher pour confesser le nom de Dieu?

— Non! pas encore, mon cher oncle, dit mademoiselle Adélaïde; non, c'est seulement tante Angélique (tout le monde, d'après Pitou, donnait ce nom à la vieille fille), c'est seulement tante Angélique qui vient m'annoncer un nouveau scandale.

— Nous sommes dans un temps où le scandale court les rues, répondit l'abbé Fortier. Quel est le scandale nouveau que vous m'annoncez, tante Angélique?

Mademoiselle Adélaïde introduisit la loueuse de chaises devant l'abbé.

— Serviteur, monsieur l'abbé, dit celle-ci.

— C'est *servante* que vous devriez dire, tante Angélique, répondit l'abbé ne pouvant renoncer à ses habitudes pédagogiques.

— J'ai toujours entendu dire *serviteur*, reprit celle-ci, et je répète ce que j'ai entendu dire ; excusez-moi si je vous ai offensé, monsieur l'abbé.

— Ce n'est pas moi que vous avez offensé, tante Angélique; c'est la syntaxe.

— Je lui ferai mes excuses, la première fois que je la rencontrerai, répondit humblement tante Angélique.

— Bien, tante Angélique! bien! Voulez-vous boire un verre de vin?

— Merci, monsieur l'abbé! répondit tante Angélique, je ne bois jamais de vin.

— Vous avez tort : le vin n'est pas défendu par les canons de l'Église.

— Oh! ce n'est point parce que le vin est ou n'est pas défendu que je n'en bois pas, c'est parce qu'il coûte neuf sous la bouteille.

— Vous êtes donc toujours avare, tante Angélique? demanda l'abbé Fortier se renversant dans son fauteuil.

— Hélas! mon Dieu! monsieur l'abbé, avare! il le faut bien, quand on est pauvre.

— Allons donc, pauvre! et la ferme des chaises que je vous donne pour rien, tante Angélique, quand je pourrais la louer cent écus à la première personne venue.

— Ah! monsieur l'abbé, comment ferait-elle, cette personne-là? Pour rien, monsieur l'abbé! il n'y a que de l'eau à y boire!

— C'est pour cela que je vous offre un verre de vin, tante Angélique.

— Acceptez donc, dit mademoiselle Adélaïde; cela fâchera mon oncle si vous n'acceptez pas.

— Vous croyez que cela fâchera monsieur votre oncle? dit tante Angélique, qui mourait d'envie d'accepter.

— Alors, monsieur l'abbé, deux doigts de vin, s'il vous plaît, pour ne pas vous désobliger.

— Allons donc! dit l'abbé Fortier remplissant un plein verre d'un joli bourgogne pur comme un rubis; avalez-moi cela, tante Angélique, et, quand vous compterez vos écus, vous croirez en avoir le double.

Tante Angélique allait porter le verre à ses lèvres.

— Mes écus? dit-elle. Ah! monsieur l'abbé, ne dites point de pareilles choses, vous qui êtes un homme du bon Dieu, on vous croirait.

— Buvez, tante Angélique; buvez!

Tante Angélique trempa, comme pour faire plaisir à l'abbé Fortier, ses lèvres dans le verre, et, tout en fermant les yeux, avala béatement le tiers de son contenu, à peu près.

— Oh! que c'est fort! dit-elle; je ne sais pas comment on peut boire du vin pur!

— Et moi, dit l'abbé, je ne sais pas comment on peut mettre de l'eau dans son vin; mais n'importe, cela n'empêche pas que je parie, tante Angélique, que vous avez un joli magot!

— Oh! monsieur l'abbé, monsieur l'abbé, ne dites pas cela! je ne peux pas même payer mes contributions, qui sont de trois livres dix sous par an.

Et tante Angélique avala le second tiers du vin contenu dans le verre.

— Oui, je sais que vous dites cela; mais je n'en réponds pas moins que, le jour où vous rendrez votre âme à Dieu, si votre neveu Ange Pitou cherche bien, il trouvera, dans quelque vieux bas de laine, de quoi acheter toute la rue du Pleu.

— Monsieur l'abbé! monsieur l'abbé! s'écria tante Angélique, si vous dites de pareilles choses, vous me ferez assassiner par les brigands qui brûlent les fermes et qui coupent les moissons, car, sur la parole d'un saint homme comme vous, ils croiront que je suis riche... Ah! mon Dieu! mon Dieu! quel malheur!

Et, les yeux humides d'une larme de bien-être, elle avala le reste du verre de vin.

— Eh bien, fit l'abbé, toujours goguenard, vous voyez bien que vous vous y habitueriez, à ce petit vin-là, tante Angélique.

— C'est égal, dit la vieille, il est bien fort!

L'abbé avait à peu près fini de souper.

— Eh bien, demanda-t-il, voyons! quel est ce nouveau scandale qui trouble Israël?

— Monsieur l'abbé, la Billotte vient d'arriver par la diligence avec son enfant!

— Ah! ah! fit l'abbé, je croyais, moi, qu'elle l'avait mis aux Enfants-Trouvés?

— Et elle aurait bien fait, dit tante Angélique; au moins, le pauvre petit n'aurait pas eu à rougir de sa mère!

— Au fait, tante Angélique, dit l'abbé, voilà l'institution envisagée sous un nouveau point de vue. — Et que vient-elle faire ici?

— Il paraît qu'elle vient voir sa mère; car elle a demandé aux enfants si sa mère vivait encore.

— Vous savez, tante Angélique, dit l'abbé avec un méchant sourire, qu'elle a oublié de se confesser, la mère Billot?

— Oh! monsieur l'abbé, reprit tante Angélique, ça, ce n'est pas sa faute : la pauvre femme a, depuis trois ou quatre mois, perdu la tête, à ce qu'il paraît; mais c'était, du temps où sa fille ne lui avait pas fait tant de peine, une femme bien dévote, bien craignant Dieu, et qui, quand elle venait à l'église, prenait toujours deux chaises, une pour s'asseoir et l'autre pour mettre ses pieds.

— Et son mari, demanda l'abbé, les yeux étincelants de colère; le citoyen Billot, le vainqueur de la Bastille, combien en prenait-il de chaises, lui?

— Ah! dame! je ne sais pas, répondit naïvement tante Angélique; il n'y venait jamais à l'église; mais, quant à la mère Billot...

— C'est bien, c'est bien, dit l'abbé; c'est un

— Mes enfants, dit-elle, je vous bénis. (Page 508.)

compte que nous règlerons le jour de son enterrement :

Puis, faisant le signe de la croix :

— Dites les grâces avec moi, mes sœurs.

Les vieilles filles firent le signe de la croix que venait de faire l'abbé, et dirent dévotement les grâces avec lui.

XXVII

LA FILLE ET LA MÈRE

Pendant ce temps, Catherine poursuivait son chemin. En sortant de la ruelle, elle avait pris à gauche, suivi la rue de Lormet, et, au bout de cette rue, avait, par une sente tracée à travers champs, rejoint le chemin de Pisseleu.

Tout était un souvenir douloureux pour Catherine le long de ce chemin.

Et, d'abord, ce fut ce petit pont où Isidore lui avait dit adieu, et où elle était restée évanouie jusqu'au moment où Pitou l'avait retrouvée, froide et glacée.

Puis, en approchant de la ferme, le saule creux où Isidore cachait ses lettres.

Puis, en approchant encore, cette petite fenêtre par laquelle Isidore entrait chez elle ; et où le jeune homme avait été ajusté par Billot cette nuit où, par bonheur, le fusil du fermier avait fait long feu.

Puis, enfin, en face de la grande porte de la ferme, cette route de Boursonnes que Catherine avait si souvent parcourue, et qu'elle connaissait si bien, la route par laquelle venait Isidore...

Que de fois, la nuit, accoudée à cette fenêtre, les yeux fixés sur la route, elle avait attendu haletante, et, en apercevant dans l'ombre son amant, toujours exact, toujours fidèle, sa poitrine se desserrer, puis ouvert les deux bras à sa rencontre!

Aujourd'hui, il était mort; mais, au moins, ses deux bras réunis sur sa poitrine y pressaient son enfant.

Que disaient donc tous ces gens de son déshonneur, de sa honte?

Un si bel enfant pouvait-il jamais être pour une mère une honte ou un déshonneur?

Aussi entra-t-elle rapidement et sans crainte dans la ferme.

Un gros chien aboya sur son passage; puis, tout à coup, reconnaissant sa jeune maîtresse, il s'approcha d'elle de toute la longueur de sa chaîne, et se dressa, les pattes en l'air, et tout en poussant de petits cris joyeux.

Aux abois du chien, un homme parut sur la porte, venant voir qui en était la cause.

— Mademoiselle Catherine! s'écria-t-il.

— Père Clouïs! dit Catherine à son tour.

— Ah! soyez la bienvenue, ma chère demoiselle! dit le vieux garde; la maison a bien besoin de votre présence, allez!

— Et ma pauvre mère? demanda Catherine.

— Hélas! ni mieux, ni pis, ou plutôt pis que mieux; elle s'éteint, pauvre chère femme!

— Et où est-elle?

— Dans sa chambre.

— Toute seule?

— Non, non, non... Ah! je n'aurais pas permis cela. Dame! il faut m'excuser, mademoiselle Catherine, en votre absence à tous, j'ai un peu fait le maître ici; le temps que vous avez passé dans ma pauvre hutte, ça m'a fait un peu de la famille : je vous aimais tant, vous et ce pauvre M. Isidore!

— Vous avez su?... dit Catherine essuyant deux larmes.

— Oui, oui, tué pour la reine, comme M. Georges... Enfin, Mademoiselle, que voulez-vous? il vous a laissé ce bel enfant, n'est-ce pas? Il faut pleurer le père, mais sourire au fils.

— Merci, père Clouïs, dit Catherine en tendant sa main au vieux garde; mais ma mère?...

— Elle est là dans sa chambre, comme je vous ai dit, avec madame Clément, la même garde-malade qui vous a soignée.

— Et..., demanda Catherine hésitant, a-t-elle encore sa connaissance, pauvre mère?

— Il y a des fois qu'on le croirait, dit le père Clouïs : c'est quand on prononce votre nom... Ah! cela, c'est le grand moyen, il a agi jusqu'à avant-hier; ce n'est que depuis avant-hier qu'elle ne donne plus signe de connaissance, même lorsque l'on parle de vous.

— Entrons, entrons, père Clouïs! dit Catherine.

— Entrez, Mademoiselle, fit le vieux garde en ouvrant la porte de la chambre de madame Billot.

Catherine plongea son regard dans la chambre. Sa mère, couchée dans son lit aux rideaux de serge verte, éclairée par une de ces lampes à trois becs comme nous en voyons encore aujourd'hui dans les fermes, était gardée, ainsi que l'avait dit le père Clouïs, par madame Clément.

Celle-ci, assise dans un grand fauteuil, roupillait dans cet état de somnolence particulier aux gardes-malades, et qui est un milieu somnambulique entre la veille et le sommeil.

La pauvre mère Billot ne semblait pas changée; seulement, son teint était devenu d'une pâleur d'ivoire.

On eût dit qu'elle dormait.

— Ma mère! ma mère! cria Catherine en se précipitant sur le lit.

La malade ouvrit les yeux, fit un mouvement de tête vers Catherine; un éclair d'intelligence brilla dans son regard; ses lèvres balbutièrent des sons inintelligibles, n'atteignant pas même à la valeur de mots sans suite; sa main se souleva, cherchant à compléter, par le toucher, les sens presque éteints de l'ouïe et de la vue; mais cet effort avorta, le mouvement s'éteignit, l'œil se referma, le bras pesa comme un corps inerte sur la tête de Catherine, à genoux devant le lit de sa mère, et la malade rentra dans l'immobilité dont elle était momentanément sortie à la secousse galvanique que lui avait imprimée la voix de sa fille.

Des deux léthargies du père et de la mère, avaient, comme deux éclairs partant de deux horizons opposés, jailli deux sentiments tout contraires :

Le père Billot était sorti de son évanouissement pour repousser Catherine loin de lui;

La mère Billot était sortie de sa torpeur pour attirer Catherine à elle.

L'arrivée de Catherine avait produit une révolution dans la ferme. C'était Billot que l'on attendait, et non sa fille.

Catherine raconta l'accident arrivé à Billot, et dit comment, à Paris, le mari était aussi près de la mort que la femme l'était à Pisseleu.

Seulement, il était évident que chacun des deux moribonds suivait une voie différente : Billot allait de la mort à la vie; sa femme allait de la vie à la mort.

Catherine rentra dans sa chambre de jeune fille. Il y avait bien des larmes pour elle dans les souvenirs que lui rappelait cette petite chambre, où elle avait passé par les beaux rêves de l'enfant, par les passions brûlantes de la jeune fille, et où elle revenait avec le cœur brisé de la veuve.

Dès ce moment, au reste, Catherine reprit dans la maison en désordre toute l'autorité que son père lui avait concédée un jour, au détriment de sa mère.

Le père Clouïs, remercié et récompensé, reprit le chemin de son *terrier*, comme il appelait la hutte de la pierre Clouïse.

Le lendemain, le docteur Raynal vint à la ferme.

Il y venait tous les deux jours, par un sentiment de conscience plutôt que par un sentiment d'espoir; il savait très bien qu'il n'y avait rien à faire, et que cette vie, qui s'éteignait comme fait une lampe qui use un reste d'huile, ne pouvait être sauvée par aucun effort humain.

Il fut tout joyeux de trouver la jeune fille arrivée.

Il aborda la grande question qu'il n'eût pas osé débattre avec Billot : celle des sacrements.

Billot, on le sait, était un voltairien enragé.

Ce n'était pas que le docteur Raynal fût d'une dévotion exemplaire; non, tout au contraire : à l'esprit du temps il joignait l'esprit de la science.

Or, si le temps n'en était encore qu'au doute, la science en était déjà à la négation.

Cependant le docteur Raynal, dans les circonstances analogues à celle où il se trouvait, regardait comme un devoir d'avertir les parents.

Les parents pieux faisaient leur profit de l'avertissement et envoyaient chercher le prêtre.

Les parents impies ordonnaient, si le prêtre se présentait, qu'on lui fermât la porte au nez.

Catherine était pieuse.

Elle ignorait les dissentiments qui avaient eu lieu entre Billot et l'abbé Fortier, ou plutôt elle n'y attachait pas grande importance.

Elle chargea madame Clément de se rendre chez l'abbé Fortier, et de le prier de venir apporter les derniers sacrements à sa mère. — Pisseleu, étant un trop petit hameau pour avoir son église et son curé à part, relevait de Villers-Cotterets. C'était même au cimetière de Villers-Cotterets qu'on enterrait les morts de Pisseleu.

Une heure après, la sonnette du viatique tintait à la porte de la ferme.

Le saint sacrement fut reçu à deux genoux par Catherine.

Mais à peine l'abbé Fortier fut-il entré dans la chambre de la malade, à peine se fut-il aperçu que celle pour laquelle on l'avait appelé était sans parole, sans regard, sans voix, qu'il déclara qu'il ne donnait l'absolution qu'aux gens qui pouvaient se confesser; et, quelque instance qu'on lui fît, il remporta le viatique.

L'abbé Fortier était un prêtre de l'école sombre et terrible : il eût été saint Dominique en Espagne, et Valverde au Mexique.

Il n'y avait point à s'adresser à un autre que lui : Pisseleu, nous l'avons dit, relevait de sa paroisse, et nul prêtre des environs n'eût osé empiéter sur ses droits.

Catherine était un cœur pieux et tendre, mais en même temps plein de raison : elle ne prit du refus de l'abbé Fortier que le souci qu'elle en devait prendre, espérant que Dieu serait plus indulgent en faveur de la pauvre mourante que ne l'était son ministre.

Puis elle continua d'accomplir ses devoirs de fille envers sa mère, ses devoirs de mère envers son enfant, se partageant toute entière entre cette jeune âme qui entrait dans la vie, et cette âme fatiguée qui allait en sortir.

Pendant huit jours et huit nuits, elle ne quitta le lit de sa mère pour aller au berceau de son enfant.

Dans la nuit du huitième au neuvième jour, tandis que la jeune fille veillait au chevet du lit de la mourante — laquelle, pareille à une barque qui sombre et s'enfonce de plus en plus dans la mer, s'engloutissait peu à peu dans l'éternité — la porte de la chambre de madame Billot s'ouvrit, et Pitou parut sur le seuil.

Il arrivait de Paris, d'où il était parti le matin selon son habitude.

En le voyant, Catherine tressaillit.

Un instant elle craignit que son père ne fût mort.

Mais la physionomie de Pitou, sans être précisément gaie, n'était cependant point celle d'un homme qui apporte une funèbre nouvelle.

En effet, Billot allait de mieux en mieux;

depuis quatre ou cinq jours, le docteur avait répondu de lui, et, le matin du départ de Pitou, le malade avait dû être transporté de l'hôpital du Gros-Caillou chez le docteur.

Du moment que Billot avait cessé d'être en danger, Pitou avait déclaré sa résolution formelle de retourner à Pisseleu.

Ce n'était plus pour Billot qu'il craignait, c'était pour Catherine.

Pitou avait prévu le moment où l'on annoncerait à Billot ce qu'on n'avait point voulu lui annoncer encore, c'est-à-dire l'état dans lequel se trouvait sa femme.

Sa conviction était qu'à ce moment-là, si faible qu'il fût, Billot partirait pour Villers-Cotterets. Et qu'arriverait-il, s'il trouvait Catherine à la ferme?...

Le docteur Gilbert n'avait point caché à Pitou l'effet qu'avaient produit sur le blessé l'entrée de Catherine et sa station d'un instant près du lit du malade.

Il était évident que cette vision était restée au fond de son esprit, comme au fond de la mémoire reste, quand on se réveille, le souvenir d'un mauvais rêve.

A mesure que sa raison était revenue, le blessé avait jeté autour de lui des regards qui avaient peu à peu passé de l'inquiétude à la haine.

Sans doute s'attendait-il à voir d'un moment à l'autre la vision fatale reparaître.

Au reste, il n'en avait pas dit un mot; pas une seule fois il n'avait prononcé le nom de Catherine; mais le docteur Gilbert était un trop profond observateur pour n'avoir pas tout deviné, tout lu.

En conséquence, aussitôt Billot convalescent, il avait expédié Pitou à la ferme.

C'était à lui d'en éloigner Catherine. Pitou aurait, pour arriver à ce résultat, deux ou trois jours devant lui, le docteur ne voulant pas, avant deux ou trois jours encore, risquer d'annoncer au convalescent la mauvaise nouvelle qu'avait apportée Pitou.

Celui-ci fit part de ses craintes à Catherine avec toute l'angoisse que le caractère de Billot lui inspirait à lui-même; mais Catherine déclara que, son père dût-il la tuer au chevet du lit de la mourante, elle ne s'éloignerait pas avant d'avoir fermé les yeux de sa mère.

Pitou gémit profondément de cette détermination; mais il ne trouva pas un mot pour la combattre.

Il se tint donc là, prêt à s'interposer, en cas de besoin, entre le père et la fille.

Deux jours et deux nuits s'écoulèrent encore; pendant ces deux jours et ces deux nuits, la vie de la mère Billot sembla s'envoler souffle à souffle.

Depuis dix jours déjà, la malade ne mangeait plus; on ne la soutenait qu'en lui introduisant de temps en temps une cuillerée de sirop dans la bouche.

On n'aurait pas cru qu'un corps pût vivre avec un pareil soutien. — Il est vrai que ce pauvre corps vivait si peu!

Pendant la nuit du dixième au onzième jour, au moment où tout souffle semblait éteint chez elle, la malade parut se ranimer, les bras firent quelques mouvements, les lèvres s'agitèrent, les yeux s'ouvrirent grands et fixes.

— Ma mère! ma mère! cria Catherine.

Et elle se précipita vers la porte pour aller chercher son enfant.

On eût dit que Catherine tirait l'âme de sa mère avec elle : lorsqu'elle rentra, tenant le petit Isidore entre ses bras, la mourante avait fait un mouvement pour se tourner du côté de la porte.

Les yeux étaient restés tout grands ouverts et fixes.

Au retour de la jeune fille, les yeux jetèrent un éclair, la bouche un cri; les bras s'étendirent.

Catherine tomba à genoux avec son enfant devant le lit de sa mère.

Alors un phénomène étrange s'opéra : la mère Billot se souleva sur son oreiller, étendit lentement les bras au-dessus de la tête de Catherine et de son fils; puis, après un effort pareil à celui du jeune fils de Crésus :

— Mes enfants, dit-elle, je vous bénis!

Et elle retomba sur l'oreiller; ses bras s'affaissèrent, sa voix s'éteignit.

Elle était morte.

Ses yeux seuls étaient restés ouverts, comme si la pauvre femme, ne l'ayant pas assez vue de son vivant, eût voulu encore regarder sa fille de l'autre côté du tombeau.

XXVIII

OU L'ABBÉ FORTIER EXÉCUTE, A L'ENDROIT DE LA MÈRE BILLOT, LA MENACE QU'IL AVAIT FAITE A LA TANTE ANGÉLIQUE.

Catherine ferma pieusement les yeux de sa mère, avec la main d'abord, puis ensuite avec les lèvres.

Madame Clément avait, depuis longtemps, prévu cette heure suprême, et avait d'avance acheté deux cierges.

Tandis que Catherine, toute ruisselante de larmes, reportait dans sa chambre son enfant qui pleurait, et l'endormait en lui donnant le sein, madame Clément allumait les deux cierges aux deux côtés du chevet du lit, croisait les mains de la morte sur sa poitrine, lui mettait un crucifix entre les bras, et plaçait sur une chaise un bol plein d'eau bénite, avec une branche de buis du dernier dimanche des Rameaux.

Lorsque Catherine rentra, elle n'eût plus qu'à se mettre à genoux près du lit de sa mère, son livre de prières à la main.

Pendant ce temps, Pitou se chargeait des autres détails funèbres : c'est-à-dire que, n'osant aller chez l'abbé Fortier, avec lequel, on s'en souvient, il était en délicatesse, il alla chez le sacristain pour commander la messe mortuaire, chez les porteurs pour les prévenir de l'heure à laquelle ils devaient enlever le cercueil, chez le fossoyeur pour lui dire de creuser la fosse.

Puis, de là, il alla à Haramont avertir son lieutenant, son sous-lieutenant et ses trente et un hommes de garde nationale que l'enterrement de madame Billot avait lieu le lendemain à onze heures du matin.

Comme la mère Billot n'avait de son vivant, pauvre femme, occupé ni aucune fonction publique, ni aucun grade dans la garde nationale ou dans l'armée, la communication de Pitou à l'endroit de ses hommes fut officieuse, et non officielle, bien entendu ; ce fut une invitation d'assister à l'inhumation, et non un ordre.

Mais on savait trop ce qu'avait fait Billot pour cette révolution qui tournait toutes les têtes et enflammait tous les cœurs ; on savait trop le danger qu'en ce moment même courait encore Billot couché sur son lit de douleur, blessé qu'il avait été en défendant la cause sainte, pour ne pas regarder l'invitation comme un ordre ; toute la garde nationale d'Haramont promit donc à son chef de se trouver volontairement et instantanément en armes le lendemain, à onze heures précises, à la maison mortuaire.

Le soir, Pitou était de retour à la ferme ; à la porte, il trouva le menuisier, qui apportait la bière sur son épaule.

Pitou avait instinctivement toutes les délicatesses du cœur, que l'on trouve si rarement chez les paysans, et même chez les gens du monde ; il fit cacher le menuisier et son cercueil dans l'écurie, et, pour épargner à Catherine la vue de la funèbre boîte, le bruit terrible du marteau, il entra seul.

Catherine priait au pied du lit de sa mère : le cadavre, par les soins pieux des deux femmes, avait été lavé et cousu dans son linceul.

Pitou rendit compte à Catherine de l'emploi de sa journée, et l'invita à aller prendre un peu l'air.

Mais Catherine voulait remplir ses devoirs jusqu'au bout ; elle refusa.

— Cela fera du mal à votre cher petit Isidore, de ne pas sortir, dit Pitou.

— Emportez-le, et faites-lui prendre l'air, monsieur Pitou.

Il fallait que Catherine eût une bien grande confiance dans Pitou pour lui confier son enfant, ne fût-ce que cinq minutes.

Pitou sortit comme pour obéir ; mais, au bout de cinq minutes, il revint.

— Il ne veut pas sortir avec moi, dit-il ; il pleure.

Et, en effet, par les portes ouvertes, Catherine entendit les cris de son enfant.

Elle baisa le front du cadavre, dont, à travers la toile, on distinguait encore la forme et presque les traits, et, partagée entre ses deux sentiments de fille et de mère, elle quitta sa mère pour aller à son enfant.

Le petit Isidore pleurait, en effet ; Catherine le prit dans ses bras, et, suivant Pitou, sortit de la ferme.

Derrière elle, le menuisier et sa bière y entraient.

Pitou voulait éloigner Catherine pendant une demi-heure à peu près.

Comme au hasard, il la conduisit sur le chemin de Boursonnes.

Ce chemin était si plein de souvenirs pour la pauvre enfant, qu'elle y fit une demi-lieue sans dire un mot à Pitou, écoutant les différentes voix de son cœur, et leur répondant silencieusement comme elles parlaient.

Quand Pitou crut la besogne funéraire terminée :

— Mademoiselle Catherine, dit-il, si nous revenions à la ferme ?...

Catherine sortit de ses pensées comme d'un rêve.

— Oh ! oui, dit-elle. Vous êtes bien bon, mon cher Pitou !

Et elle reprit le chemin de Pisseleu.

Au retour, madame Clément fit, de la tête, signe à Pitou que la funèbre opération était achevée.

Catherine rentra dans sa chambre pour coucher le petit Isidore.

Ce soin maternel accompli, elle voulut aller reprendre sa place au chevet de la morte.

Mais, sur le seuil de sa chambre, elle trouva Pitou.

— Inutile, mademoiselle Catherine, lui dit celui-ci, tout est terminé.

— Comment, tout est terminé?

— Oui... en notre absence, Mademoiselle...

Pitou hésita.

— En notre absence, le menuisier...

— Ah! voilà pourquoi vous avez insisté pour que je sortisse... Je comprends, bon Pitou!

Et Pitou, pour sa récompense, reçut de Catherine un regard reconnaissant.

— Une dernière prière, ajouta la jeune fille, et je reviens.

Catherine marcha droit à la chambre de sa mère, et y entra.

Pitou la suivait sur la pointe du pied; mais il s'arrêta sur le seuil.

La bière était posée sur deux chaises au milieu de la chambre.

A cette vue, Catherine s'arrêta en tressaillant, et de nouvelles larmes coulèrent de ses yeux.

Puis elle alla s'agenouiller devant le cercueil, appuyant au chêne son front pâli par la fatigue et la douleur.

Sur la voie douloureuse qui conduit le mort de son lit d'agonie au tombeau, sa demeure éternelle, les vivants qui le suivent se heurtent à chaque instant à quelque nouveau détail qui semble destiné à faire jaillir des cœurs endoloris jusqu'à leur dernière larme.

La prière fut longue; Catherine ne pouvait s'arracher d'auprès du cercueil; elle comprenait bien, la pauvre fille, qu'elle n'avait plus, depuis la mort d'Isidore, que deux amis sur cette terre : sa mère et Pitou.

Sa mère venait de la bénir et de lui dire adieu; sa mère, dans le cercueil aujourd'hui, serait dans la tombe demain.

Pitou lui restait seul!

On ne quitte pas sans peine son avant-dernier ami, quand cet avant-dernier ami est une mère!

Pitou sentit bien qu'il lui fallait venir en aide à Catherine; il entra, et, voyant ses paroles inutiles, il essaya de soulever la jeune fille par-dessous les bras.

— Encore une prière, monsieur Pitou! une seule!

— Vous vous rendrez malade, mademoiselle Catherine, dit Pitou.

— Après? demanda Catherine.

— Alors, je vais chercher une nourrice pour M. Isidore.

— Tu as raison, tu as raison, Pitou, dit la jeune fille. Mon Dieu! que tu es bon, Pitou! mon Dieu! que je t'aime!

Pitou chancela et faillit tomber à la renverse.

Il alla à reculons s'appuyer près de la porte, contre la muraille, et des larmes silencieuses, presque de joie, coulèrent sur ses joues.

Catherine ne venait-elle pas de lui dire qu'elle l'aimait?

Pitou ne s'abusait point sur la façon dont l'aimait Catherine; mais, de quelque façon que Catherine l'aimât, c'était beaucoup pour lui.

Sa prière finie, Catherine, comme elle l'avait promis à Pitou, se leva et vint d'un pas lent s'appuyer à l'épaule du jeune homme.

Pitou passa son bras autour de la taille de Catherine pour l'entraîner.

Celle-ci se laissa faire; mais avant de franchir le seuil, tournant la tête par-dessus l'épaule de Pitou, et jetant un dernier regard sur le cercueil, tristement éclairé par les deux cierges :

— Adieu! mère! une dernière fois, adieu! dit-elle.

Et elle sortit.

A la porte de la chambre de Catherine, et au moment où celle-ci allait y entrer, Pitou l'arrêta.

Catherine commençait à si bien connaître Pitou, qu'elle comprit que Pitou avait quelque chose à lui dire.

— Eh bien? demanda-t-elle.

— Eh bien, balbutia Pitou, un peu embarrassé, ne trouvez-vous pas, mademoiselle Catherine, que le moment serait venu de quitter la ferme.

— Je ne quitterai la ferme que quand ma mère elle-même l'aura quittée, répondit la jeune fille.

Catherine avait dit ces mots avec une telle fermeté, que Pitou vit bien que c'était une résolution irrévocable.

— Et, quand vous quitterez la ferme, dit Pitou, vous savez qu'il y a, à une lieue d'ici, deux endroits où vous êtes sûre d'être bien reçue : la hutte du père Clouïs et la petite maison de Pitou.

Pitou appelait sa chambre et son cabinet une *maison*.

— Merci, Pitou! répondit Catherine indiquant en même temps, d'un signe de tête, qu'elle accepterait l'un ou l'autre de ces deux asiles.

Catherine rentra dans sa chambre sans s'inquiéter de Pitou qui, lui, était toujours sûr de trouver un gîte.

Le lendemain matin, dès dix heures, les amis convoqués pour la funèbre cérémonie affluèrent à la ferme.

Tous les fermiers des environs, ceux de Boursonnes, de Noue, d'Ivors, de Coyolles, de Largny, d'Haramont et de Vivières, étaient au rendez-vous.

Le maire de Villers-Cotterets, le bon M. de Longpré, y était un des premiers.

A dix heures et demie, la garde nationale d'Haramont, tambour battant, drapeau déployé, arriva sans qu'il lui manquât un homme.

Catherine, toute vêtue de noir, tenant entre ses bras son enfant, tout vêtu de noir comme elle, recevait chaque arrivant, et nul, il faut le dire, n'eut un autre sentiment que le respect pour cette mère et pour cet enfant vêtus d'un double deuil.

A onze heures, plus de trois cents personnes étaient réunies à la ferme.

Le prêtre, les hommes d'Église, les porteurs manquaient seuls.

On attendit un quart d'heure.

Rien ne vint.

Pitou monta dans le grenier le plus élevé de la ferme.

De la fenêtre de la ferme, on découvrait les deux kilomètres de plaine qui s'étendent de Villers-Cotterets au petit village de Pisseleu.

Si bons yeux qu'eût Pitou, il ne vit rien.

Il descendit et fit part à M. de Longpré, non seulement de ses observations, mais encore de ses réflexions.

Ses *observations* étaient que rien ne venait certainement; ses *réflexions* que rien ne viendrait probablement.

On lui avait raconté la visite de l'abbé Fortier, et le refus de celui-ci d'administrer les sacrements à la mère Billot.

Pitou connaissait l'abbé Fortier; il devina tout: l'abbé Fortier ne voulait pas prêter le concours de son saint ministère à l'enterrement de madame Billot, et le prétexte, non la cause, était l'absence de la confession.

Ces réflexions, communiquées par Pitou à M. de Longpré, et par M. de Longpré aux assistants, produisirent une douloureuse impression.

On se regarda en silence; puis une voix dit:

— Eh bien, quoi! si l'abbé Fortier ne veut pas nous dire la messe, on s'en passera.

Cette voix, c'était celle de Désiré Maniquet.

Désiré Maniquet était connu pour ses opinions antireligieuses.

Il y eut un instant de silence.

Il était évident qu'il semblait bien hardi à l'assemblée de se passer de messe.

Et, cependant, on était en pleine école Voltaire et Rousseau.

— Messieurs, dit le maire, allons à Villers-Cotterets. A Villers-Cotterets, tout s'expliquera.

— A Villers-Cotterets! crièrent toutes les voix.

Pitou fit un signe à quatre de ses hommes; on glissa les canons de deux fusils sous la bière et l'on enleva la morte.

A la porte, le cercueil passa devant Catherine agenouillée, et devant le petit Isidore, qu'elle avait fait agenouiller près d'elle.

Puis, le cercueil passé, Catherine baisa le seuil de cette porte où elle comptait ne plus remettre le pied, et, en se relevant:

— Vous me trouverez, dit-elle à Pitou, dans la hutte du père Clouïs.

Et, par la cour de la ferme et les jardins qui donnaient sur les fonds, elle s'éloigna rapidement.

XXIX

OÙ L'ABBÉ FORTIER VOIT QU'IL N'EST PAS TOUJOURS SI FACILE QU'ON LE CROIT DE TENIR LA PAROLE DONNÉE.

Le convoi s'avançait silencieusement, formant une longue ligne sur la route, lorsque, tout à coup, ceux qui fermaient la marche entendirent derrière eux un cri d'appel.

Ils se retournèrent.

Un cavalier accourait au grand galop, venant du côté d'Ivors, c'est-à-dire par la route de Paris.

Une portion de son visage était sillonnée par deux bandelettes noires; il tenait son chapeau à la main, et faisait signe qu'on l'attendît.

Pitou se retourna comme les autres.

— Tiens! dit-il, M. Billot... Bon! je ne voudrais pas être dans la peau de l'abbé Fortier.

A ce nom de Billot, tout le monde fit halte.

Le cavalier s'avançait rapidement, et, au fur et à mesure qu'il avançait, comme Pitou avait reconnu le fermier, chacun à son tour le reconnaissait.

Arrivé à la tête du convoi, Billot sauta à bas de son cheval, auquel il jeta la bride sur le cou, et, après avoir dit d'une voix si bien accentuée que chacun l'entendit: « Bonjour et merci, citoyens ! » il prit, derrière le cercueil, la place de Pitou, qui, en son absence, conduisait le deuil.

Un valet d'écurie se chargea du cheval, et le reconduisit à la ferme.

Chacun jeta un regard curieux sur Billot.

Il avait maigri un peu, pâli beaucoup.

Une partie de son front et les contours de son œil gauche avaient conservé les couleurs violâtres du sang extravasé.

Ses dents serrées, ses sourcils froncés indiquaient une sombre colère qui n'attendait que le moment de se répandre au dehors.

— Savez-vous ce qui s'est passé? demanda Pitou.

— Je sais tout, répondit Billot.

Aussitôt que Gilbert avait avoué au fermier l'état dans lequel se trouvait sa femme, celui-ci avait pris un cabriolet qui l'avait conduit jusqu'à Nanteuil.

Puis, comme le cheval n'avait pas pu le mener plus loin, Billot tout faible qu'il était encore, avait pris un bidet de poste; à Levignan il avait relayé, et il arrivait à la ferme comme le convoi venait d'en sortir.

En deux mots alors, madame Clément lui avait dit tout. Billot était remonté à cheval; au détour du mur, il avait aperçu le convoi, qui s'allongeait le long du chemin, et il l'avait arrêté par ses cris.

Maintenant, ainsi que nous l'avons dit, c'était lui qui, les sourcils froncés, la bouche menaçante, les bras croisés sur la poitrine, conduisait le deuil.

Déjà silencieux et sombre, le cortège devint plus sombre et plus silencieux encore.

A l'entrée de Villers-Cotterets on trouva un groupe de personnes qui attendaient.

Ce groupe prit sa place dans le cortège.

A mesure que le convoi avançait à travers les rues, des hommes, des femmes, des enfants, sortaient des maisons, saluaient Billot, qui leur répondait d'un signe de tête, et s'incorporaient dans les rangs en prenant place, à la queue.

Lorsque le convoi arriva sur la place, il comptait plus de cinq cents personnes.

De la place, on commençait à apercevoir l'église.

Ce qu'avait prévu Pitou arrivait : l'église était fermée.

On arriva à la porte, et l'on fit halte.

Billot était devenu livide ; l'expression de son visage se faisait de plus en plus menaçante.

L'église et la mairie se touchaient. Le serpent, qui était en même temps concierge de la mairie et qui, par conséquent, dépendait à la fois du maire et de l'abbé Fortier, fut appelé et interrogé par M. de Longpré.

L'abbé Fortier avait défendu à aucun homme d'Église de prêter son concours à l'enterrement.

Le maire demanda où étaient les clefs de l'église.

Les clefs étaient chez le bedeau.

— Va chercher les clefs, dit Billot à Pitou.

Pitou ouvrit le compas de ses longues jambes et revint cinq minutes après en disant :

— L'abbé Fortier a fait porter les clefs chez lui, pour être sûr que l'église ne serait point ouverte.

— Il faut aller demander les clefs chez l'abbé, dit Désiré Maniquet, promoteur-né des moyens extrêmes.

— Oui, oui, allons chercher les clefs chez l'abbé ! crièrent deux cents voix.

— Ce serait bien long, dit Billot, et, quand la mort frappe à une porte, elle n'a pas l'habitude d'attendre.

Alors il regarda autour de lui : en face de l'église, on construisait une maison.

Les ouvriers charpentiers équarrissaient une poutre.

Billot marcha droit à eux, leur fit signe de la main qu'il avait besoin de la poutre qu'ils équarrissaient.

Les ouvriers s'écartèrent.

La poutre était posée sur des madriers.

Billot passa son bras entre la poutre et la terre, à peu près vers le milieu de la pièce de bois; puis, d'un seul effort, il la souleva.

Mais il avait compté sur des forces absentes. Sous ce poids énorme, le colosse chancela, et, un instant, on crut qu'il allait tomber.

Ce fut le passage d'un éclair; Billot reprit son équilibre en souriant d'un air terrible; puis il s'avança, la poutre sous le bras, d'un pas lent mais ferme.

On eût dit un de ces béliers antiques avec lesquels les Alexandre, les Annibal et les César renversaient les murailles.

Il se plaça, les jambes écartées, devant la porte, et la formidable machine commença de jouer.

La porte était de chêne; les verrous, les serrures, les gonds étaient de fer.

Au troisième coup, les verrous, les serrures et les gonds avaient sauté; la porte de chêne béait entr'ouverte.

Billot laissa tomber la poutre.

Quatre hommes la ramassèrent et la reportèrent avec peine à la place où Billot l'avait prise.

Billot et Pitou descendirent le cercueil dans la fosse. (Page 515.)

— Maintenant, monsieur le maire, dit Billot, faites placer le cercueil de ma pauvre femme, qui n'a jamais fait de mal à personne, au milieu du chœur, et toi, Pitou, réunis le bedeau, le suisse, les chantres et les enfants de chœur; moi, je me charge du prêtre.

Le maire, conduisant le cercueil, entra dans l'église; Pitou se mit à la recherche des chantres, des enfants de chœur, du bedeau et du suisse, se faisant accompagner de son lieutenant Désiré Maniquet et de quatre hommes, pour le cas où il trouverait des récalcitrants; — Billot se dirigea vers la maison de l'abbé Fortier.

Plusieurs hommes voulurent suivre Billot.

— Laissez-moi seul, dit-il; peut-être ce que je vais faire deviendra-t-il grave : à chacun la responsabilité de ses œuvres !

Et il s'éloigna, descendant la rue de l'Église et prenant la rue de Soissons.

C'était la seconde fois, à un an de distance, que le fermier révolutionnaire allait se trouver en face du prêtre royaliste.

On se rappelle ce qui s'était passé la première fois; probablement allait-on être témoin d'une semblable scène.

Aussi, en le voyant marcher d'un pas rapide vers la demeure de l'abbé, chacun demeurait-il immobile sur le seuil de sa porte, le suivant des yeux en secouant la tête, mais sans faire un pas.

— Il a défendu de le suivre, se disaient les uns aux autres les spectateurs.

La grande porte de l'abbé était fermée comme celle de l'église.

Billot regarda s'il y avait aux environs quelque bâtisse à laquelle il pût emprunter une nouvelle poutre; il n'y avait qu'une espèce de borne de grès déchaussée par l'oisiveté des enfants, et tremblant dans son orbite comme une dent dans son alvéole.

Le fermier s'avança vers la borne, la secoua violemment, élargit l'orbite et arracha la borne de l'encadrement de pavés où elle était emboîtée.

Puis, la soulevant au-dessus de sa tête, comme un autre Ajax ou un nouveau Diomède, il recula de trois pas et lança le bloc de granit avec la même force qu'eût fait une catapulte.

La porte brisée vola en morceaux.

En même temps que Billot se frayait ce formidable passage, la fenêtre du premier s'ouvrait, et l'abbé Fortier apparaissait, appelant de toutes ses forces ses paroissiens à son secours.

Mais la voix du pasteur fut méconnue par le troupeau, bien décidé à laisser le loup et le berger se démêler ensemble.

Il fallut un certain temps à Billot pour briser les deux ou trois portes qui le séparaient encore de l'abbé Fortier, comme il avait brisé la première.

La chose lui prit dix minutes, à peu près.

Aussi, au bout de dix minutes écoulées, après la première porte brisée, put-on, d'après les cris de plus en plus violents, et d'après les gestes de plus en plus expressifs de l'abbé, comprendre que cette agitation croissante venait de ce que le danger se rapprochait de plus en plus de lui.

En effet, tout à coup, on vit apparaître derrière le prêtre la tête pâle de Billot, puis une main s'étendre et s'abaisser puissamment sur son épaule.

Le prêtre se cramponna à la traverse de bois qui servait d'appui à la fenêtre; il était, lui aussi, d'une force proverbiale, et ce n'eût pas été chose facile à Hercule lui-même de lui faire lâcher prise.

Billot passa son bras, comme une ceinture, autour de la taille du prêtre, s'arc-bouta sur ses deux jambes, et, d'une secousse à déraciner un chêne, il arracha l'abbé Fortier à la traverse de bois, brisée entre ses mains.

Le fermier et le prêtre disparurent dans les profondeurs de la chambre, et l'on n'entendit plus que les cris de l'abbé, qui allaient s'éloignant comme le mugissement d'un taureau qu'un lion de l'Atlas entraîne vers son repaire.

Pendant ce temps, Pitou avait ramené, tremblants, chantres, enfants de chœur, bedeau et suisse; tout cela, à l'exemple du serpent-concierge, s'était hâté de revêtir d'abord chapes et surplis, puis d'allumer les cierges et de préparer toute chose pour la messe des morts.

On en était là quand on vit reparaître, par la petite sortie donnant sur la place du château, Billot, que l'on attendait à la grande porte de la rue de Soissons.

Il traînait après lui le prêtre, et cela, malgré sa résistance, d'un pas aussi rapide que s'il eût marché seul.

Ce n'était plus un homme; c'était une des forces de la nature, quelque chose comme un torrent ou une avalanche; rien d'humain ne semblait capable de lui résister: il eût fallu un élément pour lutter contre lui!

Le pauvre abbé, à cent pas de l'église, cessa de résister.

Il était complètement dompté.

Tout le monde s'écarta pour laisser passer ces deux hommes.

L'abbé jeta un regard effaré sur la porte brisée comme un carreau de vitre, et, voyant à leurs places, — leur instrument, leur hallebarde ou leur livre à la main, — tous ces hommes à qui il avait défendu de mettre le pied dans l'église, il secoua la tête comme s'il eût reconnu que quelque chose de puissant, d'irrésistible, pesait, non pas sur la religion, mais sur ses ministres.

Il entra dans la sacristie, et en sortit, un instant après, en costume d'officiant, et le saint sacrement à la main.

Mais, au moment où, après avoir monté les marches de l'autel et déposé le saint ciboire sur la table sainte, il se retournait pour dire les premières paroles de l'office, Billot étendit la main.

— Assez, mauvais serviteur de Dieu! dit-il; j'ai tenté de courber ton orgueil, voilà tout; mais je veux que l'on sache qu'une sainte femme comme la mienne peut se passer des prières d'un prêtre fanatique et haineux comme toi.

Puis, comme une grande rumeur montait sous les voûtes de l'église à la suite de ces paroles:

— S'il y a sacrilège, dit-il, que le sacrilège retombe sur moi!

Et, se tournant vers l'immense cortège qui emplissait non seulement l'église, mais encore la place de la mairie et celle du château:

— Citoyens, dit-il, au cimetière!

Toutes les voix répétèrent: « Au cimetière! »

Les quatre porteurs alors passèrent de nouveau les canons de leurs fusils sous le cercueil, enlevèrent le corps, et, comme ils étaient venus, sans prêtre, sans chants d'église, sans aucune des pompes funéraires dont la religion a l'habitude de faire escorte à la douleur des hommes, ils s'acheminèrent, Billot conduisant le deuil, six cents personnes suivant le convoi, vers le cimetière, situé, on s'en souvient, au bout de la ruelle du Pleux, à vingt-cinq pas de la maison de tante Angélique.

La porte du cimetière était fermée comme celle de l'abbé Fortier, comme celle de l'église.

Là, chose étrange! devant ce faible obstacle, Billot s'arrêta.

La mort respectait les morts.

Sur un signe du fermier, Pitou courut chez le fossoyeur.

Le fossoyeur avait la clef du cimetière; c'était trop juste.

Cinq minutes après, Pitou rapportait non seulement la clef, mais encore deux bêches.

L'abbé Fortier avait proscrit la pauvre morte et de l'église et de la terre sainte : le fossoyeur avait reçu l'ordre de ne point creuser de tombe.

A cette dernière manifestation de la haine du prêtre contre le fermier, quelque chose de pareil à un frisson de menace courut parmi les assistants. S'il y eût eu dans le cœur de Billot le quart du fiel qui entre dans l'âme des dévots, ce qui avait l'air d'étonner Boileau, Billot n'avait qu'un mot à dire, et l'abbé Fortier avait enfin la satisfaction de ce martyre qu'il avait appelé à grands cris, le jour où il avait refusé de dire la messe sur l'autel de la Patrie.

Mais Billot avait la colère du peuple et du lion; il déchirait, broyait, brisait en passant, mais ne revenait point sur ses pas.

Il fit un signe de remerciement à Pitou, dont il comprit l'intention, prit la clef de ses mains, ouvrit la porte, fit passer le cercueil d'abord, le suivit et fut lui-même suivi du cortège funéraire, qui s'était recruté de tout ce qui pouvait marcher.

Les royalistes et les dévots étaient seuls restés chez eux.

Il va sans dire que tante Angélique, qui était de ces derniers, avait fermé sa porte avec terreur et en criant à l'abomination de la désolation et en appelant les foudres célestes sur la tête de son neveu.

Mais tout ce qui avait un bon cœur, un sens droit, l'amour de la famille; tout ce que révoltaient la haine substituée à la miséricorde, la vengeance à la mansuétude, les trois quarts enfin de la ville étaient là, protestant, non pas contre Dieu, non pas contre la religion, mais contre les prêtres et leur fanatisme.

Arrivés à l'endroit où aurait dû être la tombe, et où le fossoyeur, ignorant qu'il recevrait l'ordre de ne point la creuser, avait déjà marqué sa place, Billot tendit la main à Pitou, qui lui donna une de ses deux bêches.

Alors, Billot et Pitou, la tête découverte, au milieu d'un cercle de citoyens, la tête découverte comme eux, sous le soleil dévorant des derniers jours de juillet, se mirent à creuser la tombe de la malheureuse créature qui, pieuse et résignée entre toutes, eût été bien étonnée si, de son vivant, on lui eût dit de quel scandale elle serait cause après sa mort.

Le travail dura une heure, et ni l'un ni l'autre des deux travailleurs n'eut l'idée de se relever avant qu'il fût fini.

Pendant ce temps, on avait été chercher des cordes, et, le travail achevé, les cordes étaient prêtes.

Ce furent encore Billot et Pitou qui descendirent le cercueil dans la fosse.

Ces deux hommes rendaient si simplement et si naturellement ce devoir suprême à celle qui l'attendait, qu'aucun des assistants n'eut l'idée de leur offrir son aide.

On eût regardé comme un sacrilège de ne pas les laisser faire jusqu'au bout.

Seulement, aux premières pelletées de terre qui retentirent sur la bière de chêne, Billot passa sa main sur ses yeux, et Pitou sa manche.

Puis ils se mirent à repousser résolument la terre.

Quand ce fut fini, Billot jeta loin de lui sa bêche, et tendit ses deux bras à Pitou.

— Dieu m'est témoin, dit Billot, que j'embrasse en toi tout ce qu'il y a de vertus simples et grandes sur la terre : la charité, le dévouement, l'abnégation, la fraternité, et que je dévouerai ma vie au triomphe de ces vertus!

Puis, étendant la main sur la tombe :

— Dieu m'est témoin, dit-il encore, que je jure une guerre éternelle au roi, qui m'a fait assassiner; aux nobles, qui ont déshonoré ma fille; aux prêtres, qui ont refusé la sépulture à ma femme!

Et, se retournant vers les spectateurs pleins de sympathie pour cette triple adjuration :

— Frères! dit Billot, une nouvelle Assemblée va être convoquée à la place des traîtres qui siègent à cette heure aux Feuillants : choisissez-moi pour représentant à cette Assemblée, et vous verrez si je sais tenir mes serments.

Un cri d'adhésion universelle répondit à la proposition de Billot, et, dès cette heure, sur la tombe de sa femme, terrible autel, digne du serment terrible qu'il venait de recevoir, la candidature de Billot à l'Assemblée législative fût *posée;* après quoi, Billot ayant remercié ses compatriotes de la sympathie qu'ils venaient de lui montrer dans son amitié et dans sa haine, chacun, citadin ou paysan, se retira chez soi, emportant dans son cœur cet esprit de propagande révolutionnaire à qui fournissaient, dans leur aveuglement, ses armes les plus mortelles, ceux-là mêmes — rois, nobles et prêtres — ceux-là mêmes qu'il devait dévorer!

CINQUIÈME PARTIE

I

BILLOT DÉPUTÉ

Les événements que nous venons de raconter avaient produit une profonde impression, non seulement sur les habitants de Villers-Cotterets, mais encore sur les fermiers des villages environnants.

Or, les fermiers sont une grande puissance en matière d'élection : ils occupent chacun dix, vingt, trente journaliers, et, quoique le suffrage fût, à cette époque, à deux degrés, l'élection dépendait complètement de ce qu'on appelait les *campagnes.*

Chaque homme, en quittant Billot, et en venant lui donner une poignée de main, lui avait dit simplement ces deux mots :

— Sois tranquille.

Et Billot était rentré à la ferme, tranquille en effet ; car, pour la première fois, il entrevoyait un puissant moyen de rendre à la noblesse et à la royauté le mal qu'elles lui avaient fait.

Billot sentait, il ne raisonnait pas, et son désir de vengeance était aveugle comme les coups qu'il avait reçus.

Il rentra à la ferme sans dire un mot de Catherine ; nul ne put savoir s'il avait connu sa présence momentanée à la ferme. Dans aucune circonstance, depuis un an, il n'avait prononcé son nom ; sa fille était pour lui comme si elle n'existait plus.

Il n'en était pas ainsi de Pitou, ce cœur d'or! Il avait regretté du fond de son cœur que Catherine ne pût point l'aimer ; mais, en voyant Isidore, en se comparant à l'élégant jeune homme, il avait parfaitement compris que Catherine l'aimât.

Il avait envié Isidore, mais il n'en avait point voulu à Catherine ; bien au contraire, il l'avait toujours aimée avec un dévouement profond et absolu.

Dire que ce dévouement était complètement exempt d'angoisses, ce serait mentir ; mais ces angoisses mêmes qui serraient le cœur de Pitou, à chaque nouvelle preuve d'amour que Catherine donnait à son amant, montraient l'ineffable bonté de ce cœur.

Isidore tué à Varennes, Pitou n'avait plus éprouvé pour Catherine qu'une profonde pitié ; c'était alors que, rendant parfaitement justice au jeune homme, tout au contraire de Billot, il s'était souvenu de ce qu'il y avait de beau, de bon, de généreux, dans celui qui, sans s'en douter, avait été son rival.

Il en était résulté ce que nous avons vu : c'est que non seulement Pitou avait peut-être aimé davantage Catherine triste et vêtue de deuil qu'il n'avait aimé Catherine joyeuse et coquette, mais encore, chose qu'on eût crue impossible, qu'il en était arrivé à aimer presque autant qu'elle le pauvre petit orphelin.

On ne s'étonnera donc point qu'après avoir pris congé de Billot comme les autres, Pitou, au lieu de se diriger du côté de la ferme, se soit acheminé vers Haramont.

Au reste, on était tellement habitué aux disparitions et aux retours inattendus de Pitou, que, malgré la haute position qu'il occupait dans le village comme capitaine, personne ne s'inquiétait plus de ses absences ; Pitou parti, on se répétait tout bas :

— Le général la Fayette a fait appeler Pitou !

Et tout était dit.

Pitou de retour, on lui demandait des nouvelles de la capitale, et, comme Pitou en donnait, grâce à Gilbert, des plus fraîches et des meilleures ; que, quelques jours après ces nouvelles données, on voyait les prédictions de Pitou se réaliser, on continuait d'avoir en lui la plus aveugle confiance, aussi bien comme capitaine que comme prophète.

De son côté, Gilbert savait tout ce qu'il y avait de bon et de dévoué dans Pitou ; il sentait qu'à un moment donné, c'était un homme à qui il pourrait confier sa vie, la vie de Sébastien, un trésor, une mission, tout ce que l'on remet enfin avec confiance à la loyauté et à la force. Chaque fois que Pitou allait à Paris, Gilbert, sans que cela fît le moins du monde rougir Pitou, lui demandait s'il avait besoin de quelque chose ; presque toujours Pitou répondait : « Non, monsieur Gilbert ; » ce qui n'empêchait pas M. Gilbert de donner à Pitou quelques louis que Pitou mettait dans sa poche.

Quelques louis, pour Pitou, avec ses ressources particulières et la dîme qu'il prélevait en nature sur la forêt du duc d'Orléans, c'était une fortune ; aussi Pitou n'avait-il jamais vu la fin de ses quelques louis quand il revoyait M. Gilbert, et qu'une poignée de main du docteur renouvelait dans ses poches la source du Pactole.

On ne s'étonnera donc point que, dans les dispositions où était Pitou à l'endroit de Catherine et d'Isidore, il se séparât hâtivement de Billot, pour savoir ce qu'étaient devenus la mère et l'enfant.

Son chemin, en allant à Haramont était de passer par la pierre Clouïse ; à cent pas de la hutte, il rencontra le père Clouïs, qui revenait avec un lièvre dans sa carnassière.

C'était son jour de lièvre.

En deux mots, le père Clouïs annonça à Pitou que Catherine était venue lui redemander son ancien gîte, qu'il s'était hâté de le lui rendre ; elle avait beaucoup pleuré, la pauvre enfant, en rentrant dans cette chambre où elle était devenue mère, et où Isidore lui avait donné de si vives preuves d'amour.

Mais toutes ces tristesses n'étaient point sans une sorte de charme ; quiconque a éprouvé une grande douleur sait que les heures cruelles sont celles où les pleurs taris refusent de couler, les heures douces et heureuses celles où l'on retrouve des larmes.

Ainsi, quand Pitou se présenta au seuil de la hutte il trouva Catherine assise sur son lit, les joues humides, son enfant entre ses bras.

En voyant Pitou, Catherine posa l'enfant sur ses deux genoux, et tendit les mains et le front au jeune homme ; Pitou lui prit, tout joyeux, les deux mains, l'embrassa au front, et l'enfant se trouva un instant abrité sous l'arche que faisaient au-dessus de lui ces mains serrées, les lèvres de Pitou appuyées au front de sa mère.

Puis, tombant à genoux devant Catherine, et baisant les petites mains de l'enfant :

— Ah ! mademoiselle Catherine, dit Pitou, soyez tranquille, je suis riche : M. Isidore ne manquera de rien !

Pitou avait quinze louis : il appelait cela être riche.

Catherine, bonne elle-même d'esprit et de cœur, appréciait tout ce qui était bon.

— Merci, monsieur Pitou, dit-elle, je vous crois et je suis heureuse de vous croire, car vous êtes mon ami unique, et, si vous nous abandonniez, nous serions seuls sur la terre ; mais vous ne nous abandonnerez jamais, n'est-ce pas ?

— Oh ! Mademoiselle, dit Pitou en sanglotant, ne me dites pas de ces choses-là ! vous me feriez pleurer toutes les larmes de mon corps !

— J'ai tort, dit Catherine, j'ai tort : excusez-moi.

— Non, dit Pitou, non, vous avez raison au contraire ; c'est moi qui suis bête de pleurer ainsi.

— Monsieur Pitou, dit Catherine, j'ai besoin d'air ; donnez-moi le bras, que nous nous promenions un peu sous les grands arbres... Je crois que cela me fera du bien.

— Et à moi aussi, Mademoiselle, dit Pitou, car je sens que j'étouffe.

L'enfant, lui, n'avait pas besoin d'air ; il avait largement pris sa nourriture au sein maternel : il avait besoin de dormir.

Catherine le coucha sur son lit, et donna le bras à Pitou.

Cinq minutes après, ils étaient sous les grands arbres de la forêt, magnifique temple élevé par la main du Seigneur à la nature, sa divine, son éternelle fille.

Malgré lui, cette promenade, pendant laquelle Catherine s'appuyait à son bras, rappelait à Pitou celle qu'il avait faite, deux ans et demi auparavant, le jour de la Pentecôte, conduisant Catherine à la salle de bal, où, à sa grande douleur, Isidore avait dansé avec elle.

Que d'événements accumulés pendant ces deux ans et demi, et combien, sans être un philosophe à la hauteur de M. de Voltaire ou de M. Rousseau, Pitou comprenait que lui et Catherine n'étaient que des atomes emportés dans le tourbillon général !

Mais ces atomes, dans leur infimité, n'en avaient pas moins, comme de grands seigneurs, comme les princes, comme le roi, comme la reine, leur joie et leur douleur; cette meule qui, en tournant aux mains de la Fatalité, broyait les couronnes et mettait les trônes en poussière, avait broyé et mis en poussière le bonheur de Catherine, ni plus ni moins que si elle eût été assise sur un trône et eût porté une couronne sur la tête.

En somme, au bout de deux ans et demi, voici la différence que cette révolution à laquelle il avait contribué si puissamment, sans d'ailleurs savoir ce qu'il faisait, avait apporté dans la situation de Pitou.

Deux ans et demi auparavant, Pitou était un pauvre petit paysan chassé par tante Angélique, recueilli par Billot, protégé par Catherine, sacrifié à Isidore.

Aujourd'hui, Pitou était une puissance : il avait un sabre au côté, des épaulettes sur les épaules ; on l'appelait capitaine ; Isidore était tué, et c'était lui, Pitou, qui protégeait Catherine et son enfant.

Cette réponse de Danton à la personne qui lui demandait : « Dans quel but faites-vous une révolution ? » — « Pour mettre dessous ce qu'il y a dessus, et mettre dessus ce qu'il y a dessous ! » était donc, relativement à Pitou, d'une parfaite exactitude.

Mais, on l'a vu, quoique toutes ces idées lui trottassent dans la tête, le bon, le modeste Pitou n'en prenait aucun avantage, et c'était lui qui, à genoux, suppliait Catherine de permettre qu'il la protégeât, elle et son enfant.

Catherine, de son côté, comme tous les cœurs souffrants, avait une appréciation bien plus fine dans la douleur que dans la joie. Pitou, qui, au temps de son bonheur, n'était pour elle qu'un brave garçon sans conséquence, devenait la sainte créature qu'il était réellement, c'est-à-dire l'homme de la bonté, de la candeur et du dévouement. Il en résulta que, malheureuse et ayant besoin d'un ami, elle comprit que Pitou était juste cet ami qu'il lui fallait, et que, toujours reçu par Catherine avec une main étendue vers lui, avec un charmant sourire sur les lèvres, Pitou commença à mener une vie dont il n'avait jamais eu de soupçon, même dans ses rêves du paradis.

Pendant ce temps, Billot, toujours muet à l'endroit de sa fille, poursuivait, tout en faisant sa moisson, son idée d'être nommé député à la Législative. Un seul homme eût pu l'emporter sur lui, s'il avait eu la même ambition ; mais, tout entier à son amour et à son bonheur, le comte de Charny, enfermé avec Andrée dans son château de Boursonnes, savourait les joies d'une félicité inattendue ; le comte de Charny, oublieux du monde, se croyait oublié par lui ; le comte de Charny n'y songeait même pas.

Aussi, rien ne s'opposant dans le canton de Villers-Cotterets à l'élection de Billot, Billot fut élu député à une majorité immense.

Billot élu, il s'occupa de réaliser le plus d'argent possible. L'année avait été bonne ; il fit la part de ses propriétaires, réserva la sienne, garda ce qu'il lui fallait de grain pour ses semailles, ce qu'il fallait d'avoine, de paille et de foin pour la nourriture de ses chevaux, ce qu'il lui fallait d'argent pour la nourriture de ses hommes, et, un matin, il fit venir Pitou.

Pitou, comme nous l'avons dit, allait de temps en temps faire sa visite à Billot.

Billot recevait toujours Pitou la main ouverte, lui offrant à déjeuner si c'était l'heure du déjeuner, à dîner si c'était l'heure du dîner, un verre de vin ou de cidre si c'était l'heure seulement de boire un verre de cidre ou de vin.

Mais jamais Billot n'avait envoyé chercher Pitou.

Ce n'était donc pas sans inquiétude que Pitou se rendait à la ferme.

Billot était toujours grave ; nul ne pouvait dire qu'il eût vu passer un sourire sur les lèvres du fermier, depuis le moment où sa fille avait quitté la ferme.

Eh bien, Billot était plus grave encore que de coutume.

Il tendit cependant, comme d'habitude, la main à Pitou, serra même avec plus de vigueur que d'habitude celle que Pitou lui donnait, et la retint dans les siennes.

Pitou regardait le fermier avec étonnement.

— Pitou, lui dit celui-ci, tu es un honnête homme !

— Dame ! monsieur Billot, répondit Pitou, je le crois.

— Et moi, j'en suis sûr !

— Vous êtes bien bon, monsieur Billot, dit Pitou.

— J'ai donc décidé que, moi partant, c'est toi, Pitou, qui seras à la tête de la ferme.

— Moi, Monsieur ? dit Pitou étonné. Impossible !

— Pourquoi, impossible ?

— Mais, monsieur Billot, parce qu'il y a une quantité de détails où l'œil d'une femme est indispensable.

— Je le sais, répondit Billot ; tu choisiras toi-même la femme qui partagera la surveillance avec toi ; je ne te demande pas son nom ; je n'ai pas besoin de le savoir, et, quand je serai pour venir à la ferme, je te préviendrai huit jours d'avance, afin que, si je ne devais pas voir cette femme, ou qu'elle ne dût pas me voir, elle eût le temps de s'éloigner.

— Bien, monsieur Billot, dit Pitou.

— Maintenant, continua Billot, il y a dans l'aire le grain nécessaire aux semailles ; dans les greniers, le foin, la paille et l'avoine nécessaires à la nourriture des chevaux ; et, dans ce tiroir, l'argent nécessaire au salaire et à la nourriture des hommes.

Billot ouvrit un tiroir plein d'argent.

— Un instant ! un instant, monsieur Billot ! dit Pitou ; combien y a-t-il dans ce tiroir?

— Je n'en sais rien, dit Billot en le repoussant.

Puis, le fermant à clef, et donnant la clef à Pitou :

— Quand tu n'auras plus d'argent, tu m'en demanderas.

Pitou comprit tout ce qu'il y avait de confiance dans cette réponse ; il ouvrit les deux bras pour embrasser Billot ; mais, tout à coup, s'apercevant que c'était bien hardi à lui, ce qu'il venait de faire :

— Oh! pardon, monsieur Billot, dit-il ; mille fois pardon !

— Pardon de quoi, mon ami ? demanda Billot, tout attendri de cette humilité ; pardon de ce qu'un honnête homme a jeté ses deux bras en avant pour embrasser un autre honnête homme ? Allons, viens, Pitou ! viens, embrasse-moi !

Pitou se jeta dans les bras de Billot.

— Et si, par hasard, vous avez besoin de moi là-bas ?... lui dit-il.

— Sois tranquille, Pitou, je ne t'oublierai pas.

Puis il ajouta :

— Il est deux heures de l'après-midi ; je pars pour Paris à cinq heures. A six heures, tu peux être ici avec *la femme* que tu auras choisie pour te seconder.

— Bien ! Alors, dit Pitou, je n'ai pas de temps à perdre ! Au revoir, cher monsieur Billot.

— Au revoir, Pitou !

Pitou s'élança hors de la ferme.

Billot le suivit des yeux tant qu'il le put voir ; puis, quand il eut disparu :

— Oh ! dit-il, pourquoi ma fille Catherine ne s'est-elle pas amourachée d'un brave garçon comme celui-là, plutôt que de cette vermine de noble qui la laisse veuve sans être mariée, mère sans être femme ?

Maintenant inutile de dire qu'à cinq heures, Billot montait dans la diligence de Villers-Cotterets à Paris, et qu'à six heures, Pitou, Catherine et le petit Isidore entraient à la ferme.

II

ASPECT DE LA NOUVELLE ASSEMBLÉE

C'était le 1er octobre 1791 que devait avoir lieu l'inauguration de la Législative.

Billot, comme les autres députés, arriva vers la fin de septembre.

La nouvelle Assemblée se composait de sept cent quarante-cinq membres ; parmi eux, on comptait quatre cents avocats et légistes ; soixante et douze littérateurs, journalistes, poètes ; soixante et dix prêtres constitutionnels, c'est-à-dire ayant prêté serment à la Constitution. — Les deux cent trois autres étaient des propriétaires ou des fermiers comme Billot, propriétaire et fermier à la fois, ou des hommes exerçant des professions libérales et même manuelles.

Au reste, le caractère particulier sous lequel apparaissaient les nouveaux députés, c'était la jeunesse : la majeure partie d'entre eux n'avait pas plus de vingt-six ans : on eût dit une génération nouvelle et inconnue, envoyée par la France pour rompre violemment avec le passé ; bruyante, tempétueuse, révolutionnaire, elle venait détrôner la tradition ; presque tous d'esprit cultivé, les uns poètes, comme nous l'avons dit, les autres avocats, les autres chimistes ; pleins d'énergie et de grâce, d'une verve extraordinaire, d'un dévouement sans bornes aux idées, fort ignorants des affaires d'État, inexpérimentés, parleurs, légers, batailleurs, ils apportaient évidemment cette grande mais terrible chose qu'on appelle *l'inconnu*.

Or, l'inconnu, en politique, c'est toujours l'inquiétude. Condorcet et Brissot exceptés, on pouvait presque demander à chacun de ces hommes : « Qui êtes-vous ? »

En effet, où étaient les flambeaux et même les torches de la Constituante ? où étaient les Mirabeau, les Sieyès, les Duport, les Bailly, les Robespierre, les Barnave, les Cazalès ? Tout cela avait disparu.

De place en place, comme égarées dans cette ardente jeunesse, quelques têtes blanches.

Le reste représentait la France jeune ou virile, la France en cheveux noirs.

Belles têtes à couper pour une révolution, et qui furent coupées presque toutes !

Au surplus, on sentait germer la guerre civile

à l'intérieur, on sentait venir la guerre étrangère ; tous ces jeunes gens, ce n'étaient point de simples députés ; c'étaient des combattants : la Gironde, — qui, en cas de guerre, s'était offerte tout entière, depuis vingt jusqu'à cinquante ans, pour marcher à la frontière, — la Gironde envoyait une avant-garde.

Cette avant-garde, c'étaient les Vergniaud, les Guadet, les Gensonné, les Fonfrède, les Ducos ; c'était ce noyau, enfin, qui devait s'appeler la *gironde*, et donner son nom à un parti fameux, lequel, malgré ses fautes, est resté sympathique par ses malheurs.

Nés d'un souffle de guerre, ils entraient d'un seul bond, et, comme des athlètes respirant le combat, dans l'arène sanglante de la vie politique.

Rien qu'en les voyant prendre tumultueusement leurs places dans la Chambre, on devine en eux ces souffles de tempête qui feront les orages du 20 juin, du 10 août et du 21 janvier.

Plus de côté droit : la droite est supprimée ; par conséquent plus d'aristocrates.

L'Assemblée tout entière est armée contre deux ennemis : — les nobles, les prêtres.

S'ils résistent, le mandat qu'elle a reçu est de briser leur résistance.

Quant au roi, on a laissé la conscience des députés juge de la conduite que l'on doit tenir envers lui ; on le plaint ; on espère qu'il échappera au triple pouvoir de la reine, de l'aristocratie et du clergé ; s'il les soutient, on le brisera avec eux.

Pauvre roi, on ne l'appelle plus le roi, ni Louis XVI, ni Majesté : on l'appelle *le pouvoir exécutif*.

Le premier mouvement des députés, en entrant dans cette salle, qui leur était complètement inconnue comme distribution, fut de regarder autour d'eux.

De chaque côté s'ouvrait une tribune réservée.

— Pour qui ces deux tribunes ? demandèrent plusieurs voix.

— Ce sont les tribunes des députés sortants, répondit l'architecte.

— Oh ! oh ! murmura Vergniaud, qu'est-ce à dire ? un comité censorial ! La Législative est-elle une Chambre de représentants de la nation ou une classe d'écoliers ?

— Attendons, dit Hérault de Séchelles ; nous verrons comment se conduiront nos maîtres.

— Huissier ! cria Thuriot, vous leur direz, au fur et à mesure qu'ils entreront, qu'il y a dans l'Assemblée un homme qui a failli jeter le gouverneur de la Bastille du haut en bas de ses murailles, et que cet homme s'appelle *Thuriot*.

Un an et demi après, cet homme s'appellait *Tue-Roi*.

Le premier acte de la nouvelle assemblée fut d'envoyer une députation aux Tuileries.

Le roi eut l'imprudence de se faire suppléer par un ministre.

— Messieurs, dit celui-ci, le roi ne peut pas vous recevoir en ce moment ; revenez à trois heures.

Les députés se retirèrent.

— Eh bien ? dirent les autres membres en les voyant rentrer si tôt.

— Citoyens, dit un des envoyés, le roi n'est pas prêt, et nous avons trois heures devant nous.

— Bon ! cria de sa place le cul-de-jatte Couthon, utilisons ces trois heures. — Je propose de supprimer le titre de *majesté*.

Un hourra universel répondit ; le titre de majesté fut supprimé par acclamation.

— Comment appellera-t-on *le pouvoir exécutif*? demanda alors une voix.

— On l'appellera *le roi des Français*, répondit une autre voix. C'est un assez beau titre pour que M. Capet s'en contente.

Tous les yeux se tournèrent vers l'homme qui venait d'appeler le roi de France, *M. Capet*.

C'était Billot.

— Va pour le roi des Français ! cria-t-on presque unanimement.

— Attendez, dit Couthon, il nous reste encore deux heures. J'ai une proposition nouvelle à faire.

— Faites ! crièrent toutes les voix.

— Je propose qu'à l'entrée du roi, on se lève, mais que, le roi une fois entré, on s'asseye et l'on se couvre.

Il y eut, pendant un instant, un tumulte terrible : les cris d'adhésion étaient tellement violents, qu'on pouvait les prendre pour des cris d'opposition.

Enfin, lorsque le bruit se calma, on s'aperçut que tout le monde était d'accord.

La proposition fut adoptée.

Couthon jeta les yeux sur la pendule.

— Nous avons encore une heure, dit-il. J'ai une troisième proposition à faire.

— Dites ! dites ! crièrent toutes les voix.

— Je propose, reprit Couthon de cette voix suave qui, selon l'occasion, savait vibrer d'une façon si terrible, je propose qu'il n'y ait plus de trône pour le roi, mais un simple fauteuil.

L'orateur fut interrompu par des applaudissements.

— Attendez, attendez, dit-il en levant la main ; je n'ai pas fini.

Tirant un crucifix, il le présenta à l'archevêque. (Page 524.)

Le silence se rétablit aussitôt.

— Je propose que le fauteuil du roi soit à la gauche du président.

— Prenez garde ! dit une voix, c'est non seulement supprimer le trône, mais encore subordonner le roi.

— Je propose, dit Couthon, non seulement de supprimer le trône, mais encore de subordonner le roi.

Ce furent d'effroyables acclamations ; il y avait tout le 20 juin et tout le 10 août dans ces terribles battements de mains.

— C'est bien, citoyens, dit Couthon ; les trois heures sont écoulées. Je remercie le roi des Français de nous avoir fait attendre : nous n'avons pas perdu notre temps en l'attendant.

La députation retourna aux Tuileries.

Cette fois, le roi la reçut ; mais c'était un parti pris.

— Messieurs, dit-il, je ne puis que dans trois jours me rendre à l'Assemblée.

Les députés se regardèrent.

— Alors, Sire, dirent-ils, ce sera pour le 4 ?

— Oui, Messieurs, répondit le roi, ce sera pour le 4.

Et il leur tourna le dos.

Le 4 octobre, le roi, fit dire qu'il était souffrant, et ne se rendrait à la séance que le 7.

Cela n'empêcha point que, le 4, en l'absence du roi, la Constitution de 1791, c'est-à-dire l'œuvre la plus importante de la dernière Assemblée, ne fit son entrée dans l'Assemblée nouvelle.

Elle était entourée et gardée par les douze députés les plus âgés de la Constituante.

— Bon ! dit une voix, voilà les douze vieillards de l'Apocalypse !

L'archiviste Camus la portait ; il monta avec elle à la tribune, et, la montrant au peuple :

— Peuple, dit-il comme un autre Moïse, voilà les tables de la loi !

Alors commença la cérémonie du serment.

Toute l'Assemblée défila, triste et froide ; beaucoup savaient d'avance que cette Constitution impuissante ne vivrait pas un an : on jura pour jurer, parce que c'était une cérémonie imposée.

Les trois quarts de ceux qui juraient étaient décidés à ne pas tenir leur serment.

Cependant, le bruit des trois décrets rendus se répandait dans Paris :

Plus de majesté !

Plus de trône !

Un simple fauteuil à la gauche du président !

C'était, à peu de chose près, dire : « Plus de roi. »

L'argent fut le premier qui, comme toujours, eut peur : les fonds baissèrent effroyablement ; les banquiers commençaient à craindre.

Le 9 octobre, s'opérait un grand changement.

Aux termes de la loi nouvelle, il n'y avait plus de commandant général de la garde nationale.

Le 9 octobre, la Fayette devait donner sa démission, et chacun des six chefs de légion commanderait à son tour.

Le jour fixé pour la séance royale arriva ; on se souvient que c'était le 7.

Le roi entra.

Tout au contraire de ce que l'on eût pu attendre, tant le privilège était grand encore, à l'entrée du roi, non seulement on se découvrit, mais encore d'unanimes applaudissements éclatèrent.

L'Assemblée cria : « Vive le roi ! »

Mais, à l'instant même, comme si les royalistes eussent voulu porter un défi aux nouveaux députés, les tribunes crièrent :

— Vive Sa Majesté !

Un long murmure courut sur les bancs des représentants de la nation ; les yeux se levèrent sur les tribunes, et l'on reconnut que c'était surtout des tribunes réservées aux anciens constituants que ces cris étaient partis.

— C'est bien, Messieurs, dit Couthon ; demain, on s'occupera de vous.

Le roi fit signe qu'il voulait parler.

On écouta.

Le discours qu'il prononça, composé par Duport du Tertre, était de la plus haute habileté,
et produisit un grand effet ; il roulait tout entier sur la nécessité de maintenir l'ordre, et de se rallier à l'amour de la patrie.

Pastoret présidait l'Assemblée.

Pastoret était royaliste.

Le roi avait dit, dans son discours, *qu'il avait besoin d'être aimé.*

— Et nous aussi, Sire, dit le président, nous avons besoin d'être aimés de vous !

A ces mots, toute la salle éclata en applaudissements.

Le roi, dans son discours, supposait le Révolution finie.

Un instant, l'Assemblée tout entière le crut comme lui.

Il n'eût point fallu pour cela, Sire, être le roi volontaire des prêtres, le roi involontaire des émigrés !

L'impression produite à l'Assemblée se répandit aussitôt dans Paris.

Le soir, le roi alla au théâtre avec sa famille.

Il fut reçu par un tonnerre d'applaudissements.

Beaucoup pleuraient, et lui-même, si peu accessible à cette sorte de sensibilité, versa des larmes.

Pendant la nuit, le roi écrivit à toutes les puissances pour leur annoncer son acceptation de la Constitution de 1791.

On sait, au reste, qu'un jour, dans un moment d'enthousiasme, il avait juré cette Constitution, avant même qu'elle fût achevée.

Le lendemain, Couthon se souvint de ce qu'il avait promis la veille aux constituants.

Il annonça qu'il avait une motion à faire.

On connaissait les motions de Couthon.

Chacun fit silence.

— Citoyens, dit Couthon, je demande qu'on fasse disparaître de cette assemblée toute trace de privilège, et que, par conséquent, toutes les tribunes soient ouvertes au public.

La motion passa à l'unanimité.

Le lendemain, le peuple avait envahi les tribunes des anciens députés, et, devant cet envahissement, l'ombre de la Constituante avait disparu.

III

LA FRANCE ET L'ÉTRANGER

Nous l'avons dit, la nouvelle assemblée était particulièrement envoyée contre les nobles et contre les prêtres.

C'était une véritable croisade ; seulement, les

étendards, au lieu de *Dieu le veut*, portaient cette légende : *Le peuple le veut.*

Le 9 octobre, jour de la démission de la Fayette, Gallois et Gensonné lurent leur rapport sur les troubles religieux de la Vendée.

Il était sage, modéré, et, par cela même, il fit une impression profonde.

Qui l'avait inspiré, sinon écrit ?

Un politique fort habile que nous verrons bientôt faire son entrée sur la scène et dans notre livre.

L'Assemblée fut tolérante.

Un de ses membres, Fauchet, demanda seulement que l'État cessât de payer les prêtres qui déclareraient ne vouloir point obéir à la voix de l'État, en donnant, cependant, des pensions à ceux des réfractaires qui seraient vieux et infirmes.

Ducos alla plus loin : il invoqua la tolérance ; il demanda qu'on laissât toute liberté aux prêtres de faire ou de ne pas faire serment.

Plus loin encore alla l'évêque constitutionnel Torne. Il déclara que le refus même des prêtres tenait à de grandes vertus.

Nous allons voir tout à l'heure comment les dévots d'Avignon répondirent à cette tolérance.

Après la discussion, non terminée cependant, sur les prêtres constitutionnels, on passa aux émigrés.

C'était aller de la guerre intérieure à la guerre extérieure, c'est-à-dire toucher les deux blessures de la France.

Fauchet avait traité la question du clergé ; Brissot traita celle de l'émigration.

Il la prit de son côté élevé et humain ; il la prit où Mirabeau, un an auparavant, l'avait laissée tomber de ses mains mourantes.

Il demanda que l'on fît une différence entre l'émigration de la peur et celle de la haine : il demanda qu'on fût indulgent pour l'une, sévère pour l'autre.

A son avis, on ne pouvait enfermer les citoyens dans le royaume : il fallait, au contraire, leur en laisser toutes les portes ouvertes.

Il ne voulait pas même de confiscation contre l'émigration de la haine.

Il demanda seulement que l'on cessât de payer ceux qui s'étaient armés contre la France.

Chose merveilleuse, en effet ! la France continuait de payer à l'étranger les traitements des Condé, des Lambesc, des Charles de Lorraine !

Nous allons voir tout à l'heure comment les émigrés répondirent à cette douceur.

Comme Fauchet achevait son discours, on eut des nouvelles d'Avignon.

Comme Brissot terminait le sien, on eut des nouvelles d'Europe.

Puis, une grande lueur apparut au couchant comme un immense incendie : c'étaient des nouvelles d'Amérique.

Commençons par Avignon.

Disons, en peu de mots, l'histoire de cette seconde Rome.

Benoît XI venait de mourir — en 1304 — d'une façon scandaleusement subite.

Aussi disait-on qu'il avait été empoisonné par des figues.

Philippe le Bel, qui avait souffleté Boniface VIII par la main de Colonna, avait les yeux fixés sur Pérouse, où se tenait le conclave.

Depuis longtemps, il avait l'idée de tirer la papauté de Rome, et de l'amener en France, pour — une fois qu'il la tiendrait dans sa geôle — la faire travailler à son profit, et, comme dit notre grand maître Michelet, « pour lui dicter des bulles lucratives, exploiter son infaillibilité, et constituer le Saint-Esprit comme scribe et percepteur pour la maison de France ».

Un jour, il lui arriva un messager couvert de poussière, mourant de fatigue, pouvant à peine parler.

Il venait lui apporter cette nouvelle :

Le parti français et le parti antifrançais se balançaient si bien au conclave, qu'aucun pape ne sortait des scrutins, et que l'on parlait d'assembler dans une autre ville un nouveau conclave.

Cette résolution n'arrangeait point les Pérugins, qui tenaient à honneur qu'un pape fût fait dans leur ville.

Aussi usèrent-ils d'un moyen ingénieux.

Ils établirent un cordon autour du conclave, pour empêcher que l'on ne portât à manger et à boire aux cardinaux.

Les cardinaux jetèrent les hauts cris.

— Nommez un pape, crièrent les Pérugins, et vous aurez à boire et à manger.

Les cardinaux tinrent vingt-quatre heures.

Au bout de vingt-quatre heures, ils se décidèrent.

Il fut décidé que le parti antifrançais choisirait trois cardinaux, et que le parti français, dans ces trois candidats, choisirait un pape.

Le parti antifrançais choisit trois ennemis déclarés de Philippe le Bel.

Mais, au nombre de ces trois ennemis de Philippe le Bel, était Bertrand de Got, archevêque de Bordeaux, que l'on savait plus ami encore de son intérêt qu'ennemi de Philippe le Bel.

Un messager partit, porteur de cette nouvelle.

C'était ce messager qui avait fait la route en quatre jours et quatre nuits, et qui arrivait mourant de fatigue.

Il n'y avait pas de temps à perdre.

Philippe envoya un exprès à Bertrand de Got, qui ignorait complètement encore la haute mission dont il était chargé, pour lui donner rendez-vous dans la forêt des Andelys.

C'était par une nuit sombre qui ressemblait à une nuit d'évocation, au milieu d'un carrefour auquel aboutissaient trois chemins ; c'était dans des conditions pareilles que ceux qui voulaient obtenir des faveurs surhumaines évoquaient le diable, et, en jurant d'être son homme lige, baisaient le pied fourchu de Satan.

Seulement, — pour rassurer l'archevêque sans doute, — on commença par entendre la messe ; puis, sur l'autel, au moment de l'élévation, le roi et le prélat se jurèrent le secret ; puis les cierges s'éteignirent, le desservant s'éloigna, suivi de ses enfants de chœur, et emportant la croix et les vases sacrés, comme s'il eût craint qu'il n'y eût profanation à ce qu'ils fussent les muets témoins de la scène qui allait se passer.

L'archevêque et le roi restèrent seuls.

Qui instruisit de ce que nous allons dire, Villani, chez lequel nous le lisons?

Satan, peut-être, qui, bien certainement était en tiers dans l'entrevue.

— Archevêque, dit le roi à Bertrand de Got, j'ai le pouvoir de te faire pape, si je veux : c'est pour cela que je suis venu vers toi.

— La preuve ? demanda Bertrand de Got.

— La preuve, la voici, dit le roi.

Et il lui montra une lettre de ses cardinaux, qui, au lieu de lui dire que le choix était fait, lui demandaient qui il fallait qu'ils choisissent.

— Que dois-je faire pour être pape? demanda le Gascon, tout éperdu de joie, et se jetant aux pieds de Philippe le Bel.

— T'engager, répondit le roi, à me faire les six grâces que je te demanderai.

— Dites, mon roi ! répondit Bertrand de Got ; je suis votre sujet, et c'est mon devoir de vous obéir.

Le roi le releva, le baisa sur la bouche, et lui dit :

— Les six grâces spéciales que je te demande, sont les suivantes...

Bertrand de Got écoutait de toutes ses oreilles ; car il craignait, non pas que le roi ne lui demandât des choses qui compromissent son salut, mais des choses impossibles.

— La première, dit Philippe, est que tu me réconcilies avec l'Église, et me fasses pardonner le méfait que j'ai commis en arrêtant, à Anagni, le pape Boniface VIII.

— Accordé ! se hâta de répondre Bertrand de Got.

— La seconde est que tu rendes la communion à moi et à tous les miens.

Philippe le Bel était excommunié.

— Accordé ! dit Bertrand de Got, étonné qu'on lui demandât si peu pour le faire si grand.

Il est vrai qu'il restait encore quatre demandes à faire.

— La troisième est que tu m'accordes les décimes du clergé dans mon royaume, pendant cinq ans, afin d'aider aux dépenses faites en la guerre de Flandre.

— Accordé !

— La quatrième est que tu annules et détruises la bulle du pape Boniface : *Ausculta fili*.

— Accordé ! accordé !

— Le cinquième est que tu rendes la dignité de cardinal à Marco Jacopo et à messire Pietro de Colonna, et qu'avec eux tu fasses cardinaux certains miens amis.

— Accordé ! accordé ! accordé !

Puis, comme Philippe se taisait :

— Et la sixième, Monseigneur ? demanda l'archevêque avec inquiétude.

— La sixième, répondit Philippe le Bel, je me réserve d'en parler en temps et lieu ; car c'est une chose grande et secrète.

— Grande et secrète ? répéta Bertrand de Got.

— Si grande et si secrète, dit le roi, que je désire que, d'avance, tu me la jures sur le crucifix.

Et, tirant un crucifix de sa poitrine, il le présenta à l'archevêque.

Celui-ci n'hésita pas un instant ; c'était le dernier fossé à franchir : le fossé franchi, il était pape.

Il étendit la main sur l'image du Sauveur, et, d'une voix ferme :

— Je jure ! dit-il.

— C'est bien, dit le roi. Dans quelle ville de mon royaume veux-tu être couronné maintenant ?

— A Lyon.

— Viens avec moi ! tu es pape, sous le nom de Clément V.

Clément V suivit Philippe le Bel ; mais il était assez inquiet de cette sixième demande que son suzerain se réservait de lui faire.

Le jour où il la lui fit, il vit que c'était bien peu de chose ; aussi, ne fit-il point de difficulté : — c'était la destruction de l'ordre du Temple.

Tout cela n'était probablement pas tout à fait selon le cœur de Dieu ; c'est pourquoi Dieu montra son mécontentement d'une façon manifeste.

Au moment où, en sortant de l'église dans laquelle Clément V avait été couronné, le cortège passait devant un mur chargé de spectateurs, le mur s'écroula, blessa le roi, tua le duc de Bretagne, et renversa le pape.

La tiare tomba et le symbole de la papauté avilie roula dans le ruisseau.

Huit jours après, dans un banquet donné par le nouveau pape, les gens de sa Sainteté et ceux des cardinaux se prennent de querelle.

Le frère du pape veut les séparer; il est tué.

C'étaient là de mauvais présages.

Puis aux mauvais présages se joignait le mauvais exemple : le pape rançonnait l'Église, mais une femme rançonnait le pape ; cette femme, c'était la belle Brunissande, qui, au dire des chroniqueurs du temps, coûtait plus cher à la chrétienté que la terre sainte.

Et, cependant, le pape accomplissait ses promesses une à une. Ce pape qu'avait fait Philippe, c'était son pape à lui, une espèce de poule aux œufs d'or qu'il faisait pondre soir et matin, et à laquelle il menaçait d'ouvrir le ventre si elle ne pondait pas.

Tous les jours, comme le marchand de Venise, il levait une livre de chair à son débiteur sur le membre qui lui convenait.

Enfin, le pape Boniface VIII déclaré hérétique et faux pape, le roi relevé de l'excommunication, les décimes du clergé accordés pour cinq ans, douze cardinaux nommés à la dévotion du roi, la bulle de Boniface VIII, qui fermait à Philippe le Bel la bourse du clergé, révoquée, l'ordre du Temple aboli, et les Templiers arrêtés, — il arriva que, le 1ᵉʳ mai 1308, l'empereur Albert d'Autriche mourut.

Alors, Philippe le Bel eut l'idée de faire nommer son frère Charles de Valois à l'empire.

C'était encore Clément V qui allait manœuvrer pour arriver à ce résultat.

Le servage de l'homme vendu se continuait : cette pauvre âme de Bertrand de Got, sellée et bridée, devait être chevauchée par le roi de France jusqu'en enfer.

Elle eut, enfin, la velléité de renverser son terrible cavalier.

Clément V écrivit ostensiblement en faveur de Charles de Valois, secrètement contre lui.

A partir de ce moment, il fallait songer à sortir du royaume ; la vie du pape était d'autant moins en sûreté sur les terres du roi, que la nomination des douze cardinaux mettait les futures élections pontificales aux mains du roi de France.

Le pape Clément V se souvint des figues de Benoît XI.

Il était à Poitiers.

Il parvint à s'échapper de nuit, et à gagner Avignon.

C'est assez difficile d'expliquer ce qu'était Avignon.

C'était la France, et ce n'était pas la France.

C'était une frontière, une terre d'asile, un reste d'empire, un vieux municipe, une république comme Saint-Marin.

Seulement, elle était gouvernée par deux rois :

Le roi de Naples, comme comte de Provence.

Le roi de France, comme comte de Toulouse.

Chacun d'eux avait la seigneurie d'une moitié d'Avignon.

Nul ne pouvait arrêter un fugitif sur la terre de l'autre.

Clément V se réfugia naturellement dans la portion d'Avignon qui appartenait au roi de Naples.

Mais, s'il échappait au pouvoir du roi Philippe le Bel, il n'échappait pas à la malédiction du grand maître du Temple.

En montant sur son bûcher du terre-plein de l'île de la Cité, Jacques de Molay avait adjuré ses deux bourreaux, sur la sommation de leur victime, à comparaître à la fin de l'année devant Dieu.

Clément V obéit le premier à la funèbre requête. Une nuit, il rêva qu'il voyait son palais en flammes; « depuis ce temps, dit son biographe, *il ne fut plus gai, et ne dura guère.* »

Sept mois après, ce fut le tour de Philippe.

Comment mourut-il ?

Il y a deux versions sur sa mort :

L'une et l'autre semblent être une vengeance tombée de la main de Dieu.

La chronique traduite par Sauvage le fait mourir à la chasse.

« Il vit venir le cerf vers lui, tira son épée, piqua son cheval des éperons, et, croyant frapper le cerf, il fut par son cheval porté contre un arbre, de si grande roideur, que le bon roi tomba à terre durement blessé au cœur, et fut porté à Corbeil. »

Là, au dire de la chronique, la maladie s'aggrava au point qu'il en mourut.

On le voit, la maladie ne pouvait devenir plus grave.

Guillaume de Nangis, au contraire, raconte ainsi la mort du vainqueur de Mons-en-Puelle :

« Philippe, roi de France, fut retenu par une longue maladie dont la cause, *inconnue aux médecins*, fut pour eux et pour beaucoup d'autres le sujet d'une grande surprise et stupeur ; d'autant plus que son pouls ni son urine n'annonçaient qu'il fût malade ou en danger de mourir. Enfin, il se fit transporter par les siens à Fontainebleau, lieu de sa naissance... Là, après avoir, en présence et à la vue d'un grand nombre de gens, reçu le sacrement avec une ferveur et une dévotion admirables, il rendit heureusement son âme au Créateur, dans la confession de la foi véritable et catholique, la troisième année de son règne, le vendredi, veille de la fête de l'apôtre saint André. »

Il n'y a pas jusqu'à Dante qui ne trouve une mort à l'homme de sa haine.

Il le fait éventrer par un sanglier.

« Il mourut d'un coup de boutoir, le voleur qu'on a vu sur la Seine falsifiant la monnaie ! »

Les papes qui habitèrent Avignon après Clément V, c'est-à-dire Jean XXII, Benoît XII, Clément VI, n'attendaient qu'une occasion d'acheter Avignon.

Elle se présenta pour le dernier.

Une jeune femme encore mineure, Jeanne de Naples, nous ne dirons pas la vendit, mais la donna pour l'absolution d'un assassinat qu'avaient commis ses amants.

Majeure, elle réclama contre la cession ; mais Clément VI tenait et tenait bien !

Si bien que, quand Grégoire XI reporta, en 1377, le siège de la papauté à Rome, Avignon, administrée par un légat, resta soumise au saint-siège.

Elle l'était encore en 1791, lorsqu'arrivèrent les événements qui sont cause de cette longue digression.

Comme au jour où Avignon était partagée entre le roi de Naples, comte de Provence, et le roi de France, comte de Toulouse, il y avait deux Avignons dans Avignon : l'Avignon des prêtres, l'Avignon des commerçants.

L'Avignon des prêtres avait cent églises, deux cents cloîtres, son palais du pape.

L'Avignon des commerçants avait son fleuve, ses ouvriers en soierie, son transit en croix, de Lyon à Marseille, de Nîmes à Turin.

Il y avait en quelque sorte, dans cette malheureuse ville, les Français du roi et les Français du pape.

Les Français de la France étaient bien Français ; les Français d'Italie étaient presque des Italiens.

Les Français de la France, c'est-à-dire les commerçants, se donnaient bien de la peine, se donnaient bien du travail pour vivre, pour nourrir leurs femmes et leurs enfants, et ils réussissaient à peine.

Les Français d'Italie, c'est-à-dire les prêtres, avaient tout, richesses et pouvoir ; c'étaient des abbés, des évêques, des archevêques, des cardinaux oisifs, élégants, hardis, sigisbés des grandes dames, maîtres chez les femmes du peuple, qui s'agenouillaient sur leur passage pour baiser leurs blanches mains.

En voulez-vous un type ?

Prenez le bel abbé Maury ; c'est un Franco-Italien du Comtat s'il en fut ; fils d'un cordonnier, aristocrate comme Lauzun, orgueilleux comme un Clermont-Tonnerre, insolent comme un laquais !

Partout, avant d'être hommes et, par conséquent, d'avoir des passions, les enfants s'aiment.

A Avignon, on naît en haïssant.

Le 14 septembre 1791, — du temps de la Constituante, — un décret du roi avait réuni à la France Avignon et le comtat Venaissin.

Depuis un an, Avignon était tantôt aux mains du parti français, tantôt aux mains du parti antifrançais.

L'orage avait commencé en 1790.

Une nuit, les papistes s'étaient amusés à pendre un mannequin décoré des trois couleurs.

Le matin, à cette vue, Avignon bondit.

On arracha de leurs maisons quatre papistes qui n'en pouvaient mais : deux nobles, un bourgeois, un ouvrier ; on les pendit à la place du mannequin.

Le parti Français avait pour chefs deux jeunes gens, Duprat et Mainvielle, et un homme d'un certain âge nommé Lescuyer.

Ce dernier était un Français dans toute la force du terme ; il était Picard, d'un caractère ardent et réfléchi tout à la fois, établi à Avignon en qualité de notaire et de secrétaire de la municipalité.

Ces trois chefs avaient levé quelques soldats, deux ou trois mille peut-être, et avaient tenté avec eux sur Carpentras une expédition qui n'avait pas réussi.

La pluie, une pluie froide et glacée mêlée de grêle, une de ces pluies qui descendent du mont Ventoux, avait dispersé l'armée de Mainvielle, de Duprat et de Lescuyer comme la tempête avait dispersé la flotte de Philippe II.

Qui avait fait tomber cette pluie miraculeuse ? qui avait eu la puissance de disperser l'armée révolutionnaire ?

La Vierge !

Mais Duprat, Mainvielle et Lescuyer, soupçonnaient un Catalan nommé le chevalier Patus, qu'ils avaient fait général, d'avoir si efficacement secondé la Vierge dans le miracle, que c'était à lui qu'ils en attribuaient tout l'honneur.

A Avignon, justice est bientôt faite d'une trahison : on tue le traître.

Patus fut tué.

Or, de quoi se composait l'armée représentant le parti français ?

De paysans, de portefaix, de déserteurs.

On chercha un homme du peuple pour commander à ces hommes du peuple.

On crut avoir trouvé l'homme qu'il fallait dans un nommé Mathieu Jouve qui se faisait appeler Jourdan.

Il était né à Saint-Juste, près du Puy en Velay ; il avait d'abord été muletier, puis soldat, puis cabaretier à Paris.

A Avignon, il vendait de la garance.

C'était un vantard de meurtres, un fanfaron de crimes.

Il montrait un grand sabre, et disait qu'avec ce sabre, il avait coupé la tête au gouverneur de la Bastille et aux deux gardes du corps du 6 octobre.

Moitié raillerie, moitié crainte, au surnom de Jourdan qu'il s'était donné, le peuple avait ajouté celui de *Coupe-tête*.

Duprat, Mainvielle, Lescuyer et leur général Jourdan Coupe-Tête avaient été assez longtemps maîtres de la ville pour que l'on commençât à les moins craindre.

Une sourde et vaste conspiration s'organisa contre eux, habile et ténébreuse comme sont les conspirations des prêtres.

Il s'agissait de réveiller les passions religieuses.

La femme d'un patriote français était accouchée d'un enfant sans bras.

Le bruit se répandit que le patriote, en enlevant, la nuit, un ange d'argent d'une église, lui avait cassé le bras.

L'enfant infirme n'était rien autre chose qu'une punition du ciel.

Le père fut obligé de se cacher ; on l'eût mis en morceaux sans même s'informer dans quelle église l'ange avait été volé.

Mais c'était surtout la Vierge qui protégeait les royalistes, qu'ils fussent chouans en Bretagne ou papistes à Avignon.

En 1789, la Vierge s'était mise à pleurer dans une église de la rue du Bac.

En 1790, elle avait apparu dans la Bocage vendéen, derrière un vieux chêne.

En 1791, elle avait dispersé l'armée de Duprat et Mainvielle, en leur soufflant de la grêle au visage.

Enfin, dans l'église des Cordeliers, elle se mit à rougir, de honte sans doute, sur l'indifférence du peuple d'Avignon.

Ce dernier miracle, constaté par les femmes surtout, — les hommes n'y avaient pas grande foi, — avait déjà élevé les esprits à une certaine hauteur, lorsqu'un bruit bien autrement émouvant se répandit dans Avignon.

Un grand coffre d'argenterie avait été transporté hors de la ville.

Le lendemain, ce n'était plus un coffre : c'étaient six coffres.

Le surlendemain, c'étaient dix-huit malles pleines.

Et quelle était l'argenterie que contenaient ces dix-huit malles ?

Les effets du mont-de-piété, que le parti français, en évacuant la ville, emportait, disait-on, avec lui.

A cette nouvelle, un vent d'orage passa sur la ville ; ce vent, c'est le fameux *zou zou* qui siffle dans les émeutes, et qui tient le milieu entre le rauquement du tigre et le sifflement du serpent.

La misère était si grande à Avignon, que chacun avait engagé quelque chose.

Si peu qu'eût engagé le plus pauvre, il se crut ruiné.

Le riche est ruiné pour un million, le pauvre pour une guenille : tout est relatif.

C'était le 16 octobre, un dimanche matin.

Tous les paysans des environs étaient venus entendre la messe dans la ville.

On ne marchait qu'armé à cette époque ; par conséquent, ils étaient tous armés.

Le moment était donc bien choisi ; de plus, le coup était bien joué.

Là, il n'y avait plus ni parti français ni parti antifrançais : il y avait des voleurs, des voleurs qui avaient commis un vol infâme, qui avaient volé les pauvres !

La foule affluait à l'église des Cordeliers ; paysans, citadins, artisans, portefaix, blancs, rouges, tricolores, criaient qu'il fallait qu'à l'instant même, sans retard, la municipalité leur rendît des comptes par l'organe de son secrétaire Lescuyer.

Pourquoi la colère du peuple s'était-elle portée sur Lescuyer ?

On l'ignore. Quand une vie doit être violemment arrachée à un homme, il y a de ces fatalités-là.

Tout à coup, au milieu de l'église, on amena Lescuyer.

Il se réfugiait à la municipalité, lorsqu'il avait été reconnu, arrêté, — non pas arrêté, — poussé à coups de poing, à coups de pied, à coups de bâton dans l'église.

Une fois dans l'église, le malheureux, pâle, mais cependant froid et calme, monta dans la chaire, et entreprit de se justifier.

C'était facile, il n'avait qu'à dire : « Ouvrez et montrez le mont-de-piété au peuple, et il verra que tous les objets qu'on nous accuse d'avoir emportés y sont encore. »

Il commença :

« Mes frères, j'ai cru la Révolution nécessaire ; j'y ai contribué de tout mon pouvoir... »

Mais on ne le laissa pas aller plus loin : on avait trop peur qu'il ne se justifiât.

Le terrible *zou zou*, âpre comme le mistral, vint l'interrompre.

Un portefaix monta derrière lui dans la chaire, et le jeta à cette meute.

A partir de ce moment, l'hallali sonna.

On le tira vers l'autel.

C'était là qu'il fallait égorger le révolutionnaire, pour que le sacrifice fût agréable à la Vierge, au nom de laquelle on agissait en tout cela.

Dans le chœur, vivant encore, il se dégagea des mains des assassins, et se réfugia dans une stalle.

Une main charitable lui passa de quoi écrire.

Il fallait qu'il écrivît ce qu'il n'avait pas eu le temps de dire.

Un secours inespéré lui donnait un moment de répit.

Un gentilhomme breton qui, par hasard, passait, allant à Marseille, était entré dans l'église, et s'était pris de pitié pour la pauvre victime. Avec le courage et l'entêtement d'un Breton, il voulait le sauver ; deux ou trois fois il avait écarté les bâtons ou les couteaux prêts à le frapper, en criant : « Messieurs, au nom de la loi ! Messieurs, au nom de l'honneur ! Messieurs, au nom de l'humanité ! »

Les couteaux et les bâtons se tournèrent alors vers lui ; mais lui, sous les couteaux et les bâtons, continuait à couvrir le pauvre Lescuyer de son corps en criant : « Messieurs, au nom de l'humanité ! »

Enfin, le peuple se lassa d'être si longtemps privé de sa curée ; il prit à son tour le gentilhomme, et l'entraîna pour le pendre.

Mais trois hommes dégagèrent l'étranger en criant :

— Finissons-en d'abord avec Lescuyer ; nous retrouverons toujours bien celui-ci après.

Le peuple comprit la justesse de ce raisonnement, et lâcha le Breton.

On le força de se sauver.

Il se nommait M. de Rosély.

Lescuyer n'avait pas eu le temps d'écrire ; eût-il eu le temps, son billet n'eût pas été lu : il se faisait un trop grand tumulte.

Mais, au milieu de ce tumulte, Lescuyer avisa derrière l'autel une petite porte de sortie : s'il gagnait cette porte, peut-être était-il sauvé ?

Il s'élança au moment où on le croyait écrasé de terreur.

Lescuyer allait atteindre la porte ; les assassins avaient été surpris à l'improviste ; mais, au pied de l'autel, un ouvrier taffetassier lui asséna un si terrible coup de bâton sur la tête, que le bâton se brisa.

Lescuyer tomba étourdi, comme un bœuf sous la masse.

Il avait roulé juste où l'on voulait qu'il fût : — au pied de l'autel !

Alors, tandis que les femmes, pour punir ces lèvres qui avaient proféré le blasphème révolutionnaire de « Vive la liberté ! » lui découpaient les lèvres en festons, les hommes lui dansaient sur le ventre, l'écrasant comme saint Étienne à coups de pierres.

De ses lèvres sanglantes, Lescuyer criait :

— Par grâce, mes frères ! au nom de l'humanité, mes sœurs ! accordez-moi la mort !

C'était trop demander : on le condamna à vivre son agonie.

Elle dura jusqu'au soir.

Le malheureux savoura la mort tout entière !

Voilà les nouvelles qui arrivaient à l'Assemblée législative en réponse au discours philanthropique de Fauchet.

Il est vrai que, le surlendemain, arrivait une autre nouvelle.

LA COMTESSE DE CHARNY

— Messieurs, au nom de l'humanité! (Page 528.)

Duprat et Jourdan avaient été avertis de ce qui se passait.

Où trouver leurs hommes dispersés ?

Duprat eut une idée: sonner en manière de rappel la fameuse cloche d'argent qui ne sonnait qu'en deux occasions : — le sacre des papes, — leur mort.

Elle rendait un son étrange, mystérieux, rarement entendu.

Ce son produisait deux effets contraires.

Il glaça le cœur des papistes, il rendit le courage aux révolutionnaires.

Au son de cette cloche qui sonnait un tocsin inconnu, les gens de la campagne sortirent de la ville, et s'enfuirent chacun dans la direction de sa demeure.

Jourdan, à cet appel de la cloche d'argent, réunit trois cents de ses soldats à peu près.

Il reprit les portes de la ville, et y laissa cent cinquante hommes pour les garder.

Avec les cent cinquante autres, il marcha sur les Cordeliers.

Il avait deux pièces de canon, il les braqua sur la foule, tira et tua au hasard.

Puis il entra dans l'église.

L'église était déserte ; Lescuyer râlait aux pieds de la Vierge, qui avait fait tant de miracles, et qui n'avait pas daigné étendre sa main divine pour sauver ce malheureux.

On eût dit qu'il ne pouvait pas mourir : ce lambeau sanglant, qui n'était plus qu'une plaie, s'acharnait à vivre.

On l'emporta ainsi parmi les rues ; partout sur le passage du cortège, les gens fermaient leur fenêtre en criant :

— Je n'étais pas aux Cordeliers !

Jourdan et ses cent cinquante hommes pouvaient faire désormais d'Avignon et de ses trente mille habitants ce qu'ils voulaient, tant la terreur était grande.

Ils en firent en petit ce que Marat et Panis firent de Paris au 2 septembre.

On verra plus tard pourquoi nous disons Marat et Panis et non pas Danton.

On égorgea soixante-dix ou quatre-vingts malheureux qu'on précipita par les oubliettes pontificales dans la tour de la Glacière.

La tour *Trouillas*, comme on dit là-bas.

Voilà la nouvelle qui arrivait, et qui faisait oublier par de terribles représailles la mort de Lescuyer.

Quant aux émigrés, que défendait Brissot, et auxquels il voulait qu'on ouvrit les portes de la France, voici ce qu'ils faisaient à l'étranger.

Ils raccommodaient l'Autriche avec la Prusse, et faisaient deux amies de ses deux ennemies-nées.

Ils faisaient que la Russie défendait à notre ambassadeur de se montrer dans les rues de Pétersbourg, et envoyait un ministre aux réfugiés de Coblentz.

Ils faisaient que Berne punissait une ville suisse qui avait chanté le *Ça ira* révolutionnaire.

Ils faisaient que Genève, la patrie de Rousseau, qui avait tant fait pour cette révolution que la France accomplissait, dirigeait contre nous la bouche de ses canons.

Ils faisaient que l'évêque de Liège refusait de recevoir un ambassadeur français.

Il est vrai que, d'eux-mêmes, les rois faisaient bien autre chose !

La Russie et la Suède renvoyaient à Louis XVI non décachetées les dépêches où il leur annonçait son adhésion à la Constitution.

L'Espagne refusait de les recevoir, et livrait à l'inquisition un Français qui n'échappait au san-benito qu'en se tuant.

Venise jetait sur la place Saint-Marc le cadavre d'un homme étranglé la nuit par ordre du Conseil des Dix, avec ce simple écriteau :

« Étranglé comme franc-maçon... »

Enfin, l'empereur et le roi de Prusse répondaient par une menace.

« Nous désirons, disaient-ils, que l'on prévienne la nécessité de prendre des précautions sérieuses contre le retour des choses qui donnent lieu à de si tristes augures. »

Ainsi, guerre civile en Vendée, guerre civile dans le Midi, menace de guerre étrangère partout.

Puis, de l'autre côté de l'Atlantique, les cris de la population tout entière d'une île que l'on égorge.

Qu'est-il donc arrivé là-bas, vers l'occident ? quels sont ces noirs esclaves qui se lassent d'être battus, et qui tuent ?

Ce sont les nègres de Saint-Domingue qui prennent une sanglante revanche !

Comment les choses se passèrent-elles ?

En deux mots, — c'est-à-dire d'une façon moins prolixe que pour Avignon : pour Avignon nous nous sommes laissé entraîner ; — en deux mots, nous allons vous l'expliquer.

La Constituante avait promis la liberté aux nègres.

Ogé, un jeune mulâtre, un de ces cœurs braves, ardents et dévoués comme j'en ai tant connus, avait repassé les mers, emportant les décrets libérateurs au moment où ils venaient d'être rendus.

Quoique rien d'officiel ne fût parvenu encore sur ces décrets, dans sa hâte de liberté, il somma le gouverneur de les proclamer.

Le gouverneur donna l'ordre de l'arrêter ; Ogé se réfugia dans la partie espagnole de l'île.

Les autorités espagnoles — on sait comment l'Espagne était disposée pour la Révolution — les autorités espagnoles le livrèrent.

Ogé fut roué vif !

Une terreur blanche suivit son supplice ; on lui supposait nombre de complices dans l'île : les planteurs se firent juges eux-mêmes, et multiplièrent les exécutions.

Une nuit, soixante mille nègres se soulevèrent ; les blancs furent réveillés par l'immense incendie qui dévorait les plantations.

Huit jours après, l'incendie était éteint dans le sang.

Que fera la France, pauvre salamandre enfermée dans un cercle de feu ?

Nous allons le voir.

IV

LA GUERRE

Dans son beau et énergique discours sur les émigrés, Brissot avait clairement montré les intentions des rois, et le genre de mort qu'ils réservaient à la Révolution.

L'égorgerait-on ?
Non, on l'étoufferait.

Alors, après avoir fait le tableau de la ligue européenne, après avoir montré ce cercle de souverains, les uns l'épée à la main, arborant franchement l'étendard de la haine, les autres couvrant encore leur visage du masque de l'hypocrisie, jusqu'à ce qu'ils pussent le déposer, il s'était écrié :

— Eh bien, soit ! non seulement acceptons le défi de l'Europe aristocratique, mais encore prévenons-le ; n'attendons point qu'on nous attaque : attaquons nous-mêmes !

Et, à ce cri, un immense applaudissement avait salué l'orateur.

C'est que Brissot, plutôt homme d'instinct qu'homme de génie, venait de répondre à la sainte pensée, à la pensée de dévouement qui avait présidé aux élections de 1791 : — la guerre !

Non pas cette guerre égoïste que déclare un despote pour venger une insulte faite à son trône, à son nom, au nom d'un de ses alliés, ou bien pour ajouter une province soumise à son royaume ou à son empire ; mais la guerre qui porte avec elle le souffle de vie ; la guerre dont les fanfares de cuivre disent partout où elles sont entendues : « Levez-vous, vous qui voulez être libres ! nous vous apportons la liberté ! »

Et, en effet, le monde commençait à entendre comme un grand murmure qui allait montant et grossissant, pareil au bruit d'une marée.

Ce murmure était le grondement de trente millions de voix qui ne parlaient pas encore, mais qui rugissaient déjà ; et, ce rugissement, Brissot venait de le traduire par ces paroles : « N'attendons pas qu'on nous attaque : attaquons nous-mêmes ! »

Du moment qu'à ces menaçantes paroles avait répondu un applaudissement universel, la France était forte : non seulement elle pouvait attaquer, mais encore elle devait vaincre.

Restaient les questions de détail. Nos lecteurs ont dû s'apercevoir que c'est un livre historique, et non un roman que nous faisons ; nous ne reviendrons probablement jamais sur cette grande époque à laquelle nous avons déjà emprunté *Blanche de Beaulieu*, *le Chevalier de Maison-Rouge* et un livre écrit depuis trois ans, qui n'a pas encore paru, mais qui va paraître : nous devons donc en exprimer tout ce qu'elle contient.

Nous passerons néanmoins rapidement sur ces questions de détail pour arriver le plus promptement possible aux événements qu'il nous reste à raconter, et dans lesquels sont plus particulièrement mêlés les personnages de notre livre.

Le récit des événements de la Vendée, des massacres d'Avignon, des insultes de l'Europe, retentit comme un coup de foudre dans l'Assemblée législative. Le 20 octobre, Brissot, on l'a vu, se contentait d'une imposition sur les biens des émigrés ; le 25, Condorcet condamnait leurs biens au séquestre, et exigeait d'eux le serment civique. — Le serment civique à des hommes se tenant hors de France et armés contre la France !

Deux représentants alors éclatèrent qui devinrent, l'un le Barnave, l'autre le Mirabeau de cette nouvelle assemblée : Vergniaud, Isnard.

Vergniaud, une de ces poétiques, tendres et sympathiques figures comme en entraînent après elles les révolutions, était un enfant de la fertile Limoges, doux, lent, affectueux plutôt que passionné, bien et heureusement né, distingué par Turgot, intendant du Limousin, et envoyé par lui aux écoles de Bordeaux ; sa parole était moins âpre, moins puissante que celle de Mirabeau ; mais, quoique inspirée des Grecs et un peu surchargée de mythologie, moins prolixe, moins avocassière que celle de Barnave. Ce qui constituait la partie vivace, influente de son éloquence, c'est la note humaine qui y vibrait éternellement ; à l'Assemblée, au milieu même des ardentes et sublimes colères des tribunes, on entendait toujours jaillir de sa poitrine l'accent de la nature ou de la pitié ; chef d'un parti aigri, violent, disputeur, il plana toujours calme et digne au-dessus de la situation, même lorsque la situation fut mortelle ; ses ennemis le disaient indécis, mou, indolent parfois ; ils demandaient où était son âme, qui semblait absente ; ils avaient raison : son âme n'habitait en lui que lorsqu'il faisait un effort pour l'enchaîner dans sa poitrine ; son âme tout entière était dans une femme ; elle errait sur les lèvres, elle transparaissait dans les yeux, elle vibrait dans la harpe de la belle, de la bonne, de la charmante Candeille.

Isnard, — tout au contraire de Vergniaud, qui en était en quelque sorte le calme, — Isnard était la colère de l'Assemblée. Né à Grasse, dans ce pays des parfums et du mistral, il avait les colères violentes et soudaines de ce géant de l'air qui, du même souffle, déracine les rochers et effeuille les roses ; sa voix inconnue éclata tout à coup dans l'Assemblée comme un de ces tonnerres inattendus des premiers orages d'été ;

au premier accent de cette voix, l'Assemblée entière frissonna, les plus distraits levèrent la tête, et chacun, frémissant comme Caïn à la voix de Dieu, fut prêt à dire : « Est-ce à moi que vous parlez, Seigneur? »

On venait de l'interrompre.

« Je demande, s'écria-t-il, à l'Assemblée, à la France, au monde, — à vous, Monsieur !... »

Et il désigna l'interrupteur.

« Je demande s'il est quelqu'un qui, de bonne foi, et dans l'aveu secret de sa conscience, veuille soutenir que les princes émigrés ne conspirent pas contre la patrie... Je demande, en second lieu, s'il est quelqu'un dans cette assemblée qui ose soutenir que tout homme qui conspire ne doive pas être au plus tôt accusé, poursuivi et puni.

» S'il est quelqu'un, qu'il se lève !

. . . .

» On vous a dit que l'indulgence était le devoir de la force, que certaines puissances désarmaient; et, moi, je vous dis qu'il faut veiller ; que le despotisme et l'aristocratie n'ont ni mort ni sommeil, et que, si les nations s'endorment un instant, elles se réveillent enchaînées. Le moins pardonnable des crimes est celui qui a pour but de ramener l'homme à l'esclavage. Si le feu du ciel était au pouvoir des hommes, il faudrait en frapper ceux qui attentent à la liberté des peuples ! »

C'était la première fois que l'on entendait de semblables paroles; cette éloquence sauvage entraîna tout avec soi, comme l'avalanche qui descend des Alpes entraîne arbres, troupeaux, bergers, maisons.

Séance tenante, on décréta:

« Que, si Louis-Stanislas-Xavier, prince français, ne rentrait pas dans deux mois, il abdiquait ses droits à la régence. »

Puis, le 8 novembre :

« Que, si les émigrés ne rentraient pas au 1er janvier, ils seraient déclarés coupables de conspiration, poursuivis et punis de mort. »

Puis, le 29 novembre, c'est le tour des prêtres :

« Le serment civique sera exigé dans le délai de huit jours.

» Ceux qui refuseront seront tenus suspects de révolte et recommandés à la surveillance des autorités.

» S'ils se trouvent dans une commune où il survient des troubles religieux, le directoire du département pourra les éloigner de leur domicile ordinaire.

» S'ils désobéissent, ils seront emprisonnés.

pour un an au plus : s'ils provoquent à la désobéissance, pour deux ans.

» La commune où la force armée sera obligée d'intervenir en supportera les frais.

» Les églises ne serviront qu'au culte salarié de l'État; celles qui n'y seront pas nécessaires pourront être achetées pour un autre culte, mais non pour ceux qui refusent le serment.

» Les municipalités enverront aux départements, et ceux-ci à l'Assemblée, la liste des prêtres qui ont juré et de ceux qui ont refusé le serment, avec des observations sur leur coalition entre eux et avec les émigrés, afin que l'Assemblée avise aux moyens d'extirper la rébellion.

» L'Assemblée regarde comme un bienfait les bons ouvrages qui peuvent éclairer les campagnes sur les questions prétendues religieuses: elle les fera imprimer, et récompensera les auteurs. »

Nous avons dit ce qu'étaient devenus les constituants, autrement dit les constitutionnels : nous avons montré dans quel but avaient été fondés les Feuillants.

Leur esprit était parfaitement en harmonie avec le département de Paris.

C'était l'esprit de Barnave, de la Fayette, de Lameth, de Duport, de Bailly, — qui était encore maire, mais qui allait cesser de l'être.

Ils virent dans le décret sur les prêtres, « décret, disaient-ils, rendu contre la conscience publique », ils virent dans le décret sur les émigrés, « décret rendu contre les liens de famille », un moyen d'essayer du pouvoir du roi.

Le club des Feuillants prépara, et le directoire de Paris signa contre ces deux décrets une protestation dans laquelle on priait Louis XVI d'opposer son *veto* au décret concernant les prêtres.

On se rappelle que la Constitution réservait à Louis XVI ce droit de *veto*.

Qui signait cette protestation? L'homme qui, le premier, avait attaqué le clergé, le Méphistophélès, qui, de son pied-bot, avait cassé la glace: Talleyrand! L'homme qui a fait, depuis, de la diplomatie à la loupe ne voyait pas toujours très clair en révolution.

Le bruit du *veto* se répandit d'avance.

Les Cordeliers lancèrent en avant Camille Desmoulins, ce lancier de la Révolution qu'on trouve toujours prêt à planter sa pique en plein but.

Lui aussi fit sa pétition.

Mais, bredouilleur impossible quand il essayait de prendre la parole, il chargea Fauchet de la lire.

Fauchet la lut.

Elle fut applaudie d'un bout à l'autre.

Il était difficile de manier la question avec plus d'ironie, et d'aller en même temps plus à fond.

« Nous ne nous plaignons, disait le camarade de collège de Robespierre et l'ami de Danton, nous ne nous plaignons ni de la Constitution, qui a accordé le *veto*, ni du roi, qui en use, nous souvenant de la maxime d'un grand politique, de Machiavel : « Si le prince doit renoncer à la souveraineté, la nation serait trop injuste, trop cruelle, de trouver mauvais qu'il s'opposât constamment à la volonté générale, parce qu'il est difficile et contre nature de tomber volontairement de si haut. »

» Pénétrés de cette vérité, prenant exemple de Dieu même, dont les commandements ne sont point imposssibles, nous n'exigerons jamais du ci-devant souverain un amour impossible de la souveraineté nationale, et nous ne trouvons pas mauvais qu'il oppose son *veto* précisément aux meilleurs décrets. »

L'Assemblée, comme nous l'avons dit, applaudit, adopta la pétition, décréta l'insertion au procès-verbal, et l'envoi du procès-verbal aux départements.

Le soir, les Feuillants s'émurent.

Beaucoup de membres du club, représentants à la Législative, n'avaient point assisté à la séance.

Les absents de la veille firent, le lendemain, invasion dans l'Assemblée.

Ils étaient deux cent soixante.

On annula le décret de la veille, au milieu des huées et des sifflets des tribunes.

Ce fut la guerre entre l'Assemblée et le club, qui s'appuya d'autant plus, dès lors, sur les Jacobins, représentés par Robespierre, et sur les Cordeliers, représentés par Danton.

En effet, Danton gagnait en popularité ; sa tête monstrueuse commençait de s'élever au-dessus de la foule ; géant Adamastor, il grandissait devant la royauté, et lui disait : « Prends garde ! la mer sur laquelle tu navigues s'appelle la mer des Tempêtes ! »

Puis voilà tout à coup la reine qui vient en aide aux Jacobins contre les Feuillants.

Les haines de Marie-Antoinette ont été à la Révolution ce que sont à l'Atlantique les grains et les bourrasques.

Marie-Antoinette haïssait la Fayette ; la Fayette, qui l'avait sauvée au 6 octobre, qui avait perdu sa popularité pour la cour au 17 juillet.

La Fayette aspirait à remplacer Bailly comme maire de Paris.

La reine, au lieu d'aider la Fayette, fit voter les royalistes en faveur de Pétion. Étrange aveuglement ! en faveur de Pétion, son brutal compagnon de voyage au retour de Varennes !

Le 19 décembre, le roi se présente à l'Assemblée, il y vient apporter son *veto* au décret rendu contre les prêtres.

La veille, aux Jacobins, avait eu lieu une grave démonstration.

Un Suisse de Neuchâtel, Virchaux, le même qui, au Champ de Mars, écrivit la pétition pour la république, avait offert à la société une épée de Damas destinée au premier général qui vaincrait les ennemis de la liberté.

Isnard était là ; il prit l'épée du jeune républicain, la tira du fourreau, et s'élança à la tribune en criant :

— La voilà, l'épée de l'ange exterminateur ! Elle sera victorieuse ! La France poussera un grand cri, et les peuples répondront ; la terre, alors, se couvrira de combattants, et les ennemis de la liberté seront effacés de la liste des hommes !

Ézéchiel n'eût pas mieux dit.

L'épée tirée ne devait pas être remise au fourreau : une double guerre était déclarée à l'intérieur et à l'extérieur.

L'épée du républicain de Neufchâtel devait frapper d'abord le roi de France ; puis, après le roi de France, les rois étrangers.

V

UN MINISTRE DE LA FAÇON DE MADAME DE STAEL

Gilbert n'avait pas revu la reine depuis le jour où celle-ci, l'ayant prié de l'attendre un instant dans son cabinet, l'y avait laissé pour écouter le plan politique que M. de Breteuil rapportait de Vienne, et qui était conçu en ces termes :

« Faire de Barnave comme de Mirabeau, gagner du temps, jurer la Constitution ; l'exécuter littéralement, pour montrer qu'elle est inexécutable. La France se refroidira, s'ennuiera, les Français ont la tête légère : il se fera quelque mode nouvelle, et la liberté passera.

«Si la liberté ne passe pas, on aura gagné un an ; et, dans un an, nous serons prêts à la guerre. »

Six mois s'étaient écoulés depuis cette époque ; la liberté n'avait point passé, et il était évident que les souverains étrangers étaient en train d'accomplir leur promesse, et se préparaient à la guerre.

Gilbert fut étonné de voir entrer un matin chez lui le valet de chambre du roi.

Il pensa d'abord que le roi était malade, et l'envoyait chercher.

Mais le valet de chambre le rassura.

Il lui dit qu'on le demandait au château.

Gilbert insista pour savoir qui le demandait ; mais le valet de chambre, qui, sans doute, avait des ordres, ne se départit pas de cette formule :

— On vous demande au château.

Gilbert était profondément attaché au roi ; il plaignait Marie-Antoinette plus encore comme femme que comme reine ; elle ne lui inspirait ni amour ni dévouement, il n'éprouvait pour elle qu'une profonde pitié.

Il se hâta d'obéir.

On l'introduisit dans l'entresol où l'on recevait Barnave.

Une femme attendait dans un fauteuil, et se leva en voyant paraître Gilbert.

Gilbert reconnut Madame Élisabeth.

Pour celle-là, il avait un profond respect, sachant tout ce qu'il y avait d'angélique bonté dans son cœur.

Il s'inclina devant elle, et comprit à l'instant même la situation.

Le roi ni la reine n'avaient osé l'envoyer chercher en leur nom : on mettait Madame Élisabeth en avant.

Les premiers mots de Madame Élisabeth prouvèrent au docteur qu'il ne se trompait point dans ses conjectures.

— Monsieur Gilbert, dit-elle, je ne sais si d'autres ont oublié les marques d'intérêt que vous avez données à mon frère lors de notre retour de Versailles, celles que vous avez données à ma sœur lors de notre arrivée de Varennes ; mais, moi, je m'en souviens.

Gilbert s'inclina.

— Madame, dit-il, Dieu a décidé dans sa sagesse que vous auriez toutes les vertus, même celle de la mémoire ; vertu rare de nos jours, et surtout chez les personnes royales.

— Vous ne dites pas cela pour mon frère, n'est-ce pas, monsieur Gilbert ? Mon frère me parle souvent de vous, et fait grand cas de votre expérience.

— Comme médecin ? demanda en souriant Gilbert.

— Comme médecin, oui, Monsieur ; seulement, il croit que votre expérience peut s'appliquer en même temps à la santé du roi et à celle du royaume.

— Le roi est bon, Madame ! dit Gilbert. Pour laquelle des deux santés me fait-il appeler en ce moment ?

— Ce n'est pas le roi qui vous fait appeler, Monsieur, dit Madame Élisabeth en rougissant un peu, car ce cœur chaste ne savait point mentir ; c'est moi.

— C'est vous, Madame ? demanda Gilbert. Oh ! ce n'est pas votre santé qui vous tourmente au moins : votre pâleur est celle de la fatigue et de l'inquiétude, mais non celle de la maladie.

— Vous avez raison, Monsieur, ce n'est point pour moi que je tremble : c'est pour mon frère : il m'inquiète !

— Moi aussi, Madame, répondit Gilbert.

— Oh ! notre inquiétude ne vient probablement pas de la même source, dit Madame Élisabeth ; je veux dire qu'il m'inquiète comme santé.

— Le roi serait-il malade ?

— Non, pas précisément, répondit Madame Élisabeth ; mais le roi est abattu, découragé... Tenez, voilà aujourd'hui dix jours — je compte les jours, vous comprenez, — voilà aujourd'hui dix jours qu'il n'a prononcé une seule parole, si ce n'est avec moi, et dans sa partie de trictrac habituelle, où il est obligé de prononcer les mots indispensables à ce jeu.

— Il y a aujourd'hui onze jours, dit Gilbert, qu'il s'est présenté à l'Assemblée pour lui signifier son veto... Pourquoi n'est-il pas devenu muet le matin de ce jour-là, au lieu de perdre la parole le lendemain !

— Votre avis était-il donc, s'écria vivement Madame Élisabeth, que mon frère dût sanctionner ce décret impie ?

— Mon avis est, Madame, que mettre le roi en avant des prêtres dans le courant qui vient, contre la marée qui monte, contre l'orage qui gronde, c'est vouloir que roi et prêtres soient brisés du même coup !

— Mais, à la place de mon pauvre frère, que feriez-vous, Monsieur ?

— Madame, il y a en ce moment un parti qui grandit comme ces géants des *Mille et une Nuits* qui, enfermés dans un vase, ont, une heure après que le vase est brisé, cent coudées de hauteur.

— Vous voulez parler des Jacobins, Monsieur ?

Gilbert secoua la tête.

— Non, je veux parler de la Gironde. Les

Jacobins ne veulent pas la guerre ; la Gironde la veut : la guerre est nationale.

— Mais la guerre... la guerre à qui, mon Dieu ? A l'empereur, notre frère ? au roi d'Espagne, notre neveu ? Nos ennemis, monsieur Gilbert, sont en France, et non pas hors de France ; et la preuve...

Madame Élisabeth hésita.

— Dites, Madame, reprit Gilbert.

— Je ne sais, en vérité, si je puis vous dire cela, docteur, quoique ce soit pour cela que je vous aie fait venir.

— Vous pouvez tout me dire, Madame, comme à un homme dévoué et prêt à donner sa vie au roi.

— Monsieur, dit Madame Élisabeth, croyez-vous qu'il existe un contre-poison ?

Gilbert sourit.

— Universel ? Non, Madame ; seulement, chaque substance vénéneuse a son antidote, quoique, en général, il faut le dire, ces antidotes soient presque toujours impuissants.

— Oh ! mon Dieu !

— Il faudrait d'abord savoir si le poison est un poison minéral ou végétal. D'habitude, les poisons minéraux agissent sur l'estomac et les entrailles ; les poisons végétaux sur le système nerveux, que les uns exaspèrent et que les autres stupéfient. De quel genre de poison voulez-vous parler, Madame ?

— Écoutez, je vais vous dire un grand secret, Monsieur.

— J'écoute, Madame.

— Eh bien, je crains qu'on n'empoisonne le roi !

— Qui voulez-vous qui se rende coupable d'un pareil crime ?

— Voici ce que est arrivé : M. Laporte... l'intendant de la liste civile, vous savez?...

— Oui, Madame.

— Eh bien, M. Laporte nous a fait prévenir qu'un homme des offices du roi, qui s'était établi pâtissier au Palais-Royal, allait rentrer dans les fonctions de sa charge, que lui rendait la mort de son survivancier... Eh bien, cet homme, qui est un jacobin effréné, a dit tout haut que l'on ferait grand bien à la France en empoisonnant le roi !

— En général, Madame, les gens qui veulent commettre un pareil crime ne s'en vantent pas d'avance.

— Oh ! Monsieur, ce serait si facile d'empoisonner le roi ! Par bonheur, celui dont nous nous défions n'a pas dans le palais d'autres détails de bouche que celui de la pâtisserie.

— Alors, vous avez pris des précautions, Madame?

— Oui, il a été décidé que le roi ne mangerait plus que du rôti ; que le pain serait apporté par M. Thierry de Ville-d'Avray, intendant des petits appartements, qui se charge en même temps de fournir le vin. Quant aux pâtisseries, comme le roi les aime, madame Campan a reçu l'ordre d'en acheter comme pour elle, tantôt chez un pâtissier, tantôt chez un autre. On nous a recommandé surtout de nous défier du sucre râpé.

— En ce qu'on peut y mêler de l'arsenic sans qu'on s'en aperçoive?

— Justement... C'était l'habitude de la reine de sucrer son eau avec ce sucre : nous l'avons complètement supprimé. Le roi, la reine et moi mangeons ensemble ; nous nous passons de toute personne de service : si l'un de nous a quelque chose à demander, il sonne. C'est madame Campan qui, dès que le roi est à table, apporte, par une entrée particulière, la pâtisserie, le pain et le vin ; on cache tout cela sous la table, et l'on a l'air de boire le vin de la cave, et de manger le pain et la pâtisserie du service. Voilà comme nous vivons, Monsieur ! et cependant nous tremblons à chaque instant, la reine et moi, de voir tout à coup pâlir le roi, et de lui entendre prononcer ces deux mots terribles : « Je souffre ! »

— Laissez-moi vous affirmer d'abord, Madame, dit le docteur, que je ne crois pas à ces menaces d'empoisonnement ; mais, ensuite, je ne m'en mets pas moins entièrement au service de Leurs Majestés. Que désire le roi ? Le roi veut-il me donner une chambre au château ? J'y resterai de manière à ce qu'à tout instant on m'y trouve, jusqu'au moment où ses craintes...

— Oh ! mon frère ne craint rien, reprit vivement Madame Élisabeth.

— Je me trompe, Madame... Jusqu'au moment où vos craintes seront passées. J'ai quelque pratique des poisons et des contre-poisons ; je me tiendrai prêt à les combattre, de quelque nature qu'ils soient ; mais permettez-moi d'ajouter, Madame, que, si le roi voulait, on n'aurait bientôt plus rien à craindre pour lui.

— Oh ! que faut-il donc faire pour cela ? dit une voix qui n'était pas celle de Madame Élisabeth, et qui, par son timbre vibrant et accentué, fit retourner Gilbert.

Le docteur ne se trompait pas : cette voix, c'était celle de la reine.

Gilbert s'inclina.

— Madame, dit-il, ai-je besoin de renouveler à la reine les protestations de dévouement que je faisais tout à l'heure à Madame Élisabeth ?

— Non, Monsieur, non ; j'ai tout entendu... je voulais seulement savoir dans quelles dispositions vous êtes encore à notre égard.

— La reine a douté de la solidité de mes sentiments ?

— Oh ! Monsieur, tant de têtes et tant de cœurs tournent à ce vent de tempête, que l'on ne sait vraiment plus à qui se fier !

— Et c'est pour cela que la reine va recevoir, de la main des Feuillants, un ministre façonné par madame de Staël ?

La reine tressaillit.

— Vous savez cela ? dit-elle.

— Je sais que Votre Majesté est engagée avec M. de Narbonne.

— Et vous me blâmez, sans doute ?

— Non, Madame ; c'est un essai comme un autre. Quand le roi aura essayé de tout, peut-être finira-t-il par où il eût dû commencer.

— Vous avez connu madame de Staël, Monsieur ? demanda la reine.

— J'ai eu cet honneur, Madame. En sortant de la Bastille, je me suis présenté chez elle, et c'est par M. Necker que j'ai su que c'était à la recommandation de la reine que j'avais été arrêté.

La reine rougit visiblement ; puis, avec un sourire :

— Nous avons promis de ne point revenir sur cette erreur.

— Je ne reviens pas sur cette erreur, Madame ; je réponds à une question que Votre Majesté me faisait la grâce de m'adresser.

— Que pensez-vous de M. Necker ?

— C'est un brave Allemand, composé d'éléments hétérogènes, et qui, en passant par le baroque, s'élève jusqu'à l'emphase.

— Mais n'êtes-vous pas de ceux qui avaient poussé le roi à le reprendre ?

— M. Necker était, à tort ou à raison, l'homme le plus populaire du royaume ; j'ai dit au roi : « Sire, appuyez-vous sur sa popularité. »

— Et madame de Staël ?

— Sa Majesté me fait, je crois, l'honneur de me demander ce que je pense de madame de Staël ?

— Oui.

— Mais, comme physique, elle a le nez gros, les traits gros, la taille grosse...

La reine sourit : femme, il ne lui était pas désagréable d'entendre dire d'une autre femme, dont on s'occupait beaucoup, qu'elle n'était pas belle.

— Continuez, dit-elle.

— Sa peau est d'une qualité médiocrement attirante ; ses gestes sont plutôt énergiques que gracieux ; sa voix est rude, parfois à faire douter que c'est celle d'une femme. Avec tout cela, elle a vingt-quatre ou vingt-cinq ans, un cou de déesse, de magnifiques cheveux noirs, des dents superbes, un œil plein de flamme : son regard est un monde !

— Mais, au moral ? comme talent, comme mérite ? se hâta de demander la reine.

— Elle est bonne et généreuse, Madame ; pas un de ses ennemis ne restera son ennemi après l'avoir entendue parler un quart d'heure.

— Je parle de son génie, Monsieur ; — on ne fait pas de la politique seulement avec le cœur.

— Madame, le cœur ne gâte rien, même en politique : quant au mot *génie*, que Votre Majesté a prononcé, soyons avares de ce mot, Madame. Madame de Staël a un grand et immense talent, mais qui ne s'élève pas jusqu'au génie ; quelque chose de lourd mais de fort, d'épais mais de puissant, pèse à ses pieds quand elle veut quitter la terre : il y a, d'elle à Jean-Jacques, son maître, la différence qu'il y a du fer à l'acier.

— Vous parlez de son talent comme écrivain, Monsieur ; parlez-moi un peu de la femme politique.

— Sous ce rapport, à mon avis, Madame, répondit Gilbert, on donne à madame de Staël beaucoup plus d'importance qu'elle n'en mérite. Depuis l'émigration de Mounier et de Lally, son salon est la tribune du parti anglais, semi-aristocratique avec les deux chambres. Comme elle est bourgeoise, et très bourgeoise, elle a la faiblesse d'adorer les grands seigneurs ; elle admire les Anglais parce qu'elle croit le peuple anglais un peuple éminemment aristocrate ; elle ne sait pas l'histoire de l'Angleterre ; elle ignore le mécanisme de son gouvernement ; de sorte qu'elle prend pour des gentilshommes du temps des croisades des nobles d'hier puisés incessamment en bas. Les autres peuples, avec du vieux, font parfois du neuf ; l'Angleterre, avec du neuf, fait constamment du vieux.

— Vous croyez que c'est en raison de ce sentiment-là que madame de Staël nous propose Narbonne ?

— Ah ! cette fois, Madame, deux amours sont combinées : l'amour de l'aristocratie et l'amour de l'aristocrate.

— Vous croyez que madame de Staël aime

Il commença la lecture des dépêches. (Page 542.)

— M. de Narbonne à cause de son aristocratie?
— Ce n'est pas à cause de son mérite, j'imagine!
— Mais nul n'est moins aristocrate que M. de Narbonne : on ne connaît pas même son père.
— Ah! parce qu'on n'ose pas regarder du côté du soleil...
— Voyons, monsieur Gilbert, je suis femme, aimant les caquets par conséquent : que dit-on de M. de Narbonne?
— Mais on dit qu'il est roué, brave, spirituel.
— Je parle de sa naissance.
— On dit que, quand le parti jésuite fit chasser Voltaire, Machault, d'Argenson, — ceux qu'on appelait les philosophes enfin, — il lui fallut lutter contre madame de Pompadour ; or, les traditions du régent étaient là : on savait ce que peut l'amour paternel doublé d'un autre amour ; alors, on choisit — les jésuites ont la main heureuse pour ces sortes de choix, Madame ! — alors, on choisit une fille du roi, et l'on obtint qu'elle se dévouât à l'œuvre incestueusement héroïque ; de là ce charmant cavalier dont on ignore le père, comme dit Votre Majesté, non point parce que sa naissance se perd dans l'obscurité, mais parce qu'elle se fond dans la lumière.
— Ainsi, vous ne croyez pas, comme les Jacobins, comme M. de Robespierre, par exemple, que M. de Narbonne sorte de l'ambassade de Suède?

— Si fait, Madame ; seulement, il sort du boudoir de la femme, et non du cabinet du mari. Supposer que M. de Staël soit pour quelque chose là-dedans, ce serait supposer qu'il est le mari de sa femme... Oh ! mon Dieu ! non, ce n'est point une trahison d'ambassadeur, Madame : c'est une faiblesse d'amants. Il ne faut pas moins que l'amour, ce grand, cet éternel fascinateur, pour pousser une femme à mettre aux mains de ce roué frivole la gigantesque épée de la Révolution.

— Parlez-vous de celle qu'a baisée M. Isnard au club des Jacobins ?

— Hélas ! Madame, je parle de celle qui est suspendue sur votre tête.

— Donc, à votre avis, monsieur Gilbert, nous avons tort d'accepter M. de Narbonne comme ministre de la guerre ?

— Vous feriez mieux, Madame, de prendre tout de suite celui qui lui succédera.

— Et qui donc ?

— Dumouriez.

— Dumouriez, un officier de fortune ?

— Ah ! Madame, voilà le grand mot lâché !... et encore, vis-à-vis de celui qu'il frappe, est-il injuste !

— M. Dumouriez n'a-t-il pas été simple soldat ?

— M. Dumouriez, je le sais bien, Madame, n'est pas de cette noblesse de cour à laquelle on sacrifie tout ; M. Dumouriez, noble de province, ne pouvant ni obtenir ni acheter un régiment, s'est engagé comme simple hussard. A vingt ans, il s'est fait hacher de coups de sabre par cinq ou six cavaliers plutôt que de se rendre, et, malgré ce trait de courage, malgré une intelligence réelle, il a langui dans les grades inférieurs.

— Son intelligence, oui, il l'a développée en servant d'espion à Louis XV.

— Pourquoi appeler en lui espionnage ce que vous appelez diplomatie chez les autres ? Je sais bien qu'à l'insu des ministres du roi, il entretenait une correspondance avec le roi. Quel est le noble de cour qui n'en eût pas fait autant ?

— Mais, Monsieur, s'écria la reine, trahissant sa profonde étude de la politique par les détails dans lesquels elle entrait, c'est un homme essentiellement immoral, que celui que vous me recommandez ? il n'a nul principe, aucun sentiment de l'honneur ! M. de Choiseul m'a dit, à moi, que Dumouriez lui avait présenté deux projets relatifs aux Corses, un pour les asservir, l'autre pour les délivrer.

— C'est vrai, Madame ; mais M. de Choiseul a oublié de vous dire que le premier fut préféré, et que Dumouriez se battit bravement pour le faire réussir.

— Le jour où nous accepterons M. Dumouriez pour ministre, ce sera comme si nous faisons une déclaration de guerre à l'Europe.

— Eh ! madame ! dit Gilbert, la déclaration est faite dans tous les cœurs ! Savez-vous ce que les registres de ce département donnent de citoyens inscrits pour partir volontairement ? Six cent mille ! Dans le Jura, les femmes ont déclaré que tous les hommes pouvaient partir, et que, si on voulait leur donner des piques, elles suffiraient à garder le pays.

— Vous venez de prononcer un mot qui me fait frémir, Monsieur, dit la reine.

— Excusez-moi, Madame, reprit Gilbert, et dites-moi quel est ce mot, pour qu'il ne m'arrive plus un pareil malheur.

— Vous venez de prononcer le mot *piques*... Oh ! les piques de 89. Monsieur ! je vois encore les têtes de mes deux pauvres gardes du corps au bout de deux piques ?

— Et, cependant, Madame, c'est une femme, une mère qui a proposé d'ouvrir une souscription pour faire fabriquer des piques.

— Est-ce aussi une femme et une mère qui a fait adopter par vos Jacobins le bonnet rouge, couleur de sang ?

— Voilà encore où Votre Majesté est dans l'erreur, répondit Gilbert. On a voulu consacrer l'égalité par un symbole ; on ne pouvait pas décréter que tous les Français porteraient un costume pareil ; on adopta, pour plus de facilité, une partie seulement du costume : le bonnet des pauvres paysans ; seulement, on préféra la couleur rouge, non pas parce que c'est la sombre couleur du sang, mais, au contraire, parce que le rouge est gai, éclatant, agréable à la foule.

— C'est bien, docteur, dit la reine, je ne désespère pas, tant vous êtes partisan des inventions nouvelles, de vous voir, un jour, venir tâter le pouls du roi avec la pique à la main et le bonnet rouge sur la tête.

Et, moitié railleuse, moitié amère, voyant qu'elle ne pouvait sur aucun point entamer cet homme, la reine se retira.

Madame Élisabeth s'apprêtait à la suivre ; mais Gilbert d'une voix presque suppliante :

— Madame, dit-il, vous aimez votre frère, n'est-ce pas ?

— Oh ! dit Madame Élisabeth, ce n'est pas de l'amour que j'ai pour lui, c'est de l'adoration !

— Et vous êtes disposée à lui transmettre un bon conseil, un conseil venant d'un ami, n'est-ce pas ?

— Oh! dites ! et si le conseil est véritablement bon...

— A mon point de vue, il est excellent.

— Alors, parlez ! parlez !

— Eh bien, c'est, quand son ministère feuillant sera tombé, — et ce ne sera pas long, — de prendre un ministère tout entier coiffé de ce bonnet rouge qui fait si grand'peur à la reine.

Et, saluant profondément Madame Élisabeth, il sortit.

VI

LES ROLAND

Nous avons rapporté cette conversation de la reine et du docteur Gilbert pour interrompre le cours, toujours un peu monotone, d'un récit historique, et pour montrer, un peu moins sèchement que dans un tableau chronologique, la succession des événements et la situation des partis.

Le ministère Narbonne dura trois mois.

Un discours de Vergniaud le tua.

De même que Mirabeau avait dit : « Je vois d'ici la fenêtre... » Vergniaud, à la nouvelle que l'impératrice de Russie avait traité avec la Turquie, et que l'Autriche et la Prusse avaient signé, le 7 février, à Berlin, un traité d'alliance offensive et défensive, Vergniaud, montant à la tribune, s'écria :

« Et, moi aussi, je puis le dire, de cette tribune, je vois le palais où se trame la contre-révolution, où l'on prépare les manœuvres qui doivent nous livrer à l'Autriche... Le jour est venu où vous pouvez mettre un terme à tant d'audace, et confondre les conspirateurs; l'épouvante et la terreur sont souvent sorties de ce palais, dans les temps antiques, au nom du despotisme ; que l'épouvante et la terreur y rentrent aujourd'hui au nom de la loi ! »

Et, par un geste puissant, le magnifique orateur sembla chasser devant lui les deux filles échevelées de la Peur et de l'Effroi.

Elles rentrèrent en effet aux Tuileries, et Narbonne, élevé par un souffle d'amour, fut renversé par un souffle de tempête.

Cette chute avait lieu vers le commencement de mars 1792.

Aussi, trois mois à peine après l'entrevue de la reine avec Gilbert, un homme petit de taille, leste, dispos, nerveux, à la tête spirituelle où étincelaient des yeux pleins de flamme, âgé de cinquante-six ans, quoiqu'il parût dix ans de moins, le visage couvert des teintes brunes des bivacs, était-il introduit chez le roi Louis XVI.

Il était vêtu de l'uniforme de maréchal de camp.

Il ne resta qu'un instant seul dans le salon où il avait été introduit ; bientôt la porte s'ouvrit, et le roi entra.

C'était la première fois que les deux personnages se trouvaient en face l'un de l'autre.

Le roi jeta sur le petit homme un regard terne et lourd qui n'était pas néanmoins exempt d'observation ; le petit homme fixa sur le roi un œil scrutateur, plein de défiance et de feu.

Personne n'était resté là pour annoncer l'étranger ; ce qui prouvait que l'étranger était annoncé d'avance.

— C'est vous, monsieur Dumouriez? dit le roi.

Dumouriez s'inclina.

— Depuis quand êtes-vous à Paris ?

— Depuis le commencement du mois de février, Sire.

— C'est M. de Narbonne qui vous a fait venir ?

— Pour m'annoncer que j'étais employé à l'armée d'Alsace, sous le maréchal Luckner, et que j'allais commander la division de Besançon.

— Vous n'êtes point parti, cependant ?

— Sire, j'ai accepté ; mais j'ai cru devoir faire cette observation à M. de Narbonne que, la guerre étant prochaine (Louis XVI tressaillit visiblement), et menaçant d'être générale, continua Dumouriez sans paraître remarquer ce tressaillement, je croyais qu'il était bon de s'occuper du Midi, où l'on pouvait être attaqué au dépourvu ; qu'en conséquence il me semblait urgent de faire un plan de défense pour le Midi, et d'y envoyer un général en chef et une armée.

— Oui, et vous avez donné votre plan à M. de Narbonne, après l'avoir communiqué à M. Gensonné et à plusieurs membres de la Gironde ?

— M. Gensonné est mon ami, Sire, et je le crois comme moi un ami de Votre Majesté.

— Alors, dit le roi, j'ai affaire à un Girondin ?

— Vous avez affaire, Sire, à un patriote, fidèle sujet de son roi.

Louis XVI mordit ses grosses lèvres.

— Et c'est pour servir plus efficacement le roi et la patrie que vous avez refusé la place de ministre des affaires étrangères par intérim ?

— Sire, j'ai d'abord répondu que je préférais, à un ministère par intérim ou sans intérim, le commandement que m'avait été promis ; je suis un soldat, et non un diplomate.

— On m'a, au contraire, assuré que vous êtes l'un et l'autre, Monsieur, dit le roi.

— On m'a fait trop d'honneur, Sire.

— Et c'est sur cette assurance que j'ai insisté.

— Oui, Sire, et que j'ai, moi, continué de refuser, malgré mon grand regret, de vous désobéir.

— Et pourquoi refusez-vous ?

— Parce que la situation est grave, Sire ; elle vient de renverser M. de Narbonne et de compromettre M. de Lessart : tout homme qui se croit quelque chose a donc le droit ou de ne pas se laisser employer, ou de demander qu'on l'emploie selon sa valeur. Or, Sire, je vaux quelque chose, ou je ne vaux rien ; si je ne vaux rien, laissez-moi dans mon obscurité ; qui sait pour quel destin vous m'en feriez sortir ? Si je vaux quelque chose, ne faites pas de moi un ministre d'un jour, un pouvoir d'un instant ; mais donnez-moi sur quoi m'appuyer, pour qu'à votre tour vous puissiez vous appuyer sur moi. Nos affaires — pardon, Sire, Votre Majesté voit que je fais de ses affaires les miennes — nos affaires sont en trop grande défaveur en pays étranger pour que les cours puissent traiter avec un ministre *intérimaire ;* cet intérim — excusez la franchise d'un soldat (rien n'était moins franc que Dumouriez ; mais, dans certaines circonstances, il tenait à le paraître) — cet intérim serait une maladresse contre laquelle s'élèverait l'Assemblée, et qui me dépopulariserait près d'elle ; je dirai plus, cet intérim compromettrait le roi, qui aurait l'air de tenir à son ancien ministère, et qui semblerait n'attendre qu'une occasion d'y revenir.

— Si c'était mon intention, vous croyez donc que la chose me serait impossible, Monsieur ?

— Je crois, Sire, qu'il est temps que Votre Majesté rompe une bonne fois avec le passé.

— Oui, et que je me fasse jacobin, n'est-ce pas ? Vous avez dit cela à Laporte.

— Ma foi, si Votre Majesté faisait cela, elle embarrasserait bien tous les partis, et peut-être les jacobins plus qu'aucun autre.

— Pourquoi ne me conseillez-vous pas tout de suite de mettre le bonnet rouge ?

— Eh ! Sire, si c'était un moyen... dit Dumouriez.

Le roi regarda un instant avec une certaine défiance l'homme qui venait de lui faire cette réponse ; puis il reprit :

— Ainsi c'est un ministère sans intérim que vous voulez, Monsieur ?

— Je ne veux rien, Sire ; je suis prêt à recevoir les ordres du roi : seulement, j'aimerais mieux que les ordres du roi m'envoyassent à la frontière que de me retenir à Paris.

— Et, si je vous donnais, au contraire, l'ordre de rester à Paris, et de prendre définitivement le portefeuille des affaires étrangères, que diriez-vous ?

Dumouriez sourit.

— Je dirais, Sire, que Votre Majesté est revenue des préventions qu'on lui avait inspirées contre moi.

— Eh bien, oui, entièrement, monsieur Dumouriez... Vous êtes mon ministre.

— Sire, je me dévoue à votre service ; mais...

— Des restrictions ?

— Des explications, Sire.

— Dites ; je vous écoute.

— La place de ministre n'est plus ce qu'elle était autrefois ; sans cesser d'être le fidèle serviteur de Votre Majesté, en entrant au ministère, je deviens l'homme de la nation. Ne me demandez donc pas, à partir d'aujourd'hui, le langage auquel vous ont habitué mes prédécesseurs : je ne saurai parler que selon la liberté et la Constitution ; renfermé dans mes fonctions, je ne vous ferai point ma cour ; je n'en aurai point le temps, et je romprai toute étiquette royale, pour mieux servir mon roi ; je ne travaillerai qu'avec vous ou au conseil, et, je vous le dis d'avance, Sire, ce travail sera une lutte.

— Un lutte, Monsieur ! et pourquoi ?

— Oh ! c'est bien simple, Sire : puisque tout votre corps diplomatique est ouvertement contre-révolutionnaire ; je vous engagerai à le changer, je contrarierai vos goûts dans les choix, je proposerai à Votre Majesté des sujets qu'elle ne connaîtra pas même de nom, d'autres qui lui déplairont.

— Et, dans ce cas, Monsieur... ? interrompit vivement Louis XVI.

— Dans ce cas, Sire, quand la répugnance de Votre Majesté sera trop forte, trop motivée, comme vous êtes le maître, j'obéirai ; mais, si vos choix vous sont suggérés par votre entourage, et me semblent visiblement faits pour vous compromettre, je supplierai Votre Majesté de me donner un successeur... Sire, pensez aux dangers terribles qui assiégent votre trône ; il faut le soutenir de la confiance publique : Sire, elle dépend de vous !

— Permettez que je vous arrête, Monsieur.

— Sire...

Et Dumouriez s'inclina.

— Ces dangers, j'y ai songé depuis longtemps.

Puis, étendant la main vers le portrait de Charles 1ᵉʳ :

— Et, continua Louis XVI en essuyant son front avec son mouchoir, je voudrais les oublier, que voici un tableau qui m'en ferait souvenir !

— Sire...

— Attendez, je n'ai pas fini, Monsieur. La situation est la même ; les dangers sont donc pareils : peut-être l'échafaud de Wite-Hall se dressera-t-il sur la place de Grève.

— C'est voir trop loin, Sire !

— C'est voir à l'horizon, Monsieur. En ce cas, je marcherai à l'échafaud comme y a marché Charles 1ᵉʳ, non point peut-être en chevalier comme lui, mais du moins en chrétien... Poursuivez, Monsieur.

Dumouriez s'arrêta, assez étonné de cette fermeté, à laquelle il ne s'attendait pas.

— Sire, dit-il, permettez-moi de conduire la conversation sur un autre terrain.

— Comme vous voudrez, Monsieur, répondit le roi ; mais je tiens à prouver que je ne crains pas l'avenir que l'on veut me faire craindre, ou que, si je le crains, du moins j'y suis préparé.

— Sire, dit Dumouriez, malgré ce que j'ai eu l'honneur de vous dire, dois-je toujours me regarder comme votre ministre des affaires étrangères ?

— Oui, Monsieur,

— Alors, au premier conseil, j'apporterai quatre dépêches ; je préviens le roi qu'elles ne ressembleront en rien, ni pour les principes, ni pour le style, à celles de mes prédécesseurs : elles conviendront aux circonstances. Si ce premier travail agréé à Votre Majesté, je continuerai ; sinon, Sire, j'aurai toujours mes équipages prêts pour aller servir la France et mon roi à la frontière ; et quoi qu'on ait dit à Votre Majesté de mes talents en diplomatie, ajouta Dumouriez, c'est mon véritable élément, et l'objet de tous mes travaux depuis trente-six ans.

Sur quoi, il s'inclina pour sortir.

— Attendez, dit le roi, nous voici d'accord sur un point ; mais il en reste six autres à arrêter.

— Mes collègues ?

— Oui ; je ne veux pas que vous veniez me dire que vous êtes empêché par tel ou tel : choisissez votre ministère, Monsieur.

— Sire, c'est une grave responsabilité que vous me donnez là !

— Je crois servir vos désirs en vous en chargeant.

— Sire, dit Dumouriez, je ne connais personne à Paris, excepté un nommé Lacoste que je recommande à Votre Majesté pour la Marine.

— Lacoste ?. dit le roi ; n'est-ce pas un simple commissaire ordonnateur ?

— Oui, Sire, qui a donné sa démission à M. de Boynes plutôt que de participer à une injustice.

— C'est une bonne recommandation... Et pour les autres, dites-vous ?...

— Je consulterai, Sire.

— Puis-je savoir qui vous consulterez ?

— Brissot, Condorcet, Pétion, Rœderer, Gensonné.

— Toute la Gironde enfin.

— Oui, Sire.

— Allons ! va pour la Gironde ; nous verrons si elle s'en tire mieux que les constitutionnels et les feuillants.

— Puis reste encore une chose, Sire.

— Laquelle ?

— A savoir si les quatre lettres que je vais écrire vous conviendront.

— C'est ce que nous saurons ce soir, Monsieur.

— Ce soir, Sire ?

— Oui, les choses pressent ; nous aurons un conseil extraordinaire qui se composera de vous, de MM. de Grave et de Cahier de Gerville.

— Mais Duport du Tertre ?

— Il a donné sa démission.

— Je serai ce soir aux ordres de Sa Majesté.

Et Dumouriez salua pour prendre congé.

— Non, dit le roi, attendez un instant : je veux vous compromettre.

Il n'avait pas achevé que la reine et Madame Élisabeth parurent.

Elles tenaient leurs livres de prières à la main.

— Madame, dit le roi à Marie-Antoinette, voici M. Dumouriez, qui promet de nous bien servir, et avec lequel nous allons arrêter ce soir un nouveau ministère.

Dumouriez s'inclina, tandis que la reine regardait avec curiosité ce petit homme qui devait avoir tant d'influence sur les affaires de la France.

— Monsieur, dit-elle, connaissez-vous le docteur Gilbert?
— Non, Madame, répondit Dumouriez.
— Eh bien, faites sa connaissance, Monsieur.
— Puis-je savoir à quel titre la reine me le recommande?
— Comme un excellent prophète: il y a trois mois qu'il m'a prédit que vous seriez le successeur de M. de Narbonne.

En ce moment, on ouvrit les portes du cabinet du roi, qui allait à la messe.

Dumouriez sortit à sa suite.

Tous les courtisans s'écartèrent de lui comme d'un pestiféré.

— Quand je vous le disais, lui souffla le roi en riant, vous voilà compromis.

— Vis-à-vis de l'aristocratie, Sire, répondit Dumouriez. C'est une nouvelle grâce que le roi daigne me faire.

Et il se retira.

VII

DERRIÈRE LA TAPISSERIE

Le soir, à l'heure dite, Dumouriez entra avec les quatre dépêches; de Grave et Cahier de Gerville étaient déjà réunis et attendaient le roi.

Comme si le roi lui-même n'eût attendu que l'entrée de Dumouriez pour paraître, à peine celui-ci fut-il entré par une porte, que le roi entra par l'autre.

Les deux ministres se levèrent vivement; Dumouriez était encore debout, et n'eut besoin que de s'incliner; le roi salua d'un signe de tête.

Puis, prenant un fauteuil, et se plaçant au milieu de la table:

— Messieurs, dit-il, asseyez-vous.

Il sembla alors à Dumouriez que la porte par laquelle venait d'entrer le roi était restée ouverte, et que la tapisserie s'agitait.

Était-ce le vent? était-ce le contact d'une personne écoutant à travers ce voile qui interceptait la vue, mais laissait passer le son?

Les trois ministres s'assirent.

— Avez-vous vos dépêches, Monsieur? demanda le roi à Dumouriez.

— Oui, Sire.

Et le général tira les quatre lettres de sa poche.

— A quelles puissances sont-elles adressées? demanda le roi.

— A l'Espagne, à l'Autriche, à la Prusse et à l'Angleterre.

— Lisez-les.

Dumouriez jeta un second regard vers la tapisserie, et, à son mouvement, il fut convaincu que quelqu'un écoutait.

Il commença la lecture des dépêches d'une voix ferme.

Le ministre parlait au nom du roi, mais dans le sens de la Constitution, — sans menace, mais aussi sans faiblesse.

Il discutait les véritables intérêts de chaque puissance, relativement à la révolution française.

Comme chaque puissance se plaignait, de son côté, des pamphlets jacobins, il rejetait ces injures méprisables sur cette liberté de la presse dont le soleil fait éclore tant de vermine impure, mais, en même temps, mûrit de si riches moissons.

Enfin, il demandait la paix au nom d'une nation libre, dont le roi était le représentant héréditaire.

Le roi écouta, et, à chaque nouvelle dépêche, prêta une attention plus soutenue.

— Ah! dit-il, lorsque Dumouriez eut fini, je n'ai encore rien entendu de pareil, général.

— Voilà comment les ministres devraient toujours écrire et parler au nom des rois, dit Cahier de Gerville.

— Eh bien, reprit le roi, donnez-moi ces dépêches; elles partiront demain.

— Sire, les courriers sont prêts, et attendent dans la cour des Tuileries, dit Dumouriez.

— J'eusse désiré en garder un double pour le communiquer à la reine, fit le roi avec un certain embarras.

— J'ai prévu le désir de Votre Majesté, dit Dumouriez, et voici quatre copies certifiées par moi conformes.

— Faites donc partir vos lettres, dit le roi.

Dumouriez alla jusqu'à la porte par laquelle il était entré; un aide de camp attendait: il lui remit les lettres.

Un instant après, on entendit le galop de plusieurs chevaux qui sortaient ensemble de la cour des Tuileries.

— Soit! dit le roi répondant à sa pensée, lorsque ce bruit significatif se fut éteint; et, maintenant, voyons votre ministère.

— Sire, dit Dumouriez, je désirerais d'abord que Votre Majesté priât M. Cahier de Gerville de vouloir bien demeurer des nôtres.

— Je l'en ai déjà prié, dit le roi.

— Et j'ai eu le regret de persister dans mon refus, Sire: ma santé se détruit de jour en jour, et j'ai besoin de repos.

— Vous l'entendez, Monsieur ? dit le roi se retournant du côté de Dumouriez.

— Oui, Sire.

— Eh bien, insista le roi, vos ministres, Monsieur ?

— Nous avons M. de Grave, qui veut bien nous rester.

De Grave étendit la main.

— Sire, dit-il, le langage de M. Dumouriez vous a étonné tout à l'heure par sa franchise ; le mien va vous étonner bien davantage par son humilité.

— Parlez, Monsieur, dit le roi.

— Tenez, Sire, reprit de Grave tirant de sa poche un papier, voici une appréciation un peu sévère, mais assez juste, que fait de moi une femme de beaucoup de mérite : ayez la bonté de la lire.

Le roi prit le papier et lut :

« De Grave est à la guerre ; c'est un petit homme à tous égards ; la nature l'a fait doux et timide ; ses préjugés lui commandent la fierté, tandis que son cœur lui inspire d'être aimable. Il en résulte que, dans son embarras de tout concilier, il n'est véritablement rien. Il me semble le voir marcher en courtisan derrière le roi, la tête haute sur son faible corps, montrant le blanc de ses yeux bleus, qu'il ne peut tenir ouverts après le repas qu'à l'aide de trois ou quatre tasses de café ; parlant peu, comme par réserve, mais, en réalité, parce qu'il manque d'idées, et perdant si bien la tête, au milieu des affaires de son département, qu'un jour ou l'autre il demandera à se retirer. »

— En effet, dit Louis XVI, qui avait hésité à lire jusqu'au bout, et qui ne l'avait fait que sur l'invitation de M. de Grave lui-même, voilà bien une appréciation de femme. Serait-ce de madame de Staël ?

— Non, c'est de plus fort que cela ; c'est de madame Roland, Sire.

— Et vous disiez, monsieur de Grave, que tel était votre avis sur vous-même ?

— En beaucoup de points, Sire. Je resterai donc au ministère jusqu'au moment où j'aurai mis mon successeur au courant ; après quoi, je prierai Sa Majesté de recevoir ma démission.

— Vous avez raison, Monsieur : voilà un langage encore plus étonnant que celui de M. Dumouriez. J'aimerais, si vous tenez absolument à vous retirer, recevoir un successeur de votre main.

— J'allais prier Votre Majesté de me permettre de lui présenter M. Servan, honnête homme dans toute l'étendue du mot, d'une trempe solide, de mœurs pures, avec toute l'austérité d'un philosophe, et la bonté de cœur d'une femme ; en outre, Sire, patriote éclairé, militaire courageux, ministre vigilant.

— Va pour M. Servan ! Nous voilà donc avec trois ministres : M. Dumouriez aux affaires étrangères, M. Servan à la guerre, M. Lacoste à la marine. Qui mettrons-nous aux finances ?

— M. Clavières, Sire, si vous le voulez bien ; c'est un homme qui a de grandes connaissances financières, et une suprême habileté au maniement de l'argent.

— Oui, dit le roi, en effet, on le dit actif et travailleur, mais irascible, opiniâtre, pointilleux et difficile dans les discussions.

— Ce sont là des défauts communs à tous les hommes de cabinet, Sire.

— Passons donc par-dessus les défauts de M. Clavières ; voilà M. Clavières ministre des finances. Voyons la justice ; à qui la donnerons-nous ?

— On me recommande, Sire, un avocat de Bordeaux, M. Duranthon.

— La Gironde, bien entendu ?

— Oui, Sire ; c'est un homme assez éclairé, très droit, très bon citoyen, mais faible et lent ; nous lui mettrons le feu sous le ventre, et nous serons forts pour lui.

— Reste l'intérieur.

— L'avis unanime, Sire, est que ce ministère convient à M. Roland.

— A madame Roland, vous voulez dire ?

— A M. et à madame Roland.

— Vous les connaissez ?

— Non, Sire ; mais, à ce que l'on assure, l'un ressemble à un homme de Plutarque, l'autre à une femme de Tite-Live.

— Savez-vous comment on va appeler votre ministère, monsieur Dumouriez, ou plutôt comment on l'appelle déjà ?

— Non, Sire.

— Le ministère *sans-culotte*.

— J'accepte la dénomination, Sire ; on verra d'autant mieux que nous sommes des hommes.

— Et tous vos collègues sont prêts ?

— La moitié d'entre eux à peine sont prévenus.

— Ils accepteront ?

— J'en suis sûr.

— Eh bien, allez, Monsieur, et à après-demain le premier conseil.

— A après-demain, Sire.

— Vous savez, dit le roi se retournant vers Cahier de Gerville et de Grave, que vous avez jusqu'à après-demain pour faire vos réflexions, Messieurs.

— Sire, nos réflexions sont faites, et nous ne viendrons, après-demain, que pour installer nos successeurs.

Les trois ministres se retirèrent.

Mais, avant qu'ils eussent gagné le grand escalier, un valet de chambre les rejoignait, et, s'adressant à Dumouriez :

— Monsieur le général, dit-il, le roi vous prie de me suivre ; il a quelque chose à vous dire.

Dumouriez salua ses collègues, et, restant en arrière :

— Le roi ou la reine ? dit-il.

— La reine, Monsieur ; mais elle a jugé inutile de faire savoir à ces deux messieurs que c'était elle qui vous demandait.

Dumouriez secoua la tête.

— Ah ! voilà ce que je craignais ! dit-il.

— Refusez-vous ? demanda le valet de chambre, qui n'était autre que Weber.

— Non, je vous suis.

— Venez.

Le valet de chambre, par des corridors à peine éclairés, conduisit Dumouriez à la chambre de la reine.

Puis, sans annoncer le général par son nom :

— Voici la personne que Votre Majesté demande, dit le valet de chambre.

Dumouriez entra.

Jamais, au moment d'exécuter une charge ou de monter à la brèche, son cœur n'avait battu si violemment.

C'est que, il le comprenait bien, jamais il n'avait couru le même danger.

Le chemin qu'on venait de lui ouvrir était semé de cadavres ou morts ou vivants, et il aurait pu y heurter les corps de Calonne, de Necker, de Mirabeau, de Barnave et de La Fayette.

La reine se promenait à grands pas ; elle était très rouge.

Dumouriez s'arrêta au seuil de la porte, qui se referma derrière lui.

La reine s'avança d'un air majestueux et irrité.

— Monsieur, dit-elle abordant la question avec sa vivacité ordinaire, vous êtes tout-puissant en ce moment ; mais c'est par la faveur du peuple, et le peuple brise vite ses idoles. On dit que vous avez beaucoup de talent ; ayez d'abord celui de comprendre que ni le roi ni moi ne pouvons souffrir toutes ces nouveautés. Votre Constitution est une machine pneumatique : le royauté y étouffe, faute d'air ; je vous ai donc envoyé chercher pour vous dire, avant que vous alliez plus loin, de prendre votre parti, et de choisir entre nous ou les Jacobins.

— Madame, répondit Dumouriez, je suis désolé de la pénible confidence que me fait Votre Majesté ; mais, ayant deviné la reine derrière le rideau où elle était cachée, je m'attendais à ce qui m'arrive.

— En ce cas, vous avez préparé une réponse? dit la reine.

— La voici, Madame. Je suis entre le roi et la nation ; mais, avant tout, j'appartiens à la patrie.

— A la patrie ! à la patrie ! répéta la reine ; mais le roi n'est donc plus rien, que tout le monde appartient maintenant à la patrie, et personne à lui !

— Si fait, Madame, le roi est toujours le roi ; mais il a fait serment à la Constitution, et, du jour où ce serment a été prononcé, le roi doit être un des premiers esclaves de cette constitution.

— Serment forcé, Monsieur ! serment nul !

Dumouriez resta un instant muet, et, comédien habile, regarda, pendant cet instant, la reine avec une profonde pitié.

— Madame, reprit-il enfin, permettez-moi de vous dire que votre salut, celui du roi, celui de vos augustes enfants, est attaché à cette constitution que vous méprisez, et qui vous sauvera, si vous consentez à être sauvée par elle... Je vous servirais mal, Madame, et je servirais mal le roi, si je vous parlais autrement.

Mais la reine, l'interrompant avec un geste impérieux :

— Oh ! Monsieur, Monsieur, dit-elle, vous faites fausse route, je vous assure !

Puis, avec un indéfinissable accent de menace :

— Prenez garde à vous ! ajouta-t-elle.

— Madame, répondit Dumouriez d'un ton parfaitement calme, j'ai plus de cinquante ans; ma vie a été traversée par bien des périls, et, en prenant le ministère, je me suis dit que la responsabilité ministérielle n'était point le plus grand des dangers que je courusse.

— Oh ! s'écria la reine en frappant ses mains l'une contre l'autre, il ne vous restait plus que de me calomnier, Monsieur !

— Vous calomnier, vous, Madame ?

— Oui... Voulez-vous que je vous explique le sens des paroles que vous venez de prononcer ?

— Faites, Madame.

— Eh bien, vous venez de dire que j'étais

Il salua la reine. (Page 546.)

capable de vous faire assassiner... Oh! oh! Monsieur!...

Et deux grosses larmes s'échappèrent des yeux de la reine.

Dumouriez avait été aussi loin que possible ; il savait ce qu'il voulait savoir, c'est-à-dire s'il restait encore quelque fibre sensible au fond de ce cœur desséché.

— Dieu me préserve, dit-il, de faire une pareille injure à ma reine ! le caractère de Votre Majesté est trop grand, trop noble, pour inspirer au plus cruel de ses ennemis un pareil soupçon; elle en a donné des preuves héroïques que j'ai admirées, et qui m'ont attaché à elle.

— Dites-vous vrai, Monsieur? demanda la reine d'une voix dont l'émotion persistait seule.

— Oh! sur l'honneur, Madame, je vous le jure.

— Alors, excusez-moi, dit-elle, et donnez-moi votre bras; je suis si faible, qu'il y a des moments où je me sens près de tomber.

Et, en effet, pâlissante, elle renversa sa tête en arrière.

Était-ce une réalité? était-ce un de ces jeux terribles auxquels la séduisante Médée était si habile?

Dumouriez, si habile qu'il fût lui-même, s'y laissa prendre, ou, plus habile encore que la reine, feignit-il peut-être de s'y laisser prendre.

— Croyez-moi, Madame, dit-il, je n'ai aucun intérêt à vous tromper, j'abhorre autant que vous l'anarchie et les crimes ; croyez-moi, j'ai de l'expérience ; je suis mieux posé que Votre

Majesté pour juger les événements : ce qui se passe, ce n'est point une intrigue de M. d'Orléans, comme on vous l'a fait entendre ; ce n'est point l'effet de la haine de M. Pitt, comme vous l'avez supposé ; ce n'est pas même un mouvement populaire momentané ; c'est l'insurrection presque unanime d'une grande nation contre des abus invétérés ! Il y a, dans tout cela, je le sais bien, de grandes haines qui attisent l'incendie. Laissons de côté les scélérats et les fous ; n'envisageons, dans la révolution qui s'accomplit, que le roi et la nation ; tout ce qui tend à les séparer tend à leur ruine mutuelle. Moi, Madame, je suis venu pour travailler de tout mon pouvoir à les réunir ; aidez-moi, au lieu de me contrecarrer. Vous défiez-vous de moi ? Suis-je un obstacle à vos projets contre-révolutionnaires ? Dites-le moi, Madame : je porte sur-le-champ ma démission au roi et je vais gémir dans un coin sur le sort de ma patrie et sur le vôtre.

— Non ! non ! dit la reine, restez, et excusez-moi.

— Moi ! vous excuser, Madame ? Oh ! je vous en supplie, ne vous humiliez pas ainsi !

— Pourquoi ne pas m'humilier ? suis-je une reine encore ? suis-je même encore une femme ?

Elle alla à la fenêtre, et l'ouvrit malgré le froid du soir ; la lune argentait la cime dépouillée des arbres des Tuileries.

— Tout le monde a droit à l'air et au soleil, n'est-ce pas ? Eh bien, à moi seule le soleil et l'air sont refusés : je n'ose me mettre à la fenêtre, ni du côté de la cour, ni du côté du jardin ; avant-hier, je m'y mets du côté de la cour ; un canonnier de garde m'apostrophe d'une injure grossière en ajoutant : « Oh ! que j'aurais de plaisir à porter ta tête au bout de ma baïonnette ! » Hier, j'ouvre la fenêtre du jardin ; d'un côté, je vois un homme monté sur une chaise, lisant des horreurs contre nous ; d'un autre, un prêtre que l'on traîne dans un bassin en l'accablant d'injures et de coups ; et, pendant ce temps, comme si ces scènes étaient dans le cours ordinaire des choses, des gens qui, sans s'en préoccuper, jouent au ballon, ou se promènent tranquillement... Quel temps, Monsieur ! quel séjour ! quel peuple ! Et vous voulez que je me croie encore une reine, que je me croie encore une femme ?

Et la reine se jeta sur un canapé en cachant sa tête dans ses mains.

Dumouriez mit un genou en terre, prit respectueusement le bas de sa robe, et le baisa.

— Madame, dit-il, du moment que je me charge de soutenir la lutte, vous redeviendrez la femme heureuse, vous redeviendrez la reine puissante, ou j'y laisserai ma vie !

Et, se relevant, il salua la reine, et sortit précipitamment.

La reine le regarda s'éloigner d'un regard désespéré.

— La reine puissante ? répéta-t-elle. Peut-être, grâce à ton épée, est-ce encore possible ; mais la femme heureuse, jamais ! jamais ! jamais !

Et elle laissa tomber sa tête entre les coussins du canapé en murmurant un nom qui, chaque jour, lui devenait plus cher et plus douloureux : le nom de Charny !

VIII

LE BONNET ROUGE

Dumouriez s'était retiré aussi rapidement qu'on l'a vu, d'abord parce que ce désespoir de la reine lui était pénible ; Dumouriez, assez peu touché par les idées, l'était beaucoup par les personnes ; il n'avait aucun sentiment de la conscience politique, mais il était très sensible à la pitié humaine ; puis Brissot l'attendait pour le conduire aux Jacobins, et Dumouriez ne voulait pas tarder à faire sa soumission au terrible club.

Quant à l'Assemblée, il s'en inquiétait peu, du moment qu'il était l'homme de Pétion, de Gensonné, de Brissot et de la Gironde.

Mais il n'était pas l'homme de Robespierre, de Collot-d'Herbois et de Couthon ; et c'étaient Collot-d'Herbois, Couthon et Robespierre qui menaient les Jacobins.

Sa présence n'était point prévue : c'était un coup par trop audacieux à un ministre du roi de venir aux Jacobins ; aussi, à peine son nom eut-il été prononcé, que tous les regards se tournèrent vers lui.

Qu'allait faire Robespierre à cette vue ?

Robespierre se retourna comme les autres, prêta l'oreille au nom qui volait de bouche en bouche ; puis, fronçant le sourcil, redevint froid et silencieux.

Un silence de glace se répandit aussitôt dans la salle.

Dumouriez comprit qu'il lui fallait brûler ses vaisseaux.

Les Jacobins venaient, comme signe d'égalité, d'adopter le bonnet rouge ; trois ou quatre membres seulement avaient sans doute jugé que leur patriotisme était assez connu pour ne pas avoir besoin d'en donner cette preuve.

Robespierre était du nombre.

Dumouriez n'hésite pas : il jette son chapeau loin de lui, prend sur la tête du patriote auprès duquel il est assis le bonnet rouge qui la coiffe, se l'enfonce jusqu'aux oreilles, et monte à la tribune, arborant le signe de l'égalité.

La salle tout entière éclata en applaudissements.

Quelque chose de pareil au sifflement d'une vipère serpenta au milieu de ces applaudissements, et les éteignit tout à coup.

C'était le *chut* sorti des lèvres minces de Robespierre.

Dumouriez avoua plus d'une fois, depuis, que jamais le sifflement des boulets passant à un pied au-dessus de sa tête ne l'avait fait frissonner comme le sifflement de ce *chut* échappé des lèvres de l'ex-député d'Arras.

Mais c'était un rude jouteur que Dumouriez, général et orateur à la fois, difficile à démonter sur le champ de bataille et à la tribune.

Il attendit avec un calme sourire que ce silence glacial fût bien établi, et, d'une voix vibrante :

— Frères et amis, dit-il, tous les moments de ma vie vont désormais être consacrés à faire la volonté du peuple, et à justifier la confiance du roi constitutionnel ; je porterai dans mes négociations avec l'étranger toutes les forces d'un peuple libre, et ces négociations produiront sous peu ou une paix solide ou une guerre décisive !

Ici, malgré le *chut* de Robespierre, les applaudissements éclatèrent de nouveau.

— Si nous avons cette guerre, continua l'orateur, je briserai ma plume politique, et je prendrai mon rang dans l'armée, pour triompher ou mourir libre avec mes frères ! Un grand fardeau pèse sur mes épaules ; frères, aidez-moi à le porter ; j'ai besoin de conseils : faites-les moi passer par vos journaux ; dites-moi la vérité, la vérité la plus pure, mais repoussez la calomnie, et ne repoussez pas un citoyen que vous connaissez sincère et intrépide, et qui se dévoue à la cause de la Révolution.

Dumouriez avait fini. Il descendit au milieu des applaudissements ; ces applaudissements irritèrent Collot-d'Herbois, l'acteur si souvent sifflé, si rarement applaudi.

— Pourquoi ces applaudissements ? cria-t-il de sa place. Si Dumouriez vient ici comme ministre, il n'y a rien à lui répondre ; s'il y vient comme affilié et comme frère, il ne fait que son devoir, et se met au niveau de nos opinions ; nous n'avons donc qu'une réponse à lui faire : qu'il agisse comme il a parlé !

Dumouriez jeta de la main un signe qui voulait dire : « C'est ainsi que je l'entends ! »

Alors, Robespierre se leva avec son sourire sévère ; on comprit qu'il voulait aller à la tribune : on s'écarta ; qu'il voulait parler : on se tut.

Seulement, ce silence, comparé à celui qui avait accueilli Dumouriez, était doux et velouté.

Il monta à la tribune, et, avec une solennité qui lui était habituelle :

— Je ne suis point de ceux, dit-il, qui croient absolument impossible qu'un ministre soit patriote, et même j'accepte avec plaisir les présages que M. Dumouriez nous donne. Quand il aura accompli ces présages, quand il aura dompté les ennemis armés contre nous par ses prédécesseurs et par les conjurés qui dirigent encore aujourd'hui le gouvernement, malgré l'expulsion de quelques ministres, alors, seulement alors, je serai disposé à lui décerner des éloges ; mais, même alors, je ne penserai point que tout bon citoyen de cette société ne soit pas son égal : le peuple seul est grand, seul est respectable à mes yeux ; les hochets de la puissance ministérielle s'évanouissent devant lui. C'est par respect pour le peuple, pour le ministre lui-même, que je demande qu'on ne signale point son entrée ici par des hommages qui attesteraient la déchéance de l'esprit public. Il nous demande des conseils : je promets, pour ma part, de lui en donner qui seront utiles à lui et à la chose publique. Aussi longtemps que M. Dumouriez, par des preuves éclatantes de patriotisme, et surtout par des services réels rendus à la patrie, prouvera qu'il est le frère des bons citoyens et le défenseur du peuple, il n'aura ici que des soutiens ; je ne redoute pour cette société la présence d'aucun ministre, mais je déclare qu'au moment où un ministre y aurait plus d'ascendant qu'un citoyen, je demanderais son ostracisme. Il n'en sera jamais ainsi.

Et, au milieu des applaudissements, l'aigre orateur descendit de la tribune ; mais un piège l'attendait sur la dernière marche.

Dumouriez, feignant l'enthousiasme, était là, les bras ouverts.

— Vertueux Robespierre, s'écria-t-il, incorruptible citoyen, permets que je t'embrasse !

Et, malgré les efforts de l'ancien constituant, il le serra contre son cœur.

On ne vit que l'acte qui s'accomplissait, et non la répugnance que Robespierre mettait à le laisser s'accomplir.

La salle tout entière éclata de nouveau en applaudissements.

— Viens, dit tout bas Dumouriez à Brissot, la comédie est jouée ! J'ai mis le bonnet rouge et embrassé Robespierre : je suis sacro-saint !

Et, en effet, au milieu des hourras de la salle et des tribunes, il gagna la porte.

A la porte, un jeune homme, revêtu de la dignité d'huissier, échangea avec le ministre un regard rapide et une poignée de main plus rapide encore.

Ce jeune homme était le duc de Chartres.

Onze heures du soir allaient sonner. Brissot guidait Dumouriez ; tous deux, d'un pas hâtif, se rendaient chez les Roland.

Les Roland demeuraient toujours rue Guénégaud.

Ils avaient été prévenus la veille, par Brissot, que Dumouriez, à l'instigation de Gensonné et de lui, Brissot, devait présenter au roi Roland comme ministre de l'intérieur.

Brissot avait alors demandé à Roland s'il se sentait assez fort pour un pareil fardeau, et Roland, simple cette fois comme toujours, avait répondu qu'il le croyait.

Dumouriez venait lui annoncer que la chose était faite.

Roland et Dumouriez ne se connaissaient que de nom ; ils ne s'étaient encore jamais vus.

On comprend avec quelle curiosité les futurs collègues se regardèrent.

Après les compliments d'usage, dans lesquels Dumouriez témoigna à Roland sa satisfaction particulière de voir appeler au gouvernement un patriote éclairé et vertueux comme lui, la conversation tomba naturellement sur le roi.

— De là viendra l'obstacle, dit Roland avec un sourire.

— Eh bien, voilà où vous allez reconnaître une naïveté dont on ne me fait certes pas honneur, dit Dumouriez : je crois le roi honnête homme et patriote sincère.

Puis, voyant que madame Roland ne répondait point, et se contentait de sourire :

— Ce n'est point l'avis de madame Roland ? demanda Dumouriez.

— Vous avez vu le roi ? dit-elle.

— Oui.

— Avez-vous vu la reine ?

Dumouriez, à son tour, ne répondit pas, et se contenta de sourire.

On prit rendez-vous pour le lendemain à onze heures du matin, afin de prêter serment.

En sortant de l'Assemblée, on devait se rendre chez le roi.

Il était onze heures et demie ; Dumouriez fût bien resté encore ; mais c'était tard pour de petites gens comme les Roland.

Pourquoi Dumouriez fût-il resté ?

Ah ! voilà !

Dans le rapide coup d'œil qu'en entrant, Dumouriez avait jeté sur la femme et sur le mari, il avait tout d'abord remarqué la vieillesse du mari, — Roland avait dix ans de plus que Dumouriez, et Dumouriez paraissait vingt ans de moins que Roland, — et la richesse de formes de la femme. Madame Roland, fille d'un graveur, comme nous l'avons dit, avait, dès son enfance, travaillé dans l'atelier de son père, et, devenue femme, dans le cabinet de son mari ; le travail, ce rude protecteur, avait sauvegardé la vierge, comme il devait sauvegarder l'épouse.

Dumouriez était de cette race d'hommes qui ne peuvent voir un vieux mari sans rire, et une jeune femme sans désirer.

Aussi déplut-il à la fois à la femme et au mari.

Voilà pourquoi tous deux firent observer à Brissot et au général qu'il était tard.

Brissot et Dumouriez sortirent.

— Eh bien, demanda Roland à sa femme, quand la porte fut refermée, que penses-tu de notre futur collègue ?

Madame Roland sourit.

— Il y a, dit-elle, des hommes qu'on n'a pas besoin de voir deux fois pour se faire une opinion sur eux. C'est un esprit délié, un caractère souple, un regard faux ; il a exprimé une grande satisfaction du choix patriotique qu'il était chargé de t'annoncer : eh bien, je ne serais pas étonnée qu'il te fît renvoyer un jour ou l'autre.

— C'est de point en point mon avis, dit Roland.

Et tous deux se couchèrent avec leur calme habituel, ni l'un ni l'autre ne se doutant que la main de fer de la Destinée venait d'écrire leurs deux noms en lettres de sang sur les tablettes de la Révolution.

Le lendemain, le nouveau ministère prêta serment à l'Assemblée nationale, puis se rendit aux Tuileries.

Roland était chaussé de souliers à cordons, parce qu'il n'avait probablement pas d'argent pour acheter des boucles ; il portait un chapeau rond, n'en ayant jamais porté d'autre.

Il se rendit aux Tuileries dans son costume habituel ; il se trouvait le dernier à la suite de ses collègues.

Le maître des cérémonies, M. de Brézé, laissa passer les cinq premiers, mais arrêta Roland. Roland ignorait pourquoi on lui refusait l'entrée.

— Mais, moi aussi, disait-il, je suis ministre comme les autres ; ministre de l'intérieur même !

Le maître des cérémonies ne paraissait pas convaincu le moins du monde.

Dumouriez entendit le débat, et intervint.

— Pourquoi, demanda-t-il, refusez-vous l'entrée à M. Roland ?

— Eh, Monsieur, s'écria le maître des cérémonies se tordant les bras, un chapeau rond ! et pas de boucles !

— Ah ! Monsieur, répondit Dumouriez avec le plus grand sang-froid, un chapeau rond, et pas de boucles : tout est perdu !

Et il poussa Roland dans le cabinet du roi.

IX

LE DEHORS ET LE DEDANS

Ce ministère qui avait tant de peine à entrer dans le cabinet du roi pouvait s'appeler le ministère de la guerre.

Le 1ᵉʳ mars, était mort l'empereur Léopold, au milieu de son harem italien, tué par les aphrodisiaques qu'il composait lui-même.

La reine, qui avait lu un jour, dans nous ne savons quel pamphlet jacobin, qu'une croûte de pâté ferait justice de l'empereur d'Autriche ; la reine, qui avait fait venir Gilbert pour lui demander s'il existait un contre-poison universel, la reine avait crié bien haut que son frère était empoisonné.

Avec Léopold était morte la politique temporisatrice de l'Autriche.

Celui qui montait au trône, François II, — que nous avons connu, et qui, après avoir été le contemporain de nos pères, a été le nôtre, — était mêlé de sang allemand et italien. Autrichien, né à Florence, faible, violent, rusé ; honnête homme selon les prêtres ; âme dure et bigote, cachant sa duplicité sous une physionomie placide, sous un masque rose d'une fixité effrayante ; marchant par ressort comme un automate, comme la statue du Commandeur ou le spectre du roi de Danemark ; donnant sa fille à son vainqueur pour ne pas lui donner ses États, puis le frappant par derrière au premier pas de retraite que lui fait faire le vent glacé du nord ; François II, enfin, l'homme des plombs de Venise et des cachots du Spitzberg, le bourreau d'Andryane et de Silvio Pellico !

Voilà le protecteur des émigrés, l'allié de la Prusse, l'ennemi de la France.

Notre ambassadeur à Vienne, M. de Noailles, était, pour ainsi dire, prisonnier dans son palais.

Notre ambassadeur à Berlin, M. de Ségur, y fut précédé par le bruit qu'il venait pour surprendre les secrets du roi de Prusse en se faisant l'amant de ses maîtresses.

Par hasard, ce roi de Prusse-là avait des maîtresses !

M. de Ségur se présenta à l'audience publique en même temps que l'envoyé de Coblentz.

Le roi tourna le dos à l'ambassadeur de France et demanda tout haut à l'homme des princes comment se portait le comte d'Artois.

La Prusse se croyait, à cette époque, comme elle se croit encore aujourd'hui, à la tête du progrès allemand ; elle vivait de ces étranges traditions philosophiques du roi Frédéric, qui encourageait les résistances turques et les révolutions polonaises, tout en étranglant les libertés de la Hollande ; gouvernement aux mains crochues, qui pêche incessamment dans l'eau trouble des révolutions, tantôt Neuchâtel, tantôt une partie de la Poméranie, tantôt une partie de la Pologne.

C'étaient là nos deux ennemis visibles, François II et Frédéric-Guillaume ; les ennemis encore invisibles étaient l'Angleterre, la Russie et l'Espagne.

Le chef de toute cette coalition devait être le belliqueux roi de Suède, ce nain armé en géant, qu'on appelait Gustave III, et que Catherine II tenait dans sa main.

L'arrivée de François II au trône d'Autriche se manifesta par la note diplomatique suivante :

« 1° Satisfaire les princes allemands possessionnés dans le royaume, — autrement dit reconnaître la suzeraineté impériale au milieu de nos départements, — subir l'Autriche en France même [1].

» 2° Rendre Avignon, afin que, comme autrefois, la Provence soit démembrée.

» 3° Rétablir la monarchie sur le pied du 23 juin 1789. »

---

1. Michelet. — Si j'étais obligé de citer notre grand historien chaque fois que je lui emprunte quelque chose, nos lecteurs trouveraient son nom au bas de chacune de nos pages.

Il était évident que cette note correspondait aux secrets désirs du roi et de la reine.

Dumouriez en haussa les épaules.

On eût dit que l'Autriche s'était endormie le 23 juin, et, après un sommeil de trois ans, croyait se réveiller le 24.

Le 16 mars 1792, Gustave est assassiné au milieu d'un bal.

Le surlendemain de cet assassinat, encore inconnu en France, la note autrichienne arrivait à Dumouriez.

Il la porta aussitôt à Louis XVI.

Autant Marie-Antoinette, la femme des partis extrêmes, désirait une guerre qu'elle croyait pour elle une guerre de délivrance, autant le roi, l'homme des partis moyens, de la lenteur, de la tergiversation et des biais, autant le roi la craignait.

En effet, la guerre déclarée, supposez une victoire : il était à la merci du général vainqueur ; supposez une défaite, et le peuple l'en faisait responsable, criait à la trahison, et se ruait sur les Tuileries.

Enfin, si l'ennemi pénétrait jusqu'à Paris, qui ramenait-il ?

Monsieur, c'est-à-dire le régent du royaume. Louis XVI déchu, Marie-Antoinette mise en accusation comme épouse infidèle, les fils de France proclamés peut-être enfants adultérins, tels étaient les résultats du retour de l'émigration à Paris.

Le roi se fiait aux Autrichiens, aux Allemands, aux Prussiens ; mais il se défiait des émigrés.

A la lecture de la note, il comprit, cependant, que l'heure de tirer l'épée de la France était venue, et qu'il n'y avait pas à reculer.

Le 20 avril, le roi et Dumouriez entrent à l'Assemblée nationale : ils apportent la déclaration de guerre de l'Autriche.

La déclaration de guerre est reçue avec enthousiasme.

A cette heure solennelle, dont le roman n'a pas le courage de s'emparer, et qu'il laisse tout entière à l'histoire, il existe en France quatre partis bien tranchés :

Les royalistes absolus ; — la reine en est ;

Les royalistes constitutionnels ; — le roi prétend en être ;

Les républicains ;

Les anarchistes.

Les royalistes absolus, à part la reine, n'ont point de chefs patents en France.

Ils sont représentés à l'étranger par Monsieur, par le comte d'Artois, par le prince de Condé et par le duc Charles de Lorraine.

M. de Breteuil à Vienne, M. Merci d'Argenteau à Bruxelles, sont les représentants de la reine près de ce parti.

Les chefs du parti constitutionnel sont la Fayette, Bailly, Barnave, Lameth, Duport, les Feuillants enfin.

Le roi ne demande pas mieux que d'abandonner la royauté absolue, et de marcher avec eux ; cependant, il penche plutôt à se tenir en arrière qu'en avant.

Les chefs du parti républicain sont Brissot, Vergniaud, Guadet, Pétion, Roland, Isnard, Ducos, Condorcet et Couthon.

Les chefs des anarchistes sont Marat, Danton, Santerre, Gonchon, Camille Desmoulins, Hébert, Legendre, Fabre d'Églantine et Collot d'Herbois.

Dumouriez sera ce que l'on voudra, pourvu qu'il y trouve intérêt et renommée.

Robespierre est rentré dans l'ombre : il attend.

Maintenant, à qui allait-on remettre le drapeau de la Révolution, que venait secouer Dumouriez, ce vague patriote, à la tribune de l'Assemblée ?

A la Fayette, l'homme du Champ de Mars !

A Lukner ! La France ne le connaissait que par le mal qu'il lui avait fait comme partisan pendant la guerre de sept ans.

A Rochambeau, qui ne voulait de guerre que de défensive, et qui était mortifié de voir Dumouriez adresser tout droit ses ordres à ses lieutenants, sans leur faire subir la censure de sa vieille expérience.

C'étaient là les trois hommes qui commandaient les trois corps d'armée prêts à entrer en campagne.

La Fayette tenait le centre ; il devait descendre vivement la Meuse, poussant de Givet à Namur.

Lukner gardait la Franche-Comté ;

Rochambeau, la Flandre.

La Fayette, appuyé d'un corps que Rochambeau enverrait de Flandre, sous le commandement de Biron, enlèverait Namur, et marcherait sur Bruxelles, où l'attendait, les bras ouverts, la révolution de Brabant.

La Fayette avait le beau rôle ; il était à l'avant-garde ; c'était à lui que Dumouriez réservait la première victoire.

Cette victoire le faisait général en chef.

La Fayette, victorieux et général en chef, Dumouriez, ministre de la guerre, on jetait le bonnet rouge aux orties : on écrasait d'une main la Gironde, de l'autre les Jacobins.

La contre-révolution était faite !

Mais Robespierre ?

Robespierre, nous l'avons dit, était rentré dans l'ombre, et beaucoup prétendaient qu'il y avait un passage souterrain de la boutique du menuisier Duplay à la demeure royale de Louis XVI.

N'était-ce point de là que venait la pension payée, plus tard, par madame la duchesse d'Angoulême à mademoiselle de Robespierre?

Mais, cette fois, comme toujours, la Fayette manqua à la Fayette.

Puis on allait faire la guerre avec des partisans de la paix ; les munitionnaires particulièrement étaient les amis de nos ennemis ; ils eussent volontiers laissé nos troupes sans vivres et sans munitions, et c'est ce qu'ils firent pour assurer le pain et la poudre aux Prussiens et aux Autrichiens.

En outre, remarquez bien que l'homme des menées sourdes, des sapes ténébreuses, Dumouriez ne négligeait pas ses relations avec les d'Orléans, — relations qui devinrent sa perte.

Biron était un général orléaniste.

Ainsi orléanistes et feuillants, la Fayette et Biron devaient porter les premiers coups d'épée, sonner la fanfare de la première victoire.

Le 28 avril, au matin, Biron s'empara de Quiévrain, et marcha sur Mons.

Le lendemain 29, Théobald Dillon se porta de Lille à Tournay.

Biron et Dillon, deux aristocrates : deux beaux et braves jeunes gens, roués, spirituels, de l'école de Richelieu, l'un franc dans ses opinions patriotiques, l'autre n'ayant pas eu le temps de savoir les opinions qu'il avait : il va être assassiné.

Nous avons dit quelque part que les dragons étaient l'arme aristocratique de l'armée : deux régiments de dragons marchaient en tête des trois mille hommes de Biron.

Tout à coup, les dragons, sans même voir l'ennemi, se mettent à crier : « Sauve qui peut ! nous sommes trahis ! »

Puis ils tournent bride, passent, criant toujours, sur l'infanterie qu'ils écrasent ; l'infanterie les croit poursuivis, et fuit à son tour.

La panique est complète.

Même chose arrive à Dillon.

Dillon rencontre un corps de neuf cents Autrichiens ; les dragons de son avant-garde prennent peur, fuient, entraînent l'infanterie avec eux, abandonnant chariots, artillerie, équipages, et ne s'arrêtent qu'à Lille.

Là, les fuyards mettent la lâcheté sur le compte de leurs chefs, égorgent Théobald Dillon et le lieutenant-colonel Bertois ; après quoi, ils livrent les corps à la populace de Lille, qui les pend, et qui danse autour des cadavres.

Par qui avait été organisée cette défaite, qui avait pour but de faire entrer l'hésitation dans le cœur des patriotes, et la confiance dans celui de l'ennemi ?

La Gironde, qui avait voulu la guerre, et qui saignait aux deux flancs de la double blessure qu'elle venait de recevoir ; la Gironde — et, il faut le dire, toutes les apparences lui donnaient raison — la Gironde accusa la cour, c'est-à-dire la reine.

Sa première idée fut de rendre à Marie-Antoinette coup pour coup.

Mais on avait laissé à la royauté le temps de revêtir une cuirasse bien autrement solide que ce plastron que la reine avait capitonné pour le roi, et reconnu une nuit, avec Andrée, à l'épreuve de la balle !

La reine avait peu à peu réorganisé cette fameuse garde constitutionnelle autorisée par la Constituante ; elle ne se montait pas à moins de six mille hommes.

Et quels hommes ! des bretteurs et des maîtres d'escrime qui allaient insulter les représentants patriotes jusque sur les bancs de l'Assemblée ; des gentilshommes bretons et vendéens, des Provençaux de Nîmes et d'Arles, de robustes prêtres qui, sous prétexte de refus de serment, avaient jeté la soutane aux orties, et pris, à la place du goupillon, l'épée, le poignard et le pistolet ; en outre, un monde de chevaliers de Saint-Louis qui sortaient on ne savait d'où, qu'on décorait on ne savait pourquoi ; — Dumouriez lui-même s'en plaint dans ses Mémoires : quelque gouvernement qui succède à celui qui existe, il ne pourra réhabiliter cette belle et malheureuse croix que l'on prodigue ; il en avait été donné six mille depuis deux ans !

C'est au point que le ministre des affaires étrangères refuse pour lui le grand cordon, et le fait donner à M. de Watteville, major du régiment suisse d'Ernest.

Il fallait commencer par entamer la cuirasse ; puis on frapperait le roi et la reine.

Tout à coup, le bruit se répandit qu'à l'ancienne École militaire, il y avait un drapeau blanc ; que ce drapeau, qu'on devait arborer incessamment, c'était le roi qui l'avait donné.

— Cela rappelait la cocarde noire des 5 et 6 octobre.

On était si étonné, avec les opinions contre-révolutionnaires que l'on connaissait au roi et à la reine, de ne pas voir flotter le drapeau blanc sur les Tuileries, que l'on s'attendait à le voir surgir un beau matin sur quelque autre monument.

Le peuple, à la nouvelle de l'existence de ce drapeau, se porta sur la caserne.

Les officiers voulurent résister : les soldats les abandonnèrent.

On trouva un drapeau blanc grand comme la main, qui avait été planté dans un gâteau donné par le dauphin.

Mais, outre ce chiffon sans importance, on trouva nombre d'hymnes en l'honneur du roi, nombre de chansons injurieuses pour l'Assemblée, et des millions de feuilles contre-révolutionnaires.

Bazire à l'instant même fait un rapport à l'Assemblée : la garde du roi a éclaté en cris de joie en apprenant la défaite de Tournay et de Quiévrain; elle a exprimé l'espoir que, dans trois jours, Valenciennes serait pris, et que, dans quinze, l'étranger serait à Paris.

Il y a plus : un cavalier de cette garde, bon Français, nommé Joachim Murat, qui avait cru entrer dans une véritable garde constitutionnelle, comme l'indiquait son titre, donne sa démission ; — on a voulu le gagner à prix d'argent, et l'envoyer à Coblentz.

Cette garde, c'est une arme terrible aux mains de la royauté ; ne peut-elle pas, sur un ordre du roi, marcher contre l'Assemblée, envelopper le Manège, faire prisonniers les représentants de la nation, ou les tuer depuis le premier jusqu'au dernier ? Moins que cela : ne peut-elle pas prendre le roi, sortir avec lui de Paris, le conduire à la frontière, faire une seconde fuite de Varennes, qui réussira cette fois ?

Aussi, le 22 mai, c'est-à-dire trois semaines après le double échec de Tournay et de Quiévrain, Pétion, le nouveau maire de Paris, l'homme nommé par l'influence de la reine, celui qui l'a ramenée de Varennes, et qu'elle protège en haine de celui qui l'avait laissée fuir, Pétion a écrit au commandant de la garde nationale, exprimant tout haut ses craintes sur le départ possible du roi, l'invitant *à observer, à surveiller, et à multiplier les patrouilles aux environs...*

A surveiller, à observer quoi ? Pétion ne le dit pas.

A multiplier les patrouilles aux environs de quoi ? Même silence.

Mais à quoi bon de nommer les Tuileries et le roi ?

Qu'observe-t-on ? *L'ennemi !*

Autour de quoi multiplie-t-on les patrouilles ? *Autour du camp ennemi !*

Quel est le camp ennemi ? Les Tuileries.

Quel est l'ennemi ? Le roi.

Ainsi voilà la grande question posée.

C'est Pétion, le petit avocat de Chartres, le fils d'un procureur, qui la pose au descendant de saint Louis, au petit-fils de Louis XIV, au roi de France !

Et le roi de France s'en plaint, car il comprend que cette voix parle plus haut que la sienne ; il s'en plaint dans une lettre que le directoire du département fait afficher sur les murs de Paris.

Mais Pétion ne s'en inquiète aucunement; il n'y répond pas; il maintient son ordre.

Donc Pétion est le vrai roi.

Si vous en doutez, vous en aurez la preuve tout à l'heure.

Le rapport de Bazire demande qu'on supprime la garde constitutionnelle du roi, et que l'on décrète d'arrestation M. de Brissac, son chef.

Le fer était chaud : les girondins le battirent en rudes forgerons qu'ils étaient.

Il s'agissait pour eux d'être ou de ne pas être.

Le décret fut rendu le même jour, la garde constitutionnelle licenciée, le duc de Brissac décrété d'arrestation, et les postes des Tuileries furent remis à la garde nationale.

O Charny ! Charny, où étais-tu ? Toi qui, à Varennes, avais failli reprendre la reine avec tes trois cents cavaliers, qu'eusses-tu fait aux Tuileries avec six mille hommes ?

Charny vivait heureux, oubliant tout dans les bras d'Andrée.

X

LA RUE GUÉNÉGAUD ET LES TUILERIES

On se rappelle la démission donnée par de Grave ; elle avait été à peu près refusée par le roi, tout à fait refusée par Dumouriez.

Dumouriez avait tenu à garder de Grave, qui était son homme ; il l'avait gardé, en effet, mais, à la nouvelle du double échec que nous avons dit, il lui fallut sacrifier son ministre de la guerre.

Il l'abandonna, gâteau jeté au Cerbère des jacobins pour calmer ces aboiements.

Il prit, à sa place, le colonel Servan, ex-gouverneur des pages, qu'il avait dès l'abord proposé au roi.

Servan porta la main à la garde de son épée. (Page 555.)

Sans doute, il ignorait quel homme devenait son collègue, et quel coup cet homme allait porter à la royauté.

Pendant que la reine veillait aux mansardes des Tuileries, regardant à l'horizon si elle ne voyait pas venir ces Autrichiens tant attendus, une autre femme veillait dans son petit salon de la rue Guénégaud.

L'une était la contre-révolution ; l'autre, la révolution.

On comprend que c'est de madame Roland que nous voulons parler.

C'est elle qui avait poussé Servan au ministère, comme madame de Staël y avait poussé Narbonne.

La main des femmes est partout dans les trois terribles années 91, 92, 93.

Servan ne quittait plus le salon de madame Roland : comme tous les girondins, dont elle était le souffle, la lumière, l'Égérie, il s'inspirait de cette âme vaillante qui brûlait incessamment sans jamais se consumer.

On disait qu'elle était la maîtresse de Servan : elle laissait dire, et, rassurée par sa conscience, elle souriait à la calomnie.

Chaque jour, elle voyait rentrer son mari écrasé de la lutte : il se sentait entraîné vers l'abîme avec son collègue Clavières, et, cependant, rien n'était visible, tout pouvait se nier.

Le soir où Dumouriez était venu lui offrir le

ministère de l'intérieur, il avait fait ses conditions.

— Je n'ai d'autre fortune que mon honneur, avait-il dit ; je veux que mon honneur sorte intact du ministère. Un secrétaire assistera à toutes les délibérations du conseil, et consignera les avis de chacun : on verra de la sorte si jamais je fais défaut au patriotisme et à la liberté.

Dumouriez avait adhéré ; il sentait le besoin de couvrir l'impopularité de son nom du manteau girondin. Dumouriez était un de ces hommes qui promettent toujours, quitte ensuite à ne tenir que selon les convenances.

Dumouriez n'avait pas tenu, et Roland avait vainement demandé son secrétaire.

Alors, Roland, ne pouvant obtenir cette archive secrète, en avait appelé à la publicité.

Il avait fondé le journal *le Thermomètre;* mais, il le comprenait très bien lui-même, il y avait telle séance du conseil dont la révélation immédiate eût été une trahison en faveur de l'ennemi.

La nomination de Servan lui venait en aide.

Mais ce n'était point assez ; neutralisé par Dumouriez, le conseil n'avançait à rien.

L'Assemblée venait de frapper un coup : elle avait licencié la garde constitutionnelle, et arrêté Brissac.

Roland, en revenant avec Servan, le 29 mai au soir, rapporta la nouvelle à la maison.

— Qu'a-t-on fait de ces gardes licenciés ? demanda madame Roland.

— Rien.

— Ils sont libres, alors ?

— Oui, seulement, ils ont été obligés de mettre bas l'uniforme bleu.

— Demain, ils prendront l'uniforme rouge, et se promèneront en suisses.

Le lendemain, en effet, les rues de Paris étaient sillonnées d'uniformes suisses.

Les gardes licenciés avaient changé d'habits, voilà tout.

Ils étaient là, dans Paris, tendant la main à l'étranger, lui faisant signe de venir, prêts à lui ouvrir les barrières.

Les deux hommes, Roland et Servan, ne trouvaient aucun remède à cela.

Madame Roland prit une feuille de papier, mit une plume aux mains de Servan :

— Écrivez ! dit-elle. « Proposition d'établir à Paris, à propos de la fête du 14 juillet, un camp de vingt mille volontaires... »

Servan laissa tomber la plume avant d'avoir fini la phrase.

— Jamais le roi ne consentira ! dit-il.

— Aussi n'est-ce point au roi qu'il faut proposer cette mesure, c'est à l'Assemblée : aussi n'est-ce pas comme ministre qu'il faut le réclamer : c'est comme citoyen.

Servan et Roland venaient, à la lueur d'un éclair, d'entrevoir tout un immense horizon.

— Oh ! dit Servan, vous avez raison ! avec cela et un décret sur les prêtres nous tenons le roi.

— Vous comprenez bien, n'est-ce pas ? les prêtres, c'est la contre-révolution dans la famille et la société ; les prêtres ont fait ajouter cette phrase au *Credo :* « Et ceux qui payeront l'impôt seront damnés ! » Cinquante prêtres assermentés ont été égorgés ; leurs maisons saccagées ; leurs champs dévastés depuis six mois ; que l'Assemblée dirige un décret d'urgence contre les prêtres rebelles. Achevez votre motion, Servan ; — Roland va rédiger le décret.

Servan acheva sa phrase.

Roland écrivait pendant ce temps :

« La déportation du prêtre rebelle aura lieu dans un mois hors du royaume, si elle est demandée par vingt citoyens actifs, approuvée par le district, prononcée par le gouvernement ; le déporté recevra trois livres par jour, comme frais de route, jusqu'à la frontière. »

Servan lut sa proposition sur le camp de vingt mille volontaires.

Roland lut son projet de décret sur la déportation des prêtres.

Toute la question, en effet, était là.

Le roi agissait-il franchement ? le roi trahissait-il ?

Si le roi était vraiment constitutionnel, il sanctionnerait les deux décrets.

Si le roi trahissait, il apposerait son *veto.*

— Je signerai la motion du camp comme citoyen, dit Servan.

— Et Vergniaud proposera le décret sur les prêtres, dirent à la fois le mari et la femme.

Dès le lendemain, Servan lança sa demande à l'Assemblée.

Vergniaud mit le décret dans sa poche, et promit de l'en tirer, quand il serait temps.

Le soir de l'envoi de la motion à l'Assemblée, Servan entra au conseil comme d'habitude.

Sa démarche était connue : Roland et Clavières la soutenaient contre Dumouriez, Lacoste et Duranthon.

— Oh ! venez, Monsieur, s'écria Dumouriez, et rendez compte de votre conduite.

— A qui, s'il vous plaît ? demanda Servan.

— Mais au roi, à la nation, à moi !

Servan sourit.

— Monsieur, reprit Dumouriez, vous avez aujourd'hui fait une démarche importante!

— Oui, répondit Servan, je le sais, Monsieur : de la plus haute importance !

— Avez-vous pris les ordres du roi pour agir ainsi ?

— Non, Monsieur, je l'avoue.

— Avez-vous pris l'avis de vos collègues !

— Pas plus que les ordres du roi, je l'avoue encore.

— Alors, pourquoi avez-vous agi ainsi ?

— Parce que c'était mon droit comme particulier et comme citoyen.

— Alors, c'est comme particulier et comme citoyen que vous avez présenté cette motion incendiaire?

— Oui.

— Pourquoi, alors, à votre signature avez-vous joint le titre de *ministre de la guerre*?

— Parce que je voulais prouver à l'Assemblée que j'étais prêt à appuyer, comme ministre, ce que je demandais comme citoyen.

— Monsieur, dit Dumouriez, ce que vous avez fait là est à la fois d'un mauvais citoyen et d'un mauvais ministre !

— Monsieur, répondit Servan, permettez-moi de ne prendre que moi-même pour juge des choses qui touchent ma conscience; si j'avais un juge à prendre dans une question si délicate, je tâcherais qu'il ne s'appelât point Dumouriez.

Dumouriez pâlit et fit un pas vers Servan.

Celui-ci porta la main à la garde de son épée.

Dumouriez en fit autant.

En ce moment, le roi entra.

Il ignorait encore la motion de Servan.

On se tut.

Le lendemain, le décret qui demandait le rassemblement de vingt mille fédérés à Paris fut discuté à l'Assemblée.

Le roi avait été consterné à cette nouvelle.

Il avait fait appeler Dumouriez.

— Vous êtes un fidèle serviteur, Monsieur. lui dit-il, et je sais de quelle façon vous avez pris les intérêts de la royauté, à l'endroit de ce misérable Servan.

— Je remercie Votre Majesté, dit Dumouriez.

Puis, après une pause:

— Le roi sait-il que le décret a passé ? demanda-t-il.

— Non, dit le roi ; mais peu m'importe ; je suis décidé, dans cette circonstance, à exercer mon droit de *veto*.

Dumouriez secoua la tête.

— Ce n'est point votre avis, Monsieur? demanda le roi.

— Sire, répondit Dumouriez, sans aucune force de résistance, en butte comme vous l'êtes aux soupçons de la plus grande partie de la nation, à la rage des Jacobins, à la profonde politique du parti républicain, une pareille résolution de votre part sera une déclaration de guerre.

— Eh bien, soit, la guerre ! Je la fais bien à mes amis : je puis la faire à mes ennemis.

— Sire, dans l'une, vous avez dix chances de victoire, dans l'autre, dix chances de défaite !

— Mais vous ne savez donc pas dans quel but on demande ces vingt mille hommes ?

— Que Votre Majesté m'accorde cinq minutes de libre parole, et j'espère lui prouver que, non seulement je sais ce que l'on désire, mais encore que je devine ce qui arrivera.

— Parlez, Monsieur, dit le roi ; j'écoute.

Et, en effet, le coude appuyé sur le bras de son fauteuil, la tête posée dans le creux de sa main, Louis XVI écouta.

— Sire, dit Dumouriez, ceux qui ont sollicité ce décret sont autant les ennemis de la patrie que du roi.

— Vous le voyez bien ! interrompit Louis XVI, vous l'avouez vous-même !

— Je dirai plus : son accomplissement ne peut produire que de grands malheurs.

— Eh bien, alors ?

— Permettez, Sire...

— Oui ; allez ! allez !

— Le ministre de la guerre est très coupable d'avoir sollicité un rassemblement de vingt mille hommes près de Paris, pendant que nos armées sont faibles, nos frontières dégarnies, nos caisses épuisées.

— Oh ! fit le roi, coupable, je le crois bien !

— Non seulement coupable, Sire, mais encore imprudent ; ce qui est bien pis ! imprudent de proposer près de l'Assemblée la réunion d'une troupe indisciplinée, appelée sous un nom qui exagèrera son patriotisme, et dont le premier ambitieux pourra s'emparer.

— Oh ! c'est la Gironde qui parle par la voix de Servan !

— Oui, répondit Dumouriez ; mais ce n'est point la Gironde qui en profitera, Sire.

— Ce sont peut-être les Feuillants, n'est-ce pas, qui en profiteront ?

— Ce ne sera ni l'un ni l'autre ; ce seront les Jacobins! les Jacobins, dont les affiliations s'étendent par tout le royaume, et qui, sur vingt mille fédérés, trouveront peut-être dix-neuf mille adeptes. Ainsi, croyez-le bien, Sire, les promoteurs du décret seront renversés par le décret lui-même.

— Ah ! si je le croyais, je m'en consolerais presque ! s'écria le roi.

— Je pense donc, Sire, que le décret est dangereux pour la nation, pour le roi, pour l'Assemblée nationale, et surtout pour ses auteurs, dont il sera le châtiment ; et, cependant, mon avis est que vous ne pouvez pas faire autrement que de le sanctionner : il a été provoqué par une malice si profonde, que je dirai, Sire, qu'il y a de la femme là-dessous !

— Madame Roland, n'est-ce pas ? Pourquoi les femmes ne filent-elles ou ne tricotent-elles pas, au lieu de faire de la politique ?

— Que voulez-vous, Sire ! madame de Maintenon, madame de Pompadour et madame du Barry leur en ont fait perdre l'habitude... Le décret, disais-je, a été provoqué par une malice profonde, débattu avec acharnement, adopté avec enthousiasme ; tout le monde est aveugle à l'endroit de ce malheureux décret ; si vous y appliquez votre *veto*, il n'en sera pas moins exécuté. Au lieu des vingt mille hommes assemblés par une loi, et que l'on peut, par conséquent, soumettre à des ordonnances, il arrivera des provinces, à l'époque de la fédération qui approche, quarante mille hommes sans décret, qui pourront, du même coup, renverser la Constitution, l'Assemblée et le trône !... Si nous avions été vainqueurs, au lieu d'être vaincus, ajouta Dumouriez en baissant la voix ; si j'avais eu un prétexte pour faire la Fayette général en chef, et pour mettre cent mille hommes dans sa main, Sire, je vous dirais « N'acceptez pas ! » Nous sommes battus à l'extérieur et à l'intérieur, je vous dis, Sire : « Acceptez ! »

En ce moment, on gratte à la porte du roi.

— Entrez ! dit Louis XVI.

C'était le valet de chambre Thierry.

— Sire, dit-il, M. Duranthon, le ministre de la justice, demande à parler à Votre Majesté.

— Que me veut-il ? Voyez cela, monsieur Dumouriez.

Dumouriez sortit.

Au même instant, la tapisserie qui tombait de la porte de communication donnant chez la reine se souleva, et Marie-Antoinette parut.

— Sire ! sire ! dit-elle, tenez ferme ! ce Dumouriez est un jacobin comme les autres ! N'a-t-il pas mis le bonnet rouge ? Quant à la Fayette, vous savez, j'aime mieux me perdre sans lui que d'être sauvée par lui !

Et, comme on entendait les pas de Dumouriez qui se rapprochaient de la porte, la tapisserie retomba, et la vision disparut.

XI

LE VETO

Comme la tapisserie venait de retomber, la porte se rouvrait.

— Sire, dit Dumouriez, sur la proposition de M. Vergniaud, le décret contre les prêtres vient de passer.

— Oh ! dit le roi en se levant, c'est une conspiration. Et comment ce décret est-il conçu ?

— Le voici, Sire ; M. Duranthon vous l'apportait. J'ai pensé que Votre Majesté me ferait l'honneur de m'en dire particulièrement son avis avant d'en parler en conseil.

— Vous avez eu raison. Donnez-moi ce papier.

Et, d'une voix tremblante d'agitation, le roi lut le décret dont nous avons donné le texte.

Après avoir lu, il froissa le papier entre ses mains, et le jeta loin de lui.

— Je ne sanctionnerai jamais un pareil décret ! dit-il.

— Excusez-moi, Sire, dit Dumouriez, d'être, cette fois encore, d'un avis opposé à celui de Votre Majesté.

— Monsieur, dit le roi, je puis hésiter en matière politique ; en matière religieuse, jamais ! En matière politique, je juge avec mon esprit, et l'esprit peut faillir ; en matière religieuse, je juge avec ma conscience, et la conscience est infaillible.

— Sire, reprit Dumouriez, il y a un an, vous avez sanctionné le décret du serment des prêtres.

— Eh ! Monsieur, s'écria le roi, j'ai eu la main forcée !

— Sire, c'était à celui-là qu'il fallait mettre votre *veto* ; le second décret n'est que la conséquence du premier. Le premier décret a produit tous les maux de la France ; celui-ci est le remède à ces maux : il est dur, mais non cruel. Le premier était une loi religieuse : il attaquait la liberté de penser en matière de culte ; celui-ci est une loi politique qui ne concerne que la sûreté des prêtres non assermentés contre la persécution. Loin de les sauver par votre *veto*, vous leur ôtez le secours d'une loi, vous les exposez à être massacrés, et poussez les Français à devenir leurs bourreaux. Ainsi mon avis, Sire, — excusez la franchise d'un soldat, — mon avis est qu'ayant, j'ose le dire, fait la faute de sanctionner le décret du serment des prêtres, votre *veto*, appliqué à ce second décret, qui peut arrêter le déluge de sang près de couler, votre *veto*, Sire, chargera la conscience de Votre Majesté de tous les crimes auxquels le peuple se portera.

— Mais à quels crimes voulez-vous donc qu'il se porte, Monsieur ? à quels crimes plus grands que ceux qu'il a déjà accomplis ? dit une voix qui venait du fond de l'appartement.

Dumouriez tressaillit à cette voix vibrante : il avait reconnu le timbre métallique et l'accent de la reine.

— Ah ! Madame, dit-il, j'eusse mieux aimé tout terminer avec le roi.

— Monsieur, dit la reine avec un sourire amer pour Dumouriez, et un regard presque méprisant pour le roi, je n'ai qu'une question à vous faire.

— Laquelle, Madame ?

— Croyez-vous que le roi doive supporter plus longtemps les menaces de Roland, les insolences de Clavières et les fourberies de Servan ?

— Non, Madame, dit Dumouriez ; j'en suis indigné comme vous ; j'admire la patience du roi, et, si nous abordons ce point, j'oserai supplier le roi de changer entièrement son ministère.

— Entièrement ? fit le roi.

— Oui ; que Votre Majesté nous renvoie tous les six, et qu'elle choisisse, si elle en peut trouver, des hommes qui ne soient d'aucun parti.

— Non, non, dit le roi, non, je veux que vous restiez, vous et le bon Lacoste, et Duranthon aussi ; mais rendez-moi le service de me débarrasser de ces trois factieux insolents ; car, je vous le jure, Monsieur, ma patience est à bout.

— La chose est dangereuse, Sire.

— Et vous reculez devant le danger ? dit la reine.

— Non, Madame, reprit Dumouriez ; seulement, je ferai mes conditions.

— Vos conditions ? fit hautainement la reine.

Dumouriez s'inclina.

— Dites, Monsieur, répondit le roi.

— Sire, reprit Dumouriez, je suis en butte aux coups des trois factions qui divisent Paris. Girondins, Feuillants, Jacobins tirent sur moi à qui mieux mieux ; je suis entièrement dépopularisé, et, comme ce n'est que par l'opinion publique que l'on peut retenir quelques fils du gouvernement, je ne puis réellement vous être utile qu'à une condition.

— Laquelle ?

— C'est qu'on dise bien haut, Sire, que je ne suis resté, moi et mes deux collègues, que pour sanctionner les deux décrets qui viennent d'être rendus.

— Cela ne se peut pas ! s'écria le roi.

— Impossible ! impossible ! répéta la reine.

— Vous refusez ?

— Mon plus cruel ennemi, Monsieur, dit le roi, ne m'imposerait pas des conditions plus dures que celles que vous me faites.

— Sire, dit Dumouriez, sur ma foi de gentilhomme, sur mon honneur de soldat, je les crois nécessaires à votre sûreté.

Puis, se tournant vers la reine :

— Madame, lui dit-il, si ce n'est pour vous-même ; si l'intrépide fille de Marie-Thérèse, non seulement méprise le danger, mais encore, à l'exemple de sa mère, est prête à marcher au devant de lui, Madame, songez que vous n'êtes pas seule ; songez au roi, songez à vos enfants ; au lieu de les pousser à l'abîme, joignez-vous à moi pour retenir Sa Majesté sur le bord du précipice où penche le trône ! Si j'ai cru la sanction des deux décrets nécessaire, avant que Sa Majesté m'exprimât son désir d'être débarrassée des trois factieux qui lui pèsent, ajouta-t-il en s'adressant au roi, jugez combien, lorsqu'il s'agit de les renvoyer, je la juge indispensable ; si vous renvoyez les ministres sans sanctionner les décrets, le peuple aura deux motifs de vous en vouloir : il vous regardera comme un ennemi de la Constitution, et les ministres renvoyés passeront à ses yeux pour les martyrs, et je ne réponds pas que, d'ici à quelques jours, les plus graves événements ne mettent à la fois en péril votre couronne et votre vie. Quant à moi, je préviens Votre Majesté que je ne puis, même pour la servir, aller, je ne dirai pas contre mes principes, mais contre mes convictions. Duranthon et Lacoste pensent comme moi ; cependant, je n'ai pas mission de parler pour eux. En ce qui me concerne donc, je vous l'ai dit, Sire, et je vous le répète, je ne resterais au conseil que si Votre Majesté sanctionnait les deux décrets.

Le roi fit un mouvement d'impatience.

Dumouriez s'inclina et s'achemina vers la porte.

Le roi échangea un regard rapide avec la reine.

— Monsieur! dit celle-ci.

Dumouriez s'arrêta.

— Songez donc combien il est dur pour le roi de sanctionner un décret qui amène à Paris vingt mille coquins qui peuvent nous massacrer!

— Madame, dit Dumouriez, le danger est grand, je le sais; voilà pourquoi il faut le regarder en face, mais non l'exagérer. Le décret dit que le pouvoir exécutif indiquera le lieu du rassemblement de ces vingt mille hommes, qui ne sont pas tous des coquins; il dit aussi que le ministre de la guerre se chargera de leur donner des officiers et un mode d'organisation.

— Mais, monsieur, le ministre de la guerre, c'est Servan!

— Non, Sire; le ministre de la guerre, du moment que Servan se retire, c'est moi.

— Ah! oui, vous? dit le roi.

— Vous prendrez donc le ministère de la guerre? demanda la reine.

— Oui, Madame, et je tournerai contre vos ennemis, je l'espère, l'épée suspendue au-dessus de votre tête.

Le roi et la reine se regardèrent de nouveau comme pour se consulter.

— Supposez, continua Dumouriez, que j'indique Soissons comme emplacement du camp, que je nomme là, comme commandant, un lieutenant ferme et sage, avec deux bons maréchaux de camp; on formera ces hommes par bataillons; à mesure qu'il y en aura quatre ou cinq d'assemblés et d'armés, le ministre profitera des demandes des généraux pour les envoyer à la frontière, et alors, vous le voyez bien, Sire, ce décret, fait à mauvaise intention, loin d'être nuisible, deviendra utile.

— Mais, dit le roi, êtes-vous sûr d'obtenir la permission de faire ce rassemblement à Soissons?

— J'en réponds.

— En ce cas, dit le roi, prenez donc le ministère de la guerre.

— Sire, dit Dumouriez, au ministère des affaires étrangères, je n'ai qu'une responsabilité légère et indirecte; il en est tout autrement de celui de la guerre: vos généraux sont mes ennemis; vous venez de voir leur faiblesse; je répondrai de leurs fautes; mais il s'agit de la vie de Votre Majesté, de la sûreté de la reine, de celle de ses augustes enfants, du maintien de la Constitution, j'accepte! Nous voilà donc d'accord sur ce point, sire, de la sanction du décret des vingt mille hommes?

— Si vous êtes ministre de la guerre, Monsieur, je me fie entièrement à vous.

— Alors, venons au décret des prêtres.

— Celui-là, Monsieur, je vous l'ai dit, je ne le sanctionnerai jamais.

— Sire, vous vous êtes mis vous-même dans la nécessité de sanctionner le second en sanctionnant le premier.

— J'ai fait une première faute, je me la reproche; ce n'est point une raison pour en faire une seconde.

— Sire, si vous ne sanctionnez pas ce décret, la seconde faute sera bien plus grande que la première!

— Sire! dit la reine.

Le roi se retourna vers Marie-Antoinette.

— Et vous aussi, Madame?

— Sire, dit la reine, je dois avouer que, sur ce point, et après les explications qu'il nous a données, je suis de l'avis de M. Dumouriez.

— Eh bien, alors..., dit le roi.

— Alors, Sire...? répéta Dumouriez.

— Je consens, mais à la condition que, le plus tôt possible, vous me débarrasserez des trois factieux.

— Croyez, Sire, dit Dumouriez, que je saisirai la première occasion, et j'en suis sûr, Sire, cette occasion ne se fera pas attendre.

Et, saluant le roi et la reine, Dumouriez se retira.

Tous deux suivirent des yeux le nouveau ministre de la guerre, jusqu'à ce que la porte fût refermée.

— Vous m'avez fait signe d'accepter, dit le roi; maintenant, qu'avez-vous à me dire?

— Accepter d'abord le décret des vingt mille hommes, dit la reine; laissez-lui faire son camp à Soissons; laissez-lui disperser ses hommes, et ensuite vous verrez ce que vous aurez à faire pour le décret des prêtres.

— Mais il me rappellera ma parole, Madame!

— Bon! il sera compromis, et vous le tiendrez.

— C'est lui, au contraire, qui me tiendra, Madame; il aura ma parole.

— Bah! dit la reine, il y a remède à cela, quand on est élève de M. de la Vauguyon!

Et, prenant le bras du roi, elle l'entraîna dans la chambre voisine.

XII

L'OCCASION

Nous l'avons dit, la véritable guerre du moment était entre la rue Guénégaud et les Tuileries, entre la reine et madame Roland.

Chose étrange! les deux femmes avaient sur leurs maris une influence qui les conduisit tous quatre à la mort.

Seulement, chacun y alla par une route opposée.

Les événements que nous venons de raconter s'étaient passés le 10 juin; le 11 au soir, Servan entra tout joyeux chez madame Roland.

— Félicitez-moi, chère amie! dit-il: j'ai l'honneur d'être chassé du conseil.

— Comment cela? demanda madame Roland.

— Voici textuellement la chose : ce matin, je me suis rendu chez le roi pour l'entretenir de quelques affaires de mon département, et, ces affaires terminées, j'ai attaqué chaudement la question du camp de vingt mille hommes; mais...

— Mais... ?

— Au premier mot que j'ai dit, le roi m'a tourné le dos de fort mauvaise humeur; et, ce soir, au nom de Sa Majesté, M. Dumouriez est venu me reprendre le portefeuille de la guerre.

— Dumouriez?

— Oui.

— Il joue là un vilain rôle, mais qui ne me surprend pas. Demandez à Roland ce que je lui ai dit de cet homme le jour où je l'ai vu pour la première fois... D'ailleurs, nous sommes prévenus qu'il est journellement en conférence avec la reine.

— C'est un traître!

— Non, c'est un ambitieux. Allez chercher Roland et Clavières.

— Où est Roland?

— Il donne des audiences, au ministère de l'intérieur.

— Et vous, qu'allez-vous faire pendant ce temps-là?

— Une lettre que je vous communiquerai à votre retour... Allez.

— Vous êtes, en vérité, la fameuse déesse Raison, que les philosophes invoquent depuis si longtemps.

— Et que les gens de conscience ont trouvée... Ne revenez pas sans Clavières.

— Cette recommandation sera cause, probablement, de quelque retard.

— J'ai besoin d'une heure.

— Faites ! et que le Génie de la France vous inspire!

Servan sortit. La porte refermée à peine, madame Roland était à son bureau, et écrivait la lettre suivante :

« Sire,

» L'état actuel de la France ne peut subsister longtemps : c'est un état de crise dont la violence atteint le plus haut degré; il faut qu'il se termine par un éclat qui doit intéresser Votre Majesté autant qu'il importe à tout l'empire.

» Honoré de votre confiance, et placé dans un poste où je vous dois la vérité, j'oserai vous la dire; c'est une obligation qui m'est imposée par vous-même. Les Français se sont donné une Constitution; elle a fait des mécontents et des rebelles; la majorité de la nation la veut maintenir; elle a juré de la défendre au prix de son sang, et elle a vu avec joie la guerre civile qui lui offrait un grand moyen de l'assurer. Cependant, la minorité, soutenue par des espérances, a réuni tous ses efforts pour emporter l'avantage; de là cette lutte intestine contre les lois, cette anarchie dont gémissent les bons citoyens, et dont les malveillants ont bien soin de se prévaloir pour calomnier le nouveau régime; de là cette division partout excitée, car nulle part il n'existe d'indifférence : on veut ou le triomphe ou le changement de la Constitution; on agit pour la soutenir ou pour l'altérer. Je m'abstiendrai d'examiner ce qu'elle est en elle-même, pour considérer seulement ce que les circonstances exigent, et, me rendant étranger à la chose, autant qu'il est possible, je chercherai ce que l'on peut attendre et ce qu'il convient de favoriser.

» Votre Majesté jouissait de grandes prérogatives qu'elle croyait appartenir à la royauté; élevée dans l'idée de les conserver, elle n'a pu se les voir enlever avec plaisir; le désir de se les faire rendre était aussi naturel que le regret de les voir anéantir. Ces sentiments, qui tiennent à la nature du cœur humain, ont dû entrer dans le calcul des ennemis de la Révolution; ils ont donc compté sur une faveur secrète jusqu'à ce que les circonstances permissent une protection déclarée. Ces dispositions ne pouvaient échapper à la nation elle-même, et elles ont dû la tenir en défiance. Votre Majesté a donc été constamment dans l'alternative de céder à ses premières habitudes, à ses affections particulières, ou de faire des sacrifices dictés par la philosophie, exigés par la nécessité; par conséquent, d'enhardir les rebelles en inquiétant la nation, ou d'apaiser celle-ci en vous unissant avec elle. Tout a son terme, et celui de l'incertitude est enfin arrivé.

» Votre Majesté peut-elle, aujourd'hui, s'allier ouvertement avec ceux qui prétendent réformer la Constitution, ou doit-elle généreusement se dévouer sans réserve à la faire triompher?

Telle est la véritable question dont l'état actuel des choses rend la solution inévitable.

» Quant à celle très métaphysique de savoir si les Français sont mûrs pour la liberté, sa discussion ne fait rien ici; car il ne s'agit point de juger ce que nous serons devenus dans un siècle d'ici, mais de voir ce dont est capable la génération présente.

» La déclaration des Droits est devenue un évangile politique, et la constitution française une religion pour laquelle le peuple est prêt à périr. Aussi l'emportement a-t-il été déjà quelquefois jusqu'à suppléer à la loi, et, lorsque celle-ci n'était pas assez réprimante pour contenir les perturbateurs, les citoyens se sont permis de les punir eux-mêmes. C'est ainsi que des propriétés d'émigrés ou de personnes reconnues pour être de leur parti ont été exposées aux ravages qu'inspirait la vengeance ; c'est pourquoi tant de départements ont été obligés de sévir contre les prêtres que l'opinion avait proscrits, et dont elle aurait fait des victimes.

» Dans ce choc des intérêts, tous les sentiments ont pris l'accent de la passion. La patrie n'est point un mot que l'imagination se soit complu à embellir; c'est un être auquel on a fait des sacrifices, à qui l'on s'attache chaque jour davantage par les sollicitudes qu'il cause, qu'on a créé par de grands efforts, qui s'élève au milieu des inquiétudes, et qu'on aime parce qu'il coûte autant que par ce qu'on en espère. Toutes les atteintes qu'on lui porte sont des moyens d'enflammer l'enthousiasme pour elle.

» A quel point cet enthousiasme va-t-il monter, à l'instant où les forces ennemies, réunies au dehors, se concertent avec les intrigues intérieures pour porter les coups les plus funestes?

» La fermentation est extrême dans toutes les parties de l'empire ; elle éclatera d'une manière terrible, à moins qu'une confiance raisonnée dans les intentions de Votre Majesté ne puisse enfin la calmer ; mais cette confiance ne s'établira pas sur des protestations : elle ne saurait plus avoir pour base que des faits.

» Il est évident, pour la nation française, que sa constitution peut marcher, que le gouvernement aura toute la force qui lui est nécessaire du moment où Votre Majesté, voulant absolument le triomphe de cette constitution, soutiendra le corps législatif de toute la puissance de l'exécution, ôtera tout prétexte aux mécontents.

» Par exemple, deux décrets importants ont été rendus ; tous deux intéressent essentiellement la tranquillité publique et le salut de l'État. Le retard de leur sanction inspire des défiances; s'il est prolongé, il causera des mécontentements, et, je dois le dire, *dans l'effervescence actuelle des esprits, les mécontentements peuvent mener à tout !*

» Il n'est plus temps de reculer ; il n'y a plus moyen de temporiser. La révolution est faite dans les esprits, elle s'achèvera au prix du sang et sera cimentée par lui, si la sagesse ne prévient pas des malheurs qu'il est encore possible d'éviter.

» Je sais qu'on peut imaginer de tout opérer et de tout contenir par des mesures extrêmes ; mais, quand on aurait déployé la force pour contraindre l'Assemblée, quand on aurait répandu l'effroi dans Paris, la division et la stupeur dans ses environs, toute la France se lèverait avec indignation, et, se déchirant elle-même dans les horreurs d'une guerre civile, développerait cette sombre énergie, mère des vertus et des crimes, toujours funeste à ceux qui l'ont provoquée.

» Le salut de l'État et le bonheur de Votre Majesté sont intimement liés ; aucune puissance n'est capable de les séparer : de cruelles angoisses et des malheurs certains environneront votre trône, s'il n'est appuyé par vous-même sur les bases de la Constitution, et affermi dans la paix que son maintien doit enfin nous procurer.

» Ainsi, la disposition des esprits, le cours des choses, les raisons de la politique, l'intérêt de Votre Majesté, rendent indispensable l'obligation de s'unir au corps législatif et de répondre au vœu de la nation ; ils font une nécessité de ce que les principes présentent comme un devoir ; mais la sensibilité naturelle à ce peuple affectueux est prête à y trouver un moyen de reconnaissance. On vous a cruellement trompé, Sire quand on vous a inspiré de l'éloignement ou de la méfiance pour ce peuple facile à toucher ; c'est en vous inquiétant perpétuellement qu'on vous a porté à une conduite propre à l'alarmer lui-même. Qu'il voie que vous êtes résolu à faire marcher cette constitution à laquelle il a attaché sa félicité, et bientôt vous deviendrez le sujet de ses actions de grâces.

» La conduite des prêtres, en beaucoup d'endroits, les prétextes que fournissait le fanatisme aux mécontents, ont fait porter une loi sage contre les perturbateurs. Que Votre Majesté lui donne sa sanction ! la tranquillité publique la réclame, et le salut des prêtres la sollicite ; si cette loi n'est en vigueur, les départements seront forcés de lui substituer, comme ils font

Tout à coup parut une hardie et terrible amazone. (Page 570.)

de toutes parts, des mesures violentes, et le peuple irrité y suppléera par des excès.

» Les tentatives de nos ennemis, les agitations qui se sont manifestées dans la capitale, l'extrême inquiétude qu'avait inspirée la conduite de votre garde, et qu'entretiennent encore les témoignages de satisfaction qu'on lui a fait donner par Votre Majesté, dans une proclamation vraiment impolitique pour la circonstance ; la situation de Paris, sa proximité des frontières, ont fait sentir le besoin d'un camp dans son voisinage ; cette mesure, dont la sagesse et l'urgence ont frappé tous les bons esprits, n'attend encore que la sanction de Votre Majesté. Pourquoi faut-il que des retards lui donnent l'air du regret, lorsque la célérité lui gagnerait tous les cœurs ! Déjà les tentatives de l'état-major de la garde nationale parisienne contre cette mesure ont fait soupçonner qu'il agissait par inspiration supérieure ; déjà les déclamations de quelques démagogistes outrés réveillent les soupçons de leurs rapports avec les intéressés au renversement de la Constitution ; déjà l'opinion compromet toutes les intentions de Votre Majesté. Encore quelque délai, et le peuple, contristé, verra, dans son roi, l'ami et et le complice des conspirateurs !

» Juste Ciel ! auriez-vous frappé d'aveuglement les puissances de la terre, et n'auront-elles jamais que des conseils qui les entraînent à leur ruine ?

» Je sais que le langage austère de la vérité est rarement accueilli près du trône ; je sais aussi que c'est parce qu'il ne s'y fait jamais entendre que les révolutions deviennent nécessaires; je sais surtout que je dois le tenir à Votre Majesté, non seulement comme citoyen soumis aux lois, mais encore comme ministre honoré de sa confiance, ou revêtu de fonctions qui la supposent, et je ne connais rien qui puisse m'empêcher de remplir un devoir dont j'ai la consience.

» C'est dans le même esprit que je réitérerai mes représentations à Votre Majesté, sur l'obligation et l'utilité d'exécuter la loi qui prescrit d'avoir un secrétaire au conseil; la seule existence de la loi parle si puissamment, que l'exécution semblerait devoir suivre sans retardement; mais il importe d'employer tous les moyens de conserver aux délibérations la gravité la sagesse et la maturité nécessaires, et, pour des ministres responsables, il faut un moyen de constater leurs opinions : si celui-là eût existé, je ne m'adresserais pas par écrit en ce moment à Votre Majesté.

» La vie n'est rien pour l'homme qui estime ses devoirs au-dessus de tout; mais, après le bonheur de les avoir remplis, le seul bien auquel il soit encore sensible, c'est celui de prouver qu'il l'a fait avec fidélité, et cela même est une obligation pour l'homme public.

» 10 juin 1792, l'an IV de la liberté. »

La lettre venait d'être achevée; elle avait été tracée tout d'un trait, lorsque Servan, Clavières et Roland rentrèrent.

En deux mots, madame Roland exposa le plan aux trois amis.

La lettre, qu'on allait lire entre trois, serait relue, le lendemain, aux trois ministres absents: Dumouriez, Lacoste et Duranthon.

Ou ils l'approuveraient et joindraient leurs signatures à celle de Roland; ou ils la repousseraient, et Servan, Clavières et Roland donneraient collectivement leur démission, motivée sur le refus fait par leurs collègues de signer une lettre qui leur paraissait, à eux, exprimer la véritable opinion de la France.

Alors, on déposerait la lettre à l'Assemblée nationale, et il ne resterait plus de doute à la France sur la cause de la sortie des trois ministres patriotes.

La lettre fut lue aux trois amis, qui ne trouvèrent pas un mot à y changer. Madame Roland était une âme commune où chacun venait puiser l'élixir du patriotisme.

Mais il n'en fut pas de même le lendemain, après la lecture faite par Roland à Dumouriez, Duranthon et Lacoste.

Tous trois approuvaient l'idée, mais différaient sur la manière de l'exprimer; finalement, ils refusèrent, disant qu'il valait mieux se rendre en personne chez le roi.

C'était une façon d'éluder la question.

Roland, le même soir, envoya au roi la lettre signée de lui seul.

Presque aussitôt Lacoste remettait à Roland et à Clavières leur congé.

Comme l'avait dit Dumouriez, l'occasion ne s'était pas fait attendre.

Il est vrai aussi que le roi ne l'avait pas manquée.

Le lendemain, comme la chose avait été convenue, la lettre de Roland était lue à la tribune en même temps que l'on annonçait son renvoi et celui de ses deux collègues Clavières et Servan.

L'Assemblée déclara à une immense majorité que les trois ministres renvoyés avaient *bien mérité de la patrie*.

Ainsi la guerre était déclarée à l'intérieur comme à l'extérieur.

L'Assemblée n'attendait plus, pour porter les premiers coups, que de savoir ce que le roi allait faire à l'endroit des deux décrets.

XIII

L'ÉLÈVE DE M. LE DUC DE LA VAUGUYON

Au moment où l'Assemblée votait par acclamation des remercîments aux trois ministres sortants, et décrétait l'impression et l'envoi dans les départements de la lettre de Roland, Dumouriez parut à la porte de l'Assemblée.

On le savait brave : on l'ignorait audacieux.

Il avait appris ce qui ce passait, et venait hardiment attaquer le taureau par les cornes.

Le prétexte de sa présence à l'Assemblée était un mémoire remarquable sur l'état de nos forces militaires; ministre de la guerre depuis la veille, il avait fait et fait faire ce travail dans la nuit : c'était une accusation contre Servan, qui, en réalité, retombait sur de Grave, et surtout sur Narbonne son prédécesseur.

Servan n'avait été ministre que pendant dix ou douze jours.

Dumouriez arrivait bien fort : il quittait le roi, qu'il venait de conjurer d'être fidèle à la double parole donnée à l'endroit de la sanction des deux décrets, et le roi lui avait répondu, non seulement en lui renouvelant sa promesse, mais encore en lui affirmant que les ecclésiastiques qu'il avait consultés pour mettre sa conscience à couvert avaient été tous du même avis que Dumouriez.

Aussi le ministre de la guerre marcha-t-il droit à la tribune; il y monta au milieu de cris confus et de hurlements féroces.

Arrivé là, il demanda froidement la parole.

La parole lui fut accordée au milieu d'un épouvantable tumulte.

Enfin, la curiosité qu'on avait d'entendre ce qu'allait dire Dumouriez fit que l'on se calma.

— Messieurs, dit-il, le général Gouvion vient d'être tué; Dieu l'a récompensé de son courage: il est mort en combattant les ennemis de la France; il est bien heureux! Il n'est pas témoin de nos affreuses discordes! J'envie son sort.

Ces quelques paroles, dites avec une grande hauteur et une profonde mélancolie, firent impression sur l'Assemblée; en outre, cette mort faisait diversion aux premiers sentiments. On délibéra sur ce que l'Assemblée devait faire pour marquer son regret à la famille du général, et l'on décida que le président écrirait une lettre.

Alors, Dumouriez redemanda une seconde fois la parole.

Elle lui fut accordée.

Il tira son mémoire de sa poche; mais, à peine en eut-il lu le titre: *Mémoire sur le ministère de la guerre*, que Girondins et Jacobins se mirent à hurler, afin qu'on n'en permît pas la lecture.

Alors, au milieu du bruit, le ministre lut l'exorde d'un accent si élevé, d'une voix si claire, que l'on entendit que cet exorde était dirigé contre les factions, et roulait sur les égards dus à un ministre.

Un pareil aplomb était fait pour exaspérer les auditeurs de Dumouriez, eussent-ils même été dans une disposition d'esprit moins irritable.

— L'entendez-vous? s'écria Guadet. Il se croit déjà si sûr de la puissance, qu'il ose nous donner des conseils!

— Pourquoi pas? répondit tranquillement Dumouriez en se tournant vers l'interrupteur.

Il y a longtemps que nous l'avons dit, ce qu'il y a de plus prudent en France, c'est le courage: le courage de Dumouriez imposa à ses adversaires, on se tut, ou du moins on voulut entendre, et l'on écouta.

Le mémoire était savant, lumineux, habile: si prévenu que l'on fût contre le ministre, à deux endroits on applaudit.

Lacuée, qui était membre du comité militaire, monta à la tribune pour répondre à Dumouriez; alors, celui-ci roula son mémoire, et le remit tranquillement dans sa poche.

Les Girondins virent le mouvement: un d'eux s'écria:

— Le voyez-vous, le traître? Il remet son mémoire dans sa poche; il veut s'enfuir avec son mémoire... Empêchons-le! cette pièce servira à le confondre.

Mais, à ces cris, Dumouriez, qui n'avait pas fait un pas vers la porte, tira le mémoire de sa poche, et le remit à l'huissier.

Un secrétaire tendit la main, et, l'ayant reçu, chercha la signature.

— Messieurs, dit le secrétaire, le mémoire n'est pas signé!

— Qu'il le signe! qu'il le signe! cria-t-on de toutes parts.

— C'était bien mon intention, dit Dumouriez, et il est assez religieusement fait pour que je n'hésite pas à y mettre mon nom. Donnez-moi de l'encre et une plume.

On lui donna une plume toute trempée dans l'encre.

Il mit son pied sur les marches de la tribune, et signa le mémoire sur ses genoux.

L'huissier alors le voulut reprendre; mais Dumouriez lui écarta le bras, et alla déposer le mémoire sur le bureau; puis, à petits pas, et s'arrêtant d'instant en instant, il traversa la salle, et sortit par la porte située au-dessous des bancs de la gauche.

Tout au contraire de l'entrée, qui avait été couverte de cris et de huées, cette sortie fut accompagnée du plus grand silence; les spectateurs des tribunes se précipitèrent dans les corridors pour voir cet homme qui venait d'affronter toute une assemblée. À la porte des Feuillants, il fut entouré de trois ou quatre cents personnes qui se pressaient autour de lui avec plus de curiosité que de haine, comme si, au bout du compte, elles eussent pu prévoir que, trois mois plus tard, il sauverait la France à Valmy.

Quelques députés royalistes sortirent de la chambre les uns après les autres, et accoururent à Dumouriez; pour eux il n'y avait plus de doute, le général était des leurs. C'était justement ce que Dumouriez avait prévu, et voilà pourquoi il avait fait promettre au roi de donner sa sanction aux deux décrets.

— Eh! général, dit l'un d'eux, ils font le diable là-dedans!

— Ils lui doivent bien cela, répondit Dumouriez; car je ne sais que le diable qui ait pu les faire!

— Vous ne savez pas? lui dit un autre, il est question à l'Assemblée de vous envoyer à Orléans, et de vous y faire votre procès.

— Bon ! dit Dumouriez, j'ai besoin de vacances : j'y prendrai des bains et du petit-lait, et je m'y reposerai.

— Général, lui cria un troisième, ils viennent de décréter l'impression de votre mémoire.

— Tant mieux ! c'est une maladresse qui me ramènera tous les impartiaux.

Ce fut au milieu de ce cortège et de ces avis qu'il arriva au château.

Le roi le reçut à merveille : il était compromis à point.

Le nouveau conseil était assemblé.

En renvoyant Servan, Roland et Clavières, Dumouriez avait dû pourvoir à leur remplacement.

Comme ministre de l'intérieur, il avait proposé Mourgues, de Montpellier, protestant, membre de plusieurs académies, ancien feuillant qui s'était retiré du club.

Le roi l'avait accepté.

Comme ministre des affaires étrangères, il avait proposé de Maulde, Sémonville ou Naillac.

Le roi avait opté pour Naillac.

Comme ministre des finances, il avait proposé Vergennes, neveu de l'ancien ministre.

Vergennes avait parfaitement convenu au roi, qui sur-le-champ l'avait envoyé chercher ; mais celui-ci, tout en montrant au roi un profond attachement, avait refusé.

On avait décidé alors que le ministre de l'intérieur tiendrait, par intérim, le ministère des finances, et que Dumouriez, par intérim aussi, — en attendant Naillac, absent de Paris, — se chargerait des affaires étrangères.

Seulement, en dehors du roi, les quatre ministres, qui ne se dissimulaient point la gravité de la situation, étaient convenus que, si le roi, après avoir obtenu le renvoi de Servan, Clavières et Roland, ne tenait pas la promesse au prix de laquelle ce renvoi avait été fait, ils donneraient leur démission.

Le nouveau conseil, disons-nous, était donc assemblé.

Le roi savait déjà ce qui s'était passé à l'Assemblée ; il félicita Dumouriez sur l'attitude qu'il avait tenue, sanctionna immédiatement le décret sur le camp de vingt mille hommes, mais remit au lendemain la sanction du décret sur les prêtres.

Il objectait un scrupule de conscience qui, disait-il, devait être levé par son confesseur.

Les ministres se regardèrent ; un premier doute s'était glissé dans leur cœur.

Mais, à tout prendre, la conscience timorée du roi pouvait avoir besoin de ce délai pour se raffermir.

Le lendemain, les ministres revinrent sur la question de la veille.

Mais la nuit avait fait son œuvre : la volonté, sinon la conscience du roi, s'était raffermie ; il déclara qu'il opposait son *veto* au décret.

Les quatre ministres, l'un après l'autre, — Dumouriez le premier, lui à qui la parole avait été engagée, — parlèrent au roi avec respect, mais avec fermeté.

Le roi les écouta, fermant les yeux, dans l'attitude d'un homme dont la résolution est prise.

En effet, quand ils eurent fini :

— Messieurs, dit le roi, j'ai écrit une lettre au président de l'Assemblée pour lui faire part de ma résolution ; un de vous la contre-signera, et tous quatre *vous la porterez ensemble* à l'Assemblée.

C'était un ordre tout à fait dans le sentiment de l'ancien régime, mais malsonnant aux oreilles de ministres constitutionnels, par conséquent responsables.

— Sire, dit Dumouriez après avoir consulté du regard ses collègues, n'avez-vous rien de plus à *nous ordonner?*

— Non, répondit le roi.

Et il se retira.

Les ministres demeurèrent, et, séance tenante, résolurent de demander une audience pour le lendemain.

Ils étaient convenus de n'entrer dans aucune explication, mais de donner une démission unanime.

Dumouriez rentra chez lui. Le roi avait presque réussi à le jouer, lui, le fin politique, le diplomate rusé, le général au courage doublé d'intrigue !

Il trouva trois billets de personnes différentes qui lui annonçaient des rassemblements dans le faubourg Saint-Antoine, et des conciliabules chez Santerre.

Il écrivit aussitôt au roi pour le prévenir de ce qu'on lui annonçait.

Une heure après, il recevait ce billet, non signé du roi, mais écrit de sa main :

« Ne croyez pas, Monsieur, qu'on parvienne à m'effrayer par des menaces ; mon parti est pris. »

Dumouriez saisit une plume, et, à son tour, écrivit :

« Sire, vous me jugez mal, si vous m'avez cru capable d'employer un pareil moyen. Mes collègues et moi avons eu l'honneur d'écrire à Votre Majesté pour qu'elle nous fasse la grâce de nous recevoir demain à dix heures du matin ; je supplie, en attendant, Votre Majesté de vouloir bien me choisir un successeur qui puisse me remplacer sous vingt-quatre heures vu l'instance des affaires du département de la guerre et d'accepter ma démission. »

Il fit porter cette lettre par son secrétaire, afin d'être sûr d'en avoir la réponse.

Le secrétaire attendit jusqu'à minuit, et à minuit et demi, revint avec ce billet :

« Je verrai demain mes ministres à dix heures, et nous parlerons de ce que vous m'écrivez. »

Il était évident que la contre-révolution se tramait au château.

On avait, en effet, des forces sur lesquelles on pouvait compter :

Une garde constitutionnelle de six mille hommes, licenciée, mais prête à se réunir au premier rappel ;

Sept ou huit mille chevaliers de Saint-Louis dont le ruban rouge était le signe de ralliement ;

Trois bataillons suisses de seize cents hommes chacun, troupe d'élite inébranlable comme les vieux rochers helvétiques ;

Puis, mieux que tout cela, une lettre de la Fayette dans laquelle se trouvait cette phrase :

« Persistez, Sire ! fort de l'autorité que l'Assemblée nationale vous a déléguée, vous trouverez tous les bons Français rangés autour de votre trône ! »

Voici ce que l'on pouvait faire, voici ce que l'on proposait :

D'un coup de sifflet, réunir garde constitutionnelle, chevaliers de Saint-Louis et suisses ;

Enlever, le même jour, à la même heure, les canons des sections ; fermer les Jacobins et l'Assemblée ; rallier tous les royalistes de la garde nationale, — lesquels formaient un contingent d'environ quinze mille hommes, — et attendre la Fayette, qui, en trois jours de marche forcée, pouvait venir des Ardennes.

Par malheur, la reine ne voulait pas entendre parler de la Fayette.

La Fayette, c'était la révolution modérée, et, à l'avis de la reine, cette révolution-là pouvait s'établir, persister, tenir ; la révolution des Jacobins, au contraire, pousserait bientôt le peuple à bout, et ne pouvait avoir aucune consistance.

Oh ! si Charny eût été là ! mais on ne savait pas même où était Charny, et l'eût-on su, c'était un trop grand abaissement, sinon pour la reine, du moins pour la femme, que de recourir à lui.

La nuit se passa, au château, tumultueuse, et en délibération ; on avait les moyens de défense et même d'attaque, mais pas une main assez forte pour les réunir et les diriger.

A dix heures du matin, les ministres étaient chez le roi.

C'était le 16 juin.

Le roi les reçut dans sa chambre.

Duranthon porta la parole.

Au nom de tous, avec un respect tendre et profond, il présenta la démission de ses collègues et la sienne.

— Oui, je comprends, dit le roi, la responsabilité !

— Sire, s'écria Lacoste, la responsabilité royale, oui ; quant à nous, croyez-le bien, nous sommes prêts à mourir pour Votre Majesté ; mais, en mourant pour les prêtres, nous ne ferions que hâter la chute de la royauté !

Louis XVI se tourna vers Dumouriez.

— Monsieur, lui dit-il, êtes-vous toujours dans les sentiments que m'exprimait votre lettre d'hier ?

— Oui, Sire, répondit Dumouriez, si Votre Majesté ne se laisse pas vaincre par notre fidélité et notre attachement.

— Eh bien, dit le roi d'un air sombre, puisque votre parti est pris, j'accepte votre démission ; j'y pourvoirai.

Tous quatre saluèrent ; Mourgues avait sa démission tout écrite : il la donna au roi.

Les trois autres la donnèrent de bouche.

Les courtisans attendaient dans l'antichambre ; ils virent sortir les quatre ministres, et comprirent à leur air que tout était fini.

Les uns s'en réjouirent ; les autres s'en effrayèrent.

L'atmosphère s'alourdissait comme dans les chaudes journées d'été ; on sentait venir l'orage.

A la porte des Tuileries, Dumouriez rencontra le commandant de la garde nationale, M. de Romainvilliers.

Il venait d'arriver en toute hâte.

— Monsieur le ministre, dit-il, j'accours prendre vos ordres.

— Je ne suis plus ministre, Monsieur, répondit Dumouriez.

— Mais il y a des rassemblements dans les faubourgs.

— Allez prendre les ordres du roi.

— Cela presse !

— Hâtez-vous, alors! Le roi vient d'accepter ma démission.

M. de Romainvilliers s'élança par les degrés.

Le 17 au matin, Dumouriez vit entrer chez lui MM. Chambonnas et Lajard; tous deux se présentaient de la part du roi : Chambonnas pour recevoir le portefeuille des relations extérieures, et Lajard celui de la guerre.

Le roi attendit, le lendemain matin 18, Dumouriez pour en finir avec lui de son dernier travail de comptabilité et de dépenses secrètes.

En le voyant reparaître au château, on crut qu'il rentrait en place, et on se pressa autour de lui pour le féliciter.

— Messieurs, dit Dumouriez, prenez garde! vous avez affaire, non pas à un homme qui rentre, mais à un homme qui sort: je viens rendre mes comptes.

Le vide se fit autour de lui.

En ce moment, un huissier annonça que le roi attendait Dumouriez dans sa chambre.

Le roi avait repris toute sa sérénité.

Était-ce force d'âme? était-ce sécurité trompeuse?

Dumouriez rendit ses comptes.

Le travail fini, Doumouriez se leva.

— Ainsi donc, lui dit le roi en se renversant dans un fauteuil, vous allez rejoindre l'armée de Luckner?

— Oui, Sire ; je quitte avec délices cette affreuse ville, et n'ai qu'un regret: c'est de vous laisser en danger.

— En effet, dit le roi avec une apparente indifférence, je connais le danger qui me menace.

— Sire, ajouta Dumouriez, vous devez comprendre que, maintenant, je ne vous parle plus par intérêt personnel: une fois éloigné du conseil, je suis à tout jamais séparé de vous; c'est donc par fidélité, c'est donc au nom de l'attachement le plus pur, c'est pour l'amour de la patrie, pour votre salut, pour celui de la couronne, de la reine, de vos enfants ; c'est donc au nom de tout ce qui est cher et sacré au cœur de l'homme que je supplie Votre Majesté de ne point persister à appliquer son *veto:* cette obstination ne servira à rien, et vous vous perdrez, Sire !

— Ne m'en parlez plus, dit le roi avec impatience : mon parti est pris !

— Sire! Sire! vous m'avez dit la même chose ici, dans cette même chambre, devant la reine, quand vous m'avez promis de sanctionner les décrets.

— J'ai eu tort de vous le promettre, Monsieur, et je m'en repens.

— Sire, je vous le répète, — c'est la dernière fois que j'ai l'honneur de vous voir, pardonnez-moi donc ma franchise : j'ai cinquante ans et de l'expérience, — ce n'est pas quand vous m'avez promis de sanctionner les décrets que vous avez eu tort; c'est aujourd'hui, que vous me refusez de tenir votre promesse... On abuse votre conscience, Sire; on vous mène à la guerre civile. Vous êtes sans force, vous succomberez, et l'histoire, tout en vous plaignant, vous reprochera d'avoir causé les malheurs de la France!

— Les malheurs de la France, Monsieur, dit Louis XVI; c'est à moi, prétendez-vous, qu'on les reprochera?

— Oui, Sire.

— Dieu m'est cependant témoin que je ne veux que son bonheur!

— Je n'en doute pas, Sire ; mais vous devez compte à Dieu non seulement de la pureté, mais encore de l'usage éclairé de vos intentions. Vous croyez sauver la religion : vous la détruisez ; vos prêtres seront massacrés; votre couronne brisée roulera dans votre sang, dans celui de la reine, dans celui de vos enfants peut-être, ô mon roi! mon roi!

Et Dumouriez, suffoquant, appliqua ses lèvres sur la main que lui tendait Louis XVI.

Le roi alors, avec une sérénité parfaite et une majesté dont on l'eût cru incapable:

— Vous avez raison, Monsieur, dit-il, je m'attends à la mort, et je la pardonne d'avance à mes meurtriers. Quant à vous, vous m'avez bien servi; je vous estime, et vous sais gré de votre sensibilité... Adieu, Monsieur!

Et, se levant vivement, le roi se retira dans l'embrasure d'une fenêtre.

Dumouriez ramassa lentement ses papiers pour avoir le temps de composer son visage, et donner au roi celui de le rappeler ; puis, à pas lents, il se dirigea vers la porte, prêt à revenir, au premier mot que lui dirait Louis XVI; mais ce premier mot fut en même temps le dernier.

— Adieu, Monsieur ! soyez heureux! dit le roi.

Après ces paroles, il n'y avait pas moyen de rester un instant de plus.

Dumouriez sortit.

La royauté venait de rompre avec son dernier soutien ; le roi venait d'ôter son masque.

Il se trouvait, visage découvert, devant le peuple.

Voyons ce qu'il faisait de son côté, — ce peuple !

XIV

UN CONCILIABULE A CHARENTON

Un homme s'était promené toute la journée dans le faubourg Saint-Antoine en habit de général, monté sur un gros cheval flamand, donnant des poignées de main à droite et à gauche, embrassant les belles filles, payant à boire aux garçons.

C'était un des six héritiers de M. de la Fayette, la monnaie en gros sous du commandant de la garde nationale ; c'était le chef de bataillon Santerre.

Près de lui, comme marcherait un aide de camp près de son général, chevauchait, sur un vigoureux cheval, un homme qu'à son costume on pouvait reconnaître pour un patriote campagnard.

Une cicatrice laissait sa trace sur son front, et autant le chef de bataillon avait le sourire franc, la figure ouverte, autant lui avait l'œil sombre et la physionomie menaçante.

— Tenez-vous prêts, mes bons amis ! veillez sur la nation ! les traîtres conspirent contre elle ; mais nous sommes là, disait Santerre.

— Que faut-il faire, monsieur Santerre? demandaient les faubouriens. Vous savez que nous sommes à vous ! Où sont les traîtres ? Conduisez-nous contre eux.

— Attendez ! disait Santerre ; quand le moment sera venu.

— Et le moment vient-il ?

Santerre n'en savait rien ; mais, à tout hasard, il répondait :

— Oui, oui, soyez tranquilles : on vous préviendra.

Et l'homme qui suivait Santerre, se penchait sur le cou de son cheval, parlant à l'oreille de certains hommes qu'il reconnaissait à certains signes, et il disait :

— Le 20 juin ! le 20 juin ! le 20 juin !

Et les hommes s'en allaient avec cette date : à dix, vingt, trente pas, un groupe se formait autour d'eux, et cette date circulait : « Le 20 juin ! »

Que ferait-on le 20 juin ? On n'en savait rien encore ; mais ce que l'on savait, c'est que, le 20 juin, on ferait quelque chose.

Au nombre des hommes à qui cette date venait d'être communiquée, on pouvait en reconnaître quelques-uns qui ne sont point étrangers aux événements que nous avons déjà racontés.

Saint-Huruge, que nous avons vu partir le 5 octobre au matin, du jardin du Palais-Royal, emmenant une première troupe à Versailles ; Saint-Huruge, ce mari trompé par sa femme avant 1789, mis à la Bastille, délivré le 14 juillet, et se vengeant sur la noblesse et la royauté de ses malheurs conjugaux et de son incarcération illégale.

Verrières, — vous le connaissez, n'est-ce pas? — il nous est apparu deux fois, ce bossu de l'Apocalypse fendu jusqu'au menton : une fois, dans le cabaret de Sèvres, avec Marat et le duc d'Aiguillon, déguisé en femme ; une autre fois, au Champ de Mars, un instant avant que le feu commençât.

Fournier l'Américain, qui a tiré sur la Fayette à travers les roues d'une voiture, et dont le fusil a raté ; il se promet cette fois de frapper plus haut que le commandant de la garde nationale, et, pour que son fusil ne rate pas, il frappera avec une épée.

M. de Beausire, qui n'a pas profité du temps où nous l'avons laissé dans l'ombre pour s'amender ; M. de Beausire, qui a repris Oliva des mains de Mirabeau mourant, comme le chevalier des Grieux reprenait Manon Lescaut des mains qui, après l'avoir soulevée un instant de la boue, la laissaient retomber dans la fange.

Mouchy, un petit homme tordu, boiteux, bancal, affublé d'une énorme écharpe tricolore lui couvrant la moitié du corps, officier municipal, juge de paix, que sais-je ?

Gonchon, le Mirabeau du peuple, que Pitou trouvait plus laid encore que le Mirabeau de la noblesse ; Gonchon, qui disparaissait avec l'émeute, ainsi que, dans une féerie, disparaît, pour reparaître plus tard, et toujours plus ardent, plus terrible, plus envenimé, le démon dont l'auteur n'a plus besoin momentanément.

Puis, au milieu de toute cette foule, réunie autour des ruines de la Bastille, comme sur un autre mont Aventin, passait et repassait un jeune homme maigre, pâle, aux cheveux plats, aux yeux pleins d'éclairs, solitaire comme l'aigle, qu'il devait prendre plus tard pour emblème, ne connaissant personne, et que personne ne connaissait.

C'était le lieutenant d'artillerie Bonaparte, par hasard en congé à Paris, et sur lequel, on se le rappelle, le jour où il avait paru aux Jacobins, Cagliostro avait fait à Gilbert une si étrange prédiction.

Par qui était mue, remuée, excitée toute cette foule ? Par un homme à la puissante encolure, à la crinière de lion, à la voix rugissante, que Santerre devait trouver, en rentrant chez lui, dans son arrière-boutique où il l'attendait :
— par Danton !

C'est l'heure où le terrible révolutionnaire, — qui ne nous est guère connu encore que par le bruit qu'il a fait au parterre du Théâtre-Français lors des représentations du *Charles IX* de Chénier, et par sa terrible éloquence à la tribune des Cordeliers, — fait sa véritable apparition sur la scène politique, où il va étendre ses bras de géant.

D'où vient la puissance de cet homme, qui va être si fatal à la royauté ? De la reine elle-même !

Elle n'a pas voulu de la Fayette à la mairie de Paris, la haineuse Autrichienne ; elle lui a préféré Pétion, l'homme du voyage de Varennes, qui, à peine à la mairie, s'est mis en lutte avec le roi en ordonnant de surveiller les Tuileries.

Pétion avait deux amis qu'il conduisit à sa droite et à sa gauche, le jour où il prit possession de l'hôtel de ville : Manuel à sa droite, Danton à sa gauche.

Il avait fait de Manuel le procureur de la Commune ; de Danton son substitut.

Vergniaud avait dit à la tribune, en montrant les Tuileries :

« La terreur est souvent sortie de ce palais funeste au nom du despotisme ; qu'elle y rentre au nom de la loi ! »

Eh bien, l'heure était venue de traduire par un acte matériel la belle et terrible image de l'orateur de la Gironde ; il fallait aller chercher la terreur dans le faubourg Saint-Antoine, et la pousser, tout effarée, avec ses cris discordants et ses bras tordus, dans le palais de Catherine de Médicis.

Qui pouvait mieux l'évoquer que ce terrible magicien révolutionnaire que l'on appelait Danton ?

Danton avait les épaules larges, la main puissante, une athlétique poitrine où battait un robuste cœur ; Danton, c'était le tam-tam des révolutions ; le coup qu'il recevait, il le rendait à l'instant par une vibration puissante qui se répandait sur la foule en l'enivrant ; Danton touchait, d'un côté, au peuple par Hébert ; de l'autre, au trône par le duc d'Orléans ; Danton, entre le marchand de contre-marques du coin de la rue et le prince royal du coin du trône, Danton avait devant lui tout un clavier intermédiaire dont chaque touche correspondait à une fibre sociale.

Jetez les yeux sur cette gamme : elle parcourt deux octaves, et est en harmonie avec sa puissante voix :

Hébert, Legendre, Gonchon, Rossignol, Momoro, Brune, Huguenin, Rotondo, Santerre, Fabre-d'Églantine, Camille Desmoulins, Dugazon, Lazouski, Sillery, Genlis, le duc d'Orléans.

Puis remarquez bien que nous ne posons ici que les limites visibles ; maintenant, qui nous dira jusqu'où descend et jusqu'où s'élève cette puissance au delà des limites où notre œil la perd ?

Eh bien, c'était cette puissance qui soulevait le faubourg Saint-Antoine.

Dès le 16, un homme à Danton, le Polonais Lazouski, membre du conseil de la Commune, lance l'affaire.

Il annonce au conseil que, le 20 juin, les deux faubourgs, le faubourg Saint-Antoine et le faubourg Saint-Marceau, présenteront des pétitions à l'Assemblée et au roi au sujet du *veto* sur le décret relatif aux prêtres, et, du même coup, planteront sur la terrasse des Feuillants un arbre de liberté, en mémoire de la séance du jeu de paume et du 20 juin 1789.

Le conseil refuse son autorisation.

— On s'en passera, souffla tout bas Danton à l'oreille de Lazouski.

Et Lazouski répéta tout haut :

— On s'en passera !

Donc, cette date du 20 juin avait une signification visible et une signification cachée.

L'une qui était le prétexte : présenter une pétition au roi, et planter un arbre de la liberté.

L'autre, qui était le but connu de quelques adeptes seulement : sauver la France de la Fayette et des Feuillants, et avertir l'incorrigible roi, le roi de l'ancien régime, qu'il y a de telles tempêtes politiques, qu'un monarque peut y sombrer avec son trône, sa couronne, sa famille, comme, dans les abîmes de l'Océan, un vaisseau s'engloutit corps et biens.

Danton, nous l'avons dit, attendait Santerre dans son arrière-boutique. La veille, il lui avait fait dire, par Legendre, qu'il lui fallait pour le lendemain un commencement de soulèvement dans le faubourg Saint-Antoine.

Puis, le matin, Billot s'était présenté chez le brasseur patriote, avait fait signe de reconnaissance, et lui avait annoncé que, pour toute la journée, le comité l'attachait à sa personne.

Ce jeune officier, c'était Napoléon Bonaparte. (Page 578.)

Voilà comment Billot, tout en ayant l'air d'être l'aide de camp de Santerre, en savait plus que Santerre lui-même.

Danton venait prendre avec Santerre rendez-vous pour la nuit du lendemain, dans une petite maison de Charenton, située sur la rive droite de la Marne, à l'extrémité du pont.

Là devaient se rencontrer tous ces hommes aux existences étranges et inconnues, qu'on trouve toujours dirigeant le courant des émeutes.

Chacun fut exact rendez-vous.

Les passions de tous ces hommes étaient diverses. Où avaient-elles pris leurs sources ? Ce serait toute une sombre histoire à écrire. Quelques-uns agissaient par amour de la liberté ; beaucoup, comme Billot, par vengeance d'insultes reçues ; un plus grand nombre encore, par haine, par misère, par mauvais instincts.

Au premier étage était une chambre fermée où seuls avaient le droit d'entrer les chefs ; ils en descendaient avec des instructions précises, exactes, suprêmes ; on eût dit un tabernacle où quelque dieu inconnu rendait les arrêts.

Un gigantesque plan de Paris était déployé sur une table.

Le doigt de Danton y traçait les sources, les affluents, le cours et le point de jonction de ces ruisseaux, de ces rivières, de ces fleuves d'hommes qui, le surlendemain, devaient inonder Paris.

La place de la Bastille, où l'on débouche par les rues du faubourg Saint-Antoine, par le quartier de l'Arsenal, par le faubourg Saint-Marceau, fut indiquée comme lieu de rassemblement ; l'Assemblée, comme prétexte ; les Tuileries, comme but.

Le boulevard était la route large et sûre dans laquelle devait s'écouler tout ce flot grondant.

Les postes assignés à chacun, chacun ayant promis de s'y rendre, on se sépara.

Le mot d'ordre général était : « En finir avec le château ! »

De quelle manière en finirait-on ?

Cela restait dans le vague.

Pendant toute la journée du 19, des groupes stationnèrent sur l'emplacement de la Bastille, aux environs de l'Arsenal, dans le faubourg Saint-Antoine.

Tout à coup, au milieu de ce groupe, parut une hardie et terrible amazone, vêtue de rouge, avec une ceinture armée de pistolets, et, au côté, ce sabre qui devait, à travers dix-huit autres blessures, chercher et trouver le cœur de Suleau.

C'était Théroigne de Méricourt, la belle Liégeoise.

Nous l'avons vue sur la route de Versailles, le 5 octobre. Qu'est-elle devenue depuis ce temps ?

Liège s'est révoltée : Théroigne a voulu aller au secours de sa patrie ; elle a été arrêtée en route par les agents de Léopold, et retenue dix-huit mois dans les prisons de l'Autriche.

A-t-elle fui ? l'a-t-on laissée sortir ? a-t-elle scié ses barreaux ? a-t-elle séduit son geôlier ? Tout cela est mystérieux comme le commencement de sa vie, terrible comme la fin.

Quoi qu'il en soit, elle revient ! La voilà ! De courtisane de l'opulence, elle est devenue la prostituée du peuple ; la noblesse lui a donné l'or avec lequel elle achètera les lames aux fines trempes, les pistolets damasquinés avec lesquels elle frappera ses ennemis.

Aussi le peuple la reconnaît et l'accueille avec de grands cris.

Comme elle arrive bien, vêtue de rouge ainsi, la belle Théroigne, pour la fête sanglante du lendemain !

Le soir de ce même jour, la reine la voit galoper le long de la terrasse des Feuillants, elle se rend de la place de la Bastille aux Champs-Élysées, du rassemblement populaire au banquet patriotique.

Des mansardes des Tuileries où la reine est montée aux cris qu'elle a entendus, elle découvre des tables dressées ; le vin circule, les chants patriotiques retentissent, et, à chaque toast à l'Assemblée, à la Gironde, à la liberté, les convives montrent le poing aux Tuileries.

L'acteur Dugazon chante des couplets contre le roi et contre la reine, et, du château, le roi et la reine peuvent entendre les applaudissements qui suivent chaque refrain.

Quels sont les convives ?

Les fédérés de Marseille, conduits par Barbaroux : ils sont arrivés de la veille.

Le 18 juin, le 10 août a fait son entrée dans Paris !

XV

LE 20 JUIN

Le jour vient de bonne heure au mois de juin.

A cinq heures du matin, les bataillons étaient rassemblés.

Cette fois, l'émeute était régularisée ; elle avait pris l'aspect d'une invasion.

La foule reconnaissait des chefs, subissait une discipline, avait sa place marquée, son rang, son drapeau.

Santerre était à cheval, avec son état-major d'hommes du faubourg.

Billot ne le quittait pas ; on eût dit qu'il était chargé par quelque pouvoir occulte de veiller sur lui.

Le rassemblement était divisé en trois corps d'armée :

Santerre commandait le premier ;

Saint-Huruge, le second ;

Théroigne de Méricourt, le troisième.

Vers onze heures du matin, sur un ordre apporté par un homme inconnu, l'immense masse se mit en marche.

A son départ de la Bastille, elle se composait de vingt mille hommes à peu près.

Cette troupe offrait un aspect sauvage, étrange, terrible !

Le bataillon conduit par Santerre était le plus régulier ; il y avait bon nombre d'uniformes, et, comme armes, un certain nombre de fusils et de baïonnettes.

Mais les deux autres, c'était l'armée du peuple : armée en haillons, hâve, amaigrie ; quatre années de disette et de cherté de pain, et, sur ces quatre années, trois de révolutions !

Voilà le gouffre d'où sortait cette armée.

Aussi, là, pas d'uniformes, pas de fusils ; des vestes en lambeaux, des blouses déchirées, des armes bizarres saisies dans un premier moment de colère, dans un premier mouvement de défense: des piques, des broches, des lances émoussées, des sabres sans poignée, des couteaux liés au bout de longs bâtons, des haches de charpentier, des marteaux de maçons, des tranchets de cordonnier.

Puis, pour étendards, une potence, avec une poupée se balançant à une corde, et représentant la reine; — une tête de bœuf avec ses cornes auxquelles s'entrelace une devise obscène; — un cœur de veau piqué au bout d'une broche, avec ces mots : *Cœur d'aristocrate!*

Puis des drapeaux avec ces légendes:

La sanction ou la mort!
Rappel des ministres patriotes!
Tremble, tyran! ton heure est venue!

Le rassemblement s'était fendu à l'angle de la rue Saint-Antoine.

Santerre et sa garde nationale avaient suivi le boulevard; — Santerre avec son costume de chef de bataillon. — Saint-Huruge, en fort de la halle, sur un cheval parfaitement caparaçonné que lui avait amené un palfrenier inconnu, et Théroigne de Méricourt, couchée sur un canon traîné par des hommes aux bras nus, suivaient la rue Saint-Antoine.

On devait, par la place Vendôme, se rejoindre aux Feuillants.

Pendant trois heures, l'armée défila, entraînant dans sa marche la population des quartiers qu'elle traversait.

Elle était pareille à ces torrents qui, en grossissant, bondissent et écument.

A chaque carrefour, elle grossissait; à chaque angle de rue, elle écumait.

La masse de ce peuple était silencieuse; seulement, par intervalles, d'une façon inattendue, elle sortait de ce silence et poussait d'immenses clameurs, ou chantait le fameux *Ça ira* de 1790, qui, se modifiant peu à peu, devenait d'un chant d'encouragement, un chant de menace; enfin, elle faisait retentir les cris de « Vive la nation! Vivent les sans-culotte! A bas *monsieur et madame Veto!* »

Longtemps avant d'apercevoir les têtes de colonnes, on entendait le bruit de pas de cette multitude, comme on entend le bruit d'une marée qui monte; puis de moment en moment retentissait l'éclat de leurs chants, de leurs rumeurs, de leurs cris, comme retentit le sifflement de la tempête à travers les airs.

Arrivé à la place Vendôme, le corps d'armée de Santerre, qui portait le peuplier qu'on devait planter sur la terrasse des Feuillants, trouva un poste de gardes nationaux qui lui barra le passage; rien n'était plus facile à cette masse que de broyer ce poste entre ses mille replis; mais non, le peuple s'était promis une fête, et voulait rire, s'amuser, effrayer *monsieur et madame Veto:* il ne voulait pas tuer. Ceux qui portaient l'arbre abandonnèrent le projet de le planter sur la terrasse et allèrent le planter dans la cour voisine des Capucines.

L'Assemblée entendait tout ce bruit depuis près d'une heure, quand les commissaires de cette multitude vinrent réclamer, pour ceux qu'ils représentaient, la faveur de défiler devant elle.

Vergniaud demanda l'admission; mais, en même temps, il proposa d'envoyer soixante députés pour protéger le château.

Eux aussi, les Girondins, voulaient effrayer le roi et la reine, mais ne voulaient pas qu'on leur fît du mal.

Un Feuillant combattit la proposition de Vergniaud, disant que cette précaution serait injurieuse pour le peuple de Paris.

N'y avait-il pas l'espérance d'un crime sous cette apparente confiance?

L'admission est accordée; le peuple des faubourgs défilera en armes dans la salle.

Aussitôt les portes s'ouvrent et livrent passage aux trente mille pétitionnaires. Le défilé commence à midi et ne s'achève qu'à trois heures.

La foule a obtenu la première partie de ce qu'elle demandait: elle a défilé devant l'Assemblée, elle a lu sa pétition; il lui reste à aller demander au roi sa sanction.

Quand l'Assemblée avait reçu la députation, le moyen que le roi ne la reçût pas? Le roi n'était pas, à coup sûr, plus grand seigneur que le président, puisque, lorsque le roi venait voir le président, il n'avait qu'un fauteuil pareil au sien, et encore était-il à sa gauche!

Aussi le roi avait-il fait répondre qu'il recevrait la pétition présentée par vingt personnes.

Le peuple n'avait jamais cru entrer aux Tuileries: il comptait que ses députés entreraient pendant que lui, défilerait sous les fenêtres.

Tous ces drapeaux à devises menaçantes, tous ces étendards funestes, il les ferait voir au roi et à la reine à travers les vitres.

Toutes les portes donnant sur le château étaient fermées: il y avait, tant dans la cour que dans le jardin des Tuileries, trois régiments de ligne, deux escadrons de gendarmerie, plusieurs bataillons de garde nationale et quatre pièces de canon.

La famille royale voyait, des fenêtres, cette

protection apparente, et paraissait assez tranquille.

Cependant, la foule, sans mauvaise intention toujours, demandait qu'on lui ouvrit la grille qui donnait sur la terrasse des Feuillants.

Les officiers qui la gardaient refusèrent de l'ouvrir sans l'ordre du roi.

Alors, trois officiers municipaux demandèrent à passer pour aller quérir cet ordre.

On les laissa passer.

Montjoye, l'auteur de l'*Histoire de Marie-Antoinette*, a conservé leurs noms.

C'étaient Boucher-René, Boucher-Saint-Sauveur et Mouchet; Mouchet, ce petit juge de paix du Marais, tortu, bancal, déjeté, nain, à l'immense écharpe tricolore.

Ils furent admis au château et conduits au roi.

Ce fut Mouchet qui porta la parole.

— Sire, dit-il, un rassemblement marche légalement sous l'égide de la loi; il ne faut pas avoir d'inquiétude; des citoyens paisibles se sont réunis pour faire une pétition à l'Assemblée nationale, et veulent célébrer une fête civique à l'occasion du serment prononcé au Jeu de paume en 1789. Ces citoyens demandent à passer par la terrasse des Feuillants, dont non seulement la grille fermée, mais encore un canon en batterie leur défend l'accès. Nous venons vous demander, Sire, que cette grille soit ouverte, et qu'il leur soit accordé un libre passage.

— Monsieur, répondit le roi, je vois, à votre écharpe, que vous êtes officier municipal; c'est donc à vous de faire exécuter la loi. Si vous le jugez nécessaire au dégagement de l'Assemblée, faites ouvrir la porte de la terrasse des Feuillants; que les citoyens défilent par cette terrasse et sortent par la porte des écuries. Entendez-vous donc à cet effet avec M. le commandant général de la garde, et surtout faites en sorte que la tranquillité publique ne soit pas troublée.

Les trois municipaux saluèrent et sortirent, accompagnés d'un officier chargé de constater que l'ordre d'ouvrir la porte était bien donné par le roi lui-même.

On ouvrit la grille.

La grille ouverte, chacun voulut entrer.

Il y eut étouffement; on sait ce que c'est que la foule qui étouffe : c'est la vapeur qui éclate et se brise.

Le grille de la terrasse des Feuillants craqua comme une claie d'osier.

La foule respira et se répandit joyeuse dans le jardin.

On avait négligé d'ouvrir la porte des écuries.

Trouvant cette porte fermée, la foule défila devant les gardes nationaux rangés en haie contre la façade du château.

Puis elle sortit par la porte du quai, et, comme il fallait, à tout prendre, qu'elle retournât à son faubourg, elle voulut rentrer par les guichets du Carrousel.

Les guichets étaient fermés et gardés.

Mais la foule, brisée, meurtrie, bousculées, commence à s'irriter.

Devant son grondement, les guichets s'ouvrent, et la foule se répand sur l'immense place.

Là, elle se rappelle que la principale affaire de la journée, c'est la pétition au roi pour qu'il lève son *veto*.

Il en résulte qu'au lieu de continuer son chemin, la foule attend dans le Carrousel.

Une heure se passe; elle s'impatiente.

Elle s'en serait bien allée, mais ce n'était point l'affaire des meneurs.

Il y avait là des gens qui allaient de groupe en groupe et qui disaient :

— Restez, mais restez donc! le roi va donner sa sanction; ne rentrons chez nous qu'avec la sanction du roi, ou ce sera à recommencer.

La foule trouvait que ces gens-là avaient parfaitement raison; mais, en même temps, elle réfléchissait que cette fameuse sanction se faisait bien attendre.

On avait faim; c'était le cri général.

La cherté du pain avait cessé; mais plus de travail, plus d'argent; et, si bon marché que soit le pain, encore ne le donne-t-on pas pour rien.

Tout cela s'était levé à cinq heures du matin, avait quitté son grabat, où beaucoup s'étaient couchés à jeun la veille; tout cela, ouvriers avec leurs femmes, mères avec leurs enfants, tout cela s'était mis en route sur cette vague espérance que le roi sanctionnerait le décret, et que tout irait bien.

Le roi ne paraissait pas le moins du monde disposé à sanctionner.

Il faisait chaud, et l'on avait soif.

La faim, la soif et la chaleur rendent les chiens enragés.

Eh bien, ce pauvre peuple attendait, lui, et prenait patience.

Cependant on commence à secouer les grilles du château.

Un municipal paraît dans la cour des Tuileries, et harangue le peuple.

— Citoyens, dit-il, c'est le domicile du roi

et, y rentrer en armes serait le violer. Le roi veut bien recevoir votre pétition, mais présentée seulement par vingt députés.

Ainsi, les députés que la foule attend, qu'elle croit, depuis une heure, près du roi, les députés ne sont pas introduits!

Tout à coup, on entend de grands cris du côté des quais.

C'est Santerre et Saint-Huruge sur leurs chevaux ; c'est Théroigne sur son canon.

— Eh bien, que faites-vous là devant cette grille? crie Saint-Huruge; pourquoi n'entrez-vous pas?

— Au fait, disent les hommes du peuple, pourquoi n'entrons-nous pas?

— Mais vous voyez bien que la porte est fermée, objectent plusieurs voix.

Théroigne saute en bas de son canon.

— Il est chargé, dit-elle : faites sauter la porte avec le boulet.

Et l'on braque le canon devant la porte.

— Attendez! attendez! crient deux municipaux; pas de violence : on va vous ouvrir.

Et, en effet, ils pèsent sur la bascule qui ferme les deux battants : la bascule joue, la porte s'ouvre.

Tous se précipitent.

Voulez-vous savoir ce que c'est que la foule, et quel terrible torrent elle fait?

Eh bien, la foule entre; le canon, entraîné, roule dans les flots, traverse avec elle la cour, monte avec elle les degrés, et, avec elle, se trouve au haut de l'escalier!

Au haut de l'escalier sont des officiers municipaux en écharpe.

— Que comptez-vous faire d'une pièce de canon? demandent-ils. Une pièce de canon dans les appartements du roi! croyez-vous obtenir quelque chose par une pareille violence?

Et ils retournent la pièce, et veulent la descendre.

— C'est vrai, répondent ces hommes, tout étonnés eux-mêmes que cette pièce de canon fût là.

L'essieu s'accroche dans une porte, et voilà la gueule du canon tournée vers la multitude.

— Bon! il y a de l'artillerie jusque dans les appartements du roi! crient ceux qui arrivent et qui, ne sachant pas comment cette pièce se trouve là, ne reconnaissent pas le canon de Théroigne, et croient qu'il a été amené là contre eux.

Pendant ce temps, sur l'ordre de Mouchet, deux hommes, avec des haches, coupent, taillent, brisent la chambranle de la porte, et dégagent la pièce, qui est redescendue sous le vestibule.

Cette opération, qui a pour but de dégager le canon, fait croire que l'on brise les portes à coups de hache.

Deux cents gentilshommes, à peu près, sont accourus au château, non pas dans l'espoir de le défendre, mais ils croient que l'on en veut aux jours du roi, et ils viennent mourir avec lui.

Il y a, en outre, le vieux maréchal de Mouchy; M. d'Hervilly, commandant de la garde constitutionnelle licenciée ; Acloque, commandant du bataillon de la garde nationale du faubourg Saint-Marceau ; trois grenadiers du bataillon du faubourg Saint-Martin, restés seuls à leur poste, MM. Lecrosnier, Bridaud et Gosse; un homme vêtu de noir, qui déjà une fois est accouru offrir sa poitrine à la balle des assassins, dont on a constamment repoussé les conseils, et qui, au jour du danger qu'il a essayé de conjurer, vient, comme un dernier rempart, se mettre entre ce danger et le roi : Gilbert.

Le roi et la reine, très inquiets au bruit effroyable de cette multitude, s'étaient peu à peu habitués à ce bruit.

Il était trois heures et demie de l'après-midi; ils espéraient que la fin de la journée s'écoulerait comme le commencement.

La famille royale était réunie dans la chambre du roi.

Tout à coup, le bruit des haches retentit jusque dans la chambre, dominé par les bouffées de clameurs qui semblent les hurlements lointains de la tempête.

En ce moment, un homme se précipite dans la chambre à coucher du roi en criant:

— Sire, ne me quittez pas; je réponds de tout.

XVI

OU LE ROI VOIT QU'IL EST CERTAINES CIRCONSTANCES OU, SANS ÊTRE JACOBIN, ON PEUT METTRE LE BONNET ROUGE SUR SA TÊTE.

Cet homme, c'était le docteur Gilbert.

On ne le revoyait qu'à des distances presque périodiques, et dans toutes les grandes péripéties de l'immense drame qui se déroulait.

— Ah! docteur, c'est vous! Que se passe-t-il donc? demandent à la fois le roi et la reine.

— Il se passe, Sire, dit Gilbert, que le château est envahi, et que ce bruit, que vous entendez, c'est celui que fait le peuple en demandant à vous voir.

— Oh! s'écrient à la fois la reine et Madame Élisabeth, nous ne vous quittons pas, Sire !

— Le roi, dit Gilbert, veut-il me donner pour une heure la puissance qu'a un capitaine de vaisseau sur un bâtiment pendant la tempête?

— Je vous la donne, dit le roi.

En ce moment, le commandant de la garde nationale Acloque paraissait à son tour à la porte, pâle, mais décidé à défendre le roi jusqu'au bout.

— Monsieur, s'écria Gilbert, voici le roi: il est prêt à vous suivre; chargez-vous du roi.

Puis, au roi:

— Allez, Sire, allez !

— Mais, moi, s'écria la reine, moi, je veux suivre mon mari !

— Et moi, mon frère ! cria Madame Élisabeth.

— Suivez votre frère, Madame, dit Gilbert à Madame Élisabeth; mais, vous, Madame, restez ! ajouta-t-il en s'adressant à la reine.

— Monsieur!... dit Marie-Antoinette.

— Sire! Sire ! cria Gilbert, au nom du ciel, priez la reine de s'en rapporter à moi, ou je ne réponds de rien.

— Madame, dit le roi, écoutez les conseils de M. Gilbert, et, s'il le faut, obéissez à ses ordres.

Puis, à Gilbert:

— Monsieur, ajouta-t-il, vous me répondez de la reine et du dauphin?

— Sire, j'en réponds, ou je mourrai avec eux ! c'est tout ce qu'un pilote peut dire pendant la tempête.

La reine voulut faire un dernier effort, mais Gilbert étendit les bras pour lui barrer le chemin.

— Madame, lui dit-il. c'est vous, et non le roi, qui courez le véritable danger. A tort ou à raison, c'est vous que l'on accuse de la résistance du roi; votre présence l'exposerait donc sans le défendre. Faites l'office du paratonnerre, détournez la foudre, si vous pouvez !

— Alors, Monsieur, que la foudre tombe sur moi seule, et épargne mes enfants !

— J'ai répondu au roi de vous et d'eux, Madame. Suivez-moi !

Puis, se tournant vers madame de Lamballe, qui était arrivée depuis un mois d'Angleterre, et depuis trois jours de Vernon, et vers les autres femmes de la reine :

— Suivez-nous ! ajouta Gilbert,

Les autres femmes de la reine étaient la princesse de Tarente, la princesse de la Trémouille, mesdames de Tourzel, de Mackau et de la Roche-Ayron.

Gilbert connaissait l'intérieur du château; il s'orienta.

Ce qu'il cherchait, c'était une grande salle où tout le monde pût voir et entendre ; c'était un premier rempart à franchir; il mettrait la reine, ses enfants, les femmes derrière ce rempart, et lui en avant du rempart même.

Il songea à la salle du conseil.

Par bonheur elle était encore libre.

Il poussa la reine, les enfants, la princesse de Lamballe dans l'embrasure d'une fenêtre. Les minutes étaient si précieuses, qu'on n'avait pas le temps de parler : déjà on heurtait aux portes.

Il traîna la lourde table du conseil devant la fenêtre; le rempart était trouvé.

Madame Royale se tint debout sur la table, près de son frère assis.

La reine se trouvait derrière eux : l'innocence défendait l'impopularité.

Marie-Antoinette voulait, au contraire, se mettre devant ses enfants.

— Tout est bien ainsi, cria Gilbert du ton d'un général qui commande une manœuvre décisive ; ne bougez pas !

Et, comme on ébranlait la porte, et qu'il reconnaissait un flot de femmes dans cette marée hurlante :

— Entrez, citoyennes ! dit-il en tirant les verrous ; la reine et ses enfants vous attendent !

La porte ouverte, le flot entra comme à travers une digue rompue.

— Où est-elle, l'Autrichienne? où est-elle, madame Véto? crièrent cinq cents voix.

C'était le moment terrible.

Gilbert comprit qu'en ce moment suprême, toute puissance échappait à la main des hommes et passait dans celle de Dieu.

— Du calme, Madame ! dit-il à la reine ; je n'ai pas besoin de vous recommander la bonté.

Une femme précédait les autres, les cheveux épars, brandissant un sabre, belle de colère, de faim peut-être.

— Où est l'Autrichienne ? criait-elle. Elle ne mourra que de ma main !

Gilbert la prit par le bras, et, la conduisant devant la reine :

— La voici ! dit-il.

Alors, de sa voix la plus douce :

— Vous ai-je fait quelque tort personnel, mon enfant ? demanda la reine.

— Aucun, Madame, répondit la faubourienne, tout étonnée à la fois de la douceur et de la majesté de Marie-Antoinette,

— Eh bien, alors, pourquoi donc voulez-vous me tuer ?

— On m'a dit que c'était vous qui perdiez la nation, balbutia la jeune fille interdite et abaissant sur le parquet la pointe de son sabre.

— Alors, on vous a trompée. J'ai épousé le roi de France ; je suis la mère du dauphin, de cet enfant que voilà, tenez... Je suis Française, je ne reverrai jamais mon pays : je ne puis donc être heureuse ou malheureuse qu'en France... Hélas ! j'étais heureuse quand vous m'aimiez.

Et la reine poussa un soupir.

La jeune fille laissa tomber son sabre, et se mit à pleurer.

— Ah ! Madame, dit-elle, je ne vous connaissais pas : pardonnez-moi ! je vois que vous êtes bonne !

— Continuez ainsi, Madame, dit tout bas Gilbert, et non seulement vous êtes sauvée; mais encore tout ce peuple sera, dans un quart d'heure, à vos genoux.

Puis, confiant la reine à deux ou trois gardes nationaux qui accouraient, et au ministre de la guerre Lajard, qui venait d'entrer avec le peuple, il courut au roi.

Le roi venait de se heurter à une scène à peu près pareille. Louis XVI avait couru au bruit : au moment où il entrait dans la salle de l'Œil-de-bœuf, les panneaux de la porte s'ouvraient brisés, et la pointe des baïonnettes, les fers des lances, les tranchants des haches passaient par les ouvertures.

— Ouvrez ! cria le roi, ouvrez !

— Citoyens, dit à haute voix M. d'Hervilly, il est inutile d'enfoncer la porte : le roi veut qu'on ouvre.

En même temps, il lève les verrous et tourne la clef ; la porte, à moitié brisée, crie sur ses gonds.

M. Acloque et le duc de Mouchy ont eu le temps de pousser le roi dans l'embrasure d'une fenêtre, tandis que quelques grenadiers qui se trouvent là se hâtent de renverser et d'entasser des bancs devant lui.

En voyant le foule envahir la salle avec des cris, des imprécations, des hurlements, le roi ne peut s'empêcher de crier:

— A moi, Messieurs !

Quatre grenadiers tirèrent aussitôt leurs sabres du fourreau, et se rangèrent à ses côtés.

— Le sabre au fourreau, Messieurs ! cria le roi ; tenez-vous à mes côtés, voilà tout ce que je vous demande.

En effet, peu s'en fallut qu'il ne fût trop tard. L'éclair qui avait jailli de la lame des sabres avait semblé une provocation.

Un homme en haillons, les bras nus, l'écume à la bouche, s'élance vers le roi.

— Ah ! te voilà, Véto ! lui dit-il.

Et il essaye de le frapper d'une lame de couteau emmanchée au bout d'un bâton.

Un des grenadiers qui, malgré l'ordre du roi, n'avait pas encore remis son sabre au fourreau, abaisse le bâton avec son sabre.

Mais c'est alors le roi lui-même qui, entièrement revenu à lui, écarte le grenadier de la main, en lui disant :

— Laissez-moi, Monsieur ! Que puis-je avoir à craindre au milieu de mon peuple ?

Et, faisant un pas en avant, Louis XVI, avec une majesté dont on l'eût cru incapable, avec un courage qui lui avait paru étranger jusqu'alors, présenta sa poitrine aux armes de toute espèce que l'on dirigeait contre lui.

— Silence ! dit, au milieu de ce tumulte épouvantable, une voix de stentor ; je veux parler.

Le canon eût essayé vainement de se faire entendre parmi ces clameurs et ces vociférations et cependant, à cette voix vociférations et clameurs tombèrent.

C'était la voix du boucher Legendre.

Il s'approcha du roi presque à le toucher.

On avait fait un cercle autour de lui.

En ce moment, un homme apparut sur la ligne extrême de ce cercle, et, derrière la terrible doublure de Danton, le roi reconnut la figure pâle mais sereine du docteur Gilbert.

Un coup d'œil interrogateur lui demanda : « Qu'avez-vous donc fait de la reine, Monsieur ? »

Un sourire du docteur répondit : « Elle est en sûreté, Sire ! »

Le roi remercia Gilbert d'un signe.

— Monsieur ! dit Legendre en s'adressant au roi.

A ce mot de *Monsieur*, qui semblait indiquer la déchéance, le roi se retourna comme si un serpent l'eût mordu.

— Oui, monsieur... monsieur Véto, c'est à vous que je parle, dit Legendre. Écoutez-nous donc, car vous êtes fait pour nous écouter. Vous êtes un perfide ; vous nous avez toujours trompés, et vous nous trompez encore ; mais prenez garde à vous ! la mesure est comble, et le peuple est las d'être votre jouet et votre victime.

— Eh bien, je vous écoute, Monsieur, dit le roi.

— Tant mieux ! Vous savez ce que nous sommes venus faire ici ? Nous sommes venus vous demander la sanction des décrets, et le rappel des ministres... Voici notre pétition.

Et Legendre, tirant de sa poche un papier qu'il déplia, lut la même pétition menaçante qui avait déjà été lue à l'Assemblée.

Le roi l'écouta, les yeux fixés sur le docteur; puis, quand elle fut achevée, sans la moindre émotion, apparente du moins :

— Je ferai, Monsieur, dit-il, ce que les lois et la Constitution m'ordonnent de faire.

— Ah ! oui, dit une voix, c'est là ton grand cheval de bataille, la Constitution ! la constitution de 91, qui te permet d'enrayer toute la machine, de lier la France au poteau, et d'attendre que les Autrichiens viennent l'y égorger !

Le roi se retourna vers cette nouvelle voix, car il comprenait que de ce côté lui arrivait une attaque plus grave.

Gilbert aussi fit un mouvement, et alla poser la main sur l'épaule de l'homme qui avait parlé.

— Je vous ai déjà vu, mon ami, dit le roi. Qui êtes-vous ?

Et il regardait avec plus de curiosité que de crainte, quoique la figure de cet homme eût un caractère de terrible résolution.

— Oui, vous m'avez déjà vu, Sire. Vous m'avez déjà vu trois fois : une fois, au retour de Versailles, le 16 juillet; une fois, à Varennes; l'autre fois ici... Sire, rappelez-vous mon nom ; j'ai un nom de sinistre augure : je m'appelle Billot !

En ce moment, les cris redoublèrent ; un homme armé d'une pique essaya de darder un coup au roi.

Mais Billot saisit la lance, l'arracha des mains du meurtrier, et, la brisant sur son genou :

— Pas d'assassinat ! dit-il. Il n'y a qu'un fer qui ait le droit de toucher à cet homme : celui de la loi ! On dit qu'il y a un roi d'Angleterre qui a eu le cou coupé par jugement du peuple qu'il avait trahi ; tu dois savoir son nom, toi, Louis ? Ne l'oublie pas !

— Billot ! murmura Gilbert.

— Oh ! vous avez beau faire, dit Billot en secouant la tête, cet homme sera jugé comme traître et condamné !

— Oui, traître ! crièrent cent voix ; traître ! traître ! traître !

Gilbert se jeta entre le roi et le peuple.

— Ne craignez rien, Sire, dit-il, et tâchez, par quelque démonstration matérielle, de donner satisfaction à ces furieux.

Le roi prit la main de Gilbert, et la posa sur son cœur.

— Vous voyez que je ne crains rien, Monsieur, dit-il ; j'ai reçu les sacrements ce matin : que l'on fasse de moi ce que l'on voudra. Quant au signe matériel que vous m'invitez à arborer, tenez, êtes-vous satisfait ?

Et le roi, prenant un bonnet rouge sur la tête d'un sans-culotte, mit ce bonnet rouge sur sa propre tête.

Aussitôt, la multitude éclata en applaudissements.

— Vive le roi ! vive la nation ! crièrent toutes les voix.

Un homme fendit la foule, et s'approcha du roi : il tenait une bouteille à la main.

— Si tu aimes le peuple comme tu le dis, gros Véto, prouve-le donc en buvant à la santé du peuple !

Et il lui présenta la bouteille.

— Ne buvez pas, Sire ! dit une voix : ce vin est peut-être empoisonné.

— Buvez, Sire ; je réponds de tout, dit Gilbert.

Le roi prit la bouteille.

— A la santé du peuple ! dit-il.

Et il but.

De nouveaux cris de « Vive le roi ! » retentirent.

— Sire, dit Gilbert, vous n'avez plus rien à craindre : permettez que je retourne à la reine.

— Allez ! dit le roi en lui serrant la main.

Au moment où Gilbert sortait, Isnard et Vergniaud entraient.

Ils avaient quitté l'Assemblée et venaient d'eux-mêmes faire au roi un rempart de leur popularité, et, au besoin, de leur corps.

— Le roi ? demandèrent-ils.

Gilbert le leur montra de la main, et les deux députés s'élancèrent vers lui.

Pour arriver jusqu'à la reine, Gilbert devait traverser plusieurs chambres et, entre autres, celle du roi.

Le peuple avait tout envahi.

— Ah ! disaient les hommes en s'asseyant sur le lit royal, le gros Véto ! il a un lit, ma foi, meilleur que le nôtre.

Tout cela n'était plus bien inquiétant ; le premier moment d'effervescence était passé.

Il monta à la tribune. (Page 580.)

Gilbert revenait plus tranquille près de la reine.

En entrant dans la salle où il l'avait laissée, il jeta de son côté un regard rapide, et il respira.

Elle était toujours à la même place; le petit dauphin, comme son père, était coiffé d'un bonnet rouge.

Il se faisait, dans la chambre voisine, une grande rumeur qui attira vers la porte le regard de Gilbert.

Ce bruit, c'était celui que faisait Santerre en s'approchant.

Le colosse entra dans la salle.

— Oh! oh! dit-il, c'est donc ici qu'est l'Autrichienne?

Gilbert marcha droit à lui, coupant la salle en diagonale.

— Monsieur Santerre? dit-il.

Santerre se retourna.

— Eh! s'écria-t-il tout joyeux, le docteur Gilbert!

— Qui n'a pas oublié, dit celui-ci, que vous êtes un de ceux qui lui ont ouvert les portes de la Bastille... Laissez-moi vous présenter à la reine, monsieur Santerre.

— A la reine? me présenter à la reine? grogna le brasseur.

— Oui, à la reine. Refusez-vous?

— Non, par ma foi! dit Santerre; j'allai me présenter toutseul; mais, puisque vous voilà...

— Je connais M. Santerre, dit la reine; je

sais qu'au moment de la disette, il a nourri, à lui tout seul, la moitié du faubourg Saint-Antoine.

Santerre s'arrêta étonné ; puis, fixant son regard un peu embarrassé sur le dauphin, et voyant que la sueur coulait à grosses gouttes sur les joues du pauvre enfant :

— Oh ! dit-il en s'adressant aux gens du peuple, ôtez donc le bonnet à cet enfant : vous voyez bien qu'il étouffe !

La reine le remercia d'un regard.

Alors, se penchant vers elle, et s'appuyant sur la table :

— Vous avez des amis bien maladroits, Madame! lui dit à demi-voix le brave Flamand ; j'en connais, moi, qui vous serviraient mieux !

Une heure après, toute cette foule s'était écoulée, et le roi, accompagné de sa sœur, rentrait dans la chambre où l'attendaient la reine et ses enfants.

La reine courut à lui, et se jeta à ses pieds ; les deux enfants saisirent ses mains ; on s'embrassait comme après un naufrage.

Ce fut seulement alors que le roi s'aperçut qu'il avait encore le bonnet rouge sur la tête.

— Ah ! s'écria-t-il, je l'avais oublié !

Et, le prenant à pleine main, il le jeta loin de lui avec dégoût.

Un jeune officier d'artillerie, âgé de vingt-deux ans à peine, avait assisté à toute cette scène, appuyé à un arbre de la terrasse du bord de l'eau ; il avait vu, à travers la fenêtre, tous les dangers qu'avait courus, toutes les humiliations qu'avait essuyées le roi ; mais, à l'épisode du bonnet rouge, il n'avait pas pu y tenir plus longtemps.

— Oh ! murmura-t-il, si j'avais seulement douze cents hommes et deux pièces de canon, je débarrasserais bien vite le pauvre roi de toute cette canaille !

Mais, comme il n'avait pas ses douze cents hommes et ses deux pièces de canon, et qu'il ne pouvait plus supporter la vue de ce hideux spectacle, il se retira.

Ce jeune officier, c'était Napoléon Bonaparte.

XVII

RÉACTION

L'évacuation des Tuileries avait été aussi triste et aussi muette que l'envahissement en avait été bruyant et terrible.

La foule se disait, étonnée elle-même du peu de résultat de la journée : « Nous n'avons rien obtenu ; il faudra revenir. »

C'était, en effet, trop pour une menace, trop peu pour un attentat.

Ceux qui avaient vu au delà de ce qui s'était passé avaient jugé Louis XVI sur sa réputation ; ils se rappelaient le roi fuyant à Varennes sous l'habit d'un laquais, et ils se disaient :

— Au premier bruit qu'entendra Louis XVI, il se cachera dans quelque armoire, sous quelque table, derrière quelque rideau ; on y donnera un coup d'épée au hasard, et l'on en sera quitte pour dire, comme Hamlet, croyant tuer le tyran du Danemark : « Un rat ! »

Il en avait été tout autrement : jamais le roi n'avait été si calme ; disons plus : jamais il n'avait été si grand.

L'insulte avait été immense ; mais elle n'avait pas monté à la hauteur de sa résignation. Sa fermeté timide, si l'on peut parler ainsi, avait eu besoin d'être excitée, et, dans l'excitation avait pris la raideur de l'acier ; relevé par les circonstances extrêmes au milieu desquelles il se trouvait, il avait, cinq heures durant, vu, sans pâlir, les haches flamboyer au-dessus de sa tête, les lances, les épées, les baïonnettes, reculer devant sa poitrine ; nul général n'avait couru peut-être en dix batailles, si meurtrières qu'elles eussent été, un danger pareil à celui qu'il venait d'affronter dans cette lente revue de l'émeute ! Les Théroigne, les Saint-Huruge, les Lazouski, les Fournier, les Verrière, tous ces familiers de l'assassinat étaient partis dan l'intention bien positive de le tuer, et cette majesté inattendue qui s'était révélée au milieu de la tempête leur avait fait tomber le poignard de la main. Louis XVI venait d'avoir sa passion ; le royal *Ecce Homo* s'était montré le front ceint du bonnet rouge, comme Jésus de sa couronne d'épines ; et, de même que Jésus, au milieu des insultes et des mauvais traitements, avait dit : « Je suis votre Christ ! » Louis XVI, au milieu des injures et des outrages n'avait pas cessé de dire un instant : « Je suis votre roi ! »

Voilà ce qui était arrivé. L'idée révolutionnaire avait cru, en forçant la porte des Tuileries, n'y trouver que l'ombre inerte et tremblante de la royauté, et, à son grand étonnement, elle avait rencontré, debout et vivante, la foi du moyen âge ! et l'on avait vu un instant deux principes face à face, l'un à son couchant, l'autre à son orient ; quelque chose de terrible comme si l'on apercevait à la fois au ciel un soleil qui se levât avant que l'autre fût couché! Seulement, il y avait autant de grandeur et d'éclat dans l'un que dans l'autre, autant de foi dans l'exigence du peuple que dans le refus de la royauté.

Les royalistes étaient ravis ; en somme, la victoire leur était restée.

Mis violemment en demeure d'obéir à l'Assemblée, le roi, au lieu de sanctionner, comme il était prêt à le faire, un des deux décrets; le roi, sachant qu'il ne courrait pas plus de risque à en rejeter deux qu'à en repousser un seul, le roi avait apposé son *veto* sur les deux.

Puis la royauté, dans cette fatale journée du 20 juin, avait été si bas descendue, qu'elle semblait avoir touché le fond de l'abîme, et n'avoir plus désormais qu'à remonter.

Et, en effet, la chose parut s'accomplir ainsi.

Le 21, l'Assemblée déclara qu'aucun rassemblement de citoyens armés ne serait plus admis à la barre. C'était désavouer, mieux que cela, condamner le mouvement de la veille.

Le soir du 20, Pétion était arrivé aux Tuileries comme tout allait finir.

— Sire, dit-il au roi, je viens d'apprendre seulement à cette heure la situation de Votre Majesté.

— C'est étonnant, répondit le roi. Il y a cependant assez longtemps que cela dure!

Le lendemain, les constitutionnels, les royalistes et les Feuillants demandèrent à l'Assemblée la proclamation de la loi martiale.

On sait ce que la première proclamation de cette loi avait amené, le 17 juillet précédent, au Champ de Mars.

Pétion courut à l'Assemblée.

On fondait cette demande sur de nouveaux rassemblements qui existaient, disait-on.

Pétion affirma que ces nouveaux rassemblements n'avaient jamais existé ; il répondit de la tranquillité de Paris. La proclamation de la loi martiale fut repoussée.

Au sortir de la séance, vers huit heures du soir, Pétion se rendit aux Tuileries pour rassurer le roi sur l'état de la capitale. Il était accompagné de Sergent : Sergent, — graveur en taille-douce, et beau-frère de Marceau, était membre du conseil municipal et l'un des administrateurs de la police. — Deux ou trois membres de la municipalité s'étaient joints à eux.

En traversant la cour du Carrousel, ils furent insultés par des chevaliers de Saint-Louis, des gardes nationaux, Pétion fut personnellement attaqué ; Sergent, malgré l'écharpe qu'il portait, fut frappé à la poitrine et à la figure, renversé même d'un coup de poing!

A peine introduit, Pétion comprit que c'était un combat qu'il était venu chercher.

Marie-Antoinette lui lança un de ces regards comme les seuls yeux de Marie-Thérèse savaient en décocher : deux rayons de haine et de mépris deux éclairs terribles et fulgurants.

Le roi savait déjà ce qui s'était passé à l'Assemblée.

— Eh bien, Monsieur, dit-il à Pétion, c'est donc vous qui prétendez que le calme est rétabli dans la capitale?

— Oui, Sire, répondit Pétion, le peuple vous a fait ses représentations ; il est tranquille et satisfait.

— Avouez, Monsieur, reprit le roi, engageant le combat, avouez que la journée d'hier est un grand scandale, et que la municipalité n'a fait ni ce qu'elle devait ni ce qu'elle pouvait faire.

— Sire, répliqua Pétion, la municipalité a fait son devoir ; l'opinion publique la jugera.

— Dites la nation entière, Monsieur.

— La municipalité ne craint pas le jugement de la nation.

— Et, dans ce moment, en quel état est Paris ?

— Calme, Sire.

— Cela n'est pas vrai !

— Sire...

— Taisez-vous!

— Le magistrat du peuple n'a point à se taire, Sire, quand il fait son devoir et dit la vérité.

— C'est bon, retirez-vous.

Pétion salua et sortit.

Le roi avait été si violent, sa figure portait l'expression d'une si profonde colère, que la reine, la femme emportée, l'amazone ardente, en fut épouvantée.

— Mon Dieu, dit-elle à Rœderer quand Pétion eut disparu, ne trouvez-vous pas que le roi a été bien vif, et ne craignez-vous pas que cette vivacité ne lui nuise auprès des Parisiens ?

— Madame, répondit Rœderer, personne ne trouvera étonnant que le roi impose silence à un de ses sujets qui lui manque de respect.

Le lendemain, le roi écrivit à l'Assemblée pour se plaindre de cette profanation du château, de la royauté et du roi.

Puis il fit une proclamation à son peuple.

Il y avait donc deux peuples : le peuple qui avait fait le 20 juin et le peuple auquel le roi s'en plaignait.

Le 24, le roi et la reine passèrent la revue de la garde nationale, et furent accueillis avec enthousiasme.

Le même jour, le directoire de Paris suspendit le maire.

Qui lui donnait une pareille audace ?

Trois jours après, la chose s'éclaircit.

La Fayette, parti de son camp avec un seul officier, arriva à Paris, le 27, et descendit chez son ami M. de la Rochefoucauld.

Pendant la nuit, on avertit les constitutionnels, les Feuillants et les royalistes, et l'on s'occupa de *faire* les tribunes du lendemain.

Le lendemain le général se présenta à l'Assemblée.

Trois salves d'applaudissements l'accueillirent ; mais chacune d'elles fut éteinte par le murmure des girondins.

On comprit que la séance allait être terrible.

Le général de la Fayette était un des hommes les plus franchement braves qui existassent ; mais la bravoure n'est pas l'audace : il est même rare qu'un homme réellement brave soit en même temps audacieux.

La Fayette comprit le danger qu'il courait ; seul contre tous, il venait de jouer le reste de sa popularité : s'il la perdait, il se perdait avec elle ; s'il gagnait, il pouvait sauver le roi.

C'était d'autant plus beau de sa part, qu'il savait la répugnance du roi, la haine de la reine pour lui : « J'aime mieux mourir par Pétion qu'être sauvée par la Fayette! »

Peut-être ne venait-il aussi que pour accomplir une bravade de sous-lieutenant, que pour répondre à un défi.

Treize jours auparavant, il avait écrit à la fois au roi et à l'Assemblée : au roi, pour l'encourager à la résistance ; à l'Assemblée pour la menacer si elle continuait d'attaquer.

— Il est bien insolent au milieu de son armée, avait dit une voix ; nous verrions s'il parlerait le même langage, seul au milieu de nous.

Ces paroles avaient été rapportées à la Fayette à son camp de Maubeuge.

Peut-être ces paroles furent-elles la vraie cause de son voyage à Paris.

Il monta à la tribune au milieu des applaudissements des uns, mais au milieu des grondements et des menaces des autres.

— Messieurs, dit-il, on m'a reproché d'avoir écrit ma lettre du 16 juin au milieu de mon camp. Il était de mon devoir de protester contre cette imputation de timidité, de sortir de cet honorable rempart que l'affection des troupes formait autour de moi, et de me présenter seul devant vous. Puis un motif plus puissant encore m'appelait. Les violences du 20 juin ont soulevé l'indignation de tous les bons citoyens, et surtout de l'armée ; les officiers, sous-officiers et soldats ne font qu'un ; j'ai reçu de tous les corps des adresses pleines de dévouement à la Constitution et de haine contre les factieux ; j'ai arrêté ces manifestations : je me suis chargé d'exprimer seul les sentiments de tous : c'est comme citoyen que je vous parle. Il est temps de garantir la Constitution, d'assurer la liberté de l'Assemblée nationale, celle du roi, sa dignité. Je supplie l'Assemblée d'ordonner que les excès du 20 juin seront poursuivis comme des crimes de lèse-majesté ; de prendre des mesures efficaces pour faire respecter toutes les autorités constituées, et particulièrement la vôtre et celle du roi, et de donner à l'armée l'assurance que la Constitution ne recevra aucune atteinte à l'intérieur, tandis que les braves Français prodiguent leur sang pour la défense de la frontière !

Guadet s'était levé lentement et au fur et à mesure qu'il avait senti la Fayette approcher de sa péroraison ; au milieu des applaudissements qui l'accueillaient, l'acerbe orateur de la Gironde étendit la main en signe qu'il demandait à répondre. Quand la Gironde voulait lancer la flèche de l'ironie, c'était à Guadet qu'elle remettait l'arc, et Guadet n'avait qu'à prendre au hasard une flèche dans son carquois.

A peine le bruit du dernier applaudissement s'était-il éteint, que le bruit de sa parole vibrante lui succédait.

— Au moment où j'ai vu M. la Fayette, s'écria-t-il, une idée bien consolante s'est offerte à mon esprit. « Ainsi, me suis-je dit, nous n'avons plus d'ennemis extérieurs ; ainsi, me suis-je dit, les Autrichiens sont vaincus ; voici M. la Fayette qui vient nous annoncer la nouvelle de sa victoire et de leur destruction ! » L'illusion n'a pas duré longtemps : nos ennemis sont toujours les mêmes ; des dangers extérieurs n'ont pas changé ; et, cependant, M. la Fayette est à Paris ; il se constitue l'organe des honnêtes gens et de l'armée ! Ces honnêtes gens, qui sont-ils ? Cette armée, comment a-t-elle pu délibérer ? Mais, d'abord, que M. de la Fayette nous montre son congé.

A ces mots, la Gironde comprend que le vent va tourner à elle : et, en effet, à peine sont-ils prononcés, qu'un tonnerre d'applaudissements les accueille.

Un député se lève alors, et, de sa place.

— Messieurs, dit-il, vous oubliez à qui vous

parlez, et de qui il est question ; vous oubliez qui est la Fayette surtout ! la Fayette est le fils aîné de la liberté française ; la Fayette a sacrifié à la Révolution sa fortune, sa noblesse, sa vie !

— Ah çà ! crie une voix, c'est son éloge funèbre que vous faites là !

— Messieurs, dit Ducos, la liberté de discussion est opprimée par la présence dans cette enceinte d'un général étranger à l'Assemblée:

— Ce n'est pas le tout ! crie Vergniaud : ce général a quitté son poste devant l'ennemi ! c'est à lui, et non à un simple maréchal de camp qu'il a laissé à sa place, que le corps d'armée qu'il commande a été confié. Sachons s'il a quitté l'armée sans congé, et, s'il l'a quittée sans congé, qu'on l'arrête et qu'on le juge comme déserteur.

— C'est là le but de ma question, dit Guadet, et j'appuie la proposition de Vergniaud.

— Appuyé ! appuyé ! crie toute la Gironde.

— L'appel nominal ! dit Gensonné.

L'appel nominal donne une majorité de dix voix aux amis de la Fayette.

Comme le peuple au 20 juin, la Fayette a osé trop ou trop peu ; c'est une de ces victoires dans le genre de celles dont se plaignait Pyrrhus, veuf de la moitié de son armée : « Encore une victoire comme celle-là, et je suis perdu ! » disait-il.

Ainsi que Pétion, la Fayette, en sortant de l'Assemblée, se rendit chez le roi.

Il y fut reçu avec un visage plus doux, mais avec un cœur non moins ulcéré.

La Fayette venait de sacrifier au roi et à la reine plus que sa vie : il venait de leur sacrifier sa popularité.

C'était la troisième fois qu'il faisait ce don, plus précieux qu'aucun de ceux que les rois puissent faire : la première à Versailles, le 6 octobre ; la seconde fois, au Champ de Mars, le 17 juillet ; la troisième fois, ce jour-là même.

La Fayette avait un dernier espoir ; c'était de cet espoir qu'il venait faire part à ses souverains : le lendemain, il passerait une revue de la garde nationale avec le roi ; il n'y avait point à douter de l'enthousiasme qu'inspirerait la présence du roi et de l'ancien commandant général ; la Fayette profiterait de cette influence, marcherait sur l'Assemblée, mettrait la main sur la Gironde : pendant le tumulte, le roi partirait et gagnerait le camp de Maubeuge.

C'était un coup hardi, mais, dans la situation des esprits, il était à peu près sûr.

Par malheur, Danton, à trois heures du matin, entrait chez Pétion pour le prévenir du complot.

Au point du jour, Pétion contremandait la revue.

Qui donc avait trahi le roi et la Fayette?

La reine !

N'avait-elle pas dit qu'elle préférait périr par un autre que d'être sauvée par la Fayette?

Elle avait eu la main juste : elle allait périr par la main de Danton !

A l'heure où la revue eût dû avoir lieu, la Fayette quitta Paris, et retourna à son armée.

Et, cependant, il n'avait pas encore perdu tout espoir de sauver le roi.

XVIII

VERGNIAUD PARLERA

La victoire de la Fayette, victoire douteuse suivie d'une retraite, avait eu un singulier résultat.

Elle avait abattu les royalistes, tandis que la prétendue défaite des girondins les avait relevés ; elle les avait relevés en leur faisant voir l'abîme où ils avaient failli tomber.

Supposez moins de haine dans le cœur de Marie-Antoinette, et peut-être, à cette heure, la Gironde était-elle détruite.

Il ne fallait pas laisser à la cour le temps de réparer la faute qu'elle venait de commettre.

Il fallait rendre sa force et sa direction au courant révolutionnaire, qui un instant venait de rebrousser chemin, et de remonter vers sa source.

Chacun cherchait, chacun croyait avoir trouvé un moyen ; puis, le moyen proposé, on voyait son inefficacité, et l'on y renonçait.

Madame Roland, l'âme du parti, voulait arriver par une grande commotion dans l'Assemblée. Cette commotion, qui pouvait la produire ? ce coup, qui pouvait le porter ? — Vergniaud.

Mais que faisait cet Achille sous sa tente, ou plutôt ce Renaud perdu dans les jardins d'Armide ? — Il aimait.

Il est si difficile de haïr quand on aime !

Il aimait la belle madame Simon Candeille, actrice, poète, musicienne ; ses amis le cherchaient parfois deux ou trois jours sans le rencontrer ; puis, enfin, ils le trouvaient couché aux pieds de la charmante femme, une main étendue sur ses genoux, l'autre effleurant distraitement les cordes de sa harpe.

Puis, chaque soir, à l'orchestre du théâtre, il allait applaudir celle qu'il adorait tout le jour.

Un soir, deux députés sortirent désespérés de l'Assemblée : cette inaction de Vergniaud les épouvantait pour la France.

C'étaient Grangeneuve et Chabot.

Grangeneuve, l'avocat de Bordeaux, l'ami, le rival de Vergniaud, et, comme lui, député de la Gironde.

Chabot, le capucin défroqué, l'auteur ou l'un des auteurs du *Cathéchisme des Sans-culottes*, qui répandait sur la royauté et la religion le fiel amassé dans le cloître.

Grangeneuve, sombre et pensif, marchait près de Chabot.

Celui-ci le regardait, et il lui semblait voir passer sur le front de son collègue l'ombre de ses pensées.

— A quoi songes-tu? lui demanda Chabot.

— Je songe, répondit celui-ci, que toutes ces lenteurs énervent la patrie, et tuent la Révolution.

— Ah ! tu penses cela, reprit Chabot avec ce rire amer qui lui était habituel.

— Je songe, continua Grangeneuve, que, si le peuple donne du temps à la royauté, le peuple est perdu.

Chabot fit entendre son rire strident.

— Je songe, acheva Grangeneuve, qu'il n'y a qu'une heure pour les révolutions ; que ceux qui la laissent échapper ne la retrouvent pas, et en doivent compte plus tard à Dieu et à la postérité.

— Et tu crois que Dieu et la postérité nous demanderont compte de notre paresse et de notre inaction ?

— J'en ai peur !

Puis, après un silence :

— Tiens, Chabot, reprit Grangeneuve, j'ai une conviction : c'est que le peuple est las de son dernier échec ; c'est qu'il ne se lèvera plus sans quelque puissant levier, sans quelque sanglant mobile ; il lui faut un accès de rage ou de terreur où il puise un redoublement d'énergie.

— Comment le lui donner, cet accès de rage ou de terreur? demanda Chabot.

— C'est à quoi je pense, dit Grangeneuve, et je crois que j'en ai trouvé le secret.

Chabot se rapprocha de lui ; à l'intonation de la voix de son compagnon, il avait compris que celui-ci allait lui proposer quelque chose de terrible.

— Mais, continua Grangeneuve, trouverai-je également un homme capable de la résolution nécessaire à un pareil acte?

— Parle, dit Chabot avec un accent de fermeté qui ne devait pas laisser de doute à son collègue ; je suis capable de tout pour détruire ce que je hais, et je hais les rois et les prêtres !

— Eh bien, dit Grangeneuve, en jetant les yeux sur le passé, j'ai vu qu'il y avait du sang pur au berceau de toutes les révolutions, depuis celui de Lucrèce jusqu'à celui de Sidney. Pour les hommes d'État, les révolutions sont une théorie ; pour les peuples, les révolutions sont une vengeance ; or, si l'on veut pousser la multitude à la vengeance, il faut lui montrer une victime : cette victime, la cour nous la refuse ; eh bien, donnons-la nous-mêmes à notre cause !

— Je ne comprends pas, dit Chabot.

— Eh bien, il faut qu'un de nous, — un des plus connus, un des plus acharnés, un des plus purs, — tombe sous les coups des aristocrates.

— Continue.

— Il faut que celui qui tombera fasse partie de l'Assemblée nationale, afin que l'Assemblée prenne la vengeance en main : il faut enfin que cette victime, ce soit moi !

— Mais les aristocrates ne te frapperont pas, Grangeneuve : ils s'en garderont bien !

— Je le sais ; voilà pourquoi je disais qu'il faudrait trouver un homme de résolution...

— Pourquoi faire ?

— Pour me frapper.

Chabot recula d'un pas ; mais Grangeneuve le saisit par le bras.

— Chabot, lui dit-il, tout à l'heure tu prétendais que tu étais capable de tout pour détruire ce que tu haïssais : es-tu capable de m'assassiner ?

Le moine resta muet. Grangeneuve continua :

— Ma parole est nulle ; ma vie est inutile à la liberté, tandis qu'au contraire, ma mort lui profitera. Mon cadavre sera l'étendard de l'insurrection, et, je te le dis...

Grangeneuve, d'un geste véhément, étendit la main vers les Tuileries.

— Il faut que ce château et ceux qu'il renferme disparaissent dans une tempête !

Chabot regardait Grangeneuve en frémissant d'admiration.

— Eh bien ? insista Grangeneuve.

— Eh bien, sublime Diogène, dit Chabot, éteins ta lanterne : l'homme est trouvé !

— Alors, arrêtons tout, dit Grangeneuve, et que ce soit terminé ce soir même. Cette nuit, je me promènerai seul ici (on était en face des guichets du Louvre) dans l'endroit le plus désert et le plus sombre,.. Si tu crains que la main ne te faille, préviens deux autres patriotes : je ferai ce signe pour qu'ils me reconnaissent.

Grangeneuve leva ses bras en l'air.

— Ils me frapperont, et, je te le promets, je tomberai sans pousser un cri.

Chabot passa son mouchoir sur son front.

— Au jour, continua Grangeneuve, on trouvera mon cadavre ; tu accuseras la cour ; la vengence du peuple fera le reste.

— C'est bien, dit Chabot ; à cette nuit !

Et les deux étranges conjurés se serrèrent la main et se quittèrent.

Grangeneuve rentra chez lui et fit son testament, qu'il data de Bordeaux et d'un an en arrière.

Chabot s'en alla dîner au Palais-Royal.

Après le dîner, il entra chez un coutelier, et acheta un couteau.

En sortant de chez le coutelier, ses regards tombèrent sur les affiches des théâtres.

Mademoiselle Candeille jouait : le moine savait où trouver Vergniaud.

Il alla à la Comédie-Française, monta à la loge de la belle comédienne, et trouva chez sa cour ordinaire : Vergniaud, Talma, Chénier, Dugazon.

Elle jouait dans deux pièces.

Chabot resta jusqu'à la fin du spectacle.

Puis, quand le spectacle fut fini, la belle actrice déshabillée, et que Vergniaud s'apprêta à la reconduire rue Richelieu, où elle demeurait, il monta, derrière son collègue, dans la voiture.

— Vous avez quelque chose à me dire, Chabot ? demanda Vergniaud, qui comprenait que le capucin avait affaire à lui.

— Oui... mais soyez tranquille, ce ne sera pas long.

— Dites tout de suite, alors.

Chabot tira sa montre.

— Il n'est pas l'heure, dit-il.

— Et quand sera-t-il l'heure ?

— A minuit.

La belle Candeille tremblait à ce dialogue mystérieux.

— Oh ! Monsieur ! murmura-t-elle.

— Rassurez-vous, dit Chabot, Vergniaud n'a rien à craindre ; seulement la patrie a besoin de lui.

La voiture roula vers la demeure de l'actrice.

La femme et les deux hommes restèrent silencieux. A la porte de mademoiselle Candeille :

— Montez-vous ? demanda Vergniaud.

— Non, vous allez venir avec moi.

— Mais où l'emmenez-vous, mon Dieu ? demanda l'actrice.

— A deux cents pas d'ici ; dans un quart d'heure, il sera libre, je vous le promets.

Vergniaud serra la main de sa belle maîtresse, lui fit un signe pour la rassurer et s'éloigna avec Chabot par la rue Traversière.

Ils franchirent la rue Saint-Honoré et prirent la rue de l'Échelle.

Au coin de cette rue, le moine pesa d'une main sur l'épaule de Vergniaud, et, de l'autre, lui montra un homme qui se promenait le long des murailles désertes du Louvre.

— Vois-tu ? demanda-t-il à Vergniaud.

— Quoi ?

— Cet homme ?

— Oui, répondit le girondin.

— Eh bien, c'est notre collègue Grangeneuve.

— Que fait-il là ?

— Il attend.

— Qu'attend-il ?

— Qu'on le tue.

— Qu'on le tue ?

— Oui.

— Et qui doit le tuer ?

— Toi !

Vergniaud regarda Chabot comme on regarde un fou.

— Rappelle-toi Sparte, rappelle-toi Rome, dit Chabot, et écoute.

Alors, il lui raconta tout.

A mesure que le moine parlait, Vergniaud courbait la tête.

Il comprenait combien il y avait loin de lui, tribun efféminé, lion amoureux, à ce républicain terrible qui, comme Décius, ne demandait qu'un gouffre où se précipiter, pour que sa mort sauvât la patrie.

— C'est bien, dit-il, je demande trois jours pour préparer mon discours.

— Et dans trois jours... ?

— Sois tranquille, dit Vergniaud, dans trois jours, je me briserai contre l'idole, ou je la renverserai !

— J'ai ta parole, Vergniaud.

— Oui.

— C'est celle d'un homme ?

— C'est celle d'un républicain !

— Alors, je n'ai plus besoin de toi ; va rassurer ta maîtresse.

Vergniaud reprit le chemin de la rue de Richelieu.

Chabot s'avança vers Grangeneuve.

Celui-ci, voyant un homme venir à lui, se retira dans l'endroit le plus sombre.

Chabot l'y suivit.

Grangeneuve s'arrêta au pied de la muraille, ne pouvant pas aller plus loin.

Chabot s'approcha de lui.

Grangeneuve fit le signe convenu en levant les bras.

Puis, comme Chabot restait immobile :

— Eh bien, dit Grangeneuve, qui t'arrête? Frappe donc!

— C'est inutile, dit Chabot, Vergniaud parlera.

— Soit! dit Grangeneuve avec un soupir, mais je crois que l'autre moyen valait mieux !

Que vouliez-vous que fit la royauté contre de pareils hommes?

XIX

VERGNIAUD PARLE

Il était temps que Vergniaud se décidât.

Le danger croissait au dehors, au dedans.

Au dehors, à Ratisbonne, le conseil des ambassadeurs avait unanimement refusé de recevoir le ministre de France.

L'Angleterre, qui s'intitulait notre amie, préparait un armement immense.

Les princes de l'Empire, qui vantaient tout haut leur neutralité, introduisaient nuitamment l'ennemi dans leurs places.

Le duc de Bade avait mis des Autrichiens dans Kehl, à une lieue de Strasbourg.

En Flandre, c'était pis encore : Luckner, un vieux soudard imbécile, qui contrecarrait tous les plans de Dumouriez, le seul homme, sinon de génie, du moins de tête que nous eussions en face de l'ennemi.

La Fayette était à la cour, et sa dernière démarche avait bien prouvé que l'Assemblée, c'est-à-dire la France, ne devait pas compter sur lui.

Enfin, Biron, brave et de bonne foi, découragé par nos premiers revers, ne comprenait qu'une guerre défensive.

Voilà pour le dehors.

Au dedans, l'Alsace demandait à grands cris des armes ; mais le ministre de la guerre, tout à la cour, n'avait garde de lui en envoyer.

Dans le Midi, un lieutenant général des princes, gouverneur du bas Languedoc et des Cévennes, faisait vérifier ses pouvoirs par la noblesse.

A l'ouest, un simple paysan, Allan Redeler, publie, à l'issue de la messe, que rendez-vous en arme est donné aux amis du roi près d'une chapelle voisine.

Cinq cents paysans s'y réunissent du premier coup. La chouannerie était plantée en Vendée et en Bretagne : il ne lui restait plus qu'à pousser.

Enfin, de presque tous les directoires départementaux arrivaient des adresses contre-révolutionnaires.

Le danger était grand, menaçant, terrible, si grand, que ce n'était plus les hommes qu'il menaçait : c'était la patrie.

Aussi, sans avoir été proclamés tout haut, ces mots couraient tout bas : « La patrie est en danger ! »

Au reste, l'Assemblée attendait.

Chabot et Grangeneuve avaient dit : « Dans trois jours, Vergniaud parlera. »

Et l'on comptait les heures qui s'écoulaient.

Ni le premier ni le second jour, Vergniaud ne parut à l'Assemblée.

Le troisième jour, chacun arriva en frémissant.

Pas un député ne manquait à son banc ; les tribunes étaient combles.

Le dernier de tous, Vergniaud entra.

Un murmure de satisfaction courut dans l'Assemblée ; les tribunes applaudirent comme fait le parterre à l'entrée d'un acteur aimé.

Vergniaud releva la tête pour chercher des yeux qui l'on applaudissait ; les applaudissements, en redoublant, lui apprirent que c'était lui.

Vergniaud avait alors trente-trois ans à peine ; son caractère était méditatif et paresseux ; son génie indolent se plaisait aux nonchalances ; ardent seulement au plaisir, on eût dit qu'il se hâtait de cueillir à pleines mains les fleurs d'une jeunesse qui devait avoir un si court printemps! Il se couchait tard, et ne se levait guère avant midi; quand il devait parler, trois ou quatre jours à l'avance, il préparait son discours, le polissait, le fourbissait, l'aiguisait, ainsi qu'un soldat, la veille d'une bataille, aiguise, fourbit et polit ses armes. C'était, comme orateur, ce qu'on appelle dans une salle d'escrime un beau tireur ; le coup ne lui paraissait bon que s'il était brillamment porté et fortement applaudi ; il fallait réserver sa parole pour les moments de danger, pour les instants suprêmes.

Ce n'était pas l'homme de toutes les heures,

Chacun se présentait pour être inscrit. (Page 593.)

a dit un poète; c'était l'homme des grandes journées.

Quant au physique, Vergniaud était plutôt petit que grand; seulement, il était d'une taille robuste, et qui sent l'athlète. Ses cheveux étaient longs et flottants; dans ses mouvements oratoires, il les secouait comme un lion fait de sa crinière; au-dessous de son front large, ombragé par d'épais sourcils, brillaient deux yeux noirs pleins de douceur ou de flamme; le nez était court, un peu large, fièrement relevé aux ailes; les lèvres étaient grosses, et, comme de l'ouverture d'une source jaillit l'eau abondante et sonore, les paroles tombaient de sa bouche en cascades puissantes, jetant l'écume et le bruit.

Toute marquée de petite vérole, sa peau semblait diamantée comme le marbre, non pas encore poli par le ciseau du statuaire, mais seulement dégrossi par le marteau du praticien; son teint pâle ou se colorait de pourpre, ou devenait livide, selon que le sang lui montait au visage ou se retirait vers le cœur. Dans le repos et dans la foule, c'était un homme ordinaire sur lequel l'œil de l'historien, si perçant qu'il fût, n'eût eu aucune raison pour s'arrêter; mais, quand la flamme de la passion faisait bouillonner son sang, quand les muscles de son visage palpitaient, quand son bras étendu commandait le silence et dominait la foule, l'homme devenait dieu, l'orateur se transfigurait, la tribune était son Thabor!

Tel était l'homme qui arrivait, la main fermée encore, mais toute chargée d'éclairs.

Aux applaudissements qui éclatèrent à sa vue, il devina ce que l'on attendait de lui.

Il ne demanda point la parole; il marcha droit à la tribune; il y monta, et, au milieu d'un silence plein de frissonnements, il commença son discours.

Ses premières paroles furent dites avec l'accent triste, profond, concentré, d'un homme abattu; il semblait fatigué dès le début comme on l'est d'ordinaire à la fin : c'est que, depuis trois jours, il luttait avec le génie de l'éloquence; c'est qu'il savait, comme Samson, que, dans l'effort suprême qu'il allait tenter, il renverserait infailliblement le temple, et qu'étant monté à la tribune au milieu de ses colonnes encore debout, de sa voûte encore suspendue, il en descendrait en enjambant par-dessus les ruines de la royauté.

Comme le génie de Vergniaud est tout entier dans ce discours, nous le citerons tout entier; nous croyons qu'on éprouvera, en le lisant, la même curiosité qu'on éprouverait, en visitant un arsenal, devant une de ces machines de guerre historiques qui auraient renversé les murailles de Sagonte, de Rome ou de Carthage.

« Citoyens, dit Vergniaud d'une voix à peine intelligible d'abord, mais qui devint bientôt grave, sonore, grondante; citoyens, je viens à vous, et je vous demande :

» Quelle est donc l'étrange situation où se trouve l'Assemblée nationale? Quelle fatalité nous poursuit et signale chaque journée par des événements qui, portant le désordre dans nos travaux, nous rejettent sans cesse dans l'agitation tumultueuse des inquiétudes, des espérances, des passions? Quelle destinée prépare à la France cette terrible effervescence au sein de laquelle on serait tenté de douter si la Révolution rétrograde ou si elle avance vers son terme?

» Au moment où nos armées du Nord paraissent faire des progrès dans la Belgique, nous les voyons tout à coup se replier devant l'ennemi; on ramène la guerre sur notre territoire. Il ne restera de nous, chez les malheureux Belges, que le souvenir des incendies qui auront éclairé notre retraite! Du côté du Rhin, les Prussiens s'accumulent incessamment sur nos frontières découvertes. Comment se fait-il que ce soit précisément au moment d'une crise si décisive pour l'existence de la nation que l'on suspend le mouvement de nos armées, et que, par une désorganisation du ministère, on rompe les liens de la confiance, et on livre au hasard à des mains inexpérimentées le salut de l'empire? Serait-il vrai qu'on redoute nos triomphes? Est-ce du sang de l'armée de Coblenz ou du nôtre qu'on est avare? Si le fanatisme des prêtres menace de nous liver à la fois aux déchirements de la guerre civile et à l'invasion, quelle est donc l'intention de ceux qui font rejeter avec une invincible opiniâtreté, la sanction de nos décrets? Veulent-ils régner sur des villes abandonnées, sur des champs dévastés? Quelle est au juste la quantité de larmes, de misères, de sang, de morts, qui suffit à leur vengeance? Où en sommes-nous enfin? Et vous, messieurs, dont les ennemis de la Constitution se flattent d'avoir ébranlé le courage; vous dont ils tentent, chaque jour, d'alarmer les consciences et la probité, en qualifiant votre amour de la liberté d'esprit de faction, — comme si vous aviez oublié qu'une cour despotique et les lâches héros de l'aristocratie ont donné ce nom de factieux aux représentants qui allèrent prêter serment au Jeu de Paume, aux vainqueurs de la Bastille, à tous ceux qui ont fait et soutenu la Révolution! — vous qu'on ne calomnie que parce que vous êtes étrangers à la caste que la Constitution a renversée dans la poussière, et que les hommes dégradés qui regrettent l'infâme honneur de ramper devant elle n'espèrent pas de trouver en vous des complices; vous qu'on voudrait aliéner du peuple, parce qu'on sait que le peuple est votre appui, et que, si, par une coupable désertion de sa cause, vous méritiez d'être abandonnés de lui, il serait aisé de vous dissoudre; vous qu'on a voulu diviser, mais qui ajournerez après la guerre vos divisions et vos querelles, et qui ne trouvez pas si doux de vous haïr, que vous préfériez cette infernale jouissance au salut de la patrie; vous qu'on a voulu épouvanter par des pétitions armées, comme si vous ne saviez pas qu'au commencement de la Révolution, le sanctuaire de la liberté fut environné des satellites du despotisme, Paris assiégé par l'armée de la cour, et que ces jours de danger furent les jours de gloire de notre première Assemblée; je vais enfin appeler votre attention sur l'état de crise où nous sommes.

» Ces troubles intérieurs ont deux causes : manœuvres aristocratiques, manœuvres sacerdotales; toutes tendent au même but, la contre-révolution.

» Le roi a refusé sa sanction à votre décret sur les troubles religieux. Je ne sais pas si le sombre génie de Médicis et du cardinal de

Lorraine erre encore sous les voûtes du palais des Tuileries, et si le cœur du roi est troublé par les idées fantastiques qu'on lui suggère; mais il n'est pas permis de croire, sans lui faire injure, et sans l'accuser d'être l'ennemi le plus dangereux de la Révolution, qu'il veuille encourager par l'impunité les tentatives criminelles de l'ambition sacerdotale, et rendre aux orgueilleux suppôts de la tiare la puissance dont ils ont également opprimé les peuples et les rois ; il n'est pas permis de croire, sans lui faire injure, et sans le déclarer le plus cruel ennemi de l'empire, qu'il se complaise à perpétuer les séditions, à éterniser les désordres qui le précipiteraient par la guerre civile vers sa ruine. J'en conclus que, s'il résiste à vos décrets, c'est qu'il se juge assez puissant, sans les moyens que vous lui offrez, pour maintenir la paix publique. Si donc il arrive que la paix publique n'est pas maintenue, que la torche du fanatisme menace encore d'incendier le royaume, que les violences religieuses désolent toujours les départements, c'est que les agents de l'autorité royale sont eux-mêmes la cause de tous nos maux. Eh bien, qu'ils répondent sur leur tête de tous les troubles dont la religion sera le prétexte ! montrez, dans cette responsabilité terrible, le terme de votre patience et des inquiétudes de la nation.

» Votre sollicitude pour la sûreté extérieure de l'empire vous a fait décréter un camp sous Paris; tous les fédérés de la France devaient y venir, le 14 juillet, répéter le serment de vivre libres ou de mourir. Le souffle empoisonné de la calomnie a flétri ce projet; le roi a refusé sa sanction. Je respecte trop l'exercice d'un droit constitutionnel pour vous proposer de rendre les ministres responsables de ce refus; mais s'il arrive qu'avant le rassemblement des bataillons, le sol de la liberté soit profané, vous devez les traiter comme des traîtres! il faudra les jeter eux-mêmes dans l'abîme que leur incurie ou leur malveillance aura creusé sous les pas de la liberté ! Déchirons enfin le bandeau que l'intrigue et l'adulation ont mis sur les yeux du roi, et montrons-lui le terme où des amis perfides s'efforcent de le conduire.

» C'est au nom du roi que les princes français soulèvent contre nous les cours de l'Europe; c'est pour venger la dignité du roi que s'est conclu le traité de Pilnitz; c'est pour défendre le roi qu'on voit accourir en Allemagne, sous le drapeau de la rébellion, les anciennes compagnies des gardes du corps; c'est pour venir au secours du roi que les émigrés s'enrôlent dans les armées autrichiennes, et s'apprêtent à déchirer le sein de la patrie; c'est pour se joindre à ces preux chevaliers de la prérogative royale que d'autres abandonnent leur poste en présence de l'ennemi, trahissent leurs serments, volent les caisses, corrompent les soldats, et placent ainsi leur honneur dans la lâcheté, le parjure, l'insubordination, le vol et les assassinats. Enfin, le nom du roi est dans tous les désastres.

» Or, je lis dans la Constitution :

« Si le roi se met à la tête d'une armée, et
» dirige les forces contre la nation, ou s'il ne
» s'oppose pas, par un acte formel, à une telle
» entreprise exécutée en son nom, il sera censé
» avoir abdiqué la royauté. »

» C'est en vain que le roi répondrait :

« Il est vrai que les ennemis de la nation pré-
» tendent n'agir que pour relever ma puissance ;
» mais j'ai prouvé que je n'étais pas leur
» complice : j'ai obéi à la Constitution ; j'ai mis
» des troupes en campagne. Il est vrai que ces
» armées étaient trop faibles ; mais la Constitu-
» tion ne désigne pas le degré de force que je
» devais leur donner. Il est vrai que je les ai
» rassemblées trop tard ; mais la Constitution ne
» désigne pas le temps auquel je devais les ras-
» sembler. Il est vrai que des camps de réserve
» auraient pu les soutenir ; mais la Constitution
» ne m'oblige pas à former des camps de réserve.
» Il est vrai que, lorsque les généraux s'avan-
» çaient sans résistance sur les territoires ennemis,
» je leur ai ordonné de reculer ; mais la Constitu-
» tion ne me commande pas de remporter la
» victoire. Il est vrai que mes ministres ont
» trompé l'Assemblée nationale sur le nombre,
» la disposition des troupes et leurs
» approvisionnements; mais la Constitution
» me donne le droit de choisir mes ministres;
» elle ne m'ordonne nulle part d'accorder ma
» confiance aux patriotes, et de chasser les
» contre-révolutionnaires. Il est vrai que l'As-
» semblée nationale a rendu des décrets néces-
» saires à la défense de la patrie, et que j'ai
» refusé de les sanctionner ; mais la Constitution
» me garantit cette faculté. Il est vrai, enfin,
» que la contre-révolution s'opère, que le des-
» potisme va remettre entre mes mains son
» sceptre de fer, que je vous en écraserai, que
» vous allez ramper, que je vous punirai d'avoir
» eu l'insolence de vouloir être libres ; mais
» tout cela se fait constitutionnellement. Il
» n'est émané de moi aucun acte que la Consti-
» tution condamne ; il n'est donc pas permis de

» douter de ma fidélité envers elle, et de mon
» zèle pour sa défense. »

» S'il était possible, Messieurs, que, dans les calamités d'une guerre funeste, dans les désordres d'un bouleversement contre-révolutionnaire, le roi des Français tînt ce langage dérisoire; s'il était possible qu'il parlât de son amour pour la Constitution avec une ironie aussi insultante, ne serions-nous pas en droit de lui répondre :

« O roi! qui, sans doute, avez cru, avec le
» tyran Lysandre, que la vérité ne valait pas
» mieux que le mensonge, et qu'il fallait amuser
» les hommes par des serments comme on amuse
» les enfants avec des osselets; qui n'avez feint
» d'aimer les lois que pour conserver la puis-
» sance qui vous servirait à les braver; la
» Constitution, que pour qu'elle ne vous préci-
» pitât pas du trône, où vous aviez besoin de
» rester pour la détruire; la nation, que pour
» assurer le succès de vos perfidies, en lui in-
» spirant de la confiance, pensez-vous nous abuser
» aujourd'hui avec d'hypocrites protestations?
» Pensez-vous nous donner le change sur la
» cause de nos malheurs, par l'artifice de vos
» excuses et l'audace de vos sophismes? Était-ce
» nous défendre que d'opposer aux soldats
» étrangers des forces dont l'infériorité ne laissait pas même d'incertitude sur leur défaite?
» Était-ce nous défendre, que d'écarter les projets tendants à fortifier l'intérieur du royaume,
» ou de faire des préparatifs de résistance pour
» l'époque où nous serions déjà devenus la proie
» des tyrans? Était-ce nous défendre que de ne
» pas réprimer un général qui violait la Constitution, et d'enchaîner le courage de ceux qui
» la servaient? Était-ce nous défendre, que de
» paralyser sans cesse le gouvernement par la
» désorganisation continuelle du ministère?
» La Constitution vous laissa-t-elle le choix des
» ministres pour notre bonheur ou notre ruine?
» Vous fit-elle chef de l'armée pour notre gloire
» ou notre honte? Vous donna-t-elle, enfin, le
» droit de sanction, une liste civile et tant de
» grandes prérogatives pour perdre constitution-
» nellement la Constitution et l'empire? Non,
» non, homme que la générosité des Français
» n'a pu émouvoir! homme que le seul amour du
» despotisme a pu rendre sensible! vous n'avez
» pas rempli le vœu de la Constitution. Elle
» peut être renversée, mais vous ne recueillerez
» pas le fruit de votre parjure; vous ne vous
» êtes point opposé par un acte formel aux
» victoires qui se remportaient en votre nom
» sur la liberté, mais vous ne recueillerez point

» le fruit de ces indignes triomphes! Vous n'êtes
» plus rien pour cette Constitution que vous
» avez si indignement violée, pour ce peuple que
» vous avez si lâchement trahi! »

» Comme les faits que je viens de rappeler ne sont pas dénués de rapports très frappants avec plusieurs actes du roi; comme il est certain que les faux amis qui l'environnent sont vendus aux conjurés de Coblentz, et qu'ils brûlent de perdre le roi, pour transporter la couronne sur la tête de quelqu'un des chefs de leurs complots; comme il importe à sa sûreté personnelle, autant qu'à la sûreté de l'empire, que sa conduite ne soit plus environnée de soupçons, je proposerai une adresse qui lui rappelle les vérités que je viens de faire entendre, et où on lui démontrera que la neutralité qu'il garde entre la patrie et Coblentz serait une trahison envers la France.

» Je demande, de plus, que vous déclariez que la patrie est en danger. Vous verrez, à ce cri d'alarme, tous les citoyens se rallier, la terre se couvrir de soldats, et se renouveler les prodiges qui ont couvert de gloire les peuples de l'antiquité. Les Français régénérés de 89 sont-ils déchus de ce patriotisme? Le jour n'est-il pas venu de réunir ceux qui sont dans Rome et ceux qui sont sur le mont Aventin? Attendez-vous que, las des fatigues de la Révolution, ou corrompus par l'habitude de parader autour d'un château, les hommes faibles s'accoutument à parler de liberté sans enthousiasme et d'esclavage sans horreur? Que nous prépare-t-on? Est-ce le gouvernement militaire que l'on veut établir? On soupçonne la cour de projets perfides : elle fait parler de mouvements militaires, de loi martiale; on familiarise l'imagination avec le sang du peuple. Le palais du roi des Français s'est tout à coup changé en château fort. Où sont, cependant, ses ennemis? Contre qui se pointent ces canons et ces baïonnettes? Les amis de la Constitution ont été repoussés du ministère; les rênes de l'empire demeurent flottantes au hasard, à l'instant où, pour les soutenir, il fallait autant de vigueur que de patriotisme. Partout on fomente la discorde, le fanatisme triomphe, la connivence du gouvernement accroît l'audace des puissances étrangères, qui vomissent contre nous des armées et des fers et refroidit la sympathie des peuples, qui font des vœux secrets pour le triomphe de la liberté. Les cohortes ennemies s'ébranlent, l'intrigue et la perfidie trament des trahisons; le Corps législatif oppose à ces complots des décrets rigoureux, mais nécessaires; la main du roi les déchire ! Appelez, il en est temps, appelez tous les Français pour sauver la patrie ! Montrez-leur le gouffre dans toute son immensité ! Ce n'est que par un effort extraordinaire qu'ils pourront le franchir. C'est à vous de les y préparer par un mouvement électrique qui fasse prendre l'élan à tout l'empire. Imitez vous-mêmes les Spartiates des Thermopyles, ou ces vieillards vénérables du sénat romain qui allèrent attendre, sur le seuil de leur porte, la mort que de farouches vainqueurs apportaient à leur patrie. Non, vous n'aurez pas besoin de faire des vœux pour qu'il naisse des vengeurs de vos cendres : le jour où votre sang rougira la terre, la tyrannie, son orgueil, ses palais, ses protecteurs s'évanouiront à jamais devant la toute-puissance nationale et devant la colère du peuple. »

Il y avait dans ce discours terrible une force ascendante, une gradation croissante, un *crescendo* de tempêtes, qui allaient battant l'air d'une aile immense et pareille à celle de l'ouragan.

Aussi l'effet fut-il celui d'une trombe : l'Assemblée tout entière, feuillants, royalistes, constitutionnels, républicains, députés, spectateurs, bancs, tribunes, tout fut enveloppé, entraîné, enlevé par le puissant tourbillon ; tous poussèrent des cris d'enthousiasme.

Le même soir, Barbaroux écrivait à son ami Rebecqui, resté à Marseille : « Envoie-moi cinq cents hommes qui sachent mourir. »

XX

LE TROISIÈME ANNIVERSAIRE DE LA PRISE DE LA BASTILLE

Le 11 juillet, l'Assemblée déclara que la patrie était en danger.

Mais, pour promulguer la déclaration, il fallait l'autorisation du roi.

Le roi ne la donna que le 21 au soir.

Et, en effet, proclamer que la patrie était en danger, c'était un aveu que l'autorité faisait de son impuissance ; c'était un appel à la nation de se sauver elle-même, puisque le roi n'y pouvait ou n'y voulait plus rien.

Dans l'intervalle du 11 au 21 juillet, une grande terreur avait agité le château.

La cour s'attendait, pour le 14 juillet, à un complot contre la vie du roi.

Une adresse des Jacobins l'avait affermie dans cette croyance : elle était rédigée par Robespierre ; il est facile de le reconnaître à son double tranchant.

Elle était adressée aux fédérés qui venaient à Paris pour cette fête du 14 juillet, si cruellement ensanglantée l'année précédente.

« Salut aux Français des quatre-vingt-trois départements ! disait l'Incorruptible ; salut aux Marseillais ! salut à la patrie puissante, invincible, qui rassemble ses enfants autour d'elle au jour de ses dangers et de ses fêtes ! Ouvrons nos maisons à nos frères !

« Citoyens, n'êtes-vous accourus que pour une vaine cérémonie de fédération et pour des serments superflus ? Non, non, vous accourez au cri de la nation qui vous appelle, menacée dehors, trahie dedans ! Nos chefs perfides mènent nos armées aux pièges ; nos généraux respectent le territoire du tyran autrichien et brûlent les villes de nos frères belges ; un monstre, La Fayette ! est venu insulter en face l'Assemblée nationale : avilie, menacée, outragée, existe-t-elle encore ? Tant d'attentats réveillent enfin la nation, et vous êtes accourus. Les endormeurs du peuple vont essayer de vous séduire : fuyez leurs caresses, fuyez leurs tables où l'on boit le modérantisme et l'oubli du devoir ; gardez vos soupçons dans vos cœurs ; l'heure fatale va sonner !

» Voilà l'autel de la patrie ! Souffrirez-vous que de *lâches idoles* viennent se placer entre la liberté et vous, pour usurper le culte qui lui est dû ? Ne prêtons serment qu'à la patrie, entre les mains immortelles du roi de la nature. Tout nous rappelle, à ce Champ de Mars, le parjure de nos ennemis ; nous ne pouvons y fouler un seul endroit qui ne soit souillé du sang innocent qu'ils y ont versé ! Purifiez ce sol, vengez ce sang, et ne sortez de cette enceinte qu'après avoir décidé le salut de la patrie ! »

Il était difficile de s'expliquer plus catégoriquement ; jamais conseil d'assassinat n'a été donné en termes plus positifs ; jamais représailles sanglantes n'ont été prêchées d'une voix plus claire et plus pressante.

Et c'était Robespierre, remarquez bien, le cauteleux tribun, le filandreux orateur, qui, de sa voix doucereuse, disait aux députés des quatre-vingt-trois départements : « Mes amis, si vous m'en croyez, il faut tuer le roi ! »

On eut grand'peur aux Tuileries, le roi surtout ; on était convaincu que le 20 juin n'avait eu d'autre but que l'assassinat du roi au milieu d'une bagarre, et que, si le crime n'avait pas été commis, cela avait tout simplement tenu au courage du roi, qui avait imposé à ses assassins.

Il y avait bien quelque chose de vrai dans tout cela.

Or, disaient tout ce qui restait de courtisans à ces deux condamnés que l'on appelait le roi et la reine, le crime qui vient d'échouer au 20 juin a été remis au 14 juillet.

On en était tellement persuadé, que l'on supplia le roi de mettre un plastron, afin que, le premier coup de couteau où la première balle s'émoussant sur sa poitrine, ses amis eussent le temps d'arriver à son secours.

Hélas! la reine n'avait plus là Andrée pour l'aider, comme la première fois, dans sa besogne nocturne, et pour aller, à minuit, essayer d'une main tremblante, dans un coin reculé des Tuileries, ainsi qu'elle l'avait fait à Versailles, la solidité de la cuirasse de soie.

Heureusement, on avait conservé le plastron que le roi, lors de son premier voyage à Paris, avait essayé pour faire plaisir à la reine, puis avait refusé de mettre.

Seulement le roi était surveillé de si près, que l'on ne trouvait pas un instant pour le lui faire revêtir une seconde fois et corriger les défauts qu'il pouvait avoir; madame Campan le porta trois jours sous sa robe.

Enfin, un matin qu'elle était dans la chambre de la reine, la reine étant couchée encore, le roi entra, ôta vivement son habit, tandis que madame Campan fermait les portes et essaya le plastron.

Le plastron essayé, le roi tira madame Campan à lui; puis, tout bas:

— C'est pour contenter la reine, dit-il, que je fais ce que je fais; ils ne m'assassineront pas, Campan, soyez tranquilles; leur plan est changé, et je dois m'attendre à un autre genre de mort. En tout cas, venez chez moi en sortant de chez la reine; j'ai quelque chose à vous confier.

Le roi sortit.

La reine avait vu l'aparté sans l'entendre; elle suivit le roi d'un regard inquiet, et quand la porte se fut refermée derrière lui :

— Campan, demanda-t-elle, que vous disait donc le roi?

Madame Campan, tout éplorée, se jeta à genoux devant le lit de la reine, qui lui tendit les deux mains, et elle répéta tout haut ce que le roi avait dit tout bas.

La reine secoua tristement la tête.

— Oui, dit-elle, c'est l'opinion du roi, et je commence à me ranger de son avis; le roi prétend que tout ce qui se passe en France est une imitation de ce qui s'est passé en Angleterre pendant le siècle dernier; il lit sans cesse l'histoire du malheureux Charles, pour se conduire mieux que n'a fait le roi d'Angleterre... Oui, oui, j'en suis à redouter un procès pour le roi, ma chère Campan! Quant à moi, je suis étrangère, et ils m'assassineront... Hélas! que deviendront mes pauvres enfants?

La reine ne put aller plus loin : sa force l'abandonna; elle éclata en sanglots.

Alors, madame Campan se leva, et se hâta de préparer un verre d'eau sucrée avec de l'éther; mais la reine lui fit un signe de la main.

— Les maux de nerfs, ma pauvre Campan, dit-elle, sont les maladies des femmes heureuses; mais tous les médicaments du monde ne peuvent rien contre les maladies de l'âme! Depuis mes malheurs, je ne sens plus mon corps; je ne sens que ma destinée... Ne dites rien de cela au roi et allez le trouver.

Madame Campan hésitait à obéir.

— Eh bien, qu'avez-vous? demanda la reine.

— Oh! Madame, s'écria madame Campan, j'ai à vous dire que j'ai fait pour Votre Majesté un corset pareil au plastron du roi, et qu'à genoux je supplie Votre Majesté de le mettre.

— Merci, ma chère Campan, dit Marie-Antoinette.

— Ah! Votre Majesté l'accepte donc? s'écria la femme de chambre toute joyeuse.

— Je l'accepte comme un remerciement de votre intention dévouée, mais je me garderai bien de le mettre.

Puis, lui prenant la main, et à voix basse, elle ajouta :

— Je serais trop heureuse s'ils m'assassinent! Mon Dieu! ils auront fait plus que vous n'avez fait en me donnant la vie : ils m'en auront délivrée... Va, Campan! va!

Madame Campan sortit.

Il était temps : elle étouffait.

Dans le corridor, elle rencontra le roi, qui venait au-devant d'elle; en la voyant, il s'arrêta et lui tendit la main. Madame Campan saisit la main royale et voulut la baiser, mais le roi, l'attirant à lui, l'embrassa sur les deux joues.

Puis, avant qu'elle fût revenue de son étonnement :

— Venez! dit-il.

Alors, le roi marcha devant elle, et, s'arrêtant dans le corridor intérieur qui conduisait de sa chambre à celle du dauphin, il chercha de la main un ressort et ouvrit une armoire parfaitement dissimulée dans la muraille, en ce que l'ouverture en était perdue au milieu des rainures brunes qui formaient la partie ombrée de ces pierres peintes

C'était l'armoire de fer qu'il avait creusée et fermée avec l'aide de Gamain.

Un grand portefeuille plein de papiers était dans cette armoire, dont une des planches supportait quelques milliers de louis.

— Tenez, Campan, dit le roi, prenez ce portefeuille, et emportez-le chez vous.

Madame Campan essaya de soulever le portefeuille, mais il était trop lourd.

— Sire, dit-elle, je ne puis.

— Attendez, attendez, dit le roi.

Et, ayant refermé l'armoire, qui, une fois refermée, redevenait parfaitement invisible, il prit le portefeuille, et le porta jusque dans le cabinet de madame Campan

— Là! dit-il en s'essuyant le front.

— Sire, demanda madame Campan, que dois-je faire de ce portefeuille?

— La reine vous le dira, en même temps qu'elle vous apprendra ce qu'il contient.

Et le roi sortit.

Pour qu'on ne vît pas le portefeuille, madame Campan, avec effort, le glissa entre deux matelas de son lit, et, entrant chez la reine :

— Madame, dit-elle, j'ai chez moi un portefeuille que le roi vient d'y apporter; il m'a dit que Votre Majesté m'apprendrait et ce qu'il contient et ce que je dois en faire.

Alors la reine posa sa main sur celle de madame Campan, qui, debout devant son lit, attendait sa réponse.

— Campan, dit-elle, ce sont des pièces qui seraient mortelles pour le roi, si on allait, ce qu'à Dieu ne plaise, jusqu'à lui faire un procès ; mais, en même temps, et c'est sans doute cela qu'il veut que je vous dise, il y a dans ce portefeuille le compte rendu d'une séance du conseil dans laquelle le roi a donné son avis contre la guerre ; il l'a fait signer par tous les ministres, et, dans le cas même de ce procès, il compte qu'autant les autres pièces lui seraient nuisibles, autant celle-là lui serait utile.

— Mais, Madame, demanda la femme de chambre presque effrayée, qu'en faut-il faire?

— Ce que vous voudrez, Campan, pourvu qu'il soit en sûreté; vous en êtes seule responsable ; seulement, vous ne vous éloignerez pas de moi, même quand vous ne serez pas de service : les circonstances sont telles, que, d'un moment à l'autre, je puis avoir besoin de vous. En ce cas, Campan, comme vous êtes une de ces amies sur lesquelles on peut compter, je désire vous avoir sous la main...

La fête du 14 juillet arriva.

Il s'agissait pour la Révolution, non pas d'assassiner Louis XVI, — il est probable qu'on n'en eut pas même l'idée, — mais de proclamer le triomphe de Pétion sur le roi.

Nous avons dit qu'à la suite du 20 juin, Pétion avait été suspendu par le directoire de Paris.

Ce n'eût rien été sans l'adhésion du roi ; mais cette suspension avait été confirmée par une proclamation royale envoyée à l'Assemblée.

Le 13, c'est-à-dire la veille de la fête anniversaire de la prise de la Bastille, l'Assemblée, de son autorité privée, avait levé cette suspension.

Le 14, à onze heures du matin, le roi descendit le grand escalier avec la reine et ses enfants, trois ou quatre mille hommes de troupes indécises escortaient la famille royale; la reine cherchait en vain sur le visage des soldats et des gardes nationaux quelque marque de sympathie : les plus dévoués détournaient la tête et évitaient son regard.

Quant au peuple, il n'y avait pas à se tromper sur ses sentiments ; les cris de « Vive Pétion ! » retentissaient de tous côtés; puis, comme pour donner à cette ovation quelque chose de plus durable que l'enthousiasme du moment, sur tous les chapeaux le roi et la reine pouvaient lire ces deux mots, qui constataient à la fois et leur défaite et le triomphe de leur ennemi : « Vive Pétion ! »

La reine était pâle et tremblante; convaincue, malgré ce qu'elle avait dit à madame Campan, qu'un complot existait contre les jours du roi, elle tressaillait à chaque instant, croyant voir s'allonger une main armée d'un couteau, s'abaisser un bras armé d'un pistolet.

Arrivé au Champ de Mars, le roi descendit de voiture, prit place à la gauche du président de l'Assemblée, et s'avança avec lui vers l'autel de la Patrie.

Là, la reine dut se séparer du roi pour monter avec ses enfants à la tribune qui lui était réservée.

Elle s'arrêta, refusant de monter avant qu'il fût arrivé, et le suivant des yeux.

Au pied de l'autel de la Patrie, il y eut une de ces houles subites, telles qu'en font les multitudes.

Le roi disparut comme submergé.

La reine jeta un cri, et voulut s'élancer vers lui

Mais il reparut, montant les degrés de l'autel de la Patrie.

Parmi les symboles ordinaires qui figurent dans les fêtes solennelles, tels que la Justice, la Force, la Liberté, il y en avait un qu'on voyait briller, mystérieux et redoutable, sous un voile de crêpe, et que portait un homme vêtu de noir, et couronné de cyprès.

Ce symbole terrible attirait particulièrement les yeux de la reine.

Elle était comme clouée à sa place ; à peu près rassurée sur le roi, qui avait atteint le sommet de l'autel de la Patrie, elle ne pouvait détacher les yeux de la sombre apparition.

Enfin, faisant un effort pour délier les chaînes de sa langue :

— Quel est cet homme vêtu de noir et couronné de cyprès ? demanda-t-elle sans s'adresser à personne.

Une voix qui la fit tressaillir répondit :

— Le bourreau !

— Et que tient-il à la main, sous ce crêpe ? continua la reine.

— La hache de Charles Ier.

La reine se retourna pâlissant ; il lui semblait avoir déjà entendu le son de cette voix.

Elle ne se trompait pas : celui qui venait de parler, c'était l'homme du château de Taverney, du pont de Sèvres, du retour de Varennes ; c'était Cagliostro enfin.

Elle jeta un cri, et tomba évanouie dans les bras de Madame Élisabeth.

XXI

LA PATRIE EST EN DANGER

Le 22 juillet, à six heures du matin, huit jours après la fête du Champ de Mars, Paris tout entier tressaillit au bruit d'une pièce de canon de gros calibre tiré sur le pont Neuf.

Un canon de l'Arsenal lui répondit, faisant écho.

D'heure en heure, et pendant toute la journée, le bruissement terrible devait se renouveler.

Les six légions de la garde nationale, conduites par leurs six commandants, étaient réunies, dès le point du jour, à l'Hôtel de Ville.

On y organisa deux cortèges pour porter, dans les rues de Paris et dans les faubourgs, la proclamation du danger de la patrie.

C'était Danton qui avait eu l'idée de la terrible fête, et il en avait demandé le programme à Sergent.

Sergent, artiste médiocre comme graveur, mais immense metteur en scène ; Sergent, dont les outrages qui l'avaient assailli aux Tuileries avait redoublé la haine ; Sergent avait déployé dans tout le programme de cette journée cet appareil grandiose dont il donna le dernier mot après le 10 août.

Chacun de deux cortèges, l'un qui devait descendre Paris, l'autre le remonter, partit de l'hôtel de ville à six heures du matin.

D'abord s'avançait un détachement de cavalerie avec musique en tête ; l'air que jouait cette musique, composé pour la circonstance, était sombre, et semblait une marche funèbre.

Derrière le détachement de cavalerie venaient six pièces de canon, marchant de front là où les quais ou les rues étaient assez larges, marchant deux à deux dans les rues étroites.

Puis quatre huissiers à cheval, portant quatre enseignes, sur chacune desquelles était écrit un de ces quatre mots :

LIBERTÉ. — ÉGALITÉ. — CONSTITUTION. PATRIE.

Puis, douze officiers municipaux en écharpe et le sabre au côté ;

Puis, seul, isolé comme la France, un garde national à cheval, tenant une grande bannière tricolore sur laquelle étaient écrits ces mots :

CITOYENS, LA PATRIE EST EN DANGER!

Puis, dans le même ordre que les premières, suivaient six pièces de canon au retentissement profond, aux lourds soubresauts ;

Puis, un détachement de la garde nationale ;

Puis un second détachement de cavalerie fermant la marche.

A chaque place, à chaque pont, à chaque carrefour, le cortège s'arrêtait.

On commandait le silence par un roulement de tambours.

Puis on agitaient les bannières, et, quand aucun bruit ne se faisait plus entendre, quand le souffle haletant de dix mille spectateurs était rentré captif dans leur poitrine, s'élevait la voix grave de l'officier municipal qui lisait l'acte, du corps législatif, et qui ajoutait :

LA PATRIE EST EN DANGER!

Ce dernier cri était terrible, et vibrait dans tous les cœurs.

C'était le cri de la nation, de la patrie de la France !

A sa voix tout le monde se retourna. (Page 596.)

C'était une mère à l'agonie, qui criait : « A moi, mes enfants! »

Et puis, d'heure en heure, retentissait le coup de canon du pont Neuf, avec son écho de l'Arsenal.

Sur toutes les grandes places de Paris, — le parvis Notre-Dame en était le centre — on avait dressé des amphithéâtres pour les enrôlements volontaires.

Au milieu de ces amphithéâtres était une large planche posée sur deux tambours, servant de table d'enrôlement ; à chaque mouvement imprimé à l'amphithéâtre, les tambours gémissaient comme un souffle d'orage lointain.

Des tentes surmontées de bannières tricolores étaient dressées tout autour de l'amphithéâtre, ces tentes étaient surmontées de banderoles tricolores et de couronnes de chêne.

Des municipaux en écharpe siégeaient autour de la table, et au fur et à mesure des enrôlements, délivraient les certificats aux enrôlés.

De chaque côté de l'amphithéâtre étaient deux pièces de canon : au pied du double escalier par lequel on y montait, une musique incessante ; en avant des tentes et suivant la même ligne courbe, un cercle de citoyens armés.

C'était à la fois grand et terrible ! Il y eut enivrement de patriotisme.

Chacun se présentait pour être inscrit ; les sentinelles ne pouvaient repousser ceux qui se présentaient : à chaque instant les rangs étaient brisés.

Les deux escaliers de l'amphithéâtre, — il y en avait un pour monter, un autre pour descendre, — ne suffisaient pas, si larges qu'ils fussent.

Chacun montait comme il pouvait, aidé de ceux qui étaient montés ; puis, son nom inscrit, son certificat reçu, il sautait à terre avec des cris de fierté, secouant son parchemin, chantant le *Ça ira*, et allant baiser les canons bouche à bouche.

C'étaient les fiançailles du peuple français avec cette guerre de vingt-deux ans qui, si elle ne l'a pas eu dans le passé, aura pour résultat dans l'avenir la liberté du monde !

Parmi ces volontaires, il y en avait de trop vieux qui, fats sublimes, déguisaient leur âge ; il y en avait de trop jeunes qui, menteurs pieux, se haussaient sur la pointe des pieds, et répondaient : « Seize ans ! » quand ils n'en avaient que quatorze.

Ainsi partirent, de la Bretagne, le vieux la Tour d'Auvergne ; du Midi, le jeune Viala.

Ceux qui étaient retenus par des liens indissolubles pleuraient de ne pouvoir partir ; ils cachaient de honte leur tête dans leurs mains, et les élus leur criaient :

— Mais, chantez donc, vous autres ! mais criez donc : « Vive la nation ! »

Et des cris soudains et terribles de « Vive la nation ! » montaient dans les airs, tandis que, d'heure en heure toujours, tonnait le canon du pont Neuf et son écho de l'Arsenal.

La fermentation était si grande, les esprits étaient si puissamment ébranlés, que l'Assemblée elle-même s'épouvanta de son ouvrage.

Elle nomma quatre membres pour sillonner Paris en tous sens.

Ils avaient mission de dire :

« Frères ! au nom de la patrie, pas d'émeute ! La cour en veut une pour obtenir l'éloignement du roi : pas de prétexte à la cour ; le roi doit rester parmi nous. »

Puis ils ajoutaient tout bas, les terribles semeurs de paroles : « Il faut qu'il soit puni ! » Et l'on battait des mains partout où ces hommes passaient ; et l'on entendait courir par la multitude, comme on entend courir le souffle d'une tempête dans les branches d'une forêt : « Il faut qu'il soit puni ! »

On ne disait pas qui, mais chacun savait bien qui il voulait punir.

Cela dura jusqu'à minuit.

Jusqu'à minuit, le canon tonna ; jusqu'à minuit, la foule stationna autour des amphithéâtres.

Beaucoup d'enrôlés restèrent là, datant leur premier bivac du pied de l'autel de la Patrie.

Chaque coup de canon avait retenti jusqu'au cœur des Tuileries.

Le cœur des Tuileries, c'était la chambre du roi, où Louis XVI, Marie-Antoinette, les enfants royaux, et la princesse de Lamballe étaient assemblés.

Ils ne se quittèrent pas de la journée ; ils sentaient bien que c'était leur sort qui s'agitait dans cette grande et solennelle journée.

La famille royale ne se sépara qu'à minuit passé, c'est-à-dire quand on sut que le canon allait cesser de tirer.

Depuis les attroupements des faubourgs, la reine ne couchait plus au rez-de-chaussée.

Ses amis avaient obtenu d'elle qu'elle montât dans une pièce du premier étage située entre l'appartement du roi et celui du dauphin.

Éveillée d'habitude au point du jour, elle exigeait qu'on ne fermât ni volets ni persiennes, afin que ses insomnies fussent moins pénibles.

Madame Campan couchait dans la même chambre que la reine.

Disons à quelle occasion la reine avait consenti à ce qu'une de ses femmes couchât près d'elle.

Une nuit que la reine venait de se coucher, — il était une heure du matin environ, — madame Campan, debout devant le lit de Marie-Antoinette et causant avec elle, on entendit tout à coup marcher dans le corridor, puis un bruit pareil à celui d'une lutte entre deux hommes.

Madame Campan voulut aller voir ce qui se passait ; mais la reine, se cramponnant à sa femme de chambre ou plutôt à son amie :

— Ne me quittez pas, Campan ! dit-elle.

Pendant ce temps, une voix cria du corridor :

— Ne craignez rien, Madame ; c'est un scélérat qui voulait vous tuer, mais je le tiens !

C'était la voix du valet.

— Mon Dieu ! s'écria la reine en levant les mains au ciel, quelle existence ! Des outrages le jour, des assassins la nuit !

Puis, au valet de chambre :

— Lâchez cet homme, cria la reine, et ouvrez-lui la porte.

— Mais, Madame..., fit madame Campan.

— Eh ! ma chère, si on l'arrêtait, il serait demain porté en triomphe par les Jacobins !

On lâcha l'homme, qui était un garçon de toilette du roi.

Depuis ce jour, le roi avait obtenu que quelqu'un couchât dans la chambre de la reine.

Marie Antoinette avait choisi madame Campan.

La nuit qui suivit la proclamation du danger de la patrie, madame Campan se réveilla vers deux heures du matin : un rayon de lune, comme une lumière nocturne, comme une flamme amie, traversait les vitres, et venait se briser sur le lit de la reine, aux draps de laquelle il donnait une teinte bleuâtre.

Madame Campan entendit un soupir : elle comprit que la reine ne dormait point.

— Votre Majesté souffre! demanda-t-elle à demi-voix.

— Je souffre toujours, Campan, répondit Marie-Antoinette ; cependant, j'espère que cette souffrance finira bientôt.

— Bon Dieu! Madame, s'écria la femme de chambre, Votre Majesté a-t-elle donc encore quelque sinistre pensée?

— Non, au contraire, Campan.

Puis, étendant sa main pâle, qui devint plus pâle encore au reflet du rayon de la lune :

— Dans un mois, dit-elle avec une mélancolie profonde, ce rayon de lune nous verra libres et dégagés de nos chaînes.

— Ah! s'écria madame Campan toute joyeuse, avez-vous accepté le secours de M. de la Fayette, et allez-vous fuir!

— Le secours de M. de la Fayette? Oh! non, Dieu merci ! dit la reine avec un accent de répugnance auquel il n'y avait point à se tromper ; non, mais, dans un mois, mon neveu François sera à Paris.

— En êtes vous bien sûre, Majesté? s'écria madame Campan effrayée.

— Oui, dit la reine, tout est décidé : il y a alliance entre l'Autriche et la Prusse ; les deux puissances combinées vont marcher sur Paris; nous avons l'itinéraire des princes et des armées alliées, et nous pouvons dire sûrement: « Tel jour, nos sauveurs seront à Valenciennes... tel jour, à Verdun... tel jour, à Paris. »

— Et vous ne craignez pas...?

Madame Campan s'arrêta.

— D'être assassinée? dit la reine achevant la phrase. Il y a bien cela, je le sais : que voulez-vous, Campan ! qui ne risque rien n'a rien !

— Du 15 au 20 août, répondit la reine.

— Dieu vous entende! dit madame Campan.

Dieu, par bonheur, n'entendit pas; ou plutôt il entendit, et il envoya à la France un secours sur lequel elle ne comptait pas : la MARSEILLAISE!

XXII

LA MARSEILLAISE

Ce qui rassurait la reine était justement ce qui eût dû l'épouvanter : le manifeste du duc de Brunswick.

Ce manifeste, qui ne devait revenir à Paris que le 26 juillet, rédigé aux Tuileries, en était parti dans les premiers jours du mois.

Mais, en même temps, à peu près, que la cour rédigeait à Paris cette pièce insensée, dont tout à l'heure nous allons voir l'effet, disons ce qui ce passait à Strasbourg.

Strasbourg, une de nos villes les plus françaises, justement parce qu'elle sortait d'être autrichienne ; Strasbourg, un de nos plus solides boulevards, avait, comme nous l'avons dit, l'ennemi à ses portes.

Aussi était-ce à Strasbourg que se réunissaient depuis six mois, c'est-à-dire depuis qu'il était question de la guerre, ces jeunes bataillons de volontaires à l'esprit ardent et patriotique.

Strasbourg, mirant sa flèche sublime dans le Rhin, qui nous séparait seul de l'ennemi, était à la fois un bouillonnant foyer de guerre, de jeunesse, de joie, de plaisirs, de bals, de revues, où le bruit des instruments de combats se mêlait incessamment à celui des instruments de fête.

De Strasbourg, où arrivaient par une porte les volontaires à former, sortaient, par l'autre, les soldats qu'on jugeait en état de se battre; là, les amis se retrouvaient, s'embrassaient, se disaient adieu; les sœurs pleuraient, les mères priaient, les pères disaient : « Allez, et mourez pour la France! »

Et, tout cela, au bruit des cloches, au retentissement du canon, ces deux voix de bronze qui parlent à Dieu, l'une pour invoquer sa miséricorde, l'autre sa justice.

A l'un de ces départs, plus solennel que les autres, parce qu'il était plus considérable, le maire de Strasbourg, Diétrich, digne et excellent patriote, invita ces braves jeunes gens à venir chez lui fraterniser dans un banquet avec les officiers de la garnison.

Les jeunes filles du maire, et douze ou quinze de leurs compagnes, blondes et nobles filles de l'Alsace, qu'on eût prises, à leurs cheveux d'or, pour des nymphes de Cérès, devaient, sinon présider, du moins comme autant de bouquets de fleurs, embellir et parfumer le banquet.

Au nombre des convives, habitué de la maison de Diétrich, ami de la maison, était un jeune et noble Franc-Comtois nommé Rouget de l'Isle. — Nous l'avons connu vieux, et lui-même, en nous l'écrivant tout entière de sa main, nous a raconté la naissance de cette noble fleur de guerre à l'éclosion de laquelle va assister le lecteur. — Rouget de l'Isle avait alors vingt ans, et, comme officier du génie, tenait garnison à Strasbourg.

Poète et musicien, son piano était un des instruments que l'on entendait dans l'immense concert; sa voix, une de celles qui retentissaient parmi les plus fortes et les plus patriotiques.

Jamais banquet plus français, plus national, n'avait été éclairé par un plus ardent soleil de juin.

Nul ne parlait de soi : tous parlaient de la France.

La mort était là, c'est vrai, comme dans les banquets antiques; mais la mort belle, souriante, tenant non point sa faux hideuse et son sablier funèbre, mais, d'une main, une épée, de l'autre, une palme!

On cherchait ce qu'on pouvait chanter : le vieux *Ça ira* était un chant de colère et de guerre civile; il fallait un cri patriotique, fraternel et, cependant, menaçant pour l'étranger.

Quel serait le moderne Tyrtée qui jetterait au milieu de la fumée des canons, du sifflement des boulets et des balles, l'hymne de la France à l'ennemi?

A cette demande, Rouget de l'Isle, enthousiaste, amoureux, patriote, répondit:

— C'est moi!

Et il s'élança hors de la salle.

En une demi-heure, tandis que l'on s'inquiétait à peine de son absence, tout fut fait, paroles et musique; tout fut fondu d'un jet, coulé dans le moule comme la statue d'un dieu.

Rouget de l'Isle rentra, les cheveux rejetés en arrière, le front couvert de sueur, haletant du combat qu'il venait de soutenir contre les deux sœurs sublimes, la musique et la poésie.

— Écoutez! dit-il, écoutez tous!

Il était sûr de sa muse, le noble jeune homme.

A sa voix, tout le monde se retourna, les uns tenant leur verre à la main, les autres tenant une main frémissante dans la leur.

Rouget de l'Isle commença :

> Allons, enfants de la patrie,
> Le jour de gloire est arrivé!
> Contre vous de la tyrannie
> L'étendard sanglant est levé.
> Entendez-vous dans nos campagnes.
> Rugir ces féroces soldats?
> Ils viennent jusque dans nos bras.
> Égorger nos fils, nos compagnes!
> Aux armes, citoyens! formez vos bataillons!
> Marchons, marchons,
> Qu'un sang impur abreuve nos sillons!

A ce premier couplet, un frissonnement électrique parcourut toute l'assemblée.

Deux ou trois cris d'enthousiasme éclatèrent; mais des voix avides d'entendre le reste s'écrièrent aussitôt:

— Silence! silence! écoutez!

Rouget continua avec un geste de profonde indignation :

> Que veut cette horde d'esclaves,
> De traîtres, de rois conjurés?
> Pour qui ces ignobles entraves,
> Ces fers dès longtemps préparés?
> Français! pour nous, ah! quel outrage!
> Quels transports il doit exciter!
> C'est nous qu'on ose méditer
> De rendre à l'antique esclavage!
> Aux armes, citoyens!...

Cette fois, Rouget de l'Isle n'eut pas besoin d'appeler à lui le chœur: un seul cri s'élança de toutes les poitrines:

> Formez vos bataillons!
> Marchons, marchons;
> Qu'un sang impur abreuve nos sillons!

Puis il continua au milieu d'un enthousiasme croissant :

> Quoi! des cohortes étrangères
> Feraient la loi dans nos foyers?
> Quoi! ces phalanges mercenaires
> Terrasseraient nos fiers guerriers?
> Grand Dieu! par des mains enchaînées,
> Nos fronts sous le joug se ploieraient!
> De vils despotes deviendraient
> Les maîtres de nos destinées!

Cent poitrines haletantes attendaient la reprise, et, avant que le dernier vers fût achevé, s'écrièrent :

— Non! non! non!

Puis, avec l'emportement d'une trombe, le chœur sublime retentit:

> Aux armes, citoyens ! formez vos bataillons !
> Marchons, marchons ;
> Qu'un sang impur abreuve nos sillons !

Cette fois, il y avait un tel frémissement parmi tous les auditeurs, que ce fut Rouget de l'Isle qui, pour pouvoir chanter son quatrième couplet, fut obligé de réclamer le silence.

On écouta fiévreusement.

La voix indignée devint menaçante :

> Tremblez, tyrans ! et vous, perfides,
> L'opprobre de tous les partis !
> Tremblez ! vos projets parricides
> Vont enfin recevoir leur prix.
> Tout est soldat pour vous combattre :
> S'ils tombent, nos jeunes héros,
> La terre en produit de nouveaux
> Contre vous tout prêts à se battre.

— Oui ! oui ! crièrent toutes les voix.

Et les pères poussèrent en avant les fils qui pouvaient marcher, les mères levèrent dans leurs bras ceux qu'elles portaient encore.

Alors, Rouget de l'Isle s'aperçut qu'il lui manquait un couplet : le chant des enfants ; chœur sublime de la moisson à naître, du grain qui germe ; et, tandis que les convives répétaient frénétiquement le terrible refrain, il laissa tomber sa tête dans sa main ; puis, au milieu du bruit, des rumeurs, des bravos, il improvisa le couplet suivant :

> Nous entrerons dans la carrière
> Quand nos aînés n'y seront plus ;
> Nous y trouverons leur poussière
> Et la trace de leurs vertus.
> Bien moins jaloux de leur survivre
> Que de partager leur cercueil,
> Nous aurons le sublime orgueil
> De les venger ou de les suivre !

Et, à travers les sanglots étouffés des mères, les accents enthousiastes des pères, on entendit les voix pures de l'enfance chanter en chœur.

> Aux armes, citoyens ! formez vos bataillons !
> Marchons, marchons ;
> Qu'un sang impur abreuve nos sillons !

— Oh ! mais, murmura l'un des convives, n'y a-t-il point de pardon pour ceux qui ne sont qu'égarés ?

— Attendez, attendez, cria Rouget de l'Isle, et vous verrez que mon cœur ne mérite pas ce reproche.

Et, d'une voix pleine d'émotion, il chanta cette strophe sainte, dans laquelle est l'âme de la France tout entière : humaine, grande, généreuse, et, dans sa colère, planant, avec les ailes de la miséricorde, au-dessus de sa colère même.

> Français ! en guerriers magnanimes,
> Portez ou retenez vos coups :
> Épargnez ces tristes victimes
> S'armant à regret contre vous...

Les applaudissements interrompirent le chanteur.

— Oh ! oui ! oui ! criait-on de toute part ; miséricorde, pardon à nos frères égarés, à nos frères esclaves, à nos frères qu'on pousse contre nous avec le fouet et la baïonnette !

— Oui, reprit Rouget de l'Isle, pardon et miséricorde pour ceux-là !

> Mais ces despotes sanguinaires,
> Mais les complices de Bouillé,
> Contre ces tigres sans pitié,
> Déchirant le sein de leur mère !
> Aux armes, citoyens ! formez vos bataillons !

— Oui, crièrent toutes les voix, contre ceux-là,

> Marchons, marchons ;
> Qu'un sang impur abreuve nos sillons !

— Maintenant, cria Rouget de l'Isle, à genoux, tous, tant que vous êtes !

On obéit.

Rouget de l'Isle seul resta debout, posa un de ses pieds sur la chaise d'un des convives, comme sur le premier degré du temple de la Liberté, et, levant ses deux bras au ciel, il chanta le dernier couplet, l'invocation au génie de la France :

> Amour sacré de la patrie,
> Conduis, soutiens nos bras vengeurs ;
> Liberté, liberté chérie,
> Combats avec tes défenseurs !
> Sous nos drapeaux, que la victoire
> Accoure à tes mâles accents ;
> Que nos ennemis expirants
> Voient ton triomphe et notre gloire !

— Allons, dit une voix, la France est sauvée !

Et toutes les bouches, dans un cri sublime, *De profundis* du despotisme, *Magnificat* de la liberté, s'écrièrent

> Aux armes, citoyens ! formez vos bataillons !
> Marchons, marchons,
> Qu'un sang impur abreuve nos sillons.

Puis ce fut comme une joie folle, enivrante,

insensée ; chacun se jeta dans les bras de son voisin ; les jeunes filles prirent leurs fleurs à pleines mains, bouquets et couronnes, et semèrent tout aux pieds du poète.

Trente-huit ans après, en me racontant cette grande journée, à moi jeune homme qui venais pour la première fois d'entendre, en 1830, chanter par la voix puissante du peuple, l'hymne sacrée — trente-huit ans après, le front du poète rayonnait encore de la splendide auréole de 1792.

Et c'était justice !

D'où vient que moi-même, en écrivant des dernières strophes, je suis tout ému ? d'où vient que, tandis que ma main trace, tremblante, le chœur des enfants, l'invocation au génie de la France, d'où vient que mon autre main essuie une larme près de tomber sur le papier ?

C'est que la sainte *Marseillaise* est non seulement un cri de guerre, mais encore un élan de fraternité ; c'est que c'est la royale et puissante main de la France tendue à tous les peuples ; c'est qu'elle sera toujours le dernier soupir de la liberté qui meurt, le premier cri de la liberté qui renaît !

Maintenant comment l'hymne née à Strasbourg, sous le nom de *Chant du Rhin*, a-t-il éclaté tout à coup au cœur de la France sous le nom de la *Marseillaise ?*

C'est ce que nous allons dire à nos lecteurs.

XXIII

LES CINQ CENTS HOMMES DE BARBAROUX

Le 28 juillet, comme pour donner une base à la proclamation du danger de la patrie, arriva à Paris le manifeste de Coblentz.

Nous l'avons dit, c'était une œuvre insensée, une menace, par conséquent une insulte à la France.

Le duc de Brunswick, homme d'esprit, trouvait le manifeste absurde ; mais au-dessus du duc étaient les rois de la coalition ; ils reçurent la pièce toute rédigée des mains du roi de France et l'imposèrent à leur général.

Selon le manifeste, tout Français était coupable ; toute ville et tout village devait être démoli ou brûlé. — Quant à Paris, moderne Jérusalem condamnée aux ronces et aux épines, il n'en resterait pas pierre sur pierre !

Voilà ce que disait ce manifeste qui arrivait de Coblentz dans la journée du 28, avec la date du 26.

Quelque aigle l'avait donc apporté dans ses serres, pour qu'il eût fait deux cents lieues en trente-six heures !

On peut comprendre l'explosion produite par une pareille pièce ; ce fut celle que produit l'étincelle en tombant sur la poudrière.

Tous les cœurs tressaillirent, tous s'alarmèrent, tous se préparèrent au combat.

Choisissons, parmi tous ces hommes, un homme ; parmi tous ces types, un type.

Nous avons déjà nommé l'homme : c'est Barbaroux.

Nous allons essayer de peindre le type.

Barbaroux, nous l'avons dit, écrivait vers le commencement de juillet, à Rebecqui : « Envoie-moi cinq cents hommes qui sachent mourir ! »

Quel était l'homme qui pouvait écrire une pareille phrase, et quelle influence avait-il donc sur ses compatriotes ?

Il avait l'influence de la jeunesse, de la beauté, du patriotisme.

Cet homme, c'était Charles Barbaroux, douce et charmante figure qui trouble madame Roland jusque dans la chambre conjugale, qui fait rêver Charlotte Corday jusqu'au pied de l'échafaud.

Madame Roland commença par se défier de lui.

Pourquoi s'en défiait-elle ?

Il était trop beau !

C'était le reproche que l'on fit à deux hommes de la Révolution, dont les têtes, si belles qu'elles fussent, apparurent, à quatorze mois de distance, l'une à la main du bourreau de Bordeaux, l'autre à la main du bourreau de Paris : le premier était Barbaroux ; le second, Hérault de Séchelles.

Écoutez ce que dit d'eux madame Roland :

« Barbaroux est léger ; les adorations que lui prodiguent les femmes sans mœurs nuisent au sérieux de ses sentiments. Quand je vois ces beaux jeunes gens trop enivrés de l'impression qu'ils produisent, comme Barbaroux et Hérault de Séchelles, je ne puis m'empêcher de penser qu'ils s'adorent trop eux-mêmes pour adorer assez leur patrie. »

Elle se trompait, la sévère Pallas.

La patrie fut, non pas l'unique, mais la première maîtresse de Barbaroux ; ce fut elle, au moins, qu'il aima le mieux puisqu'il mourut pour elle.

Barbaroux avait vingt-cinq ans à peine.

Il était né à Marseille d'une famille de ces

hardis navigateurs qui ont fait du commerce une poésie. Pour la forme, pour la grâce, pour l'idéalité, pour le profil grec surtout, il semblait descendre en droite ligne de quelqu'un de ces Phocéens qui emportèrent leurs dieux des bords du Permesse aux rives du Rhône.

Jeune, il s'était exercé au grand art de la parole, — cet art dont les hommes du Midi savent se faire à la fois une arme et une parure, — puis à la poésie, cette fleur du Parnasse que les fondateurs de Marseille transportèrent avec eux du golfe de Corinthe au golfe de Lion. Il s'était, en outre, occupé de physique, et s'était mis en correspondance avec Saussure et Marat.

On le vit éclore tout à coup pendant les agitations de sa ville natale, à la suite de l'élection de Mirabeau.

Il fut alors nommé secrétaire de la municipalité de Marseille.

Plus tard, il y eut des troubles à Arles.

Au milieu de ces troubles apparut la belle figure de Barbaroux, pareille à Antinoüs armé.

Paris le réclamait; la grande fournaise avait besoin de ce sarment embaumé; ce creuset immense, de ce pur métal.

Il y fut envoyé pour rendre compte des troubles d'Avignon; on eût dit qu'il n'était d'aucun parti; que son cœur, comme celui de la justice, n'avait ni amitié ni haine: il dit la vérité simple et terrible, comme elle était, et, en la disant, il parut grand comme elle.

Les girondins venaient d'arriver. Ce qui distinguait les girondins des autres partis, ce qui les perdit peut-être, c'est qu'ils étaient de véritables artistes: ils aimaient ce qui était beau; ils tendirent leur main tiède et franche à Barbaroux; puis, tout fiers de cette belle recrue, ils conduisirent le Marseillais chez madame Roland.

On sait ce que, à la première vue, madame Roland avait pensé de Barbaroux.

Ce qui avait surtout étonné madame Roland, c'est que, depuis longtemps, son mari était en correspondance avec Barbaroux, et que les lettres du jeune homme arrivaient régulières, précises, pleines de sagesse.

Elle n'avait demandé ni l'âge ni l'aspect de ce grave correspondant: c'était pour elle un homme d'une quarantaine d'années, au crâne dégarni par la pensée, au front ridé par les veilles.

Elle vint au devant du rêve qu'elle avait fait, et trouva un beau jeune homme de vingt-cinq ans, gai, rieur, léger, aimant les femmes : —

toute cette riche et brillante génération qui fleurissait en 92 pour être fauchée en 93 les aimait.

Ce fut dans cette tête, qui paraissait si frivole, et que madame Roland trouvait trop belle, que se formula peut-être la première pensée du 10 août.

L'orage était en l'air; les nuages insensés couraient du nord au midi, du couchant à l'orient.

Barbaroux leur donna une direction, les amoncela sur le toit ardoisé des Tuileries.

Lorsque personne encore n'avait de plan arrêté, il écrivit à Rebecqui : « Envoie-moi cinq cents hommes qui sachent mourir ! »

Hélas! le véritable roi de France, c'était ce roi de la Révolution qui écrivait qu'on lui envoyât cinq cents hommes qui sussent mourir, et à qui, aussi simplement qu'il les avait demandés on les envoyait.

Rebecqui les avait choisis lui-même, recrutés parmi le parti français d'Avignon.

Ils se battaient depuis deux ans; ils haïssaient depuis dix générations.

Ils s'étaient battus à Toulouse, à Nîmes, à Arles; ils étaient faits au sang; de la fatigue, ils n'en parlaient même pas.

Au jour arrêté, ils avaient entrepris, comme une simple étape, cette route de deux cent vingt lieues.

Pourquoi pas? C'étaient d'âpres marins, de durs paysans, des visages brûlés par le sirocco d'Afrique ou par le mistral du mont Ventoux, des mains noircies par le goudron ou durcies par le travail.

Partout où ils passaient, on les appelait des *brigands*.

Dans une halte qu'ils firent, au-dessus d'Orgon, ils reçurent, paroles et musique, l'hymne de Rouget de l'Isle, sous le nom de *Chant du Rhin*.

C'était Barbaroux qui leur envoya ce viatique pour leur faire paraître la route moins longue.

L'un d'eux déchiffra la musique, et chanta les paroles; puis tous, d'un cri immense, répétèrent le chant terrible, bien autrement que ne l'avait rêvé Rouget de l'Isle lui-même!

En passant par la bouche des Marseillais, son chant avait changé de caractère comme les mots avaient changé d'accent.

Ce n'était plus un chant de fraternité: c'était un chant d'extermination et de mort; c'était *la Marseillaise*, c'est-à-dire l'hymne retentissant qui nous a fait tressaillir dans le sein de nos mères.

Cette petite bande de Marseillais, traversant

villes et villages, effrayait la France par son ardeur à chanter ce chant nouveau encore inconnu.

Quand il les sut à Montereau, Barbaroux courut en informer Santerre.

Santerre lui promit d'aller recevoir les Marseillais à Charenton avec quarante mille hommes.

Voici ce que Barbaroux comptait faire avec les quarante mille hommes de Santerre et ses cinq cents Marseillais :

Mettre les Marseillais en tête, emporter d'un élan l'hôtel de ville et l'Assemblée, passer sur les Tuileries comme au 14 juillet 1789, on avait passé sur la Bastille, et, sur les ruines du palais florentin, proclamer la république.

Barbaroux et Rebecqui allèrent attendre à Charenton Santerre et ses quarante mille faubouriens.

Santerre arriva avec deux cents hommes.

Peut-être ne voulut-il pas donner aux Marseillais, c'est-à dire à des étrangers, la gloire d'un pareil coup de main.

La petite bande aux yeux ardents, aux visages basanés, aux paroles stridentes, traversa tout Paris, du jardin du roi aux Champs-Élysées en chantant *la Marseillaise*. Pourquoi l'appellerions-nous autrement qu'on ne l'appela?

Les Marseillais devaient camper aux Champs-Élysées, où un banquet devait leur être donné le lendemain.

Le banquet eut lieu, en effet; mais, entre les Champs-Élysées et le pont Tournant, étaient rangés les bataillons de grenadiers de la section des Filles-Saint-Thomas.

C'était une garde royaliste que le château avait placée là comme un rempart entre les nouveaux venus et lui.

Marseillais et grenadiers des Filles-Saint-Thomas se flairèrent d'abord ennemis. On commença par échanger des injures, puis des coups; au premier sang qui coula, les Marseillais crièrent : « Aux armes! sautèrent sur leurs fusils en faisceaux, et chargèrent à la baïonnette.

Les grenadiers parisiens se trouvèrent culbutés par ce premier coup de boutoir; heureusement, ils avaient derrière eux les Tuileries et leurs grilles : le pont Tournant protégea leur fuite, et se releva devant leurs ennemis.

Les fugitifs trouvèrent un asile dans les appartements du roi. La tradition prétend qu'un blessé fut soigné des propres mains de la reine.

Les fédérés, Marseillais, Bretons et Dauphinois, étaient cinq mille : ces cinq mille hommes étaient une puissance, non par le nombre, mais par la foi.

L'esprit de la Révolution était en eux.

Le 17 juillet, ils avaient envoyé une adresse à l'Assemblée.

« Vous avez déclaré la patrie en danger, disaient-ils ; mais ne craignez-vous pas de la mettre en danger vous-mêmes en prolongeant l'impunité des traîtres? Poursuivez La Fayette, *suspendez le pouvoir exécutif*, destituez les directoires de département, renouvelez le pouvoir judiciaire. »

Le 3 août, c'est Pétion lui-même qui reproduit la même demande, Pétion, qui, de sa voix glacée, au nom de la Constitution, réclame l'appel aux armes.

Il est vrai qu'il a derrière lui deux dogues qui le mordent aux jambes ; Danton et Sergent.

La Commune, dit Pétion, vous *dénonce le pouvoir exécutif*. Pour guérir les maux de la France, il faut les attaquer dans leur source, et ne pas perdre un moment. Nous aurions désiré pouvoir demander seulement la suspension momentanée de Louis XVI ; la Constitution s'y oppose; il invoque sans cesse la Constitution : nous l'invoquons à notre tour, et *nous demandons la déchéance*...

Entendez-vous le roi de Paris qui vient dénoncer le roi de France, le roi de l'hôtel de ville qui déclare la guerre au roi des Tuileries?

L'Assemblée recula devant la terrible mesure qu'on lui proposait.

La question de déchéance fut remise au 9 août.

Le 8, l'Assemblée déclara qu'il n'y avait pas lieu à accusation contre La Fayette.

L'Assemblée reculait.

Qu'allait-elle donc décider le lendemain à propos de la déchéance? Allait-elle, elle aussi se mettre en opposition avec le peuple?

Qu'elle prenne garde! Ne sait-elle point ce qui se passe, l'imprudente?

Le 3 août, — le jour même où Pétion est venu demander la déchéance, — le faubourg Saint-Marceau se lasse de mourir de faim dans cette lutte qui n'est ni la paix ni la guerre : il envoie des députés à la section des Quinze-Vingts : et fait demander à ses frères du faubourg, Saint-Antoine:

— Si nous marchons sur les Tuileries marcherez-vous avec nous?

— Nous marcherons! répondent ceux-ci.

Le 4 août, l'Assemblée condamne la procla-

— Mangeons et buvons, car nous mourrons demain. (Page 608.)

mation insurrectionnelle de la section Mauconseil.

Le 5, la Commune se refuse à publier le décret

Ce n'est point assez que le roi de Paris ait déclaré la guerre au roi de France ; voilà la Commune qui se met en opposition avec l'Assemblée.

Tous ces bruits d'opposition au mouvement revenaient aux Marseillais ; les Marseillais avaient des armes, mais n'avaient pas de cartouches.

Ils demandaient à grands cris des cartouches ; on ne leur en donnait pas.

Le 4, au soir, une heure après que le bruit s'est répandu que l'Assemblée condamne l'acte insurrectionnel de la section Mauconseil, deux jeunes Marseillais se rendent à la mairie.

Il n'y a au bureau que deux officiers municipaux : Sergent, l'homme de Danton ; Panis, l'homme de Robespierre.

— Que voulez-vous? demandent les deux magistrats.

— Des cartouches ! répondent les deux jeunes gens.

— Il y a défense expresse d'en délivrer, dit Panis.

— Défense de délivrer des cartouches ? reprend l'un des Marseillais. Mais voilà l'heure du combat qui approche, et nous n'avons rien pour le soutenir !

— On nous a donc fait venir à Paris pour nous égorger? s'écrie l'autre.

Le premier tira un pistolet de sa poche.

Sergent sourit.

— Des menaces, jeune homme? dit-il. Ce n'est point avec des menaces que vous intimiderez deux membres de la Commune!

— Qui vous parle de menaces et d'intimidation? dit le jeune homme ; ce pistolet n'est pas pour vous: il est pour moi!

Et, appuyant l'arme contre son front :

— De la poudre ! des cartouches! ou, foi de Marseillais, je me fais sauter la cervelle!

Sergent avait une imagination d'artiste, un cœur de Français : il sentit que le cri que venait de pousser le jeune homme, c'était le cri de la France.

— Panis, dit-il, prenons garde! si ce jeune homme se tue son sang retombera sur nous.

— Mais, si nous délivrons des cartouches malgré l'ordre, nous jouons notre tête sur le coup !

— N'importe! je crois que l'heure est venue de jouer notre tête, dit Sergent. En tout cas, chacun pour soi : je joue la mienne, quitte à toi de ne pas suivre mon exemple.

Et, prenant un papier, il écrivit l'ordre de délivrer des cartouches aux Marseillais, et signa.

— Donne! dit Panis quand Sergent eut fini.

Et il signa après Sergent.

On pouvait être tranquille désormais: du moment que les Marseillais avaient des cartouches, ils ne se laisseraient pas égorger sans se défendre.

Aussi, les Marseillais armés, l'Assemblée accueille-t-elle, le 6, une pétition foudroyante qu'ils lui adressent; non seulement elle l'accueille, mais encore elle admet les pétitionnaires aux honneurs de la séance.

Elle a grand'peur l'Assemblée; tellement peur, qu'elle délibère si elle ne se retirera pas en province.

Vergniaud seul la retient. — Et pourquoi, mon Dieu? Qui dira que ce n'était pas pour rester près de la belle Candeille que Vergniaud voulait rester à Paris? Peu importe au surplus.

— C'est à Paris, dit Vergniaud, qu'il faut assurer le triomphe de la liberté, ou périr avec elle! Si nous quittons Paris, ce ne peut-être que comme Thémistocle, avec tous les citoyens, en ne laissant que des cendres, et en ne fuyant un moment devant l'ennemi que pour lui creuser un tombeau.

Ainsi, tout le monde est dans le doute, tout le monde hésite, chacun sent la terre trembler sous lui, et craint qu'elle ne s'ouvre sous ses pas.

Le 4 août, — le jour où l'Assemblée condamne la proclamation insurrectionnelle de la section Mauconseil, le jour où les deux Marseillais font distribuer par Panis et Sergent des cartouches à leurs cinq cents compatriotes, ce même jour, il y avait eu réunion au Cadran-Bleu sur le boulevard du Temple; Camille Desmoulins y était pour son compte et pour celui de Danton; Carra tenait la plume, et traça le plan de l'insurrection.

Le plan tracé, on se rendit chez l'ex-constituant Antoine, qui demeurait rue Saint-Honoré, vis-à-vis de l'Assomption, chez le menuisier Duplay, dans la même maison que Robespierre.

Robespierre n'était point de tout cela; aussi, quand madame Duplay, vit s'installer chez Antoine toute cette bande de perturbateurs, monta-t-elle vivement à la chambre où ils étaient rassemblés, s'écriant dans sa terreur :

— Mais, monsieur Antoine, vous voulez donc faire égorger M. de Robespierre.

— Il s'agit bien de Robespierre! répondit l'ex-constituant. Personne, Dieu merci, ne songe à lui ; s'il a peur, qu'il se cache!

A minuit, le plan, écrit par Carra, fut envoyé à Santerre et à Alexandre, les deux commandants du faubourg.

Alexandre eût marché; mais Santerre répondit que le faubourg n'était pas prêt.

Santerre tenait la parole offerte à la reine le 20 juin. — Au 10 août, il ne marcha que lorsqu'il ne put faire autrement.

L'insurrection fut encore ajournée.

Antoine avait dit qu'on ne songeait pas à Robespierre ; il se trompait.

Les esprits étaient tellement troublés, qu'on eut l'idée d'en faire le mobile d'un mouvement, lui, ce centre d'immobilité!

Et qui eut cette idée-là? Barbaroux!

Il avait presque désespéré, ce hardi Marseillais ; il était tout près de quitter Paris, et de retourner à Marseille.

Écoutez madame Roland:

« Nous comptions peu sur la défense du Nord; nous examinions avec Servan et Barbaroux, les chances de sauver la liberté dans le Midi, et d'y fonder une république ; nous prenions des cartes géographiques, nous tracions des lignes de démarcation. « Si nos Marseillais ne réussissent « pas, » disait Barbaroux, « ce sera notre res« source. »

Eh bien, Barbaroux crut en avoir trouvé, une autre ressource: le génie de Robespierre.

Ou peut-être était-ce Robespierre qui voulait savoir où en était Barbaroux.

Les Marseillais avaient quitté leur caserne, trop éloignée, pour venir aux Cordeliers, c'est-à-dire à portée du pont Neuf.

Aux Cordeliers, les Marseillais étaient chez Danton.

Ils allaient donc, en cas de mouvement insurrectionnel, partir de chez Danton, ces terribles Marseillais! Et, si le mouvement réussissait, c'était Danton qui en aurait tout 'honneur.

! Barbaroux avait demandé à voir Robespierre.

Robespierre eut l'air de condescendre à son désir: il fit dire à Barbaroux et à Rebecqui qu'il les attendait chez lui.

Robespierre, nous l'avons dit, logeait chez le menuisier Duplay,

Le hasard, on se le rappelle, l'y avait conduit, le soir de l'échauffourée du Champ de Mars.

Robespierre regarda ce hasard comme une bénédiction du ciel, non seulement parce que, pour le moment, cette hospitalité le sauvait d'un danger imminent, mais encore parce qu'elle faisait tout naturellement la mise en scène de son avenir.

Pour un homme qui voulait mériter le titre d'incorruptible, c'était bien là le logement qu'il fallait.

Il n'y était cependant point entré tout de suite: il avait fait un voyage à Arras; il en avait ramené sa sœur mademoiselle Charlotte de Robespierre, et il demeurait rue Saint-Florentin avec cette maigre et sèche personne, à laquelle, trente-huit ans plus tard, nous avons eu l'honneur d'être présenté.

Il tomba malade.

Madame Duplay, qui était fanatique de Robespierre, sut cette maladie, vint reprocher à mademoiselle Charlotte qu'elle ne l'eût pas avertie de la maladie de son frère, et exigea que le malade fût transporté chez elle.

Robespierre se laissa faire: son vœu, en sortant de chez les Duplay, comme hôte d'un instant, avait été d'y rentrer un jour comme locataire.

Madame Duplay donnait donc en plein dans ses combinaisons.

Elle aussi avait rêvé cet honneur de loger l'Incorruptible, et elle avait préparé une mansarde étroite, mais propre, où elle avait fait porter les meilleurs et les plus beaux meubles de la maison, pour faire compagnie à un charmant lit bleu et blanc, plein de coquetterie, tel qu'il convenait à un homme qui, à l'âge de dix-sept ans, s'était fait peindre tenant une rose à la main.

Dans cette mansarde, madame Duplay avait fait, par l'ouvrier de son mari, poser des rayons de sapin tout neufs, pour placer des livres et des papiers.

Les livres étaient peu nombreux: les œuvres de Racine et de Jean-Jacques Rousseau formaient toute la bibliothèque de l'austère jacobin; en dehors de ces deux auteurs, Robespierre ne lisait guère que Robespierre.

Aussi tous les autres rayons étaient-ils chargés de ses mémoires comme avocat, de ses discours comme tribun.

Quant aux murs, ils étaient couverts de tous les portraits que la fanatique madame Duplay avait pu trouver du grand homme; de même que Robespierre n'avait que la main à étendre pour lire Robespierre, de quelque côté qu'il se tournât, Robespierre ne voyait que Robespierre.

Ce fut dans ce sanctuaire, dans ce tabernacle, dans ce saint des saints, que l'on introduisit Barbaroux et Rebecqui.

Excepté les acteurs mêmes de la scène, nul ne pourrait dire avec quelle filandreuse adresse Robespierre entama la conversation; il parla des Marseillais d'abord, de leur patriotisme, de la crainte qu'il avait de voir exagérer même les meilleurs sentiments; puis il parla de lui, des services qu'il avait rendus à la Révolution, de la sage lenteur avec laquelle il en avait réglé le cours.

Mais, cette révolution, n'était-il point temps qu'elle s'arrêtât? N'était-il pas l'heure où tous les partis devaient se réunir, choisir l'homme populaire entre tous, lui remettre cette révolution entre les mains, le charger d'en diriger le mouvement?

Rebecqui ne le laissa pas aller plus loin.

— Ah! dit-il, je te vois venir, Robespierre!

Robespierre se recula sur sa chaise, comme si un serpent se fût dressé devant lui.

Alors Rebecqui, se levant:

— Pas plus de dictateur que de roi! dit-il. Viens, Barbaroux!

Et tous deux sortirent aussitôt de la mansarde de l'Incorruptible.

Panis, qui les avait amenés, les suivit jusque dans la rue.

— Ah! dit-il, vous avez mal saisi la chose, mal compris la pensée de Robespierre : il s'agissait tout simplement d'une autorité momentanée, et, si l'on suivait cette idée là, nul, certainement, plus que Robespierre...

Mais Barbaroux l'interrompit, et, répétant les paroles de son compagnon :

— Pas plus de dictateur que de roi !

Puis il s'éloigna avec Rebecqui.

XXIV

CE QUI FAISAIT QUE LA REINE N'AVAIT PAS VOULU FUIR

Une chose rassurait les Tuileries : c'était justement ce qui épouvantait les révolutionnaires.

Les Tuileries, mises en état de défense, étaient devenues une forteresse avec une garnison terrible.

Dans cette fameuse journée du 4 août, où l'on a fait tant de choses, la royauté, pour sa part, n'est point restée inactive.

Pendant la nuit du 4 au 5, on a silencieusement fait venir, de Courbevoie aux Tuileries, les bataillons suisses.

Quelques compagnies seulement en ont été distraites et envoyées à Gaillon, où peut-être le roi se réfugiera-t-il.

Trois hommes sûrs, trois chefs éprouvés sont près de la reine : Maillardot avec ses Suisses ; d'Hervilly avec ses chevaliers de Saint-Louis et sa garde constitutionnelle ; Mandat, commandant général de la garde nationale, qui promet vingt mille combattants résolus et dévoués.

Le 8, au soir, un homme pénétra dans l'intérieur du château.

Tout le monde connaissait cet homme : il arriva donc sans difficulté jusqu'à l'appartement de la reine.

On annonça le docteur Gilbert.

— Faites entrer, dit la reine d'une voix fiévreuse.

Gilbert entra.

— Ah ! venez, venez, docteur ! Je suis heureuse de vous voir.

Gilbert leva les yeux sur elle : il y avait dans toute la personne de Marie-Antoinette quelque chose de joyeux et de satisfait qui le fit frissonner.

Il eût mieux aimé la reine pâle et abattue que fiévreuse et animée comme elle l'était.

— Madame, lui dit-il, je crains d'arriver trop tard et dans un mauvais moment.

— Au contraire, docteur, répondit la reine avec un sourire, — expression que sa bouche avait presque désapprise, — vous venez — à l'heure, et vous êtes le bienvenu ! Vous allez voir une chose que j'eusse voulu vous montrer depuis longtemps : un roi véritablement roi !

— J'ai peur, Madame, reprit Gilbert, que vous ne vous trompiez vous-même, et que vous ne me montriez un commandant de place, bien plutôt qu'un roi !

— Monsieur Gilbert, il se peut que nous ne nous entendions pas plus sur le caractère symbolique de la royauté que sur beaucoup d'autres choses... Pour moi, un roi n'est pas seulement un homme qui dit : « Je ne veux pas ! » C'est surtout un homme qui dit : « Je veux ! »

La reine faisait allusion à ce fameux *veto* qui avait amené la situation au point extrême où elle se trouvait.

— Oui, Madame, répondit Gilbert, et, pour Votre Majesté, un roi est surtout un homme qui se venge.

— Qui se défend, monsieur Gilbert ! car, vous le savez, nous sommes publiquement menacés ; on doit nous attaquer à main armée. Il y a, à ce qu'on assure, cinq cents Marseillais, conduits par un certain Barbaroux, qui ont juré, sur les ruines de la Bastille, de ne retourner à Marseille que lorsqu'ils auraient campé sur celles des Tuileries.

— J'ai entendu dire cela, en effet, reprit Gilbert.

— Et cela ne vous a pas fait rire, Monsieur ?

— Cela m'a épouvanté pour le roi et pour vous, Madame.

— De sorte que vous venez nous proposer d'abdiquer et de nous remettre à discrétion aux mains de M. Barbaroux et de ses Marseillais ?

— Ah ! Madame, si le roi pouvait abdiquer, garantir, par le sacrifice de sa couronne, sa vie, la vôtre, celle de vos enfants !

— Vous lui en donneriez le conseil, n'est-ce pas, monsieur Gilbert ?

— Oui, Madame, et je me jetterais à ses pieds pour qu'il le suivît !

— Monsieur Gilbert, permettez-moi de vous dire que vous n'êtes pas fixe dans vos opinions.

— Eh ! Madame, dit Gilbert, mon opinion est toujours la même... Dévoué à mon roi et à ma patrie, j'aurais voulu voir l'accord du roi et de la Constitution ; de ce désir et de mes déceptions successives viennent les différents conseils que j'ai eu l'honneur de donner à Votre Majesté.

— Et quel est celui que vous nous donnez en ce moment, monsieur Gilbert ?

— Jamais vous n'avez été plus maîtresse de le suivre qu'en ce moment, Madame.

— Voyons-le, alors.

— Je vous donne le conseil de fuir.

— De fuir?

— Ah! vous savez bien que c'est possible, Madame, et que jamais facilité pareille ne vous a été offerte.

— Voyons cela?

— Vous avez à peu près trois mille hommes au château.

— Près de cinq mille, Monsieur, dit la reine avec un sourire de satisfaction, et le double au premier signe que nous ferons.

— Vous n'avez pas besoin de faire un signe qui peut être intercepté, Madame : vos cinq mille hommes vous suffiront.

— Eh bien, monsieur Gilbert, à votre avis, que devons-nous faire avec nos cinq mille hommes?

— Vous mettre au milieu d'eux, Madame, avec le roi et vos augustes enfants ; sortir des Tuileries au moment où l'on s'y attendra le moins; à deux lieues d'ici, monter à cheval, gagner Gaillon et la Normandie, où l'on vous attend.

— Celui-là, au moins, Madame, vous a prouvé qu'il était dévoué.

— C'est-à-dire me remettre aux mains de M. de la Fayett?

— Non, Monsieur, non ! Avec mes cinq mille hommes et les cinq mille qui peuvent accourir au premier signe que nous ferons, j'aime mieux essayer autre chose.

— Qu'essayerez-vous?

— D'écraser la révolte une bonne fois pour toutes.

— Ah! Madame, Madame! qu'il avait raison de me dire que vous êtes condamnée!

— Qui cela, Monsieur?

— Un homme dont je n'ose vous redire le nom, Madame ; un homme qui vous a parlé déjà trois fois.

— Silence! dit la reine pâlissant; on tâchera de le faire mentir, le mauvais prophète.

— Madame, j'ai bien peur que vous ne vous aveugliez!

— Vous êtes donc d'avis qu'ils oseront nous attaquer?

— L'esprit public tourne là.

— Et l'on croit que l'on entrera ici comme au 20 juin?

— Les Tuileries ne sont pas une place forte.

— Non ; cependant, si vous voulez venir avec moi, monsieur Gilbert, je vous montrerai qu'elles peuvent tenir quelque temps.

— Mon devoir est de vous suivre, Madame, dit Gilbert en s'inclinant.

— Alors, venez donc! dit la reine.

Et, conduisant Gilbert à la fenêtre du milieu, à celle qui donne sur la place du Carrousel, et d'où l'on dominait, non pas la cour immense qui s'étend aujourd'hui sur toute la façade du palais, mais les trois petites cours fermées de murs qui existaient alors, et qui s'appelaient, celle du pavillon de Flore, la cour des Princes, celle du milieu, la cour des Tuileries, et celle qui confine de nos jours à la rue de Rivoli, la cour des Suisses :

— Voyez! dit-elle.

En effet, Gilbert remarqua que les murs avaient été percés de jours étroits, et pouvaient offrir à la garnison un premier rempart à travers les meurtrières duquel elle fusillerait le peuple.

Puis, ce premier rempart forcé, la garnison se retirerait non seulement dans les Tuileries, dont chaque porte faisait face à une cour mais encore dans les bâtiments latéraux; de sorte que les patriotes qui oseraient s'engager dans les cours seraient pris entre trois feux.

— Que dites-vous de cela, Monsieur? demanda la reine. Conseillez-vous toujours à M. Barbaroux et à ses cinq cents Marseillais de s'engager dans leur entreprise?

— Si mon conseil pouvait être entendu d'hommes aussi fanatisés qu'ils le sont, je ferais près d'eux, Madame, une démarche pareille à celle que je fais près de vous. Je viens vous demander, à vous, de ne pas attendre l'attaque; je leur demanderais, à eux, de ne pas attaquer.

— Et probablement passeraient-ils outre de leur côté?

— Comme vous passerez outre du vôtre, Madame. Hélas! c'est là le malheur de l'humanité, qu'elle demande incessamment des conseils pour ne pas les suivre.

— Monsieur Gilbert, dit la reine en souriant, vous oubliez que le conseil que vous voulez bien nous donner n'est pas sollicité...

— C'est vrai, Madame, dit Gilbert en faisant un pas en arrière.

— Ce qui fait, ajouta la reine en tendant la main au docteur, que nous vous en sommes d'autant plus reconnaissants.

Un pâle sourire de doute effleura les lèvres de Gilbert.

En ce moment, des charrettes chargées de lourds madriers de chêne entraient publiquement dans les cours des Tuileries, où les attendaient des hommes que, sous leurs habits bourgeois, on reconnaissait pour des militaires.

Ces hommes faisaient scier ces madriers sur

une longueur de six pieds et dans une épaisseur de trois pouces.

— Savez-vous ce que sont ces hommes? demanda la reine.

— Mais des ingénieurs, à ce qu'il me paraît, répondit Gilbert.

— Oui, Monsieur, et qui s'apprêtent, comme vous le voyez, à *blinder* les fenêtres en réservant seulement des meurtrières pour faire feu.

Gilbert regarda tristement la reine.

— Qu'avez-vous donc, Monsieur? demanda Marie-Antoinette.

— Ah! je vous plains bien sincèrement, Madame, d'avoir forcé votre mémoire à retenir ces mots et votre bouche à les prononcer.

— Que voulez-vous, Monsieur! répondit la reine, il y a des circonstances où il faut bien que les femmes se fassent hommes : c'est lorsque les hommes...

La reine s'arrêta.

— Mais, enfin, dit-elle en achevant, non point sa phrase, mais sa pensée, pour cette fois le roi est décidé.

— Madame, dit Gilbert, du moment que vous êtes décidée à l'extrémité terrible dont je vous vois faire votre porte de salut, j'espère que de tous côtés vous avez défendu les approches du château; ainsi, par exemple, la galerie du Louvre.

— Au fait, vous m'y faites songer... Venez avec moi, Monsieur; je désire m'assurer que l'on exécute l'ordre que j'ai donné.

Et la reine emmena Gilbert à travers les appartements jusqu'à cette porte du pavillon de Flore qui donne sur la galerie des tableaux.

La porte ouverte, Gilbert vit des ouvriers occupés à couper la galerie dans une largeur de vingt pieds.

— Vous voyez, dit la reine.

Puis, s'adressant à l'officier qui présidait à ce travail :

— Eh bien, monsieur d'Hervilly? lui dit-elle.

— Eh bien, Madame, que les rebelles nous laissent vingt-quatre heures, et nous serons en mesure.

— Croyez-vous qu'ils nous laisseront vingt-quatre heures, monsieur Gilbert? demanda la reine au docteur.

— S'il y a quelque chose, Madame, ce ne sera que pour le 10 août.

— Le 10? un vendredi? Mauvais jour d'émeute, Monsieur! Je croyais que les rebelles auraient eu l'intelligence de choisir un dimanche.

Et elle marcha devant Gilbert, qui la suivit.

En sortant de la galerie, on rencontra un homme en uniforme d'officier général.

— Eh bien, monsieur Mandat, demanda la reine, vos dispositions sont-elles prises?

— Oui, Madame, répondit le commandant général en regardant Gilbert avec inquiétude.

— Oh! vous pouvez parler devant monsieur, dit la reine, monsieur est un ami.

Et, se retournant vers Gilbert :

— N'est-ce pas, docteur? dit-elle.

— Oui, Madame, répondit Gilbert, et l'un de vos plus dévoués.

— Alors, dit Mandat, c'est autre chose...

Un corps de garde nationale placé à l'hôtel de ville, un autre au pont Neuf, laisseront passer les factieux, et, tandis que M. d'Hervilly et ses gentilshommes, M. Maillardot et ses Suisses, les recevront de face, eux leur couperont la retraite et les écraseront par derrière.

— Vous voyez, Monsieur, dit la reine, que votre 10 août ne sera pas un 20 juin!

— Hélas! Madame, dit Gilbert, j'en ai peur, en effet.

— Pour nous?... pour nous? insista la reine.

— Madame, reprit Gilbert, vous savez ce que j'ai dit à Votre Majesté. Autant j'ai déploré Varennes...

— Oui, autant vous conseillez Gaillon!... Avez-vous le temps de descendre avec moi jusqu'aux salles basses, monsieur Gilbert?

— Certes, Madame.

— Eh bien, venez!

La reine prit un petit escalier tournant qui la conduisit au rez-de-chaussée du château.

Le rez-de-chaussée du château était un véritable camp fortifié et défendu par les Suisses : toutes les fenêtres en étaient déjà *blindées*, comme avait dit la reine.

La reine s'avança vers le colonel.

— Eh bien, monsieur Maillardot, demanda-t-elle, que dites-vous de vos hommes?

— Qu'ils sont prêts, comme moi, à mourir pour Votre Majesté, Madame.

— Ils nous défendront donc jusqu'à la dernière extrémité?

— Une fois le feu engagé, Madame, on ne le cessera que sur un ordre écrit du roi.

— Vous entendez, Monsieur? Hors de l'enceinte de ce château, tout peut nous être hostile; mais, à l'intérieur, tout nous est fidèle.

— C'est une consolation, Madame; mais ce n'est pas une sécurité.

— Vous êtes funèbre, savez-vous, docteur?

— Votre Majesté m'a conduit où elle a voulu; me permettra-t-elle de la reconduire chez elle?

— Volontiers, docteur; mais je suis fatiguée, donnez-moi le bras.

Gilbert s'inclina devant cette haute faveur si rarement accordée par la reine, même à ses plus intimes, depuis son malheur surtout.

Il la reconduisit jusqu'à sa chambre à coucher.

Arrivée là, Marie-Antoinette se laissa tomber dans un fauteuil.

Gilbert mit un genou en terre devant elle.

— Madame, dit-il, au nom de votre auguste époux, au nom de vos chers enfants, au nom de votre propre sûreté, une dernière fois je vous adjure de vous servir des forces que vous avez autour de vous, non pas pour combattre mais pour fuir!

— Monsieur, dit la reine, depuis le 14 juillet, j'aspire à voir le roi prendre sa revanche; le moment est venu, ou nous le croyons du moins : nous sauverons la royauté, ou nous l'enterrerons sous les ruines des Tuileries!

— Rien ne peut vous faire revenir de cette fatale résolution, Madame?

— Rien.

Et, en même temps, la reine tendit la main à Gilbert, moitié pour lui faire signe de se relever, moitié pour la lui donner à baiser.

Gilbert baisa respectueusement la main de la reine, et, se relevant :

— Madame, dit-il, Votre Majesté me permettra-t-elle d'écrire quelques lignes regardées comme tellement urgentes que je ne veux pas les retarder d'une minute ?

— Faites, Monsieur, dit la reine en lui montrant une table.

Gilbert s'assit et écrivit ces quatre lignes :

« Venez, Monsieur! la reine est en danger de mort, si un ami ne la décide point à fuir, et je crois que vous êtes le seul ami qui puisse avoir cette influence sur elle. »

Puis il signa et mit l'adresse.

— Sans être trop curieuse, Monsieur, demanda la reine, à qui écrivez-vous ?

— A M. de Charny, Madame, répondit Gilbert.

— A M. de Charny! s'écria la reine pâlissant et frémissant à la fois. Et pourquoi faire lui écrivez-vous ?

— Pour qu'il obtienne de Votre Majesté ce que je n'en puis obtenir.

— M. de Charny est trop heureux pour penser à ses amis malheureux : il ne viendra pas, dit la reine.

La porte s'ouvrit : un huissier parut.

— M. le comte de Charny, qui arrive à l'instant même, dit l'huissier, demande s'il peut présenter ses hommages à Votre Majesté.

De pâle qu'elle était, la reine devint livide ; elle balbutia quelques mots inintelligibles.

— Qu'il entre! dit Gilbert ; c'est le ciel qui l'envoie !

Charny parut à la porte en costume d'officier de marine.

— Oh! venez, Monsieur! lui dit Gilbert ; je vous écrivais.

Et il lui remit la lettre.

— J'ai su le danger que courait Sa Majesté, et je suis venu, dit Charny en s'inclinant.

— Madame, Madame, dit Gilbert, au nom du ciel, écoutez ce que va dire M. de Charny: sa voix sera celle de la France.

Et, saluant respectueusement la reine et le comte, Gilbert sortit, emportant un dernier espoir.

XXV

LA NUIT DU 9 AU 10 AOUT

Que nos lecteurs nous permettent de les transporter dans une maison de la rue de l'Ancienne-Comédie, près de la rue Dauphine.

Au premier étage demeurait Fréron.

Passons devant sa porte ; nous y sonnerions inutilement : il est au second, chez son ami Camille Desmoulins.

Pendant que nous montons les dix-sept marches qui séparent un étage de l'autre, disons rapidement ce qu'était Fréron.

Fréron (Louis-Stanislas) était le fils du fameux Élie-Catherine Fréron, si injustement et si cruellement attaqué par Voltaire ; quand on relit aujourd'hui les articles de critique dirigés par le journaliste contre l'auteur de *la Pucelle*, du *Dictionnaire philosophique* et de *Mahomet*, on est tout étonné de voir que le journaliste en disait juste, en 1754, ce que nous en pensons en 1854, c'est-à-dire cent ans après.

Fréron, le fils, qui avait alors trente-cinq ans, irrité par les injustices dont il avait vu accabler son père, — mort de chagrin en 1776, à la suite de la suppression par le garde des sceaux Miromesnil de son journal *l'Année littéraire*, — Fréron avait embrassé avec ardeur les principes révolutionnaires, et publiait ou allait publier à cette époque *l'Orateur du Peuple*.

Dans la soirée du 9 août, il était, comme nous l'avons dit, chez Camille Desmoulins, où il soupait avec Brune, le futur maréchal de France, et, en attendant, prote dans une imprimerie.

Barbaroux et Rebecqui étaient les deux autres convives.

Une seule femme assistait à ce repas, qui avait quelque ressemblance avec celui que faisaient les martyrs avant d'aller au cirque, et que l'on appelait le *repas libre*.

Cette femme, c'était Lucile.

Doux nom, charmante femme, qui ont laissé un douloureux souvenir dans les annales de la Révolution!

Nous ne pourrons pas t'accompagner dans ce livre, du moins jusqu'à l'échafaud où tu voulus monter, aimante et poétique créature, parce que c'était la route la plus courte pour rejoindre ton mari; mais nous allons, en passant, esquisser ton portrait en deux coups de plume.

Un seul portrait reste de toi, pauvre enfant! Tu es morte si jeune, que le peintre a été, pour ainsi dire, forcé de te saisir au passage. C'est une miniature que nous avons vue dans cette admirable collection du colonel Morin que l'on a laissée se disperser, toute précieuse qu'elle était, à la mort de cet excellent homme, qui mettait avec tant de complaisance ses trésors à notre disposition.

Dans ce portrait, Lucile paraît petite, jolie, mutine surtout; il y a quelque chose d'essentiellement plébéien sur son charmant visage. En effet, fille d'un ancien commis aux finances et d'une très belle créature que l'on prétendait avoir été la maîtresse du ministre des finances Terray, Lucile, ainsi que le prouve son nom, Lucile Duplessis-Laridon, était, comme madame Roland, d'une extraction vulgaire.

Un mariage d'inclination avait, en 1791, uni à cette jeune fille, relativement riche pour lui, cet enfant terrible, ce gamin de génie que l'on appelait Camille Desmoulins.

Camille, pauvre, assez laid, parlant difficilement, à cause de ce bégayement qui l'empêcha d'être orateur et en fit peut-être le grand écrivain que vous savez, Camille l'avait séduite à la fois par la finesse de son esprit et la bonté de son cœur.

Camille, quoiqu'il fût de l'avis de Mirabeau, qui avait dit:

« Vous ne ferez jamais rien de la Révolution si vous ne la *déchristianisez* pas, » Camille s'était marié à l'église Saint-Sulpice selon le rit catholique; mais, en 1792, un fils lui étant né, il porta ce fils à l'hôtel de ville, et réclama pour lui le baptême républicain.

C'était là, dans un appartement du second étage de cette maison de la rue de l'Ancienne-Comédie, que venait de se dérouler, au grand effroi et en même temps au grand orgueil de Lucile, tout ce plan d'insurrection que Barbaroux avouait naïvement avoir envoyé, trois jours auparavant, dans une culotte de nankin, à sa blanchisseuse.

Aussi Barbaroux, qui n'avait pas grande confiance dans la réussite du coup de main qu'il avait préparé lui-même, et qui craignait de tomber au pouvoir de la cour victorieuse, montrait-il, avec une simplicité tout antique, un poison préparé, comme celui de Condorcet, par Cabanis.

Au commencement du souper, Camille, qui n'avait guère plus d'espoir que Barbaroux, avait dit, en levant son verre, pour ne pas être entendu de Lucile:

— *Edamus et bibamus; cras enim moriemur* (1

Mais Lucile avait compris.

— Bon! avait-elle dit, pourquoi parler une langue que je n'entends pas? Je devine bien ce que tu dis, va, Camille! et ce n'est pas moi, sois tranquille, qui t'empêcherai de remplir ta mission.

Et sur cette assurance, on avait parlé librement et tout haut.

Fréron était le plus résolu de tous: on savait qu'il aimait une femme d'un amour sans espoir, bien qu'on ignorât quelle était cette femme. Son désespoir, à la mort de Lucile, révéla ce secret fatal.

— Et toi, Fréron, lui demanda Camille, as-tu du poison?

— Oh moi, dit-il, si nous ne réussissons pas demain, je me fais tuer! Je suis si las de la vie, que je ne cherche qu'un prétexte pour m'en débarrasser.

Rebecqui était celui qui avait le meilleur espoir dans le résultat de la lutte.

— Je connais mes Marseillais, disait-il; c'est moi qui les ai choisis de ma main: je suis sûr d'eux, depuis le premier jusqu'au dernier; pas un ne reculera!

Après le souper, on proposa d'aller chez Dann.

Barbaroux et Rebecqui refusèrent en disant qu'ils étaient attendus à la caserne des Marseillais.

1 Mangeons et buvons;, car nous mourrons demain!

La reine priait, mais ne pleurait pas. (Page 612.)

C'était à la porte, à vingt pas à peine de la maison de Camille Desmoulins.

Fréron avait rendez-vous à la Commune avec Sergent et Manuel.

Brune passait la nuit chez Santerre.

Chacun se rattachait à l'événement par un fil qui lui était propre.

On se sépara. Camille et Lucile seuls allaient chez Danton.

Les deux ménages étaient très liés, non seulement les hommes mais encore les femmes.

On connaît Danton; nous-même, plus d'une fois, derrière les maîtres qui l'ont peint à grands traits, nous avons été appelé, à le reproduire.

Sa femme est moins connue; disons-en quelques mots.

C'était encore chez le colonel Morin que l'on pouvait retrouver un souvenir de cette femme remarquable, qui fut, de la part de son mari, l'objet d'une si profonde adoration; seulement, ce n'était point une miniature qui restait d'elle comme de Lucile: c'était un plâtre.

Michelet croit que ce plâtre avait été moulé après la mort.

Le caractère en était la bonté, le calme et la force.

Sans être déjà malade de la maladie qui la tua en 1793, elle était déjà triste et inquiète, comme si, étant toute proche de la mort, elle eût eu des perceptions de l'avenir.

La tradition ajoute qu'elle était pieuse et timide.

Elle s'était, cependant, un jour, malgré cette timidité et cette piété, vigoureusement prononcée, quoique son avis fût opposé à celui de ses parents : c'était le jour où elle avait déclaré qu'elle voulait épouser Danton.

Comme Lucile dans Camille Desmoulins, elle avait, elle, derrière cette face sombre et bouleversée, dans l'homme ignoré, sans réputation ni fortune, reconnu le dieu qui, comme Jupiter fit à Sémélé, devait la dévorer en se révélant à elle.

On sentait que c'était une fortune terrible et pleine de tempêtes que celle à laquelle s'attachait la pauvre créature ; mais peut-être y eut-il dans sa décision autant de piété que d'amour pour cet ange de ténèbres et de lumière, qui devait avoir le funeste honneur de résumer cette grande année de 1792, comme Mirabeau résume 1791, comme Robespierre résume 1793.

Lorsque Camille et Lucile arrivèrent chez Danton, — les deux ménages demeuraient porte à porte : Lucile et Camille, nous l'avons dit, rue de l'Ancienne-Comédie ; Danton, rue du Paon-Saint-André, — madame Danton pleurait, et, d'un air résolu, Danton essayait de la consoler.

La femme alla à la femme, l'homme à l'homme.

Les femmes s'embrassèrent, les hommes se serrèrent la main.

— Crois-tu qu'il y aura quelque chose ? demanda Camille.

— Je l'espère, répondit Danton. Cependant, Santerre est tiède. Par bonheur, à mon avis, l'affaire de demain n'est point une affaire d'intérêt personnel, de meneur individuel : l'irritation d'une longue misère, l'indignation publique, le sentiment de l'approche de l'étranger, la conviction que la France est trahie, voilà sur quoi il faut compter. Quarante-sept sections, sur quarante-huit, ont voté la déchéance du roi ; elles ont nommé chacune trois commissaires pour se réunir à la Commune, et sauver la patrie.

— Sauver la patrie, dit Camille en secouant la tête, c'est bien vague.

— Oui ; mais, en même temps, c'est bien étendu.

— Et Marat ? et Robespierre ?

— On n'a vu naturellement ni l'un ni l'autre : l'un caché dans son grenier, l'autre dans sa cave. L'affaire finie, on verra reparaître l'un comme une belette, l'autre comme un hibou.

— Et Pétion ?

— Ah ! bien malin qui dira pour qui il est ! Le 4, il a déclaré la guerre au château ; le 8, il a averti le département qu'il ne répondait plus de la sûreté du roi ; ce matin, il a proposé l'établissement des gardes nationaux sur le Carrousel ; ce soir, il a demandé au département vingt mille francs pour renvoyer les Marseillais.

— Il veut endormir la cour, dit Camille Desmoulins.

— Je le crois aussi, dit Danton.

En ce moment, un nouveau couple entra ; c'étaient M. et madame Robert.

On se rappelle que madame Robert (mademoiselle de Kéralio) dictait, le 17 juillet 1791, sur l'autel de la patrie, la fameuse pétition que son mari écrivait.

Tout au contraire des deux autres couples, où les maris étaient supérieurs aux femmes, ici la femme était supérieure au mari.

Robert était un gros homme de trente-cinq à quarante ans, membre du club des Cordeliers, avec plus de patriotisme que de talent, n'ayant aucune facilité pour écrire, grand ennemi de la Fayette, fort ambitieux, si l'on en croit les Mémoires de madame Roland.

Madame Robert avait alors trente-quatre ans ; elle était petite, adroite, spirituelle et fière ; élevée par son père, Guinement de Kéralio, chevalier de Saint-Louis, membre de l'Académie des inscriptions, qui comptait, parmi les écoliers qu'il avait eus, un jeune Corse dont il était loin de prévoir la gigantesque fortune ; — élevée par son père, disons-nous, mademoiselle de Kéralio avait tout doucement tourné à la savante et à la femme de lettres ; à dix-sept ans, elle écrivait, traduisait, compilait ; à dix-huit ans, elle avait fait un roman : *Adélaïde*. Comme le traitement de son père ne suffisait pas à celui-ci pour vivre, il écrivait dans *le Mercure* et dans le *Journal des Savants*, et plus d'une fois il y signa des articles de sa fille, qui étaient loin de déparer les siens. C'est ainsi qu'elle arriva à cet esprit vif, rapide, ardent, qui fit d'elle une des plus infatigables journalistes du temps.

Les époux Robert arrivaient du quartier Saint-Antoine.

L'aspect en était étrange, disaient-ils.

La nuit était belle, doucement éclairée, paisible en apparence ; il n'y avait personne ou presque personne dans les rues ; seulement, toutes les fenêtres étaient illuminées, et toutes ces lumières semblaient briller pour éclairer la nuit.

C'était d'un effet sinistre ! Ce n'était pas l'illumination d'une fête ; ce n'était pas non plus cette lueur qui veille à la couche des morts ; on sentait en quelque sorte vivre le faubourg à travers ce sommeil fiévreux.

Au moment où madame Robert achevait son récit, le son d'une cloche fit tressaillir tout le monde.

C'était le premier coup du tocsin qui retentissait aux Cordeliers.

— Bon! dit Danton, je reconnais nos Marseillais! Je me doutais bien que ce seraient eux qui donneraient le signal.

Les femmes se regardaient avec terreur; madame Danton surtout portait sur son visage tous les caractères de l'effroi.

— Le signal? dit madame Robert. On va donc attaquer le château pendant la nuit?

Personne ne lui répondit; mais Camille Desmoulins, qui, au premier glas de la cloche, était passé dans la chambre voisine, rentra un fusil à la main.

Lucile poussa un cri; puis, sentant qu'à cette heure suprême, elle n'avait pas le droit d'amoindrir l'homme qu'elle aimait, elle se jeta dans l'alcôve de madame Danton, tomba à genoux, appuya sa tête sur le lit, et se mit à pleurer.

Camille vint à elle.

— Sois tranquille, lui dit-il, je ne quitterai pas Danton.

Les hommes sortirent; madame Danton semblait près de mourir; madame Robert, pendue au cou de son mari, voulait absolument l'accompagner.

Les trois femmes restèrent seules: madame Danton, assise et comme anéantie; Lucile, à genoux et pleurant; madame Robert, parcourant la chambre à grands pas, et disant, sans s'apercevoir que chacune de ses paroles frappait au cœur madame Danton:

— Tout cela, tout cela, c'est la faute de Danton! Si mon mari est tué, je mourrai avec lui; mais, avant de mourir, je poignarderai Danton.

Une heure à peu près se passa ainsi.

On entendit la porte du palier se rouvrir.

Madame Robert se précipita en avant; Lucile releva la tête; madame Danton resta immobile.

C'était Danton qui rentrait.

— Seul! s'écria madame Robert.

— Rassurez-vous, dit Danton, il ne se passera rien avant demain.

— Mais Camille? demanda Lucile.

— Mais Robert? demanda mademoiselle de Kéralio.

— Ils sont aux Cordeliers, où ils rédigent des appels aux armes. Je viens vous donner de leurs nouvelles, vous dire qu'il n'y aura rien cette nuit, et la preuve, c'est que je vais dormir.

Il se jeta, en effet, tout habillé sur son lit, et, cinq minutes après, s'endormit comme si ne se fût pas décidée en ce moment, entre la royauté et le peuple, une question de vie et de mort.

A une heure du matin, Camille rentra à son tour.

— Je vous apporte des nouvelles de Robert, dit-il; il est allé à la Commune porter nos proclamations... Ne soyez pas inquiètes, c'est pour demain seulement, et encore, et encore!

Camille secoua la tête en homme qui doute.

Puis, cette tête, il alla l'appuyer sur l'épaule de Lucile, et à son tour il s'endormit.

Il dormait depuis une demi-heure à peu près lorsque l'on sonna à la porte.

Madame Robert alla ouvrir.

C'était Robert.

Il venait chercher Danton de la part de la Commune.

Il réveilla Danton.

— Qu'ils aillent..., et qu'ils me laissent dormir! s'écria celui-ci, demain il fera jour.

Robert et sa femme sortirent; ils rentraient chez eux.

Bientôt on sonna de nouveau.

Ce fut madame Danton qui alla ouvrir.

Elle introduisit un grand garçon blond, d'une vingtaine d'années, habillé en capitaine de la garde nationale; il tenait un fusil à la main.

— M. Danton? demanda-t-il.

— Mon ami! dit madame Danton en éveillant son mari.

— Eh bien, quoi? fit celui-ci. Encore!

— Monsieur Danton, dit le grand jeune homme blond, on vous attend là-bas.

— Où, là-bas?

— A la Commune.

— Qui m'attend?

— Les commissaires des sections, et particulièrement M. Billot.

— L'enragé! dit Danton. C'est bien! dites à Billot que je vais y aller.

Puis, regardant ce jeune homme, dont le visage lui était inconnu, et qui portait, encore enfant, les insignes d'un grade presque supérieur:

— Pardon, dit-il, mon officier; mais qui êtes-vous?

— Je suis Ange Pitou, Monsieur, capitaine de la garde nationale d'Haramont...

— Ah! ah!

— Ancien vainqueur de la Bastille.

— Bon!

— J'ai reçu hier une lettre de M. Billot, qui me disait que probablement on allait se cogner rudement ici, et que l'on avait besoin de tous les bons patriotes.

— Et alors?

Alors, je suis parti avec ceux de mes hommes qui ont bien voulu me suivre; mais, comme ils sont moins bons marcheurs que moi, ils sont restés à Dammartin. Demain, de bonne heure, ils seront ici.

— A Dammartin? demanda Danton. Mais c'est à huit lieues d'ici!

— Oui, monsieur Danton.

— Et Haramont, à combien de lieues est-ce de Paris?

— A dix-neuf lieues... Nous sommes partis ce matin à cinq heures.

— Ah! Ah! Et vous avez fait vos dix-neuf lieues dans votre journée, vous?

— Oui, monsieur Danton.

— Et vous êtes arrivé...?

— A dix heures du soir... j'ai demandé M. Billot; on m'a dit qu'il était sans doute au faubourg Saint-Antoine, chez M. Santerre. J'ai été chez M. Santerre; mais, là, on m'a dit qu'on ne l'avait pas vu, et que je le trouverais probablement aux Jacobins, rue Saint-Honoré; aux Jacobins, on ne l'avait pas vu, et l'on m'a renvoyé aux Cordeliers; aux Cordeliers, on m'a dit d'aller voir à l'hôtel de ville...

— Et, à l'hôtel de ville, vous l'avez trouvé?

— Oui, monsieur Danton; c'est alors qu'il m'a donné votre adresse, et qu'il m'a dit: « Tu n'es pas fatigué, n'est-ce pas, Pitou? — Non, monsieur Billot. — Eh bien, va dire à Danton que c'est un paresseux, et que nous l'attendons. »

— Morbleu! dit Danton sautant à bas du lit, voilà un garçon qui me fait honte! Allons, mon ami, allons!

Et il alla embrasser sa femme, puis sortit avec Pitou.

Sa femme poussa un faible soupir, et renversa sa tête sur le dos de son fauteuil.

Lucile crut qu'elle pleurait et respecta sa douleur.

Cependant, au bout d'un instant, voyant qu'elle ne bougeait pas, elle réveilla Camille; puis elle alla à madame Danton: la pauvre femme était évanouie.

Les premiers rayons du jour glissaient à travers les fenêtres; la journée promettait d'être belle; mais, comme si c'eût été un augure néfaste, le ciel était couleur de sang.

XXVI

LA NUIT DU 9 AU 10 AOUT

Nous avons dit ce qui se passait dans la maison des tribuns; disons maintenant ce qui se passait à cinq cents pas de là, dans la demeure des rois.

Là aussi, des femmes pleuraient et priaient; elles pleuraient plus abondamment peut-être: Chateaubriand l'a dit, les yeux des princes sont faits pour contenir une plus grande quantité de larmes.

Cependant, rendons à chacun justice: Madame Élisabeth et madame de Lamballe pleuraient et priaient; la reine priait, mais ne pleurait pas.

On avait soupé à l'heure habituelle: rien ne dérangeait le roi de ses repas.

En sortant de table, et tandis que Madame Élisabeth et madame de Lamballe se rendaient dans la pièce connue sous le nom de cabinet du conseil, où il était convenu que la famille royale passerait la nuit pour entendre les rapports, la reine prit le roi à part, et voulut l'entraîner.

— Où me conduisez-vous, Madame? demanda le roi.

— Dans ma chambre... Ne voudrez-vous pas mettre le plastron que vous portiez le 14 juillet dernier, Sire?

— Madame, dit le roi, c'était bon pour me préserver de la balle ou du poignard d'un assassin, un jour de cérémonie et de complot; mais dans un jour de combat, où mes amis s'exposent pour moi, ce serait une lâcheté que de ne pas m'exposer comme mes amis.

Et, sur ce, le roi quitta la reine pour rentrer dans son appartement, et s'enfermer avec son confesseur.

La reine alla rejoindre au cabinet du conseil Madame Élisabeth et madame de Lamballe.

— Que fait le roi? demanda madame de Lamballe.

— Il se confesse, répondit la reine avec un accent impossible à rendre.

En ce moment, la porte s'ouvrit, et M. de Charny parut.

Il était pâle, mais parfaitement calme.

— Peut-on parler au roi, Madame? dit-il à la reine, en s'inclinant.

— Pour le moment, Monsieur, répondit la reine, le roi, c'est moi.

Charny le savait mieux que personne; néanmoins, il insista.

— Vous pouvez monter chez le roi, Monsieur, dit la reine; mais vous le dérangerez fort, je vous jure.

— Je comprends: le roi est avec M. Pétion, qui vient d'arriver?

— Le roi est avec son confesseur, Monsieur.

— C'est donc à vous, Madame, répondit Charny, que je ferai mon rapport, comme major-général du château.

— Oui, Monsieur, dit la reine, si vous le voulez bien.

— J'aurai l'honneur d'exposer à Votre Majesté l'effectif de nos forces. La gendarmerie à cheval, commandée par MM. Rulhières et de Verdière, au nombre de six cents hommes, est rangée en bataille sur la grande place du Louvre; la gendarmerie à pied de Paris, *intramuros* est consignée dans les écuries; un poste de cent cinquante hommes en a été distrait pour faire, à l'hôtel de Toulouse, une garde qui protègera, au besoin, la caisse de l'extraordinaire, la caisse d'escompte et la trésorerie; la gendarmerie à pied de Paris, *extra muros*, composée de trente hommes seulement, est postée au petit escalier du roi, cour des Princes; deux cents officiers et soldats de l'ancienne garde à cheval ou à pied, une centaine de jeunes royalistes, autant de gentilshommes, trois cent cinquante ou quatre cents combattants à peu près sont réunis dans l'Œil-de-bœuf et dans les salles environnantes; deux ou trois cents gardes nationaux sont éparpillés dans les cours et dans le jardin; enfin, quinze cents Suisses, qui sont la véritable force du château, viennent de prendre leurs différents postes, et sont placés sous le grand vestibule et au pied des escaliers, qu'ils sont chargés de défendre.

— Eh bien, Monsieur, répondit la reine, toutes ces mesures ne vous rassurent-elles pas?

— Rien ne me rassure, Madame, reprit Charny, lorsqu'il s'agit du salut de Votre Majesté.

— Ainsi, Monsieur, votre avis est toujours pour la fuite?

— Mon avis, Madame, est que vous vous mettiez, le roi, vous, les augustes enfants de Votre Majesté, au milieu de nous tous.

La reine fit un mouvement.

— Votre Majesté répugne à La Fayette : soit! Mais elle a confiance en M. le duc de Liancourt; il est à Rouen, Madame; il y a loué la maison d'un gentilhomme anglais nommé M. Canning; le commandant de la province a fait jurer à ses troupes fidélité au roi; le régiment suisse de Salis-Samade, sur lequel on peut compter, est échelonné sur la route. Tout est encore tranquille; sortons par le pont tournant, gagnons la barrière de l'Étoile; trois cents hommes de cavalerie de la garde constitutionnelle nous y attendent; on réunira facilement à Versailles quinze cents gentilshommes. Avec quatre mille hommes, je réponds de vous conduire où vous voudrez.

— Merci, monsieur de Charny, dit la reine; j'apprécie le dévouement qui vous a fait quitter les personnes qui vous sont chères pour venir offrir vos services à une étrangère...

— La reine est injuste pour moi, interrompit Charny; l'existence de ma souveraine sera toujours à mes yeux la plus précieuse de toutes les existences, comme le devoir me sera toujours la plus chère de toutes les vertus.

— Le devoir, oui, Monsieur, murmura la reine; mais, moi aussi, puisque chacun en est à faire son devoir, je crois bien comprendre le mien: le mien est de maintenir la royauté noble et grande, et de veiller, si on la frappe, à ce qu'elle soit frappée debout, et tombe dignement, comme faisaient ces gladiateurs antiques qui s'étudiaient à mourir avec grâce.

— C'est le dernier mot de votre Majesté?

— C'est surtout mon dernier désir.

Charny salua, et, rencontrant près de la porte madame Campan, qui venait rejoindre les princesses:

— Invitez Leurs Altesses, Madame, dit-il, à mettre dans leurs poches ce qu'elles ont de plus précieux: il se peut que, d'un moment à l'autre, nous soyons obligés de quitter le château.

Puis, tandis que madame Campan allait transmettre l'invitation à madame la princesse de Lamballe et à Madame Élisabeth, Charny, se rapprochant de la reine:

— Madame, dit-il, il est impossible que vous n'ayez point quelque espérance en dehors de l'appui de notre force matérielle; s'il en est ainsi, confiez-vous à moi: songez que, demain, à pareille heure, j'aurai à rendre compte aux hommes ou à Dieu de ce qui se sera passé.

— Eh bien, Monsieur, dit la reine, on a dû remettre deux cent mille francs à Pétion, et cinquante mille à Danton; moyennant ces deux cent cinquante mille francs, on a obtenu de Danton qu'il resterait chez lui, et de Pétion qu'il viendrait au château.

— Mais, Madame, êtes-vous sûre de vos intermédiaires?

— Pétion est arrivé tout à l'heure, m'avez-vous dit?

— Oui, Madame.

— C'est déjà quelque chose, comme vous voyez.

— Ce n'est point assez... On m'a dit qu'on l'avait envoyé chercher trois fois avant qu'il vînt.

— S'il est à nous, dit la reine, il doit, en parlant au roi, poser son index sur la paupière de son œil droit.

— Mais s'il n'est pas à nous, Madame?...

— S'il n'est pas à nous, il est notre prisonnier, et je vais donner les ordres les plus positifs pour qu'on ne le laisse pas sortir du château.

En ce moment, on entendit retentir le son d'une cloche.

— Qu'est-ce que cela? demanda la reine.

— Le tocsin, répondit Charny.

Les princesses se levèrent avec épouvante.

— Eh bien, dit la reine, qu'avez-vous? Le tocsin c'est la trompette des factieux.

— Madame, dit Charny, qui paraissait plus ému que la reine de ce bruit sinistre, je vais m'informer si ce tocsin annonce quelque chose de grave.

— Et l'on vous reverra? dit vivement la reine.

— Je suis venu me mettre aux ordres de Sa Majesté, et je ne la quitterai qu'avec la dernière ombre du danger.

Charny salua et sortit.

La reine resta un instant pensive.

— Allons voir si le roi est confessé, murmura-t-elle.

Et elle sortit à son tour.

Pendant ce temps, Madame Élisabeth se dégageait de quelques vêtements pour se coucher plus à l'aise sur un canapé.

Elle ôta de son fichu une épingle de cornaline, et la montra à madame Campan; c'était une pierre gravée.

La gravure représentait une touffe de lis avec une légende.

— Lisez, dit Madame Élisabeth.

Madame Campan s'approcha d'un candélabre, et lut :

Oubli des offenses, pardon des injures.

— Je crains bien, dit la princesse, que cette maxime ait peu d'influence sur nos ennemis; mais elle ne doit pas moins nous être chère.

Comme elle achevait ces mots, un coup de feu retentit dans la cour.

Les femmes poussèrent un cri.

— Voilà le premier coup de feu, dit Madame Élisabeth; hélas! il ne sera pas le dernier!

On avait annoncé à la reine l'arrivée de Pétion aux Tuileries; voici dans quelles circonstances le maire de Paris y avait fait son entrée.

Il était arrivé vers dix heures et demie.

Cette fois, on ne lui avait pas fait faire antichambre; on lui avait dit, au contraire, que le roi l'attendait; seulement, pour arriver jusqu'au roi, il lui fallait traverser les rangs des Suisses d'abord, de la garde nationale ensuite, puis des gentilshommes qu'on appelait les chevaliers du poignard.

Néanmoins, comme on savait que c'était le roi qui avait envoyé chercher Pétion, comme il pouvait, à tout prendre, rester à l'hôtel de ville, son palais, à lui, et ne pas venir se jeter dans cette fosse aux lions que l'on appelait les Tuileries, il en fut quitte pour les noms de *traître* et de *Judas* qu'on lui cracha au visage tandis qu'il montait les escaliers.

Louis XVI attendait Pétion dans cette même chambre où il l'avait si rudement malmené le 21 juin.

Pétion reconnut la porte, et sourit.

La fortune lui ménageait une terrible revanche.

A la porte, Mandat, le commandant de la garde nationale, arrêta le maire.

— Ah! c'est vous, monsieur le maire! dit-il.

— Oui, Monsieur, c'est moi, répondit Pétion avec son flegme ordinaire.

— Que venez-vous faire ici?

— Je pourrais me dispenser de répondre à cette question, monsieur Mandat, ne vous reconnaissant aucunement le droit de m'interroger; mais, comme je suis pressé, je tiens à ne pas discuter avec des inférieurs...

— Avec des inférieurs?

— Vous m'interrompez, et je vous dis que je suis pressé, monsieur Mandat. Je viens ici parce que le roi m'a fait demander trois fois... De moi-même, je n'y fusse pas venu.

— Eh bien, puisque j'ai l'honneur de vous y voir, monsieur Pétion, je vous demanderai pourquoi les administrateurs de la police de la ville ont distribué à profusion des cartouches aux Marseillais, et pourquoi, moi, Mandat, je n'en ai reçu que trois pour chacun de mes hommes!

— D'abord, répondit Pétion sans rien perdre de son calme, on n'en a pas fait demander davantage des Tuileries :— trois cartouches pour chaque garde national, quarante pour chaque Suisse; — il a été distribué ce que le roi avait demandé.

— Pourquoi cette différence dans le nombre?

— C'est au roi, et non pas à moi, à vous le dire, Monsieur; probablement se défie-t-il de la garde nationale.

— Mais, moi, Monsieur, dit Mandat, je vous ai fait demander de la poudre.

— C'est vrai; malheureusement, vous n'êtes pas en règle pour en recevoir.

— Oh! la bonne réponse! s'écria Mandat; c'est à vous à m'y mettre, en règle, puisque l'ordre doit émaner de vous.

La discussion s'engageait sur un terrain où il eût été difficile à Pétion de se défendre; par bonheur, la porte s'ouvrit, et Rœderer, le syndic de la commune, venant en aide au maire de Paris, lui dit:

— Monsieur Pétion, le roi vous attend.

Pétion entra.

Le roi, en effet, attendait Pétion avec impatience.

— Ah! vous voilà, monsieur Pétion! dit-il. Où en est la ville de Paris?

Pétion lui rendit compte, ou à peu près, de l'état de la ville.

— N'avez-vous rien plus à me dire, Monsieur? demanda le roi.

— Non, Sire, répondit Pétion.

Le roi regardait fixement Pétion.

— Rien de plus?... absolument rien?...

Pétion ouvrait de grands yeux, ne comprenant pas cette insistance du roi.

De son côté, le roi attendait que Pétion portât la main à son œil; c'était, on s'en souvient, le signe par lequel le maire de Paris devait indiquer que, moyennant les deux cent mille francs reçus, le roi pouvait compter sur lui.

Pétion se grattait l'oreille, mais ne portait pas le moins du monde le doigt à son œil.

Le roi avait donc été trompé : un escroc avait empoché les deux cent mille francs.

La reine entra.

Elle tombait juste à ce moment où le roi ne savait plus quelle question faire à Pétion, et où Pétion attendait une question nouvelle.

— Eh bien, demanda tout bas la reine, est-il notre ami?

— Non, dit le roi, il n'a fait aucun signe.

— Qu'il soit notre prisonnier, alors!

— Puis-je me retirer, Sire? demanda Pétion au roi.

— Pour Dieu, ne le laissez pas sortir! dit Marie-Antoinette.

— Non, Monsieur; dans un instant, vous serez libre; mais j'ai encore à vous parler, ajouta le roi en haussant la voix. Entrez donc dans ce cabinet.

C'était dire à tous ceux qui étaient dans le cabinet: « Je vous confie M. Pétion; veillez sur lui, et ne laissez pas partir. »

Ceux qui étaient dans le cabinet comprirent parfaitement; ils enveloppèrent Pétion, qui se sentit prisonnier.

Heureusement, Mandat n'était point là : Mandat se débattait contre un ordre qui venait de lui arriver de se rendre à l'hôtel de ville.

Les feux se croisaient : on demandait Mandat à l'hôtel de ville, comme on avait demandé Pétion aux Tuileries.

Mandat répugnait fort à se rendre à l'invitation, et ne s'y décida point du premier coup.

Quant à Pétion, il était, lui trentième, dans un petit cabinet où l'on eût été gêné à quatre.

— Messieurs, dit-il au bout d'un instant, il est impossible de rester plus longtemps ici : on y étouffe!

C'était l'avis de tout le monde : aussi personne ne s'opposa-t-il à la sortie de Pétion; seulement, tout le monde le suivit.

Puis aussi peut-être n'osa-t-on point le retenir ouvertement.

Il prit le premier escalier venu; cet escalier le conduisit à une chambre du rez-de-chaussée donnant sur le jardin.

Il craignit un instant que la porte du jardin ne fût fermée; elle était ouverte.

Pétion se trouva dans une prison plus grande et plus aérée, voilà tout, mais aussi bien fermée que la première.

Néanmoins, il y avait amélioration.

Un homme l'avait suivi qui, une fois dans le jardin, lui donna son bras; c'était Rœderer, le procureur-syndic du département.

Tous deux commencèrent à se promener sur la terrasse qui longeait le palais; cette terrasse était éclairée par une ligne de lampions : des gardes nationaux vinrent et éteignirent ceux qui étaient dans le voisinage du maire et du syndic.

Quelle était leur intention? Pétion ne la crut pas bonne.

— Monsieur, dit-il à un officier suisse qui le suivait, et qui se nommait M. de Salis-Lizers, y aurait-il de mauvaises intentions contre moi?

— Soyez tranquille, monsieur Pétion, répondit l'officier avec un accent allemand fortement prononcé; le roi m'a chargé de veiller sur vous, et je vous garantis que celui qui vous tuerait, mourrait un instant après de ma main!

Dans une circonstance pareille, Triboulet avait répondu à François Iᵉʳ: « Vous serait-il égal que ce fût un instant auparavant, Sire? »

Pétion ne répondit rien, et gagna la terrasse des Feuillants, parfaitement éclairée par la lune. Elle n'était pas, comme aujourd'hui, bordée par une grille: elle était close par un mur, de huit pieds de haut, et fermée de trois portes, deux petites et une grande.

Ces portes étaient non seulement fermées, mais encore barricadées; elles étaient, en outre, gardées par les grenadiers de la Butte-des-Moulins et des Filles-Saint-Thomas, connus pour leur royalisme.

Il n'y avait donc rien à espérer d'eux. Pétion se baissait de temps en temps, ramassait une pierre, et la jetait de l'autre côté du mur.

Pendant que Pétion se promenait et jetait ses pierres, on vint lui dire deux fois que le roi désirait lui parler.

— Eh bien, demanda Rœderer, vous n'y allez pas?

— Non, répondit Pétion, il fait trop chaud là-haut! je me souviens du cabinet, et je n'ai pas la moindre envie d'y rentrer; d'ailleurs, j'ai donné rendez-vous à quelqu'un sur la terrasse des Feuillants.

Et il continua de se baisser, de ramasser des pierres, et de les jeter de l'autre côté du mur.

— A qui avez-vous donné rendez-vous? demanda Rœderer.

En ce moment, la porte de l'Assemblée qui donnait sur la terrasse des Feuillants s'ouvrit.

— Je crois, dit Pétion, que voilà justement ce que j'attends.

— Ordre de laisser passer M. Pétion! dit une voix; l'Assemblée le mande à sa barre pour y rendre compte de l'état de Paris.

— Justement! dit Pétion tout bas.

Puis, tout haut:

— Me voici, dit-il, et prêt à répondre aux interpellations de mes ennemis.

Les gardes nationaux, s'imaginant qu'il s'agissait pour Pétion d'un mauvais parti, le laissèrent passer.

Il était près de trois heures du matin; le jour commençait à paraître! seulement, chose singulière? le ciel était couleur de sang.

XXVII

LA NUIT DU 9 AU 10 AOUT

Pétion, mandé par le roi, avait prévu qu'il ne sortirait point du palais aussi facilement qu'il y serait entré; il s'était approché d'un homme au visage rude, encore durci par une cicatrice qui lui couvrait le front.

— Monsieur Billot, lui dit-il, que me rapportiez-vous tout à l'heure de l'Assemblée?

— Qu'elle passerait la nuit en permanence.

— Très-bien!... Que disiez-vous avoir vu au pont Neuf?

— Du canon et des gardes nationaux, placés là par ordre de M. Mandat.

— Et ne dites-vous pas aussi que, sous l'arcade Saint-Jean, au débouché de la rue Saint-Antoine, une force considérable est assemblée?

— Oui, Monsieur, par ordre de M. Mandat toujours.

— Eh bien, écoutez ceci, monsieur Billot.

— J'écoute.

— Voici un ordre à MM. Manuel et Danton de faire rentrer chez eux les gardes nationaux de l'arcade Saint-Jean, et de désarmer le pont Neuf; il faut, coûte que coûte, que cet ordre soit exécuté, vous entendez?

— Je le remettrai moi-même à M. Danton.

— C'est bien... Maintenant, vous demeurez rue Saint-Honoré?

— Oui, Monsieur.

— L'ordre donné à M. Danton, rentrez chez vous, et prenez un instant de repos; puis, vers deux heures, levez-vous et promenez-vous de l'autre côté du mur de la terrasse des Feuillants; si vous voyez ou si vous entendez tomber des pierres lancées du jardin des Tuileries, c'est que je serai prisonnier, et qu'on me fera violence.

— Je comprends.

— Présentez-vous alors à la barre de l'assemblée, et dites à vos collègues de me réclamer... Vous comprenez, monsieur Billot? c'est ma vie que je remets entre vos mains!

— Et j'en réponds, Monsieur, dit Billot; partez tranquille.

Pétion, en effet, était parti, se reposant sur le patriotisme bien connu de Billot.

Celui-ci avait répondu de tout d'autant plus hardiment, que Pitou venait d'arriver.

Il se jeta aux genoux du roi. (Page 261.)

Il expédia Pitou à Danton en lui recommandant de ne pas revenir sans lui.

Malgré la paresse de Danton, Pitou en eut le cœur net, et le ramena.

Danton avait vu les canons du pont Neuf; il vit les gardes nationaux de l'arcade Saint-Jean; il comprit l'urgence qu'il y avait à ne pas laisser de pareilles forces sur les derrières de l'armée populaire.

L'ordre de Pétion à la main, Manuel et lui firent rentrer les gardes nationaux de l'arcade Saint-Jean, et renvoyèrent les canonniers du pont Neuf.

Dès lors, la grande route de l'insurrection se trouva déblayée.

Pendant ce temps, Billot et Pitou revenaient rue Saint-Honoré; c'était toujours l'ancien logement de Billot: Pitou lui dit bonjour de la tête comme à un ami.

Billot s'assit et fit signe à Pitou d'en faire autant.

— Merci, monsieur Billot, dit Pitou, je ne suis pas fatigué.

Mais Billot insista, et Pitou s'assit.

— Pitou, lui dit Billot, je t'ai fait dire de venir me joindre.

— Et, vous le voyez, monsieur Billot, dit Pitou avec ce franc sourire qui montre les trente-deux dents, et qui était particulier à Pitou, je ne vous ai pas fait attendre.

— Non... Tu devines, n'est-ce pas, qu'il va se passer quelque chose de grave?
— Je m'en doute, répondit Pitou ; mais dites-moi donc, monsieur Billot...
— Quoi, Pitou?
— Je ne vois plus ni M. Bailly, ni M. La Fayette.
— Bailly est un traître, qui nous a fait assassiner au Champ de Mars.
— Oui, je sais, puisque c'est moi qui vous ai presque ramassé baignant dans votre sang.
— La Fayette est un traître qui a voulu enlever le roi.
— Ah! je ne savais pas... M. La Fayette, un traître! qui se serait douté de cela? Et le roi?
— Le roi est le plus traître de tous, Pitou.
— Quant à cela, dit Pitou, ça ne m'étonne pas.
— Le roi conspire avec l'étranger, et veut livrer la France à l'ennemi; les Tuileries sont un foyer de conspiration, et l'on a décidé de prendre les Tuileries... Tu comprends, Pitou?
— Parbleu! si je comprends !... dites donc, monsieur Billot, comme nous avons pris la Bastille, n'est-ce pas?
— Oui.
— Seulement, ce ne sera pas si difficile.
— C'est ce qui te trompe, Pitou.
— Comment! ce sera plus difficile?
— Oui; mais ils sont mieux gardés. La Bastille n'avait pour toute garnison qu'une centaine d'invalides, tandis qu'il y a trois ou quatre mille hommes au château.
— Ah diable! trois ou quatre mille hommes!
— Sans compter que la Bastille fut surprise, tandis que, depuis le 1er de ce mois, les Tuileries se doutent qu'elles doivent être attaquées, et se sont mises sur la défensive.
— Si bien qu'elles se défendront? dit Pitou.
— Oui, répondit Billot, d'autant plus qu'on dit que c'est à M. de Charny que la défense en est confiée.
— En effet, dit Pitou, il est parti hier en poste de Boursonnes avec sa femme... Mais c'est donc aussi un traître, M. de Charny?
— Non, c'est un aristocrate, voilà tout ; il a toujours été pour la cour, lui, et, par conséquent, n'a pas trahi le peuple puisqu'il n'a pas invité le peuple à se fier à lui.
— Ainsi nous allons nous battre contre M. de Charny.
— C'est probable, Pitou.
— Est-ce singulier? des voisins !
— Oui, c'est ce qu'on appelle la guerre civile, Pitou ; mais tu n'es pas obligé de te battre si cela ne te convient pas.

— Excusez-moi, monsieur Billot, dit Pitou; du moment où cela vous convient, cela me convient aussi.
— J'aimerais même mieux que tu ne te battisses point, Pitou.
— Pourquoi donc m'avez-vous fait venir, alors, monsieur Billot?
Le visage de Billot s'assombrit.
— Je t'ai fait venir, Pitou, lui dit le fermier, pour te remettre ce papier.
— Ce papier, monsieur Billot.
— Oui.
— Qu'est-ce que ce papier?
— C'est l'expédition de mon testament.
— Comment! l'expédition de votre testament? Eh ! monsieur Billot, continua en riant Pitou, vous n'avez pas l'air d'un homme qui veut mourir.
— Non, dit Billot montrant son fusil et sa giberne accrochés à la muraille ; mais j'ai l'air d'un homme qui peut être tué.
— Ah! dame ! fit sentencieusement Pitou, le fait est que nous sommes tous mortels !
— Eh bien, Pitou, dit Billot, je t'ai fait venir pour te remettre une expédition de mon testament.
— A moi, monsieur Billot?
— A toi, Pitou, attendu que, comme je te fais mon légataire universel...
— Moi, votre légataire universel? dit Pitou. Non, merci, monsieur Billot! Mais c'est pour rire ce que vous me dites là!
— Je te dis ce qui est, mon ami.
— Ça ne se peut pas, monsieur Billot.
— Comment! ça ne se peut pas?
— Ah! non... quand un homme a des héritiers, il ne peut pas donner son bien à des étrangers.
— Tu te trompes, Pitou, il peut.
— Alors, il ne doit pas, monsieur Billot.
Un nuage sombre passa sur le front de Billot.
— Je n'ai pas d'héritiers, dit-il.
— Bon! reprit Pitou, vous n'avez pas d'héritiers? Et comment donc appelez-vous mademoiselle Catherine?
— Je ne connais personne de ce nom-là, Pitou.
— Allons donc, monsieur Billot, ne dites pas de ces choses-là, tenez, cela me révolte !
— Pitou, dit Billot, du moment qu'une chose m'appartient, je puis la donner à qui je veux; de même que, si je meurs, à ton tour, comme la chose t'appartiendra, Pitou, tu pourras la donner à qui tu voudras.
— Ah! ah! bon! oui, dit Pitou, qui commen-

çait à comprendre ; alors, s'il vous arrivait un malheur... Mais que je suis bête ! il ne vous arrivera pas malheur !

— Tu le disais tout à l'heure, Pitou, nous sommes tous mortels.

— Oui... Eh bien, au fait, vous avez raison : je prends le testament, monsieur Billot ; mais bien sûr, en supposant que j'aie le malheur de devenir votre héritier, j'aurai le droit de faire ce que je voudrai de vos biens ?

— Sans doute, puisqu'ils seront à toi... Et, à toi, un bon patriote, tu comprends, Pitou ? on ne te cherchera point chicane, comme on pourrait le faire à des gens qui auraient pactisé avec les aristocrates.

Pitou comprenait de mieux en mieux.

— Eh bien, ça y est, monsieur Billot, dit-il ; j'accepte !

— Alors, comme voilà tout ce que j'avais à te dire, mets ce papier dans ta poche, et repose-toi.

— Pourquoi faire, monsieur Billot ?

— Parce que, selon toute probabilité, nous aurons de la besogne demain ou plutôt aujourd'hui, car il est deux heures du matin.

— Vous sortez, monsieur Billot ?

— Oui, j'ai affaire le long de la terrasse des Feuillants.

— Et vous n'avez pas besoin de moi ?

— Au contraire, tu me gênerais.

— En ce cas, monsieur Billot, je vais manger un petit morceau...

— C'est vrai, s'écria Billot, et moi qui avais oublié de te demander si tu avais faim !

— Oh ! dit en riant Pitou, c'est parce que vous savez que je l'ai toujours, faim !

— Je n'ai pas besoin de te dire où est le garde-manger...

— Non, non, monsieur Billot, ne vous inquiétez pas de moi... Seulement, vous revenez ici, n'est-ce pas ?

— J'y reviens.

— Sans quoi, il faudrait me dire où je pourrai vous rejoindre.

— Inutile ! dans une heure, je serai ici.

— Eh bien, allez donc !

Et Pitou se mit à la recherche de sa nourriture avec cet appétit qui, chez lui comme chez le roi, n'était jamais altéré par les événements, si graves qu'ils fussent, tandis que Billot s'acheminait vers la terrasse des Feuillants.

Nous savons ce qu'il allait y faire.

A peine y fut-il, qu'une pierre tombant à ses pieds, suivie d'une seconde, puis d'une troisième, lui apprit que ce que Pétion avait craint était arrivé, et que le maire était prisonnier aux Tuileries.

Il s'était aussitôt, suivant les instructions reçues, présenté à l'Assemblée, qui, ainsi que nous l'avons vu, avait réclamé Pétion.

Pétion libre n'avait fait que traverser l'Assemblée, et était retourné à pied à l'hôtel de ville, laissant, pour le représenter, sa voiture dans la cour des Tuileries.

De son côté, Billot rentra chez lui, et trouva Pitou achevant son souper.

— Eh bien, monsieur Billot, demanda Pitou, qu'y a-t-il de nouveau ?

— Rien, dit Billot, si ce n'est que voilà le jour qui vient, et que le ciel est rouge comme du sang.

XXVIII

DE TROIS A SIX HEURES DU MATIN

On a vu comment le jour s'était levé.

Ses premiers rayons éclairaient deux cavaliers qui suivaient, au pas de leurs montures, le quai désert des Tuileries.

Ces deux cavaliers, c'étaient le commandant général de la garde nationale Mandat et son aide de camp. Mandat, appelé, vers une heure du matin, à l'hôtel de ville, avait d'abord refusé de s'y rendre.

A deux heures, l'ordre s'était renouvelé plus impératif. Mandat voulait résister enfin ; mais le syndic Rœderer s'était approché de lui, et lui avait dit :

— Monsieur, faites attention qu'aux termes de la loi le commandant de la garde nationale est aux ordres de la municipalité.

Mandat alors s'était décidé.

D'ailleurs, le commandant général ignorait deux choses :

D'abord, que quarante-sept sections sur quarante-huit eussent adjoint à la municipalité, chacune trois commissaires ayant pour mission de se réunir à la commune, et *de sauver la patrie*. Mandat croyait donc trouver l'ancienne municipalité composée telle qu'elle l'avait été jusque-là, et ne s'attendait nullement à y rencontrer cent quarante et un visages nouveaux.

Ensuite, Mandat ignorait l'ordre donné par cette municipalité, de désarmer le pont Neuf et de faire évacuer l'arcade Saint-Jean : ordre à l'exécution duquel, vu son importance, avaient présidé Manuel et Danton en personne.

Aussi, en arrivant au pont Neuf, Mandat fut-il stupéfait de le voir complètement désert. Il s'arrêta et envoya l'aide de camp en reconnaissance.

Au bout de dix minutes l'aide de camp revint; il n'avait aperçu ni canon ni garde nationale: la place Dauphine, la rue Dauphine le quai des Augustins étaient déserts comme le pont Neuf.

Mandat continua son chemin. Peut-être eût-il dû revenir au château; mis les hommes vont où le destin les pousse.

Au fur et à mesure qu'il avançait vers l'hôtel de ville, il lui semblait avancer dans la vie; de même que, dans certains cataclysmes organiques, le sang, en se retirant vers le cœur, abandonne les extrémités, qui demeurent pâles et glacées, de même le mouvement, la chaleur, la révolution enfin, étaient sur le quai Pelletier, sur la place de Grève, dans l'hôtel de ville, siège réel de la vie populaire, cœur de ce grand corps qu'on appelle Paris.

Mandat s'arrêta au coin du quai Pelletier et envoya son aide de camp à l'arcade Saint-Jean Par l'arcade Saint-Jean allait et venait librement le flot populaire: la garde nationale avait disparu.

Mandat voulut retourner sur ses pas; le flot s'était amassé derrière lui, et le poussait, comme une épave, aux marches de l'hôtel de ville.

— Restez là! dit-il à l'aide de camp; et, s'il m'arrive malheur, allez en donner avis au château.

Mandat se laissa aller au flot qui l'entraînait; l'aide de camp, dont l'uniforme indiquait l'importance secondaire, demeura au coin du quai Pelletier, où personne ne l'inquiéta; tous les regards étaient fixés sur le commandant général.

En arrivant dans la grande salle de l'hôtel de ville, Mandat se trouve en face de visages inconnus et sévères.

C'est l'insurrection tout entière qui vient demander compte de sa conduite à l'homme qui l'a voulu non seulement combattre dans son développement, mais encore étouffer à sa naissance.

Aux Tuileries, il interrogeait; — on se rappelle sa scène avec Pétion.

Ici, il va être interrogé.

Un des membres de la nouvelle commune, — de cette commune terrible qui étouffera l'Assemblée législative, et luttera avec la Convention, — un des membres de la nouvelle commune s'avance, et, au nom de tous:

— Par quel ordre as-tu doublé la garde du château? demande-t-il.

— Par ordre du maire de Paris, répond Mandat.

— Où est cet ordre?

— Aux Tuileries, où je l'ai laissé, afin qu'il pût être exécuté en mon absence.

— Pourquoi as-tu fait marcher les canons?

— Parce que j'ai fait marcher le bataillon, et que, quand le bataillon marche, les canons marchent avec lui.

— Où est Pétion?

— Il était au château quand j'ai quitté le château.

— Prisonnier?

— Non, libre! et se promenant dans le jardin.

— En ce moment, l'interrogatoire est interrompu.

Un membre de la nouvelle commune apporte une lettre décachetée et demande à en faire tout haut la lecture.

Mandat n'a besoin que de jeter un coup d'œil sur cette lettre pour comprendre qu'il est perdu.

Il a reconnu son écriture.

Cette lettre, c'est l'ordre envoyé, à une heure du matin, au commandant du bataillon posté à l'arcade Saint-Jean, et enjoignant à celui-ci d'attaquer par derrière, l'attroupement qui se porterait sur le château, tandis que le bataillon du pont Neuf l'attaquerait en flanc.

L'ordre est tombé entre les mains de la Commune après la retraite du bataillon.

L'interrogatoire est fini. Quel aveu pourrait-on obtenir de l'accusé, qui fût plus terrible que cette lettre?

Le conseil décide que Mandat sera conduit à l'Abbaye.

Puis le jugement est lu à Mandat.

Ici commence l'interprétation.

En lisant le jugement à Mandat, le président, assure-t-on, fit de la main un de ces gestes que le peuple sait malheureusement trop bien interpréter: — un geste horizontal.

« Le président, dit M. Peltier, auteur de la *Révolution du 10 août 1792* fit un geste *horizontal* très expressif en disant: *Qu'on l'entraîne!* »

Le geste eût, en effet, été très expressif un an plus tard; mais un geste horizontal, qui eût signifié beaucoup en 1793, ne signifiait pas grand'chose en 1792, époque où la guillotine ne fonctionnait pas encore: c'est le 21 août seulement que tomba, sur la place du Carrousel, la tête du premier royaliste; comment, onze jours auparavant, un geste *horizontal* — à moins que ce ne fût un signe convenu d'avance, pouvait-il dire: « Tuez monsieur? »

Malheureusement, le fait semble justifier l'accusation.

A peine Mandat a-t-il descendu trois marches du perron de l'hôtel de ville, qu'au moment où son fils s'élance à sa rencontre, un coup de pistolet casse la tête du prisonnier.

La même chose était arrivée, trois ansauparavant, à Flesselles.

Mandat n'était que blessé, il se releva et, à l'instant même, retomba frappé de vingt coups de pique.

L'enfant tendait les bras, et criait : « Mon père ! mon père ! »

On ne fit point attention aux cris de l'enfant.

Puis bientôt, de ce cercle où l'on ne voyait que bras plongeant au milieu des éclairs des sabres et des piques, s'éleva une tête sanglante et détachée du tronc.

C'était la tête de Mandat.

L'enfant s'évanouit. L'aide de camp partit au galop pour annoncer aux Tuileries ce qu'il avait vu. Les assassins se partagèrent en deux bandes : les uns allèrent jeter le corps la rivière ; les autres, promener, au bout d'une pique, la tête de Mandat dans les rues de Paris.

Il était à peu près quatre heures du matin.

Précédons aux Tuileries l'aide de camp qui va porter la nouvelle fatale, et voyons ce qui s'y passe.

Le roi confessé, — et, du moment où sa concience était tranquille, rassuré à peu près sur tout le reste, — le roi, qui ne savait résister à aucun des besoins de la nature, le roi s'était couché. Il est vrai qu'il s'était couché tout habillé.

Sur un redoublement de tocsin, et sur le bruit de la générale qui commençait à battre on réveilla le roi.

Celui qui réveillait le roi, — M. de la Chesnaye, à qui Mandat avait, en s'éloignant, laissé ses pouvoirs,— réveillait le roi pour qu'il se montrât aux gardes nationaux, et, par sa présence, par quelques paroles dites à propos, ranimât leur enthousiasme.

Le roi se leva, alourdi, chancelant, mal réveillé ; il était coiffé en poudre, et tout un côté de sa coiffure, celui sur lequel il s'était couché, était aplati.

On chercha le coiffeur ; il n'était pas là. Le roi sortit de sa chambre sans être coiffé.

La reine, prévenue, dans la salle du conseil où elle était, que le roi allait se montrer à ses défenseurs, accourut à la rencontre du roi.

Tout au contraire du pauvre monarque, avec son regard morne qui ne regardait personne, avec les muscles de sa bouche distendus et palpitants de mouvements involontaires, avec son habit violet qui lui donnait l'air de porter le deuil de la royauté, — la reine était pâle, mais brûlait de fièvre ; elle avait les paupières rouges, mais sèches.

Elle s'attacha à cette espèce de fantôme de la monarchie qui, au lieu d'apparaître à minuit, se montrait en plein jour avec l'œil gros et clignotant.

Elle espérait lui donner ce qui surabondait en elle de courage, de force et de vie.

Tout alla bien, au reste, tant que l'exhibition royale demeura dans l'intérieur des appartements, quoique les gardes nationaux mêlés aux gentilshommes, voyant de près le roi,— ce pauvre homme mou et lourd qui avait si mal réussi déjà dans une situation pareille, sur le balcon de M. Sauce, à Varennes, — se demandassent si c'était bien là le héros du 20 juin, ce roi dont les prêtres et les femmes commençaient à broder, sur un crêpe funéraire, la poétique légende.

Et, il faut le dire, non, ce n'était point là le roi que la garde nationale s'attendait à voir.

Juste en ce moment, le vieux duc de Mailly, — avec une de ces bonnes intentions destinées à fournir un pavé de plus à l'enfer, — juste en ce moment, disons-nous, le vieux duc de Mailly tire son épée, et vient se jeter aux genoux du roi en jurant, d'une voix tremblotante, de mourir, lui et la *noblesse de France*, qu'il représente, pour le *petit-fils de Henri IV*.

C'étaient là deux maladresses au lieu d'une : la garde nationale n'avait point de grandes sympathies pour cette *noblesse de France* que représentait M. de Mailly ; puis ce n'était point le *petit-fils de Henri IV* qu'elle venait défendre : c'était le *roi constitutionnel*.

Aussi, en réponse à quelques cris de « Vive le roi ! » les cris de « Vive la nation ! » éclatèrent-ils de tous côtés.

Il fallait prendre une revanche. On poussa le roi à descendre dans la cour Royale. Hélas ! ce pauvre roi, dérangé de ses repas, ayant dormi une heure au lieu de sept, nature toute matérielle, n'avait plus de volonté à lui : c'était un automate recevant son impulsion d'une volonté étrangère.

Qui lui donnait cette impulsion ?

La reine, nature nerveuse, qui n'avait ni mangé ni dormi.

Il y a des êtres malheureusement organisés qui, une fois que les circonstances les dépassent, réussissent mal à tout ce qu'ils entreprennent.

Au lieu d'attirer à lui les dissidents, Louis XVI, en s'approchant d'eux, sembla venir exprès pour leur montrer combien peu de prestige la royauté qui tombe laisse au front de l'homme, quand cet homme n'a pour lui ni le génie ni la force.

Là, comme dans les appartements, les royalistes *quand même* poussèrent quelques cris de « Vive le roi ! » mais un immense cri de « Vive la nation ! » leur répondit.

Puis, les royalistes ayant eu la maladresse d'insister :

— Non, non, non, crièrent les patriotes, pas d'autre roi que la nation !

Et le roi, presque suppliant, leur répliquait :

— Oui, mes enfants, la nation et votre roi ne font et ne feront jamais qu'un !

— Apportez le dauphin, dit tout bas Marie-Antoinette à Madame Élisabeth ; peut-être la vue d'un enfant les touchera-t-elle.

On alla chercher le dauphin.

Pendant ce temps, le roi continuait cette triste revue ; il eut alors la mauvaise idée de s'approcher des artilleurs. C'était une faute : les artilleurs étaient presque tous républicains. Si le roi eût su parler, s'il eût pu se faire écouter des hommes que leur conviction éloignait de lui, c'était une chose courageuse et qui pouvait réussir, que cette pointe vers les canons ; mais il n'y avait rien d'entraînant ni dans la parole ni dans le geste de Louis XVI. Il balbutia ; les royalistes voulurent couvrir son hésitation en essayant de nouveau ce cri malencontreux de « Vive le roi ! » qui avait déjà deux fois échoué : ce cri faillit amener une collision.

Des canonniers quittèrent leur poste, et, s'élançant vers le roi, qu'ils menacèrent du poing :

— Mais tu crois donc, dirent-ils, que, pour défendre un traître comme toi, nous allons faire feu sur nos frères ?

La reine tira le roi en arrière.

— Le dauphin ! le dauphin ! crièrent plusieurs voix ; vive le dauphin !

Personne ne répéta ce cri ; le pauvre enfant n'arrivait point à son heure : il manqua son entrée, comme on dit au théâtre.

Le roi reprit le chemin du château, et ce fut une véritable retraite, presque une fuite.

Arrivé chez lui, Louis XVI tomba tout essoufflé dans un fauteuil.

La reine, restée à la porte, cherchait des yeux, regardant tout autour d'elle, demandant un appui à quelqu'un.

Elle aperçut Charny debout, appuyé au chambranle de la porte de son appartement, à elle ; elle alla à lui :

— Ah ! Monsieur, lui dit-elle, tout est perdu !

— J'en ai peur, Madame, répondit Charny.

— Pouvons-nous encore fuir ?

— Il est trop tard, Madame !

— Que nous reste-t-il donc à faire, alors ?

— A mourir ! répondit Charny en s'inclinant.

La reine poussa un soupir et rentra chez elle.

XXIX

DE SIX A NEUF HEURES DU MATIN

A peine Mandat tué, la Commune avait nommé Santerre commandant général à sa place, et Santerre avait aussitôt fait battre la générale dans toutes les rues, et donné l'ordre de redoubler le tocsin dans toutes les églises ; puis il avait organisé des patrouilles patriotes, avec ordre de pousser jusqu'aux Tuileries, et d'éclairer surtout l'Assemblée.

Au reste, des patrouilles avaient, toute la nuit, parcouru les environs de l'Assemblée nationale.

Vers dix heures du soir, on avait arrêté, aux Champs-Élysées, un rassemblement de onze personnes armées, dix de poignards et de pistolets, la onzième d'une espingole.

Ces onze personnes se laissèrent prendre sans résistance, et conduire au corps de garde des Feuillants.

Pendant le reste de la nuit, onze autres prisonniers furent faits.

On les avait mis dans deux chambres séparées.

Au point du jour, les onze premiers trouvèrent moyen de s'évader en sautant de leur fenêtre dans un jardin, et en brisant les portes de ce jardin.

Onze restèrent donc, plus solidement enfermés.

A sept heures du matin, on amena dans la cour des Feuillants un jeune homme de vingt-neuf à trente ans, en uniforme et en bonnet de garde national. La fraîcheur de son uniforme, l'éclat de ses armes, l'élégance de sa tournure l'avaient fait soupçonner d'aristocratie, et avaient amené son arrestation. Au surplus, il était fort calme.

Un nommé Bonjour, ancien commis à la

marine, présidait, ce jour-là, la section des Feuillants.

Il interrogea le garde national.

— Où vous a-t-on arrêté? lui demanda-t-il.

— Sur la terrasse des Feuillants, répondit le prisonnier.

— Que faisiez-vous là?

— Je me rendais au château.

— Dans quel but?

— Afin d'obéir à un ordre de la municipalité.

— Que vous enjoignait cet ordre?

— De vérifier l'état des choses, et d'en faire mon rapport au procureur général syndic du département.

— Avez-vous cet ordre?

— Le voici.

Et le jeune homme tira un papier de sa poche.

Le président déplia le papier, et lut:

« Le garde national porteur du présent ordre se rendra au château, pour vérifier l'état des choses, et en faire son rapport à M. le procureur général syndic du département.

« BORIE, LE ROULX, *officiers municipaux*.»

L'ordre était positif; cependant, on craignit que les signatures ne fussent fausses, et on envoya à l'hôtel de ville un homme chargé de les faire reconnaître par les deux signataires.

Cette dernière arrestation avait amassé beaucoup de monde dans la cour des Feuillants, et, au milieu de cette multitude, quelques voix — il y a toujours de ces voix-là dans les rassemblements populaires — quelques voix commencèrent à demander la mort des prisonniers.

Un commissaire de la municipalité, qui se trouvait là, comprit qu'il ne fallait pas laisser ces voix prendre de consistance.

Il monta sur un tréteau pour haranguer le peuple, et l'engager à se retirer.

Au moment où la foule allait peut-être céder à l'influence de cette parole miséricordieuse, l'homme envoyé à l'hôtel de ville pour la vérification de la signature des deux municipaux revint en disant que l'ordre était bien réel, et que l'on pouvait mettre en liberté le nommé Suleau, qui en était porteur.

C'était le même que nous avons vu pendant cette soirée chez madame de Lamballe où Gilbert fit pour le roi Louis XVI un dessin de la guillotine, et où Marie-Antoinette reconnut, dans cet instrument étrange, la machine inconnue que Cagliostro lui avait montrée dans une carafe au château de Taverney.

A ce nom de Suleau, une femme perdue dans la foule releva la tête, et poussa un cri de rage.

— Suleau! cria-t-elle; Suleau, le rédacteur en chef des *Actes des Apôtres*? Suleau, un des assassins de l'indépendance liégeoise?... A moi, Suleau! Je demande la mort de Suleau!

La foule s'ouvrit pour faire place à cette femme, petite, chétive, vêtue d'une amazone aux couleurs de la garde nationale, armée d'un sabre qu'elle portait en bandoulière; elle s'avança vers le commissaire de la municipalité, le força de descendre du tréteau, et monta à sa place.

A peine de sa tête eut-elle dominé la foule, que la foule ne jeta qu'un seul cri:

— Théroigne!

En effet, Théroigne était la femme populaire par excellence; sa coopération aux 5 et 6 octobre, son arrestation à Bruxelles, son séjour dans les prisons autrichiennes, son agression au 20 juin, lui avaient fait une popularité si grande, que Suleau, dans son journal railleur, lui avait donné pour amant le citoyen *Populus*, c'est-à-dire le peuple tout entier.

Il y avait là une double allusion à la popularité de Théroigne, et à la facilité de ses mœurs, que l'on accusait d'être excessive.

En outre, Suleau avait publié, à Bruxelles, le *Tocsin des Rois*, et avait aidé ainsi à écraser la révolution liégeoise, et à remettre sous le bâton autrichien et la mitre d'un prêtre un noble peuple que voulait être libre et français.

Justement, à cette époque-là, Théroigne était entrain d'écrire le récit de son arrestation, et en avait déjà lu quelques chapitres aux Jacobins.

Elle demanda non seulement la mort de Suleau, mais encore celle des onze prisonniers qui étaient avec lui.

Suleau entendait retentir cette voix qui, au milieu des applaudissements, réclamait sa mort et celle de ses compagnons; il appela, à travers la porte, le chef du poste qui le gardait.

Ce poste était de deux cents hommes de garde nationale.

— Laissez-moi sortir, dit-il; je me nommerai: on me tuera, et tout sera dit; ma mort sauvera onze existences.

On refusa de lui ouvrir la porte.

Il essaya de sauter par la fenêtre; ses compagnons le tirèrent en arrière, et le retinrent.

Ils ne pouvaient croire qu'on les livrerait froidement aux égorgeurs.

Ils se trompaient.

Le président Bonjour, intimidé par les cris de la multitude, fit droit à la réclamation de

Théroigne en défendant à la garde nationale de résister à la volonté du peuple.

La garde nationale obéit, s'écarta et, en s'écartant, livra la porte.

Le peuple se précipita dans la prison, et au hasard s'empara du premier venu.

Ce premier venu était un abbé nommé Bouyon, auteur dramatique également connu par les épigrammes du *Cousin Jacques* et par les chutes que les trois quarts de ses pièces avaient éprouvées au théâtre de la Montansier. C'était un homme colossal; arraché d'entre les bras du commissaire de la municipalité, qui essayait de le sauver, il fut entraîné dans la cour, et commença contre ses égorgeurs une lutte désespérée; quoiqu'il n'eût d'autre arme que ses mains, deux ou trois de ces misérables furent mis par lui hors de combat.

Un coup de baïonnette le cloua à la muraille; il expira sans que ses derniers coups pussent atteindre ses ennemis.

Pendant cette lutte, deux des prisonniers parvinrent à s'échapper.

Celui qui succéda à l'abbé Bouyon était un ci-devant garde du roi nommé Solminiac; sa défense fut non moins vigoureuse que celle de son prédécesseur : sa mort n'en fut que plus cruelle ; puis on en massacra un troisième dont le nom est resté inconnu. Suleau vint le quatrième.

— Tiens, dit une femme à Théroigne, le voilà, ton Suleau!

Théroigne ne le connaissait pas de visage; elle le croyait prêtre, et l'appelait l'abbé Suleau; comme un chat-tigre, elle s'élança et le prit à la gorge.

Suleau était jeune, brave et vigoureux; il jeta d'un coup de poing Théroigne à dix pas de lui, se débarrassa, par une violente secousse, de trois ou quatre hommes acharnés sur lui, arracha un sabre des mains des assassins, et, de ses deux premiers coups, étendit à terre deux égorgeurs.

Alors commença une lutte terrible; toujours gagnant du terrain, toujours s'avançant vers la porte, Suleau se dégagea trois fois; il l'atteignait, cette malheureuse porte; mais, obligé de se retourner pour l'ouvrir, il s'offrit un instant sans défense à ses assassins : cet instant suffit à vingt sabres pour lui traverser le corps.

Il tomba aux pieds de Théroigne, qui eut cette cruelle joie de lui faire sa dernière blessure.

Le pauvre Suleau venait de se marier, il y avait deux mois, à une femme charmante, fille d'un peintre célèbre, à Adèle Hal.

Tandis que Suleau luttait ainsi contre les égorgeurs, un troisième prisonnier avait trouvé moyen de s'évader.

Le cinquième, qui apparut, traîné hors du corps de garde par les assassins, fit jeter à la foule un cri d'admiration : c'était un ancien garde du corps, nommé du Vigier, que l'on n'appelait que le beau Vigier. Comme il était aussi brave que beau, aussi adroit que brave, il lutta plus d'un quart d'heure, tomba trois fois, se releva trois fois, et, dans toute la largeur de la cour, teignit chaque pavé de son sang, mais aussi de celui de ses assassins. Enfin, comme Suleau, écrasé par le nombre, il succomba.

La mort des quatre autres fut un simple égorgement; on ignore leurs noms.

Les neuf cadavres furent traînés sur la place Vendôme, où on les décapita; puis leurs têtes, mises sur des piques, furent promenées dans tout Paris.

Le soir, un domestique de Suleau racheta à prix d'or la tête de son maître, et parvint, à force de recherches, à retrouver le cadavre; c'était la pieuse épouse de Suleau, enceinte de deux mois, qui demandait à grands cris ces précieux restes pour leur rendre les derniers devoirs.

Ainsi, avant même que la lutte fût commencée, le sang avait déjà coulé à deux endroits: sur les marches de l'hôtel de ville; dans la cour des Feuillants.

Nous allons le voir couler aux Tuileries tout à l'heure; — après la goutte, le ruisseau; après le ruisseau, le fleuve!

Juste au moment où ces meurtres s'accomplissaient, c'est-à-dire entre huit et neuf heures du matin, ou onze mille gardes nationaux, réunis par le tocsin de Barbaroux et par le général de Santerre, descendaient la rue Saint-Antoine, franchissaient cette fameuse arcade Saint-Jean si bien gardée la nuit précédente, et débouchaient sur la place de Grève.

Ces dix mille hommes venaient demander l'ordre de marcher sur les Tuileries.

On les fit attendre une heure.

Deux versions couraient dans la foule:

La première, c'est qu'on espérait des concessions du château.

La seconde, c'est que le faubourg Saint-Marceau n'était pas prêt, et qu'on ne devait pas marcher sans lui.

Un millier d'hommes à piques s'impatienta;

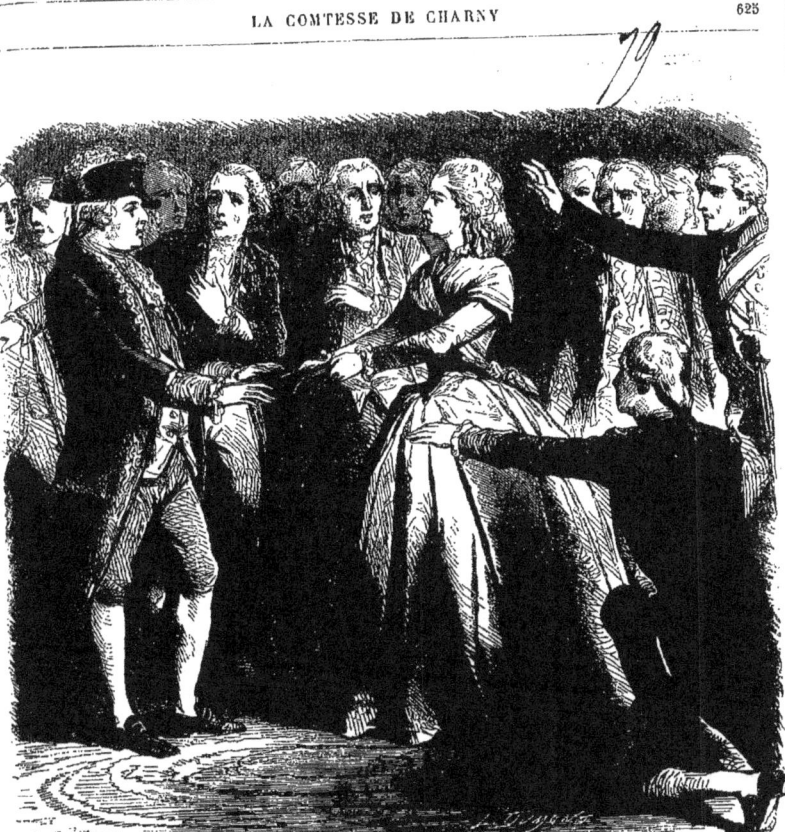

— Allons, Sire, voici l'instant de vous montrer. (Page 632.)

comme toujours, les plus mal armés se trouvaient être les plus ardents.

Ils percèrent les rangs de la garde nationale, disant qu'ils se passeraient d'elle, et prendraient seuls le château.

Quelques fédérés marseillais et dix ou douze gardes-françaises — de ces mêmes gardes-françaises qui, trois ans auparavant, avaient pris la Bastille — se mirent à leur tête, et furent, par acclamation, salués chefs.

Ce fut l'avant-garde de l'insurrection.

Cependant, l'aide de camp qui avait vu assassiner Mandat était revenu aux Tuileries à franc étrier; mais ce n'était qu'au moment où, après cette promenade néfaste dans les cours, le roi était rentré chez lui et la reine chez elle, qu'il avait pu les joindre, et leur annoncer la sombre nouvelle.

La reine éprouvait ce qu'on éprouve chaque fois que l'on vous annonce la mort d'un homme qu'on vient de quitter il y a un instant; elle n'y pouvait croire; elle se fit raconter la scène une première fois, puis une seconde fois dans tous ses détails.

Pendant ce temps, le bruit d'une rixe montait jusqu'au premier étage, et entrait par les fenêtres ouvertes.

Les gendarmes, les gardes nationaux et les canonniers patriotes, — ceux qui avaient crié: « Vive la nation ! » enfin, — commençaient à provoquer les royalistes en les appelant *messieurs les grenadiers royaux*, disant qu'il n'y avait, parmi les grenadiers des Filles-Saint-Thomas et ceux de la Butte-des-Moulins, que des hommes vendus à la cour, et, comme on ignorait encore en bas la mort du commandant général, qui était déjà sue au premier étage, un grenadier s'écria tout haut :

— Décidément, cette canaille de Mandat n'a envoyé au château que des aristocrates !

Le fils aîné de Mandat était dans les rangs de la garde nationale. — Nous avons vu où était le plus jeune : il essayait, mais inutilement, de défendre son père sur les marches de l'hôtel de ville.

A cette insulte faite à son père absent, le frère aîné s'élança hors des rangs, le sabre haut.

Trois ou quatre canonniers se jetèrent au devant de lui.

Weber, le valet de chambre de la reine, était là en garde national, parmi les grenadiers de Saint-Roch. Il vola au secours du jeune homme.

On entendit un cliquetis de sabres ; la querelle se dessinait entre les deux partis. La reine, attirée à la fenêtre par le bruit, reconnut Weber.

Elle appela Thierry, le valet de chambre du roi, et lui ordonna d'aller chercher son frère de lait.

Weber monta, et raconta tout à la reine.

En retour, la reine lui annonça la mort de Mandat.

Le bruit continuait sous les fenêtres.

— Vois donc ce qui se passe, Weber, dit la reine.

— Ce qui se passe, Madame ?... Voilà les canonniers qui abandonnent leurs pièces, et qui y enfoncent de force un boulet, et, comme les pièces ne sont pas chargées, voilà maintenant des pièces hors de service !

— Que penses-tu de tout cela, mon pauvre Weber ?

— Je pense, dit le bon Autrichien, que Votre Majesté devrait consulter M. Rœderer, qui me paraît encore un des plus dévoués qu'il y ait au château.

— Oui, mais où lui parler sans être écoutée, espionnée, interrompue ?

— Dans mon appartement, si la reine le veut, dit le valet de chambre Thierry.

— Soit, dit la reine.

Puis, se retournant vers son frère de lait :

— Va me chercher M. Rœderer, dit-elle, et amène-le chez Thierry.

Et, tandis que Weber sortait seul par une porte, la reine sortait par l'autre, suivant Thierry.

Neuf heures sonnaient à l'horloge du château.

XXX

DE NEUF HEURES A MIDI

Quand on touche à un point de l'histoire aussi important que celui où nous sommes arrivés, on ne doit omettre aucun détail, attendu que l'un se rattache à un autre, et que l'adjonction exacte de tous ces détails forme la longueur et la largeur de cette toile savante qui se déroule aux yeux de l'avenir, entre les mains du passé.

Au moment où Weber allait annoncer au syndic de la commune que la reine désirait lui parler, le capitaine suisse Durler montait chez le roi pour demander à lui ou au major général les derniers ordres.

Charny aperçut le bon capitaine, cherchant quelque huissier ou quelque valet de chambre qui pût l'introduire auprès du roi.

— Que désirez-vous, capitaine ? demanda-t-il.

— N'êtes-vous pas le major général ? dit M. Durler.

— Oui, capitaine.

— Je viens prendre les derniers ordres, Monsieur, attendu que la tête de colonne de l'insurrection commence à paraître sur le Carrousel.

— On vous recommande de ne pas vous laisser forcer, Monsieur, le roi étant décidé à mourir au milieu de vous.

— Soyez tranquille, Monsieur le major, répondit simplement le capitaine Durler.

Et il alla porter à ses compagnons cet ordre, qui était leur arrêt de mort.

En effet, comme l'avait dit le capitaine Durler, l'avant-garde de l'insurrection commençait à paraître.

C'étaient ces mille hommes armés de piques, en tête desquels marchaient une vingtaine de Marseillais et douze ou quinze gardes françaises ; dans les rangs de ces derniers brillaient les épaulettes d'or d'un jeune capitaine.

Ce jeune capitaine, c'était Pitou, qui, recommandé par Billot, avait été chargé d'une mission que nous allons lui voir exposer tout à l'heure.

Derrière cette avant-garde venait, à la dislance d'un demi-quart de lieue à peu près, un corps considérable de gardes nationaux et de fédérés, précédés par une batterie de douze pièces decanon.

Les Suisses, lorsque l'ordre du major général leur fut communiqué, se rangèrent silencieusement et résolument chacun à son poste, gardant ce froid et sombre silence de la résolution.

Les gardes nationaux, moins sévèrement disciplinés, mirent à la fois dans leurs dispositions plus de bruit et de désordre, mais une résolution égale.

Les gentilshommes, mals organisés, n'ayant que des armes de courte portée, — épées ou pistolets, — sachant qu'il s'agissait cette fois d'un combat à mort, virent, avec une espèce d'ivresse fiévreuse, approcher le moment où ils allaient se trouver en contact avec le peuple, ce vieil adversaire, cet éternel athlète, ce lut, teur toujours vaincu, et, cependant, grandissant toujours depuis huit siècles.

Pendant que les assiégés ou ceux qui allaient l'être prenaient ces dispositions, on frappait à la porte de la cour Royale, et plusieurs voix criaient : « Parlementaire ! » tandis qu'on laissait flotter au-dessus du mur un mouchoir blanc fixé à la lance d'une pique.

On alla chercher Rœderer.

A moitié chemin, on le rencontra.

— On frappe à la porte Royale, Monsieur, lui dit-on.

— J'ai entendu les coups, et j'y vais.

— Que faut-il faire ?

— Ouvrez.

L'ordre fut transmis au concierge, qui ouvrit la porte, et se sauva à toutes jambes.

Rœderer se trouva en face de l'avant-garde des hommes à piques.

— Mes amis, dit Rœderer, vous avez demandé que l'on ouvrît la porte à un parlementaire, et non à une armée. Où est le parlementaire ?

— Me voici, Monsieur, dit Pitou avec sa douce voix et son bienveillant sourire.

— Qui êtes-vous ?

— Je suis le capitaine Ange Pitou, chef des fédérés d'Haramont.

Rœderer ne savait pas ce que c'était que les fédérés d'Haramont ; mais, comme le temps était précieux, il ne jugea point à propos de le demander.

— Que désirez-vous ? reprit-il.

— Je désire avoir le passage pour moi et mes amis.

Les amis de Pitou, en haillons, brandissant leurs piques, et faisant de gros yeux, paraissaient de fort dangereux ennemis.

— Le passage ! et pourquoi faire ?

— Pour aller bloquer l'Assemblée... Nous avons douze pièces de canon ; pas une ne tirera, si l'on fait ce que nous voulons.

— Et que voulez-vous ?

— La déchéance du roi.

— Monsieur, dit Rœderer, la chose est grave !

— Très grave, oui, Monsieur, répondit Pitou avec sa politesse accoutumée.

— Elle mérite donc qu'on en délibère.

— C'est trop juste ! répondit Pitou.

Et, regardant l'horloge du château :

— Il est dix heures moins un quart, dit-il ; nous vous donnons jusqu'à dix heures ; si, à dix heures sonnantes, nous n'avons pas de réponse, nous attaquons.

— En attendant, vous permettez qu'on referme la porte n'est-ce pas ?

— Sans doute.

Puis, s'adressant à ses acolytes :

— Mes amis, dit-il, permettez qu'on referme la porte.

Et il fit signe aux plus avancés des hommes à piques de reculer.

Ils obéirent, et la porte fut refermée sans difficulté.

Mais, grâce à cette porte ouverte un instant, les assiégeants avaient pu juger des préparatifs formidables faits pour les recevoir.

Cette porte fermée, l'envie prit aux hommes de Pitou de continuer à parlementer.

Quelques-uns se hissèrent sur les épaules de leurs camarades, montèrent sur le mur, s'y établirent à califourchon, et commencèrent à causer avec la garde nationale.

La garde nationale rendit la main et causa.

Le quart d'heure s'écoula ainsi.

Alors, un homme vint du château, et donna l'ordre d'ouvrir la porte.

Cette fois, le concierge était blotti dans sa loge, et ce furent les gardes nationaux qui levèrent les barres.

Les assiégeants crurent que leur demande leur était accordée ; aussitôt la porte ouverte, ils entrèrent comme des hommes qui ont longtemps attendu, et que de puissantes mains poussent par derrière, c'est-à-dire en foule, appelant les Suisses à grands cris, mettant les chapeaux au bout des piques et des sabres, et criant : « Vive la nation ! vive la garde nationale ! vivent les Suisses ! »

Les gardes nationaux répondirent aux cris de : « Vive la nation ! »

Les Suisses gardèrent un sombre et profond silence.

A la bouche des canons seulement, les assaillants s'arrêtèrent et regardèrent devant eux et autour d'eux.

Le grand vestibule était plein de Suisses, placés sur trois de hauteur ; un rang se tenait, en outre, sur chaque marche de l'escalier ; ce qui permettait à six rangs de faire feu à la fois.

Quelques-uns des insurgés commencèrent à réfléchir, et au nombre de ceux-là était Pitou : seulement, il était déjà un peu tard pour réfléchir.

Au reste, c'est ce qui arrive toujours en pareille circonstance à ce brave peuple, dont le caractère principal est d'être enfant, c'est-à-dire tantôt bon, tantôt cruel.

En voyant le danger, il n'eut pas un instant l'idée de fuir ; mais il essaya de le tourner, en plaisantant avec les gardes nationaux et les Suisses.

Les gardes nationaux n'étaient pas éloignés de plaisanter eux-mêmes ; mais les Suisses gardaient leur sérieux ; car, cinq minutes avant l'apparition de l'avant-garde insurrectionnelle, voici ce qui était arrivé :

Comme nous l'avons raconté dans le chapitre précédent, les gardes nationaux patriotes, à la suite de la querelle survenue à propos de Mandat, s'étaient séparés des gardes nationaux royalistes, et, en se séparant de leurs concitoyens, ils avaient, en même temps, fait leurs adieux aux Suisses, dont ils estimaient et plaignaient le courage.

Ils avaient ajouté qu'ils recevraient dans leur maisons, comme des frères, ceux des Suisse, qui voudraient les suivre.

Alors, deux Vaudois, répondant à cet appel fait dans leur langue, avaient quitté leur rang et étaient venus se jeter dans les bras des Français, c'est-à-dire de leurs véritables compatriotes.

Mais, au même instant, deux coups de fusil étaient partis des fenêtres du château, et deux balles avaient atteint les déserteurs dans les bras mêmes de leurs nouveaux amis.

Les officiers suisses, excellents tireurs, chasseurs d'isards et de chamois, avaient trouvé ce moyen de couper court à la désertion.

La chose avait, en outre, on le comprendra, rendu les autres Suisses sérieux jusqu'au mutisme.

Quant aux hommes qui venaient d'être introduits dans la cour, armés de vieux pistolets, de vieux fusils et de piques neuves, c'est-à-dire plus mal armés que s'ils n'avaient pas eu d'armes, c'étaient de ces étranges précurseurs de révolution comme nous en avons vu en tête de toutes les grandes émeutes, et qui accourent en riant ouvrir l'abîme où va s'engloutir un trône ; et parfois plus qu'un trône ; une monarchie !

Les canonniers étaient venus à eux, la garde nationale paraissait toute portée à y venir ; ils tâchèrent de décider les Suisses à en faire autant.

Ils ne s'apercevaient pas que le temps s'écoulait, que leur chef Pitou avait donné à M. Rœrer jusqu'à dix heures, et qu'il était dix heures un quart.

Ils s'amusaient : pourquoi auraient-ils compté les minutes ?

L'un deux avait, non pas une pique, non pas un fusil, non pas un sabre, mais une perche à abaisser les branches d'arbres, c'est-à-dire une perche à crochet.

Il dit à son voisin :

— Si je pêchais un Suisse ?

— Pêche ! lui dit le voisin.

Et notre homme accrocha un Suisse par sa buffleterie, et attira le Suisse à lui.

Le Suisse ne résista que juste ce qu'il fallait pour avoir l'air de résister.

— Ça mord ! dit le pêcheur.

— Alors, va en douceur ! dit l'autre.

L'homme à la pêche alla en douceur, et le Suisse passa du vestibule dans la cour, comme un poisson passe de la rivière sur la berge.

Ce furent de grandes acclamations et de grands éclats de rire.

— Un autre ! un autre ! cria-t-on de tous côtés.

Le pêcheur avisa un autre Suisse, qu'il accrocha comme le premier.

Après le second, un troisième, puis un quatrième, puis un cinquième.

Tout le régiment y eût passé, si l'on n'eût entendu retentir le mot : *En joue* !

En voyant s'abaisser les fusils avec le bruit régulier et la précision mécanique qui accompagnent ce mouvement chez les troupes régulières, un des assaillants — il y a toujours, en pareille circonstance, un insensé qui donne le signal du massacre — un des assaillants tira un coup de pistolet sur une des fenêtres du château.

Pendant le court intervalle qui, dans le commandement, sépare le mot *En joue* ! du mot *Feu* ! Pitou comprit tout ce qui allait se passer.

— Ventre à terre! cria-t-il à ses hommes; ventre à terre, ou vous êtes tous morts!

Et, joignant l'exemple au précepte, il se jeta à terre.

Mais, avant que sa recommandation eût eu le temps d'être suivie, le mot *Feu!* retentit sous le vestibule, qui s'emplit de bruit et de fumée, en crachant, comme une immense espingole, une grêle de balles.

La masse compacte, — la moitié de la colonne peut-être était entrée dans la cour, — la masse compacte ondoya comme une moisson courbée par le vent, puis comme une moisson sciée par la faucille, et chancela et s'affaissa sur elle-même.

Le tiers à peine était resté vivant!

Ce tiers s'enfuit, passant sous le feu des deux lignes et sous celui des baraques; lignes et baraques tirèrent à bout portant.

Les tireurs se fussent tués les uns les autres s'ils n'avaient pas eu entre eux un si épais rideau d'hommes.

Le rideau se déchira par larges lambeaux; quatre cents hommes restèrent couchés sur le pavé, dont trois cents tués raides!

Les cent autres, blessés plus ou moins mortellement, se plaignant, essayant de se relever, retombant, donnaient à certaines parties de ce champ de cadavres une mobilité pareille à celle d'un flot expirant, mobilité effroyable à voir!

Puis, peu à peu, tout s'affaissa, et, à part quelques entêtés qui s'obstinèrent à vivre, tout rentra dans l'immobilité.

Les fuyards se répandirent dans le Carrousel, débordant d'un côté sur les quais, de l'autre dans la rue Saint-Honoré, en criant:

« Au meurtre! on nous assassine! »

Au pont Neuf, à peu près, ils rencontrèrent le gros de l'armée.

Ce gros de l'armée était commandé par deux hommes à cheval suivis d'un homme à pied et qui semblait, quoique à pied, avoir part au commandement.

— Ah! crièrent les fuyards, reconnaissant, dans un de ces deux cavaliers, le brasseur du faubourg Saint-Antoine, — remarquable par sa taille colossale, à laquelle servait de piédestal un énorme cheval flamand, — ah! monsieur Santerre, à nous! à l'aide! on égorge nos frères!

— Qui cela? demanda Santerre.

— Les Suisses! ils ont tiré sur nous *tandis que nous avions la bouche à leur joue.*

Santerre se retourna vers le second cavalier.

— Que pensez-vous de cela, Monsieur? lui demanda-t-il.

— Ma foi! dit, avec un accent allemand très-prononcé, le second cavalier, qui était un petit homme blond, portant les cheveux coupés en brosse, je pense qu'il y a un proverbe militaire qui dit: « Le soldat doit se porter où il entend le bruit de la fusillade ou du canon. » Portons-nous où se fait le bruit!

— Mais, demanda l'homme à pied à l'un des fuyards, vous aviez avec vous un jeune officier; je ne le vois plus.

— Il est tombé le premier, citoyen représentant; et c'est un malheur, car c'était un bien brave jeune homme!

— Oui, c'était un brave jeune homme! répondit, en pâlissant légèrement, celui à qui l'on avait donné le titre de représentant; oui, c'était un brave jeune homme! aussi va-t-il être bravement vengé! — En avant, monsieur Santerre!

— Je crois, mon cher Billot, dit Santerre, que, dans une si grave affaire, il faut appeler à notre aide non-seulement le courage, mais encore l'expérience.

— Soit.

— En conséquence, je propose de remettre le commandement général au citoyen Westermann, — qui est un vrai général, et un ami du citoyen Danton, — m'offrant de lui obéir le premier comme simple soldat.

— Tout ce que vous voudrez, dit Billot, pourvu que nous marchions sans perdre un instant.

— Acceptez-vous le commandement, citoyen Westermann? demanda Santerrre.

— J'accepte, répondit laconiquement le Prussien.

— En ce cas, donnez vos ordres.

— En avant! cria Westermann.

Et l'immense colonne, arrêtée un instant, se remit en route.

Au moment où son avant-garde pénétrait à la fois dans le Carrousel par les guichets de la rue de l'Échelle et par ceux des quais, onze heures sonnaient à l'horloge des Tuileries,

XXXI

DE NEUF HEURES A MIDI

En rentrant au château, Rœderer trouva le valet de chambre, qui le cherchait de la part de la reine; lui-même cherchait la reine, sachant que, dans ce moment, elle était la vraie force du château.

Il fut donc heureux d'apprendre qu'elle l'attendait dans un endroit écarté où il pourrait lui parler seul et sans être interrompu.

En conséquence, il monta derrière Weber.

La reine était assise près de la cheminée, le dos tourné à la fenêtre.

Au bruit que fit la porte, elle se retourna vivement.

— Eh bien, Monsieur?... demanda-t-elle, interrogeant sans donner un but positif à son interrogation.

— La reine m'a fait l'honneur de m'appeler? répondit Rœderer.

— Oui, Monsieur; vous êtes un des premiers magistrats de la ville; votre présence au château est un bouclier pour la royauté; je veux donc vous demander ce que nous avons à espérer ou à craindre.

— A espérer, peu de chose, Madame; à craindre, tout!

— Le peuple marche donc décidément contre le château?

— Son avant-garde est sur le Carrousel, et parlemente avec les Suisses.

— Parlemente, Monsieur? Mais j'ai fait donner aux Suisses l'ordre de repousser la force par la force. Seraient-ils disposés à désobéir?

— Non, Madame; les Suisses mourront à leur poste.

— Et nous au nôtre, Monsieur; de même que les Suisses sont des soldats au service des rois, les rois sont des soldats au service de la monarchie.

Rœderer se tut.

— Aurais-je le malheur d'être d'un avis qui ne s'accordât point avec le vôtre? demanda la reine.

— Madame, dit Rœderer, je n'aurai d'avis que si Votre Majesté me fait la grâce de m'en demander un.

— Monsieur, je vous le demande.

— Eh bien, Madame, je vais vous le dire avec la franchise d'un homme convaincu. Mon avis est que le roi est perdu s'il reste aux Tuileries.

— Mais, si nous ne restons pas aux Tuileries, où irons-nous? s'éria la reine se levant tout effrayée.

— Il n'y a plus, à l'heure qu'il est, dit Rœderer, qu'un asile qui puisse protéger la famille royale.

— Lequel, Monsieur?

— L'Assemblée nationale.

— Comment avez-vous dit, Monsieur? demanda la reine clignant rapidement les yeux et interrogeant, comme une femme persuadée qu'elle a mal entendu.

— L'Assemblée nationale, répéta Rœderer.

— Et vous croyez, Monsieur, que je demanderai quelque chose à ces gens là?

Rœderer se tut.

— Ennemis pour ennemis, Monsieur, j'aime mieux ceux qui nous attaquent en face et au grand jour que ceux qui veulent nous détruire par derrière et dans l'ombre!

— Eh bien, Madame, alors, décidez-vous: allez en avant vers le peuple ou battez en retraite vers l'Assemblée.

— Battre en retraite? Mais sommes-nous donc tellement dépourvus de défenseurs, que nous soyons forcés de battre en retraite avant même d'avoir essuyé le feu?

— Voulez-vous, avant de prendre une résolution, Madame, écouter le rapport d'un homme compétent, et connaître les forces dont vous pouvez disposer?

— Weber, va me chercher un des officiers du château, soit M. Maillardoz, soit M. de la Chesnaye, soit...

Elle allait dire: « soit le comte de Charny; » elle s'arrêta.

Weber sortit.

— Si votre Majesté voulait s'approcher de la fenêtre, elle jugerait par elle-même.

La reine fit, avec une répugnance visible, quelques pas vers la fenêtre, écarta les rideaux et vit le Carrousel, et même la cour Royale remplis d'hommes à piques.

— Mon Dieu! s'écria-t-elle, mais que font donc là ces hommes?

— Je l'ai dit à votre Majesté, ils parlementent.

— Mais ils sont entrés jusque dans la cour du château!

— J'ai cru devoir gagner du temps pour donner à votre Majesté le loisir de prendre une résolution.

En ce moment, la porte s'ouvrit.

— Venez! venez! s'écria la reine sans savoir à qui elle s'adressait.

Charny entra.

— Me voici, Madame, dit-il.

— Ah! c'est vous! alors je n'ai rien à vous demander; car tout à l'heure vous m'avez déjà dit ce qu'il nous restait à faire.

— Et, selon monsieur, demanda Rœderer, il vous reste..,?

— A mourir! dit la reine.

— Vous voyez que ce que je vous propose est préférable, Madame.

— Oh! sur mon âme, je n'en sais rien, dit la reine.

— Que propose monsieur? demanda Charny.

— De conduire le roi à l'Assemblée.

— Cela n'est point la mort, dit Charny; mais c'est la honte!

— Vous entendez, Monsieur! dit la reine.

— Voyons, reprit Rœderer, n'y aurait-il pas un parti moyen?

Weber s'avança.

— Je suis bien peu de chose, dit-il, et je sais qu'il est bien hardi à moi de prendre la parole en pareille compagnie; mais peut-être mon dévouement m'inspire-t-il... Si l'on se contentait de demander à l'Assemblée d'envoyer une députation pour veiller à la sûreté du roi?

— Eh bien, soit, dit la reine, à cela je consens... Monsieur de Charny, si vous approuvez cette proposition, allez, je vous prie, la soumettre au roi.

Charny s'inclina et sortit.

— Suis le comte, Weber, et rapporte-moi la réponse du roi.

Weber sortit derrière le comte.

La présence de Charny, froid, grave, dévoué, était, sinon pour la reine, du moins pour la femme, un si cruel reproche, qu'elle ne le revoyait qu'en frissonnant.

Puis peut-être avait-elle quelque pressentiment terrible de ce qui allait se passer.

Weber rentra.

— Le roi accepte, Madame, dit-il, et MM. Champion et Dejoly se rendent à l'instant à l'Assemblée pour porter la demande de Sa Majesté.

— Mais regardez-donc! fit la reine.

— Quoi, Madame? demanda Rœderer.

— Que font-ils là?

Les assiégeants étaient occupés à pêcher des Suisses.

Rœderer regarda; mais, avant qu'il eût eu le temps de se faire une idée de ce qui se passait, un coup de pistolet éclata qui fut suivi de la formidable décharge.

Le château trembla, comme ébranlé dans ses fondements.

La reine poussa un cri, recula d'un pas, puis, entraînée par la curiosité, revint à la fenêtre.

— Oh! voyez! voyez! s'écria-t-elle les yeux enflammés, ils fuient! ils sont en déroute! Que disiez-vous donc, monsieur Rœderer, que nous n'avions plus d'autre ressource que l'Assemblée?

— Sa Majesté, répondit Rœderer, veut-elle me faire la grâce de me suivre?

— Voyez! voyez! continua la reine, voici les Suisses qui font une sortie, et qui les poursuivent... Oh! le Carrousel est libre! Victoire! victoire!

— Par pitié pour vous-même, Madame, dit Rœderer, suivez-moi.

La reine revint à elle et suivit le syndic.

— Où est le roi? demanda Rœderer au premier valet de chambre qu'il rencontra.

— Le roi est dans la galerie du Louvre, répondit celui-ci.

— C'est justement là que je voulais conduire Votre Majesté dit Rœderer.

La reine suivit, sans se faire une idée de l'intention de son guide.

La galerie était barricadée à moitié de sa longueur, et coupée au tiers; deux ou trois cents hommes la défendaient et pouvaient se replier sur les Tuileries au moyen d'une espèce de pont volant qui, repoussé du pied par le dernier fuyard, tombait du premier étage au rez-de-chaussée.

Le roi était à une fenêtre avec MM. de la Chesnaye, Maillardoz et cinq ou six gentilshommes.

Il tenait une lunette à la main.

La reine courut au balcon, et n'eut pas besoin de lunette pour voir ce qui se passait.

L'armée de l'insurrection approchait longue et épaisse, couvrant toute la largeur du quai, et s'étendant à perte de vue.

Par le pont Neuf, le faubourg Saint-Marceau faisait sa jonction avec le faubourg Saint-Antoine.

Toutes les cloches de Paris sonnaient frénétiquement le tocsin, le bourdon de Notre-Dame couvrant de sa grosse voix toutes ces vibrations de bronze.

Un soleil ardent rejaillissait en milliers d'éclairs sur les canons des fusils et sur les fers des lances.

Puis, comme le bruit lointain de l'orage, on entendait le roulement sourd des pièces d'artillerie.

— Eh bien, Madame? demanda Rœderer.

Une cinquantaine de personnes s'étaient amassées derrière le roi.

La reine jeta un long regard sur toute cette foule qui l'entourait; ce regard semblait aller jusqu'au fond des cœurs chercher tout ce qu'il y pouvait rester de dévouement.

Puis, muette, pauvre femme! ne sachant à qui s'adresser, ni quelle prière faire, elle prit son enfant, le montrant aux officiers suisses, aux officiers de la garde nationale, aux gentilshommes.

Ce n'était plus la reine demandant un trône pour son héritier; c'était la mère en détresse au milieu d'un incendie, et criant : « Mon enfant! qui sauvera mon enfant? »

Pendant ce temps, le roi causait tout bas avec le syndic de la Commune, ou plutôt Rœderer, lui répétait ce qu'il avait déjà dit à la reine.

Deux groupes bien distincts s'étaient formés autour des deux augustes personnages: le groupe du roi, froid, grave, composé de conseillers qui semblaient approuver l'avis émis par Rœderer; le groupe de la reine, ardent, enthousiaste, nombreux, composé de jeunes militaires agitant leurs chapeaux, tirant leurs épées, levant les mains vers le dauphin, baisant à genoux la robe de la reine, jurant de mourir pour l'un et pour l'autre.

Dans cet enthousiasme, la reine retrouva un peu d'espoir.

En ce moment, le groupe du roi se réunit à celui de la reine, et le roi, avec son impassibilité ordinaire, se retrouva le centre des deux groupes confondus. Cette impassibilité, c'était peut-être du courage.

La reine saisit deux pistolets à la ceinture de M. Maillardoz, commandant des Suisses.

— Allons, Sire! dit-elle, voici l'instant de vous montrer ou de périr au milieu de vos amis!

Ce mouvement de la reine avait porté l'enthousiasme à son comble; chacun attendait la réponse du roi, bouche béante, haleine suspendue.

Un roi jeune, beau, brave, qui, l'œil ardent, la lèvre frémissante, se fût jeté, ces deux pistolets à la main, au milieu du combat, pouvait rappeler à lui la fortune peut-être!

On attendait, on espérait.

Le roi prit les pistolets des mains de la reine et les rendit à M. Maillardoz.

Puis, se retournant vers le syndic de la Commune.

— Vous dites donc, Monsieur, que je dois me rendre à l'Assemblée? demanda-t-il.

— Sire, répondit Rœderer en s'inclinant, c'est mon avis.

— Allons, Messieurs, dit le roi, il n'y a plus rien à faire ici.

La reine poussa un soupir, prit le dauphin dans ses bras, et, s'adressant à madame de Lamballe et à madame de Tourzel:

— Venez, Mesdames, dit-elle, puisque le roi le veut ainsi!

C'était dire à toutes les autres : « Je vous abandonne. »

Madame Campan attendait la reine dans le corridor par lequel elle devait passer.

La reine la vit.

— Attendez-moi dans mon appartement, dit-elle : je viendrai vous rejoindre, ou je vous enverrai chercher pour aller... Dieu sait où!

Puis, tout bas, se penchant vers madame Campan:

— Oh! murmura-t-elle, une tour au bord de la mer!

Les gentilshommes abandonnés se regardaient les uns les autres, et semblaient se dire: « Est-ce pour ce roi que nous sommes venus chercher ici la mort?»

M. de Chesnaye comprit cette muette interrogation.

— Non, Messieurs, dit-il, c'est pour la royauté! L'homme est mortel; le principe, impérissable!

Quant aux malheureuses femmes, — et il y en avait beaucoup: quelques-unes, absentes du château, avaient fait des efforts inouïs pour y rentrer; — quant aux femmes elles étaient terrifiées.

On eût dit autant de statues de marbre debout aux angles des corridors et le long des escaliers.

Enfin, le roi daigna penser à ceux qu'il abandonnait.

Au bas de l'escalier, il s'arrêta.

— Mais, dit-il, que vont devenir toutes les personnes que j'ai laissées là-haut?

— Sire, répondit Rœderer, rien ne leur sera plus facile que de vous suivre : elles sont en habit de ville, et passeront par le jardin.

— C'est vrai, dit le roi. Allons!

— Ah! monsieur de Charny, dit la reine, apercevant le comte, qui l'attendait à la porte du jardin, l'épée nue, que ne vous ai-je écouté avant-hier, quand vous m'avez conseillé de fuir!

Le comte ne répondit point; mais, s'approchant du roi:

— Sire, dit-il, le roi voudrait-il prendre mon chapeau, et me donner le sien, qui pourrait le faire reconnaître?

— Ah! vous avez raison, dit le roi, à cause de la plume blanche... Merci, Monsieur.

Et il prit le chapeau de Charny, et lui donna le sien.

— Monsieur, dit la reine, le roi courrait-il quelque danger pendant cette traversée?

— Vous voyez, Madame, que, si ce danger

Le cavalier lui brûla la cervelle. (Page 640).

existe, je fais tout ce que je puis pour le détourner de celui qui le menace.

— Sire, dit le capitaine suisse chargé de protéger le passage du roi à travers le jardin, Votre Majesté est-elle prête?

— Oui, répondit le roi en enfonçant sur sa tête le chapeau de Charny.

— Alors, dit le capitaine, sortons!

Le roi s'avança au milieu de deux rangs de Suisses qui marchaient du même pas que lui.

Tout à coup, on entendit de grands cris à droite.

La porte qui donnait sur les Tuileries, près du café de Flore, était forcée; une masse de peuple, sachant que le roi se rendait à l'Assemblée, se précipitait dans le jardin.

Un homme qui paraissait conduire toute cette bande portait pour bannière une tête au bout d'une pique.

Le capitaine fit faire halte, et apprêter les armes.

— Monsieur de Charny, dit la reine, si vous me voyez sur le point de tomber aux mains de ces misérables, vous me tuerez, n'est-ce pas?

— Je ne puis vous promettre cela, Madame, répondit Charny.

— Et pourquoi donc? s'écria la reine.

— Parce qu'avant qu'une seule main vous ait touchée, je serai mort!

— Tiens, dit le roi, c'est la tête de ce pauvre M. Mandat: je la reconnais.

Cette bande d'assassins n'osa approcher

mais elle accabla d'injures le roi et la reine, cinq ou six coups de fusil furent tirés; un Suisse tomba mort, un autre blessé.

Le capitaine ordonna de mettre en joue; ses hommes obéirent.

— Ne tirez pas, Monsieur! dit Charny, ou pas un de nous n'arrivera vivant à l'Assemblée.

— C'est juste, Monsieur, dit le capitaine. — Arme au bras!

Les soldats remirent l'arme au bras, et l'on continua de s'avancer en coupant diagonalement le jardin.

Les premières chaleurs de l'année avaient jauni les marronniers; quoiqu'on ne fût encore qu'au commencement d'août, des feuilles déjà sèches jonchaient la terre.

Le petit dauphin les roulait sous ses pieds, et s'amusait à les pousser sous ceux de sa sœur.

— Les feuilles tombent de bonne heure cette année, dit le roi.

— N'y a-t-il pas un de ces hommes qui a écrit: « La royauté n'ira pas jusqu'à la chute des feuilles? » dit la reine.

— Oui, Madame, répondit Charny.

— Et comment appelle-t-on cet habile prophète?

Manuel.

Cependant un nouvel obstacle se présentait devant les pas de la famille royale: c'était un groupe considérable d'hommes et de femmes qui attendaient, avec des gestes menaçants, et en agitant des armes, sur l'escalier et sur la terrasse qu'il fallait monter et traverser pour se rendre du jardin des Tuileries au Manège.

Le danger était d'autant plus réel qu'il n'y avait plus moyen pour les Suisses de garder leurs rangs.

Le capitaine essaya néanmoins de leur faire percer la foule; mais il se manifesta une telle rage, que Rœderer s'écria:

— Monsieur, prenez garde! vous allez faire tuer le roi!

On fit halte, et un messager alla prévenir l'Assemblée que le roi venait lui demander asile.

L'Assemblée envoya une députation; mais la vue de cette députation redoubla la fureur de la multitude.

On n'entendait que ces cris poussés avec fureur:

— A bas, Véto! à bas, l'Autrichienne! La déchéance ou la mort!!

Les deux enfants, comprenant que c'était surtout leur mère qui était menacée, se pressaient contre elle.

Le petit dauphin demandait:

— Monsieur de Charny, pourquoi donc tous ces gens-là veulent-ils tuer maman?

Un homme d'une taille colossale, armé d'une pique, et criant plus haut que les autres: « A bas, Véto! à mort, l'Autrichienne! » essayait, en dardant cette pique, d'atteindre tantôt la reine, tantôt le roi.

L'escorte suisse avait été écartée peu à peu; la famille royale n'avait plus autour d'elle que les six gentilshommes qui étaient sortis avec elle des Tuileries, M. de Charny et la députation de l'Assemblée qui était venue la chercher.

Il y avait plus de trente pas à faire au milieu d'une foule compacte.

Il était évident qu'on en voulait aux jours du roi, et surtout à ceux de la reine.

Au bas de l'escalier, la lutte commença.

— Monsieur, dit Rœderer à Charny, remettez votre épée au fourreau, ou je ne réponds de rien!

Charny obéit sans prononcer une parole.

Le groupe royal fut soulevé par la foule comme, dans une tempête, une barque est soulevée par les flots, et fut entraîné du côté de l'Assemblée. Le roi se vit obligé de repousser un homme qui lui avait mis le poing devant le visage; le petit dauphin, presque étouffé, criait et tendait les bras comme pour appeler au secours.

Un homme s'élança, le prit, et l'arracha des mains de sa mère.

— Monsieur de Charny, mon fils! s'écria-t-elle; au nom du ciel, sauvez mon fils!

Charny fit quelques pas vers l'homme qui emportait l'enfant, mais à peine eut-il démasqué la reine, que deux ou trois bras s'étendirent vers elle, et qu'une main la saisit par le fichu qui couvrait sa poitrine.

La reine jeta un cri.

Charny oublia la recommandation de Rœderer, et son épée disparut tout entière dans le corps de l'homme qui avait osé porter la main sur la reine.

La foule hurla de rage en voyant tomber un des siens, et se rua plus violemment sur le groupe.

Les femmes criaient:

— Mais tuez-la donc, l'Autrichienne! donnez-nous-la donc que nous l'égorgions! A mort! à mort!

Et vingt bras nus s'étendaient pour la saisir.

Mais elle, folle de douleur ne s'inquiétant plus de son propre danger, ne cessait de crier:

— Mon fils! mon fils!

On touchait presque au seuil de l'Assemblée;

la foule fit un dernier effort: elle sentait que sa proie allait lui échapper.

Charny était si serré, qu'il ne pouvait plus frapper que du pommeau de son épée.

Il vit, parmi tous ces poings fermés et menaçants, une main armée d'un pistolet qui cherchait la reine.

Il lâcha son épée, saisit des deux mains le pistolet, l'arracha à celui qui le tenait, et le déchargea au milieu de la poitrine du plus proche assaillant.

L'homme foudroyé tomba.

Charny se baissa pour ramasser son épée.

L'épée était déjà aux mains d'un homme du peuple qui essayait d'en frapper la reine.

Charny s'élança sur l'assassin.

En ce moment, la reine entrait à la suite du roi dans le vestibule de l'Assemblée : elle était sauvée !

Il est vrai que, derrière elle, la porte se refermait, et que, sur le pas de cette porte, Charny tombait frappé à la fois d'un coup de barre de fer à la tête, et d'un coup de pique dans la poitrine.

— Comme mes frères ! murmura-t-il en tombant. Pauvre Andrée !...

Le destin de Charny s'accomplissait comme celui d'Isidore, comme celui de Georges. — Celui de la reine allait s'accomplir.

Du reste, au même moment, une décharge effroyable d'artillerie annonçait que les insurgés et le château étaient aux prises.

XXXII

DE MIDI A TROIS HEURES

Un instant, — comme la reine en voyant la fuite de l'avant-garde, — les Suisses purent croire qu'ils avaient eu affaire à l'armée elle-même, et que cette armée était dissipée.

Ils avaient tué quatre cents hommes, à peu près, dans la cour Royale, cent cinquante ou deux cents dans le Carrousel ; ils avaient enfin ramené sept pièces de canon.

Aussi loin que la vue pouvait s'étendre, on n'apercevait pas un homme qui pût se défendre.

Une seule petite batterie isolée, établie sur la terrasse d'une maison faisant face au corps de garde des Suisses, continuait son feu sans que l'on pût le faire taire.

Cependant, comme on se croyait maître de l'insurrection, on allait prendre des mesures pour en finir coûte que coûte avec cette batterie, lorsque l'on entendit retentir, du côté des quais, le roulement des tambours et les rebondissements bien autrement sombres de l'artillerie.

C'était cette armée que le roi regardait venir, avec une lunette, de la galerie du Louvre.

En même temps, le bruit commença de se répandre que le roi avait quitté le château, et était allé demander un asile à l'Assemblée.

Il est difficile de dire l'effet que produisit cette nouvelle, même sur les royalistes les plus dévoués.

Le roi, qui avait promis de mourir à son poste royal, désertait ce poste, et passait à l'ennemi, ou, tout au moins, se rendait prisonnier sans combattre !

Dès lors, les gardes nationaux se regardèrent comme déliés de leur serment, et se retirèrent presque tous.

Quelques gentilshommes les suivirent, jugeant inutile de se faire tuer pour une cause qui elle-même s'avouait perdue.

Les Suisses seuls restèrent, sombres, silencieux, mais esclaves de la discipline.

Du haut de la terrasse du pavillon de Flore, et par les fenêtres de la galerie du Louvre, on voyait venir ces héroïques faubourgs auxquels nulle armée n'a jamais résisté, et qui en un jour avaient renversé la Bastille, cette forteresse dont les pieds étaient enracinés au sol depuis quatre siècles.

Les assaillants avaient leur plan ; ils croyaient le roi au château : ils voulaient de tous côtés envelopper le château afin de prendre le roi.

La colonne qui suivait le quai de la rive gauche reçut, en conséquence, l'ordre de forcer la grille du bord de l'eau ; celle qui arrivait par la rue Saint-Honoré, d'enfoncer la porte des Feuillants, tandis que la colonne de la rive droite, commandée par Westermann, ayant sous ses ordres Santerre et Billot, attaquerait de face.

Cette dernière déboucha tout à coup par tous les guichets du Carrousel, en chantant le *Ça ira*.

Les Marseillais menaient la tête de colonne, traînant au milieu de leurs rangs deux petites pièces de quatre chargées à mitraille.

Deux cents Suisses, à peu près, étaient en bataille sur le Carrousel.

Les insurgés marchèrent droit à eux, et, au moment où les Suisses abaissaient leurs fusils pour faire feu, ils démasquèrent leurs deux canons, et firent feu eux-mêmes.

Les soldats déchargèrent leurs fusils, mais se replièrent immédiatement sur le château, laissant à leur tour une trentaine de morts et de blessés sur le pavé du Carrousel.

Aussitôt, les insurgés, ayant en tête les fédérés marseillais et bretons, se ruant sur les Tuileries, s'emparèrent de deux cours: de la cour Royale, placée au centre, — celle où il y avait tant de morts: — et de la cour des Princes, voisine du pavillon de Flore et du quai.

Billot avait voulu combattre là où Pitou avait été tué; puis il lui restait un espoir il faut le dire: c'est que le pauvre garçon n'était que blessé, et qu'il lui rendrait dans la cour Royale, le service que Pitou lui avait rendu, à lui, dans le champ de Mars.

Il entra donc un des premiers dans la cour du Centre; l'odeur du sang était telle, qu'on se serait cru dans un abattoir: elle s'exhalait de ce monceau de cadavres, visible en quelque sorte comme une fumée.

Cette vue, cette odeur, exaspérèrent les assaillants; ils se précipitèrent vers le château.

D'ailleurs, eussent-ils voulu reculer, c'eût été impossible: les masses qui s'engouffraient incessamment par les guichets du Carrousel, — beaucoup plus étroit à cette époque qu'il ne l'est aujourd'hui, — les poussaient en avant.

Mais, hâtons-nous de le dire, quoique la façade du château ressemblât à un feu d'artifice, nul n'avait même l'idée de faire un pas en arrière.

Et, cependant, une fois entrés dans cette cour du Centre, les insurgés, comme ceux dans le sang desquels ils marchaient jusqu'à la cheville, les insurgés se trouvaient pris entre deux feux: le feu du vestibule de l'horloge, et celui du double rang de baraques.

Il fallait d'abord éteindre ce feu des baraques.

Les Marseillais se jetèrent sur elles comme des dogues sur un brasier; mais ils ne purent les démolir avec leurs mains: ils demandèrent des leviers, des hoyaux, des pioches.

Billot demanda des gargousses.

Westermann comprit le plan de son lieutenant.

On apporte des gargousses avec des mèches.

Au risque de voir la poudre éclater dans leurs mains, les Marseillais mirent le feu aux mèches et lancèrent les gargousses dans les baraques.

Les baraques s'enflammèrent: ceux qui les défendaient furent obligés de les évacuer et de se réfugier sous le vestibule.

Là, on se heurta fer contre fer, feu contre feu.

Tout à coup, Billot se sentit étreint par derrière; il se retourna, croyant avoir affaire à un ennemi; mais, à la vue de celui qui l'étreignait, il jeta un cri de joie.

C'était Pitou! Pitou méconnaissable, couvert de sang des pieds à la tête, mais Pitou sain et sauf, Pitou sans une seule blessure.

Au moment où il avait vu s'abaisser les fusils des Suisses, il avait, comme nous l'avons dit, crié: « Ventre à terre ! » et avait donné l'exemple.

Mais, cet exemple, ses compagnons n'avaient pas eu le temps de le suivre.

La fusillade, ainsi qu'une immense faux, avait alors passé à hauteur d'homme, et scié les trois quarts de ces épis humains qui mettent vingt-cinq ans à pousser, et qu'une seconde ploie et brise.

Pitou s'était littéralement senti enseveli sous les cadavres, puis baigné d'une liqueur tiède et ruisselante de tous cotés.

Malgré l'impression — profondément désagréable — que Pitou ressentait, étouffé par le poids des morts, baigné par leur sang. Il résolut de ne pas souffler le mot, et d'attendre, pour donner signe de vie, un instant favorable.

Cet instant favorable, il l'avait attendu plus d'une heure.

Il est vrai que chaque minute de cette heure lui avait paru une heure elle-même.

Enfin, il jugea le moment propice, quand il entendit les cris de victoire de ses compagnons, et, au milieu de ces cris la voix de Billot qui l'appelait.

Alors, comme Encelade enseveli sous le mont Etna, il avait secoué cette couche de cadavres qui le recouvrait, était parvenu à se remettre debout, et, ayant reconnu Billot au premier rang, il était accouru le presser contre son cœur, sans s'inquiéter de quel côté il l'y pressait.

Une décharge des Suisses, qui coucha par terre une dizaine d'hommes, rappela Billot et Pitou à la gravité de la situation.

Neuf cents toises de bâtiment brûlaient à droite et à gauche de la cour du Centre.

Le temps était lourd, et il ne faisait pas le moindre vent: la fumée de l'incendie et de la fusillade pesait sur les combattants comme un dôme de plomb; la fumée emplissait le vestibule du château; toute la façade, dont chaque fenêtre flamboyait, était couverte d'un voile de fumée, on ne pouvait distinguer ni où l'on envoyait la mort, ni d'où on la recevait.

Pitou, Billot, les Marseillais, la tête de cone, marchèrent en avant, et, au milieu de la fumée, pénétrèrent dans le vestibule.

On se trouva devant un mur de baïonnettes: c'étaient celles des Suisses.

Ce fut alors que les Suisses commencèrent leur retraite, — retraite héroïque, dans laquelle pas à pas, de marche en marche, laissant un rang des siens sur chaque degré, le bataillon se replia lentement.

Le soir, on compta quatre-vingts cadavres sur l'escalier.

Tout à coup, par les chambres et par les corridors du château, on entendit retentir ce cri:

— Le roi ordonne aux Suisses de cesser le feu.

Il était deux heures de l'après-midi.

Voici ce qui s'était passé à l'Assemblée, et ce qui avait amené l'ordre que l'on proclamait aux Tuileries pour faire cesser la lutte; ordre qui avait le double avantage de diminuer l'exaspération des vainqueurs et de couvrir l'honneur des vaincus.

Au moment où la porte des Feuillants s'était refermée derrière la reine, et où, à travers cette porte, encore entr'ouverte, elle avait vu leviers de fer, baïonnettes et piques menacer Charny, elle avait jeté un cri et tendu les bras vers cette porte; mais, entraînée du côté de la salle par ceux qui l'accompagnaient, en même temps que par cet instinct de mère qui lui disait, avant toute chose, de suivre son enfant, elle était entrée à la suite du roi dans l'Assemblée.

Là, une grande joie lui avait été rendue: elle avait aperçu son fils assis sur le bureau du président; l'homme qui l'avait apporté secouait triomphalement son bonnet rouge au-dessus de la tête du jeune prince, et criait tout joyeux:

— J'ai sauvé le fils de mes maîtres! Vive monseigneur le dauphin!

Mais, son fils en sûreté, un subit retour du cœur de la reine la ramena vers Charny.

— Messieurs, dit-elle, un de mes officiers les plus braves, un de mes serviteurs les plus dévoués est resté à la porte, en danger de mort; je vous demande secours pour lui.

Cinq ou six députés s'élancèrent à cette voix.

Le roi, la reine, la famille royale et les personnages qui les accompagnaient se dirigèrent vers les sièges destinés aux ministres, et y prirent place.

L'Assemblée les avait reçus debout, non point à cause de l'étiquette due aux têtes couronnées, mais à cause du respect dû au malheur.

Avant de s'asseoir, le roi fit signe qu'il voulait parler.

On fit silence.

— Je suis venu ici, dit-il, pour éviter un grand crime; j'ai pensé que je ne pouvais être plus en sûreté qu'au milieu de vous.

— Sire, répondit Vergniaud, qui présidait, vous pouvez compter sur la fermeté de l'Assemblée nationale; ses membres ont juré de mourir en défendant les droits du peuple et les autorités constituées.

Le roi s'assit.

En ce moment, une fusillade effroyable retentit presque aux portes du manège: la garde nationale, mêlée aux insurgés, tirait de la terrasse des Feuillants, sur le capitaine et les soldats suisses qui avaient servi d'escorte à la famille royale.

Un officier de la garde nationale, ayant sans doute perdu la tête, entra tout effaré, et ne s'arrêta qu'à la barre, criant:

— Les Suisses! les Suisses! nous sommes forcés!

L'Assemblée crut un instant que les Suisses vainqueurs, avaient repoussé l'insurrection, et marchaient sur le Manège pour reprendre leur roi, — car, à cette heure, nous devons le dire, Louis XVI était bien plutôt le roi des Suisses que le roi des Français.

La salle se leva tout entière, d'un mouvement spontané, unanime; et représentants du peuple, spectateurs des tribunes, gardes nationaux, secrétaires, chacun, étendant la main, cria:

— Quelque chose qui arrive, nous jurons de vivre et de mourir libres!

Le roi et la famille royale n'avaient rien à faire dans ce serment; aussi restèrent-ils seuls assis. Ce cri, poussé par trois mille bouches, passa comme un ouragan au-dessus de leurs têtes.

L'erreur ne fut pas longue, mais cette minute d'enthousiasme fut sublime.

Un quart d'heure après, un autre cri retentit:

— Le château est envahi! les insurgés marchent sur l'Assemblée pour y égorger le roi.

Alors, ces mêmes hommes qui, en haine de la royauté, venaient de jurer de mourir libres, se levèrent avec le même élan et la même spontanéité, jurant de défendre le roi jusqu'à la mort.

A cet instant-là même, on sommait, au nom de l'Assemblée, le capitaine suisse Durler de mettre bas les armes.

— Je sers le roi et non l'Assemblée, dit-il; où est l'ordre du roi?

Les mandataires de l'Assemblée n'avaient pas d'ordre écrit.

— Je tiens mon commandement du roi, reprit Durler; je ne le remettrai qu'au roi.

On l'amena presque de force à l'Assemblée. Il était tout noir de poudre, tout rouge de sang.

— Sire, dit-il, on veut que je mette bas les armes: est-ce l'ordre du roi?

— Oui, répondit Louis XVI; rendez vos armes à la garde nationale; je ne veux pas que de braves gens comme vous périssent.

Durler courba la tête, poussa un soupir et sortit; mais, à la porte, il fit dire qu'il n'obéirait que sur un ordre écrit.

Alors, le roi prit un papier, et écrivit:

« Le roi ordonne aux Suisses de poser les armes, et de se retirer aux casernes. »

C'était là ce que l'on criait dans les chambres, les corridors et les escaliers des Tuileries.

Comme cet ordre venait de rendre quelque tranquillité à l'Assemblée, le président agita sa sonnette.

— Délibérons, dit-il.

Mais un représentant se leva et fit observer qu'un article de la constitution défendait de délibérer en présence du roi.

— C'est vrai, dit Louis XVI; mais où allez-vous nous mettre?

— Sire, dit le président, nous avons à vous offrir la tribune du journal *le Logographe*, qui est vide, le journal ayant cessé de paraître.

— C'est bien, dit le roi, nous sommes prêts à nous y rendre.

— Huissiers, cria Vergniaud, conduisez le roi à la loge du *Logographe*.

Les huissiers se hâtèrent d'obéir.

Le roi, la reine, la famille royale, reprirent, pour sortir de la salle, le chemin qu'ils avaient pris pour y entrer, et se retrouvèrent dans le corridor.

— Qu'y a-t-il donc à terre? demanda la reine. On dirait du sang!

Les huissiers ne répondirent point; — si ces tache étaient véritablement des taches de sang, peut-être ignoraient-ils d'où elles venaient.

Les taches, chose étrange! étaient plus larges et plus fréquentes à mesure qu'on approchait de la loge.

Pour épargner ce spectacle à la reine, le roi doubla le pas, et, ouvrant la loge lui-même:

— Entrez, Madame, dit-il à la reine.

La reine s'élança; mais, en mettant le pied sur le seuil de la porte, elle poussa un cri d'horreur, et, les mains sur les yeux, se rejeta en arrière.

La présence des taches de sang était expliquée; un cadavre avait été déposé dans la loge.

C'était ce cadavre — que la reine, dans sa précipitation, avait presque heurté du pied — qui lui avait fait pousser un cri, et se rejeter en arrière.

— Tiens! dit le roi du même ton dont il avait dit: « C'est la tête de ce pauvre M. Mandat! » tiens! c'est le cadavre de ce pauvre comte de Charny.

C'était, en effet, le cadavre du comte, que les députés avaient tiré des mains des égorgeurs, et qu'ils avaient donné l'ordre de placer dans la loge du *Logographe* ne pouvant deviner que, dix minutes après, on y installerait la famille royale.

On emporta le cadavre, et la famille royale entra dans la loge.

On voulait la laver ou l'essuyer, car le plancher était tout couvert de sang; mais la reine fit un signe d'opposition, et prit place la première.

Seulement, nul ne vit qu'elle brisait les cordons de ses souliers, et mettait ses pieds frémissants en contact avec ce sang tiède encore.

— Oh! murmura-t-elle, Charny! Charny! pourquoi mon sang ne coule-t-il pas ici jusqu'à la dernière goutte, pour se mêler pendant l'éternité avec le tien!...

Trois heures de l'après-midi sonnaient.

XXXIII

DE TROIS A SIX HEURES DE L'APRÈS-MIDI

Nous avons abandonné le château au moment où le vestibule du milieu forcé, et les Suisses repoussés de marche en marche jusqu'aux appartements du roi, une voix retentit dans les chambres et dans les corridors, criant: « Ordre aux Suisses de poser les armes! »

Ce livre est probablement le dernier que nous ferons sur cette terrible époque; à mesure que notre récit avance, nous quittons donc le terrain que nous venons de parcourir pour n'y revenir jamais. C'est ce qui nous autorise à mettre, dans tous ses détails, cette suprême journée sous les yeux de nos lecteurs; nous en avons d'autant plus le droit que nous le faisons sans aucune prétention de haine, sans aucun parti pris.

Le lecteur est entré dans la cour Royale à

la suite des Marseillais; il a suivi Billot au milieu de la flamme et de la fumée et il l'a vu monter, avec Pitou, spectre sanglant sorti du milieu des morts, chaque marche de l'escalier au haut duquel nous les avons laissés.

A partir de ce moment, les Tuileries étaient prises.

Quel est le sombre génie qui avait présidé à la victoire?

La colère du peuple, répondra-t-on.

Oui, sans doute; mais qui dirigea cette colère? L'homme que nous avons nommé à peine, cet officier prussien marchant sur un petit cheval noir à côté du géant Santerre et de son colossal cheval flamand, — l'Alsacien Westermann.

Qu'était-ce que cet homme, qui, pareil à l'éclair, se faisait visible seulement au milieu de la tempête?

Un de ces hommes que Dieu tient cachés dans l'arsenal de ses colères, et qu'il ne tire de l'obscurité qu'au moment où il en a besoin, qu'à l'heure où il veut frapper!

Il s'appelle WESTERMANN, *l'homme du couchant.*

Et, en effet, il apparaît quand la royauté tombe pour ne plus se relever.

Qui l'a inventé? qui l'a deviné? quel a été l'intermédiaire entre lui et Dieu?

Qui a compris qu'au brasseur, géant taillé dans le bloc matériel de la chair, il fallait donner une âme pour cette lutte où les Titans devaient détrôner Dieu? Qui a parfait Géryon avec Prométhée? Qui a complété Santerre avec Westermann? C'est Danton.

Où le terrible tribun a-t-il été chercher ce vainqueur?

Dans une sentine, dans un égout, dans une prison: à Saint-Lazare.

Westermann était accusé — entendons-nous bien, pas convaincu — accusé d'avoir fait de faux billets de caisse, et arrêté préventivement.

Danton avait besoin, pour l'œuvre du 10 août, d'un homme qui ne pût reculer, parce qu'en reculant il montait au pilori.

Danton couvait du regard le mystérieux prisonnier; au jour et à l'heure où il en eut besoin, il brisa chaîne et verrous de sa main puissante, et dit au prisonnier: « Viens! »

La révolution consiste non seulement, comme je l'ai dit, à mettre dessus ce qui est dessous, mais encore à mettre les captifs en liberté, et en prison les gens libres; non seulement, les gens libres, mais encore les puissants de la terre, les grands, les princes, les rois!

Sans doute, c'était dans sa sécurité de ce qui allait advenir que Danton parut si engourdi pendant les fiévreuses ténèbres qui précédèrent la sanglante aurore du 10 août.

Il avait, dès la veille, semé le vent; il n'avait plus à s'inquiéter de rien, certain qu'il était de recueillir la tempête.

Le vent, ce fut Westermann; la tempête, ce fut Santerre, cette gigantesque personnification du peuple.

Santerre se montra à peine ce jour là; Westermann fit tout, fut partout,

Ce fut Westermann qui dirigea le mouvement de jonction du faubourg Saint-Marceau et du faubourg Saint-Antoine au pont neuf; ce fut Westermann qui, monté sur son petit cheval noir, apparut en tête de l'armée, sous le guichet du Carrousel; ce fut Westermann qui, comme s'il s'agissait de faire ouvrir la porte d'une caserne à un régiment au bout de son étape, vint heurter de la poignée de son épée à la porte des Tuileries.

Nous avons vu comment cette porte s'était ouverte, comment les Suisses avaient fait héroïquement leur devoir, comment ils avaient battu en retraite sans fuir, comment ils avaient été détruits sans être vaincus; nous les avons suivis marche à marche dans l'escalier, qu'ils couvrent de leurs morts: suivons-les pas à pas dans les Tuileries, qu'ils vont joncher de cadavres.

Au moment où l'on apprit que le roi venait de quitter le château, les deux ou trois cents gentilshommes qui étaient venus pour mourir avec le roi se réunirent dans la salle des gardes de la reine, afin de se demander si, le roi n'étant plus là pour mourir avec eux, comme il s'y était solennellement engagés, ils devaient mourir sans lui.

Alors, ils décidèrent, puisque le roi était allé à l'Assemblée nationale, d'aller eux-mêmes y rejoindre le roi.

Ils rallièrent tous les Suisses qu'ils purent rencontrer, une vingtaine de gardes nationaux, et, au nombre de cinq cents, descendirent vers le jardin.

Le passage était fermé par une grille appelée la grille de la Reine; on voulut faire sauter la serrure: la serrure résista.

Les plus forts se mirent à secouer un barreau et parvinrent à le briser.

L'ouverture donnait passage à la troupe, mais homme à homme seulement.

On était à trente pas des bataillons postés à la grille du pont Royal.

Ce furent deux soldats Suisses qui sortirent

les premiers par l'étroit passage: tous deux furent tués avant d'avoir fait quatre pas.

Tous les autres passèrent sur leurs cadavres.

La troupe fut criblée de coups de fusil; mais, comme les Suisses, avec leurs uniformes éclatants, offraient un plus facile point de mire, ce fut sur les Suisses que les balles se dirigèrent de préférence; pour deux gentilshommes tués et un blessé, soixante ou soixante et dix Suisses tombèrent.

Les deux gentilshommes tués étaient MM. de Carteja et de Clermont d'Ambroise; le gentilhomme blessé était M. de Viomesnil.

En marchant vers l'Assemblée nationale, on passa devant un corps de garde appuyé contre la terrasse du bord de l'eau, et placé sous les arbres.

La garde sortit, fit feu sur les Suisses, dont huit ou dix tombèrent encore.

Le reste de la colonne, qui, en quatre-vingts pas à peu près, avait perdu quatre-vingts hommes, se dirigea vers l'escalier des Feuillants.

M. de Choiseul les vit de loin, et, l'épée à la main, courant à eux sous le feu des canons du pont Royal et du pont tournant, essaya de les rallier.

— A l'Assemblée nationale! cria-t-il.

Et, se croyant suivi par les quatre cents hommes qui restaient, il s'élança dans les corridors et à travers l'escalier qui conduisait à la salle des séances.

A la dernière marche, il rencontra Merlin.

— Que faites-vous ici l'épée à la main, malheureux? lui dit le député.

M. de Choiseul regarda autour de lui: il était seul.

— Remettez votre épée au fourreau, et allez retrouver le roi, lui dit Merlin; il n'y a que moi qui vous ai vu: donc, personne ne vous a vu.

Qu'était devenue cette troupe dont M. de Choiseul se croyait suivi?

Les coups de canon et la fusillade l'avaient fait tourner sur elle-même comme un tourbillon de feuilles sèches, et l'avaient poursuivie sur la terrasse de l'Orangerie.

De la terrasse de l'Orangerie, les fugitifs s'élancèrent sur la place Louis XV et se dirigèrent vers le Garde-Meuble pour gagner les boulevards ou les Champs-Élysées.

M. de Viomesnil, huit ou dix gentilshommes et cinq Suisses se réfugièrent à l'hôtel de l'ambassade de Venise, situé rue Saint-Florentin, et dont ils avaient trouvé la porte ouverte. Ceux-là étaient sauvés!

Le reste de la colonne essayait d'atteindre les Champs-Élysées.

Deux coups de canons, chargés à mitraille, partirent du pied de la statue de Louis XV, et brisèrent la colonne en trois tronçons.

L'un s'enfuit par le boulevard et rencontra la gendarmerie, qui arrivait avec le bataillon des Capucines.

Les fugitifs se crurent sauvés. M. de Villiers ancien aide-major de gendarmerie lui-même courut à l'un des cavaliers, les bras ouverts, en criant: « A nous, mes amis! »

Le cavalier tira un pistolet de ses fontes et lui brûla la cervelle.

A cette vue, trente Suisses et un gentilhomme ci-devant page du roi, se précipitèrent dans l'hôtel de la Marine.

Là, on se demanda ce que l'on devait faire.

Les trente Suisses furent d'avis de se rendre, et, voyant apparaître huit sans-culottes, déposèrent leurs fusils en criant: « Vive la nation! »

— Ah! traîtres! dirent les sans-culottes, vous vous rendez parce que vous vous voyez pris? Vous criez: « Vive la nation! » parce que vous croyez que ce cri vous sauvera? Non, pas de quartier!

Et, en même temps, deux Suisses tombent, un frappé d'un coup de pique, l'autre d'un coup de fusil.

Aussitôt leur tête est coupée et mise au bout d'une pique.

Les Suisses, furieux de la mort de leurs deux camarades ressaisisent leurs fusils et font feu tous à la fois.

Sept sans-culottes, sur huit, tombent morts ou blessés.

Les Suisses s'élancent alors sous la grande porte pour se sauver, et se trouvent face à face avec la bouche d'un canon.

Ils reculent; le canon avance; tous se groupent dans un angle de la cour; le canon pivote, tourne sa gueule de leur côté, et fait feu!

Vingt-trois sont tués sur vingt-huit.

Par bonheur, presque en même temps, et au moment où la fumée aveugle ceux qui viennent de faire feu, une porte s'ouvre derrière les cinq Suisses qui restent et l'ex-page du roi.

Tous les six se précipitent par cette porte, qui se referme; les patriotes n'ont pas vu cette espèce de trappe anglaise qui leur a dérobé les survivants: ils croient avoir tout tué, et s'éloignent en traînant leur pièce de canon avec des cris de triomphe.

Le deuxième tronçon se composait d'une trentaine de soldats et de gentilshommes; il était

— Savez-vous ce qu'est devenu le comte de Charny? dit-elle. (Page 618.)

commandé par M. Forestier de Saint-Venant. Cerné de tous côtés à l'entrée des Champs-Élysées, le chef voulut au moins faire payer sa mort : à la tête de ses trente hommes, lui, l'épée à la main, eux, la baïonnette au bout du fusil, il chargea trois fois tout un bataillon massé au pied de la statue ; dans ces trois charges, il perdit quinze hommes.

Avec les quinze autres, il essaya de passer à travers une éclaircie et de gagner les Champs-Élysées : une décharge de mousqueterie lui tua huit hommes ; les sept autres se dispersèrent et furent poursuivis et sabrés par la gendarmerie.

M. de Saint-Venant allait trouver un refuge dans le café des Ambassadeurs, quand un gendarme mit son cheval au galop, franchit le fossé qui séparait la promenade de la grande route, et, d'un coup de pistolet, brisa les reins du malheureux commandant.

Le troisième tronçon, composé de soixante hommes, avait atteint les Champs-Élysées, et se dirigeait vers Courbevoie par cet instinct qui fait que les pigeons se dirigent vers le colombier, les moutons vers la bergerie : à Courbevoie étaient les casernes.

Enveloppés par la gendarmerie à cheval et par le peuple, ils furent conduits à l'hôtel de ville, où l'on espérait les mettre en sûreté : deux ou trois mille furieux, entassés sur la place de Grève, les arrachèrent à leur escorte, et les massacrèrent.

Un jeune gentilhomme, le chevalier Charles

d'Autichamp, fuyait du château par la rue de l'Échelle, un pistolet dans chaque main; deux hommes essayent de l'arrêter : il les tue tous deux ; la populace s'empare de lui et l'entraîne jusqu'à la Grève pour l'y exécuter solennellement.

Mais, heureusement, elle oublie de le fouiller, à la place de ses deux pistolets inutiles et qu'il a jetés, un couteau lui reste ; il l'ouvre dans sa poche, attendant l'instant de s'en servir. Au moment où il arrive sur la place de l'Hôtel-de-Ville, on y égorge les soixante Suisses qu'on vient d'amener; ce spectacle distrait ceux qui le gardent; il tue ses deux plus proches voisins de deux coups de couteau, puis se glisse dans la foule comme un serpent et disparaît.

Les cent hommes qui ont conduit le roi à l'Assemblée nationale, et qui, réfugiés aux Feuillants, y ont été désarmés; les cinq cents dont nous avons raconté l'histoire ; quelques fugitifs isolés, comme M. Charles d'Autichamp, que nous venons de voir échapper à la mort avec tant de bonheur, sont les seuls qui ont quitté le château.

Le reste s'est fait tuer sous le vestibule, dans les escaliers, sur le palier ou a été égorgé soit dans les appartements, soit dans la chapelle.

Neuf cents cadavres de Suisses ou de gentilshommes jonchent l'intérieur des Tuileries!

SIXIÈME PARTIE

I

DE SIX A NEUF HEURES DU SOIR

Le peuple était entré au château comme on entre dans le repaire d'une bête féroce, il trahissait ses sentiments par ces cris: « Mort au loup! mort à la louve! mort au louveteau! »

S'il eût rencontré le roi, la reine et le dauphin, il eût certes, sans hésiter, croyant faire justice, abattu leurs trois têtes d'un seul coup.

Avouons que c'eût été bien heureux pour elles!

En l'absence de ceux qu'ils poursuivaient de leurs cris, qu'ils cherchaient jusque dans les armoires, jusque derrière les tapisseries, jusque sous les couchettes, les vainqueurs durent se venger sur tout, sur les choses comme sur les hommes; ils tuèrent et brisèrent avec la même férocité impassible, — ces murs, où s'étaient décrétés la Saint-Barthélemy et le massacre du Champ de Mars, appelant de terribles vengeances

On le voit, nous ne débarbouillons pas le peuple; nous le montrons, au contraire, crotté et sanglant comme il était. Toutefois, hâtons-nous de le dire, les vainqueurs sortirent du château les mains rouges, mais vides[1]!

Peltier, qui ne peut pas être accusé de partialité en faveur des patriotes, raconte qu'un marchand de vin, nommé Mallet, apporta à l'Assemblée cent soixante et treize louis d'or trouvés sur un prêtre tué au château; que vingt-cinq sans-culottes y apportèrent une malle pleine de la vaisselle du roi; qu'un combattant jeta une croix de Saint-Louis sur le bureau du président; qu'un autre y déposa la montre d'un Suisse; un autre, un rouleau d'assignats; un autre, un sac d'écus; un autre, des bijoux; un autre, des diamants; un autre, enfin, une cassette appartenant à la reine, et ne contenant que quinze cents louis.

« Et, — ajoute ironiquement l'historien, sans se douter qu'il fait de tous ces hommes un magnifique éloge, — et l'Assemblée exprima son regret de ne pas connaître les noms des citoyens modestes qui étaient venus remettre

---

[1]. Nous verrons plus tard, dans l'*Histoire de la révolution du 10 août*, que deux cents hommes furent fusillés par le peuple comme voleurs.

fidèlement dans son sein tous ces trésors volés au roi. »

Nous ne sommes pas des flatteurs du peuple, nous ; nous le savons, c'est le plus ingrat, le plus capricieux, le plus inconstant de tous les maîtres ; nous dirons donc ses crimes comme ses vertus.

Ce jour-là, il fut cruel ; il se rougit les mains avec délices ; ce jour-là, gentilshommes jetés vivants par les fenêtres ; Suisses, morts ou mourants, éventrés sur les escaliers ; cœurs arrachés aux poitrines et pressés à deux mains comme des éponges ; têtes coupées et portées au bout des piques ; ce jour-là, ce peuple, — qui se croyait déshonoré de voler une montre ou une croix de Saint-Louis, — se donna toutes les sombres joies de la vengeance et de la cruauté.

Et, cependant, au milieu de ce massacre des vivants, de cette profanation des morts, parfois, comme le lion repu, il fit grâce.

Mesdames de Tarente, de la Roche-Aymon, de Ginestous et mademoiselle Pauline de Tourzel étaient restées aux Tuileries, abandonnées par la reine ; elles étaient dans la chambre même de Marie-Antoinette. Le château pris, elles entendirent les cris des mourants, les menaces des vainqueurs, les pas qui se rapprochaient d'elles, précipités, terribles, impitoyables.

Madame de Tarente alla ouvrir la porte.

— Entrez, dit-elle ; nous ne sommes que des femmes.

Les vainqueurs entrèrent, leurs fusils fumants, leurs sabres ensanglantés à la main.

Les femmes tombèrent à genoux.

Les égorgeurs avaient déjà le couteau levé sur elles, les appelant les conseillères de madame Veto, les confidentes de l'Autrichienne ; un homme à longue barbe, envoyé par Pétion, cria du seuil de la porte :

— Faites grâce aux femmes ! ne déshonorez pas la nation !

Et grâce leur fut faite.

Madame Campan, à qui la reine avait dit : « Attendez-moi ; je vais revenir, ou je vous enverrai chercher pour me rejoindre... Dieu sait où ! » madame Campan attendait dans sa chambre que la reine revînt ou l'envoyât chercher.

Elle raconte elle-même qu'elle avait complètement perdu la tête au milieu de l'horrible tumulte, et que, ne voyant pas sa sœur, cachée derrière quelque rideau ou accroupie derrière quelque meuble, elle crut la trouver dans une chambre de l'entresol et descendit rapidement vers cette pièce ; mais, là, elle ne vit que deux femmes de chambre lui appartenant, et une espèce de géant qui était heiduque de la reine.

A la vue de cet homme, madame Campan, tout éperdue qu'elle était, comprit que le danger était pour lui, et non pour elle.

— Fuyez donc ! cria-t-elle, fuyez donc, malheureux ! les valets de pied sont déjà loin... Fuyez, il est temps encore !

Mais lui essayait de se lever, et retombait, criant d'une voix plaintive :

— Hélas ! je ne puis, je suis mort de peur.

Comme il disait cela, une troupe d'hommes ivres, furieux, ensanglantés, parut sur le seuil, se jeta sur l'heiduque, et le mit en morceaux.

Madame Campan et les deux femmes s'enfuirent par un petit escalier de service.

Une partie des égorgeurs, voyant ces trois femmes qui s'enfuyaient, s'élancèrent à leur poursuite et les eurent bientôt atteintes.

Les deux femmes de chambre, tombées à genoux, empoignaient, tout en suppliant les meurtriers, les lames des sabres entre leurs mains.

Madame Campan, arrêtée dans sa course au haut de l'escalier, avait senti une main furieuse s'enfoncer dans son dos pour la saisir par ses vêtements ; elle voyait, comme un éclair mortel, la lame d'un sabre briller au-dessus de sa tête ; elle mesurait, enfin, ce court instant qui sépare la vie de l'éternité, et qui, si court qu'il soit, contient, cependant, tout un monde de souvenirs, lorsque, du bas de l'escalier, une voix monta avec l'accent du commandement.

— Que faites-vous là-haut ? demanda cette voix.

— Hein ? répondit le meurtrier, qu'y a-t-il ?

— On ne tue pas les femmes, entendez-vous ? reprit la voix d'en-bas.

Madame Campan était à genoux ; déjà le sabre était levé sur sa tête, déjà elle pressentait la douleur qu'elle allait éprouver.

— Lève-toi, coquine ! lui dit son bourreau ; la nation te pardonne !

Que faisait, pendant ce temps, le roi, dans la loge du *logographe?*

Le roi avait faim, et demandait son dîner.

On lui apporta du pain, du vin, un poulet, des viandes froides et des fruits.

Comme tous les princes de la maison de Bourbon, comme Henri IV, comme Louis XIV, c'était un grand mangeur que le roi ; derrière les émotions de son âme, rarement trahies par son visage aux fibres molles et détendues, veillaient incessamment ces deux grandes exigences du corps ; le sommeil et la faim. Nous l'avons vu obligé de manger à l'Assemblée.

Le roi brisa son pain et découpa son poulet comme à un rendez-vous de chasse, sans s'inquiéter le moins du monde des yeux qui le regardaient.

Parmi ces yeux, il y en avait deux qui brûlaient, faute de pouvoir pleurer : c'étaient ceux de la reine.

Elle, elle avait tout refusé ; le désespoir la nourrissait.

Il lui semblait que, les pieds dans ce sang précieux de Charny, elle eût put rester là éternellement, et vivre comme une fleur des tombeaux, sans autre nourriture que celle qu'elle recevait de la mort.

Elle avait beaucoup souffert au retour de Varennes ; elle avait beaucoup souffert dans sa captivité des Tuileries ; elle avait beaucoup souffert dans cette nuit et cette journée qui venaient de s'écouler ; mais peut-être avait-elle moins souffert qu'en regardant manger le roi !

Et, cependant, la situation eût été assez grave pour ôter l'appétit à un autre homme que Louis XVI.

L'Assemblée, où le roi était venu chercher une protection, eût eu besoin d'être protégée elle-même ; elle ne se dissimulait point sa faiblesse.

Le matin, elle avait voulu empêcher le massacre de Suleau, et elle ne l'avait pas pu.

A deux heures, elle avait voulu empêcher le massacre des Suisses, et elle ne l'avait pas pu.

Maintenant, elle était menacée elle-même par une foule exaspérée qui criait : « La déchéance ! la déchéance ! »

Une commission s'assembla séance tenante, Vergniaud en faisait partie ; il donna la présidence à Guadet, afin que le pouvoir ne sortît point des mains de la Gironde.

La délibération des commissaires fut courte : on délibérait en quelque sorte sous l'écho retentissant de la fusillade et du canon.

Ce fut Vergniaud qui prit la plume, et qui rédigea l'acte de suspension provisoire de la royauté.

Il rentra dans l'Assemblée, morne et abattu, n'essayant de cacher ni sa tristesse ni son abattement ; car c'était un dernier gage qu'il donnait au roi de son respect pour la royauté ; à l'hôte, de son respect pour l'hospitalité.

« Messieurs, dit-il, je viens, vous présenter une mesure bien rigoureuse ; mais je m'en rapporte à la douleur dont vous êtes pénétrés pour juger combien il importe au salut de la patrie que vous l'adoptiez sur l'heure.

» L'Assemblée nationale, considérant que les dangers de la patrie sont arrivés à leur comble ; que les maux dont gémit l'empire dérivent principalement des défiances qui inspire la conduite du chef du pouvoir exécutif dans une guerre entreprise en son nom contre la Constitution et contre l'indépendance nationale ; que ces défiances ont provoqué de toutes les parties de l'empire le vœu de la révocation de l'autorité confiée à Louis XVI ;

« Considérant, néanmoins, que le Corps législatif ne veut agrandir par aucune usurpation sa propre autorité, et qu'il ne peut concilier son serment à la Constitution et sa ferme volonté de sauver la liberté qu'en faisant appel à la souveraineté du peuple,

» Décrète ce qui suit :

» Le peuple français est invité à former une Convention nationale.

» Le chef du pouvoir exécutif est provisoirement suspendu de ses fonctions. Un décret sera proposé dans la journée pour la nomination d'un gouverneur du prince royal.

» Le payement de la liste civile sera suspendu.

» Le roi et la famille royale demeureront dans l'enceinte du corps législatif jusqu'à ce que le calme soit rétabli dans Paris.

» Le département fera préparer le Luxembourg pour leur résidence, sous la garde des citoyens. »

Le roi écouta ce décret avec son impassibilité ordinaire.

Puis, se penchant hors de la loge du *Logographe*, et s'adressant à Vergniaud, lorsque celui-ci revint prendre sa place de président :

— Savez-vous, lui dit-il, que ce n'est pas très constitutionnel, ce que vous venez de faire là ?

— C'est vrai, Sire, répondit Vergniaud ; seulement, c'est le seul moyen de sauver votre vie. Si nous n'accordons pas la déchéance, ils prendront la tête !

Le roi fit un mouvement des lèvres et des épaules qui signifiait : « C'est possible ! » Et il reprit sa place.

En ce moment, la pendule placée au-dessus de sa tête sonna l'heure.

Il compta chaque vibration.
Pois, quand la dernière fut éteinte :
— Neuf heures, dit-il.
Le décret de l'Assemblée portait que le roi et la famille royale demeureraient dans l'enceinte du corps législatif jusqu'à ce que le calme fût rétabli dans Paris.

A neuf heures, les inspecteurs de la salle vinrent chercher le roi et la reine pour les conduire au logement provisoire préparé pour eux.

Le roi fit signe de la main qu'il demandait un instant.

En effet, on s'occupait d'une chose qui n'était pas sans intérêt pour lui : on nommait un ministère.

Le ministre de la guerre, le ministre de l'intérieur et le ministre des finances étaient tout nommés : c'étaient les ministres chassés par le roi, Roland, Clavières et Servan.

Restaient la justice, la marine et les affaires étrangères.

Danton fut nommé à la justice; Monge, à la marine ; Lebrun, aux affaires étrangères.

Le dernier ministre nommé :
— Allons, dit le roi.

Et, se levant, il sortit le premier.

La reine le suivit; elle n'avait rien pris depuis sa sortie des Tuileries, pas même un verre d'eau.

Madame Élisabeth, le dauphin, Madame Royale, madame de Lamballe et madame de Tourzel leur firent cortège.

L'appartement préparé pour le roi était situé à l'étage supérieur du vieux monastère des Feuillants; il était habité par l'archiviste Camus, et se composait de quatre chambres.

Dans la première, qui n'était, à proprement parler, qu'une antichambre, les serviteurs du roi restés fidèles à sa mauvaise fortune s'arrêtèrent.

C'était le prince de Poix, le baron d'Aubier, M. de Saint-Pardon, M. de Goguelat, M. de Chamillé et M. Hue.

Le roi prit pour lui la seconde chambre.

La troisième fut offerte à la reine; c'était la seule qui fût garnie d'un papier. En y entrant, Marie-Antoinette se jeta sur le lit, mordant le traversin, et en proie à une douleur près de laquelle doit être bien peu de chose celle du patient sur la roue.

Ses deux enfants demeurèrent avec elle.

La quatrième pièce, tout étroite qu'elle était, resta pour Madame Élisabeth, pour madame de Lamballe et pour madame de Tourzel, qui s'y établirent comme elles purent.

La reine manquait de tout : d'argent, car on lui avait pris sa bourse et sa montre dans le tumulte qui s'était fait à la porte de l'Assemblée; de linge, car on comprend qu'elle n'avait rien emporté des Tuileries.

Elle emprunta vingt-cinq louis à la sœur de madame Campan, et envoya chercher du linge à l'ambassade d'Angleterre.

Le soir, l'Assemblée fit proclamer aux flambeaux, dans les rues de Paris, les décrets de la journée.

II

DE NEUF HEURES A MINUIT

Ces flambeaux, au moment où ils passaient devant le Carrousel, dans la rue Saint-Honoré et sur les quais, éclairaient un triste spectacle !

La lutte matérielle était finie, mais le combat durait encore dans les cœurs, car la haine et le désespoir survivaient à la lutte.

Les récits contemporains, la légende royaliste, se sont longuement et tendrement apitoyés, comme nous sommes tout prêt à le faire nous-même, sur les augustes têtes du front desquelles cette terrible journée arrachait la couronne; ils ont consigné le courage, la discipline, le dévouement des Suisses et des gentilshommes. Ils ont compté les gouttes de sang versé par les défenseurs du trône; ils n'ont pas compté les cadavres du peuple, les larmes des mères, des sœurs et des veuves.

Disons-en un mot.

Pour Dieu qui, dans sa haute sagesse, non seulement permet, mais encore dirige les événements d'ici-bas, le sang est le sang, les larmes sont les larmes.

Le nombre des morts était bien autrement considérable chez les hommes du peuple que chez les Suisses et les gentilshommes.

Voyez plutôt ce que dit l'auteur de l'*Histoire de la révolution du 10 août*, ce même Peltier, royaliste s'il en fut :

« La journée du 10 août coûta à l'humanité environ sept cents soldats et vingt-deux officiers, vingt gardes nationaux royalistes, cinq cents fédérés, trois commandants de troupes nationales, quarante gendarmes, plus de cent personnes de la maison domestique du roi, *deux cents hommes tués pour vol*[1], les neuf citoyens massacrés aux Feuillants, M. de Clermont-d'Amboise, et environ *trois mille hommes du peuple*, tués sur le Carrousel, dans le jardin des Tuileries ou sur la place Louis XV : au total, environ quatre mille six cents hommes! »

Et c'est concevable : on a vu les précautions prises pour fortifier les Tuileries; les Suisses avaient généralement tiré, abrités derrière de bonnes murailles; les assaillants, au contraire, n'avaient eu que leurs poitrines pour parer les coups.

Trois mille cinq cents insurgés, *sans compter les deux cents voleurs fusillés*, avaient donc péri! Ce qui suppose autant de blessés à peu près; l'historien de la révolution du 10 août ne parle que des morts.

Beaucoup d'entre ces trois mille cinq cents hommes — mettons la moitié — beaucoup étaient des gens mariés, de pauvres pères de famille, qu'une intolérable misère avait poussés au combat avec la première arme qui leur était tombée sous la main, ou même sans arme, et qui, pour aller chercher la mort, avaient laissé dans leurs taudis des enfants affamés, des femmes au désespoir.

Cette mort, ils l'avaient trouvée soit dans le Carrousel, où la lutte avait commencé, soit dans les appartements du château, où elle s'était continuée, soit dans le jardin des Tuileries, où elle s'était éteinte.

De trois heures de l'après-midi à neuf heures du soir, on avait enlevé en hâte, et jeté au cimetière de la Madeleine, tout soldat portant un uniforme.

Quant aux cadavres des gens du peuple, c'était autre chose : des tombereaux les ramassaient dans leurs quartiers respectifs; presque tous étaient ou du faubourg Saint-Antoine ou du faubourg Saint-Marceau.

Là, — particulièrement sur la place de la Bastille et sur celle de l'Arsenal, sur la place Maubert et sur celle du Panthéon, — là on les étalait côte à côte.

Chaque fois qu'une de ces sombres voitures, roulant pesante et laissant une trace de sang derrière elle, entrait dans l'un ou l'autre faubourg, la foule des mères, des femmes, des sœurs, des enfants, l'entourait avec une mortelle angoisse[1]; puis, à mesure que les reconnaissances se faisaient entre la vie et la mort, les cris, les menaces, les sanglots éclataient; c'étaient des malédictions inouïes et inconnues qui, s'élevant comme une troupe d'oiseaux nocturnes et de mauvais augure, battaient des ailes dans l'obscurité et s'envolaient plaintives vers ces funestes Tuileries. Tout cela planait, comme ces bandes de corbeaux des champs de bataille, sur le roi, sur la reine, sur la cour, sur cette camarilla autrichienne qui l'entourait, sur ces nobles qui la conseillaient : les uns se promettaient la vengeance de l'avenir, — et ils se la sont donnée au 2 septembre et au 21 janvier; — les autres reprenaient une pique, un sabre, un fusil, et, ivres du sang qu'ils venaient de boire par les yeux, rentraient dans Paris pour tuer... Tuer, qui? Tout ce qui restait de ces Suisses, de ces nobles, de cette cour! pour tuer le roi, pour tuer la reine, s'ils les avaient trouvés!

On avait beau leur dire : « Mais, en tuant le roi et la reine, vous faites des enfants orphelins! en tuant les nobles, vous faites des femmes veuves, des sœurs en deuil! » Femmes, sœurs, enfants répondaient : « Mais, nous aussi, nous sommes des orphelins! nous aussi, nous sommes des sœurs en deuil! nous aussi, nous sommes des veuves! » Et, le cœur plein de sanglots, ils allaient à l'Assemblée, ils allaient à l'Abbaye, se heurtant les têtes aux portes, et criaient : « Vengeance! vengeance! »

C'était un spectacle terrible que celui de ces Tuileries ensanglantées, fumantes, désertées par tous, excepté par les cadavres et par trois ou quatre postes qui veillaient à ce que, sous prétexte de reconnaître leurs morts, les visiteurs nocturnes ne vinssent pas piller cette pauvre demeure royale, aux portes enfoncées, aux fenêtres brisées.

Il y avait un poste sous chaque vestibule, au pied de chaque escalier.

Le poste du pavillon de l'Horloge, c'est-à-dire du grand escalier, était commandé par un jeune capitaine de la garde nationale, à qui la vue de tout ce désastre inspirait, sans doute, une grande pitié, — si l'on en jugeait par l'expression de sa physionomie à chaque tombereau de cadavres que l'on emportait en quelque sorte sous sa présidence, — mais sur les besoins matériels duquel les événements terribles qui venaient de se passer ne semblaient point avoir eu plus d'influence que sur le roi; car, vers onze heures du soir, il était occupé à satisfaire un monstrueux appétit aux dépens d'un pain de quatre livres qu'il tenait assujetti sous son bras gauche, tandis que sa main droite, armée

---

[1]. Nous avons vu cette justice populaire se renouveler, à l'endroit des voleurs, en 1830 et en 1848.

[1]. Lire Michelet, le véritable, le seul historien du peuple.

d'un couteau, en retranchait incessamment de larges tartines qu'il introduisait dans une bouche dont la largeur se mesurait à la dimension du lopin de nourriture qu'elle était destinée à recevoir.

Appuyé contre une des colonnes du vestibule, il regardait passer, pareilles à des ombres, cette silencieuse procession de mères, d'épouses, de filles, qui venaient, éclairées par des torches posées de distance en distance, redemander au cratère éteint les cadavres de leurs pères, de leurs maris ou de leurs fils.

Tout à coup, et à la vue d'une espèce d'ombre à moitié voilée, le jeune capitaine tressaillit.

— Madame la comtesse de Charny ! murmura-t-il.

L'ombre passa sans entendre et sans s'arrêter.

Le jeune capitaine fit un signe à son lieutenant.

Le lieutenant vint à lui.

— Désiré, dit-il, voici une pauvre dame de la connaissance de M. Gilbert, qui vient, sans doute, chercher son mari parmi les morts; il faut que je la suive, pour le cas où elle aurait besoin de renseignements ou de secours. Je te laisse le commandement du poste ; veille pour deux !

— Diable ! répondit le lieutenant, — que le capitaine avait désigné sous ce prénom de Désiré auquel nous ajouterons le nom de Maniquet, — elle a l'air d'une fière aristocrate, ta dame !

— C'est qu'aussi c'en est une aristocrate ! dit le capitaine ; c'est une comtesse.

— Va donc, alors ; je veillerai pour deux.

La comtesse de Charny avait déjà tourné le premier angle de l'escalier, lorsque le capitaine, se détachant de sa colonne, commença de la suivre à la distance respectueuse d'une quinzaine de pas.

Celui-ci ne s'était pas trompé. C'était bien son mari que cherchait la pauvre Andrée ; seulement, elle le cherchait, non pas avec les tressaillements anxieux du doute, mais avec la morne conviction du désespoir.

Lorsque, se réveillant, au milieu de sa joie et de son bonheur, à l'écho des événements de Paris, Charny, pâle mais résolu, était venu dire à sa femme :

— Chère Andrée, le roi de France court risque de la vie, et a besoin de tous ses défenseurs. Que dois-je faire ?

Andrée avait répondu :

— Aller où ton devoir t'appelle, mon Olivier, et mourir pour le roi, s'il le faut.

— Mais toi ? avait demandé Charny.

— Oh ! pour moi, avait repris Andrée, ne sois pas inquiet ! Comme je n'ai vécu que par toi, Dieu permettra, sans doute, que je meure avec toi.

Et, dès lors, tout avait été convenu entre ces grands cœurs ; on n'avait pas échangé un mot de plus ; on avait fait venir les chevaux de poste ; on était parti ; et, cinq heures après, on était descendu dans le petit hôtel de la rue Coq-Héron.

Le même soir, Charny, comme nous l'avons vu, — au moment où Gilbert, comptant sur son influence, allait lui écrire de revenir à Paris, Charny, vêtu de son costume d'officier de marine, s'était rendu chez la reine.

Depuis cette heure, on le sait, il ne l'avait pas quittée.

Andrée était restée seule avec ses femmes, enfermée et priant ; elle avait eu un instant l'idée d'imiter le dévouement de son mari, et d'aller redemander sa place près de la reine, comme son mari allait redemander sa place près du roi ; mais elle n'en avait pas eu le courage.

La journée du 9 s'était écoulée pour elle dans les angoisses, mais sans rien amener de bien positif.

Le 10, vers neuf heures du matin, elle avait entendu retentir les premiers coups de canon.

Inutile de dire que chaque écho du tonnerre guerrier faisait vibrer jusqu'à la dernière fibre de son cœur.

Vers deux heures, la fusillade elle-même s'éteignit.

Le peuple était-il vainqueur ou vaincu ?

Elle s'informa : le peuple était vainqueur !

Qu'était devenu Charny dans la terrible lutte ? Elle le connaissait : il devait en avoir pris sa large part.

Elle s'informa encore : on lui dit que presque tous les Suisses avaient été tués, mais que presque tous les gentilshommes s'étaient sauvés.

Elle attendit.

Charny pouvait rentrer sous un déguisement quelconque ; Charny pouvait avoir besoin de fuir sans retard : les chevaux furent attelés, et mangèrent à la voiture.

Chevaux et voiture attendaient le maître ; mais Andrée savait bien que, quelque danger qu'il courût, le maître ne partirait pas sans elle.

Elle fit ouvrir les portes, afin que rien ne

retardât la fuite de Charny, si Charny fuyait, et elle continua d'attendre.

Les heures s'écoulaient.

— S'il est caché quelque part, se dit Andrée, il ne pourra sortir qu'à la nuit... Attendons la nuit!

La nuit vint; Charny ne reparut point.

Au mois d'août, la nuit vient tard.

A dix heures seulement, Andrée perdit tout espoir; elle jeta un voile sur sa tête, et sortit.

Tout le long de son chemin, elle rencontra des groupes de femmes se tordant les mains, des bandes d'hommes criant:

« Vengeance! »

Elle passa au milieu des uns et des autres; la douleur des uns et la colère des autres la sauvegardaient; d'ailleurs, c'était aux hommes qu'on en voulait ce soir-là, et non pas aux femmes.

De l'un comme de l'autre côté, ce soir-là, les femmes pleuraient.

Andrée arriva sur le Carrousel; elle entendit la proclamation des décrets de l'Assemblée nationale.

Le roi et la reine étaient sous la sauvegarde de l'Assemblée nationale, voilà tout ce qu'elle comprit.

Elle vit s'éloigner deux ou trois tombereaux, et demanda ce qu'emportaient ces tombereaux; on lui répondit que c'étaient des cadavres ramassés sur la place du Carrousel et dans la cour Royale. — On n'en était encore que là de l'enlèvement des morts.

Andrée se dit que ce n'était ni sur le Carrousel ni dans la cour Royal que devait avoir combattu Charny, mais à la porte du roi ou à la porte de la reine.

Elle franchit la cour Royale, traversa le grand vestibule, et monta l'escalier.

Ce fut en ce moment que Pitou, qui, en sa qualité de capitaine, commandait le poste du grand vestibule, la vit, la reconnut et la suivit.

III

LA VEUVE

Il est impossible de se faire une idée de l'état de dévastation que présentaient les Tuileries.

Le sang coulait par les chambres, et roulait comme une cascade le long des escaliers; quelques cadavres jonchaient encore les appartements.

Andrée fit ce que faisaient les autres chercheurs: elle prit une torche, puis alla regarder cadavre par cadavre.

Et, en regardant, elle s'acheminait vers les appartements de la reine et du roi.

Pitou la suivait toujours.

Là, comme dans les autres chambres, elle chercha inutilement. Alors, un instant elle parut indécise, ne sachant plus où aller.

Pitou vit son embarras, et, s'approchant d'elle:

— Hélas! dit-il, je me doute bien de ce que cherche madame la comtesse!

Andrée se retourna.

— Si Madame la comtesse avait besoin de moi?

— M. Pitou! dit Andrée.

— Pour vous servir, Madame.

— Oh! oui, oui, dit Andrée, j'ai grand besoin de vous!

Puis, allant à lui, et lui prenant les deux mains:

— Savez-vous ce qu'est devenu le comte de Charny? dit-elle.

— Non, madame, répondit Pitou; mais je puis vous aider à le chercher.

— Il y a quelqu'un, reprit Andrée, qui nous dirait bien s'il est mort ou vivant, et mort, ou qu'il sait où il est.

— Qui cela, madame la comtesse? demanda Pitou.

— La reine, murmura Andrée.

— Vous savez où est la reine? dit Pitou.

— A l'Assemblée, je crois, et j'ai encore un espoir: c'est que M. de Charny y est avec elle.

— Oh! oui, oui, dit Pitou saisissant cet espoir, non pas pour son propre compte, mais pour celui de la veuve; voulez-vous y venir, à l'Assemblée?

— Mais, si l'on me refuse la porte...

— Je me charge de vous la faire ouvrir, moi.

— Venez, alors!

Andrée jeta loin d'elle sa torche, au risque de mettre le feu au parquet et, par conséquent, aux Tuileries; mais qu'importaient les Tuileries à ce profond désespoir? si profond qu'il n'avait pas de larmes!

Andrée connaissait l'intérieur du château pour l'avoir habité; elle prit un petit escalier de service qui descendait aux entresols, et des entresols au grand vestibule, de sorte que, sans

— Tu donneras de ma part ce flacon à la comtesse de Charny. (Page 653.)

repasser par tous ces appartements ensanglantés, Pitou se retrouva au poste de l'Horloge.

Maniquet faisait bonne garde.

— Eh bien! demanda-t-il, ta comtesse?

— Elle espère retrouver son mari à l'Assemblée : nous y allons.

Puis, tout bas.

— Comme nous pourrions bien retrouver le conte mais mort, envoie-moi à la porte des Feuillants, quatre bons garçons sur lesquels je puisse compter pour défendre un cadavre d'aristocrate, comme si c'était un cadavre de patriote.

— C'est bon ; vas avec ta comtesse! tu auras tes hommes.

Andrée attendait debout à la porte du jardin où l'on avait mis une sentinelle. Comme c'était Pitou qui avait mis cette sentinelle, la sentinelle, tout naturellement, laissa passer Pitou.

Le jardin des Tuileries était éclairé par des lampions que l'on avec allumés de place en place, et particulièrement sur les piédestaux des statues.

Comme il faisait presque aussi chaud que dans la journée, et qu'à peine une brise nocturne agitait les feuilles des arbres, la lumière des lampions montait presque immobile, pareille à des lances de feu, et éclairait au loin, non seulement dans les parties du jardin découverte et cultivées en parterre, mais encore sous les arbres, les cadavres emés çà et là.

Mais Andrée était maintenant tellement convaincue que c'était à l'Assemblée seulement qu'elle aurait des nouvelles de son mari, qu'elle marchait sans se détourner ni à droite ni à gauche.

On atteignit ainsi les Feuillants.

La famille royale, depuis une heure, avait quitté l'Assemblée, et, était comme l'a on vu, rentrée chez elle, c'est-à-dire dans l'appartement provisoire qui lui avait été préparé.

Pour arriver jusqu'à la famille royale, il y avait deux obstacles à franchir : d'abord, celui des sentinelles qui veillaient au dehors ; puis celui des gentilshommes qui veillaient au dedans.

Pitou, capitaine de la garde nationale, commandant le poste des Tuileries, avait le mot d'ordre et, par conséquent, la possibilité de conduire Andrée jusqu'à l'antichambre des gentilshommes.

C'était ensuite à Andrée de se faire introduire près de la reine.

On sait quelle était la disposition de l'appartement occupé par la famille royale ; nous avons dit le désespoir de la reine; nous avons dit comment, en entrant dans cette petite chambre au papier vert, elle s'était jetée sur le lit, mordant son traversin avec des sanglots et des larmes.

Certes, celle qui perdait un trône, la liberté, la vie peut-être, perdait assez pour qu'on ne lui demandât point compte de son désespoir, et qu'on n'allât point chercher, derrière ce grand abaissement, quelle douleur plus vive encore lui tirait les larmes des yeux, les sanglots de la poitrine!

Par le sentiment du respect qu'inspirait cette suprême douleur, on avait donc, dans les premiers moments, laissé la reine seule.

La reine entendit la porte de sa chambre, qui donnait dans celle du roi, s'ouvrir et se refermer, et ne se retourna point; elle entendit des pas s'approcher de son lit, et elle resta la tête perdue dans son traversin.

Mais, tout à coup, elle bondit comme si un serpent l'eût mordue au cœur.

Une voix bien connue avait prononcé ce seul mot. « Madame! »

— Andrée! s'écria Marie-Antoinette se redressant sur son coude; que me voulez-vous?

— Je vous veux, Madame, ce que Dieu voulait à Caïn, lorsqu'il lui demanda : « Caïn, qu'as-tu fait de ton frère? »

— Avec cette différence, dit la reine, que Caïn avait tué son frère, tandis que, moi...

oh! moi, j'eusse donné non seulement mon existence, mais dix existences, si je les avais eues, pour sauver *la sienne!*

Andrée chancela; une sueur froide passa sur son front ; ses dents claquèrent.

— Il a donc été tué? demanda-t-elle en faisant un suprême effort.

La reine regarda Andrée.

— Est-ce que vous croyez que c'est ma couronne que je pleure? dit-elle.

Puis, lui montrant ses pieds:

— Est-ce que vous croyez que, si ce sang était le mien, je n'aurais pas lavé mes pieds?

Andrée devint pâle jusqu'à la lividité.

— Vous savez donc où est son corps? reprit-elle.

— Qu'on me laisse sortir, et je vous y conduirai, répondit la reine.

— Je vais vous attendre sur l'escalier, Madame, dit Andrée.

Et elle sortit.

Pitou attendait à la porte.

— M. Pitou, dit Andrée, une de mes amies va me conduire où est le corps de M. de Charny : c'est une des femmes de la reine: peut-elle m'accompagner?

— Vous savez que si elle sort, répondit Pitou, c'est à la condition que je la ramènerai là d'où elle est sortie?

— Vous la ramènerez, dit Andrée.

— C'est bien.

Puis, se retournant vers la sentinelle:

— Camarade, dit Pitou, une femme de la reine va sortir, pour aller chercher avec nous le corps d'un brave officier dont madame est la veuve. Je réponds de cette femme corps pour corps, tête pour tête.

— Il suffit, capitaine, répondit la sentinelle.

En même temps, la porte de l'antichambre apparut.

On descendit l'escalier, la reine marchant la première, Andrée et Pitou la suivant.

Après une séance de vingt-sept heures, l'Assemblée venait enfin d'évacuer la salle.

Cette salle immense, où tant de bruit et d'événements s'étaient pressés depuis vingt-sept heures, était muette, vide et sombre comme un sépulcre.

— Une lumière! dit la reine.

Pitou ramassa une torche éteinte, la ralluma à une lanterne, et la donna à la reine, qui se remit en marche.

En passant devant la porte d'entrée, Marie-Antoinette indiqua la porte avec sa torche.

— Voilà la porte où il a été tué, dit-elle.

Andrée ne répondit pas; on l'eût prise pour un spectre suivant son évocatrice.

En arrivant au corridor, la reine abaissa sa torche vers le parquet.

— Voilà son sang, dit-elle.

Andrée resta muette.

La reine marcha droit à une espèce de cabinet situé en face de la loge du *Logographe*, tira la porte de ce cabinet, et, éclairant l'intérieur avec sa torche, dit-elle :

— Voici son corps !

Muette toujours, Andrée entra dans le cabinet, s'assit à terre, et, par un effort, amena la tête d'Olivier sur ses genoux.

— Merci, Madame, dit-elle; c'est là tout ce que j'avais à vous demander.

— Mais moi, dit la reine, j'ai à vous demander autre chose.

— Dites.

— Me pardonnez-vous?

Il y eut un instant de silence, comme si Andrée hésitait.

— Oui, répondit-elle enfin ; car, demain, je serai près de lui.

La reine tira de sa poitrine une paire de ciseaux d'or, qu'elle y avait cachée comme on cache un poignard, afin de s'en faire une arme contre elle-même dans un extrême danger.

— Alors..., dit-elle, presque suppliante, en présentant les ciseaux à Andrée.

Andrée prit les ciseaux, coupa une boucle de cheveux sur la tête du cadavre, puis rendit les ciseaux et les cheveux à la reine.

La reine saisit la main d'Andrée, et la baisa.

Andrée poussa un cri, et retira sa main, comme si les lèvres de Marie-Antoinette eussent été un fer rouge.

— Ah ! murmura la reine, jetant un dernier regard sur le cadavre, qui pourra dire laquelle de nous deux l'aimait davantage?...

— O mon bien-aimé Olivier ! murmura de son côté Andrée, j'espère que tu sais du moins maintenant que c'est moi qui t'aimais le mieux !

La reine avait déjà repris le chemin de sa chambre, laissant Andrée dans le cabinet avec le cadavre de son époux, sur lequel, comme celui d'un regard ami, descendait, par une petite fenêtre grillée, un pâle rayon de la lune.

Pitou, sans savoir qui elle était, reconduisit Marie-Antoinette, et la vit rentrer chez elle; puis, déchargé de sa responsabilité devant la sentinelle, il sortit sur la terrasse pour voir si les quatre hommes qu'il avait demandés à Désiré Maniquet étaient là.

Les quatre hommes attendaient.

— Venez! leur dit Pitou.

Ils entrèrent.

Pitou, s'éclairant de la torche qu'il avait reprise des mains de la reine, les conduisit jusqu'au cabinet où Andrée, toujours assise, regardait, à la lueur de ce rayon ami, le visage pâle mais toujours beau de son époux.

La lumière de la torche fit lever les yeux à la comtesse.

— Que voulez-vous ? demanda-t-elle à Pitou et à ses hommes, comme si elle eût craint que ces inconnus ne vinssent lui enlever le cadavre bien-aimé.

— Madame, répondit Pitou, nous venons chercher le corps de M. de Charny, pour le porter rue Coq-Héron.

— Vous me jurez que c'est pour cela? demanda Andrée.

Pitou étendit la main sur le cadavre avec une dignité dont on l'eût cru incapable.

— Je vous le jure, Madame ! dit-il.

— Alors, reprit Andrée, je vous rends grâces, et je prierai Dieu, à mon dernier moment, qu'il vous épargne, à vous et aux vôtres, les douleurs dont il m'accable...

Les quatre hommes prirent le cadavre, le couchèrent sur leurs fusils, et Pitou, l'épée nue, se mit en tête du funèbre cortège.

Andrée marcha sur le côté, tenant dans sa main la main froide et déjà raide du comte.

Arrivé rue Coq-Héron, on déposa le corps sur le lit d'Andrée.

Alors, s'adressant aux quatre hommes :

— Recevez, dit la comtesse de Charny, les bénédictions d'une femme qui, demain, priera Dieu là-haut pour vous.

Puis, à Pitou :

— M. Pitou, dit-elle, je vous dois plus que je ne pourrai jamais vous rendre; puis-je compter encore sur vous pour un dernier service?

— Ordonnez, Madame, dit Pitou.

— Demain, à huit heures du matin, faites que M. le docteur Gilbert soit ici.

Pitou s'inclina et sortit.

En sortant, il retourna la tête, et vit Andrée qui s'agenouillait devant le lit comme devant un autel.

Au moment où il franchissait la porte de la rue, trois heures sonnaient à l'horloge de l'église Saint-Eustache.

IV

CE QU'ANDRÉE VOULAIT A GILBERT

Le lendemain, à huit heures précises, Gilbert frappait à la porte du petit hôtel de la rue Coq-Héron.

Sur la demande que lui avait faite Pitou au nom d'Andrée, Gilbert, étonné, s'était fait raconter les événements de la veille dans tous leurs détails.

Puis il avait longtemps réfléchi.

Puis, enfin, au moment de sortir, le matin, il avait appelé Pitou, l'avait prié d'aller chercher Sébastien chez l'abbé Bérardier, et de l'amener à la rue Coq-Héron.

Arrivé là, Pitou attendrait à la porte la sortie de Gilbert.

Sans doute, le vieux concierge était-il prévenu de l'arrivée du docteur; car, l'ayant reconnu, il l'introduisit dans le salon qui précédait la chambre à coucher.

Andrée attendait, toute vêtue de noir.

On voyait qu'elle n'avait ni dormi ni pleuré depuis la veille; sa figure était pâle, son œil aride.

Jamais les lignes de son visage, lignes qui indiquaient la volonté portée jusqu'à l'entêtement, n'avaient été si fermement arrêtées.

Il eût été difficile de dire quelle résolution ce cœur de diamant avait prise : mais il était facile de voir qu'il en avait pris une.

Gilbert, l'observateur habile, le médecin philosophe, comprit cela au premier coup d'œil.

Il salua et attendit.

— M. Gilbert, dit Andrée, je vous ai prié de venir.

— Et, vous le voyez, Madame, dit Gilbert, je me suis exactement rendu à votre invitation.

— Je vous ai demandé, vous et non pas un autre, parce que je voulais que celui à qui je ferais la demande que je vais vous faire n'eût pas le droit de me refuser.

— Vous avez raison, Madame, non point peut-être dans ce que vous allez me demander, mais dans ce que vous dites; vous avez le droit de tout exiger de moi, même ma vie.

Andrée sourit amèrement.

— Votre vie, Monsieur, est une de ces existences si précieuses à l'humanité, que je serai la première à demander à Dieu de vous la faire longue et heureuse, bien loin d'avoir l'idée de l'abréger... Mais convenez qu'autant la vôtre est placée sous une influence heureuse, autant il en est d'autres qui semblent soumises à quelque astre fatal.

Gilbert se tut.

— La mienne, par exemple, reprit Andrée après un instant de silence; que dites-vous de la mienne, Monsieur?

Puis, comme Gilbert baissait les yeux sans répondre :

— Laissez-moi vous la rappeler en deux mots... Soyez tranquille, il n'y aura de reproche pour personne !

Gilbert fit un geste qui voulait dire : « Parlez. »

— Je suis née pauvre; mon père était ruiné avant ma naissance. Ma jeunesse fut triste, isolée, solitaire: vous avez connu mon père, et vous savez mieux que personne la mesure de sa tendresse pour moi...

» Deux hommes, dont l'un eût dû me rester inconnu, et l'autre... étranger, eurent sur ma vie une influence mystérieuse et fatale dans laquelle ma volonté ne fut pour rien : l'un disposa de mon âme, l'autre prit mon corps.

» Je me trouvai mère, sans me douter que j'avais cessé d'être vierge,..

» Je faillis perdre, dans ce sombre événement, la tendresse du seul être qui m'eût jamais aimée, celle de mon frère.

» Je me réfugiai dans cette idée de devenir mère, et d'être aimée de mon enfant: mon enfant me fut enlevé une heure après sa naissance. Je me trouvai femme sans mari, mère sans enfant!

» L'amitié d'une reine me consolait.

» Un jour, le hasard mit dans la même voiture que nous un homme beau, jeune, brave; la fatalité voulut que, moi qui n'avais jamais rien aimé, je l'aimasse.

» Il aimait la reine !

» Je devins la confidente de cet amour. Je crois que vous avez aimé sans être aimé, M. Gilbert; vous pouvez donc comprendre ce que je souffris.

» Ce n'était point assez. Un jour, il arriva que la reine me dit : « Andrée, sauve-moi la vie ! sauve-moi plus que la vie, sauve-moi l'honneur ! » Il fallait, tout en restant une étrangère pour lui, devenir la femme de l'homme que j'aimais depuis trois ans.

» Je devins sa femme.

« Cinq ans je demeurai près de cet homme, flamme au dedans, glace au dehors, statue dont le cœur brûlait! Médecin, dites! comprenez-vous ce que dut souffrir mon cœur?...

» Un jour, enfin, jour d'ineffables délices! mon dévouement, mon silence, mon abnégation touchèrent cet homme. Depuis sept ans, je l'aimais sans le lui avoir laissé soupçonner par un regard, quand lui, tout frémissant! vint se jeter à mes pieds en me disant: « Je sais tout, et je vous aime! »

» Dieu, qui voulait me récompenser, permit qu'en même temps que je retrouvais mon époux, je retrouvasse mon enfant! Un an s'écoula comme un jour, comme une heure, comme une minute; cette année, ce fut toute ma vie.

» Il y a quatre jours, la foudre tomba à mes pieds.

» Son honneur lui disait de revenir à Paris, et d'y mourir. Je ne lui fis pas une observation, je ne versai pas une larme; je partis avec lui.

» A peine arrivés, il me quitta.

» Cette nuit, je l'ai retrouvé mort!... Il est là dans cette chambre...

» Croyez-vous que ce soit par trop ambitieux à moi, après une pareille vie, de désirer dormir dans le même tombeau que lui? Croyez-vous que ce soit une demande que vous puissiez me refuser, vous, que celle que je vais vous faire?

» M. Gilbert, vous êtes médecin habile, savant chimiste; M. Gilbert, vous avez eu de grands torts envers moi, vous avez beaucoup à expier... Eh bien, donnez-moi un poison rapide et sûr, et non seulement je vous pardonnerai, mais encore je mourrai le cœur plein de reconnaissance!

— Madame, répliqua Gilbert, votre vie a été, vous l'avez dit, une douloureuse épreuve, et cette épreuve, gloire vous soit rendue, vous l'avez supportée en martyre, noblement, saintement!

Andrée fit un léger signe de tête, qui signifiait: « J'attends »

— Maintenant, vous dites à votre bourreau: « Tu m'as rendu la vie cruelle; donne-moi une mort douce. » Vous avez le droit de lui dire cela; vous avez raison d'ajouter: « Tu feras ce que je te dis, car tu n'as le droit de me rien refuser de ce que je te demande... »

— Ainsi, Monsieur?...

— Exigez-vous toujours du poison, Madame?

— Je vous supplie de m'en donner, mon ami.

— La vie vous est-elle si lourde, qu'il vous soit devenu impossible de la supporter?

— La mort est la plus douce grâce que puissent me faire les hommes, le plus grand bienfait que puisse m'accorder Dieu!

— Dans dix minutes, Madame, reprit Gilbert, vous aurez ce que vous me demandez.

Il s'inclina et fit un pas en arrière.

Andrée lui tendit la main.

— Ah! dit-elle, en un instant vous me faites plus de bien qu'en toute votre vie vous ne m'avez fait de mal!... Soyez béni, Gilbert!

Gilbert sortit.

A la porte, il trouva Sébastien et Pitou, qui l'attendaient dans un fiacre.

— Sébastien, dit-il, en tirant de sa poitrine un petit flacon qu'il portait suspendu à une chaîne d'or, et qui contenait une liqueur couleur d'opale, Sébastien, tu donneras, de ma part, ce flacon à la comtesse de Charny.

— Combien de temps puis-je rester chez elle, mon père?

— Le temps que tu voudras.

— Et où vous retrouverai-je?

— Je t'attends ici.

Le jeune homme prit le flacon, et entra.

Un quart d'heure après, il sortit.

Gilbert jeta sur lui un regard rapide: il rapportait le flacon intact.

— Qu'a-t-elle dit? demanda Gilbert.

— Elle a dit! « Oh! pas de ta main, mon enfant! »

— Qu'a-t-elle fait?

— Elle a pleuré.

— Elle est sauvée, alors! dit Gilbert, Viens, mon enfant.

Et il embrassa Sébastien plus tendrement peut-être qu'il n'avait jamais fait.

Gilbert comptait sans Marat.

Huit jours après, il apprit que la comtesse de Charny venait d'être arrêtée, et avait été conduite à la prison de l'Abbaye.

V

LE TEMPLE

Mais, avant de suivre Andrée dans la prison où l'on devait l'envoyer comme suspecte, suivons la reine dans celle où l'on venait de la conduire comme coupable.

Nous avons posé l'antagonisme de l'Assemblée et de la commune.

L'Assemblée, ainsi qu'il arrive à tous les corps constitués, n'avait point marché du même pas que les individus; elle avait lancé le peuple dans la voie du 10 août, puis elle était restée en arrière.

Les sections avaient improvisé le fameux

conseil de la commune, et c'était ce conseil de la commune qui, en réalité, avait fait le 10 août, prêché par l'Assemblée.

Et la preuve, c'est que, contre la commune, le roi avait été chercher un refuge à l'Assemblée.

L'Assemblée avait donné un asile au roi, que la commune n'eût point été fâchée de surprendre aux Tuileries, d'étouffer entre deux matelas, d'étrangler entre deux portes, avec la reine et le dauphin, avec la *louve et le louveteau*, comme on disait.

L'Assemblée avait fait échouer ce projet, dont la réussite — tout infâme qu'il était — eût peut-être été un grand bonheur.

Donc, l'Assemblée, protégeant le roi, la reine, le dauphin, la cour même, l'Assemblée était royaliste; l'Assemblée décrétant que le roi habiterait le Luxembourg, c'est-à-dire un palais, l'Assemblée était royaliste.

Il est vrai que, comme en toute chose, il y a des degrés dans le royalisme; ce qui était royalisme aux yeux de la commune, ou même aux yeux de l'Assemblée, était révolutionnaire à d'autres yeux.

La Fayette, proscrit comme *royaliste* en France, n'allait-il pas être emprisonné comme *révolutionnaire* par l'empereur d'Autriche?

La commune commençait donc à accuser l'Assemblée de royalisme; puis, de temps en temps, Robespierre sortait du trou où il était caché sa petite tête plate, pointue et venimeuse, et sifflait une calomnie.

Robespierre était justement en train de dire, dans ce moment-là, qu'un parti puissant, la Gironde, offrait le trône au duc de Brunswick. La Gironde, comprenez-vous? c'est-à-dire la première voix qui eût crié: « Aux armes! » le premier bras qui se fût offert pour défendre la France!

Or, la commune *révolutionnaire* devait, pour arriver à la dictature, contrecarrer tout ce que faisait l'Assemblée *royaliste*.

L'Assemblée avait accordé au roi le Luxembourg comme logement.

La commune déclara qu'elle ne répondait pas du roi, si le roi habitait le Luxembourg; les caves du Luxembourg, assurait la commune, communiquaient avec les catacombes.

L'Assemblée ne voulait pas rompre avec la commune pour si peu de chose: elle lui laissa le soin de choisir la résidence royale.

La commune choisit le Temple.

Voyez si l'emplacement est bien choisi!

Le Temple n'est pas, comme le Luxembourg, un palais donnant, par ses caves, dans les catacombes, par ses murailles sur la plaine, formant angle aigu avec les Tuileries et l'hôtel de ville; non, c'est une prison placée sous l'œil et à la portée de la commune; celle-ci n'a qu'à étendre la main: elle en ouvre ou ferme les portes; c'est un vieux donjon isolé, dont on a refait le fossé, c'est une vieille tour basse, forte, sombre, lugubre; Philippe le Bel, c'est-à-dire la royauté, y brisa le moyen âge, qui se révoltait contre lui, la royauté y rentrera, brisée par l'âge nouveau!

Comment cette vieille tour est-elle restée là, dans ce quartier populeux, noire et triste comme une chouette au grand soleil?

C'est là que la commune décide que demeureront le roi et sa famille.

Y a-t-il eu calcul quand elle a assigné pour demeure au roi ce lieu d'asile où les anciens banqueroutiers venaient se coiffer du bonnet vert, et *frapper du cul la pierre*, comme dit la loi du moyen âge; après quoi ils ne devaient plus rien? Non, il y a eu hasard, fatalité, nous dirions providence, si le mot n'était trop cruel.

Le 13 au soir, le roi, la reine, Madame Élisabeth, madame de Lamballe, madame de Tourzel, M. Chemilly, valet de chambre du roi, et M. Hue, valet de chambre du dauphin, furent transférés au Temple.

La commune s'était tellement pressée de faire conduire le roi à sa nouvelle résidence, que la tour n'était point prête.

La famille royale fut, en conséquence, introduite dans cette portion du bâtiment qu'habitait autrefois M. le comte d'Artois, quand il venait à Paris, et que l'on appelait le palais.

Tout Paris semblait en joie: trois mille cinq cents citoyens étaient morts, à la vérité; mais le roi, mais l'ami des étrangers, mais le grand ennemi de la révolution, mais l'allié des nobles et des prêtres, le roi était prisonnier!

Toutes les maisons dominant le Temple étaient illuminées.

Il y avait des lampions jusque dans les créneaux de la tour.

Lorsque Louis XVI descendit de voiture, il trouva Santerre à cheval, se tenant à dix pas de la portière.

Deux municipaux attendaient le roi, le chapeau sur la tête.

— Entrez, Monsieur! lui dirent-ils.

Le roi entra et, se trompant naturellement sur sa résidence future, demanda à visiter les appartements du palais.

Les municipaux échangèrent un sourire, et, sans lui dire que la promenade qu'il allait faire était inutile, puisque c'était le donjon qu'il devait habiter, ils lui firent visiter le Temple pièce par pièce.

Le roi faisait la distribution de son appartement, et les municipaux jouissaient de cette erreur qui allait tourner en amertume.

A dix heures, le souper fut servi. Pendant le repas, Manuel se tint debout près du roi : ce n'était plus un serviteur prompt à obéir, c'était un geôlier, un surveillant, un maître!

Supposez deux ordres contradictoires, un donné par le roi, un donné par Manuel, c'est l'ordre de Manuel que l'on eût exécuté.

Là commençait réellement la captivité.

A partir du 13 août au soir, le roi, vaincu au sommet de la monarchie, quitte la cime suprême, et descend à pas rapides le versant opposé de la montagne au bas de laquelle l'attend l'échafaud.

Il a mis dix-huit ans à gravir le haut sommet, et à s'y maintenir; il mettra cinq mois et huit jours à en être précipité!

Voyez avec quelle rapidité on le pousse!

A dix heures, on est dans la salle à manger du palais; à onze heures, dans le salon du palais.

Le roi *est* encore ou du moins croit *être*. — Il ignore ce qui se passe.

A onze heures, un des commissaires vint donner l'ordre aux deux valets de chambre, Hue et Chemilly, de prendre le peu de linge qu'ils avaient, et de le suivre.

— Où cela vous suivre? demandèrent les valets de chambre.

— A la résidence de nuit de *vos maîtres*, répondit le commissaire; le palais n'est que la résidence de jour.

Le roi, la reine, le dauphin n'étaient déjà plus les maîtres, que de leurs valets de chambre.

A la porte du palais, on trouva un municipal qui marchait devant avec une lanterne. On suivit le municipal.

A la faible lueur de cette lanterne, et grâce à l'illumination qui commençait à s'éteindre,

— M. Hue cherchait à reconnaître la future habitation du roi; il ne voyait devant lui que le sombre donjon, s'élevant dans l'air comme un géant de granit au front duquel brillait une couronne de feu.

— Mon Dieu! dit le valet de chambre s'arrêtant, est-ce que ce serait à cette tour que vous nous conduiriez?

— Justement, répondit le municipal. Ah! le temps des palais est passé! tu vas voir comme on loge les assassins du peuple!

En achevant ces paroles, l'homme à la lanterne heurtait les premières marches d'un escalier en colimaçon.

Les valets de chambre allaient s'arrêter au premier étage, mais l'homme à la lanterne continua son chemin.

Enfin, au second étage, il cessa de monter, prit un corridor situé à droite de l'escalier, et ouvrit une chambre située à droite du corridor.

Une seule fenêtre éclairait cette chambre; trois ou quatre sièges, une table et un mauvais lit en formaient tout l'ameublement.

— Lequel de vous deux est le domestique du roi? demanda le municipal.

— Je suis son valet de chambre, dit M. Chemilly.

— Valet de chambre ou domestique, c'est toujours la même chose.

Alors, lui montrant le lit :

— Tiens, ajouta-t-il, c'est ici que ton maître couchera.

Et l'homme à la lanterne jeta sur une chaise une couverture et une paire de draps, alluma, avec sa lanterne, deux chandelles sur la cheminée, et laissa seuls les deux valets de chambre.

On allait préparer l'appartement de la reine, situé au premier étage.

MM. Hue et Chemilly se regardèrent stupéfaits. Ils avaient encore dans leurs yeux pleins de larmes les splendeurs des demeures royales; ce n'était plus même dans une prison qu'on précipitait le roi : on le logeait dans un taudis!

La majesté de la mise en scène manquait au malheur.

Ils examinèrent la chambre.

Le lit était dans une alcôve sans rideaux; une vieille claie d'osier, posée contre la muraille, indiquait une précaution prise contre les punaises, précaution insuffisante, c'était facile à voir.

Ils ne se rebutèrent point cependant, et se mirent à nettoyer de leur mieux la chambre et le lit.

Comme l'un balayait, et comme l'autre époussetait, le roi entra.

— Oh! Sire, dirent-ils d'une même voix, quelle infamie!

Le roi — était-ce force d'âme? était-ce insouciance? — demeura impassible. Il jeta un regard autour de lui, mais ne dit pas un mot.

Comme la muraille était tapissée de gravures, et que quelques-unes de ces gravures étaient obscènes, il les arracha.

— Je ne veux pas, dit-il, laisser de pareils objets sous les yeux de ma fille !

Puis, son lit fait, le roi se coucha et s'endormit aussi tranquillement que s'il eût encore été aux Tuileries, — plus tranquillement peut-être.

Certes, si, à cette heure, on eût donné au roi trente mille livres de rente, une maison de campagne avec une forge, une bibliothèque de voyages, une chapelle où entendre la messe, un chapelain pour la lui dire, un parc de dix arpents, où il eût pu vivre à l'abri de toute intrigue, entouré de la reine, du dauphin, de Madame Royale, c'est-à-dire — mots plus doux — de sa femme et de ses enfants, le roi eût été l'homme le plus heureux de son royaume.

Il n'en fut point ainsi de la reine.

Si, elle ne rugit pas à la vue de sa cage, la fière lionne, c'est qu'une si cruelle douleur veillait au fond de sa poitrine, qu'elle devenait aveugle et insensible à tout ce qui l'entourait.

Son appartement se composait de quatre pièces ; une antichambre où s'arrêta madame la princesse de Lamballe, une chambre où s'installa la reine, un cabinet que l'on céda à madame de Tourzel, et une seconde chambre dont on fit l'habitation de Madame Élisabeth et des deux enfants.

Tout cela était un peu plus propre que chez le roi.

D'ailleurs, comme si Manuel eût eu honte de l'espèce de supercherie dont on avait usé avec le roi, il annonça que l'architecte de la commune, le citoyen Palloy, — le même qui avait été chargé de la démolition de la Bastille, — viendrait s'entendre avec le roi pour rendre la future habitation de la famille royale aussi commode que possible.

Maintenant, tandis qu'Andrée dépose dans la tombe le corps de son mari bien-aimé, tandis que Manuel installe au Temple le roi et la famille royale, tandis que le charpentier dresse la guillotine sur la place du Carrousel, champ de victoire qui va se transformer en place de Grève, jetons un coup d'œil dans l'intérieur de l'Hôtel de Ville, où nous sommes déjà entrés deux ou trois fois, et apprécions ce pouvoir qui vient de succéder à celui des Bailly et des La Fayette, et qui tend, en se substituant à l'Assemblée législative, à s'emparer de la dictature.

Voyons les hommes, ils nous donneront l'explication des actes.

Le 10 au soir, quand tout était fini, bien entendu, quand le bruit du canon était assoupi, quand le bruit de la fusillade était éteint, quand on ne faisait plus qu'assassiner, une troupe de gens ivres et déguenillés avaient apporté à bras, au milieu du conseil de la commune, l'homme des ténèbres, le hibou aux paupières clignotantes, le prophète de la populace, le *divin* Marat.

Lui s'était laissé faire : il n'y avait plus rien à craindre ; la victoire était décidée, et le champ ouvert aux loups, aux vautours et aux corbeaux.

Ils l'appelaient le *vainqueur du 10 août*, lui qu'ils avaient pris au moment où il sortait la tête par le soupirail de sa cave !

Ils l'avaient couronné de lauriers ; et lui, comme César, avait gardé naïvement la couronne sur son front.

Ils vinrent, les citoyens sans-culottes, et jetèrent, comme nous venons de le dire, le dieu Marat au milieu de la commune.

C'était ainsi qu'on avait jeté Vulcain estropié dans le conseil des dieux.

A la vue de Vulcain, les dieux avaient ri ; — à la vue de Marat, beaucoup rirent ; les autres furent pris de dégoût ; quelques-uns frémirent.

C'étaient ces derniers qui avaient raison.

Et, cependant, Marat ne faisait point partie de la commune ; il n'en avait point été nommé membre ; il y avait été apporté.

Il y resta.

On lui fit — pour lui, tout exprès pour lui, — une loge de journaliste ; seulement, au lieu que le journaliste fût sous la main de la commune, comme le *Logographe* était sous la main de l'Assemblée, c'est la commune qui fut sous la griffe, sous la patte de Marat.

De même que, dans le beau drame de notre cher et grand ami Victor Hugo, Angelo est sur Padoue, mais sent Venise au-dessus de lui, de même la commune était sur l'Assemblée, mais sentait Marat au-dessus d'elle.

Regardez comme elle obéit à Marat, cette altière commune à laquelle obéit l'Assemblée ! Voici une des premières décisions qu'elle prend.

« Désormais, les presses des empoisonneurs royalistes seront confisquées, et adjugées aux imprimeurs patriotes. »

Le matin du jour où le décret doit être rendu, Marat l'exécute : il va à l'imprimerie royale, fait traîner une presse chez lui, et emporter dans des sacs tous les caractères qui lui conviennent. N'est-il pas le premier des imprimeurs patriotes ?

Les visites domiciliaires. (Page 663.)

L'Assemblée s'était effrayée des massacres du 10 ; elle avait été impuissante à les empêcher : on avait massacré dans sa cour, dans ses corridors, à sa porte.

Danton avait dit :

— Où commence l'action de la justice, là doivent cesser les vengeances populaires. Je prends devant l'Assemblée l'engagement de protéger les hommes qui sont dans son enceinte ; je marcherai à leur tête ; je réponds d'eux.

Danton avait dit cela avant que Marat fût à la commune. Du moment que Marat fut à la commune, il ne répondit plus de rien.

En face du serpent, le lion biaisa : il essaya de se faire renard.

Lacroix, cet ancien officier, ce député athlétique, un des cent bras de Danton, monta à la tribune, et demanda de faire nommer par le commandant de la garde nationale, par Santerre, — l'homme auquel les royalistes eux-mêmes accordent, sous sa forme rude un cœur compatissant, — Lacroix demanda de faire nommer une cour martiale qui jugerait sans désemparer les Suisses, officiers et soldats.

Voici quelle était l'idée de Lacroix ou plutôt de Danton :

Cette cour martiale, on la prendrait parmi les hommes qui s'étaient battus ; les hommes qui s'étaient battus, c'étaient des hommes de courage : or, les hommes de courage apprécient et respectent le courage.

D'ailleurs, par cela même qu'ils étaient vainqueurs, ils eussent répugné à condamner des vaincus.

Ne les a-t-on pas vus, ces vainqueurs, ivres de sang, fumants de carnage, épargner les femmes, les protéger, les reconduire?

Une cour martiale choisie parmi les fédérés bretons ou marseillais, parmi les vainqueurs enfin, c'était donc le salut des prisonniers; et la preuve que c'était une mesure de clémence, c'est que la commune la repoussa.

Marat préférait le massacre : ce serait plus tôt fini.

Il demandait des têtes, puis des têtes, et encore des têtes!

Son chiffre, au lieu de diminuer, allait toujours croissant; ce furent cinquante mille têtes d'abord, puis cent mille, puis deux cent mille; à la fin, il en demandait *deux cent-soixante et treize mille*.

Pourquoi ce compte bizarre, cette fraction étrange?

Il eût été lui-même bien embarrassé de le dire.

Il demande le massacre, voilà tout ; — et le massacre s'organise.

Aussi, Danton ne met plus le pied à la commune; son travail de ministre l'absorbe, à ce qu'il dit.

Que fait la commune?

Elle expédie des députations à l'Assemblée.

Le 16, trois députations se succèdent à la barre.

Le 17, une nouvelle députation se présente.

« Le peuple, dit-elle, est las de n'être point vengé. Craignez qu'il ne se fasse justice ! Ce soir, à minuit, le toscin sonnera. Il faut un tribunal criminel aux Tuileries, un juge par chaque section. Louis XVI et Antoinette voulaient du sang; qu'ils voient couler celui de leurs satellites ! »

Cette audace, cette pression fait bondir deux hommes: le jacobin Choudieu, le dantoniste Thuriot.

— Ceux qui viennent demander ici le massacre, dit Choudieu, ne sont point des amis du peuple; ce sont ses flatteurs. On veut une inquisition ; j'y résisterai jusqu'à la mort !

— Vous voulez déshonorer la révolution ! s'écrie Thuriot; la révolution n'est pas seulement à la France : la révolution est à l'humanité !

Après les pétitions viennent les menaces.

Ce sont les sectionnaires qui entrent à leur tour, et qui disent:

— Si, avant deux ou trois heures, le directeur du jury n'est pas nommé, et si les jurés ne sont pas en état d'agir, de grands malheurs se promèneront dans Paris.

A cette dernière menace, l'Assemblée fut forcée d'obéir : elle vota la création d'un tribunal extraordinaire.

C'était le 17 que la demande avait été faite ;
Le 19, le tribunal était créé.
Le 20, le tribunal s'installait et condamnait à mort un royaliste.
Le 21, au soir, le condamné de la veille était exécuté aux flambeaux, sur la place du Carrousel.

Au reste, l'effet de cette première exécution fut terrible ; si terrible, que le bourreau lui-même ne put y résister.

Au moment où il montrait au peuple la tête de ce premier condamné, qui devait ouvrir une si large route aux charrettes funèbres, il jeta un cri, laissa rouler la tête sur le pavé, et tomba à la renverse.

Ses aides le ramassèrent : il était mort.

VI

LA RÉVOLUTION SANGLANTE

La révolution de 1789, c'est-à-dire celle des Necker, des Sieyès et des Bailly, s'était terminée en 1790; celle des Barnave, des Mirabeau et des la Fayette avait eu sa fin en 1792, la grande révolution, la révolution sanglante, la révolution des Danton, des Marat et des Robespierre était commencée.

En accolant les noms de ces trois derniers personnages, nous ne voulons pas les confondre dans une seule et même appréciation : tout au contraire, ils représentent, à nos yeux, dans leur individualité bien distincte, les trois faces des trois années qui vont s'écouler.

Danton s'incarnera dans 1792 ; Marat, dans 1793 ; Robespierre dans 1794.

Les événements se pressent, d'ailleurs ; voyons les événements: nous examinerons ensuite les moyens par lesquels cherchent à les prévenir ou à les précipiter l'Assemblée nationale et la commune.

Au surplus, nous voici à peu près tombé dans l'histoire : tous les héros de notre livre, à quelques exceptions près, ont déjà sombré dans la tempête révolutionnaire.

Que sont devenus les trois frères Charny, Georges, Isidore et Olivier ? Ils sont morts. Que sont devenues la reine et Andrée? Elles sont prisonnières. Que devient la Fayette? Il est en fuite.

Le 17 août, la Fayette, par une adresse, avait appelé l'armée à marcher sur Paris, à y rétablir la Constitution, à défaire le 10 août et à restaurer le roi.

La Fayette, l'homme loyal, avait perdu la tête comme les autres; ce qu'il voulait faire, c'était conduire directement les Prussiens et les Autrichiens à Paris.

L'armée le repoussa d'instinct, comme, huit mois plus tard, elle repoussa Dumouriez.

L'histoire eût accolé l'un à l'autre les noms de ces deux hommes, — nous voulons dire enchaîné — si la Fayette, détesté par la reine, n'avait eu le bonheur d'être arrêté par les Autrichiens, et envoyé à Olmutz : la captivité fit oublier la désertion.

Le 18, la Fayette passa la frontière.

Le 21, ces ennemis de la France, ces alliés de la royauté contre lesquels on a fait le 10 août, et contre lesquels on va faire le 2 septembre ; ces Autrichiens, que Marie-Antoinette appelait à son aide pendant cette claire nuit où la lune, en passant à travers les vitres de la chambre à coucher de la reine, versait le jour sur son lit, ces Autrichiens investissaient Longwy.

Après vingt-quatre heures de bombardement, Longwy se rendait.

La veille de cette reddition, à l'autre extrémité de la France, la Vendée se soulevait : la prestation du serment ecclésiastique était le prétexte de ce soulèvement.

Pour faire face à ces événements, l'Assemblée nommait Dumouriez au commandement de l'armée de l'Est, et décrétait la Fayette d'arrestation.

Elle arrêtait qu'aussitôt que la ville de Longwy serait rentrée au pouvoir de la nation française, toutes les maisons, à l'exception des maisons nationales, seraient détruites et rasées ; — elle rendait une loi qui bannissait du territoire tout prêtre non assermenté ; — elle autorisait les visites domiciliaires ; — elle confisquait et mettait en vente les biens des émigrés.

Pendant ce temps que faisait la commune? Nous avons dit quel était son oracle : Marat.

La commune guillotinait sur la place du Carrousel. On lui donnait une tête par jour; c'était bien peu ; mais, dans une brochure qui parait à la fin d'août, les membres du tribunal expliquent l'énorme travail qu'ils se sont imposé pour obtenir ce résultat, si peu satisfaisant qu'il soit. Il est vrai qui la brochure est signée: Fouquier-Tinville !

Aussi, voyez ce que rêve la commune ; nous allons assister tout à l'heure à la réalisation de ce rêve.

C'est le 23, au soir, qu'elle donne son prospectus.

Suivie d'une tourbe ramassée dans les ruisseaux des faubourgs et des halles, une députation de la commune se présente vers minuit, à l'Assemblée nationale.

Que demande-t-elle ? que les prisonniers d'Orléans soient amenés à Paris, pour y subir leur supplice.

Or, les prisonniers d'Orléans ne sont pas jugés.

Soyez tranquille, c'est une formalité dont la commune se passera.

D'ailleurs, elle a la fête du 10 août qui va lui venir en aide.

Sergent, son artiste, en est l'ordonnateur ; il a déjà mis en scène la procession de la patrie en danger, et vous savez s'il a réussi.

Cette fois, Sergent se surpassera.

Il s'agit de remplir de deuil, de vengeance, de douleur meurtrière, les âmes de tous ceux qui ont perdu, au 10 août, un être qui leur était cher.

En face de la guillotine qui fonctionne sur la place du Carrousel, il élève, au milieu du grand bassin des Tuileries, une gigantesque pyramide toute recouverte de serge noire ; sur chaque face sont rappelés les massacres que l'on reproche aux royalistes : massacre de Nancy, massacre de Nîmes, massacre de Montauban, massacre du Champ de Mars.

La guillotine disait : « Je tue ! » la pyramide disait : « Tue ! »

Ce fut le soir du dimanche 27 août, — cinq jours après l'insurrection de la Vendée, faite par les prêtres ; quatre jours après la reddition de Longwy, dont le général Clerfayt venait de prendre possession au nom du roi Louis XVI, que la procession expiatoire se mit en marche, afin de profiter des mystérieuses majestés que les ténèbres jettent sur toute chose.

D'abord, à travers des nuages de parfum brûlant sur toute la route à parcourir, s'avançaient les veuves et les orphelines du 10 août, drapées de robes blanches, la taille serrée de ceintures noires, portant, dans une arche construite sur le modèle de l'arche antique, cette pétition dictée par madame Roland, écrite par mademoiselle de Kéralio, dont les feuilles sanglantes avaient été retrouvées éparses dans le Champ de Mars, et qui, dès le 17 juillet 1791, demandait la République.

Puis venaient de gigantesques sarcophages noirs, faisant allusion à ces charrettes que l'on chargeait le soir du 10 août dans les cours des Tuileries, et que l'on dirigeait vers les faubourgs, gémissantes du poids des cadavres, puis des bannières de deuil et de vengeance, demandant la mort pour la mort; puis la Loi, statue colossale, armée d'un glaive à sa taille. Elle était suivie des juges des tribunaux, en tête desquels marchait le tribunal révolutionnaire du 10 août, celui-là qui s'excusait de ne faire tomber qu'une tête par jour.

Puis arrivait la commune, la mère sanglante de ce tribunal sanglant, conduisant dans ses rangs la statue de la Liberté, de la même taille que celle de la Loi, puis, enfin, l'Assemblée, portant ces couronnes civiques qui consolent peut-être les morts, mais qui sont si insuffisantes aux vivants!

Tout cela s'avançait majestueusement, au milieu des sombres chants de Chénier, de la musique sévère de Gossec, marchant comme elle d'un pied sûr.

Une partie de la nuit du 27 au 28 août se passa dans l'accomplissement de cette cérémonie expiatoire, fête funéraire de la foule, pendant laquelle la foule, montrant le poing à ces Tuileries vides, menaçait ces prisons, forteresses de sûreté qu'on avait données au roi et aux royalistes en échange de leurs palais et de leurs châteaux.

Puis, enfin, les derniers lampions éteints, les dernières torches réduites en fumée, le peuple se retira.

Les deux statues de la Loi et de la Liberté restèrent seules pour garder l'immense sarcophage; — mais, comme personne ne les gardait elles-mêmes, soit imprudence, soit sacrilège, on dépouilla, pendant la nuit, les deux statues de leurs vêtements inférieurs : — le lendemain, les deux pauvres déesses étaient moins que des femmes.

Le peuple, à cette vue, poussa un cri de rage; il accusa les royalistes, courut à l'Assemblée, demanda vengeance, s'empara des statues, les rhabilla et les traîna en réparation sur la place Louis XV.

Plus tard, l'échafaud les y suivit, et leur donna, le 21 janvier, une terrible satisfaction de l'outrage qui leur avait été fait le 28 août!

Ce même jour 28 août, l'Assemblée avait rendu la loi sur les visites domiciliaires.

Le bruit commençait à se répandre, parmi le peuple, de la jonction des armées prussiennes et autrichiennes, et de la prise de Longwy par le général Clerfayt.

Ainsi, l'ennemi, appelé par le roi, les nobles et les prêtres, marchait sur Paris, et, en supposant que rien ne l'arrêtât, pouvait y être en six étapes.

Alors, qu'arriverait-il de ce Paris, bouillonnant comme un cratère, et dont les secousses, depuis trois ans, ébranlaient le monde? Ce qu'avait dit cette lettre de Bouillé, insolente plaisanterie dont on avait tant ri, et qui allait devenir une réalité : — il n'y restera pas pierre sur pierre!

Il y avait plus : on parlait, comme d'une chose sûre, d'un jugement général, terrible, inexorable, qui, après avoir détruit Paris, détruirait les Parisiens. De quelle façon et par qui ce jugement serait-il rendu? Les écrits du temps vous le disent; la main sanglante de la commune est tout entière dans cette légende qui, au lieu de raconter le passé, raconte l'avenir.

Pourquoi, d'ailleurs, n'y croirait-on pas, à cette légende? Voici ce qu'on lisait dans une lettre trouvée dans les Tuileries le 10 août, et que nous avons lue nous-même aux Archives, où elle est encore :

« Les tribunaux arrivent derrière les armées, les parlementaires émigrés instruisent, chemin faisant, dans le camp du roi de Prusse, le procès des jacobins, et préparent leur potence. »

De sorte que, quand les armées prussiennes et autrichiennes arriveront à Paris, l'instruction sera faite, le jugement rendu, et il n'y aura plus qu'à le mettre à exécution.

Puis, pour confirmer ce qu'a dit la lettre, voici ce qu'on imprime dans le bulletin officiel de la guerre :

« La cavalerie autrichienne, aux environs de Sarrelouis, a enlevé les maires patriotes et les républicains connus.

« Des uhlans, ayant pris des officiers municipaux, leur ont coupé les oreilles, et les leur ont clouées sur le front. »

Si l'on commettait de pareils actes dans la province inoffensive, que ferait-on au Paris révolutionnaire?...

Ce qu'on lui ferait, ce n'était plus un secret. Voici la nouvelle qui se répandait, en se débitant à tous les carrefours, s'éparpillant de chaque centre pour arriver aux extrémités :

On dressera un grand trône pour les rois alliés, en vue du monceau de ruines qui aura été Paris; toute la population prisonnière sera poussée, traînée, chassée captive au pied de ce trône; là, comme au jour du jugement dernier il se fera un triage des bons et des mauvais : les bons, c'est-à-dire les royalistes, les nobles, les prêtres, passeront à droite, et la France leur sera rendue pour en faire ce qu'ils voudront; les mauvais, c'est-à-dire les révolutionnaires, passeront à gauche, et ils y trouveront la guillotine, cet instrument inventé par la révolution et par lequel la révolution périra.

La révolution, c'est-à-dire la France : non seulement la France, — car ce ne serait rien : les peuples sont faits pour servir d'holocauste aux idées; — non-seulement la France, mais encore la pensée de la France!

Pourquoi aussi la France a-t-elle prononcé la première ce mot de *liberté?* Elle a cru proclamer une chose sainte, la lumière des yeux, la vie dit âmes; elle a dit : « Liberté pour la france! liberté pour l'Europe! liberté pour le monde! » Elle a cru faire une grande chose en émancipant la terre, et voilà qu'elle s'est trompée, à ce qu'il paraît! voilà que Dieu y donne tort! voilà que la Providence est contre elle! voilà qu'en croyant être innocente et sublime, elle était coupable et infâme! voilà que, quand elle a cru faire une grande action, elle a commis un crime! voilà qu'on la juge, qu'on la condamne, qu'on la décapite, qu'on la traîne aux gemonies de l'univers, et que l'univers, pour le salut duquel elle meurt, applaudit à sa mort!

Ainsi Jésus-Christ, crucifié pour le salut du monde, était mort au milieu des railleries et des insultes du monde!

Mais, enfin, pour faire face à l'étranger, ce pauvre peuple a peut-être quelque appui en lui-même? Ceux qu'il a adorés, ceux qu'il a enrichis, ceux qu'il a payés le défendront peut-être?

Non.

Son roi conspire avec l'ennemi, et, du Temple, où il est enfermé, continue de correspondre avec les Prussiens et les Autrichiens; sa noblesse marche contre lui, organisée sous ses princes; ses prêtres font révolter les paysans.

Du fond de leurs prisons les détenus royalistes battent des mains aux défaites de la France ; les Prussiens à Longwy ont fait pousser un cri de joie au Temple et à l'Abbaye.

Aussi, Danton, l'homme des résolutions extrêmes, est-il entré tout rugissant à l'Assemblée.

Le ministre de la justice croit la justice impuissante, et vient demander qu'on lui donne la force; et la justice, alors, marchera appuyée sur la force.

Il monte à la tribune, il secoue sa crinière de lion, il étend la main puissante qui, le 10 août, a brisé les portes des Tuileries.

« Il faut une convulsion nationale pour faire rétrograder les despotes, dit-il. Jusqu'ici nous n'avons eu qu'une guerre simulée; ce n'est pas de ce misérable jeu qu'il doit être maintenant question. Il faut que le peuple se porte, se rue en masse sur les ennemis pour les exterminer d'un seul coup; *il faut en même temps enchaîner tous les conspirateurs, il faut les empêcher de nuire!* »

Et Danton demanda la levée en masse, les visites domiciliaires, les perquisitions nocturnes, avec peine de mort contre quiconque entravera les opérations du gouvernement provisoire.

Danton obtint tout ce qu'il demandait.

Il eût demandé davantage, qu'il eût obtenu davantage.

« Jamais, dit Michelet, jamais peuple n'était entré si avant dans la mort. Quand la Hollande, voyant Louis XIV à ses portes, n'eut de ressource que de s'inonder, de se noyer elle-même, elle fut en moindre danger : elle avait l'Europe pour elle. Quand Athènes vit le trône de Xerxès sur le rocher de Salamine ; qu'elle perdit terre, se jeta à la nage, et n'eut plus que de l'eau pour patrie, elle fut en moindre danger : elle était toute sur sa flotte, puissante, organisée dans la main du grand Thémistocle, et, plus heureuse que la France, elle n'avait pas de trahison dans son sein. »

La France était désorganisée, dissoute, trahie, vendue et livrée! La France, était comme Iphigénie, sous le couteau de Calchas. Les rois en cercle n'attendaient que sa mort pour que soufflât dans leurs voiles le vent du despotisme : elle tendait les bras aux dieux, et les dieux étaient sourds!

Mais, enfin, quand elle sentit la froide main de la mort la coucher, par une violente et terrible contraction, elle se replia sur elle-même; puis, volcan de vie, elle fit jaillir de ses propres entrailles cette flamme qui, pendant un demi-siècle, éclaira le monde.

Il est vrai que, pour ternir ce soleil, il y a une tache de sang.

La tache de sang du 2 septembre! nous allons y arriver, voir qui a répandu ce sang, et s'il doit être imputé à la France ; mais auparavant, empruntons, pour clore ce chapitre, empruntons encore deux pages à Michelet.

Nous nous sentons impuissant près de ce géant, et, comme Danton, nous appelons la force à notre secours.

Voyez !

« Paris avait l'air d'une place forte ; on se serait cru à Lille ou à Strasbourg. Partout des consignes, des factionnaires, des précautions militaires, prématurées à vrai dire : l'ennemi était encore à cinquante ou soixante lieues. Ce qui était plus sérieux, véritablement touchant, c'était le sentiment de solidarité profonde, admirable, qui se révélait partout ; chacun s'adressait à tous, parlait, priait pour la patrie, chacun se faisait recruteur, allait de maison en maison, offrait à celui qui pouvait partir un uniforme, des armes ce qu'il avait ; tout le monde était orateur, prêchait, discourait, chantait des chants patriotiques. Qui n'était auteur en ce moment singulier ? qui n'imprimait ? qui n'affichait ? qui n'était auteur dans ce grand spectacle ? Les scènes les plus naïves, où tous figuraient, se jouaient partout, sur les places, sur les théâtres d'enrôlement, aux tribunes où l'on s'inscrivait ; tout autour, c'étaient des chants, des cris, des larmes d'enthousiasme ou d'adieu ; et, par-dessus toutes ces voix, une grande voix sonnait dans les cœurs, voix muette, d'autant plus profonde... La voix même de la France, éloquente en tous ses symboles, pathétique dans le plus tragique de tous : le drapeau saint et terrible de la patrie en danger, appendu aux fenêtres de l'hôtel de ville, drapeau immense qui flottait aux vents, et semblait faire signe aux légions populaires de marcher en hâte des Pyrénées à l'Escaut, de la Seine au Rhin !

» Pour savoir ce que c'était que ce moment de sacrifice, il faudrait, dans chaque chaumière, dans chaque logis, voir l'arrachement des femmes, le déchirement des mères, à ce second accouchement plus cruel cent fois que celui où l'enfant fit son premier départ de ses entrailles sanglantes ; il faudrait voir la vieille femme, les yeux secs, le cœur brisé, ramasser en hâte les quelques hardes que l'enfant emportera, les pauvres économies, les sous épargnés par le jeûne et qu'elle s'est volés à elle-même pour son fils, pour ce jour des dernières douleurs.

» Donner leurs enfants à cette guerre qui s'ouvrait avec si peu de chance, les immoler à cette situation extrême et désespérée, c'était plus que la plupart ne pouvaient faire : elles succombaient à ces peines, ou bien, par une réaction naturelle, elles tombaient dans des accès de fureur ; elles ne ménageaient rien, ne craignaient rien ; aucune terreur n'a prise sur un tel état d'esprit. Quelle terreur pour qui veut la mort ?

» On nous a raconté qu'un jour, — sans doute en août ou en septembre, — une bande de ces femmes furieuses rencontrèrent Danton dans la rue, l'injurièrent comme elles auraient injurié la guerre elle-même, lui reprochant toute la révolution, tout le sang qui serait versé, et la mort de leurs enfants, le maudissant, priant Dieu que tout retombât sur sa tête. Lui, il ne s'étonna pas, et, quoiqu'il sentît tout autour de lui les ongles, il se retourna brusquement, regarda ces femmes, les prit en pitié. Danton avait beaucoup de cœur ; il monta sur une borne, et, pour les consoler, commença à les injurier dans leur langue : les premières paroles furent violentes, burlesques, obscènes. Les voilà tout interdites ; sa fureur, vraie ou simulée, déconcerte leur fureur. Ce prodigieux orateur, instinctif et calculé, avait pour base populaire un tempérament sensuel et fort, tout fait pour l'amour physique, où dominait la chair et le sang. Danton était, d'abord et avant tout, un mâle ; il y avait en lui du lion et du dogue, beaucoup aussi du taureau. Son masque effrayait ; la sublime laideur d'un visage bouleversé prêtait à sa parole brusque, dardée par accès, une sorte d'aiguillon sauvage. Les masses, qui aiment la force, sentaient devant lui ce que fait éprouver de crainte et de sympathie pourtant tout être puissamment générateur ; et puis, sous ce masque violent, furieux, on sentait aussi un cœur, on finissait par se douter d'une chose : c'est que cet homme terrible, qui ne parlait que par menaces, cachait, au fond, un brave homme. Ces femmes ameutées autour de lui sentirent confusément tout cela, et se laissèrent haranguer, dominer, maîtriser ; il les mena où et comme il voulut ; il leur expliqua rudement à quoi sert la femme, à quoi sert l'amour, à quoi sert la génération ; que l'on n'enfante pas pour soi, mais pour la patrie, et, arrivé là, il s'éleva tout à coup, ne parla plus pour personne, mais (il semblait) pour lui seul. Tout son cœur lui sortit, dit-on, de la poitrine avec des paroles d'une tendresse violente pour la France, et, sur ce visage étrange, brouillé de petite vérole, et qui ressemblait aux scories du Vésuve et de l'Etna, commencèrent à venir de grosses gouttes, et c'étaient des larmes. Ces femmes n'y purent tenir ; elles pleurèrent la France, au lieu de pleurer leurs enfants, et, sanglotantes, s'enfuirent en se cachant le visage dans leur tablier. »

O grand historien qu'on appelle Michelet, où es-tu ?

A Nervi !
O grand poète qu'on appelle Hugo, où es-tu ? à Jersey !

VII

LA VEILLE DU 2 SEPTEMBRE

« Quand la patrie est en danger, avait dit Danton, le 28 août, à l'Assemblée nationale, tout appartient à la patrie. »

Le 29, à quatre heures du soir, la générale battait.

On savait de quoi il était question : les visites domiciliaires allaient avoir lieu.

Comme par un coup de baguette magique, à ce premier roulement de tambours, Paris changea d'aspect ; de populeux qu'il était, il devint désert.

Les boutiques ouvertes se fermèrent ; chaque rue fut cernée et occupée par des pelotons de soixante hommes.

Les barrières furent gardées ; la rivière fut gardée.

A une heure du matin, les visites commencèrent dans toutes les maisons.

Les commissaires des sections frappaient à la porte de la rue, au nom de la loi, et on leur ouvrait la porte de la rue.

Ils frappaient à chaque appartement, au nom de la loi toujours, et on leur ouvrait chaque appartement. Ils ouvraient de force les portes des logements qui n'étaient pas occupés.

On saisit deux mille fusils ; on arrêta trois mille personnes.

On avait besoin de la terreur : on l'obtint.

Puis il naquit de cette mesure une chose à laquelle on n'avait pas songé, ou à laquelle on avait trop songé peut-être.

Ces visites domiciliaires avaient ouvert aux pauvres la demeure des riches : les sectionnaires armés qui suivaient les magistrats avaient pu jeter un regard étonné dans les profondeurs soyeuses et dorées des magnifiques hôtels qu'habitaient encore leurs propriétaires, ou dont les propriétaires étaient absents. De là, non pas le désir du pillage, mais un redoublement de haine.

On pilla si peu, que Beaumarchais, qui était alors en prison, raconte que, dans ses magnifiques jardins du boulevard Saint-Antoine, une femme cueillit une rose, et que l'on voulut jeter cette femme à l'eau.

Et remarquez que cela se passait au moment où la commune venait de décréter que *les vendeurs d'argent seraient punis de la peine capitale.*

Ainsi, voilà la commune qui se substituait à l'Assemblée ; elle décrétait la peine de mort. Elle venait de donner à Chaumette le droit d'ouvrir les prisons et d'élargir les détenus ; elle s'arrogeait le droit de grâce. Elle venait, enfin, d'ordonner qu'à la porte de chaque prison on afficherait la liste des prisonniers qu'elle renfermait : c'était un appel à la haine et à la vengeance ; chacun gardait la porte du cabanon où était enfermé son ennemi. L'Assemblée vit à quel abîme on la menait. On allait, malgré elle, lui tremper les mains dans le sang.

Et qui cela ? La commune, son ennemie !

Il ne fallait qu'une occasion pour que la lutte éclatât, terrible, entre les deux pouvoirs.

Cette occasion, un empiétement nouveau de la commune la fit éclore.

Le 29 août, jour des visites domiciliaires, la commune, pour un article de journal, manda à sa barre Girey-Dupré, un des Girondins les plus hardis, parce qu'il était un des plus jeunes.

Girey-Dupré se réfugia au ministère de la guerre, n'ayant pas le temps de se réfugier à l'Assemblée.

Huguenin, président de la commune, fit investir le ministère de la guerre, pour en arracher de force le journaliste girondin.

Or, la Gironde était toujours en majorité à l'Assemblée ; la Gironde, insultée dans un de ses membres, se souleva : elle manda à son tour le président Huguenin à sa barre.

Le président Huguenin ne répondit point à l'assignation de l'Assemblée.

Le 30, celle-ci rendit un décret qui cassait la municipalité de Paris.

Un fait qui prouve l'horreur qu'à cette époque on avait encore pour le vol, avait fort contribué au décret que venait de rendre l'Assemblée.

Un membre de la commune, ou un individu se disant membre de la commune, s'était fait ouvrir le garde-meuble, et y avait pris un petit canon d'argent, don fait par la ville à Louis XIV enfant.

Cambon, qu'on avait nommé gardien de la fortune publique, ayant eu connaissance de ce vol, avait fait venir à la barre l'homme accusé ; l'homme ne nia point, ne s'excusa point, et se contenta de dire que, cet objet précieux courant le risque d'être volé, il avait pensé qu'il serait mieux chez lui que partout ailleurs.

Cette tyrannie de la commune pesait fort, et semblait lourde à beaucoup de gens. Louvet, l'homme des courageuses initiatives, était président de la section de la rue des Lombards; il fit déclarer par sa section que le conseil général de la commune était coupable d'usurpation.

Se sentant soutenue, l'Assemblée décréta alors que le président de la commune, ce Huguenin qui ne voulait pas venir de bonne volonté à la barre, y serait amené de force, et que, dans les vingt-quatre heures, une nouvelle commune serait nommée par les sections.

Le décret fut rendu le 30 août, à cinq heures du soir.

Comptons les heures; car, à partir de ce moment, nous marchons au massacre du 2 septembre, et chaque minute va voir faire un pas à la sanglante déesse aux bras tordus, aux cheveux épars, à l'œil effaré, qu'on appelle la Terreur!

Au surplus, l'Assemblée, par un reste de crainte pour sa redoutable ennemie, déclarait, tout en cassant le commune, que celle-ci avait bien mérité de la patrie; ce qui n'était pas précisément logique.

Ornandum, tollendum! disait Cicéron à propos d'Octave.

La commune fit comme Octave. Elle se laissa couronner, mais ne se laissa point chasser.

Deux heures après le décret rendu, Tallien, petit scribe se vantant tout haut d'être l'homme de Danton; Tallien, secrétaire de la commune, proposa à la section des Ternes de marcher contre la section des Lombards.

Ah! cette fois, c'était bien la guerre civile, non plus peuple contre roi, bourgeois contre aristocrates, chaumières contre châteaux, maisons contre palais, mais sections contre sections piques contre piques, citoyens contre citoyens.

En même temps, Marat et Robespierre, le dernier comme membre de la commune, le premier comme amateur, élevèrent la voix,

Marat demanda le massacre de l'Assemblée nationale; cela n'était rien; on était habitué à lui voir faire de pareilles motions.

Mais Robespierre, le prudent, le cauteleux Robespierre; Robespierre, le dénonciateur vague et filandreux, demanda que l'on prît les armes, et que non seulement on se défendît, mais même que l'on attaquât.

Il fallait que Robespierre sentît la commune bien forte pour oser se prononcer ainsi!

Elle était bien forte, en effet, car, la même nuit, son secrétaire Tallien se rend à l'Assemblée avec trois mille hommes armés de piques.

« La commune, dit-il, et la commune seule a fait remonter les membres de l'Assemblée au rang de représentants d'un peuple libre; la commune a fait rendre le décret contre les prêtres perturbateurs, et a arrêté ces hommes, sur lesquels nul n'osait porter la main; la commune achevait-il enfin, *aura purgé sous peu de jours le sol de la liberté de leur présence!* »

Ainsi, c'est dans la nuit du 30 au 31 août, devant l'Assemblée même, qui vient de la casser, que la commune dit le premier mot du massacre.

Qui dit ce premier mot? Qui lance, pour ainsi dire, encore en blanc, le rouge programme?

On l'a vu, c'est Tallien, l'homme qui fera le 9 thermidor.

L'Assemblée se souleva, il faut lui rendre cette justice.

Manuel, le procureur de la commune, comprit qu'on allait trop loin; il fit arrêter Tallien, et exigea que Huguenin vînt faire réparation à l'Assemblée.

Et, cependant, Manuel, qui arrêtait Tallien, qui exigeait de Huguenin une amende honorable, Manuel savait bien ce qui allait se passer, car voici ce qu'il fit, ce pauvre pédant, petit esprit, mais cœur honnête.

Il avait, à l'Abbaye, un ennemi personnel: Beaumarchais.

Beaumarchais, grand railleur, avait fort raillé Manuel; or, il passa par la tête de Manuel que, si Beaumarchais était égorgé avec les autres, on pourrait attribuer ce meurtre à une basse vengeance de son amour-propre. Il courut à l'Abbaye et fit appeler Beaumarchais. Celui-ci, en le voyant, voulut s'excuser, donner des explications à sa victime littéraire.

— Il ne s'agit point ici de littérature, de journalisme, ni de critique. Voici la porte ouverte; sauvez-vous aujourd'hui, si vous ne voulez pas être égorgé demain!

L'auteur de *Figaro* ne se le fit pas répéter deux fois: il se glissa par la porte entre-bâillée et disparut.

Supposez qu'il eût sifflé Collot-d'Herbois comédien, au lieu d'avoir critiqué Manuel auteur, et Beaumarchais était mort!

Arriva le 31 août, ce grand jour qui devait décider entre l'Assemblée et la commune, c'est-à-dire entre le modérantisme et la terreur.

La commune était décidée à rester à tout prix.

L'Assemblée avait donné sa démission en faveur d'une assemblée nouvelle.

— C'est par ici qu'on passe, dit Pitou. (Page 667.)

C'était naturellement la commune qui devait l'emporter, d'autant plus que le mouvement la favorisait.

Le peuple, sans savoir où il voulait aller, voulait aller quelque part. Lancé en avant le 20 juin, lancé plus loin le 10 août, il éprouvait un vague besoin de sang et de destruction.

Il faut dire que Marat, d'un côté, et Hébert, de l'autre, lui montaient effroyablement la tête. Il n'y avait pas jusqu'à Robespierre qui, désirant reconquérir sa popularité fort ébranlée ; — la France entière avait voulu la guerre: Robespierre avait conseillé la paix ; — il n'y avait pas jusqu'à Robespierre, disons-nous, qui ne se fît nouvelliste, et qui, par l'absurdité de ses nouvelles, ne dépassât les plus absurdes.

Un parti puissant, avait-il dit, offrait le trône au duc de Brunswick.

Quels étaient à ce moment les trois partis puissants en lutte? L'Assemblée, la commune, les Jacobins; et, encore, la commune et les Jacobins pouvaient-ils, à la rigueur, ne faire qu'un.

Ce n'était ni la commune ni les Jacobins : Robespierre était membre, du club et de la municipalité : il ne se fût pas incriminé lui-même.

Ce parti puissant, c'était donc la Gironde.

Nous avons dit que Robespierre dépassait en absurdité les plus absurdes nouvellistes : quoi de plus absurde en effet, que d'accuser la Gironde, qui avait déclaré la guerre à la Prusse et à l'Autriche d'offrir le trône au général ennemi?

Et quels étaient les hommes que l'on accusait de cela? Les Vergniaud, les Roland, les Clavières, les Servan, les Gensonné, les Guadet, les Barbaroux, c'est-à-dire les plus chauds patriotes, et en même temps les plus honnêtes gens de France !

Mais il y a des moments où un homme comme Robespierre dit tout, et le pis, c'est qu'il y a des moments où le peuple croit tout !

On en était donc au 31 août.

Le médecin qui eût eu le doigt sur le pouls de la France eût senti, ce jour-là, les pulsations de ce pouls augmenter à chaque minute.

Le 30, à cinq heures du soir, l'Assemblée avait, nous l'avons dit, cassé la commune; le décret portait que, dans les vingt-quatre heures, les sections nommeraient un nouveau conseil général.

Donc, le 31, à cinq heures du soir, le décret devait être exécuté.

Mais les vociférations de Marat, les menaces d'Hébert, les calomnies de Robespierre, faisaient peser la commune d'un tel poids sur Paris, que les sections n'osèrent point voter. Elles prirent pour prétexte de leur abstention que le décret ne leur avait pas été officiellement notifié.

Le 31 août, vers midi, l'Assemblée eut avis que son décret de la veille ne s'exécutait pas et ne s'exécuterait point. Il faudrait en appeler à sa force, et qui sait si la force serait pour l'Assemblée?

La commune avait Santerre par son beau-frère Panis. Panis, on s'en souvient, était ce fanatique de Robespierre qui avait proposé à Rebecqui et à Barbaroux de nommer un dictateur, et qui leur avait fait entendre qu'il fallait que ce dictateur fût l'*Incorruptible;* Santerre, c'étaient les faubourgs; les faubourgs, c'était l'irrésistible puissance de l'Océan.

Les faubourgs avaient brisé les portes des Tuileries: ils briseraient bien celles de l'Assemblée.

Puis l'Assemblée craignait, si elle s'armait contre la commune, non seulement d'être abandonnée par les extrêmes patriotes, par ceux qui voulaient la révolution à tout prix, mais encore — ce qui était bien pis — d'être soutenue malgré elle par les royalistes modérés.

Alors, elle était complètement perdue !

Vers six heures, le bruit se répandit sur ses bancs qu'il se faisait un grand tumulte autour l'Abbaye.

On venait d'acquitter un M. de Montmorin: le peuple crut qu'il s'agissait du ministre qui avait signé les passe-ports avec lesquels Louis XVI avait essayé de fuir; il se porta en masse à la prison, demandant à grands cris la mort du traître. On eut toutes les peines du monde à lui faire comprendre son erreur. Toute la nuit, il y eut dans les rues de Paris une effroyable fermentation.

On sentait que, le lendemain, le moindre événement qui viendrait en aide à cette fermentation prendrait des proportions colossales.

Cet événement, — que nous allons essayer de raconter avec quelques détails, parce qu'il a trait à un des héros de notre histoire que nous avons perdu de vue depuis longtemps — couvait dans les prisons du Châtelet.

VIII

OU L'ON RENCONTRE ENCORE UNE FOIS M. DE BEAUSIRE

A la suite de la journée du 10 août, un tribunal spécial avait été institué pour connaître des vols qui avaient été commis aux Tuileries. Le peuple avait bien, comme le raconte Peltier, fusillé sur place deux ou trois cents voleurs saisis en flagrant délit; mais, à côté de cela, il y en avait à peu près autant, on le comprend bien, qui, momentanément du moins, étaient parvenus à cacher leurs vols.

Au nombre de ces honnêtes industriels se trouvait notre vieille connaissance, M. de Beausire, ancien exempt de Sa Majesté.

Nos lecteurs, qui se rappellent les antécédents de l'amant de mademoiselle Oliva, père du jeune Toussaint, ne seront point étonnés de le retrouver parmi ceux qui avaient à rendre compte, non pas à la nation, mais aux tribunaux, de la part qu'ils avaient prise au sac des Tuileries.

M. de Beausire était, en effet, entré au château après tout le monde; c'était un homme trop plein de sens pour commettre la sottise d'entrer le premier, ou l'un des premiers, là où il y avait du danger à pénétrer avant les autres.

Ce n'étaient point les opinions politiques de M. de Beausire qui le conduisaient dans le palais des rois, soit pour y pleurer sur la chute de la royauté tombée, soit pour y applaudir au triomphe du peuple; non: M. de Beausire venait là en amateur, planant au-dessus de ces faiblesses humaines qu'on appelle des opinions, et n'ayant qu'un but, celui de voir si ceux qui venaient de perdre un trône n'avaient pas perdu, en même temps, quelque bijou plus portatif et plus facile à mettre en sûreté.

Mais, pour sauver les apparences, M. de Beausire s'était coiffé d'un bonnet rouge, s'était armé d'un énorme sabre, puis avait légèrement taché sa chemise et trempé ses mains dans le sang du premier mort qu'il avait rencontré ; de sorte que ce loup suivant l'armée conquérante, que ce vautour planant après le combat sur le champ de bataille, pouvait, par un regard superficiel, être pris pour un vainqueur.

Ce fut pour un vainqueur, en effet, que le prirent la plupart de ceux qui l'entendirent criant : « Mort aux aristocrates ! » et qui le virent furetant sous les lits, ouvrant les armoires et jusqu'aux tiroirs des commodes, afin de s'assurer si quelques aristocrates n'y étaient point cachés.

Seulement, en même temps que lui, pour le malheur de M. de Beausire, se trouvait là un homme qui ne criait pas, qui ne regardait pas sous les lits, qui n'ouvrait pas les armoires, mais qui, entré au milieu du feu, quoiqu'il fût sans armes, avec les vainqueurs, quoiqu'il n'eût rien vaincu, se promenait, les mains derrière le dos, comme il eût fait dans un jardin public un soir de fête, froid et calme sous son habit noir râpé et propre, se contentant d'élever la voix de temps en temps pour dire :

— N'oubliez pas, citoyens, qu'on ne tue point les femmes, et qu'on ne touche point aux aux bijoux !

Quant à ceux qu'il voyait tuer les hommes, et jeter les meubles par les fenêtres, notre personnage ne se croyait en droit de leur rien dire.

Il avait remarqué du premier coup d'œil, que M. de Beausire n'était point un de ces derniers.

Aussi, vers les neuf heures et demie, Pitou, qui, comme nous le savons déjà, avait obtenu à titre de poste d'honneur, la garde du vestibule de l'Horloge, Pitou vit-il venir à lui, de l'intérieur du château, une espèce de géant colossal et lugubre qui, avec politesse, mais aussi avec fermeté, comme s'il eût reçu mission de mettre l'ordre dans le désordre, et la justice dans la vengeance, lui dit :

— Capitaine, vous allez voir descendre un homme ayant un bonnet rouge sur la tête, tenant un sabre à la main, et faisant de grands gestes ; vous l'arrêterez et le ferez fouiller par vos hommes : il a volé un écrin de diamants.

— Oui, M. Maillard, répondit Pitou en portant la main à son chapeau.

— Ah ! ah ! dit l'ancien huissier, vous me connaissez, mon ami ?

— Je crois bien que je vous connais ! dit Pitou ; vous ne vous rappelez pas M. Maillard ? Nous avons pris la Bastille ensemble.

— C'est possible ! dit Maillard.

— Puis, aux 5 et 6 octobre, nous avons encore été à Versailles ensemble.

— J'y ai été, en effet.

— Parbleu ! à preuve que vous conduisiez les femmes, et que vous avez eu un duel à la porte des Tuileries avec un gardien qui ne voulait pas vous laisser passer.

— Alors, dit Maillard, vous allez faire ce que je vous dis, n'est-ce pas ?

— Ça et autre chose, M. Maillard ; tout ce vous m'ordonnerez ! Ah ! vous êtes un patriote, vous !

— Je m'en vante, dit Maillard ; et c'est pour cela que nous ne devons pas permettre qu'on déshonore le nom auquel nous avons droit. Attention ! voici notre homme.

En effet, en ce moment, M. de Beausire descendait l'escalier du vestibule, agitant son grand sabre, et criant : « Vive la nation ! »

Pitou fit un signe à Tellier et à Maniquet, qui, sans affectation, se placèrent devant la porte, et, il alla attendre M. de Beausire sur la dernière marche de l'escalier.

Celui-ci avait vu de l'œil les dispositions prises, et, sans doute, ces dispositions l'inquiétèrent, car il s'arrêta, et, comme s'il eût oublié quelque chose, fit un mouvement pour remonter.

— Pardon, citoyen, dit Pitou, c'est par ici qu'on passe.

— Ah ! c'est par ici qu'on passe ?

— Et, comme il y a ordre d'évacuer les Tuileries, passez, s'il vous plaît.

Beausire redressa la tête, et continua de descendre l'escalier.

Arrivé à la dernière marche, il porta la main à son bonnet rouge, et, affectant le ton militaire :

— Voyons, camarade, dit-il, passe-t-on ou ne passe-t-on pas ?

— On passe ; mais, auparavant, il faut, dit Pitou, se soumettre à une petite formalité.

— Hum ! Et à laquelle, mon beau capitaine ?

— Il faut se laisser fouiller, citoyen.

— Fouiller ?

— Oui.

— Fouiller un patriote, un vainqueur, un homme qui vient d'exterminer les aristocrates?

— C'est la consigne; ainsi, camarade, puisque camarade il y a, dit Pitou, remettez votre grand sabre au fourreau, — il est inutile, maintenant que les aristocrates sont tués, — et laissez-vous faire de bonne volonté, ou, sinon, je serai obligé d'employer la force.

— La force? dit Beausire. Ah! tu parles comme cela, mon beau capitaine, parce que tu as là vingt hommes sous tes ordres; mais si nous étions en tête-à-tête!...

— Si nous étions en tête-à-tête, citoyen, dit Pitou, voici ce que je ferais: je te prendrais, tiens, comme cela, le poignet avec la main droite; je t'arracherais ton sabre de la main gauche, et je le casserais sous mon pied, comme n'étant plus digne d'être touché par la main d'un honnête homme, ayant été touché par celle d'un voleur!

Et Pitou, mettant en pratique la théorie qu'il avançait, pliait le poignet du faux patriote avec sa main droite, lui arrachait le sabre avec sa main gauche, en brisait la lame sous son pied, et en jetait la poignée loin de lui.

— Un voleur! s'écriait l'homme au bonnet rouge; un voleur, moi, M. de Beausire?

— Mes amis, dit Pitou en poussant l'ancien exempt au milieu de ses hommes, fouillez M. de Beausire!

— Eh! bien, fouillez! dit l'homme en étendant les bras comme une victime; fouillez!

On n'avait pas besoin de la permission de M. de Beausire pour procéder à la perquisition; mais, au grand étonnement de Pitou et surtout de Maillard, on eut beau fouiller, retourner les poches, tâter jusqu'aux endroits les plus secrets, on ne trouva sur l'ancien exempt qu'un jeu de cartes aux figures à peine visibles, tant il était vieux; plus, une somme de onze sous.

Pitou regarda Maillard.

Celui-ci fit des épaules un geste qui signifiait: « Que voulez-vous? »

— Recommencez! dit Pitou, dont une des principales qualités on s'en souvient, était la patience.

On recommença; mais la seconde visite fut aussi infructueuse que la première: on ne retrouva que le même jeu de cartes et les mêmes onze sous.

M. de Beausire triomphait.

— Eh bien, dit-il, un sabre est-il toujours déshonoré, pour avoir touché ma main?

— Non, Monsieur, dit Pitou, et la preuve, c'est que, si vous n'êtes pas satisfait des excuses que je vous adresse, un de mes hommes vous prêtera le sien, et je vous donnerai toute autre satisfaction qu'il vous plaira.

— Merci, jeune homme, dit M. de Beausire se redressant vous avez agi en vertu d'une consigne, et un ancien militaire comme moi sait que la consigne est une chose sacrée. Maintenant, je vous préviens que madame de Beausire doit être inquiète de ma longue absence, et, s'il m'est permis de me retirer...

— Allez, Monsieur, dit Pitou; vous êtes libre!

Beausire salua d'un air dégagé, et sortit.

Pitou chercha des yeux Maillard: Maillard n'était plus là.

— Avez-vous vu M. Maillard? demanda-t-il.

— Il me semble, répondit un des Haramontois, que je l'ai vu remonter l'escalier.

— Il vous semble juste, dit Pitou, car le voilà qui redescend.

Maillard descendait, en effet, l'escalier, et, grâce à ses longues jambes, passant à chaque pas par-dessus une marche, il fut bientôt sous le vestibule.

— Eh bien, demanda-t-il, avez-vous trouvé quelque chose?

— Non, répondit Pitou.

— Alors, j'ai été plus heureux que vous, moi: j'ai trouvé l'écrin.

— Ainsi, nous avions tort?

— Non, nous avions raison.

Et Maillard, ouvrant l'écrin, en tira la monture en or, qui était veuve de toutes les pierres précieuses qu'elle enchâssait.

— Tiens, demanda Pitou, qu'est-ce que cela veut dire?

— Cela veut dire que le drôle s'est douté du coup, qu'il a fait sauter les diamants, et que, jugeant la monture trop embarrassante, il l'a jeté avec l'écrin dans le cabinet où je viens de la retrouver.

— Bon! fit Pitou; et les diamants?

— Eh bien, il a trouvé moyen de nous les escamoter.

— Ah! le brigand:

— Y a-t-il longtemps qu'il est parti? demanda Maillard.

— Comme vous descendiez, il traversait la porte de la cour du milieu.

— Et de quel côté allait-il?

— Il inclinait vers le quai.

— Adieu, capitaine.

— Vous vous en allez, M. Maillard?

— Je veux en avoir le cœur net, dit l'ancien huissier.

Et, ouvrant ses longues jambes comme un compas, il se mit à la poursuite de M. de Beausire.

Pitou resta tout préoccupé de ce qui venait de se passer, et il était encore sous le poids de cette préoccupation, lorsqu'il crut reconnaître la comtesse de Charny, et que survinrent les événements que nous avons racontés en leur lieu et place, ne jugeant pas à propos de les compliquer d'un incident qui, à notre avis, devait trouver son numéro d'ordre ailleurs.

IX

LA PURGATION

Si rapide que fût sa marche, Maillard ne put rejoindre M. de Beausire, qui avait pour lui trois circontances favorables : d'abord, dix minutes d'avance ; ensuite, l'obscurité ; enfin, les nombreux passants qui traversaient la cour du Carrousel, et au milieu desquels M. de Beausire avait disparu.

Mais, une fois arrivé sur le quai des Tuileries, l'ex-huissier au Châtelet n'en continua pas moins d'aller en avant : il demeurait, comme nous l'avons dit, au faubourg Saint-Antoine, et c'était son chemin, ou à peu près, de suivre les quais jusqu'à la Grève.

Un grand concours de peuple se pressait sur le pont Neuf et le pont au Change: on avait fait une exposition de cadavres sur la place du Palais de Justice, et chacun s'y portait dans l'espoir, ou plutôt dans dans la crainte de retrouver un frère, un parent ou un ami.

Maillard suivit la foule.

Au coin de la rue de la Barillerie et de la place du palais, il avait un ami pharmacien ; — à cette époque, on disait encore *apothicaire*.

Maillard entra chez son ami, s'assit et causa des affaires du jour, pendant que les chirurgiens allaient, venaient, réclamant du pharmacien des bandes, des onguents, de la charpie, enfin toutes les choses nécessaires au pansement des blessés ; — car, parmi les morts, on reconnaissait de temps en temps, à un cri, à un gémissement, à une respiration haletante, un malheureux vivant encore, et ce malheureux était à l'instant même tiré du milieu des cadavres, passé, et porté à l'Hôtel-Dieu.

Il y avait donc grand remue-ménage dans l'officine du digne apothicaire ; mais Maillard n'était pas gênant ; puis on recevait avec plaisir, en des jours pareils, un patriote de la trempe de Maillard, qui flairait comme baume dans la cité et les faubourgs.

Il était là depuis un quart d'heure, à peu près, ses longues jambes ralliées sous lui, et se faisant le plus petit possible, lorsque entra une femme de trente-sept à trente-huit ans, qui, sous la livrée de la plus abjecte misère, conservait un certain aspect d'ancienne opulence, une certaine allure trahissant son aristocratie, sinon native, du moins étudiée.

Mais ce qui frappa surtout Maillard, ce fut l'étrange ressemblance de cette femme avec la reine : il en eût poussé un cri d'étonnement, s'il n'avait pas eu sur lui toute la puissance que nous lui connaissons déjà.

Elle tenait par la main un petit garçon de huit ou neuf ans ; elle s'approcha du comptoir avec une sorte de timidité, voilant du mieux qu'elle pouvait la misère de ses vêtements, que rendait plus visible encore le soin que, dans sa détresse, cette femme prenait de son visage et de ses mains.

Pendant quelque temps, il lui fut impossible de se faire entendre, tant la foule était grande ; enfin, s'adressant au maître de l'établissement.

— Monsieur, dit-elle, j'aurais besoin d'un purgatif pour mon mari, qui est malade.

— Quel purgatif désirez-vous, citoyenne ? demanda l'apothicaire.

— Celui que vous voudrez, Monsieur, pourvu qu'il ne coûte pas plus de onze sous.

Ce chiffre de onze sous frappa Maillard : onze sous c'était justement la somme qui s'était trouvée, on se le rappelle, dans la poche de M. de Beausire.

— Pourquoi ne doit-il pas coûter plus de onze sous ? observa l'apothicaire.

— Parce que c'est tout l'argent que mon mari a pu me donner.

— Faites un mélange de tamarin et de séné, et donnez-le à la citoyenne, dit l'apothicaire à son premier garçon.

Le premier garçon s'occupa de sa préparation, tandis que l'apothicaire répondait à d'autres demandes.

Mais Maillard, qui n'était, lui, distrait par rien, avait concentré toute son attention sur la femme au purgatif et aux onze sous.

— Tenez, citoyenne, dit le premier garçon, voici votre médecine.

— Voyons, Toussaint, dit la femme avec un accent traînard qui semblait lui être habituel, donne les onze sous, mon enfant.

— Les voilà, dit le petit bonhomme.

Et, posant sa poignée de billon sur le comptoir :

— Viens, maman Oliva, dit-il, viens vite : papa attend.

Et il essaya d'entraîner sa mère, en répétant :

— Mais viens donc, maman Oliva ! viens donc !

— Pardon citoyenne, dit le garçon, il n'y a que neuf sous.

— Comment, il n'y a que neuf sous ? dit la femme.

— Dame ! fit le garçon, comptez-vous même.

La femme compta : il n'y avait, en effet, que neuf sous.

— Qu'as-tu fait des deux autres sous, méchant enfant ? demanda-t-elle.

— Je n'en sais rien, répondit l'enfant. Viens, maman Oliva !

— Tu dois le savoir, puisque tu as voulu porter l'argent, et que je te l'ai donné.

— Je les aurai perdus, dit l'enfant. Allons, viens donc !

— Vous avez là un charmant enfant, citoyenne ! dit Maillard ; il paraît plein d'intelligence ; mais il faut prendre garde qu'il ne devienne un voleur.

— Un voleur ! dit la femme que le petit bonhomme avait désigné sous le titre de *maman Oliva* ; et pourquoi cela, je vous prie, Monsieur ?

— Parce qu'il n'a point perdu les deux sous, mais qu'il les a cachés dans son soulier.

— Moi ? dit l'enfant. Ce n'est pas vrai !

— Dans le soulier gauche, citoyenne ; dans le soulier gauche, dit Maillard.

Maman Oliva, malgré les cris du jeune Toussaint, le déchaussa du pied gauche, et trouva les deux sous dans le soulier.

Elle donna les deux sous au garçon apothicaire, et entraîna l'enfant en le menaçant d'une punition qui eût pu paraître terrible aux assistants s'ils n'eussent point fait la part des adoucissements que devait sans nul doute y apporter la tendresse maternelle.

L'événement, assez peu important de lui-même, eût bien certainement passé inaperçu au milieu des circonstances graves dans lesquelles on se trouvait, si la ressemblance de cette femme avec la reine n'avait singulièrement préoccupé Maillard.

Il résulta de cette préoccupation qu'il s'approcha de son ami l'apothicaire, et que, saisissant celui-ci dans un moment de répit qui lui était accordé :

— Avez-vous remarqué ? lui dit-il.

— Quoi ?

— La ressemblance de la citoyenne qui sort d'ici...

— Avec la reine ? dit l'apothicaire en riant.

— Oui... vous l'avez remarquée comme moi.

— Il y a longtemps !

— Comment, il y a longtemps ?

— Sans doute : c'est une ressemblance historique.

— Je ne comprends pas.

— Ne vous rappelez-vous point la fameuse histoire du collier ?

— Oh ! ce n'est pas un huissier au Châtelet qui peut avoir oublié une pareille histoire.

— Alors, vous devez vous souvenir d'une certaine Nicole Leguay, dite la demoiselle Oliva.

— Ah ! c'est pardieu vrai ! Qui avait joué, près du cardinal de Rohan, le rôle de la reine, n'est-ce pas ?

— Et qui vivait avec une espèce de drôle cousu de mauvaises affaires, un ancien exempt, un escroc, un mouchard, nommé Beausire.

— Hein ? fit Maillard, comme si un serpent le piquait.

— Nommé Beausire, répéta l'apothicaire.

— Et c'est ce Beausire qu'elle appelle son mari ? demanda Maillard.

— Oui.

— Et c'est pour lui qu'elle est venue chercher une médecine ?

— Le drôle aura pris quelque indigestion.

— Une médecine purgative ? continua Maillard, comme un homme sur la trace d'un important secret, et qui ne veut pas se laisser détourner de son idée.

— Une médecine purgative, oui.

— Ah ! s'écria Maillard en se frappant le front, je tiens mon homme !

— Quel homme ?

— L'homme aux onze sous !

— Qu'est-ce que l'homme aux onze sous ?

— M. de Beausire, morbleu !

— Vous le tenez ?

— Oui... Si je sais où il demeure, toutefois.

— Je le sais, moi, si vous ne le savez pas.

— Bon ! Où demeure-t-il ?

— Rue de la Juiverie, n° 6.

— Ici, tout près ?

— A deux pas.

— Eh bien, cela ne m'étonne plus.

— Quoi ?

— Que le jeune Toussaint ait volé deux sous à sa mère.

— Comment ! cela ne vous étonne plus ?

— Non : c'est le fils de M. de Beausire, n'est-ce pas.

— C'est son portrait vivant.
— Bon chien chasse de race! Voyons, cher ami, continua Maillard, la main sur la conscience, dans combien de temps opérera votre médecine?
— Sérieusement.
— Très sérieusement?
— Pas avant deux heures.
— C'est tout ce qu'il me faut; j'ai le temps.
— Vous portez donc intérêt à M. de Beausire?
— Un si grand intérêt, que, craignant qu'on ne le soigne mal, je vais lui chercher...
— Quoi?
— Deux gardes-malades. Adieu, cher ami.

Et, sortant de la boutique du pharmacien avec un rire silencieux, le seul qui eût jamais déridé ce lugubre visage, Maillard reprit sa course vers les Tuileries.

Pitou était absent; on se rappelle qu'il avait suivi, à travers le jardin, sur les pas d'Andrée, les traces du comte de Charny; mais, en son absence, il trouva Maniquet et Tellier qui gardaient le poste.

Tous deux le reconnurent.

— Ah! c'est vous, monsieur Maillard, demanda Maquinet; eh bien, avez-vous rejoint notre homme?
— Non, dit Maillard; mais je suis sur sa piste.
— Ma foi, c'est un honneur, dit Tellier, attendu que, quoiqu'on n'ait rien trouvé sur lui, je parierais qu'il avait les diamants!
— Pariez, citoyen, dit Maillard: pariez, et vous gagnerez.
— Bon! dit Maniquet, et on pourra les lui reprendre?
— Je l'espère du moins, si vous m'y aidez.
— En quoi, citoyen Maillard? Nous sommes à vos ordres.

Maillard fit signe au lieutenant et au sous-lieutenant de s'approcher de lui.
— Choisissez-moi, dans votre troupe, deux hommes sûrs.
— Comme bravoure?
— Comme honnêteté.
— Oh! alors, prenez au hasard.

Puis, se retournant vers le poste:
— Deux hommes de bonne volonté, dit Désiré.

Une douzaine d'hommes se levèrent.
— Allons Boulanger, dit Maniquet, viens ici!

Un des hommes s'approcha.
— Et puis toi, Molicar.

Un second vint prendre place à côté du premier.

— En voulez-vous davantage, monsieur Maillard? demanda Tellier.
— Non, cela me suffit. Venez mes braves!

Les deux Haramontois suivirent Maillard.

Maillard les conduisit à la rue de la Juiverie, et s'arrêta devant la porte du n° 6.
— C'est ici, dit-il; montons.

Les deux hommes s'engagèrent avec lui dans l'allée, puis dans l'escalier, puis enfin arrivèrent au quatrième étage.

Là, ils furent guidés par les cris de M. Toussaint, encore mal consolé de la correction, non pas maternelle, — M. de Beausire, vu la gravité du fait, ayant cru devoir intervenir et ajouter quelques soufflets de sa main rude et sèche aux taloches plus moelleuses qu'avait, bien à contre-cœur, distribuées à son cher fils mademoiselle Oliva.

Maillard essaya d'ouvrir la porte.

Le verrou était poussé en dedans.

Il frappa.

— Qui va là? demanda la voix traînante de mademoiselle Oliva.
— De par la loi, ouvrez! dit Maillard.

Il se fit un petit bout de conversation à voix basse dont le résultat fut que le jeune Toussaint se tut, croyant que c'était pour les deux sous qu'il avait essayé de voler à sa mère que la loi se dérangeait, tandis que Beausire, mettant le heurt sur le compte des visites domiciliaires, tout mal rassuré qu'il était, s'efforçait de rassurer Oliva.

Enfin, madame de Beausire se décida, et, au moment où Maillard allait frapper pour la seconde fois, la porte s'ouvrit.

Les trois hommes entrèrent, à la grande terreur de mademoiselle Oliva et de M. Toussaint, qui courut se blottir derrière une vieille chaise de paille.

M. de Beausire était couché, et, sur sa table de nuit, éclairée par une mauvaise chandelle fumant dans un chandelier de fer, Maillard aperçut avec satisfaction la bouteille vide. — La médecine était avalée: il ne restait plus qu'à en attendre l'effet.

Pendant le trajet, Maillard avait raconté à Boulanger et à Molicar ce qui s'était passé chez le pharmacien; de sorte qu'arrivés dans la chambre de M. de Beausire, ceux-ci étaient parfaitement au courant de la situation.

Aussi, après les avoir installés à chaque côté du lit du malade:

— Citoyens, se contenta-t-il de leur dire, M. de Beausire est exactement comme cette princesse des *Mille et une Nuits* qui ne parlait que lorsqu'elle y était forcée, mais qui, chaque fois qu'elle ouvrait la bouche, en laissait tomber un diamant! Ne laissez donc pas tomber une parole de M. de Beausire sans avoir raison de ce qu'elle contient... Je vais vous attendre à la municipalité : quand monsieur n'aura plus rien à vous dire, vous le conduirez au Châtelet, où vous le recommanderez de la part du citoyen Maillard, et vous viendrez me rejoindre à l'hôtel de ville avec ce qu'il aura dit.

Les deux gardes nationaux s'inclinèrent en signe d'obéissance passive et se placèrent au port d'arme de chaque côté du lit de M. de Beausire.

L'apothicaire ne s'était point trompé : au bout de deux heures, la médecine opéra. L'effet dura une heure, à peu près, et fut on ne peut plus satisfaisant!

Vers trois heures du matin, Maillard vit venir à lui les deux hommes.

Ils apportaient pour une centaine de mille francs de diamants de la plus belle eau dans un extrait de l'écrou de M. de Beausire.

Maillard déposa, en son nom et au nom des deux Haramontois, les diamants sur le bureau du procureur de la commune, lequel leur délivra un certificat constatant que les citoyens Maillard, Molicar, et Boulanger avaient bien mérité de la patrie.

X

LE 1ᵉʳ SEPTEMBRE

Or, voici ce qui était arrivé à la suite de l'événement tragi-comique que nous venons de raconter.

M. de Beausire, écroué dans la prison du Châtelet, avait été déféré au jury chargé de connaître spécialement des délits de vol commis le 10 août et jours suivants.

Il n'y avait pas moyen de nier : le fait était trop clairement établi.

Aussi le prévenu s'était-il borné à confesser humblement sa faute, et à implorer la clémence du tribunal.

Le tribunal avait ordonné de rechercher les antécédents de M. de Beausire; et, peu édifié des renseignements qu'avait fournis l'enquête, il avait condamné l'ancien exempt à cinq ans de galères et à l'exposition.

M. de Beausire avait en vain allégué qu'il n'avait été entraîné à ce vol que par des sentiments honorables, c'est-à-dire par l'espoir d'assurer un avenir tranquille à sa femme et à son fils ; rien n'avait pu conjurer la sentence, — et, comme, en sa qualité de tribunal spécial, celui-là était sans appel, le surlendemain du jugement, la sentence devenait exécutoire.

Hélas! que ne l'était-elle à l'instant même!

La fatalité voulut que, la veille du jour où M. de Beausire devait être exposé, on introduisît dans la prison un de ses anciens camarades. La reconnaissance se fit; les confidences s'ensuivirent.

Le nouvel emprisonné l'était, disait-il, à propos d'un complot parfaitement organisé, et qui devait éclater sur la place de Grève ou sur celle du Palais.

Les conjurés se réuniraient là en nombre considérable, sous prétexte de voir la première exposition qui aurait lieu, — on exposait indifféremment, à cette époque, sur la Grève ou en face du Palais de Justice — et, aux cris de « Vive le roi! Vivent les Prussiens! Mort à la nation! » s'empareraient de l'hôtel de ville, appelleraient à leur secours la garde nationale, dont les deux tiers étaient royalistes ou tout au moins constitutionnels, maintiendraient l'abolition de la commune, cassée le 30 août par l'Assemblée et accompliraient enfin la contre-révolution royaliste.

Par malheur, c'était cet ami de M. de Beausire nouvellement arrêté qui devait donner le signal : or, les autres conjurés, ignorant son arrestation, se rendraient sur la place, le jour de l'exposition du premier condamné, et, comme personne ne serait plus là pour crier : « Vive le roi! Vivent les Prussiens! Mort à la nation! » le mouvement n'aurait pas lieu.

C'était d'autant plus regrettable, ajoutait l'ami, que jamais mouvement n'avait été mieux combiné, et n'avait promis un résultat plus certain.

L'arrestation de l'ami de M. de Beausire avait, en outre, ceci de déplorable, que, bien certainement, au milieu du tumulte, le condamné ne pourrait manquer d'être délivré, de fuir, et d'échapper ainsi à cette double peine de la marque des galères.

M. de Beausire, quoique n'ayant pas d'opinion bien arrêtée, avait toujours, au fond, penché pour la royauté ; il commença donc par regretter amèrement pour le roi, et ensuite, et subsidiairement pour lui, que le mouvement ne pût pas avoir lieu. Tout à coup, il se frappa le front; il venait d'être illuminé d'une idée subite.

— Madame la comtesse, dit Gilbert. (Page 682.)

— Mais, dit-il à son camarade, cette première exposition, ce devait être la mienne !
— Sans doute ; ce qui, je te le répète, eût été un grand bonheur pour toi !
— Et tu dis que ton arrestation est inconnue ?
— Complètement.
— Alors, les conjurés ne s'en réuniront pas moins, tout comme si tu n'étais pas arrêté ?
— Parfaitement.
— De sorte que, si quelqu'un donnait le signal convenu, la conspiration éclaterait ?
— Oui... Mais qui veux-tu qui le donne, quand je suis arrêté, et que je ne puis communiquer avec le dehors ?

— Moi ! dit Beausire du ton de Médée dans la tragédie de Corneille.
— Toi ?
— Sans doute, moi ! J'y serai, moi, n'est-ce pas, puisque c'est moi qu'on expose ? Eh bien ! c'est moi qui crierai : « Vive le roi ! Vivent les Prussiens ! Mort à la nation ! » Ce n'est pas bien difficile, il me semble.
Le camarade de Beausire resta comme émerveillé.
— J'avais toujours dit, s'écria-t-il, que tu étais un homme de génie !
Beausire s'inclina.
— Et, si tu fais cela, continua le prisonnier royaliste, non seulement tu seras délivré, non

seulement tu seras gracié, mais encore, comme je proclamerai que c'est à toi qu'est due la réussite de la conjuration, tu peux d'avance te vanter de recevoir une belle récompense!

— Ce n'est point en vue de cela que j'agis, répondit Beausire de l'air le plus désintéressé du monde.

— Pardieu! dit l'ami; mais n'importe, la récompense venant, je te conseille de ne pas la refuser.

— Si tu me le conseilles..., dit Beausire.

— Je fais plus, je t'y invite, et, au besoin, je te l'ordonne! insista majestueusement l'ami.

— Soit! dit Beausire.

— Eh bien, reprit l'ami, demain, nous déjeunerons ensemble; — le directeur de la prison ne refusera point cette dernière faveur à deux camarades; — et nous boirons une bonne bouteille de vin à la réussite de la conjuration!

Beausire conservait bien quelque doute sur la complaisance du directeur de la prison à l'endroit du déjeuner du lendemain; mais, qu'il déjeunât ou non avec son ami, il était décidé à tenir la promesse qu'il lui avait faite.

A sa grande satisfaction, l'autorisation fut donnée par le directeur.

Les deux amis déjeunèrent ensemble : ce fut, non point une bouteille qu'ils burent, mais deux mais trois, mais quatre !

A la quatrième, M. de Beausire était royaliste furieux. Par bonheur, on vint le chercher pour le conduire à la place de Grève avant que la cinquième bouteille fût entamée.

Il monta dans la charrette comme sur un char de triomphe, regardant dédaigneusement cette foule à laquelle il ménageait une si terrible surprise.

Sur la borne du pont Notre-Dame, une femme et un petit garçon attendaient son passage.

M. de Beausire reconnut la pauvre Oliva, tout en larmes, et le jeune Toussaint, qui, voyant son père entre les mains des gendarmes, s'écria :

— C'est bien fait! pourquoi m'a-t-il battu?...

Beausire leur envoya un sourire de protection, et il eût ajouté un geste qui, bien certainement, eût été plein de majesté, s'il n'eût eu les mains liées derrière le dos.

La place de l'Hôtel-de-Ville était encombrée de monde.

On savait que le condamné expiait un vol fait aux Tuileries; on connaissait, par le compte rendu des débats, les circonstances qui avaient accompagné et suivi ce vol, et l'on était sans pitié pour le condamné.

Aussi, quand la charrette s'arrêta au pied du pilori, la garde eut-elle toutes les peines possibles à maintenir le peuple.

Beausire regardait tout ce mouvement, tout ce tumulte, toute cette foule, d'un air qui voulait dire : « Vous allez voir! ce sera bien autre chose tout à l'heure ! »

Quand il parut sur le pilori, ce fut un hourra universel; mais, cependant, quand approcha le moment de l'exécution, quand le bourreau eut déboutonné la manche du condamné, mis l'épaule à nu, et qu'il se baissa pour prendre le fer rouge dans le fourneau, il arriva ce qu'il arrive toujours : c'est que, devant la suprême majesté de la justice, tout le monde se tut.

Beausire profita du moment, et, réunissant toutes ses forces, d'une voix pleine, sonore, retentissante, il cria :

— Vive le roi! Vivent les Prussiens! Mort à la nation !

A quelque tumulte que se fût attendu M. de Beausire, l'événement dépassa de beaucoup ses espérances : ce ne furent point des cris, ce furent des hurlements.

Toute cette foule poussa un rugissement immense, et se rua sur le pilori.

Cette fois, la garde fut impuissante à protéger M. de Beausire; les rangs furent rompus, l'échafaud fut envahi, le bourreau jeté à bas de l'estrade, le condamné arraché on ne sait comment du poteau, et précipité dans cette dévorante fourmilière qu'on appelle la multitude.

Il allait être tué, broyé, mis en pièces, quand, par bonheur, un homme se précipita, ceint de son écharpe, du haut du perron de l'hôtel de ville, où il assistait à l'exécution.

Cet homme, c'était le procureur de la commune, Manuel.

Il y avait en lui un grand sentiment d'humanité, qu'il fut parfois contraint de renfermer au fond de son âme, mais qui s'en échappait dans les circonstances pareilles à celle-là.

Il parvint à grand'peine jusqu'à M. de Beausire, étendit la main sur lui, et, d'une voix forte :

— Au nom de la loi, dit-il, je réclame cet homme!

Le peuple hésitait à obéir; Manuel détacha son écharpe, et la fit flotter au-dessus de la foule en criant :

— A moi, tous les bons citoyens[1] !

---

[1] Nous n'avons pas le moins du monde l'intention de glorifier Manuel, un des hommes les plus attaqués de la révolution: nous avons l'intention seulement de dire la vérité.

Voici comment Michelet raconte le fait:

Une vingtaine d'hommes accoururent et se pressèrent autour de lui.

On tira Beausire des mains de la foule: il était à moitié mort.

Manuel le fit transporter à l'hôtel de ville; mais bientôt l'hôtel de ville fut sérieusement menacé, tant l'exaspération était grande.

Manuel parut au balcon.

— Cet homme est coupable, dit-il, mais d'un crime pour lequel il n'a pas été jugé. Nommez parmi vous un jury : ce jury s'assemblera dans une des salles de l'hôtel de ville et statuera sur le sort du coupable. La sentence, quelle qu'elle soit, sera exécutée, mais qu'il y ait sentence !

N'est-il pas curieux que se soit la veille du massacre des prisons qu'un des hommes que l'on accuse de ce massacre tienne, au péril de sa vie, un pareil langage?

Il y a de ces anomalies en politique: les explique qui pourra.

Cet engagement apaisa la foule. Un quart d'heure après, on annonça à Manuel le jury populaire ; ce jury se composait de vingt et un membres ; ces vingt et un membres parurent sur le balcon.

— Ces hommes sont-ils bien vos délégués? demanda Manuel à la foule.

La foule pour toute réponse, battit des mains.

— C'est bien, dit Manuel, puisque voilà des juges, justice sera faite.

Et, comme il l'avait promis, il installa le jury dans une des salles de l'hôtel de ville.

M. de Beausire, plus mort que vif, parut devant ce tribunal improvisé ; il essaya de se défendre; mais le second crime était aussi patent que le premier; seulement, aux yeux du peuple, il était bien autrement grave.

Crier: « Vive le roi ! » quand le roi, reconnu pour traître, était prisonnier au Temple; crier: « Vivent les Prussiens ! » quand les Prussiens venaient de prendre Longwy, et n'étaient plus qu'à soixante lieues de Paris; crier: « Mort à la nation ! » quand la nation râlait sur son lit

« Le 1er septembre, une scène effroyable eut lieu à la place de Grève. Un voleur qu'on exposait, et qui, sans doute, était ivre, s'avisa de crier: « Vive le roi ! Vivent les Prussiens! Mort à la nation ! » Il fut à l'instant arraché du pilori: il allait être mis en pièces: le procureur de la commune, Manuel, se précipita, le reprit des mains du peuple, le sauva dans l'hôtel de ville ; mais il était lui-même dans un extrême péril: il lui fallut promettre qu'un jury populaire jugerait le coupable. Ce jury prononça la mort; l'autorité tint cette sentence pour bonne et valable ; elle fut exécutée, l'homme périt le lendemain. »

d'agonie; c'était là un crime effroyable, et qui méritait une suprême punition !

Aussi le jury décida-t-il que le coupable, non seulement serait puni de la peine capitale, mais encore que, pour attacher à sa mort la honte que la loi s'était efforcée de lui enlever en substituant la guillotine à la potence, lui, par dérogation à la loi, serait pendu, et pendu sur la place même où avait été commis le crime.

En conséquence, sur cet échafaud où s'élevait le pilori, le bourreau reçut l'ordre de dresser la potence.

La vue de ce travail et la certitude que le prisonnier, étant gardé à vue, ne pouvait s'échapper, achevèrent de calmer la foule.

Voilà donc l'événement qui, comme nous le disions à la fin d'un des précédents chapitres, préoccupait l'Assemblée.

Le lendemain était un dimanche, circonstance aggravante ; l'Assemblée comprit que tout marchait au massacre. La commune voulait se maintenir à tout prix: le massacre, c'està-dire la terreur, était pour cela un des moyens les plus sûrs.

L'Assemblée recula devant la décision prise la surveille : elle rapporta son décret.

Alors un de ses membres se leva.

— Ce n'est point assez de rapporter votre décret, dit-il ; il y a deux jours, en le rendant, vous avez déclaré que la commune avait *bien mérité de la patrie* ; l'éloge est trop vague ; car, un jour, vous pourriez dire que la commune a bien mérité de la patrie, mais que, cependant, tel ou tel des membres de la commune n'est point compris dans l'éloge ; alors, on poursuivrait tel ou tel membre. Il faut donc dire, non pas la *commune*, mais *les représentants de la commune*.

L'Assemblée vota que *les représentants de la commune* avaient bien mérité de la patrie.

En même temps que l'Assemblée émettait ce vote, Robespierre faisait à la commune un long discours dans lequel il disait que l'Assemblée, ayant, par d'infâmes manœuvres, fait perdre au conseil général la confiance publique, le conseil général devait se retirer et employer le seul moyen qui restât de sauver le peuple, c'està-dire *remettre le pouvoir au peuple*.

Comme toujours, Robespierre restait douteux et vague, mais terrible.

Remettre le pouvoir au peuple; que signifiait cette phrase?

Était-ce souscrire au décret de l'Assemblée, et accepter la réélection? Ce n'est pas probable.

Était-ce déposer le pouvoir légal, et, en le déposant, déclarer, par cela même, que la commune, après avoir fait le 10 août, se regardait comme impuissante devant la continuation de la grande œuvre révolutionnaire, et chargeait le peuple de l'achever?

Or, le peuple, sans frein, le cœur plein de vengeance, chargé de continuer l'œuvre du 10 août, c'était le massacre des hommes qui avaient combattu contre lui le 10 août, et qui, depuis lors, étaient renfermés dans les diverses prisons de Paris.

Voilà où l'on en était le 1er septembre, au soir, où l'on en est quand un orage pèse dans l'atmosphère, et que l'on sent les éclairs et la foudre suspendue au-dessus de toutes les têtes.

XI

PENDANT LA NUIT DU 1er AU 2 SEPTEMBRE

Voilà donc où étaient les choses lorsque, le 1er septembre, à neuf heures du soir, l'*officieux* de Gilbert — le nom de *domestique* avait été aboli comme antirépublicain, — l'officieux de Gilbert entra dans la chambre du docteur en disant :

— Citoyen Gilbert, le fiacre attend à la porte.

Gilbert enfonça son chapeau sur ses yeux, boutonna sa redingote jusqu'au cou, et s'apprêta à sortir; mais, sur le seuil de l'appartement, se tenait un homme enveloppé d'un manteau, et le front ombragé d'un chapeau à larges bords.

Gilbert recula d'un pas : dans l'obscurité, et dans un tel moment, tout est ennemi.

— C'est moi, Gilbert, dit une voix bienveillante.

— Cagliostro! s'écria le docteur.

— Bon! voilà que vous oubliez que je ne m'appelle plus Cagliostro, et que je me nomme le baron Zannone! Il est vrai que, pour vous, cher Gilbert, je ne change ni de nom ni de cœur, et suis toujours, je l'espère du moins, Joseph Balsamo?

— Oh! oui, dit Gilbert, et la preuve, c'est que j'allais chez vous.

— Je m'en doutais, dit Cagliostro, et c'est pour cela que je viens ici; car vous deviez bien vous douter que, dans des jours pareils, je ne fais point ce que vient de faire M. de Robespierre : je ne pars point pour la campagne.

— Aussi craignais-je de ne point vous rencontrer, et suis-je bien heureux de vous voir... Entrez-donc, je vous prie, entrez!

— Eh bien, me voici. Dites ; que désirez-vous? demanda Cagliostro suivant Gilbert jusque dans la chambre la plus retirée de l'appartement du docteur.

— Asseyez-vous, maître.

Cagliostro s'assit.

— Vous savez ce qui se passe, reprit Gilbert.

— Vous voulez dire ce qui va se passer, répondit Cagliostro; car, pour le moment, il ne se passe rien.

— Non, vous avez raison ; mais quelque chose de terrible se prépare, n'est-ce pas?

— De terrible, en effet... C'est qu'aussi parfois le terrible devient nécessaire.

— Maître, dit Gilbert, quand vous prononcez de telles paroles avec votre inexorable sang-froid, vous me faites frémir!

— Que voulez-vous? Je ne suis qu'un écho : l'écho de la fatalité!

Gilbert baissa la tête.

— Vous rappelez-vous, Gilbert, ce que je vous disais le jour où je vous vis à Bellevue, le 6 octobre, quand je vous prédis la mort du marquis de Favras.

Gilbert tressaillit.

Lui, si fort en face des hommes, et même des événements, il se sentait, devant ce personnage mystérieux, faible comme un enfant.

— Je vous disais, continua Cagliostro, que, si le roi avait dans sa pauvre cervelle un grain de cet esprit de conservation que j'espérais, moi, qu'il n'avait pas, il fuirait.

— Eh bien, répondit Gilbert, il a fui.

— Oui ; mais, j'entendais pendant qu'il serait temps encore ; et quand il a fui.., dame! vous le savez, il n'était plus temps ! J'ajoutais, vous ne l'avez pas oublié, que, si les nobles résistaient, nous ferions une révolution.

— Oui, vous avez raison, cette fois encore : la révolution est faite, dit Gilbert avec un soupir.

— Pas complètement, reprit Cagliostro ; mais elle se fait, comme vous le voyez, mon cher Gilbert Vous rappelez-vous encore que je vous avais parlé d'un instrument qu'inventait un de mes amis, le docteur Guillotin?... Avez-vous passé sur la place du Carrousel, là, en face des Tuileries? Eh bien, cet instrument, le même que j'avais fait voir à la reine au château de Taverney, dans une carafe... — vous vous souvenez : vous étiez là, petit garçon, pas plus haut que cela, et déjà l'amant de mademoiselle Nicole...

tenez, dont le mari, ce cher M. de Beausire, vient d'être condamné à être pendu, et ne l'a pas volé!... — eh, cet instrument fonctionne.

— Oui, dit Gilbert, et même trop lentement, à ce qu'il paraît, puisqu'on veut y adjoindre les sabres les piques et les poignards.

— Écoutez, dit Cagliostro, il faut convenir d'une chose : c'est que nous avons à faire à de cruels entêtés ! On donne aux aristocrates, à la reine, toute sorte d'avertissements, et cela ne sert à rien ; on prend la Bastille : cela ne sert à rien ; on fait les 5 et 6 octobre : cela ne sert à rien ; on fait le 20 juin : cela ne sert à rien ; on fait le 10 août : cela ne sert à rien ; on met le roi au Temple ; on met les aristocrates à l'Abbaye, à la Force, à Bicêtre : cela ne sert à rien ! Le roi, au Temple, se réjouit de la prise de Longwy par les Prussiens ; les aristocrates, à l'Abbaye, crient : « Vive le roi! Vivent les Prussiens ! » Ils boivent du vin de Champagne au nez du pauvre peuple, qui boit de l'eau ; ils mangent des pâtés de truffes à la barbe du pauvre peuple, qui mange du pain ! Il n'est pas jusqu'au roi Guillaume de Prusse à qui l'on n'écrive : « Prenez garde ! Si vous dépassez » Longwy ; si vous faites un pas de plus vers le » cœur de la France, ce sera l'arrêt de mort du » roi ! » et qui ne réponde : « Quelque affreuse » que soit la situation de la famille royale, les » armées ne doivent pas rétrograder. Je désire de » toute mon âme arriver à temps pour sauver » le roi de France ; mais, avant tout, mon devoir » est de sauver l'Europe ! » Et il marche sur Verdun... Il faut bien en finir.

— Mais en finir avec quoi? s'écria Gilbert.

— Avec le roi, la reine, les aristocrates.

— Vous assassineriez le roi ? Vous assassineriez la reine ?

— Oh! non, pas eux! ce serait une grande maladresse : il faut les juger, eux, les condamner, les exécuter publiquement, comme on a fait de Charles 1er ; mais, de tout le reste, il faut s'en débarrasser, docteur, et le plus tôt sera le mieux.

— Eh qui a décidé cela? Voyons ! s'écria Gilbert; est-ce l'intelligence? est-ce l'honnêteté? est-ce la conscience de ce peuple dont vous parlez? Quand vous aviez Mirabeau pour génie, la Fayette pour loyauté, Vergniaud comme justice, si vous étiez venu me dire au nom de ces trois hommes : « Il faut tuer » ! j'eusse frissonné comme je frissonne ; mais j'eusse douté. Voyons, aujourd'hui, au nom de qui venez-vous me dire cela? Au nom d'un Hébert, marchand de contre-marques; d'un Collot-d'Herbois, histrion sifflé : d'un Marat, esprit malade, — que son médecin est obligé de saigner toutes les fois qu'il demande cinquante mille, cent mille, deux cent mille têtes! Laissez-moi, cher maître, récuser ces hommes médiocres, à qui il faut des crises rapides et pathétiques, des changements à vue ; ces mauvais dramaturges, ces rhéteurs impuissants qui se plaisent aux destructions subites, qui se croient d'habiles magiciens lorsque, simples mortels, ils ont défait l'œuvre de Dieu; qui trouvent beau, grand, sublime, de remonter ce fleuve de vie qui alimente le monde, en exterminant d'un mot, d'un signe, d'un clin d'œil, en faisant disparaître d'un souffle l'obstacle vivant que la nature avait mis vingt, trente, quarante, cinquante ans à leur créer ! Ces hommes, cher maître, ce sont des misérables! et vous vous n'êtes pas de ces hommes.

— Mon cher Gilbert, dit Cagliostro, vous vous trompez encore, : vous appelez ces hommes des *hommes;* vous leur faites trop d'honneur : ils ne sont que des instruments.

— Des instruments de destruction !

— Oui, mais au bénéfice d'une idée. Cette idée, Gilbert, c'est l'affranchissement des peuples ; c'est la liberté ; c'est la République, non pas française, Dieu me garde d'une idée aussi égoïste ! mais la République universelle, la fraternité du monde! Non, ces hommes n'ont pas de génie ; non, ils n'ont pas la loyauté ; non, ils n'ont pas la conscience ; mais ils ont ce qui est bien plus fort, bien plus inexorable, bien plus irrésistible que tout cela : ils ont l'instinct.

— L'instinct d'Attila !

— Justement, vous l'avez dit : d'Attila qui s'intitulait *le marteau de Dieu,* et qui venait, avec le sang barbare des Huns, des Alains, des Suèves, retremper la civilisation romaine, corrompue par quatre cents ans de règne des Néron des Vespasien, et des Éliogabale.

— Mais, enfin, s'écria Gilbert, résumons, au lieu de généraliser. Où vous conduira le massacre?

— Oh ! à une chose bien simple : à compromettre l'Assemblée, la commune, le peuple, Paris tout entier. Il faut tacher Paris de sang, vous le comprenez bien, pour que Paris, ce cerveau de la France, cette pensée de l'Europe, cette âme du monde, pour que Paris, sentant qu'il n'y a plus pour lui de pardon possible, se lève comme un seul homme, pousse devant lui la France, et jette l'ennemi hors du sol sacré de la Patrie.

— Mais vous n'êtes pas Français, vous ! s'écria Gilbert ; que vous importe?

Cagliostro sourit.

— Se peut-il que, vous, Gilbert! vous, intelligence supérieure, vous, puissante organisation, vous disiez à un homme : « Ne te mêle pas des affaires de la France, car tu n'es pas Français?» Est-ce que les affaires de la France, Gilbert, ne sont pas les affaires du monde? Est-ce que la France travaille pour elle seule, pauvre égoïste ? Est-ce que Jésus mourait pour les Juifs seuls ? De quel droit serais-tu venu dire à un apôtre : « Tu n'es pas Nazaréen ! » Écoute, écoute, Gilbert, j'ai discuté toutes ces choses avec un génie bien autrement fort que le mien, que le tien ; avec un homme ou un démon qu'on appelait Althotas, un jour qu'il me faisait le calcul du sang qu'il y aurait à verser avant que le soleil se levât sur la liberté du monde. Eh bien, les raisonnements de cet homme n'ont point ébranlé ma conviction ; j'ai marché, je marche, je marcherai, renversant tout ce que je trouverai devant moi, et disant d'une voix calme, et avec un regard serein : « Malheur à l'obstacle! Je suis l'avenir!» — Maintenant, tu avais à me demander la grâce, de quelqu'un, n'est-ce pas? Cette grâce, je te l'accorde d'avance. Dis-moi le nom de celui ou de celle que tu veux sauver.

— Je veux sauver une femme que vous ni moi, maître, ne pouvons laisser mourir.

— Tu veux sauver la comtesse de Charny ?

— Je veux sauver la mère de Sébastien.

— Tu sais que c'est Danton qui, comme ministre de la justice, tient les clefs de la prison.

— Oui; mais, aussi, je sais que vous pouvez dire à Danton : « Ouvre ou ferme telle porte.»

Cagliostro se leva, s'approcha du secrétaire, traça sur un petit carré de papier une espèce de signe cabalistique, et, présentant ce papier à Gilbert :

— Tiens, mon fils, dit-il, va trouver Danton, et demande-lui ce que tu voudras.

Gilbert se leva.

— Mais, après, lui demanda Cagliostro, que comptes-tu faire ?

— Après quoi?

— Après les jours qui vont s'écouler; quand le tour du roi sera venu.

— Je compte, dit Gilbert, me faire nommer, si je puis, membre de la Convention, et m'opposer de tout mon pouvoir à la mort du roi.

— Oui, reprit Cagliostro, je comprends cela. Fais donc selon ta conscience, Gilbert ; mais promets-moi une chose.

— Laquelle?

— Il fut un temps où tu eusses promis sans condition, Gilbert.

— Dans ce temps, vous ne veniez pas me dire qu'on guérissait un peuple par l'assassinat, une nation par le meurtre.

— Soit... Eh bien, promets-moi, Gilbert, que, le roi jugé, que, le roi exécuté, tu suivras le conseil que je te donnerai.

Gilbert lui tendit la main.

— Tout conseil qui viendra de vous, maître, me sera précieux, dit-il.

— Et sera-t-il suivi? demanda Cagliostro.

— Je vous le jure, s'il ne blesse pas ma conscience.

— Gilbert, tu es injuste, dit Cagliostro : je t'ai beaucoup offert ; ai-je jamais rien exigé?

— Non, maître, dit Gilbert ; et, maintenant encore, vous venez de me donner une vie qui m'est plus chère que la mienne.

— Va donc, dit Cagliostro, et que le génie de la France, dont tu es un des plus nobles fils, te conduise!

Cagliotro sortit ; Gilbert le suivit.

Le fiacre attendait toujours ; le docteur y monta et ordonna de toucher au ministère de la justice : c'était là qu'était Danton.

Danton, comme ministre de la justice, avait un spécieux prétexte de ne pas paraître à la commune.

D'ailleurs, qu'avait-il besoin d'y paraître ? Marat et Robespierre n'y étaient-ils point ? Robespierre ne se laisserait pas dépasser par Marat: attelés au meurtre, ils marchaient d'un même pas. — De plus, Tallien les surveillait.

Deux choses attendaient Danton : en supposant qu'il se décidât pour la commune, un triumvirat avec Marat et Robespierre ; en supposant que l'Assemblée se décidât pour lui, une dictature comme ministre de la justice.

Il ne voulut pas de Robespierre et de Marat; mais l'Assemblée ne voulut pas de lui.

Quand Gilbert lui fut annoncé, il était avec sa femme ou, plutôt, sa femme était à ses pieds; le massacre était si connu, qu'elle le suppliait de ne point permettre le massacre.

Elle en mourut de douleur, la pauvre femme, lorsque le massacre eut eu lieu.

Danton ne pouvait lui faire comprendre une chose bien claire cependant ; c'est qu'il ne pouvait rien contre les décisions de la commune, sans une autorité dictatoriale conférée par l'Assemblée ; avec l'Assemblée, il y avait chance de victoire ; sans l'Assemblée, il y avait défaite certaine.

— Meurs ! meurs ! meurs, s'il le faut, criait la pauvre femme ; mais que le massacre n'ait pas lieu !

— Un homme comme moi ne meurt pas inutilement, répondait Danton. Je veux bien mourir, mais que ma mort soit utile à la patrie!

On annonça le docteur Gilbert.

— Je ne sortirai pas, dit Madame Danton, que tu ne m'aies promis de faire tout au monde pour empêcher cet abominable crime.

— Alors, reste, dit Danton.

Madame Danton fit trois pas en arrière, et laissa son mari aller au devant du docteur, qu'il connaissait de vue et de réputation.

— Ah! docteur, dit-il, vous arrivez bien ; et, si j'avais connu votre adresse, en vérité, je vous eusse envoyé chercher !

Gilbert salua Danton, et, voyant derrière lui une femme en larmes, s'inclina.

— Tenez, voici ma femme, la femme du citoyen Danton, ministre de la justice, qui croit que je suis assez fort, à moi tout seul, pour empêcher M. Marat et M. Robespierre, poussés par toute la commune, de faire ce qu'ils veulent, c'est-à-dire pour les empêcher de tuer, d'exterminer, d'égorger.

Gilbert regarda madame Danton, celle-ci pleurait, les mains jointes.

— Madame, dit Gilbert, voulez-vous me permettre de baiser ces mains miséricordieuses?

— Bon! reprit Danton, voilà un renfort qui t'arrive !

— Oh! dites-lui donc, Monsieur s'écria la pauvre femme, que, s'il permet cela, c'est une tache de sang sur toute sa vie!

— Si ce n'était que cela encore, dit Gilbert; si cette tache devait rester au front d'un homme et, que, croyant utile à son pays, nécessaire à la France, cette souillure qui s'attachera à son nom, cet homme se dévouât, jetât son honneur dans le gouffre, comme Décius y jeta son corps, ce ne serait rien ! Qu'importe, dans des circonstances comme celles où nous sommes, la vie, la réputation, l'honneur d'un citoyen ! Mais ce sera une tache au front de la France !

— Citoyen, dit Danton, quand le Vésuve déborde, dites-moi un homme assez puissant pour arrêter sa lave ; quand la marée monte, dites-moi un bras assez fort pour repousser l'Océan.

— Lorsqu'on s'appelle Danton, on ne demande pas où est cet homme; on dit : « Le voilà ! » On ne demande pas où est ce bras : on agit!

— Tenez, dit Danton, vous êtes tous insensés ! Il faut donc que ce soit moi qui vous dise ce que je ne me laisserais pas dire? Eh bien, oui, j'ai la volonté; eh bien, oui, j'ai le génie; eh bien, oui, si l'Assemblée voulait, j'aurais la force! Mais savez-vous ce qui va m'arriver? Ce qui est arrivé à Mirabeau: son génie n'a pu triompher de sa mauvaise réputation. Je ne suis pas le frénétique Marat, pour inspirer la terreur à l'Assemblée ; je ne suis pas l'incorruptible Robespierre, pour lui inspirer la confiance: l'Assemblée me refusera les moyens de sauver l'État, je porterai la peine de ma mauvaise réputation ; elle ajournera, elle traînera en longueur, on dira tout bas que je suis un homme sans moralité, un homme à qui l'on ne peut pas donner, même pour trois jours, un pouvoir absolu, entier, arbitraire ; on nommera quelque commission d'honnêtes gens, et, pendant ce temps-là, le massacre aura lieu, et, comme vous le dites, le sang d'un millier de coupables, le crime de trois ou quatre cents ivrognes tirera sur les scènes de la révolution un rideau rouge qui en cachera les sublimes hauteurs! Eh bien, non, ajouta-t-il avec un geste magnifique, non, ce ne sera pas la France qu'on accusera: ce sera moi ; je détournerai d'elle la malédiction du monde, et je la ferai rouler sur ma tête!

— Et moi? et tes enfants? s'écria la malheureuse femme.

— Toi, dit Danton, tu en mourras, tu l'as dit; et l'on ne t'accusera pas d'être ma complice, puisque mon crime t'aura tuée. Quant à mes enfants, ce sont des fils : ils seront un jour des hommes, et, sois tranquille, ils auront le cœur de leur père, et ils porteront le nom de Danton la tête haute; ou bien ils seront faibles, et me renieront. Tant mieux! Les faibles ne sont pas de ma race, et c'est moi qui, dans ce cas-là, les renie d'avance.

— Mais, au moins, s'écria Gilbert, cette autorité, demandez-la à l'Assemblée.

— Croyez-vous que j'ai attendu votre conseil? J'ai envoyé chercher Thuriot, j'ai envoyé chercher Tallien. Femme, vois s'ils sont là ; s'ils y sont, fais entrer Thuriot.

Madame Danton sortit vivement.

— Je vais tenter la fortune devant vous, Monsieur Gilbert, dit Danton ; vous me serez témoin devant la postérité des efforts que j'aurai faits.

La porte se rouvrit.

— Voici le citoyen Thuriot, mon ami, annonça madame Danton.

— Viens ici, dit Danton en tendant sa large main à celui qui jouait à ses côtés le rôle qu'un aide de camp joue près d'un général. Tu as dit un mot sublime, l'autre jour, à la tribune : « La révolution française n'est pas seulement à nous; elle est au monde, et nous en devons compte à l'humanité tout entière! » Eh bien, cette révolution, nous allons tenter un dernier effort pour la garder pure.

— Parle, dit Thuriot.

— Demain, à l'ouverture de la séance, avant qu'aucune discussion soit engagée, voici ce que tu demanderas : qu'on porte à trois cents le nombre des membres du conseil général de la commune, de manière à ce que, tout en maintenant les anciens, créés le 10 août, on annihile les anciens par les nouveaux. Nous constituons sur une base fixe la représentation de Paris ; nous agrandissons la commune, mais nous la neutralisons ; nous l'augmentons de nombre, mais nous en modifions l'esprit. Si cette proposition ne passe pas, si tu ne peux leur faire comprendre ma pensée, alors, entends-toi avec Lacroix, dis-lui d'entamer franchement la question ; qu'il propose de punir de mort ceux qui, directement ou indirectement, refuseront d'exécuter ou entraveront de quelque manière que ce soit les ordres donnés et les mesures prises par le pouvoir exécutif. Si la proposition passe, c'est la dictature ; le pouvoir exécutif, c'est moi ; j'entre, je le réclame, et, si l'on hésite à me le donner, je le prends !

— Alors, que faites-vous ? demanda Gilbert.

— Alors, dit Danton, alors je saisis un drapeau ; au lieu du sanglant et hideux démon du massacre, que je renvoie à ses ténèbres, j'invoque le génie noble et serein des batailles, qui frappe sans peur, ni colère, qui regarde en paix la mort ; je demande à toutes ces bandes si c'est pour égorger des hommes désarmés qu'elles se sont réunies ; je déclare infâme quiconque menace les prisons ! Peut-être beaucoup approuvent-ils le massacre ; mais les massacres sont peu nombreux. Je profite de l'élan militaire qui règne dans Paris ; j'enveloppe le petit nombre des meurtriers dans le tourbillon de volontaires vraiment soldats, qui n'attend qu'un ordre pour partir, et je lance à la frontière, c'est-à-dire contre l'ennemi, l'élément immonde, dominé par l'élément généreux !

— Faites cela ! faites cela ! s'écria Gilbert, et vous aurez fait une chose grande, magnifique, sublime !

— Eh ! mon Dieu, dit Danton en haussant les épaules avec un singulier mélange de force, d'insouciance et de doute, c'est la chose la plus facile ! que l'on m'aide seulement, et vous verrez.

Madame Danton baisait les mains de son mari.

— On t'aidera, Danton, disait-elle. Qui ne serait pas de ton avis en t'entendant parler ainsi ?

— Oui, répondit Danton ; mais, malheureusement, je ne puis parler ainsi ; car, si j'échouais en parlant ainsi, c'est par moi que commencerait le massacre.

— Eh bien, dit vivement madame Danton, ne vaudrait-il pas mieux finir comme cela ?

— Femme qui parles comme une femme ! Et, moi mort, que deviendrait la révolution, entre ce fou sanguinaire qu'on appelle Marat et ce faux utopiste qu'on appelle Robespierre ? Non je ne dois pas, je ne veux pas mourir encore ; ce que je dois, c'est empêcher le massacre, si je puis ; c'est, si le massacre a lieu malgré moi, d'en décharger la France, et de le prendre pour mon compte. Je marcherai de même à mon but ; seulement, j'y marcherai plus terrible. — Appelle Tallien.

Tallien entra.

— Tallien, lui dit Danton, il se peut que, demain, la commune m'écrive pour m'inviter à me rendre à la municipalité ; vous êtes le secrétaire de la commune : arrangez-vous de façon à ce que la lettre ne m'arrive pas, et à ce que je puisse prouver qu'elle ne m'est point arrivée.

— Diable ! dit Tallien ; et comment ferais-je ?

— Cela vous regarde. Je vous dis ce que je désire, ce que je veux, ce qui doit être ; c'est à vous de trouver les moyens. — Venez, Monsieur Gilbert ; vous avez quelque chose à me demander ?

Et, ouvrant la porte d'un petit cabinet, il y fit entrer Gilbert, et l'y suivit.

— Voyons, dit Danton, à quoi puis-je vous être utile ?

Gilbert tira de sa poche le papier que lui avait donné Cagliostro, et le présenta à Danton.

— Ah ! de celui-ci, vous venez de sa part... Eh bien, que désirez-vous ?

— La liberté d'une femme enfermée à l'Abbaye.

— Son nom ?

— La comtesse de Charny.

Danton prit un papier, et écrivit l'ordre d'élargissement.

— Tenez, dit-il ; en avez-vous d'autres à sauver ? Parlez ! je voudrais pouvoir partiellement les sauver tous, les malheureux !

Gilbert s'inclina.

— J'ai ce que je désire, dit-il.

— Allez donc, Monsieur Gilbert ; et, si vous avez jamais besoin de moi, venez me trouver directement, d'homme à homme, sans intermédiaire : je serai trop heureux de faire quelque chose pour vous.

Ces hommes pleurèrent. (Page 691.)

Puis, le reconduisant :
— Ah! murmura-t-il, si j'avais seulement pour vingt-quatre heures votre réputation d'honnête homme, Monsieur Gilbert !

Et il referma la porte derrière le docteur en poussant un soupir, et en essuyant la sueur qui coulait sur son front.

Porteur du précieux papier qui lui rendait la vie d'Andrée, Gilbert se rendit à l'Abbaye.

Quoiqu'il fût près de minuit, des groupes menaçants stationnaient encore aux alentours de la prison.

Gilbert passa au milieu d'eux, et vint frapper à la porte.

La porte sombre, à la voûte basse, s'ouvrit.

Gilbert passa en frissonnant : cette voûte basse était, non pas celle d'une prison, mais celle d'un tombeau.

Il présenta son ordre au directeur.

L'ordre portait de mettre à l'instant même en liberté la personne que désignerait le docteur Gilbert. — Gilbert désigna la comtesse de Charny, et le directeur ordonna à un porte-clefs de conduire le citoyen Gilbert à la chambre de la prisonnière.

Gilbert suivit le porte-clefs, monta derrière lui trois étages d'un petit escalier à vis, et entra dans une cellule éclairée par une lampe.

Une femme toute vêtue de noir, pâle comme un marbre sous ses habits de deuil, était assise près de la table sur laquelle était posée la lampe et lisait dans un petit livre relié en chagrin et orné d'une croix d'argent.

Un reste de feu brûlait dans une cheminée à côté d'elle.

Malgré le bruit que fit la porte en s'ouvrant, elle ne leva point les yeux ; malgré le bruit que fit Gilbert en s'approchant, elle ne leva point les yeux ; elle paraissait absorbée dans sa lecture, ou plutôt dans sa pensée, car Gilbert resta deux ou trois minutes devant elle sans lui voir tourner la page.

Le porte-clefs avait tiré la porte derrière Gilbert, et se tenait en dehors.

— Madame la comtesse..., dit enfin Gilbert.

Andrée leva les yeux, regarda un instant sans voir ; le voile de sa pensée était encore entre son regard et l'homme qui se tenait devant elle : il s'éclaircit peu à peu.

— Ah ! c'est vous, monsieur Gilbert ? demanda Andrée. Que me voulez-vous ?

— Madame, répondit Gilbert, des bruits sinistres courent sur ce qui va se passer demain dans les prisons.

— Oui, dit Andrée, il paraît qu'on doit nous égorger ; mais vous savez, Monsieur Gilbert, que je suis prête à mourir.

Gilbert s'inclina.

— Je viens vous chercher, Madame : vous êtes libre.

— Vous venez me chercher ? demanda Andrée avec surprise ; et pour me conduire où ?

— Où vous voudrez, Madame : vous êtes libre.

Et il lui présenta l'ordre d'élargissement de Danton.

Elle lut cet ordre ; mais, au lieu de le rendre au docteur, elle le garda dans sa main.

— J'aurais dû m'en douter, docteur, dit-elle en essayant de sourire ; chose que son visage semblait avoir désapprise.

— De quoi, Madame ?

— Que vous veniez pour m'empêcher de mourir.

— Madame, il y a une existence au monde qui m'est plus précieuse que ne m'eût jamais été celle de mon père ou de ma mère si Dieu m'eût accordé un père ou une mère : c'est la vôtre !

— Oui, et voilà pourquoi, une première fois déjà, vous m'avez manqué de parole.

— Je ne vous ai point manqué de parole, Madame : je vous ai envoyé le poison.

— Par mon fils !

— Je ne vous avais pas dit par qui je vous l'enverrais.

— De sorte que vous avez pensé à moi, Monsieur Gilbert ? de sorte que vous êtes entré pour moi dans l'antre du lion ? de sorte que vous en êtes sorti avec le talisman qui ouvre les portes ?

— Je vous ai dit, Madame, que, tant que je vivrais, vous ne pouviez pas mourir.

— Oh ! cette fois, cependant, Monsieur Gilbert, dit Andrée avec un sourire mieux dessiné que le premier, je crois que je tiens bien la mort, allez !

— Madame, je vous déclare que, dussé-je employer la force pour vous arracher d'ici, vous ne mourrez pas.

Andrée, sans répondre, déchira l'ordre de sortie en quatre morceaux, et en jeta les morceaux au feu.

— Essayez ! dit-elle.

Gilbert poussa un cri.

— Monsieur Gilbert, reprit Andrée, j'ai renoncé à l'idée du suicide : mais je n'ai point renoncé à celle de la mort.

— Oh ! Madame ! Madame ! dit Gilbert.

— Monsieur Gilbert, je veux mourir !

Gilbert laissa échapper un gémissement.

— Tout ce que je demande de vous, c'est que vous tâchiez de retrouver mon corps, de le sauver, mort, des outrages auxquels, vivant, il n'a point échappé... M. de Charny repose dans les caveaux de son château de Boursonne : c'est là que j'ai passé les seuls jours heureux de ma vie ; je désire reposer près de lui.

— Oh ! Madame, au nom du Ciel, je vous adjure...

— Et, moi, Monsieur, au nom de mon malheur, je vous prie !

— C'est bien, Madame ; vous l'avez dit, je dois vous obéir en tous points. Je me retire, mais je ne suis pas vaincu.

— N'oubliez pas mon dernier désir, Monsieur, dit Andrée.

— Si je ne vous sauve pas malgré vous, Madame, dit Gilbert, il sera accompli.

Et, saluant encore une fois Andrée, Gilbert se retira.

La porte se referma derrière lui avec ce bruit lugubre particulier aux portes des prisons.

XII

LA JOURNÉE DU 2 SEPTEMBRE

Ce qu'avait prévu Danton arriva : à l'ouverture de la séance, Thuriot fit à l'Assemblée la proposition que le ministre de la justice avait formulée la veille : l'Assemblée ne comprit pas ; au lieu de voter à neuf heures du matin, elle discuta, traîna en longueur, vota à une heure de l'après-midi.

Il était trop tard !

Ces quatre heures retardèrent d'un siècle les libertés de l'Europe.

Tallien fut plus adroit.

Chargé par la commune de *donner l'ordre* au ministre de la justice de se rendre à la municipalité, il écrivit :

« Monsieur le ministre,

» Au reçu de la présente, vous vous rendrez à l'hôtel de ville ».

Seulement il se trompa d'adresse ! Au lieu de mettre : « Au Ministre de la Justice », il mit : « Au Ministre de la Guerre ».

On attendait Danton ; ce fut Servan qui se présenta, tout embarrassé, en demandant ce qu'on lui voulait : on ne lui voulait absolument rien.

Le quiproquo s'éclaircit ; mais le tour était fait.

Nous avons dit que l'Assemblée, en votant à une heure, avait voté trop tard : en effet la commune, elle, que ne traînait pas les choses en longueur, avait mis le temps à profit.

Que voulait la commune ? Elle voulait le massacre et la dictature.

Voici comment elle procéda.

Ainsi que l'avait dit Danton, les massacreurs n'étaient pas si nombreux qu'on le croyait.

Dans la nuit du 1er au 2 septembre, tandis que Gilbert essayait inutilement de tirer Andrée de l'Abbaye, Marat avait lâché ses aboyeurs dans les clubs et dans les sections ; si enragés qu'ils fussent, ils avaient produit peu d'effet dans les clubs, et, sur quarante-huit sections, deux seulement, la section Poissonnière et celle du Luxembourg, avaient voté le massacre.

Quant à la dictature, la commune sentait qu'elle ne pouvait s'en emparer qu'à l'aide de ces trois noms : Marat, Robespierre, et Danton. Voilà pourquoi elle avait fait donner à Danton l'ordre de venir à la municipalité.

Nous avons vu que Danton avait prévu le coup : Danton ne reçut point la lettre, et par conséquent ne vint point.

S'il l'eût reçue, si *l'erreur* de Tallien n'eût point fait porter la lettre au ministère de la guerre quand elle devait être portée au ministère de la justice, peut-être Danton n'eût-il point osé désobéir.

En son absence, force fut à la commune de prendre un parti.

Elle décida de nommer un comité de surveillance ; seulement, le comité de surveillance ne pouvait être nommé en dehors des membres de la commune.

Il s'agissait, cependant, de faire entrer Marat dans ce *comité du massacre* ; — c'était le vrai nom qui lui appartenait ! — Mais comment faire ? Marat n'était point membre de la commune.

Ce fut Panis qui se chargea de l'affaire. Par son Dieu, Robespierre, par son beau-frère, Santerre, Panis pesait d'un tel poids sur la municipalité, — on comprend bien que Panis, ex-procureur, esprit faux et dur, pauvre petit auteur de quelques vers ridicules, ne pouvait avoir par lui-même aucune influence ; — mais par Robespierre et Santerre, disons-nous, il pesait d'un tel poids sur la municipalité, qu'il fut autorisé à choisir trois membres qui complétassent le comité de surveillance.

Panis n'osa exercer seul cet étrange pouvoir.

Il s'adjoignit trois de ses collègues : Sergent, Duplain, Jourdeuil.

Ceux-ci, de leur côté, s'adjoignirent cinq personnes : Deforgues, Lenfant, Guermeur, Leclerc et Durfort.

L'acte original porte les quatre signatures de Panis, Sergent, Duplain et Jourdeuil ; mais, à la marge, on trouve un autre nom, parafé par un seul des quatre signataires, parafé d'une manière confuse, mais où cependant on croit reconnaître le parafe de Panis.

Ce nom, c'était le nom de *Marat*, de Marat, qui n'avait pas le droit d'être de ce comité, n'étant pas membre de la commune[1] !

Avec ce nom, le meurtre se trouva intronisé !

Voyons-le s'étendre dans l'effroyable développement de sa toute-puissance.

Nous avons dit que la commune n'avait pas fait comme l'Assemblée, qu'elle n'avait pas traîné en longueur, elle.

A dix heures, le comité de surveillance était établi, et il avait donné son premier ordre ; ce premier ordre avait pour but de faire transporter, de la mairie, où siégeait le comité, — la mairie était alors où est aujourd'hui la préfecture de police, — ce premier ordre avait

---

[1] Voir Michelet, le seul historien qui ait porté la lumière dans les sanglantes ténèbres de septembre. Voir aussi, à la préfecture de police, l'acte que nous citons, et que notre savant ami M. Labat, archiviste, se fera un plaisir de montrer aux curieux, comme il nous l'a montré, à nous.

pour but, disons-nous, de faire transporter de la mairie à l'Abbaye, vingt-quatre prisonniers. De ces vingt-quatre prisonniers, huit ou neuf étaient des prêtres, c'est-à-dire, que huit ou neuf portaient l'habit le plus exécré, le plus haï de tous, l'habit des hommes qui avaient organisé la guerre civile dans la Vendée et dans le Midi, l'habit ecclésiastique.

On les fit prendre dans leur prison par des fédérés de Marseille et d'Avignon, on fit venir quatre fiacres, on fit monter six des détenus dans chaque fiacre, et l'on partit.

Le signal du départ avait été donné par le troisième coup de canon d'alarme.

L'intention de la commune était facile à comprendre : cette lente et funèbre procession exalterait la colère du peuple ; il était probable que, soit sur la route, soit à la porte de l'abbaye, les fiacres seraient arrêtés et les prisonniers égorgés ; alors, il n'y aurait plus qu'à laisser le massacre suivre son cours. Commencé sur la route ou à la porte de la prison, il en franchirait facilement le seuil.

Ce fut au moment où les fiacres sortaient de la mairie, que Danton prit sur lui d'entrer à l'Assemblée.

La proposition faite par Thuriot était devenue inutile ; il était trop tard, nous l'avons dit pour appliquer à la commune la décision qui venait d'être prise.

Restait la dictature.

Danton monta à la tribune ; malheureusement il était seul : Roland s'était trouvé trop honnête homme pour accompagner son collègue !

On chercha des yeux Roland, Roland n'était point là.

On voyait bien la force, mais on demandait inutilement la moralité.

Manuel venait d'annoncer à la commune le danger de Verdun : il avait proposé que, le soir même, les citoyens enrôlés campassent au Champ de Mars, de façon à pouvoir partir le lendemain au point du jour, pour marcher à l'ennemi.

La proposition de Manuel avait été accueillie.

Un autre membre avait proposé, *vu l'urgence du danger*, de tirer le canon d'alarme, de sonner le tocsin, de battre la générale.

Cette seconde proposition, mise aux voix, avait été accueillie comme la première. — C'était une mesure néfaste, meurtrière terrible, dans les circonstances où l'on se trouvait : le tambour, la cloche le canon, ont des retentissements sombres, des vibrations funèbres dans les cœurs les plus calmes ; à plus forte raison devaient-ils en avoir dans tous ces cœurs déjà si violemment agités.

Tout cela, du reste, était calculé.

Au premier coup de canon, on devait pendre M. de Bausire.

Annonçons tout de suite, avec la tristesse qui s'attache à la perte d'un si intéressant personnage, qu'au premier coup de canon, M. de Bausire fut en effet pendu.

Au troisième coup de canon, les voitures dont nous avons parlé devaient partir de la préfecture de police ; or, le canon ne tirait que de dix minutes en dix minutes : ceux qui venaient de voir pendre M. de Bausire étaient donc en mesure d'arriver à temps pour voir passer les prisonniers et prendre part à leur égorgement.

Danton était au courant de tout ce qui se passait à la commune par Tallien. Il savait donc le danger de Verdun, il savait donc la décision du campement au Champ de Mars ; il savait donc que le canon d'alarme allait être tiré, le tocsin sonné, la générale battue.

Il prit pour donner la réplique à Lacroix, — qui, on se rappelle, devait demander la dictature, — il prit le prétexte du danger de la patrie, et proposa de voter « que quiconque refuserait de servir de sa personne ou rendrait ses armes, serait puni de mort ».

Puis, pour qu'on ne se méprît point à ses intentions, pour qu'on ne confondît point à ses projets avec ceux de la commune :

— Le tocsin qu'on va sonner, dit-il, n'est point un signal d'alarme : *c'est la charge sur les ennemis de la patrie !* Pour les vaincre, Messieurs, il nous faut de l'audace, encore de l'audace, toujours de l'audace, et la France est sauvée !

Un tonnerre d'applaudissements accueillit ces paroles.

Alors Lacroix se leva et demanda à son tour « qu'on punît de mort ceux qui, directement ou indirectement, refuseraient d'exécuter, ou entraveraient de quelque manière que ce fût, les ordres données et les mesures prises par le pouvoir exécutif. »

L'Assemblée comprit parfaitement, cette fois, que ce qu'on lui demandait de voter, c'était la dictature ; elle approuva en apparence, mais nomma une commission de Girondins pour rédiger le décret. Les Girondins, par malheur, comme Roland, étaient de trop honnêtes gens pour avoir confiance en Danton.

La discussion traîna jusqu'à six heures du soir.

Danton s'impatienta : il voulait le bien, on le forçait de laisser faire le mal !

Il dit un mot tout bas à Thuriot et sortit.

Qu'avait-il dit tout bas ? Le lieu où l'on pourrait le retrouver dans le cas où l'Assemblée lui confierait le pouvoir.

Où pourrait-on le retrouver ? Au Champ de Mars, au milieu des volontaires.

Quelle était son intention, dans le cas où le pouvoir lui serait confié ? De se faire reconnaître dictateur par cette masse d'hommes armés, non pas pour le massacre, mais pour la guerre, de rentrer à Paris avec eux, et d'emporter, comme dans un immense filet, les égorgeurs à la frontière.

Il attendit jusqu'à cinq heures du soir ; personne ne vint.

Qu'arrivait-il, pendant ce temps, des prisonniers que l'on conduisait à l'Abbaye ?

Suivons-les : ils vont lentement, et facilement nous les rejoindrons.

D'abord, les fiacres dans lesquels ils étaient enfermés les protégèrent ; l'instinct du danger qu'ils couraient fit que chacun se rejeta au fond de la voiture, se montrant le moins possible aux portières ; mais ceux qui étaient chargés de les conduire les dénonçaient eux-mêmes ; la colère du peuple ne montait pas assez vite : ils la fouettaient de leurs paroles.

— Tenez, disaient-ils aux passants qui s'arrêtaient, les voilà, les traîtres ! les voilà, les complices des Prussiens ! les voilà, ceux qui livrent nos villes, ceux qui égorgeront vos femmes et vos enfants, si vous les laissez derrière vous quand vous marcherez à la frontière !

Et, cependant, tout cela était impuissant, tant, comme l'avait dit Danton, les massacreurs étaient rares ; on obtenait de la colère, des cris, des menaces, mais tout s'arrêtait là.

Le cortège suivit la ligne des quais, le pont Neuf, la rue Dauphine.

On n'avait pas pu lasser la patience des prisonniers ; on n'avait pas pu pousser la main du peuple jusqu'à un meurtre ; on approchait de l'Abbaye, on était au carrefour Bussy : il était temps d'aviser.

Si on laissait les détenus rentrer en prison, si on les tuait une fois entrés, il était évident que c'était un ordre réfléchi de la commune qui les tuait, et non l'indignation spontanée du peuple.

La fortune vint en aide aux intentions mauvaises, aux projets sanglants.

Au carrefour Bussy s'élevait un de ces théâtres où se faisaient les enrôlements volontaires.

Il y avait encombrement, les fiacres furent forcés de s'arrêter.

L'occasion était belle ; si on la perdait, elle ne se représenterait plus.

Un homme écarte l'escorte, qui se laisse écarter ; il monte sur le marchepied de la première voiture, un sabre à la main, et plonge au hasard et à plusieurs reprises, dans la voiture son sabre, qu'il en retire rouge de sang.

Un des prisonniers avait une canne : avec cette canne, il essaya de parer les coups ; il atteignit un des hommes de l'escorte au visage.

— Ah ! brigands ! s'écria celui-ci, nous vous protégeons, et vous nous frappez ! A moi, camarades !

Une vingtaine d'hommes qui n'attendaient que cet appel s'élancèrent alors de la foule, armés de piques et de couteaux emmanchés à longs bâtons ; ils dardèrent piques et couteaux par la portière, et l'on commença d'entendre les cris de douleur, et de voir le sang des victimes couler par le fond des voitures, et laisser une trace dans la rue.

Le sang appelle le sang : le massacre était commencé ; il allait durer quatre jours.

Les prisonniers entassés à l'Abbaye avaient, dès le matin, jugé à la figure de leurs gardiens et aux demi-mots échappés à ceux-ci, que quelque chose de sombre se préparait. Un ordre de la commune avait, dans toutes les prisons, fait, ce jour-là, avancer l'heure du repas. Que voulait dire ce changement dans les habitudes de la geôle ? Rien que de funeste, certainement. Les détenus attendaient donc avec anxiété.

Vers quatre heures, le murmure lointain de la foule commença de venir battre, comme les premières vagues d'une marée qui monte, le pied des murailles de la prison ; quelques-uns, des fenêtres grillées de la tourelle qui donnait sur la rue Sainte-Marguerite, aperçurent les fiacres ; alors, les hurlements de rage et de douleur entrèrent dans la prison par toutes les ouvertures, et le cri : « Voilà les massacreurs ! » se répandit dans les corridors, pénétra dans les chambres et jusqu'au plus profond des cachots.

Puis on entendit cet autre cri :

— Les Suisses ! les Suisses !

Il y avait cent cinquante Suisses à l'Abbaye ; on avait eu grand'peine à les sauver de la colère du peuple le 10 août. La commune connaissait la haine du peuple pour les uniformes rouges. C'était donc une excellente manière de mettre le peuple en train, que de lui faire commencer le massacre par les Suisses.

On fut deux heures à peu près à tuer ces cent cinquante malheureux.

Puis, le dernier tué,— et le dernier fut le major Reading, dont nous avons déjà prononcé le nom, — on demande les *prêtres*.

Les prêtres répondirent qu'ils voulaient bien mourir, mais qu'ils désiraient se confesser.

Ce désir fut satisfait: on leur accorda deux heures de répit.

A quoi ces deux heures furent-elles employées, à former un tribunal.

Qui forma ce tribunal? qui le présida? Maillard.

XIII

MAILLARD

L'homme du 14 juillet, l'homme des 5 et 6 octobre, l'homme du 20 juin, l'homme du 10 août, devait être aussi l'homme du 2 septembre.

Seulement, l'ancien huissier au Châtelet, devait vouloir appliquer une forme, une allure solennel, une apparence de l'égalité au massacre: il voulait que les aristocrates fussent tués, mais il voulait qu'ils fussent tués légalement, tués sur un arrêt prononcé par le peuple, qu'il regardait comme le seul juge infaillible, et qui, seul aussi, avait le droit d'acquitter.

Avant que Maillard installât son tribunal, deux cents personnes, à peu près, avaient déjà été massacrées.

Une seule avait été sauvé : l'abbé Sicard.

Deux autres personnes, franchissant une fenêtre à la faveur du tumulte, s'étaient trouvées au milieu du comité de la section qui tenait sa séance à l'Abbaye: c'était le journaliste Parisot et l'intendant de la maison du roi La Chappelle. Les membres du comité avaient fait asseoir les fuyards à côté d'eux, et les avaient sauvés de cette façon ; mais il ne fallait pas savoir gré aux massacreurs si ces deux derniers leur avaient échappé : ce n'était pas leur faute.

Nous avons dit qu'une des pièces curieuses à visiter aux archives de la police était la nomination de Marat au comité de surveillance : une autre, non moins curieuse, est le registre de l'Abbaye, encore tout taché aujourd'hui du sang qui rejaillissait jusque sur les membres du tribunal.

Faites-vous monter ce registre, vous qui êtes à la recherche des émouvants souvenirs, et vous verrez, à chaque instant, sur les marges, au-dessous de l'une ou l'autre de ces deux notes, écrites d'une écriture grande, belle, posée, parfaitement lisible, parfaitement calme, parfaitement exempte de trouble, de peur ou de remords, et vous verrez, disons-nous, au-dessous de l'une ou l'autre de ces deux notes: « Tué par le jugement du peuple, » ou : « Absous par le peuple », ce nom: MAILLARD.

La dernière note est répétée quarante-trois fois.

Maillard a donc sauvé, à l'abbaye, la vie de quarante-trois personnes.

Au reste, pendant qu'il entre en fonctions, vers neuf ou dix heures du soir, suivons deux hommes qui sortent des Jacobins, et qui s'acheminent vers la rue Sainte-Anne.

C'est le grand prêtre et l'adepte, c'est le maître et le disciple : c'est Saint-Just et Robespierre.

Saint-Just, qui nous est apparu le soir de la réception de trois nouveaux maçons à la loge de la rue Plâtrière ; Saint-Just, au teint blafard et douteux, trop blanc pour un teint d'homme, trop pâle pour un teint de femme, à la cravate empesée et raide, élève d'un maître froid, sec et dur, plus dur, plus sec, plus froid que son maître!

Pour le maître, il y a encore quelque émotion dans ces combats de la politique, où l'homme heurte l'homme, la passion, la passion.

Pour l'élève, ce qui se passe n'est qu'une partie d'échecs sur une grande échelle, et où l'enjeu est la vie.

Prenez garde qu'il ne gagne, vous qui jouez contre lui ; car il sera inflexible, et ne fera point grâce aux perdants!

Sans doute, Robespierre avait ses raisons pour ne pas rentrer, ce soir-là, chez les Duplay.

Il avait dit, le matin, qu'il irait probablement à la campagne.

La petite chambre de l'hôtel garni de Saint-Just, jeune homme, nous pourrions même dire enfant encore inconnu, lui semblait peut-être, pour cette nuit terrible du 2 au 3 septembre, plus sûre que la sienne.

Tous deux y entrèrent, vers onze heures à peu près.

Il est inutile de demander de quoi parlaient ces deux hommes : ils parlaient du massacre ; seulement, l'un en parlait avec la sensiblerie d'un philosophe de l'école de Rousseau ; l'autre avec la sécheresse d'un mathématicien de l'école de Condillac.

Robespierre, comme le crocodile de la fable, pleurait parfois ceux qu'il condamnait.

En entrant dans sa chambre, Saint-Just posa son chapeau sur une chaise, ôta sa cravate, mit bas son habit.

— Que fais-tu? lui demanda Robespierre.

Saint-Just le regarda d'un œil tellement étonné, que Robespierre répéta :

— Je te demande ce que tu fais.

— Je me couche, pardieu! répondit le jeune homme.

— Et pourquoi faire te couches-tu?

— Mais pour faire ce que l'on fait dans un lit, pour dormir.

— Comment! s'écria Robespierre, tu songes à dormir dans une pareille nuit?

— Pourquoi pas?

— Quand des milliers de victimes tombent ou vont tomber, quand cette nuit va être la dernière pour tant d'hommes qui respirent encore ce soir, et qui auront cessé de vivre demain, tu songes à dormir!

Saint-Just demeura un instant pensif.

Puis, comme si, pendant ce court moment de silence, il avait puisé au fond de son cœur une nouvelle conviction :

— Oui, c'est vrai, dit-il, je sais cela ; mais je sais aussi que c'est un mal nécessaire, puisque toi-même l'as autorisé. Suppose une fièvre jaune, suppose une peste, suppose un tremblement de terre, et il mourra autant d'hommes, plus même qu'il n'en va mourir, et il n'en résultera aucun bien pour la société; tandis que, de la mort de nos ennemis, résulte une sécurité pour nous. Je te conseil donc de rentrer chez toi, de te coucher comme je me couche, et de tacher de dormir comme je vais dormir.

Et, en disant ces mots, l'impassible et froid politique se mit au lit.

— Adieu, dit-il ; à demain!

Et il s'endormit.

Son sommeil fut aussi long, aussi calme, aussi paisible que si rien d'extraordinaire ne ce fût passé dans Paris ; il s'était endormi vers onze heures et demie du soir, il se réveilla vers six heures du matin.

Saint-Just vit comme une ombre entre le jour et lui; il se retourna du côté de sa fenêtre, et reconnut Robespierre.

Il crut que, parti la veille au soir, Robespierre était déjà revenu.

— Qui te ramène si matin? demanda-t-il.

— Rien, dit Robespierre : je ne suis pas sorti.

— Comment! tu n'es pas sorti?

— Non.

— Tu n'as pas dormi?

— Non.

— Tu ne t'es pas couché?

— Non.

— Et où as-tu passé la nuit?

— Debout, là, le front collé à la vitre, et écoutant les bruits de la rue.

Robespierre ne mentait pas : soit doute, soit crainte, soit remords, il n'avait pas dormir une seconde!

Quant à Saint-Just, le sommeil n'avait pas fait de différence pour lui entre cette nuit-là et les autres nuits.

Au reste, il y avait de l'autre côté de la Seine, dans la cour même de l'Abbaye, un homme qui n'avait pas plus dormi que Robespierre.

Cet homme était appuyé à l'angle du dernier guichet donnant sur la cour, et presque perdu dans la pénombre.

Voici le spectacle que présentait l'intérieur de ce dernier guichet, transformé en tribunal.

Autour d'une vaste table chargée de sabres, d'épées, de pistolets, et éclairée par deux lampes de cuivre dont la lumière était nécessaire même en plein jour, douze hommes étaient assis.

A leurs figures ternes, à leurs formes robustes, aux bonnets rouges qui les coiffaient, aux carmagnoles qui couvraient leurs épaules, on reconnaissait des hommes du peuple.

Un treizième, au milieu d'eux, avec l'habit noir râpé, le gilet blanc, la culotte courte, la figure solennelle et lugubre, la tête nue, les présidait.

Celui-là, le seul peut-être qui sût lire et écrire, avait devant lui un livre d'écrou, du papier, des plumes et de l'encre.

Ces hommes, c'étaient les juges de l'Abbaye, juges terribles rendant des jugements sans appel, qui à l'instant même étaient mis à exécution par une cinquantaine de bourreaux armés de sabres, de couteaux, de piques, et qui attendaient dans la cour ruisselants de sang.

Leur président, c'était l'huissier Maillard.

Était-il venu là de lui-même? y avait-il été envoyé par Danton, qui eût voulu faire aux autres prisons, c'est-à-dire aux Carmes, au Châtelet, à la Force, ce que l'on fit à l'Abbaye : sauver quelques personnes?

Nul ne le sait.

Au 4 septembre, Maillard disparaît; on ne le voit plus, on n'entend plus parler de lui; il est comme noyé, comme englouti dans le sang.

En attendant, depuis la veille à dix heures, il présidait le tribunal.

Il était arrivé, il avait dressé cette table, il s'était fait apporter le livre d'écrou, il avait, au hasard, et parmi les premiers venus, désigné douze juges; puis il s'était assis au milieu de la table; six de ses assesseurs s'étaient assis à sa droite, six à sa gauche, et le massacre avait continué, mais, cette fois, avec une espèce de régularité.

On lisait le nom porté sur l'écrou; les guichetiers allaient chercher le prisonnier; Maillard faisait l'historique des causes de son emprisonnement; le prisonnier paraissait: le président consultait de l'œil ses collègues; si le prisonnier était condamné, Maillard se contentait de dire:

— A la force!

Alors, la porte extérieure s'ouvrait, et le condamné tombait sous les coups des massacreurs.

Si, au contraire, le prisonnier était absous, le noir fantôme se levait, lui posait la main sur la tête, et disait:

— Qu'on l'élargisse!

Et le prisonnier était sauvé.

Au moment où Maillard s'était présenté à la porte de la prison, un homme s'était détaché de la muraille, et avait été au-devant de lui.

Aux premiers mots échangés entre eux, Maillard avait reconnu cet homme, et avait, en signe, non pas peut-être de soumission, mais au moins de condescendance, incliné sa haute taille devant lui.

Puis il l'avait fait entrer dans la prison, et, la table dressée, le tribunal établi, il lui avait dit:

— Tenez-vous là, et, quand ce sera la personne à laquelle vous vous intéressez, faites-moi un signe.

L'homme s'était accoudé dans l'angle, et, depuis la veille, il était là, muet, immobile, attendant.

Cet homme, c'était Gilbert.

Il avait juré à Andrée de ne point la laisser mourir, et il essayait de tenir son serment.

De quatre heures à six heures du matin, les massacreurs et les juges avaient pris un peu de repos: à six heures, ils avaient mangé.

Pendant les trois heures qu'avaient duré le sommeil et le repos, des tombereaux envoyés par la commune étaient venus, et avaient enlevé les morts.

Puis, comme il y avait trois pouces de sang caillé dans la cour, comme les pieds glissaient dans le sang, comme c'eût été bien long de le laver, on avait apporté une centaine de bottes de paille, qu'on avait éparpillées sur le pavé, et que l'on avait recouvertes des habits des victimes, et particulièrement de ceux des Suisses.

Les vêtements et la paille absorbaient le sang.

Mais, tandis que juges et massacreurs dormaient, les prisonniers veillaient, secoués par la terreur.

Cependant, quand les cris cessèrent, quand l'appel cessa, ils reprirent quelque espoir: peut-être le massacre se bornerait-il aux Suisses et aux gardes du roi. Cet espoir fut de courte durée.

Vers six heures et demie du matin, les cris et les appels recommencèrent.

Alors, un geôlier descendit et dit à Maillard que les prisonniers étaient prêts à mourir, mais demandaient à entendre la messe.

Maillard haussa les épaules; néanmoins, il accorda la demande.

Il était, d'ailleurs, occupé à écouter les félicitations que lui adressait, au nom de la commununue, un envoyé de la commune, un homme mince de taille, à la figure douce, en habit puce, en petite perruque.

Cet homme, c'était Billaud-Varennes.

— Braves citoyens! dit-il aux massacreurs, vous venez de purger la société de grands coupables! La municipalité ne sait comment s'acquitter envers vous. Sans doute, les dépouilles des morts devraient vous appartenir; mais cela ressemblerait à un vol. Comme indemnité de cette perte, je suis chargé d'offrir à chacun de vous vingt-quatre livres qui vont être payées sur-le-champ.

Et, en effet, Billaud-Varennes fit à l'instant même distribuer aux massacreurs le salaire de leur sanglante besogne.

Voici ce qui était arrivé, et ce qui expliquait cette gratification de la commune.

Pendant la soirée du 2 septembre, quelques-uns de ceux qui tuaient — c'était le petit nombre, la majorité des massacreurs appartenant au petit commerce des environs [1], — quelques-uns de ceux qui tuaient étaient sans bas et sans souliers; aussi regardaient-ils avec envie les chaussures des aristocrates. Il en résulta qu'ils firent demander à la section la permission de mettre à leurs pieds les souliers des morts. La section y consentit.

Dès lors, Maillard s'aperçut qu'on se croyait dispensé de demander, et qu'en conséquence on prenait, non plus seulement les souliers et les bas, mais tout ce qu'il y avait de bon à prendre.

Maillard trouva qu'on lui gâtait son massacre, et il en référa à la commune.

De là l'ambassade de Billaud-Varennes, et le

[1]. Voir, aux archives de la police, l'enquête sur le 2 septembre.

Mademoiselle de Sombreuil. (P. 691.)

religieux silence avec lequel il était écouté.

Pendant ce temps, les prisonniers entendaient la messe; celui qui la disait était l'abbé Lenfant, prédicateur du roi; celui qui la servait était l'abbé de Rastignac, écrivain religieux.

C'étaient deux vieillards à cheveux blancs, à figure vénérable, et dont la parole, prêchant, d'une espèce de tribune, la résignation et la foi, eut une suprême et bienfaisante influence sur ces malheureux.

Au moment où tous étaient à genoux, recevant la bénédiction de l'abbé Lenfant, l'appel recommença.

Le premier nom prononcé fut celui du consolateur.

Il fit un signe, acheva sa prière, et suivit ceux qui étaient venus le chercher.

Le second prêtre resta et continua la funèbre exhortation.

Puis il fut appelé à son tour, et, à son tour, suivit ceux qui l'appelaient.

Les prisonniers restèrent entre eux.

Alors la conversation devint sombre, terrible, étrange.

Ils discutaient sur la manière de recevoir la mort, et sur les chances d'un supplice plus ou moins long.

Les uns voulaient tendre la tête, pour qu'elle tombât d'un seul coup; les autres, lever les bras, pour que la mort pût pénétrer de tous côtés dans leur poitrine ; les autres, enfin, tenir leurs mains derrière le dos, afin de n'opposer aucune résistance.

Un jeune homme se détacha en disant :
— Je vais savoir ce qui vaut le mieux.

Il monta à une petite tourelle dont la fenêtre grillée donnait sur la cour du massacre, et, de là, il étudia la mort.

Puis il revint en disant :
— Ceux qui meurent le plus vite sont ceux qui ont le bonheur d'être frappés à la poitrine.

En ce moment, on entendit ces mots : « Mon Dieu, je vais à vous ! » suivis d'un soupir.

Un homme venait de tomber à terre, et se débattait sur les dalles.

C'était M. de Chanteraine, colonel de la garde constitutionnelle du roi.

Il s'était frappé de trois coups de couteau dans la poitrine.

Les prisonniers héritèrent du couteau ; mais ils se frappaient avec hésitation, et un seul parvint à se tuer.

Il y avait là trois femmes : deux jeunes filles effarées, se pressant aux côtés de deux vieillards, une femme en deuil, calme, agenouillée, priant, et souriant dans sa prière.

Les deux jeunes filles étaient mesdemoiselles de Cazotte et de Sombreuil.

Les deux vieillards étaient leurs pères.

La jeune femme en deuil, c'était Andrée.

On appela M. de Montmorin.

M. de Montmorin, on se le rappelle, c'était l'ancien ministre qui avait délivré les passe-ports à l'aide desquels le roi avait essayé de fuir ; ce personnage si impopulaire que déjà, la veille, un jeune homme qui portait son nom avait manqué d'être tué, à cause de ce nom.

M. de Montmorin n'était point venu écouter les exhortations des deux prêtres ; il était resté dans sa chambre, furieux, désespéré, appelant ses ennemis, demandant des armes, ébranlant les barreaux de fer de sa prison, et brisant une table de chêne dont les planches avaient deux pouces d'épaisseur.

Il fallut l'entraîner de force devant le tribunal ; il entra dans le guichet, pâle, l'œil enflammé, les poings levés.

— A la Force ! dit Maillard.

L'ancien ministre prit le mot pour ce qu'il paraissait être, et crut à un simple transfèrement.

— Président, dit-il à Maillard, puisqu'il te plaît de t'appeler ainsi, j'espère que tu me feras conduire en voiture, afin de m'épargner les insultes de tes assassins.

— Faites avancer une voiture pour M. le comte de Montmorin, dit Maillard avec une exquise politesse.

Puis, à M. de Montmorin :
— Donnez-vous la peine de vous asseoir en attendant la voiture, Monsieur le comte.

Le comte s'assit en grommelant.

Cinq minutes après, on annonça que la voiture attendait. Un comparse quelconque avait à jouer dans ce drame, et il donnait la réplique.

On ouvrit la porte fatale, celle qui donnait sur la mort, et M. de Montmorin sortit.

Il n'avait pas fait trois pas, qu'il tombait frappé de vingt coups de pique.

Puis vinrent d'autres prisonniers dont les noms inconnus sont restés ensevelis dans l'oubli.

Au milieu de tous ces noms obscurs, un nom prononcé brilla comme une flamme : c'était celui de Jacques Cazotte ; de Cazotte l'illuminé, qui avait, dix ans avant la Révolution, prédit à chacun le sort qui l'attendait ; de Cazotte, l'auteur du *Diable amoureux*, d'*Olivier*, des *Mille et une fadaises* ; imagination folle, âme extatique, cœur ardent, qui avait embrassé avec fureur la cause de la contre-révolution, et qui, dans des lettres adressées à son ami Pouteau, employé à l'intendance de la liste civile, avait exprimé des opinions qu'à l'heure où nous sommes arrivés on punissait de mort.

Sa fille lui avait servi de secrétaire pour les lettres ; et, son père arrêté, Élisabeth Cazotte était venue réclamer sa part de prison.

Si l'opinion royaliste était permise à quelqu'un, c'était, certes, à un vieillard de soixante et quinze ans, dont les pieds étaient enracinés dans la monarchie de Louis XIV, et qui, pour bercer le sommeil du duc de Bourgogne, avait fait les deux chansons devenues populaires de *Tout au beau milieu des Ardennes*, et *Commère il faut chauffer le lit!* Mais c'étaient là des raisons à donner à des philosophes, et non aux massacreurs de l'Abbaye ; aussi Cazotte était-il condamné d'avance.

En apercevant le beau vieillard aux cheveux blancs, aux yeux de flamme, à la tête inspirée, Gilbert se détacha de la muraille, et fit un mouvement pour aller au devant de lui. Maillard vit ce mouvement. Cazotte s'avançait, appuyé sur sa fille ; mais, en entrant par le guichet, celle-ci comprit qu'elle était devant des juges.

Alors elle quitta son père, et, les mains jointes, vint prier ce tribunal de sang avec de si douces paroles, que les assesseurs de Maillard commencèrent à hésiter ; la pauvre enfant vit que, sous ces rudes enveloppes, il y avait des cœurs, mais qu'il fallait descendre, pour les trouver, jusque dans les abîmes ; elle s'y jeta tête baissée, avec la compassion pour guide. Ces hommes qui ne savaient pas ce que c'était que des larmes, ces hommes pleurèrent ! Maillard essuya du revers de sa main cet œil sec et dur, qui, depuis vingt heures, sans s'être baissé une seule fois, avait contemplé le massacre.

Il étendit le bras, et, posant la main sur la tête de Cazotte :

— Qu'on l'élargisse ! dit-il.

La jeune fille ne savait que penser.

— N'ayez pas peur, dit Gilbert : votre père est sauvé, Mademoiselle.

Deux des juges se levèrent et accompagnèrent Cazotte jusque dans la rue, de peur que quelque fatale erreur ne rendît à la mort la victime qu'on venait de lui enlever.

Cazotte — pour cette fois du moins — Cazotte était sauvé.

Les heures s'écoulèrent ; on continua de massacrer.

On avait apporté dans la cour des bancs pour les spectateurs ; les femmes et les enfants des meurtriers avaient droit d'assister au spectacle : d'ailleurs, acteurs de conscience, ce n'était point assez pour ces hommes d'être payés, ils voulaient encore être applaudis.

Vers cinq heures du soir, on appela M. de Sombreuil.

Celui-là, c'était, comme Cazotte, un royaliste bien connu, et qu'il était d'autant plus impossible de sauver, qu'on se rappelait que, gouverneur des Invalides au 14 juillet, il avait tiré sur le peuple. Ses fils étaient à l'étranger, dans l'armée ennemie ; l'un d'eux avait si bien fait au siège de Longwy, qu'il avait été décoré par le roi de Prusse.

M. de Sombreuil parut, lui aussi, noble et résigné, portant haut sa tête à cheveux blancs, qui retombaient en boucles jusque sur son uniforme ; lui aussi appuyé sur sa fille.

Cette fois Maillard n'osa ordonner l'élargissement du prisonnier : seulement, faisant un effort sur lui-même, il dit :

— Innocent ou coupable, je crois qu'il serait indigne du peuple de tremper ses mains dans le sang de ce vieillard.

Mademoiselle de Sombreuil entendit cette noble parole, qui pèsera son poids dans la balance divine : elle prit son père, et l'entraîna par la porte de vie, en criant :

— Sauvé ! sauvé !

Aucun jugement n'avait été prononcé, ni pour condamner ni pour absoudre.

Deux ou trois des assassins passèrent leurs têtes par la porte du guichet, pour demander ce qu'il fallait faire.

Le tribunal resta muet.

— Faites ce que vous voudrez, dit un seul membre.

— Eh bien, crièrent les meurtriers, que la jeune fille boive à la santé de la nation.

Ce fut alors qu'un homme rouge de sang, aux manches retroussées, au visage féroce, présenta à mademoiselle de Sombreuil un verre, les uns disent de sang, les autres disent simplement de vin.

Mademoiselle de Sombreuil cria : « Vive la nation ! » trempa ses lèvres dans la liqueur, quelle qu'elle fût, et M. de Sombreuil fut sauvé.

Deux heures s'écoulèrent encore.

Puis la voix de Maillard, aussi impassible en évoquant les vivants que l'était celle de Minos en évoquant les morts, la voix de Maillard prononça ces mots :

— La citoyenne Andrée de Taverney, comtesse de Charny.

A ce nom, Gilbert sentit ses jambes lui faillir, et le cœur lui manquer.

Une vie, plus importante à ses yeux que sa propre vie, allait être débattue et jugée, condamnée ou sauvée.

— Citoyens, dit Maillard aux membres du tribunal terrible, celle qui va comparaître devant vous est une pauvre femme qui a été dévouée autrefois à l'Autrichienne, mais dont l'Autrichienne, ingrate comme une reine, a payé le dévouement par l'ingratitude ; elle a tout perdu à cette amitié : sa fortune et son mari. Vous allez la voir entrer, vêtue de noir, et, ce deuil, à qui le doit-elle ? A la prisonnière du temple ! Citoyens, je vous demande la vie de cette femme.

Les membres du tribunal firent un signe d'assentiment.

Un seul dit :

— Il faudra voir.

— Alors, reprit Maillard, regardez.

La porte s'ouvrait, en effet, et l'on apercevait, dans les profondeurs du corridor, une femme toute vêtue de noir, le front couvert d'un voile noir, qui s'avançait seule, sans soutien, d'un pas ferme.

On eût dit une apparition de ce monde funèbre — d'où, comme dit Hamlet, nul voyageur n'est revenu encore.

A cette vue, ce furent les juges qui frissonnèrent.

Elle arriva jusqu'à la table, et leva son voile.

Jamais plus incontestable, mais plus pâle beauté n'apparut aux regards des hommes: c'était une divinité de marbre.

Tous les regards se fixèrent sur elle; Gilbert demeurant haletant.

Elle s'adressa à Maillard, et, d'une voix à la fois suave et ferme:

— Citoyen, dit-elle, c'est vous qui êtes le président?

— Oui, citoyenne, répondit Maillard, étonné lui, l'interrogateur, d'être interrogé à son tour.

— Je suis la comtesse de Charny, femme du comte de Charny, tué dans l'infâme journée du 10 août; une aristocrate, une amie de la reine; j'ai mérité la mort, et je viens la chercher.

Les juges poussèrent un cri de surprise.

Gilbert pâlit, et s'enfonça le plus qu'il lui fut possible dans l'angle du guichet, essayant d'échapper au regard d'Andrée.

— Citoyens, dit Maillard, qui vit l'épouvante de Gilbert, cette femme est folle: la mort de son mari lui a fait perdre la raison; plaignons-la, et veillons sur sa vie. La justice du peuple ne punit pas les insensés.

Et il se leva, et voulut lui poser la main sur la tête, comme il faisait pour ceux qu'il proclamait innocents.

Mais Andrée écarta la main de Maillard.

— J'ai toute ma raison, dit-elle: et, si vous avez à faire grâce à quelqu'un, faites cette grâce à quelqu'un qui la demande et qui la mérite, mais non pas à moi, qui ne la mérite pas et qui la refuse.

Maillard se retourna du côté de Gilbert, et vit celui-ci les mains jointes.

— Cette femme est folle, répéta-t-il; qu'on l'élargisse!

Et il fit signe à un membre du tribunal de la pousser dehors par la porte de la vie.

— Innocente! cria l'homme; laisser passer!

On s'écarta devant Andrée; les sabres, les piques, les pistolets, s'abaissèrent devant cette statue du Deuil.

Mais, après avoir fait dix pas, et tandis que, penché à la fenêtre, Gilbert, à travers les barreaux, la regardait s'éloigner, elle s'arrêta.

— Vive le roi! cria-t-elle; vive la reine! Opprobre sur le 10 août!

Gilbert jeta un cri, et s'élança dans la cour.

Il avait vu briller la lame d'un sabre; mais, rapide comme un éclair, la lame avait disparu dans la poitrine d'Andrée!

Il arriva à temps pour recevoir la pauvre femme dans ses bras.

Andrée tourna vers lui son regard éteint, et le reconnut.

— Je vous avais bien dit que je mourrais malgré vous, murmura-t-elle.

Puis, d'une voix à peine intelligible:

— Aimez Sébastien pour nous deux! dit-elle.

Puis, plus faiblement encore:

— Près de lui, n'est-ce pas? près de mon Olivier, près de mon époux.., pour l'éternité.

Et elle expira.

Gilbert la prit entre ses bras et l'enleva de terre.

Cinquante bras nus et rougis de sang le menacèrent à la fois.

Mais Maillard parut derrière lui, étendit la main au-dessus de sa tête, et dit:

— Laissez passer le citoyen Gilbert, qui emporte le cadavre d'une pauvre folle tuée par mégarde.

Chacun s'écarta, et Gilbert, emportant le cadavre d'Andrée, passa au milieu des massacreurs sans qu'un seul songeât à lui barrer le chemin, tant cette parole de Maillard était souveraine sur la multitude.

XIV

CE QUI CE PASSAIT AU TEMPLE PENDANT LE MASSACRE

La commune, tout en organisant le massacre dont nous avons essayé de donner un spécimen; la commune, tout en voulant subjuguer l'Assemblée et la presse par la terreur, la commune craignait fort qu'il n'arrivât malheur aux prisonniers du Temple.

Et, en effet, dans la situation où l'on se trouvait, Longwy pris, Verdun investi, l'ennemi à cinquante lieues de Paris, le roi et la famille royale étaient de précieux otages qui garantissaient la vie aux plus compromis.

Des commissaires furent donc envoyés au Temple.

Cinq cents hommes eussent été insuffisants pour garder cette prison, qu'ils eussent peut-être eux-mêmes ouverte au peuple; un commissaire trouva un moyen plus sûr que toutes les piques et toutes les baïonnettes de Paris; c'était d'entourer le Temple d'un ruban tricolore avec cette inscription:

« Citoyens, vous qui, à une vengeance, savez allier l'amour de l'ordre, respectez cette barrière! elle est nécessaire à notre surveillance et à notre responsabilité! »

Étrange époque, où l'on brisait les portes de chêne, et où l'on s'agenouillait devant un ruban !

Le peuple s'agenouilla devant le ruban tricolore du Temple, et le baisa : et nul ne le franchit.

Le roi et la reine ignoraient, le 2 septembre, ce qui se passait dans Paris ; il y avait bien, autour du Temple, une fermentation plus grande que de coutume ; mais on commençait à se faire à ces redoublements de fièvre.

Le roi dînait ordinairement à deux heures : à deux heures, il dîna comme d'habitude, puis, après le dîner, descendit dans le jardin, comme d'habitude, encore, avec la reine, Madame Élisabeth, Madame Royale et le petit dauphin.

Pendant la promenade, les clameurs extérieures redoublèrent.

Un des municipaux qui suivaient le roi se pencha à l'oreille d'un de ses collègues, et lui dit, mais pas si bas, cependant, que Cléry ne pût l'entendre :

— Nous avons mal fait de consentir à les promener cette après-dînée.

Il était trois heures environ, et c'était juste au moment où l'on commençait d'égorger les prisonniers transférés de la commune à l'Abbaye.

Le roi n'avait plus près de lui, comme valets de chambre, que Cléry et M. Hue.

Le pauvre Thierry, que nous avons vu, le 10 août, prêter sa chambre à la reine pour y entretenir M. Rœderer, était à l'Abbaye, et devait être tué dans la journée du 3.

Il paraît que c'était aussi l'avis du second municipal, qu'on avait eu tort de laisser sortir la famille royale ; car tous deux lui intimèrent l'ordre de rentrer à l'instant même.

On obéit.

Mais à peine était-on réuni dans la chambre de la reine, que deux autres officiers municipaux, qui n'étaient point de service à la tour, entrèrent, et que l'un d'eux, ex-capucin nommé Mathieu, s'avança vers le roi, lui dit :

— Vous ignorez, Monsieur, ce qui se passe ? La patrie est dans le plus grand danger.

— Comment voulez-vous que je sache quelque chose ici, Monsieur ? dit le roi ; je suis en prison et au secret.

— Eh bien, alors, je vais vous apprendre ce que vous ne savez pas, moi : c'est que l'ennemi est entré en Champagne, et que le roi de Prusse marche sur Châlons.

La reine ne put réprimer un mouvement de joie.

Le municipal surprit ce mouvement, si rapide qu'il fût.

— Oh ! oui, dit-il s'adressant à la reine, oui, nous savons que nous, nos femmes, nos enfants périront ; mais vous répondrez de tout : vous mourrez avant nous, et le peuple sera vengé !

— Advienne ce qu'il plaira à Dieu, répondit le roi ; j'ai tout fait pour le peuple, et n'ai rien à me reprocher.

Alors, le même municipal, se tournant vers M. Hue, qui se tenait près de la porte :

— Quant à toi, dit-il, la commune m'a chargé de te mettre en état d'arrestation.

— Qui cela, en état d'arrestation ? demanda le roi.

— Votre valet de chambre.

— Mon valet de chambre ? lequel ?

— Celui-ci.

Et le municipal désigna M. Hue.

— M. Hue ! dit le roi ; de quoi l'accuse-t-on ?

— Cela ne me regarde pas : mais il sera emmené ce soir, et les scellés seront mis sur ses papiers.

Puis en sortant et s'adressant à Cléry :

— Prenez garde à la façon dont vous vous conduirez, dit l'ex-capucin, car il vous en arrivera autant, si vous ne marchez pas droit !

Le lendemain, 3 septembre, à onze heures du matin, le roi était réuni avec sa famille dans la chambre de la reine ; un municipal donna l'ordre à Cléry de monter dans celle du roi.

Manuel et quelques autres membres de la commune se trouvaient là.

Tous les visages exprimaient visiblement une grande inquiétude. Manuel, nous l'avons déjà dit, n'était point un homme de sang, et il y avait un parti modéré même dans la commune.

— Que pense le roi de l'enlèvement de son valet de chambre ? demanda Manuel[1].

— Sa Majesté en est fort inquiète, répondit Cléry.

— Il ne lui arrivera rien, reprit Manuel, cependant, je suis chargé de dire au roi qu'il ne reviendra plus, que le conseil le remplacera. Vous pouvez prévenir le roi de cette mesure.

— Je n'ai point mission de le faire, Monsieur, répondit Cléry ; soyez donc assez bon pour ne dispenser d'annoncer à mon maître une nouvelle qui lui sera douloureuse.

Manuel réfléchit un instant, puis :

— Soit, dit-il ; je descends chez la reine.

Il y descendit, en effet, et trouva le roi.

Le roi reçut d'un air calme la nouvelle que venait lui annoncer le procureur de la com-

[1]. Cléry était valet de chambre du dauphin.

mune; puis, avec ce même visage impassible qu'il avait eu au 20 juin et au 10 août, et qu'il devait avoir jusqu'en face de l'échafaud :

— C'est bien, Monsieur, dit-il? je vous remercie. Je me servirai du valet de chambre de mon fils, et, si le conseil s'y oppose, je me servirai moi-même.

Et, avec un léger mouvement de tête:

— J'y suis résolu! dit-il.

— Avez-vous quelque réclamation à faire? demanda Manuel.

— Nous manquons de linge, dit le roi, et ce nous est une grande privation. Croyez-vous que vous puissiez obtenir de la commune que l'on nous en fournisse selon nos besoins?

— J'en référerai au conseil, répondit Manuel.

Puis, voyant que le roi ne lui demandait aucune nouvelle du dehors, Manuel se retira.

A une heure, le roi témoigna le désir de se promener.

Pendant les promenades, on surprenait toujours certain signe de sympathie, fait de quelque fenêtre, de quelque mansarde, derrière quelque jalousie ; et c'était une consolation.

Les municipaux refusèrent de laisser descendre la famille royale.

A deux heures, on se mit à table.

Vers le milieu du dîner, on entendit le bruit des tambours, et un redoublement de cris; ces cris se rapprochaient du Temple.

La famille royale se leva de table, et se réunit dans la chambre de la reine.

Le bruit se rapprochait toujours.

Qui causait ce bruit?

On massacrait à la Force comme à l'Abbaye; seulement, c'était, non pas sous la présidence de Maillard, mais sous celle d'Hébert ; aussi le massacre était-il plus terrible.

Et, cependant, là, les prisonniers étaient plus faciles à sauver : il y avait moins de détenus politiques à la Force qu'à l'Abbaye; les assassins étaient moins nombreux, les spectateurs moins acharnés ; mais, au lieu que ce fût, comme à l'Abbaye, Maillard qui dominât le massacre, ce fut le massacre qui domina Hébert.

On sauva quarante-deux personnes à l'Abbaye ; on n'en sauva pas six à la Force.

Parmi les prisonnières de la Force, était la pauvre petite princesse de Lamballe. Nous l'avons vue passer dans les trois derniers livres que nous avons écrits, dans *le Collier de la Reine*, dans *Ange Pitou* et dans *la Comtesse de Charny*, comme l'ombre dévouée de la reine.

On lui en voulait énormément, on l'appelait *la conseillère de l'Autrichienne*. Elle était sa confidente, son amie intime, quelque chose de plus peut-être — on le disait du moins, — mais nullement sa conseillère. La mignonne petite-fille de Savoie, avec sa bouche fine mais serrée, avec son sourire fixe, était capable d'aimer, elle le prouva ; mais de conseiller, et de conseiller une femme virile, entêtée, dominatrice, telle qu'était la reine, jamais !

La reine l'avait aimée comme elle avait aimé madame de Guiméné, madame de Marsan, madame de Polignac ; mais, légère, inégale, inconstante dans tous ses sentiments, elle l'avait peut-être fait autant souffrir comme amie qu'elle avait fait souffrir Charny, comme amant ; seulement, nous l'avons vu, l'amant s'était lassé : l'amie, au contraire, était restée fidèle.

Tous deux périrent pour celle qu'ils avaient aimée.

On se rappelle cette soirée au pavillon de Flore, où nous avons conduit le lecteur. Madame de Lamballe recevait dans ses appartements et la reine voyait chez madame de Lamballe ceux qu'elle ne pouvait recevoir chez elle-même : Suleau et Barnave aux Tuileries; Mirabeau à Saint-Cloud.

Quelque temps après, madame de Lamballe s'était retirée en Angleterre; elle pouvait y rester, et y garder une longue vie ; la bonne et douce créature, sachant les Tuileries menacées, revint demander sa place à la reine.

Au 10 août, elle avait été séparée de son amie ; conduite au Temple d'abord, avec la reine, elle avait, presque immédiatement, été transférée à la Force.

Là, elle s'était sentie écrasée sous le fardeau de son dévouement ; elle avait voulu mourir près de la reine, avec la reine; sous ses yeux, la mort lui eût peut-être paru douce : loin de la reine, elle n'avait plus le courage de mourir. — Ce n'était point une femme de la trempe d'Andrée, celle-là. — Elle était malade de terreur.

Elle n'ignorait pas toutes les haines soulevées contre elle. Enfermée dans une des chambres hautes de prison avec madame de Navarre, elle avait, dans la nuit du 2 au 3, vu partir madame de Tourzel ; c'était comme si on lui eût dit : « Vous restez pour mourir. »

Aussi, couchée dans son lit, s'enfonçant sous ses draps à chaque bouffée de cris qui montait vers elle, comme fait un enfant qui a peur, elle s'évanouissait à toute minute, et, quand elle revenait à elle :

— Oh! mon Dieu! disait-elle, j'espérais être morte!

Et elle ajoutait :
— Si l'on pouvait mourir comme on s'évanouit! Ce n'est ni bien douloureux, ni bien difficile.

Le meurtre était partout, au reste : dans la cour, à la porte, dans les chambres inférieures ; l'odeur du sang lui arrivait comme une vapeur funèbre.

A huit heures du matin, la porte de sa chambre s'ouvrit.

Sa terreur fut si grande, cette fois, qu'elle ne s'évanouit pas, qu'elle ne se cacha point sous ses draps.

Elle tourna la tête et vit deux gardes nationaux.

— Allons! levez-vous, Madame, dit brutalement l'un d'eux à la princesse, il faut aller à l'Abbaye.

— Oh! Messieurs, dit-elle, il m'est impossible de quitter le lit ; je suis si faible, que je ne pourrais pas marcher.

Puis elle ajouta d'une voix à peine intelligible :

— Si c'est pour me tuer, vous me tuerez aussi bien ici qu'ailleurs.

Un des hommes se pencha à son oreille tandis que l'autre épiait à la porte.

— Obéissez, Madame, lui dit-il ; nous voulons vous sauver.

— Alors, retirez-vous, que je m'habille, dit la prisonnière.

Les deux hommes se retirèrent, et madame de Navarre l'aida à s'habiller ou plutôt l'habilla.

Au bout de dix minutes, les deux hommes entrèrent.

La princesse était prête ; seulement, comme elle l'avait dit, elle ne pouvait marcher ; la pauvre femme tremblait de tout son corps. Elle prit le bras du garde national qui lui avait parlé et, appuyée sur ce bras, descendit l'escalier.

En arrivant dans le guichet, elle se trouva tout à coup devant le tribunal de sang présidé par Hébert.

A la vue de ces hommes aux manches retroussées, qui s'étaient constitués juges ; à la vue de ces hommes aux mains sanglantes, qui s'étaient fait bourreaux, elle s'évanouit.

Trois fois interrogée, trois fois elle s'évanouit sans pouvoir répondre.

— Mais puisqu'on veut vous sauver! lui répéta l'homme qui lui avait déjà parlé.

Cette promesse rendit un peu de force à la malheureuse femme.

— Que voulez-vous de moi, Messieurs ? murmura-t-elle.

— Qui êtes-vous? demanda Hébert.

— Marie-Louise de Savoie-Carignan, princesse de Lamballe.

— Votre qualité?

— Surintendante de la maison de la reine.

— Avez-vous connaissance des complots de la cour au 10 août ?

— Je ne sais s'il y avait des complots au 10 août ; mais, s'il y en avait, j'y étais complètement étrangère.

— Jurez la liberté, l'égalité, la haine du roi, de la reine et de la royauté.

— Je jurerai facilement les deux premiers ; mais je ne puis jurer le reste, qui n'est pas dans mon cœur.

— Jurez donc! lui dit tout bas le garde national, ou vous êtes morte!

La princesse étendit les deux mains, et fit en chancelant, un pas instinctif vers le guichet.

— Mais jurez donc! lui dit son protecteur.

Alors, comme si, dans sa terreur de la mort, elle eût craint de prononcer un serment honteux, elle mit sa main sur sa bouche pour comprimer les paroles qui eussent pu s'échapper malgré elle.

Quelques gémissements passèrent entre ses doigts.

— Elle a juré! cria le garde national qui l'accompagnait.

Puis, tout bas :

— Sortez vite par la porte qui est devant vous, ajouta-t-il ; en sortant, criez : « Vive la nation ! » et vous êtes sauvée.

En sortant, elle se trouva dans les bras d'un massacreur qui l'attendait; ce massacreur, c'était le grand Nicolas, le même qui avait coupé les têtes des deux gardes du corps à Versailles.

Cette fois, il avait promis de sauver la princesse.

Il l'entraîna vers quelque chose d'informe, de frissonnant, d'ensanglanté, en lui disant tout bas :

— Criez : « Vive la nation! » mais criez donc : « Vive la nation! »

Sans doute allait-elle crier : par malheur, elle ouvrit les yeux : elle se trouvait en face d'une montagne de cadavres sur laquelle un homme piétinait avec des souliers ferrés, faisant jaillir le sang sous ses pieds comme un vendangeur fait jaillir le jus du raisin.

Elle vit ce spectacle terrible, se détourna et ne put que pousser ce cri :

— Fi! l'horreur!...

On éteignit encore ce cri.

Cent mille francs avaient été donnés, dit-on, par M. de Penthièvre, son beau-père, pour la sauver.

On la poussait dans le passage étroit menant de la rue Saint-Antoine à la prison, et qu'on appelait le cul-de-sac des Prêtres, quand un misérable, un perruquier nommé Charlot, qui venait de s'engager comme tambour dans les volontaires, perça la haie formée autour d'elle, et lui fit sauter son bonnet avec une pique.

Voulait-il seulement lui faire sauter son bonnet? voulait-il la frapper au visage?

Le sang coula! le sang appelle le sang : un homme lança une bûche à la princesse; la bûche l'atteignit derrière la tête; elle trébucha et tomba sur un genou.

Il n'y avait plus moyen de la sauver : de tous côtés, les sabres dardés, les piques allongées, l'atteignirent.

Elle ne poussa pas même un cri; elle était morte, en réalité, depuis les dernières paroles qu'elle avait prononcées.

A peine eût-elle expiré, — peut-être même vivait-elle encore, — que l'on se précipita sur elle; en un instant, ses vêtements furent déchirés jusqu'à la chemise; et, palpitante des derniers frissonnements de l'agonie, elle se trouva nue.

Un sentiment obscène avait présidé à sa mort, et hâtait ce dépouillement; on voulait voir ce beau corps auquel les femmes de Lesbos eussent rendu un culte.

Nue comme Dieu l'avait faite, on l'étala alors à tous les yeux, sur une borne : quatre hommes s'installèrent devant cette borne, lavant et essuyant le sang qui coulait par sept blessures; un cinquième la montrait avec une baguette, et détaillait les beautés qui, disait-on, avaient fait sa faveur autrefois, et qui, à coup sûr, aujourd'hui avaient causé sa mort.

Elle resta ainsi exposée de huit heures à midi.

Enfin, on se lassa de ce cours d'histoire scandaleuse fait sur un cadavre : un homme vint, et lui coupa la tête.

Hélas! ce cou long et flexible comme celui d'un cygne présentait peu de résistance!

Le misérable qui commit ce crime, plus hideux peut-être encore sur un cadavre que sur un être vivant, s'appelait Grison. — L'histoire est la plus inexorable des divinités : elle arrache une plume de son aile, la trempe dans le sang; elle écrit un nom, et ce nom est voué à l'exécration de la postérité!

Cet homme fut guillotiné, plus tard, comme chef d'une bande de voleurs.

Un second, nommé Rodi, ouvrit la poitrine de la princesse et lui arracha le cœur.

Un troisième, nommé Mamin, s'en prit à une autre partie du corps.

C'était à cause de son amour pour la reine qu'on mutilait ainsi la pauvre femme. Il fallait que la reine fût bien haïe!

On planta sur des piques les trois lambeaux détachés de ce corps, et l'on s'achemina vers le Temple.

Une foule immense suivant les trois assassins mais, à part quelques enfants et quelques hommes ivres, vomissant tout ensemble le vin et l'injure, tout le cortège gardait un silence d'effroi.

Une boutique de perruquier se trouvait sur la route; on y entra.

L'homme qui portait la tête la posa sur une table.

— Frisez-moi cette tête-là, dit-il; elle va voir sa maîtresse au Temple.

Le perruquier frisa les magnifiques cheveux de la princesse; puis on se remit en route pour le Temple, cette fois avec de grands cris.

C'étaient ces cris qu'avait entendus la famille royale.

Les assassins arrivaient; car ils avaient eu l'abominable idée de montrer à la reine cette tête, ce cœur et cette autre partie du corps de la princesse.

Ils se présentèrent au Temple.

Le ruban tricolore leur barrait le passage.

Ces hommes, ces assassins, ces meurtriers, ces massacreurs n'osèrent enjamber par-dessus un ruban!

Ils demandèrent qu'une députation de six assassins — dont trois portaient les lambeaux que nous avons dit — pût entrer au Temple, et faire le tour du donjon, afin de montrer ces sanglantes reliques à la reine.

La requête était si raisonnable, qu'elle fut accordée sans discussion.

Le roi était assis, et faisait semblant de jouer au trictrac avec la reine. — En se rapprochant ainsi sous prétexte de jeu, au moins les prisonniers pouvaient dérober quelques paroles aux municipaux.

Tout à coup, le roi vit l'un de ceux-ci fermer la porte, et, se précipitant vers la fenêtre, en tirer vivement les rideaux.

C'était un nommé Danjou, un ancien séminariste, espèce de géant, qu'à cause de sa grande taille, on appelait l'*Abbé de six pieds*.

— Qu'y a-t-il donc? demanda le roi.

Cet homme, profitant de ce que la reine lui

— Vive la nation! (Page 701.)

tournait le dos, faisait, de la main, signe au roi de ne pas l'interroger.

Les cris, les injures, les menaces arrivaient jusqu'à la chambre, malgré la porte et les fenêtres closes; le roi comprit qu'il se passait quelque chose de terrible : il posa la main sur l'épaule de la reine pour la maintenir à sa place.

En ce moment, on frappa à la porte, et, bien malgré lui, Danjou fut obligé d'ouvrir.

C'étaient des officiers de garde et des municipaux.

— Messieurs, demanda le roi, ma famille est-elle en sûreté?

— Oui, répondit un homme en habit de garde national, et portant la double épaulette; mais on fait courir le bruit qu'il n'y a plus personne à la tour, et que vous êtes tous sauvés. Mettez-vous à la fenêtre pour rassurer le peuple.

Le roi, ignorant ce qui se passait, ne voyait aucun inconvénient à obéir.

Il fit un mouvement pour s'avancer vers la fenêtre; mais Danjou l'arrêta.

— Ne faites pas cela, Monsieur! dit-il.

Puis, se retournant vers les officiers de la garde nationale :

— Le peuple, ajouta-t-il, doit montrer plus de confiance dans ses magistrats.

— Eh bien, dit l'homme aux épaulettes, ce n'est pas tout cela : on veut que vous veniez à la fenêtre voir la tête et le cœur de la princesse de Lamballe, qu'on vous apporte pour vous montrer comment le peuple traite les tyrans. Je vous conseille donc de paraître, si vous ne voulez pas qu'on vous apporte tout cela ici.

La reine jeta un cri, et tomba évanouie dans les bras de Madame Élisabeth et de Madame Royale.

— Ah! Monsieur, dit le roi, vous eussiez pu vous dispenser d'apprendre à la reine cet affreux malheur.

Puis, montrant du doigt le groupe des trois femmes :

— Voyez ce que vous avez fait! ajouta-t-il.

L'homme haussa les épaules, et sortit en chantant *la Carmagnole*..

A six heures, se présenta le secrétaire de Pétion, qui venait compter au roi deux mille cinq cents francs.

Voyant la reine debout et immobile, il crut que c'était par respect pour lui qu'elle se tenait ainsi, et il eut la bonté de l'inviter à s'asseoir.

« Ma mère se tenait ainsi, dit Madame Royale dans ses Mémoires, parce que, depuis cette affreuse scène, elle était restée debout et immobile ne voyant rien de ce qui se passait dans la chambre. »

La terreur l'avait changée en statue.

XV

VALMY

Et, maintenant, pour un instant, détournons nos yeux de ces effroyables scènes de massacre, et suivons, dans les défilés de l'Argonne, un des personnages de notre histoire sur lequel reposent, en ce moment, les destinées suprêmes de la France.

On comprend qu'il est question de Dumouriez.

Dumouriez, nous l'avons vu, avait, en quittant le ministère, repris son emploi de général en activité, et, lors de la fuite de la Fayette, il avait reçu le titre de commandant en chef de l'armée de l'Est.

Ce fut une espèce de miracle d'intuition de la part des hommes qui occupaient le pouvoir, que cette nomination de Dumouriez.

Dumouriez était, en effet, détesté par les uns, méprisé par les autres ; mais, plus heureux que ne l'avait été Danton au 2 septembre, il fut unanimement reconnu comme le seul homme qui pût sauver la France.

Les girondins, qui le nommaient, haïssaient Dumouriez, ils l'avaient fait entrer au ministère ; lui, on se le rappelle, les en avait fait sortir ; et, cependant, ils allaient le chercher, obscur, à l'armée du Nord, et le firent général en chef!

Les jacobins haïssaient et méprisaient Dumouriez, ils comprirent néanmoins que la première ambition de cet homme, c'était la gloire, et qu'il vaincrait ou se ferait tuer. Robespierre, n'osant le soutenir, à cause de sa mauvaise réputation, le fit soutenir par Couthon.

Danton ne haïssait ni ne méprisait Dumouriez : c'était un de ces hommes au robuste tempérament qui jugent les choses de haut, et qui s'inquiètent peu des réputations, tout prêts qu'ils sont à utiliser les vices eux-mêmes, s'ils peuvent obtenir des vices les résultats qu'ils en attendent. Danton, seulement, tout en sachant le parti qu'on pouvait tirer de Dumouriez, se défait de sa stabilité ; il lui envoya deux hommes, l'un était Fabre d'Églantine, c'est-à-dire, sa pensée ; l'autre Westermann, c'est-à-dire son bras.

On mit toutes les forces de la France dans les mains de celui qu'on appelait un intrigant! Le vieux Luckner, soudard allemand, qui avait prouvé son incapacité au commencement de la campagne, fut envoyé à Châlons, pour lever des recettes. Dillon, brave soldat, général distingué, plus élevé que Dumouriez dans la hiérarchie militaire, reçut l'ordre de lui obéir. Kellermann aussi fut mis sous les ordres de cet homme, à qui la France éplorée remettait tout à coup son épée, en disant : « Je ne connais que toi qui puisses me défendre ; défends-moi : »

Kellermann gronda, sacra, pleura, mais obéit ; seulement il obéit mal, et il lui fallut le bruit du canon pour en faire ce qu'il était réellement, un fils dévoué de la patrie.

Maintenant, comment les souverains alliés, dont la marche était marquée par étapes jusqu'à Paris, s'arrêtaient-ils tout à coup, après la prise de Longwy, après la reddition de Verdun?

Un spectre était debout entre eux et Paris : le spectre de Beaurepaire.

Beaurepaire, ancien officier de carabiniers, avait formé et commandé le bataillon de Maine-et-Loire. Au moment où l'on apprit que l'ennemi avait posé le pied sur le sol de la France, lui et ses hommes traversèrent la France au pas de course, de l'ouest à l'est.

Ils rencontrèrent sur leur route un député

député patriote qui retournait dans le pays.

— Que dirai-je de votre part à vos familles? demanda le député.

— *Que nous sommes morts!* répondit une voix.

Nul Spartiate marchant aux Thermopyles ne fit une plus sublime réponse.

L'ennemi arriva devant Verdun, comme nous l'avons dit. C'était le 30 août 1792, le 31, la ville était sommée de se rendre.

Beaurepaire et ses hommes, appuyés par Marceau, voulaient combattre jusqu'à la mort.

Le conseil de défense, composé des membres de la municipalité et des principaux habitants de la ville qu'ils s'étaient adjoints, lui ordonna de se rendre.

Beaurepaire sourit dédaigneusement.

— J'ai fait le serment de mourir plutôt que de me rendre, dit-il. Survivez à votre honte et à votre déshonneur, si vous le voulez; moi, je reste fidèle à mon serment. Voici mon dernier mot : Je meurs.

Et il se brûla la cervelle.

Ce spectre était aussi grand et plus terrible que le géant Adamastor!

Puis les souverains alliés, qui croyaient, sur les dires des émigrés, que la France allait voler au-devant d'eux, voyaient bien autre chose encore.

Ils voyaient cette terre de France, si féconde et si peuplée, changée comme par un coup de baguette ; les grains avaient disparu comme si une trombe les eût emportés. Ils s'en allaient à l'ouest.

Le paysan armé était seul resté debout sur son sillon ; ceux qui avaient des fusils avaient pris leurs fusils, ceux qui n'avaient qu'une faux avaient pris leur faux, ceux qui n'avaient qu'une fourche avaient pris une fourche.

Enfin, le temps s'était déclaré pour nous ; une pluie acharnée mouillait les hommes, détrempait la terre, défonçait les chemins. Sans doute cette pluie tombait pour les uns comme pour les autres, pour les Français comme pour les Prussiens; seulement, tout venait en aide aux Français, tout était hostile aux Prussiens. Le paysan, qui n'avait pour l'ennemi que le fusil, la fourche ou la faux, pis que cela, que des raisins verts, — le paysan avait, pour ses compatriotes, le verre de vin caché derrière les fagots, le verre de bière enterré dans un coin inconnu du cellier, la paille sèche répandue sur la terre, véritable lit du soldat.

On avait cependant fait fautes sur fautes, Dumouriez tout le premier, et, dans ses Mémoires, il raconte les unes comme les autres, les siennes comme celles de ses lieutenants.

Il avait écrit à l'Assemblée nationale : « Les défilés de l'Argonne sont les Thermopyles de la France; mais, soyez tranquilles, plus heureux que Léonidas, je n'y mourrai pas ! »

Et il avait mal fait garder les défilés de l'Argonne, et l'un d'eux avait été pris, et il avait été obligé de battre en retraite. Deux de ses lieutenants étaient égarés, perdus ; il était à peu près égaré et perdu lui-même, avec quinze mille hommes seulement, et quinze mille hommes si complètement démoralisés, que deux fois ils prirent la fuite devant quinze cents hussards prussiens ! Mais lui seul ne désespéra point, garda sa confiance et même sa gaieté, écrivant aux ministres : « Je réponds de tout. » Et, en effet, quoique poursuivi, tourné, coupé, il fit sa jonction avec les dix mille hommes de Beurnonville et les quinze mille hommes de Kellermann ; il rallia ses généraux perdus, et, le 19 septembre, il se trouva au camp de Saint-Menehould, étendant à droite et à gauche les deux mains sur soixante et seize mille hommes, quand les Prussiens n'en avaient que soixante et dix mille.

Il est vrai que souvent cette armée mumurait ; elle était parfois deux ou trois jours sans pain. Alors, Dumouriez allait se mêler à ses soldats.

— Mes amis, leur disait-il, le fameux maréchal de Saxe a fait un livre sur la guerre, dans lequel il prétend qu'au moins une fois par semaine il faut faire manquer la livraison du pain aux troupes, pour les rendre, en cas de nécessité, moins sensibles à cette privation : nous y voici, et vous êtes encore plus heureux que ces Prussiens que vous voyez devant vous, qui sont quelquefois quatre jours sans pain, et qui mangent leurs chevaux morts. Vous avez du lard, du riz, de la farine ; faites des galettes : la liberté les assaisonnera !

Puis il y avait quelques chose de pis : c'était cette boue de Paris, cette écume du 2 septembre qu'on avait poussée aux armées après le massacre. Ils étaient venus, tous ces misérables, chantant le *Ça ira*, criant que, ni épaulettes, ni croix de Saint-Louis, ni habits brodés, ils ne souffriraient rien de tout cela, arracheraient décorations et plumets, et mettraient tout à la raison.

Ils arrivèrent ainsi au camp, et furent étonnés du vide qui s'opéra autour d'eux : personne ne daigna répondre soit à leurs menaces, soit à leurs avances ; seulement, le général annonça une revue pour le lendemain.

Le lendemain, les nouveaux venus se trouvèrent, par une manœuvre inattendue, pris entre une cavalerie nombreuse et hostile, prête à les sabrer, et une artillerie menaçante, prête à les foudroyer.

Alors, Dumouriez s'avança vers ces hommes ; ils formaient sept bataillons.

— Vous autres, s'écria-t-il, — car je ne veux vous appeler ni citoyens, ni soldats, ni mes enfants, — vous voyez devant vous cette artillerie, derrière vous cette cavalerie ; c'est vous dire que je vous tiens entre le fer et le feu ! Vous vous êtes déshonorés par des crimes ; je ne souffre ici ni assassins ni bourreaux. Je vous ferai hacher en pièces à la moindre mutinerie ! Si vous vous corrigez, si vous vous conduisez comme cette brave armée dans laquelle vous avez l'honneur d'être admis, vous trouverez en moi un bon père. Je sais qu'il y a parmi vous des scélérats chargés de vous pousser au crime : chassez-les vous-mêmes, ou dénoncez-les moi. Je vous rends responsables les uns des autres !

Et non seulement ces hommes courbèrent la tête et devinrent d'excellents soldats, non seulement ils chassèrent les indignes, mais encore ils mirent en pièces ce misérable Charlot qui avait frappé la princesse de Lamballe d'une bûche, et qui avait porté sa tête au bout d'une pique.

Ce fut dans cette situation que l'on attendit Kellermann, sans lequel on ne pouvait rien risquer.

Le 19, Dumouriez reçut l'avis que son lieutenant était à deux lieues de lui, sur sa gauche.

Dumouriez lui envoya sur-le-champ une instruction.

Il l'invitait à venir occuper le lendemain le camp entre Dampierre et l'Élize, derrière l'Auve.

L'emplacement était parfaitement désigné.

En même temps qu'il envoyait cette instruction à Kellermann, Dumouriez voyait se dérouler devant lui l'armée prussienne sur les montagnes de la Lune ; de sorte que les Prussiens se trouvaient entre Paris et lui, et, par conséquent, plus près de Paris que lui.

Il y avait toute probabilité que les Prussiens venaient chercher une bataille.

Dumouriez mandait donc à Kellermann de prendre son champ de combat sur les hauteurs de Valmy et de Gizaucourt. Kellermann confondit son camp avec son champ de combat : il s'arrêta sur les hauteurs de Valmy.

C'était une grande faute ou une terrible adresse.

Placé comme il était, Kellermann ne pouvait se retourner qu'en faisant passer toute son armée sur un point étroit ; il ne pouvait se plier sur la droite de Dumouriez, qu'en traversant un marais où il se fût englouti ; il ne pouvait se replier sur sa gauche que par une vallée profonde, où il eût été écrasé.

Pas de retraite possible.

Est-ce là ce qu'avait voulu le vieux soldat alsacien? Alors, il avait grandement réussi. Un bel endroit pour vaincre ou mourir !

Brunswick regardait nos soldats avec étonnement.

— Ceux qui se sont logés là, dit-il au roi de Prusse, sont décidés à ne pas reculer !

Mais on laissa croire à l'armée prussienne que Dumouriez était coupé, et on lui assura que cette armée de tailleurs, de vagabonds et de savetiers, comme l'appelaient les émigrés, se disperserait aux premières volées de son canon.

On avait négligé de faire occuper les hauteurs de Gizaucourt par le général Chazot, — qui était placé le long du grand chemin de Châlons, — hauteur d'où il eût été battu en flanc des colonnes ennemies ; les Prussiens profitèrent de la négligence, et s'emparèrent de la position.

Ce furent eux alors qui battirent en flanc le corps de Kellermann.

Le jour se leva assombri par un épais brouillard ; mais peu importait : les Prussiens savaient où était l'armée française : elle était sur les hauteurs de Valmy, et ne pouvait être ailleurs.

Soixante bouches à feu s'allumèrent en même temps ; les artilleurs prussiens tirèrent au hasard ; mais ils tiraient dans des masses : peu importait donc de tirer juste.

Les premiers coups furent terribles à supporter pour cette armée toute d'enthousiasme, qui eût admirablement su attaquer, mais qui savait mal attendre.

Puis le hasard — ce n'était point l'adresse : on n'y voyait pas — le hasard fut d'abord contre nous ; les obus des Prussiens mirent le feu à deux caissons qui éclatèrent. Les conducteurs des chariots sautèrent à bas des chevaux, pour se mettre à l'abri de l'explosion : on les prit pour des fuyards.

Kellermann poussa son cheval vers cet endroit plein de confusion, où se mêlaient le brouillard et la fumée.

Tout à coup, on vit son cheval et lui rouler foudroyés.

Le cheval était traversé par un boulet ;

l'homme, heureusement n'avait rien : il sauta sur un autre cheval, et railla quelques bataillons qui se débandaient.

En ce moment, il était onze heures du matin ; le brouillard commençait à se dissiper.

Kellermann vit les Prussiens qui se formaient en trois colonnes pour venir attaquer le plateau de Valmy ; à son tour, il forma ses soldats en trois colonnes, et, parcourant toute la ligne :

— Soldats! dit-il, pas un coup de fusil ! attendez l'ennemi corps à corps, et recevez-le à la baïonnette.

Puis, mettant son chapeau au bout de son sabre :

— Vive la nation ! et allons vaincre pour elle !

A l'instant même, toute son armée imite son exemple ; chaque soldat met son chapeau au bout de sa baïonnette, en criant : « Vive la nation ! » Le brouillard se lève, la fumée se dissipe, et Brunswick voit, avec sa lorgnette, un spectacle étrange, extraordinaire, inouï : trente mille Français immobiles, tête nue, agitant leurs armes, et ne répondant au feu de leurs ennemis que par le cri de « Vive la nation ! »

Brunswick secoua la tête ; s'il eût été seul, l'armée prussienne n'eût pas fait un pas de plus ; mais le roi était là, qui voulait la bataille, il fallut lui obéir.

Les Prussiens montèrent, fermes et sombres, sous les yeux du roi et de Brunswick ; ils franchissaient l'espace qui les séparait de leurs ennemis avec la solidité d'une vieille armée de Frédéric : chaque homme semblait être attaché par un anneau de fer à celui qui le précédait.

Tout à coup, par le milieu, l'immense serpent sembla se briser ; mais ses tronçons se rejoignirent aussitôt.

Cinq minutes après, il était de nouveau brisé, et se rejoignait encore.

Vingt pièces de canon de Dumouriez prenaient en flanc la colonne, et l'écrasaient sous une pluie de fer : la tête ne pouvait monter, tirée qu'elle était à chaque instant en arrière par les convulsions du corps que déchirait la mitraille.

Brunswick vit que c'était une journée perdue, et fit sonner le rappel.

Le roi ordonna de battre la charge, se mit à la tête de ses soldats, et poussa sa docile et vaillante infanterie sous le double feu de Kellermann et de Dumouriez : il se brisa contre les lignes françaises.

Quelque chose de lumineux et de splendide planait sur cette jeune armée : c'était la foi !

— Je n'ai pas vu de fanatiques pareils depuis les guerres de religion ! dit Brunswick.

Ceux-là, c'étaient des fanatiques sublimes, les fanatiques de la liberté.

Ils venaient, les héros de 92, de commencer cette grande conquête de la guerre qui devait se terminer par la conquête des esprits.

Le 20 septembre, Dumouriez sauvait la France.

Le lendemain, la Convention nationale émancipait l'Europe en proclamant la République!

XVI

LE 21 SEPTEMBRE

Le 21 septembre, à midi, avant que l'on connût dans Paris la victoire remportée la veille par Dumouriez, et qui sauvait la France, les portes de la salle du Manège s'ouvrirent, et l'on vit entrer lentement, solennellement, jetant les uns sur les autres des regards interrogateurs, les sept cent quarante-neuf membres composant la nouvelle Assemblée.

Sur ces sept cent quarante-neuf membres, deux cents appartenaient à l'ancienne Assemblée.

La Convention nationale avait été élue sous le coup des nouvelles de septembre ; on eût donc pu croire, au premier abord, à une Assemblée réactionnaire. Il y avait mieux même : plusieurs nobles avaient été élus ; une pensée toute démocratique avait appelé les domestiques à voter : quelques-uns avaient nommé des maîtres.

C'étaient d'ailleurs, — ces députés nouveaux, — des bourgeois, des médecins, des avocats, des professeurs, des prêtres assermentés, des gens de lettres, des journalistes, des marchands. L'esprit de cette masse était inquiet et flottant ; cinq cents représentants, au moins, n'étaient ni girondins ni montagnards ; les événements devaient déterminer la place qu'ils occuperaient à l'Assemblée.

Mais tout cela était unanime dans une double haine : haine contre les journées de septembre, haine contre la députation de Paris, presque entièrement tirée de la commune, qui avait fait ces terribles journées.

On eût dit que le sang versé coulait à travers la salle du Manège, et isolait les cent montagnards du reste de l'Assemblée.

Le centre lui-même, comme pour s'écarter du rouge ruisseau, appuyait vers la droite.

C'est qu'aussi la Montagne, — rappelons-nous les hommes, et reportons-nous aux événements qui venaient de s'accomplir, — la Montagne présentait un formidable aspect.

C'était, comme nous l'avons dit, dans les rangs inférieurs, toute la commune ; au-dessus de la commune, ce fameux comité de surveillance qui avait fait le massacre ; puis, comme une hydre à trois têtes, au plus haut sommet du triangle, trois visages terribles, trois masques profondément caractérisés.

D'abord la froide et impassible figure de Robespierre, à la peau parcheminée collée sur son front étroit ; les yeux clignotants, cachés sous ses lunettes ; aux mains étendues et crispées sur ses genoux, à l'instar de ces figures égyptiennes taillées dans le plus dur de tous les marbres, dans le porphyre : sphinx qui semblait seul savoir le mot de la révolution, mais à qui nul n'osait le demander.

Auprès de lui, le visage bouleversé de Danton, avec sa bouche tordue, son masque mobile, emprunt d'une sublime laideur, son corps fabuleux, moitié homme, moitié taureau ; presque sympathique malgré tout cela, car on sentait que ce qui faisait frissonner cette chair, jaillir cette lave, c'étaient les battements d'un cœur profondément patriotique, et que cette large main, qui obéissait toujours à son premier mouvement, s'étendait avec la même facilité pour frapper un ennemi debout, ou pour relever un ennemi à terre.

Puis, à côté de ces deux visages si différents d'expression, derrière eux, au-dessus d'eux, apparaissait, non pas un homme, — il n'est point permis à la créature humaine d'atteindre à un pareil degré de laideur, — mais un monstre, une chimère, une vision sinistre et ridicule : — Marat ! Marat, avec son visage cuivré, injecté de bile et de sang ; ses yeux insolents et éblouis ; sa bouche fade, largement fendue, disposée lancer ou plutôt pour vomir l'injure ; son nez tordu, vaniteux, aspirant, par ses narines ouvertes, ce souffle de popularité qui, pour lui, rasait l'égout, et montait du ruisseau ; Marat, mis comme le plus sale de ses admirateurs, la tête ceinte d'un linge maculé, avec ses souliers à clous, sans boucles, souvent sans cordons ; son pantalon de drap grossier, taché ou plutôt trempé de boue ; sa chemise ouverte sur une poitrine maigre, et, cependant, large relativement à sa taille ; sa cravate noire, grasse, huileuse, étroite, laissant voir les hideuses attaches de son cou, qui, mal d'accord entre elles, faisaient pencher la tête à gauche ; ses mains sales et épaisses, toujours menaçantes, toujours montrant le poing, et, dans les intervalles de leurs menaces, labourant ses cheveux gras. — Tout cet ensemble, tronc de géant sur des jambes de nain, était hideux à voir ; aussi, le premier mouvement de quiconque l'apercevait était-il de se détourner ; mais l'œil ne se détournait point si vite, qu'il ne lût sur tout cela : *2 septembre !* et alors l'œil reste fixe et effaré comme devant une autre tête de Méduse.

Voilà les trois hommes que les girondins accusaient d'aspirer à la dictature.

Eux, de leur côté, accusaient les girondins de vouloir le fédéralisme.

Deux autres hommes qui se rattachent, par des intérêts et des opinions différentes, au récit que nous avons entrepris, étaient assis aux deux côtés opposés de cette assemblée : Billot, Gilbert ; Gilbert à l'extrême droite, entre Lanjuinais et Kersaint ; Billot à l'extrême gauche, entre Thuriot et Couthon.

Les membres de l'ancienne assemblée législative escortaient la Convention, ils venaient abdiquer solennellement, remettre leurs pouvoirs aux mains de leurs successeurs.

François de Neufchâteau, dernier président de l'assemblée dissoute, monta à la tribune et prit la parole.

« Représentants de la nation, dit-il, l'Assemblée législative a cessé ses fonctions ; elle dépose le gouvernement entre vos mains.

» Le but de vos efforts sera de donner aux Français la liberté, les lois et la paix ; la liberté, sans laquelle les Français ne peuvent plus vivre ; les lois, le plus ferme fondement de la liberté ; la paix, le seul et unique but de la guerre.

» *La liberté, les lois, la paix*, ces trois mots furent gravés par les Grecs sur les portes du temple de Delphes ; vous les imprimerez sur le sol entier de la France ! »

L'Assemblée législative avait duré un an.

Elle avait vu s'accomplir d'immenses et terribles événements, le 20 juin, le 10 août, les 2 et 3 septembre ! Elle laissait à la France la guerre avec les deux puissances du Nord, la guerre civile dans la Vendée, une dette de deux milliards deux cents millions d'assignats, — et la victoire de Valmy, remportée la veille, mais ignorée encore de tout le monde.

Pétion fut nommé président par acclamation.

Condorcet, Brissot, Rabaut-Saint-Étienne, Verginaud, Camus et Lasource furent élus secrétaires ; cinq girondins sur les six.

La Convention tout entière, à part peut-être trente ou quarante membres, voulait la République ; seulement, les girondins avaient décidé, dans une réunion chez madame Roland, qu'on n'admettrait la discussion sur le changement du gouvernement qu'à leur heure, à leur temps, à leur lieu, c'est-à-dire que quand ils se seraient emparés des commissions exécutives et de la commission de constitution.

Mais, le 20 septembre, le jour même de la bataille de Valmy, d'autres combattants livraient une bataille bien autrement décisive !

Saint-Just, Lequinio, Panis, Billaud-Varennes, Collot-d'Herbois et quelques autres membres de la future assemblée dînaient au Palais-Royal ; ils résolurent que, dès le lendemain, le mot de République serait lancé à leurs ennemis.

— S'ils le relèvent, dit Saint-Just, ils sont perdus, car ce mot, c'est nous qui les premiers l'aurons prononcé ; s'ils l'écartent, ils sont perdus encore, car, en s'opposant à cette passion du peuple, ils seront submergés par l'impopularité que nous amasserons sur leurs têtes.

Collot-d'Herbois se chargea de la motion.

Aussi, à peine François de Neufchâteau eut-il remis les pouvoirs de l'ancienne assemblée à la nouvelle, que Collot-d'Herbois demanda la parole.

Elle lui fut accordée.

Il monta à la tribune ; le mot d'ordre était donné aux impatients.

— Citoyens représentants, dit-il, je propose ceci : c'est que le premier décret de l'assemblée qui vient de se réunir soit l'abolition de la royauté.

A ces mots, une acclamation immense s'éleva de la salle et des tribunes.

Deux opposants se levèrent seuls, deux républicains bien connus : Barrère et Quinette. Ils demandaient qu'on attendît le vœu du peuple.

— Le vœu du peuple ? pourquoi faire ? demanda un pauvre curé de village ; à quoi bon délibérer quand tout le monde est accordé ? Les rois sont, dans l'ordre moral, ce que les monstres sont dans l'ordre physique ; les cours sont l'atelier de tous les crimes ; l'histoire des rois est le martyrologe des nations !

On demanda quel était l'homme qui venait de faire cette courte mais énergique histoire de la royauté. Peu savaient son nom : il s'appelait Grégoire.

Les girondins sentirent le coup qui leur était porté : ils allaient être à la remorque des montagnards.

— Rédigeons le décret séance tenante ! cria de sa place Ducos, l'ami et l'élève de Vergniaud. Le décret n'a pas besoin de considérants ; après les lumières que le 10 août a répandues, le considérant de votre décret d'abolition de la royauté, ce sera l'histoire des crimes de Louis XVI !

Ainsi l'équilibre se trouvait rétabli : les montagnards avaient demandé l'abolition de la royauté ; mais les girondins avaient demandé l'établissement de la République.

La République ne fut pas décrétée : elle fut votée par acclamation.

On se jetait non seulement dans l'avenir pour fuir le passé, mais dans l'inconnu par haine du connu.

La proclamation de la République répondait à un immense besoin populaire ; c'était la consécration de la longue lutte que le peuple avait soutenue depuis les communes ; c'était l'absolution de la jacquerie, des maillotins, de la Ligue, de la Fronde, de la Révolution ; c'était le couronnement de la foule au détriment de la royauté.

On eût dit, tant chaque citoyen respirait librement, qu'on venait d'enlever de chacun le poids du trône.

Les heures d'illusion furent courtes, mais splendides ; on avait cru proclamer une république, on venait de consacrer une révolution.

N'importe ! on avait fait une grande chose, et qui allait, pour plus d'un siècle, ébranler le monde.

Les vrais républicains, les plus purs au moins, ceux qui voulaient la République exempte de crimes, ceux qui, le lendemain, allaient heurter de front le triumvirat Danton, Robespierre et Marat, — les girondins étaient au comble de la joie. La République, c'était la réalisation de leur vœu le plus cher ; on venait, grâce à eux, de retrouver, sous les débris de vingt siècles, le type des gouvernements humains. La France avait été une Athènes sous François 1er et Louis XIV ; elle allait devenir une Sparte avec eux !

C'était un beau, un sublime rêve.

Aussi, le soir, se réunirent-ils dans un banquet chez le ministre Roland. Là se trouvaient Vergniaud, Guadet, Louvet, Pétion, Boyer-Fonfrède, Barbaroux, Gensonné, Grangeneuve, Condorcet, ces convives que devait, avant un an, réunir un autre banquet bien autrement solennel encore que celui-là ! mais, en ce moment, chacun tournant le dos au lendemain, fermant les yeux, à l'avenir, jeta volontairement le voile sur l'océan inconnu où l'on entrait, et où l'on entendait rugir ce gouffre qui, pareil au *Maëlstrom* des fables scandinaves, devait engloutir, sinon le bâtiment, du moins les pilotes et les matelots.

La pensée de tous était enfantée, elle avait pris une forme, un aspect, un corps ; elle était là sous leurs yeux : la jeune République sortait armée du casque et de la pique comme Minerve ; que pouvaient-ils demander de plus ?

Ce fut, pendant les deux heures que dura la solennelle agape, un échange de hautes pensées derrière lesquelles se groupaient de grands dévouements ; ces hommes-là parlaient de leur vie comme d'une chose qui ne leur appartenait déjà plus, et qui était à la nation. Ils réservaient l'honneur, voilà tout ; au besoin, ils abandonnaient la renommée.

Il y en avait qui, dans le fol enivrement de leurs jeunes espérances, voyaient s'ouvrir devant eux ces horizons azurés et infinis qu'on ne trouve que dans les rêves ; ceux-là, c'étaient les jeunes, les ardents, ceux qui étaient de la veille dans cette lutte la plus énervante de toutes, la lutte de la tribune : c'était Barbaroux, Rebecqui, Ducos, Boyer-Fonfrède.

Il y en avait d'autres qui s'arrêtaient, et qui faisaient halte au milieu du chemin, reprenant des forces pour la course qui leur restait à accomplir ; c'étaient ceux qui avaient plié sous les rudes journées de la législative ; c'étaient les Guadet, les Gensonné, les Grangeneuve, les Vergniaud.

Il y en avait d'autres, enfin, qui se sentaient arrivés à leur but, et qui comprenaient que la popularité allait les abandonner ; couchés à l'ombre du feuillage naissant de l'arbre républicain, ils se demandaient avec mélancolie si c'était bien la peine de se relever, de ceindre de nouveau ses reins, de reprendre le bâton de voyageur pour aller trébucher au premier obstacle : c'était Roland, c'était Pétion.

Mais, aux yeux de ces hommes, quel était le chef de l'avenir ? quel était le principal auteur, quel serait le futur modérateur de la jeune République ? C'était Vergniaud.

A la fin du dîner, il remplit son verre, et se leva.

— Amis, dit-il, un toast.

Tous se levèrent comme lui.

— A l'éternité de la République !

Tous répétèrent :

— A l'éternité de la République !

Il allait porter le verre à ses lèvres.

— Attendez ! dit madame Roland.

Elle portait sur sa poitrine une rose fraîche, et qui venait de s'ouvrir comme l'ère nouvelle dans laquelle on entrait ; elle la prit, et ainsi qu'eût fait une Athénienne dans le verre de Périclès, elle l'effeuilla dans celui de Vergniaud.

Vergniaud sourit tristement, vida le verre, et, se penchant à l'oreille de Barbaroux, qui était à sa gauche :

— Hélas ! dit-il, j'ai bien peur que cette grande âme ne se trompe ! Ce ne sont point des feuilles de roses, ce sont des branches de cyprès qu'il faut effeuiller dans notre vin ce soir. En buvant à une république dont les pieds trempent dans le sang de septembre, Dieu sait si nous ne buvons pas à notre mort !... Mais n'importe ! ajouta-t-il en lançant un regard sublime au ciel, ce vin fût-il mon sang, je le boirais à la liberté et à l'égalité !

— Vive la République ! répétèrent en chœur tous les convives.

Au moment, à peu près, où Vergniaud portait ce toast, et où les convives y répondaient par ce cri de « Vive la République ! » poussé en chœur, les trompettes sonnaient en face du Temple, et il se faisait un grand silence.

Alors, de leurs chambres, dont les fenêtres étaient ouvertes, le roi et la reine purent entendre un municipal qui, d'une voix ferme, puissante, sonore, proclamait l'abolition de la royauté et l'établissement de la République.

XVII

LA LÉGENDE DU ROI MARTYR

On a pu voir avec quelle impartialité nous avons, tout en empruntant la forme du roman, mis, jusqu'ici, sous les yeux de nos lecteurs ce qu'il y eut de terrible, de cruel, de bon, de beau, de grand, de sanguinaire, de bas, dans les hommes et les événements qui se sont succédé.

Aujourd'hui, les hommes dont nous parlons sont morts ; les événements seuls, immortalisés par l'histoire, les événements, qui ne meurent pas, restent debout.

Eh bien, nous pouvons évoquer de la tombe tous ces cadavres qui y sont couchés, et dont si peu sont morts ayant rempli les jours de leur vie ; nous pouvons dire à Mirabeau : « Tribun, lève-toi ! » à Louis XVI : « Martyr, levez-vous ! » nous pouvons dire : « Levez-vous tous, vous qu'on appelait Favras, la Fayette, Bailly, Fournier l'Américain, Jourdan Coupe-Tête, Maillard,

Le roi lui donnait une leçon de géographie (Page 708.

Théroigne de Méricourt, Barnave, Bouillé, Gamain, Pétion, Manuel, Danton, Robespierre, Marat, Vergniaud, Dumouriez, Marie-Antoinette, madame Campan, Barbaroux, Roland, madame Roland, roi, reine, ouvriers, tribuns, généraux, massacreurs, publicistes, levez-vous ! et dites si je ne vous ai pas présentés à ma génération, au peuple, aux grands, aux femmes surtout, — c'est-à-dire aux mères de nos fils, à qui je veux apprendre l'histoire — sinon comme vous êtes, — qui peut se vanter d'avoir surpris tous vos mystères ? — du moins comme je vous ai vus. »

Nous pouvons dire aux événements, debout encore aux deux côtés de la route que nous avons parcourue : « Grande et lumineuse journée du 14 juillet, sombres et menaçantes nuits des 5 et 6 octobre ; sanglant orage du Champ de Mars où la poudre s'est mêlée à l'éclair, et le bruit du canon au bruit de la foudre, prophétique invasion du 20 juin, terrible victoire du 10 août, exécrables souvenirs des 2 et 3 septembre, vous ai-je bien dits ? vous ai-je bien racontés ? ai-je menti sciemment ? ai-je cherché à vous absoudre ou à vous calomnier ? »

Et les hommes répondront, — et les événements répondront : « Tu as cherché la vérité sans haine, sans passion ; tu as cru la dire quand tu ne l'as pas dite ; tu es resté fidèle à toutes les gloires du passé, insensible à tous les éblouissements du présent, confiant à toutes les promesses de l'avenir; sois absous sinon loué. »

Eh bien, ce que nous avons fait, non pas comme juge élu, mais comme narrateur impartial, nous allons le faire jusqu'à la fin ; et, de cette fin, chaque pas nous en rapproche rapidement. Nous roulons sur la pente des événements, et il y a peu de points d'arrêt du 21 septembre, jour de la mort de la royauté, au 21 janvier, jour de la mort du roi.

Nous avons entendu la proclamation de la République, faite sous les fenêtres de la prison royale par la forte voix du municipal Lubin, et cette proclamation nous a ramenés au Temple.

Rentrons donc dans le sombre édifice qui renferme un roi redevenu homme, une reine restée reine, une vierge qui sera martyre, et deux pauvres enfants innocents par l'âge, sinon par la naissance.

Le roi était au Temple ; comment y était-il venu ? avait-on voulu d'avance lui faire la honteuse prison qu'il occupait ?

Non.

Pétion, d'abord, avait eu l'idée de le transporter au centre de la France, de lui donner Chambord, de le traiter là en roi fainéant.

Supposez que tous les souverains de l'Europe imposassent silence à leurs ministres, à leurs généraux, à leurs manifestes, et se contentassent de regarder ce qui se passait en France, sans vouloir se mêler de la politique intérieure des Français, cette déchéance du 10 août, cette existence parquée dans un beau palais, dans un beau climat, au milieu de ce qu'on appelle le jardin de la France, n'était pas une punition bien cruelle pour l'homme qui expiait non seulement ses fautes, mais aussi celles de Louis XV et de Louis XIV.

La Vendée venait de se soulever : on objecta quelque hardi coup de main par la Loire. La raison parut suffisante : on renonça à Chambord.

L'Assemblée législative indiqua le Luxembourg, le Luxembourg, palais florentin de Marie de Médicis, avec sa solitude, ses jardins rivaux de ceux des Tuileries, était une résidence non moins convenable que Chambord pour un roi déchu.

On objecta les caves du palais, donnant sur les catacombes : peut-être n'était-ce qu'un prétexte de la commune, qui voulait tenir le roi sous sa main ; mais c'était un prétexte plausible.

La commune vota donc pour le Temple. Par là, elle entendait, non pas la tour du Temple, mais le palais du Temple, l'ancienne commanderie des chefs de l'ordre, une des maisons de plaisance du comte d'Artois.

Au moment de la translation, plus tard même, quand Pétion a amené la famille royale au palais, quand elle y est installée, quand Louis XVI fait ses dispositions d'emménagement, une dénonciation arrive à la commune, et Manuel est expédié pour changer une dernière fois la détermination municipale, et substituer le donjon au château.

Manuel arrive, examine le local destiné au logement de Louis XVI et de Marie-Antoinette, et redescend tout honteux.

Le donjon était inhabitable, occupé seulement par une espèce de portier, n'offrant qu'une place insuffisante, que des chambres étroites, que des lits immondes et infestés de vermine.

Il y a là dedans plus de cette fatalité qui pèse sur les races mourantes, que d'infâme préméditation de la part des juges.

L'Assemblée nationale n'avait point, de son côté, marchandé sur la dépense de bouche du roi. Le roi mangeait beaucoup ; ce n'est point un reproche que nous lui faisons : il est dans le tempérament des Bourbons d'être grands mangeurs ; mais le roi mangeait mal à propos. Il mangea, et de grand appétit, tandis qu'aux Tuileries on s'égorgeait. Non seulement, dans son procès, ses juges lui reprochèrent ce repas intempestif, mais encore, ce qui est plus grave, l'histoire, l'implacable histoire, l'a enregistré dans ses archives.

L'Assemblée nationale avait donc accordé cinq cent mille livres pour les dépenses de bouche du roi.

Pendant les quatre mois que le roi resta au Temple, la dépense fut de quarante mille livres; dix mille francs par mois ; trois cent trente-trois francs par jour ; — en assignats, c'est vrai, mais, à cette époque, les assignats perdaient à peine six ou huit pour cent.

Louis XVI avait, au Temple, trois domestiques et treize officiers de bouche. Son dîner se composait, chaque jour, de quatre entrées, de deux rôtis chacun de trois pièces, de quatre entremets, de trois compotes, de trois assiettes de fruits, d'un carafon de bordeaux, d'un carafon de malvoisie, d'un carafon de madère.

Seul, avec son fils, il buvait du vin ; la reine et les princesses ne buvaient que de l'eau.

De ce côté, matériellement, le roi n'était donc pas à plaindre.

Mais ce qui lui manquait essentiellement,

c'était l'air, l'exercice, le soleil et l'ombre.

Habitué aux chasses de Compiègne et de Rambouillet, aux parcs de Versailles et du grand Trianon, Louis XVI se trouvait tout à coup réduit, non pas à une cour, non pas à un jardin, non pas à une promenade, mais à un terrain sec et nu, avec quatre compartiments de gazon flétri, quelques arbres chétifs, rabougris, effeuillés au vent d'automne.

Là, tous les jours, à deux heures, le roi et sa famille se promenaient ; nous nous trompons : là, tous les jours, à deux heures, on promenait le roi et sa famille.

C'était inouï, cruel, féroce ; mais moins féroce, moins cruel que les caves de l'inquisition à Madrid, que les plombs du conseil des dix à Venise, que les cachots du Spielberg.

Remarquez bien ceci, nous n'excusons pas plus la commune que nous n'excusons les rois ; nous disons seulement : le Temple n'était qu'une représaille, représaille terrible, fatale, maladroite ; car, d'un jugement on fait une persécution ; d'un coupable un martyr.

Maintenant, quel était l'aspect des différents personnages que nous avons entrepris de suivre dans les phases principales de leur vie ?

Le roi avec son œil myope, ses joues flasques, ses lèvres pendantes, sa démarche lourde et balancée, semblait un bon fermier, frappé d'un malheur de fortune ; sa mélancolie était celle d'un agriculteur dont un orage a brûlé les granges, ou une grêle versé les blés.

L'attitude de la reine était, comme toujours, roide, altière, souverainement provocante ; Marie-Antoinette avait inspiré de l'amour au temps de sa grandeur ; à l'heure de sa chute, elle inspira des dévouements, mais pas de pitié : la pitié naît de la sympathie, et la reine n'était aucunement sympathique.

Madame Élisabeth, avec sa robe blanche, symbole de la pureté de son corps et de son âme ; avec ses cheveux blonds, devenus plus beaux encore depuis qu'ils étaient forcés de flotter sans poudre ; Madame Élisabeth, avec un ruban d'azur à son bonnet et à sa taille, semblait l'ange gardien de toute la famille.

Madame Royale, malgré le charme de son âge, intéressait peu ; tout Autrichienne comme sa mère, toute Marie-Thérèse et Marie-Antoinette, elle avait déjà, dans le regard, le mépris et la fierté des races royales et des oiseaux de proie.

Le petit dauphin, avec ses cheveux d'or, son teint blanc et un peu maladif, était intéressant ; il avait néanmoins l'œil d'un bleu cru et dur, et parfois d'une expression bien au-dessus de son âge ; il comprenait tout, suivait les indications que lui donnait sa mère par un seul regard, et il avait des roueries de politique enfantine qui parfois tiraient les larmes des yeux des bourreaux eux-mêmes. Il avait touché jusqu'à Chaumette, le pauvre enfant ! Chaumette, cette fouine au museau pointu, cette belette à besicles.

— Je lui ferai donner de l'éducation, disait l'ex-clerc de procureur à M. Hue, valet de chambre du roi ; mais il faudra bien l'éloigner de sa famille, afin qu'il perdre l'idée de son rang.

La commune était à la fois cruelle et imprudente : cruelle en entourant la famille royale de mauvais traitements, de vexations, d'injures même ; imprudente en la laissant voir faible, brisée, prisonnière.

Chaque jour, elle envoyait de nouveaux gardiens au Temple, sous le nom de municipaux ; ils entraient ennemis acharnés du roi, ils sortaient ennemis de Marie-Antoinette, mais presque tous plaignant le roi, plaignant les enfants, glorifiant Madame Élisabeth.

En effet, que voyaient-ils au Temple, en place du loup, de la louve, des louveteaux ? Une brave famille de bourgeois, une mère un peu fière, espèce d'Elmire qui ne souffrait point que l'on touchât même le bas de sa robe ; — mais du tyran, point la trace !

Comment se passait la journée de toute la famille ?

Disons-le, d'après Cléry.

Mais, d'abord, jetons les yeux sur la prison ; nous les reporterons ensuite sur les prisonniers.

Le roi était enfermé dans la petite tour ; la petite tour était adossée à la grande, sans communication intérieure ; elle formait un carré long flanqué de deux tourelles : dans une de ces tourelles était un petit escalier qui partait du premier étage, et conduisait à une galerie, sur la plate-forme ; dans l'autre étaient des cabinets qui correspondaient à chaque étage de la tour.

Le corps de bâtiment avait quatre étages. Le premier était composé d'une antichambre, d'une salle à manger et d'un cabinet pris dans la tourelle ; le second étage était divisé de la même manière à peu près ; la pièce la plus grande servait de chambre à coucher à la reine et au dauphin ; la seconde, séparée de la première par une petite antichambre fort obscure, était occupée par Madame Royale et Madame

Élisabeth ; il fallait traverser cette chambre pour entrer dans le cabinet de la tourelle, et ce cabinet, qui n'était autre que celui que les Anglais appellent *water-closet*, était commun à la famille royale, aux officiers municipaux et aux soldats.

Le roi demeurait au troisième étage, qui comprenait le même nombre de pièces ; il couchait dans la grande chambre ; le cabinet pris dans la tourelle lui servait de cabinet de lecture ; à côté était une cuisine, précédée d'une pièce obscure qu'avaient, dans les premiers jours, et avant qu'ils eussent été séparés du roi, MM. de Chamilly et Hue, et sur laquelle, depuis le départ de M. Hue, les scellés avaient été apposés.

Le quatrième étage était fermé ; le rez-de-chaussée était consacré à des cuisines dont on ne fit aucun usage.

Maintenant, comment la famille royale vivait-elle dans cet étroit espace, moitié prison, moitié appartement ?

Nous allons le dire.

Le roi se levait d'habitude à six heures du matin ; il se rasait lui-même ; Cléry le coiffait et l'habillait ; puis, aussitôt coiffé et habillé, il passait dans son cabinet de lecture, c'est-à-dire dans la bibliothèque des archives de l'ordre de Malte, qui contenait quinze ou seize cents volumes.

Un jour, le roi, en y cherchant des livres, montra du doigt à M. Hue les œuvres de Voltaire et de Rousseau.

Puis, à voix basse :

— Tenez, dit-il, ce sont ces deux hommes, qui ont perdu la France !

En entrant là, Louis XVI se mettait à genoux, et priait pendant cinq ou six minutes, puis lisait ou travaillait jusqu'à neuf heures ; pendant ce temps, Cléry faisait la chambre du roi, préparait le déjeuner, et descendait chez la reine.

Demeuré seul, le roi s'asseyait, s'amusait à traduire ou Virgile ou les odes d'Horace ; — pour continuer l'éducation du dauphin, il s'était remis au latin lui-même.

Cette pièce était très petite ; la porte en restait toujours ouverte : le municipal se tenait dans la chambre à coucher, et, par la porte ouverte, voyait ce que faisait le roi.

La reine n'ouvrait sa porte qu'à l'arrivée de Cléry, afin que, la porte étant fermée, le municipal ne pût entrer chez elle.

Alors, Cléry faisait les cheveux du jeune prince, arrangeait la toilette de la reine, et passait dans la chambre de Madame Royale et de Madame Élisabeth pour leur rendre le même service. Ce moment de la toilette, rapide et précieux à la fois, était celui où Cléry pouvait instruire la reine et les princesses de ce qu'il avait appris ; un signe qu'il faisait indiquait qu'il avait quelque chose à dire : la reine ou une des princesses causait alors avec le municipal, et Cléry profitait de la distraction de celui-ci pour glisser rapidement ce qu'il avait à dire.

A neuf heures, la reine, les deux enfants et Madame Élisabeth montaient chez le roi, où le déjeuner était servi ; pendant le dessert, Cléry faisait les chambres de la reine et des princesses ; un nommé Tison et sa femme avaient été adjoints à Cléry sous prétexte de l'aider dans son service, mais, en réalité, pour espionner la famille royale et même les municipaux. Le mari, ancien commis aux barrières, était un vieillard dur et méchant, incapable d'aucun sentiment d'humanité ; la femme — femme par l'amour qu'elle avait pour sa fille — poussait cet amour à un tel point, que, séparée de sa fille, elle dénonça la reine dans l'espérance de revoir son enfant[1].

A dix heures du matin, le roi descendait dans la chambre de la reine, et y passait la journée ; là, il s'occupait presque exclusivement de l'éducation du dauphin, lui faisait répéter quelques passages de Corneille ou de Racine, lui donnait une leçon de géographie, et l'exerçait à tracer et à lever des plans. — La France, depuis trois ans, était divisée en départements, et c'était particulièrement cette géographie du royaume que le roi montrait à son fils.

La reine, de son côté, s'occupait de l'éducation de Madame Royale, qu'elle interrompait quelquefois pour se plonger dans de sombres et profondes rêveries ; quand cela arrivait, Madame Royale, la laissant tout entière à cette douleur inconnue qui avait au moins le bénéfice des pleurs, Madame Royale s'éloignait sur la pointe du pied, en faisant signe à son frère de garder le silence ; la reine demeurait plus ou moins longtemps absorbée dans ses réflexions, puis une larme paraissait au coin de sa paupière, roulait le long de sa joue, tombait sur sa main jaunie et qui avait pris le ton de l'ivoire, et, alors, presque toujours, la pauvre prisonnière, libre un instant dans le domaine immense de la pensée, dans le champ illimité des souvenirs, la pauvre prisonnière s'élançait brusquement hors de son rêve, et, regardant autour

---

1. Voir *le Chevalier de Maison-Rouge*, qui fait suite à *la Comtesse de Charny*.

d'elle, rentrait, la tête basse et le cœur brisé, dans sa prison.

A midi, les trois princesses entraient chez Madame Élisabeth pour quitter leurs robes du matin; ce moment, la pudeur de la commune l'avait réservée à la solitude : aucun municipal n'était là.

A une heure, lorsque le temps le permettait, on faisait descendre la famille royale dans le jardin; quatre officiers municipaux et un chef de légion de la garde nationale l'accompagnaient ou plutôt la surveillaient. Comme il y avait dans le Temple quantité d'ouvriers employés aux démolitions des maisons et aux constructions des nouveaux murs, les prisonniers ne pouvaient user que d'une partie de l'allée des Marronniers.

Cléry était de ces promenades; il y donnait un peu d'exercice au jeune prince en le faisant jouer soit au ballon, soit au petit palet.

A deux heures, on remontait dans la tour. Cléry servait le dîner; et, tous les jours, à cette heure, Santerre venait au Temple, accompagné de deux aides de camp ; il visitait scrupuleusement les deux appartements du roi et de la reine.

Quelquefois le roi lui adressait la parole; la reine jamais : elle avait oublié le 20 juin et ce qu'elle devait à cet homme.

Après le repas, on redescendait au premier étage; le roi faisait une partie de piquet ou de trictrac avec la reine ou sa sœur.

Cléry dînait à son tour.

A quatre heures, le roi s'accommodait, pour faire sa sieste, sur une causeuse ou dans quelque grand fauteuil : alors, le plus profond silence s'établissait : les princesses prenaient ou un livre ou leur ouvrage, et chacun restait immobile, même le petit dauphin.

Louis XVI, presque sans transition, passait de la veille au sommeil : — les besoins physiques étaient, nous l'avons dit, tyranniques chez lui. Le roi dormait régulièrement ainsi une heure et demie ou deux heures. A son réveil, on reprenait la conversation; on appelait Cléry, qui n'était jamais bien loin, et Cléry donnait au petit dauphin sa leçon d'écriture; cette leçon donnée, il conduisait le jeune prince dans la chambre de Madame Élisabeth, et le faisait jouer à la balle et au volant.

Le soir venu, toute la famille royale se plaçait autour d'une table : la reine faisait, à haute voix, une lecture propre à amuser ou à instruire les enfants : Madame Élisabeth relayait la reine quand celle-ci était fatiguée. La lecture durait jusqu'à huit heures; à huit heures, le jeune prince soupait dans la chambre de Madame Élisabeth : la famille royale assistait à ce souper, pendant lequel le roi prenait une collection du *Mercure de France* qu'il avait trouvée dans la bibliothèque, et donnait aux enfants des énigmes et des charades à deviner.

Après le souper du dauphin, la reine faisait dire à son fils cette prière :

« Dieu tout-puissant, qui m'avez créé et racheté, je vous adore! conservez les jours du roi mon père, et ceux de ma famille, protégez-nous contre nos ennemis : donnez à madame Tourzel les forces dont elle a besoin pour supporter ce qu'elle endure à cause de nous. »

Puis Cléry déshabillait et couchait le dauphin, près duquel restait une des deux princesses jusqu'à ce qu'il fût endormi.

Tous les soirs, à cette heure, un colporteur de journaux passait en criant les nouvelles du jour : Cléry se mettait à l'affût, et transmettait au roi les paroles du crieur.

A neuf heures, le roi soupait à son tour.

Cléry apportait sur un plateau le souper de la princesse qui veillait le petit dauphin.

Son repas fini, le roi rentrait dans la chambre de la reine, lui donnait, ainsi qu'à sa sœur, la main en signe d'adieu, embrassait les enfants, rentrait dans sa chambre, se retirait dans la bibliothèque, et y lisait jusqu'à minuit.

De leur côté, les princesses se renfermaient chez elles; un des municipaux restait dans la petite pièce qui séparait leurs deux chambres : l'autre suivait le roi.

Cléry plaçait alors son lit près de celui du roi; mais, pour se coucher, Louis XVI attendait que le nouveau municipal fût monté, afin de savoir qui il était, et s'il l'avait déjà vu. — Les municipaux étaient relevés à onze heures du matin, à cinq du soir, et à minuit.

Ce genre de vie, sans changement aucun, dura tant que le roi resta dans la petite tour, c'est-à-dire jusqu'au 30 septembre.

On le voit, la situation était triste, et d'autant plus digne de pitié qu'elle était supportée dignement; aussi les plus hostiles s'adoucissaient-ils à cette vue ; ils venaient pour veiller sur un abominable tyran qui avait ruiné la France, massacré les Français, appelé l'étranger; sur une reine qui avait réuni les lubricités de Messaline aux débordements de Catherine II ; — ils trouvaient un homme vêtu de gris, qu'ils confondaient avec son valet de chambre, qui mangeait bien, buvait bien, dormait bien, jouait au trictrac et au piquet, montrait le latin et la géographie à son fils, et faisait deviner des charades à ses enfants; une femme fière et dédaigneuse sans doute, mais digne, calme, résignée, encore belle, apprenant à sa fille à faire de la tapisserie, à son fils à dire des prières, parlant doucement aux domestiques, et appelant un valet de chambre « mon ami ».

Les premiers moments étaient à la haine : chacun de ces hommes, venu avec des sentiments d'animosité et de vengeance, commençait par donner cours à ces sentiments ; puis, peu à peu, il s'apitoyait; parti le matin de chez lui, menaçant et la tête haute, il rentrait le soir attristé, la tête basse ; sa femme l'attendait curieuse.

— Ah! c'est toi! s'écriait-elle.
— Oui, répondait-il laconiquement.
— Eh bien, as-tu vu le tyran?
— Je l'ai vu.
— A-t-il l'air bien féroce ?
— Il ressemble à un rentier du Marais.
— Que fait-il? il enrage! il maudit la République! il...
— Il passe le temps à étudier avec ses enfants, à leur apprendre le latin, à jouer au piquet avec sa sœur, à deviner des charades pour amuser sa femme.
— Il n'a donc pas de remords, le malheureux?
— Je l'ai vu manger, et il mange comme un homme qui a la conscience tranquille; je l'ai vu dormir, et je réponds qu'il n'a pas le cauchemar.

Et la femme devenait pensive à son tour.

— Mais, alors, disait-elle, il n'est donc pas si cruel et si coupable qu'on le dit?
— Coupable, je ne sais pas; cruel, je répondrais bien que non ; malheureux, à coup sûr!
— Pauvre homme! disait la femme.

Voilà ce qui arrivait; plus la commune abaissait son prisonnier, et plus elle montrait que ce n'était, à tout prendre, qu'un homme comme un autre; plus les autres hommes avaient pitié de celui qu'ils reconnaissaient pour leur semblable.

Cette pitié se manifestait parfois directement, au roi lui-même, au dauphin, à Cléry.

Un jour, un tailleur de pierre était occupé à faire des trous à la muraille de l'antichambre pour y placer d'énormes verrous. Pendant que l'ouvrier déjeunait, le dauphin s'amusait à jouer avec ses outils: alors, le roi prit des mains de l'enfant le marteau et le ciseau, lui montrant, lui serrurier habile, de quelle façon il fallait s'en servir.

Le maçon, du coin où il était assis, et où il mangeait son morceau de pain et de fromage, regardait avec étonnement ce qui se passait.

Il ne s'était pas levé devant le roi et devant le prince: il se leva devant l'homme et devant l'enfant; puis, s'approchant, la bouche encore pleine, mais le chapeau à la main:

— Eh bien, dit-il au roi, quand vous sortirez de cette tour, vous pourrez vous vanter d'avoir travaillé à votre propre prison!

— Ah! répondit le roi, quand et comment en sortirai-je?

Le dauphin se mit à pleurer; l'ouvrier essuya une larme; le roi laissa tomber marteau et ciseau, et rentra dans sa chambre, où il se promena longtemps à grands pas.

Un autre jour, un factionnaire montait, comme d'habitude, la garde à la porte de la reine; c'était un faubourien, vêtu grossièrement, mais cependant avec propreté.

Cléry était seul dans la chambre, occupé à lire. Le factionnaire le regardait avec une profonde attention.

Au bout d'un instant, Cléry, appelé ailleurs par son service, se lève et veut sortir; mais, le faubourien, tout en lui présentant les armes, d'une voix basse, timide, presque tremblante :

— On ne passe pas, dit-il.
— Pourquoi cela? demande Cléry.
— Parce que la consigne m'ordonne d'avoir les yeux sur vous.
— Sur moi? dit Cléry, à coup sûr, vous vous trompez.
— N'êtes-vous pas le roi?
— Vous ne connaissez donc pas le roi?
— Jamais je ne l'ai vu, Monsieur; et, s'il faut le dire, pour le voir, j'aimerais mieux le voir ailleurs qu'ici.
— Parlez bas! dit Cléry.

Puis, désignant une porte;

— Je vais entrer dans cette chambre, et vous verrez le roi : il est assis près d'une table, et il lit.

Cléry entra et dit au roi ce qui venait de se passer; alors le roi se leva et se promena d'une chambre à l'autre, afin que le brave homme le vît tout à son aise.

Aussi, ne doutant point que ne ce fût pour lui que le roi se dérangeait ainsi :

— Ah! Monsieur, dit le faubourien à Cléry, que le roi est bon! Quant à moi, je ne puis croire qu'il nous ait fait tout le mal que l'on dit.

Un autre factionnaire, placé au bout de cette allée qui servait de promenade à la famille royale, fit, un jour, comprendre aux illustres prisonniers qu'il avait quelques renseignements leur donner. Au premier tour de promenade, personne n'eut l'air de faire attention à ses signes; mais, au second tour, Madame Élisabeth s'approcha du factionnaire, pour voir s'il lui parlerait. Malheureusement, soit crainte, soit respect, ce jeune homme, qui était d'une figure distinguée, resta muet : seulement, deux larmes coulèrent dans ses yeux, et, du doigt, il indiqua un tas de décombres où, probablement, une lettre était cachée. Cléry, sous prétexte de chercher, au milieu des pierres, des palets pour le petit prince, se mit à fouiller dans les décombres ; mais les municipaux, devinant sans doute ce qu'il cherchait, lui ordonnèrent de se retirer, et lui défendirent, sous peine d'être séparé du roi, de jamais parler aux sentinelles.

Cependant tous ceux qui approchaient les prisonniers du Temple ne montraient pas les mêmes sentiments de respect et de pitié : chez beaucoup, la haine et la vengeance étaient si profondément enracinées, que ce spectacle du malheur royal, supporté avec des vertus bourgeoises, ne pouvait les en arracher, et parfois le roi et la reine avaient à supporter des grossièretés, des injures, des insultes même.

Un jour, le municipal de service près du roi était un nommé James, professeur de langue anglaise; cet homme s'était attaché au roi comme son ombre, et ne le quittait pas. Le roi entra dans son cabinet de lecture; le municipal y entra sur ses pas, et s'assit auprès de lui.

— Monsieur, dit alors le roi avec sa douceur habituelle, vos collègues ont l'habitude de me laisser seul dans cette pièce, attendu que, la porte restant toujours ouverte, je ne puis échapper à leurs regards.

— Mes collègues, répondit James, font à leur guise, et, moi, je fais à la mienne.

— Remarquez, s'il vous plait, Monsieur, reprit le roi, que la chambre est si petite, qu'il est impossible d'y rester deux.

— Alors, passez dans une plus grande, répliqua brutalement le municipal.

Le roi se leva sans rien dire, et rentra dans sa chambre à coucher, où le maître d'anglais le suivit et continua de l'obséder jusqu'au moment où il fut relevé.

Un matin, le roi prit le municipal qui était de garde pour celui qu'il avait vu la veille; — nous avons dit qu'à minuit on avait l'habitude de changer les municipaux.

Il alla à lui, et, d'un air d'intérêt :

— Ah! Monsieur, dit-il, je regrette bien qu'on ait oublié de vous relever !

— Que voulez-vous dire ? demanda brutalement le municipal.

— Je veux dire que vous devez être fatigué.

— Monsieur, répondit cet homme, qui s'appelait Meunier, je viens ici pour surveiller ce que vous faites, et non pour que vous vous occupiez de ce que je fais.

Puis, enfonçant son chapeau sur sa tête et s'approchant du roi :

— Personne, et vous moins qu'un autre, ajouta-t-il, n'a le droit de s'en mêler !

Une fois, à son tour, la reine se hasarda d'adresser la parole à un municipal.

— Quel quartier habitez-vous, Monsieur ? demanda-t-elle à un de ces hommes, qui assistait à son dîner.

— La patrie ! répondit fièrement celui-ci.

— Mais il me semble, reprit la reine, que la patrie, c'est la France ?

— Moins la portion occupée par l'ennemi que vous y avez appelé.

Quelques-uns des commissaires ne parlaient jamais du roi, de la reine, des princesses ou du jeune prince, sans ajouter quelque épithète obscène ou quelque juron grossier.

Un jour, un municipal nommé Turlot dit à Cléry, assez haut pour que le roi ne perdît pas un mot de la menace :

— Si le bourreau ne guillotinait pas cette sacrée famille, je la guillotinerais moi-même !

En sortant pour la promenade, le roi et la famille royale devaient passer devant un grand nombre de sentinelles dont plusieurs même étaient placées dans l'intérieur de la petite tour. Quand les chefs de légion et les municipaux passaient, les factionnaires leur présentaient les armes; mais, quand le roi passait à son tour, ils posaient l'arme au pied, ou tournaient le dos.

Il en était de même des gardes du service extérieur placés au bas de la tour: quand le roi passait, ils affectaient de se couvrir et de s'asseoir; mais, à peine les prisonniers étaient-ils passés, qu'ils se levaient et se découvraient.

Les insulteurs allaient plus loin : un jour, le factionnaire, non content de porter les armes aux municipaux et aux officiers, et de ne les point porter au roi, écrivit sur le côté intérieur de la porte de la prison :

« La guillotine est permanente, et attend le tyran Louis XVI. »

C'était une invention nouvelle, qui obtint un grand succès ; aussi le factionnaire eut-il des imitateurs : bientôt tous les murs du Temple, et particulièrement celui de l'escalier que montait et descendait la famille royale, furent couverts d'inscriptions dans le genre de celles-ci :

« Madame *Veto* la dansera ! ».

« Nous saurons mettre le gros cochon au régime. »

« A bas le cordon rouge ! il font étrangler les petits louveteaux ! »

D'autres inscriptions, comme une légende au-dessous d'une gravure, expliquaient quelque dessin menaçant.

Un de ces dessins représentait un homme à une potence; au-dessous étaient écrits ces mots :

« Louis prenant un bain d'air. »

Mais les tourmenteurs les plus acharnés étaient deux commensaux du Temple : l'un, le cordonnier Simon; l'autre, le sapeur Rocher.

Simon cumulait : il était non seulement cordonnier, mais encore municipal ; non seulement municipal, mais encore un des six commissaires chargés d'inspecter les travaux et les dépendances du Temple. A ce triple titre, il ne quittait point la tour.

Cet homme, que ses cruautés exercées sur l'enfant royal ont rendu célèbre, était l'insulte personnifiée ; chaque fois qu'il paraissait devant les prisonniers, c'était pour leur faire un nouvel outrage.

Si le valet de chambre réclamait quelque chose au nom du roi :

— Voyons, disait-il, que Capet demande d'un seul coup tout ce dont il a besoin ; je n'ai pas envie de prendre pour lui la peine de remonter une seconde fois.

Rocher lui faisait pendant ; ce n'était pourtant pas un méchant homme : au 10 août, il avait, à la porte de l'Assemblée nationale, pris le jeune dauphin dans ses bras, et l'avait été déposer sur le bureau du président. Rocher, de sellier qu'il était, passa officier dans l'armée de Santerre, puis portier de la tour du Temple ; il était ordinairement vêtu d'un costume de sapeur, avec une barbe et de longues moustaches, un bonnet à poil noir sur la tête, un large sabre au côté, et, autour de la taille, une ceinture où pendait un trousseau de clefs.

Il avait été placé là par Manuel, plutôt pour veiller sur le roi et sur la reine, plutôt pour empêcher qu'on ne leur fît du mal, que pour qu'il leur fît du mal lui-même ; il ressemblait à un enfant auquel on donne à garder une cage avec des oiseaux, en lui recommandant de veiller à ce que l'on ne les tourmente point, et qui, pour se distraire, leur arrache les plumes.

Lorsque le roi demandait à sortir, c'était Rocher qui se présentait à la porte ; mais il n'ouvrait que quand le roi avait bien attendu, remuant, tandis que le roi attendait, un gros trousseau de clefs ; puis tirant les verrous avec fracas ; puis, les verrous tirés, la porte ouverte, descendant précipitamment, et se plaçant près du dernier guichet, une pipe à la bouche ; puis, à chaque personne de la famille royale qui sortait, mais particulièrement aux femmes, soufflant une bouffée de tabac dans le nez.

Ces misérables lâchetés avaient pour témoins les gardes nationaux, qui, au lieu de s'opposer à ces vexations, souvent prenaient des chaises, et s'asseyaient comme des spectateurs devant un spectacle.

Cela encourageait Rocher, qui allait disant partout :

— Marie-Antoinette faisait la fière ; mais je l'ai bien forcée de s'humilier, moi ! Élisabeth et la petite me font, malgré elles, la révérence : le guichet est si bas, qu'il faut bien qu'elles se baissent devant moi !

Puis il ajoutait :

— Chaque jour, je vous leur flanque au nez, à l'une ou à l'autre une bouffée de ma pipe. La sœur ne demandait-elle pas dernièrement à nos commissaires: « Pourquoi donc Rocher fume-t-il toujours ? — Apparemment que cela lui plaît ! » ont-ils répondu.

Il y a, dans toutes les grandes expiations, outre le supplice infligé au patient, l'homme qui fait boire au condamné la lie et le fiel : — pour Louis XVI, il s'appelle Rocher ou Simon ; pour Napoléon il s'appelle Hudson Lowe. Mais aussi, quand le condamné a subi sa peine, quand le patient en a fini avec la vie, ce sont ces hommes-là qui poétisent son supplice, qui sanctifient sa mort ! Sainte-Hélène serait-elle Sainte-Hélène sans le geôlier à l'habit rouge ? Le Temple serait-il le Temple sans son sapeur et son cordonnier ? Voilà, les véritables personnages de la légende ; aussi appartiennent-ils de droit aux longs et sombres récits populaires.

Mais, si malheureux que fussent les prisonniers, il leur restait une immense consolation : ils étaient réunis.

La commune résolut de séparer le roi de sa famille.

Le 26 septembre, cinq jours après la proclamation de la République, Cléry apprit, par un municipal, que l'appartement qu'on destinait au roi dans la grande tour serait bientôt prêt.

Cléry, pénétré de douleur, transmit cette

— J'accrochai la porte, et je n'eus qu'à la pousser. (Page 718.)

triste nouvelle à son maître ; mais celui-ci, avec son courage ordinaire :

— Tâchez, dit-il, de savoir d'avance le jour de cette pénible séparation, et de m'en instruire.

Malheureusement, Cléry ne sut rien, et ne put rien dire de plus au roi.

Le 29, à dix heures du matin, six municipaux entrèrent dans la chambre de la reine au moment où toute la famille y était réunie : ils venaient, porteurs d'un arrêté de la commune, enlever aux prisonniers papier, encre, plumes, crayons. Perquisition fut faite non seulement dans les chambres, mais sur les personnes mêmes des prisonniers.

— Quand vous aurez besoin de quelque chose, dit celui qui portait la parole, et que l'on appelait Charbonnier, votre valet de chambre descendra et écrira vos demandes sur un registre qui restera dans la chambre du conseil.

Le roi ni la reine ne firent aucune observation ; ils se fouillèrent et donnèrent tout ce qu'ils avaient sur eux ; les princesses et les domestiques suivirent leur exemple.

Ce fut alors seulement que Cléry, par quelques paroles surprises à un municipal, sut que le roi serait, le soir même, transféré dans la grande tour ; il le dit à Madame Élisabeth, qui le reporta au roi.

Rien de nouveau ne se passa jusqu'au soir. A chaque bruit, à chaque porte ouverte, les cœurs des prisonniers bondissaient, et leurs mains étendues se joignaient dans une anxieuse étreinte.

Le roi resta plus tard que de coutume dans la chambre de la reine ; mais, cependant, il fallut se quitter.

Enfin, la porte s'ouvrit : les six municipaux qui étaient venus le matin rentrèrent avec un nouvel arrêté de la commune dont ils firent lecture au roi : c'était l'ordre officiel de sa translation dans la grande tour.

Cette fois, l'impassibilité du roi lui fit défaut. Où devait le mener ce nouveau pas dans la voie terrible et sombre? C'était le mystérieux et l'inconnu que l'on abordait ; aussi, l'abordait-on avec des frissonnements et des larmes.

Les adieux furent longs et douloureux. Force fut enfin au roi de suivre les municipaux. Jamais la porte, en se refermant derrière lui, n'avait paru rendre un son si funèbre.

On s'était tant pressé d'imposer aux prisonniers cette nouvelle douleur, que l'appartement où l'on conduisait le roi n'était pas fini : il n'y avait encore qu'un lit et deux chaises ; la peinture et le collage, tout frais, donnaient à l'appartement une odeur insupportable.

Le roi se coucha sans se plaindre. Cléry passa la nuit, sur une chaise, près de lui.

Cléry leva et habilla le roi, selon sa coutume ; puis il voulut se rendre dans la petite tour pour habiller le dauphin : on s'y opposa, et l'un des municipaux, nommé Véron, lui dit :

— Vous n'aurez plus de communication avec les autres prisonniers ; le roi ne verra plus ses enfants.

Cléry, cette fois, n'eut pas le courage de transmettre la fatale nouvelle à son maître.

A neuf heures, le roi, qui ignorait la rigueur de la décision demanda à être conduit près de sa famille.

— Nous n'avons point d'ordre à cet endroit, dirent les commissaires.

Le roi insista ; mais ils ne répondirent point, et se retirèrent.

Le roi resta seul avec Cléry, le roi assis, Cléry appuyé contre la muraille ; tous deux étaient accablés.

Une demi-heure après, deux municipaux entrèrent, un garçon de café les suivait, apportant au roi un morceau de pain et une limonade.

— Messieurs, demanda le roi, ne pourrais-je donc pas dîner avec ma famille ?

— Nous prendrons les ordres de la commune, répondit l'un deux.

— Mais, si je ne puis descendre, mon valet de chambre peut descendre, lui ? Il a soin de mon fils, et rien n'empêche, j'espère, qu'il ne continue à le servir?

Le roi demandait la chose si simplement, et avec si peu d'animosité, que ces hommes, étonnés, ne savaient que répondre ; ce ton, ces manières, cette douleur résignée étaient si loin de ce qu'ils attendaient, qu'il y avait en eux comme un éblouissement.

Ils se contentèrent de répondre que cela ne dépendait pas d'eux, et sortirent.

Cléry était resté immobile près de la porte, regardant son maître avec une profonde angoisse ; il vit le roi prendre le pain qu'on venait de lui apporter, et le briser en deux ; puis, lui en offrant la moitié :

— Mon pauvre Cléry, dit-il, il paraît qu'ils ont oublié votre déjeuner. Prenez cette moitié de mon pain ; j'aurai, moi, assez de l'autre.

Cléry refusa ; mais, le roi insistant, il prit le pain ; seulement, en le prenant, il ne put s'empêcher d'éclater en sanglots. Le roi lui-même pleura.

A dix heures, un municipal amena les ouvriers qui travaillaient à l'appartement ; alors, ce municipal, s'approchant du roi avec une certaine piété :

— Monsieur, lui dit-il, je viens d'assister au déjeuner de votre famille, et je suis chargé de vous dire que tout le monde est en bonne santé.

Le roi sentit son cœur se desserrer ; la pitié de cet homme lui faisait du bien.

— Je vous remercie, répondit-il, et vous prie de donner, en échange, de mes nouvelles à ma famille, et de lui dire que, moi aussi, je me porte bien. Maintenant, Monsieur, ne pourrais-je pas avoir quelques livres que j'ai laissés dans la chambre de la reine? En ce cas, vous me feriez plaisir de me les envoyer.

Le municipal ne demandait pas mieux ; mais il était très embarrassé, ne sachant pas lire. Enfin, il avoua son embarras à Cléry, le priant de l'accompagner pour reconnaître lui-même les livres que le roi désirait.

Cléry était trop heureux : c'était pour lui un moyen de porter à la reine des nouvelles de son mari.

Louis XVI lui fit un signe des yeux ; ce signe contenait tout un monde de recommandations.

Cléry trouva la reine dans sa chambre avec Madame Élisabeth et ses enfants.

Les femmes pleuraient, — le petit dauphin avait commencé par pleurer aussi ; mais les larmes tarissent vite aux yeux des enfants.

En voyant entrer Cléry, la reine, Madame Élisabeth et Madame Royale se levèrent, l'interrogeant, non pas de la voix, mais du geste.

Le petit dauphin courut à lui en disant :

— C'est mon bon Cléry !

Malheureusement, Cléry ne pouvait rien dire que quelques paroles réservées : deux municipaux qui l'avaient accompagné étaient avec lui dans la chambre.

Mais la reine n'y put tenir, et, s'adressant directement à eux :

— Oh ! Messieurs, dit-elle, par grâce, que nous puissions demeurer avec le roi, ne fût-ce que quelques instants dans la journée et à l'heure des repas !

Les autres femmes ne parlaient point, mais joignaient les mains.

— Messieurs, disait le dauphin, laissez, s'il vous plaît, revenir mon père avec nous, et je prierai le bon Dieu pour vous !

Les municipaux se regardaient sans répondre ; ce silence tirait des sanglots et des cris de douleur de la poitrine des femmes.

— Ah ! ma foi, tant pis ! dit celui qui avait parlé au roi ; ils dîneront encore aujourd'hui ensemble !

— Mais demain ? dit la reine.

— Madame, répondit le municipal, notre conduite est subordonnée aux arrêtés de la commune ; demain, nous ferons ce que la commune ordonnera. Est-ce votre avis, citoyen ? demanda le municipal à son collègue.

Celui-ci fit de la tête un signe d'adhésion.

La reine et les princesses, qui attendaient ce signe avec anxiété, poussèrent un cri de joie. Marie-Antoinette prit ses deux enfants entre ses bras, les serrant sur son cœur ; Madame Élisabeth, les mains au ciel, remerciait Dieu. Cette joie si inattendue, qu'elle leur arrachait des cris et des larmes, avait presque l'aspect d'une douleur.

Un des municipaux ne put retenir ses larmes, et Simon, qui était présent, s'écria :

— Je crois que ces bougresses de femmes vont me faire pleurer !

Puis, s'adressant à la reine :

— Vous ne pleuriez pas ainsi, dit-il, quand vous assassiniez le peuple au 10 août.

— Ah ! Monsieur, dit la reine, le peuple est bien trompé sur nos sentiments ! S'il nous connaissait mieux, il ferait comme Monsieur, il pleurerait sur nous !

Cléry prit les livres demandés par le roi, et remonta ; il avait hâte d'annoncer à son maître la bonne nouvelle ; mais les municipaux avaient presque aussi grande hâte que lui ; — c'est si bon d'être bon !

On servit le dîner chez le roi ; toute la famille y fut amenée : on eût dit un dîner de fête ; on croyait avoir tout gagné en gagnant un jour !

On avait tout gagné, en effet, car on n'entendit plus parler de l'arrêté de la commune, et le roi continua, comme par le passé, à voir sa famille dans la journée, et à prendre ses repas avec elle.

XVIII

OU MAITRE GAMAIN REPARAIT

Le matin même du jour où ces choses se passaient au Temple, un homme vêtu d'une carmagnole et d'un bonnet rouge, appuyé sur une béquille qui l'aidait à soutenir sa marche, se présenta au ministère de l'intérieur.

Roland était fort accessible ; mais, si accessible qu'il fût, il était, cependant, forcé d'avoir, — comme s'il eût été ministre d'une monarchie, au lieu d'être ministre d'une république, — il était cependant forcé, disons-nous, d'avoir des huissiers dans son antichambre.

L'homme à la béquille, à la carmagnole, et au bonnet rouge, fut donc obligé de s'arrêter à l'antichambre, devant l'huissier qui lui barrait le passage en lui demandant :

— Que désirez-vous, citoyen ?

— Je désire parler au citoyen ministre, répondit l'homme à la carmagnole.

Il y avait quinze jours que le titre de *citoyen* et de *citoyenne* était substitué à la qualification de *monsieur* et de *madame*.

Les huissiers sont toujours des huissiers, c'est-à-dire des personnages forts impertinents — nous parlons des huissiers des ministères : si nous parlions des huissiers à verge, au lieu de parler des huissiers à chaîne, nous en dirions bien autre chose.

L'huissier répondit d'un ton protecteur :

— Mon ami, apprenez une chose : c'est qu'on ne parle point comme cela au citoyen ministre.

— Et comment donc parle-t-on au citoyen ministre, citoyen huissier ? demanda le citoyen au bonnet rouge.

— On lui parle quand on a une lettre d'audience.

— Je croyais que cela se passait comme

vous dites sous le règne du tyran, mais que, sous la République, dans un temps où tous les hommes sont égaux, on était moins aristocrate.

Cette réflexion fit réfléchir l'huissier.

— C'est que, continua l'homme au bonnet rouge, à la carmagnole et à la béquille, c'est que ce n'est pas amusant, voyez-vous, de venir de Versailles pour rendre service à un ministre, et de ne pas être reçu par lui.

— Vous venez pour rendre service au citoyen Roland?

— Un peu!

— Et quel genre de service venez-vous lui rendre?

— Je viens lui dénoncer une conspiration.

— Bon! nous en avons par-dessus la tête des conspirations.

— Ah!

— Vous venez de Versailles pour cela?

— Oui.

— Eh bien, vous pouvez y retourner, à Versailles.

— C'est bon, j'y retournerai; mais votre ministre se repentira de ne pas m'avoir reçu.

— Dame! c'est la consigne... Écrivez-lui, et revenez avec une lettre d'audience; alors, ça ira tout seul.

— C'est votre dernier mot?

— C'est mon dernier mot.

— Il paraît que c'est plus difficile d'entrer chez le citoyen Roland que ça ne l'était d'entrer chez Sa Majesté Louis XVI!

— Comment cela?

— Je dis ce que je dis.

— Voyons, que dites-vous?

— Je dis qu'il fut un temps où j'entrais aux Tuileries comme je voulais.

— Vous?

— Oui, et je n'avais qu'à dire mon nom pour cela.

— Comment donc vous appelez-vous? Le roi Frédéric-Guillaume ou l'empereur François?

— Non, je ne suis pas un tyran, moi, un marchand d'esclaves, un aristocrate; je suis tout simplement Nicolas-Claude-Gamain, maître sur maître, maître sur tous.

— Maître en quoi?

— En serrurerie donc! Vous ne connaissez pas Nicolas-Claude-Gamain, l'ancien maître serrurier de M. Capet?

— Ah! comment! c'est vous, citoyen, qui êtes...?

— Nicolas-Claude Gamain.

— Serrurier de l'ex-roi?

— C'est-à-dire son maître en serrurerie, entendez-vous, citoyen?

— C'est cela que je veux dire.

— En chair et en os, c'est moi!

L'huissier regarda ses camarades comme pour les interroger; ceux-ci répondirent par un signe affirmatif.

— Alors, dit l'huissier, c'est autre chose.

— Qu'est-ce que vous entendez par *c'est autre chose*.

— J'entends que vous allez écrire votre nom sur un morceau de papier, et que je vais faire passer ce nom au citoyen ministre.

— Écrire? Ah bien, oui, écrire! ça n'était déjà pas mon fort avant qu'ils m'eussent empoisonné, ces brigands-là; mais, maintenant, c'est encore pis! Voyez comme l'arsenic m'a arrangé.

Et Gamain montra ses jambes tordues, sa colonne vertébrale déviée, et sa main crispée et crochue comme une griffe.

— Comment! ce sont eux qui vous ont arrangé ainsi, mon pauvre homme?

— Eux-mêmes! et c'est cela que je viens dénoncer au citoyen ministre, et bien autre chose encore... Comme on dit qu'on va lui faire son procès, à ce brigand de Capet, ce que j'ai à dire ne sera peut-être pas perdu pour la nation, dans les circonstances où l'on se trouve.

— Eh bien, asseyez-vous là, et attendez, citoyen; je vais faire passer votre nom au citoyen ministre.

Et l'huissier écrivit sur un morceau de papier :

« Claude-Nicolas Gamain, ancien maître serrurier du roi, demande au citoyen ministre une audience immédiate pour une révélation importante. »

Puis il remit le papier à l'un de ses camarades dont la position spéciale était d'annoncer.

Cinq minutes après, le camarade revint en disant :

— Suivez-moi, citoyen.

Gamain fit un effort qui lui arracha un cri de douleur, se leva, et suivit l'huissier.

L'huissier conduisit Gamain, non pas dans le cabinet du ministre officiel, le citoyen Roland, mais dans le cabinet du ministre réel, la citoyenne Roland.

C'était une petite chambre très simple, tendue d'un papier vert, éclairée d'une seule fenêtre dans l'embrasure de laquelle assise à une petite table, travaillait madame Roland.

Roland était debout devant la cheminée.

L'huissier annonça le citoyen Nicolas-Claude Gamain, — et le citoyen Nicolas-Claude Gamain parut sur la porte.

Le maître serrurier n'avait jamais été, même au temps de sa meilleure santé et de sa plus haute fortune, d'un physique bien avantageux; mais la maladie à laquelle il était en proie, et qui n'était autre qu'un rhumatisme articulaire, tout en tordant ses membres et en défigurant son visage, n'avait rien ajouté, on le comprend bien, aux agréments de sa physionomie.

Il en résulta que, lorsque l'huissier eut refermé la porte derrière lui, jamais honnête homme, — et, il faut le dire, nul mieux que Roland ne méritait le titre d'honnête homme, — il en résulta, disons-nous, que jamais honnête homme, au visage calme et serein, ne s'était trouvé en face d'un coquin à plus bas et à plus immonde visage.

Le premier sentiment qu'éprouva le ministre fut donc celui d'une profonde répugnance. Il regarda le citoyen Gamain des pieds à la tête, et, voyant qu'il tremblait sur sa béquille, un sentiment de pitié pour la souffrance d'un de ses semblables, — en supposant toutefois que le citoyen Gamain fût le semblable du citoyen Roland, — un sentiment de pitié fit que le premier mot qu'adressa le ministre au serrurier fut:

— Asseyez-vous, citoyen; vous paraissez souffrant.

— Je crois bien que je suis souffrant! dit Gamain en s'asseyant; c'est depuis que l'Autrichienne m'a empoisonné.

A ces mots, une expression de profond dégoût passa sur le visage du ministre, et il échangea un regard avec sa femme, à peu près cachée dans l'embrasure de la fenêtre.

— Et c'est pour me dénoncer cet empoisonnement, dit Roland, que vous êtes venu?

— Pour vous dénoncer ça et autre chose.

— Apportez-vous la preuve de vos dénonciations?

— Ah! quant à ça, vous n'avez qu'à venir avec moi aux Tuileries, et on vous la montrera, l'armoire!

— Quelle armoire?

— L'armoire où ce brigand-là cachait son trésor... Oh! j'aurais dû m'en douter aussi, quand, la besogne achevée, l'Autrichienne m'a dit de sa voix câline: « Tenez, Gamain, vous avez chaud; buvez ce verre de vin; il vous fera du bien! » J'aurais dû me douter que le vin était empoisonné!

— Empoisonné?

— Oui... Je savais ça pourtant, dit Gamain avec une expression de sombre haine, que les hommes qui aident les rois à cacher des trésors ne vivent pas longtemps.

Roland s'approcha de sa femme, et l'interrogea des yeux.

— Il y a quelque chose au fond de tout cela, mon ami, dit-elle; je me rappelle maintenant le nom de cet homme: c'est le maître serrurier du roi.

— Et cette armoire...?

— Eh bien demandez-lui ce que c'est que cette armoire.

— Ce que c'est que cette armoire? reprit Gamain, qui avait entendu, ah! je vais vous le dire, parbleu! c'est une armoire de fer, avec une serrure bénarde, et dans laquelle le citoyen Capet cachait son or et ses papiers.

— Et comment connaissez-vous l'existence de cette armoire?

— Puisqu'il m'a envoyé chercher, moi et mon compagnon, à Versailles, pour lui faire marcher une serrure qu'il avait faite lui-même, et qui ne marchait pas.

— Mais, cette armoire, elle aura été ouverte, brisée, pillée au 10 août.

— Oh! dit Gamain, il n'y a pas de danger!

— Comment, il n'y a pas de danger!

— Non; je défie bien qui que ce soit au monde, excepté lui ou moi, de la trouver et surtout de l'ouvrir.

— Vous êtes sûr?

— Sûr et certain! Telle elle était à l'heure où il a quitté les Tuileries, telle elle est aujourd'hui.

— Et à quelle époque avez-vous aidé le roi Louis XVI à fermer cette armoire?

— Ah! je ne puis pas dire au juste; mais c'était trois ou quatre mois avant le départ pour Varennes.

— Et comment cela s'est-il passé! voyons... Excusez-moi, mon ami; la chose me paraît assez extraordinaire pour qu'avant de me mettre avec vous à la recherche de cette armoire, je vous demande quelques détails.

— Oh! ces détails sont faciles à donner, citoyen ministre, et ils ne manqueront pas. Capet m'a envoyé chercher à Versailles; ma femme ne voulait pas me laisser venir: pauvre femme! elle avait un pressentiment, elle me disait: « Le roi est en mauvaise position; tu vas te compromettre pour lui! — Mais, lui disais-je, puisqu'il m'envoie chercher pour affaire concernant mon état, et qu'il est mon écolier, il faut bien que j'y aille. — Bon! répondait-elle, il y a de la politique là-dessous; il a autre chose à faire, dans ce moment-ci, que de faire des serrures! »

— Abrégeons, mon ami... De sorte que, malgré les avis de votre femme, vous êtes venu?

— Oui, et j'eusse mieux fait de les écouter, ses avis : je ne serais pas dans l'état où je suis... Mais ils me le payeront, les empoisonneurs!

— Alors?

— Ah! pour en revenir à l'armoire...

— Oui, mon ami, et tâchons même de ne pas nous en écarter, n'est-ce pas? Tout mon temps est à la République, et j'ai bien peu de temps!

— Alors, il m'a montré une serrure bénarde qui n'allait pas; il l'avait faite lui-même, ce qui me prouve que, si elle eût été, il ne m'aurait pas envoyé chercher, le traître!

— Il vous a fait voir une serrure bénarde qui n'allait pas? reprit le ministre, insistant pour maintenir Gamain dans la question.

— Et il m'a demandé : « Pourquoi ça ne va-t-il pas, Gamain? » J'ai dit : « Sire, il faut que j'examine la serrure ». Il a dit : « C'est trop juste ». Alors, j'ai examiné la serrure, et je lui ai dit : « Savez-vous pourquoi la serrure ne va pas? — Non, a-t-il répondu, puisque je te le demande. — Eh bien, elle ne va pas, Sire... (on l'appelait encore Sire à cette époque-là, le brigand!), elle ne va pas, Sire... c'est tout simple, elle ne va pas... » Suivez bien mon raisonnement; car, n'étant pas si fort en serrurerie que le roi, vous ne pourrez peut-être pas me comprendre... C'est-à-dire, non, je me rappelle maintenant : ce n'était pas une serrure bénarde, c'était une serrure de coffre.

— Cela m'est absolument égal, mon ami, répondit Roland; comme vous l'avez deviné, je ne suis pas si fort en serrurerie que le roi, et je ne connais pas la différence qu'il y a entre une serrure bénarde et une serrure de coffre.

— La différence, je vais vous la faire toucher du doigt...

— Inutile. Vous expliquiez au roi, disiez-vous...

— Pourquoi la serrure ne fermait pas... Faut-il vous dire pourquoi elle ne fermait pas?

— Si vous voulez, répondit Roland, qui commençait à croire que le mieux était d'abandonner Gamain à sa prolixité.

— Eh bien, elle ne fermait pas, comprenez-vous? parce que le museau de la clef accrochait bien la grande barbe, que la grande barbe décrivait bien la moitié de son cercle, mais qu'arrivée là, comme elle n'était pas taillée en biseau, elle ne s'échappait pas toute seule; voilà l'affaire! vous comprenez à présent, n'est-ce pas? la course de la barbe étant de six lignes, l'épaulement devait être d'une ligne... Comprenez-vous?

— A merveille! dit Roland, qui ne comprenait pas un mot.

— « C'est ma foi ça, dit le roi (on lui donnait encore ce titre à l'infâme tyran!); eh bien, Gamain, fais ce que je n'ai pas su faire toi, mon maître. — Oh! non seulement votre maître, Sire; mais encore maître sur maître, maître sur tous! »

— Si bien...?

— Si bien que je me mis à la besogne, tandis que M. Capet causait avec mon garçon, que j'ai toujours soupçonné d'être un aristocrate déguisé; au bout de dix minutes, c'était fini. Alors, je descendis avec la porte de fer dans laquelle était pratiquée la serrure, et je dis : « Ça y est, Sire! — Eh bien, Gamain; dit-il, viens avec moi! » Il marcha devant, je le suivis; il me conduisit d'abord dans sa chambre à coucher, puis dans un couloir sombre qui communiquait de son alcôve à la chambre du dauphin; là, il faisait si ténébreux, qu'on fut obligé d'allumer une bougie. Le roi me dit : « Tiens cette bougie, Gamain, et éclaire-moi ». (Il se permettait de me tutoyer, le tyran!) Alors, il leva un panneau de la boiserie derrière lequel il y avait un trou rond portant deux pieds de diamètre à son ouverture; puis, comme il remarquait mon étonnement : « J'ai fait cette cachette pour y serrer de l'argent, me dit-il; maintenant, tu vois, Gamain, il faut fermer l'ouverture avec cette porte de fer. — Ce ne sera pas long, que je lui répondis : les gonds y sont, ainsi que le pêne. » J'accrochai la porte, et je n'eus qu'à la pousser; elle se fermait toute seule, puis on remettait le panneau en place, bonsoir! plus d'armoire, plus de porte, plus de serrure!

— Et vous croyez, mon ami, demanda Roland, que cette armoire n'avait d'autre but que de devenir coffre-fort, et que le roi s'était donné toute cette peine pour cacher de l'argent?

— Attendez-donc! c'était une frime : il se croyait bien malin, le tyran! mais je suis aussi malin que lui. Voici ce qui se passa. « Voyons, dit-il, Gamain, aide-moi à compter l'argent que je veux cacher dans cette armoire. » Et nous comptâmes ainsi deux millions en doubles louis que nous divisâmes en quatre sacs de cuir; mais, tandis que je comptais son or, je vis du coin de l'œil le valet de chambre qui transportait des papiers, des papiers, des papiers... et je me dis : « Bon ! l'armoire, c'est pour renfermer des papiers; l'argent, c'est une frime ! »

— Que dis-tu de cela, Madeleine ? demanda Roland à sa femme en se baissant vers elle, de manière à ce que, cette fois, Gamain ne l'entendît pas.

— Je dis que cette révélation est de la plus haute importance, et qu'il n'y a pas un instant à perdre.

Roland sonna.

L'huissier parut.

— Avez-vous une voiture attelée dans la cour de l'hôtel ? demanda-t-il.

— Oui, citoyen.

— Faites-la approcher.

Gamain se leva.

— Ah ! dit-il tout vexé, vous en avez assez de moi comme cela, à ce qu'il paraît ?

— Pourquoi donc ? demanda Roland.

— Puisque vous appelez votre voiture... Les ministres ont donc encore des voitures sous la République ?

— Mon ami, répondit Roland, les ministres auront des voitures en tout temps : une voiture n'est pas un luxe pour un ministre : c'est une économie.

— Une économie de quoi ?

— De temps, c'est-à-dire de la denrée la plus chère et la plus précieuse qu'il y ait au monde !

— Alors, il faudra donc que je revienne, moi !

— Pourquoi faire ?

— Dame ! pour vous mener à l'armoire où est le trésor.

— Inutile.

— Comment ça, inutile ?

— Sans doute, puisque je viens de demander la voiture pour y aller.

— Pour aller où ?

— Aux Tuileries.

— Nous y allons donc ?

— De ce pas.

— A la bonne heure !

— Mais, à propos, dit Roland.

— Quoi ? demanda Gamain.

— La clef.

— Quelle clef ?

— La clef de l'armoire... Il est probable que Louis XVI ne l'a pas laissée à la porte.

— Oh ! bien certainement, attendu qu'il n'est pas si bête qu'il en a l'air, le gros Capet.

— Alors, vous prendrez des outils.

— Pourquoi faire ?

— Pour ouvrir l'armoire.

Gamain tira de sa poche une clef toute neuve.

— Et qu'est-ce que c'est donc que cela ? demanda-t-il.

— Une clef.

— La clef de l'armoire, que j'ai faite de souvenir; je l'avais bien étudiée, me doutant qu'un jour...

— Cet homme est un grand misérable ! dit madame Roland à son mari.

— Tu penses donc... ? demanda celui-ci avec hésitation.

— Je pense que nous n'avons pas le droit, dans notre position, de refuser aucun des renseignements que la fortune nous envoie pour arriver à la connaissance de la vérité.

— La voilà ! la voilà ! disait Gamain rayonnant et montrant la clef.

— Et vous croyez, demanda Roland avec un dégoût qu'il lui était impossible de cacher, vous croyez que cette clef, quoique faite de souvenir, et après dix-huit mois, ouvrira l'armoire de fer ?

— Et du premier coup, je l'espère bien ! dit Gamain. Ce n'est pas pour des prunes qu'on est maître sur maître, maître sur tous.

— La voiture du citoyen ministre attend, dit l'huissier.

— Irai-je avec vous ? demanda madame Roland.

— Certainement ! s'il y a des papiers, c'est à toi que je les confierai ; n'es-tu pas le plus honnête homme que je connaisse ?

Puis, se retournant vers Gamain :

— Venez, mon ami, lui dit Roland.

Et Gamain suivit en grommelant entre ses mâchoires :

— Ah ! je l'avais bien dit, que je te revaudrais cela, M. Capet !

Cela ? — Qu'est-ce que c'était que *cela ?* C'était le bien que le roi lui avait fait.

XIX

LA RETRAITE DES PRUSSIENS

Tandis que la voiture du citoyen Roland roule vers les Tuileries, tandis que Gamain retrouve le panneau caché dans la muraille, tandis que, selon la promesse terrible qu'il en a faite, la clef forgée de souvenir ouvre avec une merveilleuse facilité l'armoire de fer, tandis que l'armoire de fer livre le fatal dépôt qui lui est confié, lequel, malgré l'absence des papiers confiés à madame Campan par le roi lui-même, aura une si cruelle influence sur la destinée des prisonniers du Temple; tandis que Roland emporte ces papiers chez lui, les lit un à un, les cote, les étiquette, cherchant inutilement parmi toutes ces pièces une trace de la vénalité tant dénoncée de Danton, — voyons ce que fait l'ancien ministre de la justice.

Nous disons l'*ancien ministre de la justice*, parce que, une fois la convention installée, Danton n'avait eu rien de plus pressé que de donner sa démission.

Il était monté à la tribune, et avait dit:

— Avant d'exprimer mon opinion sur le premier décret que doit rendre la Convention, qu'il me soit permis de résigner dans son sein les fonctions qui m'avaient été déléguées par l'Assemblée législative. Je les ai reçues au bruit du canon; maintenant, la jonction des armées est faite, la jonction des représentants opérée.

» Je ne suis plus que mandataire du peuple, et c'est en cette qualité que je vais parler.

A ces mots: « La jonction des armées est faite », Danton eût pu ajouter: « Et les Prussiens sont battus »; car, ces mots, il les prononça le 21 septembre, et, le 20, c'est-à-dire la veille, avait eu lieu, la bataille de Valmy; mais Danton l'ignorait.

Il se contenta de dire.

— Ces vains fantômes de dictature dont on voulait effrayer le peuple, dissipons-les; déclarons qu'il n'y a de constitution que celle qui est acceptée de lui. Jusqu'aujourd'hui, on l'a agité: il fallait l'éveiller contre le tyran; maintenant, que les lois soient aussi terribles contre ceux qui les violeraient que le peuple l'a été en foudroyant la tyrannie! qu'elles punissent tous les coupables! Abjurons toute exagération; proclamons que toute propriété territoriale et industrielle *sera éternellement maintenue*.

Danton, avec son habileté ordinaire, répondait en quelques paroles aux deux grandes craintes de la France: la France craignait pour sa liberté et pour sa propriété; et, chose étrange! qui craignait surtout pour la propriété? C'étaient les nouveaux propriétaires, ceux qui avaient acheté de la veille, qui devaient encore les trois quarts de leur acquisition! c'étaient ceux-là qui étaient devenus conservateurs, bien plus que les anciens nobles, que les anciens aristocrates, que les anciens propriétaires enfin; ces derniers préféraient leur vie à leurs immenses domaines, et, la preuve, c'est qu'ils avaient abandonné leurs biens pour sauver leur vie, tandis que les paysans, les acquéreurs de biens nationaux, les propriétaires d'hier, préféraient leur petit coin de terre à leur vie, veillaient dessus, le fusil à la main, et, pour rien au monde, n'eussent émigré!

Danton avait compris cela; il avait compris qu'il était bon de rassurer non seulement ceux qui étaient propriétaires depuis hier, mais encore ceux qui allaient le devenir demain; car la grande pensée de la Révolution était celle-ci: « Il faut que tous les Français soient propriétaires; la propriété ne fait pas toujours l'homme meilleur, mais elle le fait plus digne, en lui donnant le sentiment de son indépendance. »

Ainsi, le génie de la Révolution tout entier se résumait dans ces quelques mots de Danton:

« Abolition de toute dictature; consécration de toute propriété; c'est-à-dire — point de départ: l'homme a droit de se gouverner lui-même; but: l'homme a droit de conserver le fruit de sa libre activité! »

Et qui venait de dire cela? L'homme du 20 juin, du 10 août, du 2 septembre, — ce géant des tempêtes, qui se faisait pilote, et jetait à la mer ces deux ancres de salut des nations: la liberté, la propriété.

La gironde ne comprit pas: l'honnête gironde avait une répugnance invincible pour le... comment dirons-nous?... pour le facile Danton; on a vu qu'elle lui avait refusé la dictature au moment où il la demandait afin d'empêcher le massacre.

Un girondin se leva, et, au lieu d'applaudir l'homme de génie qui venait de formuler les deux grandes craintes de la France et de la rassurer en les formulant, il cria à Danton:

— Quiconque essaye de consacrer la propriété la compromet; y toucher, même pour l'affermir, c'est l'ébranler. La propriété est antérieure à toute loi!

La Convention rendit ces deux décrets:

« Il ne peut y avoir de constitution que lorsqu'elle est adoptée par le peuple. »

« La sûreté des personnes et des propriétés est sous la sauvegarde de la nation. »

C'était cela, et ce n'était pas cela; rien n'est plus terrible en politique que les *à peu près!*

En outre, la démission de Danton avait été acceptée.

Mais l'homme qui s'était cru assez fort pour

Il entra doucement. (P. 726.)

prendre à son compte le 2 septembre, c'est-à-dire l'effroi de Paris, la haine de la province, l'exécration du monde, cet homme-là était, à coup sûr, un homme bien puissant !

Et, en effet, il tenait à la fois les fils de la diplomatie, de la guerre et de la police ; Dumouriez, et par conséquent l'armée, étaient dans sa main.

La nouvelle de la victoire de Valmy était arrivée à Paris, et y avait causé une grande joie ; elle y était arrivée avec des ailes d'aigle, et on l'avait regardée comme beaucoup plus décisive qu'elle ne l'était réellement.

Il en résultait que, d'une crainte suprême, la France était passée à une suprême audace ; les clubs ne respiraient que guerre et bataille.

« Pourquoi, puisque le roi de Prusse était vaincu, pourquoi le roi de Prusse n'était-il pas prisonnier, lié, garrotté, ou tout au moins rejeté de l'autre côté du Rhin ? »

Voilà ce qu'on disait tout haut.

Puis, tout bas :

« C'est bien simple : Dumouriez trahit ! il est vendu aux Prussiens ! »

Dumouriez recevait déjà la récompense d'un grand service rendu : l'ingratitude.

Le roi de Prusse ne se regardait pas le moins du monde comme battu : il avait attaqué les hauteurs de Valmy, et ne les avait pas pu prendre, voilà tout ; chaque armée avait gardé son camp; les Français, qui, depuis le début de la campagne, avaient constamment marché en arrière, poursuivis par des paniques, par des défaites, par des revers, les Français, cette fois, avaient tenu bon, rien de plus, rien de moins. Quant à la perte d'hommes, elle avait été à peu près égale des deux parts.

Voilà ce que l'on ne pouvait pas dire à Paris, à la France, à l'Europe, dans le besoin que nous avions d'une grande victoire; mais voilà ce que Dumouriez faisait dire à Danton par Westermann.

Les Prussiens étaient si peu battus, si peu en retraite, que, douze jours après Valmy, ils étaient encore *immobiles* dans leurs campements.

Dumouriez avait écrit pour savoir, en cas de propositions du roi de Prusse, s'il devait traiter. Cette demande eut deux réponses : une du ministère, fière, officielle, dictée par l'enthousiasme de la victoire : l'autre, sage et calme, mais de Danton seul.

La lettre du ministère parlait haut; elle disait :

« La République ne traite point tant que l'ennemi n'a pas évacué le territoire. »

Celle de Danton disait :

« Pourvu que les Prussiens évacuent le territoire, traitez à quelque prix que ce soit. »

Traiter n'était pas chose commode, dans la situation d'esprit où se trouvait le roi de Prusse : en même temps, à peu près, qu'arrivait à Paris la nouvelle de la victoire de Valmy, arrivait à Valmy la nouvelle de l'abolition de la royauté et de la proclamation de la République. Le roi de Prusse était furieux.

Les conséquences de cette invasion, entreprise dans le but de sauver le roi de France, et qui, jusque-là, n'avait eu d'autre résultat que le 10 août, le 2 et le 21 septembre, c'est-à-dire la captivité du roi, le massacre des nobles et l'abolition de la royauté, avaient fait entrer Frédéric-Guillaume dans des accès de sombre fureur; il voulait combattre coûte que coûte, et avait donné, pour le 29 septembre, l'ordre d'une bataille acharnée.

Il y avait loin de là, comme on le voit, à abandonner le territoire de la République.

Le 29, au lieu d'un combat, il y eut un conseil.

Au reste, Dumouriez était préparé à tout.

Brunswick, très insolent dans ses paroles, était fort prudent lorsqu'il s'agissait d'y substituer les faits; Brunswick, en somme, était encore plus Anglais qu'Allemand : il avait épousé une sœur de la reine d'Angleterre; c'était donc au moins autant de Londres que de Berlin qu'il recevait ses inspirations. Si l'Angleterre décidait de se battre, il se battrait des deux bras; d'un bras pour la Prusse, de l'autre pour l'Angleterre; mais, si les Anglais, ses maîtres, ne tiraient pas l'épée du fourreau, il était tout près à y remettre la sienne.

Or, le 29, Brunswick produisit au conseil des lettres de l'Angleterre et de la Hollande, qui refusaient de se joindre à la coalition. En outre, Custine marchait sur le Rhin, menaçant Coblentz; et, Coblentz pris, la porte pour rentrer en Prusse était fermée à Frédéric-Guillaume.

Puis, il y avait quelque chose de bien autrement grave, de bien autrement sérieux que tout cela! Par hasard, ce roi de Prusse-là avait une maîtresse, la comtesse de Lichtenau. — Elle avait suivi l'armée, comme tout le monde; — comme Gœthe, qui esquissait, dans un fourgon de Sa Majesté prussienne, les premières scènes de son *Faust*; — elle comptait sur la fameuse promenade militaire : elle voulait voir Paris.

En attendant, elle s'était arrêtée à Spa. Là, elle avait appris la journée de Valmy, les dangers qu'y avait courus son royal amant. Elle craignait souverainement deux choses, la belle comtesse : les boulets des Français, les sourires des Françaises; elle écrivait lettres sur lettres, et les *post-scriptum* de ces lettres, c'est-à-dire le résumé de la pensée de celle qui les avait écrites, était le mot *reviens!*

Le roi de Prusse n'était plus retenu, à dire vrai, que par la honte d'abandonner Louis XVI. Toutes ces considérations agirent sur lui; seulement, les deux plus puissantes furent les larmes de sa maîtresse et le danger que courait Coblentz.

Il n'en insista pas moins pour qu'on rendît la liberté à Louis XVI. Danton se hâta de lui faire passer, par Westermann, tous les arrêtés de la commune qui montraient le prisonnier *entouré de bons traitements*. Cela suffit au roi de Prusse : — on voit qu'il n'était pas bien difficile! Ses amis assurent qu'avant de se retirer, il fit donner à Dumouriez et à Danton leur parole de sauver la vie du roi; rien ne prouve cette assertion.

Le 29 septembre, l'armée prussienne se met en retraite, et fait une lieue; — le 30, une lieue encore.

L'armée française l'escortait, comme pour lui faire les honneurs du pays en la reconduisant.

Toutes les fois que nos soldats voulaient l'attaquer, lui couper la retraite, risquer enfin d'acculer le sanglier, et de le faire tenir tête aux chiens, les hommes de Danton les tiraient en arrière.

Que les Prussiens sortissent de France, c'était tout ce que voulait Danton.

Le 22 octobre, ce patriotique désir était accompli.

Le 6 novembre, le canon de Jemmapes annonçait le jugement de Dieu sur la révolution française.

Le 7, la Gironde entamait le procès du roi.

Quelque chose de pareil s'était déjà passé six semaines auparavant : le 20 septembre, Dumouriez avait gagné la bataille de Valmy ; le 21, la République était proclamée.

Chaque victoire avait en quelque sorte son couronnement, et faisait faire à la France un pas de plus dans la révolution.

Cette fois, c'était le pas terrible ! on approchait du but, ignoré d'abord, où l'on avait, pendant trois ans, marché en aveugles ; comme il arrive dans la nature, on commençait, en avançant de plus en plus, à distinguer les contours des choses dont on n'avait entrevu que les masses.

Or, que voyait-on à l'horizon ? Un échafaud ! au pied de cet échafaud, le roi !

Dans cette époque toute matérielle, et où les instincts inférieurs de haine, de destruction et de vengeance l'emportaient sur les idées élevées de quelques esprits supérieurs ; où un homme comme Danton, c'est-à-dire qui prenait sur son compte les journées sanglantes de septembre, était accusé d'être le chef des *indulgents*, il était difficile que l'idée prévalût sur le fait ; et ce que ne comprirent pas les hommes de la Convention, ou ce que comprirent seulement certains d'entre eux, les uns clairement, les autres instinctivement, c'est qu'il fallait faire le procès à la royauté, et non au roi.

La royauté, c'était une abstraction sombre, un mystère menaçant dont personne ne voulait plus, une idole dorée au dehors, comme ces sépulcres blanchis dont parle le Christ, pleins de vers et de pourriture au dedans. Mais le roi, c'était autre chose : le roi, c'était un homme ; un homme peu intéressant aux jours de sa prospérité, mais que le malheur avait épuré, que la captivité avait grandi ; sa sensibilité s'était développée dans ses disgrâces ; et, même sur la reine, le prestige de l'adversité était devenu tel, que, soit intuition nouvelle, soit ancien repentir, la prisonnière du Temple en était arrivée, sinon à aimer d'amour, — ce pauvre cœur brisé avait dû perdre ce qu'il contenait d'amour, comme un vase percé perd ce qu'il contient de liqueur, goutte à goutte ! — du moins à vénérer, à adorer, dans le sens religieux du mot, ce roi, ce prince, cet homme dont les appétits matériels, dont les instincts vulgaires lui avaient si souvent fait monter le rouge au visage.

Un jour, le roi entra chez la reine, et la trouva occupée à balayer la chambre du dauphin malade.

Il s'arrêta sur le seuil, laissa tomber sa tête sur sa poitrine, puis, avec un soupir :

— Oh ! Madame, dit-il, quel métier pour une reine de France ! Et si l'on voyait, à Vienne, ce que vous faites là !... Qui eût dit qu'en vous unissant à mon sort, je vous faisais si bas descendre ?

— Et comptez-vous pour rien, répondit Marie-Antoinette la gloire d'être la femme du meilleur et du plus persécuté des hommes ?

Voilà ce que répondait la reine, et cela sans témoin, ne croyant pas être entendue d'un pauvre valet de chambre qui suivait le roi, qui recueillait ces paroles, et qui, comme des perles noires, les gardaient pour en faire un diadème, non plus à la tête du roi, mais à la tête du condamné !

Un autre jour, c'était Madame Élisabeth que Louis XVI voyait coupant, faute de ciseaux, avec ses dents d'émail, le fil dont elle raccommodait une robe de la reine.

— Pauvre sœur ! disait-il, quel contraste avec cette jolie petite maison de Montreuil où vous ne manquiez de rien !

— Ah ! mon frère, répondit la sainte fille, puis-je regretter quelque chose quand je partage vos malheurs ?

Et tout cela était connu ; tout cela se répandait ; tout cela brodait d'arabesques d'or la sombre légende du martyr.

La royauté frappée de mort, mais le roi gardé vivant, c'était là une grande et puissante pensée ; si grande et si puissante, qu'elle n'entra dans la tête que de quelques hommes, et qu'à peine — tant elle était impopulaire — osèrent-ils l'exprimer.

« Un peuple a besoin qu'on le sauve ; mais *il n'a pas besoin qu'on le venge !* » dit Danton aux Cordeliers.

« Certes, il faut juger le roi, dit Grégoire à la Convention, mais il a tant fait pour le mépris, *qu'il n'y a plus de place pour la haine !* »

Payne écrivit :

« Je veux qu'on fasse le procès, non pas contre Louis XVI, mais contre la bande des rois ; de ces individus, nous en avons un en notre pouvoir : il nous mettra sur la voie de la conspiration générale... *Louis XVI est très utile pour démontrer à tous la nécessité des révolutions.*

Donc les hauts esprits, Thomas Payne, et les grands cœurs, Danton, Grégoire, étaient d'accord sur ce point : il fallait faire, non pas le procès du roi, mais le procès des rois, et, au besoin, dans ce procès, il fallait appeler Louis XVI comme témoin. La France république, c'est-à-dire majeure, devait procéder en son nom et au nom des peuples soumis à la royauté, c'est-à-dire mineurs ; la France, alors, siégeait, non plus comme un juge terrestre, mais comme un arbitre divin ; elle planait dans les sphères supérieures, et sa parole ne montait plus jusqu'au trône comme une éclaboussure de boue et de sang : elle tombait sur les rois comme un éclat de foudre et de tonnerre.

Supposez ce procès publié, appuyé de preuves, commençant par Catherine II, meurtrière de son mari, et bourreau de la Pologne ; supposez les détails de cette vie monstrueuse mis au grand jour comme le cadavre de madame de Lamballe, et, cela, de son vivant ; voyez la Pasiphaé du Nord enchaînée au pilori de l'opinion publique, — et dites ce qu'il serait résulté d'instruction pour les peuples d'un pareil procès.

Au reste, il y a de bon, dans ce qu'il n'a pas été fait, qu'il est encore à faire.

XX

LE PROCÈS

Les papiers de l'armoire de fer, livrés par Gamain, — auquel la Convention accorda douze cents livres de pension viagère pour cette belle œuvre, et qui mourut tordu par les rhumatismes, après avoir mille fois regretté la guillotine, où il avait aidé à envoyer son royal élève ; — les papiers de l'armoire de fer, épurés par le triage de ceux que nous avons vu Louis XVI remettre à madame Campan, ces papiers, disons-nous, au grand désappointement de M. et de madame Roland, ne contenaient rien contre Dumouriez et Danton : ils compromettaient surtout le roi et les prêtres ; ils dénonçaient ce pauvre petit esprit aigre, étroit, ingrat de Louis XVI, qui ne haïssait que ceux qui avaient voulu le sauver : Necker, la Fayette, Mirabeau ! — Il n'y avait rien non plus contre la Gironde.

La discussion sur le procès commença le 13 novembre.

Qui l'ouvrit, cette discussion terrible ? qui se fit le porte-glaive de la montagne ? qui plana au-dessus de la sombre assemblée comme l'ange de l'extermination ?

Un jeune homme, ou plutôt un enfant de vingt-quatre ans, envoyé avant l'âge voulu à la Convention, et que nous avons déjà vu plusieurs fois apparaître dans cette histoire.

Il était originaire d'un des plus rudes pays de France, de la Nièvre ; il y avait en lui de cette sève âpre et amère qui fait, sinon les grands hommes, du moins les hommes dangereux. Il était fils d'un vieux soldat que trente ans de service avaient *élevé* jusqu'à la croix de Saint-Louis, anobli, par conséquent, du titre de chevalier ; il était né triste, pesant, grave ; sa famille avait un peu de bien dans le département de l'Aisne, à Blérancourt, près de Noyon, et elle habitait cette modeste demeure, qui était loin d'être la médiocrité du poète latin. Envoyé à Reims pour étudier le droit, il y fit de mauvaises études et de mauvais vers, un poème licencieux à la manière de *Roland le Furieux* et de la *Pucelle*; publié sans succès en 1789, ce poème fut republié, sans plus de succès, en 1792.

Il avait hâte de sortir de sa province, et vint trouver Camille Desmoulins, le brillant journaliste, qui tenait dans ses mains fermées la réputation future des poètes inconnus ; celui-ci, gamin sublime, plein d'esprit, de *brio*, de désinvolture, vit, un jour, entrer chez lui un écolier hautain, plein de prétentions et de pathos, aux paroles lentes et mesurées, tombant une à une comme les gouttes d'eau glacée qui percent les rocs, et, cela, d'une bouche de femme ; quant au reste du visage, c'étaient des yeux bleus, fixes, durs, fortement barrés de sourcils noirs, un teint blanc, plutôt maladif que pur : — son séjour à Reims pouvait bien avoir donné à l'étudiant en droit la scrofuleuse maladie que les rois avaient la prétention de guérir le jour de leur sacre ; un menton se perdant au milieu d'une énorme cravate serrée autour du cou, quand tout le monde le portait lâche et flottante comme pour donner au bourreau toute facilité de la dénouer ; un torse raide, automatique, ridicule comme machine s'il ne devenait terrible comme spectre ; tout cela couronné d'un front si bas, que les cheveux descendaient jusqu'aux yeux.

Camille Desmoulins vit donc, un jour, entrer chez lui l'étrange figure ; elle lui fut souverainement antipathique.

Le jeune homme lui lut ses vers, et lui dit

entre autres pensées sociales, que le monde était vide depuis les Romains.

Les vers parurent mauvais à Camille, la pensée lui parut fausse : il se moqua du philosophe, il se moqua du poète ; et le poète-philosophe rentra dans sa solitude de Blérancourt, « abattant à la Tarquin, dit Michelet le grand portraitiste de ces sortes d'hommes, des pavots avec une baguette, dans l'un Desmoulins peut-être, dans l'autre Danton ».

L'occasion lui vint pourtant : — l'occasion ne manque jamais à certains hommes. — Son village, son bourg, sa petite ville, Blérancourt, était menacé de perdre un marché qui le faisait vivre ; sans connaître Robespierre, le jeune homme écrit à Robespierre, le prie d'appuyer la réclamation communale qu'il lui transmet, lui offrant, en outre, de donner, pour être vendu au profit de la nation, son petit bien, c'est-à-dire tout ce qu'il possède.

Ce qui faisait rire Camille Desmoulins faisait rêver Robespierre : il appela près de lui le jeune fanatique, l'étudia, le reconnut pour être de la trempe de ces hommes avec lesquels on fait les révolutions, et, par son crédit aux Jacobins, le fit nommer membre de la Convention, quoiqu'il n'eût point l'âge requis. Le président du corps électoral, Jean de Bry, protesta et, en protestant, envoya l'extrait de baptême du nouvel élu : celui-ci n'avait, en effet, que vingt-quatre ans et trois mois ; mais sous l'influence de Robespierre disparut cette vaine réclamation.

C'était chez ce jeune homme que rentrait Robespierre dans la nuit du 2 septembre ; ce fut ce jeune homme qui dormit quand Robespierre ne dormait pas ; — ce jeune homme, c'était Saint-Just.

— Saint-Just, lui disait un jour Camille Desmoulins, sais-tu ce que dit de toi Danton ?

— Non.

— Il dit que tu portes ta tête comme un saint-sacrement.

Un pâle sourire se dessina sur la bouche féminine du jeune homme.

— Bien, dit-il ; et, moi, je lui ferai porter la sienne comme un saint Denis !

Et il tint parole.

Saint-Just descendit lentement du sommet de la montagne, il monta lentement à la tribune, et lentement il demanda la mort... Il *demanda*, nous nous trompons : il *ordonna* la mort.

Ce fut un discours atroce que celui que prononça ce beau jeune homme pâle aux lèvres de femme ; le relève qui voudra, l'imprime qui pourra ; nous n'en avons pas le courage.

« Il ne faut pas longuement juger le roi, dit-il : *il faut le tuer*.

» *Il faut le tuer*, car il n'y a plus de lois pour le juger ; lui-même les a détruites.

» *Il faut le tuer* comme un ennemi ; on ne juge que les citoyens. Pour juger le tyran, il faudrait d'abord le refaire citoyen.

» *Il faut le tuer* comme un coupable pris en flagrant délit, la main dans le sang ; la royauté est, d'ailleurs, un crime éternel : un roi est hors de la nature ; de peuple à roi, nul rapport naturel. »

Il parla ainsi une heure, sans s'animer, sans s'échauffer, avec une voix de rhéteur, des gestes de pédant, et, à la fin de chaque phrase, revenaient ces mots qui tombaient d'un poids singulier, et qui produisaient chez les auditeurs un ébranlement pareil à celui du couteau de la guillotine : « Il faut le tuer ! »

Ce discours fit une sensation terrible ; pas un des juges qui ne sentît, en l'écoutant, pénétrer jusqu'à son cœur le froid de l'acier ! Robespierre lui-même s'effraya de voir son disciple, son élève, planter si fort au delà des avant-postes républicains les plus avancés le sanglant drapeau de la révolution.

Dès lors, non seulement le procès fut résolu, mais encore Louis XVI fut condamné.

Essayer de sauver le roi, c'était se dévouer à la mort.

Danton en eut l'idée, il n'en eut pas le courage : il avait eu assez de patriotisme pour réclamer le nom d'assassin ; il n'eut pas assez de stoïcisme pour accepter celui du traître.

Le 11 décembre, le procès s'ouvrit.

Trois jours auparavant, un municipal s'était présenté au Temple, à la tête d'une députation de la commune, et était entré chez le roi, puis avait lu aux prisonniers un arrêté ordonnant de leur enlever couteaux, rasoirs, ciseaux, canifs, enfin tous les instruments tranchants dont on prive les condamnés.

Sur ces entrefaites, madame Cléry étant venue, accompagnée d'une amie, pour voir son mari, on fit, comme d'habitude, descendre le valet de chambre dans la salle du conseil ; là, celui-ci se mit à causer avec sa femme, qui affecta de lui donner à haute voix des détails sur leurs affaires domestiques ; mais, tandis qu'elle parlait tout haut, son amie disait tout bas :

— Mardi prochain, on conduit le roi à la Convention... Le procès va commencer... Le roi pourra prendre un conseil... Tout cela est certain.

Le roi avait défendu à Cléry de lui rien cacher; si mauvaise que fût la nouvelle, le fidèle serviteur prit donc la résolution de la communiquer à son maître. En conséquence, le soir, en le déshabillant, il lui répéta les paroles que nous venons de rapporter, ajoutant que, pendant tout le cours du procès, la commune avait l'intention de le séparer de sa famille.

Quatre jours restaient donc à Louis XVI pour se concerter avec la reine.

Il remercia Cléry de sa fidélité à tenir sa parole.

— Continuez, lui dit-il, de chercher à découvrir quelque chose sur ce qu'ils veulent de moi; ne craignez pas de m'affliger. Je suis convenu avec ma famille de ne point paraître instruit, pour ne pas vous compromettre.

Mais plus approchait le jour où devait s'entamer le procès, plus les municipaux devenaient défiants; Cléry n'eut donc d'autres nouvelles à donner aux prisonniers que celles qui étaient contenues dans un journal qu'on lui fit parvenir : ce journal publiait le décret ordonnant que, le 11 décembre, Louis XVI comparaîtrait à la barre de la Convention.

Le 11 décembre, dès cinq heures du matin, la générale battit dans tout Paris; les portes du Temple s'ouvrirent, et l'on fit entrer dans les cours de la cavalerie et du canon. Si la famille royale eût été dans l'ignorance de ce qui devait se passer, elle eût été fort alarmée d'un semblable bruit; elle feignit, cependant, d'en ignorer la cause, et demanda des explications aux commissaires de service ceux-ci refusèrent d'en donner.

A neuf heures, le roi et le dauphin montèrent pour déjeuner dans l'appartement des princesses; il y eut une dernière heure passée ensemble, mais sous les yeux des municipaux; au bout d'une heure il fallut se séparer, et, comme on était censé ne rien savoir, tout enfermer dans son cœur en se séparant.

Le dauphin, lui, ne savait rien en effet : on avait ménagé cette douleur à sa jeunesse. Il insista pour faire une partie de siam; tout préoccupé qu'il devait être, le roi voulut donner cette distraction à son fils.

Le dauphin perdit toutes les parties, et par trois fois s'arrêta au n° 16.

— Maudit n° 16! s'écria-t-il; je crois qu'il me porte malheur.

Le roi ne répondit rien, mais le mot le frappa comme un funeste présage.

A onze heures, tandis qu'il donnait au dauphin sa leçon de lecture, deux municipaux entrèrent, annonçant qu'ils venaient chercher le jeune Louis pour le conduire chez sa mère; le roi voulut savoir les motifs de cette espèce d'enlèvement : les commissaires se contentèrent de répondre qu'ils exécutaient les ordres du conseil de la commune.

Le roi embrassa son fils, et chargea Cléry de le conduire près de sa mère.

Cléry obéit et revint.

— Où avez-vous laissé mon fils? demanda le roi.

— Dans les bras de la reine, Sire, répondit Cléry.

Un des commissaires reparut.

— Monsieur, dit-il à Louis XVI, le citoyen Chambon, maire de Paris (c'était le successeur de Pétion), est au conseil, et va monter.

— Que me veut-il! demanda le roi?

— Je l'ignore, répondit le municipal.

Et il sortit, laissant le roi seul.

Le roi se promena un instant à grands pas dans sa chambre, puis s'assit dans un fauteuil au chevet de son lit.

Le municipal s'était retiré avec Cléry dans la pièce voisine, et disait au valet de chambre :

— Je n'ose rentrer chez le prisonnier de peur qu'il ne me questionne.

Cependant, il se faisait un tel silence dans la chambre du roi, que le commissaire s'en inquiéta; il entra doucement, et trouva Louis XVI la tête appuyée entre ses mains, et paraissant profondément préoccupé.

Au bruit que fit la porte en tournant sur ses gonds, le roi releva la tête, et, d'une voix haute :

— Que me voulez-vous? demanda-t-il.

— Je craignais, répondit le municipal, que vous ne fussiez incommodé.

— Je vous suis obligé, dit le roi; non, je ne suis pas incommodé; seulement la façon dont on m'enlève mon fils m'est infiniment sensible.

Le municipal se retira.

Le maire parut à une heure seulement; il était accompagné du nouveau procureur de la commune, Chaumette, du secrétaire greffier, Coulombeau, de plusieurs officiers municipaux, et de Santerre, accompagné lui-même de ses aides de camp.

Le roi se leva.

— Que me voulez-vous, Monsieur? demanda-t-il s'adressant au maire.

— Je viens vous chercher, Monsieur, répondit celui-ci, en vertu d'un décret de la Convention dont le secrétaire greffier va vous donner lecture.

En effet, le secrétaire greffier déroula un papier, et lut :

« Décret de la Convention nationale, qui ordonne que Louis Capet... »

A ce mot, le roi interrompit le lecteur.

— Capet n'est point mon nom, dit-il ; c'est le nom d'un de mes ancêtres.

Puis, comme le secrétaire voulait continuer la lecture :

— Inutile, Monsieur : j'ai lu le décret dans un journal, dit le roi.

Et, se tournant vers les commissaires :

— J'eusse désiré, ajouta-t-il, que mon fils m'eût été laissé pendant les deux heures que j'ai passées à vous attendre : de deux heures cruelles, on m'eût fait deux heures plus douces. Au reste, ce traitement est une suite de ce que j'éprouve depuis quatre mois... Je vais vous suivre, non pour obéir à la Convention, mais parce que mes ennemis ont la force en main.

— Alors, venez, Monsieur, dit Chambon.

— Je ne demande que le temps de passer une redingote par-dessus mon habit. — Cléry, ma redingote !

Cléry passa au roi la redingote qu'il demandait, et qui était couleur noisette.

Chambon marcha le premier ; le roi le suivit.

Au bas de l'escalier, le prisonnier regarda avec inquiétude les fusils, les piques et surtout les cavaliers bleu de ciel dont il ignorait la formation ; puis il jeta un dernier regard sur la tour, et l'on partit.

Il pleuvait.

Le roi était dans une voiture, et fit la route avec un visage calme.

En passant devant les portes Saint-Martin et Saint-Denis, il demanda laquelle des deux on avait proposé de démolir.

Au seuil du manège, Santerre lui posa la main sur l'épaule et le conduisit à la barre, à la même place et sur le même fauteuil où il avait juré la constitution.

Tous les députés étaient restés assis au moment de l'entrée du roi ; un seul, quand il passa devant lui, se leva et salua.

Le roi, étonné, se retourna et reconnut Gilbert.

— Bonjour, M. Gilbert, dit-il.

Puis, à Santerre :

— Vous connaissez M. Gilbert, dit-il : c'était autrefois mon médecin ; vous ne lui en voudrez donc pas trop, n'est-ce pas, de m'avoir salué ?

L'interrogatoire commença.

Là, le prestige du malheur commence à disparaître devant la publicité : non seulement le roi répondit aux questions qui lui étaient adressées, mais encore il y répondit mal, hésitant, biaisant, niant, chicanant sa vie, comme eût pu faire un avocat de province plaidant une question de mur mitoyen.

Le grand jour n'allait pas au pauvre roi.

L'interrogatoire dura jusqu'à cinq heures.

A cinq heures, Louis XVI fut conduit dans la salle des conférences, où il attendit sa voiture.

Le maire s'approcha de lui.

— Avez-vous faim, Monsieur, lui demanda-t-il, et voulez-vous prendre quelque chose ?

— Je vous remercie, dit le roi avec un geste de refus.

Mais presque aussitôt, voyant un grenadier tirer un pain de son sac, et en donner la moitié au procureur de la commune Chaumette, il s'approcha de celui-ci :

— Voulez-vous bien me donner un morceau de votre pain, Monsieur ? lui demanda-t-il.

Mais, comme il avait parlé à voix basse, Chaumette se recula.

— Parlez tout haut, Monsieur ! lui dit-il.

— Oh ! je puis parler tout haut, reprit le roi avec un sourire triste ; je demande un morceau de pain.

— Volontiers, répondit Chaumette.

Et, lui tendant son pain :

— Tenez, coupez ! dit-il. C'est un repas de Spartiate ; si j'avais une racine, je vous en donnerais la moitié.

On descendit dans la cour.

A la vue du roi, la foule entama le refrain de *la Marseillaise*, appuyant avec énergie sur ce vers :

Qu'un sang impur abreuve nos sillons !

Louis XVI pâlit légèrement, et remonta en voiture.

Là, il se mit à manger, mais la croûte de son pain seulement : la mie lui resta dans la main, et, de cette mie, il ne savait que faire.

Le substitut du procureur de la commune la lui prit des mains, et la jeta par la portière.

— Ah ! c'est mal, dit le roi, de jeter ainsi le pain, surtout dans un moment où il est si rare !

— Et comment savez-vous qu'il est rare ? dit Chaumette ; vous n'en manquez cependant pas, vous.

— Je sais qu'il est rare parce que celui que l'on me donne sent un peu la terre.

— Ma grand'mère, reprit Chaumette, me disait toujours : « Petit garçon, il ne faut jamais perdre une mie de pain, car vous ne pourriez pas en faire venir autant. »

— Monsieur Chaumette, dit le roi, votre

grand'mère était, à ce qu'il me paraît, une femme d'un grand sens.

Il se fit un silence; Chaumette était muet, enfoncé dans la voiture.

— Qu'avez-vous, Monsieur? demanda le roi; vous pâlissez!

— En effet, répondit Chaumette, je ne me sens pas bien.

— Peut-être est-ce le roulis de la voiture, qui va au pas? demanda le roi.

— Peut-être, en effet.

— Avez-vous été sur la mer?

— J'ai fait la guerre avec la Motte-Picquet.

— La Motte-Picquet, dit le roi, c'était un brave!.

Et, à son tour, il garda le silence.

A quoi rêvait-il? à sa belle marine, victorieuse dans l'Inde; à son port de Cherbourg, conquis sur l'Océan; à son splendide costume d'amiral, rouge et or, si différent de celui qu'il portait en ce moment; à ces canons hurlant de joie sur son passage, aux jours de sa prospérité.

Il était loin de là, le pauvre roi Louis XVI, cahoté dans ce mauvais fiacre marchant au pas, fendant avec lui les flots du peuple qui se pressait pour le voir, mer infecte et houleuse dont la marée montait des égouts de Paris; clignotant des yeux au grand jour, avec sa barbe longue, aux poils rares, d'un blond fade, et ses joues amaigries pendant sur son cou plissé; vêtu d'un habit gris, d'une redingote noisette, et disant, avec cette mémoire automatique des enfants et des Bourbons: « Ah! voilà telle rue, — et puis telle rue, et puis telle rue. »

Arrivé à la rue d'Orléans:

— Ah! dit-il, voilà la rue d'Orléans!

— Dites la rue Égalité, lui répondit-on.

— Ah! oui, fit-il, à cause de Monsieur...

Il n'acheva pas, retomba dans son silence, et, de la rue l'Égalité au Temple, ne prononça plus une seule parole.

XXI

LA LÉGENDE DU ROI MARTYR

Le premier soin du roi, en arrivant, avait été de demander qu'on le conduisît à sa famille; on lui répondit qu'il n'y avait pas d'ordre à ce sujet.

Louis comprit que, comme tout condamné à qui l'on fait un procès mortel, il était au secret.

— Prévenez au moins ma famille de mon retour, dit-il.

Puis, sans se préoccuper des quatre municipaux qui, l'entouraient, il se mit à sa lecture habituelle.

Le roi avait encore un espoir: c'est qu'à l'heure du souper, sa famille monterait chez lui.

Il attendit vainement: personne ne parut.

— Je suppose, cependant, dit-il, que mon fils passera la nuit chez moi, puisque ses effets sont ici?

Hélas! le prisonnier n'avait même plus, à l'endroit de son fils, cette certitude qu'il affectait d'avoir.

On ne répondit pas plus à cette demande que l'on n'avait fait aux autres.

— Allons! dit le roi, couchons-nous, alors.

Cléry le déshabilla comme de coutume.

— Oh! Cléry murmura-t-il, j'étais loin de m'attendre aux questions qu'ils m'ont faites.

Et, en effet, presque toutes les questions faites au roi avaient leur source dans l'armoire de fer, et le roi, ignorant la trahison de Gamain, ne soupçonnait pas que l'armoire de fer fût découverte.

Néanmoins, il se coucha, et, à peine couché, s'endormit avec cette tranquillité dont il avait déjà donné tant de preuves, et que, dans certaines circonstances, on pouvait prendre pour de la léthargie.

Il n'en fut pas de même des autres prisonniers: ce secret absolu était pour eux effroyablement significatif; c'était le secret des condamnés.

Comme le dauphin avait son lit et ses effets chez le roi, la reine coucha l'enfant dans son propre lit et, toute la nuit, debout au chevet, le regarda dormir.

Sa douleur était si morne, cette pose ressemblait tellement à celle de la statue d'une mère près du tombeau de son fils, que Madame Élisabeth, et Madame Royale résolurent de passer la nuit sur des chaises à côté de la reine debout; mais les municipaux intervinrent et forcèrent les deux femmes à se coucher.

Le lendemain, pour la première fois, la reine adressa une prière à ses gardiens.

Elle demandait deux choses: à voir le roi, et à recevoir les journaux pour être tenue au courant du procès.

On porta ces deux demandes au conseil.

La reine coucha l'enfant dans son propre lit. (P. 728.)

L'une fut refusée complétement : celle des journaux; l'autre fut accordée à moitié.

La reine ne pouvait plus voir son mari, ni la sœur, son frère; mais les enfants pouvaient voir leur père, à la condition qu'ils ne verraient plus leur mère ni leur tante.

On signifia au roi cet ultimatum.

Il réfléchit un instant; puis, avec sa résignation accoutumée :

— Bien dit-il; quelque bonheur que j'éprouve à voir mes enfants, je renoncerai à ce bonheur... La grande affaire qui m'occupe m'empêcherait, d'ailleurs, de leur consacrer le temps dont ils ont besoin... Les enfants resteront près de leur mère.

Sur cette réponse, on monta le lit du dauphin dans la chambre de sa mère, laquelle, à son tour, ne quitta ses enfants que lorsqu'elle alla se faire condamner par le tribunal révolutionnaire, comme le roi allait se faire condamner par la Convention.

Il fallait songer aux moyens de communiquer malgré le secret.

Ce fut encore Cléry qui se chargea d'organiser les correspondances, avec l'aide d'un serviteur des princesses nommé Turgy.

Turgy et Cléry se rencontraient en allant et venant pour le besoin de leur service; mais la surveillance des municipaux rendait toute conversation difficile entre eux. Les seules paroles qu'ils pussent échanger se bornaient d'ordinaire à ces mots : « Le roi va bien. — La reine, les princesses et les enfants vont bien. »

Cependant, un jour, Turgy remit un petit billet à Cléry.

— Madame Élisabeth me l'a glissé dans la main en me rendant sa serviette, dit-il à son collègue.

Cléry courut porter le billet au roi.

Il était tracé avec des piqûres d'épingle ; depuis longtemps, les princesses n'avaient plus ni encre, ni plumes, ni papier ; — il contenait ces deux lignes :

« Nous nous portons bien, mon frère. Écrivez-nous à votre tour. »

Le roi répondit ; car, depuis l'ouverture du procès, on lui avait rendu plumes, encre et papier.

Puis, donnant la lettre toute ouverte à Cléry :

— Lisez, mon cher Cléry, lui dit-il, et vous verrez que ce billet ne contient rien qui puisse vous compromettre.

Cléry refusa respectueusement de lire, et repoussa en rougissant la main du roi.

Dix minutes après, Turgy avait la réponse.

Le même jour, ce dernier, en passant devant la chambre de Cléry, fit, par la porte entr'ouverte de cette chambre, rouler jusque sous le lit un peloton de fil : ce peloton de fil recouvrait un second billet de Madame Élisabeth.

C'était un moyen indiqué.

Cléry repelotonna le fil autour d'un billet du roi, et cacha le peloton dans l'armoire aux assiettes ; Turgy le trouva et remit la réponse au même endroit.

Le même manège se répéta pendant plusieurs jours ; seulement, à chaque fois que son valet de chambre lui donnait quelque nouvelle preuve de fidélité ou d'adresse de ce genre, le roi secouait la tête en disant :

— Prenez garde, mon ami, c'est vous exposer!

Le moyen était, en effet, trop précaire ; Cléry en chercha un autre.

Les commissaires remettaient au roi la bougie en paquets ficelés ; Cléry garda soigneusement les ficelles, et, lorsqu'il en eut une quantité suffisante, il annonça au roi qu'il avait un moyen de rendre sa correspondance plus active ; c'était de faire passer sa ficelle à Madame Élisabeth ; Madame Élisabeth, qui couchait au-dessous de lui, et qui avait une fenêtre correspondant verticalement à celle d'un petit corridor contigu à la chambre de Cléry, pouvait, pendant la nuit, suspendre ses lettres à cette ficelle, et, par le même moyen, recevoir celles du roi. Un abat-jour retourné masquait chaque fenêtre, et empêchait que les lettres ne pussent tomber dans le jardin.

En outre, on pouvait, par cette même ficelle, descendre, plumes, papier et encre ; ce qui dispenserait les princesses d'écrire avec des pointes d'épingles.

Il fut donc ainsi permis aux prisonniers d'avoir chaque jour des nouvelles, les princesses du roi, le roi des princesses et de son fils.

Au reste, la position de Louis XVI s'était moralement fort empirée depuis qu'il avait comparu devant la Convention.

On croyait généralement deux choses : ou que, suivant l'exemple de Charles Ier, dont il savait si bien l'histoire, le roi refuserait de répondre à la Convention ; ou que, s'il répondait, il répondrait hautainement, fièrement, au nom de la royauté, non pas comme un accusé qui subit un jugement, mais comme un chevalier qui accepte le défi et ramasse le gant du combat.

Par malheur pour lui, Louis XVI n'était point de nature assez royale pour s'arrêter à l'un ou à l'autre de ces deux partis.

Il répondit mal, timidement, gauchement, comme nous l'avons déjà dit ; et, sentant que, devant toutes les pièces tombées, à son insu, entre les mains de ses ennemis, il s'enferrait, le pauvre Louis finit par demander un conseil.

Après une délibération tumultueuse qui suivit le départ du roi, le conseil fut accordé.

Le lendemain, quatre membres de la Convention, nommés commissaires à cet effet, allèrent demander à l'accusé quel était le conseil choisi par lui.

— M. Target, répondit-il.

Les commissaires se retirèrent, et l'on prévint M. Target de l'honneur que lui faisait le roi.

Chose inouïe! cet homme, — homme d'une grande valeur, ancien membre de la Constituante, un de ceux qui avaient pris la part la plus active à la rédaction de la Constitution, — cet homme eut peur!

Il refusa lâchement, pâlissant de crainte devant son siècle, pour rougir de honte devant la postérité!

Mais, dès le lendemain du jour où le roi avait comparu, le président de la Convention recevait cette lettre :

« Citoyen président,

» J'ignore si la Convention donnera à Louis XVI un conseil pour le défendre, et si elle lui en laissera le choix ; dans ce cas, je désire que Louis XVI sache que, s'il me choisit pour cette fonction, je suis prêt à m'y dévouer. Je ne vous demande pas de faire part à la Convention de mon offre ; car je suis éloigné de me croire un personnage assez important pour qu'elle s'occupe de moi ; mais j'ai été appelé deux fois au conseil de celui qui fut mon maître, dans le temps où cette fonction était ambitionnée par tout le monde : je lui dois le même service lorsque c'est une fonction que bien des gens trouvent dangereuse.

» Si je connaissais un moyen possible pour lui faire savoir mes dispositions, je ne prendrais pas la liberté de m'adresser à vous.

» J'ai pensé que, dans la place que vous occupez, vous avez plus que personne moyen de lui faire passer cet avis.

» Je suis avec respect, etc., etc.

» MALESHERBES. »

Deux autres demandes arrivèrent en même temps ; l'une d'un avocat de Troyes, M. Sourdat. « Je suis, disait-il hardiment, porté à défendre Louis XVI par le sentiment que j'ai de son innocence ! » L'autre, d'Olympe de Gouges, l'étrange improvisatrice méridionale, qui dictait ses comédies, parce que, disait-on, elle ne savait pas écrire.

Olympe de Gouges s'était faite l'avocat des femmes ; elle voulait qu'on leur donnât les mêmes droits qu'aux hommes, qu'elles pussent briguer la députation, discuter les lois, déclarer la paix et la guerre ; et elle avait appuyé sa prétention d'un mot sublime : « Pourquoi les femmes ne monteraient-elles pas à la tribune ? dit-elle ; elles montent bien à l'échafaud ! »

Elle y monta, en effet, la pauvre créature ; mais, au moment où fut prononcé le jugement, elle redevint femme, c'est-à-dire faible, et, voulant profiter du bénéfice de la loi, elle se déclara enceinte.

Le tribunal renvoya la condamnée à une consultation de médecins et de sages-femmes ; le résultat de la consultation fut que, s'il y avait grossesse, cette grossesse était trop récente pour qu'on pût la constater.

Devant l'échafaud, elle redevint homme, et mourut ainsi que devait mourir une femme comme elle.

Quant à M. de Malesherbes, c'était ce même Lamoignon de Malesherbes qui avait été ministre avec Turgot, et était tombé avec lui. Nous l'avons dit ailleurs, c'était un petit homme de soixante et dix à soixante et douze, ans né naturellement gauche et distrait, rond, vulgaire,

« vraie figure d'apothicaire », dit Michelet, et dans lequel on était loin de soupçonner un héroïsme des temps antiques.

Devant la Convention, il n'appela jamais le roi que *sire*.

— Qui te rend si hardi de parler ainsi devant nous ? lui demanda un conventionnel.

— Le mépris de la mort, répondit simplement Malesherbes.

Et il la méprisait bien, cette mort à laquelle il marcha en causant avec ses compagnons de charrette, et qu'il reçut comme s'il ne devait, selon le mot de M. Guillotin, éprouver, en la recevant, qu'une *légère fraîcheur* sur le cou. Le concierge de Monceaux — c'était à Monceaux que l'on portait les corps des suppliciés, — le concierge de Monceaux constata une singulière preuve de ce mépris de la mort : dans le gousset de la culotte de ce corps décapité, il trouva la montre de Malesherbes ; elle marquait deux heures. Selon son habitude, le condamné l'avait remontée à midi, c'est-à-dire à l'heure où il marchait à l'échafaud.

Le roi, à défaut de Target, prit donc Malesherbes et Tronchet ; ceux-ci, pressés par le temps, s'adjoignirent l'avocat Desèze.

Le 14 décembre, on annonça à Louis qu'il avait permission de communiquer avec ses défenseurs, et que, le même jour, il recevrait la visite de M. de Malesherbes.

Le dévouement de celui-ci l'avait fort touché, quoique son tempérament le rendît peu accessible à ces sortes d'émotions.

En voyant venir à lui, avec une simplicité sublime, ce vieillard de soixante et dix ans, le cœur du roi se gonfla, et ses bras — ces bras royaux qui se desserrent si rarement — s'ouvrirent, et, tout en larmes :

— Mon cher Monsieur de Malesherbes dit le roi, venez m'embrasser !

Puis, après l'avoir affectueusement serré sur sa poitrine :

— Je sais à qui j'ai affaire, continua le roi ; je m'attends à la mort, et suis préparé à la recevoir. Tel que vous me voyez en ce moment, — et je suis bien tranquille, n'est-ce pas ? — eh bien, tel je marcherai à l'échafaud !

Le 16, une députation se présenta au Temple ; elle se composait de quatre membres de la Convention : c'étaient Valazé, Cochon, Grandpré et Duprat.

On avait nommé vingt et un députés pour examiner le procès du roi ; tous quatre faisaient partie de cette commission.

Ils apportaient au roi son acte d'accusation et les pièces relatives à son procès.

La journée tout entière fut employée à la vérification de ces pièces.

Chaque pièce était lue par le secrétaire ; après la lecture, Valazé disait : « Avez-vous connaissance...? » Le roi répondait oui ou non, et tout était dit.

A quelques jours de là, les mêmes commissaires revinrent, et firent lecture au roi de cinquante et une pièces nouvelles, qu'il signa et parafa comme les précédentes.

En tout, cent cinquante-huit pièces dont on lui laissa les copies.

Sur ces entrefaites, le roi fut atteint d'une fluxion.

Il se rappela ce salut de Gilbert au moment où il était entré à la Convention ; il demanda à la commune qu'il fût permis à son ancien médecin Gilbert de lui faire une visite : la commune refusa.

— Que Capet ne boive plus d'eau glacée, dit un de ses membres, et il n'aura pas de fluxion.

C'était le 26 que le roi devait, pour la seconde fois, paraître à la barre de la Convention.

Sa barbe avait poussé ; — nous avons dit que cette barbe était laide, blondasse, mal plantée. — Louis demanda ses rasoirs ; ils lui furent rendus, mais à la condition qu'il ne s'en servirait que devant quatre municipaux !

Le 25, à onze heures du soir, il se mit à écrire son testament. — Cette pièce est tellement connue, que, toute touchante et chrétienne qu'elle est, nous ne la consignons pas ici.

Deux testaments ont souvent attiré notre attention : le testament de Louis XVI, qui se trouvait en face de la république, et qui ne voyait que la royauté ; le testament du duc d'Orléans, qui se trouvait en face de la royauté, et qui ne voyait que la république.

Nous citerons seulement une phrase du testament de Louis XVI, parce qu'elle nous aidera à éclaircir une question de *point de vue*. Chacun voit, dit-on, non pas seulement la réalité de la chose, mais selon le point de vue où il est placé.

« Je finis, écrivait Louis XVI, en déclarant devant Dieu, et prêt à paraître devant lui, que je ne me reproche aucun des crimes qui sont avancés contre moi. »

Maintenant, comment Louis XVI, à qui la postérité a fait une réputation d'honnête homme qu'il doit peut-être, d'ailleurs, à cette phrase ; comment Louis XVI, parjure à tous ses serments, fuyant à l'étranger en laissant une protestation contre les serments faits ; comment Louis XVI, qui avait discuté, annoté, apprécié les plans de la Fayette et de Mirabeau appelant l'ennemi au cœur de la France ; comment Louis XVI prêt à paraître enfin, comme il le dit lui-même, devant le Dieu qui doit le juger, croyant par conséquent à ce Dieu, à sa justice, à sa rémunération des bonnes et des mauvaises actions, comment Louis XVI a-t-il pu dire : *Je ne me reproche aucun des crimes qui sont avancés contre moi ?*

Eh bien, la construction même de la phrase l'explique.

Louis XVI ne dit point : *Les crimes que l'on avance contre moi sont faux;* non, il dit : *Je ne me reproche aucun des crimes qui sont avancés contre moi ;* ce qui n'est pas du tout la même chose.

Louis XVI, prêt à marcher à l'échafaud, est toujours l'élève de M. de la Vauguyon !

Dire : « Les crimes que l'on avance contre moi sont faux, » c'était nier ses crimes, et Louis XVI ne pouvait les nier ; dire : « Je ne me reproche aucun des crimes qui sont avancés contre moi, » c'était, à la rigueur, dire : « Ces crimes existent, mais *je ne me les reproche pas.* »

Et pourquoi Louis XVI ne se les reprochait-il pas ?

Parce qu'il était placé, comme nous l'avons dit tout à l'heure, au point de vue de la royauté ; parce que, grâce au milieu dans lequel ils sont élevés, grâce à ce sacre de la légitimité, à cette infaillibilité du droit divin, les rois ne voient pas les crimes, et surtout les crimes politiques du même point de vue que les autres hommes.

Ainsi, pour Louis XI, sa révolte contre son père n'est pas un crime : c'est la *guerre du bien public.*

Ainsi, pour Charles IX, la Saint-Barthélemy n'est pas un crime : c'est une *mesure conseillée par le salut public.*

Ainsi, aux yeux de Louis XIV, la révocation de l'édit de Nantes n'est pas un crime : c'est tout simplement une *raison d'État.*

Ce même Malesherbes, qui aujourd'hui défendait le roi, autrefois, étant ministre, avait voulu réhabiliter les protestants. Il avait trouvé dans Louis XVI une résistance obstinée.

— Non, lui répondait le roi, non, la proscription des protestants, c'est une *loi d'État*, une loi de Louis XIV ; ne déplaçons pas les bornes anciennes.

— Sire, répliquait Malesherbes, la politique ne prescrit jamais contre la justice.

— Mais, s'écriait Louis XVI, comme un homme qui ne comprend pas, où est donc, dans la révocation de l'édit de Nantes, l'atteinte portée à la justice ? La révocation de l'édit de Nantes, n'est-ce point le *salut de l'État ?*

Ainsi, pour Louis XVI, cette persécution des protestants suscitée par une vieille dévote et par un jésuite haineux, cette mesure atroce qui a fait couler le sang par ruisseaux dans les vallées cévénoles, qui a allumé les bûchers de Nîmes, d'Albi, de Béziers, c'était, non pas un crime, mais, au contraire, une *raison d'État !*

Puis il y a encore une autre chose qu'il faut examiner au point de vue royal : c'est qu'un roi, né presque toujours d'une princesse *étrangère* où il puise le meilleur de son sang, est à peu près *étranger* à son peuple ; il le gouverne, voilà tout ; — et encore, par qui le gouverne-t-il ? Par ses ministres.

Ainsi, non seulement le peuple n'est pas digne d'être son parent, n'est pas digne d'être son allié, mais encore il n'est pas digne d'être gouverné directement par lui ; tandis qu'au contraire, les souverains étrangers sont les parents et les alliés du roi, qui n'a ni parents ni alliés dans son royaume, et qui correspond directement avec eux sans intermédiaire de ministres.

Bourbons d'Espagne, Bourbons de Naples, Bourbons d'Italie remontaient à la même souche : Henri IV ; ils étaient cousins.

L'empereur d'Autriche était beau-frère, les princes de Savoie étaient alliés de Louis XVI, Saxon par sa mère.

Or, le peuple en étant arrivé à vouloir imposer à son roi des conditions que celui-ci ne croyait pas de son intérêt de suivre, à qui en appelait Louis XVI contre ses sujets révoltés ? A ses cousins, à ses beaux-frères, à ses alliés ; pour lui les Espagnols et les Autrichiens, ce n'étaient pas les ennemis de la France, puisqu'ils étaient ses parents, ses amis à lui, *le roi,* et qu'au point de vue de la royauté, le roi, c'est la France.

Ces rois, que venaient-ils défendre ? la cause sainte, inattaquable, presque divine de la royauté.

Voilà comment Louis XVI *ne se reprochait point* les crimes que l'on avançait contre lui.

Au reste, l'égoïsme royal avait enfanté l'égoïsme populaire ; et le peuple, qui avait poussé sa haine de la royauté jusqu'à supprimer Dieu, parce qu'on lui avait dit que la royauté émanait de Dieu, avait, sans doute, lui aussi, en vertu de quelque *raison d'État* appréciée à son point de vue, fait le 14 juillet, les 5 et 6 octobre, le 20 juin et le 10 août.

Nous ne disons pas le 2 septembre ; nous le répétons, ce ne fut point le peuple qui fit le 2 septembre, ce fut la commune !

XXII

LE PROCÈS

La journée du 26 arriva et trouva le roi préparé à tout, même à la mort.

Il avait fait son testament la veille ; il craignait, on ne sait pourquoi d'être assassiné en allant le lendemain à la Convention.

La reine était prévenue que, pour la seconde fois, le roi se rendait à l'Assemblée. Le mouvement des troupes, le bruit du tambour eussent pu l'effrayer outre mesure si Cléry n'eût pas trouvé moyen de lui en faire connaître la cause.

A dix heures du matin, Louis XVI partit, sous la surveillance de Chambon et de Santerre.

Arrivé à la Convention, il lui fallut attendre une heure ; le peuple se vengeait d'avoir fait cinq cents ans antichambre au Louvre, aux Tuileries et à Versailles.

Une discussion avait lieu à laquelle le roi ne pouvait assister : une clef remise par lui, le 12 à Cléry, avait été saisie dans les mains du valet de chambre ; on avait eu l'idée d'essayer cette clef à l'armoire de fer, et elle l'avait ouverte.

Cette clef avait été montrée à Louis XVI.

— Je ne la reconnais pas, avait-il répondu.

Selon toute probabilité, il l'avait forgée lui-même.

Ce fut dans ces sortes de détails que le roi manqua complètement de grandeur.

La discussion terminée, le président annonça à l'Assemblée que l'accusé et ses défenseurs étaient prêts à paraître à la barre.

Le roi entra accompagné de Malesherbes, de Tronchet et de Desèze.

— Louis, dit le président, la Convention a décidé que vous seriez entendu aujourd'hui.

— Mon conseil va vous lire ma défense, répondit le roi.

Il se fit un profond silence ; toute l'Assemblée comprenait qu'on pouvait bien laisser quelques heures à ce roi dont on brisait la royauté, à cet homme dont on tranchait la vie.

Puis peut-être cette Assemblée, dont quelques membres avaient donné la mesure d'un esprit si supérieur, s'attendait-elle à voir jaillir une grande discussion; prête à se coucher dans son sépulcre sanglant, déjà drapée dans son linceul, peut-être la royauté allait-elle se dresser tout à coup, apparaître avec la majesté des mourants, et dire quelques-unes de ces paroles que l'histoire enregistre, et que les siècles répètent.

Il n'en fut point ainsi : le discours de l'avocat Desèze fut un véritable discours d'avocat.

C'était, cependant, une belle cause à défendre que celle de cet héritier de tant de rois, que la fatalité amenait devant le peuple, non pas seulement en expiation de ses propres crimes, mais en expiation des crimes et des fautes de toute une race.

Il nous semble qu'en cette occasion, si nous avions eu l'honneur d'être M. Desèze, nous n'eussions point parlé au nom de M. Desèze.

La parole était là saint Louis et Henri IV; c'était à ces deux grands chefs de race à laver Louis XVI des faiblesses de Louis XIII, des prodigalités de Louis XIV, des débauches de Louis XV!

Il n'en fut point ainsi, nous le répétons.

Desèze fut ergoteur quand il eût dû être entraînant; il s'agissait, non pas d'être poétique; il fallait s'adresser au cœur, et non au raisonnement.

Mais peut-être, ce plat discours terminé, Louis XVI allait-il prendre la parole, et, puisqu'il avait consenti à se défendre, allait-il se défendre en roi, dignement, grandement, noblement.

« Messieurs, dit-il, on vient de vous exposer mes moyens de défense; je ne vous les renouvellerai point en vous parlant peut-être pour la dernière fois. Je vous déclare que ma conscience ne me reproche rien, et que mes défenseurs ne vous ont dit que la vérité.

» Je n'ai jamais craint que ma conduite fût examinée publiquement; mais mon cœur est déchiré d'avoir trouvé dans l'acte d'accusation l'imputation d'avoir voulu faire répandre le sang du peuple, et surtout que les malheurs du 10 août me soient attribués.

» J'avoue que les preuves multipliées que j'avais données dans tous les temps de mon amour pour le peuple, et la manière dont je m'étais conduit, me paraissaient devoir prouver que je craignais peu de m'exposer pour épargner son sang, et éloigner à jamais de moi une pareille imputation. »

Comprenez-vous le successeur de soixante rois, le petit-fils de saint Louis, de Henri IV et de Louis XIV, ne trouvant que cela à répondre à ses accusateurs?

Mais plus l'accusation était injuste à votre point de vue, Sire, plus l'indignation devait vous faire éloquent. Vous deviez laisser quelque chose à la postérité, ne fût-ce qu'une sublime malédiction à vos bourreaux!

Aussi, la Convention, étonnée, demanda-t-elle :

— Vous n'avez pas autre chose à ajouter à votre défense?

— Non, répondit le roi.

— Vous pouvez vous retirer.

Louis se retira.

Il fut conduit dans une des salles attenantes à l'Assemblée. Là, il prit M. Desèze dans ses bras, et le serra contre son cœur; puis, comme M. Desèze était en nage, plus encore d'émotion que de fatigue, Louis XVI le pressa de changer de linge, et chauffa lui-même la chemise que passa l'avocat.

A cinq heures du soir, il rentrait au Temple.

Une heure après, ses trois défenseurs entrèrent chez lui au moment où il sortait de table.

Il leur offrit de prendre quelques rafraîchissements; seul, M. Desèze accepta.

Pendant que celui-ci mangeait :

— Eh bien, dit Louis XVI à M. de Malesherbes, vous voyez, maintenant, que, dès le premier moment, je ne m'étais pas trompé, et que ma condamnation était prononcée avant que j'eusse été entendu.

— Sire, répondit M. de Malesherbes, en sortant de l'Assemblée, j'ai été entouré par une foule de bons citoyens qui m'ont assuré que vous ne péririez pas, ou que vous ne péririez du moins qu'après eux et leurs amis.

— Les connaissez-vous, Monsieur? demanda vivement le roi.

— Je ne les connais point personnellement; mais, certes, je les reconnaîtrais à leur visage.

— Eh bien, reprit le roi, tâchez d'en rejoindre quelques-uns; et dites-leur que je ne me pardonnerais jamais s'il y avait une seule goutte de sang versée à cause de moi! Je n'ai point voulu qu'il en fût répandu quand ce sang eût peut-être conservé mon trône et ma vie; à plus forte raison à cette heure que j'ai fait le sacrifice de l'un et de l'autre.

M. de Malesherbes quitta, en effet, le roi de bonne heure dans le but d'obéir à l'ordre qui lui était donné.

Le 1er janvier 1793 arriva.

Tenu au secret le plus rigoureux, Louis XVI n'avait plus qu'un serviteur près de lui.

Il songeait avec tristesse à cet isolement dans un pareil jour, lorsque Cléry s'approcha de son lit.

— Sire, dit le valet de chambre à voix basse, je vous demande la permission de vous présenter mes vœux les plus ardents pour la fin de vos malheurs.

— J'accepte vos souhaits, Cléry, dit le roi en lui tendant la main.

Cléry prit cette main qui lui était tendue, la baisa et la couvrit de larmes; puis il aida son maître à s'habiller.

En ce moment, les municipaux entrèrent.

Louis les regarda les uns après les autres, et, en voyant un dont la figure dénonçait un peu de pitié, il s'approcha de lui.

— Oh! Monsieur, dit-il, rendez-moi un grand service!

— Lequel? demanda cet homme.

— Allez, je vous prie, de ma part, savoir des nouvelles de ma famille, et présentez-lui mes souhaits pour l'année qui commence.

— J'y vais, fit le municipal, visiblement attendri.

— Merci! dit Louis XVI. Dieu, je l'espère, vous rendra ce que vous faites pour moi!

— Mais, dit à Cléry un des autres municipaux, pourquoi le prisonnier ne demande-t-il pas à voir sa famille? Maintenant que les interrogatoires sont terminés, je suis sûr que cela ne souffrirait aucune difficulté.

— A qui faudrait-il s'adresser pour cela? dit Cléry.

— A la Convention.

Un instant après, le municipal qui avait été chez la reine rentra.

— Monsieur, dit-il, votre famille vous remercie de vos vœux, et vous adresse les siens.

Le roi sourit tristement.

— Quel jour de nouvelle année! dit-il.

Le soir, Cléry fit part au roi de ce que lui avait dit le municipal, sur la possibilité qu'il y aurait peut-être pour lui de voir sa famille.

Le roi réfléchit un moment, et parut hésiter.

— Non, dit-il, enfin, dans quelques jours ils ne me refuseront pas cette consolation : il faut attendre.

La religion catholique a de ces terribles macérations de cœur qu'elle impose à ses élus!

C'était le 16 que devait être prononcé le jugement.

M. de Malesherbes resta assez longtemps avec le roi pendant la matinée; vers midi, il sortit, disant qu'il reviendrait lui rendre compte de l'appel nominal aussitôt que cet appel serait terminé.

Le vote devait porter sur trois questions effroyablement simples :

1° Louis est-il coupable?

2° Appellera-t-on du jugement de la Convention au jugement du peuple?

3° Quelle sera la peine?

Il fallait, en outre, pour que l'avenir vît bien que si l'on ne votait pas *sans haine*, on votait au moins *sans crainte*, il fallait que le vote fût public.

Un girondin nommé Birotteau demanda que chacun montât à la tribune, et dît tout haut son jugement.

Un montagnard, Léonard Bourdon, alla plus loin : il fit décréter que les votes seraient signés.

Enfin, un homme de la droite, Rouyer, demanda que les listes fissent mention des absents par commission, et que les absents sans commission fussent censurés, et leurs noms envoyés aux départements.

Alors commença cette grande et terrible séance qui devait durer soixante et douze heures.

La salle présentait un singulier aspect, peu en harmonie avec ce qui allait se passer.

Ce qui allait se passer était triste, sombre, lugubre: l'aspect de la salle ne donnait aucune idée du drame.

Le fond en avait été transformé en loges où les plus jolies femmes de Paris, dans leurs toilettes d'hiver, couvertes de velours et de fourrures, mangeaient des oranges, et prenaient des glaces.

Les hommes allaient les saluer, causaient avec elles, revenaient à leurs places, échangeaient des signes; on eût dit un spectacle en Italie.

Le côté de la montagne surtout se faisait remarquer par son élégance. C'était parmi les montagnards que siégeaient les millionnaires : le duc d'Orléans, Lepelletier de Saint-Fargeau, Hérault de Séchelles, Anacharsis Clootz, le marquis de Château-Neuf. Tous ces messieurs avaient des tribunes réservées pour leurs maîtresses ; elles arrivaient empanachées de rubans tricolores, avec des cartes particulières ou des lettres de recommandation aux huissiers, qui jouaient le rôle d'ouvreurs de loges.

Les hautes tribunes ouvertes au peuple ne désemplirent pas pendant les trois jours ; on y buvait comme dans des tabagies, on y mangeait comme dans des restaurants, on y pérorait comme dans des clubs.

Sur la première question : *Louis est-il coupable ?* six cent quatre-vingt-trois voix répondirent : *Oui.*

Sur la seconde question : *La décision de la Convention sera-t-elle soumise à la ratification du peuple ?* deux cent quatre-vingt-une voix votèrent pour l'appel au peuple ; quatre cent vingt-trois voix votèrent contre.

Puis vint la troisième question, la question grave, la question suprême : *Quelle sera la peine ?*

Lorsqu'on en arriva là, il était huit heures du soir de la troisième journée, journée de janvier, triste, pluvieuse et froide ; on était ennuyé, impatient, fatigué : la force humaine, chez les acteurs comme chez les spectateurs, succombait à quarante-cinq heures de permanence.

Chaque député montait à son tour à la tribune, et prononçait un de ces quatre arrêts : l'emprisonnement — la déportation, — la mort avec sursis ou appel au peuple, — la mort.

Toutes marques d'approbation ou d'improbation avaient été défendues, et, cependant, quand les tribunes populaires entendaient autre chose que ces deux mots : *La mort !* elles murmuraient.

Une fois, néanmoins, ces deux mots furent entendus et suivis de murmures, de huées et de sifflets : ce fut lorsque Philippe-Égalité monta à la tribune, et dit :

« Uniquement occupé de mon devoir, convaincu que tous ceux qui ont attenté ou qui attenteront par la suite à la souveraineté du peuple méritent la mort, je vote pour la mort. »

Au milieu de cet acte terrible, un député malade, nommé Duchâtel, se fit apporter à la Convention, coiffé de son bonnet de nuit, vêtu de sa robe de chambre. Il venait voter pour le bannissement, vote qui fut admis parce qu'il tendait à l'indulgence.

C'était Vergniaud, président au 10 août, qui se trouvait encore président au 19 janvier ; après avoir proclamé la déchéance, il allait proclamer la mort.

« Citoyens, dit-il, vous venez d'exercer un grand acte de justice. J'espère que l'humanité vous engagera à garder le plus religieux silence ; quand la justice a parlé, l'humanité doit se faire entendre à son tour. »

Et il lut le résultat du scrutin.

Sur sept cent vingt et un votants, trois cent trente-quatre avaient voté pour le bannissement ou la prison, et trois cent quatre-vingt-sept pour la mort, — les uns sans sursis, les autres avec ajournement.

Il y avait donc pour la mort cinquante-trois suffrages de plus que pour le bannissement.

Seulement, en retranchant de ces cinquante-trois suffrages les quarante-six voix qui avaient voté pour la mort avec ajournement, il restait en tout, pour la mort immédiate, une majorité de sept suffrages.

« Citoyens, dit Vergniaud avec l'accent d'une profonde douleur, je déclare, au nom de la Convention, que la peine qu'elle prononce contre Louis Capet est la mort. »

Ce fut dans la soirée du samedi 19 que la mort fut votée, mais ce ne fut que le dimanche 20, à trois heures du matin, que Verginaud prononça l'arrêt.

Pendant ce temps, Louis XVI, privé de toute communication avec le dehors, savait que son sort se décidait, et, seul, loin de sa femme et de ses enfants, — qu'il avait refusé de voir dans le but de mortifier son âme, comme un moine pécheur mortifie sa chair, — il remettait avec une indifférence parfaite, en apparence du moins, sa vie et sa mort entre les mains de Dieu.

Le dimanche matin, 20 janvier, à six heures, M. de Malesherbes entra chez le roi. Louis XVI était déjà levé ; il se tenait le dos tourné à une lampe placée sur la cheminée, les coudes posés sur une table, le visage couvert de ses deux mains.

Le bruit que son défenseur fit en entrant le tira de sa rêverie.

— Eh bien ? demanda-t-il en l'apercevant.

M. de Malesherbes n'osa répondre ; mais le prisonnier put voir, à l'abattement de son visage, que tout était fini.

— La mort ! dit Louis ; j'en étais sûr.

Alors, il ouvrit les bras, et serra M. de Malesherbes, tout en larmes, sur sa poitrine.

Puis :

— M. de Malesherbes, dit-il, depuis deux jours, je suis occupé à chercher si, dans le cours de mon règne, j'ai pu mériter de mes sujets le plus petit reproche ; eh bien, je vous jure, dans toute la sincérité de mon cœur, comme un homme qui va paraître devant Dieu que j'ai toujours voulu le bonheur de mon peuple, et n'ai pas formé un seul vœu qui lui fût contraire.

Tout cela se passait devant Cléry, qui pleurait à chaudes larmes ; le roi eut pitié de cette douleur : il emmena M. de Malesherbes dans son cabinet, et s'y enferma une heure à peu près

Les funèbres adieux durèrent sept quarts-d'heure. (P. 744.)

avec lui; puis il sortit, embrassa encore une fois son défenseur, et le supplia de revenir le soir.

— Ce bon vieillard m'a vivement ému, dit-il à Cléry, en rentrant dans sa chambre. Mais vous, qu'avez-vous donc?

Cette demande était motivée par un tremblement universel qui s'était emparé de Cléry depuis que M. de Malesherbes, qu'il avait reçu dans l'antichambre, lui avait dit que le roi était condamné à mort.

Alors, Cléry, voulant dissimuler autant que possible l'état dans lequel il se trouvait, prépara tout ce qui était nécessaire au roi pour se raser.

Louis XVI se frotta de savon lui-même, et Cléry se tint debout devant lui, le bassin entre les deux mains.

Tout à coup, une grande pâleur passa sur les joues du roi; ses lèvres et ses oreilles blanchirent. Cléry, craignant qu'il ne se trouvât mal, posa le bassin, et s'apprêta à le soutenir; mais le roi, de son côté, lui prit les deux mains en disant :

— Allons, allons, du courage!

Et il se rasa avec tranquillité.

Vers deux heures, le conseil exécutif vint pour signifier le jugement au prisonnier.

En tête étaient Garat, ministre de la justice, Lebrun, ministre des affaires étrangères, Grouvelle, secrétaire du conseil, le président et le procureur général syndic du département, le maire et le procureur de la commune, le président et l'accusateur public du tribunal criminel.

Santerre devançait tout le monde.

— Annoncez le conseil exécutif, dit-il à Cléry.

Cléry s'apprêtait à obéir; mais le roi, qui avait entendu un grand bruit, lui en épargna la peine : la porte s'ouvrit, et il apparut dans le corridor.

Alors, Garat, le chapeau sur la tête, porta la parole, et dit :

— Louis, la Convention nationale a chargé le conseil exécutif provisoire de vous signifier les décrets des 15, 16, 17, 19, et 20 janvier; le secrétaire du conseil va vous en donner lecture.

Sur quoi Grouvelle déploya le papier, et lut d'une voix tremblante :

ARTICLE PREMIER

« La Convention nationale déclare Louis Capet, dernier roi des Français, coupable de conspiration contre la liberté de la nation, et d'attentat contre la sûreté générale de l'État.

ARTICLE II

» La Convention nationale décrète que Louis Capet subira la peine de mort.

ARTICLE III

» La Convention nationale déclare nul l'acte de Louis Capet apporté à la barre par ses conseils, et qualifié d'appel à la nation du jugement contre lui rendu par la Convention nationale.

ARTICLE IV

» Le conseil exécutif provisoire notifiera le présent décret dans le jour à Louis Capet, et prendra les mesures de police et de sûreté nécessaires pour en assurer l'exécution dans les vingt-quatre heures à compter de sa notification, et rendra compte du tout à la Convention nationale immédiatement après qu'il aura été exécuté. »

Pendant cette lecture, le visage du roi resta parfaitement calme; seulement, sa physionomie indiqua deux sentiments parfaitement distincts : à ces mots, *coupable de conspiration*, un sourire de dédain passa sur ses lèvres; et, à ceux-ci : *subira la peine de mort*, un regard qui semblait mettre le condamné en communication avec Dieu se leva vers le ciel.

La lecture finie, le roi fit un pas vers Grouvelle, prit le décret de ses mains, le plia, le mit dans son portefeuille, et en tira un autre papier qu'il présenta au ministre Garat en disant :

— Monsieur le ministre de la justice, je vous prie de remettre sur-le-champ cette lettre à la Convention nationale.

Et comme le ministre paraissait hésiter :

— Je vais vous en faire lecture, dit le roi.

Et il lut la lettre suivante d'une voix qui faisait contraste avec celle de Grouvelle :

« Je demande un délai de trois jours pour me préparer à paraître devant Dieu; je demande pour cela l'autorisation de voir librement la personne que j'indiquerai aux commissaires de la commune, et que cette personne soit à l'abri de toute crainte et de toute inquiétude pour l'acte de charité qu'elle remplira près de moi.

» Je demande à être délivré de la surveillance perpétuelle que le conseil général a établie depuis quelques jours.

» Je demande, dans cet intervalle, de pouvoir voir ma famille quand je le demanderai, et sans témoins; je désirerais bien que la Convention nationale s'occupât tout de suite du sort de ma famille, et qu'elle lui permît de se retirer librement où elle le jugerait à propos.

» Je recommande à la bienfaisance de la nation toutes les personnes qui m'étaient attachées; il y en a beaucoup qui avaient mis toute leur fortune dans leur charge, et qui, n'ayant plus d'appointements, doivent être dans le besoin; parmi les pensionnaires, il y avait beaucoup de vieillards, de femmes et d'enfants qui n'avaient que cela pour vivre.

» Fait à la tour du Temple, le 20 janvier 1793.

» LOUIS. »

Garat prit la lettre.

— Monsieur, dit-il, cette lettre sera remise à l'instant même à la Convention.

Alors, le roi ouvrit de nouveau son portefeuille, et en tira un petit carré de papier.

— Si la Convention m'accorde ma demande à l'endroit de la personne que je désire, dit-il, voici son adresse.

Le papier portait, en effet, cette adresse, toute de l'écriture de Madame Élisabeth :

« M. Edgeworth de Firmont, n° 483, rue du Bac. »

Puis, n'ayant plus rien à dire ni à entendre, le roi fit un pas en arrière comme au temps où donnant audience, il indiquait par ce mouvement que l'audience était terminée.

Les ministres et ceux qui les accompagnaient sortirent.

— Cléry, dit le roi à son valet de chambre, qui, sentant les jambes lui manquer, s'était appuyé contre la muraille, — Cléry, demandez mon dîner.

Cléry passa dans la salle à manger afin d'obéir à l'ordre du roi; il y trouva deux municipaux qui lui lurent un arrêté par lequel il était défendu au roi de se servir de couteaux ni fourchettes. Un couteau seulement devait être confié à Cléry pour couper le pain et la viande de son maître en présence de deux commissaires.

L'arrêté fut répété au roi, Cléry n'ayant pas voulu se charger de lui dire que cette mesure avait été prise.

Le roi rompit son pain avec ses doigts et coupa sa viande avec sa cuiller; contre son habitude, il mangea peu : le dîner ne dura que quelques minutes.

A six heures, on annonça le ministre de la justice.

Le roi se leva pour le recevoir.

— Monsieur, dit Garat, j'ai porté votre lettre à la Convention, et elle m'a chargé de vous notifier la réponse suivante :

« Il est libre à Louis d'appeler le ministre du culte qu'il jugera à propos, et de voir sa famille librement et sans témoins.

» La nation, toujours grande et toujours juste, s'occupera du sort de sa famille.

» Il sera accordé aux créanciers de sa maison de justes indemnités.

» La Convention nationale a passé à l'ordre du jour sur le sursis. »

Le roi fit un mouvement de tête, et le ministre se retira.

— Citoyen ministre, demandèrent à Garat les municipaux de service, comment Louis pourra-t-il voir sa famille?

— Mais en particulier, répondit Garat.

— Impossible! par arrêt de la commune, nous ne devons le perdre de vue *ni jour ni nuit*.

La chose, en effet, était assez embarrassante cependant, on concilia le tout en décidant que le roi recevrait sa famille dans la salle à manger, de manière à être vu par le vitrage de la cloison, mais qu'on fermerait la porte pour qu'il ne fût pas entendu.

Pendant ce temps, le roi disait à Cléry.

— Voyez si le ministre de la justice est encore là, et rappelez-le.

Au bout d'un instant, le ministre rentra.

— Monsieur, lui dit le roi, j'ai oublié de vous demander si l'on avait trouvé chez lui M. Edgeworth de Firmont, et quand je pourrais le voir.

— Je l'ai amené avec moi, dans ma voiture, dit Garat; il est dans la salle du conseil, et va monter.

En effet, au moment où le ministre de la justice prononçait ces paroles, M. Edgeworth de Firmont paraissait dans l'encadrement de la porte.

XXIII

LE 21 JANVIER

M. Edgeworth de Firmont était le confesseur de Madame Élisabeth : il y avait déjà près de six semaines que le roi, prévoyant la condamnation dont il venait d'être frappé, avait demandé à sa sœur des conseils sur le choix du prêtre qui devait l'accompagner à ses derniers moments, et Madame Élisabeth avait, en pleurant, conseillé à son frère de s'arrêter à l'abbé de Firmont.

Ce digne ecclésiastique, Anglais d'origine, avait échappé aux massacres de septembre et s'était retiré à Choisy-le-Roi sous le nom d'Essex ; Madame Élisabeth connaissait sa double adresse, et, l'ayant fait prévenir à Choisy, elle espérait qu'au moment de la condamnation, il se trouverait à Paris.

Elle ne se trompait pas.

L'abbé Edgeworth avait, comme nous l'avons dit, accepté la mission avec une joie résignée. Aussi, le 21 décembre 1792, écrivait-il à un de ses amis d'Angleterre :

« Mon malheureux maître a jeté les yeux sur moi pour le disposer à la mort, si l'iniquité de son peuple va jusqu'à commettre ce parricide. Je me prépare moi-même à mourir, car je suis convaincu que la fureur populaire ne me laissera pas survivre une heure à cette horrible scène ; mais je suis résigné : ma vie n'est rien ; si, en la perdant, je pouvais sauver celui que Dieu a placé pour la ruine et la résurrection de plusieurs, j'en ferais volontiers le sacrifice, et ne serais pas mort en vain. »

Tel était l'homme qui ne devait plus quitter Louis XVI qu'au moment où celui-ci quitterait la terre pour le ciel.

Le roi le fit entrer dans son cabinet, et s'y enferma avec lui.

A huit heures du soir, il sortit de son cabinet, et, s'adressant aux commissaires :

— Messieurs, dit-il, ayez la bonté de me conduire à ma famille.

— Cela ne se peut pas, répondit un des commissaires ; mais on va la faire descendre, si vous le désirez

— Soit, reprit le roi, pourvu que je puisse la voir dans ma chambre, librement et sans témoins.

— Pas dans votre chambre, observa le même municipal, mais dans la salle à manger ; nous venons d'arrêter cela avec le ministre de la justice.

— Cependant, dit le roi, vous avez entendu que le décret de la Convention me permet de voir ma famille sans témoins.

— Cela est vrai ; vous serez en particulier : on fermera la porte ; mais par le vitrage, nous aurons les yeux sur vous.

— C'est bien : faites.

Les municipaux sortirent, et le roi passa dans la salle à manger ; Cléry l'y suivit, rangeant la table de côté, poussant les chaises au fond pour donner de l'espace.

— Cléry, dit le roi, apportez un peu d'eau et un verre, au cas où la reine aurait soif. Il y avait sur la table une de ces carafes d'eau glacée qu'un membre de la commune avait reprochées au roi : Cléry n'apporta donc qu'un verre.

— Donnez de l'eau ordinaire, Cléry, dit le roi ; si la reine buvait de l'eau glacée, comme elle n'y est pas habituée, cela pourrait lui faire mal... Puis, attendez, Cléry ; invitez en même temps M. de Firmont à ne point sortir de mon cabinet : je craindrais que sa vue ne fît une trop grande impression sur ma famille.

A huit heures et demie, la porte s'ouvrit. La reine venait la première, tenant son fils par la main ; Madame Royale et Madame Élisabeth la suivaient.

Le roi tendit ses bras ; les deux femmes et les deux enfants s'y jetèrent en pleurant.

Cléry sortit et ferma la porte.

Pendant quelques minutes, il se fit un morne silence interrompu seulement par des sanglots ; puis la reine voulut entraîner le roi dans sa chambre.

— Non, dit Louis XVI en la retenant, je ne puis vous voir qu'ici.

La reine et la famille royale avaient appris par des colporteurs la sentence rendue, mais ils ne savaient rien des détails du procès : le roi les leur raconta, excusant les hommes qui l'avaient condamné, et faisant remarquer à la reine que ni Pétion ni Manuel n'avaient voté pour la mort.

La reine écoutait et, chaque fois qu'elle voulait parler, éclatait en sanglots.

Dieu donnait un dédommagement au pauvre prisonnier ; il le faisait, à sa dernière heure, adorer de tout ce qui l'entourait, même de la reine.

Comme on l'a pu voir dans la partie romanesque de cet ouvrage, la reine se laissait facilement entraîner au côté pittoresque de la vie ; elle avait cette vive imagination qui, bien plus que le tempérament, fait les femmes imprudentes ; la reine fut imprudente toute sa vie, imprudente dans ses amitiés, imprudente dans ses amours. Sa captivité la sauva au point de vue moral ; elle revint aux pures et saintes affections de la famille, dont les passions de sa jeunesse l'avaient éloignée, et, comme elle ne savait rien faire que passionnément, elle en vint à aimer passionnément dans le malheur ce roi, ce mari dont aux jours de la félicité, elle n'avait vu que les côtés lourds et vulgaires ; Varennes et le 10 août lui avaient montré Louis XVI comme un homme sans initiative, sans résolution, alourdi, presque lâche ; au Temple, elle commença de s'apercevoir que non seulement la femme avait mal jugé son mari, mais aussi la reine mal jugé le roi ; au Temple, elle le vit calme, patient aux outrages ; doux et ferme comme un Christ ; tout ce qu'elle avait des sécheresses mondaines s'amollit, se fondit, et tourna au profit des bons sentiments. De même qu'elle avait trop dédaigné, elle aima trop.

« Hélas ! dit le roi à M. de Firmont, faut-il que j'aime tant, et sois si tendrement aimé ! »

Aussi, dans cette dernière entrevue, la reine se laissa-t-elle entraîner à un sentiment qui ressemblait à du remords. Elle avait voulu conduire le roi dans sa chambre pour rester un instant seule avec lui ; lorsqu'elle vit que c'était chose impossible, elle attira le roi dans l'embrasure d'une fenêtre.

Là, sans doute allait-elle tomber à ses pieds, et, au milieu des larmes et des sanglots, lui demander pardon : le roi comprit tout, l'arrêta, et, tirant son testament de sa poche :

— Lisez ceci, ma bien-aimée femme ! dit-il.

Et, du doigt, il lui montrait le paragraphe suivant, que la reine lut à demi voix :

« Je prie ma femme de me pardonner tous les maux qu'elle souffre pour moi, et les chagrins que je pourrais lui avoir donnés dans le cours de notre union, *comme elle peut être sûre que je ne garde rien contre elle,* SI ELLE CROYAIT AVOIR QUELQUE CHOSE A SE REPROCHER. »

Marie-Antoinette prit les mains du roi, et les

baisa; il y avait un pardon bien miséricordieux dans cette phrase : *comme elle peut être sûre que je ne garde rien contre elle ;* une délicatesse bien grande dans ces mots : *Si elle croyait avoir quelque chose à se reprocher.*

Ainsi elle mourrait tranquille, la pauvre Madeleine royale ; son amour pour le roi, si tardif qu'il fût, lui valait la miséricorde divine et humaine, et son pardon lui était donné, non pas tout bas, mystérieusement, comme une indulgence dont le roi lui-même avait honte, mais hautement, mais publiquement.

Qui oserait reprocher quelque chose à celle qui allait se présenter à la postérité, doublement couronnée et de l'auréole du martyre et du pardon de son époux ?

Elle sentit cela; elle comprit qu'à partir de ce moment elle était forte devant l'histoire ; mais elle n'en devint que plus faible en face de celui qu'elle aimait si tard, sentant bien qu'elle ne l'avait point aimé assez. Ce n'étaient plus des paroles qui s'échappaient de la poitrine de la malheureuse femme; c'étaient des sanglots, c'étaient des cris entrecoupés ; elle disait qu'elle voulait mourir avec son mari, et que, si on lui refusait cette grâce, elle se laisserait mourir de faim. Les municipaux, — qui regardaient cette scène de douleur à travers la porte vitrée, — les municipaux n'y purent tenir: ils détournèrent d'abord les yeux; puis, comme, ne voyant plus, ils entendaient encore les gémissements, ils se laissèrent franchement redevenir hommes, et fondirent en larmes.

Les funèbres adieux durèrent sept quarts d'heure.

Enfin, à dix heures et un quart, le roi se leva le premier; alors, femme, sœur, enfants se suspendirent à lui, comme les fruits après un arbre ; le roi et la reine tenaient chacun le dauphin par une main; Madame Royale, à la gauche de son père, l'embrassait par le milieu du corps ; Madame Élisabeth, du même côté que sa nièce, mais un peu plus en arrière, avait saisi le bras du roi ; la reine — et c'était celle qui avait droit à plus de consolation, car c'était elle la moins pure, — la reine avait le bras passé autour du cou de son mari; et tout ce groupe douloureux marchait d'un même mouvement, poussant des gémissements, des sanglots, des cris au milieu desquels on n'entendait que ces mots :

— Nous nous reverrons, n'est-ce pas?

— Oui... oui... soyez tranquilles !

— Demain matin... demain matin, à huit heures?

— Je vous le promets.

— Mais pourquoi pas à sept heures? demanda la reine.

— Eh bien, oui, à sept heures, dit le roi; mais... adieu! adieu!

Et il prononça cet adieu d'une voix si expressive, que l'on sentit qu'il craignait de voir son courage lui manquer.

Madame Royale n'en put supporter davantage : elle poussa un soupir, et se laissa aller sur le carreau ; elle était évanouie.

Madame Élisabeth et Cléry la relevèrent.

Le roi sentit que c'était à lui d'être fort ; il s'arracha des bras de la reine et du dauphin, et rentra dans sa chambre en criant :

— Adieu ! adieu !...

Puis il referma la porte derrière lui.

La reine, tout éperdue, alla se coller à cette porte, n'osant demander au roi de la rouvrir, mais pleurant, mais sanglotant, mais frappant le panneau de sa main étendue.

Le roi eut le courage de ne pas sortir.

Les municipaux invitèrent alors la reine à se retirer en lui renouvelant l'assurance déjà reçue qu'elle pourrait voir, le lendemain, son mari à sept heures du matin.

Cléry voulait reporter Madame Royale, toujours évanouie, jusque chez la reine; mais à la seconde marche, les municipaux l'arrêtèrent et le forcèrent de rentrer.

Le roi avait rejoint son confesseur dans le cabinet de la tourelle, et se faisait raconter par lui la manière dont il avait été amené au Temple. Ce récit pénétra-t-il dans son esprit, ou les mots confus bourdonnèrent-ils seulement à son oreille, éteints par ses propres pensées? C'est ce que personne ne peut dire.

En tout cas, voici ce que raconta l'abbé.

Prévenu par M. de Malesherbes, qui lui avait donné rendez-vous chez madame de Senozan, que le roi devait avoir recours à lui s'il était condamné à la peine de mort, l'abbé Edgeworth, au risque du danger qu'il courait, était revenu à Paris, et, connaissant la sentence rendue le dimanche matin, attendait rue du Bac.

A quatre heures du soir, un inconnu s'était présenté chez lui, et lui avait remis un billet conçu en ces termes :

« Le conseil exécutif, ayant une affaire de la plus haute importance à communiquer au citoyen Edgeworth de Firmont, l'invite à passer au lieu de ses séances. »

L'inconnu avait ordre d'accompagner le prêtre : une voiture attendait à la porte.

L'abbé descendit et partit avec l'inconnu. La voiture s'arrêta aux Tuileries.

L'abbé trouva les ministres en conseil; à son entrée, ils se levèrent.

— Êtes-vous l'abbé Edgeworth de Firmont? demanda Garat.

— Oui, répondit l'abbé.

— Eh bien, Louis Capet, continua le ministre de la justice, nous ayant témoigné le désir de vous avoir près de lui dans ses derniers moments, nous vous avons mandé pour savoir si vous consentez à lui rendre le service qu'il réclame de vous.

— Puisque le roi m'a désigné, dit le prêtre, c'est mon devoir de lui obéir.

— En ce cas, reprit le ministre, vous allez venir avec moi au Temple; je m'y rends de ce pas.

Et il emmena l'abbé dans sa voiture.

Nous avons vu comment celui-ci, après avoir rempli les formalités d'usage, était arrivé jusqu'au roi; comment, ensuite, Louis XVI avait été appelé par sa famille, puis était revenu près de l'abbé Edgeworth, auquel il avait demandé les détails qu'on vient de lire.

Le récit achevé:

— Monsieur, dit le roi, oublions tout maintenant, pour songer à la grande, à l'unique affaire de mon salut.

— Sire, répondit l'abbé, je suis prêt à faire de mon mieux, et j'espère que Dieu suppléera à mon peu de mérite; mais ne trouvez-vous pas que ce vous serait d'abord une grande consolation d'entendre la messe et de communier?

— Oui, sans doute, dit le roi; et croyez que je sentirais tout le prix d'une pareille grâce; mais comment vous exposer à ce point?

— Cela me regarde, Sire, et je tiens à prouver à Votre Majesté que je suis digne de l'honneur qu'elle m'a fait en me choisissant pour son soutien. Que le roi me donne carte blanche, et je réponds de tout.

— Allez donc, Monsieur, dit Louis XVI.

Puis, en secouant la tête:

— Allez, répéta-t-il; mais vous ne réussirez pas.

L'abbé Edgeworth s'inclina et sortit, demandant à être conduit à la salle du conseil.

— Celui qui va mourir demain, dit l'abbé Edgeworth aux commissaires, désire, avant de mourir, entendre la messe et se confesser.

Les municipaux se regardèrent tout étonnés; il ne leur était même pas venu dans l'idée qu'on pût leur faire une pareille demande.

— Et où diable, dirent-ils, trouver un prêtre et des ornements d'église à cette heure-ci?

— Le prêtre est tout trouvé, répondit l'abbé Edgeworth, puisque me voici; quant aux ornements, l'église la plus voisine en fournira; il ne s'agit que de les envoyer chercher.

Les municipaux hésitaient.

— Mais, dit l'un d'eux, si c'était un piège?

— Quel piège? demanda l'abbé.

— Si, sous prétexte de faire communier le roi, vous alliez l'empoisonner?

L'abbé Edgeworth regarda fixement celui qui venait d'émettre ce doute.

— Écoutez donc, continua le municipal, l'histoire nous fournit assez d'exemples à cet égard pour nous engager à être circonspects.

— Monsieur, dit l'abbé, j'ai été fouillé si minutieusement en entrant ici, que l'on doit être persuadé que je n'y ai point introduit de poison; si donc j'en ai demain, c'est de vous que je l'aurai reçu, puisque rien ne peut arriver jusqu'à moi sans avoir passé par vos mains.

On convoqua les membres absents, et l'on délibéra.

La demande fut accordée à deux conditions: la première, c'est que l'abbé dresserait une requête qu'il signerait de son nom, la seconde, que la cérémonie serait terminée le lendemain à sept heures au plus tard, le prisonnier devant, à huit heures précises, être conduit au lieu de son exécution.

L'abbé écrivit sa requête, et la laissa sur le bureau; puis il fut ramené près du roi, auquel il annonça cette bonne nouvelle que sa demande lui était accordée.

Il était dix heures; l'abbé Edgeworth resta enfermé avec le roi jusqu'à minuit.

A minuit, le roi dit:

— Monsieur l'abbé, je suis fatigué; je voudrais dormir: j'ai besoin de forces pour demain.

Puis il appela deux fois:

— Cléry! Cléry!

Cléry entra, déshabilla le roi, et voulut lui rouler les cheveux; mais celui-ci, avec un sourire:

— Ce n'est pas la peine, dit-il.

Sur quoi, il se coucha; et, comme Cléry tirait les rideaux du lit:

— Vous m'éveillerez à cinq heures.

A peine la tête sur l'oreiller, le prisonnier s'endormit, tant étaient puissants sur cet homme les besoins matériels.

M. de Firmont se jeta sur le lit de Cléry, qui, lui, passa la nuit sur une chaise.

Cléry dormit d'un sommeil plein de terreurs

et de soubresauts; aussi entendit-il sonner cinq heures.

Il se leva aussitôt, et commença d'allumer le feu.

Au bruit qu'il fit, le roi s'éveilla.

— Eh! Cléry, demanda-t-il, cinq heures sont-elles donc sonnées?

— Sire, répondit le valet de chambre, elles le sont à plusieurs horloges, mais pas encore à la pendule.

Et il s'approcha du lit.

— J'ai bien dormi, dit le roi. J'en avais besoin: la journée d'hier m'avait horriblement fatigué! Où est M. de Firmont?

— Sur mon lit, Sire.

— Sur votre lit! Et où avez-vous passé la nuit, vous?

— Sur cette chaise.

— J'en suis fâché... vous avez dû être mal.

— Oh! Sire, dit Cléry, pouvais-je penser à moi dans un pareil moment?

— Ah! mon pauvre Cléry! dit le roi.

Et il lui tendit une main que le valet de chambre embrassa en pleurant.

Alors, pour la dernière fois, le fidèle serviteur commença d'habiller le roi; il avait préparé un habit brun, une culotte de drap grise, des bas de soie gris et une veste piquée en forme de gilet.

Le roi habillé, Cléry le coiffa.

Pendant ce temps, Louis XVI détacha de sa montre un cachet, le mit dans la poche de sa veste, et déposa sa montre sur la cheminée; puis, ôtant un anneau de son doigt, il le mit dans la même poche où était le cachet.

Au moment où Cléry lui passait son habit, le roi en tira son portefeuille, sa lorgnette, sa tabatière, et les posa sur la cheminée, ainsi que sa bourse. Tous ces préparatifs se faisaient devant les municipaux, qui étaient entrés dans la chambre du condamné dès qu'ils y avaient aperçu de la lumière.

La demie après cinq heures sonna.

— Cléry, dit le roi, éveillez M. de Firmont.

M. de Firmont était éveillé et levé: il entendit l'ordre donné à Cléry, et entra.

Le roi le salua d'un signe, et le pria de le suivre dans son cabinet.

Alors, Cléry se hâta de disposer l'autel; c'était la commode de la chambre, recouverte d'une nappe. Quant aux ornements sacerdotaux, on les avait trouvés, comme l'avait dit l'abbé Edgeworth, dans la première église où l'on s'était adressé; cette église était celle des Capucins du Marais, près de l'hôtel Soubise.

L'autel disposé, Cléry alla prévenir le roi.

— Pourrez-vous servir la messe? lui demanda Louis.

— Je l'espère, répondit Cléry; seulement, je ne sais pas par cœur les répons.

Alors, le roi lui donna un livre de messe qu'il ouvrit à l'*Introït*.

M. de Firmont était déjà dans la chambre de Cléry, où il s'habillait.

En face de l'autel, le valet de chambre avait placé un fauteuil, et mis un grand coussin devant ce fauteuil; mais le roi le lui fit ôter, et en alla lui-même chercher un plus petit et garni de crin, dont il se servait ordinairement pour dire ses prières.

Lorsque le prêtre rentra, les municipaux, qui, sans doute, craignaient d'être souillés par le contact d'un homme d'église, se retirèrent dans l'antichambre.

Il était six heures; la messe commença. Le roi l'entendit d'un bout à l'autre à genoux et avec le plus profond recueillement. Après la messe, il communia, et l'abbé Edgeworth le laissant à ses prières, alla, dans la chambre voisine, se dévêtir des habits sacerdotaux.

Le roi profita de ce moment pour remercier Cléry, et lui faire ses adieux; puis il rentra dans son cabinet, M. de Firmont l'y rejoignit.

Cléry s'assit sur son lit, et se mit à pleurer.

A sept heures, le roi l'appela.

Cléry accourut.

Louis XVI le conduisit dans l'embrasure d'une fenêtre, et lui dit:

— Vous remettrez ce cachet à mon fils, et cet anneau à ma femme... Dites-leur bien que je les quitte avec peine!... Ce petit paquet renferme des cheveux de toute notre famille: vous le remettrez aussi à la reine.

— Mais, demanda Cléry, ne la reverrez-vous pas, Sire?

Le roi hésita un instant, comme si son cœur l'abandonnait pour aller près d'elle; puis:

— Non, dit-il, décidément, non... j'avais promis, je le sais, de les voir ce matin; mais je veux leur épargner la douleur d'une situation si cruelle... Cléry, si vous les revoyez, vous leur direz combien il m'a coûté de partir sans recevoir leurs derniers embrassements...

A ces mots, il essuya ses larmes.

Puis, avec le plus douloureux accent:

— Cléry, vous leur ferez mes derniers adieux n'est-ce pas?

Et il rentra dans son cabinet.

Les municipaux avaient vu le roi remettre à

Cléry les différents objets que nous avons dit : un d'eux les réclama ; mais un autre proposa d'en laisser Cléry dépositaire jusqu'à la décision du conseil. Cette proposition prévalut.

Un quart d'heure après, le roi sortit de nouveau de son cabinet.

Cléry, se tenait là, à ses ordres.

— Cléry, dit-il, demandez si je puis avoir des ciseaux.

Et il rentra.

— Le roi peut-il avoir des ciseaux ? demanda Cléry aux commissaires.

— Qu'en veut-il faire ?

— Je n'en sais rien ; demandez-le lui.

Un des municipaux entra dans le cabinet ; il trouva le roi à genoux devant M. de Firmont.

— Vous avez demandé des ciseaux, dit-il; qu'en voulez-vous faire ?

— C'est pour que Cléry me coupe les cheveux, répondit le roi.

Le municipal descendit à la chambre du conseil.

On délibéra une demi-heure, et, au bout d'une demi-heure, on refusa les ciseaux.

Le municipal remonta.

— Le conseil a refusé, dit-il.

— Je n'eusse point touché les ciseaux, dit le roi ; et Cléry m'eût coupé les cheveux en votre présence... Voyez encore, Monsieur, je vous prie.

Le municipal redescendit au conseil, exposa de nouveau la demande du roi ; mais le conseil persista dans son refus.

Un municipal, s'approchant alors de Cléry, lui dit :

— Je crois qu'il est temps que tu te disposes à accompagner le roi sur l'échafaud.

— Pourquoi faire, mon Dieu ? demanda Cléry tout tremblant.

— Eh ! non, dit un autre, le bourreau est assez bon pour cela !

Le jour commençait à paraître ; la générale retentissait, battue dans toutes les sections de Paris ; ce mouvement et ce bruit se répercutaient jusque dans la tour, et glaçaient le sang dans les veines de l'abbé de Firmont et de Cléry.

Mais le roi, plus calme qu'eux, prêta un instant l'oreille, et dit sans s'émouvoir :

— C'est probablement la garde nationale que l'on commence à rassembler.

Quelques temps après, les détachements de cavalerie entrèrent dans la cour du Temple ; on entendit le piétinement des chevaux et la voix des officiers.

Le roi écouta de nouveau, et, avec le même calme :

— Il y a apparence qu'ils approchent, dit-il.

De sept à huit heures du matin, on vint, à diverses reprises, et sous différents prétextes, frapper à la porte du cabinet du roi, et, à chaque fois, M. Edgeworth tremblait que ce ne fût la dernière ; mais à chaque fois, Louis XVI se levait sans émotion aucune, allait à la porte, répondait tranquillement aux personnes qui venaient l'interrompre, et retournait s'asseoir près de son confesseur.

M. Edgeworth ne voyait pas les gens qui venaient ainsi, mais, il saisissait quelques-unes de leurs paroles. Une fois il entendit un des interrupteurs qui disait au prisonnier :

— Oh ! oh ! tout cela, c'était bon quand vous étiez roi, mais vous ne l'êtes plus !

Le roi revint avec le même visage ; seulement, il dit :

— Voyez comme ces gens-là me traitent, mon père... Mais il faut savoir tout souffrir !

On frappa de nouveau, et de nouveau le roi alla à la porte ; cette fois, il revint en disant :

— Ces gens-là voient des poignards et du poison partout : ils me connaissent bien mal ! me tuer serait une faiblesse : on croirait que je ne sais pas mourir.

Enfin, à neuf heures, le bruit augmentant, les portes s'ouvrirent avec fracas ; Santerre entra, accompagné de sept ou huit municipaux et de dix gendarmes qu'il rangea sur deux lignes.

A ce mouvement, sans attendre que l'on frappât à la porte du cabinet, le roi sortit.

— Vous venez me chercher ? dit-il.

— Oui, Monsieur.

— Je demande une minute.

Et il rentra en refermant la porte.

— Pour cette fois, tout est fini, mon père, dit-il en se jetant aux genoux de l'abbé de Firmont. Donnez-moi donc votre dernière bénédiction, et priez Dieu qu'il me soutienne jusqu'au bout !

La bénédiction donnée, le roi se releva, et, ouvrant la porte du cabinet, il s'avança vers les municipaux et les gendarmes qui étaient au milieu de la chambre à coucher.

Tous avaient leur chapeau sur la tête.

— Mon chapeau, Cléry, dit le roi.

Cléry, tout en larmes, s'empressa d'obéir.

— Y a-t-il parmi vous, demanda Louis XVI, quelque membre de la commune ?... Vous, je crois ?

Et il s'adressait, en effet, à un municipal

Vous venez me chercher? dit-il. (P. 744.)

nommé Jacques Roux, prêtre assermenté.
— Que me voulez-vous? dit celui-ci.
Le roi tira son testament de sa poche :
— Je vous prie de remettre ce papier à la reine... à ma femme.
— Nous ne sommes pas venus ici pour prendre tes commissions, répondit Jacques Roux, mais pour te conduire à l'échafaud.

Le roi reçut l'injure avec la même humilité qu'eût fait le Christ, et avec la même douceur que l'homme-Dieu, se tournant vers un autre municipal nommé Gobeau :
— Et vous, Monsieur, demanda-t-il, me refuserez-vous aussi ?

Et, comme Gobeau paraissait hésiter :

— Oh! dit le roi, c'est mon testament ; vous pouvez en prendre lecture : il y a même des dispositions que je désire que connaisse la commune.

Le municipal prit le papier.

Alors, voyant Cléry qui, — craignant, comme le valet de chambre de Charles 1er, que son maître ne tremblât de froid, et qu'on ne crût que c'était de peur, — voyant, disons-nous Cléry qui lui présentait non seulement le chapeau qu'il avait demandé, mais encore sa redingote :

— Non, Cléry, dit-il ; donnez-moi seulement mon chapeau.

Cléry lui donna le chapeau, et Louis XVI profita de cette occasion pour serrer une dernière fois la main de son fidèle serviteur.

Puis, de ce ton de commandement qu'il avait si rarement pris dans sa vie :

— Partons, Messieurs ! dit-il.

Ce furent les dernières paroles qu'il prononça dans son appartement.

Sur l'escalier, il rencontra le concierge de la tour, Mathay, que, la surveille, il avait trouvé assis devant son feu, et qu'il avait, d'une voix assez brusque, prié de lui céder sa place :

— Mathay, dit-il, j'ai été, avant-hier, un peu vif avec vous : ne m'en veuillez pas !

Mathay lui tourna le dos sans répondre.

Le roi traversa la première cour à pied, et, en traversant cette cour, se retourna deux ou trois fois pour dire adieu à son seul amour, à sa femme ; à sa seule amitié, à sa sœur ; à sa seule joie, à ses enfants.

A l'entrée de la cour se trouvait une voiture de place peinte en vert ; deux gendarmes en tenaient la portière ouverte : à l'approche du condamné, un d'eux y entra d'abord, et se mit sur la banquette de devant ; le roi y monta ensuite, et fit signe à M. Edgeworth de s'asseoir à côté de lui, dans le fond ; l'autre gendarme y prit place le dernier, et ferma la portière.

Deux bruits coururent alors : le premier, c'est que l'un de ces deux gendarmes était un prêtre déguisé ; le second, c'est que tous deux avaient reçu l'ordre d'assassiner le roi à la moindre tentative qui serait faite pour l'enlever. Ni l'une ni l'autre de ces deux assertions ne reposait sur une base solide.

A neuf heures et un quart, le cortège se mit en marche...

Un mot encore sur la reine, sur Madame Élisabeth et sur les deux enfants, que le roi avait, en partant, salués d'un dernier regard.

La veille au soir, après l'entrevue douce et terrible à la fois, la reine avait à peine eu la force de déshabiller et de coucher le dauphin ; elle s'était, toute vêtue, jetée sur son lit ; et, pendant cette longue nuit d'hiver, Madame Élisabeth et Madame Royale l'avaient entendue grelotter de froid et de douleur.

A six heures et un quart la porte du premier s'était ouverte, et l'on était venu chercher un livre de messe.

Dès ce moment, toute la famille s'était préparée, croyant, d'après la promesse faite la veille par le roi, qu'elle allait descendre ; mais le temps se passa : la reine et la princesse, toujours debout, entendirent les différents bruits qui avaient laissé le roi calme, et fait tressaillir le valet de chambre et le confesseur ; elles entendirent le bruit des portes qu'on ouvrait et qu'on refermait ; elles entendirent les cris de la populace qui accueillaient la sortie du roi ; elles entendirent, enfin, le bruit décroissant des chevaux et des canons.

La reine alors tomba sur une chaise en murmurant :

— Il est parti sans nous dire adieu !

Madame Élisabeth et Madame Royale s'agenouillèrent devant elle.

Ainsi toutes les espérances s'étaient envolées une à une : d'abord, on avait espéré le bannissement ou la prison, et cette espérance s'était évanouie ; ensuite un sursis, et cette espérance s'était évanouie ; enfin, on n'espérait plus que dans quelque coup de main tenté sur la route, et cette espérance allait s'évanouir encore !

— Mon Dieu ! mon Dieu ! mon Dieu ! criait la reine.

Et, dans ce dernier appel du désespoir à la Divinité, la pauvre femme épuisait ce qui lui restait de force...

La voiture roulait pendant ce temps, et gagnait le boulevard.

Les rues étaient à peu près désertes, les boutiques à moitié fermées ; personne aux portes, personne aux fenêtres.

Un arrêté de la commune défendait à tout citoyen ne faisant point partie de la milice armée de traverser les rues qui débouchaient sur les boulevards, ou de se montrer aux fenêtres sur le passage du cortège.

Un ciel bas et brumeux ne laissait voir, au reste, qu'une forêt de piques au milieu desquelles brillaient quelques rares baïonnettes en avant de la voiture marchaient les cavaliers et, en avant des cavaliers une multitude de tambours.

Le roi eût voulu s'entretenir avec son confesseur, mais il ne le pouvait, à cause du bruit. L'abbé de Firmont lui prêta son bréviaire : il lut.

A la porte Saint-Denis, il leva la tête, croyant entendre des clameurs particulières.

En effet, une dizaine de jeunes gens, se précipitant par la rue Beauregard, fendirent la foule, le sabre à la main, en criant :

— A nous, ceux qui veulent sauver le roi !

Trois mille conjurés devaient répondre à cet appel fait par le baron de Batz, aventurier conspirateur ; il donna bravement le signal, mais, sur trois mille conjurés, quelques-uns seulement répondirent. Le baron de Batz et ces huit ou dix enfants perdus de la royauté, voyant qu'il n'y avait plus rien à faire, profitèrent de la confusion causée par leur tentative, et se perdirent dans le réseau de rues qui avoisine la porte Saint-Denis.

C'était cet incident qui avait distrait le roi de ses prières, mais il eut si peu d'importance, que la voiture ne s'arrêta même pas. — Quand elle s'arrêta, au bout de deux heures dix minutes elle était parvenue au terme de sa course.

Dès que le roi sentit que le mouvement avait cessé, il se pencha vers l'oreille du prêtre, et dit :

— Nous voici arrivés, Monsieur, si je ne me trompe.

M. de Firmont garda le silence.

Au même moment un des trois frères Samson, bourreaux de Paris, vint ouvrir la portière.

Alors, le roi, posant la main sur le genou de l'abbé de Firmont :

— Messieurs, dit-il d'un ton de maître, je vous recommande monsieur que voilà... Ayez soin qu'après ma mort, il ne lui soit fait aucune injure; c'est vous que je charge d'y veiller.

Pendant ce temps, les deux autres bourreaux s'étaient approchés.

— Oui, oui, répondit l'un d'eux, nous en aurons soin; laissez-nous faire.

Louis descendit.

Les valets du bourreau l'entourèrent et voulurent lui enlever son habit; mais lui les repoussa dédaigneusement, et commença de se déshabiller seul.

Un instant, le roi resta isolé dans le cercle qu'il s'était fait, jetant son chapeau à terre, ôtant son habit, dénouant sa cravate; mais alors les bourreaux se rapprochèrent de lui.

L'un d'eux tenait une corde à la main.

— Que voulez-vous? demanda le roi.

— Vous lier, répondit le bourreau qui tenait la corde.

— Oh! pour cela, s'écria le roi, je n'y consentirai jamai : renoncez-y... Faites ce qui vous est commandé; mais vous ne me lierez pas! non, non, jamais!

Les exécuteurs élevèrent la voix; une lutte corps à corps allait, aux yeux du monde, ôter à la victime le mérite de six mois de calme, de courage, et de résignation, lorsqu'un des trois frères Samson, ému de pitié, mais cependant condamné à exécuter la terrible tâche, s'approcha, et, d'un ton respectueux.

— Sire, dit-il, avec ce mouchoir...

Le roi regarda son confesseur.

Celui-ci fit un effort pour parler.

— Sire, dit l'abbé de Firmont, ce sera une ressemblance de plus entre Votre Majesté et le Dieu qui va être votre récompense !

Le roi leva les yeux au ciel avec une suprême expression de douleur.

— Assurément, dit-il, il ne faut pas moins que son exemple pour que je me soumette à un pareil affront !

Et, se retournant vers les bourreaux en leur tendant ses mains résignées :

— Faites-ce que vous voudrez, ajouta-t-il ; je boirai le calice jusqu'à la lie.

Les marches de l'échafaud étaient hautes et glissantes ; il les monta, soutenu par le prêtre. Un instant celui-ci, sentant le poids dont il pesait sur son bras, craignit quelque faiblesse dans ce dernier moment ; mais, arrivé à la dernière marche, le roi s'échappa, pour ainsi dire, des mains de son confesseur, comme l'âme allait s'échapper de son corps, et courut à l'autre bout de la plate-forme.

Il était fort rouge, et n'avait jamais paru si vivant ni si animé.

Les tambours battaient ; il leur imposa silence du regard.

Alors, d'une voix forte, il prononça les paroles suivantes :

— Je meurs innocent de tous les crimes qu'on m'impute : je pardonne aux auteurs de ma mort, et je prie Dieu que le sang que vous allez répandre ne retombe jamais sur la France !...

— Battez, tambours ! dit une voix que l'on crut longtemps avoir été celle de Santerre, et qui était celle de M. de Beaufranchet, comte d'Oyat, fils bâtard de Louis XV et de la courtisane Morphise. — C'était l'oncle naturel du condamné.

Les tambours battirent.

Le roi frappa du pied.

— Taisez-vous! cria-t-il avec un accent terrible ; j'ai encore à parler.

Mais les tambours continuèrent leur roulement.

— Faites votre devoir, hurlaient les hommes à pique qui entouraient l'échafaud, s'adressant aux exécuteurs.

Ceux-ci se jetèrent sur le roi, qui revint à pas lents vers le couperet, jetant un regard sur ce fer taillé en biseau dont, un an auparavant, lui-même avait donné le dessin.

Puis son regard se reporta sur le prêtre, qui priait à genoux au bord de l'échafaud.

Il se fit un mouvement confus derrière les deux poteaux de la guillotine : la bascule chavira, la tête du condamné parut à la sinistre lucarne, un éclair brilla, un coup mat retentit, et l'on ne vit plus qu'un large jet de sang.

Alors, un des exécuteurs, ramassant la tête, la montra au peuple, aspergeant les bords de l'échafaud du sang royal.

A cette vue, les hommes à pique hurlèrent de joie, et, se précipitant, trempèrent dans ce sang, les uns leurs piques, les autres leurs sabres, — leurs mouchoirs, ceux qui en avaient, puis ils poussèrent le cri de « Vive la République ! »

Mais, pour la première fois, ce grand cri, qui avait fait tressaillir de joie les peuples, s'éteignit sans écho. La République avait au front une de ces taches fatales qui ne s'effacent jamais ! elle venait, comme l'a dit plus tard un grand diplomate, de commettre bien plus qu'un crime : elle venait de commettre une faute.

Il y eut dans Paris un immense sentiment de stupeur ; chez quelques-uns, la stupeur alla jusqu'au désespoir : une femme se jeta à la Seine ; un perruquier se coupa la gorge ; un libraire devint fou ; un ancien officier mourut de saisissement.

Enfin, à l'ouverture de la séance de la Convention, une lettre fut ouverte par le président ; cette lettre était d'un homme qui demandait que le corps de Louis XVI lui fût remis, pour qu'il l'enterrât près de son père.

Restaient ce corps et cette tête séparés l'un de l'autre ; voyons ce qu'ils devinrent.

Nous ne connaissons pas de récit plus terrible que le texte même du procès-verbal d'inhumation ; le voici tel qu'il fut dressé le jour même.

Procès-verbal de l'inhumation de Louis Capet.

« Le 21 janvier 1793, l'an II de la République française, nous soussignés, administrateurs du département de Paris, chargés de pouvoir par le conseil général du département, en vertu des arrêtés du conseil exécutif provisoire de la République française, nous sommes transportés, à neuf heures du matin, en la demeure du citoyen Ricave, curé de Sainte-Madeleine ; lequel ayant trouvé chez lui, nous lui avons demandé s'il avait pourvu à l'exécution des mesures qui lui avaient été recommandées la veille par le conseil exécutif et par le département, pour l'inhumation de Louis Capet. Il nous a répondu qu'il avait exécuté de point en point ce qui lui avait été ordonné par le conseil exécutif et par le département, et que tout était à l'instant préparé.

» De là, accompagnés des citoyens Renard et Damoreau, tous deux vicaires de la paroisse Sainte-Madeleine, chargés par le citoyen curé de procéder à l'inhumation de Louis Capet, nous sommes rendus au lieu du cimetière de ladite paroisse, situé rue d'Anjou-Saint-Honoré, où étant, nous avons reconnu l'exécution des ordres par nous signifiés la veille au citoyen curé, en vertu de la commission que nous en avions reçue du conseil général du département.

» Peu après a été déposé dans le cimetière, en notre présence, par un détachement de gendarmerie à pied, le cadavre de Louis Capet que nous avons reconnu entier dans tous ses membres, la tête étant séparée du tronc ; nous avons remarqué que les cheveux du derrière de la tête étaient coupés, et que le cadavre était sans cravate, sans habit et sans souliers ; du reste, il était vêtu d'une chemise, d'une veste piquée en forme de gilet, d'une culotte de drap gris, d'une paire de bas de soie gris.

» Ainsi vêtu, il a été placé dans une bière, laquelle a été descendue dans la fosse qui a été recouverte à l'instant. Et le tout a été disposé et exécuté d'une manière conforme aux ordres donnés par le conseil exécutif provisoire de la République française ; et avons signé avec les citoyens Ricave, Renard et Damoreau, curé et vicaires de Sainte-Madeleine.

» LEBLANC, *administrateur du département* ;
» DUBOIS, *administrateur du département* ;
» DAMOREAU, RICAVE, RENARD. »

Ainsi, le 21 janvier 1793, mourut et fut inhumé le roi Louis XVI.

Il était âgé de trente-neuf ans cinq mois et trois jours ; il avait régné dix-huit ans ; il était resté prisonnier cinq mois et huit jours.

Son dernier souhait ne fut point accompli, et son sang est retombé non seulement sur la France, mais encore sur l'Europe tout entière !

XXIV

UN CONSEIL DE CAGLIOSTRO

Le soir de cette terrible journée, tandis que les hommes à pique parcouraient les rues désertes et illuminées de Paris, rendues plus tristes encore par leur illumination, en portant au bout de leurs armes des lambeaux de mouchoirs et de chemises tachés de rouge, et criant : « Le tyran est mort ! voilà le sang du tyran ! » — deux hommes se tenaient au premier étage d'une maison de la rue Saint-Honoré dans un silence égal, mais dans une attitude bien différente.

L'un, vêtu de noir, était assis devant une table, la tête appuyée entre ses mains, et plongé soit dans une profonde rêverie, soit dans une profonde douleur ; l'autre, vêtu d'un costume de campagnard, se promenait à grands pas, l'œil sombre, le front plissé, les bras croisés sur la poitrine : seulement, chaque fois que, dans sa marche qui coupait diagonalement la chambre en deux, celui-ci passait près de la table, il jetait à la dérobée sur l'autre un regard interrogateur.

Depuis combien de temps étaient-ils ainsi tous deux ? Nous ne saurions le dire. Mais, enfin, l'homme au costume campagnard, aux bras croisés, au front plissé, à l'œil sombre, parut se lasser de ce silence, et, s'arrêtant en face de l'homme en habit noir et au front appuyé entre ses mains :

— Ah çà ! citoyen Gilbert, dit-il en fixant son regard sur celui auquel il s'adressait, c'est donc à cette heure que je suis un brigand, moi, parce que j'ai voté la mort du roi ?

L'homme à l'habit noir releva la tête, secoua son front mélancolique, et, tendant la main à son compagnon :

— Non, Billot, dit-il, vous n'êtes pas plus un brigand que je ne suis un aristocrate : vous avez voté selon votre conscience, et, moi, j'ai voté selon la mienne ; seulement, j'ai voté la vie, et vous avez voté la mort. Or, c'est une chose terrible, que d'ôter à un homme ce qu'aucun pouvoir humain ne peut lui rendre !

— Ainsi, à votre avis, s'écria Billot, le despotisme est inviolable ; la liberté est une révolte, et il n'y a de justice ici-bas que pour les rois, c'est-à-dire pour les tyrans ? Alors que restera-t-il aux peuples ? Le droit de servir et d'obéir ! Et c'est vous, monsieur Gilbert, l'élève de Jean-Jacques, le citoyen des États-Unis, qui dites cela !

— Je ne dis point cela, Billot, car ce serait proférer une impiété contre les peuples.

— Voyons, reprit Billot, je vais vous parler, moi, Monsieur Gilbert, avec la brutalité de mon gros bon sens, et je vous permets de me répondre avec toutes les finesses de votre esprit. Admettez-vous qu'une nation qui se croit opprimée ait le droit de déposséder son église, d'abaisser ou même de supprimer son trône, de combattre et de s'affranchir ?

— Sans doute.

— Alors, elle a le droit de consolider les résultats de sa victoire ?

— Oui, Billot, elle a ce droit, incontestablement ; mais on ne consolide rien avec la violence, avec le meurtre. Souvenez-vous qu'il est écrit : « Homme, tu n'as pas le droit de tuer ton semblable ! »

— Mais le roi n'est pas mon semblable, à moi ! s'écria Billot : le roi, c'est mon ennemi ! Je me rappelle, quand ma pauvre mère me lisait la Bible, je me rappelle ce que Samuel disait aux Israélites qui lui demandaient un roi.

— Je me le rappelle aussi, Billot ; et, cependant, Samuel sacra Saül, mais ne le tua point.

— Oh ! je sais que, si je me jette avec vous à travers la science, je suis perdu. Aussi, je vous dis tout simplement ceci : Avions-nous le droit de prendre la Bastille ?

— Oui.

— Avions-nous le droit, quand le roi a voulu enlever au peuple sa liberté de délibération, de faire la journée du Jeu de Paume ?

— Oui.

— Avions-nous le droit, quand le roi a voulu intimider l'Assemblée constituante par la fête des gardes du corps et par un rassemblement de troupes à Versailles, avions-nous le droit d'aller chercher le roi à Versailles, et de le ramener à Paris ?

— Oui.

— Avions-nous le droit, quand le roi a tenté de s'enfuir et de passer à l'ennemi, avions-nous le droit de l'arrêter à Varennes ?

— Oui.

— Avions-nous le droit, quand, après la Constitution de 1791 jurée, nous avons vu le roi parlementer avec l'émigration et conspirer avec l'étranger, avions-nous le droit de faire le 20 juin ?

— Oui.

— Lorsqu'il a refusé sa sanction à des lois émanées de la volonté du peuple, avions-nous le droit de faire le 10 août, c'est-à-dire de prendre les Tuileries, et de proclamer la déchéance ?

— Oui.

— Avions-nous le droit, lorsque, enfermé au Temple, le roi continuait d'être une conspiration vivante contre la liberté, avions-nous ou n'avions-nous pas le droit de le traduire devant la Convention nationale nommée pour le juger ?

— Vous l'aviez.

— Si nous avions le droit de le juger, nous avions le droit de le condamner.

— Oui, à l'exil, au bannissement, à la prison perpétuelle, à tout, excepté à la mort.

— Et pourquoi pas à la mort ?

— Parce que, coupable dans le résultat, il ne l'était pas dans l'intention. Vous le jugiez au point de vue du peuple, vous, mon cher Billot; il avait agi, lui, au point de vue de la royauté. Était-ce un tyran, comme vous l'appelez? Non. Était-ce un oppresseur du peuple? Non. Un complice de l'aristocratie? Non. Un ennemi de la liberté? Non !

— Alors, vous l'avez jugé au point de vue de la royauté, vous?

— Non, car au point de vue de la royauté, je l'aurais absous.

— Ne l'avez-vous pas absous en votant la vie?

— Oui, mais, avec la prison perpétuelle. Billot, croyez-moi, je l'ai jugé plus partialement encore que je n'eusse voulu. Homme du peuple, ou plutôt fils du peuple, la balance que je tenais dans ma main a penché du côté du peuple. Vous l'avez regardé de loin, vous, Billot, et vous ne l'avez pas vu comme moi : mal satisfait de la part de royauté qu'on lui avait faite, tiraillé d'un côté par l'Assemblée, qui le trouvait trop puissant encore ; de l'autre, par une reine ambitieuse ; de l'autre, par une noblesse inquiète et humiliée ; de l'autre, par un clergé implacable ; de l'autre, par une émigration égoïste ; de l'autre enfin, par ses frères, s'en allant, à travers le monde, pour chercher en son nom des ennemis à la Révolution... Vous l'avez dit, Billot, le roi n'était pas votre semblable: c'était votre ennemi. Or, votre ennemi était vaincu, et l'on ne tue pas un ennemi vaincu. Un meurtre de sang-froid, ce n'est pas un jugement; c'est une immolation. Vous venez de donner à la royauté quelque chose du martyre, à la justice, quelque chose de la vengeance. Prenez garde ! prenez garde ! en faisant trop, vous n'avez pas assez fait. Charles Ier a été exécuté, et Charles II a été roi. Jacques II a été banni, et ses fils sont morts dans l'exil. La nature humaine est pathétique, Billot, et nous venons d'aliéner de nous pour cinquante ans, pour cent ans peut-être, cette immense partie de la population qui juge les révolutions avec le cœur. Ah! croyez-moi, mon ami, ce sont les républicains qui doivent le plus déplorer le sang de Louis XVI ; car ce sang retombera sur eux, et leur coûtera la République.

— Il y a du vrai dans ce que tu dis là, Gilbert! répondit une voix qui partait de la porte d'entrée.

Les deux hommes tressaillirent et se retournèrent d'un même mouvement ; — puis, d'une même voix :

— Cagliostro! dirent-ils.

— Eh! mon Dieu, oui, répondit celui-ci. Mais il y a du vrai aussi dans ce que dit Billot.

— Hélas! répondit Gilbert, voilà le malheur, c'est que la cause que nous plaidons a une double face, et que chacun, en l'envisageant de son côté, peut dire : « J'ai raison. »

— Oui, mais il doit aussi se laisser dire qu'il a tort, reprit Cagliostro.

— Votre avis, maître? demanda Gilbert.

— Oui, votre avis? dit Billot.

— Vous avez tout à l'heure jugé l'accusé, dit Cagliostro, moi, je vais juger le jugement. Si vous aviez condamné le roi, vous auriez eu raison. Vous avez condamné l'homme, vous avez eu tort!

— Je ne comprends pas, dit Billot.

— Écoutez, car je devine, moi, dit Gilbert.

— Il fallait tuer le roi, continua Cagliostro, comme il était à Versailles ou aux Tuileries, inconnu au peuple derrière son réseau de courtisans et son mur de Suisses ; il fallait le tuer le 7 octobre ou le 41 août : le 7 octobre, le 11 août, c'était un tyran! Mais, après l'avoir laissé cinq mois au Temple, en communication avec tous, mangeant devant tous, dormant sous les yeux de tous, camarade du prolétaire, de l'ouvrier, du marchand ; élevé, par ce faux abaissement, à la dignité d'homme enfin, il fallait le traiter en homme, c'est-à-dire le bannir ou l'emprisonner.

— Je ne vous comprenais pas, dit Billot à Gilbert, et voilà que je comprends le citoyen Cagliostro.

— Eh! sans doute, pendant ces cinq mois de captivité, on vous le montre dans ce qu'il a de touchant, d'innocent, de respectable ; on vous le montre bon époux, bon père, homme bon. Les niais! je les croyais plus forts que cela, Gilbert! On le change même, on le refait : comme le sculpteur tire la statue du bloc de marbre à force de frapper dessus, à force de frapper sur cet être prosaïque, vulgaire, point méchant, point bon, tout entier à ses habitudes sensuelles, dévot étroitement, à la manière, non pas d'un esprit élevé, mais d'un marguillier de paroisse, voilà qu'on nous sculpte dans cette lourde nature une statue du courage, de la patience et de la résignation ; voilà qu'on met cette statue sur le piédestal de la douleur ; voilà qu'on élève ce pauvre roi, qu'on le grandit qu'on le sacre ; voilà qu'on arrive à ce que sa femme l'aime! — Ah! mon cher Gilbert, continua Cagliostro en éclatant de rire, qui nous eût dit, au 14 juillet, aux 5 et 6 octobre, au

10 août, que la reine aimerait jamais son mari?

— Oh! murmura Billot, si j'eusse pu deviner cela!

— Eh bien, qu'eussiez-vous fait, Billot? demanda Gilbert.

— Ce que j'eusse fait? je l'eusse tué, soit au 14 juillet, soit aux 5 et 6 octobre, soit au 10 août; cela m'était bien facile.

Ces mots furent prononcés avec un si sombre accent de patriotisme, que Gilbert les pardonna, que Cagliostro les admira.

— Oui, dit ce dernier après un silence, mais vous ne l'avez pas fait. Vous, Billot, vous avez voté pour la mort; vous, Gilbert vous avez voté pour la vie. Eh bien, maintenant, voulez-vous écouter un dernier conseil? Vous, Gilbert, vous ne vous êtes fait nommer membre de la Convention que pour accomplir un devoir; vous, Billot, que pour accomplir une vengeance; devoir et vengeance, tout est accompli; vous n'avez plus besoin ici, partez!

Les deux hommes regardèrent Cagliostro.

— Oui, reprit-il: vous n'êtes, ni l'un ni l'autre, des hommes de parti : vous êtes des hommes d'instinct. Or, le roi mort, les partis vont se trouver face à face, et, une fois face à face, les partis vont se détruire. Lequel succombera le premier? je n'en sais rien; mais je sais que, les uns après les autres, ils succomberont : donc, demain, Gilbert, on vous fera un crime de votre indulgence, et, après-demain, peut-être auparavant, à vous, Billot, de votre sévérité. Croyez-moi, dans la lutte mortelle qui se prépare entre la haine, la crainte, la vengeance, le fanatisme, bien peu resteront purs; les uns se tacheront de boue, les autres de sang. Partez, mes amis! partez!

— Mais la France? dit Gilbert.

— Oui, la France? répéta Billot.

— La France, matériellement, est sauvée, dit Cagliostro; l'ennemi de dehors est battu, l'ennemi du dedans est mort. Si dangereux que soit pour l'avenir l'échafaud du 21 janvier, il est, incontestablement, une grande puissance dans le présent : la puissance des résolutions sans retour. Le supplice de Louis XVI voue la France à la vengeance des trônes, et donne à la République la force convulsive et désespérée des nations condamnées à mort. Voyez Athènes dans les temps antiques, voyez la Hollande dans les temps modernes. Les transactions, les négociations, les indécisions ont cessé à partir de ce matin; la Révolution tient la hache d'une main, le drapeau tricolore de l'autre.

Partez tranquilles : avant qu'elle dépose la hache, l'aristocratie sera décapitée; avant qu'elle dépose le drapeau tricolore, l'Europe sera vaincue. Partez, mes amis! partez!

— Oh! dit Gilbert, Dieu m'est témoin que, si l'avenir que vous me prophétisez est vrai, je ne regrette pas la France; mais où irons-nous?

— Ingrat! dit Cagliostro, oublies-tu ta seconde patrie, l'Amérique? oublies-tu ces lacs immenses, ces forêts vierges, ces prairies vastes comme des océans? N'as-tu pas besoin, toi qui peux te reposer, du repos de la nature, après ces terribles agitations de la société?

— Me suivrez-vous Billot? demanda Gilbert en se levant.

— Me pardonnerez-vous? demanda Billot en faisant un pas vers Gilbert.

Les deux hommes se jetèrent dans les bras l'un de l'autre.

— C'est bien, dit Gilbert, nous partirons.

— Quand cela? demanda Cagliostro.

— Mais dans... huit jours.

Cagliostro secoua la tête.

— Vous partirez ce soir, dit-il.

— Pourquoi ce soir?

— Parce que je pars demain.

— Et où allez-vous?

— Vous le saurez un jour, amis!

— Mais comment partir?

— *Le Franklin* appareille dans trente-six heures pour l'Amérique.

— Mais des passe-ports?

— En voici.

— Mon fils?

Cagliostro alla ouvrir la porte.

— Entrez, Sébastien, dit-il; votre père vous appelle.

Le jeune homme entra et vint se jeter dans les bras de son père.

Billot soupira profondément.

— Il ne nous manque plus qu'une voiture de poste, dit Gilbert.

— La mienne est tout attelée à la porte, dit Cagliostro.

Gilbert alla à un secrétaire où était la bourse commune, — un millier de louis, — et fit signe à Billot d'en prendre sa part.

— Avons-nous assez? dit Billot.

— Nous avons plus qu'il n'en faut pour acheter une province.

Billot regarda autour de lui avec embarras.

— Que cherchez-vous, mon ami? demanda Gilbert.

— Je cherche, répondit Billot, une chose

qui me serait inutile si je la trouvais, puisque je ne sais pas écrire.

Gilbert sourit, prit une plume, de l'encre et du papier.

— Dictez, fit-il.

— Je voudrais envoyer un adieu à Pitou, dit Billot.

— Je m'en charge pour vous.

Et Gilbert écrivit.

Quand il eut fini :

— Qu'avez-vous écrit? lui demanda Billot.

Gilbert lut :

« Mon cher Pitou,

» Nous quittons la France, Billot, Sébastien et moi, et nous vous embrassons bien tendrement tous trois.

» Nous pensons que, comme vous êtes à la tête de la ferme de Billot, vous n'avez besoin de rien.

» Un jour, probablement, nous vous écrirons de venir nous rejoindre.

» Votre ami,

« GILBERT. »

— C'est tout? demanda Billot.

— Il y a un *post-scriptum*, dit Gilbert.

— Lequel?

Gilbert regarda le fermier en face et dit :

« Billot vous recommande Catherine. »

Billot poussa un cri de reconnaissance, et se jeta dans les bras de Gilbert.

Dix minutes après, la chaise de poste qui emportait loin de Paris Gilbert, Sébastien et Billot, roulait sur la route du Havre.

ÉPILOGUE

I

CE QUE FAISAIENT, LE 15 FÉVRIER 1794, ANGE PITOU ET CATHERINE BILLOT

Un peu plus d'un an après l'exécution du roi et le départ de Gilbert, de Sébastien et de Billot, par une belle et froide matinée du terrible hiver de 1794, trois ou quatre cents personnes, c'est-à-dire le sixième, à peu près, de la population de Villers-Cotterets, attendaient, sur la place du château et dans la cour de la mairie, la sortie de deux fiancés dont notre ancienne connaissance M. de Longpré était en train de faire deux époux.

Ces deux fiancés étaient Ange Pitou et Catherine Billot.

Hélas ! il avait fallu de bien graves événements pour amener l'ancienne maîtresse du vicomte de Charny, la mère du petit Isidore, à devenir madame Ange Pitou.

Ces événements, chacun les racontait et les commentait à sa façon ; mais, de quelque façon qu'on les commentât et racontât, il n'y avait pas un des récits ayant cours sur la place qui ne fût à la plus grande gloire du dévouement d'Ange Pitou et de la sagesse de Catherine Billot.

Seulement, plus les deux futurs époux étaient intéressants, plus on les plaignait.

Peut-être étaient-ils plus heureux qu'aucun des individus mâles et femelles composant cette foule ; mais la foule est ainsi faite, il faut toujours qu'elle plaigne ou envie.

Ce jour-là, elle était tournée à la pitié, elle plaignait.

En effet, les événements prévus par Cagliostro dans la soirée du 21 janvier avaient marché d'un pas rapide, laissant après eux une longue et ineffaçable tache de sang.

Le 1er février 1793, la Convention nationale avait rendu un décret ordonnant création de la somme de huit cents millions d'assignats ; ce qui portait la totalité des assignats émis à la somme de trois milliards cent millions.

Le 28 mars 1793, la Convention, sur le rapport de Treilhard, avait rendu un décret qui bannissait à perpétuité les émigrés, qui les déclarait morts civilement, et confisquait leurs biens au profit de la République.

Le 7 novembre, la Convention avait rendu un décret qui chargeait le comité d'instruction publique de présenter un projet tendant à substituer un culte raisonnable et civique au culte catholique.

Nous ne parlons pas de la proscription et de la mort des girondins. Nous ne parlons pas de

Catherine mit son enfant dans les bras de Pitou. (Page 755.)

l'exécution du duc d'Orléans, de la reine, de Bailly, de Danton, de Camille Desmoulins et de bien d'autres, ces événements ayant eu leur retentissement jusqu'à Villers-Cotterets, mais non leur influence sur les personnages dont il nous reste à nous occuper.

Le résultat de la confiscation des biens était que, Billot et Gilbert étant considérés comme émigrés, leurs biens avaient été confisqués et mis en vente.

Il en était de même des biens du comte de Charny, tué le 10 août, et de la comtesse, massacrée le 2 septembre.

En conséquence de ce décret, Catherine avait été mise à la porte de la ferme de Pisseleu, considérée comme propriété nationale.

Pitou avait bien voulu réclamer au nom de Catherine; mais Pitou était devenu un modéré, Pitou était tant soit peu suspect, et les personnes sages lui donnèrent le conseil de ne s'opposer ni en action, ni en pensée, aux ordres de la nation.

Catherine et Pitou s'étaient donc retirés à Haramont.

Catherine avait d'abord eu l'idée d'aller habiter, comme autrefois, la hutte du père Clouïs; mais, quand elle s'était présentée à la porte de l'ex-garde de M. le duc d'Orléans, celui-ci avait mis son doigt sur sa bouche en signe de silence, et avait secoué la tête en signe d'impossibilité.

Cette impossibilité venait de ce que la place était déjà occupée.

La loi sur le bannissement des prêtres non assermentés avait été mise en vigueur, et, comme on le comprend bien, l'abbé Fortier, n'ayant pas voulu prêter serment, avait été banni ou plutôt s'était banni.

Mais il n'avait pas jugé à propos de passer la frontière, et son bannissement s'était borné à quitter sa maison à Villers-Cotterets, où il avait laissé mademoiselle Alexandrine pour veiller à son mobilier, et à aller demander au père Clouïs un asile que celui-ci s'était empressé de lui accorder.

La hutte du père Clouïs, on se le rappelle, n'était qu'une simple grotte creusée sous terre, où une seule personne était déjà assez mal à l'aise ; il était donc difficile d'ajouter, à l'abbé Fortier, Catherine Billot et le petit Isidore.

Puis on se rappelle aussi la conduite intolérante tenue par l'abbé Fortier à la mort de madame Billot ; Catherine n'était pas assez bonne chrétienne pour pardonner à l'abbé le refus de sépulture fait à sa mère, et eût-elle été assez bonne chrétienne pour pardonner, elle, que l'abbé Fortier était trop bon catholique pour pardonner, lui.

Il fallait donc renoncer à habiter la hutte du père Clouïs.

Restaient la maison de tante Angélique, au Pleux, et la petite chaumière de Pitou à Haramont.

Il ne fallait pas même songer à la maison de tante Angélique : tante Angélique, au fur et à mesure que la Révolution suivait son cours, était devenue de plus en plus acariâtre, ce qui semblait incroyable, et de plus en plus maigre, ce qui paraissait impossible.

Ce changement dans son moral et dans son physique tenait à ce qu'à Villers-Cotterets, comme ailleurs, les églises avaient été fermées, en attendant qu'un culte raisonnable et civique eût été inventé par le comité d'instruction publique.

Or, les églises étant fermées, le bail des chaises qui faisait le principale revenu de tante Angélique était tombé à néant.

C'était le tarissement de ses ressources qui rendait tante Angélique plus maigre et plus acariâtre que jamais.

Ajoutons qu'elle avait entendu si souvent raconter la prise de la Bastille par Billot et Ange Pitou ; qu'elle avait si souvent vu, à l'époque des grands événements parisiens, le fermier et son neveu partir tout à coup pour la capitale, qu'elle ne doutait aucunement que la Révolution française ne fût conduite et par Ange Pitou et par Billot, et que les citoyens Danton, Marat, Robespierre et autres ne fussent que les agents secondaires de ces principaux meneurs.

Mademoiselle Alexandrine, comme on le comprend bien, l'entretenait dans ses idées tant soit peu erronées, auxquelles le vote régicide de Billot était venu donner toute l'exaltation haineuse du fanatisme.

Il ne fallait donc pas penser à mettre Catherine chez tante Angélique.

Restait la petite chaumière de Pitou à Haramont.

Mais comment habiter à deux, et même à trois, cette petite chaumière sans donner prise aux plus mauvais propos ?

C'était encore plus impossible que d'habiter la hutte du père Clouïs.

Pitou s'était donc résolu à demander l'hospitalité à son ami Désiré Maniquet ; hospitalité que le digne Haramontois lui avait accordée, et que Pitou payait en industries de toute sorte.

Mais tout cela ne faisait point une position à la pauvre Catherine.

Pitou avait pour elle toutes les attentions d'un ami, toutes les tendresses d'un frère ; mais Catherine sentait bien que ce n'était ni comme un frère, ni comme un ami que l'aimait Pitou.

Le petit Isidore sentait bien cela aussi, lui, pauvre enfant qui, n'ayant jamais eu le bonheur de connaître son père, aimait Pitou comme il eût aimé le vicomte de Charny, mieux peut-être ; car il faut le dire, Pitou était l'adorateur de la mère, mais il était l'esclave de l'enfant.

On eût dit qu'il comprenait, l'habile stratégiste, qu'il n'y avait qu'un moyen d'entrer dans le cœur de Catherine : c'était d'y entrer à la suite d'Isidore.

Mais, hâtons-nous de le dire, aucun calcul de ce genre ne ternissait la pureté des sentiments de l'honnête Pitou. Pitou était resté ce que nous l'avons vu, c'est-à-dire le garçon naïf et dévoué des premiers chapitres de notre livre, et, si un changement s'était fait en lui, c'est qu'en atteignant sa majorité, Pitou était devenu peut-être plus dévoué encore et plus candide que jamais.

Toutes ces qualités touchaient Catherine jusqu'aux larmes. Elle sentait que Pitou l'aimait ardemment, l'aimait jusqu'à l'adoration, jusqu'au fanatisme, et parfois elle se disait qu'elle voudrait bien reconnaître un si grand amour, un si complet dévouement par un sentiment plus tendre que l'amitié.

A force de se dire cela, il était arrivé que, peu à peu, la pauvre Catherine, se sentant — à part Pitou — complètement isolée dans ce monde ; comprenant que, si elle venait à mourir, son pauvre enfant — à part Pitou — se trouverait seul ; il était arrivé que, peu à peu, Catherine en était venue à donner à Pitou la seule récompense qui fût en son pouvoir : à lui donner toute son amitié et toute sa personne.

Hélas! son amour, cette fleur éclatante et parfumée de la jeunesse, son amour, maintenant, était au ciel !

Près de six mois se passèrent pendant lesquels Catherine, mal faite encore à cette pensée, la garda dans un coin de son esprit, bien plus que dans le fond de son cœur.

Pendant ces six mois, Pitou, quoique accueilli chaque jour par un plus doux sourire, quoique congédié chaque soir par une plus tendre poignée de main, Pitou n'avait pas eu l'idée qu'il pouvait se faire, dans les sentiments de Catherine, un pareil revirement en sa faveur.

Mais, comme ce n'était pas dans l'espoir d'une récompense que Pitou était dévoué, que Pitou était aimant, Pitou, quoiqu'il ignorât les sentiments de Catherine à son égard, Pitou n'en était que plus dévoué à Catherine, Pitou n'en était que plus amoureux de Catherine.

Et cela eût duré ainsi jusqu'à la mort de Catherine ou de Pitou, Pitou eût-il atteint l'âge de Philémon, et Catherine celui de Baucis, — sans qu'il se fît la moindre altération dans les sentiments du capitaine de la garde nationale d'Haramont.

Aussi fut-ce à Catherine à parler la première, comme parlent les femmes.

Un soir, au lieu de lui tendre la main, elle lui tendit le front.

Pitou crut à une distraction de Catherine : il était trop honnête homme pour profiter d'une distraction.

Il recula d'un pas.

Mais Catherine ne lui avait pas lâché la main : elle l'attira à elle, lui présentant, non plus le front, mais la joue.

Pitou hésita bien davantage.

Ce que voyant le petit Isidore, il se mit à dire :

— Mais embrasse donc maman Catherine, papa Pitou.

— Oh ! mon Dieu ! murmura Pitou, pâlissant comme s'il allait mourir.

Et il posa sa lèvre froide et tremblante sur la joue de Catherine.

Alors, prenant son enfant, Catherine le mit dans les bras de Pitou.

— Je vous donne l'enfant, Pitou ; voulez-vous avec lui prendre la mère ? dit-elle.

Pour le coup, la tête tourna à Pitou, il ferma les yeux ; et, tout en serrant l'enfant contre sa poitrine, il tomba sur une chaise en criant avec cette délicatesse du cœur que le cœur seul peut apprécier :

— Oh ! monsieur Isidore ! oh ! mon cher monsieur Isidore, que je vous aime !

Isidore appelait Pitou *papa Pitou* ; mais Pitou appelait le fils du vicomte de Charny *M. Isidore*.

Et puis, comme il sentait que c'était surtout par amour pour son fils que Catherine voulait bien l'aimer, il ne disait pas à Catherine :

— Oh ! que je vous aime, mademoiselle Catherine !

Mais il disait à Isidore :

— Oh ! que je vous aime, monsieur Isidore !

Ce point arrêté, que Pitou aimait encore plus Isidore que Catherine, on parla du mariage.

Pitou dit à Catherine :

— Je ne vous presse pas, mademoiselle Catherine ; prenez tout votre temps ; mais, si vous voulez me rendre bien heureux, ne le prenez pas trop long.

Catherine prit un mois.

Au bout de trois semaines, Pitou, en grand uniforme, alla respectueusement faire visite à tante Angélique, dans le but de lui faire part de sa prochaine union avec mademoiselle Catherine Billot.

Tante Angélique vit de loin venir son neveu, et se hâta de fermer sa porte.

Mais Pitou ne continua pas moins de s'acheminer vers la porte inhospitalière, à laquelle il frappa doucement.

— Qui va là ? demanda la tante Angélique de sa voix la plus rogue.

— Moi, votre neveu, tante Angélique.

— Passe ton chemin, septembriseur ! dit la vieille fille.

— Ma tante, continua Pitou, je venais pour vous annoncer une nouvelle qui ne saurait manquer de vous être agréable, en ce qu'elle fait mon bonheur.

— Et quelle est cette nouvelle, jacobin ?

— Ouvrez-moi votre porte, et je vous la dirai.

— Dis-la à travers la porte ; je n'ouvre pas ma porte à un sans-culotte comme toi.

— C'est votre dernier mot, ma tante ?

— C'est mon dernier mot.

— Eh bien ! ma petite tante, je me marie.

La porte s'ouvrit comme par enchantement.

— Et avec qui, malheureux ? demanda tante Angélique.

— Avec mademoiselle Catherine Billot, répondit Pitou.

— Ah! le misérable! ah! l'infâme! ah! le brissotin! dit tante Angélique, il se marie avec une fille ruinée!... Va-t'en, malheureux, je te maudis!

Et, avec un geste plein de noblesse, tante Angélique tendit ses deux mains jaunes et sèches à l'encontre de son neveu.

— Ma tante, dit Pitou, vous comprenez bien que je suis trop habitué à vos malédictions pour que celle-ci me préoccupe plus que n'ont fait les autres. Maintenant, je vous devais la politesse de vous annoncer mon mariage ; je vous j'ai annoncé, la politesse est faite: adieu, tante Angélique !

Et Pitou, portant militairement la main à son chapeau à trois cornes, tira la révérence à tante Angélique, et reprit sa route à travers le Pleux.

II

DE L'EFFET PRODUIT SUR TANTE ANGÉLIQUE PAR L'ANNONCE DU MARIAGE DE SON NEVEU AVEC CATHERINE BILLOT

Pitou avait à faire part de son futur mariage à M. de Longpré, qui demeurait rue de l'Ouest. M. de Longpré, moins prévenu que tante Angélique contre la famille Billot, félicita Pitou sur la bonne action qu'il faisait.

Pitou écouta, tout émerveillé, il ne comprenait pas qu'en faisant son bonheur il fît en même temps une bonne action.

Au reste, Pitou, pur républicain, était plus que jamais reconnaissant à la République, toutes les longueurs, étant supprimées, par le fait de la suppression des mariages à l'église. Il fut donc convenu, entre M. de Longpré et Pitou, que, le samedi suivant, Catherine Billot et Ange Pitou seraient unis à la mairie.

C'était le lendemain, dimanche, que devait avoir lieu, par adjudication, la vente de la ferme de Pisseleu et du château de Boursonne.

La ferme était mise à prix à la somme de quatre cent mille francs, et le château à celle de six cent mille francs en assignats.

Les assignats commençaient à perdre effroyablement : le louis d'or valait neuf cent vingt francs en assignats.

Mais personne n'avait plus de louis d'or.

Pitou était revenu, tout courant, annoncer la bonne nouvelle à Catherine. Il s'était permis d'avancer de deux jours le terme fixé pour le mariage, et il avait grand'peur que cette avance ne contrariât Catherine.

Catherine ne parut pas contrariée, et Pitou fut aux anges.

Seulement, Catherine exigea que Pitou fît une seconde visite à tante Angélique, pour lui annoncer le jour précis du mariage et l'inviter à assister à la cérémonie.

C'était la seule parente qu'eût Pitou, et, quoi que ce ne fût pas une parente bien tendre, il fallait que Pitou mît les procédés de son côté.

En conséquence, le jeudi matin, Pitou se rendit à Villers-Cotterets, dans le but de faire une seconde visite à la tante.

Neuf heures sonnaient comme il arrivait en vue de la maison.

Cette fois, tante Angélique n'était point sur la porte, et même, comme si tante Angélique eût attendu Pitou, la porte était fermée.

Pitou pensa qu'elle était sortie, et fut enchanté de la circonstance. La visite était faite, une lettre bien tendre et bien respectueuse remplacerait le discours qu'il comptait lui tenir.

Mais, comme Pitou était un garçon consciencieux avant tout, il frappa à la porte, si bien close qu'elle fût, et, personne ne répondant à ses heurts, il appela.

Au double bruit que faisait Pitou en appelant et en frappant, une voisine apparut.

— Ah ! mère Fagot, demanda Pitou, savez-vous si ma tante est sortie ?

— Elle ne répond pas ? demanda la mère Fagot.

— Non, vous voyez bien ; sans doute, elle est dehors.

La mère Fagot secoua la tête.

— Je l'aurais vue sortir, dit-elle : ma porte ouvre sur la sienne, il est bien rare qu'en se réveillant, elle ne vienne pas chez nous passer un peu de cendres chaudes dans ses sabots ; avec cela, pauvre chère femme, elle est réchauffée pour toute la journée ; — n'est-ce pas voisin Farolet ?

Cette interpellation était adressée à un nouvel acteur qui, à son tour, ouvrant sa porte au bruit, venait se mêler à la conversation.

— Que dites-vous, madame Fagot ?

— Je dis que tante Angélique n'est pas sortie. L'avez-vous vue, vous ?

— Non, et j'affirmerais même qu'elle est encore chez elle, attendu que, si elle était levée et sortie, les contrevents seraient ouverts.

— Tiens, c'est vrai, dit Pitou. Ah ! mon Dieu,

est-ce qu'il lui serait arrivé quelque malheur, à ma pauvre tante ?

— C'est bien possible, dit la mère Fagot.

— C'est plus que possible, c'est probable, dit sentencieusement M. Farolet.

— Ah ! par ma foi, elle ne m'était pas bien tendre, dit Pitou ; mais, n'importe, cela me ferait de la peine... Comment donc s'assurer de cela ?

— Bon ! dit un troisième voisin, ce n'est pas chose difficile ; il n'y a qu'à envoyer chercher M. Rigolot, le serrurier.

— Si c'est pour ouvrir la porte, dit Pitou, c'est inutile ; j'avais l'habitude de l'ouvrir avec mon couteau.

— Eh bien, ouvre-la, mon garçon, dit M. Farolet ; nous serons là pour constater que tu ne l'as pas ouverte dans une mauvaise intention.

Pitou tira son couteau ; puis, en présence d'une douzaine de personnes attirées par l'événement, il s'approcha de la porte avec une dextérité qui prouvait que plus d'une fois il avait usé de ce moyen pour rentrer au domicile de sa jeunesse, et il fit glisser le pêne dans la gâche.

La porte s'ouvrit.

La chambre était dans l'obscurité la plus complète.

Mais, la porte une fois ouverte, la clarté entra peu à peu, — clarté triste et funèbre d'une matinée d'hiver, — et, à la lumière de ce jour, si sombre qu'elle fût, on commença à distinguer tante Angélique couchée dans son lit.

Pitou appela deux fois :

— Tante Angélique ! tante Angélique !

La vieille fille resta immobile et ne répondit pas.

Pitou s'approcha et tâta le corps.

— Oh ! dit-il, elle est froide et roide !

On ouvrit la fenêtre.

Tante Angélique était morte !

— En voilà un malheur ! dit Pitou.

— Bon ! dit Farolet, pas si grand : elle ne t'aimait pas fort, mon garçon, tante Angélique.

— C'est possible, dit Pitou ; mais, moi, je l'aimais bien.

Deux grosses larmes coulèrent sur les joues du digne garçon.

— Ah ! ma pauvre tante Angélique ! dit-il.

Et il tomba à genoux devant le lit.

— Dites donc, monsieur Pitou, reprit la mère Fagot, si vous avez besoin de quelque chose, nous sommes à votre disposition... Dame ! on a des voisins ou on n'en a pas.

— Merci, mère Fagot. Votre gamin est-il là ?

— Oui. — Hé ! Fagotin ! cria la bonne femme.

Un gamin de quatorze ans parut sur le seuil de la porte.

— Me voilà, mère, dit-il.

— Eh bien, continua Pitou, priez-le de courir jusqu'à Haramont, et de dire à Catherine qu'elle ne soit pas inquiète, mais que j'ai trouvé tante Angélique morte. Pauvre tante !...

Pitou essuya de nouvelles larmes.

— Et que c'est cela qui me retient à Villers-Cotterets, ajouta-t-il.

— Tu as entendu, Fagotin ? dit la mère Fagot.

— Oui.

— Eh bien, décampe !

— Passe par la rue de Soissons, dit le sentencieux Farolet, et préviens M. Raynal qu'il y a un cas de mort subite à constater sur tante Angélique.

— Tu entends ?

— Oui, mère, dit le gamin.

Et, prenant ses jambes à son cou, il détala dans la direction de la rue de Soissons, qui fait suite à celle du Pleux.

Le rassemblement avait été grossissant ; il y avait une centaine de personnes devant la porte chacune donnant son opinion sur la mort de tante Angélique, les unes penchant pour l'apoplexie foudroyante, les autres pour une rupture des vaisseaux du cœur, les autres pour une consomption arrivée au dernier degré.

Toutes murmuraient tout bas :

— Si Pitou n'est pas maladroit, il trouvera quelque bon magot sur la plus haute planche d'une armoire, dans un pot à beurre, ou, au fond de la paillasse, dans un bas de laine.

Sur ces entrefaites, M. Raynal arriva précédé par le receveur général.

On allait savoir de quoi tante Angélique était morte.

M. Raynal entra, s'approcha du lit, examina la malade, pesa de sa main sur l'épigastre et sur l'abdomen, et déclara, au grand étonnement de toute la société, que tante Angélique était tout simplement morte de froid et, probablement, de faim.

Les larmes de Pitou redoublèrent à cette déclaration.

— Ah ! pauvre tante ! pauvre tante ! s'écriat-il ; et moi qui la croyais riche ! Je suis un malheureux de l'avoir abandonnée !... — Ah ! si j'avais su cela !.. — Pas possible, monsieur Raynal ! pas possible !

— Cherchez dans la huche, et vous verrez

s'il y a du pain; cherchez dans le bûcher, et vous verrez s'il y a du bois. Je lui avais toujours prédit qu'elle mourrait comme cela, la vieille avare!

On chercha : il n'y avait pas une brouille de bois dans le bûcher, pas une miette de pain dans la huche.

— Ah! que ne disait-elle cela! s'écria Pitou; j'aurais été au bois pour la chauffer; j'aurais braconné pour la nourrir. — C'est votre faute aussi, continuait le pauvre garçon, accusant ceux qui se trouvaient là; pourquoi ne me disiez-vous pas qu'elle était pauvre?

— Nous ne vous disions pas qu'elle était pauvre, monsieur Pitou, dit Farolet, par la raison infiniment simple que tout le monde la croyait riche.

M. Raynal avait jeté le drap par-dessus la tête de tante Angélique et s'acheminait vers la porte.

Pitou courut à lui.

— Vous vous en allez, monsieur Raynal? lui dit-il.

— Et que veux-tu que je fasse ici, mon garçon?

— Elle est donc décidément morte?

Le docteur haussa les épaules.

— Oh! mon Dieu! mon Dieu! dit Pitou; et morte de froid! morte de faim!

M. Raynal fit un signe au jeune homme, qui s'approcha de lui.

— Garçon, lui dit-il, je ne te conseille pas moins de chercher haut et bas, tu comprends?

— Mais, monsieur Raynal, puisque vous dites qu'elle est morte de faim et de froid...

— On a vu des avares, dit M. Raynal, qui mouraient de faim et de froid, couchés sur leur trésor.

Puis, mettant le doigt à sa bouche :

— Chut! dit-il

Et il s'en alla.

III

LE FAUTEUIL DE TANTE ANGÉLIQUE

Pitou eût peut-être réfléchi plus profondément à ce que venait de lui dire M. Raynal, s'il n'eût pas vu de loin Catherine, qui accourait, son enfant dans ses bras.

Depuis que l'on savait que, selon toute probabilité, tante Angélique était morte de faim et de froid, l'empressement de la part des voisins à lui rendre les derniers devoirs était un peu moins grand.

Catherine arrivait donc à merveille. Elle déclara que, se regardant comme la femme de Pitou, c'était à elle à rendre les derniers devoirs à tante Angélique; ce qu'elle fit avec le même respect qu'elle avait, pauvre créature, fait, dix-huit mois auparavant, pour sa mère.

Pitou, pendant ce temps-là, irait tout commander pour l'enterrement, fixé forcément au surlendemain, le cas de mort subite faisant que tante Angélique ne pouvait être inhumée qu'au bout de quarante-huit heures.

Il ne s'agissait plus que de s'entendre avec le maire, le menuisier et le fossoyeur, les cérémonies religieuses étant supprimées à l'endroit des enterrements comme à celui des mariages.

— Mon ami, dit Catherine à Pitou, au moment où il prenait son chapeau pour aller chez M. de Longpré, après l'accident qui vient d'arriver, ne serait-il pas convenable de retarder notre mariage d'un jour ou deux?

— C'est comme vous voudrez, mademoiselle, dit Pitou.

— Ne trouverait-on pas singulier que, le jour même où vous avez porté votre tante en terre, vous accomplissiez un acte aussi important que celui du mariage?

— Bien important pour moi, en effet, dit Pitou, puisqu'il s'agit de mon bonheur!

— Eh bien, mon ami, consultez M. de Longpré, et, ce qu'il vous dira de faire, vous le ferez.

— Soit, mademoiselle Catherine.

— Et puis cela n'aurait qu'à nous porter malheur, de nous marier si près d'une tombe...

— Oh! dit Pitou, du moment où je serai votre mari, je défie au malheur de mordre sur moi.

— Cher Pitou, dit Catherine en lui tendant la main, remettons cela à lundi... Vous le voyez, je tâche d'allier autant que possible votre désir avec les convenances.

— Ah! deux jours, mademoiselle Catherine, c'est bien long!

— Bon! dit Catherine, lorsque l'on a attendu cinq ans...

— Il arrive bien des choses en quarante-huit heures, dit Pitou.

— Il n'arrivera pas que je vous aime moins, mon cher Pitou, et, comme c'est, à ce que vous prétendez, la seule chose que vous ayez à craindre...

— La seule! oh oui! la seule, mademoiselle Catherine.

— Eh bien, en ce cas, Isidore..,?

— Maman? répondit l'enfant.

— Dis à papa Pitou : « N'aie pas peur, papa

Pitou ; maman t'aime bien, et maman t'aimera toujours ! »

L'enfant répéta de sa petite voix douce :

— N'aie pas peur, papa Pitou, maman t'aime bien, et maman t'aimera toujours !

Sur cette assurance, Pitou ne fit plus aucune difficulté de s'en aller chez M. de Longpré.

Pitou revint au bout d'une heure ; il avait tout réglé, enterrement et mariage, tout payé d'avance.

Du reste de son argent, il avait acheté un peu de bois et des provisions pour deux jours.

Il était temps que le bois arrivât ; on comprenait, dans cette pauvre maison du Pleux, où le vent entrait de tous côtés, que l'on pût mourir de froid.

Au retour, Pitou trouva Catherine à moitié gelée.

Le mariage, selon le désir de Catherine, avait été remis au lundi.

Les deux jours et les nuits s'écoulèrent sans que Catherine et Pitou se quittassent un instant. Ils passèrent les deux nuits, veillant au chevet de la morte.

Malgré le feu énorme que Pitou avait le soin d'entretenir dans la cheminée, le vent pénétrait aigre et glacial, et Pitou se disait que, si tante Angélique n'était pas morte de faim, elle avait parfaitement pu mourir de froid.

Le moment vint d'enlever le corps ; le transport ne devait pas être long ; la maison de tante Angélique touchait presque au cimetière.

Tout le Pleux et une partie de la ville suivirent la défunte à sa dernière demeure. En province, les femmes vont aux enterrements ; Pitou et Catherine menèrent le deuil.

La cérémonie terminée, Pitou remercia les assistants et, après avoir jeté un goupillon d'eau bénite sur la tombe de la vieille fille, chacun, comme d'habitude, défila devant Pitou.

Resté seul avec Catherine, Pitou se tourna du côté où il l'avait laissée. Catherine n'était plus auprès de lui ; elle était à genoux, avec le petit Isidore, sur une tombe aux quatre coins de laquelle s'élevaient quatre cyprès.

Cette tombe était celle de la mère Billot.

Ces quatres cyprès, c'était Pitou qui les avait été les chercher dans la forêt, et qui les avait plantés.

Il ne voulut point déranger Catherine dans cette pieuse occupation ; mais pensant que, sa prière finie, Catherine aurait grand froid, il courut à la maison dans l'intention de faire un énorme feu.

Malheureusement, une chose s'opposait à ce qu'il réalisât cette bonne intention : depuis le matin, la provision de bois était épuisée.

Pitou se gratta l'oreille. Le reste de son argent, on se le rappelle, était passé à faire la provision de pain et de bois.

Pitou regarda tout autour de lui, cherchant quel meuble il pouvait sacrifier au besoin du moment.

Il y avait le lit, la huche et le fauteuil de tante Angélique.

La huche et le lit, sans avoir une grande valeur, n'étaient point cependant hors d'usage, mais le fauteuil, il y avait longtemps que nul, excepté tante Angélique, n'osait s'asseoir dessus, tant il était effroyablement disloqué.

Le fauteuil fut condamné.

Pitou procédait comme le tribunal révolutionnaire : — à peine condamné, le fauteuil devait être exécuté.

Pitou appuya son genou sur le maroquin, noirci à force de vieillesse, saisit des deux mains un des montants, et tira à lui.

A la troisième secousse, le montant céda.

Le fauteuil, comme s'il eût éprouvé une douleur à ce démembrement, rendit une plainte étrange. Si Pitou eût été superstitieux, il eût cru que l'âme de tante Angélique était enfermée dans ce fauteuil.

Mais Pitou n'avait qu'une superstition au monde : c'était son amour pour Catherine. Le fauteuil était condamné à chauffer Catherine, et eût-il répandu autant de sang et poussé autant de plaintes que les arbres enchantés de la forêt du Tasse, le fauteuil aurait été mis en morceaux.

Pitou saisit donc le second montant d'un bras aussi vigoureux qu'il avait saisi le premier, et, d'un effort pareil à celui qu'il avait déjà fait, il l'arracha de la carcasse, aux trois quarts disloquée.

Le fauteuil fit entendre le même bruit étrange, singulier, métallique.

Pitou resta impassible ; il prit par un pied ce meuble mutilé, le leva au-dessus de sa tête, et, pour achever de le briser, il le frappa de toutes ses forces sur le carreau.

Cette fois, le fauteuil se fendit en deux, et, au grand étonnement de Pitou, par la blessure ouverte, vomit, non pas des flots de sang, mais des flots d'or.

On se rappelle qu'aussitôt que tante Angélique avait réuni vingt-quatre livres d'argent blanc, elle troquait ces vingt-quatre livres contre un louis d'or et introduisait le louis d'or dans le fauteuil.

Pitou resta ébahi, chancelant de surprise, fou d'étonnement.

Son premier mouvement fut de courir après Catherine et le petit Isidore, de les amener tous deux, et de leur montrer le trésor qu'il venait de découvrir.

Mais une réflexion terrible le retint.

— Catherine, le sachant riche, l'épouserait-elle toujours ?

Il secoua la tête.

— Non, dit-il, non, elle refuserait.

Il resta un instant immobile, réfléchissant, soucieux.

Puis un sourire passa sur son visage.

Sans doute, il avait trouvé un moyen de sortir de l'embarras où l'avait mis cette richesse inattendue.

Il ramassa les louis qui étaient à terre, acheva d'éventrer le fauteuil avec son couteau, chercha dans les moindres recoins du crin et de l'étoupe.

Tout était farci de louis.

Il y en avait à remplir la daubière où tante Angélique avait fait cuire autrefois ce fameux coq qui avait amené, entre la tante et le neveu la terrible scène qu'en son lieu et place nous avons racontée.

Pitou compta les louis.

Il en trouva quinze cent cinquante !

Pitou était donc riche de quinze cent cinquante louis, c'est-à-dire de trente-sept mille deux cents francs.

Or, comme le louis d'or valait à cette époque neuf cent vingt livres en assignats, Pitou était donc riche d'un million trois cent vingt-six mille livres !

Et à quel moment cette colossale fortune lui arrivait-elle ? Au moment où il était obligé, n'ayant plus d'argent pour acheter du bois, de briser, pour chauffer Catherine, le fauteuil de tante Angélique,

Quel bonheur que Pitou ait été si pauvre, que le temps ait été si froid, et que le fauteuil ait été si vieux !

Qui sait, sans cette réunion de circonstances fatales en apparence, ce qui fût arrivé du précieux fauteuil ?

Pitou commença par fourrer des louis dans toutes ses poches ; puis, après avoir secoué avec acharnement chaque fragment du fauteuil, il l'échafauda dans la cheminée, battit le briquet, moitié sur ses doigts, moitié sur la pierre, finit à grand'peine par allumer l'amadou, et, d'une main tremblante, mit le feu au bûcher.

Il était temps ! Catherine et le petit Isidore rentraient, grelottant de froid.

Pitou serra l'enfant contre son cœur, baisa les mains glacées de Catherine, et sortit en criant :

— Je vais faire une course indispensable ; chauffez-vous, et attendez-moi.

— Où va donc papa Pitou ? demanda Isidore.

— Je n'en sais rien, répondit Catherine ; mais, à coup sûr, du moment où il court si vite, c'est pour s'occuper, non de lui, mais de toi ou de moi.

Catherine eût pu dire :

— De toi et de moi.

IV

CE QUE PITOU FAIT DES LOUIS TROUVÉS DANS LE FAUTEUIL DE TANTE ANGÉLIQUE

On n'a pas oublié que c'était le lendemain qu'avait lieu à la criée la vente de la ferme de Billot et du château du comte de Charny.

On se souvient encore que la ferme était mise à prix à la somme de quatre cent mille francs, et le château à celle de six cent mille francs, en assignats.

Le lendemain venu, M. de Longpré acheta, pour un acquéreur inconnu, les deux lots moyennant la somme de treize cent cinquante louis d'or, c'est-à-dire d'un million deux cent quarante-deux mille francs en assignats.

Il paya comptant.

Cela se passait le dimanche, la veille du jour où devait avoir lieu le mariage de Catherine et de Pitou.

Ce dimanche-là, Catherine, de grand matin, était partie pour Haramont, soit qu'elle eût quelques dispositions de coquetterie à faire, comme en ont les femmes les plus simples la veille d'un mariage, soit qu'elle ne voulût pas demeurer à la ville pendant qu'on y vendait à la criée cette belle ferme où s'était écoulée sa jeunesse, où elle avait été si heureuse, où elle avait tant souffert !

Ce qui faisait que, le lendemain, à onze heures, toute cette foule rassemblée devant la porte de la mairie, plaignait et louait si fort Pitou d'avoir épousé une fille si complètement ruinée, — laquelle, par-dessus le marché, avait un enfant qui, devant être un jour plus riche qu'elle, était encore plus ruiné qu'elle !

Pendant ce temps, M. de Longpré demandait, selon l'usage, à Pitou :

— Ah! ma pauvre tante Angélique! dit-il. (P. 757.)

— Citoyen Pierre-Ange Pitou, prenez-vous pour votre femme la citoyenne Anne-Catherine Billot?

Et à Catherine Billot:

— Citoyenne Anne-Catherine Billot, prenez-vous pour votre époux le citoyen Pierre-Ange Pitou?

Et tous deux répondirent: « Oui. »

Alors, quand tous deux eurent répondu: « Oui, » Pitou d'une voix pleine d'émotion, Catherine d'une voix pleine de sérénité; quand M. de Longpré, eut proclamé, au nom de la loi, que les deux jeunes gens étaient unis en mariage, il fit signe au petit Isidore de venir lui parler.

Le petit Isidore, posé sur le bureau du maire alla droit à lui.

— Mon enfant, lui dit M. de Longpré voici des papiers que vous remettrez à votre maman Catherine, lorsque votre papa Pitou l'aura reconduite chez elle.

— Oui, Monsieur, dit l'enfant.

Et il prit les deux papiers dans sa petite main.

Tout était fini; seulement, au grand étonnement des assistants, Pitou tira de sa poche cinq louis d'or, et, les remettant au maire:

— Pour les pauvres, monsieur le maire, dit-il.

Catherine sourit.

— Nous sommes donc riches? demanda-t-elle.

— On est riche quand on est heureux, Catherine, répondit Pitou; et vous venez de faire de moi l'homme le plus riche de la terre.

Et il lui offrit son bras, sur lequel s'appuya tendrement la jeune femme.

En sortant, on trouva toute cette foule que nous avons dit à la porte de la mairie.

Elle salua les deux époux par d'unanimes acclamations.

Pitou remercia ses amis, et donna force poignées de main; Catherine salua ses amies, et distribua force signes de tête.

Pendant ce temps, Pitou tournait à droite.

— Où allez-vous donc, mon ami? demanda Catherine.

En effet, si Pitou retournait à Haramont, il devait prendre à gauche par le parc.

S'il rentrait dans la maison de tante Angélique, il devait suivre tout droit, par la place du château.

— Venez, ma bien-aimée Catherine, dit Pitou; je vous mène visiter un endroit que vous serez bien aise de revoir.

Catherine se laissa conduire

— Où vont-ils donc? demandaient ceux qui les regardaient aller.

Pitou traversa la place de la Fontaine sans s'y arrêter, prit la rue de l'Ormet, et, arrivé à l'extrémité, tourna par cette petite ruelle où, six ans auparavant, il avait rencontré Catherine sur son âne, le jour que, chassé par sa tante Angélique, il ne savait à qui demander l'hospitalité.

— Nous n'allons pas à Pisseleu, j'espère? demanda Catherine en arrêtant son mari.

— Venez toujours, Catherine, dit Pitou.

Catherine poussa un soupir, suivit la petite ruelle, et déboucha dans la plaine.

Au bout de dix minutes de marche, elle était arrivée sur le petit pont où Pitou l'avait trouvée évanouie le soir du départ d'Isidore pour Paris.

Là, elle s'arrêta.

— Pitou, dit-elle, je n'irai pas plus loin.

— Mademoiselle Catherine, dit Pitou, jusqu'au saule creux seulement.

C'était le saule où Pitou venait chercher les lettres d'Isidore.

Catherine poussa un soupir, et continua son chemin.

Arrivée au saule,

— Retournons, dit-elle, je vous en supplie!

Mais Pitou, en posant la main sur le bras de la jeune fille:

— Encore vingt pas, mademoiselle Catherine, dit-il; je ne vous demande que cela.

— Ah! Pitou! murmura Catherine, d'un ton de reproche si douloureux, que Pitou s'arrêta à son tour.

— Oh! Mademoiselle, dit-il, et moi qui croyais vous rendre si heureuse!

— Vous croyiez me rendre heureuse, Pitou, en me faisant revoir une ferme où j'ai été élevée, qui a appartenu à mes parents, qui devait m'appartenir, et qui, vendue hier, appartient maintenant à un étranger dont je ne sais pas même le nom.

— Mademoiselle Catherine, encore vingt pas; je ne vous demande que cela!

En effet, ces vingt pas, en tournant l'angle d'un mur, démasquait la grande porte de la ferme.

Sur la grande porte de la ferme étaient groupés tous les anciens journaliers, garçons de charrue, garçons d'écurie, filles de ferme, le père Clouïs en tête.

Chacun tenait un bouquet à la main.

— Ah! je comprends, dit Catherine, avant que le nouveau propriétaire soit arrivé, vous avez voulu m'amener une dernière fois ici, pour que tous ces anciens serviteurs me fassent leurs adieux. Merci, Pitou!

Et, en quittant le bras de son mari et la main du petit Isidore, elle alla au-devant de ces braves gens, qui l'entourèrent et l'entraînèrent dans la grande salle de la ferme.

Pitou prit le petit Isidore entre ses bras, — l'enfant tenait toujours les deux papiers dans sa main, — et suivait Catherine.

La jeune femme était assise au milieu de la grande salle, se frottant la tête avec les mains, comme lorsqu'on veut s'éveiller d'un songe.

— Au nom de Dieu, Pitou, fit-elle, les yeux égarés et la voix fiévreuse, que me disent-ils donc?... Mon ami, je ne comprends rien à ce qu'ils me disent!

— Peut-être les papiers que notre enfant va vous remettre vous en apprendront-ils davantage, chère Catherine, dit Pitou.

Et il poussa Isidore du côté de sa mère.

Catherine prit les deux papiers des petites mains de l'enfant.

— Lisez, Catherine, dit Pitou.

Catherine ouvrit un des deux papiers au hasard et lut:

« Je reconnais que le château de Boursonne et les terres en dépendant ont été achetés et payés par moi, hier, pour le compte de Jacques-Philippe Isidore, fils mineur de mademoiselle Catherine Billot, et que c'est, par conséquent, à cet enfant que ledit château de Boursonne, et lesdites terres en dépendant, appartiennent en toute propriété.

» *Signé* : DE LONGPRÉ,
» maire de Villers-Cotterets. »

— Que veut dire cela, Pitou? demanda Catherine. Vous devinez bien que je ne comprends pas un mot de tout cela, n'est-ce pas?

— Lisez l'autre papier, dit Pitou.

Et Catherine, dépliant l'autre papier, lut ce qui suit :

« Je reconnais que la ferme de Pisseleu et ses dépendances ont été achetés et payés par moi, hier, pour le compte de la citoyenne Anne-Catherine Billot, et que c'est, par conséquent, à elle que la ferme de Pisseleu et ses dépendances appartiennent en toute propriété.

» *Signé* : DE LONGPRÉ,
» maire de Villers-Cotterets. »

— Au nom du ciel! s'écria Catherine, dites-moi, ce que cela signifie, ou je vais devenir folle!

— Cela signifie, dit Pitou, que, grâce aux quinze cent cinquante louis d'or trouvés avant-hier dans le vieux fauteuil de ma tante Angélique, fauteuil que j'ai brisé pour vous chauffer, à votre retour de l'enterrement, la terre et le château de Boursonne ne sortiront pas de la famille Charny, et la ferme et les terres de Pisseleu, de la famille Billot.

Et, alors, Pitou raconta à Catherine ce que nous avons déjà raconté au lecteur.

— Oh! dit Catherine, et vous avez eu le courage de brûler ce vieux fauteuil cher Pitou, quand vous aviez quinze cent cinquante louis pour acheter du bois!

— Catherine, dit Pitou, vous alliez rentrer, vous eussiez été obligé d'attendre, pour vous chauffer, que le bois eût été acheté et apporté, et vous eussiez eu froid en attendant.

Catherine ouvrit ses deux bras : Pitou y poussa le petit Isidore.

— Oh! toi aussi, toi aussi, cher Pitou! dit Catherine.

Et, d'une seule et même étreinte, Catherine pressa sur son cœur son enfant et son mari.

— Oh! mon Dieu! murmura Pitou étouffant de joie, et en même temps donnant une dernière larme à la vieille fille; quand on pense qu'elle est morte de faim et de froid! Pauvre tante Angélique!

— Ma foi, dit un bon gros charretier à une fraîche et jolie fille de ferme, en lui montrant Pitou et Catherine, — ma foi, en voilà deux qui ne me paraissent pas destinés à mourir de cette mort-là!

FIN

TABLE

AVANT-PROPOS. 3

PREMIÈRE PARTIE

I.	— LE CABARET DU PONT DE SÈVRES.	7
II.	— MAITRE GAMAIN	11
III.	— CAGLIOSTRO	14
IV.	— LA FATALITÉ	19
V.	— LES TUILERIES	26
VI.	— LES QUATRE BOUGIES	30
VII.	— LA ROUTE DE PARIS	32
VIII.	— L'APPARITION	37
IX.	— LE PAVILLON D'ANDRÉE . . .	39
X.	— MARI ET FEMME	44
XI.	— LA CHAMBRE A COUCHER, . .	48
XII.	— UN CHEMIN CONNU	51
XIII.	— CE QU'ÉTAIT DEVENU SÉBASTIEN.	54
XIV.	— L'HOMME DE LA PLACE LOUIS XV.	59
XV.	— CATHERINE	63
XVI.	— TRÊVE	66
VVII.	— LE PORTRAIT DE CHARLES Ier . .	69
XVIII.	— MIRABEAU	74
XIX.	— FAVRAS	79
XX.	— OU LE ROI S'OCCUPE D'AFFAIRES DE FAMILLE	84
XXI.	— OU LE ROI S'OCCUPE D'AFFAIRES D'ÉTAT	87
XXII.	— CHEZ LA REINE.	93
XXIII.	— HORIZONS SOMBRES	98
XXIV.	— FEMME SANS MARI. — AMANTE SANS AMANT	100
XXV.	— LE BOULANGER FRANÇOIS . .	105
XXVI.	— LE PARTI QU'ON PEUT TIRER D'UNE TÊTE COUPÉE . . .	109
XXVII.	— LE CHATELET	114
XXVIII.	— ENCORE LA MAISON DE LA RUE SAINT-CLAUDE.	117
XXIX.	— LE CLUB DES JACOBINS . , . .	122
XXX.	— METZ ET PARIS.	128

DEUXIÈME PARTIE

I.	— LA REINE.	131
II.	— LE ROI.	133
III.	— D'ANCIENNES CONNAISSANCES. .	137
IV.	— OU LE LECTEUR AURA LE PLAISIR DE RETROUVER M. DE BEAUSIRE TEL QU'IL L'AVAIT QUITTÉ .	142
V.	— ŒDIPE ET LOTH.	148
VI.	— OU GAMAIN PROUVE QU'IL EST VÉRITABLEMENT MAITRE SUR MAITRE, MAITRE SUR TOUS. .	153
VII.	— OU L'ON PARLE DE TOUT AUTRE CHOSE QUE DE SERRURERIE.	157
VIII.	— OU IL EST DÉMONTRÉ QU'IL Y A VÉRITABLEMENT UN DIEU POUR LES IVROGNES. . . .	160
IX.	— CE QUE C'EST QUE LE HASARD. .	163
X.	— LA MACHINE DE M. GUILLOTIN . .	170
XI.	— UNE SOIRÉE AU PAVILLON DE FLORE	174
XII.	— CE QUE LA REINE AVAIT VU DANS UNE CARAFE, VINGT ANS AUPARAVANT, AU CHATEAU DE TAVERNEY.	178
XIII.	— LE MÉDECIN DE L'AME ET LE MÉDECIN DU CORPS. . . .	181
XIV.	— MONSIEUR DÉSAVOUE FAVRAS, ET LE ROI PRÊTE SERMENT A LA CONSTITUTION	188
XV.	— UN GENTILHOMME	190
XVI.	— OU LA PRÉDICTION DE CAGLIOSTRO S'ACCOMPLIT	195
XVII.	— LA PLACE DE GRÈVE.	197
XVIII.	— LA MONARCHIE EST SAUVÉE . .	203
XIX.	— RETOUR A LA FERME.	206
XX.	— PITOU GARDE-MALADE. . . .	210
XXI.	— PITOU CONFIDENT.	213
XXII.	— PITOU GÉOGRAPHE	217
XXIII.	— PITOU CAPITAINE D'HABILLEMENT	222
XXIV.	— OU L'ABBÉ FORTIER DONNE UNE NOUVELLE PREUVE DE SON ESPRIT CONTRE-RÉVOLUTIONNAIRE	224
XXV.	— LA DÉCLARATION DES DROITS DE L'HOMME.	230
XXVI.	— SOUS LA FENÊTRE.	235
XXVII.	— LE PÈRE CLOUÏS REPARAIT SUR LA SCÈNE	238
XXVIII.	— LE JEU DE BARRES.	242
XXIX.	— L'AFFUT AU LOUP	245
XXX.	— OU L'ORAGE A PASSÉ.	248
XXXI.	— LA GRANDE TRAHISON DE MIRABEAU	251
XXXII.	— L'ÉLIXIR DE VIE	254

TROISIÈME PARTIE

I.	— AU-DESSOUS DE QUATRE DEGRÉS, IL N'Y A PLUS DE PARENTS.	258
II.	— UNE FEMME QUI RESSEMBLE A LA REINE	262
III.	— OU L'INFLUENCE DE LA DAME INCONNUE COMMENCE A SE FAIRE SENTIR.	266
IV.	— LE CHAMP DE MARS	270
V.	— OU L'ON VOIT CE QU'ÉTAIT DEVENUE CATHERINE, MAIS OU L'ON IGNORE CE QU'ELLE DEVIENDRA	272
VI.	— LE 14 JUILLET 1790	275
VII.	— ICI L'ON DANSE.	280
VIII.	— LE RENDEZ-VOUS	287
IX.	— LA LOGE DE LA RUE PLATRIÈRE	291
X.	— COMPTE-RENDU.	296
XI.	— LIBERTÉ ! ÉGALITÉ ! FRATERNITÉ !	300
XII.	— LES FEMMES ET LES FLEURS.	303
XIII.	— CE QUE LE ROI AVAIT DIT ; CE QU'AVAIT DIT LA REINE.	306
XIV.	— VIVE MIRABEAU !	311
XV.	— FUIR ! FUIR ! FUIR !	316
XVI.	— LES FUNÉRAILLES.	318
XVII.	— LE MESSAGER	323
XVIII.	— LA PROMESSE	329
XIX.	— DOUBLE VUE.	331
XX.	— LA SOIRÉE DU 20 JUIN	336
XXI.	— LE DÉPART	344
XXII.	— UNE QUESTION D'ÉTIQUETTE.	346
XXIII.	— LA ROUTE.	350
XXIV.	— FATALITÉ	354
XXV.	— FATALITÉ.	357
XXXI.	— FATALITÉ.	360
XXVII.	— JEAN-BAPTISTE DROUET.	364
XXVIII.	— LA TOUR DE PÉAGE DU PONT DE VARENNES.	368
XXIX.	— LA MAISON DE M. SAUSSE.	371
XXX.	— LE CONSEIL DU DÉSESPOIR.	375
XXXI.	— PAUVRE CATHERINE	379
XXXII.	— CHARNY	382
XXXIII.	— UN ENNEMI DE PLUS.	385

QUATRIÈME PARTIE

I.	— LA HAINE D'UN HOMME DU PEUPLE	389
II.	— M. DE BOUILLÉ.	395
III.	— LE DÉPART	399
IV.	— LA VOIE DOULOUREUSE	404
V.	— LA VOIE DOULOUREUSE.	407
VI.	— LA VOIE DOULOUREUSE	412
VII.	— LA VOIE DOULOUREUSE.	417
VIII.	— LA VOIE DOULOUREUSE.	421
IX.	— LE CALVAIRE.	427
X.	— LE CALICE.	432
XI.	— LE COUP DE LANCE.	435
XII.	— *Date lilia.*	439
XIII.	— UN PEU D'OMBRE APRÈS LE SOLEIL	444
XIV.	— LES PREMIERS RÉPUBLICAINS.	448
XV.	— L'ENTRESOL DES TUILERIES.	453
XVI.	— LA JOURNÉE DU 15 JUILLET.	459
XVII.	— OU NOUS ARRIVONS ENFIN A CETTE PROTESTATION QUE RECOPIAIT MADAME ROLAND.	462
XVIII.	— LA PÉTITION	467
XIX.	— LE DRAPEAU ROUGE.	472
XX.	— APRÈS LE MASSACRE.	477
XXI.	— PLUS DE MAITRE ! PLUS DE MAITRESSE !	485
XXII.	— LES ADIEUX DE BARNAVE	490
XXIII.	— LE CHAMP DE BATAILLE	493
XXIV.	— L'HOPITAL DU GROS-CAILLOU.	496
XXV.	— CATHERINE	499
XXVI.	— LA FILLE ET LE PÈRE.	501
XXVII.	— LA FILLE ET LA MÈRE.	505
XXVIII.	— OU L'ABBÉ FORTIER EXÉCUTE, A L'ENDROIT DE LA MÈRE BILLOT, LA MENACE QU'IL AVAIT FAITE A LA TANTE ANGÉLIQUE	508
XXIX.	— OU L'ABBÉ FORTIER VOIT QU'IL N'EST PAS TOUJOURS SI FACILE QU'ON LE CROIT DE TENIR LA PAROLE DONNÉE.	511

CINQUIÈME PARTIE

I.	— BILLOT, DÉPUTÉ	516
II.	— ASPECT DE LA NOUVELLE ASSEMBLÉE.	519
III.	— LA FRANCE ET L'ÉTRANGER.	522
IV.	— LA GUERRE	530
V.	— UN MINISTRE DE LA FAÇON DE MADAME DE STAEL.	533
VI.	— LES ROLAND.	539
VII.	— DERRIÈRE LA TAPISSERIE.	542
VIII.	— LE BONNET ROUGE.	547
IX.	— LE DEHORS ET LE DEDANS.	549
X.	— LA RUE GUÉNÉGAUD ET LES TUILERIES.	552
XI.	— LE VETO	557
XII.	— L'OCCASION.	558
XIII.	— L'ÉLÈVE DE M. LE DUC DE LA VAUGUYON.	562
XIV.	— UN CONCILIABULE A CHARENTON.	567
XV.	— LE 20 JUIN.	570
XVI.	— OU LE ROI VOIT QU'IL EST CERTAINES CIRCONSTANCES OU, SANS ÊTRE JACOBIN, ON PEUT METTRE LE BONNET ROUGE SUR SA TÊTE	573
XVII.	— RÉACTION	578
XVIII.	— VERGNIAUD PARLERA.	581
XIX.	— VERGNIAUD PARLE.	584
XX.	— LE TROISIÈME ANNIVERSAIRE DE LA PRISE DE LA BASTILLE	589

XXI.	— LA PATRIE EST EN DANGER	592	XXVII.	— LA NUIT DU 9 AU 10 AOUT.	617
XXII.	— *La Marseillaise*	595	XXVIII.	— DE TROIS A SIX HEURES DU MATIN.	619
XXIII.	— LES CINQ CENTS HOMMES DE BARBAROUX	599	XXIX.	— DE SIX A NEUF HEURES DU MATIN.	622
			XXX.	— DE NEUF HEURES A MIDI.	627
XXIV.	— CE QUI FAISAIT QUE LA REINE N'AVAIT PAS VOULU FUIR.	605	XXXI.	— DE NEUF HEURES A MIDI.	629
			XXXII.	— DE MIDI A TROIS HEURES.	635
XXV.	— LA NUIT DU 9 AU 10 AOUT.	607	XXXIII.	— DE TROIS HEURES A SIX HEURES DE L'APRÈS-MIDI	638
XXVI.	— LA NUIT DU 9 AU 10 AOUT.	612			

SIXIÈME PARTIE

I.	— DE SIX A NEUF HEURES DU SOIR	642	XIII.	— MAILLARD	686
II.	— DE NEUF HEURES A MINUIT.	645	XIV.	— CE QUI SE PASSAIT AU TEMPLE PENDANT LE MASSACRE	692
III.	— LA VEUVE	648			
IV.	— CE QU'ANDRÉE VOULAIT A GILBERT	652	XV.	— VALMY	698
V.	— LE TEMPLE	653	XVI.	— LE 21 SEPTEMBRE	701
VI.	— LA RÉVOLUTION SANGLANTE.	658	XVII.	— LA LÉGENDE DU ROI MARTYR.	704
VII.	— LA VEILLE DU 2 SEPTEMBRE.	663	XVIII.	— OU MAITRE GAMAIN REPARAIT	715
VIII.	— OU L'ON RENCONTRE ENCORE UNE FOIS M. DE BEAUSIRE	666	XIX.	— LA RETRAITE DES PRUSSIENS.	719
			XX.	— LE PROCÈS	724
IX.	— LA PURGATION	669	XXI.	— LA LÉGENDE DU ROI MARTYR.	728
X.	— LE 1er SEPTEMBRE	672	XXII.	— LE PROCÈS	733
XI.	— PENDANT LA NUIT DU 1er AU 2 SEPTEMBRE	676	XXIII.	— LE 21 JANVIER	739
			XXIV.	— UN CONSEIL DE CAGLIOSTRO	748
XII.	— LA JOURNÉE DU 2 SEPTEMBRE.	683			

ÉPILOGUE

I.	— CE QUE FAISAIENT, LE 15 FÉVRIER 1794, ANGE PITOU ET CATHERINE BILLOT	752	III.	— LE FAUTEUIL DE TANTE ANGÉLIQUE.	758
II.	— DE L'EFFET PRODUIT SUR TANTE ANGÉLIQUE PAR L'ANNONCE DU MARIAGE DE SON NEVEU AVEC CATHERINE BILLOT	756	IV.	— CE QUE PITOU FAIT DES LOUIS TROUVÉS DANS LE FAUTEUIL DE TANTE ANGÉLIQUE	760

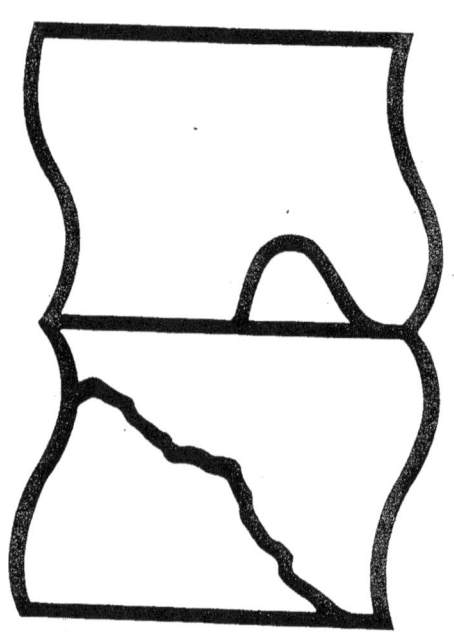

Texte détérioré — reliure défectueuse

NF Z 43-120-11

www.ingramcontent.com/pod-product-compliance
Lightning Source LLC
Chambersburg PA
CBHW060859300426
44112CB00011B/1267